CONVENÇÃO AMERICANA DE DIREITOS HUMANOS
COMENTADA

CB004179

O GEN | Grupo Editorial Nacional – maior plataforma editorial brasileira no segmento científico, técnico e profissional – publica conteúdos nas áreas de concursos, ciências jurídicas, humanas, exatas, da saúde e sociais aplicadas, além de prover serviços direcionados à educação continuada.

As editoras que integram o GEN, das mais respeitadas no mercado editorial, construíram catálogos inigualáveis, com obras decisivas para a formação acadêmica e o aperfeiçoamento de várias gerações de profissionais e estudantes, tendo se tornado sinônimo de qualidade e seriedade.

A missão do GEN e dos núcleos de conteúdo que o compõem é prover a melhor informação científica e distribuí-la de maneira flexível e conveniente, a preços justos, gerando benefícios e servindo a autores, docentes, livreiros, funcionários, colaboradores e acionistas.

Nosso comportamento ético incondicional e nossa responsabilidade social e ambiental são reforçados pela natureza educacional de nossa atividade e dão sustentabilidade ao crescimento contínuo e à rentabilidade do grupo.

Organizadores

Luis Felipe Salomão e Rodrigo Mudrovitsch

CONVENÇÃO AMERICANA DE DIREITOS HUMANOS
COMENTADA

Autores

Alexandre de Moraes • Alexandre Morais da Rosa • Amina Welten Guerra • André de Carvalho Ramos • André Luiz de Almeida Mendonça • Andreza Maris • Bianca Guimarães Silva • Carolina Cyrillo • Caroline Somesom Tauk • Clara Mota • Fernanda Bragança • Gabrielle Bezerra Sales Sarlet • Gilmar Ferreira Mendes • Giovanni Olsson • Gustavo Ferraz de Campos Monaco • Gustavo Tepedino • Humberto Dalla Bernardina de Pinho • Ingo Wolfgang Sarlet • Isabel Penido de Campos Machado • Jane Granzoto Torres da Silva • Joacy Dias Furtado • João Ricardo Oliveira Munhoz • Jordana Maria Ferreira de Lima • Jorge Messias • José Antonio Dias Toffoli • Juliana Silva Menino Alencastro Veiga • Leonardo Nemer Caldeira Brant • Letícia Machado Haertel • Lívia da Silva Ferreira • Luis Felipe Salomão • Luís Geraldo Sant'Ana Lanfredi • Luís Roberto Barroso • Luiz Fernando Bandeira de Mello • Luiz Philippe Vieira de Mello Filho • Márcia Michele Garcia Duarte • Marcio Luiz Coelho de Freitas • Marcos Vinícius Jardim Rodrigues • Maria Carolina Ferreira da Silva • Maria Olivia Pinto Esteves Alves • Mário Goulart Maia • Mauro Campbell • Mauro Pereira Martins • Nathalia Vince Esgalha Fernandes • Patrícia Perrone Campos Mello • Rafael de Alencar Araripe Carneiro • Rafaela Santos Martins da Rosa • Renata Braga • Renata Queiroz Dutra • Richard Pae Kim • Rodrigo Mudrovitsch • Salise Monteiro Sanchotene • Siddharta Legale • Tuana Paula Lavall • Walter Godoy dos Santos Jr.

■ **Atendimento ao cliente: (11) 5080-0751 | faleconosco@grupogen.com.br**

■ Direitos exclusivos para a língua portuguesa
Copyright © 2024 *by* **Editora Forense Ltda.**
Uma editora integrante do GEN | Grupo Editorial Nacional
Travessa do Ouvidor, 11
Rio de Janeiro – RJ – 20040-040
www.grupogen.com.br

■ Capa: Fabricio Vale

■ **CIP-BRASIL. CATALOGAÇÃO NA PUBLICAÇÃO**
SINDICATO NACIONAL DOS EDITORES DE LIVROS, RJ

C783

Convenção americana sobre direitos humanos comentada / Alexandre de Moraes ... [et al.]; organizadores Luis Felipe Salomão, Rodrigo Mudrovitsch. - 1. ed. - [2. Reimp.] - Rio de Janeiro: Forense, 2025.
600 p. ; 24 cm.

ISBN 978-85-3099-500-3

1. Convenção Americana dos Direitos Humanos (1969). 2. Direitos humanos - América. I. Moraes, Alexandre de. II. Salomão, Luis Felipe. III. Mudrovitsch, Rodrigo.

24-89254   CDU: 341.231.14

Meri Gleice Rodrigues de Souza - Bibliotecária - CRB-7/6439

SOBRE OS AUTORES

Alexandre de Moraes

Ministro do Supremo Tribunal Federal. Presidente do Tribunal Superior Eleitoral. Professor da USP e do Mackenzie.

Alexandre Morais da Rosa

Doutor em Direito pela Universidade Federal do Paraná. Professor do Programa de Pós--Graduação em Direito da Univali. Juiz de Direito do Tribunal de Justiça de Santa Catarina, atualmente convocado como Juiz Instrutor do Gabinete do Ministro Gilmar Mendes (STF).

Amina Welten Guerra

Doutoranda em Direito Internacional pela PUC Minas. Coordenadora da Pós-Graduação em Direito Internacional do Cedin. Mestra *cum laude* em Direito Internacional pela PUC Minas. Graduada e especialista em Direito pela Universidade de Bolonha/Itália.

André de Carvalho Ramos

Professor da Faculdade de Direito da Universidade de São Paulo (Largo de São Francisco). Professor Titular de Pós-Graduação *Stricto Sensu* e Coordenador de Mestrado da Unialfa. Doutor e Livre-Docente em Direito Internacional (USP). Procurador Regional da República. Primeiro-Secretário de Direitos Humanos da Procuradoria-Geral da República (2017-2019). Representante do Ministério Público Federal no Comitê Nacional para os Refugiados (Conare) – 2020-presente.

André Luiz de Almeida Mendonça

Ministro do Supremo Tribunal Federal.

Andreza Maris

Analista judiciária do Tribunal Superior Eleitoral. Especialista em Direito Eleitoral e Democracia pelo ILB (Instituto Legislativo Brasileiro).

Bianca Guimarães Silva

Doutoranda e Mestra em Direito pela Universidade de Brasília (PPGD/UnB). Especialista em Direito Internacional pela Escola Brasileira de Direito. Bacharela em Direito pela Universidade Federal de Uberlândia, com intercâmbio acadêmico na Université Paris 1 Panthéon--Sorbonne (2016-2017). Advogada.

Carolina Cyrillo

Professora de Direito Constitucional da FND-UFRJ. Docente da UBA. Coordenadora do NIDH. Advogada.

Caroline Somesom Tauk

Juíza Federal no Rio de Janeiro. Mestra em Direito Público – UERJ. *Visiting Scholar* na Columbia Law School.

Clara Mota

Juíza Federal. Doutora em Direito Econômico pela Universidade de São Paulo. Professora do IDP (Instituto Brasileiro de Ensino, Desenvolvimento e Pesquisa).

Fernanda Bragança

Pesquisadora do Centro de Inovação, Administração e Pesquisa do Judiciário – FGV Justiça. Doutora em Direito pela Universidade Federal Fluminense. Pesquisadora visitante na Université Paris 1 Panthéon-Sorbonne. Mestra e Bacharela em Direito pela UFRJ. Advogada.

Gabrielle Bezerra Sales Sarlet

Advogada e Consultora Jurídica. Doutora em Direito pela Universidade de Augsburg. Pós--Doutora em Direito pela Universidade de Hamburgo e pela PUCRS. Mestra em Direito pela Universidade Federal do Ceará. Especialista em Neurociências e Ciências do Comportamento pela PUCRS. Professora da PUCRS e Coordenadora da Especialização em Direito Digital da PUCRS. Presidente da Sociedade Rio-Grandense de Bioética (Sorbi).

Gilmar Ferreira Mendes

Doutor em Direito pela Universidade de Münster, Alemanha. Professor de Direito Constitucional nos cursos de graduação e pós-graduação do Instituto Brasileiro de Ensino, Desenvolvimento e Pesquisa (IDP). Ministro do Supremo Tribunal Federal (STF).

Giovanni Olsson

Doutor e Mestre em Direito pela Universidade Federal de Santa Catarina (UFSC), com estágio de pesquisa no Instituto Universitário Europeu (Itália). Professor do Programa de Pós-Graduação *Stricto Sensu* em Direito e dos Cursos de Graduação em Direito e em Relações Internacionais da Universidade Comunitária da Região de Chapecó (Unochapecó). Líder do Grupo de Pesquisa Relações Internacionais, Direito e Poder: Atores e Desenvolvimento Pluridimensional. Magistrado da Justiça do Trabalho. Conselheiro do CNJ (2022-2024).

Gustavo Ferraz de Campos Monaco

Professor Titular do Departamento de Direito Internacional e Comparado da Faculdade de Direito da Universidade de São Paulo. Professor Doutor da Universidade Presbiteriana Mackenzie. Presidente do Instituto Brasileiro de Direito Internacional Privado. Consultor em São Paulo. Diretor-Executivo da Fundação Universitária para o Vestibular (Fuvest).

Gustavo Tepedino

Professor Titular de Direito Civil e ex-Diretor da Faculdade de Direito da Universidade do Estado do Rio de Janeiro (Uerj). Sócio fundador do Escritório Gustavo Tepedino Advogados.

Humberto Dalla Bernardina de Pinho

Professor Titular de Direito Processual Civil na Uerj e na Estácio. Doutor, Mestre e Graduado pela Uerj. Pós-Doutor pela University of Connecticut School of Law. Desembargador do Tribunal de Justiça no Estado do Rio de Janeiro. Professor Emérito da Fundação Escola do Ministério Público do Rio de Janeiro (Femperj) e Conferencista da Escola da Magistratura do Estado do Rio de Janeiro (Emerj). Palestrante na Escola Nacional de Formação e Aperfeiçoamento de Magistrados (Enfam) e na Escola Nacional de Magistratura (ENM).

Ingo Wolfgang Sarlet

Advogado e Consultor Jurídico. Doutor e Pós-Doutor em Direito pela Universidade de Munique, Alemanha. Professor Titular e Coordenador do Programa de Pós-Graduação em Direito da PUCRS (Mestrado e Doutorado).

Isabel Penido de Campos Machado

Doutora em Direito pela Faculdade de Direito do Largo de São Francisco (USP). Mestra em Direito pela *Nottingham University* (Reino Unido). Bacharela em Direito pela UFMG. Defensora Pública Federal de carreira. Atualmente, exerce o cargo de Coordenadora-Geral dos Sistemas Internacionais de Proteção dos Direitos Humanos na Assessoria Especial de Assuntos Internacionais do Ministério de Direitos Humanos e Cidadania.

Jane Granzoto Torres da Silva

Desembargadora do Tribunal Regional do Trabalho da 2ª Região. Conselheira do Conselho Nacional de Justiça no biênio 2022/2024. Mestra em Direito Político e Econômico pela Universidade Presbiteriana Mackenzie. Especialista em Direito do Trabalho pela Faculdade de Direito da Universidade de São Paulo.

Joacy Dias Furtado

Juiz de Direito do Tribunal de Justiça do Estado de São Paulo e Juiz Auxiliar na Corregedoria Nacional de Justiça. Mestrando em Direito Empresarial (Uninove). Pós-Graduado em Direito Processual Civil (Escola Paulista da Magistratura-SP – EPM). Pós-Graduado em Direito e Jurisdição (Amagis-DF). Pós-Graduado em Direito Público (Instituto Processus-DF). Bacharel em Direito (UCB). Bacharel e Licenciado em História (UnB).

João Ricardo Oliveira Munhoz

Advogado. Mestre em Direito Econômico pela Universidade de São Paulo (USP). Bacharel em Direito pela USP.

Jordana Maria Ferreira de Lima

Assessora-Chefe em gabinete do CNJ. Doutora em Direito Constitucional. Mestra em Direito e Políticas Públicas.

Jorge Messias

Advogado-Geral da União. Mestre e Doutorando na UnB.

José Antonio Dias Toffoli

Ministro do Supremo Tribunal Federal. Ex-Presidente do Tribunal Superior Eleitoral (2014-2016) e ex-Presidente do Supremo Tribunal Federal e do Conselho Nacional de Justiça (2018-2020).

Juliana Silva Menino Alencastro Veiga

Assessora de Gabinete no Conselho Nacional de Justiça (desde 2021). Especialista em Direito do Trabalho e Direito Processual do Trabalho (UFG) e Direito Constitucional (Uniderp). Anteriormente exerceu os cargos de Chefe de Gabinete da Secretaria-Geral do Conselho Nacional do Ministério Público (2019), Assessora-Chefe de Gabinete do Conselho Nacional do Ministério Público (2019-2021), Assessora-Chefe de Procuradoria de Justiça do Ministério Público do Estado de Goiás (2007-2019).

Leonardo Nemer Caldeira Brant

Juiz da Corte Internacional de Justiça. Fundador do Centro de Direito Internacional (Cedin). Membro Honorífico da Academia Mineira de Letras Jurídicas. Professor convidado do Institut des Hautes Études Internationales de l'Université Panthéon-Assas Paris II e da Université de Caen Basse-Normandie.

Letícia Machado Haertel

Advogada e Consultora em Direito Internacional, Direitos Humanos e Direito Internacional do Patrimônio Cultural. Mestra em Direito (LL.M.) pela Ludwig-Maximilians-Universität (LMU) e Bacharela em Direito pela Universidade de São Paulo (USP), com intercâmbio acadêmico e certificação em Direito Alemão pela LMU. Especialista em Direito Internacional do Patrimônio Cultural certificada pela Universidade de Genebra (UniGe) e Mestranda em História, Política e Bens Culturais pela Escola de Ciências Sociais da Fundação Getulio Vargas (FGV CPDOC).

Lívia da Silva Ferreira

Doutoranda em Direito Público na *Université Paris Nanterre*. Mestra em Direito Constitucional e Teoria do Estado pela PUC-Rio. Graduada em Direito pela FGV Direito Rio. Advogada e Pesquisadora do Centro de Inovação, Administração e Pesquisa do Judiciário (FGV Justiça).

Luis Felipe Salomão

Ministro do Superior Tribunal de Justiça. Foi Promotor de Justiça, Juiz de Direito e Desembargador. Coordenador da FGV Justiça. Professor Emérito da Escola da Magistratura do Rio de Janeiro e da Escola Paulista da Magistratura. Doutor *Honoris Causa* em Ciências Sociais e Humanas pela Universidade Candido Mendes. Professor *Honoris Causa* da Escola Superior da Advocacia – RJ.

Luís Geraldo Sant'Ana Lanfredi

Bacharel e Mestre em Processo Penal pela USP e em Criminologia e Sociologia Jurídico-Penal pela Universidade de Barcelona. Doutorando em Criminologia e Sociologia Jurídico-Penal pela Universidade de Barcelona. Foi Vice-Presidente do CNPCP (2012-2014). Representou o Poder Judiciário brasileiro, no período de 2016 a 2018, perante a Organização de Estados Americanos, em Washington, Estados Unidos, tendo atuado como *Legal Expert Associate* na Secretaria de Segurança Multidimensional das Américas. É Desembargador do Tribunal de Justiça de São Paulo e Juiz Auxiliar da Presidência no Conselho Nacional de Justiça, onde atua como Coordenador do Departamento de Monitoramento e Fiscalização do Sistema Carcerário e Execução de Medidas Socioeducativas (DMF) (período de 2014 a 2016 e desde 2018) e da Unidade de Monitoramento e Fiscalização das Decisões e Deliberações da Corte Interamericana de Direitos Humanos (UMF), desde 2020.

Luís Roberto Barroso

Presidente do Supremo Tribunal Federal. Professor Titular da Universidade do Estado do Rio de Janeiro (Uerj) e do Centro Universitário de Brasília (Ceub). Doutor e Livre-Docente pela UERJ. Mestre pela Yale Law School, EUA. *Visiting Scholar* na Faculdade de Direito de Harvard. *Senior Fellow* da Harvard Kennedy School, EUA.

Luiz Fernando Bandeira de Mello

Conselheiro do Conselho Nacional de Justiça, onde exerce a função de Ouvidor Nacional de Justiça. Mestre em Direito Administrativo pela Universidade Federal de Pernambuco e Doutorando em Direito na Universidade de Salamanca/Espanha. Ex-Conselheiro Nacional do Ministério Público. Ex-Secretário-Geral da Mesa do Senado Federal. Servidor do Senado Federal da carreira de consultor legislativo. Lecionou na UFPE, na UnB e no ILB, em cursos de graduação e pós-graduação. Anteriormente exerceu os cargos de Advogado-Geral do Senado, Diretor-Geral do Senado, Chefe de Gabinete da Presidência do Senado e do ministro da Previdência Social. Foi também Consultor Jurídico do Ministério da Previdência Social.

Luiz Philippe Vieira de Mello Filho

Ministro do Tribunal Superior do Trabalho.

Márcia Michele Garcia Duarte

Professora Associada da UFF e da Uerj. Pós-Doutora em Democracia e Direitos Humanos pela Universidade de Coimbra/Portugal. Pós-Doutora em Direito Processual pela Uerj. Tem graduação, mestrado e doutorado pela Estácio. Membro do IBDP, do ICPC e da Abep. Integrante do Diretório dos Grupos de Pesquisa do CNPq. Advogada. Mediadora.

Marcio Luiz Coelho de Freitas

Doutor em Direito e Estado pela UnB e Mestre em Direito Ambiental pela UEA. Juiz Federal Titular da 9ª Vara do Distrito Federal. Foi Conselheiro do CNJ, Secretário-Geral do Conselho da Justiça Federal, Juiz auxiliar da Presidência e da Vice-Presidência do STJ e Juiz Auxiliar da Corregedoria Nacional de Justiça. Diretor do foro da Seção Judiciária do Amazonas e Membro do TRE/AM.

Marcos Vinícius Jardim Rodrigues

Conselheiro do CNJ. Presidente da OAB/AC nos exercicios de 2012-2014 e 2015-2017. Advogado Licenciado. Mestrando em Direito Constitucional.

Maria Carolina Ferreira da Silva

Mestranda pela Université Paris 1 Panthéon-Sorbonne (2023-2024). Bacharela em Direito pela Universidade de São Paulo e pela Université Jean Moulin Lyon 3. Advogada.

Maria Olivia Pinto Esteves Alves

Desembargadora do Tribunal de Justiça do Estado de São Paulo, desde 2011. Bacharela em Ciências Jurídicas e Sociais pela Universidade Católica de Santos (1983). Pós-Graduação *Lato Sensu* em Direito Civil e Consumidor pela Escola Paulista da Magistratura (2002). Juíza da Infância e Juventude (1998-2005). Integrante da Comissão Estadual de Adoção Internacional do TJSP (2002-2004). Integrante da Câmara Especial do TJSP (de 01/2006 a 12/2011). Vice-Coordenadora da Infância e Juventude do TJSP (de 01/2014 a 08/2015).

Mário Goulart Maia

Advogado. Ex-Conselheiro do CNJ. Professor de Direito. Mestrando em Políticas Públicas pela ISCSP e Mestrando em Hermenêutica Jurídica pela IDP.

Mauro Campbell

Ministro do Superior Tribunal de Justiça.

Mauro Pereira Martins

Desembargador do Tribunal de Justiça do Rio de Janeiro. Mestre em Direito pela Universidade Estácio de Sá. Professor Adjunto da Escola da Magistratura do Estado do Rio de Janeiro (Emerj). Graduado pela Universidade do Estado do Rio de Janeiro (Uerj). Foi Conselheiro do CNJ.

Nathalia Vince Esgalha Fernandes

Doutora e Mestra em Ciências Sociais pela Universidade de Brasília. Bacharela em Relações Internacionais pela Universidade Estadual Paulista "Júlio de Mesquita Filho" (Unesp). Foi pesquisadora visitante na *École des Hautes Études en Sciences Sociales* (EHESS), em Paris. Pesquisadora do Centro de Inovação, Administração e Pesquisa do Judiciário (FGV Justiça) e do Centro de Pesquisas Judiciais da Associação dos Magistrados Brasileiros (AMB).

Patrícia Perrone Campos Mello

Assessora de Ministro do Supremo Tribunal Federal. Professora de Direito Constitucional da Graduação e do Programa de Doutorado e Mestrado do Ceub. Doutora e Mestra em Direito pela Uerj. Estudos pós-doutorais como *Visiting Scholar* no Instituto Max Planck de Direito Público Comparado e Internacional, Alemanha; e na Harvard Kennedy School, EUA. Procuradora do Estado de Rio de Janeiro.

Rafael de Alencar Araripe Carneiro

Doutorando e Mestre em Direito Público pela Universidade Humboldt de Berlim. Professor de Direito Público do IDP. Coordenador do Grupo de Pesquisa sobre Improbidade Administrativa e do Grupo de Estudo sobre Jurisdição e Competitividade na Regulação da Infraestrutura do IDP. Membro do Conselho Superior do Centro de Altos Estudos em Telecomunicações (Ceatel) da Anatel. Presidente da Comissão de Direito do Mercosul da Ordem dos Advogados do Brasil – Seccional do Distrito Federal (OAB/DF). Advogado.

Rafaela Santos Martins da Rosa

Doutoranda em Direito pela Universidade do Vale do Rio dos Sinos. Pesquisadora Visitante na *University of California Berkeley Law* (2021). Mestra em Direito pela Universidade do Vale do Itajaí/SC (2013), com período de pesquisa no Programa de Mestrado em Direito e Sustentabilidade da Universidade de Alicante/Espanha (2012). Juíza Federal Substituta na 12ª Vara Federal de Porto Alegre/RS.

Renata Braga

Pós-Doutora (UFRJ/Universidade de Coimbra/IMS-Uerj). Doutora em Direito pela UFSC. Mestra em Direito Civil pela Uerj. Professora Adjunta do Curso de Direito da UFF – Volta Redonda. Pesquisadora Externa Colaboradora do Centro de Inovação, Administração e Pesquisa do Judiciário (FGV Justiça).

Renata Queiroz Dutra

Professora Adjunta de Direito do Trabalho da Universidade de Brasília. Assessora Jurídica no TST.

Richard Pae Kim

Doutor e Mestre em Direito pela USP. Pós-Doutor em Políticas Públicas pela Unicamp. Conselheiro do Conselho Nacional de Justiça (CNJ) (2021-2023). Conselheiro do Conselho Nacional de Direitos Humanos (CNDH) (2022-2024). Juiz de Direito do Tribunal de Justiça do Estado de São Paulo (TJSP). Professor do Curso de Mestrado em Direito Médico da Unisa.

Rodrigo Mudrovitsch

Juiz Vice-Presidente da Corte Interamericana de Direitos Humanos. Doutor em Direito do Estado pela USP. Mestre em Direito, Estado e Constituição pela UnB.

Salise Monteiro Sanchotene

Doutora em Direito Público e Filosofia Jurídica pela *Universidad Autónoma de Madrid* (2017). Desembargadora Federal no Tribunal Regional Federal da 4ª Região. Foi Conselheira e Presidente da Comissão Permanente de Acompanhamento dos Objetivos de Desenvolvimento Sustentável e da Agenda 2030 do CNJ.

Siddharta Legale

Professor de Direito Constitucional da FND-UFRJ. Professor do Mestrado em Direito Constitucional do PPGDC-UFF. Coordenador do NIDH. Advogado.

Tuana Paula Lavall

Mestra e Bacharela em Direito pela Universidade Comunitária da Região de Chapecó (Unochapecó). Pesquisadora-Bolsista da Fundação de Amparo à Pesquisa e Inovação do Estado de Santa Catarina (Fapesc). Integrante do Grupo de Pesquisa Relações Internacionais, Direito e Poder: Atores e Desenvolvimento Pluridimensional.

Walter Godoy dos Santos Jr.

Doutor e Mestre pela USP. Professor do Curso de Pós-Graduação *Stricto Sensu* em Direito da Universidade Nove de Julho. Juiz de Direito do Tribunal de Justiça de São Paulo. Juiz Auxiliar do Gabinete do Ministro Dias Toffoli.

APRESENTAÇÃO

A Convenção Americana sobre Direitos Humanos foi aprovada em 1969, entrou em vigor em 1978 e foi ratificada pelo Brasil em 1992. Ela é produto de debates que remontam aos anos 1940 e, mesmo com seu texto consolidado há mais de cinco décadas, o alcance e sentido de suas obrigações é constantemente renovado pelo esforço hermenêutico operado por seus intérpretes, especialmente pela Corte Interamericana de Direitos Humanos ("Corte IDH").

Como costuma lembrar a Corte IDH em suas sentenças, a Convenção Americana é um instrumento vivo. Sua interpretação evolutiva permite incrementar seu mandato protetivo à luz da transformação dos tempos e das circunstâncias atuais, sempre com vistas a garantir a primazia da pessoa humana.

Mais do que um mero catálogo inerte de direitos, o Pacto de San José é a espinha dorsal do Sistema Interamericano de Direitos Humanos, do qual deriva a arquitetura jurídica necessária para que os Estados que o integram estruturem seus mecanismos internos de proteção dos direitos humanos e possam ser responsabilizados internacionalmente por eventuais violações à Convenção Americana.

O arranjo articulado sob o referido tratado tem como premissa fundante a ideia de que a atribuição primária de zelar pela sua observância recai sobre os Estados e sobre todas as suas instituições. Isso demanda, a nível doméstico, levar a Convenção a sério, o que pressupõe que ela seja difundida, conhecida, aplicada e debatida em todos os níveis da sociedade brasileira.

Foi precisamente esse propósito que nos inspirou a organizar o presente livro de Comentários, visando a proporcionar estudo de fôlego sobre esse tratado tão complexo e relevante para nosso ordenamento jurídico.

Esse ambicioso projeto só pôde ser levado a cabo em razão do seleto conjunto de autores convidados para se debruçarem sobre cada artigo que compõe a Convenção Americana. Ministros de nossas altas Cortes, juízes, procuradores, professores e acadêmicos contribuíram, cada qual com seus conhecimentos e experiência, para a análise cuidadosa das disposições convencionais que regem a tutela dos direitos humanos no continente, permitindo visão panorâmica e altamente qualificada sobre a integralidade do tratado: Desde as obrigações gerais (artigos 1 e 2), passando pelo rol de direitos civis e políticos (artigos 3 a 26), pelos direitos econômicos, sociais e culturais (artigo 26), pelas regras de interpretação e aplicação (artigos 27 a 31), pelos deveres individuais (artigo 32), pelos organismos de proteção (artigos 33 a 69), até as disposições comuns, finais e transitórias (artigos 70 a 82).

O que se pretende na obra não é operar mero exame descritivo da Convenção Americana, mas sim um mergulho profundo e crítico sobre temas como as obrigações internacionais dos Estados em matéria de direitos humanos, o arranjo institucional destinado à interpretação e aplicação do tratado, suas repercussões no direito brasileiro e o alcance da jurisprudência da Corte IDH.

Há, no cenário editorial brasileiro, poucas obras dedicadas ao estudo exaustivo da Convenção Americana. Com o presente livro de comentários, buscamos reduzir esse hiato, e, assim, contribuir para instigar o debate jurídico sobre o tema e, acima de tudo, para difundir a cultura de proteção e valorização dos direitos humanos em nosso País.

Ao leitor, esperamos que a obra ofereça uma leitura agradável e o auxilie a compreender o estado da arte em matéria de interpretação e aplicação da Convenção Americana e do funcionamento do Sistema Interamericano de Direitos Humanos.

Luis Felipe Salomão
Rodrigo Mudrovitsch
Organizadores da obra

SUMÁRIO

CONVENÇÃO AMERICANA SOBRE DIREITOS HUMANOS

PREÂMBULO

Os Estados americanos signatários da presente Convenção,

Reafirmando seu propósito de consolidar neste Continente, dentro do quadro das instituições democráticas, um regime de liberdade pessoal e de justiça social, fundado no respeito dos direitos essenciais do homem;

Reconhecendo que os direitos essenciais do homem não derivam do fato de ser ele nacional de determinado Estado, mas sim do fato de ter como fundamento os atributos da pessoa humana, razão por que justificam uma proteção internacional, de natureza convencional, coadjuvante ou complementar da que oferece o direito interno dos Estados americanos;

Considerando que esses princípios foram consagrados na Carta da Organização dos Estados Americanos, na Declaração Americana dos Direitos e Deveres do Homem e na Declaração Universal dos Direitos do Homem e que foram reafirmados e desenvolvidos em outros instrumentos internacionais, tanto de âmbito mundial como regional;

Reiterando que, de acordo com a Declaração Universal dos Direitos do Homem, só pode ser realizado o ideal do ser humano livre, isento do temor e da miséria, se forem criadas condições que permitam a cada pessoa gozar dos seus direitos econômicos, sociais e culturais, bem como dos seus direitos civis e políticos; e

Considerando que a Terceira Conferência Interamericana Extraordinária (Buenos Aires, 1967) aprovou a incorporação à própria Carta da Organização de normas mais amplas sobre direitos econômicos, sociais e educacionais e resolveu que uma convenção interamericana sobre direitos humanos determinasse a estrutura, competência e processo dos órgãos encarregados dessa matéria,

Convieram no seguinte:

PARTE I

Deveres dos Estados
e Direitos Protegidos

 COMENTÁRIOS

por Mauro Campbell

1. INTRODUÇÃO

Com a internacionalização dos direitos humanos, o direito internacional desenvolveu um sistema global, com fundamento na Declaração Universal dos Direitos Humanos – assim como os sistemas regionais –, composto de sistemas como o europeu, o africano e o interamericano.

O principal fundamento normativo do sistema interamericano é o Pacto de São José da Costa Rica, também chamado de Convenção Americana de Direitos Humanos, que foi assinado em 1969 e incorporado ao ordenamento jurídico brasileiro pelo Decreto 678, de 6 de novembro de 1992.

A Convenção é dividida em três partes. A parte 1, intitulada Deveres dos Estados e Direitos Protegidos, prescreve o fundamento material do sistema interamericano de direitos humanos. A parte 2, nomeada Meios da Proteção, estrutura os órgãos competentes para conhecer os assuntos relacionados aos compromissos consignados no documento, criando a Comissão Interamericana de Direitos Humanos e a Corte Interamericana de Direitos Humanos. A parte 3, por sua vez, prescreve as disposições gerais e transitórias.

Estes comentários terão foco no artigo 1, que trata da Obrigação de Respeitar os Direitos.

2. RESPEITO AOS DIREITOS E ÀS LIBERDADES SEM DISCRIMINAÇÃO (ARTIGO 1.1)

O artigo 1.1 prevê duas obrigações específicas dos Estados. Em primeiro lugar, o compromisso de que todos os direitos e liberdades previstos na Convenção serão incorporados e aplicados pelos Estados-membros, em proteção a toda pessoa que se submete à sua jurisdição. Em segundo, a obrigação de que a aplicação se dê sem qualquer tipo de discriminação.

O referido compromisso poderia ser executado com a incorporação da Convenção ao direito interno e com a aplicação direta dos direitos previstos no Pacto pelos tribunais brasileiros. Do ponto de vista de sua incorporação ao direito interno, a Convenção passou a integrar o ordenamento jurídico brasileiro por meio do Decreto 678, de 6 de novembro de 1992. O art. 1º do decreto previu que a Convenção *"deverá ser cumprida tão inteiramente como nela se contém"*. Além da sua integração explícita ao ordenamento jurídico, há um paralelismo entre os direitos previstos na Convenção e em diversas normas de cunho constitucional ou infraconstitucional.[1]

É o caso do direito ao nome. A Convenção prescreve o direito ao nome em seu artigo 18: *"Toda pessoa tem direito a um prenome e aos nomes de seus pais ou ao de um destes. A lei deve regular a forma de assegurar a todos esse direito, mediante nomes fictícios, se for necessário"*. O Código Civil brasileiro também prescreve o direito ao nome como um direito da personalidade, em seu art. 16, da seguinte forma: *"Toda pessoa tem direito ao nome, nele compreendidos o prenome e o sobrenome"*.

Uma questão polêmica sobre o direito ao nome e sobre a aplicação da Convenção Americana de Direitos Humanos por tribunais brasileiros é a possibilidade de alteração do prenome das pessoas que são transgênero. O art. 58 da Lei 6.015, de 31 de dezembro de 1973, prescreve que *"O prenome será definitivo, admitindo-se, todavia, a sua substituição por apelidos públicos notórios"*. A definitividade do prenome impediria a possibilidade de alteração por transgêneros. Em razão disso, foi ajuizada a Ação Direta de Inconstitucionalidade 4.275-DF pleiteando a interpretação conforme o referido artigo, em consonância com os arts. 1º, III, 3º, IV, e 5º, *caput* e X, da Constituição Federal, que permitiriam a possibilidade de mudança de sexo e de prenome por transexuais no registro civil. Como premissas para o julgamento, o Supremo Tribunal Federal especificou que: 1) o direito à igualdade sem discriminações abrange a identidade de gênero; 2) a identidade de gênero seria uma manifestação da personalidade da pessoa humana, de modo que cabe ao Estado somente a conhecer, não a constituir; 3) há fundamento constitucional para a alteração do nome e do sexo por transgêneros no art. 1º, III (dignidade da pessoa humana) e X (direito à intimidade, à vida privada e à honra), da Constituição Federal, uma base convencional nos artigos 18 (direito ao nome), 3 (direito ao reconhecimento da personalidade jurídica) e 17.1 (direito à liberdade pessoal) do Pacto de São José da Costa Rica, além de fundamento doutrinário. Ao final, firmando-se em precedentes do Supremo Tribunal Federal[2] e da Corte Interamericana de Direitos Humanos,[3] o STF julgou procedente a ação para reconhecer aos transgêneros, independentemente da mudança de sexo ou da realização de tratamento hormonal, o direito

---

[1] Para um aprofundamento sobre o paralelismo entre direitos fundamentais e direitos da personalidade, consultar: RODRIGUES JUNIOR, Otavio Luiz. Direitos fundamentais e direitos da personalidade. In: TOFFOLI, José Antonio Dias (org.). *30 anos da Constituição brasileira*: democracia, direitos fundamentais e instituições. Rio de Janeiro: Forense, 2018. p. 683 e ss.

[2] STF, RE 670.422, Rel. Min. Dias Toffoli, Tribunal Pleno, j. 15.08.2018, Processo Eletrônico Repercussão Geral – Mérito *DJe* 05, divulgado em 09.03.2020, publicado em 10.03.2020; STF, ADPF 54, Rel. Min. Marco Aurélio, Tribunal Pleno, j. 12.04.2012, Acórdão Eletrônico *DJe* 080, divulgado em 29.04.2013, publicado em 30.04. 2013, *RTJ* VOL-00226-01, PP-00011.

[3] Parecer Consultivo 24/17 da Corte Interamericana de Direitos Humanos sobre Identidade de Gênero e Igualdade e Não Discriminação. Disponível em: https://www.corteidh.or.cr/docs/opiniones/seriea_24_por.pdf.

à substituição do prenome e do sexo diretamente no registro civil, em interpretação do art. 58 da Lei 6.015/1973 conforme a Constituição e o Pacto de São José da Costa Rica.[4]

O mesmo ocorre com a liberdade de expressão. O artigo 13.1 da Convenção prevê que *"Toda pessoa tem direito à liberdade de pensamento e de expressão. Esse direito compreende a liberdade de buscar, receber e difundir informações e ideias de toda natureza, sem consideração de fronteiras, verbalmente ou por escrito, ou em forma impressa ou artística, ou por qualquer outro processo de sua escolha".* A Constituição Federal, no art. 5º, IX, prescreve que *"É livre a expressão da atividade intelectual, artística, científica e de comunicação, independentemente de censura ou licença".*

Quanto ao direito à vida, o Pacto de São José da Costa Rica, no artigo 4.1, prescreve que *"Toda pessoa tem o direito de que se respeite a sua vida. Esse direito deve ser protegido pela lei e, em geral, desde o momento da concepção. Ninguém pode ser privado da vida arbitrariamente".* A inviolabilidade do direito à vida é também prescrita pelo *caput* do art. 5º da Constituição Federal. Contudo, o art. 2º do Código Civil não é muito claro em relação à teoria que adotou, sendo possível, inclusive, admitir que teria adotado a teoria natalista, visto que só atribui personalidade aos nascidos com vida e que prescreve que a personalidade civil começa com a vida, mas a lei garante, desde a concepção, os direitos do nascituro.[5] O STJ, com uma leitura sistemática de normas que afetam o nascituro, entendeu que o ordenamento jurídico brasileiro teria se alinhado mais à teoria concepcionista do que às teorias restritivas, como a da personalidade condicional ou a natalista, embora não seja possível se afirmar, com segurança, que teria adotado alguma teoria explicitamente.[6] O entendimento do referido tribunal corrobora uma visão sobre o nascituro de parte da doutrina brasileira.[7]

Em eventual conflito entre o Código Civil e a Convenção ou entre a Convenção e a Constituição Federal, é fundamental que se defina qual a sua posição hierárquica no ordenamento jurídico. Em regra, na visão do STF, os tratados incorporados internamente têm

---

[4]   "Ação direta de inconstitucionalidade. Direito constitucional e registral. Pessoa transgênero. Alteração do prenome e do sexo no registro civil. Possibilidade. Direito ao nome, ao reconhecimento da personalidade jurídica, à liberdade pessoal, à honra e à dignidade. Inexigibilidade de cirurgia de transgenitalização ou da realização de tratamentos hormonais ou patologizantes. 1. O direito à igualdade sem discriminações abrange a identidade ou expressão de gênero. 2. A identidade de gênero é manifestação da própria personalidade da pessoa humana e, como tal, cabe ao Estado apenas o papel de reconhecê-la, nunca de constituí-la. 3. A pessoa transgênero que comprove sua identidade de gênero dissonante daquela que lhe foi designada ao nascer por autoidentificação firmada em declaração escrita desta sua vontade dispõe do direito fundamental subjetivo à alteração do prenome e da classificação de gênero no registro civil pela via administrativa ou judicial, independentemente de procedimento cirúrgico e laudos de terceiros, por se tratar de tema relativo ao direito fundamental ao livre desenvolvimento da personalidade. 4. Ação direta julgada procedente" (STF, ADI 4.275, Rel. Min. Marco Aurélio, 01.03.2018, Rel. p/ Acórdão Min. Edson Fachin, Tribunal Pleno, j. 01.03.2018, Processo Eletrônico *DJe* 045, divulgado em 06.03.2019, publicado em 07.03.2019).

[5]   Exemplificativamente, defende a teoria natalista: PEREIRA, Caio Mário da Silva. *Instituições de direito civil:* introdução ao direito civil, teoria geral do direito civil. 23. ed. rev. e atual. por Maria Celina Bodin de Moraes. Rio de Janeiro: Forense, 2009. p. 186-187; RODRIGUES, Silvio. *Direito civil:* parte geral. 18. ed. São Paulo: Saraiva, 1988. p. 38.

[6]   "Com efeito, ao que parece, o ordenamento jurídico como um todo – e não apenas o Código Civil de 2002 – alinhou-se mais à teoria concepcionista para a construção da situação jurídica do nascituro, conclusão enfaticamente sufragada pela majoritária doutrina contemporânea" (STJ, REsp 1.415.727/SC, Rel. Min. Luis Felipe Salomão, 4ª Turma, j. 04.09.2014, *DJe* 29.09.2014).

[7]   A título exemplificativo: ALMEIDA, Silmara Chinelato e. *Tutela civil do nascituro.* São Paulo: Saraiva, 2000. p. 349.

hierarquia equivalente às leis ordinárias federais, o que se aplicava também aos tratados de direitos humanos.[8] Após a aprovação da Emenda Constitucional 45, de 30 de dezembro de 2004, que definiu o rito para que tratados sobre direitos humanos sejam admitidos como emendas constitucionais, há duas correntes doutrinárias. A primeira entende que os tratados aprovados fora do rito do art. 5º, § 3º, da Constituição Federal têm hierarquia de lei ordinária, enquanto os aprovados pelo referido rito têm natureza de emenda constitucional. A segunda corrente é a de que os tratados de direitos humanos seriam sempre materialmente constitucionais, enquanto os aprovados pelo rito constitucional teriam natureza constitucional material e formal.[9] No entanto, o STF firmou a tese da natureza "supralegal" dos tratados de direitos humanos não aprovados pelo rito constitucional.[10]

Com isso, embora não tenha *status* de emenda constitucional, a Convenção Americana de Direitos Humanos ainda está hierarquicamente acima das leis, que podem e devem ser submetidas ao controle de convencionalidade, mecanismo utilizado pelo Judiciário para emitir um juízo sobre a conformidade ou desconformidade existente entre uma lei e um tratado, sendo um modo de dar *enforcement* aos tratados incorporados ao ordenamento jurídico brasileiro.

O exemplo clássico de eficácia do Pacto de São José da Costa Rica é a Súmula Vinculante 25, que dispõe ser ilícita a prisão civil por dívida do depositário infiel.[11] Os precedentes que deram fundamento a ela tomam por argumento o artigo 7.7 da Convenção, que proíbe a prisão civil por dívida, permitindo-se somente no caso de dívida alimentar. O STF, nos referidos precedentes, é assertivo ao argumentar que não se está revogando parte do art. 5º, LXVII, da Constituição Federal. A norma constitucional veda a prisão civil por dívida, trazendo como exceção a possibilidade de prisão do depositário infiel e do responsável pelo inadimplemento voluntário e inescusável de obrigação alimentícia. Desse modo, a prevalência da Convenção não seria uma afronta à supremacia da Carta Magna. Embora a CF/1988 permita, a previsão deixou de ter aplicabilidade, visto que o artigo 7.7 do Pacto de São José da Costa Rica eliminou a base legal para a prisão do depositário infiel, de maneira que nenhuma previsão infraconstitucional poderia violar a disposição da Convenção para permiti-la.[12]

---

[8]   RAMOS, André de Carvalho. A execução das sentenças da Corte Interamericana de Direitos Humanos no Brasil. In: SOARES, Guido Fernando Silva et al. (org.). *Direito internacional, humanismo e globalidade*. São Paulo: Atlas, 2008. p. 453.

[9]   RAMOS, André de Carvalho. A execução das sentenças da Corte Interamericana de Direitos Humanos no Brasil. In: SOARES, Guido Fernando Silva et al. (org.). *Direito internacional, humanismo e globalidade*. São Paulo: Atlas, 2008. p. 455.

[10]   STJ, RE 466.343, Rel. Min. Cezar Peluso, Tribunal Pleno, j. 03.12.2008, Repercussão Geral – Mérito *DJe* 104, divulgado em 04.06.2009, publicado em 05.06.2009, Ement vol. 02363-06, PP-01106. RTJ vol. 00210-02, PP-00745, *RDECTRAB*, v. 17, n. 186, 2010, p. 29-165.

[11]   "É ilícita a prisão civil de depositário infiel, qualquer que seja a modalidade de depósito."

[12]   "(...) diante do inequívoco caráter especial dos tratados internacionais que cuidam da proteção dos direitos humanos, não é difícil entender que a sua internalização no ordenamento jurídico, por meio do procedimento de ratificação previsto na CF/1988, tem o condão de paralisar a eficácia jurídica de toda e qualquer disciplina normativa infraconstitucional com ela conflitante. Nesse sentido, é possível concluir que, diante da supremacia da CF/1988 sobre os atos normativos internacionais, a previsão constitucional da prisão civil do depositário infiel (art. 5º, LXVII) não foi revogada (...), mas deixou de ter aplicabilidade diante do efeito paralisante desses tratados em relação à legislação infraconstitucional que disciplina a matéria (...). Tendo em vista o caráter supralegal desses diplomas normativos internacionais, a legislação infraconstitucional posterior que com eles seja conflitante também tem sua eficácia paralisada. (...) Enfim, desde a adesão do Brasil, no ano de 1992, ao PIDCP (art. 11) e à CADH — Pacto de São José da Costa Rica

Outro ângulo da aplicabilidade da Convenção é do cumprimento das decisões da Corte Interamericana de Direitos Humanos. Diferentemente das sentenças estrangeiras, que dependem de homologação pelo STJ (art. 105, I, *i*, da Constituição Federal), a execução das decisões oriundas da Corte Interamericana se dá de acordo com a normatividade interna, cabendo a cada Estado escolher a melhor forma de cumpri-la. Quando há comando indenizatório na decisão proferida pela Corte, o artigo 68.2 da Convenção Americana de Direitos Humanos prevê que a execução se dará pelo procedimento de execução de dívidas do Estado.[13]

O artigo 1.1 da Convenção também prescreve que o exercício dos direitos nela consignados deve se dar sem discriminação com fundamento em raça, cor, sexo, idioma, religião, opinião política ou de qualquer outra natureza, seja ela de origem nacional, seja social, sobre a posição econômica, sobre o nascimento ou qualquer outra condição social. A questão será discutida no próximo tópico.

3. A NÃO DISCRIMINAÇÃO DOS TITULARES DE DIREITOS HUMANOS

Nas ordens jurídicas positivistas, é pessoa aquele a quem o Estado reconhece a aptidão genérica para ser titular de direitos e deveres na ordem jurídica. Considerando que só é pessoa quem o Estado assim o reconhece, pode haver humanos que não são pessoas (escravos) ou quem possua restrição à capacidade de direito (caso das mulheres em muitos ordenamentos dos séculos XIX e XX).[14]

A Convenção Americana de Direitos Humanos prescreve que, para os efeitos do Pacto, pessoa é todo ser humano. Isso tem uma dupla implicação: nenhum ente não humano será titular dos direitos previstos na Convenção, como as sociedades, as fundações e as associações; e todo humano, sem nenhuma discriminação, será titular de direitos humanos. A preocupa-

---

(art. 7º, 7), não há base legal para aplicação da parte final do art. 5º, LXVII, da CF/1988, ou seja, para a prisão civil do depositário infiel" (STJ, RE 466.343, Rel. Min. Cezar Peluso, Tribunal Pleno, j. 03.12.2008, voto do Min. Gilmar Mendes, j. 03.12.2008, *DJe* 104, 05.06.2009, Tema 60).

"A matéria em julgamento neste *habeas corpus* envolve a temática da (in)admissibilidade da prisão civil do depositário infiel no ordenamento jurídico brasileiro no período posterior ao ingresso do Pacto de São José da Costa Rica no direito nacional. 2. Há o caráter especial do PIDCP (art. 11) e da CADH – Pacto de São José da Costa Rica (art. 7.7), ratificados, sem reserva, pelo Brasil, no ano de 1992. A esses diplomas internacionais sobre direitos humanos é reservado o lugar específico no ordenamento jurídico, estando abaixo da CF/1988, porém acima da legislação interna. O *status* normativo supralegal dos tratados internacionais de direitos humanos subscritos pelo Brasil torna inaplicável a legislação infraconstitucional com ele conflitante, seja ela anterior ou posterior ao ato de ratificação. 3. Na atualidade, a única hipótese de prisão civil, no direito brasileiro, é a do devedor de alimentos. O art. 5º, § 2º, da Carta Magna expressamente estabeleceu que os direitos e garantias expressos no *caput* do mesmo dispositivo não excluem outros decorrentes do regime dos princípios por ela adotados, ou dos tratados internacionais em que a República Federativa do Brasil seja parte. O Pacto de São José da Costa Rica, entendido como um tratado internacional em matéria de direitos humanos, expressamente, só admite, no seu bojo, a possibilidade de prisão civil do devedor de alimentos e, consequentemente, não admite mais a possibilidade de prisão civil do depositário infiel. 4. *Habeas corpus* concedido" (STF, HC 95.967, Rel. Min. Ellen Gracie, 2ª Turma, j. 11.11.2008, *DJe* 227, de 28.11.2008).

[13] RAMOS, André de Carvalho. A execução das sentenças da Corte Interamericana de Direitos Humanos no Brasil. In: SOARES, Guido Fernando Silva et al. (org.). *Direito internacional, humanismo e globalidade*. São Paulo: Atlas, 2008. p. 459-460.

[14] RODRIGUES JUNIOR, Otavio Luiz. Pessoa, personalidade, conceito filosófico e conceito jurídico de pessoa: espécies de pessoas no Direito em geral. *Revista de Direito do Consumidor*, São Paulo, v. 27, n. 118, p. 281-291, jul.-ago. 2018.

ção guarda raízes históricas na discriminação de alguns humanos que, juridicamente, não eram considerados aptos ao exercício de direitos humanos, caso do desenvolvimento dos direitos humanos na França.

A França é conhecida como a pátria dos direitos humanos, ou a pátria do mito dos direitos humanos,[15] em razão da Declaração dos Direitos do Homem e do Cidadão (Déclaration des Droits de l'Homme et du Citoyen). Durante a Revolução Francesa, a expressão Direito dos Homens (Droits de l'Hommes) tinha uma conotação histórica específica, excluindo as mulheres.[16] Embora tenha havido evolução nas normas sobre direitos das mulheres, eles não foram foco de nenhuma discussão prolongada durante a Revolução Francesa. Justamente por isso, Condorcet, que figurou como o mais aberto defensor masculino dos direitos das mulheres, gerou consternação de seus leitores ao publicar o panfleto intitulado "Sobre a admissão das mulheres aos direitos da cidadania". Condorcet partia da concepção de que os direitos dos homens resultam de sua capacidade de adquirir ideias morais e de refletir sobre elas, como seres sensíveis. Se as mulheres têm as mesmas características e qualidades, a elas não se deveria negar os mesmos direitos titularizados pelos homens. O revolucionário chegou a dizer que ou todos têm os mesmos direitos, ou ninguém tem direitos verdadeiros. Votar contra os direitos do outro, seja por raça, seja por sexo, é renunciar seus próprios direitos.[17]

Em razão dessas restrições aos direitos das mulheres, em 1791 a dramaturga e antiescravagista Olympe de Gouges redigiu a Declaração dos Direitos da Mulher e da Cidadã, em que proclamava direitos iguais entre homens e mulheres, especificando, no art. 1º, que "*A mulher nasce livre e permanece igual ao homem em direitos*". Indo ainda mais fundo, o art. 6º de Gouges declara que "*Todas as cidadãs e cidadãos, sendo iguais aos seus olhos, devem ser igualmente admissíveis a todas as dignidades, cargos e empregos públicos, segundo a sua capacidade e sem nenhuma outra distinção que não seja a de suas virtudes e talentos*". Acusada de ser contrarrevolucionária imprudente e inatural, um homem-mulher, o destino de Olympe de Gouges foi a guilhotina. Fato similar ocorreu na Inglaterra em 1792, com a Vindication of the Rights of Woman, de Mary Wollstonecraft. Embora não tenha sido guilhotinada, como fora de Gouges, Wollstonecraft sofreu com a difamação pública por sua ousadia.[18]

Durante a Revolução Francesa, não havia somente restrição de direito às mulheres, mas também aos negros e aos judeus, que tiveram que travar um relevante embate político no século XIX. Os judeus tinham, havia muito tempo, direitos restritos na França, e os negros eram escravizados em suas colônias. As justificativas, cada vez mais elaboradas, tentavam se fundar na razão, como se nota no *Essai sur l'inégalité des races humaines* (1853-5), escrito por Arthur de Gobineau. O autor defendia que existia uma hierarquia entre as raças com fundamento na biologia, a qual determinava a história da humanidade.[19] Apesar de ter pouca

---

[15] "(...) si elle n'est pas la patrie des droits de l'homme, la France, tout particulièrement depuis 1789, est en revanche la patrie du 'mythe des droits de l'homme'" (ROUVILLOIS, Frédéric. *Libertés fondamentales*. Paris: Flammarion, 2012. p. 15).

[16] "Embora os deputados pudessem concordar – se pressionados – que a declaração de direitos se aplicava a 'todos os homens, sem distinção de cor', apenas um punhado se dispunha a dizer que ela se aplicava também às mulheres" (HUNT, Lynn. *A invenção dos direitos humanos*: uma história. Trad. Rosaura Eichenberg. São Paulo: Companhia das Letras, 2009. p. 168).

[17] HUNT, Lynn. *A invenção dos direitos humanos*: uma história. Trad. Rosaura Eichenberg. São Paulo: Companhia das Letras, 2009. p. 171.

[18] HUNT, Lynn. *A invenção dos direitos humanos*: uma história. Trad. Rosaura Eichenberg. São Paulo: Companhia das Letras, 2009. p. 171-172.

[19] "Na parte inferior ficavam as raças de pele escura, animalistas, inintelectuais e intensamente sensuais; logo acima na escala vinham os amarelos, apáticos e medíocres, mas práticos; e no topo estavam os povos

repercussão na França, o imperador alemão Guilherme I considerou as ideias de Gobineau apropriadas, dando ao autor cidadania alemã. Em especial, a repercussão das ideias do autor se atrela a questões históricas específicas da Alemanha, reforçando um elemento central da ideologia partilhada por Hitler de superioridade da raça ariana.[20]

A primeira metade do breve século XX[21] foi atormentada por duas guerras mundiais. A Segunda Guerra Mundial estabeleceu um novo parâmetro para a barbárie, com quase 60 milhões de mortos, e a tragédia do holocausto nazista, desembocando na elaboração da Declaração Universal dos Direitos Humanos, que foi adotada e proclamada pela Assembleia Geral da Organização das Nações Unidas em 10 de dezembro de 1948.[22] Diferentemente da Declaração dos Direitos do Homem e do Cidadão, a igualdade entre todos sem discriminação por sexo, raça, cor, língua, religião, opinião política, de riqueza ou nascimento é explícita em seu art. 2º.

Na França, a Declaração dos Direitos do Homem e do Cidadão passou a integrar o preâmbulo da Constituição de 1958, juntamente com o catálogo de direitos fundamentais previstos no preâmbulo da Constituição de 1946.[23] Como a Constituição francesa não possui um catálogo de direitos fundamentais, o Conselho Constitucional (Conseil Constitutionnel) declarou a força normativa do preâmbulo em um conjunto de decisões da década de 1970, tendo-se por marco as Décisions 70-39 DC, du 19 juin 1970, e 71-44 DC, du 16 juillet 1971, além, especialmente a respeito da Déclaration des Droits de l'Homme et du Citoyen, da Décision 73-51 DC, du décembre 1973.[24] Todavia, a aplicação da referida Declaração em conjunto com o catálogo de direitos fundamentais previsto no preâmbulo da Constituição de 1946 impede qualquer visão discriminatória, visto que prevê explicitamente a igualdade de direito entre homens e mulheres, garantindo também uma igualdade de direitos sem distinção de raça ou religião.[25]

---

brancos, perseverantes, intelectualmente enérgicos e aventurosos, que equilibravam 'um extraordinário instinto para a ordem' com 'um pronunciado gosto pela liberdade'. Dentro da raça branca, o ramo ariano reinava supremo. 'Tudo o que é grande, nobre e proveitoso nas obras do homem sobre esta terra, na ciência, na arte e na civilização' deriva dos arianos, concluía Gobineau. Migrando de seu lar inicial na Asia Central, os arianos tinham propiciado a estirpe original para as civilizações indiana, egípcia, chinesa, romana, europeia e até, por meio da colonização, astecaeinca" (HUNT, Lynn. *A invenção dos direitos humanos*: uma história. Trad. Rosaura Eichenberg. São Paulo: Companhia das Letras, 2009. p. 192).

[20]   HUNT, Lynn. *A invenção dos direitos humanos*: uma história. Trad. Rosaura Eichenberg. São Paulo: Companhia das Letras, 2009. p. 192-193.

[21]   Assim denominado por Eric Hobsbawm o século XX: HOBSBAWM, Eric. *Era dos extremos*: o breve século XX, 1914-1991. Trad. Marcos Santarrita. São Paulo: Companhia das Letras, 1995. p. 13.

[22]   A referência às guerras mundiais e às suas consequências é clara no preâmbulo da Declaração Universal dos Direitos Humanos: "Considerando que o desprezo e o desrespeito pelos direitos humanos resultaram em atos bárbaros que ultrajaram a consciência da humanidade e que o advento de um mundo em que mulheres e homens gozem de liberdade de palavra, de crença e da liberdade de viverem a salvo do temor e da necessidade foi proclamado como a mais alta aspiração do ser humano comum".

[23]   Preâmbulo da Constituição francesa de 1958: "Le peuple français proclame solennellement son attachement aux Droits de l'homme et aux principes de la souveraineté nationale tels qu'ils ont été définis par la Déclaration de 1789, confirmée et complétée par le préambule de la Constitution de 1946, ainsi qu'aux droits et devoirs définis dans la Charte de l'environnement de 2004".

[24]   ROUVILLOIS, Frédéric. *Libertés fondamentales*. Paris: Flammarion, 2012. p. 59 e 62.

[25]   Preâmbulo da Constituição francesa de 1946: "La loi garantit à la femme, dans tous les domaines, des droits égaux à ceux de l'homme. (...) La France forme avec les peuples d'outre-mer une Union fondée sur l'égalité des droits et des devoirs, sans distinction de race ni de religion".

Curiosamente, discussão similar poderia ser suscitada em razão da terminologia adotada pelo Código Civil de 1916, que previa, em seu art. 2º, que *"Todo homem é capaz de direitos e obrigações na ordem civil"* e, no art. 4º, que *"A personalidade civil do homem começa do nascimento com vida; mas a lei põe a salvo desde a concepção os direitos do nascituro"*. A doutrina, no entanto, costuma entender que a palavra homem foi utilizada pelo legislador na acepção de humano, ou seja, de todo indivíduo que pertence à espécie humana,[26] o que não exclui o tratamento diferenciado às mulheres dado pelo diploma civil, que, aliás, não é um mal imputável ao elaborador do projeto, Clóvis Beviláqua, que tinha uma visão à frente de seu tempo.[27]

Nota-se, com isso, que a evolução dos direitos humanos desembocou em uma concepção ampla de igualdade sem discriminação, sendo provavelmente essa a razão por que a Convenção Americana de Direitos Humanos destacou que o conceito de pessoa nela contido abrangia toda a humanidade.

4. CONCLUSÃO

A prescrição, pela Convenção Americana de Direitos Humanos, da necessidade de que os Estados respeitem e garantam o livre exercício dos direitos contidos no Pacto, especificando que pessoa é todo ser humano e eliminando expressamente todo e qualquer tipo de discriminação, demonstra uma aderência da Convenção à evolução dos direitos humanos no século XX. O *enforcement* desses direitos é a tarefa mais complexa delegada ao Poder Judiciário brasileiro e aos órgãos que compõem o sistema interamericano de Direitos Humanos.

REFERÊNCIAS

ALMEIDA, Silmara Chinelato e. *Tutela civil do nascituro*. São Paulo: Saraiva, 2000.

HOBSBAWM, Eric. *Era dos extremos*: o breve século XX, 1914-1991. Trad. Marcos Santarrita. São Paulo: Companhia das Letras, 1995.

HUNT, Lynn. *A invenção dos direitos humanos*: uma história. Trad. Rosaura Eichenberg. São Paulo: Companhia das Letras, 2009.

PEREIRA, Caio Mário da Silva. *Instituições de direito civil*: introdução ao direito civil, teoria geral do direito civil. 23. ed. rev. e atual. por Maria Celina Bodin de Moraes. Rio de Janeiro: Forense, 2009.

RAMOS, André de Carvalho. A execução das sentenças da Corte Interamericana de Direitos Humanos no Brasil. In: SOARES, Guido Fernando Silva et al. (org.). *Direito internacional, humanismo e globalidade*. São Paulo: Atlas, 2008.

RODRIGUES, Silvio. *Direito civil*: parte geral. 18. ed. São Paulo: Saraiva, 1988.

RODRIGUES JUNIOR, Otavio Luiz. Clóvis Beviláqua e o Código Civil de 1916 na visão de um estrangeiro: contradições com a imagem preponderante na historiografia nacional. *Revista de Direito Civil Contemporâneo*, São Paulo, v. 4, n. 12, p. 35-61, jul.-set. 2017.

---

[26] "O Código de 1916 empregava a palavra *homem*, mas na acepção de todo ser humano, de todo indivíduo pertencente à espécie humana, ao *humanum genus*, sem qualquer distinção de sexo, idade, condição social ou outra" (PEREIRA, Caio Mário da Silva. *Instituições de direito civil*: instituições ao direito civil, teoria geral do direito civil. 23. ed. rev. e atual. por Maria Celina Bodin de Moraes. Rio de Janeiro: Forense, 2009. p. 181).

[27] Para uma visão ampla sobre a questão, consultar: RODRIGUES JUNIOR, Otavio Luiz. Clóvis Beviláqua e o Código Civil de 1916 na visão de um estrangeiro: contradições com a imagem preponderante na historiografia nacional. *Revista de Direito Civil Contemporâneo*, São Paulo, v. 4, n. 12, p. 35-61, jul.-set. 2017.

RODRIGUES JUNIOR, Otavio Luiz. Direitos fundamentais e direitos da personalidade. In: TOFFOLI, José Antonio Dias (org.). *30 anos da Constituição brasileira*: democracia, direitos fundamentais e instituições. Rio de Janeiro: Forense, 2018. p. 679-704.

RODRIGUES JUNIOR, Otavio Luiz. Pessoa, personalidade, conceito filosófico e conceito jurídico de pessoa: espécies de pessoas no Direito em geral. *Revista de Direito do Consumidor*, São Paulo, v. 27, n. 118, p. 281-291, jul.-ago. 2018.

ROUVILLOIS, Frédéric. *Libertés fondamentales*. Paris: Flammarion, 2012.

> **Artigo 2**
> **Dever de adotar disposições de direito interno**
>
> Se o exercício dos direitos e liberdades mencionados no artigo 1 ainda não estiver garantido por disposições legislativas ou de outra natureza, os Estados-Partes comprometem-se a adotar, de acordo com as suas normas constitucionais e com as disposições desta Convenção, as medidas legislativas ou de outra natureza que forem necessárias para tornar efetivos tais direitos e liberdades.

 COMENTÁRIOS

por Renata Braga e Fernanda Bragança

O artigo 2 trata do dever do Estado-Parte de adotar as disposições da Convenção Americana de Direitos Humanos (Pacto de San José da Costa Rica) no âmbito do seu ordenamento interno.[28] Caso não haja previsão expressa dos direitos e das liberdades previstas na Convenção, o Estado-Parte deverá implementar medidas legislativas ou de outra natureza a fim de torná-los efetivos. O dispositivo é originário de uma proposta chilena com o objetivo de atribuir caráter *self-executing*[29] à Convenção Americana e,

---

[28] "O sentido e o alcance do artigo 2 da Convenção Americana encontram-se hoje suficientemente esclarecidos. Talvez a sua inserção na Convenção não tivesse sido das mais felizes, em razão das incertezas que prontamente advirem" (TRINDADE, Antônio Augusto Cançado. Direito internacional e direito interno: sua interação na proteção dos direitos humanos. *DHnet*, 12.06.1996. Disponível em: http://www.dhnet.org.br/direitos/militantes/cancadotrindade/cancado02.htm. Acesso em: 16.05.2023).

[29] "À época da adoção da Convenção Americana (novembro de 1969), a Delegação dos Estados Unidos à Conferência de San José da Costa Rica argumentou (relatório de abril de 1970) que o principal efeito do artigo 2 era o de permitir aos Estados-Partes tratar as disposições substantivas da Parte I da Convenção (artigos I a 32) como sendo 'non-self-executing'; esta seria a intenção dos Estados Unidos, porquanto, no entender de sua Delegação, o artigo 2 era 'suficientemente flexível' para permitir a cada país 'implementar da melhor maneira' a Convenção 'de acordo com sua prática interna'. A consequência desta posição era negar que a Convenção pudesse beneficiar diretamente os indivíduos, sem a legislação interna adicional prevista no artigo 2 – o que prontamente revela a improcedência desta tese. Se o artigo 2 fosse interpretado como o pretendia a Delegação norte-americana, frustraria as tentativas de invocar a Convenção Americana perante os tribunais nacionais para garantir determinados direitos (*e.g.*, em conflito com a legislação interna ou nesta não existentes), negando aplicabilidade direta a toda a Parte I da Convenção, e privaria esta última de qualquer impacto significativo na administração da justiça quotidiana dos Estados-Partes. A Convenção se tornaria virtualmente letra morta. Não surpreendentemente, a própria Corte Interamericana de Direitos Humanos, em Parecer de 1986, assinalou (em relação ao artigo 14(1) da Convenção) que o

assim, evitar que as suas disposições "caiam no vazio no plano do direito interno dos seus Estados-Partes".[30]

Na qualidade de *Codex* dos direitos civis e políticos no continente americano,[31] a Convenção é um Estatuto que presta suporte axiológico e completude a todas as legislações internas dos Estados-Partes.[32] Nesse sentido, o Brasil aprovou a Convenção pelo Decreto Legislativo 27, de 28 de maio de 1992,[33] e a promulgou por meio do Decreto 678, de 6 de novembro 1992,[34] bem como reconheceu a sua competência contenciosa mediante o Decreto Legislativo 89, de 3 de dezembro de 1998.[35]

A Convenção, nos seus considerandos,[36] demonstra a intenção dos Estados-Partes na implementação de um sistema internacional de proteção dos direitos humanos coadjuvante ou complementar às normas internas de cada país.[37]

---

fato de que um artigo faça referência à lei 'não é suficiente' para que perca autoaplicabilidade (exceto se a própria vigência do direito estiver inteiramente condicionada à lei evocada). Assim, no entendimento da Corte, o fato de poderem os Estados-Partes determinar as condições do exercício de um direito (no caso, do direito de retificação ou resposta), 'não impede a exigibilidade conforme ao Direito Internacional' das obrigações contraídas sob o artigo 1(1) da Convenção; concluiu, desse modo, a Corte que o artigo 14 (1) da Convenção é autoaplicável (*self-executing*), consagrando 'um direito de retificação ou resposta internacionalmente exigível'" (TRINDADE, Antônio Augusto Cançado. Direito internacional e direito interno: sua interação na proteção dos direitos humanos. *DHnet*, 12.06.1996. Disponível em: http://www.dhnet.org.br/direitos/militantes/cancadotrindade/cancado02.htm. Acesso em: 16.05.2023).

[30] PIOVESAN, Flávia; FACHIN, Melina Girardi; MAZZUOLI, Valério de Oliveira. *Comentários à Convenção Americana sobre Direitos Humanos*. Rio de Janeiro: Forense, 2019 (Kindle).

[31] PIOVESAN, Flávia; FACHIN, Melina Girardi; MAZZUOLI, Valério de Oliveira. *Comentários à Convenção Americana sobre Direitos Humanos*. Rio de Janeiro: Forense, 2019 (Kindle).

[32] PIOVESAN, Flávia; FACHIN, Melina Girardi; MAZZUOLI, Valério de Oliveira. *Comentários à Convenção Americana sobre Direitos Humanos*. Rio de Janeiro: Forense, 2019 (Kindle).

[33] BRASIL. *Decreto Legislativo 27, de 25 de setembro de 1992*. Aprova o texto da Convenção Americana sobre Direitos Humanos (Pacto São José) celebrado em São José da Costa Rica, em 22 de novembro de 1969, por ocasião da Conferência especializada Interamericana sobre Direitos Humanos. Disponível em: https://www2.camara.leg.br/legin/fed/decleg/1992/decretolegislativo-27-26-maio-1992-358314-exposi-caodemotivos-143572-pl.html. Acesso em: 10.05.2023.

[34] BRASIL. *Decreto 678, de 6 de novembro 1992*. Promulga a Convenção Americana sobre Direitos Humanos (Pacto de São José da Costa Rica). Disponível em: https://legislacao.presidencia.gov.br/atos/?tipo=DEC&numero=678&ano=1992&ato=c6bQTWU10MFpWTe91. Acesso em: 10.05.2023.

[35] BRASIL. *Decreto Legislativo 89, de 3 de dezembro de 1998*. Aprova a solicitação de reconhecimento da competência obrigatória da Corte Interamericana de Direitos Humanos em todos os casos relativos à interpretação ou aplicação da convenção americana de direitos humanos para fatos ocorridos a partir do reconhecimento, de acordo com o previsto no parágrafo primeiro do artigo 62 daquele instrumento internacional. Disponível em: https://legis.senado.leg.br/norma/537575. Acesso em: 10.05.2023.

[36] "Reafirmando seu propósito de consolidar neste Continente, dentro do quadro das instituições democráticas, um regime de liberdade pessoal e de justiça social, fundado no respeito dos direitos essenciais do homem; Reconhecendo que os direitos essenciais do homem não derivam do fato de ser ele nacional de determinado Estado, mas sim do fato de ter como fundamento os atributos da pessoa humana, razão por que justificam uma proteção internacional, de natureza convencional, coadjuvante ou complementar da que oferece o direito interno dos Estados americanos" (ORGANIZAÇÃO DOS ESTADOS AMERICANOS. *Convenção Americana sobre Direitos Humanos*, 1969. Disponível em: https://www.cidh.oas.org/basicos/portugues/c.convencao_americana.htm. Acesso em: 17.05.2023).

[37] "Em sucessivas ocasiões, nos últimos anos, tenho expressado meu entendimento no sentido de que as jurisdições internacional e nacional são copartícipes no labor de assegurar a plena vigência dos direitos

Uma importante relação pode ser estabelecida entre os artigos 2 e 1 da Convenção.[38] O artigo 1 trata da obrigação[39] de respeitar os direitos ali previstos, enquanto o artigo 2 dispõe sobre a responsabilidade dos Estados-Partes com a integração dos direitos previstos na Convenção. A própria expressão "Estado-Parte" reflete o engajamento aos termos da Convenção, "sem a possibilidade de alegação do direito interno como pretexto ao descumprimento do internacionalmente acordado".[40] Dessa forma, os artigos 1 e 2 da Convenção devem ser considerados como a sua "verdadeira base jurídica, a pedra angular sobre a qual se desenvolve todo o catálogo de direitos e garantias nela consagrados",[41] ou seja, "são o coração do sistema interamericano de proteção dos direitos humanos, sem os quais não se operacionalizam as medidas de garantias previstas no texto da Convenção Americana".[42]

O artigo 2, ao estabelecer a necessidade de adaptação do direito interno às normas da Convenção, determina que, caso haja ausência de reconhecimento expresso dos direitos e liberdades ali previstos, ou até mesmo um reconhecimento parcial, é dever do Estado-Parte adaptar a legislação interna às normas da Convenção, sob pena de responsabilidade internacional.[43]

---

humanos, e de que, a fortiori, em matéria de proteção e garantias judiciais, o direito interno dos Estados se enriquecera na medida em que incorporar os padrões de proteção requeridos pelos tratados de direitos humanos" (TRINDADE, Antônio Augusto Cançado. Desafios e conquistas do direito internacional dos direitos humanos no início do século XXI. In: MEDEIROS, A. P. Cachapuz (org.). *Desafios do direito internacional contemporâneo*. Brasília: Funag, 2007. p. 311).

[38] "Não se pode condicionar a totalidade dos direitos internacionalmente consagrados às providências legislativas internas dos Estados-Partes (...). O propósito do artigo 2 é antes o de superar obstáculos e tomar as medidas cabíveis para assegurar a aplicação de todas as normas (inclusive as programáticas) da Convenção e garantir assim a proteção dos direitos nela consignados em quaisquer circunstâncias. Se a Convenção não pudesse aplicar-se imediata e diretamente às pessoas protegidas, estaria privada de todo efeito significativo e estaria paralisado todo o sistema de salvaguarda dos direitos humanos. Ademais, a Convenção contém normas que podem ser aplicadas pelos tribunais nacionais sem medidas legislativas adicionais. Os preceitos sobre não discriminação, consagrados em tantos tratados de direitos humanos, prestam-se à autoaplicação. Segundo um estudo recente, com exceção de seis cláusulas da Parte I da Convenção Americana que expressamente reclamam a existência de uma lei ou de medidas complementares, todos os demais preceitos da Parte I da Convenção são autoaplicáveis (*self-executing*), em razão da própria natureza das obrigações que incorporam e de sua 'exigibilidade direta e imediata'; se deixarem de ser aplicados pelos tribunais nacionais ou outros órgãos internos dos Estados, configurar-se-á em consequência a responsabilidade internacional destes últimos por violação de suas obrigações convencionais" (TRINDADE, Antônio Augusto Cançado. Direito internacional e direito interno: sua interação na proteção dos direitos humanos. *DHnet*, 12.06.1996. Disponível em: http://www.dhnet.org.br/direitos/militantes/cancadotrindade/cancado02.htm. Acesso em: 16.05.2023).

[39] "(...) é obrigação de cunho negativo (obrigação de não fazer), e a de garantir o livre e pleno exercício dos direitos é obrigação positiva (obrigação de fazer). Ambas, porém, são obrigações cuja aplicação há de ser imediata para os Estados-Partes (não se trata de obrigações de cunho 'programático')" (PIOVESAN, Flávia; FACHIN, Melina Girardi; MAZZUOLI, Valério de Oliveira. *Comentários à Convenção Americana sobre Direitos Humanos*. Rio de Janeiro: Forense, 2019 (Kindle)).

[40] PIOVESAN, Flávia; FACHIN, Melina Girardi; MAZZUOLI, Valério de Oliveira. *Comentários à Convenção Americana sobre Direitos Humanos*. Rio de Janeiro: Forense, 2019 (Kindle).

[41] PIOVESAN, Flávia; FACHIN, Melina Girardi; MAZZUOLI, Valério de Oliveira. *Comentários à Convenção Americana sobre Direitos Humanos*. Rio de Janeiro: Forense, 2019 (Kindle).

[42] PIOVESAN, Flávia; FACHIN, Melina Girardi; MAZZUOLI, Valério de Oliveira. *Comentários à Convenção Americana sobre Direitos Humanos*. Rio de Janeiro: Forense, 2019 (Kindle).

[43] "Afastada, no presente domínio, a compartimentalização, teórica e estática da doutrina clássica, entre o direito internacional e o direito interno, em nossos dias, com a interação dinâmica entre um e outro neste

A adequação da legislação interna de um Estado-Parte às disposições da Convenção não se dá, na maioria dos casos, de forma automática. O autor Valerio de Oliveira Mazzuoli afirma que há possibilidade de não haver uma compatibilidade imediata entre as normas internas de um Estado-Parte e a Convenção,[44] a qual pode ser violada tanto por omissão legislativa quanto pela presença de uma norma no direito interno que com ela seja incompatível.

A Convenção permite a adaptação posterior, contudo os Estados-Partes têm a obrigação de adequar todo o seu direito interno às disposições da Convenção, o que pode ocorrer pela via legislativa, pela aprovação ou revogação de normas ou até pela declaração de inconstitucionalidade. Esta última hipótese foi o caso da ação em que foi analisada a constitucionalidade do dispositivo que previa a prisão civil por dívida nos contratos de alienação fiduciária em garantia,[45] o qual foi julgado inconstitucional, em 2008, pelo Supremo Tribunal Federal[46] e teve a sua abolição com a edição da Súmula Vinculante 25, de 2009.[47]

Assim, há prevalência das normas internacionais de direitos humanos, desde que mais benéficas, sobre as normas do direito interno.[48] O impacto das sentenças da Corte Interame-

---

âmbito de proteção, é o próprio Direito que se enriquece – e se justifica, – na medida em que cumpre a sua missão última de fazer justiça. No presente contexto, o direito internacional e o direito interno interagem e se auxiliam mutuamente no processo de expansão e fortalecimento do direito de proteção do ser humano. Nestes anos derradeiros a conduzir-nos ao final do século, é alentador constatar que o direito internacional e o direito interno caminham juntos e apontam na mesma direção, coincidindo no propósito básico e último de ambos da proteção do ser humano" (TRINDADE, Antônio Augusto Cançado. Direito internacional e direito interno: sua interação na proteção dos direitos humanos. *Dhnet*, 12.06.1996. Disponível em: http://www.dhnet.org.br/direitos/militantes/cancadotrindade/cancado02.htm. Acesso em: 16.05.2023).

[44] "Mas seria delírio pensar que os Estados, ao ratificarem um tratado internacional de direitos humanos, como o Pacto de San José, já estariam com o seu direito interno totalmente compatibilizado com aquele texto convencional que acabaram de aceitar. Seria mais delírio ainda pensar que, após a assinatura da Convenção, os Estados signatários imediatamente empreendessem todos os esforços no sentido de já elaborar legislação interna garantista do exercício dos direitos e liberdades nela reconhecidos, a qual desde logo ficaria pronta aguardando a ratificação do tratado, o qual entraria, então, em vigor no país já guarnecido de todo o instrumental interno necessário à sua efetiva aplicação" (PIOVESAN, Flávia; FACHIN, Melina Girardi; MAZZUOLI, Valério de Oliveira. *Comentários à Convenção Americana sobre Direitos Humanos*. Rio de Janeiro: Forense, 2019 (Kindle)).

[45] Trata-se da adequação ao artigo 7 da Convenção, que dispõe: "Ninguém deve ser detido por dívidas. Este princípio não limita os mandados de autoridade judiciária competente expedidos em virtude de inadimplemento de obrigação alimentar" (ORGANIZAÇÃO DOS ESTADOS AMERICANOS. *Convenção Americana sobre Direitos Humanos*, 1969. Disponível em: https://www.cidh.oas.org/basicos/portugues/c.convencao_americana.htm. Acesso em: 17.05.2023).

[46] "Prisão civil. Depósito. Depositário infiel. Alienação fiduciária. Decretação da medida coercitiva. Inadmissibilidade absoluta. Insubsistência da previsão constitucional e das normas subalternas. Interpretação do art. 5º, inc. LXVII e §§ 1º, 2º e 3º, da CF, à luz do art. 7º, § 7, da Convenção Americana de Direitos Humanos *(Pacto de San Jose da Costa Rica)*. Recurso improvido. Julgamento conjunto do RE nº 349.703 e dos HCs nº 87.585 e nº 92.566. E ilícita a prisão civil de depositário infiel, qualquer que seja a modalidade do depósito" (STF, Recurso Extraordinário 466.343, Rel. Min. Cezar Peluso, j. 03.12.2008. Disponível em: https://redir.stf.jus.br/paginadorpub/paginador.jsp?docTP=AC&docID=595444. Acesso em: 17.05.2023).

[47] "É ilícita a prisão civil de depositário infiel, qualquer que seja a modalidade do depósito" (STF, Súmula Vinculante 25, publ. *DOU* 23.12.2009. Disponível: https://jurisprudencia.stf.jus.br/pages/search/seq-sumula774/false#:~:text=Enunciado,seja%20ª%20modalidade%20do%20deposito. Acesso em: 16.05.2023).

[48] "Desta forma, de acordo com a sistemática internacional de proteção dos direitos humanos não há falar em qualquer prevalência de uma norma interna – inclusive a Constituição do Estado – sobre uma norma internacional de proteção, seja essa última proveniente do sistema global ou de algum dos sistemas regio-

ricana de Direitos Humanos no direito interno dos Estados pode ser verificado, por exemplo, no caso Barrios Altos, referente ao Peru. A Comissão Interamericana de Direitos Humanos submeteu o litígio, com fundamento nos artigos 1.1 (Obrigação de respeitar os direitos) e 2 (Dever de adotar disposições de direito interno) da Convenção, com o objetivo de que a Corte decidisse se houve violação, por parte do Estado do Peru, dos artigos 4 (Direito à vida), 8 (Garantias judiciais), 13 (Liberdade de pensamento e de expressão) e 25 (Proteção judicial) do referido Estatuto, em razão da promulgação e da aplicação das leis de anistia 26.479 e 26.492. Ao final, a Corte reconheceu[49] a responsabilidade internacional do Estado-Parte e declarou que este descumpriu os artigos 1.1 e 2 da Convenção e que, portanto, as leis de anistia careciam de efeitos jurídicos por serem incompatíveis com a Convenção.

Outro caso que merece destaque é de Suárez Rosero.[50] A Comissão Interamericana demandou a Corte alegando violação, por parte do Equador, com fundamento nos artigos 1.1 (Obrigação de respeitar os direitos), 2 (Dever de adotar disposições de direito interno), 5 (Direito à integridade pessoal), 7 (Direito à liberdade pessoal), 8 (Garantias judiciais) e 25 (Proteção judicial) da Convenção.[51] A Corte entendeu que um dispositivo do Código Penal

---

nais, se mais favorável ao ser humano (princípio *pro homine*). As conquistas já implementadas pelo Direito Internacional dos Direitos Humanos nesse sentido não retrocedem em face de qualquer posicionamento doutrinário ou jurisprudencial em contrário, 9 uma vez que até mesmo a Constituição de um dado Estado é considerada um simples fato diante o sistema internacional de proteção" (PIOVESAN, Flávia; FACHIN, Melina Girardi; MAZZUOLI, Valério de Oliveira. *Comentários à Convenção Americana sobre Direitos Humanos*. Rio de Janeiro: Forense, 2019 (Kindle)).

[49] "42. A Corte, conforme o alegado pela Comissão e não controvertido pelo Estado, considera que as leis de anistia adotadas pelo Peru impediram que os familiares das vítimas e as vítimas sobreviventes no presente caso fossem ouvidas por um juiz, conforme o indicado no artigo 8.1 da Convenção; violaram o direito à proteção judicial, consagrado no artigo 25 da Convenção; impediram a investigação, persecução, captura, julgamento e punição dos responsáveis pelos fatos ocorridos em Barrios Altos, descumprindo o artigo 1.1 da Convenção; e obstruíram o esclarecimento dos fatos do caso. Finalmente, a adoção das leis de autoanistia, incompatíveis com a Convenção, descumpriu a obrigação de adequar o direito interno, consagrada no artigo 2 da mesma. 43. A Corte considera necessário enfatizar que, à luz das obrigações gerais consagradas nos artigos 1.1 e 2 da Convenção Americana, os Estados-Partes têm o dever de tomar providências de todo tipo para que ninguém seja privado da proteção judicial e do exercício do direito a um recurso simples e eficaz, nos termos dos artigos 8 e 25 da Convenção. E por isso que, quando adotam leis que tenham este efeito, como o caso das leis de autoanistia, os Estados-Partes na Convenção incorrem na violação dos artigos 8 e 25, combinados com os artigos 1.1 e 2 da Convenção. As leis de autoanistia conduzem à vulnerabilidade das vítimas e à perpetuação da impunidade, motivo pelo qual são manifestamente incompatíveis com a letra e o espírito da Convenção Americana. Este tipo de lei impede a identificação dos indivíduos responsáveis por violações de direitos humanos, na medida em que obstaculiza a investigação e o acesso à justiça e impede as vítimas e seus familiares de conhecerem a verdade e de receberem a reparação correspondente. 44. Como consequência da manifesta incompatibilidade entre as leis de autoanistia e a Convenção Americana sobre Direitos Humanos, as mencionadas leis carecem de efeitos jurídicos e não podem representar um obstáculo para a investigação dos fatos deste caso, nem para a identificação e punição dos responsáveis, nem podem ter igual ou similar impacto em outros casos ocorridos no Peru relativos à violação dos direitos consagrados na Convenção Americana" (CORTE INTERAMERICANA DE DIREITOS HUMANOS. Sentença de 14 de março de 2001, Barrios Altos *vs.* Peru. Disponível em: https://www.corteidh.or.cr/docs/casos/articulos/Seriec_75_por.doc. Acesso em: 17.05.2023).

[50] CORTE INTERAMERICANA DE DIREITOS HUMANOS. Caso Suárez Rosero *vs.* Equador. Mérito. Sentença de 12 de novembro de 1997. Disponível em: https://www.corteidh.or.cr/docs/casos/articulos/seriec_35_esp.pdf. Acesso em: 17.05.2023.

[51] "A Comissão solicitou à Corte que declare que o Equador violou o artigo 2 da Convenção, por não ter adotado as disposições de direito interno destinadas a tornar efetivos os direitos mencionados e que: a.-

do Equador privava os acusados de tráfico ilegal de entorpecentes da garantia judicial da duração razoável do processo e, portanto, afrontava o artigo 2 da Convenção.

Outra sistemática que instrumentaliza o disposto no artigo 2 da Convenção é o controle de convencionalidade de leis, pois o direito interno pode conter normas que estejam em desacordo com os termos da Convenção e deve haver "o crivo direto de leis internas em face da normatividade internacional dos direitos humanos, na medida em que sua aplicação possa constituir violação de um dos direitos assegurados pelos tratados de direitos humanos".[52]

REFERÊNCIAS

PIOVESAN, Flávia; FACHIN, Melina Girardi; MAZZUOLI, Valério de Oliveira. *Comentários à Convenção Americana sobre Direitos Humanos*. Rio de Janeiro: Forense, 2019 (Kindle).

RAMOS, André de Carvalho. Responsabilidade internacional do Estado por violação dos direitos humanos. *Revista CEJ*, n. 29, p. 53-63, abr.-jun. 2005.

TRINDADE, Antônio Augusto Cançado. Desafios e conquistas do direito internacional dos direitos humanos no início do século XXI. In: MEDEIROS, A. P. Cachapuz (org.). *Desafios do direito internacional contemporâneo*. Brasília: Funag, 2007. p. 207-321.

TRINDADE, Antônio Augusto Cançado. Direito internacional e direito interno: sua interação na proteção dos direitos humanos. *DHnet*, 12.06.1996. Disponível em: http://www.dhnet.org.br/direitos/militantes/cancadotrindade/cancado02.htm. Acesso em: 16.05.2023.

CAPÍTULO II
Direitos Civis e Políticos

Artigo 3
Direito ao reconhecimento da personalidade jurídica

Toda pessoa tem direito ao reconhecimento de sua personalidade jurídica.

 COMENTÁRIOS

por Mauro Pereira Martins

1. INTRODUÇÃO

A Convenção Americana de Direitos Humanos consagra, em seu artigo 3, que *"Toda pessoa tem direito ao reconhecimento de sua personalidade jurídica"*. O direito ao reconhe-

---

deve adotar as medidas necessárias para liberar o senhor Suárez Rosero e garantir um processo exaustivo e diligente em seu caso; b.- deve assegurar que violações como as denunciadas no presente caso não se repetirão no futuro; c.- deve iniciar uma investigação rápida e exaustiva para estabelecer a responsabilidade pelas violações neste caso e punir os responsáveis; e d.- deve reparar o senhor Suárez Rosero pelas consequências das violações cometidas" (CORTE INTERAMERICANA DE DIREITOS HUMANOS. Caso Suárez Rosero *vs.* Equador. Mérito. Sentença de 12 de novembro de 1997. Disponível em: https://www.corteidh.or.cr/docs/casos/articulos/seriec_35_esp.pdf. Acesso em: 17.05.2023).

[52] RAMOS, André de Carvalho. Responsabilidade internacional do Estado por violação dos direitos humanos. *Revista CEJ*, n. 29, abr.-jun. 2005. p. 56.

cimento da personalidade jurídica compreende a capacidade de o indivíduo ser titular de direitos e deveres, bem como gozar do pleno e livre exercício de direitos humanos.

Considerando o relevante papel da Corte Interamericana como legítimo intérprete da Convenção Americana de Direitos Humanos, ambiciona-se enfocar a jurisprudência emblemática da Corte sobre o alcance, as dimensões e a interpretação do direito ao reconhecimento da personalidade jurídica. Também serão analisados os deveres estatais para assegurar o pleno e livre exercício do direito ao reconhecimento da personalidade jurídica, observado o princípio da igualdade e não discriminação. Ao final, serão apontadas as perspectivas do desenvolvimento do *corpus juris interamericano*" relativo ao conteúdo jurídico do direito ao reconhecimento da personalidade jurídica.

2. ALCANCE, DIMENSÕES E INTERPRETAÇÃO DO DIREITO AO RECONHECIMENTO DA PERSONALIDADE JURÍDICA NA JURISPRUDÊNCIA INTERAMERICANA

Para a Corte Interamericana de Direitos Humanos, o direito ao reconhecimento da personalidade jurídica, enunciado no artigo 3 da Convenção Americana de Direitos Humanos, apresenta um conteúdo jurídico próprio, devendo ser interpretado à luz do disposto no artigo XVII da Declaração Americana dos Direitos e Deveres do Homem. Estabelece este preceito: *"Toda pessoa tem direito a ser reconhecida, seja onde for, como pessoa com direitos e obrigações, e a gozar dos direitos civis fundamentais".*

Ao tratar do conteúdo jurídico próprio do direito ao reconhecimento da personalidade jurídica, afirma a Corte Interamericana:

> *"El derecho al reconocimiento de la personalidad jurídica implica la capacidad de ser titular de derechos (capacidad de goce) y de deberes; la violación de aquel reconocimiento supone desconocer en términos absolutos la posibilidad de ser titular de esos derechos y deberes.*
>
> *A ese respecto, la Corte recuerda que, la Convención Interamericana sobre Desaparición Forzada de Personas (1994) no se refiere expresamente a la personalidad jurídica, entre los elementos de tipificación del delito complejo de la desaparición forzada de personas. Naturalmente, la privación arbitraria de la vida suprime a la persona humana, y, por consiguiente, no procede, en esta circunstancia, invocar la supuesta violación del derecho a la personalidad jurídica o de otros derechos consagrados en la Convención Americana. El derecho al reconocimiento de la personalidad jurídica establecido en el artículo 3 de la Convención Americana tiene, al igual que los demás derechos protegidos en la Convención, un contenido jurídico propio."*[53]

Se o alcance do direito ao reconhecimento da personalidade jurídica envolve a capacidade de o indivíduo ser titular de direitos e deveres, por sua vez, implica obrigações jurídicas aos Estados. No âmbito dos direitos humanos, três são os clássicos deveres estatais: respeitar, proteger e implementar direitos.

O dever jurídico de respeitar direitos demanda do Estado a obrigação de não violar direitos humanos. Já o dever jurídico de proteger direitos impõe ao Estado o dever de evitar que terceiros (atores não estatais) violem direitos. O dever jurídico de implementar demanda do Estado o dever de adotar todas as medidas necessárias à plena realização e efetivação do direito.

---

[53] Corte IDH. Caso Bámaca Velásquez *vs.* Guatemala, Sentença de 25 de novembro de 2000, parágrafos 179 e 180.

Em sua jurisprudência, a Corte identificou graves violações de direitos humanos que limitam, restringem ou anulam a personalidade jurídica, tais como a escravidão e o desaparecimento forçado.

Em relação à escravidão, a Corte Interamericana considera dois elementos fundamentais para definir uma situação como escravidão: i) o estado ou a condição de um indivíduo; e ii) o exercício de algum dos atributos do direito de propriedade, isto e, que o escravizador exerça poder ou controle sobre a pessoa escravizada a ponto de anular a personalidade da vítima.[54]

A Corte ressalta que *"uma situação de escravidão representa uma restrição substantiva da personalidade jurídica do ser humano"*, dentre outras violações, dependendo das circunstâncias específicas de cada caso.[55]

Em relação ao desaparecimento forçado, a Corte Interamericana também sustenta que essa grave violação de direitos humanos configura violação específica do direito ao reconhecimento da personalidade jurídica. Enfatiza a Corte:

> *"118. Por otro lado, este Tribunal ha estimado que, en casos de desaparición forzada, atendiendo al carácter múltiple y complejo de esta grave violación de derechos humanos, su ejecución puede conllevar la vulneración específica del derecho al reconocimiento de la personalidad jurídica, debido a que la consecuencia de la negativa a reconocer la privación de libertad o paradero de la persona es, en conjunto con los otros elementos de la desaparición, la 'sustracción de la protección de la ley' o bien la vulneración de la seguridad personal y jurídica del individuo que impide directamente el reconocimiento de la personalidad jurídica.*
>
> *119. En tal sentido, la Corte ha considerado que el contenido propio del derecho al reconocimiento de la personalidad jurídica es que, precisamente, se reconozca a la persona, en cualquier parte como sujeto de derechos y obligaciones, y que pueda ésta gozar de los derechos civiles fundamentales, lo cual implica la capacidad de ser titular de derechos (capacidad y goce) y de deberes; la violación de aquel reconocimiento supone desconocer en términos absolutos la posibilidad de ser titular de los derechos y deberes civiles y fundamentales. Más allá de que la persona desaparecida no pueda continuar gozando y ejerciendo otros, y eventualmente todos, los derechos de los cuales también es titular, su desaparición busca no sólo una de las más graves formas de sustracción de una persona de todo ámbito del ordenamiento jurídico, sino también negar su existencia misma y dejarla en una suerte de limbo o situación de indeterminación jurídica ante la sociedad y el Estado."*[56]

Ademais, realça a Corte, nos casos de desaparecimento forçado, seu caráter múltiplo e complexo, ao excluir a pessoa de todo o âmbito do ordenamento jurídico, negando sua existência, deixando-a em uma situação de indeterminação jurídica perante o Estado, a sociedade e a comunidade internacional. Para a Corte, o desaparecimento forçado é uma das mais graves formas de violação das obrigações estatais de respeitar e garantir os direitos humanos, resultando na violação específica do direito ao reconhecimento da personalidade jurídica. Nesse sentido, sustenta a Corte Interamericana:

---

[54] Corte IDH. Caso Trabalhadores da Fazenda Brasil Verde. Sentença de 20 de outubro de 2016, parágrafo 269.

[55] Corte IDH. Caso Trabalhadores da Fazenda Brasil Verde. Sentença de 20 de outubro de 2016, parágrafo 273. Ver também, sobre escravidão sexual, caso Lopez Soto y otros, sentença de 26 de setembro de 2018.

[56] Corte IDH. Caso Masacres de Rio Negro *vs.* Guatemala, sentença de 4 de setembro de 2012, parágrafos 118-119.

> *"90. Ciertamente el contenido jurídico de ese derecho ha sido desarrollado en la juris-prudencia en casos que involucran violaciones de derechos humanos de entidad diferente a la desaparición forzada de personas, puesto que en la mayoría de este tipo de casos el Tribunal ha estimado que no correspondía analizar la violación del artículo 3 de la Convención, por no haber hechos que así lo ameritaran. (...) No obstante, dado el carácter múltiple y complejo de esta grave violación de derechos humanos, el Tribunal reconsidera su posición anterior y estima posible que, en casos de esta naturaleza, la desaparición forzada puede conllevar una violación específica del referido derecho: más allá de que la persona desaparecida no pueda continuar gozando y ejerciendo otros, y eventualmente todos, los derechos de los cuales también es titular, su desaparición busca no sólo una de las más graves formas de sustracción de una persona de todo ámbito del ordenamiento jurídico, sino también negar su existencia misma y dejarla en una suerte de limbo o situación de indeterminación jurídica ante la sociedad, el Estado e inclusive la comunidad internacional.*
>
> *91. De este modo, la Corte tiene presente que una de las características de la desaparición forzada, a diferencia de la ejecución extrajudicial, es que conlleva la negativa del Estado de reconocer que la víctima esta bajo su control y de proporcionar información al respecto, con el propósito de generar incertidumbre acerca de su paradero, vida o muerte, de provocar intimidación y supresión de derechos (supra párrs. 60 y 80).*
>
> *92. Varios instrumentos internacionales reconocen la posible violación de ese derecho en este tipo de casos, al relacionarlo con la consecuente sustracción de la protección de la ley que sufre el individuo, a raíz de su secuestro o privación de la libertad y posterior negativa o falta de información por parte de autoridades estatales. En efecto, esta relación surge de la evolución del corpus iuris internacional específico relativo a la prohibición de las desapariciones forzadas.*
>
> *(...)*
>
> *101. En consideración de lo anterior, la Corte estima que en casos de desaparición forzada de personas se deja a la víctima en una situación de indeterminación jurídica que imposibilita, obstaculiza o anula la posibilidad de la persona de ser titular o ejercer en forma efectiva sus derechos en general, en una de las más graves formas de incumplimiento de las obligaciones estatales de respetar y garantizar los derechos humanos. Esto se tradujo en una violación del derecho al reconocimiento de la personalidad jurídica del señor Anzualdo Castro."*[57]

A jurisprudência interamericana considera os centros clandestinos de detenção uma violação de direitos humanos em si mesma, como ainda uma violação da garantia de outros direitos humanos, dentre os quais o direito ao reconhecimento da personalidade jurídica. A respeito, enfatiza a Corte:

> *"63. En este sentido, el deber de prevención abarca todas aquellas medidas de carácter jurídico, político, administrativo y cultural que promuevan la salvaguarda de los derechos humanos. Así, la privación de libertad en centros legalmente reconocidos y la existencia de registros de detenidos, constituyen salvaguardas fundamentales, inter alia, contra la desaparición forzada. A contrario sensu la puesta en funcionamiento y el mantenimiento de centros clandestinos de detención configura per se una falta a la obligación de garantía, por atentar directamente contra los derechos a la libertad personal, integridad personal, vida y personalidad jurídica."*[58]

---

[57]   Corte IDH. Caso Anzualdo Castro *vs.* Peru, sentença de 22 de setembro de 2009, parágrafos 90-93 e 101.

[58]   Corte IDH. Caso Ibsen Cardenas e Ibsen Peña *vs.* Bolívia, sentença de 1º de setembro de 2010, parágrafo 63. No mesmo sentido: caso Gomes Lund e outros ("Guerrilha do Araguaia") *vs.* Brasil, sentença de 24 de

Para a jurisprudência interamericana, há o dever estatal de proteção reforçada do direito ao reconhecimento da personalidade jurídica no tocante às pessoas em situação de maior vulnerabilidade, considerando o princípio da igualdade perante a lei. Destaca a Corte Interamericana que o conteúdo jurídico do artigo 3 da Convenção Americana se torna mais amplo no que se refere a pessoas em situação de vulnerabilidade, marginalização e discriminação, demandando do Estado o dever de proteção reforçada. Nesse sentido, sustenta a Corte:

> *"87. En cuanto a la alegada violación del artículo 3 de la Convención (...), la Corte ha considerado que el contenido propio del derecho al reconocimiento de la personalidad jurídica es que se reconozca a la persona en cualquier parte como sujeto de derechos y obligaciones, y a gozar de los derechos civiles fundamentales[, lo cual] implica la capacidad de ser titular de derechos (capacidad y goce) y de deberes; la violación de aquel reconocimiento supone desconocer en términos absolutos la posibilidad de ser titular de [los] derechos y deberes [civiles y fundamentales].*
>
> *88. Este derecho representa un parámetro para determinar si una persona es titular o no de los derechos de que se trate, y si los puede ejercer, por lo que desconocer aquel reconocimiento hace al individuo vulnerable frente al Estado o particulares. De este modo, el contenido del derecho al reconocimiento de la personalidad jurídica refiere al correlativo deber general del Estado de procurar los medios y condiciones jurídicas para que ese derecho pueda ser ejercido libre y plenamente por sus titulares.*
>
> *89. Sin embargo, en aplicación del principio de efecto útil y de las necesidades de protección en casos de personas y grupos en situación de vulnerabilidad, este Tribunal ha observado el contenido jurídico más amplio de este derecho, al estimar que el Estado se encuentra especialmente 'obligado a garantizar a aquellas personas en situación de vulnerabilidad, marginalización y discriminación, las condiciones jurídicas y administrativas que les aseguren el ejercicio de este derecho, en atención al principio de igualdad ante la ley' (...)."*[59]

Ademais, a Corte Interamericana já enfatizou que todos são sujeitos de direitos e titulares de direitos inalienáveis e inerentes à pessoa humana. Esclareceu, todavia, que exercício pleno de direitos pode depender da capacidade jurídica, por exemplo, do alcance da maioridade civil.

> *"La mayoría de edad conlleva la posibilidad de ejercicio pleno de los derechos, también conocida como capacidad de actuar. Esto significa que la persona puede ejercitar en forma personal y directa sus derechos subjetivos, así como asumir plenamente obligaciones jurídicas y realizar otros actos de naturaleza personal o patrimonial. No todos poseen esta capacidad: carecen de ésta, en gran medida, los niños. Los incapaces se hallan sujetos a la autoridad parental, o en su defecto, a la tutela o representación. Pero todos son sujetos de derechos, titulares de derechos inalienables e inherentes a la persona humana."*[60]

A jurisprudência interamericana ainda realça que a falta de reconhecimento da personalidade fere a dignidade humana, como se observa na situação de apatridia. A ausência de reconhecimento de personalidade jurídica por negação de nacionalidade a uma pessoa apátrida resulta, por sua vez, na negação absoluta da condição de sujeito de direitos, lançando

---

novembro de 2010, parágrafo 106; caso Gelman *vs.* Uruguai, sentença de 24 de fevereiro de 2011, parágrafo 77.

[59] Corte IDH. Caso Anzualdo Castro *vs.* Peru, sentença de 22 de setembro de 2009, parágrafos 87-89.

[60] Corte IDH. Opinião Consultiva OC-17/2002, de 28 de agosto de 2002. Condição Jurídica e Direitos Humanos da Criança, parágrafo 41.

a pessoa apátrida em uma situação de vulnerabilidade decorrente da não observância de direitos por parte do Estado e de particulares. Para a Corte Interamericana:

> *"178. Una persona apátrida, ex definitione, no tiene personalidad jurídica reconocida, ya que no ha establecido un vínculo jurídico-político con ningún Estado, por lo que la nacionalidad es un prerrequisito del reconocimiento de la personalidad jurídica.*
>
> *179. La Corte estima que la falta del reconocimiento de la personalidad jurídica lesiona la dignidad humana, ya que niega de forma absoluta su condición de sujeto de derechos y hace al individuo vulnerable frente a la no observancia de sus derechos por el Estado o por particulares."*[61]

Em relação a povos indígenas, a jurisprudência interamericana sustenta que o reconhecimento da personalidade jurídica viabiliza o exercício e gozo de seus direitos como comunidade tradicional. Para a Corte, há o dever do Estado de adotar todos os meios para que o direito ao reconhecimento da personalidade jurídica possa ser exercido por seus titulares. Uma vez mais, a Corte endossa o dever estatal de prover a proteção reforçada aos grupos em especial situação de vulnerabilidade, marginalização e discriminação – como é o caso dos povos indígenas. Nesse sentido, afirma a Corte Interamericana:

> *"188. El derecho al reconocimiento de la personalidad jurídica representa un parámetro para determinar si una persona es titular o no de los derechos de que se trate, y si los puede ejercer. La violación de aquel reconocimiento supone desconocer en términos absolutos la posibilidad de ser titular de esos derechos y contraer obligaciones, y hace al individuo vulnerable frente a la no observancia de los mismos por parte del Estado o de particulares.*
>
> *189. Es deber del Estado procurar los medios y condiciones jurídicas en general, para que el derecho al reconocimiento de la personalidad jurídica pueda ser ejercido por sus titulares. En especial, el Estado se encuentra obligado a garantizar a aquellas personas en situación de vulnerabilidad, marginalización y discriminación, las condiciones jurídicas y administrativas que les aseguren el ejercicio de este derecho, en atención al principio de igualdad ante la ley.*
>
> *190. En el presente caso, la Corte ha tenido por demostrado que 18 de los 19 miembros de la Comunidad Sawhoyamaxa que fallecieron como consecuencia del incumplimiento por parte del Estado de su deber de prevención de su derecho a la vida (...), no contaron con registros de su nacimiento y defunción, ni con algún otro documento proveído por el Estado capaz de demostrar su existencia e identidad.*
>
> *191. Igualmente, se desprende de los hechos que los miembros de la Comunidad viven en condiciones de extremo riesgo y vulnerabilidad, por lo que tienen serios impedimentos económicos y geográficos para obtener el debido registro de nacimientos y defunciones, así como otros documentos de identidad. (...)*
>
> *192. Los miembros de la Comunidad mencionados anteriormente han permanecido en un limbo legal en que, si bien nacieron y murieron en el Paraguay, su existencia misma e identidad nunca estuvo jurídicamente reconocida, es decir, no tenían personalidad jurídica."*[62]

---

[61]   Corte IDH. Caso das crianças Yean e Bosico *vs.* República Dominicana, sentença de 8 de setembro de 2005, parágrafos 177-179. Ver também: caso de Personas dominicanas y haitianas expulsadas *vs.* República Dominicana, sentença de 28 de agosto de 2014, parágrafos 265-268.

[62]   Corte IDH. Caso da Comunidade Indígena Sawhoyamaxa *vs.* Paraguay, sentença de 29 de março de 2006, parágrafos 188-189, 192.

No caso do Povo Saramaka *vs.* Suriname, a Corte Interamericana analisou se o direito a ser reconhecido legalmente como sujeito de direitos e obrigações poderia ser aplicado àquele povo indígena como grupo e coletividade, e não apenas como indivíduos singularmente considerados. Destacou que o reconhecimento da personalidade jurídica é uma forma de assegurar à coletividade o direito ao pleno exercício e gozo de seus direitos, como o direito de propriedade, em conformidade com o regime tradicional e comunitário, assim como o direito a igual proteção judicial contra violação a esse direito.[63] Nesse contexto, observou a Corte que o direito ao reconhecimento de personalidade jurídica não se limita aos membros individuais da comunidade ou povo indígena, sendo necessário o reconhecimento da personalidade jurídica dos povos indígenas para viabilizar o pleno exercício de seus direitos como comunidade, em especial o direito de propriedade dos povos indígenas para usufruir coletivamente de suas terras, de acordo com seus costumes e suas tradições ancestrais. Sustentou a Corte Interamericana:

> *"171. El reconocimiento de su personalidad jurídica es un modo, aunque no sea el único, de asegurar que la comunidad, en su conjunto, podrá gozar y ejercer plenamente el derecho a la propiedad, de conformidad con su sistema de propiedad comunal, así como el derecho a igual protección judicial contra toda violación de dicho derecho.*
>
> *172. La Corte considera que el derecho a que el Estado reconozca su personalidad jurídica es una de las medidas especiales que se debe proporcionar a los grupos indígenas y tribales a fin de garantizar que éstos puedan gozar de sus territorios según sus tradiciones. Ésta es la consecuencia natural del reconocimiento del derecho que tienen los miembros de los grupos indígenas y tribales a gozar de ciertos derechos de forma comunitaria.*
>
> *173. En este caso, el Estado no reconoce que el pueblo Saramaka pueda gozar y ejercer los derechos de propiedad como una comunidad. Asimismo, la Corte observa que se le ha negado a otras comunidades en Surinam el derecho de solicitar protección judicial contra presuntas violaciones de su derecho a la propiedad colectiva, precisamente porque un juez considero que esa comunidad no tenía la capacidad legal necesaria para solicitar dicha protección. Esto sitúa al pueblo Saramaka en una situación vulnerable donde los derechos a la propiedad individual pueden triunfar sobre los derechos a la propiedad comunal, y donde el pueblo Saramaka no pueda solicitar, como personalidad jurídica, protección judicial en contra de las violaciones a sus derechos de propiedad reconocidos en el artículo 21 de la Convención.*
>
> *174. En conclusión, el pueblo Saramaka es una entidad tribal distintiva que se encuentra en una situación de vulnerabilidad, tanto respecto del Estado así como de terceras partes privadas, en tanto que carecen de capacidad jurídica para gozar, colectivamente, del derecho a la propiedad y para reclamar la presunta violación de dicho derecho ante los tribunales internos. La Corte considera que el Estado debe reconocer a los integrantes del pueblo Saramaka dicha capacidad para ejercer plenamente estos derechos de manera colectiva. Esto puede lograrse mediante la adopción de medidas legislativas o de otra índole que reconozcan y tomen en cuenta el modo particular en que el pueblo Saramaka se percibe como colectivamente capaz de ejercer y gozar del derecho a la propiedad. Por tanto, el Estado debe establecer las condiciones judiciales y administrativas necesarias para garantizar la posibilidad de reconocimiento de su personalidad jurídica, a través de la realización de consultas con el pueblo Saramaka, con pleno respeto a sus costumbres y tradiciones, y con el objeto de asegurarle el uso y goce de su territorio de conformidad con su sistema de propiedad comunal, así como del derecho de acceso a la justicia e igualdad ante la ley."[64]*

---

[63] Corte IDH. Caso do Povo Saramaka *vs.* Suriname, sentença de 28 de novembro de 2007, parágrafos 166-175.

[64] Corte IDH. Caso do Povo Saramaka *vs.* Suriname, sentença de 28 de novembro de 2007, parágrafos 171-174.

Para a jurisprudência da Corte Interamericana, o direito ao reconhecimento da personalidade jurídica em relação aos povos indígenas como sujeito coletivo de Direito Internacional constitui ainda medida especial para pleno exercício de outros direitos humanos. No entender da Corte, o reconhecimento da personalidade jurídica de povos indígenas e tribais é condição para o exercício de demais direitos, como o direito à propriedade coletiva, observadas suas tradições, costumes e modos de organização comunitária. Nessa direção, afirma a Corte:

> *"153. Debe destacarse que la garantía adecuada de la propiedad comunitaria no implica solo su reconocimiento nominal, sino que comporta la observancia y respeto de la autonomía y autodeterminación de las comunidades indígenas sobre sus tierras.*
>
> *154. Sobre lo anterior, es preciso recordar que 'la normativa internacional relativa a pueblos y comunidades indígenas o tribales reconoce derechos a los pueblos como sujetos colectivos del Derecho Internacional y no únicamente a sus miembros[; (...)] los pueblos y comunidades indígenas o tribales, cohesionados por sus particulares formas de vida e identidad, ejercen algunos derechos reconocidos por la Convención desde una dimensión colectiva', entre ellos, el derecho de propiedad de la tierra. Al respecto, la Corte ha señalado el derecho a la autodeterminación de los pueblos indígenas respecto a la 'disposición libre (...) de sus riquezas y recursos naturales', la que es necesaria para no verse privados de 'sus propios medios de subsistencia'. Se ha indicado ya que el derecho de propiedad comunitaria debe ser observado de modo de garantizar el control por parte de los pueblos indígenas de los recursos naturales del territorio, así como su estilo de vida (supra párr. 94). En ese sentido, tanto el Convenio 169, como la Declaración de las Naciones Unidas sobre Derechos de los Pueblos Indígenas, reconocen titularidad de derechos humanos a pueblos indígenas. La Declaración Americana sobre Derechos de los Pueblos Indígenas, en sus artículos VI y IX, respectivamente, preceptúa el deber estatal de reconocer 'el derecho de los pueblos indígenas a su actuar colectivo', y 'la personalidad jurídica de los pueblos indígenas, respetando las formas de organización indígenas y promoviendo el ejercicio pleno de los derechos reconocidos en esta Declaración'.*
>
> *155. Lo dicho es relevante, pues la Corte ha expresado que 'el derecho a que el Estado reconozca [la] personalidad jurídica es una de las medidas especiales que se debe proporcionar a los grupos indígenas y tribales a fin de garantizar que éstos puedan gozar de sus territorios según sus tradiciones'. A tal efecto, la personalidad jurídica debe ser reconocida a las comunidades de modo que posibilite la adopción de decisiones sobre la tierra conforme a sus tradiciones y modos de organización."*[65]

Por fim, cabe destaque à Opinião Consultiva OC-24/17, de 24 de novembro de 2017, a respeito de identidade de gênero, igualdade e não discriminação a casais do mesmo sexo, em que a Corte Interamericana ressalta a estreita relação entre o direito ao reconhecimento da personalidade jurídica e o direito à identidade de gênero. Sustenta a Corte:

> *"98. Visto lo anterior, esta Corte entiende que la identidad de género es un elemento constitutivo y constituyente de la identidad de las personas, en consecuencia, su reconocimiento por parte del Estado resulta de vital importancia para garantizar el pleno goce de los derechos humanos de las personas transgénero, incluyendo la protección contra la violencia, tortura, malos tratos, derecho a la salud, a la educación, empleo, vivienda, acceso a la seguridad social, asi como el derecho a la libertad de expresión, y de asociación. Sobre este punto, esta Corte señaló, en los mismos términos que la Asamblea General de la Organización de Estados Americanos, 'que el reconocimiento*

---

[65]   Corte IDH. Caso Comunidades indígenas miembros de la Asociacion Lhaka Honhat (Nuestra Tierra) *vs.* Argentina, sentença de 6 de fevereiro de 2020, parágrafos 153-155.

de la identidad de las personas es uno de los medios [que] facilita el ejercicio de los derechos a la personalidad jurídica, al nombre, a la nacionalidad, a la inscripción en el registro civil, a las relaciones familiares, entre otros derechos reconocidos en instrumentos internacionales como la Declaración Americana de los Derechos y Deberes del Hombre y la Convención Americana'. Por tanto, la falta de reconocimiento de la identidad puede implicar que la persona no cuente con constancia legal de su existencia, dificultando el pleno ejercicio de sus derechos.

(...)

103. Esta Corte ha señalado, en lo que respecta al derecho a la personalidad jurídica, protegido en el artículo 3 de la Convención Americana, que el reconocimiento de ese derecho determina la existencia efectiva de sus titulares ante la sociedad y el Estado, lo que le permite gozar de derechos, ejercerlos y tener capacidad de actuar, lo cual constituye un derecho inherente al ser humano, que no puede ser en ningún momento derogado por el Estado de conformidad con la Convención Americana. En atención a ello, necesariamente el Estado debe respetar y procurar los medios y condiciones jurídicas para que el derecho al reconocimiento de la personalidad jurídica pueda ser ejercido libre y plenamente por sus titulares. La falta del reconocimiento de la personalidad jurídica lesiona la dignidad humana, ya que niega de forma absoluta su condición de sujeto de derechos y hace a la persona vulnerable frente a la no observancia de sus derechos por el Estado o por particulares. Asimismo, su falta de reconocimiento supone desconocer la posibilidad de ser titular de derechos, lo cual conlleva la imposibilidad efectiva de ejercitar de forma personal y directa los derechos subjetivos, así como asumir plenamente obligaciones jurídicas y realizar otros actos de naturaleza personal o patrimonial.

104. Con relación a la identidad de género y sexual, lo anterior implica que las personas en su diversidad de orientaciones sexuales, identidades y expresiones de género deben poder disfrutar de su capacidad jurídica en todos los aspectos de la vida. Ello por cuanto la orientación sexual o identidad de género que cada persona defina para sí, es esencial para su personalidad y constituye uno de los aspectos fundamentales de su autodeterminación, su dignidad y su libertad. Sin embargo, el derecho a la personalidad jurídica no se reduce únicamente a la capacidad de la persona humana a ingresar al tráfico jurídico y ser titular de derechos y obligaciones sino que comprende, además, la posibilidad de que todo ser humano posea, por el simple hecho de existir e independientemente de su condición, determinados atributos que constituyen la esencia de su personalidad jurídica e individualidad como sujeto de derecho. Por tanto, existe una relación estrecha entre por un lado el reconocimiento de la personalidad jurídica y, por otro, los atributos jurídicos inherentes a la persona humana que la distinguen, identifican y singularizan.”

3. PERSPECTIVAS DO *"CORPUS JURIS INTERAMERICANO"* RELATIVO AO DIREITO AO RECONHECIMENTO DA PERSONALIDADE JURÍDICA

Ao analisar o desenvolvimento do *"corpus juris interamericano"* relativo ao direito ao reconhecimento da personalidade jurídica consagrado no artigo 3 da Convenção Americana de Direitos Humanos, três são as conclusões centrais deste estudo.

A primeira conclusão é de que a jurisprudência interamericana atribui a esse direito um conteúdo jurídico próprio, ao identificar seu alcance, seus elementos e suas dimensões. Para a Corte, o direito ao reconhecimento da personalidade jurídica deve ser interpretado à luz do disposto no artigo XVII da Declaração Americana dos Direitos e Deveres do Homem, ao enunciar que *"Toda pessoa tem direito a ser reconhecida, seja onde for, como pessoa com direitos e obrigações, e a gozar dos direitos civis fundamentais"*. O direito ao reconhecimento da personalidade jurídica compreende a capacidade de o indivíduo ser titular de direitos e deveres, bem como gozar do pleno e livre exercício de direitos humanos. Se o direito ao reconhecimento da personalidade jurídica envolve a capacidade de o indivíduo ser titular de direitos e deveres, por sua vez, implica obrigações jurídicas aos Estados, com destaque aos deveres de respeitar, proteger e implementar direitos.

A segunda conclusão é de que a jurisprudência interamericana aponta a graves violações de direitos humanos que limitam, restringem ou anulam a personalidade jurídica, com ênfase às gravíssimas violações relativas à escravidão e ao desaparecimento forçado.

A terceira conclusão é de que, para a jurisprudência interamericana, surge o dever estatal de proteção reforçada do direito ao reconhecimento da personalidade jurídica no tocante às pessoas em situação de maior vulnerabilidade, considerando o princípio da igualdade perante a lei. Destaca a Corte Interamericana que o conteúdo jurídico do artigo 3 da Convenção Americana se torna mais amplo no que se refere a pessoas em situação de vulnerabilidade, marginalização e discriminação, demandando do Estado o dever de proteção reforçada, como revela, a título ilustrativo, a jurisprudência interamericana referente à situação dos apátridas e dos povos indígenas.

Por fim, a Corte Interamericana enfatiza que todos são sujeitos de direitos e titulares de direitos inalienáveis e inerentes à pessoa humana, sendo o direito ao reconhecimento da personalidade jurídica um direito em si mesmo, mas também condição para o exercício de demais direitos humanos.

REFERÊNCIAS

BRASIL. Supremo Tribunal Federal (STF). *Convenção Americana sobre Direitos Humanos*: anotada com a jurisprudência do Supremo Tribunal Federal e da Corte Interamericana de Direitos Humanos. 2. ed. Brasília: STF/Secretaria de Altos Estudos, Pesquisas e Gestão da Informação, 2022.

CORTE INTERAMERICANA DE DERECHOS HUMANOS. *Digesto Themis*. Disponível em: https://www.corteidh.or.cr/cf/themis/digesto/digesto.cfm.

CORTE INTERAMERICANA DE DIREITOS HUMANOS. *Buscador de jurisprudência*. Disponível em: https://www.corteidh.or.cr/jurisprudencia-search.cfm.

MÉXICO. Suprema Corte de Justicia de la Nación. *Buscador de la Corte Interamericana de Derechos Humanos*. Disponível em: https://corteidh.scjn.gob.mx/buscador/.

Artigo 4
Direito à vida

1. Toda pessoa tem o direito de que se respeite sua vida. Esse direito deve ser protegido pela lei e, em geral, desde o momento da concepção. Ninguém pode ser privado da vida arbitrariamente.

2. Nos países que não houverem abolido a pena de morte, esta só poderá ser imposta pelos delitos mais graves, em cumprimento de sentença final de tribunal competente e em conformidade com lei que estabeleça tal pena, promulgada antes de haver o delito sido cometido. Tampouco se estenderá sua aplicação a delitos aos quais não se aplique atualmente.

3. Não se pode restabelecer a pena de morte nos Estados que a hajam abolido.

4. Em nenhum caso pode a pena de morte ser aplicada por delitos políticos, nem por delitos comuns conexos com delitos políticos.

5. Não se deve impor a pena de morte a pessoa que, no momento da perpetração do delito, for menor de dezoito anos, ou maior de setenta, nem aplicá-la a mulher em estado de gravidez.

6. Toda pessoa condenada à morte tem direito a solicitar anistia, indulto ou comutação da pena, os quais podem ser concedidos em todos os casos. Não se pode executar a pena de morte enquanto o pedido estiver pendente de decisão ante a autoridade competente.

 COMENTÁRIOS

por Luís Roberto Barroso e Patrícia Perrone Campos Mello

INTRODUÇÃO

De acordo com a Organização para a Cooperação e Desenvolvimento Econômico (OCDE), a América Latina apresenta altíssimos níveis de desigualdade social.[66] Além disso – ou talvez por isso mesmo –, é a região mais violenta do mundo, reunindo todo tipo de violações à vida e à integridade física das pessoas, bem como as mais altas taxas de homicídio,[67] situação que produz grave impacto sobre seu desenvolvimento econômico, social e institucional. Estima-se que o custo do crime e da violência na região corresponda a 3,5% de seu produto interno bruto.[68] Em tal contexto, a proteção do direito à vida adquire especial relevância, estando regulada no artigo 4 da Convenção Americana de Direitos Humanos (CADH, Convenção Americana, Convenção), por meio de seis enunciados.

O artigo 4.1 da CADH estabelece uma dupla proteção. Do ponto de vista *substantivo*, tutela o direito à vida, prevendo que deve ser protegido pelas leis dos respectivos Estados, "em geral" desde a concepção.[69] Do ponto de vista *processual*, determina que eventual restrição a tal direito não pode ser arbitrária e, portanto, deve observar o devido processo legal. Em tais termos, atribui aos Estados uma *obrigação negativa* – de não violar tal direito –, assim como uma *obrigação positiva* – de assegurar a sua proteção por meio das leis e instituições.

Os artigos 4.2 a 4.6 da CADH, por seu turno, tratam da pena de morte nos Estados--membros. Embora a Convenção não a vede, suas normas determinam a excepcionalidade de tal sanção, bem como apontam no sentido da sua progressiva abolição. Nessa linha, im-

---

[66] OECD et al. *Latin American Economic Outlook 2021*: Working Together for a Better Recovery. Paris: OECD Publishing, 2021. p. 27.

[67] Os Estados latino-americanos com maiores índices de homicídio são Venezuela (50 homicídios a cada 100.000 habitantes), Jamaica (45/100.000), Trinidad e Tobago (39/100.000), El Salvador (37/100.000), Honduras (36/100.000), seguidos por Colômbia (22.64/100.000) e Brasil (22.45/100.000) (OECD et al. *Latin American Economic Outlook 2021*: Working Together for a Better Recovery. Paris: OECD Publishing, 2021. p. 160-161).

[68] OECD et al. *Latin American Economic Outlook 2021*: Working Together for a Better Recovery. Paris: OECD Publishing, 2021. p. 160-161.

[69] Sobre o alcance e a intensidade da proteção da vida desde a concepção, v. comentários desenvolvidos no item 2.2 abaixo.

pedem o restabelecimento da pena de morte nos Estados que a hajam abolido, bem como vedam a sua previsão para os crimes aos quais não era cominada no momento da adesão de tais aos Estados ao tratado. Além disso, proíbem sua aplicação para delitos políticos, para delitos conexos aos delitos políticos, bem como em desfavor de menores de 18 anos, mulheres grávidas e pessoas maiores de 70 anos. Asseguram, ainda, o direito do condenado à pena de morte a requerer anistia, indulto ou comutação de pena, vedando sua execução enquanto o requerimento estiver pendente de apreciação.

De fato, a maior parte dos Estados da América Latina optou pela abolição da pena de morte.[70] Por essa razão, os demais casos em que está em jogo o direito à vida (diversos da pena de morte) são os que predominam na jurisprudência da Corte Interamericana de Direitos Humanos (Corte IDH, Corte, Corte Interamericana).[71] Atento a tal realidade, estes comentários abordam o tema da seguinte forma. Em uma primeira parte, traz uma breve síntese sobre a jurisprudência construída pela Corte IDH, quanto à *pena de morte*. Em uma segunda parte, trata dos demais debates travados em torno do direito à vida em sua jurisprudência, dividindo-os em decisões voltadas à proteção da *vida biológica* (ou da vida como existência material), da *vida digna* (ou das condições para desfrutar de uma vida plena) e do *modo de vida* (correspondente a determinado modo de viver e estar no mundo) – todas elas concepções inferidas de seus julgados.

PARTE I
JURISPRUDÊNCIA SOBRE A PENA DE MORTE

São quatro as diferentes atitudes com relação à pena de morte entre os Estados que subscreveram a Convenção Americana. Há, em primeiro lugar, os países que a aboliram para todos os crimes, que correspondem a maioria.[72] Em segundo lugar, os países que a suprimiram para crimes comuns, como é o caso do Brasil, do Chile, de El Salvador, da Guatemala e do Peru.[73] Há o caso de abolição da pena de morte na prática, apesar da manutenção de sua

---

[70]   Entre os Estados da América Latina e Caribe classificados como abolicionistas estão: Argentina, Bolívia, Colômbia, Costa Rica, Equador, Haiti, Honduras, México, Nicarágua, Panamá, Paraguai, República Dominicana, Uruguai, Venezuela. Para uma classificação extensa em âmbito global, v. AMNESTY INTERNATIONAL. *Death Sentences and Executions 2021*: Global Report. London: Amnesty International Ltd, 2022. p. 62-63.

[71]   CORTE IDH. *Cuadernillo de Jurisprudencia de la Corte Interamericana de Derechos Humanos No. 1*: Pena de muerte. San José: Corte Interamericana de Derechos Humanos y Cooperación Alemana (GIZ), 2022; CORTE IDH. *Caderno de Jurisprudência da Corte Interamericana de Direitos Humanos No. 4: direitos humanos das mulheres*. San José: Corte Interamericana de Direitos Humanos, 2022; CORTE IDH. *Cuadernillo de Jurisprudencia de la Corte Interamericana de Derechos Humanos No. 5*: niños, niñas y adolescentes. San José: Corte Interamericana de Derechos Humanos, 2021; CORTE IDH. *Cuadernillo de Jurisprudencia de la Corte Interamericana de Derechos Humanos No. 6*: desaparición forzada. San José: Corte Interamericana de Derechos Humanos y Cooperación Alemana (GIZ), 2022; CORTE IDH. *Cuadernillo de Jurisprudencia de la Corte Interamericana de Derechos Humanos No. 9*: personas privadas de libertad. San José: Corte Interamericana de Derechos Humanos, 2022; SUPREMO TRIBUNAL FEDERAL (STF). *Convención Americana sobre Direitos Humanos*: anotada com a jurisprudência do Supremo Tribunal Federal e da Corte Interamericana de Direitos Humanos. 2. ed. Brasília: Secretaria de Altos Estudos, Pesquisas e Gestão da Informação, 2022.

[72]   AMNESTY INTERNATIONAL. *Death Sentences and Executions 2021*: Global Report. London: Amnesty International Ltd, 2022. p. 62-63.

[73]   Sobre a evolução constitucional da pena de morte no Brasil, v. BARROSO, Luís Roberto. *Curso de Direito Constitucional Contemporâneo*: os conceitos fundamentais e a construção do novo modelo. 10. ed. São Paulo: Saraiva, 2022. p. 587-588.

previsão, situação de Granada, em que a sanção não é aplicada há pelo menos 10 anos. Por fim, há os Estados em que a pena foi mantida, de modo geral de colonização anglo-saxã, de que são exemplos Barbados, Dominica, Jamaica e Trinidad e Tobago.[74] É sobretudo com relação aos últimos que ainda se debatem as condições de legitimidade da pena de morte na região.

Sobre a matéria, a Corte Interamericana já decidiu que a pena de morte deve se aplicar apenas aos *crimes mais graves*, vedada sua incidência sobre crimes políticos e conexos, e asseguradas todas as *garantias processuais e de defesa* de forma ampla. Também já observou que a sanção será ilegítima quando a lei não prever a possibilidade de *gradação da punição* com base na culpabilidade ou nas circunstâncias individuais do agente. Ademais, determinou que, em sua interpretação e aplicação, incide o *princípio "pro persona"*, devendo-se assegurar ao acusado o entendimento menos gravoso sobre seu cabimento e alcance.[75]

Com base nos aludidos critérios, a Corte IDH condenou a aplicação de tal pena, pelo Estado de Barbados, para o delito de sequestro simples, observando que a desconsideração do contexto, do nível de participação do réu e das circunstâncias atenuantes, tal como ocorrido, implicava promover uma implementação cega da penalidade, sem considerar o acusado como indivíduo, mas, sim, como um "membro indiferenciado de uma massa".[76] Além disso, considerou ilegítima a aplicação da pena de morte no Estado da Guatemala, para crime de denominação idêntica àquela a que a pena já se aplicava quando da sua adesão à CADH, mas com tipicidade mais abrangente do que a anterior. De acordo com a decisão, a incidência da sanção no caso concreto ensejava, na prática, a sua extensão a novos casos.[77]

De modo geral, estas são as discussões relacionadas à aplicação da pena de morte: aquelas que envolvem a sua aplicação proporcional e aquelas que poderiam implicar a sua expansão. Por seu turno, a jurisprudência da Corte IDH sobre o direito à vida em geral (não envolvida a pena de morte) é substancialmente mais ampla e abrange um conjunto muito diversificado de situações.

PARTE II

**JURISPRUDÊNCIA SOBRE O DIREITO À VIDA EM GERAL:
VIDA BIOLÓGICA, VIDA DIGNA E MODO DE VIDA**

Como já observado na introdução, optou-se, no presente trabalho, por agrupar a jurisprudência interamericana sobre o tema em: (i) decisões de proteção da vida humana sob a perspectiva biológica; (ii) decisões de proteção das condições de vida digna (cujo sacrifício

---

[74] OECD et al. *Latin American Economic Outlook 2021*: Working Together for a Better Recovery. Paris: OECD Publishing, 2021. p. 160-161.

[75] CORTE IDH. *Caso Wong Ho Wing* vs. *Perú*. Excepciones Preliminares, Fondo, Reparaciones y Costas. Sentença de 30 de junho de 2015; CORTE IDH. *Opinión Consultiva OC-3/83*. Restricciones a la Pena de Muerte. Resolução de 8 de setembro de 1983; CORTE IDH. *Caso Boyce y otros* vs. *Barbados*. Excepción Preliminar, Fondo, Reparaciones y Costas. Sentença de 20 de novembro de 2007. Série C No. 1693.

[76] CORTE IDH. *Caso Da Costa Cadogan* vs. *Barbados*. Excepciones Preliminares, Fondo, Reparaciones y Costas. Sentença de 24 de setembro de 2009.

[77] CORTE IDH. *Caso Raxcacó-Reyes* vs. *Guatemala*. Fondo, Reparaciones y Costas. Sentença de 15 de setembro de 2005. Série C No. 133; e CORTE IDH. *Caso Ruiz Fuentes y otra* vs. *Guatemala*. Excepción Preliminar, Fondo, Reparaciones y Costas. Sentença de 10 de outubro de 2019. Série C No. 3855. Em tais casos, à semelhança do caso referenciado na nota anterior, de Barbados, o Estado da Guatemala cominava a pena de morte para o crime de sequestro em qualquer hipótese, ainda que de sequestro simples e sem morte.

pode comprometer a vida biológica ou pressupostos mínimos de desenvolvimento); e (iii) decisões em que a proteção à vida se conecta ao modo de vida e a particularidades culturais de determinadas coletividades.

I. DIREITO À VIDA BIOLÓGICA

No que se refere à proteção à vida humana sob uma perspectiva biológica, portanto, à própria existência material das pessoas, as principais decisões da Corte Interamericana concentram-se: (i) no desaparecimento forçado de pessoas; (ii) no tratamento de pessoas presas, custodiadas ou sob o poder do Estado e seus agentes; (iii) nas condições para o uso estatal da força pelo Estado; e (iv) no dever de proteção estatal contra a agressão por terceiros.

De fato, o *desaparecimento forçado de cidadãos* é uma experiência comum aos países da região, em especial sob a vigência dos regimes autoritários que nela prevaleceram por décadas. Caracterizou-se pela subtração de pessoas suspeitas de atividades ditas subversivas por forças de segurança e por seu posterior desaparecimento, sem explicação sobre seu paradeiro. A Corte IDH detém um conjunto amplo de julgados sobre o tema, tendo decidido que tais episódios devem ser interpretados à luz do *contexto político* no qual ocorreram, marcado pela captura de pessoas por forças estatais, seguida de tortura, morte, bem como ocultação de provas, fatos e restos mortais.[78] Nessa linha, a Corte entende que a passagem de largo espaço de tempo do desaparecimento em tais condições, sem comprovação pelo Estado de que a pessoa está viva, implica presunção de morte em poder dos seus agentes. Presente tal contexto, considera-se o Estado diretamente responsável pela violação do direito à vida, independentemente da localização do corpo ou da comprovação de outros fatos, cabendo a ele o ônus da prova em contrário.

Na mesma linha, quanto ao *dever de guarda e proteção de pessoas presas, custodiadas ou em poder de agentes estatais*, a Corte IDH observa que cabe ao Poder Público assegurar as condições adequadas de encarceramento, de acesso à saúde física e mental dos presos e custodiados, assim como de sua segurança, a fim de evitar a morte ou o grave comprometimento da saúde.[79] Em consequência disso, o falecimento de preso por más condições de detenção, por acesso insuficiente a tratamento de saúde em seu âmbito, ou por violência no cárcere, implica configuração direta de lesão do direito à vida pelo Estado, independentemente de quem seja o responsável pelo ato que ensejou a morte do detento, ressalvada a prova em contrário pelo Estado.[80] O mesmo ocorre em caso de perda da vida sob o poder estatal, em condições não explicadas suficientemente, não investigadas ou não punidas pelo Estado.[81]

---

[78] CORTE IDH. *Caso Juan Humberto Sánchez vs. Honduras*. Excepción Preliminar, Fondo, Reparaciones y Costas. Sentença de 7 de junho de 2003. Série C No. 99, par. 98-99, 111.

[79] CORTE IDH. *Caso Bueno Alves vs. Argentina*. Fondo, Reparaciones y Costas. Sentença de 11 de maio de 2007. Série C No. 16449, par. 84-86; CORTE IDH. *Caso de los Hermanos Gómez Paquiyauri vs. Perú*. Fondo, Reparaciones y Costas. Sentença de 8 de julho de 2004. Série C No. 11048, par. 110; CORTE IDH. *Caso Mendoza y otros vs. Argentina*. Excepciones Preliminares, Fondo y Reparaciones. Sentença de 14 de maio de 2013. Série C No. 260, par. 202-208.

[80] CORTE IDH. *Caso Hermanos Landaeta Mejías y otros vs. Venezuela*. Excepciones Preliminares, Fondo, Reparaciones y Costas. Sentença de 27 de agosto de 2014. Série C No. 281, par. 190-196.

[81] CORTE IDH. *Caso Olivares Muñoz y otros vs. Venezuela*. Fondo, Reparaciones y Costas. Sentença de 10 de novembro de 2020. Série C No. 415, par. 84-87; CORTE IDH. *Caso Juan Humberto Sánchez vs. Honduras*. Excepción Preliminar, Fondo, Reparaciones y Costas. Sentença de 7 de junho de 2003. Série C No. 99, par. 98-99.

No que se refere ao *uso letal da força por agentes de segurança estatal*, deve-se observar os seguintes critérios conforme a jurisprudência interamericana. Em primeiro lugar, deve-se atentar aos *standards de legalidade*, prescrevendo-se que as condições para o uso da força devem estar previstas em lei formal e voltar-se para *finalidade legítima*, a exemplo da proteção da vida ou da segurança de outras pessoas. Além disso, deve se pautar pelos critérios de *necessidade e humanidade*: só deve ocorrer quando inexistirem meios menos gravosos que permitam garantir a vida ou a segurança; bem como se basear em consideração de *proporcionalidade*: o nível de força utilizado deve ser equivalente ao nível de resistência oferecido, guardando-se um equilíbrio entre a situação enfrentada, o dano potencial que ela pode gerar e a resposta do agente estatal.[82]

A jurisprudência prevê, ainda, que o exame sobre a legitimidade do uso da força pelo Estado deve ocorrer tendo em vista três momentos distintos relacionados à sua ação: (i) quanto às ações *preventivas*, anteriores ao uso da força, deve voltar-se a analisar a existência de legislação sobre o tema, o treinamento adequado dos agentes e o planejamento da intervenção voltado a evitar danos desnecessários;[83] (ii) no que se refere a ações *concomitantes* à atuação estatal, deve-se avaliar o respeito aos *standards* antes mencionados (a título ilustrativo, mesmo em sede de conflito armado, não há razão para alvejar pessoas feridas e fora de combate);[84] (iii) em relação às ações *posteriores*, elas envolvem a apuração quanto à prestação de socorro aos feridos e quanto ao dever de diligência estatal na investigação e produção das provas que demonstrem que a atuação ocorreu de forma legítima,[85] ou que busque a responsabilização e punição de eventuais autoridades, em caso de uso ilegítimo da força.[86]

Por fim, a Corte IDH também considera o Estado responsável pela violação ao direito à vida em caso de *ato perpetrado por particulares*, desde que reunidas as seguintes condições:

---

[82]   CORTE IDH. *Caso Zambrano Vélez y otros* vs. *Ecuador*. Fondo, Reparaciones y Costas. Sentença de 4 de julho de 2007. Série C No. 166.

[83]   CORTE IDH. *Caso Hermanos Landaeta Mejías y otros* vs. *Venezuela*. Excepciones Preliminares, Fondo, Reparaciones y Costas. Sentença de 27 de agosto de 2014. Série C No. 281, par. 115 (sobre a falta de cuidado preventivo na utilização de arma de fogo); CORTE IDH. *Caso Hermanos Landaeta Mejías y otros* vs. *Venezuela*. Excepciones Preliminares, Fondo, Reparaciones y Costas. Sentença de 27 de agosto de 2014. Série C No. 281, par. 124-147 (sobre a preexistência de legislação); CORTE IDH. *Caso Cruz Sánchez y otros* vs. *Perú*. Excepciones Preliminares, Fondo, Reparaciones y Costas. Sentença de 17 de abril de 2015. Série C No. 292 (sobre planejamento e controle).

[84]   CORTE IDH. *Caso Cruz Sánchez y otros* vs. *Perú*. Excepciones Preliminares, Fondo, Reparaciones y Costas. Sentença de 17 de abril de 2015. Série C No. 292, p. 287.

[85]   Exemplos de tais diligências são aquelas voltadas a demonstrar que as forças de segurança reagiram a ataques perpetrados pelas vítimas, tais como: a coleta de impressões digitais das vítimas para verificar a existência de resíduos de pólvora que façam prova do uso de arma de fogo, perícias balísticas e verificação de registros para comprovar a origem e a propriedade de projéteis e de armas utilizadas no conflito. De acordo com a Corte, a desídia estatal em produzir tal prova, que depende unicamente de seus agentes, a depender do contexto, sugere a ocorrência de execuções sumárias por tais forças, e não de enfrentamentos entre elas e delinquentes (Corte IDH. *Caso García Ibarra y otros* vs. *Ecuador*. Excepciones Preliminares, Fondo, Reparaciones y Costas. Sentença de 19 de novembro de 2019. Série C No. 392, par. 86-87).

[86]   CORTE IDH. *Caso García Ibarra y otros* vs. *Ecuador*. Excepciones Preliminares, Fondo, Reparaciones y Costas. Sentença de 19 de novembro de 2019. Série C No. 392, par. 86; CORTE IDH. *Caso Montero Aranguren y otros (Retén de Catia)* vs. *Venezuela*. Excepción Preliminar, Fondo, Reparaciones y Costas. Sentença de 5 de julho de 2006. Série C No. 150, par. 80-81; CORTE IDH. *Caso Zambrano Vélez y otros vs. Ecuador*. Fondo, Reparaciones y Costas. Sentença de 4 de julho de 2007. Série C No. 166, par. 88; CORTE IDH. *Caso Coc Max y otros (Masacre de Xamán)* vs. *Guatemala*. Fondo, Reparaciones y Costas. Sentença de 22 de agosto de 2018. Série C No. 356, par. 109.

(i) existência de risco real e específico para determinada pessoa ou grupo de pessoas; (ii) conhecimento de tal risco por parte do Poder Público; e (iii) omissão na apuração ou adoção das providências de meio necessárias à proteção da vítima, contribuindo por omissão para o resultado morte.[87] Com base em tais elementos, a jurisprudência da Corte reconhece a responsabilidade estatal por feminicídio.[88] Os mesmos elementos levaram a Comissão Interamericana de Direito Humanos a pedir a condenação, com fundamento no artigo 4, em caso sobre o homicídio de defensores de direitos humanos.[89]

II. DIREITO À VIDA DIGNA

A jurisprudência da Corte IDH desenvolvida com base no artigo 4 da Convenção Americana não se limita à proteção da vida como existência biológica conforme já antecipado. No entendimento da Corte, a garantia com base no artigo 4.1 se estende ainda à garantia das condições necessárias a uma *vida digna*, que podem impactar tanto a sobrevivência dos indivíduos quanto o desenvolvimento de uma vida plena, segundo as escolhas, os valores e os projetos que lhe dão sentido.[90] A proteção do direito à vida digna na jurisprudência interamericana, com base nessa segunda concepção, incide, sobretudo, em grupos específicos, considerados especialmente vulneráveis e em articulação com outras normas endereçadas especificamente a eles.[91]

É certo que "o humano está para a morte".[92] Toda vida é frágil e passível de extinção. Há, contudo, determinados grupos em que tal condição é particularmente aguda, tanto por se tratar de grupos sub-representados no espaço político, fortemente estigmatizados socialmente ou em condições especiais de desenvolvimento, quanto aqueles em relação aos

---

[87] CORTE IDH. Caso Yarce y otras *vs.* Colombia. Excepción Preliminar, Fondo, Reparaciones y Costas. Sentença de 22 de novembro de 2016. Série C No. 325, par. 183.

[88] CORTE IDH. Caso Yarce y otras *vs.* Colombia. Excepción Preliminar, Fondo, Reparaciones y Costas. Sentença de 22 de novembro de 2016. Série C No. 325, par. 193-196.

[89] CORTE IDH. *Caso Defensor de Derechos Humanos y otros* vs. *Guatemala*. Excepciones Preliminares, Fondo, Reparaciones y Costas. Sentença de 28 de agosto de 2014. Série C No. 283, p. 139-141. A maioria da Corte decidiu não fundamentar a condenação do Estado com base no direito à vida. Há, contudo, voto vencido defendendo a condenação também com base em tal fundamento.

[90] No âmbito da jurisprudência da Corte Interamericana referenciada a seguir, a ideia de vida digna se aproxima consideravelmente do conceito de dignidade humana, sobretudo quanto: (i) ao reconhecimento de que todos os seres humanos têm um *valor intrínseco*, assim como que (ii) cada indivíduo tem *direito à autonomia*, composta ao menos da possibilidade de fazer escolhas existenciais pessoais (autonomia privada) e de condições mínimas de subsistência (mínimo existencial). Para o debate sobre o alcance filosófico e jurídico da ideia de dignidade humana com concepções distintas e complementares, v. BARROSO, Luís Roberto. *A dignidade da pessoa humana no direito constitucional contemporâneo*: a construção de um conceito jurídico à luz da jurisprudência mundial. Belo Horizonte: Fórum, 2012; e SARMENTO, Daniel. *Dignidade da pessoa humana*: conteúdo, trajetória e metodologia. Belo Horizonte: Fórum, 2016.

[91] CORTE IDH. *Caso Ortiz Hernández y otros* vs. *Venezuela*. Fondo, Reparaciones y Costas. Sentença de 22 de agosto de 2017. Série C No. 338; CORTE IDH. *Caso García Ibarra y otros* vs. *Ecuador*. Excepciones Preliminares, Fondo, Reparaciones y Costas. Sentença de 19 de novembro de 2019. Série C No. 392, par. 97; CORTE IDH. *Caso Pacheco León y otros* vs. *Honduras*. Fondo, Reparaciones y Costas. Sentença de 15 de novembro de 2017. Série C No. 342, par. 144.

[92] "A mortalidade não tem cura. Ao menos não ainda" (BARROSO, Luís Roberto. *Curso de Direito Constitucional Contemporâneo*: os conceitos fundamentais e a construção do novo modelo. 10. ed. São Paulo: Saraiva, 2022. p. 583).

quais a violência encontra-se culturalmente enraizada e naturalizada.[93] São exemplos de tais grupos: as crianças e os jovens, as mulheres, as pessoas idosas, os presos, as pessoas com deficiência física e os defensores de direitos humanos. Cada qual de tais grupos apresenta particularidades que implicam uma maior vulnerabilidade com relação à sua sobrevivência e ao pleno desenvolvimento de suas vidas.[94]

Atenta a tais circunstâncias, *no que se refere a crianças e jovens*, a Corte IDH considera que são sujeitos objeto de especial proteção, com base no artigo 19 da CADH e na ideia de "interesse superior da criança",[95] conceito que implica uma relação de precedência condicionada, em abstrato, dos interesses dos menores quando em conflito com outros direitos. Nessa linha, a Corte entende que o desaparecimento forçado de pais coloca em risco a sobrevivência, a saúde física e/ou emocional e o adequado desenvolvimento de seus filhos, configurando violação ao direito à vida digna de crianças e jovens;[96] que a exposição de menores à violência sexual em escola pública compromete o seu desenvolvimento e pode levá-los ao suicídio por omissão estatal;[97] que sua exposição persistente a ambientes de tensão e violência (decorrentes de massacres) pode comprometer seu equilíbrio emocional e o desfrute de uma vida plena.[98]

Também com base no direito à vida digna de crianças e jovens, a Corte reconhece o dever estatal de assegurar condições adequadas para que crianças com deficiência tenham autonomia e possam participar da vida da comunidade;[99] e de fiscalizar e evitar o emprego de jovens em atividades laborais insalubres ou perigosas, sob pena de tornar-se responsável pela sua morte.[100] Estabelece a responsabilidade estatal pelo óbito de jovem no âmbito de treinamento militar, por falha em detectar condição preexistente de saúde que o desaconselhava;[101]

---

[93] Sobre as condições históricas e culturais que podem interferir na realização dos direitos de tais grupos, com ênfase no Brasil, v. BARROSO, Luís Roberto. Os donos do poder: a perturbadora atualidade de Raymundo Faoro. *Revista Brasileira de Políticas Públicas*, v. 12, n. 3, p. 19-33, dez. 2022; MELLO, Patrícia Perrone Campos; ACCIOLY, Clara Lacerda. O direito fundamental à identidade cultural e o constitucionalismo em rede na jurisprudência do STF. *Revista Culturas Jurídicas*, v. 9, n. 23, p. 31-83, maio-ago. 2022.

[94] FAUNDES PEÑAFIEL, Juan Jorge; MELLO, Patrícia Perrone Campos Mello. Grupos vulneráveis. In: PIZZI, Jovino; CENSI, Maximiliano Sérgio (org.). *Glosario de Patologías Sociales*. Pelotas: Observatório Global de Patologias Sociais da Universidade Federal de Pelotas (UFPel), 2021. Disponível em: http://guaiaca.ufpel.edu.br/bitstream/prefix/7723/1/Glos%C3%A1rio_de_patolog%C3%ADas_sociales_ebook.pdf. Acesso em: 24.02.2023.

[95] CADH, Artigo 19: "Toda criança tem direito às medidas de proteção que a sua condição de menor requer por parte da sua família, da sociedade e do Estado".

[96] CORTE IDH. *Caso Gelman* vs. *Uruguay*. Fondo y Reparaciones. Sentença de 24 de fevereiro de 2011. Série C No. 221, par. 130; CORTE IDH. *Caso Contreras y otros* vs. *El Salvador*. Fondo, Reparaciones y Costas. Sentença de 31 de agosto de 2011. Série C No. 23237, par. 90.

[97] CORTE IDH. *Caso Guzmán Albarracín e outras* vs. *Equador*. Mérito, Reparações e Custas. Sentença de 24 de junho de 2020. Série C No 405, par. 157.

[98] CORTE IDH. *Caso de la "Masacre de Mapiripán"* vs. *Colombia*. Sentença de 15 de setembro de 2005. Série C No. 134, par. 162.

[99] CORTE IDH. *Opinión Consultiva OC-17/02*. Condición Jurídica y Derechos Humanos del Niño. Resolução de 28 de agosto de 2002, par. 80-81.

[100] CORTE IDH. *Caso de los Buzos Mikitos (Lemoth Morris y otros)* vs. *Honduras*. Sentença de 31 de agosto de 2021. Série C No. 432, par. 59 e 60.

[101] CORTE IDH. *Caso Noguera y otra* vs. *Paraguay*. Fondo, Reparaciones y Costas. Sentença de 9 de março de 2020. Série C No. 40139, par. 67-69.

bem como seu dever reforçado de cuidado quanto às condições de jovens sob a sua custódia, de modo que garanta sua existência segura e digna.[102]

Concernente às *mulheres*, a jurisprudência interamericana reconhece a responsabilidade estatal por não prevenir adequadamente, investigar e punir atos de violência contra elas, o que funcionaria como um incentivo estrutural à manutenção de relações históricas de poder e desigualdade baseada no sexo (artigo 1),[103] bem como à persistência e à repetição da violação de seu direito à vida digna. Determina que o Estado é diretamente responsável por óbitos decorrentes da omissão na prestação de assistência à saúde a mulheres em estado de gravidez e pós-gravidez.[104] Afasta a inconvencionalidade da fertilização *in vitro*, sob o fundamento de que a vida viável do embrião não ocorre antes de sua implantação em útero; de que se deve rejeitar entendimentos firmados sobre o estereótipo do direito absoluto do feto em contraposição aos direitos das mães; bem como de que a proteção de tal vida deve ser reconhecida de modo progressivo, à medida que se desenvolve a gravidez.[105-106]

---

[102] CORTE IDH. *Caso Bulacio* vs. *Argentina*. Fondo, Reparaciones y Costas. Sentença de 18 de setembro de 2003. Série C No. 100, p. 138; CORTE IDH. *Caso Hermanos Landaeta Mejías y otros* vs. *Venezuela*. Excepciones Preliminares, Fondo, Reparaciones y Costas. Sentença de 27 de agosto de 2014. Série C No. 281, p. 182; CORTE IDH. *Caso "Instituto de Reeducación del Menor"* vs. *Paraguay*. Excepciones Preliminares, Fondo, Reparaciones y Costas. Sentença de 2 de setembro de 2004. Série C No. 112, par. 177.

[103] CADH, Artigo 1. Obrigação de respeitar os direitos: "1. Os Estados-Partes nesta Convenção comprometem-se a respeitar os direitos e liberdades nela reconhecidos e a garantir seu livre e pleno exercício a toda pessoa que esteja sujeita à sua jurisdição, sem discriminação alguma por motivo de raça, cor, sexo, idioma, religião, opiniões políticas ou de qualquer outra natureza, origem nacional ou social, posição econômica, nascimento ou qualquer outra condição social". Também invocam outras normas pertencentes ao *corpus juris* internacional sobre igualdade de gênero, como a Convenção sobre a Eliminação de Todas as Formas de Discriminação contra a Mulher.

[104] CORTE IDH. *Caso da Comunidade Indígena Xákmok Kásek* vs. *Paraguai*. Mérito, Reparações e Custas. Sentença de 24 de agosto de 2010. Série C No 21436, par. 233.

[105] CORTE IDH. Caso Artavia Murillo y otros (Fecundación in Vitro) *vs.* Costa Rica. Excepciones Preliminares, Fondo, Reparaciones y Costas. Sentença de 28 de novembro de 2012. Série C No. 257, par. 186-187, 222, 245, 258-259, 297.

[106] Vale registrar, ainda, um caso de condenação do Estado de El Salvador por violação do direito à vida de presa com linfoma de Hodgkin, não diagnosticada ou tratada adequada e tempestivamente pelo Estado. O caso chama especial atenção por se tratar de mulher encarcerada por suposto homicídio de filho recém-nascido. Entretanto, os fatos se deram no contexto da criminalização absoluta do aborto em El Salvador, situação que vinha implicando a *penalização de mulheres por aborto espontâneo ou decorrente de emergência obstétrica não provocada*, dado que os médicos de hospitais públicos se sentiam obrigados a cientificar as autoridades da possibilidade do delito. No caso, a acusada sempre negou o sacrifício da criança, sofria de eclampsia e já apresentava nódulos que podiam estar relacionados com o linfoma quando da ocorrência inesperada do parto extra-hospitalar (emergência obstétrica). A criança viveu por poucos segundos, a mãe foi encontrada inconsciente e ensanguentada em casa, acabou presa, condenada e morreu do linfoma. O Estado foi condenado por diversas violações – entre elas ao direito à vida, à saúde, à integridade física e à igualdade da vítima, que era uma mulher pobre, analfabeta e proveniente de zona rural. A Corte afirmou a inconvencionalidade da conduta por impacto desproporcional quanto à criminalização de mulheres em situação de vulnerabilidade extrema, pelo fato de apenas elas, e não os homens, serem biologicamente capazes de engravidar e se sujeitarem a tal tratamento penal de quase presunção do sacrifício do feto/criança; observou, ainda, que as denúncias dos supostos delitos ocorriam apenas no âmbito de hospitais públicos, e não de hospitais particulares, de modo que se podia concluir, ainda, que mulheres com estudo e recursos para acessar o sistema privado recebiam tratamento distinto (CORTE IDH. *Caso Manuela y Otros* vs. *El Salvador*. Exceções

Quanto a *pessoas LGTBQIA+*, a Corte também reconhece a responsabilidade direta do Estado pela violação do direito à vida, por não investigar e punir adequadamente atos de violência contra tal grupo, ao argumento de que a omissão favorece um contexto de impunidade e de repetição da violência, assim como o reforço de estereótipos relacionados à orientação e à identidade sexual (artigo 1 c/c artigo 4).[107]

Com relação a *pessoas idosas*, a jurisprudência afirma que a interrupção de pagamento de pensões a servidores aposentados implica violação de seu direito à vida digna[108] e estabelece que os deveres do Estado para com as pessoas de idade em geral, com base no artigo 4, devem ser interpretados à luz do *corpus iuris* internacional sobre a matéria,[109] estendendo-se a todos as condições necessárias a uma vida digna e à obrigação de desenvolvimento progressivo dos direitos sociais (artigo 26).[110-111]

---

preliminares, Fundo, Reparações e Custas Sentença de 2 de novembro de 2021, par. 25, 28, 35-44, 79, 86-92, 243-264).

[107] CORTE IDH. *Caso Vicky Hernández y otras* vs. *Honduras*. Fundo, reparações e custas. Sentença de 26 de março de 2021. Série C No. 422, par. 85-93, 97-101, 152-153. No caso, havia em Honduras um contexto de violência, detenções arbitrárias, extorsões, homicídios e discriminação contra pessoas LGBTQIAPN+, muitas vezes com o envolvimento da polícia; e a morte de mulher trans (defensora de direitos humanos e profissional do sexo) ocorreu durante toque de recolher, quando apenas as forças de segurança podiam circular.

[108] CORTE IDH. *Caso Asociación Nacional de Cesantes y Jubilados de la Superintendencia Nacional de Administración Tributaria (ANCEJUB-SUNAT)* vs. *Perú*. Excepciones Preliminares, Fondo, Reparaciones y Costas. Sentença de 21 de novembro de 2019. Série C No. 394.14, par. 184-186.

[109] De acordo com a jurisprudência da Corte IDH, o *"corpus iuris* interamericano" compreende os tratados da Organização dos Estados Americanos, o princípio *pro persona* (que possibilita referenciar outras normas de direito internacional geral), a jurisprudência da Corte IDH e normas de *soft law*, que contribuem para a delimitação do alcance das normas convencionais (artigos 1, 26, 29, *b* e *d*, e 63 da CADH). É produto da interpretação evolutiva dos tratados, que devem ser interpretados como "instrumentos vivos" e aplicados conforme as novas circunstâncias do tempo em que suas normas são implementadas (CORTE IDH, *Caso Comunidades indígenas miembros de la asociación Lhaka Honhat (nuestra tierra)* vs. *Argentina*. Fondo, Reparaciones y Costas. Sentença de 6 de fevereiro de 2020, par. 194-199). Na doutrina: ANTONIAZZI, Mariela Morales. O Sistema Interamericano e o impacto de sua jurisprudência. In: *Seminário Internacional – Diálogo entre Cortes*: fortalecimento da proteção dos direitos humanos. Brasília: Enfam, 31.03.2017; PIOVESAN, Flávia. *Direitos Humanos e Justiça Internacional*: um estudo comparativo dos sistemas regionais europeu, interamericano e africano. 9. ed. São Paulo: Saraiva Jur, 2019; BOGDANDY, Armin von. *Ius Constitutionale Commune en América Latina*: aclaración conceptual. In: BOGDANDY, Armin von; MAC-GREGOR, Eduardo Ferrer; ANTONIAZZI, Mariela Morales (coord.). *Ius Constitutionale Commune en América Latina*: textos básicos para su comprensión. Querétaro: Instituto de Estudios Constitucionales del Estado de Querétaro, 2017. p. 137-178.

[110] CORTE IDH. *Caso Asociación Nacional de Cesantes y Jubilados de la Superintendencia Nacional de Administración Tributaria (ANCEJUB-SUNAT)* vs. *Perú*. Excepciones Preliminares, Fondo, Reparaciones y Costas. Sentença de 21 de novembro de 2019. Série C No. 394.14, par. 187.

[111] CADH, Artigo 26. Desenvolvimento progressivo: "Os Estados-Partes comprometem-se a adotar providências, tanto no âmbito interno como mediante cooperação internacional, especialmente econômica e técnica, a fim de conseguir progressivamente a plena efetividade dos direitos que decorrem das normas econômicas, sociais e sobre educação, ciência e cultura, constantes da Carta da Organização dos Estados Americanos, reformada pelo Protocolo de Buenos Aires, na medida dos recursos disponíveis, por via legislativa ou por outros meios apropriados".

III. DIREITO AO MODO DE VIDA COLETIVO

A jurisprudência sobre o direito à vida com base no artigo 4 da CADH se estende, ainda, à proteção ao *modo de vida* de determinadas *coletividades*, como é o caso de *povos indígenas e tradicionais* e do seu direito à sobrevivência coletiva.[112] Nessa linha, a Corte IDH observa que a proteção da vida de tais povos está relacionada à garantia do seu direito ao território, sobre o qual se estabelece determinado modo de viver e uma identidade cultural, que são condição para o acesso à alimentação adequada, à água potável, à medicina tradicional, a um meio ambiente saudável e a outros elementos imprescindíveis para sua existência material, espiritual e cultural como comunidade.[113] Nesse sentido, observa:

> "(...) a estreita relação que os indígenas mantêm com a terra deve ser reconhecida e compreendida como a base fundamental de suas culturas, sua vida espiritual, sua integridade e seu sistema econômico. Para as comunidades indígenas a relação com a terra [é] um elemento material e espiritual de que devem gozar plenamente, inclusive para preservar seu legado cultural e transmiti-lo às gerações futuras. A cultura dos membros das comunidades indígenas corresponde a uma forma de vida particular de ser, ver e atuar no mundo, constituindo a partir de sua estreita relação com suas terras tradicionais e recursos naturais, não apenas [sic] por ser seu principal meio de subsistência, mas também porque constituem um elemento integrante da sua cosmovisão, religiosidade e, portanto, de sua identidade cultural.
>
> (...) Devido à conexão intrínseca que os integrantes dos povos indígenas e tribais têm com seu território, a proteção do direito à propriedade, uso e gozo sobre ele é necessária para garantir sua sobrevivência. Tal conexão entre território e recursos naturais que são usados tradicionalmente pelos povos indígenas e tribais e que são necessários para sua sobrevivência física e cultural, assim como o desenvolvimento e a continuidade de sua cosmovisão, é preciso protegê-los com base no artigo 21 da Convenção para garantir que possam continuar vivendo seu modo de vida tradicional e que sua identidade cultural, estrutura social, sistema econômico, costumes, crenças e tradições distintivas sejam garantidas e protegidas pelos Estados."[114]

---

[112] FAUNDES PEÑAFIEL, Juan Jorge. *El derecho humano a la identidad cultural en el Derecho Internacional*: diálogo entre la corte interamericana de derechos humanos y el tribunal europeo de derechos humanos. Valencia: Tirant lo Blanch, 2023. p. 208-210, 218 e 228; SCHETTINI, Andrea; CALDERÓN Jorge. Por un nuevo paradigma de protección de los derechos de los pueblos indígenas. *Revista Internacional de Derechos Humanos SUR*, v. 9, n. 17, 2012. p. 69-72; CALDERÓN, Jorge. Avances, aproximaciones y desafíos emergentes en el reconocimiento de los derechos colectivos de los pueblos indígenas y tribales en la jurisprudencia de la Corte Interamericana de Derechos Humanos. In: BOGDANDY, Armin von; MORALES, Mariela; MAC-GREGOR, Eduardo Ferrer (org.). *Construcción de un ius constitutionale commune en América Latina*. Ciudad de México: Unam, 2017. p. 341-344.

[113] MELLO, Patrícia Perrone Campos; FAUNDES PEÑAFIEL, Juan Jorge. Povos indígenas e proteção da natureza: a caminho de um giro hermenêutico ecocêntrico. *Revista Brasileira de Políticas Públicas*, v. 10, n. 3, p. 223-252, dez. 2020.

[114] CORTE IDH. *Caso Comunidad Garífuna Triunfo de la Cruz y sus miembros* vs. *Honduras*. Fondo, reparaciones y costas. Sentença de 8 de outubro de 2015, par. 101-103, tradução livre. No mesmo sentido, entre outras: CORTE IDH. *Caso Comunidad Garífuna de Punta Piedra y sus miembros* vs. *Honduras*. Excepciones Preliminares, Fondo, Reparaciones y Costas. Sentença de 8 de outubro de 2015. Série C No. 304, par. 166-168; CORTE IDH, *Caso Comunidad Indígena Yakye Axa* vs. *Paraguay*. Fondo, Reparaciones y Costas. Sentença de 17 de junho de 2005, par. 135.

A Corte reconhece que o comprometimento de qualquer desses elementos, bem como da cosmovisão a que se conectam, coloca em risco a própria sobrevivência dos indivíduos e de tal coletividade, uma vez que ela está conectada e significada por um modo de viver específico.[115] Nessa medida, a proteção do direito à vida de tais povos é inseparável da proteção de sua identidade cultural. Tal direito é, ainda, titularizado tanto pelos indivíduos quanto pela comunidade como ente coletivo – aspectos que diferenciam tal dimensão do direito à vida das demais descritas anteriormente –, dado que o modo de viver se significa dentro da comunidade. Assim, a não proteção do direito ao território, a não preservação cultural ou o comprometimento dos recursos ambientais de que dependem tais povos implica violação de seu direito à vida tendo em vista seu modo de vida. A proteção com tal alcance é produto da combinação do direito à vida com os direitos de propriedade, à igualdade e à não discriminação (artigo 24), às garantias judiciais (artigos 8.1 e 25), assim como com a obrigação dos Estados de respeitarem os direitos e de adotarem as disposições de direito interno necessárias a tal fim (artigos 1.1 e 2).[116]

CONCLUSÃO

Com base nos casos antes narrados, constata-se que a Corte IDH optou por uma hermenêutica extensiva do alcance do direito à vida. Em tais termos, assegura a não extensão da pena de morte a novos delitos, nos países que a adotam, bem como sua aplicação proporcional, tanto do ponto de vista substantivo quanto processual. Garante o *direito à vida biológica* em face de uma série de práticas infelizmente naturalizadas na região, como o desaparecimento forçado de pessoas, a morte sob o poder de agentes estatais, o uso letal da força, de forma desproporcional, por órgãos de segurança e a omissão estatal quanto à tutela de situações concretas e comunicadas de risco. Ademais, considera o Estado presumida e diretamente responsável em contextos específicos de violência, quando o próprio ente deixa de investigar, punir ou explicar adequadamente o destino das vítimas, quer nas situações em que tem dever de garante, quer porque a sua omissão é um fator de incentivo da reiteração da violência.

Além disso, a Corte formulou o conceito de *vida digna*, a fim de não apenas assegurar a continuidade existencial das pessoas como também atribuir ao Estado a tutela de condições mínimas para que tais pessoas possam fazer suas próprias escolhas e desenvolver-se plenamente. De modo geral, a proteção do direito à vida digna incide sobre grupos em especial condição de vulnerabilidade, como crianças e adolescentes, mulheres, pessoas LGBTQIAPN+ e pessoas idosas, e é articulada com base em outras normas na Convenção Americana, bem como no *corpus iuris* internacional.

O exame da jurisprudência interamericana sobre a proteção a povos indígenas e tradicionais revela, ainda, uma terceira perspectiva em que o direito à vida é protegido, consistente no direito à vida como *modo de vida* específico, ou seja, como o direito a um projeto coletivo de existência, intimamente relacionado com a identidade cultural de tais povos e com sua cosmovisão. Trata-se de perspectiva que tem por base a compreensão de que a desproteção do

[115] CORTE IDH, *Caso Comunidad Indígena Sawhoyamaxa* vs. *Paraguay*. Fondo, Reparaciones y Costas. Sentença de 29 março de 2006. Voto do juiz Cançado Trindade, par. 1-7, 15, 34-38; CORTE IDH, *Caso Comunidad Indígena Yakye Axa* vs. *Paraguay*. Fondo, Reparaciones y Costas. Sentença de 17 de junho de 2005, par. 2, 124, 147, 158-167; CORTE IDH. *Caso da Comunidade Indígena Xákmok Kásek* vs. *Paraguai*. Mérito, Reparações e Custas. Sentença de 24 de agosto de 2010. Série C No 21436, par. 171-182, 222.

[116] FAUNDES PEÑAFIEL, Juan Jorge. *El derecho humano a la identidad cultural en el Derecho Internacional*: diálogo entre la corte interamericana de derechos humanos y el tribunal europeo de derechos humanos. Valencia: Tirant lo Blanch, 2023. p. 205-220.

modo de vida do sujeito coletivo coloca em situação de risco extremo a vida dos indivíduos que o integram, assim como o direito do povo à sobrevivência coletiva.

Por fim, chamam a atenção, no exame da jurisprudência, a multiplicidade de formas de violação do direito à vida a cargo dos Estados, a sofisticação das estratégias utilizadas por agentes públicos para ocultá-la e a relação de seletividade que ela apresenta com outros fatores de desigualdade e vulnerabilidade – como idade, gênero, orientação e identidade sexual, origem étnica, encarceramento e pobreza. Trata-se, nessa medida, de uma confirmação da constatação da OCDE, no início deste trabalho, acerca da relação entre violência e desigualdade. Fica evidente, ademais, como o Estado pode ser um inimigo ou um aliado fundamental na promoção e proteção dos direitos. Não há dúvida, contudo, de que, no que toca ao direito à vida, que é tão elementar e constitui condição para fruição de todos os demais direitos humanos, há ainda um longo caminho a percorrer.

REFERÊNCIAS

AMNESTY INTERNATIONAL. *Death Sentences and Executions 2021*: Global Report. London: Amnesty International Ltd, 2022.

ANTONIAZZI, Mariela Morales. O Sistema Interamericano e o impacto de sua jurisprudência. In: *Seminário Internacional – Diálogo entre Cortes*: fortalecimento da proteção dos direitos humanos. Brasília: Enfam, 31.03.2017.

BARROSO, Luís Roberto. *Curso de Direito Constitucional Contemporâneo*: os conceitos fundamentais e a construção do novo modelo. 10. ed. São Paulo: Saraiva, 2022.

BARROSO, Luís Roberto. *A dignidade da pessoa humana no direito constitucional contemporâneo*: a construção de um conceito jurídico à luz da jurisprudência mundial. Belo Horizonte: Forum, 2012.

BARROSO, Luís Roberto. Os donos do poder: a perturbadora atualidade de Raymundo Faoro. *Revista Brasileira de Políticas Públicas*, v. 12, n. 3, p. 19-33, dez. 2022.

BOGDANDY, Armin von. *Ius Constitucionale Commune* en América Latina: aclaración conceptual. In: BOGDANDY, Armin von; MAC-GREGOR, Eduardo Ferrer; ANTONIAZZI, Mariela Morales (coord.). *Ius Constitucionale Commune en América Latina*: textos básicos para su comprensión. Querétaro: Instituto de Estudios Constitucionales del Estado de Querétaro, 2017. p. 137-178.

CALDERÓN, Jorge. Avances, aproximaciones y desafíos emergentes en el reconocimiento de los derechos colectivos de los pueblos indígenas y tribales en la jurisprudencia de la Corte Interamericana de Derechos Humanos. In: BOGDANDY, Armin von; MORALES, Mariela; MAC-GREGOR, Eduardo Ferrer (org.). *Construcción de un ius constitutionale commune en América Latina*. Ciudad de México: Unam, 2017.

CORTE IDH. *Cuadernillo de Jurisprudencia de la Corte Interamericana de Derechos Humanos No. 1*: pena de muerte. San José: Corte Interamericana de Derechos Humanos y Cooperación Alemana (GIZ), 2022.

CORTE IDH. *Caderno de Jurisprudência da Corte Interamericana de Direitos Humanos No. 4*: direitos humanos das mulheres. San José: Corte Interamericana de Direitos Humanos, 2022.

CORTE IDH. *Cuadernillo de Jurisprudencia de la Corte Interamericana de Derechos Humanos No. 5*: niños, niñas y adolescentes. San José: Corte Interamericana de Derechos Humanos, 2021.

CORTE IDH. *Cuadernillo de Jurisprudencia de la Corte Interamericana de Derechos Humanos No. 6*: desaparición forzada. San José: Corte Interamericana de Derechos Humanos y Cooperación Alemana (GIZ), 2022.

CORTE IDH. *Cuadernillo de Jurisprudencia de la Corte Interamericana de Derechos Humanos No. 9*: personas privadas de libertad. San José: Corte Interamericana de Derechos Humanos, 2022.

FAUNDES PEÑAFIEL, Juan Jorge; MELLO, Patrícia Perrone Campos Mello. Grupos vulnerables. In: PIZZI, Jovino; CENSI, Maximiliano Sérgio (org.). *Glosario de Patologías Sociales*. Pelotas: Observatório Global de Patologias Sociais da Universidade Federal de Pelotas (UFPel), 2021. Disponível em: http://guaiaca.ufpel.edu.br/bitstream/prefix/7723/1/Glos%C3%A1rio_de_patolog%C3%ADas_sociales_ebook.pdf. Acesso em: 24.02.2023.

FAUNDES PEÑAFIEL, Juan Jorge. *El derecho humano a la identidad cultural en el Derecho Internacional*: diálogo entre la corte interamericana de derechos humanos y el tribunal europeo de derechos humanos. Valencia: Tirant lo Blanch, 2023.

MELLO, Patrícia Perrone Campos; ACCIOLY, Clara Lacerda. O direito fundamental à identidade cultural e o constitucionalismo em rede na jurisprudência do STF. *Revista Culturas Jurídicas*, v. 9, n. 23, p. 31-83, maio-ago. 2022.

MELLO, Patrícia Perrone Campos; FAUNDES PEÑAFIEL, Juan Jorge. Povos indígenas e proteção da natureza: a caminho de um giro hermenêutico ecocêntrico. *Revista Brasileira de Políticas Públicas*, v. 10, n. 3, p. 223-252, dez. 2020.

OECD et al. *Latin American Economic Outlook 2021*: Working Together for a Better Recovery. Paris: OECD Publishing, 2021.

PIOVESAN, Flávia. *Direitos Humanos e Justiça Internacional*: um estudo comparativo dos sistemas regionais europeu, interamericano e africano. 9. ed. São Paulo: Saraiva Jur, 2019.

SARMENTO, Daniel. *Dignidade da pessoa humana*: conteúdo, trajetória e metodologia. Belo Horizonte: Fórum, 2016.

SCHETTINI, Andrea; CALDERÓN Jorge. Por un nuevo paradigma de protección de los derechos de los pueblos indígenas. *Revista Internacional de Derechos Humanos SUR*, v. 9, n. 17, 2012.

SUPREMO TRIBUNAL FEDERAL (STF). *Convenção Americana sobre Direitos Humanos*: anotada com a jurisprudência do Supremo Tribunal Federal e da Corte Interamericana de Direitos Humanos. 2. ed. Brasília: Secretaria de Altos Estudos, Pesquisas e Gestão da Informação, 2022.

Artigo 5
Direito à integridade pessoal

1. Toda pessoa tem o direito de que se respeite sua integridade física, psíquica e moral.

2. Ninguém deve ser submetido a torturas, nem a penas ou tratos cruéis, desumanos ou degradantes. Toda pessoa privada da liberdade deve ser tratada com o respeito devido à dignidade inerente ao ser humano.

3. A pena não pode passar da pessoa do delinquente.

> 4. Os processados devem ficar separados dos condenados, salvo em circunstâncias excepcionais, e ser submetidos a tratamento adequado à sua condição de pessoas não condenadas.
>
> 5. Os menores, quando puderem ser processados, devem ser separados dos adultos e conduzidos a tribunal especializado, com a maior rapidez possível, para seu tratamento.
>
> 6. As penas privativas da liberdade devem ter por finalidade essencial a reforma e a readaptação social dos condenados.

 COMENTÁRIOS

por Lívia da Silva Ferreira e Nathalia Vince Esgalha Fernandes

INTRODUÇÃO

O artigo 5 da Convenção Americana de Direitos Humanos cuida expressamente dos direitos humanos relacionados à dignidade da pessoa humana e ao direito à integridade pessoal. Esta introdução apresentará os pontos principais e as divisões do artigo, fornecendo uma visão geral dos tópicos discutidos.

Na primeira parte, destaca-se a importância da dignidade humana e sua conexão com a proteção dos direitos humanos. A dignidade da pessoa é reconhecida em declarações internacionais e na Constituição brasileira, fornecendo uma base essencial para a garantia de todos os outros direitos. A Convenção Americana, em seu preâmbulo, reafirma a proteção dos direitos humanos fundamentais com base nos atributos da pessoa humana, justificando uma proteção internacional.

Em seguida, o artigo aborda o direito à integridade pessoal, que está intrinsecamente relacionado à dignidade humana. A Corte Interamericana de Direitos Humanos (Corte IDH) estabeleceu uma abordagem ampla para compreender a conexão entre dignidade humana e integridade pessoal, considerando ações que violem o respeito devido à dignidade inerente a cada indivíduo. Embora a proibição de tortura e penas cruéis seja o foco principal, a jurisprudência da Corte IDH reconhece que o direito à integridade pessoal abrange também outras violações, como violência sexual, desaparecimentos forçados e a obrigação do Estado de investigar graves violações de direitos humanos.

Um aspecto relevante abordado pelo artigo é a relação entre o direito à integridade pessoal e o direito à saúde, especialmente quanto aos efeitos da pandemia da covid-19 no Brasil. A Corte IDH considera que a falta de cuidados de saúde pode violar o direito à integridade pessoal, enfatizando a necessidade de o Estado adotar medidas para garantir acesso igualitário à Justiça e aos cuidados de saúde.

Outros pontos discutidos no artigo incluem a separação de processados e condenados, a proteção especial a menores, a ressocialização dos condenados e a responsabilidade dos Estados em reparar não apenas as vítimas mas também seus familiares. Essas questões ressaltam a importância de garantir a integridade pessoal e os direitos humanos de todos, independentemente de sua situação legal.

A segunda parte aborda os dois casos contenciosos nos quais o Brasil foi condenado pelo artigo 5 da CADH, além de apresentar duas medidas cautelares adotadas pela CIDH em relação ao Brasil, como forma de garantir a vida, a integridade pessoal e a saúde das pessoas encarceradas e melhorar as condições de detenção.

Por fim, a terceira parte enfoca o cumprimento das decisões nos casos analisados. O Brasil, como Estado-parte da Convenção Americana, tem a responsabilidade de implementar integralmente as decisões da Corte IDH. O cumprimento das decisões envolve a adoção de medidas internas pelos Estados e é fundamental para garantir a efetividade do sistema de proteção dos direitos humanos. Além disso, as decisões da Corte IDH influenciam os Estados-partes, orientando uma cultura jurídica e estabelecendo padrões de conduta internacionais.

1. A DIGNIDADE DA PESSOA HUMANA E O DIREITO À INTEGRIDADE PESSOAL

Como é sabido, a Convenção Americana de Direitos Humanos, ou Pacto de San José da Costa Rica, somente foi ratificada e entrou em vigor no Brasil em 25 de setembro de 1992, quando da promulgação do Decreto 678/1992. Com o advento da Emenda Constitucional 45/2004, a inserção do § 3º e do inciso LXXVIII ao art. 5º e após decisão do STF com o Tema de Repercussão Geral 60, a Convenção passou a ter natureza de norma supralegal, o que significa dizer que está localizada abaixo da Constituição, porém acima da legislação infraconstitucional.

Isso posto, em se tratando do presente estudo, é fundamental ponderar que princípio da dignidade da pessoa humana foi amplamente reconhecido nas declarações internacionais de Direitos Humanos e nas Constituições pós-Segunda Guerra Mundial, o que pode ser considerado uma resposta direta aos horrores causados pelo nazismo. A CADH, em 1969, não se furtou em resguardar a dignidade da pessoa humana. Tanto o fez que não somente inscreveu em seu preâmbulo como também estabeleceu um artigo exclusivo para proteger o direito à integridade pessoal, o qual é objeto de estudo no artigo em tela.

> ***Reconhecendo*** que os direitos essenciais do homem não derivam do fato de ser ele nacional de determinado Estado, mas sim do fato de ter como fundamento os atributos da pessoa humana, razão por que justificam uma proteção internacional, de natureza convencional, coadjuvante ou complementar da que oferece o direito interno dos Estados americanos;
>
> (...).

O ordenamento jurídico interno também reconhece expressamente a dignidade da pessoa humana como fundamento do Estado Democrático de Direito por meio da CRFB/1988.

> Art. 1º A República Federativa do Brasil, formada pela união indissolúvel dos Estados e Municípios e do Distrito Federal, constitui-se em Estado Democrático de Direito e tem como fundamentos:
>
> (...)
>
> III – a dignidade da pessoa humana;
>
> (...).

É possível constatar, portanto, que a dignidade da pessoa humana se relaciona diretamente ao Direito à integridade pessoal, previsto expressamente no artigo 5.2 da CADH, tendo em vista que há inúmeras possibilidades de violação ao direito à integridade pessoal, sendo algumas extremamente graves, ao passo que também se verificam violações que não são nítidas.

> Foi assim que a Corte IDH o entendeu, pois desde seus primeiros casos estabeleceu uma visão ampla sobre o vínculo entre dignidade humana e integridade pessoal: A

Corte considera como comprovado pelas declarações das testemunhas oculares que o Sr. Castillo Páez, depois de detido por policiais, foi colocado no porta-malas do veículo oficial. O acima exposto constitui uma violação do artigo 5 da Convenção que protege a integridade pessoal, uma vez que, mesmo que não tenha havido outros maus-tratos físicos, psicológicos ou morais, essa ação por si só deve ser considerada claramente contrária ao respeito devido à dignidade inerente ao ser humano.[117]

Ao observar o texto do artigo 5, compreende-se que o direito à integridade pessoal, consagrado na Convenção Americana, tem por "finalidade principal" a vedação à tortura, a penas cruéis e degradantes. Entretanto, considera-se fundamental ponderar que a Corte IDH já consolidou o entendimento de que o direito à integridade pessoal não é configurado apenas por essa temática, ou seja, é a finalidade principal, mas não exclusiva.

Nesse sentido, cabe observar que, de acordo com a jurisprudência da Corte, a violação sexual também é caracterizada como tortura, tendo em vista que ataca diretamente as três esferas da integridade pessoal, expressamente descritas no artigo 5.1, quais sejam: física, psíquica e moral.[118]

Da mesma maneira ocorre com desaparecimentos forçados, uma vez que estes podem ser classificados como "uma forma pluriofensiva de violação dos Direitos Humanos".[119] Ademais, conecta-se com o direito à integridade pessoal a potencial violação da obrigação do Estado em investigar graves violações de direitos humanos.

Ainda, a jurisprudência da Corte IDH relaciona o direito à integridade pessoal à situação das pessoas em deslocamento forçado, assim como, de acordo com o entendimento da Corte, é uma obrigação dos Estados absterem-se de expulsar pessoal para outros países onde haja risco de tortura ou tratamento cruel, desumano ou degradante.[120]

---

[117] STEINER, Christian; Marie-Christine FUCHS (ed.); GRANADOS, G. Patricia Uribe (coord. acadêmica). *Convenção Americana sobre Direitos Humanos*: comentário. 2. ed. São Paulo: Tirant lo Blanch, 2020. p. 158. Disponível em: https://www.kas.de/documents/271408/4591369/EBOOK+-+Conven%C3%A7%C3%A3o+Americana+Sobre+Direitos+Humanos+%281%29_compressed.pdf/2bf248f2-4d1f-22a9-5149-36e1fe0e71c1?t=1612801327864. Acesso em: 15.07.2023.

[118] "Além disso, a Corte reconheceu que o estupro é uma experiência altamente traumática que tem graves consequências e causa grandes danos físicos e psicológicos e que deixa a vítima 'humilhada física e emocionalmente', situação difícil de superar com o passar do tempo, diferente do que acontece em outras experiências traumáticas. Disso resulta que o grave sofrimento da vítima é inerente ao estupro, mesmo quando não há evidências de ferimentos ou doenças. De fato, não em todos os casos as consequências de um estupro serão doenças ou lesões corporais. As mulheres vítimas de estupro também sofrem graves danos e consequências psicológicas e até sociais" (STEINER, Christian; Marie-Christine FUCHS (ed.); GRANADOS, G. Patricia Uribe (coord. acadêmica). *Convenção Americana sobre Direitos Humanos*: comentário. 2. ed. São Paulo: Tirant lo Blanch, 2020. p. 171. Disponível em: https://www.kas.de/documents/271408/4591369/EBOOK+-+Conven%C3%A7%C3%A3o+Americana+Sobre+Direitos+Humanos+%281%29_compressed.pdf/2bf248f2-4d1f-22a9-5149-36e1fe0e71c1?t=1612801327864. Acesso em: 15.07.2023).

[119] STEINER, Christian; Marie-Christine FUCHS (ed.); GRANADOS, G. Patricia Uribe (coord. acadêmica). *Convenção Americana sobre Direitos Humanos*: comentário. 2. ed. São Paulo: Tirant lo Blanch, 2020. p. 162. Disponível em: https://www.kas.de/documents/271408/4591369/EBOOK+-+Conven%C3%A7%C3%A3o+Americana+Sobre+Direitos+Humanos+%281%29_compressed.pdf/2bf248f2-4d1f-22a9-5149-36e1fe0e71c1?t=1612801327864. Acesso em: 15.07.2023.

[120] STEINER, Christian; Marie-Christine FUCHS (ed.); GRANADOS, G. Patricia Uribe (coord. acadêmica). *Convenção Americana sobre Direitos Humanos*: comentário. 2. ed. São Paulo: Tirant lo Blanch, 2020. p. 179. Disponível em: https://www.kas.de/documents/271408/4591369/EBOOK+-+Conven%C3%A7%C

Fundamental apresentar o posicionamento da Corte, em se tratando da relação entre o direito à saúde e o direito à integridade pessoal, considerando, especialmente, os efeitos nefastos da pandemia da covid-19 no Brasil.

> Em casos recentes, a Corte IDH desenvolveu algumas normas sobre a relação entre o direito à saúde e a integridade pessoal. Como o primeiro desses direitos não e reconhecido na CADH, no âmbito de sua jurisdição, a Corte IDH o declarou uma violação do direito a tratamento humano para problemas de saúde. Em termos gerais, a Corte IDH indicou que, de acordo com o dever de garantia, o direito à integridade pessoal esta intimamente ligado aos cuidados de saúde e que sua falta pode levar à violação do art. 5.1, portanto, o Estado deve adotar uma série de medidas para efetivar esse direito, as mesmas que estão ligadas à possibilidade de um exercício real através do acesso à justiça em igualdade de condições, sem o que pode ser afetada não apenas a vítima direta, mas também o seu entorno familiar. O respeito e a garantia do direito à saúde estão intimamente relacionados ao direito à vida e à integridade pessoal e, em alguns casos, o dano à saúde resultara na violação de ambos os direitos.[121]

Nesse contexto, convém mencionar que, em 2022, a Comissão IDH intimou o Brasil a se manifestar a respeito de reiteradas violações de direitos humanos – dentre eles a integridade pessoal – que prejudicam o atendimento público de saúde no estado e no município do Rio, situação a qual foi extremamente agravada pela pandemia da covid-19 após denúncias encaminhadas à Comissão pela Defensoria Pública do Estado do Rio de Janeiro.[122-123]

No que diz respeito ao artigo 5.3, cabe notar que a Corte IDH ainda não proferiu decisões sobre potencial violação à determinação da CADH de que a pena não pode passar da pessoa do delinquente.

O artigo 5.4, por sua vez, ao estabelecer que os processados devem ficar separados dos condenados, tem por objetivo resguardar o princípio da Presunção de Inocência e conferir um tratamento diferenciado aos réus. Nesse sentido, convém mencionar que a Corte IDH já se manifestou acerca da necessidade de que estabelecimentos prisionais possuam um "sistema de classificação para detidos", para que dessa forma seja possível, efetivamente, que esse direito de separação seja respeitado.[124]

3%A3o+Americana+Sobre+Direitos+Humanos+%281%29_compressed.pdf/2bf248f2-4d1f-22a9-5149-36e1fe0e71c1?t=1612801327864. Acesso em: 15.07.2023.

[121] STEINER, Christian; Marie-Christine FUCHS (ed.); GRANADOS, G. Patricia Uribe (coord. acadêmica). *Convenção Americana sobre Direitos Humanos*: comentário. 2. ed. São Paulo: Tirant lo Blanch, 2020. p. 177. Disponível em: https://www.kas.de/documents/271408/4591369/EBOOK+-+Conven%C3%A7%C3%A3o+Americana+Sobre+Direitos+Humanos+%281%29_compressed.pdf/2bf248f2-4d1f-22a9-5149-36e1fe0e71c1?t=1612801327864. Acesso em: 15.07.2023.

[122] DEFENSORIA PÚBLICA DO ESTADO DO RIO DE JANEIRO. *Petição à Comissão Interamericana de Direitos Humanos – CIDH*. Disponível em: https://sistemas.rj.def.br/publico/sarova.ashx/Portal/sarova/imagem-dpge/public/arquivos/Peti%C3%A7%C3%A3o_Caso_Liolita_assinado.pdf. Acesso em: 14.07.2023.

[123] LEAL, Jéssica. CIDH intima Governo Brasileiro após denúncia da Defensoria do Rio. *Defensoria Pública do Estado do Rio de Janeiro*, 24.08.2022. Disponível em: https://teste.defensoria.rj.def.br/noticia/detalhes/20442-CIDH-intima-Governo-Brasileiro-apos-denuncia-da-Defensoria-do-Rio. Acesso em: 15.07.2023.

[124] STEINER, Christian; Marie-Christine FUCHS (ed.); GRANADOS, G. Patricia Uribe (coord. acadêmica). *Convenção Americana sobre Direitos Humanos*: comentário. 2. ed. São Paulo: Tirant lo Blanch, 2020. p. 190. Disponível em: https://www.kas.de/documents/271408/4591369/EBOOK+-+Conven%C3%A7%C3%A3o

No tocante ao artigo 5.5, este estipula a obrigação de, nos casos em que os menores possam ser submetidos a processo judicial, garantir a sua separação dos adultos e a sua rápida apresentação perante um tribunal especializado, assegurando assim um tratamento adequado. Nesse sentido, convém atribuir destaque ao termo "tratamento" e considerar que este tem origem na tutela como mecanismo de defesa e proteção de menores. Desse modo, compreende-se que os menores precisam ser mantidos separados dos adultos como forma de que seja mantido um comprometimento com a salvaguarda de sua integridade pessoal e de seu reconhecimento efetivamente, como sujeitos de direito.[125]

Finalmente, em se tratando do artigo 5.6, que dispõe sobre um dos temas mais polêmicos do direito penal: "As penas privativas da liberdade devem ter por finalidade essencial a reforma e a readaptação social dos condenados". A necessidade de uma ressocialização se justifica, na prática, uma vez que toda e qualquer pessoa que tenha sido condenada em algum momento retornará a conviver em sociedade, ainda que não esteja pronta para tal. Isso, porque o direito à vida é expressamente resguardado e a aplicação da pena de morte é extremamente restrita pelo artigo 4 da CADH.[126-127]

No entanto, o debate sobre o tema é ainda mais complexo no que diz respeito às condições reais de superlotação do sistema carcerário em muitos dos Estados-partes da Convenção, o que efetivamente torna a ressocialização uma tarefa, por muitas vezes, inalcançável.[128]

3%A3o+Americana+Sobre+Direitos+Humanos+%281%29_compressed.pdf/2bf248f2-4d1f-22a9-5149-36e1fe0e71c1?t=1612801327864. Acesso em: 15.07.2023.

[125] STEINER, Christian; Marie-Christine FUCHS (ed.); GRANADOS, G. Patricia Uribe (coord. acadêmica). *Convenção Americana sobre Direitos Humanos*: comentário. 2. ed. São Paulo: Tirant lo Blanch, 2020. p. 191. Disponível em: https://www.kas.de/documents/271408/4591369/EBOOK+-+Conven%C3%A7%C3%A3o+Americana+Sobre+Direitos+Humanos+%281%29_compressed.pdf/2bf248f2-4d1f-22a9-5149-36e1fe0e71c1?t=1612801327864. Acesso em: 15.07.2023.

[126] No Brasil, as penas de morte são previstas pela Constituição Federal em um contexto extremamente específico, qual seja, em hipótese de guerra declarada:

"Art. 5º (...)

(...)

XLVII – não haverá penas:

a) de morte, salvo em caso de guerra declarada, nos termos do art. 84, XIX;

(...)."

[127] Sobre o tema, convém mencionar o Protocolo à Convenção Americana sobre Direitos Humanos referente à abolição da Pena de Morte, assinado pelos países-partes em Assunção, Paraguai, em 8 de junho de 1990.

[128] "A Corte IDH decidiu sobre esta questão no sentido de reafirmar o propósito da sentença como uma medida de readaptação social. No caso de Lori Berenson Mejía *vs.* Peru, a Corte Interamericana destacou que as condições em que se encontravam os presos impediam o cumprimento dos objetivos da privação de liberdade e destacou que essa é uma questão que deve ser observada pelos juízes na hora de definir a sentença, bem como no momento da avaliar seu cumprimento: As situações descritas são contrárias ao 'objetivo essencial' das penas que envolvem privação de liberdade, conforme estabelecido no item 6 do artigo mencionado anteriormente, ou seja, 'a reforma e a readaptação social das pessoas condenadas'. As autoridades judiciais devem levar em conta essas circunstâncias ao aplicar ou avaliar as penas estabelecidas" (STEINER, Christian; Marie-Christine FUCHS (ed.); GRANADOS, G. Patricia Uribe (coord. acadêmica). *Convenção Americana sobre Direitos Humanos*: comentário. 2. ed. São Paulo: Tirant lo Blanch, 2020. p. 193. Disponível em: https://www.kas.de/documents/271408/4591369/EBOOK+-+Conven%C3%A7%C3%A3o+Americana+Sobre+Direitos+Humanos+%281%29_compressed.pdf/2bf248f2-4d1f-22a9-5149-36e1fe0e71c1?t=1612801327864. Acesso em: 15.07.2023).

Uma vez analisado mais detidamente o conteúdo do artigo 5, é importante notar, que, no âmbito da Corte IDH, que as reparações às quais os Estados são condenados não se restringem apenas àqueles que foram vítimas das violações que motivaram a apresentação de determinado caso perante a Corte, mas se aplicam também a seus familiares.

> *Membros da família como vítimas da violação do direito à integridade pessoal*
>
> É claro que os instrumentos de Direitos Humanos projetam uma visão integral da pessoa humana. Uma consequência importante dessa amplitude é a maneira pela qual a jurisprudência da Corte IDH tratou as famílias das vítimas de violações, reconhecendo que elas também têm o direito de ter sua integridade mental e moral respeitada.[129]

Por fim, cabe ressaltar que, embora a finalidade principal da proteção à integridade pessoal esteja conectada com penas cruéis e degradantes, em nenhum dos dois casos em que o Brasil foi condenado pela Corte IDH, por violar o artigo 5, as vítimas haviam sido condenadas e estavam cumprindo algum tipo de pena.

> Uma das características que distingue o sistema interamericano dos demais sistemas de direitos humanos é a lógica que permeia as medidas de reparação. A Corte Interamericana adota a concepção de uma vocação transformadora por meio do instituto da reparação integral, que compreende medidas de proteção, compensação, reabilitação e garantias de não repetição, entre outras, assegurando proteção a direitos de vítimas e fomentando transformações estruturais em políticas públicas e marcos normativos, consolidando parâmetros e estândares protetivos nas Américas. Graves violações de direitos humanos – como a afronta à integridade pessoal – são representativas das medidas de reparação integral.[130]

Esse enfoque visa não apenas oferecer reparação às vítimas mas também promover transformações estruturais em políticas públicas e marcos normativos. Dessa forma, a Corte IDH estabelece parâmetros e padrões protetivos nas Américas, buscando prevenir a ocorrência de graves violações de direitos humanos. Um dos recursos utilizados para tanto é a promulgação de medidas cautelares e provisórias.[131]

As medidas provisórias são emitidas pela Corte IDH em situações de extrema gravidade e urgência,[132] por iniciativa própria ou a pedido de uma das partes. A CIDH, quando conclui que a solicitação atende aos requisitos estabelecidos no artigo 25 de seu Regulamento, emite

---

[129] STEINER, Christian; Marie-Christine FUCHS (ed.); GRANADOS, G. Patricia Uribe (coord. acadêmica). *Convenção Americana sobre Direitos Humanos*: comentário. 2. ed. São Paulo: Tirant lo Blanch, 2020. p. 160. Disponível em: https://www.kas.de/documents/271408/4591369/EBOOK+-+Conven%C3%A7%C3%A3o+Americana+Sobre+Direitos+Humanos+%281%29_compressed.pdf/2bf248f2-4d1f-22a9-5149-36e1fe0e71c1?t=1612801327864. Acesso em: 15.07.2023.

[130] PIOVESAN, Flávia. *Comentários à Convenção Americana sobre Direitos Humanos*. Rio de Janeiro: Forense, 2019. p. 52. Disponível em: https://integrada.minhabiblioteca.com.br/books/9788530987152. Acesso em: 15.07.2023.

[131] No contexto da CIDH (Comissão Interamericana de Direitos Humanos) e da Corte IDH (Corte Interamericana de Direitos Humanos), as medidas provisórias e as medidas cautelares são termos utilizados de forma intercambiável para se referir à mesma ferramenta jurídica.

[132] CORTE INTERAMERICANA DE DIREITOS HUMANOS. *Solicitação de medidas provisórias*. Disponível em: https://www.corteidh.or.cr/medidas_provisionales_solicitudes.cfm?lang=pt. Acesso em: 15.07.2023.

uma medida cautelar com o objetivo de prevenir danos irreparáveis às pessoas.[133] Essas medidas são essenciais para proteger a vida e a integridade das vítimas, bem como para evitar a continuidade de violações dos direitos humanos.

A concessão de tais medidas e sua adoção pelo Estado não implicam um prejulgamento sobre a violação dos direitos protegidos pela Convenção Americana de Direitos Humanos ou outros instrumentos aplicáveis. É importante ressaltar que, desde a última reforma regulamentar, as decisões de concessão, prorrogação, modificação e levantamento de medidas cautelares devem ser fundamentadas e justificadas de forma adequada.[134] As medidas podem ser solicitadas independentemente de haver uma petição ou caso pendente perante os órgãos do Sistema Interamericano de Direitos Humanos. Elas são direcionadas aos Estados envolvidos e exigem pronta resposta para garantir a proteção correspondente. Podem incluir ações como a suspensão de decisões judiciais, a proteção física das vítimas, o acesso a cuidados médicos urgentes e a implementação de medidas para evitar a repetição de violações.

2. CASOS CONTENCIOSOS NOS QUAIS O BRASIL FOI CONDENADO POR VIOLAR O ARTIGO 5

Ximenes Lopes vs. *Brasil*

A primeira condenação do Estado brasileiro pela Corte IDH ocorreu no caso Ximenes Lopes *vs.* Brasil em 2006. Damião Ximenes Lopes possuía uma deficiência mental de origem orgânica, proveniente de alterações no funcionamento do cérebro. Convém ressaltar essa informação, tendo em vista que, no caso em tela, se verificou pela primeira vez um pronunciamento da Corte IDH a respeito de violações de direitos humanos de portadores de sofrimento mental.

Devido a essa deficiência, Damião foi internado por três vezes na Casa de Repouso Guararapes, um estabelecimento privado que havia sido contratado pelo Estado para prestar serviços de atendimento psiquiátrico, sob a direção do Sistema Único de Saúde, localizado no estado do Ceará. Consequentemente, atuava como unidade pública de saúde em nome e por conta do Estado.

Alguns dias após a terceira internação, ocorrida em 1º de outubro de 1999, Damião foi encontrado por sua mãe, que havia ido até à Casa de Repouso para lhe fazer uma visita, "cambaleando, com as mãos amarradas para trás, roupa toda estragada, a mostrar a cueca, corpo sujo de sangue, fedia a urina, fezes e sangue podre. Nas fossas nasais, bolões de sangue coagulado. Rosto e corpo apresentavam sinais de ter sido impiedosamente espancado".[135] Damião faleceu horas depois, e, apesar dos visíveis maus-tratos, foi descrito em seu atestado de óbito que sua morte ocorreu de forma natural, resultante de uma parada cardiorrespiratória.

---

[133] ORGANIZAÇÃO DOS ESTADOS AMERICANOS. *Folheto informativo – Medidas Cautelares*. p. 29. Disponível em: https://www.oas.org/pt/cidh/decisiones/mc/medidascautelares_folleto_pt.pdf. Acesso em: 15.07.2023.

[134] CORTE INTERAMERICANA DE DIREITOS HUMANOS. *Solicitação de medidas provisórias*. Disponível em: https://www.corteidh.or.cr/medidas_provisionales_solicitudes.cfm?lang=pt. Acesso em: 15.07.2023.

[135] CORTE INTERAMERICANA DE DIREITOS HUMANOS. *Caso Ximenes Lopes versus Brasil – Corte Interamericana de Direitos Humanos*. Relato e Reconstrução Jurisprudencial – Casoteca Latino-Americana de Direito e Política Pública. p. 5. Disponível em: https://direitosp.fgv.br/sites/default/files/2022-01/arquivos/narrativa_final_-_ximenes.pdf.

Ainda em 1999, a irmã de Damião Ximenes Lopes levou seu caso à Comissão IDH, tendo apresentado uma denúncia contra o Estado brasileiro por violar os direitos à vida, à integridade pessoal, à proteção da honra e dignidade de Damião, tendo sido a organização não governamental Centro Justiça Global, posteriormente incluída no processo, como co-peticionária.

Em 2004, foi encaminhada, pelos autores, uma petição solicitando à Comissão o envio do caso à Corte IDH, medida de extrema importância, tendo em vista que o Brasil não havia cumprido suas recomendações. No mesmo ano, o caso de tortura e morte de Damião Ximenes Lopes foi submetido pela Comissão à Corte Interamericana de Direitos Humanos.

Na sentença do caso em tela, ficou provado que, em sendo responsável pelos maus-tratos e pela morte de Damião Ximenes Lopes, o Estado brasileiro violou expressamente, entre outros, os artigos 5.1 e 5.2 da CADH, ao desrespeitar sua integridade física, psíquica e moral e ao submetê-lo a torturas e tratos cruéis, desumanos ou degradantes. Destarte, restou claro que Damião não foi tratado com o respeito devido à dignidade inerente ao ser humano.

Favela Nova Brasília (Cosme Genoveva e Outros) vs. Brasil

No segundo caso em que o Brasil foi condenado por violar o artigo 5.1 da CADH, dentre outros dispositivos, tratou-se de duas incursões policiais realizadas na Favela Nova Brasília, Complexo do Alemão, no estado no Rio de Janeiro. A primeira ocorreu em 18 de outubro de 1994 e teve como resultado a execução de treze homens, dentre estes quatro menores de idade. Ademais, três adolescentes foram vítimas de violência sexual. Na segunda incursão, em 8 de maio de 1995, novamente treze homens foram executados, dentre os quais dois eram menores de idade.

Ambos os processos relacionados às chacinas de 1994 e 1995 foram arquivados, tendo em vista que prescreveram, em 2009. No entanto, em 2011, o processo relacionado à incursão policial de 1994 foi reaberto por decisão da Comissão IDH, tendo sido uma nova denúncia oferecida pelo Ministério Público do Estado do Rio de Janeiro contra 6 policiais em 2013. O processo referente à incursão de 1995 também foi reaberto por decisão da Comissão IDH, porém foi mais uma vez arquivado, em 2015, e não foram oferecidas novas denúncias.

No caso em tela, a condenação do Brasil pela Corte IDH se deu não exclusivamente pelos 26 homicídios e pelos 3 estupros, tendo em vista que o Brasil reconheceu a competência da Corte IDH somente em 1998. Verificou-se, no caso, uma "necessidade de obtenção de justiça" e criou-se um precedente quanto à responsabilidade internacional do Estado pela violação do direito à vida e à integridade pessoal das vítimas.[136]

Em 2017, o Estado brasileiro foi responsabilizado internacionalmente, portanto, pela violação do direito à vida e à integridade pessoal das vítimas, de acordo com o artigo 5.1 da CADH, assim como com base em outros artigos. Ademais, a sentença condenatória estabeleceu parâmetros sobre o dever de investigar com a devida diligência e impor os estândares de imparcialidade, independência, respeito e duração em prazo razoável do processo.[137]

---

[136] CORTE INTERAMERICANA DE DIREITOS HUMANOS. *Caso Favela Nova Brasília (Cosme Genoveva e outros) vs. Brasil*. Sentença de 16 de fevereiro de 2017. Disponível em: https://www.corteidh.or.cr/docs/casos/articulos/seriec_345_por.pdf.

[137] CORTE INTERAMERICANA DE DIREITOS HUMANOS. *Caso Favela Nova Brasília (Cosme Genoveva e outros) vs. Brasil*. Sentença de 16 de fevereiro de 2017. Disponível em: https://www.corteidh.or.cr/docs/casos/articulos/seriec_345_por.pdf.

3. MEDIDAS CAUTELARES DA COMISSÃO IDH POR VIOLAÇÃO DO ARTIGO 5 PELO BRASIL POR ENCARCERAR PESSOAS EM CONTÊINERES NO ESPÍRITO SANTO

Uma vez superada a análise dos casos que foram julgados pela Corte IDH, faz-se necessário analisar duas medidas cautelares nas quais a Comissão solicitou ao Brasil que tomasse providências urgentes com base em violações do artigo 5. Não será possível, neste trabalho, analisar todas as medidas cautelares, visto que não se trata de um estudo comparado, somente esse caso será analisado a título ilustrativo.

Logo, o que justifica a escolha das medidas cautelares que serão estudadas é o grande impacto e a divulgação dos casos à época, além do fato de efetivamente se referirem a pessoas encarceradas, tendo em vista que a finalidade principal do artigo 5 da CADH é a vedação à tortura e às penas cruéis, como fora devidamente supracitado.

No que diz respeito à aplicabilidade prática, é fundamental ponderar que, nos casos analisados, tais medidas efetivamente apresentaram algum resultado positivo no combate à violação do direito à integridade física.

Logo, convém apresentar a crise no sistema prisional no Espírito Santo, tratando em especial dos fatos ocorridos entre 2009 e 2010. O primeiro caso a ser relatado se deu na Unidade de Internação Socioeducativa (Unis), que se localiza na cidade de Cariacica. Nessa unidade, foi constatado que os adolescentes estavam em situação de risco em virtude das torturas sofridas pelos agentes do Estado, o que inclusive levou à morte de três internados. A situação ainda mais estarrecedora, que deu motivo a toda a mobilização ocorrida em torno do caso à época, foi o fato de serem utilizados contêineres na unidade, ou seja, caixas metálicas que ficavam "expostas ao sol, sem banheiro e sem água encanada. Nessas condições, eram obrigados a defecar e urinar dentro do próprio contêiner e, ao início do dia, o piso era lavado e os excrementos depositados ao lado das caixas metálicas".[138]

Nesse contexto, a Comissão IDH, por meio da *MC 224/09 – Adolescentes privados de libertad en la Unidad de Internación Socioeducativa (Unis), Brasil,* outorgou ao Estado brasileiro – entre outras medidas – que tomasse medidas necessárias para garantir o direito à vida e à integridade física dos adolescentes internados na Unis.

Como consequência da Medida Cautelar expedida pela Comissão, o estado do Espírito Santo efetuou medidas para garantir a segurança e reduzir a violência contra os adolescentes. Nesse contexto, é fundamental apontar que uma parte da Unis foi efetivamente demolida em 2010, com o intuito de que, ao ser reconstruída, contemplasse a inauguração de novas unidades, em melhores condições para internação de adolescentes.[139]

O segundo caso analisado ocorreu no Departamento de Polícia Judiciária (DPJ) localizado em Vila Velha, também no estado do Espírito Santo. Em 2010, o referido departamento apresentava uma situação de grave superlotação, na qual 160 pessoas encontravam-se encarceradas em condições degradantes e desumanas, em um espaço que possuía capacidade para apenas 36 presos. Por meio da *MC 114-10 – Personas privadas de libertad en el Departamento de la Policía Judicial (DPJ) de Vila Velha, Brasil,* a Comissão IDH outorgou, mais

---

[138] SANTOS, Lorenna Cantanheides dos; OBREGÓN, Marcelo Fernando Quiroga. A prisão em contêineres no Espírito Santo: uma inesquecível crise humanitária e o papel das organizações internacionais de direitos humanos. *Derecho y Cambio Social,* n. 62, OCT-DIC 2020. p. 13. Disponível em: https://www.derechoycambiosocial.com/revista062/La_prision_en_contenedores.pdf. Acesso em: 15.07.2023.

[139] SANTOS, Lorenna Cantanheides dos; OBREGÓN, Marcelo Fernando Quiroga. A prisão em contêineres no Espírito Santo: uma inesquecível crise humanitária e o papel das organizações internacionais de direitos humanos. *Derecho y Cambio Social,* n. 62, OCT-DIC 2020. p. 15. Disponível em: https://www.derechoycambiosocial.com/revista062/La_prision_en_contenedores.pdf. Acesso em: 15.07.2023.

uma vez – entre outras – medidas cautelares ao Estado brasileiro, no sentido da adoção de diligências que promovessem a proteção do direito à vida, à integridade pessoal e à saúde das pessoas encarceradas, assim como providências que tivessem como resultado a redução da superlotação do DPJ.

Em atenção à Medida Cautelar, a carceragem do departamento foi interditada definitivamente em 2010 pelo estado do Espírito Santo e os presos foram transferidos para unidades prisionais em outras localidades.[140]

Enfim, ainda que seja muito importante apreciar a ação do Estado brasileiro para atender às recomendações da Comissão IDH, e que tais medidas tenham apresentado resultado prático efetivo, há de se considerar que a crise no sistema prisional no estado do Espírito Santo não foi totalmente resolvida. No entanto, é imprescindível reconhecer que a atuação da Comissão, por meio das medidas cautelares para fazer cessarem as violações de direitos humanos e arbitrariedades estatais no contexto de pessoas encarceradas, expôs a necessidade de uma atuação contínua do Estado para que seja conferido aos presos um tratamento que respeite a dignidade da pessoa humana.

Com o intuito de apresentar informações mais atualizadas sobre a situação no estado, convém mencionar que, em 2020, foi elaborado um relatório de visita de inspeção em estabelecimentos penais do Espírito Santo pelo Conselho Nacional de Política Criminal e Penitenciária do Ministério da Justiça e Segurança Pública. Nesse documento, é possível verificar que, em aproximadamente 12 anos, a situação efetivamente apresentou melhoras, embora o estado ainda sofra com a superlotação.

Cita-se, no relatório, que o Secretário de Justiça do Espírito Santo à época, Luiz Carlos Cruz, "trouxe certa esperança de que dias melhores virão, especialmente com a previsão de construção, ainda este ano, de mais cerca de 1000 (mil) vagas naquela região, mais precisamente nos municípios de São Mateus e Linhares, a abarcar presos oriundos de Colatina e 'desafogar' um pouco aqueles índices (de superlotação)".[141]

4. CUMPRIMENTO DAS DECISÕES NOS CASOS ANALISADOS

O cumprimento das decisões nos casos analisados pela Corte Interamericana de Direitos Humanos é um aspecto fundamental para a efetividade do Sistema Interamericano de Proteção dos Direitos Humanos. Essa efetividade pode ser compreendida em dois enfoques principais: em sentido estrito, por meio do cumprimento das decisões prolatadas pela Corte pelos Estados condenados; e em sentido amplo, pelo impacto e pelos reflexos que suas decisões causam no direito interno dos Estados-partes da Convenção Americana de Direitos Humanos.[142]

---

[140] SANTOS, Lorenna Cantanheides dos; OBREGÓN, Marcelo Fernando Quiroga. A prisão em contêineres no Espírito Santo: uma inesquecível crise humanitária e o papel das organizações internacionais de direitos humanos. *Derecho y Cambio Social*, n. 62, OCT-DIC 2020. p. 16. Disponível em: https://www.derechoycambiosocial.com/revista062/La_prision_en_contenedores.pdf. Acesso em: 15.07.2023.

[141] BRASIL. Ministério da Justiça e Segurança Pública. Conselho Nacional de Política Criminal e Penitenciária. *Relatório de Visita de Inspeção em Estabelecimentos Penais do Espírito Santo* – período: 07 a 14 de Agosto de 2020. Conselheiro Gustavo Emelau Marchiori e Conselheiro Diego Mantovaneli do Monte. Disponível em: https://www.gov.br/senappen/pt-br/composicao/cnpcp/relatorios-de-inspecao/2020/relatorio-de-visita-de-inspecao-em-estabelecimentos-penais-do-espirito-santo.pdf. Acesso em: 15.07.2023.

[142] FRANCO, Thalita Leme. *Efetividade das decisões proferidas pela Corte Interamericana de Direitos Humanos*: identificação dos marcos teóricos e análise da conduta do Estado brasileiro. Tese (Doutorado) – Universidade de São Paulo, São Paulo, 2014.

A Convenção Americana confere autonomia aos Estados-partes para determinar como as decisões da Corte Interamericana serão implementadas em seu âmbito doméstico. Cabe a eles escolher os órgãos ou as autoridades internas responsáveis por cumprir as sentenças, podendo essa atribuição recair sobre o Poder Executivo, Legislativo ou Judiciário. No entanto, isso não significa que o cumprimento das decisões seja facultativo,[143] pois os Estados devem adotar medidas de implementação que estejam em conformidade com o instrumento internacional que gerou a obrigação.

Nos casos em que o Estado condenado não cumpre as determinações da Corte, pode-se analisar a possibilidade de intervenção por parte da Assembleia Geral da OEA, como órgão político. A supervisão do cumprimento das decisões é um elemento essencial para garantir a efetividade do sistema de proteção dos direitos humanos.

É importante ressaltar que as decisões da Corte Interamericana não se limitam apenas ao seu sentido estrito de cumprimento das decisões pelos Estados condenados. Suas sentenças refletem diretamente nos Estados-partes da Convenção Americana, orientando uma cultura jurídica e contribuindo para a determinação de padrões de conduta internacionais. A interação das decisões da Corte com os tribunais domésticos, bem como o reflexo dessas decisões nas políticas públicas dos Estados, é de extrema relevância para a proteção e efetivação dos direitos humanos. A jurisprudência internacional da Corte pode servir como guia para as decisões dos tribunais nacionais, evitando que os Estados sejam constrangidos por violações dos direitos humanos diante de instâncias internacionais.[144]

No que se refere à efetividade das decisões nos casos analisados pela Corte Interamericana de Direitos Humanos (Corte IDH), é relevante mencionar a recomendação emitida pelo Conselho Nacional de Justiça (CNJ) em 2022, na qual orientou os tribunais a seguirem a jurisprudência estabelecida pela Corte IDH. O CNJ determinou que, nos casos em que as condenações da Corte IDH contra o Estado brasileiro resultarem em ações judiciais para a reparação das vítimas, o julgamento desses casos deve receber prioridade pelo Poder Judiciário.

Nesse contexto, é importante analisar o atual estado de cumprimento das sentenças dos casos supramencionados, considerando as informações disponíveis no Painel de Monitoramento das Decisões da Corte IDH, presente no *site* do CNJ.

Consoante o Painel de Monitoramento, atualmente, o Brasil possui 12 casos contenciosos apreciados pela Corte Interamericana. Nestes, existem 59 pontos resolutivos pendentes de cumprimento, 18 cumpridos parcialmente e 7 cumpridos integralmente. Isso evidencia que há um número significativo de medidas ainda não cumpridas, o que impacta diretamente a efetividade das decisões da Corte.

No Caso Ximenes Lopes *vs.* Brasil, o Estado brasileiro foi solicitado a publicar, no prazo de seis meses, no *Diário Oficial* e em outro jornal de ampla circulação nacional, partes relevantes da sentença, sem as notas de rodapé. Além disso, o Estado foi ordenado a pagar indenizações por danos materiais e imateriais às vítimas.[145]

---

[143]   FRANCO, Thalita Leme. *Efetividade das decisões proferidas pela Corte Interamericana de Direitos Humanos*: identificação dos marcos teóricos e análise da conduta do Estado brasileiro. Tese (Doutorado) – Universidade de São Paulo, São Paulo, 2014. p. 29-31; TRINDADE, Antônio Augusto Cançado. *Tratado de direito internacional dos direitos humanos*. Porto Alegre: Safe, 2003. v. III. p. 511.

[144]   FRANCO, Thalita Leme. *Efetividade das decisões proferidas pela Corte Interamericana de Direitos Humanos*: identificação dos marcos teóricos e análise da conduta do Estado brasileiro. Tese (Doutorado) – Universidade de São Paulo, São Paulo, 2014. p. 56.

[145]   BRASIL. Conselho Nacional de Justiça. *Monitoramento e fiscalização das decisões da Corte IDH*. Disponível em: https://www.cnj.jus.br/poder-judiciario/relacoes-internacionais/monitoramento-e-fiscalizacao-das--decisoes-da-corte-idh/casos-contenciosos-brasileiros/. Acesso em: 15.07.2023.

Nesse caso, as medidas de reparação determinadas pela Corte IDH ainda estão pendentes de cumprimento, com algumas delas sendo cumpridas parcialmente ou até mesmo descumpridas.

Estado de cumprimento	Pontos resolutivos
Cumprida	4
Descumprida	1
Pendente de cumprimento	1

Outro caso é o da Favela Nova Brasília (Cosme Genoveva e outros) *vs.* Brasil, no qual uma medida cumprida foi a restituição ao Fundo de Assistência Jurídica às Vítimas, da Corte IDH, da quantia desembolsada durante a tramitação do caso.[146] Aqui também é possível observar um número significativo de medidas pendentes de cumprimento.

Estado de cumprimento	Pontos resolutivos
Pendente de cumprimento	11
Parcialmente cumprida	1
Cumprida	1

Esse contexto reflete a dificuldade enfrentada pelo Brasil em implementar integralmente as determinações da Corte IDH. O não cumprimento das medidas afeta diretamente as vítimas e a confiança na capacidade do Estado brasileiro de garantir a efetividade das decisões do Sistema Interamericano de Proteção dos Direitos Humanos.

CONSIDERAÇÕES FINAIS

Em conclusão, o artigo 5 da Convenção Americana de Direitos Humanos estabelece importantes direitos relacionados à dignidade da pessoa humana e ao direito à integridade pessoal. A partir da análise do texto, pode-se afirmar que a Convenção, ratificada pelo Brasil, adquiriu natureza de norma supralegal, posicionada abaixo da Constituição, mas acima da legislação infraconstitucional. A efetividade do sistema de proteção dos direitos humanos depende do cumprimento das decisões nos casos analisados pela Corte Interamericana de Direitos Humanos (Corte IDH), tanto em sentido estrito, pelo cumprimento das decisões pelos Estados condenados, quanto em sentido amplo, pelo impacto e pelos reflexos que suas decisões causam no direito interno dos Estados-partes da Convenção Americana de Direitos Humanos.

É desejável que os Estados adotem um procedimento interno específico de execução das sentenças interamericanas, a fim de evitar a morosidade dos sistemas judiciários e garantir uma implementação mais eficaz das decisões. Alguns países já têm buscado enfrentar esse desafio e implementar as decisões dos órgãos do Sistema Interamericano de Direitos Humanos em seus ordenamentos internos.

---

[146]   BRASIL. Conselho Nacional de Justiça. *Monitoramento e fiscalização das decisões da Corte IDH.* Disponível em: https://www.cnj.jus.br/poder-judiciario/relacoes-internacionais/monitoramento-e-fiscalizacao-das-decisoes-da-corte-idh/casos-contenciosos-brasileiros/. Acesso em: 15.07.2023.

A efetividade da Corte Interamericana de Direitos Humanos vai além do cumprimento estrito das decisões pelos Estados condenados. A construção de um *corpus iuris* por meio da jurisprudência da Corte e o impacto de suas decisões no direito interno dos Estados são essenciais para o avanço dos direitos humanos na região americana e para fortalecer a proteção dos direitos humanos nos ordenamentos jurídicos nacionais.

No entanto, é necessário reconhecer que há desafios no cumprimento das decisões da Corte Interamericana pelo Brasil. O Painel de Monitoramento das Decisões da Corte IDH mostra que há um número significativo de medidas pendentes de cumprimento nos casos analisados, o que afeta a efetividade das decisões. A falta de cumprimento das medidas impacta diretamente as vítimas e abala a confiança na capacidade do Estado brasileiro de garantir a proteção dos direitos humanos. Para isso, é fundamental que os Estados adotem medidas concretas para cumprir integralmente as decisões da Corte IDH e garantir a justa reparação das vítimas, fortalecendo assim o sistema interamericano de proteção dos direitos humanos.

Em suma, no caso analisado a respeito das medidas cautelares outorgadas ao Brasil pela CIDH, quanto às condições degradantes e gravemente violadoras da integridade pessoal no sistema prisional do estado do Espírito Santo, foi possível constatar uma resposta positiva ao que fora solicitado pela Comissão. Dessa forma, é fundamental ressaltar a possibilidade de verificar, de parte do Estado brasileiro, alguma efetividade no cumprimento de medidas de urgência.

REFERÊNCIAS

BRASIL. Conselho Nacional de Justiça. *Monitoramento e fiscalização das decisões da Corte IDH*. Disponível em: https://www.cnj.jus.br/poder-judiciario/relacoes-internacionais/monitoramento-e-fiscalizacao-das-decisoes-da-corte-idh/casos-contenciosos-brasileiros/. Acesso em: 15.07.2023.

BRASIL. Ministério da Justiça e Segurança Pública. Conselho Nacional de Política Criminal e Penitenciária. *Relatório de Visita de Inspeção em Estabelecimentos Penais do Espírito Santo* – período: 07 a 14 de Agosto de 2020. Conselheiro Gustavo Emelau Marchiori e Conselheiro Diego Mantovaneli do Monte. Disponível em: https://www.gov.br/senappen/pt-br/composicao/cnpcp/relatorios-de-inspecao/2020/relatorio-de-visita-de--inspecao-em-estabelecimentos-penais-do-espirito-santo.pdf. Acesso em: 15.07.2023.

CORTE INTERAMERICANA DE DIREITOS HUMANOS. *Solicitação de medidas provisórias*. Disponível em: https://www.corteidh.or.cr/medidas_provisionales_solicitudes.cfm?lang=pt. Acesso em: 15.07.2023.

DEFENSORIA PÚBLICA DO ESTADO DO RIO DE JANEIRO. *Petição à Comissão Interamericana de Direitos Humanos – CIDH*. Disponível em: https://sistemas.rj.def.br/publico/sarova.ashx/Portal/sarova/imagem-dpge/public/arquivos/Peti%C3%A7%C3%A3o_Caso_Liolita_assinado.pdf. Acesso em: 14.07.2023.

FRANCO, Thalita Leme. *Efetividade das decisões proferidas pela Corte Interamericana de Direitos Humanos*: identificação dos marcos teóricos e análise da conduta do Estado brasileiro. Tese (Doutorado) – Universidade de São Paulo, São Paulo, 2014.

JURISPRUDÊNCIA da Corte Interamericana de Direitos Humanos. *Direito à integridade pessoal*. Secretaria Nacional de Justiça, Comissão de Anistia, Corte Interamericana de Direitos Humanos. Trad. Corte Interamericana de Direitos Humanos. Brasília: Ministério da Justiça, 2014. Disponível em: https://funag.gov.br/biblioteca-nova/produto/1-1091. Acesso em: 15.07.2023.

LEAL, Jéssica. CIDH intima Governo Brasileiro após denúncia da Defensoria do Rio. *Defensoria Pública do Estado do Rio de Janeiro*, 24.08.2022. Disponível em: https://teste.

defensoria.rj.def.br/noticia/detalhes/20442-CIDH-intima-Governo-Brasileiro-apos--denuncia-da-Defensoria-do-Rio. Acesso em: 15.07.2023.

ORGANIZAÇÃO DOS ESTADOS AMERICANOS. *Folheto informativo – Medidas Cautelares.* Disponível em: https://www.oas.org/pt/cidh/decisiones/mc/medidascautelares_folleto_pt.pdf. Acesso em: 15.07.2023.

PIOVESAN, Flávia. *Comentários à Convenção Americana sobre Direitos Humanos.* Rio de Janeiro: Forense, 2019. Disponível em: https://integrada.minhabiblioteca.com.br/books/9788530987152. Acesso em: 15.07.2023.

SANTOS, Lorenna Cantanheides dos; OBREGÓN, Marcelo Fernando Quiroga. A prisão em contêineres no Espírito Santo: uma inesquecível crise humanitária e o papel das organizações internacionais de direitos humanos. *Derecho y Cambio Social*, n. 62, OCT-DIC 2020. Disponível em: https://www.derechoycambiosocial.com/revista062/La_prision_en_contenedores.pdf. Acesso em: 15.07.2023.

STEINER, Christian; Marie-Christine FUCHS (ed.); GRANADOS, G. Patricia Uribe (coord. acadêmica). *Convenção Americana sobre Direitos Humanos*: comentário. 2. ed. São Paulo: Tirant lo Blanch, 2020. Disponível em: https://www.kas.de/documents/271408/4591369/EBOOK+-+Conven%C3%A7%C3%A3o+Americana+Sobre+Direitos+Humanos+%281%29_compressed.pdf/2bf248f2-4d1f-22a9-5149-36e1fe0e71c1?t=1612801327864. Acesso em: 15.07.2023.

TRINDADE, Antônio Augusto Cançado. *Tratado de direito internacional dos direitos humanos.* Porto Alegre: Safe, 2003. v. III.

Artigo 6
Proibição da escravidão e da servidão

1. Ninguém pode ser submetido a escravidão ou a servidão, e tanto estas como o tráfico de escravos e o tráfico de mulheres são proibidos em todas as suas formas.

2. Ninguém deve ser constrangido a executar trabalho forçado ou obrigatório. Nos países em que se prescreve, para certos delitos, pena privativa da liberdade acompanhada de trabalhos forçados, esta disposição não pode ser interpretada no sentido de que proíbe o cumprimento da dita pena, imposta por juiz ou tribunal competente. O trabalho forçado não deve afetar a dignidade nem a capacidade física e intelectual do recluso.

3. Não constituem trabalhos forçados ou obrigatórios para os efeitos deste artigo:

a) os trabalhos ou serviços normalmente exigidos de pessoa reclusa em cumprimento de sentença ou resolução formal expedida pela autoridade judiciária competente. Tais trabalhos ou serviços devem ser executados sob a vigilância e controle das autoridades públicas, e os indivíduos que os executarem não devem ser postos à disposição de particulares, companhias ou pessoas jurídicas de caráter privado;

b) o serviço militar e, nos países onde se admite a isenção por motivos de consciência, o serviço nacional que a lei estabelecer em lugar daquele;

c) o serviço imposto em casos de perigo ou calamidade que ameace a existência ou o bem-estar da comunidade; e

d) o trabalho ou serviço que faça parte das obrigações cívicas normais.

🗨 COMENTÁRIOS

por Luiz Philippe Vieira de Mello Filho e Renata Queiroz Dutra

NEOLIBERALISMO, CÁRCERE E TRABALHO

INTRODUÇÃO

Neste artigo, propomo-nos a desenvolver reflexões sobre dois impactos da racionalidade neoliberal que hegemoniza o pensamento social, econômico, político e jurídico contemporâneos: o sistema punitivo e as relações de trabalho, marcados, respectivamente, pela acentuação dos mecanismos de vigilância e encarceramento e pela precarização e intensificação da exploração.

Por um lado, um pilar central dos arranjos neoliberais é a modificação da regulação das relações de trabalho, a partir de formas contratuais desprotegidas e avessas à tutela estatal, com destaque ainda para as reformas trabalhistas, o recuo significativo da atuação do Estado em face da questão social, e, não menos importante, uma série de medidas antissindicais, que tanto inibem ostensivamente como desestimulam a ação coletiva por meio da crescente individualização das perspectivas de trabalho e inserção social. A dinâmica capitalista subjacente ao neoliberalismo, que se reformula reiteradamente em favor de novos ciclos de acumulação, também tem se caracterizado pela produção sistemática de desemprego, com ampliação dos mecanismos de repressão àqueles que são aproveitados pela lógica do sistema.

Por outro lado, a mesma racionalidade tem promovido arranjos punitivos cada vez mais acentuados, mediante os quais seletivamente se impõe, àqueles desajustados à ordem neoliberal, a ação ordenadora do estado criminal, que, imbuído nessa dinâmica, passa a ser instrumentalizado por meio do discurso da segurança pública e do punitivismo, em prol da própria acumulação capitalista.

Esses dois fenômenos não se encontram apenas na desmedida da atuação do Estado, que, como já observava Loïc Wacquant,[147] ao tempo que reduz sua intervenção na seara social, passa a ampliar, como consequência, sua atuação na esfera criminal. Há outro encontro peculiar entre essas duas facetas da ordem neoliberal que se destaca pelos seus contornos perversos e assimiláveis a formas de exploração do trabalho supostamente superadas em nossa história constitucional: o trabalho prisional e a práxis omissa sobre os direitos sociais dos trabalhadores submetidos a penas privativas de liberdade.

Colocado em uma zona de penumbra entre a aplicação da lei penal, que não disciplina, senão sob o ponto de vista da comutação da pena, a questão do trabalho dos custodiados, e a legislação trabalhista, que, sobretudo a partir do prisma infraconstitucional, se concentra na afirmação de estatutos de direitos de trabalhadores a partir do regime formal de contratação, deixando de se manifestar sobre a situação do trabalho prisional, o labor no cárcere tem se desenhado no Brasil como uma extensão das violações de direitos fundamentais mais amplas que, infelizmente, ainda ocorrem em nosso sistema prisional.

Essa "omissão" ora sonega aos cidadãos reclusos o direito ao trabalho, ora tem proporcionado prestação de serviços dos custodiados em condições inadequadas, sem controle e fiscalização dos direitos constitucionais mínimos atinentes ao salário, à jornada e ao ambiente laboral, traduzindo-se, em parte significativa dos casos, naquilo que tem sido caracterizado

---

[147] WACQUANT, Loïc. *As prisões da miséria*. Rio de Janeiro: Jorge Zahar, 2001.

como redução de trabalhadores à condição análoga à de escravos ou em níveis de precarização tão acentuados que se aproximam severamente desse cenário. Há um agravamento desse contexto em face das perspectivas de privatização de unidades prisionais, bem como da exploração da força de trabalho dos custodiados por empresas privadas.

Neste artigo, procuramos identificar as raízes e conveniências da continuidade desse comportamento seletivo e supostamente negligente por parte do Estado, a partir de uma leitura situada no marco do neoliberalismo.

Considerado o perfil da população atingida – notadamente homens negros de baixa renda –, identificamos o inevitável *continuum* histórico entre a escravidão e o trabalho prisional como parte de um projeto de sociedade no qual racismo, colonialismo e neoliberalismo têm vitimizado, como trabalhadores e potenciais destinatários da lei penal, sujeitos historicamente marginalizados em países do sul global. Tal projeto, que se coaduna com dimensões do que se tem designado, mais amplamente, de genocídio negro,[148] opera como parte de um projeto de poder que não se amolda ao eleito pela sociedade brasileira na Constituição de 1988.

O presente artigo é composto dessa introdução e mais três tópicos, nos quais abordaremos o "O neoliberalismo e o sujeito vilipendiado do trabalho"; o "O neoliberalismo e o sujeito-alvo da lei penal" e "A sobreposição perversa dos dois sujeitos: trabalho prisional, racismo e escravidão póstuma". Por fim, apresentaremos nossas primeiras conclusões sobre o tema, tão carente de debates e da atenção política e acadêmica, sobretudo do campo juslaboral.

1. O NEOLIBERALISMO E O SUJEITO VILIPENDIADO DO TRABALHO

O que se denomina de ordem neoliberal possui multifacetadas dimensões, que atuam nas mais diversas esferas da vida social. Ao lançarmos o olhar sobre o apelo do neoliberalismo sobre o trabalho e as novas agendas por ele desenhadas para a classe trabalhadora, faremos um recorte necessário para pensar a reformulação do lugar desse sujeito social nas dinâmicas neoliberais, sem perder de vista os atravessamentos que essa nova ordenação da vida coloca em relação às dinâmicas da vida política, da cidadania, da ordem democrática, das relações familiares, religiosas e culturas estabelecidas socialmente.

Pierre Dardot e Christian Laval, em abordagem original, entendem que as avaliações realizadas a respeito do neoliberalismo e seus impactos foram profundamente subestimados pelos seus críticos. Para os autores, o neoliberalismo não se encerra em uma ideologia ou em uma política econômica, mas em "um sistema normativo que ampliou sua influência sobre o mundo inteiro, estendendo a lógica do capital a todas as relações sociais e a todas as esferas da vida".[149]

Os autores, estudando os pressupostos teóricos do liberalismo econômico, marcam as diferenças entre tal estrutura de pensamento e os contornos que hoje ostenta o sistema neoliberal. Apontam que, enquanto a noção de democracia era cara aos defensores do *laissez-faire*, o neoliberalismo aprofunda um paradigma de ausência de controle público no domínio privado e, por outro lado, de intervenção do mercado no controle do Estado (forma, concepção, políticas, prioridades), que é incompatível com a ideia de democracia: para Dardot e Laval, estar-se-ia diante de um momento de pós-democracia, com desativação do

---

[148] VARGAS, João Costa. A diáspora negra como genocídio: Brasil, Estados Unidos ou uma geografia supranacional da morte e suas alternativas. *Revista da ABPN*, v. 1, n. 2, p. 31-65, jul.-out. 2010.

[149] DARDOT, Pierre; LAVAL, Christian. *A nova razão do mundo*: ensaio sobre a sociedade neoliberal. São Paulo: Boitempo, 2016.

jogo democrático e até mesmo da política como atividade, que impediria a própria correção das trajetórias políticas adotadas.[150]

Em verdade, os precursores do pensamento neoliberal teriam substituído a alternativa "intervenção ou não intervenção do Estado?" pela questão "qual deve ser a natureza dessa intervenção?".[151] Longe de uma retirada de cena, há um reengajamento político do Estado sobre novas bases, novos métodos e novos objetivos.[152]

Como prática que se instala como premissa da gestão empresarial, da atuação do Estado e das relações entre os sujeitos, o neoliberalismo se caracterizaria por ter institucionalizado a concorrência como forma prioritária de relação entre os sujeitos. Dessa forma, desenvolver-se-iam novas formas de subjetivação incompatíveis com as ideias de solidariedade e de cidadania.[153]

Nas palavras de Dardot e Laval, o neoliberalismo comporta aspectos políticos, econômicos, sociais e subjetivos, compondo, ao cabo, uma racionalidade que tende a estruturar não apenas a ação dos governantes mas também a própria conduta dos governados:

> O neoliberalismo não destrói apenas regras, instituições, direitos. Ele também produz certos tipos de relações sociais, certas maneiras de viver, certas subjetividades. Em outras palavras, com o neoliberalismo, o que está em jogo é nada mais nada menos que a forma de nossa existência, isto é, a forma como somos levados a nos comportar, a nos relacionar com os outros e com nós mesmos. O neoliberalismo define certa norma de vida nas sociedades ocidentais e, para além dela, em todas as sociedades que as seguem no caminho da "modernidade". Essa norma impõe a cada um de nós que vivamos num universo de competição generalizada, intima os assalariados e as populações a entrar em luta econômica uns contra os outros, ordena as relações sociais segundo o modelo de mercado, obriga a justificar desigualdades cada vez mais profundas, muda até o indivíduo, que é instado a conceber a si mesmo e comportar-se como uma empresa.[154]

Esse raciocínio fica evidenciado na célebre declaração de Margaret Thatcher: "Economics are the method. The object is to change the soul".[155] Nessa frase, a dama de ferro do neoliberalismo expressa o exato raciocínio de uma economia forjada a partir da subjugação do ser humano, por meio de sua coerção a condutas que atendam aos comandos do mercado independentemente de suas necessidades e do seu bem-estar, individual e coletivo. O endurecimento das políticas para o trabalho e o desamparo social seriam os métodos para **formatar os trabalhadores e conformá-los às exigências do capital**. Tais estratégias traduzir-se-iam em técnicas de poder inéditas sobre condutas e subjetividades, que não

---

[150]   DARDOT, Pierre; LAVAL, Christian. *A nova razão do mundo*: ensaio sobre a sociedade neoliberal. São Paulo: Boitempo, 2016. p. 8.

[151]   DARDOT, Pierre; LAVAL, Christian. *A nova razão do mundo*: ensaio sobre a sociedade neoliberal. São Paulo: Boitempo, 2016. p. 158.

[152]   DARDOT, Pierre; LAVAL, Christian. *A nova razão do mundo*: ensaio sobre a sociedade neoliberal. São Paulo: Boitempo, 2016. p. 190.

[153]   DARDOT, Pierre; LAVAL, Christian. *A nova razão do mundo*: ensaio sobre a sociedade neoliberal. São Paulo: Boitempo, 2016. p 9.

[154]   DARDOT, Pierre; LAVAL, Christian. *A nova razão do mundo*: ensaio sobre a sociedade neoliberal. São Paulo: Boitempo, 2016. p. 16-17.

[155]   PERELMAN, Michael. *The invisible handcuffs*: how market tyranny stifles the economy by stunting workers. New York: Monthly Review Press, 2011.

podem ser reduzidas a uma mera dimensão econômica, mas que devem ser lidas como um novo modo de governar.[156]

Assim, o neoliberalismo poderia ser apresentado como um "conjunto de discursos, práticas e dispositivos que determinam um novo modo de governo dos homens [das pessoas] segundo o princípio universal da concorrência".[157] Tais mudanças não apenas residiriam no modo de acumulação mas também conformariam outra sociedade singular, resultante de uma verdadeira transformação do capitalismo.[158]

A consequência desse modo de ser econômico é o incremento das condições de alienação e de insegurança e o desempoderamento dos trabalhadores.

A negação de classes e o mito da mobilidade social, que serviram de amparo para a construção de um pensamento individualista, calcado em identidades subjetivas (apartadas da noção de classe), têm massivamente contribuído para a incompreensão das coletividades que compõem a sociedade e de suas contradições.[159]

Tal perspectiva, entretanto, precisa omitir que o trabalho é uma relação social e que mesmo a absoluta mecanização não será capaz de eliminar a importância do trabalho humano. É que, ao contrário do que pregam os liberais e neoliberais, os altos níveis de desemprego resultam mais da demanda do próprio capital por um exército de reserva que desestabilize e atemorize os trabalhadores empregados e da superexploração daqueles que se encontram empregados como forma de redução de postos de trabalho do que da real desnecessidade do trabalho humano em tempos de desenvolvimento tecnológico.[160]

Daí por que os efeitos psicológicos deletérios do desemprego (e mesmo da mera ameaça do desemprego) são considerados fatores essenciais ao funcionamento da máquina neoliberal.

Assim se dá a construção ideológica de altos níveis de tolerância com condições de trabalho francamente degradantes e com o desnível entre a atribuição de responsabilidades aos empregadores e aos trabalhadores, seja no senso comum social, seja no próprio discurso estatal.

Perelman indica, por exemplo, o modo de operar da agenda neoliberal em relação ao desenvolvimento de políticas públicas para os desempregados.[161] A resposta estatal quanto a esse problema consiste, basicamente, na imposição de mais disciplina: o sistema penitenciário cresce para reprimir os excluídos, ao revés de proporcionar políticas públicas que os incluam, como de resto também observou Wacquant.[162]

Trata-se, pois, da difusão do ideal de responsabilização dos sujeitos pela sua condição social, em uma perspectiva individualista que nega a interferência das relações sociais nos "resultados" de cada um, esvaziando as noções de responsabilidades públicas e coletivas.

A difusão da insegurança social, que acompanha tal processo, por meio da precarização do trabalho, da fragilização da proteção social estatal e do desfazimento dos coletivos de

---

[156] DARDOT, Pierre; LAVAL, Christian. *A nova razão do mundo*: ensaio sobre a sociedade neoliberal. São Paulo: Boitempo, 2016. p. 21.

[157] DARDOT, Pierre; LAVAL, Christian. *A nova razão do mundo*: ensaio sobre a sociedade neoliberal. São Paulo: Boitempo, 2016. p. 17.

[158] DARDOT, Pierre; LAVAL, Christian. *A nova razão do mundo*: ensaio sobre a sociedade neoliberal. São Paulo: Boitempo, 2016. p. 24-26.

[159] PERELMAN, Michael. *The invisible handcuffs*: how market tyranny stifles the economy by stunting workers. New York: Monthly Review Press, 2011.

[160] PERELMAN, Michael. *The invisible handcuffs*: how market tyranny stifles the economy by stunting workers. New York: Monthly Review Press, 2011.

[161] PERELMAN, Michael. *The invisible handcuffs*: how market tyranny stifles the economy by stunting workers. New York: Monthly Review Press, 2011.

[162] WACQUANT, Loïc. *As prisões da miséria*. Rio de Janeiro: Jorge Zahar, 2001.

resistência é produto e reprodutora da racionalidade neoliberal, visto que funciona como motor da submissão dos sujeitos e blinda, por meio do medo e da necessidade individual de superação e sobrevivência, formas coletivas e radicais de enfrentamento.

Esse processo de subjetivação, portanto, é incompatível com a noção de cidadania desenvolvida no Estado Democrático de Direito, o qual implica que o indivíduo, mais que ser sujeito de direitos, sociais e políticos, esteja habilitado a participar da arena política na construção de mais direitos, e não de estratégias individuais de sobrevivência à margem da proteção jurídica e social.

Aliás, a perspectiva de negação da cidadania e a racionalidade concorrencial e individualista como chave para os problemas públicos e coletivos atuam como forma de esvaziar o conteúdo do Estado Democrático de Direito, ainda que sua forma (notadamente o sufrágio) seja preservada, uma vez que, embora assegurados os espaços formais de deliberação política, não é neles, ou com base em fundamentos políticos, que as decisões relevantes à sociedade são tomadas.

Daí por que se pode compreender que o neoliberalismo não fragiliza apenas direitos sociais e o quadro normativo de proteção ao trabalho, mas que, por meio dos processos de subjetivação e de esvaziamento do político, debilita profundamente as capacidades regulatórias das instituições (construídas em sua práxis pela ação de sujeitos) e dos sujeitos envolvidos nas relações de trabalho. Como consequência, acarreta o enfraquecimento das premissas constitucionais de proteção ao trabalho, inclusive em seu conteúdo axiológico, pelo qual perpassa a aplicação e interpretação do Direito.

A lógica neoliberal se infiltra na regulação por meio do comprometimento de subjetividades dos agentes estatais e dos próprios trabalhadores, relativizando ou anulando o papel do controle público sobre o privado ao mesmo tempo que debilita a organização, a luta e a resistência dos sujeitos explorados.

Nesse processo, a afirmação da identidade coletiva dos obreiros é minada de modo decisivo, uma vez que a coletivização da produção e o estabelecimento de vínculos de solidariedade são substituídos pelo individualismo e pela competição, que transforma trabalhadores alocados lado a lado na empresa em adversários, seja porque são divididos em categorias (centrais e precários), cujos empregos são reciprocamente ameaçados uns pela existência dos outros, seja porque precisam esforçar-se individualmente, independentemente das eventuais dificuldades dos demais, para alcançar resultados predefinidos.

A dinâmica empresarial fragmentária, que supervaloriza as capacidades individuais e subdivide os trabalhadores em grupos hierárquicos tende a engendrar, como decorrência da busca individual pela sobrevivência no mercado, uma insensibilidade às diferentes capacidades e até mesmo aos riscos sociais.

O problema do outro passa a ser atribuído à incapacidade de adaptação do outro e só a ela. Em vez de um vínculo de solidariedade, o que se estabelece é o conformismo com a eliminação dos "inadaptáveis".

Como pontuam Dardot e Laval, nesse cenário, a cidadania deixa de ser definida como a participação ativa na definição de um bem comum próprio de uma comunidade política, para ser vista como "mobilização permanente dos indivíduos que devem engajar-se em parcerias e contratos de todos os tipos com empresas e associações para a produção de bens locais que satisfaçam os consumidores". Nessa senda, a ação pública adquire a conotação de um mero instrumento destinado à criação de condições favoráveis para que os indivíduos ajam, eliminando a dimensão do Estado como produtor da coisa pública.[163]

---

[163]　DARDOT, Pierre; LAVAL, Christian. *A nova razão do mundo*: ensaio sobre a sociedade neoliberal. São Paulo: Boitempo, 2016. p. 239.

Reforçam-se, com isso, processos de exclusão e desigualdade sociais, que, ao cabo, engendram condições de subcidadania ou não cidadania. Não é mais a condição de cidadão aquela que habilita o sujeito à fruição de direitos sociais (já que se desenvolve a concepção de sujeito ao qual a sociedade nada deve), mas a sua condição de empreendedor, bem-sucedido, que pode vencer as adversidades.[164]

O recuo do Estado, o enfraquecimento de suas políticas sociais e a desorganização instalada no mundo do trabalho, que se torna fragmentado, heterogêneo e cada vez mais complexo,[165] correspondem, segundo Harvey, a uma maior capacidade de organização do capital, que resulta empoderado quanto ao estabelecimento de agendas político-econômicas e de disciplina rígida para o trabalho.

A racionalidade neoliberal e as suas peculiares perspectivas sobre o lugar do trabalho, da classe trabalhadora e das lutas coletivas obreiras se concretizam, no caso brasileiro, por uma sequência de modificações no nosso paradigma de regulação do trabalho, que se manifestam seja legislativa, seja judicialmente, seja, ainda, na dinâmica concreta das relações de trabalho e do descumprimento das normas trabalhistas por parte dos empregadores, desde a década de 1980.

Esse processo, que se organiza especialmente na década de 1990, atinge seu ápice, contudo, com a sequência de reformas entabuladas a partir de 2016, com destaque para a reforma trabalhista de 2017, a qual foi marcada pelo recuo da dimensão pública da regulação do trabalho, com fragilização das instituições incumbidas da regulação e também da atuação sindical, pela valorização da autonomia individual da vontade, em detrimento da proteção aos hipossuficientes, com introdução de medidas flexíveis em matérias de contratação, jornada, salário e até mesmo de saúde e segurança do trabalho, bem como em significativo desvirtuamento do papel das negociações coletivas, instadas à redução dos direitos assegurados na legislação heterônoma.

Consagrando um modelo de inserção periférica do Brasil no cenário do capitalismo internacional, as reformas ocuparam-se em desmontar o ainda incipiente sistema de proteção social pátrio, que fora fomentado pela Constituição de 1988, mas que ainda enfrentava sérios desafios no sentido da universalização e do alcance da realidade laboral de parte significativa da população brasileira, notadamente quando consideradas as desigualdades regionais, de gênero e raciais.

O recrudescimento das dinâmicas neoliberais na última quadra histórica veio acompanhado de novas reestruturações produtivas, que têm dado lugar a formas cada vez mais precárias de trabalho, como é o caso da uberização do trabalho. O avanço do desemprego e da informatização das relações produtivas, com a indústria 4.0, tem dado lugar a uma redistribuição ainda mais aguda das desigualdades no cenário global, levando os países do sul à reprodução de formas cada vez mais precárias e informais de trabalho, em proveito de uma experiência de "modernização" adstrita aos países centrais e ensejadora de altos níveis de concentração de renda e proveito.

A figura do sujeito trabalhador como centro da ordem jurídica se esmaece, em favor da narrativa de que as "escolhas" impostas pela agenda econômica neoliberal são inexoráveis. Assim, ao trabalhador resta como única alternativa submeter-se às regras do mercado para manter-se no "jogo da exploração do trabalho" ou, ainda, reconhecer a exploração como

---

[164] DARDOT, Pierre; LAVAL, Christian. *A nova razão do mundo*: ensaio sobre a sociedade neoliberal. São Paulo: Boitempo, 2016. p. 381.

[165] HARVEY, David. *A condição pós-moderna*. São Paulo: Editora Loyola, 2003. p. 150.

um privilégio,[166] sob pena de, em assim não procedendo, ser fadado à exclusão social e, sobretudo, ao sistema prisional.[167]

Evidentemente, esses condicionamentos sociais não se dão abstratamente, mas dirigem-se, de modo muito concreto, a indivíduos em razão de sua classe social, bem como de seu gênero e de sua raça, estando os processos de informalidade, desemprego e até mesmo de redução a condições análogas à de escravos especialmente afetos à população negra.

Nesse sentido, é imperativo compreender o papel da escravidão na formação das relações sociais, econômicas e políticas no Brasil para que se possa compreender a partir de que estruturas se dá o encontro da sociedade brasileira com a agenda neoliberal. Vale a transcrição da reflexão do professor Dennis de Oliveira:

> (...) o capitalismo brasileiro foi construído a partir do sistema escravista e não significou uma ruptura com a ordem anterior e sim uma transição, como afirma o pensador brasileiro Clóvis Moura. Entre 1850 e 1888, Moura defende a ideia de que se constituiu uma "modernização sem mudança", pois a constituição da infraestrutura necessária para o estabelecimento do capitalismo foi feita por meio de inversões de capital estrangeiro, principalmente britânico. Assim, constituiu-se uma aliança entre este capital e as classes dominantes brasileiras que se, ao mesmo tempo aceitaram serem sócias minoritárias nesse projeto, mantiveram seus privilégios interditando qualquer possibilidade de constituição de um projeto nacional que implicasse uma aliança com a classe trabalhadora nacional.
>
> O racismo operou, assim, como uma ideologia que sustentou este projeto de submissão e, inclusive, de transformação da imensa massa de negros e negras ex-escravizados em excedente de mão de obra que possibilitava o rebaixamento geral do valor da força de trabalho. Isso criou as condições necessárias para a realização do fenômeno da superexploração da mão de obra – ou seja, o pagamento da mão de obra em valores inferiores às necessidades de sua reprodução – elemento essencial do capitalismo dependente segundo Ruy Mauro Marini.[168]

Nas palavras de Theodoro, a formação da sociedade desigual brasileira parte de uma divisão racial do trabalho, que coloca, por consequência, negros e negras na posição de sujeitos especialmente afetados pelas políticas neoliberais:

> O resultado desse contexto de recessão e crise econômica explicitou o passivo social construído ao longo do século, e inscrito basicamente na ampliação do desemprego e da informalidade, bem como no crescimento da pobreza. Mas também aqui observa-se que o processo de precarização do mercado de trabalho nessas duas décadas não atingiu a população negra e branca de maneira igual. Em um cenário histórico de falta de mobilidade social para os afrodescendentes e sua renitente condição de participação precária no mundo de trabalho, a falta de crescimento econômico fortaleceu o cenário de iniquidade racial.[169]

O mesmo ocorre, como veremos, quanto à incidência da faceta neoliberal sobre o sistema prisional.

---

[166] ANTUNES, Ricardo. *O privilégio da servidão*. São Paulo: Boitempo, 2018.

[167] CASTRO, Carla Appollinario de. *Das fábricas aos cárceres: mundo do trabalho em mutação e exclusão social*. Dissertação (Mestrado em Sociologia e Direito) – UFF, Niterói, 2010.

[168] OLIVEIRA, Dennis de. Racismo para além das identidades: por uma perspectiva histórico-crítica. In: MARINGONI, Gilberto (org.). *A volta do Estado planejador*: neoliberalismo em xeque. São Paulo: Editora Contracorrente, 2022. p. 303.

[169] THEODORO, Mário. *A sociedade desigual*. São Paulo: Zahar, 2022. p. 147.

2. O NEOLIBERALISMO E O SUJEITO-ALVO DA LEI PENAL

> *"No limiar entre o século XX e o XXI, o medo não é só consequência deplorável da radicalização da ordem econômica, o medo é um projeto estético, que entra pelos olhos, pelos ouvidos pelo coração."*[170]

Para enfrentar as relações entre o neoliberalismo e o sistema punitivo – na construção seletiva, os alvos da lei penal –, necessário se faz retomar a relação entre sistemas produtivos e sistemas punitivos. Para tanto, valemo-nos da leitura feita por Carla Appollinario[171] da doutrina de George Rusche e Otto Kirchheimer, que, partindo de uma concepção dinâmica e historicizada dos sistemas punitivos, compreendem que as esferas da produção e da punição se relacionam a partir dos contextos de escassez ou de excesso de mão de obra, sempre no sentido da preservação dos interesses do mercado.[172]

Há, segundo os autores, um caráter ideológico nos sistemas punitivos que buscam assegurar, em cada momento histórico, o equilíbrio necessário às relações de produção. Assim, sob o capitalismo, a partir da Revolução Industrial, transformam-se substantivamente os sistemas punitivos por meio do asseguramento de que as condições materiais do cárcere e das medidas assistencialistas preservassem sempre condições piores que as condições de trabalho dos mais baixos segmentos da classe trabalhadora, a fim de condicionar a "escolha" pelo trabalho assalariado. Também nesse sentido, a criminalização da "vadiagem" aparece como um dado constante nos processos de industrialização.[173]

Essa leitura pode ser somada à leitura de Foucault a respeito do papel da disciplina e da vigilância, seja no trabalho, seja na prisão, como forma de docilização dos corpos para concretização dos interesses do sistema.

Tal leitura da relação entre sistema penal e organização da esfera produtiva justifica a compreensão de que, sob a égide do neoliberalismo, também os sistemas punitivos se reformulam, em compasso com os desígnios econômicos dessa racionalidade. Nas palavras de Carla Appollinario de Castro:[174]

> Acreditamos ser necessário ressaltar, no entanto, que a prisão – com todos os seus mecanismos institucionais e ideológicos, implícitos e explícitos – após o neoliberalismo, irá desempenhar um papel ainda mais disciplinador, sendo possível perceber que, na atualidade, sua disciplina se impõe não só concreta e efetivamente, como também no âmbito simbólico. Tal dinâmica parece revelar ter havido um alargamento de sua função de vigiar. Neste aspecto, consideramos que as formulações propostas por Foucault se encontram com o pensamento de Rusche e Kirchheimer (principalmente no que se refere ao já mencionado princípio do *less elegibility*), sendo, por isso, capazes de auxiliar na compreensão da nova dinâmica de encarceramento,

---

[170] BATISTA, Vera apud FLAUZINA, Ana Luiza Pinheiro. *Corpo negro caído no chão*: o sistema penal e o projeto genocida do Estado brasileiro. Brasília: Brado Negro, 2017. p. 102.

[171] CASTRO, Carla Appollinario de. *Das fábricas aos cárceres: mundo do trabalho em mutação e exclusão social*. Dissertação (Mestrado em Sociologia e Direito) – UFF, Niterói, 2010.

[172] CASTRO, Carla Appollinario de. *Das fábricas aos cárceres: mundo do trabalho em mutação e exclusão social*. Dissertação (Mestrado em Sociologia e Direito) – UFF, Niterói, 2010.

[173] CASTRO, Carla Appollinario de. *Das fábricas aos cárceres: mundo do trabalho em mutação e exclusão social*. Dissertação (Mestrado em Sociologia e Direito) – UFF, Niterói, 2010.

[174] CASTRO, Carla Appollinario de. *Das fábricas aos cárceres: mundo do trabalho em mutação e exclusão social*. Dissertação (Mestrado em Sociologia e Direito) – UFF, Niterói, 2010. 2010.

verificada no atual capitalismo em seu estágio neoliberal, na qual uma quantidade inaudita de excedentes passou a ser "contida" por meio da prisão, enquanto que uma outra parcela da classe operária se esforça, a todo custo, para não compartilhar desta experiência.[175]

Nas palavras de Ana Flauzina, o empreendimento neoliberal pressupõe o recrutamento de indivíduos pelo sistema penal. Assim, cria-se uma ambiência de medo a ser gerenciado em favor da atuação do sistema penal, de forma ainda muito próxima das práticas de um sistema de ordem privada, que cumpre uma agenda de reprodução das assimetrias estruturais e de eliminação dos sujeitos indesejáveis ao poder hegemônico.[176]

Para explicar a relação entre a dinâmica neoliberal e o exercício do poder punitivo, Zaffaroni tem em conta que as transformações vivenciadas pela sociedade global desde o final da década de 1970 instauraram um modo de dominação orientado pelo endividamento dos Estados, que os converteu em Estados pós-soberanos, cujas democracias foram esvaziadas em favor da vontade de seus credores.[177]

As modificações na economia mundial, segundo o autor, teriam aptidão para repercutir tanto nas esferas política e do trabalho quanto na esfera punitiva:

> Enquanto a parte progressista da criminologia do norte elaborava a mudança de paradigma, a economia mundial estava a sofrer uma profunda transformação: o aparelho financeiro hipertrofiado subordinava o produtivo, as corporações ganhavam poder, os Estados de bem-estar e as sociedades de consumo decaíam e, em suma, promovia-se um novo impulso totalitário global. Quanto ao poder punitivo formal, a financeirização econômica produziu o grande encarceramento nos Estados Unidos, com taxas de encarceramento sem precedentes na sua história, que ultrapassaram os máximos tradicionais da Rússia, mas com a particularidade de uma representação excessiva de negros na sua população penal.[178]

Essas esferas se conectam sob o prisma já apontado por Wacquant, para quem o processo de aumento do encarceramento nos EUA é produto direto dos efeitos da reestruturação produtiva amparada na ideologia neoliberal, que gerou incremento da discriminação, da precarização do trabalho, do desemprego e da falência do modelo de Estado Social:[179] reduziu-se a rede de amparo social aos trabalhadores para que, quando as consequências dessa marginalização surgissem, os próprios trabalhadores fossem penalizados por meio do encarceramento, construindo-se assim as "prisões da miséria".[180]

Zaffaroni também explica que a ideia de que o neoliberalismo implicaria uma redução do Estado ao mínimo é falaciosa, visto que se projeta, de forma coerente com essa raciona-

---

[175]   CASTRO, Carla Appollinario de. *Das fábricas aos cárceres: mundo do trabalho em mutação e exclusão social.* Dissertação (Mestrado em Sociologia e Direito) – UFF, Niterói, 2010. p. 259.

[176]   FLAUZINA, Ana Luiza Pinheiro. *Corpo negro caído no chão:* o sistema penal e o projeto genocida do Estado brasileiro. Brasília: Brado Negro, 2017. p. 103.

[177]   ZAFFARONI, Eugenio Raúl; SANTOS, Ílison Dias dos. *A nova crítica criminológica:* criminologia em tempos de totalitarismo financeiro. São Paulo: Tirant Lo Blanch, 2020. p. 95.

[178]   ZAFFARONI, Eugenio Raúl. *Colonização punitiva e totalitarismo financeiro:* a criminologia do ser-aqui. Rio de Janeiro: Da Vinci Livros, 2021.

[179]   WACQUANT, Loïc. *As prisões da miséria apud* ZAFFARONI, Eugenio Raúl; SANTOS, Ílison Dias dos. *A nova crítica criminológica:* criminologia em tempos de totalitarismo financeiro. São Paulo: Tirant Lo Blanch, 2020. p. 96.

[180]   WACQUANT, Loïc. *As prisões da miséria.* Rio de Janeiro: Jorge Zahar, 2001.

lidade, o fortalecimento do Estado policial, mediante atribuição de supostos benefícios a essa degradação em favor da mera manutenção da ordem pública por meio da repressão.[181] Isso se faz por meio do incremento do punitivismo como decisão política que engendra o encarceramento,[182] e também pelo uso indiscriminado de tecnologias de vigilância e controle social, bem como pelo uso de dados como mercadorias, alimentando um nicho de reprodução capitalista.

Esse poder corporativista totalitário, segundo Zaffaroni, age no sentido de lesionar bens jurídicos em dimensões massivas, sobretudo no que concerne aos povos dos países do sul, que são sub-humanizados. Essa atuação, compatível com uma dinâmica genocida, configura o que o autor designa de macrocriminalidade organizada. A seletividade do poder punitivo, todavia, o mantém infenso a qualquer nível de responsabilidade, principalmente quando se trata de países latino-americanos.[183]

Situando a questão do poder punitivo no âmbito dos países latino-americanos, que espelham a realidade brasileira, o poder punitivo, considerado pelo autor como instrumento da classe dominante, se molda, nos países do sul, às estratégias de dominação colonial. Zaffaroni parte da premissa de que o poder punitivo se expressa de modo formal e informal, sendo o primeiro a manifestação das condenações penais impostas pelo Poder Judiciário por meio de decisões definitivas, ao passo que o poder punitivo informal se concretizaria por meio do agir concreto das agências executivas do Estado, que cumprem irregularmente o mister de punir, como é o caso das polícias, dos manicômios judiciários, entre outros.

Assim, explica que, se a dinâmica dos sistemas penais nos países do norte incorpora o poder punitivo sob uma perspectiva formal, que já se acentua no contexto do neoliberalismo, nos países do sul essa acentuação se expressa por meio do poder punitivo informal, que incrementa os níveis de seletividade já presentes em toda espécie de poder punitivo. Dessa forma, no sul global, os poderes punitivos formal e informal se complementam para construir e aprofundar cenários de exclusão.

De um lado, o poder punitivo formal é afetado por altos graus de seletividade, que importam a impunidade da macrodelinquência econômica, processos de *lawfare* por práticas admitidas nos países do norte e praticadas por lideranças políticas comprometidas com governos autônomos, punitivismo econômico voltado à eliminação de aparatos produtivos locais, favorecendo a concentração de capitais, além de impunidade generalizada para agentes estatais de agências executivas.

Nesse sentido, o poder econômico, mobilizando o poder de punir em torno dos seus interesses, age ainda a partir do aparato midiático, formando a opinião pública em torno do discurso do punitivismo e constituindo vítimas e "delinquentes" a partir de estereótipos discriminatórios e do cultivo do sentimento de insegurança.

De outro lado, o aparato repressivo é hipertrofiado para exercer o controle social em contextos nos quais as políticas de desenvolvimento econômico e de combate às desigualdades não operam. Ao fazê-lo, desenha-se, sobretudo, a partir de práticas violentas do po-

---

[181] ZAFFARONI, Eugenio Raúl; SANTOS, Ílison Dias dos. *A nova crítica criminológica*: criminologia em tempos de totalitarismo financeiro. São Paulo: Tirant Lo Blanch, 2020. p. 70.

[182] Nas palavras do autor, "o número de presos não responde à frequência delitiva, mas sim à política adotada em relação à delinquência de média e pequena gravidades, ou seja, o índice de encarceramento é sempre uma decisão política de cada Estado" (ZAFFARONI, Eugenio Raúl; SANTOS, Ílison Dias dos. *A nova crítica criminológica*: criminologia em tempos de totalitarismo financeiro. São Paulo: Tirant Lo Blanch, 2020. p. 118).

[183] ZAFFARONI, Eugenio Raúl; SANTOS, Ílison Dias dos. *A nova crítica criminológica*: criminologia em tempos de totalitarismo financeiro. São Paulo: Tirant Lo Blanch, 2020. p. 97.

der punitivo informal, que se orientam por crivos raciais, pelo foco no que se entende por delinquência, estando relacionada à violência urbana, aos crimes contra a propriedade e ao tráfico de substâncias tóxicas (também designada como "guerra às drogas").

Nessa atuação, o controle social, outrora dedicado às classes sociais consideradas perigosas, diante do fenômeno da urbanização e da aglomeração de trabalhadores e trabalhadoras, passa a se direcionar, a partir da construção do aparato midiático, a inimigos, assim considerados todos aqueles que são vistos pelo pensamento hegemônico como sub-humanos ou "não pessoas",[184] em função de marcadores de origem, raça, identidade de gênero, entre outros. Aqui, a designação de Zaffaroni encontra-se com o conceito de zona do não ser, desenvolvido por Frantz Fanon[185] para se referir ao lugar imputado pelo pensamento racista à negritude, tal como mobilizado pela constitucionalista Thula Pires.[186]

Há, nesses contextos dos países que foram alvos da dominação colonial, experiências de colonialismo punitivo, em que se incorpora um modelo criminalizante, vitimizante e policializante articulado com práticas violentas de poder punitivo formal que acentuam o subdesenvolvimento, o chamado "genocídio por gotejamento" e a exclusão abissal, na categorização de Boaventura de Souza Santos, adotada por Zaffaroni.[187]

Também mobilizando a categoria do genocídio, Ana Flauzina e Thula Pires explicitam a compreensão desse conceito e sua pertinência ao atual contexto institucional brasileiro e sua seletividade racial:

> Nesse esforço de análise, empregamos a categoria genocídio em sua ampla acepção, compreendendo-a como um processo de sufocamento das comunidades negras nas mais diversas frentes de atuação institucional (FLAUZINA, 2008; VARGAS, 2010). Aqui, é necessário rememorar as dinâmicas que determinaram a eleição do racismo como pedra angular do Estado brasileiro e de suas instituições jurídico-políticas.[188]

Zaffaroni explica, ainda, a perversa dinâmica do exercício do *poder punitivo sem crime*, materializado tanto por meio de prisões preventivas que terminam em revogações ou absolvições quanto prisões e penas decorrentes de perseguições políticas, prisões massivas e violações de domicílio em bairros periféricos, penas policiais aplicadas contra grupos marginalizados, como profissionais do sexo e homossexuais, tratamento distintivo pelas penas policiais em função da raça do sujeito que pratica a conduta, execuções sem processo ou mortes anunciadas e desaparecimentos forçados, maus-tratos e assassinatos de pessoas pertencentes a grupos originários.[189]

Na mesma toada, Ana Flauzina atribui ao aparato neoliberal do sistema penal brasileiro uma metodologia de intervenção física para "controle ostensivo dos corpos". Nas palavras

---

[184] ZAFFARONI, Eugenio Raúl; SANTOS, Ílison Dias dos. *A nova crítica criminológica*: criminologia em tempos de totalitarismo financeiro. São Paulo: Tirant Lo Blanch, 2020. p. 104.

[185] FANON, Frantz. *Pele negra, máscaras brancas*. Trad. Renato Silveira. Salvador: Edufba, 2008.

[186] PIRES, Thula Rafaela de Oliveira. Direitos humanos e América Latina: por uma crítica americana ao colonialismo jurídico. *LASA Forum*, v. 50, p. 69-74, 2019.

[187] ZAFFARONI, Eugenio Raúl. *Colonização punitiva e totalitarismo financeiro*: a criminologia do ser-aqui. Rio de Janeiro: Da Vinci Livros, 2021.

[188] FLAUZINA, Ana Luiza Pinheiro; PIRES, Thula Rafaela de Oliveira. Supremo Tribunal Federal e a naturalização da barbárie. *Revista Direito e Práxis*, v. 11, n. 2, p. 1211-1237, jun. 2020. Disponível em: https://www.e-publicacoes.uerj.br/index.php/revistaceaju/article/view/50270. Acesso em: 09.11.2022.

[189] ZAFFARONI, Eugenio Raúl; SANTOS, Ílison Dias dos. *A nova crítica criminológica*: criminologia em tempos de totalitarismo financeiro. São Paulo: Tirant Lo Blanch, 2020. p. 99.

da autora, o sistema penal assume um papel de extermínio dos indesejáveis, que vai desde a atuação de "limpeza" dos centros urbanos, expulsando trabalhadores informais, até grupos de extermínio, institucionalizados a partir das agências policiais.[190]

A contribuição das novas dinâmicas econômicas assentadas no neoliberalismo se daria em perspectiva de descarte e eliminação dos sujeitos não ajustados à dinâmica concorrencial instalada:

> Ao capitalismo produtivo correspondia a dialética empregador/empregado, patrão/trabalhador ou, se se preferir, explorador/explorado, porque os primeiros não existem sem os segundos, mas no capitalismo financeiro não há dialética: o incluído não precisa do excluído, que se torna um supérfluo descartável; caso incomode muito, deve ser eliminado. Embora aniquilar milhões de pessoas não seja simples, a macrodelinquência organizada está a fazê-lo com parcimônia, ou seja, o genocídio não é uma mera perspectiva futura, mas já está em curso e poderia ser acelerado.[191]

Daí por que, nas palavras de Zaffaroni, o incremento do encarceramento vislumbrado no modelo neoliberal coexiste com um processo de degradação das prisões, que passam a se assemelhar a campos de concentração, o que, por si só, já converteria as penas ali cumpridas em ilícitas.[192]

No caso brasileiro, Dennis de Oliveira situa que o final do regime Civil Militar implicou, no âmbito das diretrizes do aparato de repressão do Estado – representado pelo pensamento hegemônico na Escola Superior de Guerra –, a transformação do "inimigo interno", que deixou de ser "os opositores do regime" em favor de "os moradores da periferia ou dos cinturões de miséria". Na visão do autor, essa guinada se traduz em antecipação dos efeitos da política neoliberal cuja implementação se intensificou a partir dos governos Collor e FHC.[193]

As condições a que são submetidos os detentos no sistema prisional brasileiro já foram objeto de manifestação explícita da Corte Constitucional, que reconheceu, no bojo da ADPF 347-DF, a existência das seguintes práticas, que levaram a Corte à declaração de um estado de coisas inconstitucional: "*superlotação dos presídios, torturas, homicídios, violência sexual, celas imundas e insalubres, proliferação de doenças infectocontagiosas, comida imprestável, falta de água potável, de produtos higiênicos básicos, de acesso à assistência judiciária, à educação, à saúde e ao trabalho, bem como amplo domínio dos cárceres por organizações criminosas, insuficiência do controle quanto ao cumprimento das penas, discriminação social, racial, de gênero e de orientação sexual*".[194]

Para uma compreensão situada do sujeito-alvo do sistema penal no Brasil, é relevante colher dados sobre o perfil da população carcerária. Dados da PNAD Contínua de 2017 informam que, do total de encarcerados, mais de 95% das pessoas privadas de liberdade

[190] FLAUZINA, Ana Luiza Pinheiro. *Corpo negro caído no chão*: o sistema penal e o projeto genocida do Estado brasileiro. Brasília: Brado Negro, 2017. p. 99.

[191] ZAFFARONI, Eugenio Raúl. *Colonização punitiva e totalitarismo financeiro*: a criminologia do ser-aqui. Rio de Janeiro: Da Vinci Livros, 2021.

[192] ZAFFARONI, Eugenio Raúl; SANTOS, Ílison Dias dos. *A nova crítica criminológica*: criminologia em tempos de totalitarismo financeiro. São Paulo: Tirant Lo Blanch, 2020. p. 117.

[193] OLIVEIRA, Dennis de. Racismo para além das identidades: por uma perspectiva histórico-crítica. In: MARINGONI, Gilberto (org.). *A volta do Estado planejador*: neoliberalismo em xeque. São Paulo: Editora Contracorrente, 2022. p. 292.

[194] STF, ADPF 347, Tribunal Pleno, Rel. Min. Marco Aurélio, Red. do Acórdão Min. Alexandre de Moraes, j. 18.03.2020, *DJ* 01.07.2020. Disponível em: https://redir.stf.jus.br/paginadorpub/paginador.jsp?docTP=TP&docID=753146163.

são do sexo masculino e 54,06% do total de pessoas presas são jovens (de 18 a 29 anos). Os detentos com idade entre 30 e 34 anos representam 18,33% e os de 35 a 45 anos 19,45%. Em relação à cor, 46,2% das pessoas encarceradas são pardas, 35,4% são brancas e 17,3% são pretas. Pardos e pretos totalizam 63,6%.[195]

3. A SOBREPOSIÇÃO PERVERSA DOS DOIS SUJEITOS: TRABALHO PRISIONAL, RACISMO E ESCRAVIDÃO PÓSTUMA

A partir das discussões estabelecidas nos tópicos anteriores, verifica-se que os sistemas penal e trabalhista se revelam complementares, na dinâmica neoliberal, para construir a exclusão dos indesejáveis, cujos marcadores centram-se, sobretudo, no racismo. Nesse sentido, a irretocável reflexão de Ana Flauzina:

> Os signos desse novo momento também estão expostos numa estreita relação de complementariedade que se estabelece entre mercado de trabalho e sistema penal. Empurrados para fora do mercado de trabalho formal a que já tinham pouco acesso, os segmentos vulneráveis têm sua biografia praticamente interditada nos espaços cada vez mais rígidos da legalidade. As alternativas a que se lançam, para sobreviver na informalidade, são alvo de controle incisivo. É justamente em torno dos espólios desse mercado de trabalho que o sistema penal se movimenta, a partir de uma lógica que a hierarquia racial da pobreza garante o perfil dos indivíduos a serem entregues ao aparato punitivo dentro dos estereótipos historicamente consagrados. Assim, a criminalização do modo de vida da população negra ganha novo fôlego, seguindo com uma das principais balizas da intervenção penal.[196]

Assim, a compreensão atenta dos dois sistemas e de sua afetação pela ordem neoliberal pressupõe uma análise conjunta, que inclui, ainda, a peculiar realidade do trabalho prisional em que ambos se sobrepõem. Revela-se, nessa esteira, a função do trabalho no contexto punitivo e, ainda, a função reflexa do sistema penitenciário na regulação do mercado de trabalho.

Nesse sentido, o olhar para o trabalho prisional pressupõe não apenas a atenção para a especial vulnerabilidade dos corpos que, a um só tempo, são expostos a dois sistemas orientados pelo neoliberalismo – o punitivo e o produtivo – como também importa compreender que o sujeito duplamente vulnerabilizado pertence ao mesmo grupo étnico que, historicamente, foi vitimado pela escravidão colonial e pelas suas continuidades não dirimidas democraticamente pela sociedade brasileira. Um terceiro elemento consiste nos reflexos desse mesmo modelo de trabalho prisional sobre as condições de trabalho verificadas fora dos presídios, cujas facetas mais acintosas recaem, não coincidentemente, sobre a própria população negra. O trabalho prisional está, pois, no centro da questão social brasileira, sob a égide da razão neoliberal.

Corroborando essa perspectiva e em aprofundado estudo sobre o trabalho prisional, Luiz Antônio Bogo Chies identifica que o trabalho possui um papel de destaque nas dimensões de formação e utilitarismo institucional do sistema penitenciário, repercutindo na inserção e nas dinâmicas internas do ambiente prisional e dos grupos ali localizados. Ainda para o

---

[195]   MARQUES, R. M.; DEPIERI, M. Álvares de L.; DIAS, R. C. de O. A cor e a concretude da desigualdade no Brasil: a violência e o encarceramento dos jovens de cor ou raça preta ou parda. *Brazilian Journal of Development*, Curitiba, v. 6, n. 12, p. 97914-97929, 2020. Disponível em: https://doi.org/10.34117/bjd-v6n12-328. Acesso em: 30.11.2022.

[196]   FLAUZINA, Ana Luiza Pinheiro. *Corpo negro caído no chão*: o sistema penal e o projeto genocida do Estado brasileiro. Brasília: Brado Negro, 2017. p. 100-101.

autor, o trabalho prisional figura como responsável por reflexos no mercado de trabalho extramuros, "haja vista as pressões que o trabalho prisional realizou em relação ao trabalho livre ao longo da história (em níveis salariais, por exemplo), ou mesmo a influência que as taxas de encarceramento possuem, atualmente, nas taxas de desemprego".[197]

A relação entre o trabalho e o sistema punitivo, segundo Cristina Zackseski, sofre modificações na passagem do modelo feudal para o modelo capitalista, as quais foram presididas pelo utilitarismo inerente ao novo sistema produtivo. Diversamente dos castigos cruéis que dilaceravam os corpos dos apenados, passou-se a uma noção de utilidade que requeria dos presos o labor como parte da punição, a qual não incidiria mais sobre o seu corpo, e sim sobre sua "alma".[198]

Ainda segundo Zackseski, essa abordagem é modificada a partir do século XIX, quando a função ressocializadora da pena passa a ser um paradigma trabalhado pela Escola Positiva Italiana, tendo por foco a pessoa do apenado, e não a reformulação das estruturas sociais nas quais o sujeito encontrava-se inserido. A autora explica que essa perspectiva foi absorvida pelos sistemas punitivos ocidentais, respeitadas as suas singularidades históricas, sociais, políticas e econômicas de cada contexto.[199]

Nessa linha, a Lei de Execuções Penais brasileira, adotando tal premissa, reconhece o trabalho como um direito do preso, bem como a sua respectiva remuneração. Entretanto, as pesquisas revelam que, na prática, além de não se assegurar o trabalho à maior parte da população carcerária, o trabalho que é oportunizado dificilmente se compatibiliza com a função de ressocialização, estando marcado por atividades manuais, monótonas e repetitivas, que não qualificam o preso e não oferecem atrativos significativos. Por outro lado, embora a Lei de Execuções Penais determine, em seu art. 29, *caput*, que os presos recebam 3/4 do salário mínimo, o repertório de pesquisas empíricas revela que, em muitos dos presídios masculinos, esse parâmetro não é respeitado.[200]

É de se observar, portanto, um completo afastamento entre os direitos elementares do trabalho que são assegurados pela Constituição de 1988 aos trabalhadores e às trabalhadoras, independentemente de sua condição perante o sistema penal, e aqueles estampados na Lei de Execução Penal. Entretanto, mesmo limitadas garantias que constam daquela legislação – sendo certo que a referida limitação ostenta constitucionalidade duvidosa – não são cumpridas, como, aliás, não são cumpridos os demais direitos humanos básicos dos apenados, conforme já reconhecido pelo próprio STF por meio da ADPF 347-DF, em que se reconheceu um estado de coisas inconstitucional nos presídios brasileiros.

Vale dizer que a perspectiva ilusória e pouco amadurecida da ressocialização, sobretudo a partir de uma abordagem criminológica que desconsidera os contextos sociais que engendram a criminalidade e que se assenta na seletividade punitiva concentrada exclusivamente na pessoa do apenado, é significativamente agravada quando se coloca em cena, a partir do contexto neoliberal de privatização das prisões, ao lado da função ressocializadora

---

[197] CHIES, Luiz Antônio Bogo. *A capitalização do tempo social na prisão*: a remição no contexto das lutas de temporalização na pena privativa de liberdade. Tese (Doutorado) – Universidade Federal do Rio Grande do Sul, Porto Alegre, 2006. p. 53.

[198] ZACKSESKI, Cristina. Relações de trabalho nos presídios. *Revista do Ministério Público do Trabalho*, n. 1, ano 1, p. 31-53, mar. 1991.

[199] ZACKSESKI, Cristina. Relações de trabalho nos presídios. *Revista do Ministério Público do Trabalho*, n. 1, ano 1, p. 31-53, mar. 1991.

[200] ZACKSESKI, Cristina. Relações de trabalho nos presídios. *Revista do Ministério Público do Trabalho*, n. 1, ano 1, mar. 1991. p. 33-35.

da pena, uma função lucrativa, como denuncia Mário Guido.[201] Essa temática começa a ser enfrentada também no Brasil.

Chies observa que, longe do seu conteúdo ético, o trabalho prisional é entendido e praticado pelos apenados como meio de ocupação e mercantilização do tempo, porquanto viabilizador da remição, bem como meio de acessar privilégios formais e informais dentro do ambiente penitenciário, revelando-se uma estratégia-chave de sobrevivência dentro da realidade prisional.[202]

Nessa chave da noção de privilégio, vale destacar que o trabalho prisional ainda é uma exceção: segundo dados publicados na mídia, a partir do Levantamento Nacional de Informações Penitenciárias, do Departamento Penitenciário Nacional, órgão vinculado ao Ministério da Justiça, que reuniu informações de julho a dezembro de 2021, dos 670.714 encarcerados, 134.603 têm ocupação – o que representa 20% do total.[203] De acordo com o Sistema de Informações do Departamento Penitenciário Nacional, dentre os que conseguem ocupação, 74% não são pagos ou recebem menos do que três quartos de um salário mínimo – o piso básico estabelecido pela Lei de Execução Penal. Dentre os detentos do sexo masculino, 47% dos que trabalham não recebem remuneração alguma; ao passo que essa situação se verifica entre 35% das mulheres presas que trabalham.[204]

Zackseski, a partir de Bauman, observa que o confinamento e a separação espacial fazem parte da trajetória das sociedades como forma de reagir às diferenças, e aqueles que eram considerados indesejáveis foram confinados em diversos contextos – escravos nas senzalas, doentes e loucos nos hospitais e hospícios e, no último grau, os sujeitos-alvo da lei penal nas prisões,[205] onde passam a residir por seu enquadramento na sociedade capitalista e pelas estruturas racistas que atravessam a sociedade.[206]

A partir das reflexões de Chies e Zackseski, despontam dois elementos relevantes que se cruzam com a identificação dos sujeitos vulnerabilizados pela ordem neoliberal em sua dimensão trabalhista e penal, que não são senão o mesmo sujeito, revitimizado pelas estruturas sociais repressivas complementares.

De um lado, Zackseski oferece a afirmação do confinamento como forma de exclusão dos indesejáveis em *reprodução de sistemas como o escravagista*; de outro, Chies traz a afir-

---

[201]   GUIDO, M.; QUEIROZ DUTRA, R.; POTIGUARA CARVALHO, F. Trabalho prisional privado: paradoxo ou possibilidade? Avaliação dos sistemas modernos e estabelecimento de um modelo de estrutura através das lentes da convenção sobre trabalho forçado. *Direito.UnB – Revista de Direito da Universidade de Brasília*, v. 4, n. 2, p. 137-180, 2020. Disponível em: https://periodicos.unb.br/index.php/revistadedireitounb/article/view/33834. Acesso em: 30.11.2022.

[202]   CHIES, Luiz Antônio Bogo. *A capitalização do tempo social na prisão*: a remição no contexto das lutas de temporalização na pena privativa de liberdade. Tese (Doutorado) – Universidade Federal do Rio Grande do Sul, Porto Alegre, 2006. p. 53-54.

[203]   CROQUER, Gabriel; PADIN, Guilherme. Trabalho no cárcere. *R7*, 11.07.2022. Disponível em: https://noticias.r7.com/sao-paulo/trabalho-em-prisoes-brasil-13072022. Consultar também ALESSI, Gil. O lucrativo negócio de empregar presos de graça ou pagando menos do que a lei determina. *El País*, 20.12.2017. Disponível em: https://brasil.elpais.com/brasil/2017/12/14/politica/1513259606_735347.html.

[204]   CROQUER, Gabriel; PADIN, Guilherme. Trabalho no cárcere. *R7*, 11.07.2022. Disponível em: https://noticias.r7.com/sao-paulo/trabalho-em-prisoes-brasil-13072022.

[205]   ZACKSESKI, Cristina. Relações de trabalho nos presídios. *Revista do Ministério Público do Trabalho*, n. 1, ano 1, mar. 1991. p. 43.

[206]   ZACKSESKI, Cristina. Relações de trabalho nos presídios. *Revista do Ministério Público do Trabalho*, n. 1, ano 1, p. 31-53, mar. 1991.

mação do trabalho no sistema prisional não como experiência ética/digna, mas, sim, como *privilégio que se coloca no repertório das estratégias de resistência dos apenados.*

Acresça-se a esses dois elementos o fato de que não estamos, como visto, a tratar de um sujeito abstrato, mas, sim, da figura concreta dos sujeitos-alvo do sistema prisional e, por conseguinte, do trabalho prisional: majoritariamente jovens negros, que sofrem cotidiana-mente tentativas de eliminação de uma sociedade racista, em suas mais diversas dimensões – trabalho precário, desemprego, informalidade, falta de acesso à saúde e ao saneamento básico, homicídios, violência policial, encarceramento massivo.[207]

Tem-se, portanto, referência direta e indireta ao fenômeno da escravidão colonial e, especificamente, da subjugação do elemento negro, em face da reprodução de modelos de exclusão e de repertórios e imaginários sociais que retiram do debate sobre o sistema punitivo e sobre o trabalho questões essenciais e latentes acerca de desigualdades sociais e racismo.

A escravidão, como fato histórico, não pode ser compreendida como um fenômeno cristalizado no passado, senão como memória que conforma o presente, sobretudo em um contexto como o brasileiro, conforme nos alerta Gorender, em que tivemos a maior duração do modo de exploração colonial escravista do continente, e no qual a experiência da acumu-lação capitalista se realizou no próprio contexto escravista dominante.[208]

A despeito disso, o historiador, em abordagem original, sustenta que não se pode extrair da experiência peculiar da escravidão no Brasil nem uma narrativa ilusória, que considere uma atuação majoritariamente heroica dos escravizados na luta contra o regime escravagista – e o faz sem negar ou desmerecer os levantes efetivamente havidos dos escravizados[209] –, nem uma narrativa que coloque os escravizados em uma posição de passividade ou mesmo de consentimento em relação à escravidão e às relações entabuladas com os senhores.[210]

Do contrário, Gorender convida a compreender a relação entre escravizados e senhores e o comportamento dos escravizados a partir de lentes realistas que respeitem os limites estruturais das posições dos explorados e conotem o desejo de liberdade, pertinente a todos os escravizados, como pretensões expressadas pelos "meios que lhes eram mais acessíveis",[211] fossem eles resistências individuais astuciosas ao trabalho pesado, por meio do "corpo mole", fossem eles resistências sutis, por meio da dança, da música, das lendas e dos simbolismos. Em algumas situações, essas resistências também se manifestavam pelo humor, pela negociação com os seus algozes ou pela sedução, todos artifícios mobilizados em ímpetos de garantia de sobrevivência, que poderiam, de modo compatível com as contradições que permeiam a humanidade desses sujeitos, degradar-se também em atos de egoísmo, traição ou desonesti-dade. Ainda, não desconsidera o historiador a existência de atos contundentes de resistência, como fugas, agressões, conspirações, levantes e organizações de quilombos. Entretanto, como observa Gorender, essas experiências coexistiram e não necessariamente foram as últimas

---

[207] THEODORO, Mário. *A sociedade desigual.* São Paulo: Zahar, 2022.

[208] GORENDER, Jacob. *A escravidão reabilitada.* São Paulo: Expressão Popular; Fundação Perseu Abramo, 2016. p. 158.

[209] Não se pode perder de vista, como ensina Ynaê Lopes Santos, o relevante papel histórico de homens e mulheres negros na luta abolicionista, evitando, assim, os diversos silenciamentos impostos por leituras hegemônicas da história (SANTOS, Ynaê Lopes. *Racismo brasileiro*: uma história da formação do País. São Paulo: Todavia, 2021. posição 1719).

[210] GORENDER, Jacob. *A escravidão reabilitada.* São Paulo: Expressão Popular; Fundação Perseu Abramo, 2016. p. 140-141.

[211] GORENDER, Jacob. *A escravidão reabilitada.* São Paulo: Expressão Popular; Fundação Perseu Abramo, 2016. p. 140.

que prevaleceram, de forma que há de se considerar os significados implícitos e complexos do consentimento e da adesão dentro do sistema escravista.[212]

Essa digressão nos permite pensar tanto os desafios de considerar os limites da autonomia dos sujeitos do trabalho precarizado e superexplorado fora dos presídios quanto, sobretudo, como a opção *voluntária* pelo trabalho no sistema penitenciário, em um contexto de degradação profundo dos seres humanos apenados, pode se traduzir em uma *estratégia de resistência*, dentro de um modelo em que a linguagem dos direitos e da institucionalidade falhou e em que os arranjos e relações informais estipulados no espaço penitenciário, por vezes apresentados como *consentimento, adesão ou opção*, não são senão a alternativa disponível para a própria sobrevivência, ainda que sob condições adversas.

Conforme sinalizou a pesquisa de Chies,[213] o significado do trabalho prisional como privilégio não se relaciona com a identificação de um elemento virtuoso ou satisfatório naquela experiência laboral, mas, sim, com uma estratégia, dentre muitas possíveis, de sobrevivência em um árido contexto de exclusão, violência e sofrimento.

Nessa senda, a vulnerabilidade que margeia a experiência de vida do apenado, sobretudo quando colocado em contextos de exploração do trabalho prisional, revela-se como experiência de continuidade da experiência escravagista não superada – aqui entendida a superação como repúdio à experiência e recomposição das condições das pessoas que foram vitimadas por ela, a fim de colocá-las em condições de igualdade jurídica, política e social – ou, nas palavras de João Costa Vargas, como experiência de escravidão póstuma:

> (...) o conceito da escravidão póstuma (que vem do trabalho de Hartman) **faz da vivência contemporânea da negritude a vivência da escravidão**. Note que não estamos restringindo a condição da escravidão à condição da negritude. Estamos apenas mostrando que a condição da negritude constitui um exemplo contundente da condição da escravidão. Como Joy James argumenta, a escravidão é um fato presente, um processo em andamento. No caso dos Estados Unidos, a evidência jurídica da 13ª emenda constitucional – a qual mantém a escravidão como punição legítima para quem é acusado de crime e, portanto, mantém-na contemporânea – ajuda-nos a entender a realidade social; mas a realidade social, em muito, excede a evidência jurídica. **De fato, a morte social define a experiência da negritude – a experiência histórica, a experiência presente, a experiência futura. A morte social, da perspectiva da negritude, é um dado trans-histórico.**[214]

Para o autor, é a perspectiva de uma definição da posição ocupada pelo negro na sociedade, em razão de sua condição racial, que se afirma independentemente do reconhecimento formal de direitos e da cidadania – o elemento esvaziador das prescrições jurídicas e conformador de estruturas sociais. Essa continuidade é sustentada sobretudo quando, sob o manto da suposta existência de um sistema neutro e igualitário, se admitem, no contexto de um Estado autodesignado democrático, violações de direitos tão acentuadas quanto aquelas verificadas no contexto anterior à abolição da escravidão, as quais são lidas como meros acidentes, coincidências ou problemas de efetividade da legislação estatal:

---

[212]   GORENDER, Jacob. *A escravidão reabilitada*. São Paulo: Expressão Popular; Fundação Perseu Abramo, 2016. p. 140-141 e 152.

[213]   CHIES, Luiz Antônio Bogo. *A capitalização do tempo social na prisão*: a remição no contexto das lutas de temporalização na pena privativa de liberdade. Tese (Doutorado) – Universidade Federal do Rio Grande do Sul, Porto Alegre, 2006.

[214]   VARGAS, João Costa. Por uma mudança de paradigma: antinegritude e antagonismo estrutural. *Revista de Ciências Sociais*, Fortaleza, v. 48, n. 2, p. 83-105, jul.-dez. 2017.

É aqui que a análise de Frank Wilderson nos ajuda a pensar criticamente sobre o quê, exatamente, constitui esse mundo cognitivo e social. O cerne de sua perspectiva é que a posicionalidade negra encarna a escravidão póstuma. Esse conceito de escravidão póstuma (*afterlife of slavery*), de acordo com Saidiya Hartman, sugere a **sujeição fundamental e contínua das pessoas negras independentemente da expansão progressiva de direitos e da cidadania formal.** A sujeição das pessoas negras é fundamental, porque ela alicerça os princípios que formam a nação império – princípios não só de cidadania, mas também de humanidade. Para arguir a continuidade da sujeição das pessoas negras, Hartman faz uma análise do período pós-abolição nos Estados Unidos e mostra **a trans-historicidade da abjeção negra após a emancipação**: "apesar da inferioridade das pessoas negras não ser mais o padrão legal, as várias estratégias de racismo do estado produziram uma classe subjugada e subordinada dentro do corpo político, apesar do verniz de neutralidade e igualdade.[215]

O marcador racial determinante das experiências da população negra, que conduz parte importante dela ao encarceramento e uma proporção significativa dos encarcerados ao trabalho prisional, é o mesmo marcador que conforma a banalização das violações de direitos que ocorrem no sistema prisional, dentre elas as violações de direitos mínimos afetos ao trabalho, sobretudo no que concerne à jornada, ao salário e às condições de saúde e segurança. Ele demarca, inclusive, a negligência normativa quanto ao trabalho prisional, sob o prisma da proteção justrabalhista e constitucional.

A ausência de atuação regulatória protetiva basilar sobre o trabalho prisional, inclusive no que concerne à garantia da remuneração mínima pelo serviço prestado e das condições sanitárias e ambientais de trabalho, tendencialmente coloca a prestação de serviços havida no ambiente prisional sob o escopo conceitual do trabalho análogo ao escravo e/ou sob o conceito de trabalho forçado, nos termos da Convenção 29 da OIT.

A respeito do trabalho análogo ao escravo contemporâneo, a pesquisa de Raissa Roussenq Alves[216] perfaz um importante cruzamento entre as condições de trabalho da população negra e a seletividade da regulação trabalhista no pós-abolição da escravidão e a presença majoritária de pessoas pretas e pardas entre o conjunto geral de trabalhadores resgatados em condições análogas às de escravos na quadra mais recente da história brasileira. Essa sobrerrepresentação seria, segundo a autora, manifestação de uma continuidade do trato da população negra na experiência do trabalho após a abolição formal da escravidão. A caracterização do trabalho análogo ao escravo, nesses casos, se dá tanto pela efetiva restrição da liberdade do trabalho em relação a retirar-se do local de trabalho quanto pela configuração de jornadas exaustivas ou de condições degradantes de trabalho, nos termos do art. 149 do Código Penal, que muito se afastam dos pilares mínimos estipulados na Constituição de 1988. Tal realidade de restrição de liberdade cumulada com condições de trabalho degradantes, sobretudo no que concerne ao meio ambiente laboral e à ausência de remuneração, revela-se como constante no trabalho prisional.

Por outro lado, no que toca ao conceito de trabalho forçado, proibido pela Convenção 29 da OIT, e às interpretações que vêm sendo conferidas a essa categoria pela Organização Internacional do Trabalho, à luz do trabalho prisional, Mário Guido esclarece que a higidez

---

[215] VARGAS, João Costa. Por uma mudança de paradigma: antinegritude e antagonismo estrutural. *Revista de Ciências Sociais*, Fortaleza, v. 48, n. 2, p. 83-105, jul.-dez. 2017.

[216] ALVES, Raissa Roussenq. *Entre o silêncio e a negação: uma análise da CPI do trabalho escravo a ótica do trabalho "livre" da população negra*. Dissertação (Mestrado em Direito) – Universidade de Brasília, Brasília, 2017.

do trabalho prisional, principalmente quando explorado por agentes privados, pressupõe a voluntariedade, que o Comitê de Peritos sobre a Aplicação de Convenções e Recomendações entende caracterizada a partir de dois elementos: o livre consentimento do apenado e a existência de condições de trabalho "que se aproximem do trabalho livre".[217]

Essa circunstância, como visto, tende à contradição quanto a um dos pressupostos da acoplagem do sistema punitivo ao sistema produtivo capitalista, que consiste na manutenção de condições mais áridas que o trabalho assalariado na experiência prisional ou da assistência, como forma de coerção da massa trabalhadora, sobretudo em contextos de austeridade e restrições de direitos. Ademais, a adesão voluntária dos apenados ao trabalho prisional, à luz da ideia de continuidade da escravidão colonial como escravidão póstuma e, com ela, continuidade do espectro de comportamentos possíveis dos subjugados, traduz-se em experiência melhor assimilável a uma estratégia de sobrevivência, ainda que sob contundentes adversidades e violações de direitos.

No caso do trabalho prisional, portanto, uma análise acurada dos contextos complexos que conformam os modos de viver e as relações da população negra com o sistema penal e com o sistema produtivo no Brasil dificilmente permite afastá-lo dos enquadramentos jurídicos pertinentes ao trabalho análogo ao escravo contemporâneo e ao trabalho forçado, revisitados como desdobramentos da própria escravidão colonial e tolerados institucional e socialmente a partir do viés do racismo e da escravidão póstuma.

CONSIDERAÇÕES FINAIS

Como produto que é de primeiras reflexões sobre tema tormentoso e pouco explorado a partir das lentes do direito do trabalho, este artigo reuniu articulações teóricas em torno do neoliberalismo e de seus impactos sobre o mundo do trabalho e sobre o sistema prisional, para, recolhendo as compreensões sobre a complementariedade dos sistemas produtivo e punitivo na implementação da agenda neoliberal, compreender o lugar dos sujeitos que se encontram como inimigo ou alvo dos dois campos do direito profundamente afetados pelo neoliberalismo: o trabalhador precarizado, informal ou desempregado, para o direito do trabalho; e o excluído/marginalizado socialmente, que foge dos estereótipos de cidadania, para o direito penal.

A leitura crítica da sociologia do trabalho e da criminologia nos permite perceber que, ao olharmos para esses dois arquétipos, estamos, em verdade, tratando de um mesmo sujeito ou de um mesmo grupo social: os excluídos, considerados inúteis, inadaptáveis ou supranumerários do sistema produtivo, que são "encomendados" ao sistema punitivo, para que este dê cabo do personagem "incômodo" por meio das políticas de encarceramento massivo e de extermínio. Esses dois arquétipos, que se sobrepõem, concretizam-se na figura dos sujeitos vulneráveis e despossuídos diante da ordem econômica, mas também em um perfil racial específico remetido à "zona do não ser" em uma sociedade racista: o negro, pobre, da periferia.

É nesse contexto que se circunscreve a experiência do trabalho prisional e a ausência de regulação protetiva que a conforma. Os caminhos investigados, desde uma perspectiva

---

[217]   GUIDO, M.; QUEIROZ DUTRA, R.; POTIGUARA CARVALHO, F. Trabalho prisional privado: paradoxo ou possibilidade? Avaliação dos sistemas modernos e estabelecimento de um modelo de estrutura através das lentes da convenção sobre trabalho forçado. *Direito.UnB – Revista de Direito da Universidade de Brasília*, v. 4, n. 2, p. 137-180, 2020. Disponível em: https://periodicos.unb.br/index.php/revistadedireitounb/article/view/33834. Acesso em: 30.11.2022.

crítica e atenta às interseccionalidades subjacentes às desigualdades no mundo do trabalho e à seletividade do sistema penal, revelam que o trato da questão do trabalho prisional não se traduz em uma infeliz coincidência, que, inexplicavelmente, opera de forma que coloque em situação incompatível com os parâmetros mínimos de regulação do trabalho determinado grupo de trabalhadores.

Primeiro porque, longe de se traduzir em uma questão que possa ser remetida ao campo da efetividade, percebe-se que as negativas de direitos e as violências presentes no trabalho prisional fazem parte do seu próprio desenho normativo, não constitucionalizado. Segundo porque a especial afetação do trabalho e da liberdade de grupos negros excluídos e vulnerabilizados soa como mais uma manifestação do *continuum* da escravidão não superada pela sociedade brasileira, que, quando desnudada analiticamente, revela que são questionáveis as premissas de adesão voluntária dos apenados ao trabalho e que a banalização do contexto absurdo de exploração do trabalho humano, abaixo dos limites minimamente razoáveis, sob a custódia do Estado, é apenas o produto da assimilação de uma sociedade racista, para quem o vilipêndio de certos grupos sociais, em especial dos integrantes da raça negra, é admissível, porque entendido como parte da zona do não ser, na pertinente expressão de Frantz Fanon.[218]

Este ensaio pretende, portanto, lançar luzes sobre a premência do debate acerca do trabalho prisional para a sociedade brasileira, como síntese que é de uma série de facetas de uma questão social marcada pelo racismo, pela desigualdade e pela racionalidade neoliberal.

Há uma urgência em trabalhar essa questão de forma radical, tendo-a como ponta de lança de uma urgente revisão do sistema carcerário brasileiro e também dos rumos do nosso mercado de trabalho, considerado o efeito sinalizador que o trabalho penitenciário possui para fora dos seus muros e, sobretudo, considerado o imprescindível resgate e reivindicação da cidadania e condição de sujeitos de direito da juventude negra excluída dos horizontes da Justiça.

REFERÊNCIAS

ALESSI, Gil. O lucrativo negócio de empregar presos de graça ou pagando menos do que a lei determina. *El País*, 20.12.2017. Disponível em: https://brasil.elpais.com/brasil/2017/12/14/politica/1513259606_735347.html.

ALVES, Raissa Roussenq. *Entre o silêncio e a negação: uma análise da CPI do trabalho escravo a ótica do trabalho "livre" da população negra*. Dissertação (Mestrado em Direito) – Universidade de Brasília, Brasília, 2017.

ANTUNES, Ricardo. *O privilégio da servidão*. São Paulo: Boitempo, 2018.

CASTRO, Carla Appollinario de. *Das fábricas aos cárceres: mundo do trabalho em mutação e exclusão social*. Dissertação (Mestrado em Sociologia e Direito) – UFF, Niterói, 2010.

CHIES, Luiz Antônio Bogo. *A capitalização do tempo social na prisão*: a remição no contexto das lutas de temporalização na pena privativa de liberdade. Tese (Doutorado) – Universidade Federal do Rio Grande do Sul, Porto Alegre, 2006.

CROQUER, Gabriel; PADIN, Guilherme. Trabalho no cárcere. *R7*, 11.07.2022. Disponível em: https://noticias.r7.com/sao-paulo/trabalho-em-prisoes-brasil-13072022.

DARDOT, Pierre; LAVAL, Christian. *A nova razão do mundo*: ensaio sobre a sociedade neoliberal. São Paulo: Boitempo, 2016.

---

[218] FANON, Frantz. *Pele negra, máscaras brancas*. Trad. Renato Silveira. Salvador: Edufba, 2008.

FANON, Frantz. *Pele negra, máscaras brancas*. Trad. Renato Silveira. Salvador: Edufba, 2008.

FLAUZINA, Ana Luiza Pinheiro. *Corpo negro caído no chão*: o sistema penal e o projeto genocida do Estado brasileiro. Brasília: Brado Negro, 2017.

FLAUZINA, Ana Luiza Pinheiro; PIRES, Thula Rafaela de Oliveira. Supremo Tribunal Federal e a naturalização da barbárie. *Revista Direito e Práxis*, v. 11, n. 2, p. 1211-1237, jun. 2020. Disponível em: https://www.e-publicacoes.uerj.br/index.php/revistaceaju/article/view/50270. Acesso em: 09.11.2022.

GORENDER, Jacob. *A escravidão reabilitada*. São Paulo: Expressão Popular; Fundação Perseu Abramo, 2016.

GUIDO, M.; QUEIROZ DUTRA, R.; POTIGUARA CARVALHO, F. Trabalho prisional privado: paradoxo ou possibilidade? Avaliação dos sistemas modernos e estabelecimento de um modelo de estrutura através das lentes da convenção sobre trabalho forçado. *Direito.UnB – Revista de Direito da Universidade de Brasília*, v. 4, n. 2, p. 137-180, 2020. Disponível em: https://periodicos.unb.br/index.php/revistadedireitounb/article/view/33834. Acesso em: 30.11.2022.

HARVEY, David. *A condição pós-moderna*. São Paulo: Editora Loyola, 2003.

MARQUES, R. M.; DEPIERI, M. Álvares de L.; DIAS, R. C. de O. A cor e a concretude da desigualdade no Brasil: a violência e o encarceramento dos jovens de cor ou raça preta ou parda. *Brazilian Journal of Development*, Curitiba, v. 6, n. 12, p. 97914-97929, 2020. Disponível em: https://doi.org/10.34117/bjdv6n12-328. Acesso em: 30.11.2022.

OLIVEIRA, Dennis de. Racismo para além das identidades: por uma perspectiva histórico--crítica. In: MARINGONI, Gilberto (org.). *A volta do Estado planejador*: neoliberalismo em xeque. São Paulo: Editora Contracorrente, 2022.

PERELMAN, Michael. *The invisible handcuffs*: how market tyranny stifles the economy by stunting workers. New York: Monthly Review Press, 2011.

PIRES, Thula Rafaela de Oliveira. Direitos humanos e América Latina: por uma crítica americana ao colonialismo jurídico. *LASA Forum*, v. 50, p. 69-74, 2019.

SANTOS, Ynaê Lopes. *Racismo brasileiro*: uma história da formação do País. São Paulo: Todavia, 2021.

THEODORO, Mário. *A sociedade desigual*. São Paulo: Zahar, 2022.

VARGAS, João Costa. Por uma mudança de paradigma: antinegritude e antagonismo estrutural. *Revista de Ciências Sociais*, Fortaleza, v. 48, n. 2, p. 83-105, jul.-dez. 2017.

VARGAS, João Costa. A diáspora negra como genocídio: Brasil, Estados Unidos ou uma geografia supranacional da morte e suas alternativas. *Revista da ABPN*, v. 1, n. 2, p. 31-65, jul.-out. 2010.

WACQUANT, Loïc. *As prisões da miséria.* Rio de Janeiro: Jorge Zahar, 2001.

ZACKSESKI, Cristina. Relações de trabalho nos presídios. *Revista do Ministério Público do Trabalho*, n. 1, ano 1, p. 31-53, mar. 1991.

ZAFFARONI, Eugenio Raúl. *Colonização punitiva e totalitarismo financeiro*: a criminologia do ser-aqui. Rio de Janeiro: Da Vinci Livros, 2021.

ZAFFARONI, Eugenio Raúl; SANTOS, Ílison Dias dos. *A nova crítica criminológica*: criminologia em tempos de totalitarismo financeiro. São Paulo: Tirant Lo Blanch, 2020.

Artigo 7
Direito à liberdade pessoal

1. Toda pessoa tem direito à liberdade e à segurança pessoais.

2. Ninguém pode ser privado de sua liberdade física, salvo pelas causas e nas condições previamente fixadas pelas constituições políticas dos Estados-Partes ou pelas leis de acordo com elas promulgadas.

3. Ninguém pode ser submetido a detenção ou encarceramento arbitrários.

4. Toda pessoa detida ou retida deve ser informada das razões da sua detenção e notificada, sem demora, da acusação ou acusações formuladas contra ela.

5. Toda pessoa detida ou retida deve ser conduzida, sem demora, à presença de um juiz ou outra autoridade autorizada pela lei a exercer funções judiciais e tem direito a ser julgada dentro de um prazo razoável ou a ser posta em liberdade, sem prejuízo de que prossiga o processo. Sua liberdade pode ser condicionada a garantias que assegurem o seu comparecimento em juízo.

6. Toda pessoa privada da liberdade tem direito a recorrer a um juiz ou tribunal competente, a fim de que este decida, sem demora, sobre a legalidade de sua prisão ou detenção e ordene sua soltura se a prisão ou a detenção forem ilegais. Nos Estados-Partes cujas leis preveem que toda pessoa que se vir ameaçada de ser privada de sua liberdade tem direito a recorrer a um juiz ou tribunal competente a fim de que este decida sobre a legalidade de tal ameaça, tal recurso não pode ser restringido nem abolido. O recurso pode ser interposto pela própria pessoa ou por outra pessoa.

7. Ninguém deve ser detido por dívida. Este princípio não limita os mandados de autoridade judiciária competente expedidos em virtude de inadimplemento de obrigação alimentar.

 **COMENTÁRIOS**

por Luis Felipe Salomão e Joacy Dias Furtado

O RECONHECIMENTO INTERNACIONAL DA LIBERDADE E SEGURANÇA DA PESSOA HUMANA

A Convenção Americana de Direitos Humanos trata do direito a liberdade e segurança pessoais no artigo 7. A finalidade da norma é garantir a *toda pessoa* o direito a liberdade e segurança pessoais – *pessoa é todo ser humano.*

No mesmo sentido da Convenção Americana, outros tratados internacionais trazem normas relevantes sobre o direito à liberdade pessoal: o Pacto Internacional sobre Direitos Civis e Políticos (PIDCP, artigo 9), a Convenção sobre os Direitos da Criança (artigo 37, que estabelece que nenhuma criança será privada de sua liberdade de forma ilegal ou arbitrária, devendo ser tratada com humanidade, respeito e dignidade) e a Convenção sobre os Direitos das Pessoas com Deficiência (artigo 14, que visa assegurar que as pessoas com deficiência exerçam o direito a liberdade e segurança pessoal).

A Convenção Americana assegura o direito previsto no artigo 7 a toda pessoa, sem qualquer exceção constante do documento. A amplitude da garantia traz importantes reflexos para os ordenamentos dos Estados signatários do pacto.

A Convenção parte da premissa de que todos os seres humanos, independentemente de sua condição, são destinatários de um regime de liberdade pessoal e de justiça, baseado nos direitos essenciais do homem.

Não se leva em conta a origem, credo, etnia ou qualquer outra designação política, social e cultural. O fato de pertencer ao grupo *seres humanos* é suficiente para a proteção internacional.

Não se desconhece o debate acerca de eventual existência de natureza humana,[219] para uns, ou condição humana,[220] para outra corrente sociológica ou filosófica.

Também não se está a discutir acepções filosóficas de liberdade.[221] Aqui, o debate está centrado na liberdade pessoal (direito de ir, vir, ficar). Direito de viver livremente, com autonomia sobre o próprio corpo, e viver em segurança.

A Convenção parte de pressuposto mais elementar: os atributos da pessoa humana.

Em uma sociedade democrática, fundada em princípios internacionais e constitucionais, a liberdade é questão nodal. Não se pode conceber um Estado democrático em que a liberdade e a segurança pessoal sejam vilipendiadas.[222]

---

[219] "Convém lembrar que, entre as condições apontadas por Kant para a realização do princípio da destinação da humanidade, encontra-se a concepção de um projeto de pedagogia *a priori*, cujo fim último compreende a moralidade e visa ao aperfeiçoamento da natureza humana. A moralidade imprime o dever de não renegar, em sua própria pessoa, essa dignidade da natureza humana. Desse modo, a possibilidade de um estado social assenta-se melhor em princípios a priori do gênero humano, condição que é promovida por uma pedagogia a priori, por meio do desenvolvimento da natureza humana como efetivação da razão prática (cf. LOPARIC, 2006). A ideia de humanidade imprime a possibilidade do desenvolvimento da natureza humana por meio das disposições naturais como 'germes que são depositados no homem [e] devem ser desenvolvidos sempre mais'" (BARRETO, S. O conceito de natureza humana nas preleções sobre a pedagogia de Kant. *Revista Páginas de Filosofia*, v. 4, n. 1, p. 55-69, jan.-jun. 2012).

[220] "A condição humana compreende algo mais que as condições nas quais a vida foi dada ao homem. Os homens são seres condicionados: tudo aquilo com o qual eles entram em contato torna-se imediatamente uma condição de sua existência. O mundo no qual transcorre a *vita activa* consiste em coisas produzidas pelas atividades humanas; mas, constantemente, as coisas que devem sua existência exclusivamente aos homens também condicionam os seus autores humanos. Além das condições nas quais a vida é dada ao homem na Terra e, até certo ponto, a partir delas, os homens constantemente criam as suas próprias condições que, a despeito de sua variabilidade e sua origem humana, possuem a mesma força condicionante das coisas naturais. O que quer que toque a vida humana ou entre em duradoura relação com ela, assume imediatamente o caráter de condição da existência humana. É por isto que os homens, independentemente do que façam, são sempre seres condicionados. Tudo o que espontaneamente adentra o mundo humano, ou para ele é trazido pelo esforço humano, torna-se parte da condição humana. O impacto da realidade do mundo sobre a existência humana é sentido e recebido como força condicionante" (ARENDT, Hannah. *A condição humana*. 11. ed. Rio de Janeiro: Editora Forense Universitária. Disponível em: http://pergamum. ifsp.edu.br/pergamumweb/vinculos/000068/000068f5.pdf. Acesso em: 22.04.2023).

[221] A luta entre a Liberdade e a Autoridade é o traço mais evidente nos períodos históricos com que nos familiarizamos desde cedo, particularmente na Grécia, em Roma e na Inglaterra. Nos tempos antigos, porém, esse conflito se deu entre súditos, ou certas classes de súditos, e o Governo. Por liberdade entendia-se a proteção contra a tirania dos dirigentes políticos (MILL, John Stuart. *A liberdade*: utilitarismo. São Paulo: Martins Fontes, 2000. p. 6-7).

[222] De acordo com a clássica concepção de matriz liberal-burguesa, os direitos fundamentais constituem, em primeiro plano, direitos de defesa do indivíduo contra ingerências do Estado em sua liberdade pessoal e propriedade (SARLET, Ingo Wolfgang. Os direitos fundamentais sociais na Constituição de 1988. *Revista Diálogo Jurídico*, Salvador, v. I, n. 1, ano I, abr. 2001. Disponível em: https://edisciplinas.usp.br/pluginfile. php/5307223/mod_resource/content/1/OS%20DIREITOS%20FUNDAMENTAIS%20SOCIAIS%20

Consagra-se o direito ao ser humano de ser livre e isento de temor quanto à sua segurança pessoal, isto é, não só se preconiza a liberdade, mas se afugenta toda e qualquer ameaça a essa mesma liberdade, possibilitando ao ser humano uma vida longe do medo (segurança pessoal) e da miséria (segurança alimentar, direito social ao trabalho digno, direito à assistência social), criando condições que permitam *a cada pessoa gozar dos seus direitos econômicos, sociais e culturais, bem como dos seus direitos civis e políticos.*

Ao Estado incumbe assegurar, de maneira positiva, a prestação dessa liberdade, fazendo que seja realizável o direito individual, não apenas como promessa, como intenção, mas também como concretude.[223]

A LIBERDADE FÍSICA COMO REGRA DO SISTEMA INTERNACIONAL – TIPICIDADE PENAL

Vigora, na Convenção, como regra, a liberdade, e a sua restrição, que ocorrerá de forma excepcional, deve observar o princípio da tipicidade legal. Ninguém será privado de sua liberdade, salvo nos termos previamente fixados nas constituições e leis dos Estados-Partes.

O princípio da tipicidade é bifronte. De um lado, é obstativo da detenção ou do encarceramento sem previsão legal.[224] De outro, exige a anterioridade da norma ao cometimento do ilícito. Não se cogita de regra de supressão criada *a posteriori* ao fato (vedação ao juízo ou tribunal de exceção).[225]

A intensidade do dolo do agente ou a gravidade da conduta não autorizam a limitação da liberdade pessoal, tanto mais se inexistente norma prévia autorizativa. O bem sublime da liberdade somente é tangenciável pela imposição das constituições e das leis vigentes nos Estados signatários.

A ausência de previsibilidade normativa para a restrição da liberdade desborda para a arbitrariedade, aspecto que não pode ser admitido pelos Estados signatários do pacto.

Ainda, a pessoa detida ou retida tem o *direito à informação*, como consequência de seu direito à liberdade pessoal. É dever do agente ou órgão do qual emana a ordem de cerceamento da liberdade da pessoa esclarecer as razões da detenção, expressados, de pronto, os motivos e as acusações que pesam contra o indivíduo, possibilitando sua defesa, da forma mais ampla possível.[226]

Há ressonância desse direito nas Regras de Mandela:[227]

NA%20CONSTITUI%C3%87%C3%83O%20DE%201988%20-%20INGO%20WOLFGANG%20SARLET. pdf. Acesso em: 22.04.2023).

[223] ADI 4.029, voto do Rel. Min. Luiz Fux, j. 08.03.2012, Tribunal Pleno, *DJe* 27.06.2012.

[224] CF/1988: art. 5º, LXI.

[225] CF/1988: art. 5º, XXXVII.

[226] CF/1988: "Art. 5º (...)

(...)

LXII – a prisão de qualquer pessoa e o local onde se encontre serão comunicados imediatamente ao juiz competente e à família do preso ou à pessoa por ele indicada;

LXIII – o preso será informado de seus direitos, entre os quais o de permanecer calado, sendo-lhe assegurada a assistência da família e de advogado;

LXIV – o preso tem direito à identificação dos responsáveis por sua prisão ou por seu interrogatório policial; (...)".

[227] CONSELHO NACIONAL DE JUSTIÇA. *Regras de Mandela*: regras mínimas das Nações Unidas para o tratamento de presos. Coordenação: Luís Geraldo Sant'Ana Lanfredi. Brasília: CNJ, 2016 (Série Tratados Internacionais de Direitos Humanos).

Regra 7

Nenhuma pessoa será admitida em um estabelecimento prisional sem uma ordem de detenção válida. As seguintes informações serão adicionadas ao sistema de registro do preso quando de sua entrada:

(a) Informações precisas que permitam determinar sua identidade única, respeitando a sua autoatribuição de gênero;

(b) Os motivos e a autoridade responsável pela sua detenção, além da data, horário e local de prisão;

(c) A data e o horário de sua entrada e soltura, bem como de qualquer transferência;

(d) Quaisquer ferimentos visíveis e reclamações acerca de maus-tratos sofridos;

(e) Um inventário de seus bens pessoais;

(f) Os nomes de seus familiares e, quando aplicável, de seus filhos, incluindo a idade, o local de residência e o estado de sua custódia ou tutela;

(g) Contato de emergência e informações acerca do parente mais próximo.

Regra 8

As seguintes informações serão adicionadas ao sistema de registro do preso durante seu encarceramento, quando aplicáveis:

(a) Informação relativa ao processo judicial, incluindo datas de audiências e representação legal;

(b) Avaliações iniciais e relatórios de classificação;

(c) Informação relativa ao comportamento e à disciplina;

(d) Solicitações e reclamações, inclusive alegações de tortura ou outros tratamentos ou sanções cruéis, desumanos ou degradantes, a menos que sejam de natureza confidencial;

(e) Informação acerca do recebimento de sanções disciplinares;

(f) Informação das circunstâncias e causas de quaisquer ferimentos ou morte e, no caso de falecimento, o destino do corpo.

Há que se ter limites previstos nas constituições e nas leis dos Estados signatários que, com base na tipicidade, possam orientar e assegurar a todos, sem distinção, quais as hipóteses autorizativas de limitação circunstancial dessa liberdade pessoal, ou mesmo da segurança.

Outro aspecto não menos importante do artigo 7 é a garantia que a Convenção traz para a segurança pessoal. A segurança pessoal aparece como decorrência necessária do exercício da liberdade.[228]

Não se pode considerar a liberdade humana permeada de temor. O exercício da liberdade está inserido em condições que permitam a cada pessoa gozar de seus direitos de forma segura, sem a coerção física, psicológica ou moral.[229]

---

[228] CF/1988: art. 6º, *caput*.

[229] "O direito à segurança é prerrogativa constitucional indisponível, garantido mediante a implementação de políticas públicas, impondo ao Estado a obrigação de criar condições objetivas que possibilitem o efetivo acesso a tal serviço. É possível ao Poder Judiciário determinar a implementação pelo Estado, quando inadimplente, de políticas públicas constitucionalmente previstas, sem que haja ingerência em questão que envolve o poder discricionário do Poder Executivo" (RE 559.646 AgR, Rel. Min. Ellen Gracie, j. 07.06.2011, 2ª Turma, *DJe* 24.06.2011).

A PRISÃO – RESERVA DE JURISDIÇÃO PARA IMEDIATA ANÁLISE DE LEGALIDADE

Extrai-se do artigo 7.5 da Convenção Americana de Direitos Humanos que é direito de toda pessoa detida ou retida ser conduzida, sem demora, à presença de um juiz ou de outra autoridade investida de jurisdição.[230]

Há expressa *reserva de jurisdição* para o controle do ato de encarceramento ou mera detenção do indivíduo. De grande relevo tal direito, pois coloca em evidência a regra da garantia fundamental da liberdade, não de sua restrição, exigindo-se que o Estado-juiz, imparcial e independente, se manifeste, de imediato, quanto à prisão.

A fiscalização técnico-jurídica e das condições da prisão é essencial para a garantia da liberdade. Mais do que isso, é uma análise feita por instância estatal isenta e equidistante, que, necessariamente, não está – e nem pode estar – envolvida com acusação ou defesa. O juiz é a garantia de preservação do direito fundamental da liberdade e segurança da pessoa humana.[231]

A apresentação da pessoa detida ou retida à autoridade investida de jurisdição deve ser imediata. O tempo entre a prisão e a análise da autoridade judicial é fundamental para se assegurar a lisura do ato de restrição da liberdade. Se tardio, implica abuso e evidente violação de garantia fundamental, podendo dar ensejo à imediata soltura.

No direito brasileiro, inspirado no Pacto de São José da Costa Rica, as audiências de custódia ou de apresentação têm grande relevância. Nessa linha, o Supremo Tribunal Federal (STF), em mais de uma oportunidade, já se manifestou:

> Estão obrigados juízes e tribunais, observados os arts. 9.3 do Pacto dos Direitos Civis e Políticos e 7.5 da Convenção Interamericana de Direitos Humanos, a realizarem, em até noventa dias, audiências de custódia, viabilizando o comparecimento do preso perante a autoridade judiciária no prazo máximo de 24 horas, contado do momento da prisão. (ADPF 347 MC, Rel. Min. Marco Aurélio, j. 01.12.2015, Tribunal Pleno, *DJe* 19.02.2016)

> A Convenção Americana sobre Direitos do Homem, que dispõe, em seu art. 7º, item 5, que "toda pessoa presa, detida ou retida deve ser conduzida, sem demora, à presença de um juiz", posto ostentar o status jurídico supralegal que os tratados internacionais sobre direitos humanos têm no ordenamento jurídico brasileiro, legitima a denominada "audiência de custódia", cuja denominação sugere-se "audiência de apresentação". O direito convencional de apresentação do preso ao juiz, consectariamente, deflagra o procedimento legal de *habeas corpus*, no qual o juiz apreciará a legalidade da prisão, à vista do preso que lhe é apresentado, procedimento esse instituído pelo CPP, nos seus arts. 647 e seguintes. O *habeas corpus ad subjiciendum*, em sua origem remota, consistia na determinação do juiz de apresentação do preso para aferição da legalidade da sua prisão, o que ainda se faz presente na legislação processual penal (art. 656 do CPP). (ADI 5.240, Rel. Min. Luiz Fux, j. 20.08.2015, Tribunal Pleno, *DJe* 01.02.2016)

No âmbito do Conselho Nacional de Justiça (CNJ), diversos atos normativos foram editados e atualizados sobre a matéria, para assegurar maior amplitude e aplicabilidade

---

[230] CF/1988: art. 5º, LXV e LXVI.
[231] STF: Inq 4.391 AgR, Rel. Min. Dias Toffoli, j. 22.09.2020, 2ª Turma, *DJe* 01.03.2021.

do instituto das audiências de custódia. À guisa de exemplo: as Resoluções 487/2023[232], 268/2018[233] e 213/2015.[234]

Ainda sob o ponto de vista temporal, é direito da pessoa presa ser *julgada dentro de um prazo razoável ou a ser posta em liberdade*. A duração razoável do processo é desdobramento do próprio direito de liberdade.[235] A perpetuação injusta da persecução penal, por si, é abusiva e implica liberação do encarcerado, sem prejuízo de que se prossiga o processo.

O processo, por ser instrumento para consecução do direito material, não é mais importante do que a liberdade da pessoa humana. Os Estados-Partes devem assegurar procedimentos que solucionem os delitos de forma célere e adequada, sob pena de flagrante injustiça, pois as vítimas dos crimes e o próprio Estado exigem, de maneira legítima, a apuração e a condenação do criminoso.

Contudo, mais importante do que o rito, é a liberdade pessoal, que não pode estar subjugada à forma e ao tempo exagerado no procedimento investigativo anterior (inquérito) e na fase processual (instrução e julgamento).

Os Estados-Partes, exatamente por estarem em posição de dominância, têm ferramentas e instrumentos para elaborar e promover uma persecução penal que seja consentânea com a razoabilidade, não sendo o caso de o indivíduo pagar com a privação da liberdade pela ineficiência estatal.

Na experiência brasileira, o Código de Processo Penal (CPP) sofreu alteração em 2019, para fazer constar expressamente a necessidade de revisão da prisão preventiva decretada a cada noventa dias:

> Art. 316. O juiz poderá, de ofício ou a pedido das partes, revogar a prisão preventiva se, no correr da investigação ou do processo, verificar a falta de motivo para que ela subsista, bem como novamente decretá-la, se sobrevierem razões que a justifiquem. (Redação dada pela Lei nº 13.964, de 2019)
>
> Parágrafo único. *Decretada a prisão preventiva, deverá o órgão emissor da decisão revisar a necessidade de sua manutenção a cada 90 (noventa) dias, mediante decisão fundamentada, de ofício, sob pena de tornar a prisão ilegal.*

Para o caso de demora exacerbada da instrução, há ferramentas processuais que podem condicionar a liberdade da pessoa acusada, impondo-lhe deveres, como o comparecimento periódico em juízo sempre que chamada. Não há regra no pacto que autorize, em todas as hipóteses, a necessidade de permanência no cárcere até encerramento da instrução.

Em consonância com tal dispositivo do Pacto de São José da Costa Rica, confira-se o previsto nas Regras de Tóquio:

> 6. A prisão preventiva como medida de último recurso
>
> 6.1 A prisão preventiva deve ser uma medida de último recurso nos procedimentos penais, com a devida consideração ao inquérito referente à infração presumida e à proteção da sociedade e da vítima.

---

[232]   Institui a Política Antimanicomial do Poder Judiciário e estabelece procedimentos e diretrizes para implementar a Convenção Internacional dos Direitos das Pessoas com Deficiência e a Lei 10.216/2001, no âmbito do processo penal e da execução das medidas de segurança.

[233]   Dá nova redação ao § 2º do art. 1º da Resolução CNJ 213, de 15 de dezembro de 2015, que dispõe sobre a apresentação de toda pessoa presa à autoridade judicial no prazo de 24 horas.

[234]   Dispõe sobre a apresentação de toda pessoa presa à autoridade judicial no prazo de 24 horas.

[235]   CF/1988: art. 5º, LXXVIII.

6.2 As medidas substitutivas da prisão pré-julgamento devem ser utilizadas o mais cedo possível. A prisão pré-julgamento não deve durar mais do que o tempo necessário para atingir os objetivos enunciados na regra e deve ser administrada com humanidade e respeito à dignidade da pessoa.

A INFORMALIDADE DO RECURSO À AUTORIDADE JUDICIAL PARA GARANTIA DA LIBERDADE DA PESSOA PRESA

Da leitura do artigo 7.6 da Convenção Americana de Direitos Humanos verifica-se que é direito da pessoa privada de liberdade recorrer a um juiz ou tribunal competente, de imediato, para que se analise a legalidade de sua prisão ou detenção.

Estão presentes dois princípios nesse dispositivo: imediatidade do recurso e informalidade.

Já mencionado que, além de se exigir autoridade investida de jurisdição (reserva de jurisdição), necessário que a análise da prisão do indivíduo seja imediata. No mesmo sentido, é direito da pessoa privada de liberdade buscar essa mesma autoridade judicial de forma igualmente imediata.

Há um dever de ação do Estado-Parte: apresentar o preso de imediato. De outro ponto, é também dever estatal garantir o acesso do preso, voluntariamente, ao juiz ou ao tribunal competente para recorrer do decreto da prisão ou de sua manutenção.

O acesso deve ser informal – pode ser buscado *pela própria pessoa ou por outra pessoa*, sem necessidade de intermediários ou formas rígidas. O exame da legalidade da prisão não pode estar restrito a amarras procedimentais, sob pena de se dar mais importância ao procedimento do que à própria liberdade, que é preponderante.

A Convenção deixa expresso que o direito de recorrer da própria prisão não pode ser restringido ou abolido. Há clara vedação à proteção deficiente, com a restrição ao direito de recorrer à autoridade judicial, e ao retrocesso, com a abolição do direito de recorrer da própria prisão.[236] A ampliação é sempre possível. A limitação e a restrição são vedadas, nos termos do pacto.

A amplitude da garantia é tão evidente que, mesmo em caso de ameaça de privação de liberdade, possível o imediato socorro junto à autoridade jurisdicional competente para que decida de pronto sobre a legalidade de tal ameaça.[237]

VEDAÇÃO À PRISÃO POR DÍVIDAS – SALVO INADIMPLEMENTO DE OBRIGAÇÃO ALIMENTAR

A regra trazida pelo Pacto de São José da Costa Rica é de que *ninguém deve ser detido por dívida,* salvo no caso de inadimplemento de obrigação alimentar, desde que, neste último caso, por ordem emanada de autoridade judiciária.

---

[236] O papel do Poder Judiciário na implementação de políticas públicas instituídas pela Constituição e não efetivadas pelo Poder Público. A fórmula da reserva do possível na perspectiva da teoria dos custos dos direitos: impossibilidade de sua invocação para legitimar o injusto inadimplemento de deveres estatais de prestação constitucionalmente impostos ao Estado. A teoria das "restrições das restrições" (ou da "limitação das limitações") (AI 598.212 ED, Rel. Min. Celso de Mello, j. 25.03.2014, 2ª Turma, *DJe* 24.04.2014).

[237] CF/1988: "Art. 5º (...)

(...)

LXVIII – conceder-se-á *habeas corpus* sempre que alguém sofrer ou se achar ameaçado de sofrer violência ou coação em sua liberdade de locomoção, por ilegalidade ou abuso de poder;

(...)".

Questão por muitos anos debatida na doutrina e na jurisprudência foi a possibilidade da constrição pessoal para garantir o adimplemento de dívidas.

Diversas civilizações na história permitiram duras sanções pessoais para o caso de inadimplência. As penas variavam de multa a morte do devedor. O corpo do executado respondia pela dívida civil. Tudo a indicar que o patrimônio teve, por longo período, predominância sobre a própria liberdade e autonomia da pessoa sobre seu corpo.

A Convenção, entre diversos outros diplomas, passou a trazer com clareza a vedação da prisão por dívidas, salvo o dever de adimplemento de obrigação alimentar.

Por certo, é marco civilizatório significativo.

O patrimônio e a sua proteção são, sim, de alta relevância. A garantia de pagamento das dívidas e o cumprimento dos contratos precisam ser estimulados, com posição estatal firme, sob pena de ruptura importante e erupção de exercício arbitrário por parte dos membros da comunidade. No entanto, há uma enormidade de ferramentas mais eficazes e anteriores à constrição pessoal que podem ser utilizadas.

O encarceramento por dívida, inclusive, pode significar frustração imediata da possibilidade do pagamento, não sua realização, pois obstada a continuidade de produção de riquezas com a restrição da liberdade do indivíduo.

A experiência brasileira aponta a penhora, o arresto, o sequestro de bens, o protesto do título, a multa, a adjudicação, a apropriação de frutos e rendimentos de empresa ou estabelecimentos, entre tantas outras medidas de constrição patrimonial.

No Brasil, há previsão constitucional, hoje superada, quanto à possibilidade de prisão de depositário infiel.[238] O Supremo Tribunal Federal entendeu, em julgamento com repercussão geral reconhecida, que os tratados internacionais de direitos humanos subscritos pelo País, como é o caso do Pacto de São José da Costa Rica, estão abaixo da Constituição, porém acima da legislação interna. Ocupa *status* normativo supralegal, aplicando-se o *efeito paralisante* para normas internas incompatíveis com o pacto. Entendeu que, a partir da adesão do Brasil, incabível qualquer outra hipótese de prisão civil que não o caso de inadimplemento inescusável de dívida alimentar.[239]

A obrigação alimentar, contudo, por seu caráter de garantia de subsistência mínima do alimentando, permanece tendo previsão específica de constrição pessoal do devedor, como forma coercitiva mais grave a impor o adimplemento, mas com reserva de jurisdição – a ordem deve ser emanada de autoridade judicial competente.

REFLEXÕES FINAIS

O direito a liberdade e segurança pessoais tem *status* de garantia internacional, direito humano fundamental e indisponível.

---

[238]   CF/1988: art. 5º, LXVII.

[239]   Súmula Vinculante 25 – STF: "É ilícita a prisão civil de depositário infiel, qualquer que seja a modalidade do depósito. (...) desde a adesão do Brasil, sem qualquer reserva, ao Pacto Internacional dos Direitos Civis e Políticos (art. 11) e à Convenção Americana sobre Direitos Humanos – Pacto de São José da Costa Rica (art. 7º, 7), ambos no ano de 1992, não há mais base legal para prisão civil do depositário infiel, pois o caráter especial desses diplomas internacionais sobre direitos humanos lhes reserva lugar específico no ordenamento jurídico, estando abaixo da Constituição, porém acima da legislação interna. O *status* normativo supralegal dos tratados internacionais de direitos humanos subscritos pelo Brasil, dessa forma, torna inaplicável a legislação infraconstitucional com ele conflitante, seja ela anterior ou posterior ao ato de adesão. Assim ocorreu com o art. 1.287 do Código Civil de 1916 e com o DL 911/1969, assim como em relação ao art. 652 do novo Código Civil (Lei 10.406/2002)" (RE 466.343, Rel. Min. Cezar Peluso, voto do Min. Gilmar Mendes, j. 03.12.2008, Tribunal Pleno, *DJe* 05.06.2009, Tema 60).

O Pacto de São José da Costa Rica traz a normatização sobre liberdade e segurança pessoais com grande detalhamento, indicando o grau de importância que tem o direito para uma vida digna, livre e isenta de ameaças e temores.

A liberdade como regra e a prisão ou a detenção como exceções regradas, vinculadas aos princípios da taxatividade e da reserva de jurisdição, estão nesse contexto de importância dos direitos fundamentais. Apenas um juiz isento e imparcial, vinculado a tribunal previamente existente ao fato (vedação a tribunal de exceção), além de norma também anterior, pode autorizar o cercamento do direito à liberdade. Qualquer burla a essa configuração implica grave violação aos direitos humanos.

Mesmo diante de todo esse arcabouço protetivo, uma vez preso ou detido, o exame acerca da legalidade da constrição da pessoa deve ser submetido de imediato a um juiz. O Estado-juiz é o garantidor da preservação da liberdade e segurança da pessoa, além da legalidade da prisão do indivíduo.

Uma vez insatisfeita com a detenção ou a prisão, é direito fundamental da pessoa humana, por si ou por terceiro, recorrer do ato de seu encarceramento, também de forma imediata, sem estar jungida a procedimentos e formalidades que diminuam ou restrinjam totalmente seu direito.

REFERÊNCIAS

ARENDT, Hannah. *A condição humana*. 11. ed. Rio de Janeiro: Editora Forense Universitária. Disponível em: http://pergamum.ifsp.edu.br/pergamumweb/vinculos/000068/000068f5. pdf. Acesso em: 22.04.2023.

BARRETO, S. O conceito de natureza humana nas preleções sobre a pedagogia de Kant. *Revista Páginas de Filosofia*, v. 4, n. 1, p. 55-69, jan.-jun. 2012.

BRASIL. Supremo Tribunal Federal (STF). *Juiz das garantias*: bibliografia, legislação e jurisprudência temática. 2. ed. Brasília: STF/Secretaria de Altos Estudos, Pesquisas e Gestão da Informação, 2021. *e-Book* (123 p.).

CONSELHO NACIONAL DE JUSTIÇA. *Regras de Mandela*: regras mínimas das Nações Unidas para o tratamento de presos. Coordenação: Luís Geraldo Sant'Ana Lanfredi. Brasília: CNJ, 2016 (Série Tratados Internacionais de Direitos Humanos).

CONSELHO NACIONAL DE JUSTIÇA. *Regras de Tóquio*: regras mínimas padrão das Nações Unidas para a elaboração de medidas não privativas de liberdade. Coordenação: Luís Geraldo Sant'Ana Lanfredi. Brasília: CNJ, 2016 (Série Tratados Internacionais de Direitos Humanos).

GRAU, Eros Roberto. *Por que tenho medo dos juízes (a interpretação/aplicação do direito e os princípios)*. 10. ed. São Paulo: Malheiros, 2021.

MILL, John Stuart. *A liberdade*: utilitarismo. São Paulo: Martins Fontes, 2000.

SALOMÃO, L. F. Juízes eficientes. *Correio Braziliense*, 27.11.2012.

SALOMÃO, L. F. Juízes imparciais. *O Globo*, 05.03.2002.

SARLET, Ingo Wolfgang. Os direitos fundamentais sociais na Constituição de 1988. *Revista Diálogo Jurídico*, Salvador, v. I, n. 1, ano I, abr. 2001. Disponível em: https://edisciplinas.usp.br/pluginfile.php/5307223/mod_resource/content/1/OS%20DIREITOS%20 FUNDAMENTAIS%20SOCIAIS%20NA%20CONSTITUI%C3%87%C3%83O%20 DE%201988%20-%20INGO%20WOLFGANG%20SARLET.pdf. Acesso em: 22.04.2023.

> **Artigo 8**
> **Garantias judiciais**
>
> 1. Toda pessoa tem direito a ser ouvida, com as devidas garantias e dentro de um prazo razoável, por um juiz ou tribunal competente, independente e imparcial, estabelecido anteriormente por lei, na apuração de qualquer acusação penal formulada contra ela, ou para que se determinem seus direitos ou obrigações de natureza civil, trabalhista, fiscal ou de qualquer outra natureza.

 COMENTÁRIOS

por Humberto Dalla Bernardina de Pinho

O ARTIGO 8.1 DA CONVENÇÃO AMERICANA DE DIREITOS HUMANOS: O PROCESSO DEMOCRÁTICO LEGITIMADO PELA OBSERVÂNCIA DAS GARANTIAS FUNDAMENTAIS

O artigo 8 da Convenção Americana de Direitos Humanos trata das garantias judiciais. O item 1, objeto deste texto, abrange os principais postulados decorrentes do devido processo legal, a saber: duração razoável do processo e juiz natural, competente, independente e imparcial. As demais garantias estão enumeradas no item 2 do mesmo dispositivo, que será examinado no capítulo seguinte desta coletânea.

A título de breve introdução, cumpre-nos referir que os princípios, cuja importância na ciência jurídica moderna é inquestionável, representam o polo legitimador da dogmática jurídica em um Estado Democrático de Direito,[240] pois traduzem a essência, a razão última, enfim, os valores que inspiram dado ordenamento.[241]

As normas da Convenção exercem forte influência nos ordenamentos constitucionais dos países signatários, densificando a eficácia concreta dessas garantias, fenômeno que pode ser sentido de forma mais intensa no Brasil.

Nesse sentido, Luigi Ferrajoli[242] anota que as garantias fundamentais insculpidas na Constituição brasileira de 1988 apontam a Carta como a mais avançada frente a outras cons-

---

[240] Sobre a temática da relevância das garantias fundamentais do processo na consolidação da jurisdição contemporânea, ver, entre outros, de nossa autoria: PINHO, Humberto Dalla Bernardina de. *Manual de direito processual civil contemporâneo.* 5. ed. São Paulo: Saraiva, 2023; PINHO, Humberto Dalla Bernardina de. *Jurisdição e pacificação*: limites e possibilidades do uso dos meios consensuais de resolução de conflitos na tutela dos direitos transindividuais e pluri-individuais. Curitiba: CRV, 2017; PINHO, Humberto Dalla Bernardina de. Os princípios e as garantias fundamentais no Projeto de Código de Processo Civil: breves considerações acerca dos artigos 1º a 11 do PLS 166/10. *Revista Eletrônica de Direito Processual*, Rio de Janeiro, v. VI, jul.-dez. 2010. Disponível em: https://www.e-publicacoes.uerj.br/index.php/redp; PINHO, Humberto Dalla Bernardina de; GAIO JR., Antônio Pereira. *Teoria geral do processo civil.* Rio de Janeiro: Editora GZ, 2018.

[241] CAPPELLETTI, Mauro. Fundamental guarantees of the parties in civil litigation: comparative constitutional, international, and social trends. *Stanford Law Review*, May, 1973. Disponível em: www.westlaw.com. Acesso em: 15.03.2018.

[242] FERRAJOLI, Luigi. O constitucionalismo garantista e o estado de direito. Trad. André Karam Trindade. In: FERRAJOLI, Luigi et.al. (org.). *Garantismo, hermenêutica e (neo)constitucionalismo*: um debate com Luigi Ferrajoli. Porto Alegre: Livraria do Advogado, 2012. p. 233.

tituições da América Latina e formadora de *"uma postura do estado constitucional de direito enormemente potencializada"* pela amplidão de direitos sociais catalogados e protegidos por garantias secundárias, conferidas à jurisdição no caso de violação das garantias primárias.

Sem dúvida um dos mais importantes princípios processuais,[243] o devido processo legal é encontrado nos ordenamentos constitucionais e internacionais e representa um conjunto de garantias constitucionais (ou o núcleo central da maioria das garantias processuais) destinadas a assegurar às partes a participação, com o exercício de suas faculdades e poderes processuais, bem como a legitimidade do exercício da jurisdição.

Decorrem dele outros importantes princípios processuais, como o princípio do contraditório, o da ampla defesa e o da duração razoável do processo, também consagrados em sede constitucional.[244]

Por isso, além de afirmar que o *due process of law* é um conjunto de garantias que assegura às partes o exercício de faculdades e poderes processuais, Cândido Rangel Dinamarco afirma que funciona também como sistema de limitação ao exercício do poder. O devido processo será uma "garantia de justiça" e "direito ao serviço jurisdicional corretamente prestado" a partir das normas processuais constitucionais.[245]

Segundo Oteiza,[246] a cláusula do devido processo legal é um valor-chave para a democracia. Já para Eduardo Ferrer Mac-Gregor,[247] apesar de não existir uma precisão metodológica na localização de certas instituições processuais elevadas ao patamar constitucional, especialmente em relação àquelas cujas origens remontam à Carta Magna inglesa de 1215, a garantia do devido processo ou "processo justo" foi encontrada em diversos documentos normativos, como na Declaração francesa dos Direitos do Homem e do Cidadão de 1789, que influenciou as *Cartas Constitucionales* de 1795 e 1814, bem como na quinta emenda da Constituição dos Estados Unidos de 1791 e sua evolução em sede das decisões proferidas pela Suprema Corte dos Estados Unidos da América.

O reconhecimento dos princípios referentes ao devido processo legal como garantias constitucionais, em igual patamar a outros direitos com base na lei fundamental, impõe o estudo da disciplina processual pela metodologia do direito constitucional e do processualismo. Trata-se de afirmativa feita há mais de cinquenta anos pelo processualista uruguaio Eduardo J. Couture,[248] que já sugeria o estudo analítico das normas processuais.

Como bem assevera Barbosa Moreira,[249] não se pode esperar que o processo, por si só, tenha força suficiente para dirimir as desigualdades sociais por meio do aparelho judicial,

---

[243] NERY JR., Nelson. *Princípios do processo civil na Constituição Federal.* 8. ed. São Paulo: Revista dos Tribunais, 2004. p. 42.

[244] GRECO, Leonardo. Garantias fundamentais do processo: o processo justo. *Mundo Jurídico.* Disponível em: htttp://www.mundojuridico.adv.br/html/artigos/documentos/texto165.htm. Acesso em: 02.11.2004.

[245] DINAMARCO, Cândido Rangel. *A instrumentalidade do processo.* 14 ed. rev. e atual. São Paulo: Malheiros, 2009. p. 151.

[246] OTEIZA, Eduardo. El debido proceso y su proyección sobre el proceso civil en América Latina. *Revista de Processo (RePro),* São Paulo, n. 173, ano 34, jul. 2009. p. 180-181.

[247] MAC-GREGOR, Eduardo Ferrer. As garantias constitucionais do processo e o direito constitucional processual. Trad. Bruno Costa Teixeira. *Revista Panóptica,* n. 14, nov. 2008. Disponível em: http://br.vlex.com/source/panoptica-5045/issue_nbr/%2314. Acesso em: 14.06.2013. p. 28.

[248] COUTURE, Eduardo J. *Introdução ao estudo do processo civil.* Trad. Mozart Victor Russomano. 3. ed. Rio de Janeiro: Forense, 1997. p. 36.

[249] BARBOSA MOREIRA, José Carlos. Por um processo socialmente efetivo. *Temas de direito processual*: oitava série. São Paulo: Saraiva, 2004. p. 15-17.

mas servirá como importante meio para alcançar interesses socialmente relevantes da maneira mais desimpedida possível a todos os cidadãos.

Assim, a prática que melhor atende aos anseios de uma eficaz prestação da tutela jurisdicional é aquela que não se restringe apenas à garantia formal de acesso à Justiça, mas que estende a todos os participantes os princípios e as garantias que compõem o devido processo.

O devido processo traduz a supremacia da lei, base de uma sociedade democrática que protege os direitos fundamentais por meio da Constituição, evitando que qualquer atitude arbitrária possa restringir seu conteúdo.

Para Humberto Theodoro Júnior,[250] a mescla de processo justo e devido processo legal, a par da regularidade formal, impõe a adequação do processo à realização do melhor resultado concreto em face do direito material, prevalecendo a proporcionalidade e razoabilidade na harmonização dos princípios.

Não se pode olvidar, portanto, a busca da eficácia concreta no exercício do devido processo legal. Por isso, Leonardo Greco entende que, para o processo equânime, as garantias são também direitos fundamentais e o Estado não prestará a tutela jurisdicional de forma plena "se elas não forem respeitadas ou se as decisões judiciais resultarem de procedimentos em que o juiz sofre profundas limitações na apuração da verdade e na apreciação do direito das partes".[251]

Enfim, o objetivo único e central de garantir o acesso à Justiça por meio de um processo justo e celebrado com os meios adequados traduz, em termos processuais, os princípios da legalidade e da supremacia da Constituição, inerentes à democracia participativa pós-moderna.

Do devido processo legal decorrem diversos princípios. O mais importante dele é o contraditório. Para que se avalie o grau de relevância, basta lembrar as palavras de Elio Fazzalari,[252] para quem: "sem contraditório, não há processo".

Sua importância valorizou-se ainda mais com o seu prestígio pelas Cortes Internacionais que, em suas jurisprudências, vêm considerando o princípio do contraditório como parte integrante dos direitos humanos.

Esse princípio impõe que, ao longo do procedimento, seja observado verdadeiro diálogo, com participação das partes. Representa, então, a garantia não apenas de ter ciência de todos os atos processuais, mas de ser ouvido, possibilitando a influência na decisão.[253]

Leonardo Greco[254] analisa com profundidade o princípio do contraditório e ressalta a importância da dialética processual por meio da plena participação dos interessados na construção do debate e na busca da melhor solução.

Para que isso ocorra, observa que o juiz deverá abandonar a posição burocrática, que se afigura limitada em apenas receber as informações, para adotar uma postura mais ativa, favorecendo o diálogo entre as partes, interagindo com elas. Assim poderá estruturar melhor as bases de sua decisão, com mais elementos, tornando-a mais eficaz.[255]

---

[250] THEODORO JÚNIOR, Humberto. Processo justo e contraditório dinâmico. In: ASSIS, Araken de et.al. (org.). Processo coletivo e outros temas de direito processual: homenagem 50 anos de docência do professor José Maria Tesheiner, 30 anos de docência do professor Sérgio Gilberto Porto. Porto Alegre: Livraria do Advogado Editora, 2012. p. 264-265.

[251] GRECO, Leonardo. Cognição sumária e coisa julgada. *Revista Eletrônica de Direito Processual*, v. 10, ano 6, jul.-dez. 2012. p. 275-277.

[252] FAZZALARI, Elio. *Istituzioni di diritto processuale*. 8. ed. Padova: Cedam, 1996.

[253] PISANI, Andrea Proto. *Lezioni di diritto processuale civile*. 5. ed. Napoli: Jovene, 2012. Cap. V, n. 3. p. 200.

[254] GRECO, Leonardo. O princípio do contraditório. *Estudos de direito processual*. Campos dos Goytacazes: Ed. Faculdade de Direito de Campos. 2005. p. 541-544.

[255] FREITAS, José Lebre de. *Introdução ao processo civil*: conceitos e princípios gerais à luz do novo código. 3. ed. Coimbra: Almedina, 2013. p. 124-125.

O contraditório constitui o verdadeiro elemento qualificador do processo. Numa visão mais abrangente, envolve um complexo jogo de interação entre as partes e o próprio juiz, evitando a adoção de decisões inesperadas.[256] É consequência do princípio político da participação democrática e pressupõe: a) audiência bilateral – adequada e tempestiva notificação do ajuizamento da causa e de todos os atos processuais por meio de comunicações preferencialmente reais, bem como ampla possibilidade de impugnar e contrariar os atos dos demais sujeitos, de modo que nenhuma questão seja decidida sem essa prévia audiência das partes; b) direito de apresentar alegações, propor e produzir provas, participar da produção das provas requeridas pelo adversário ou determinadas de ofício pelo juiz e exigir a adoção de todas as providências que possam ter utilidade na defesa dos seus interesses, de acordo com as circunstâncias da causa e as imposições do direito material; c) congruidade dos prazos – os prazos para a prática dos atos processuais, apesar da brevidade, devem ser suficientes, de acordo com as circunstâncias do caso concreto, para a prática de cada ato da parte com efetivo proveito para a sua defesa; d) contraditório eficaz – é sempre prévio, anterior a qualquer decisão, devendo a sua postergação ser excepcional e fundamentada na convicção firme da existência do direito do requerente e na cuidadosa ponderação dos interesses em jogo e dos riscos da antecipação ou da postergação da decisão; e) contraditório participativo – pressupõe que todos os contrainteressados tenham o direito de intervir no processo e exercer amplamente as prerrogativas inerentes ao direito de defesa e que preservem o direito de discutir os efeitos da sentença que tenha sido produzida sem a sua plena participação.[257]

Esse princípio pode ser sintetizado em quatro garantias: (i) direito de ser ouvido em ao menos uma audiência pública por juiz independente e imparcial; (ii) direito de conhecer e se manifestar sobre todos os atos, alegações e provas apresentadas; (iii) direito de produzir qualquer prova que considere relevante para sua defesa; (iv) direito de ter a causa analisada e decidida com base nos fatos e argumentos apresentados no processo, conhecidos e debatidos pelas partes.[258]

É possível afirmar que o contraditório é indissociável do princípio da igualdade, eis que a garantia da possibilidade de manifestação em todas as fases deverá ser assegurada de igual modo aos litigantes na dinâmica processual, refletindo a busca pela almejada efetividade da prestação jurisdicional, que contempla a paridade de armas como um dos pilares da ampla defesa.

O princípio do contraditório "garante uma simetria de posições subjetivas" que dispõe às partes o diálogo necessário para oferecer ao juiz elementos que contribuam na busca da verdade real, durante a fase de cognição e formação do conteúdo decisório, afastando a participação em aspecto meramente formal ou aparente em apenas contrapor as alegações opostas.[259]

A concepção atual do contraditório moderno abrange a participação ativa e influente das partes em todas as fases do processo, reduzindo as possibilidades de surpresa na deci-

---

[256] TROCKER, Nicolò. Il nuovo articolo 111 della costituzione e il "giusto processo" in materia civile: profili generali. *Rivista Trimestrale di Diritto e Procedura Civile*, Milano, 2001. p. 393-395.

[257] GRECO, Leonardo. Garantias fundamentais do processo: o processo justo. *Mundo Jurídico*. Disponível em: htttp://www.mundojuridico.adv.br/html/artigos/documentos/texto165.htm. Acesso em: 02.05.2006.

[258] SCHENK, Leonardo Faria. *Cognição sumária*: limites impostos pelo contraditório no processo civil. São Paulo: Saraiva, 2013. p. 58.

[259] THEODORO JÚNIOR, Humberto. Processo justo e contraditório dinâmico. In: ASSIS, Araken et.al. (Org.). *Processo coletivo e outros temas de direito processual*: homenagem 50 anos de docência do professor José Maria Tesheiner, 30 anos de docência do professor Sérgio Gilberto Porto. Porto Alegre: Livraria do Advogado Editora, 2012. p. 262.

são judicial por fundamentos que não puderam ser previamente conhecidos e que diferem daqueles suscitados pelas partes.[260]

Ao lado do contraditório, e ainda decorrente do devido processo legal, encontramos o princípio da isonomia.

Do primitivo conceito de igualdade formal e negativa, clama-se, hoje, pela igualdade material, isto é, por uma Justiça que assegure tratamento igual para os iguais e desigual para os desiguais. Em âmbito processual, significa restabelecer o equilíbrio entre as partes e possibilitar a sua livre e efetiva participação no processo, como corolário do princípio do devido processo legal.

O referido princípio é um dos pilares na configuração do processo socialmente efetivo, garantindo-se às partes igual possibilidade de fruição de todos os instrumentos processuais constitucionalmente previstos, uma vez que o desequilíbrio de forças entre as partes litigantes compromete a igual possibilidade de êxito no pleito.[261]

Por isonomia não devemos compreender apenas a igualdade perante a lei. Essa afirmação pode gerar desvios e equívocos hermenêuticos.[262] É preciso ir além e garantir uma igualdade substancial que, contudo, demandará uma postura mais ativa do Estado.[263]

Imperioso garantir a igualdade de tratamento perante o órgão judicial,[264] observadas as limitações de cada um.[265] Verificada a desigualdade, cabe ao magistrado intervir a fim de equilibrar as partes na relação processual, visando à igualdade real.[266]

Não somente as condições do processo convergem para franquear igualdade aos que buscam a tutela jurisdicional. A barreira do acesso à Justiça se reforça pelo excesso de solenidades e formalismos que se apresentam ao cidadão comum, que, carente de informação e formação cultural, sente-se mergulhado em um ambiente desconfortável e inseguro, não vislumbrando a oportunidade de igualdade de luta. A garantia de paridade de armas é apenas um dos aspectos do acesso à Justiça que tocam o direito processual.

Em primeiro lugar, trata-se da igualdade perante a lei. Significa que aqueles que aplicarem a lei só poderão distinguir os destinatários quando a lei permitir. Isso, porque o papel de discriminar incumbe ao legislador. Este dirá em que casos deverá haver tratamento diferençado.

Em segundo lugar, trata-se da exigência de igualdade na lei. Significa que a lei não pode distinguir as partes de maneira absurda, de qualquer modo. O próprio Legislativo, que estabelece os casos de diferenciação, encontra seu limite. Está adstrito ao Princípio da Razoabilidade, que é um valor constitucional. A razoabilidade é que estabelecerá a situação fática que autoriza uma aceitável distinção.

A razoabilidade delimita a esfera de alcance dos direitos fundamentais, eis que nenhuma ordem jurídica poderá protegê-los de maneira irrestrita, pois, ao contrário do que possa parecer,

---

[260]   SANTOS, Welder Queiroz. A vedação à prolação de "decisão surpresa" na Alemanha. *Revista de Processo*, São Paulo, v. 240, fev. 2015. p. 431.

[261]   BARBOSA MOREIRA, José Carlos. Por um processo socialmente efetivo. *Temas de direito processual*: oitava série. São Paulo: Saraiva, 2004. p. 63-66.

[262]   ROCHA, Cármen Lúcia Antunes. O princípio constitucional da igualdade. Belo Horizonte: Lê, 1990. p. 36.

[263]   CANOTILHO, José Joaquim Gomes. *Direito Constitucional*. 6. ed. Coimbra: Almedina, 1995. p. 306.

[264]   BARBOSA MOREIRA, José Carlos. La igualdad de las partes en el proceso civil. *Revista de Processo*, São Paulo, n. 44, ano 11, 1986. p. 178.

[265]   ROSAS, Roberto. *Princípios constitucionais do processo civil*. 3. ed. São Paulo: RT, 1999. p. 38-39.

[266]   NERY JR., Nelson. *Princípios do processo civil na Constituição Federal*. 8. ed. São Paulo: Revista dos Tribunais, 2004. p. 72.

não são absolutos diante de outros valores também dignos de proteção. De acordo com Ingo Sarlet,[267] as limitações se impõem "pela necessidade de compatibilizar diferentes bens jurídicos".

Outro corolário do devido processo legal é a garantia da Inafastabilidade do controle jurisdicional

No sentido político, o princípio coloca sob o controle dos órgãos jurisdicionais todas as crises jurídicas que possam gerar um estado de insatisfação.

Não se trata, portanto, de mera garantia de acesso ao juízo (direito à ação), mas da própria tutela (proteção) jurisdicional (adequada, tempestiva e, principalmente, efetiva) a quem tiver razão, ou seja, significa o próprio Acesso à Justiça.

Sob o prisma do acesso à jurisdição, o princípio se impõe como uma garantia fundamental essencial, possibilitando o início da relação processual e permitindo-se invocar a tutela do Estado. O bem individual e o bem comum serão regulados pela função jurisdicional, não podendo o Estado deles afastar o seu controle, sempre motivado a manter o equilíbrio social e econômico das relações.

A tutela constitucional do processo objetiva assegurar a conformação do direito processual com os princípios constitucionais, sendo o princípio da inafastabilidade da tutela jurisdicional indispensável à celebração do processo como instrumento de acesso à Justiça. Esse processo, em sua essência, refletirá as bases do regime democrático e do Estado de Direito.

A seguir, temos o princípio da publicidade dos atos processuais. Cappelletti[268] afirma que a internacionalização dos direitos fundamentais sugeriu maior consideração de direitos universalmente compreendidos como direitos humanos e elevados à qualidade de essenciais, fazendo que os Estados entendessem que esses direitos deveriam gozar de maior proteção jurídica, firmando-se no texto constitucional.

São, portanto, garantias que se destacam, como a independência e aa imparcialidade do juiz e, muito especialmente, a garantia de um processo aberto e público, diretamente ligadas ao devido processo legal e que se firmam como conquistas do direito processual civil.

Isso significa que, em regra, o processo deve ser público e, apenas excepcionalmente, sigiloso – quando houver expressa previsão legal, notadamente quando a defesa da intimidade ou do interesse público o exigirem.

Há uma íntima relação entre os princípios da publicidade e da motivação das decisões judiciais, visto que a publicidade torna efetiva a participação no controle das decisões judiciais.

A motivação é uma justificação racional sobre a decisão, elaborada após a realização desta, cujo objetivo é permitir o controle sobre a racionalidade da própria decisão.[269] Afirma, ainda, que o juiz não apresenta, na motivação, todas as razões que o levaram a decidir em determinado sentido, mas apenas aquelas que são aceitáveis pela comunidade jurídica e pela sociedade.

Assim, a fundamentação "é o discurso em torno das razões com base nas quais o juiz apresenta a decisão como aceitável".[270]

A motivação exerce uma função em relação às partes, caracterizada sob três aspectos: persuadir os sujeitos parciais da justiça da decisão, facilitar a caracterização dos defeitos da decisão que podem ensejar a sua impugnação por meio de recurso e permitir a interpretação

[267] SARLET, Ingo Wolfgang. *A eficácia dos direitos fundamentais*: uma teoria geral dos direitos fundamentais na perspectiva constitucional. 10 ed. rev., atual. e ampl. Porto Alegre: Livraria do Advogado Editora, 2011. p. 389.

[268] CAPPELLETTI, Mauro. Fundamental guarantees of the parties in civil litigation: comparative constitutional, international, and social trends. *Stanford Law Review*, May, 1973. p. 112. Disponível em: www.westlaw.com. Acesso em: 15.03.2018.

[269] TARUFFO, Michele. *La prueba de los hechos*. 2. ed. Bologna: Editorial Trotta, 2005. p. 435.

[270] GRECO, Leonardo. Resenha do livro de Michele Taruffo *La motivazione della sentenza civile*. (CEDAM, Padova, 1975). *Revista de Processo*, São Paulo, n. 144, ano 32, p. 306-327, fev. 2007.

do dispositivo da sentença, definindo e individualizando o conteúdo e o alcance da decisão, com base nas afirmações do juiz[271].

Alvaro de Oliveira[272] faz direta relação entre os princípios da motivação e do contraditório. Isso ocorre porque, ao proferir a sentença, o juiz expõe os fundamentos em que baseou sua decisão, demonstrando a eficácia do diálogo antecedente, sendo esta uma garantia de democratização do processo que afasta a opressão e o autoritarismo que obstruem a correta aplicação da justiça.

Daí se revela essencial a motivação, demonstrando cuidadosa análise dos fatos e dos fundamentos aduzidos e a melhor interpretação e aplicação da lei, evitando surpreender as partes tanto quanto possível. Dessa forma, igualmente se eleva o interesse público na prestação jurisdicional, corroborando a segurança jurídica.

Em tal contexto, também o contraditório não passaria de exigência formal, pois nenhuma garantia seria dada às partes de que efetivamente influiriam no resultado do processo.

Por essa razão, Ferrajoli[273] pondera que a maior expansão da jurisdição mediante imponente aparato garantista sugere necessidade de mais incisiva defesa das garantias como limites ao Poder Judiciário, por meio da cognição mais ampla possível e consideração dos direitos individuais. Se o pronunciamento judicial faz lei entre as partes, a sujeição dos fundamentos da decisão aos interessados é essencial.

No Estado contemporâneo, o dever de fundamentação ganha uma especial relevância, tendo em vista a diversidade dos poderes dos magistrados, bem como a utilização de cláusulas gerais e conceitos jurídicos indeterminados nos textos legais, especialmente na Constituição.

Chegamos, agora, à Duração razoável do processo, que se qualifica como garantia de tipo estrutural ou objetiva, tendo como principal destinatário o legislador ordinário.[274] Nesse sentido, houve a constitucionalização do princípio da economia processual,[275] eis que a outra face da duração razoável é justamente a otimização dos recursos disponíveis,[276] evitando-se atividades processuais inúteis.[277]

Assim, se o sistema falha em garantir a duração razoável dos processos, o direito de ação dos cidadãos resulta vulnerado,[278] restando violado um direito subjetivo de matriz constitucional.[279]

---

[271] QUEIROZ, Pedro Gomes de. A motivação da sentença civil no Estado Democrático de Direito. *Revista Eletrônica de Direito Processual*, v. 11, n. 11, 2013. Disponível em: https://www.e-publicacoes.uerj.br/redp/article/view/18080.

[272] ALVARO DE OLIVEIRA, Carlos Alberto. A garantia do contraditório. *Mundo Jurídico*. p. 13-14. Disponível em: http://www.mundojuridico.adv.br. Acesso em: 20.09.2009.

[273] FERRAJOLI, Luigi. O constitucionalismo garantista e o estado de direito. Trad. André Karam Trindade. In: FERRAJOLI, Luigi et.al. (org.). *Garantismo, hermenêutica e (neo)constitucionalismo*: um debate com Luigi Ferrajoli. Porto Alegre: Livraria do Advogado, 2012. p. 237.

[274] COMOGLIO, Luigi Paolo. Giurisprudenza. Abuso dei diritti di difesa e durata ragionevole del processo: un nuovo parametro per i poteri direttivi del giudice? *Rivista di Diritto Processuale*, Padova, 2009. p. 1.695.

[275] GRAZIOSI, Andrea. La cognizione sommaria del giudice civile nella prospettiva delle garanzie costituzionali. *Rivista Trimestrale di Diritto e Procedura Civile*, Milano, n. 1, ano LXIII, mar. 2009. p. 162.

[276] PETRELLA, Virginia. Note problematiche sul giudicato in punto di fatto alla luce dei principi del giusto processo civile. *Studi in onore di Carmine Punzi*. Torino: G. Giappichelli Editore, 2008. v. 1. p. 432.

[277] SANTIS, Francesco de. La ragionevole durata, l'applicazione della norma processuale e la rimessione in termini: "percorsi" per un processo d'inizio secolo. *Rivista di Diritto Processuale*, Padova, p. 875-896, 2009.

[278] CHIARLONI, Sergio. Giusto processo, garanzie processuali, giustizia della decisione. *Rivista Trimestrale di Diritto e Procedura Civile*, Milano, p. 142-147, 2008.

[279] RECCHIA, Carlo. *Il danno da non ragionevole durata del processo ed equa riparazione*. Milano: Giuffrè Editore, 2006. p. 36.

O direito à prestação jurisdicional em prazo razoável é uma exigência da tutela jurisdicional efetiva, sendo a demora no julgamento incompatível com a noção de segurança jurídica.[280]

As questões que tornam o Judiciário mais lento na entrega da prestação jurisdicional refletem a insatisfação social com as mazelas públicas levadas ao Judiciário, avolumando o número de processos.

Na intenção de solucionar a questão da morosidade, foram criados mecanismos de simplificação e adoção de institutos que relegaram a segundo plano "a preocupação com a qualidade das decisões" e permitiram a supressão das garantias fundamentais do processo.[281]

Daí que a forte pressão por celeridade processual não garante uma prestação jurisdicional satisfatória. Os meios criados para agilizar as decisões no volume cada vez maior de demandas acabam por suprimir outros direitos.

Bedaque[282] afirma que o processo efetivo necessariamente observa o equilíbrio entre segurança e celeridade ao proporcionar às partes o direito material. Observa, no entanto, que entregar a tutela com celeridade, sobrepondo valores como a segurança jurídica e outros princípios indispensáveis às garantias individuais, somente com intenção de reduzir a demora, fere o processo justo.

Explica Nicolò Trocker,[283] ao comentar o artigo 111 da Constituição Italiana, que "justo é o processo que se desenvolve em respeito aos parâmetros fixados na Constituição e nos valores da sociedade".

Leciona Tarzia,[284] quanto ao direito à razoável duração dos processos, que a Corte Europeia de Direitos do Homem sempre recorda, em suas decisões, que o artigo 6 da Convenção obriga os Estados-membros a organizarem o sistema judicial de modo que seus juízes e tribunais possam atender adequadamente à exigência de uma tutela efetiva, na qual está incluída a obrigação de decidir os casos em um prazo razoável.

Reconhecendo a importância do lapso temporal, o Conselho da Europa, em razão do artigo 6.1 da Convenção de Roma, por meio dos estados signatários, atribuiu ao princípio da Duração Razoável do Processo o reconhecimento como um direito humano.

Assumiu, assim, a obrigação de articular mecanismos jurídicos para garantir que as causas submetidas aos órgãos judiciais fossem resolvidas dentro de um prazo, permitindo o adequado exercício da ampla defesa, incorporando indispensável valoração ao fator temporal, para não tornar ilusória a tutela jurisdicional.

Em suma, o artigo 6 da Convenção exige, no ponto, a adequação do sistema jurisdicional dos Estados, para que o processo se desenvolva no seu tempo normal de duração, justificável pela necessidade de exercício pleno das demais garantias processuais, evitando, assim, e a todo custo, as dilações indevidas da marcha processual, que dão origem aos não justificáveis "tempos mortos".

---

[280] GRECO, Leonardo. Garantias fundamentais do processo: o processo justo. *Estudos de direito processual*. Campos dos Goytacazes: Ed. Faculdade de Direito de Campos, 2005. p. 269.

[281] GRECO, Leonardo. Novas perspectivas da efetividade e do garantismo processual. In: SOUZA, Marcia Cristina Xavier de; RODRIGUES, Walter dos Santos (coord.). *O novo Código de Processo Civil*: o projeto do CPC e o desafio das garantias fundamentais. Rio de Janeiro: Campus-Elsevier Editora, 2012. p. 7.

[282] BEDAQUE, José Roberto dos Santos. *Efetividade do processo e técnica processual*. São Paulo: Malheiros. p. 49.

[283] TROCKER, Nicolò. Il nuovo articolo 111 della costituzione e il "giusto processo" in materia civile: profili generali. *Rivista Trimestrale di Diritto e Procedura Civile*, Milano, 2001. p. 678.

[284] TARZIA, Giuseppe. L'art. 111 Cost. e le garanzie europee del processo civile. *Revista de Processo (RePro)*, São Paulo, n. 103, ano 26, jul.-set. 2001. p. 170.

Destaca, ainda sobre a duração razoável, que o problema não será resolvido apenas no âmbito das normas processuais. A questão, antes e sobretudo, está ligada à organização judiciária de cada Estado, exigindo uma adequada alocação de pessoas (juízes e seus auxiliares) e recursos materiais indispensáveis ao funcionamento esperado da Justiça.

Relevante estudo de Riba Trepat[285] sobre a comunhão entre o tempo e o processo indica a relevância do transcurso do tempo, que se manifesta na sucessão de atos e fases que não poderão ocorrer simultaneamente, por serem, cada um deles, antecedentes ao próximo ato. O tempo será imprescindível à própria natureza do devido processo legal.

Em última análise, o tempo é uma atividade humana, de modo que é impossível que a decisão imediata consagre a justiça. Será a espinha dorsal do processo, colaborando ou não para a sua efetividade. Se compreendermos o processo como uma instituição dinâmica, o tempo será determinante na eficácia da prestação jurisdicional.

A título de conclusão desta breve seção, lembramos que a verdadeira garantia dos direitos humanos consiste precisamente na sua proteção processual. Para Picó i Junoy,[286] a finalidade última do fenômeno da constitucionalização dos direitos e das garantias fundamentais não é outra senão a tentativa de se alcançar a pretendida Justiça, reconhecida na Constituição espanhola, assim como na Constituição brasileira, como um valor superior do ordenamento jurídico. Com isso, o processo se converte em um instrumento de realização da justiça.

Assim também Ferrajoli[287] considera que a gama de direitos fundamentais positivada reflete direitos subjetivos individuais que correspondem aos direitos humanos universalmente reconhecidos e que servem como referências determinadas pela Constituição.

A efetividade da tutela jurisdicional como direito fundamental decorre do processo de internacionalização dos direitos fundamentais nos países que estabeleceram os direitos humanos e o direito constitucional como bases do Estado Democrático de Direito.

Os princípios constitucionais influenciam todo o ordenamento e são a base do processo justo, reforçando-se a necessidade de maior atenção à linha tênue que impõe a razoabilidade, para que não se configure um ativismo desmedido ou uma discricionariedade indesejada.

Assim é que Luigi Ferrajoli[288] levanta a preocupação relativamente a casos difíceis e lacunas legais, quando "o intérprete pode aventurar-se no amplo depósito de princípios acumulado pela própria jurisprudência" por meio da criação de novos princípios ou pela interpretação dos já existentes por uma possível conveniência distanciada da salvaguarda dos direitos fundamentais.

Importante salientar, nesse passo, que o processo justo não significa, necessariamente, uma decisão justa[289]. Deve o magistrado, dentro de uma estrutura procedimental justa, fazer a melhor escolha e concretizá-la na decisão.

---

[285]   RIBA TREPAT, Cristina. *La eficacia temporal del proceso*. El juicio sin dilaciones indebidas. Barcelona: Jose Maria Bosch Editor, 1997. p. 14.

[286]   PICÓ I JUNOY, Joan. El derecho procesal entre garantismo y la eficacia: un debate mal planteado In: MONTERO AROCA, JUAN. *Proceso civil e ideología*: un prefacio, una sentencia, dos cartas y quince ensayos. Valencia: Tirant lo Blanch, 2006. p. 111.

[287]   FERRAJOLI, Luigi. *Derechos y garantías*: la ley del más débil. Introducción de Perfecto Andrés Ibáñez y traducción de Perfecto Andrés ibáñez y Andrea Greppi. 5. ed. Madrid: Editorial Trotta, 2006. p. 37.

[288]   FERRAJOLI, Luigi. O constitucionalismo garantista e o estado de direito. Trad. André Karam Trindade. In: FERRAJOLI, Luigi et.al. (org.). *Garantismo, hermenêutica e (neo)constitucionalismo*: um debate com Luigi Ferrajoli. Porto Alegre: Livraria do Advogado, 2012. p. 242.

[289]   GRECO, Leonardo. O princípio do contraditório. *Estudos de direito processual*. Campos dos Goytacazes: Ed. Faculdade de Direito de Campos, 2005. p. 556.

A fim de sistematizar a abordagem ao tema, Taruffo[290] apresenta um critério. O autor sugere um esquema, no qual a melhor escolha – a decisão justa – depende da observância de três critérios. O primeiro deles exige a correta identificação e interpretação da regra jurídica a ser aplicada ao caso. O segundo impõe a avaliação confiável dos fatos relevantes para o julgamento. O terceiro – e último – avalia a observância de um procedimento válido e justo, ditando o *iter* a ser percorrido para a formação da decisão justa.[291]

Para Chiarloni,[292] a decisão será justa se passar pela análise do duplo critério de veracidade, a saber: a correta interpretação da norma jurídica aplicável ao caso e a exata reconstrução dos fatos, embora reconheça que existem limitações concretas impostas pela própria estrutura processual. Nessa linha de raciocínio, Gentili[293] reconhece que a justiça das decisões é relativa. Contudo, como pontua Greco,[294] é preciso sempre buscar "um meio justo para um fim justo".

Desse modo, podemos dizer que o processo será justo quando for estruturado para tutelar os direitos na dimensão da Constituição, de forma que garanta um resultado justo.[295]

REFERÊNCIAS

ALVARO DE OLIVEIRA, Carlos Alberto. A garantia do contraditório. *Mundo Jurídico*. Disponível em: http://www.mundojuridico.adv.br. Acesso em: 20.09.2009.

BARBOSA MOREIRA, José Carlos. La igualdad de las partes en el proceso civil. *Revista de Processo*, São Paulo, n. 44, ano 11, 1986.

BARBOSA MOREIRA, José Carlos. Por um processo socialmente efetivo. *Temas de direito processual*: oitava série. São Paulo: Saraiva, 2004.

BARROSO, Luís Roberto. *Judicialização, ativismo judicial e legitimidade democrática.* Disponível em: http://www.migalhas.com.br. Acesso em: 28.01.2009.

BEDAQUE, José Roberto dos Santos. *Efetividade do processo e técnica processual*. São Paulo: Malheiros.

BEDAQUE, José Roberto dos Santos. Os elementos objetivos da demanda examinados à luz do contraditório. In: TUCCI, José Rogério Cruz e; BEDAQUE, José Roberto dos Santos (coord.). *Causa de pedir e pedido no processo civil*: questões polêmicas. São Paulo: Revista dos Tribunais, 2002.

---

[290] TARUFFO, Michele. Idee per una teoria della decisione giusta. *Rivista Trimestrale di Diritto e Procedura Civile*, Milano, 1997. p. 319.

[291] SCHENK, Leonardo Faria. *A cognição sumária no processo civil*: sistematização dos limites impostos pela garantia do contraditório. Tese (Doutorado em Direito) – Faculdade de Direito da Universidade do Estado do Rio de Janeiro, Rio de Janeiro, 2012. p. 78.

[292] CHIARLONI, Sergio. Giusto processo, garanzie processuali, giustizia della decisione. *Rivista Trimestrale di Diritto e Procedura Civile*, Milano, 2008. p. 147.

[293] GENTILI, Aurelio. Contraddittorio e giusta decisione nel processo civile. *Rivista Trimestrale di Diritto e Procedura Civile*, Milano, 2009. p. 749.

[294] GRECO, Leonardo. Os juizados especiais como tutela diferenciada. *Revista Eletrônica de Direito Processual*, v. III, ano 3, jan.-jun. 2009. p. 30-31. Disponível em: http://www.e-publicacoes.uerj.br/index.php/redp//. Acesso em: 15.02.2011.

[295] CHIARLONI, Sergio. Giusto processo, garanzie processuali, giustizia della decisione. *Rivista Trimestrale di Diritto e Procedura Civile*, Milano, 2008. p. 145.

CANOTILHO, J. J. Gomes. *Direito constitucional e teoria da Constituição*. 3. ed. Coimbra: Almedina, 2000.

CAPPELLETTI, Mauro; TALLON, Denis. *Les garanties fondamentales des parties dans le procès civil*. Milano: Giuffrè, 1973.

CAPPELLETTI, Mauro. Fundamental guarantees of the parties in civil litigation: comparative constitutional, international, and social trends. *Stanford Law Review*, May, 1973. Disponível em: www.westlaw.com. Acesso em: 15.03.2018.

CHIARLONI, Sergio. Giusto processo, garanzie processuali, giustizia della decisione. *Rivista Trimestrale di Diritto e Procedura Civile*, Milano, p. 142-147, 2008.

COMOGLIO, Luigi Paolo. Giurisprudenza. Abuso dei diritti di difesa e durata ragionevole del processo: un nuovo parametro per i poteri direttivi del giudice? *Rivista di Diritto Processuale*, Padova, 2009.

COMOGLIO, Luigi Paolo; FERRI, Corrado; TARUFFO, Michele. *Lezioni Sul Processo Civile*. Bologna: Il Mulino, 1998. v. I.

COUTURE, Eduardo J. *Introdução ao estudo do processo civil*. Trad. Mozart Victor Russomano. 3. ed. Rio de Janeiro: Forense, 1997.

DINAMARCO, Cândido Rangel. *A instrumentalidade do processo*. 14 ed. rev. e atual. São Paulo: Malheiros, 2009.

ESSER, Josef. *Precomprensione e scelta del metodo nel processo di individuazione del diritto*. Trad. Salvatore Patti e Giuseppe Zaccaria. Camerino: Edizione Scientifiche Italiane, 1983.

FAZZALARI, Elio. *Istituzioni di diritto processuale*. 8. ed. Padova: Cedam, 1996.

FERRAJOLI, Luigi. *Derechos y garantías*: la ley del más débil. Introducción de Perfecto Andrés Ibáñez y traducción de Perfecto Andrés ibáñez y Andrea Greppi. 5. ed. Madrid: Editorial Trotta, 2006.

FERRAJOLI, Luigi. O constitucionalismo garantista e o estado de direito. Trad. André Karam Trindade. In: FERRAJOLI, Luigi et.al. (org.). *Garantismo, hermenêutica e (neo)constitucionalismo*: um debate com Luigi Ferrajoli. Porto Alegre: Livraria do Advogado, 2012.

FREITAS, José Lebre de. *Introdução ao processo civil*: conceitos e princípios gerais à luz do novo código. 3. ed. Coimbra: Almedina, 2013.

GENTILI, Aurelio. Contraddittorio e giusta decisione nel processo civile. *Rivista Trimestrale di Diritto e Procedura Civile*, Milano, 2009.

GRAZIOSI, Andrea. La cognizione sommaria del giudice civile nella prospettiva delle garanzie costituzionali. *Rivista Trimestrale di Diritto e Procedura Civile*, Milano, n. 1, ano LXIII, mar. 2009.

GRECO, Leonardo. Cognição sumária e coisa julgada. *Revista Eletrônica de Direito Processual*, v. 10, ano 6, jul.-dez. 2012.

GRECO, Leonardo. Garantias fundamentais do processo: o processo justo. *Estudos de direito processual*. Campos dos Goytacazes: Ed. Faculdade de Direito de Campos, 2005.

GRECO, Leonardo. Garantias fundamentais do processo: o processo justo. *Mundo Jurídico*. Disponível em: htttp://www.mundojuridico.adv.br/html/artigos/documentos/texto165.htm. Acesso em: 02.05.2006.

GRECO, Leonardo. *Instituições de processo civil*: processo de conhecimento. Rio de Janeiro: Forense, 2010.

GRECO, Leonardo. Novas perspectivas da efetividade e do garantismo processual. In: SOUZA, Marcia Cristina Xavier de; RODRIGUES, Walter dos Santos (coord.). *O novo Código de*

Processo Civil: o projeto do CPC e o desafio das garantias fundamentais. Rio de Janeiro: Campus-Elsevier Editora, 2012.

GRECO, Leonardo. O princípio do contraditório. *Estudos de direito processual*. Campos dos Goytacazes: Ed. Faculdade de Direito de Campos, 2005.

GRECO, Leonardo. Os juizados especiais como tutela diferenciada. *Revista Eletrônica de Direito Processual*, v. III, ano 3, jan.-jun. 2009. p. 30-31. Disponível em: http://www.e--publicacoes.uerj.br/index.php/redp//. Acesso em: 15.02.2011.

GRECO, Leonardo. Resenha do livro de Michele Taruffo *La motivazione della sentenza civile*. (CEDAM, Padova, 1975). *Revista de Processo*, São Paulo, n. 144, ano 32, p. 306-327, fev. 2007.

MAC-GREGOR, Eduardo Ferrer. As garantias constitucionais do processo e o direito constitucional processual. Trad. Bruno Costa Teixeira. *Revista Panóptica*, n. 14, nov. 2008. Disponível em: http://br.vlex.com/source/panoptica-5045/issue_nbr/%2314. Acesso em: 14.06.2013.

MORELLO, Augusto M. *Constitución y proceso – la nueva edad de las garantías jurisdiccionales*. La Plata/Buenos Aires: Abeledo-Perrot, 1998.

NERY JR., Nelson. *Princípios do processo civil na Constituição Federal*. 8. ed. São Paulo: Revista dos Tribunais, 2004.

OTEIZA, Eduardo. El debido proceso y su proyección sobre el proceso civil en América Latina. *Revista de Processo (RePro)*, São Paulo, n. 173, ano 34, jul. 2009.

PETRELLA, Virginia. Note problematiche sul giudicato in punto di fatto alla luce dei principi del giusto processo civile. *Studi in onore di Carmine Punzi*. Torino: G. Giappichelli Editore, 2008. v. 1.

PICARDI, Nicola. "Audiatur et altera pars". Le matrici storico-culturali del contraddittorio. *Rivista Trimestrale di Diritto e Procedura Civile*. Milano, 2003.

PICÓ I JUNOY, Joan. El derecho procesal entre garantismo y la eficacia: un debate mal planteado In: MONTERO AROCA, JUAN. *Proceso civil e ideología*: un prefacio, una sentencia, dos cartas y quince ensayos. Valencia: Tirant lo Blanch, 2006.

PICÓ I JUNOY, Joan. *Las garantías constitucionales del proceso*. Barcelona: Jose Maria Bosch Editor, 2012.

PINHO, Humberto Dalla Bernardina de. *Manual de direito processual civil contemporâneo*. 5. ed. São Paulo: Saraiva, 2023.

PINHO, Humberto Dalla Bernardina de. *Jurisdição e pacificação*: limites e possibilidades do uso dos meios consensuais de resolução de conflitos na tutela dos direitos transindividuais e pluri-individuais. Curitiba: CRV, 2017.

PINHO, Humberto Dalla Bernardina de. Os princípios e as garantias fundamentais no Projeto de Código de Processo Civil: breves considerações acerca dos artigos 1º a 11 do PLS 166/10. *Revista Eletrônica de Direito Processual*, Rio de Janeiro, v. VI, jul.-dez. 2010. Disponível em: https://www.e-publicacoes.uerj.br/index.php/redp.

PINHO, Humberto Dalla Bernardina de; GAIO JR., Antônio Pereira. *Teoria geral do processo civil*. Rio de Janeiro: Editora GZ, 2018.

PISANI, Andrea Proto. *Lezioni di diritto processuale civile*. 5. ed. Napoli: Jovene, 2012.

QUEIROZ, Pedro Gomes de. A motivação da sentença civil no Estado Democrático de Direito. *Revista Eletrônica de Direito Processual*, v. 11, n. 11, 2013. Disponível em: https://www.e-publicacoes.uerj.br/redp/article/view/18080.

RECCHIA, Carlo. *Il danno da non ragionevole durata del processo ed equa riparazione*. Milano: Giuffrè Editore, 2006.

RIBA TREPAT, Cristina. *La eficacia temporal del proceso*. El juicio sin dilaciones indebidas. Barcelona: Jose Maria Bosch Editor, 1997.

SANTOS, Welder Queiroz. A vedação à prolação de "decisão surpresa" na Alemanha. *Revista de Processo*, São Paulo, v. 240, fev. 2015.

ROCHA, Cármen Lúcia Antunes. *O princípio constitucional da igualdade*. Belo Horizonte: Lê, 1990.

ROSAS, Roberto. Princípios constitucionais do processo civil. 3. ed. São Paulo: RT, 1999.

SANTIS, Francesco de. La ragionevole durata, l'applicazione della norma processuale e la rimessione in termini: "percorsi" per un processo d'inizio secolo. *Rivista di Diritto Processuale*, Padova, p. 875-896, 2009.

SARLET, Ingo Wolfgang. *A eficácia dos direitos fundamentais*: uma teoria geral dos direitos fundamentais na perspectiva constitucional. 10 ed. rev., atual. e ampl. Porto Alegre: Livraria do Advogado Editora, 2011.

SCHENK, Leonardo Faria. *A cognição sumária no processo civil*: sistematização dos limites impostos pela garantia do contraditório. Tese (Doutorado em Direito) – Faculdade de Direito da Universidade do Estado do Rio de Janeiro, Rio de Janeiro, 2012.

SCHENK, Leonardo Faria. *Cognição sumária*: limites impostos pelo contraditório no processo civil. São Paulo: Saraiva, 2013.

TARUFFO, Michele. Abuso de direitos processuais: padrões comparativos de lealdade processual (relatório geral). *Revista de Processo (RePro)*, São Paulo, n. 177, ano 34, nov. 2009.

TARUFFO, Michele. Idee per una teoria della decisione giusta. *Rivista Trimestrale di Diritto e Procedura Civile*, Milano, 1997.

TARUFFO, Michele. *La prueba de los hechos*. 2. ed. Bologna: Editorial Trotta, 2005.

TARZIA, Giuseppe. L'art. 111 Cost. e le garanzie europee del processo civile. *Revista de Processo (RePro)*, São Paulo, n. 103, ano 26, jul.-set. 2001.

THEODORO JÚNIOR, Humberto. Processo justo e contraditório dinâmico. In: ASSIS, Araken de et.al. (org.). *Processo coletivo e outros temas de direito processual*: homenagem 50 anos de docência do professor José Maria Tesheiner, 30 anos de docência do professor Sérgio Gilberto Porto. Porto Alegre: Livraria do Advogado Editora, 2012.

TROCKER, Nicolò. *Processo civile e costituzione*: problemi di diritto tedesco e italiano. Milano: Giuffrè, 1974.

TROCKER, Nicolò. Il nuovo articolo 111 della costituzione e il "giusto processo" in materia civile: profili generali. *Rivista Trimestrale di Diritto e Procedura Civile*, Milano, 2001.

Artigo 8
Garantias judiciais

1. (...)

2. Toda pessoa acusada de delito tem direito a que se presuma sua inocência enquanto não se comprove legalmente sua culpa. Durante o processo, toda pessoa tem direito, em plena igualdade, às seguintes garantias mínimas:

a) direito do acusado de ser assistido gratuitamente por tradutor ou intérprete, se não compreender ou não falar o idioma do juízo ou tribunal;

b) comunicação prévia e pormenorizada ao acusado da acusação formulada;

c) concessão ao acusado do tempo e dos meios adequados para a preparação de sua defesa;

d) direito do acusado de defender-se pessoalmente ou de ser assistido por um defensor de sua escolha e de comunicar-se, livremente e em particular, com seu defensor;

e) direito irrenunciável de ser assistido por um defensor proporcionado pelo Estado, remunerado ou não, segundo a legislação interna, se o acusado não se defender ele próprio nem nomear defensor dentro do prazo estabelecido pela lei;

f) direito da defesa de inquirir as testemunhas presentes no tribunal e de obter o comparecimento, como testemunhas ou peritos, de outras pessoas que possam lançar luz sobre os fatos;

g) direito de não ser obrigado a depor contra si mesma, nem a declarar-se culpada; e

h) direito de recorrer da sentença para juiz ou tribunal superior.

3. A confissão do acusado só é válida se feita sem coação de nenhuma natureza.

4. O acusado absolvido por sentença passada em julgado não poderá ser submetido a novo processo pelos mesmos fatos.

5. O processo penal deve ser público, salvo no que for necessário para preservar os interesses da justiça.

COMENTÁRIOS

por Richard Pae Kim

8.1 TODA PESSOA TEM DIREITO A SER OUVIDA, COM AS DEVIDAS GARANTIAS E DENTRO DE UM PRAZO RAZOÁVEL, POR UM JUIZ OU TRIBUNAL COMPETENTE, INDEPENDENTE E IMPARCIAL, ESTABELECIDO ANTERIORMENTE POR LEI, NA APURAÇÃO DE QUAL-QUER ACUSAÇÃO PENAL FORMULADA CONTRA ELA, OU PARA QUE SE DETERMINEM SEUS DIREITOS OU OBRIGAÇÕES DE NATUREZA CIVIL, TRABALHISTA, FISCAL OU DE QUALQUER OUTRA NATUREZA

O termo "Garantias judiciais", dentro do Sistema Interamericano de Direitos Humanos, cuida-se de todos os direitos que importem na proteção da pessoa que é sujeito de um processo judicial perante autoridade competente, independentemente de sua natureza: civil, laboral, fiscal ou outra. Portanto, essas garantias não estão vinculadas apenas a um sistema processual penal, mas a todos os processos, inclusive os administrativos, cujas decisões possam afetar os direitos das pessoas.[296]

Por sua vez, a Corte Interamericana de Direitos Humanos, ao interpretar o conteúdo desse dispositivo, tem compreendido que o artigo 8.1 da Convenção consagra as orientações

---

[296] Corte IDH. Caso Baena Ricardo e outros *vs.* Panamá. Mérito, Reparações e Custas. Sentença de 2 de fevereiro de 2001. Série C, n. 72, par. 127.

do denominado "devido processo legal" ou "direito de defesa processual", que consiste – *inter alia* – no direito de toda pessoa a ser ouvida com as devidas garantias e em um prazo razoável por um juiz ou tribunal competente, independente e imparcial, previamente estabelecido por lei, em qualquer acusação contra ela.[297] Como já salientado, a regra não se aplica apenas aos juízes e aos tribunais mas também a todas as autoridades e órgãos administrativos, coletivos ou unipessoais, que tenham como função decidir, determinar direitos.[298]

Para a CIDH, ainda, esse dispositivo deve ser interpretado de forma ampla, conjuntamente com o artigo 29.c da Convenção, segundo a qual nenhuma disposição dela pode ser compreendida com exclusão de outros direitos e garantias inerentes ao ser humano.[299]

No que tange à garantia do juízo natural, a nossa Suprema Corte estabeleceu, pela sua Súmula 704, que "[n]ão viola as garantias do juiz natural, da ampla defesa e do devido processo legal a atração por continência ou conexão do processo do corréu ao foro por prerrogativa de função de um dos denunciado", tampouco viola esse dispositivo a convocação de juízes para decisão em colegiado de tribunal porque o Plenário fixou o entendimento de que "não viola o postulado constitucional do juiz natural o julgamento da apelação por órgão composto majoritariamente por juízes convocados, autorizado no âmbito da Justiça Federal pela Lei 9.788/1999".[300]

Mesmo no caso de delegação de interrogatórios ou de atos instrutórios a magistrados, desde que haja previsão legal, será garantida a regra do "juiz natural", prevista nos incisos LIII e XXXVII do art. 5º da Constituição Federal, ao se delegar o interrogatório dos réus e outros atos de instrução processual a juízes federais das respectivas Seções Judiciárias, escolhidos mediante sorteio. Para o Relator, "é evidente a adequação do dispositivo acima citado (artigo 8.1 da Convenção Americana sobre Direitos Humanos) ao presente caso, no qual os réus serão ouvidos por juízes imparciais, independentes e legalmente competentes, por delegação legalmente prevista".[301] Nessa esteira, também não haverá violação a esse dispositivo quando previsto no Regimento Interno do Supremo Tribunal Federal (*vide* RI, art. 21-A, §§ 1º e 2º; art. 247, § 2º; art. 261, parágrafo único), que possui natureza jurídica de lei material[302] (cf. ADI-MC 1105/DF, Rel. Min. Paulo Brossard, *DJ* 27.04.2001).

Importa lembrar igualmente que a competência da Justiça Militar deve ser restrita e excepcional, pois, conforme definido na Súmula 298 do STF, "[o] legislador ordinário só pode sujeitar civis à Justiça Militar, em tempo de paz, nos crimes contra a segurança externa do país ou as instituições militares".

---

[297]   Corte IDH. Caso Baena Ricardo e outros *vs.* Panamá. Mérito, Reparações e Custas. Sentença de 2 de fevereiro de 2001. Série C, n. 72, par. 126.

[298]   Corte IDH. Caso Claude Reyes e outros *vs.* Chile. Mérito, Reparações e Custas. Sentença de 19 de setembro de 2006, par. 118.

[299]   Corte IDH. Caso Blake *vs.* Guatemala. Mérito, Reparações e Custas. Sentença de 24 de janeiro de 1998, par. 96.

[300]   STF, RHC 107.453, Rel. Min. Gilmar Mendes, 2ª Turma, j. 13.09.2011, *DJe* 29.09.2011.

[301]   STF, AP 470 QO, Rel. Min. Joaquim Barbosa, P, j. 06.12.2007, *DJe* 14.03.2008.

[302]   "O STF, sob a égide da Carta Política de 1969 (art. 119, § 3º, *c*), dispunha de competência normativa primária para, em sede meramente regimental, formular normas de direito processual concernentes ao processo e ao julgamento dos feitos de sua competência originária ou recursal. Com a superveniência da Constituição de 1988, operou-se a recepção de tais preceitos regimentais, que passaram a ostentar força e eficácia de norma legal (*RTJ* 147/1010 – *RTJ* 151/278), revestindo-se, por isso mesmo, de plena legitimidade constitucional a exigência de pertinente confronto analítico entre os acórdãos postos em cotejo (RISTF, art. 331)" (AI 727.503 AgR-ED-EDv-AgR-ED, Rel. Min. Celso de Mello, j. 10.11.2011, *DJe* 06.12.2011).

No âmbito do CIDH, a jurisprudência dessa Corte também se consolidou no sentido de que, no foro militar, só se devem julgar militares ativos pela prática de crimes ou faltas que, por sua própria natureza, atentem contra bens jurídicos próprios da ordem militar e da esfera castrense. A jurisdição militar se estabelece para manter a ordem nas Forças Armadas. Por esse motivo, sua aplicação se reserva aos militares que tenham incorrido em crime ou falta no exercício de suas funções e em certas circunstâncias; e o fato de os sujeitos envolvidos pertencerem às forças armadas ou de os acontecimentos terem ocorrido durante uma prática militar em um estabelecimento militar não significa em si que a Justiça Militar deva intervir.[303]

Por fim, anote-se que os processos devem ter "duração razoável". Embora o seu conceito seja de difícil construção, a Corte Europeia de Direitos Humanos, em seus inúmeros julgados, tem fixado parâmetros buscando determinar a razoabilidade do prazo que deve respeitar um processo, a saber: i) a complexidade do assunto; ii) a conduta das autoridades judiciais e iii) a conduta das partes e dos interessados no processo.[304] A CIDH, acrescentando outros elementos identificadores, também tem levado em conta, na compreensão do que seja "duração razoável do processo": i) a complexidade da prova; ii) a pluralidade dos sujeitos processuais ou a quantidade de vítimas; iii) o tempo decorrido da violação do direito até a solução do caso (ou a situação em que se encontra o feito); iv) as características dos recursos consagrados na legislação interna; e v) o contexto em que ocorreu a violação ao direito.[305]

8.2 TODA PESSOA ACUSADA DE DELITO TEM DIREITO A QUE SE PRESUMA SUA INOCÊNCIA ENQUANTO NÃO SE COMPROVE LEGALMENTE SUA CULPA

O direito à presunção de inocência cuida-se de elemento essencial para a realização efetiva do direito à defesa do indivíduo e gera efeitos durante toda a tramitação do processo, até o trânsito em julgado da decisão – seja condenatória, seja absolutória. O ônus de provar a culpa incide exclusivamente sobre o órgão acusatório e qualquer dúvida no âmbito processual ou procedimental deve ser usada em benefício do acusado.[306] Esse princípio não impede que um país estabeleça, no entanto, a possibilidade de que haja execução provisória de sentença condenatória.

No Direito Comparado, para iniciar o cumprimento da pena, exige-se, no mínimo, condenação sob a égide de um duplo grau de jurisdição, conforme detalhadamente destacado no brilhante voto do saudoso ministro Teori Zavascki.[307]

O fato é que não há exigência normativa internacional, seja na Convenção Americana de Direitos Humanos (Pacto de São José da Costa Rica), seja na Convenção Europeia dos Direitos do Homem, que condicione o início do cumprimento da pena ao trânsito em julgado da sentença condenatória, visto que "[a]mbas – respectivamente art. 8.2 e art. 6º, 2 – consagram o princípio da presunção de inocência até o momento em que a culpabilidade

303 Corte IDH. Caso Ortiz Hernández e outros *vs.* Venezuela. Mérito, Reparações e Custas. Sentença de 22 de agosto de 2017.

304 Corte Europeia de DH. Ruiz Mateos *vs.* Espanha. Julgamento de 23 de junho de 1993. Série A, n. 262, par. 30.

305 Corte IDH. Caso Furlan e familiares vs. Argentina. Preliminares, Mérito, Reparações e Custas. Sentença de 31 de agosto de 2012, par. 156.

306 Corte IDH. Caso Ricardo Canese *vs.* Paraguai. Mérito, Reparações e Custas. Sentença de 31 de agosto de 2004, par. 154.

307 STF, HC 126.292.

do acusado for legalmente comprovada, respeitados os demais princípios e garantias penais e processuais penais já analisados".[308]

A execução provisória de acórdão penal condenatório proferido em grau recursal, ainda que sujeito a recurso especial ou extraordinário, não compromete o princípio constitucional da presunção de inocência afirmado pelo art. 5º, inciso LVII, da Constituição Federal.[309]

Na esteira desse raciocínio, o Supremo Tribunal Federal reconheceu que esses mesmos postulados constitucionais não são colocados em xeque pela hipótese de execução antecipada da condenação proferida pelo Tribunal do Júri, independentemente do julgamento da apelação ou de qualquer outro recurso. Isso, porque, à luz da matriz constitucional da soberania dos veredictos (art. 5º, inciso XXXVIII, *c*), os tribunais não podem substituir a decisão proferida pelo júri popular em grau recursal.[310]

Penso que, no entanto, perante a nossa Corte Suprema a questão não parece ter sido pacificada, tendo em vista a constante variação das posições adotadas nos diversos julgamentos sobre a possibilidade de execução da sentença condenatória antes do seu trânsito em julgado. A saber:

> "A Constituição de 1988 não assegura uma presunção de inocência meramente principiológica. Ainda que não o esgote, ela delimita o âmbito semântico do conceito legal de culpa, para fins de condenação criminal, na ordem jurídica por ela estabelecida. E o faz ao afirmar categoricamente que a culpa supõe o trânsito em julgado. Em outras palavras, a presunção de inocência, a assegurada nos instrumentos internacionais, lida segundo a ótica da Constituição, perdura, íntegra, enquanto não transitar em julgado a decisão condenatória." [STF. ADC 43, rel. min. Marco Aurélio, voto da min. Rosa Weber, j. 7-11-2019, P, *DJe* de 12-11-2020.]
>
> *No mesmo sentido*: STF. ADC 44, rel. min. Marco Aurélio, voto da min. Rosa Weber, j. 7-11-2019, P, *DJe* de 12-11-2020; STF. ADC 54, rel. min. Marco Aurélio, voto da min. Rosa Weber, j. 7-11-2019, P, *DJe* de 12-11-2020; STF. HC 84.078, rel. min. Eros Grau, j. 5-2-2009, P, *DJe* de 26-2-2010. STF, HC 174.759, rel. min. Celso de Mello, 2ª T, j. 10-10-2020, 2ª T, *DJe* de 22-10-2020.
>
> *Em sentido contrário*: STF. ADC 43 MC, rel. min. Marco Aurélio, j. 5-10-2016, 1ª T, *DJe* de 7-3-2018; STF. ADC 44 MC, rel. min. Marco Aurélio, j. 5-10-2016, 1ª T, *DJe* de 7-3-2018; STF. RE 1.092.362 AgR, rel. min. Marco Aurélio, red. do ac. min. Alexandre de Moraes, j. 20-8-2019, 1ª T, *DJe* de 28-10-2019; STF. HC 171.891 AgR, rel. min. Alexandre de Moraes, j. 9-8-2019, 1ª T, *DJe* de 20-8-2019; STF. RE 696.533, rel. min. Luiz Fux, red. do ac. min. Roberto Barroso, j. 6-2-2018, 1ª T, *DJe* de 5-3-2018; STF. HC 126.292, rel. min. Teori Zavascki, j. 17-2-2016, *DJe* de 17-5-2016.[311]

---

[308]   STF, RE 696.533, Rel. Min. Luiz Fux, Red. p/ o Acórdão Min. Roberto Barroso, voto do Min. Alexandre de Moraes, 1ª Turma, j. 06.02.2018, *DJe* 05.03.2018.

[309]   STF, Tese definida no ARE 964.246 RG, Rel. Min. Teori Zavascki, P, j. 10.11.2016, *DJe* 25.11.2016. No mesmo sentido: STF, HC 152.685 AgR, Rel. Min. Alexandre de Moraes, 1ª Turma, j. 04.04.2018, *DJe* 17.04.2018; STF, ADC 43 MC, Rel. Min. Marco Aurélio, Red. p/ o Acórdão Min. Edson Fachin, j. 05.10.2016, *DJe* 07.03.2018; STF, HC 126.292, Rel. Min. Teori Zavascki, j. 17.02.2016, *DJe* 17.05.2016.

[310]   STF, Tese definida no HC 118.770, Rel. Min. Marco Aurélio, Red. p/ o Acórdão Min Roberto Barroso, 1ª Turma, j. 07.02.2017, *DJe* 24.04.2017.

[311]   BRASIL. Supremo Tribunal Federal (STF). *Convenção Americana sobre Direitos Humanos*: anotada com a jurisprudência do Supremo Tribunal Federal e da Corte Interamericana de Direitos Humanos. 2. ed. Brasília: STF/Secretaria de Altos Estudos, Pesquisas e Gestão da Informação, 2022. Disponível em https://www.stf.jus.br/arquivo/cms/jurisprudenciaInternacional/. Acesso em: 13.02.2023.

A CIDH destaca que a prisão preventiva é a medida mais severa que se pode aplicar ao imputado de um delito, motivo pelo qual a sua decretação exige os seguintes pressupostos: excepcionalidade; previsão legal; necessidade e proporcionalidade; e respeito à presunção de inocência.[312]

Melhor adequando-se a essa compreensão da CIDH e visando conferir maior abrangência à proteção e à promoção dos direitos humanos, o legislador ordinário pátrio editou a Lei 13.964/2019, que alterou o § 6º do art. 282 do CPP e passou a exigir que a prisão preventiva somente seja determinada quando não for cabível a sua substituição por outra medida cautelar, observado o art. 319 desse Código, e o não cabimento da substituição por outra medida cautelar deverá ser justificado de forma fundamentada nos elementos presentes do caso concreto, de maneira individualizada.

Essas premissas foram sintetizadas de modo lapidar pelo Supremo Tribunal Federal ao consignar que, "[e]m razão do princípio constitucional da não culpabilidade, a regra é a liberdade; a imposição das medidas cautelares diversas da prisão, a exceção; ao passo que a prisão, qualquer que seja a sua modalidade, a exceção da exceção, é dizer, a *ultima ratio* do sistema processual penal. Inteligência do art. 5º, inciso LXVI, da CF. XIII".[313]

Assim, a prisão preventiva e muito menos a temporária devem servir como substituição à execução provisória de sentença condenatória,[314] mormente quando constatada a ausência de fundamentação adequada ou não comprovada a sua necessidade, respectivamente. Esse entendimento também se encontra previsto em múltiplos instrumentos de direito internacional, entre eles o Pacto Internacional dos Direitos Civis e Políticos, que dispõe que a prisão preventiva jamais deve ser a regra (artigo 9.3).

8.2 (...) DURANTE O PROCESSO, TODA PESSOA TEM DIREITO, EM PLENA IGUALDADE, ÀS SEGUINTES GARANTIAS MÍNIMAS:

a) direito do acusado de ser assistido gratuitamente por tradutor ou intérprete, se não compreender ou não falar o idioma do juízo ou tribunal;

b) comunicação prévia e pormenorizada ao acusado da acusação formulada;

(...).

Todo procedimento ou processo existente em um ordenamento interno de um dos Estados deve estar amparado por garantias judiciais, entre as quais se encontram as formalidades que devem ser observadas para garantir o acesso pleno à acusação, a transparência e a igualdade na produção das provas e a justiça e segurança jurídica da decisão proferida. Assim, a presente normativa passa a arrolar as denominadas "garantias mínimas" para se resguardar o devido processo legal.

O primeiro está ligado ao pleno conhecimento pelo réu ou acusado das imputações ou dos argumentos apresentados no pedido inicial, seja nacional, seja migrante.

No caso do estrangeiro, evidentemente, deve-se garantir ao acusado a assistência gratuita de tradutor ou intérprete se não compreender perfeitamente ou não falar o idioma. Em determina-

---

[312] Corte IDH. Caso Tibi *vs.* Equador. Exceções preliminares, Mérito, Reparações e Custas. Sentença de 7 de setembro de 2004, par. 106.

[313] STF, ADI 4109, Rel. Min. Cármen Lúcia, Red. p/ o Acórdão Min. Edson Fachin, j. 14.02.2022, P, *DJe* 22.04.2022.

[314] Corte IDH. Caso Suárez Rosero *vs.* Equador. Mérito, Reparações e Custas. Sentença de 12 de novembro de 1997.

dos casos em que as autoridades migratórias tomam decisões que afetam direitos fundamentais, como liberdades que importem até em deportação ou expulsão de estrangeiros, o Estado não pode ditar atos – judiciais ou administrativos sancionatórios – sem respeitar determinadas garantias mínimas.[315] Isso importa em respeitar todas as garantias mínimas como parte da devida oportunidade de receber todas as informações sobre a assistência consular quando se tratar de imigrante, expor as razões, pessoalmente, que o assistam contra qualquer acusação.

Não se olvide que, conforme os itens *b* e *c* do artigo 36.1. da Convenção de Viena sobre Relações Consulares, há de se garantir – sempre – a assistência consular toda vez que houver privação da liberdade. A comunicação ao respectivo Consulado, sempre que solicitado[316] pelo preso ou detido estrangeiro, inclusive, deve ocorrer "sem demora".[317] Vale salientar que os funcionários consulares terão o direito de visitar o seu nacional, tenha este sido detido ou em prisão – independentemente da natureza da prisão –, para organizar sua defesa perante o tribunal.

Ademais, a CIDH exige que se dê assistência linguística aos povos indígenas. Todo Estado deve assegurar que o acusado indígena também possa compreender e se fazer entender nos processos judiciais, arcando com as despesas processuais necessárias para tal mister.[318]

Nenhuma penalidade poderá ser imposta, mesmo no campo do Direito Administrativo, sem que se ofereça ao imputado a possibilidade de se defender previamente.

Isso significa que o acusado deverá ser citado, tomando ciência de todas as imputações formuladas com os tipos legais, suas razões, delitos ou ilicitudes supostamente praticadas, além dos fundamentos probatórios. Conforme decisão da CIDH, essas informações devem estar expressas de forma clara, integral e suficientemente detalhadas para permitir que o acusado exerça plenamente seu direito à defesa.[319]

A denúncia genérica exige o trancamento do processo penal. Em havendo narrativa precária na denúncia, sem a necessária individualização da conduta do paciente para que se possa verificar a sua autoria e a devida subsunção de seu comportamento ao mencionado tipo penal em termos objetivos e subjetivos, a inépcia há de ser reconhecida, concedendo-se assim o *habeas corpus*.[320]

De acordo com a nossa Suprema Corte, a citação por edital e a suspensão do feito criminal nos termos do art. 366 do Código de Processo Penal são constitucionais,[321] mas, para

---

[315] Caso Família Pacheco Tineo *vs.* Bolívia. Preliminares, Mérito, Reparações e Custas. Sentença de 25 de novembro de 2013, par. 132.

[316] Esse direito garante que o apoio consular só ocorrerá se não houver oposição expressa por parte do estrangeiro migrante. Contudo, ainda que não haja oposição, há de se garantir o direito ao intérprete e/ou ao tradutor – gratuitamente.

[317] Opinião Consultiva OC-16/99 de 1º de outubro de 1999: "O Direito à informação sobre a Assistência Consular no Marco das Garantias do Devido Processo Legal", par. 81.

[318] Corte IDH. Caso Tiu Tojin *vs.* Guatemala. Mérito, Reparações e Custas. Sentença de 26 de novembro de 2008. Também nesse sentido: Corte IDH. Caso Fernandez Ortega e outros *vs.* México. Exceção preliminar, Mérito, Reparações e Custas. Sentença de 30 de agosto de 2010.

[319] Corte IDH. Caso Barreto Leiva *vs.* Venezuela. Mérito, Reparações e Custas. Sentença de 17 de novembro de 2009, par. 28.

[320] STF, HC 182.458 AgR, Rel. Min. Edson Fachin, Red. do Acórdão Min. Gilmar Mendes, 2ª Turma, *DJe* 08.11.2021.

[321] Em caso de inatividade processual decorrente de citação por edital, ressalvados os crimes previstos na Constituição Federal como imprescritíveis, é constitucional limitar o período de suspensão do prazo prescricional ao tempo de prescrição da pena máxima em abstrato cominada ao crime, a despeito de o processo permanecer suspenso (STF, tese definida no RE 600.851, Rel. Min. Edson Fachin, j. 07.12.2020, *DJe* 23.02.2021, Tema 438).

que o feito prossiga, ao acusado há de se garantir a ampla defesa e o pleno contraditório, o que só seria viável se o réu citado viesse a constituir advogado no feito:

> Afronta as garantias do devido processo legal, da ampla defesa e do contraditório (art. 5º, incisos LIV e LV, da Constituição Federal) o prosseguimento do processo penal em caso de inatividade processual decorrente de citação ficta. Direito subjetivo à comunicação prévia e pormenorizada da acusação formulada contra si, assim como à autodefesa e à constituição de defensor. Previsões da Convenção Americana Sobre Direitos Humanos (art. 8º, item 2, alíneas "b" e "d") e do Pacto de Direitos Civis e Políticos (art. 14, item 3, alíneas "a" e "d").[322]

8.2 DURANTE O PROCESSO, TODA PESSOA TEM DIREITO, EM PLENA IGUALDADE, ÀS SEGUINTES GARANTIAS MÍNIMAS:

(...)

c) concessão ao acusado do tempo e dos meios adequados para a preparação de sua defesa;

(...).

A concessão ao acusado de tempo e meios adequados para preparar sua defesa cuida-se de um dos seus direitos processuais fundamentais. A limitação desse direito deve respeitar o princípio da legalidade e a norma há de respeitar o princípio da proporcionalidade,[323] sob pena de a restrição contrariar a normativa da Convenção.[324]

No que toca ao acesso aos elementos de prova e preparação da defesa, as regras processuais devem garantir ao advogado – público ou privado –, notadamente na seara criminal, o exercício de seus direitos, prerrogativas, a fim de que seja garantido o direito à defesa e ao pleno contraditório. Conforme a Súmula Vinculante 14 do STF, "[é] direito do defensor, no interesse do representado, ter acesso amplo aos elementos de prova que, já documentados em procedimento investigatório realizado por órgão com competência de polícia judiciária, digam respeito ao exercício do direito de defesa".

Como parte das garantias mínimas estabelecidas no artigo 8.2 da Convenção, o direito à comunicação prévia e detalhada da denúncia aplica-se tanto em matéria penal quanto nas demais ordens indicadas no artigo 8.1 da Convenção, ainda que a exigência nas demais ordens possa ser de outra intensidade ou natureza, inclusive no âmbito do processo sancionatório disciplinar, em que há o dever de informar ao sujeito qual a conduta infratora do regime disciplinar que lhe é imputado.[325]

Na mesma linha de raciocínio, a Suprema Corte assentou que, no plano internacional, o Pacto de São José da Costa Rica destaca como uma garantia judicial da pessoa acusada criminalmente a concessão ao acusado do tempo e dos meios necessários à preparação de

---

[322] STF, RE 600.851, Rel. Min. Edson Fachin, j. 07.12.2020, P, *DJe* 23.02.2021, Tema 438.

[323] A Corte IDH considera que o referido regulamento que estabelece como regra que, na jurisdição penal militar chilena, a investigação é sigilosa, salvo as exceções previstas em lei, é contrário ao direito de defesa do acusado, já que lhe impossibilita o acesso efetivo ao processo e às provas colhidas contra ele, impedindo--o de se defender adequadamente, em violação do disposto no artigo 8.2.c) (caso Palamara Iribarne *vs.* Chile. Mérito, Reparações e Custas. Sentença de 25 de novembro de 2005).

[324] Corte IDH. Caso Barreto Leiva *vs.* Venezuela. Mérito, Reparações e Custas. Sentença de 17 de novembro de 2009, par. 55.

[325] Corte IDH. Caso Maldonado Ordóñez *vs.* Guatemala. Exceção preliminar, Mérito, Reparações e Custas. Sentença de 3 de maio de 2016.

sua defesa, razão pela qual há de se garantir aos reclamantes "o direito de obter cópias das gravações dos depoimentos audiovisuais, em meio magnético, óptico ou eletrônico (...)".[326]

Em julgamento pela CIDH, considerou-se obrigatória a realização de perícia isenta e aprofundada quando se tratar de imputação que possa levar à pena de morte o acusado. No caso, *DaCosta Cadogan* solicitou, em sua apelação, que lhe fosse garantido o exercício de seu direito de apresentar uma avaliação mais detalhada sobre seu suposto transtorno de personalidade e dependência de álcool, pois, na entrância anterior, ele havia sido impedido de fazer tal prova. A Corte, levando em conta as particularidades do caso e os estritos requisitos processuais que o Estado teria de observar por se tratar de um caso de pena de morte obrigatória na hipótese de eventual condenação, considerou, na espécie, que a omissão do Estado descrita nos autos constituiu violação expressa do direito às garantias judiciais do acusado, reconhecidas nos artigos 8.1, 8.2.c e 8.2.f da Convenção, em relação ao artigo 1.1 do referido instrumento.[327]

8.2 DURANTE O PROCESSO, TODA PESSOA TEM DIREITO, EM PLENA IGUALDADE, ÀS SEGUINTES GARANTIAS MÍNIMAS:

(...)

d) direito do acusado de defender-se pessoalmente ou de ser assistido por um defensor de sua escolha e de comunicar-se, livremente e em particular, com seu defensor;

(...).

Qualquer acusação pode – e deve – ser refutada por um imputado por meio de um defensor de sua escolha. A defesa técnica é imprescindível no âmbito penal, razão pela qual a contratação de advogado deve ser respeitada. A defesa técnica só pode ser exercida por um profissional do Direito, quem há de assessorar o investigado ou acusado, que deve assisti-lo informando-lhe de todos os direitos e deveres, exercendo controle crítico em todas as fases do processo sob o ponto de vista legal e de produção de provas.[328]

Esse direito deve ser respeitado na fase processual e pré-processual.[329] Embora uma regra que impeça um mesmo defensor de assistir mais de um réu possa limitar a vontade de um acusado, essa disposição, *per se*, não viola o artigo 8.2.d da Convenção. No entanto, nos casos em que, como ocorreu em um caso concreto, restou demonstrado "que os advogados de defesa tiveram obstáculos para se reunir em particular com seus clientes, a Corte declarou que há violação do artigo 8.2.d da Convenção".[330]

---

[326] STF, Rcl 23.101, Rel. Min. Ricardo Lewandowski, 2ª Turma, *DJe* 06.12.2016.

[327] Corte IDH, Caso DaCosta Cadogan *vs.* Barbados. Mérito, Reparações e Custas. Sentença de 24 de setembro de 2009.

[328] Corte IDH. Caso Barreto Leiva *vs.* Venezuela. Mérito, Reparações e Custas. Sentença de 17 de novembro de 2009, par. 61.

[329] A Corte IDH chegou a concluir que, ao se impedir o advogado do senhor Chaparro de participar de seu depoimento pré-processual e ao se exigir que o próprio senhor Chaparro fundamentasse seu recurso de amparo de liberdade, quando seu desejo era que seu advogado o fizesse, a presença dos defensores foi apenas uma formalidade, mas, com isso, o Estado violou o direito consagrado no artigo 8.2.d) da Convenção, em relação ao artigo 1.1 do mesmo instrumento, em detrimento do senhor Chaparro (Corte IDH. Caso Chaparro Álvarez e Lapo Iñiguez *vs.* Equador. Exceções preliminares, Mérito, Reparações e Custas. Sentença de 21 de novembro de 2007).

[330] Corte IDH. Caso Castillo Petruzzi e outros *vs.* Peru. Mérito, Reparações e Custas. Sentença de 30 de março de 1999.

8.2 DURANTE O PROCESSO, TODA PESSOA TEM DIREITO, EM PLENA IGUALDADE, ÀS SEGUINTES GARANTIAS MÍNIMAS:

(...)

e) direito irrenunciável de ser assistido por um defensor proporcionado pelo Estado, remunerado ou não, segundo a legislação interna, se o acusado não se defender ele próprio nem nomear defensor dentro do prazo estabelecido pela lei;

(...).

Para a CIDH, o réu pode defender-se pessoalmente, embora seja necessário compreender que tal só será válido se a legislação interna o permitir. Quando não quiser ou não puder fazer a sua defesa pessoalmente, terá direito a ser assistido por um advogado de defesa à sua escolha. Caso não se defenda ou não nomeie defensor no prazo estabelecido pela lei, terá direito a que seja providenciado pelo Estado, que será pago ou não de acordo com o estabelecido pela legislação interna. É assim que a Convenção garante o direito à assistência jurídica no processo penal. Como se sabe, no Brasil, não se admite que o réu possa se defender pessoalmente em processo judicial sem que tenha habilitação técnica para fazê-lo. Essa faculdade só tem sido reconhecida para os procedimentos administrativos.

Embora a convenção não seja expressa em determinar que a assistência jurídica, quando necessária, seja gratuita, não há dúvida de que o economicamente vulnerável seria discriminado por sua situação de vulnerabilidade. Assim, ao requerer assistência jurídica, o Estado deve prestar gratuitamente esse serviço de defesa técnica. Conforme a CIDH, "mesmo nos casos em que um réu é obrigado a se defender porque não pode pagar a assistência jurídica, uma violação do artigo 8 da Convenção pode ser apresentada se puder ser provado que essa circunstância afetou o devido processo a que ele tem direito no referido artigo".[331]

Para a nossa Suprema Corte:

> O funcionamento da Defensoria Pública veicula matéria de interesse primário, portanto, da coletividade e não do Poder Executivo. Dessa forma, não poderia ser por ele limitado. Por isso, a autonomia desta instituição corrobora para a efetivação dos direitos fundamentais dos necessitados, permitindo seu acesso à Justiça. Reconhecer a atuação da Defensoria Pública como um direito que corrobora para o exercício de direitos é reconhecer sua importância para um sistema constitucional democrático em que todas as pessoas, principalmente aquelas que se encontram à margem da sociedade, possam usufruir do catálogo de direitos e liberdades previsto na Constituição Federal. Nesse sentido, destaque-se o disposto no art. 8 do Pacto de São José da Costa Rica: (...) Fica evidente a relevância do defensor público, mormente quando se relembra que o Supremo Tribunal Federal conferiu hierarquia supralegal ao mencionado tratado. Consoante costumeiramente bem expressado pelo ministro Celso de Mello (AI 598.612 ED), a Defensoria é um "direito a ter direitos" e, nessa qualidade, sobressai seu caráter de direitos humanos.[332]

---

[331] Corte IDH. Exceções ao esgotamento de recursos internos. Opinião Consultiva OC-11/90, de 10 de agosto de1990.

[332] STF, ADI 5.296 MC, Rel. Min. Rosa Weber, voto do Min. Edson Fachin, j. 18.05.2016, *DJe* 11.11.2016.

8.2 DURANTE O PROCESSO, TODA PESSOA TEM DIREITO, EM PLENA IGUALDADE, ÀS SEGUINTES GARANTIAS MÍNIMAS:

(...)

f) direito da defesa de inquirir as testemunhas presentes no tribunal e de obter o comparecimento, como testemunhas ou peritos, de outras pessoas que possam lançar luz sobre os fatos;

(...).

Conforme entendimento consagrado pelo Supremo Tribunal Federal, todo acusado tem o direito de comparecer, de presenciar e de assistir, sob pena de nulidade absoluta, aos atos processuais, notadamente àqueles que se produzem na fase de instrução do processo penal, que se realiza, sempre, sob a égide do contraditório.[333] No entanto, inexiste nulidade pela ausência, "em oitiva de testemunha por carta precatória, de réu preso que não manifestou expressamente intenção de participar de audiência".[334] Tampouco há nulidade se "a audiência de inquirição de testemunhas de acusação foi realizada sem a presença da paciente, porém, com a presença de seu defensor, de modo que inexiste o alegado cerceamento do seu direito de defesa, uma vez que não configurado o prejuízo apontado".[335]

Nos casos de colaboração premiada, segundo entendimento do STF:

> (...) o art. 4º, § 12, da Lei 12.850/13 determina que, "ainda que beneficiado por perdão judicial ou não denunciado, o colaborador poderá ser ouvido em juízo a requerimento das partes ou por iniciativa da autoridade judicial". Por sua vez, a Convenção Americana de Direitos Humanos (Pacto de São José da Costa Rica), no art. 8, inciso 2, *f*, estabelece, como garantia judicial, "o direito da defesa de inquirir as testemunhas presentes no Tribunal e de obter o comparecimento, como testemunhas ou peritos, de outras pessoas que possam lançar luz sobre os fatos". Não resta dúvida, portanto, de que o delatado, no exercício do contraditório, terá o direito de inquirir o colaborador, seja na audiência de interrogatório, seja em audiência especificamente designada para esse fim.[336]

A CIDH tem decidido que "a imposição de restrições aos advogados de defesa das vítimas viola o direito, reconhecido pela Convenção, da defesa de interrogar testemunhas e de fazer comparecer pessoas que possam esclarecer os fatos".[337]

Ainda, a Corte tem reafirmado que a alínea *f* do artigo 8.2 da Convenção estabelece a "garantia mínima" do direito da defesa de interrogar as testemunhas presentes no tribunal e de obter o comparecimento para a oitiva, como testemunhas ou peritos, de outras pessoas que possam esclarecer os fatos, e que "a confidencialidade da identidade da testemunha limita o exercício desse direito, pois impede a defesa de fazer perguntas relacionadas a possíveis

---

[333]   STF, HC 111.567 AgR, Rel. Min. Celso de Mello, j. 05.08.2014, 2ª Turma, *DJe* 30.10.2014.

[334]   STF, tese definida no RE 602.543 QO-RG, Rel. Min. Cezar Peluso, P, j. 19.11.2009, *DJe* 26.02.2010, Tema 240.

[335]   STF, HC 130.328, Rel. Min. Dias Toffoli, 2ª Turma, j. 02.02.2016, *DJe* 16.05.2016.

[336]   STF, HC 127.483, Rel. Min. Dias Toffoli, j. 27.08.2015, *DJe* 04.02.2016.

[337]   Corte IDH. Caso Castillo Petruzzi e outros *vs*. Peru. Mérito, Reparações e Custas. Sentença de 30 de março de 1999.

inimizades, preconceitos e confiabilidade do próprio declarante, bem como outras que permitam argumentar que a declaração é falsa ou errônea".[338]

8.2 DURANTE O PROCESSO, TODA PESSOA TEM DIREITO, EM PLENA IGUALDADE, ÀS SEGUINTES GARANTIAS MÍNIMAS:

(...)

g) direito de não ser obrigado a depor contra si mesma, nem a declarar-se culpada; e

(...).

Para a CIDH, o Estado viola o artigo 8.2.g da Convenção Americana quando seus agentes se utilizam da tortura para obter confissão, quebrando sua resistência psicológica e forçando o acusado ou indiciado a se incriminar por determinada conduta criminosa.[339]

O direito à não autoincriminação também é garantido no processo administrativo. A saber:

> A questão de fundo debatida nos autos diz respeito à constitucionalidade do art. 305 do Código de Trânsito Brasileiro (fuga do local do acidente) tendo como parâmetro o art. 5º, LXIII, da Constituição Federal. A análise da presente controvérsia se faz necessária, máxime em razão de decisões proferidas por diversas Cortes estaduais no sentido da inconstitucionalidade do preceito em questão, consignando que a simples permanência na cena do crime já seria suficiente para caracterizar ofensa ao direito ao silêncio. Obrigar o condutor a permanecer no local do fato, e com isso fazer prova contra si, afrontaria ainda o disposto no art. 8º, inciso II, alínea g, do Pacto de São José da Costa Rica (Convenção Americana de Direitos Humanos), do qual o Brasil é signatário.[340]

Ademais, em razão do dispositivo *supra* e a partir da Constituição Federal de 1988, como restou consagrado "o direito do réu de deixar de responder às perguntas, sem ser prejudicado (direito ao silêncio) (...), a condução coercitiva para o interrogatório foi substituída pelo simples prosseguimento da marcha processual, à revelia do acusado [CPP, art. 367]".[341]

8.2 DURANTE O PROCESSO, TODA PESSOA TEM DIREITO, EM PLENA IGUALDADE, ÀS SEGUINTES GARANTIAS MÍNIMAS:

(...)

h) direito de recorrer da sentença para juiz ou tribunal superior.

Conforme a CIDH, os Estados possuem discricionariedade para regulamentar o exercício do direito de recorrer, mas não podem estabelecer requisitos que tornem inócuo o efetivo direito. É contrário à finalidade desse direito, por exemplo, deixar de garanti-lo para alguém

---

[338] Corte IDH. Caso Norín Catrimán e outros (dirigentes, membros e ativista do Povo Indígena Mapuche) *vs.* Chile. Mérito, Reparações e Custas. Sentença de 29 de maio de 2014.

[339] Corte IDH. Caso Tibi *vs.* Equador. Exceções preliminares, Mérito, Reparações e Custas. Sentença de 7 de setembro de 2004. No mesmo sentido: Corte IDH. Caso Cantoral Benavides *vs.* Peru. Mérito. Sentença de 18 de agosto de 2000.

[340] STF, RE 971.959 RG, Rel. Min. Luiz Fux, j. 05.08.2016, *DJe* 10.11.2016, Tema 907.

[341] STF, ADPF 395, Rel. Min. Gilmar Mendes, P, j. 14.06.2018, *Informativo* 906.

que é condenado por acórdão que *anula* absolvição proferida em primeiro grau. Interpretar de outra forma deixaria a pessoa condenada sem o direito a um recurso contra a condenação.[342]

O Estado pode estabelecer foros especiais para o julgamento de altos funcionários públicos, e esses foros são compatíveis, em princípio, com a Convenção Americana. No entanto, mesmo nessas hipóteses, o Estado deve permitir que o indivíduo submetido à Justiça conte com a possibilidade de recorrer da decisão condenatória. Por exemplo, se uma condenação foi proferida por um tribunal que conheceu do caso em única instância, e o sentenciado não dispôs, em consequência, da possibilidade de impugnar a decisão, houve violação direta ao presente dispositivo da Convenção.[343]

Importante anotar, no entanto, que o Supremo Tribunal Federal já decidiu que não se aplicará o duplo grau no âmbito de jurisdição superior originária, sendo lícita a execução provisória quando a condenação, em virtude de competência especial, por prerrogativa de foro, decorrer de decisão única exarada pelo órgão colegiado competente, "uma vez que o duplo grau de jurisdição, inobstante sua previsão como princípio na Convenção Americana de Direitos Humanos (Decreto 678/1992, art. 8.2.h), não se aplica aos casos de jurisdição superior originária".[344] Ainda, nesse sentido, a nossa Suprema Corte concluiu que, se a competência originária para julgamento já é atribuída a um tribunal superior, "o mesmo objetivo, prevenir condenações equivocadas, já é obtido de uma forma mais direta. Se o tribunal superior é o órgão que se encontra no ápice do sistema Judiciário, é de todo evidente a inviabilidade de garantir um juízo revisional por outro órgão".[345]

Por essa linha de raciocínio, o STF vem compreendendo que é duvidoso que, na atual quadra da história, se possa exigir, como condição da extradição, que o Estado requerente preveja o direito ao recurso, pois:

> (...) o direito ao recurso tem âmbito de proteção de caráter normativo, o que, de um lado, impõe ao legislador interno o dever de conferir densidade normativa adequada a essa garantia e, de outro, permite-lhe alguma liberdade de conformação. Isso é expresso no Pacto Internacional sobre Direitos Civis e Políticos, que consagra o direito "em conformidade com a lei", e na Convenção Europeia, que ressalva que o "exercício deste direito, bem como os fundamentos pelos quais ele pode ser exercido, são regulados pela lei" – Protocolo 17, art. 2º, § 1º. Ainda que o Pacto de São José da Costa Rica não remeta à lei, tenho que o caráter estritamente normativo da garantia está implícito no sistema interamericano.[346]

8.3 A CONFISSÃO DO ACUSADO SÓ É VÁLIDA SE FEITA SEM COAÇÃO DE NENHUMA NATUREZA

Essa regra, que cuida da exclusão e da aplicação a qualquer tipo de coação, impede a produção de provas obtidas por meio de tortura ou tratamento cruel e desumano. A CIDH

---

[342]   Corte IDH. Caso Mohamed *vs.* Argentina. Exceção preliminar, Mérito, Reparação e Custas. Sentença de 23 de novembro de 2012.

[343]   Corte IDH. Caso Barreto Leiva *vs.* Venezuela. Mérito, Reparação e Custas. Sentença de 17 de novembro de 2009.

[344]   STF, HC 140.213 AgR, Rel. Min. Luiz Fux, 1ª Turma, j. 02.06.2017, *DJe* 16.06.2017.

[345]   STF, Inq 3.412 ED, Rel. Min. Rosa Weber, j. 11.09.2014, *DJe* 08.10.2014. No mesmo sentido: STF, AI 601.832 AgR, Rel. Min. Joaquim Barbosa, 2ª Turma, j. 17.03.2009, *DJe* 03.04.2009; STF, RHC 79.785, Rel. Min. Sepúlveda Pertence, j. 29.03.2000, *DJ* 22.11.2002.

[346]   STF, Ext. 1.461, Rel. Min. Gilmar Mendes, 2ª Turma, j. 04.10.2016, *DJe* 24.10.2016.

considera que essa regra tem um caráter absoluto e inderrogável e "considera necessário destacar que a regra de exclusão não se aplica apenas aos casos em que foi cometida tortura ou tratamento cruel", sendo obrigatória a anulação de qualquer decisão judicial que a considere válida ou se baseie nessa prova para o órgão judiciário emitir seu juízo.[347] Ainda, saliente-se que:

> O direito de defesa projeta-se em duas facetas dentro do processo penal: de um lado, por meio de atos próprios do réu, sendo seu expoente central a possibilidade de se pronunciar livremente sobre os fatos que lhe são imputados e, de outro, por meio de técnicas de defesa, exercida por profissional do direito, que cumpre a função de assessorar o investigado sobre seus deveres e direitos e executa, entre outros, um controle crítico e de legalidade na produção de provas (...). A Convenção Americana contempla o exercício tanto do direito à defesa material com garantias específicas, por exemplo através do direito de não ser forçado a testemunhar contra si mesmo (artigo 8.2.g) ou das condições em que uma confissão pode ser válida (artigo 8.2.g e 8.3), bem como a defesa técnica (...).[348]

8.4 O ACUSADO ABSOLVIDO POR SENTENÇA PASSADA EM JULGADO NÃO PODERÁ SER SUBMETIDO A NOVO PROCESSO PELOS MESMOS FATOS

Esse dispositivo estabelece o denominado "princípio do *ne bis in idem*" ou *non bis in idem*. A CIDH tem assentado a compreensão de que, ao contrário da fórmula utilizada por outro instrumento internacional de proteção dos direitos humanos, por exemplo, o Pacto Internacional sobre Direitos Civis e Políticos das Nações Unidas, artigo 14.7, que se refere ao mesmo "crime", "a Convenção Americana utiliza a expressão 'os mesmos fatos', que é um termo mais amplo para benefício da vítima".[349]

No Brasil, apesar de a Súmula 19 do STF assentar que "[é] inadmissível segunda punição de servidor público, baseada no mesmo processo em que se fundou a primeira", isso não impede que haja dupla persecução sancionadora – penal e administrativa – ou mais sanções, tendo como fundamento os mesmos fatos apurados em processo prévio.

Conforme entendimento doutrinário e jurisprudencial em nosso país, muito embora a interpretação literal do dispositivo faça referência à impossibilidade de dupla persecução, após uma sentença absolutória,[350] em razão dos mesmos fatos, deflui da evolução do princípio a sua aplicação desde que se trate da mesma esfera jurídica – sanções de natureza administrativa, cível ou penal. Eis a posição de nossa Suprema Corte:

> Não se verifica, a rigor, uma estrita aderência à tese de que seria inviável a aplicação de mais de uma sanção pelos mesmos fatos praticados. (...) tem-se admitido a aplicação de sanções cumulativas em processos administrativos distintos, em relação a mesmos fatos, fundamentos e sujeitos, em hipóteses em que há independência de instâncias ou (ii) complementaridade nas sanções aplicadas. (...) Na hipótese ora examinada, e nos termos já relatados, discute-se a respeito da possibilidade de acumulação de

---

[347] Corte IDH. García e Montiel *vs.* México. Exceção preliminar, Mérito, Reparações e Custas. Sentença de 26 de novembro de 2010.

[348] Corte IDH. Caso Ruano Torres e outros *vs.* El Salvador. Mérito, Reparações e Custas. Sentença de 5 de outubro de 2015.

[349] Corte IDH. Caso Loayza Tamayo *vs.* Peru. Mérito. Sentença de 17 de setembro de 1997.

[350] Observe-se, ainda, que há proibição de "o Estado brasileiro instaurar persecução penal fundada nos mesmos fatos de ação penal já transitada em julgado sob a jurisdição de outro Estado. Precedente: Ext 1.223/DF, Rel. Min. Celso de Mello, Segunda Turma, DJe 28.2.2014. Ordem de *habeas corpus* concedida para trancar o processo penal" (STF, HC 171.118, Rel. Min. Gilmar Mendes, j. 12.11.2019, 2ª Turma, *DJe* 17.08.2020).

sanção eventualmente a ser efetivada pelo CNMP com a sanção devidamente implementada por parte do Senado Federal. (...) o processo administrativo disciplinar que apura a conduta do membro do Ministério Público não se confunde com o processo administrativo próprio das casas legislativas. As funções, prerrogativas, deveres, e, consequentemente, as responsabilidades inerentes ao Ministério Público exigem conformação sancionatória própria, com o específico propósito de resguardar a legitimidade de tal relevante mister.[351]

Anote-se, ainda, que "arquivado o inquérito policial, por despacho do juiz, a requerimento do promotor de Justiça, não pode a ação penal ser iniciada, sem novas provas".[352]

8.5 O PROCESSO PENAL DEVE SER PÚBLICO, SALVO NO QUE FOR NECESSÁRIO PARA PRESERVAR OS INTERESSES DA JUSTIÇA

Em havendo ausência de informações ou argumentos que justifiquem a restrição à publicidade prevista nesse dispositivo, o processo instaurado contra qualquer pessoa pode – e deve – ser anulado.[353] Para que se chegue a esse desiderato, a Corte há de levar em conta que uma das principais características que o processo penal deve ter durante sua tramitação é o seu caráter público. Assim, o julgamento há de ser público, garantido por meio de uma fase oral na qual o acusado pode ter contato imediato com o juiz e as provas e que facilite o acesso ao público "e a publicidade do processo tem a função de proibir a administração da justiça secreta, sujeitando-a ao escrutínio das partes e do público e está relacionada com a necessidade de transparência e imparcialidade nas decisões que são tomadas".[354] Portanto, a decretação do segredo de justiça só pode ocorrer para proteger, excepcionalmente, determinados direitos da vítima e/ou acusado, dentro do contexto normativo firmado internamente pelo Estado-parte.

Nesse sentido, decidiu a nossa Suprema Corte que:

> (...) uma das garantias mais importantes no tocante aos atos processuais é a de que sua ampla publicidade, abrigada no art. 5º, LX, da Constituição da República, e que somente admite temperamentos "quando a defesa da intimidade ou o interesse social o exigirem". Salta vista, pois, que a falta de formalização do acórdão, com base em norma regimental, configura ato atentatório à garantia constitucional da publicidade dos atos processuais. No mesmo sentido, tem-se a garantia expressa no art. 8.5 da Convenção Americana de Direitos Humanos, internalizada pelo Decreto 678/1992, que, ao tratar das "Garantias Judiciais", estabelece que o "o processo penal deve ser público, salvo no que for necessário para preservar os interesses da justiça".[355]

REFERÊNCIAS

ACNUR. *Ficha técnica sobre El derecho a las garantías judiciales y a la protección judicial.* Convención Americana sobre Derechos Humanos: arts. 8 y 25. Declaración Americana de Derechos y Deberes del Hombre: arts. XVIII y XXVI. Disponível em: https://acnur. org/fileadmin/Documentos/BDL/2017/11217.pdf. Acesso em 10.02.2023.

---

[351]   STF, MS 32.788, Rel. Min. Gilmar Mendes, 2ª Turma, j. 05.12.2017, *DJe* 20.03.2018.

[352]   STF, Súmula 524.

[353]   Corte IDH. Caso Cantoral Benavides *vs.* Peru. Mérito. Sentença de 18 de agosto de 2000.

[354]   Corte IDH. Caso Palamara Iribarne *vs.* Chile. Mérito, Reparações e Custas. Sentença de 25 de novembro de 2005.

[355]   STF, RE 575.144, Rel. Min. Ricardo Lewandowski, P., j. 11.12.2008, *DJe* 20.02.2009, Tema 50.

ALVES, Felipe Otávio Moraes; FERREIRA, Micaela Amorim. A repercussão do Pacto de San José da Costa Rica na ordem jurídica do Brasil. *Revista IIDH*, n. 67, p. 255-282, 2018.

BRASIL. Supremo Tribunal Federal (STF). *Convenção Americana sobre Direitos Humanos*: anotada com a jurisprudência do Supremo Tribunal Federal e da Corte Interamericana de Direitos Humanos. 2. ed. Brasília: STF/Secretaria de Altos Estudos, Pesquisas e Gestão da Informação, 2022. Disponível em https://www.stf.jus.br/arquivo/cms/jurisprudenciaInternacional/. Acesso em: 13.02.2023.

CORTÁZAR, María Graciela. Las Garantías Judiciales. Análisis a partir de los estándares de la jurisprudencia de la Corte Interamericana de Derechos Humanos. *Prolegómenos*: Derechos y Valores, v. 15, n. 30, p. 65-79, 2012.

D'EMPAIRE, Eduardo Alfredo. Las garantías judiciales: un análisis de estándares fijados por la corte interamericana de derechos humanos. *Diálogos de Saberes*, n. 38, p. 147-164, 2013.

FONSÊCA, Vitor. A aplicação do artigo 8º da Convenção Americana sobre Direitos Humanos às causas cíveis. *Revista IIDH*, n. 67, p. 111-130, 2018.

SALMÓN, Elizabeth; BLANCO, Cristina. *El derecho al debido proceso en la jurisprudencia de la Corte Interamericana de Derechos Humanos*. Lima: Fondo Editorial de la PUCP, 2021.

VENTURA, Jaime Martínez. Estado de excepción. Suspensión de garantías. Garantías judiciales indispensables no susceptibles de suspensión en la jurisprudencia de la Corte Interamericana de Derechos Humanos. In: ELSNER, Gisela; AMBOS, Kai; MALARINO, Ezequiel (coord.). *Sistema Interamericano de protección de los derechos humanos y derecho penal internacional*. Madrid: Fundación Konrad Adenauer, 2010. p. 447-466.

Artigo 9
Princípio da legalidade e da retroatividade

Ninguém pode ser condenado por ações ou omissões que, no momento em que forem cometidas, não sejam delituosas, de acordo com o direito aplicável. Tampouco se pode impor pena mais grave que a aplicável no momento da perpetração do delito. Se depois da perpetração do delito a lei dispuser a imposição de pena mais leve, o delinquente será por isso beneficiado.

 COMENTÁRIOS

por André de Carvalho Ramos

INTRODUÇÃO

A presente seção visa comentar o artigo 9 da Convenção Americana de Direitos Humanos (CADH) à luz da interpretação internacionalista veiculada nos precedentes da Corte Interamericana de Direitos Humanos.

Inicialmente, foi esclarecida a origem histórica do dispositivo nos projetos de Convenção anteriores à Conferência Especializada sobre Direitos Humanos de 1969 (que elaborou a Convenção Americana de Direitos Humanos). Os trabalhos preparatórios da Convenção foram estudados para esclarecer os motivos da redação final do artigo 9.

Em seguida, foram abordados o conceito e a finalidade do princípio da legalidade e da retroatividade da lei benéfica, à luz da gramática dos direitos humanos.

Analisou-se, após, o conceito de interpretação internacionalista (universalismo em concreto) e a necessidade e os parâmetros do "Diálogo das Cortes", bem como os elementos da *teoria do duplo controle*, no caso de existir divergência entre a interpretação nacionalista e a internacionalista na seara dos direitos humanos.

Por fim, foram estudados os precedentes transformadores da Corte IDH em relação ao artigo 9, mostrando os impactos no Brasil, seguindo o marco teórico da "coisa julgada interpretada".

1. O HISTÓRICO: O ANTEPROJETO DA COMISSÃO INTERAMERICANA DE DIREITOS HUMANOS E OS TRABALHOS PREPARATÓRIOS NA CONFERÊNCIA ESPECIALIZADA DE DIREITOS HUMANOS (1969)

O artigo 9 da Convenção Americana de Direitos Humanos dispõe o seguinte: "Princípio da Legalidade e da Retroatividade. Ninguém pode ser condenado por ações ou omissões que, no momento em que forem cometidas, não sejam delituosas, de acordo com o direito aplicável. Tampouco se pode impor pena mais grave que a aplicável no momento da perpetração do delito. Se depois da perpetração do delito a lei dispuser a imposição de pena mais leve, o delinquente será por isso beneficiado".[356]

Para se compreender tal dispositivo, faço aqui um breve relato sobre a história da redação da Convenção Americana de Direitos Humanos a partir de projetos elaborados no final das décadas de 50 e 60 do século XX.

Como ponto de partida, destaco os projetos de convenção sobre direitos humanos elaborados (i) pelo Conselho Interamericano de Juristas de 1959 – atualmente Comissão Jurídica Interamericana[357] –, (ii) pelo governo do Chile de 1965[358] e (iii) pelo governo do Uruguai de 1965[359], todos remetidos à Comissão Interamericana de Direitos Humanos (Comissão IDH) em 1966, para análise.

Em 1967, a Comissão IDH ainda utilizou as respostas de diversos governos sobre determinados pontos que deveriam ser tratados pela futura Convenção, tendo também analisado o conteúdo do Pacto Internacional dos Direitos Civis e Políticos e do Pacto Internacional dos Direitos Econômicos, Sociais e Culturais, ambos aprovados pela Assembleia Geral da Organização das Nações Unidas (ONU) em 1966.

Em 1968, foi elaborado anteprojeto de convenção pela Comissão IDH, o qual foi transmitido ao Conselho da Organização dos Estados Americanos (OEA) na sua sessão de 02.10.1968.

O Conselho aprovou o texto como "documento de trabalho" a ser utilizado na futura Conferência Especializada sobre Direitos Humanos para elaboração de uma "Convenção Interamericana sobre Direitos Humanos", que acabou ocorrendo em novembro de 1969.[360] Ainda em 1968, o Conselho da OEA solicitou à Comissão IDH a elaboração de um antepro-

---

[356] Texto da versão oficial em português, constante do Decreto de Promulgação 678, de 06.11.1992.

[357] ORGANIZAÇÃO DOS ESTADOS AMERICANOS. *Anuario Interamericano de Derechos Humanos – 1968.* p. 236 e ss.

[358] ORGANIZAÇÃO DOS ESTADOS AMERICANOS. *Anuario Interamericano de Derechos Humanos – 1968.* p. 275 e ss.

[359] ORGANIZAÇÃO DOS ESTADOS AMERICANOS. *Anuario Interamericano de Derechos Humanos – 1968.* p. 298 e ss.

[360] ORGANIZAÇÃO DOS ESTADOS AMERICANOS. *Anuario Interamericano de Derechos Humanos – 1968.* p. 156.

jeto *completo e revisado* de Convenção, que levasse em consideração as sugestões e projetos anteriores, bem como estivesse em harmonia com os citados Pactos onusianos.

Tal anteprojeto elaborado pela Comissão IDH e apresentado para discussão na Conferência Especializada sobre Direitos Humanos de 1969 (na qual a CADH acabou aprovada) continha a seguinte previsão relativa ao atual artigo 9: "Ninguém poderá ser condenado por ações ou omissões que, no momento em que forem cometidas, não sejam delituosas segundo o direito aplicável. Tampouco se pode impor pena mais grave que a aplicável no momento da perpetração do delito".[361] Essa redação do dispositivo, aliás, constava do projeto do Conselho Interamericano de Juristas (mencionado acima).

Realizada a Conferência Especializada Interamericana sobre Direitos Humanos para a redação da Convenção (de 7 a 22 de novembro de 1969, em San José, Costa Rica), o referido dispositivo foi debatido da seguinte forma pelas delegações lá presentes.

Para a Colômbia, era necessário que se constassem, expressamente, considerações sobre o "direito internacional", e não somente sobre o "direito aplicável", no texto do artigo. A sugestão colombiana foi rechaçada, pois a expressão "direito aplicável" abrangia tanto o direito interno quanto o direito internacional.[362]

A Delegação de El Salvador propôs pequena alteração redacional, substituindo a palavra "actos" (atos) por "acciones" (ações) na primeira linha do texto do artigo, no que foi aprovado.[363]

Por sua vez, a delegação do Equador propôs que se adicionasse à última parte do artigo o disposto no Pacto Internacional de Direitos Civis e Políticos a respeito da retroatividade da *lex mitior,* para que então constasse a frase "Se depois da perpetração do delito a lei dispuser a imposição de pena mais leve, o delinquente será por isso beneficiado". Tal sugestão foi aprovada e incorporada ao texto de modo definitivo.

O título do artigo também foi alterado ao longo das discussões. Inicialmente, foi aprovado o seguinte título: "Direito a não ser submetido a leis *ex post facto*". Após, alterou-se para "Princípio da legalidade e da retroatividade".[364]

Do ponto de vista formal, o dispositivo foi renumerado (era o antigo artigo 8 do projeto da Convenção) para constar, em definitivo, como artigo 9 da CADH.

Em síntese, compulsando as atas dos trabalhos preparatórios, não houve grande discussões ou polêmicas envolvendo o artigo 9 em análise. A previsão no projeto é quase idêntica à do texto aprovado em San José, com a exceção do seu final (acrescido), que trata do princípio da retroatividade da *lex mitior*, como visto.

2. ASPECTOS GERAIS

O princípio da legalidade expressa, inicialmente, a máxima de liberdade individual em um Estado de Direito pela qual "tudo o que não é proibido por lei é permitido". Em outras palavras, a liberdade individual, *grosso modo*, consiste no direito de fazer ou deixar de fazer

---

[361] ORGANIZAÇÃO DOS ESTADOS AMERICANOS. *Anuario Interamericano de Derechos Humanos – 1968.* p. 388.

[362] ORGANIZAÇÃO DOS ESTADOS AMERICANOS. *Actas e Documentos – Conferencia Especializada Interamericana sobre Derechos Humanos*, 7-22 de noviembre de 1969, OEA/Ser.K/XVI/1.2. p. 206.

[363] ORGANIZAÇÃO DOS ESTADOS AMERICANOS. *Actas e Documentos – Conferencia Especializada Interamericana sobre Derechos Humanos*, 7-22 de noviembre de 1969, OEA/Ser.K/XVI/1.2. p. 207.

[364] ORGANIZAÇÃO DOS ESTADOS AMERICANOS. *Actas e Documentos – Conferencia Especializada Interamericana sobre Derechos Humanos*, 7-22 de noviembre de 1969, OEA/Ser.K/XVI/1.2. p. 443.

aquilo que não é proibido por lei. Não é necessário que o indivíduo obtenha uma autorização para proceder; basta que não haja lei proibindo seu comportamento comissivo ou omisso.

O artigo 9 da CADH é similar ao artigo 11.2 da Declaração Universal dos Direitos Humanos ("Ninguém será condenado por ações ou omissões que, no momento da sua prática, não constituíam ato delituoso à face do direito interno ou internacional. Do mesmo modo, não será infligida pena mais grave do que a que era aplicável no momento em que o ato delituoso foi cometido") e ao artigo 15.1 do Pacto Internacional dos Direitos Civis e Políticos ("Ninguém poderá ser condenado por atos ou omissões que não constituam delito de acordo com o direito nacional ou internacional, no momento em que foram cometidos. Tampouco poder-se-á impor pena mais grave do que a aplicável no momento da ocorrência do delito. Se, depois de perpetrado o delito, a lei estipular a imposição de pena mais leve, o delinquente deverá dela beneficiar-se").

Tal dispositivo cria, inicialmente, limites à ação do Estado de Direito no *campo penal*, com o objetivo inicial de estabelecer a proteção à liberdade do indivíduo, que não poderá ser ameaçada (ou sua situação piorada) por tipos ou sanções penais não existentes no momento da conduta.

Por isso, o título inicial do artigo 9 era referente a "leis *ex post facto*", que, por definição, seriam aquelas editadas posteriormente à conduta, impondo sanções não existentes no momento do ato comissivo ou omissivo. Considerando a importância da sanção penal para a restrição a direitos humanos como o direito à liberdade, o direito à vida ou o direito de propriedade, o princípio da legalidade penal e da irretroatividade da *lex gravior* mereceu um destaque especial no catálogo de direitos da CADH.

Com o princípio da legalidade e da irretroatividade da lei penal gravosa, consolida-se um tipo de governo baseado na separação de poderes e na assunção da legitimidade popular pela edição de leis criminalizadoras, agora submetidas ao crivo do Parlamento.

A legalidade protege todo indivíduo contra a arbitrariedade do Estado-acusador e do Estado-juiz, que não podem acusar, julgar e punir pessoas por atos (ou aumentar ou agravar de qualquer forma as penas) com base em normas inexistentes ou mesmo posteriores à prática dos atos. A legalidade penal vincula-se à própria construção histórica dos direitos humanos, que se ergue para conter a tirania dos governantes, por meio da aplicação arbitrária (e geradora de insegurança) da força punitiva estatal.

Igualmente é promovido o direito à segurança jurídica, assegurando-se a previsibilidade penal dos atos no futuro e também a imutabilidade dos atos no passado.

Em termos gerais, a legalidade promove a legitimidade do Direito Penal e do próprio ordenamento jurídico. O objetivo de prevenção geral e específica do Direito Penal (efeito dissuasor) é promovido pela legalidade penal, uma vez que somente pela existência de leis penais taxativas e *prévias* é que há autonomia racional do indivíduo de praticar ou não a conduta tida como criminosa.

Por outro lado, a retroatividade da *lei penal benéfica*, também constante do artigo 9 ("Se depois da perpetração do delito a lei dispuser a imposição de pena mais leve, o delinquente será por isso beneficiado"), acréscimo redacional na Conferência de San José), é indispensável à luz da gramática dos direitos humanos, pois protege a *igualdade*, a qual seria ofendida se um indivíduo fosse punido por uma conduta e outro indivíduo não fosse (mesmo realizando conduta idêntica) pela mera passagem do tempo.

3. O PRINCÍPIO DA LEGALIDADE E A RELAÇÃO DO ARTIGO 9 DA CADH COM A CONSTITUIÇÃO DE 1988

O *direito à liberdade* consiste na possibilidade de o ser humano atuar com autonomia e livre-arbítrio, salvo se existir lei obrigando-o a fazer ou deixar de fazer algo. Cabe-lhe *liberdade de escolha* até a edição de lei em sentido contrário. Uma conduta que interfira na liberdade e nos bens de uma pessoa exige lei prévia que a autorize. Essa *sintonia entre liberdade e legalidade* é fruto da consagração do Estado de Direito. Fica superada a antiga submissão de todos à vontade do monarca, substituída pela vontade da lei. Nesse sentido, entre o governo dos homens e o governo das leis, o Estado de Direito optou pelo segundo.

Atualmente, o Estado Democrático de Direito no Brasil admite várias dimensões do princípio da legalidade[365] abarcando a legalidade penal, tal qual estabelece o artigo 9 da CADH. No Brasil, o Direito Penal é submetido ao princípio da reserva de lei formal (também denominado simplesmente "reserva legal"), para dar sentido ao disposto no art. 5º, XXXIX ("não há crime sem lei anterior que o defina, nem pena sem prévia cominação legal"). Essa interpretação impede eventual redundância desse inciso com o disposto no art. 5º, II, que estabelece que "ninguém será obrigado a fazer ou deixar de fazer alguma coisa senão em virtude de lei".

Do ponto de vista formal, a proteção de direitos dos indivíduos estabeleceu restrições à aplicação da lei penal pela adoção do princípio da legalidade estrita, o que implica a *irretroatividade* da lei gravosa. Tal irretroatividade consubstancia também o direito à segurança jurídica, o qual consiste na faculdade de obstar a extinção ou a alteração de determinado ato ou fato jurídico, posto a salvo de modificações futuras, inclusive legislativas.

Há duas facetas do direito à segurança jurídica: a *objetiva*, pela qual se imunizam os atos e fatos jurídicos de alterações posteriores, consagrando a regra geral da irretroatividade da lei, e a *subjetiva*, que também é chamada de *princípio da confiança*, pela qual a segurança jurídica assegura a confiança dos indivíduos no ordenamento jurídico. O artigo 9 da CADH, aqui comentado, está em consonância com o direito à segurança, assim como com o que se espera de um Direito Penal democrático.

Quanto à retroatividade da lei mais benéfica (prevista expressamente na parte final do artigo 9), esta foi também prevista pela Constituição no caso do Direito Penal, a qual prevê que a lei penal não retroagirá, salvo para beneficiar o réu (art. 5º, XL).

4. COMO INTERPRETAR O ARTIGO 9? O USO DA INTERPRETAÇÃO INTERNACIONALISTA DA CORTE IDH

4.1 O universalismo em concreto: a interpretação internacional dos direitos humanos

Com a expansão do Direito Internacional dos Direitos Humanos, consagrou-se o universalismo dos direitos humanos, tanto do ponto de vista *ratione materiae*, por ser direito de todas e todos, quanto do ponto de vista *ratione loci*, não limitado às fronteiras de um Estado.[366]

Entretanto, não basta a adoção da *mesma redação* de determinado direito em dezenas de países que ratificaram um tratado para que o universalismo seja implementado. É necessário que tenhamos também uma *mesma interpretação* desse texto, ou seja, devem existir mecanismos *internacionais* que averiguem como cada Estado vinculado à norma internacional *interpreta* o texto adotado.

Por isso, o Direito Internacional dos Direitos Humanos é composto de duas partes indissociáveis: de um lado, o rol de direitos e, de outro, os processos internacionais que interpretam o conteúdo desses direitos e zelam para que os Estados cumpram suas obrigações.[367]

---

[365] CARVALHO RAMOS, André de. *Curso de Direitos Humanos.* 10. ed. São Paulo: Saraiva Educação, 2023. p. 759.

[366] CARVALHO RAMOS, André de; GAMA, Marina Faraco Lacerda. Controle de convencionalidade, teoria do duplo controle e o Pacto Nacional do Judiciário pelos Direitos Humanos. *Revista Direitos Culturais*, v. 17, n. 41, p. 283-297, jan.-abr. 2022. p. 287.

[367] CARVALHO RAMOS, André de. *Processo internacional de direitos humanos.* 7. ed. São Paulo: Saraiva Educação, 2022. p. 33 e ss.

Esse é o dilema típico do século XXI da atualidade brasileira, pois, ao mesmo tempo que há a plena adesão brasileira à internacionalização dos direitos humanos, devemos agora aplicar a interpretação *internacionalista* desses mesmos direitos.

Deve-se evitar, então, uma *interpretação nacional*, o que tornaria o regime jurídico dos direitos humanos internacionais *manco* e incoerente: *universal* no texto, *nacional* na aplicação e interpretação de suas normas na vida cotidiana.

Essa dicotomia (universalismo na ratificação *versus* localismo na aplicação) representa o velho "truque de ilusionista" do plano internacional: os Estados ratificam tratados, descumprem-nos cabalmente, mas *alegam* que os estão cumprindo, de acordo com a ótica nacional.[368] Aplicado o truque de ilusionista aos direitos humanos, os Estados afirmam que respeitam determinado direito, mesmo que sua interpretação seja *peculiar* e em cabal contradição com a interpretação dos órgãos internacionais de direitos humanos.

Nos dias de hoje, esse truque de ilusionista não engana.

Não é mais suficiente assinalar, formalmente, os direitos previstos no Direito Internacional, registrar, com júbilo, seu estatuto normativo de cunho constitucional ou supralegal e, contraditoriamente, interpretar os direitos ao talante nacional.

Esse esquema tradicional de aplicação do Direito Internacional dos Direitos Humanos *não é mais adequado* para levarmos os direitos humanos a sério. É necessário que avancemos na *aceitação da interpretação* desses direitos pelo Direito Internacional, ou, como defendi em livro anterior (edição comercial de minha tese de livre-docência), que se inicie um diálogo e uma fertilização cruzada entre os tribunais internos e os tribunais internacionais.[369]

No caso brasileiro, não é mais possível evitar a interpretação internacionalista, pois aderimos a vários mecanismos coletivos de apuração de violação de direitos humanos, como o da Corte Interamericana de Direitos Humanos (Corte IDH). Não cabe mais, então, interpretar a Convenção Americana de Direitos Humanos *sob uma ótica nacional,* desprezando a interpretação da Corte IDH.

Por isso, é necessário que o estudo da proteção internacional dos direitos humanos aborde especificamente os *processos internacionais de direitos humanos*, para que possamos conhecer o modo pelo qual os órgãos internacionais de direitos humanos, ao *apurarem as violações* pretensamente realizadas pelos Estados, *aplicam* as normas protetivas aos casos concretos, fornecendo uma interpretação *internacionalista* dos direitos.[370]

4.2 O "Diálogo das Cortes" e o Brasil

Após mais de 24 anos do reconhecimento brasileiro da jurisdição contenciosa obrigatória da Corte Interamericana de Direitos Humanos (em 10.12.1998), bem como da existência de sentenças contra o Brasil, além de medidas provisórias,[371] o uso de deliberações internacionais para a fundamentação de decisões do Supremo Tribunal Federal (STF) não é novidade.

---

[368] CARVALHO RAMOS, André de. Responsabilidade internacional do Estado por violação de direitos humanos. *Revista CEJ*, Brasília, v. 29, p. 53-63, 2005. p. 54.

[369] CARVALHO RAMOS, André de. *Direitos humanos na integração econômica*: análise comparativa da proteção de direitos humanos e conflitos jurisdicionais na União Européia e Mercosul. Rio de Janeiro: Renovar, 2008. p. 453 e ss.

[370] CARVALHO RAMOS, André de. *Processo internacional de direitos humanos*. 7. ed. São Paulo: Saraiva Educação, 2022. p. 34.

[371] CARVALHO RAMOS, André de. *Curso de Direitos Humanos*. 10. ed. São Paulo: Saraiva Educação, 2023. p. 527.

Em estudo publicado em 2009, foram colacionadas algumas decisões do STF que buscavam fundamentar a interpretação dos direitos humanos nas decisões e nos pareceres consultivos da Corte Interamericana de Direitos Humanos.[372]

A menção aos precedentes desses órgãos internacionais de direitos humanos na jurisprudência do STF é mais um passo a ser dado na valorização do direito internacional dos direitos humanos. A convergência entre as deliberações nacionais e internacionais de direitos humanos afasta o risco de responsabilização internacional do Brasil.

Além do perigo da responsabilização internacional, o uso das deliberações internacionais para imprescindíveis decisões locais sobre direitos humanos implementa, concretamente, os compromissos assumidos pelo Estado em favor dos jurisdicionados, cumprindo-se o disposto no art. 5º, § 2º, da CF/1988.

Por isso, defendo a realização do *diálogo entre as Cortes*, estimulando a necessária abertura e convergências entre as decisões nacionais e internacionais. Esse "diálogo das Cortes" deve ser realizado internamente, para impedir violações de direitos humanos oriundas de interpretações nacionais equivocadas dos tratados.

Para evitar que o "diálogo das Cortes" seja mera peça de retórica judicial, há que se levar em consideração os seguintes parâmetros na análise de uma decisão judicial nacional, para que se determine a existência de um "diálogo" efetivo: 1) menção à existência de dispositivos internacionais convencionais ou extraconvencionais vinculantes ao Brasil sobre o tema; 2) menção à existência de caso internacional contra o Brasil sobre o objeto da lide e as consequências reconhecidas pelo Tribunal nacional; 3) menção à existência de jurisprudência anterior sobre o objeto da lide de órgãos internacionais aptos a emitir decisões vinculantes ao Brasil; 4) peso dado aos dispositivos e à jurisprudência internacionais. Caso a decisão nacional tenha preenchido os quatro parâmetros, houve efetivamente um "diálogo das Cortes".[373]

Claro que não é possível obrigar os juízes nacionais ao "diálogo das Cortes", pois isso desnaturaria a independência funcional e o Estado Democrático de Direito.

No caso de o "diálogo das cortes" inexistir ou ser insuficiente para obtermos a convergência das ordens jurídicas internacional e nacional, é necessário que se investigue uma alternativa para a preservação da harmonia entre as ordens jurídicas justapostas, como se segue abaixo na defesa da aplicação da "teoria do duplo controle", a fim de evitar uma "guerra judicial" entre o Poder Judiciário brasileiro e os órgãos internacionais judiciais ou quase judiciais de direitos humanos.

Usaremos, como exemplo pertinente à proposta deste texto (análise de artigo da Convenção Americana de Direitos Humanos), o hipotético conflito entre uma interpretação dada pelo Supremo Tribunal Federal e pela Corte IDH.

4.3 A superação do "conflito" entre a interpretação nacionalista e internacionalista de direitos humanos: a teoria do duplo controle

Como cumprir uma decisão da Corte IDH que venha a contrariar um acórdão do Supremo Tribunal Federal?

---

[372] CARVALHO RAMOS, André de. O diálogo das Cortes: o Supremo Tribunal Federal e a Corte Interamericana de Direitos Humanos. In: AMARAL JUNIOR, Alberto do; JUBILUT, Liliana Lyra (org.). *O STF e o direito internacional dos direitos humanos*. São Paulo: Quartier Latin, 2009. p. 805.

[373] CARVALHO RAMOS, André de; GAMA, Marina Faraco Lacerda. Controle de convencionalidade, teoria do duplo controle e o Pacto Nacional do Judiciário pelos Direitos Humanos. *Revista Direitos Culturais*, v. 17, n. 41, p. 283-297, jan.-abr. 2022. p. 289.

Como compatibilizar diferenças da interpretação dada pelo STF (interpretação nacionalista) a um dispositivo da CADH que vem a ser colidente com a interpretação dada ao *mesmo* dispositivo pela Corte IDH (interpretação internacionalista)?

Tal situação pode ocorrer, inclusive, *sem* que seja possível adotar o *princípio pro persona* (opção pela adoção da interpretação mais favorável ao indivíduo), uma vez que os casos que envolvem direitos humanos fatalmente abrangem colisões de direitos individuais, coletivos ou difusos. Por exemplo, o STF pode dar prevalência ao direito à privacidade, comprimindo o direito à informação, e a Corte IDH pode fazer o inverso. Como usar o princípio *pro persona*? Em ambos, há indivíduos titulares de direitos em conflito, mostrando que o (atraente) *princípio pro persona* é, na realidade, um pilar da proteção de direitos e (tal qual o princípio da dignidade humana) *não* serve para a resolução dos inúmeros e inúmeros casos difíceis na temática dos direitos humanos.

Descartado o uso do princípio *pro persona*, inicialmente, partimos da seguinte premissa: não há conflito insolúvel entre as decisões do STF e da Corte IDH, uma vez que ambos os tribunais têm a incumbência de proteger os direitos humanos.

Adotamos, em seguida, a teoria do duplo controle ou crivo de direitos humanos,[374] que reconhece a atuação em separado do controle de constitucionalidade (STF e juízos nacionais) e do controle de convencionalidade internacional (Corte de San José e outros órgãos de direitos humanos do plano internacional).

Os direitos humanos, então, no Brasil, possuem uma *dupla* garantia: o *controle de constitucionalidade e o controle de convencionalidade de matriz internacional*. Qualquer ato ou norma deve ser aprovado pelos dois controles para que sejam respeitados os direitos no Brasil. Esse *duplo controle* parte da constatação de uma verdadeira separação de atuações, na qual inexistiria conflito real entre as decisões porque cada Tribunal age em esferas distintas e com fundamentos diversos.

De um lado, o STF, que é o guardião da Constituição e exerce o controle de *constitucionalidade*. Por exemplo, na ADPF 153 (controle abstrato de constitucionalidade), a maioria dos votos decidiu que o *formato amplo de anistia* outorgado pela Lei brasileira de Anistia (Lei 6.683/1979) foi recepcionado pela nova ordem constitucional. Por outro lado, no Caso Gomes Lund *vs.* Brasil, a Corte IDH considerou que a anistia aos agentes da ditadura militar é inconvencional (ofende a CADH). A Corte de San José é guardiã da Convenção Americana de Direitos Humanos e dos tratados de direitos humanos que possam ser conexos. Exerce, então, o controle de *convencionalidade de matriz internacional*.[375] Para a Corte IDH, a Lei da Anistia *não é passível* de ser invocada pelos agentes da ditadura.

Com base nessa separação, é possível dirimir o conflito aparente entre uma decisão do STF e uma da Corte IDH. Ao mesmo tempo que se respeita o crivo de *constitucionalidade* do STF, deve ser *incorporado* o crivo de *convencionalidade* da Corte Interamericana de Direitos Humanos. Todo ato interno (não importa a natureza ou origem) deve obediência aos dois crivos. Caso não supere um deles (por violar direitos humanos), deve o Estado envidar todos os esforços para cessar a conduta ilícita e reparar os danos causados.

A partir da *teoria do duplo controle*, agora deveremos exigir que todo ato interno se conforme não só ao teor da jurisprudência do STF mas também ao teor da jurisprudência interamericana. Só assim será possível impedir o antagonismo entre o Supremo Tribunal

---

[374] CARVALHO RAMOS, André de. Crimes da ditadura militar: a ADPF 153 e a Corte Interamericana de Direitos Humanos. In: GOMES, Luiz Flávio; MAZZUOLI, Valerio de Oliveira (org.). *Crimes da ditadura militar*. São Paulo: Revista dos Tribunais, 2011. p. 174.

[375] CARVALHO RAMOS, André de. *Teoria geral dos direitos humanos na Ordem Internacional*. 7. ed. São Paulo: Saraiva Educação, 2019. p. 333 e ss.

Federal e os órgãos internacionais de direitos humanos, evitando a ruptura e estimulando a convergência em prol dos direitos humanos.[376]

5. A JURISPRUDÊNCIA DA CORTE IDH E A "COISA JULGADA INTERPRETADA"

Na rica jurisprudência da Corte IDH, destacamos os seguintes precedentes sobre o princípio da legalidade e da retroatividade da lei penal benéfica. Anoto que nenhum desses precedentes é fruto de caso contra o Brasil, porém há inegável impacto transformador, pois indicam a interpretação internacionalista do dispositivo e evitam futura responsabilização internacional do Estado brasileiro por violação de direitos humanos.[377] Formam aquilo que denomino de "coisa julgada interpretada"[378], ou seja, um acervo de deliberações que devem ser seguidas pelas autoridades brasileiras para que, no limite, sejam cumpridas as obrigações internacionais impostas ao Brasil, tal qual interpretadas pela Corte IDH.

a) Castillo Petruzzi e outros *vs.* Peru (sentença de 30.05.1999)

Os cidadãos chilenos Jaime Francisco Sebastián Castillo Petruzzi, María Pincheira Sáez, Lautaro Mellado Saavedra e Alejandro Luis Astorga Valdez foram processados e condenados à prisão perpétua pelo crime de traição à pátria, de acordo com os Decretos-leis 25.659 e 25.708 então em vigor no Peru. A Corte IDH apontou que os Decretos-leis peruanos sobre o crime de terrorismo e o crime de traição à pátria (governo de Fujimori) violaram o princípio da legalidade, uma vez que as condutas típicas lá descritas eram similares em diversos aspectos. Tais similitudes (por exemplo, a traição à pátria era tida como terrorismo agravado) levavam à possibilidade de enquadramento da conduta em um tipo penal ou em outro, a depender da avaliação dos agentes da persecução pública ou da magistratura, resultando em ritos processuais distintos (a traição à pátria era julgada por "juízes sem rosto", em rito sumário e com possibilidade de imposição da prisão perpétua) e evidente insegurança jurídica.[379]

b) Baena Ricardo e outros *vs.* Panamá (sentença de 02.02.2001)

Baena Ricardo e seus colegas (ao todo 270 funcionários públicos) foram demitidos de forma arbitrária em decorrência de terem participado de manifestação por melhorias no trabalho em dezembro de 1990. A base jurídica da demissão foi a Lei 25, que punia atentados contra a democracia, mas que havia sido editada *após* os fatos. Ficou comprovado que os funcionários receberam cartas de demissão que faziam menção à Lei 25. Além disso, houve o uso – pela lei do Panamá – de conceitos amplos e imprecisos sobre possíveis condutas ilícitas (atos contra a democracia), o que violou também o princípio da legalidade.

Para a Corte IDH, houve a aplicação retroativa da *lex gravior,* o que é proibido pelo artigo 9 da CADH, o qual incide igualmente em procedimentos administrativos sancionadores.

c) Ricardo Canese *vs.* Paraguai (sentença de 31.08.2004)

Trata-se de caso envolvendo candidato a presidente da República, Sr. Ricardo Canese, que, em 1992, durante o debate eleitoral para as eleições presidenciais de 1993 no Paraguai,

---

[376] CARVALHO RAMOS, André de. *Teoria geral dos direitos humanos na Ordem Internacional.* 7. ed. São Paulo: Saraiva Educação, 2019. p. 354 e ss.

[377] CARVALHO RAMOS, André de. *Responsabilidade internacional por violação de direitos humanos.* Rio de Janeiro: Renovar, 2004.

[378] CARVALHO RAMOS, André de. *Processo internacional de direitos humanos.* 7. ed. São Paulo: Saraiva Educação, 2022. p. 298.

[379] CARVALHO RAMOS, André de. *Direitos humanos em juízo:* comentários aos casos contenciosos e consultivos da Corte Interamericana de Direitos Humanos. São Paulo: Max Limonad, 2001. p. 317 e ss.

associou o candidato adversário, Juan Carlos Wasmosy, a ações ilícitas quando era presidente de um consórcio. Foi processado por diretores do citado consórcio pelos crimes de difamação e calúnia, condenado (em 1994 e 1997) e depois absolvido (em 2002). Contudo, ficou submetido, durante o curso do processo, a uma restrição permanente de deixar o país por mais de 8 anos.[380]

Como o Sr. Canese emitiu suas declarações no debate eleitoral para a Presidência da República em um contexto de transição para a democracia, a Corte IDH reconheceu o exercício da liberdade de pensamento e expressão no contexto de uma disputa eleitoral, em relação a outro candidato presidencial, sobre assuntos de interesse público. Logo, condenou o Paraguai pelo uso da *criminalização ilegítima* da liberdade de expressão, bem como pela delonga excessiva do processo e da restrição à liberdade de ir e vir da vítima (proibida de deixar o país por 8 anos).

No tocante à retroatividade da lei penal mais benigna (*lex mitior*), a Corte IDH apontou que o Paraguai violou o artigo 9 da CADH, uma vez que seu Poder Judiciário deixou de aplicar, durante aproximadamente quatro anos, o novo Código Penal aos fatos, o que seria *mais favorável* ao Sr. Canese (apesar dos pedidos judiciais da vítima, pleiteando a revisão da condenação).

d) Fermín Ramírez *vs.* Guatemala (sentença de 20.06.2005)

O caso trata da persecução criminal e prisão preventiva do Sr. Fermín Ramirez, acusado de assassinato cometido contra uma menina/criança. Ao fim do processo, o Sr. Ramírez foi condenado à pena de morte, e a defesa apresentou recursos buscando reverter a decisão, em razão de uma série de violações ao direito à defesa e ao devido processo legal. Desde 1997, ele permaneceu privado de liberdade em condições degradantes. Foi concedida uma medida provisória da Corte IDH para suspender a pena de morte do Sr. Fermín Ramírez.

A Corte IDH adotou parâmetros para garantia do devido processo legal, do direito à defesa e de um recurso efetivo em processos penais. Para a Corte, a legalidade estrita constitui um elemento central da persecução penal, e ninguém pode ser condenado por ações não consideradas delitos na época dos fatos. Com isso, a introdução no texto penal da "periculosidade do agente" como critério para qualificação típica dos fatos e sanções é *incompatível* com a *legalidade penal* e contraria a CADH, uma vez que reflete um direito penal do autor, e não dos fatos.[381]

e) Kimel *vs.* Argentina (sentença de 02.05.2008)

Trata-se de caso envolvendo o conflito entre a liberdade de expressão e informação (em tema de interesse público) e a proteção do direito à honra de funcionários públicos. O Sr. Eduardo Kimel, historiador e jornalista, fez pesquisa e publicou livro sobre massacre de religiosos (*La masacre de San Patricio*) no tempo da ditadura militar argentina, destacando negativamente a conduta do juiz federal encarregado do caso.

Afirmou que os juízes, na época da ditadura, eram condescendentes com os abusos do poder militar e que o caso em tela, ao caminhar para o envolvimento de militares no massacre, foi paralisado e restou inconcluso.

---

380   CARVALHO RAMOS, André de. *Curso de Direitos Humanos*. 10. ed. São Paulo: Saraiva Educação, 2023. p. 485.

381   CARVALHO RAMOS, André de. *Curso de Direitos Humanos*. 10. ed. São Paulo: Saraiva Educação, 2023. p. 486.

Foi processado pelo citado juiz federal e, depois de uma série de decisões judiciais locais, foi condenado por calúnia. A Corte IDH avaliou a tipificação penal dos crimes de injúria e de calúnia à luz do princípio da legalidade estrita na seara penal. A respeito desses tipos penais (utilizados na condenação do sr. Kimel), a Corte sustentou que restrições à liberdade de informação devem ser estabelecidas por lei, no sentido formal. Caso seja utilizada uma lei penal para restringir a liberdade de informação, é necessário que sejam respeitados os parâmetros da legalidade penal, ou seja, que a lei penal contenha um tipo penal redigido de forma expressa, precisa, taxativa, e seja anterior à conduta (lei prévia).

No caso, o sr. Eduardo Kimel opinou de modo crítico a respeito da condução judicial daquele caso, o que não poderia ser punido como calúnia. A Corte IDH condenou a Argentina pela falta de precisão da normatividade penal sobre calúnia e injúria imposta no caso.

Não se pode cercear a liberdade de expressão sustentando que uma crítica opinativa (mesmo que ácida) a uma deliberação de agente público deva ser tratada como sendo uma imputação de crime (por exemplo, crime de prevaricação), o que geraria a condenação por calúnia do crítico (jornalista ou não).

O precedente é valioso no Brasil, pois demonstra que a CADH impede a responsabilização penal de indivíduos autores de críticas à atuação de juízes, membros do Ministério Público, defensores públicos ou policiais.

f) Usón Ramírez *vs.* Venezuela (sentença de 20.11.2009)

General aposentado do Exército venezuelano, o Sr. Usón Ramírez, em 2004, em um programa televisivo (La Entrevista), foi entrevistado sobre o uso de lança-chamas como forma de castigo a soldados. Foi processado e condenado (cinco anos e seis meses de prisão) pelo crime de injúria às Forças Armadas, pelas declarações dadas.

A Corte IDH decidiu que o artigo 505 do Código Orgânico da Justiça Militar da Venezuela (referente ao crime de injúria contra as Forças Armadas) não delimitava de modo estrito os elementos do tipo, bem como não exigia o dolo na conduta. Assim, o tipo penal não diferenciava a imputação de fatos ofensivos à honra objetiva da emissão de mera opinião crítica (mesmo que depreciativa), sem imputação de fatos ilegais. O tipo possibilitava interpretações ampliativas, sujeitas à discricionariedade das autoridades criminais, o que é particularmente grave em um Estado de Direito. Como resultado, houve uma tipificação vaga e pouco precisa, ofendendo o artigo 9 da CADH.

g) Vélez Loor *vs.* Panamá (sentença de 23.11.2010)

Jesús Vélez Loor, equatoriano, foi preso e processado no Panamá por delitos relacionados à situação migratória, sem a observação do devido processo legal. Apesar de os Estados poderem fixar políticas migratórias, são consideradas *arbitrárias* as políticas migratórias cujo eixo central é a *detenção obrigatória* dos migrantes irregulares, sem que as autoridades competentes verifiquem, em cada caso em particular, e mediante uma avaliação individualizada, a possibilidade de utilizar medidas menos restritivas que sejam efetivas para alcançar os fins legítimos buscados. Além disso, a prisão ocorreu em condições desumanas e sem que lhe fossem asseguradas as garantias do devido processo, tendo sido o Panamá condenado por violações de dispositivos dos artigos 1.1, 2, 5, 7, 8, 9 e 25 da CADH, além dos artigos 1, 6 e 8 da Convenção Interamericana para Prevenir e Punir a Tortura. No tocante à violação do princípio da legalidade, houve a incidência de sanção administrativa distinta da prevista em lei. Assim, a Direção Nacional de Migração do Panamá decidiu aplicar a pena em estabelecimento *não* previsto em norma prévia (Decreto lei 16/1960), o que ofende o princípio da legalidade, que deve ser observado pelo Direito Administrativo sancionador.[382]

h) Urrutia Laubreaux *vs*. Chile (sentença de 27-8-2020)

Tratou-se da punição imposta em 2004 pelo Judiciário do Estado réu ao magistrado Urrutia Laubreaux por ter elaborado monografia acadêmica, em curso de especialização, que defendia a adoção de medidas de reparação por atos imputados ao Poder Judiciário durante a ditadura militar chilena. Foi-lhe imposta uma censura por escrito, uma vez que seu trabalho acadêmico teria sido uma manifestação abusiva contra seus superiores hierárquicos. Em 2018, a Corte Suprema chilena anulou a condenação (que já havia sido transformada em advertência, mas inserida na sua ficha funcional). Para a Corte IDH, apesar da anulação, a manutenção da sanção por 14 anos afetou a carreira da vítima, sendo clara violação à liberdade de expressão (artigo 13 da CADH). Também foram detectadas falhas no procedimento sancionatório: houve a participação de ministros que tinham se manifestado sobre o trabalho acadêmico e ainda remetido ao órgão competente para sancioná-lo, o que comprometeu a imparcialidade do julgamento sancionador, violando igualmente a garantia do devido processo legal da CADH.

A falta de clareza do dispositivo utilizado para punir o magistrado ofendeu ainda o princípio da legalidade da CADH. O caso tem relevo para o Brasil no que tange à liberdade de expressão dos membros da magistratura e do Ministério Público (cuja simetria de tratamento já foi reconhecida pela Corte IDH no "Caso Martínez Esquivia *vs*. Colômbia") e também no que tange a manifestações públicas realizadas por determinados julgadores antes do julgamento sancionatório, o que compromete a imparcialidade.[383]

i) Acosta Martínez e outros *vs*. Argentina (sentença de 31.08.2020)

O caso é referente à prisão e à subsequente morte do Sr. José Delfín Acosta Martínez em 1996. No caso, os irmãos uruguaios afrodescendentes José Delfín e Ángel Acosta Martinez fundaram o Grupo Cultural Afro, e, em virtude de seu ativismo, José Delfín decidiu intervir quando a polícia argentina deteve dois jovens brasileiros na saída de uma discoteca, em Buenos Aires, em 1996. José Delfín foi também preso, e, na revista, ficou comprovado que nenhum dos três portava armas (os agentes policiais foram chamados por terem recebido "denúncia anônima" sobre pessoa armada na localidade). Mesmo assim, foram presos com base em norma administrativa que previa prisão de pessoas em estado de embriaguez ("Edicto Policial sobre Ebriedad"). Após a prisão, há relatos controvertidos sobre lesões no Sr. José Delfín (teriam sido infligidas pelos policiais ou autoimpostas), o qual veio a falecer.

Para a Corte, em uma sociedade democrática, o poder punitivo estatal só pode ser exercido para a proteção de direitos fundamentais de outros, sendo reserva de lei formal. No caso, houve tanto ofensa formal (prisão baseada em ato administrativo) quanto material do princípio da legalidade estrita, uma vez que a embriaguez, tal como prevista no "Édito", é punida *per se* sem estar associada a qualquer conduta que possa pôr em perigo bens jurídicos individuais ou coletivos, sendo, assim, inconvencional.

Além disso, ficou comprovada a arbitrariedade da prisão dos jovens brasileiros e do Sr. José Delfín, pois foi baseada, para a Corte, mais no perfil racial dos três (afrodescendentes) do que em uma verdadeira suspeita de prática de crime. Por isso, além da indenização e de outras medidas reparatórias, a Corte condenou a Argentina a implementar treinamento sobre a natureza discriminatória dos estereótipos de raça, cor, nacionalidade ou etnia, assim como

---

382   CARVALHO RAMOS, André de. *Curso de Direitos Humanos*. 10. ed. São Paulo: Saraiva Educação, 2023. p. 492.

383   CARVALHO RAMOS, André de. *Curso de Direitos Humanos*. 10. ed. São Paulo: Saraiva Educação, 2023. p. 515.

o uso do perfil racial na efetuação da prisão pela polícia, e a conscientização do impacto negativo de seu uso sobre as pessoas de ascendência africana. O treinamento para a polícia deve incluir o estudo da sentença da Corte.

A Argentina reconheceu sua responsabilidade internacional (somente após sua contestação) pelos fatos e admitiu que o caso em questão não era um evento isolado, mas, sim, um caso paradigmático sobre a discriminação e estigmatização do coletivo afrodescendente no país.

O caso é de relevo para o Brasil, como se viu em caso de flagrante delito por tráfico de drogas julgado em 2021 no STJ. Para o Relator, Min. Sebastião Reis, a prisão em flagrante delito por tráfico de droga (1,53 g de cocaína) deu-se a partir de presunção racial por parte dos policiais, que avistaram uma pessoa negra parada no meio-fio junto a um carro, como se estivesse vendendo ou comprando algo. Para o Ministro, ficou claro que o motivo da aproximação pessoal foi ilícito e ofensivo à igualdade, por ter-se baseado em presunção racial (tratar-se de pessoa negra). O Relator ficou vencido, não tendo sido reconhecida a ilegalidade do flagrante nesse aspecto.[384] O presente caso contra a Argentina torna evidente a inconvencionalidade do uso de estereótipos raciais para justificar a intervenção policial.[385]

j) Cordero Bernal *vs.* Peru (sentença de 16.02.2021)

O caso abordou o término da designação do Sr. Cordero Bernal no cargo de juiz provisório (temporário) do 4º Juizado Penal da Província de Huánuco em 1995, após ter concedido a liberdade a acusado de tráfico ilícito de drogas. O Sr. Cordero Bernal recorreu, mas até mesmo o Tribunal Constitucional do Peru rechaçou sua demanda. Inicialmente, a Corte enfatizou que a independência judicial, indispensável ao devido processo legal, é assegurada por: (a) garantia de estabilidade (no Brasil, vitaliciedade) e inamovibilidade no cargo; (b) processo de nomeação adequado; e (c) proteção contra quaisquer influências ou pressões externas. A estabilidade e a inamovibilidade exigem que a destituição de juízes do cargo deve ser *exclusivamente* por infrações disciplinares ou comprovada atuação deficiente, devendo ser realizada por meio de procedimento indicado pelas garantias judiciais.

No entanto, admite-se o término das funções de judicatura por escoamento do prazo de mandato. No caso em concreto, na visão da Corte, foram obedecidos tais requisitos e a demanda foi julgada improcedente.

Ressalte-se o teor do voto dissidente do Juiz Eduardo Ferrer Mac-Gregor Poisot que apontou, em nome do princípio da legalidade, a necessidade da explicitação dos critérios objetivos e normativos (ou jurisprudenciais) dos termos indeterminados previstos nas leis e códigos de conduta dos magistrados (como, por exemplo, "decoro", "conduta grave") em processo administrativo de imposição de sanção. De fato, a inexistência da explicitação de tais critérios gera insegurança jurídica e pode resultar em indesejável "efeito inibidor" aos demais magistrados (que temeriam ter a mesma sorte do juiz sancionado por termos indeterminados não esclarecidos), ameaçando a independência judicial.[386]

CONCLUSÃO

O artigo 9 da CADH foi, *grosso modo*, aprovado na Conferência Especializada sobre Direitos Humanos de 1969, em San José da Costa Rica, sem maiores discussões em relação ao texto apresentado pela Comissão IDH, com o acréscimo do princípio da *lex mitior*.

---

384   STJ, HC 660.930, j. 14.09.2021.

385   CARVALHO RAMOS, André de. *Curso de Direitos Humanos*. 10. ed. São Paulo: Saraiva Educação, 2023. p. 515.

386   CARVALHO RAMOS, André de. *Curso de Direitos Humanos*. 10. ed. São Paulo: Saraiva Educação, 2023. p. 517.

O fato de a Comissão e os Estados redatores da Convenção terem preferido adotar um artigo específico sobre a legalidade penal e a retroatividade da lei benéfica se explica pela importância do controle do *jus puniendi* nas sociedades democráticas.

Como se viu, a interpretação internacionalista da Corte IDH demonstra que, na prática cotidiana dos Estados subscritores do Pacto de San José, há diversos precedentes de desrespeito a tal dispositivo.

A ofensa pode se dar pela ausência de lei penal taxativa e precisa. A Corte IDH possui jurisprudência que exige a elaboração legislativa dos tipos penais que taxativamente definam a conduta criminosa e seus elementos, sem indefinições ou ambiguidades. Trata-se de exigência indispensável para a segurança jurídica (como visto anteriormente) em matéria penal, evitando condenações criminais arbitrárias e não previstas pelos agentes.

Igualmente, a ofensa ao artigo 9 pode ser feita pela adoção de critério indefinido como "periculosidade" do agente para qualificar os fatos criminosos e estabelecer certas sanções.

Outra violação encontrada na jurisprudência da Corte é o desrespeito à retroatividade da norma penal mais benéfica ao criminoso. Também a Corte considerou ofensa à CADH a aplicação de lei penal que não se encontrava vigente no momento da realização da conduta ou até mesmo aplicando sanções a fatos não puníveis, gerando a aplicação da *lex gravior* ao perpetrador.

A Corte ainda condenou o uso da interpretação extensiva na seara penal e exigiu a utilização do princípio da legalidade e da retroatividade benéfica em todo processo sancionador, abrangendo, então, as sanções administrativas (como as sanções disciplinares).

Como foi explicitado em comentários aos casos da Corte IDH, há vários precedentes que podem incidir no cotidiano brasileiro, mostrando o impacto transformador da CADH, o qual não depende da existência de um caso concreto contra o Brasil.

A vinculação do Brasil a esses precedentes contra outros Estados forma o que já denominei de "coisa julgada interpretada", mostrando a importância da divulgação dos precedentes da Corte (e também das deliberações da Comissão IDH).

REFERÊNCIAS

CARVALHO RAMOS, André de. *Curso de Direitos Humanos*. 10. ed. São Paulo: Saraiva Educação, 2023.

CARVALHO RAMOS, André de. *Processo internacional de direitos humanos*. 7. ed. São Paulo: Saraiva Educação, 2022.

CARVALHO RAMOS, André de. *Teoria geral dos direitos humanos na Ordem Internacional*. 7. ed. São Paulo: Saraiva Educação, 2019.

CARVALHO RAMOS, André de. *Responsabilidade internacional por violação de direitos humanos*. Rio de Janeiro: Renovar, 2004.

CARVALHO RAMOS, André de. *Direitos humanos em juízo*: comentários aos casos contenciosos e consultivos da Corte Interamericana de Direitos Humanos. São Paulo: Max Limonad, 2001.

CARVALHO RAMOS, André de. Crimes da ditadura militar: a ADPF 153 e a Corte Interamericana de Direitos Humanos. In: GOMES, Luiz Flávio; MAZZUOLI, Valerio de Oliveira (org.). *Crimes da ditadura militar*. São Paulo: Revista dos Tribunais, 2011. p. 174-225.

CARVALHO RAMOS, André de. Responsabilidade internacional do Estado por violação de direitos humanos. *Revista CEJ*, Brasília, v. 29, p. 53-63, 2005.

CARVALHO RAMOS, André de. O diálogo das Cortes: o Supremo Tribunal Federal e a Corte Interamericana de Direitos Humanos. In: AMARAL JUNIOR, Alberto do; JUBILUT, Liliana Lyra (org.). *O STF e o direito internacional dos direitos humanos*. São Paulo: Quartier Latin, 2009. p. 805-850.

CARVALHO RAMOS, André de; GAMA, Marina Faraco Lacerda. Controle de convencionalidade, teoria do duplo controle e o Pacto Nacional do Judiciário pelos Direitos Humanos. *Revista Direitos Culturais*, v. 17, n. 41, p. 283-297, jan.-abr. 2022.

CARVALHO RAMOS, André de. *Direitos humanos na integração econômica*: análise comparativa da proteção de direitos humanos e conflitos jurisdicionais na União Européia e Mercosul. Rio de Janeiro: Renovar, 2008.

ORGANIZAÇÃO DOS ESTADOS AMERICANOS. *Anuario Interamericano de Derechos Humanos – 1968*.

ORGANIZAÇÃO DOS ESTADOS AMERICANOS. *Actas e Documentos – Conferencia Interamericana Especializada sobre Derechos Humanos*, 7-22 de noviembre de 1969, OEA/Ser.K/XVI/1.2.

Artigo 10
Direito a indenização

Toda pessoa tem direito de ser indenizada conforme a lei, no caso de haver sido condenada em sentença passada em julgado, por erro judiciário.

🗨 COMENTÁRIOS

por Marcio Luiz Coelho de Freitas

A Convenção Americana de Direitos Humanos (Pacto de São José da Costa Rica), promulgada pelo Decreto 678, de 6 de novembro de 1992, prevê, em seu artigo 10, que *"Toda pessoa tem direito de ser indenizada conforme a lei, no caso de haver sido condenada em sentença passada em julgado, por erro judiciário"*.

A previsão de um direito à indenização por erro judicial constitui medida tendente a concretizar o regime de liberdade pessoal e de justiça social, fundado no respeito dos direitos essenciais do homem, tal como previsto no preâmbulo da Convenção Americana de Direitos Humanos. Trata-se de medida por meio da qual se busca, a um só tempo: (i) reforçar a necessidade de que os Estados procurem estruturar adequadamente os seus órgãos jurisdicionais, reduzindo a possibilidade de erros, e (ii) repartir, de modo isonômico, os danos decorrentes de uma atuação estatal, possibilitando que aquele que sofre dano injusto, decorrente da má prestação de um serviço essencial, possa ser compensado.

Entretanto, apesar dos termos aparentemente simples e singelos em que foi previsto o direito à indenização por erro judicial, a matéria ainda encerra alguns pontos de grandes controvérsias. De fato, temas como o fundamento e o regime da responsabilidade civil do Estado por ato judicial, a possibilidade de responsabilização pessoal do juiz e a própria definição do que pode ser tido como erro judicial constituem questões ainda sujeitas a dissenso doutrinário e jurisprudencial, que podem acabar dificultando a efetivação de tal direito, criando embaraços ao regime de proteção aos direitos humanos que a Convenção criou.

Assim, uma vez que, nos termos do Preâmbulo da Convenção, o ideal do ser humano livre, isento do temor e da miséria, somente poderá ser realizado se forem criadas condições que permitam a cada pessoa gozar dos seus direitos econômicos, sociais e culturais, bem como dos seus direitos civis e políticos, é essencial que se discuta a aplicação desse importante mecanismo de concretização de direitos fundamentais.

No presente trabalho, buscaremos discorrer sobre alguns desses temas, traçando balizas para o tratamento da indenização por erro judiciário em nosso direito interno.

1. A RESPONSABILIDADE CIVIL DO ESTADO

Em uma das primeiras lições nos cursos de Direito, aprendem os alunos que, para Ulpiano, jurisconsulto romano, os três principais preceitos do Direito seriam viver honestamente, não prejudicar ninguém e dar a cada um o que é seu (*honeste vivere, neminem laedere, suum cuique tribuere*).[387] O segundo desses preceitos, de acordo com o qual a ninguém é dado prejudicar outrem, serviu de fundamento para a construção, ao longo de séculos de tradição romano-germânica, do instituto da responsabilidade civil, fundada essencialmente na ideia de que a condenação do causador do dano a ser reparado serviria para proteger os direitos subjetivos.

Ocorre, entretanto, que o esquema clássico idealizado para a responsabilidade civil já vem sendo modificado, seja em razão da introdução de elementos punitivos na condenação civil, seja em razão da ampliação do próprio conceito de dano, que passou a englobar também elementos não materiais. Com efeito, a responsabilidade civil, inicialmente pensada como meio de tutela de direitos subjetivos de cunho patrimonial, vem gradualmente se transformando em um valioso instrumento de tutela de direitos fundamentais de cunho não patrimonial.

É nessa ordem de ideias, a partir da compreensão de que a responsabilização do Estado por danos que o exercício da função estatal possa causar, que se desenvolveram as noções publicísticas da responsabilidade objetiva do Estado.

A construção da teoria da responsabilidade objetiva do Estado confunde-se com a própria evolução do Estado de Direito e com o progressivo reconhecimento dos direitos individuais, limitando o campo de atuação do Estado em defesa do cidadão. De fato, desde os tempos do absolutismo, em que, identificando-se o Estado com a pessoa do rei, se negava a possibilidade de responsabilização do Estado até os dias que correm, em que o Estado, tal qual os particulares, deve submeter-se completamente às leis e reparar quaisquer danos por ele causados, o que se vê é uma afirmação, cada vez maior, dos princípios republicanos, da solidariedade social e da proteção à dignidade da pessoa humana.

Nesse ponto, vale notar que a chamada era da irresponsabilidade estatal, em que a imunidade do Estado era bem demonstrada pelas máximas "*the king can not do wrong*" ("o rei não erra") ou "*le roi ne peut mal faire*" ("o rei não pode fazer mal"), não implicava necessariamente a impossibilidade de que o particular que sofresse um dano pudesse buscar a reparação, mas significava apenas que o Estado não assumiria a responsabilidade dos atos de seus agentes, os quais poderiam ser demandados segundo as regras próprias da responsabilidade civil baseada na culpa.

Com a superação dos Estados absolutistas, seguiu-se o fortalecimento de uma abordagem civilística da responsabilização civil dos Estados, na qual se passou a admitir a responsabilidade autônoma do Estado por danos,[388] o que foi feito, inicialmente, a partir da distinção entre atos de império e atos de gestão (somente sendo admitida a responsabilização quanto a estes últimos) e, posteriormente, a partir das noções de culpa *in eligendo* ou *in vigilando*,

---

[387] GUSMÃO, Paulo Dourado de. *Introdução ao Estudo do Direito*. 20. ed. Rio de Janeiro: Forense, 1997. p. 63.

[388] Cf. ENTERRÍA, Eduardo García de; FERNÁNDEZ, Tomás-Ramón. *Curso de derecho administrativo*. 2014. v. II. p. 373.

como forma de se admitir que, entre o Poder Público e os atos praticados por seus agentes, há uma ligação que autoriza a responsabilização.

A criação da responsabilidade civil do Estado (ainda que de forma limitada, pois depende da demonstração da atuação culposa ou dolosa do agente público), ao lado do princípio da legalidade, formou as bases sobre as quais se estruturou o Direito Administrativo, trazendo equilíbrio às relações entre a Administração e os particulares, seara na qual o peso inicial das prerrogativas do Poder Público deve ser sempre contrabalanceado por limitações que possibilitem uma efetiva proteção dos direitos fundamentais dos administrados. Tais limitações, como afirma Maurice Hauriou, citado por Moacir Costa,[389] podem ser resumidas pelos brocardos: "que aja, mas que obedeça à Lei; que aja, mas que pague o prejuízo".

Com o fortalecimento do Estado social emergiu uma abordagem mais centrada na coletividade, que reconhecia a insuficiência da abordagem civilística para lidar com a responsabilidade civil do Estado. Surgiram então as teorias da culpa administrativa, da responsabilidade objetiva e do risco integral.

Pela abordagem da culpa administrativa, o Estado seria responsabilizado quando demonstrasse funcionamento defeituoso ou tardio ou ausência do serviço (não mais se perquirir da culpa do funcionário público, mas sim da culpa do serviço). Essa teoria ainda hoje é defendida como fundamento para os casos de conduta omissiva da administração.[390]

Por seu turno, a teoria do risco administrativo ou teoria da responsabilidade objetiva funda-se na repartição isonômica da responsabilidade dos danos causados pelo Poder Público e seus agentes, de tal forma que não mais se perquire acerca da existência de culpa, mas unicamente se houve dano e nexo causal entre este e uma atividade estatal. Acerca dos fundamentos de tal teoria, vale transcrever a lição de Léon Duguit, citado por Rui Stoco, para quem:

> (...) a atividade do Estado se exerce no interesse de toda a coletividade; as cargas que dela resultam não devem pesar mais fortemente sobre uns e menos sobre outros. Se da intervenção do Estado, assim da atividade estatal, resulta prejuízo para alguns, a coletividade deve repará-lo, exista ou não exista culpa por parte dos agentes públicos. É que o Estado é, de um certo modo, assegurador daquilo que se denomina, frequentemente, de risco social, ou o risco resultante da atividade social traduzida pela intervenção do Estado.[391]

A teoria do risco se subdivide entre as teorias do risco integral e do risco administrativo, cuja diferenciação consiste basicamente na admissão, nesta última, da possibilidade de exclusão do nexo causal (e, portanto, do dever de indenizar) nas hipóteses de culpa exclusiva da vítima, fato exclusivo de terceiros, caso fortuito ou força maior.

No Brasil, desde a Constituição de 1946, é adotada a responsabilidade objetiva do Estado (ainda que existam hipóteses de aplicação do risco integral, como no caso de danos nucleares, por exemplo). A Constituição Federal de 1988 prevê, de forma ampla, que "As pessoas jurídicas de direito público e as de direito privado prestadoras de serviços públicos

---

[389] COSTA, Moacir dos Santos. *A responsabilidade civil do juiz por danos resultantes de culpa em sentido estrito no exercício da função*: a tolerância à atuação negligente, imprudente e imperita do magistrado brasileiro (1939-2017). Dissertação (Mestrado) – UFSC, 2017.

[390] BANDEIRA DE MELLO, Celso Antônio. *Curso de Direito Administrativo*. 26. ed. São Paulo: Malheiros, 2001. p. 1002-1003.

[391] STOCO, Rui. *Tratado de responsabilidade civil*. 5. ed. São Paulo: Ed. RT, 2001. p. 756.

responderão pelos danos que seus agentes, nessa qualidade, causarem a terceiros, assegurado o direito de regresso contra o responsável nos casos de dolo ou culpa" (art. 37, § 6º).

2. A RESPONSABILIZAÇÃO POR ATO JUDICIAL

Em nosso regime jurídico-constitucional, há previsão de responsabilidade civil estatal ampla pelos danos causados aos particulares. Isso fica ainda mais evidente quando se percebe que a Constituição utiliza o termo "serviços públicos" (e não "serviços administrativos"), deixando claro que aqui se incluem não só atividades administrativas propriamente ditas mas também atos judiciais e legislativos.

Entretanto, quando se trata da responsabilidade civil por atos praticados pelo Poder Judiciário, no exercício típico da atividade jurisdicional, surgem algumas dúvidas e controvérsias, a tal ponto que Cavalieri Filho[392] afirma que "a irreparabilidade dos danos causados por atos judiciais pode ser entendida como o último reduto da irresponsabilidade civil do Estado".

De fato, a própria natureza específica da atividade jurisdicional, que se desenvolve mediante um procedimento dialético em que, ao final, no mínimo uma das partes terá seus interesses processuais desatendidos, torna mais complexa a responsabilização do Estado em termos amplos. Ora, caso o perdedor de um processo pudesse, por essa razão, buscar uma indenização, criar-se-ia um ciclo infinito de processos que iriam se retroalimentar a cada indeferimento ou decisão contrária aos interesses da parte.

As dificuldades ínsitas à aplicação da responsabilidade do Estado por atos judiciários levaram até mesmo ao surgimento de teorias que, no limite, sustentam a impossibilidade de responsabilização estatal por ato judicial típico. Kiyoshi Harada[393] elenca as seguintes teses que buscam sustentar a irresponsabilidade do Estado por atos judiciais: a) a da soberania do Poder Judiciário, que se funda no fato de que a função jurisdicional consiste em uma manifestação da soberania estatal, não podendo gerar direito à indenização, já que os atos jurisdicionais típicos, praticados como exercício do poder estatal, não poderiam gerar responsabilização, em uma evidente aplicação da teoria da distinção entre atos de império e atos de gestão; b) a da segurança jurídica e garantia da coisa julgada, segundo a qual a responsabilização do Estado por atos judiciais implicaria violação à coisa julgada; c) a do risco permitido, ligada à natural falibilidade dos juízes, sendo indevida a responsabilização decorrente de falhas humanas, uma vez que infalibilidade seria atributo não exigível de uma atividade humana como a prestação jurisdicional; d) a do livre convencimento motivado e a da independência da magistratura, que seria posta em risco, caso os magistrados fossem pressionados em razão de suas decisões poderem gerar responsabilidade para o Estado ou mesmo do próprio magistrado, em ação regressiva; e e) a do risco assumido pelo jurisdicionado, segundo a qual as partes correm os riscos de danos da atuação do Poder Judiciário ao provocá-la.

Entretanto, nada obstante as dificuldades para a reparação de danos decorrentes de atos judiciais, o fato é que o dever de indenizar danos injustos causados pela atuação estatal em quaisquer de suas formas, inclusive a decorrente da prestação jurisdicional, constitui decorrência natural da dignidade da pessoa humana e da isonomia. Trata-se de evitar uma injusta distribuição de ônus que acarrete peso maior a determinadas pessoas em razão de um serviço cuja essencialidade se torna cada dia maior.

---

[392]   CAVALIERI FILHO, S. *Programa de responsabilidade civil*. 8. ed. São Paulo: Atlas, 2009. p. 256.

[393]   HARADA, Kiyoshi. Responsabilidade civil por atos do Judiciário. *GenJurídico*, 13.04.2021. Disponível em: http://genjuridico.com.br/2021/04/13/responsabilidade-civil-poder-judiciario/.

De fato, diante da importância e da essencialidade que assume a jurisdição na construção de uma nação que constitua um verdadeiro Estado democrático de direito, não se pode pensar em irresponsabilidade estatal pelos danos injustos que a atividade jurisdicional possa causar. A formação do Estado moderno foi marcada por uma inversão na relação entre direitos dos cidadãos e deveres dos súditos. Passou-se da prioridade quase absoluta dos deveres dos súditos à prioridade dos direitos do cidadão. Essa grande mudança de compreensão do exercício do poder político trouxe como consequência uma grande mudança no papel desempenhado pelo Poder Judiciário no equilíbrio dos Poderes estatais.

Tendo em conta que ao Judiciário incumbe a missão de solucionar conflitos, concretizando os direitos previstos no ordenamento, diante de um contexto em que os direitos passam a ganhar cada vez mais destaque, é natural que a população gradativamente procure o Judiciário com vistas a reduzir a distância entre os direitos positivados e a realidade. Como afirmam Werneck Vianna et al.:[394]

> O protagonismo do Judiciário, assim, é menos o resultado desejado por esse Poder, e mais um efeito inesperado da transição para a democracia, sob a circunstância geral – e não apenas brasileira – de uma reestruturação das relações entre o Estado e a sociedade, em consequência das grandes transformações produzidas por mais um surto de modernização do capitalismo.

Nesse cenário, o Judiciário assume um papel de garante das promessas constitucionais de criação de uma sociedade livre, justa e solidária, tornando-se instrumento de promoção da cidadania do qual se socorre a população. É a partir dessa perspectiva que deve ser compreendida a afirmação de que o século XXI se afigura como o século do Judiciário. Não se trata de redesenhar a repartição de Poderes, que deve ser independente e harmônica, tampouco supor que o Judiciário se encontra em posição superior aos demais Poderes estatais.

Na verdade, cuida-se unicamente de reconhecer que, na atual quadra do desenvolvimento histórico, a tônica da atuação estatal deve estar na concretização de direitos, tarefa na qual a responsabilidade do Judiciário é evidente. A fim de desempenhar essa tarefa, o Judiciário deve estar preparado para reconhecer e responder às questões de moralidade política introduzidas no debate público pela Constituição, com o princípio do devido processo formal e substancial.[395]

Assim, diante de tal quadro, em que a prestação judicial cada vez mais se afirma como instrumento de concretização de direitos fundamentais e de construção de um Estado de direito fundado na proteção efetiva de direitos humanos, a distribuição do ônus decorrente das possíveis falhas na prestação desse serviço essencial constitui medida de justiça comutativa. A possibilidade de responsabilização do Estado por atos judiciais, assim, antes de contrariar a soberania ou o risco permitido, constitui exigência necessária para o adequado funcionamento dos Poderes estatais diante da expansão da judicialização, com repartição mais isonômica dos danos.

Vale ressaltar que nosso regime jurídico constitucional deixa claro que há possibilidade de reparação do dano, especialmente no caso de erro judicial, tal qual previsto na Convenção. Com efeito, o inciso LXXV do art. 5º prevê, expressamente:

---

[394] WERNECK VIANNA, Luiz et al. *Judicialização da política e das relações sociais no Brasil*. Rio de Janeiro: Revan, 1999. p. 12.

[395] Cf. DWORKIN, Ronald. *Levando os direitos a sério*. p. 234 e ss.

(...)

LXXV – o Estado indenizará o condenado por erro judiciário, assim como o que ficar preso além do tempo fixado na sentença;

(...).

O Supremo Tribunal Federal tem buscado compatibilizar o regime de responsabilidade civil objetiva do Estado com as especificidades da prestação jurisdicional a partir da noção de erro judiciário, assentando assim o caráter excepcional da responsabilização do Estado por atos jurisdicionais, em razão da disciplina constitucional do Poder Judiciário, e tendo em conta o caráter exauriente das situações previstas em dispositivos da Lei Orgânica da Magistratura Nacional (Loman), do Código de Processo Penal (CPP) e do Código de Processo Civil (CPC). Nesse sentido, no julgamento do RE com Ag 715.838/CE, relatado pela Min. Cármen Lúcia, prevaleceu a tese de que a responsabilidade objetiva não se aplicaria para os atos judiciais, salvo previsão legal. A norma contida no inc. LXXV do art. 5º da CF seria norma especial em relação ao art. 37, § 6º; por isso que, tratando-se de situação de caráter excepcional, a indenização por erro judiciário exige a configuração de dano anormal e especial.

Nessa mesma linha, no ARE 770.931, restou consignado que "*a jurisprudência desta Corte firmou-se no sentido de que, salvo nas hipóteses de erro judiciário e de prisão além do tempo fixado na sentença – previstas no art. 5.º, LXXV, da CF –, bem como nos casos previstos em lei, a regra é a de que o art. 37, § 6.º, da CF não se aplica aos atos judiciais quando emanados de forma regular e para o fiel cumprimento do ordenamento jurídico*" (ARE 770.931/SC, Rel. Min. Dias Toffoli, *DJ* 19.08.2014). O *leading case* para esses entendimentos foi o RE 505.393, em que a corte decidiu:

> Erro judiciário. Responsabilidade civil objetiva do Estado. Direito à indenização por danos morais decorrentes de condenação desconstituída em revisão criminal e de prisão preventiva. CF, art. 5º, LXXV. C. Pr. Penal, art. 630. 1. O direito à indenização da vítima de erro judiciário e daquela presa além do tempo devido, previsto no art. 5º, LXXV, da Constituição, já era previsto no art. 630 do C. Pr. Penal, com a exceção do caso de ação penal privada e só uma hipótese de exoneração, quando para a condenação tivesse contribuído o próprio réu. 2. A regra constitucional não veio para aditar pressupostos subjetivos à regra geral da responsabilidade fundada no risco administrativo, conforme o art. 37, § 6º, da Lei Fundamental: a partir do entendimento consolidado de que a regra geral é a irresponsabilidade civil do Estado por atos de jurisdição, estabelece que, naqueles casos, a indenização é uma garantia individual e, manifestamente, não a submete à exigência de dolo ou culpa do magistrado. 3. O art. 5º, LXXV, da Constituição: é uma garantia, um mínimo, que nem impede a lei, nem impede eventuais construções doutrinárias que venham a reconhecer a responsabilidade do Estado em hipóteses que não a de erro judiciário *stricto sensu*, mas de evidente falta objetiva do serviço público da Justiça.[396]

A noção de erro judiciário, portanto, é essencial para a configuração do dever de indenizar, estando presente tanto no artigo 10 da Convenção Americana de Direitos Humanos quanto no inciso LXXV da Constituição Federal. Cabe notar, entretanto, que nem sempre é tarefa simples definir o que é erro judiciário, dado que a jurisprudência da Corte Suprema não identifica como erro judicial a decisão proferida após regular instrução probatória e à luz do princípio da livre convicção do juiz. Eventuais desacertos, na hipótese, dariam margem apenas ao recurso previsto em lei.

---

[396]   RE 505.393, Rel. Min. Sepúlveda Pertence, 1ª Turma, *DJe* 26.06.2007.

3. ERRO JUDICIÁRIO

A definição de erro judiciário é uma tarefa muito difícil, já que não está ligada ao acerto ou ao desacerto de uma decisão proferida de acordo com a interpretação dada pelo magistrado acerca da Constituição, da lei e dos fatos, segundo sua consciência ética e jurídica. Isso, porque o sistema recursal possibilita a realização de um controle de mérito da decisão proferida em busca daquela que se constitua como a mais correta. Evidentemente, cabe às instâncias recursais e às cortes superiores a palavra final acerca da decisão mais correta ao caso, mas isso não significa que, todas as vezes que uma decisão for reformada, se estará diante de um erro judiciário.

Não podemos perder de vista que a liberdade e a independência dos magistrados são garantias criadas em prol da sociedade. É para garantir que o juiz, no exercício de sua função, esteja protegido de influências externas que se garante ao magistrado a liberdade de decidir o caso de acordo com sua interpretação acerca do direito aos fatos sob julgamento. Por isso, não é qualquer desconformidade da decisão proferida com o entendimento das cortes constitucionalmente competentes para revisar aquele julgamento que pode ser tida como *erro judiciário* para efeito de se gerar o direito à indenização.

Assim, o erro, que pode ocorrer tanto em processos criminais quanto em processos cíveis ou trabalhistas, tem ligação com uma errônea concepção acerca de um fato ou uma coisa relevante para o julgamento ou com uma aplicação do direito flagrantemente divorciada daquilo que se pode admitir como correto, dentro de um critério de razoabilidade que admite a existência de compreensões diversas acerca do direito a ser aplicado aos fatos. Nesse sentido, afirma Rui Stoco[397] que apenas o erro substancial e inescusável, fundado no dolo, na fraude ou na culpa *stricto sensu*, poderá ensejar a responsabilidade do Estado pelo erro judiciário.

A noção de erro judiciário, portanto, está em grande medida ligada à correta compreensão dos fatos revelada pela atividade processual. Isso se dá porque o exercício da jurisdição, especialmente a criminal, somente pode ser tido como legítimo quando o processo permite verificar, dentro de um ambiente dialógico, se as alegações em que se fundam as pretensões deduzidas são verdadeiras, para, a partir daí, aplicar-se o direito de forma adequada. O falso conhecimento acerca dos fatos sobre os quais incidirá a norma a ser aplicada vicia o julgamento e a atividade jurisdicional, fazendo surgir o direito à indenização.

A ligação entre a busca pela verdade dos fatos e o processo, bem como a compreensão de que a incorreta compreensão dos fatos dá azo ao erro judicial, está relacionada à ideia de que não basta a mera obediência formal ao procedimento para que o resultado do processo possa ser qualificado justo. Uma concepção de justiça e legitimidade do processo que se encerre na correção do procedimento seria claramente insuficiente. Na realidade, para cumprir corretamente sua função de instrumento de efetiva tutela de direitos fundamentais, o direito processual precisa agregar também um adequado exercício da atividade epistêmica, que possibilite a reconstituição correta dos fatos em julgamento, além de uma correta atividade hermenêutica, que garanta a aplicação adequada das normas aos fatos apurados, e tanto a atividade epistêmica quanto a hermenêutica devem ser exercidas seguindo o devido processo legal, para que se possa chegar a uma decisão justa.

Assim, conforme alerta Taruffo,[398] a justiça de uma decisão judicial não se exaure no procedimento adotado, mas necessita da subsistência de três condições específicas, que precisam ser cumpridas concomitantemente: a) que a decisão seja resultado de um *processo justo*, no qual os fatos são discutidos e o direito é aplicado por meio de um procedimento

[397] STOCO, Rui. *Tratado de responsabilidade civil*. 5. ed. São Paulo: Ed. RT, 2001. p. 1187.

[398] TARUFFO, Michele. *Uma simples verdade*: o juiz e a reconstrução dos fatos. São Paulo: Marcial Pons, 2012. p. 142.

que possibilite que as partes exerçam amplamente sua defesa e o contraditório, na discussão dos fatos e do direito; b) que a norma aplicada como critério de validade ao caso tenha sido resultado de uma correta atividade hermenêutica; c) que a aplicação da norma se funde em uma adequada reconstrução histórica dos fatos imputados ao réu.

A conjugação desses três elementos como requisitos de uma decisão justa realça a ligação entre a reconstituição dos fatos e a legitimidade da persecução penal. Nessa perspectiva, tem-se que há uma inegável vinculação entre o direito processual e a busca pela "verdade" ou pela certeza acerca dos fatos que são objeto do processo, dado que, como afirma Taruffo:[399]

> A apuração da verdade dos fatos correspondentes ao chamado suporte fático regulado pela norma é uma *condição necessária* para a correta aplicação da norma no caso concreto: a veracidade da apuração dos fatos é um requisito essencial da legalidade da decisão. Por conseguinte, não só a verdade dos fatos não é irrelevante, como também (e ao contrário disso) condiciona e determina a correção jurídica da solução da controvérsia.

Evidentemente que não estamos aqui nos referindo a uma suposta busca pela "verdade real", como se pudesse existir algo como uma "verdade absoluta" que não fosse mediada pela linguagem e pela consciência,[400] mas tão somente reforçamos a ideia de que a busca pela verdade dos fatos, como ideal a orientar a atividade de instrução praticada no processo, é requisito essencial para o exercício do poder punitivo no Estado democrático de direito.

O processo judicial, portanto, deve ser estruturado para levar ao esclarecimento da verdade. Como afirma Schünemann,[401] "a aptidão para a descoberta da verdade ainda constitui o ponto arquimédico para todo e qualquer instituto de processo penal" e os limites da cognição humana não são suficientes para infirmar o valor da busca pela verdade. Aliás, vale ressaltar que as teorias da verdade como correspondência, que sustentam que "a verdade" é a correspondência entre ideias ou conceitos e objetos, equivalem à construção social da realidade,[402] algo que se concretiza especificamente no reino da linguagem, como fenômeno essencialmente social, e, por isso, se adequa perfeitamente ao processo judicial, também fenômeno essencialmente social e comunicativo.

Nesse aspecto, tem-se que a reconstrução dos fatos é provavelmente a atividade mais relevante desempenhada no processo, especialmente nos processos criminais, que se destinam precipuamente a possibilitar que, dentro dos limites legais, se possa apreciar a veracidade de uma imputação penal, isto é, verificar a ocorrência de fato concreto subsumível a uma norma penal e sua autoria. Comprovado que o réu praticou o fato típico, antijurídico e culpável que lhe é imputado, a ele serão aplicadas as sanções legalmente previstas. Do contrário, seja pela demonstração de que

---

399   TARUFFO, Michele. *Uma simples verdade*: o juiz e a reconstrução dos fatos. São Paulo: Marcial Pons, 2012. p. 140.

400   A questão da verdade é dos mais antigos e persistentes problemas filosóficos, sendo de grande interesse para os juristas, especialmente após o giro linguístico e a obra de filósofos como Heidegger, Gadamer e Wittgenstein . Obviamente, entretanto, aqui não nos ocuparemos dessa questão, nem mesmo da correlata questão epistêmica da busca pela verdade "processual" ou das teorias processuais que decorrem da concepção adotada. Sobre esse tema, consultar a obra de Michele Taruffo, que dedicou quase toda sua produção acadêmica ao trinômio fundamentação-prova-verdade, valendo consultar especialmente *A prova* e *Uma simples verdade*, ambas publicadas no Brasil pela Marcial Pons, e *La prueba de los hechos*, publicada na Espanha pela Editorial Trotta.

401   SCHÜNEMANN, Bernd. *Estudos de direito penal, direito processual penal e filosofia do direito*. São Paulo: Marcial Pons, 2013. p. 245.

402   Cf. COLARES DO NASCIMENTO, Matheus. Teorias da verdade como correspondência. *Pólemos – Revista de Estudantes de Filosofia da Universidade de Brasília*, v. 9, n. 18, p. 293-314, 2020. Disponível em: https://periodicos.unb.br/index.php/polemos/article/view/29581.

o fato não ocorreu ou de que o acusado não foi seu autor, seja simplesmente porque as provas produzidas não permitem concluir pela materialidade e autoria acima de uma dúvida razoável, o resultado deverá ser a absolvição, com a manutenção do estado de inocência do acusado.

Por isso que um processo penal é sempre uma "máquina retrospectiva", que tem como objetivo primordial a reconstituição de um fato passado com vista a determinar se o fato ocorreu e quem foi seu autor, a partir de um procedimento em que as partes formulam hipóteses e no qual cabe ao juiz, com base em um conhecimento empírico, acolher a mais provável, com estrita observância de determinadas normas.[403]

Não cabe aqui aprofundar as ricas discussões filosóficas acerca da ideia de que a verdade é inalcançável (uma vez que somente conseguimos obter versões da verdade) ou seu reflexo no campo processual, materializada na ideia de que, por meio do processo judicial, não se pode pretender chegar à chamada "verdade real", mas tão somente a uma verdade formal, construída a partir do que foi colhido na instrução processual. Entretanto, quaisquer que sejam as abordagens adotadas, importa ressaltar que a busca da verdade sobre os fatos discutidos nos autos sempre é um imperativo de justiça. Com efeito, como afirma Leonardo Greco:[404]

> Em todos os tempos, a ideia de Justiça como objeto do Direito sempre esteve axiologicamente ancorada no pressuposto da verdade, ou seja, na incidência das normas jurídicas sobre a realidade da vida tal como ela é. Os indivíduos somente se sentem eticamente motivados a conviver sob o império da lei, quando sabem que a justiça vai dar a cada um o que é seu, em conformidade com a verdade. É claro que na História da Humanidade, em muitas épocas o conceito de verdade, como *adequatio intellectus ad rem*, foi questionado pelos filósofos, ou foi considerado inacessível ou foi sobrepujado pelo Estado autoritário ou pelo positivismo, mas sempre, na teoria das provas, a verdade ou a certeza dos fatos ressurge como uma função importante. Jeremias Bentham, escrevendo no início do século XIX, após o impacto do racionalismo cartesiano e do idealismo kantiano, ironiza os filósofos, que duvidam da própria realidade do mundo físico, dizendo que os que os seguirem piamente correrão o risco de não se afastarem de um carro que avança ou de um rio à sua frente, e, assim, "destrozaréis o ahogaréis un gran filósofo".

Tem-se, pois, que, mesmo a despeito de reconhecer as dificuldades imanentes à busca pela verdade no processo, o Direito não pode abdicar dessa finalidade, que deve sempre figurar como horizonte de sentido a guiar toda a atuação dos operadores do direito. Com efeito, render-se ao relativismo exagerado, tão ao gosto de algumas teorias procedimentalistas, que enxergam no processo unicamente um meio de solução de conflitos, sem compromisso com a verdade dos fatos ou com a justiça da decisão, implicaria negar ao direito seu caráter de ciência instrumental dotado de uma pretensão de correção. Nesse sentido, vale lembrar a magistral lição de Ferrajoli,[405] que adverte que, se uma justiça penal "inteiramente 'como verdade' constitui uma utopia, uma justiça penal inteiramente 'sem verdade' equivale a um sistema de arbítrio". Por isso é que o exercício legítimo do Poder Judiciário pressupõe sua complementação pelas noções de justiça e busca pela verdade no processo, sendo de todo evidente que a falsa representação da realidade e a equivocada compreensão dos fatos em que se sustentam as pretensões constituem erros aptos a gerar o dever de indenizar.

Por fim, restam ainda dois conceitos importantes a serem extraídos do artigo 10 da Convenção, os quais têm efeitos de suma importância no regime da responsabilidade civil.

---

[403]   Cf. LOPES JR., Aury. *Direito processual penal e sua conformação constitucional*. v. I. p. 523.

[404]   GRECO, Leonardo. O conceito de prova. *Revista da Faculdade de Direito de Campos*, ano IV, nº 4, e ano V, nº 5, 2003-2004, p. 233-234.

[405]   FERRAJOLI, Luigi. *Direito e razão*. Teoria do garantismo penal. 2. ed. rev. e ampl. São Paulo: RT, 2006. p. 19.

Um deles é o da necessidade de que o erro judicial tenha sido praticado em uma sentença que transitou em julgado, visto que, enquanto ainda pendente de recurso e de discussão, os meios ordinários de impugnação previstos no sistema judicial são suficientes para afastar a possibilidade de dano indenizável.

A outra consequência é quase uma decorrência da anterior. Somente em situações em que o erro tenha sido praticado em decisões que não mais estão sujeitas a recursos, cobertas pelo manto da coisa julgada, segue-se que o erro, para ser configurado e fazer surgir o dever de indenizar, deve ser declarado por meio de um procedimento judicial que possa rescindir a eficácia da coisa julgada. Assim, cabe ao interessado, a ver declarado o erro, propor uma revisão criminal ou ação rescisória, dado que somente a partir da desconstituição da eficácia da coisa julgada no processo originário é que efetivamente se poderá falar em erro judiciário e dano.[406] Nesse sentido, tem-se que a rescisão do julgado pela via própria é condição indispensável à configuração do erro judiciário.

REFERÊNCIAS

BANDEIRA DE MELLO, Celso Antônio. *Curso de Direito Administrativo*. 26. ed. São Paulo: Malheiros, 2001.

CAVALIERI FILHO, S. *Programa de responsabilidade civil*. 8. ed. São Paulo: Atlas, 2009.

COLARES DO NASCIMENTO, Matheus. Teorias da verdade como correspondência. *Pólemos – Revista de Estudantes de Filosofia da Universidade de Brasília*, v. 9, n. 18, p. 293-314, 2020. Disponível em: https://periodicos.unb.br/index.php/polemos/article/view/29581.

COSTA, Moacir dos Santos. *A responsabilidade civil do juiz por danos resultantes de culpa em sentido estrito no exercício da função*: a tolerância à atuação negligente, imprudente e imperita do magistrado brasileiro (1939-2017). Dissertação (Mestrado) – UFSC, 2017.

DWORKIN, Ronald. *Levando os direitos a sério*.

ENTERRÍA, Eduardo García de; FERNÁNDEZ, Tomás-Ramón. *Curso de derecho administrativo*. 2014. v. II.

FERRAJOLI, Luigi. *Direito e razão*. Teoria do garantismo penal. 2. ed. rev. e ampl. São Paulo: RT, 2006.

GRECO, Leonardo. O conceito de prova. *Revista da Faculdade de Direito de Campos*, ano IV, n° 4, e ano V, n° 5, 2003-2004.

GUSMÃO, Paulo Dourado de. *Introdução ao Estudo do Direito*. 20. ed. Rio de Janeiro: Forense, 1997.

HARADA, Kiyoshi. Responsabilidade civil por atos do Judiciário. *GenJurídico*, 13.04.2021. Disponível em: http://genjuridico.com.br/2021/04/13/responsabilidade-civil-poder-judiciario/.

LOPES JR., Aury. *Direito processual penal e sua conformação constitucional*. v. I.

SCHÜNEMANN, Bernd. *Estudos de direito penal, direito processual penal e filosofia do direito*. São Paulo: Marcial Pons, 2013.

STOCO, Rui. *Tratado de responsabilidade civil*. 5. ed. São Paulo: Ed. RT, 2001.

TARUFFO, Michele. *Uma simples verdade*: o juiz e a reconstrução dos fatos. São Paulo: Marcial Pons, 2012.

WERNECK VIANNA, Luiz et al. *Judicialização da política e das relações sociais no Brasil*. Rio de Janeiro: Revan, 1999.

---

[406]   STOCO, Rui. *Tratado de responsabilidade civil*. 5. ed. São Paulo: Ed. RT, 2001. p. 1189.

Artigo 11
Proteção da honra e da dignidade

1. Toda pessoa tem direito ao respeito de sua honra e ao reconhecimento de sua dignidade.

2. Ninguém pode ser objeto de ingerências arbitrárias ou abusivas em sua vida privada, na de sua família, em seu domicílio ou em sua correspondência, nem de ofensas ilegais à sua honra ou reputação.

3. Toda pessoa tem direito à proteção da lei contra tais ingerências ou tais ofensas.

 COMENTÁRIOS

por Ingo Wolfgang Sarlet e Gabrielle Bezerra Sales Sarlet

1. CONSIDERAÇÕES GERAIS

A Declaração da ONU de 1948 é um dos mais legítimos instrumentos de salvaguarda da pessoa humana. Ela contém, em seus trinta artigos, uma súmula dos direitos humanos, em suas diversas gerações/dimensões, destacando-se os aspectos: individual, social, cultural e político. Em outro giro, essa declaração enunciou o conteúdo essencial dos chamados direitos humanos e fundamentais, instaurando uma nova perspectivação na esfera global, inaugurando assim o sistema internacional (universal) de proteção dos direitos humanos, além de servir de paradigma para a instituição dos sistemas protetivos em âmbito regional.

Mediante a construção e a ampliação gradual do sistema universal de proteção da ONU, destaque para os dois grandes Pactos de 1966, designadamente o Pacto de Direitos Civis e Políticos e o Pacto de Direitos Econômicos, Sociais e Culturais, assim como da instituição de sistemas de proteção regionais, em especial na Europa, na América e na África, formou-se, a despeito de algumas importantes diferenças no plano regional, dadas as suas especificidades, uma espécie de direito internacional comum dos direitos humanos. Nada obstante a necessidade também de um olhar crítico relativamente ao real papel exercido pelos sistemas referidos, como a sua capacidade de, a partir de um olhar essencialmente ocidental e mesmo ainda significativamente eurocêntrico, servir de gramática comum e universalizável,[407] instituiu-se e afirmou-se um modo singular de apreciação do fenômeno jurídico pautado pelo princípio *pro homine*, caracterizado – em especial a partir da Conferência de Teerã, de 1968 – pela universalidade, indivisibilidade e interdependência entre os direitos humanos de todas as dimensões (civil, política, social, econômica, cultural e ambiental).[408]

Além disso, nunca é demasiado acostar a lição de Comparato,[409] no sentido de que a consolidação e a cristalização desses ideais devem ser atribuídas necessariamente a uma

---

[407] NUßBERGER, Angelika. *Os direitos humanos*: história, filosofia, conflitos. Trad. Luís Marcos Sander. Porto Alegre: Fundação Fênix, 2022. p. 62-64. Para a autora, destaca-se que o descobrimento dos direitos humanos consiste em um ponto sem retorno na trajetória da civilização humana.

[408] Proclamação de Teerã. Disponível em: http://www.dhnet.org.br/direitos/sip/onu/doc/teera. htm#:~:text=Desde%20que%20foi%20aprovada%20pela,instrumentos%20internacionais%20de%20 relevada%20import%C3%A2ncia. Acesso em: 18.01.2023.

[409] COMPARATO, Fábio Konder. *A afirmação histórica dos direitos humanos*. 3. ed. São Paulo: Saraiva, 2003.

espécie de esforço coordenado e sistemático em termos de uma educação[410] em matéria de direitos humanos e para os direitos humanos. Não custa apontar ainda que outra grande contribuição do pós-guerra foi a constatação da necessidade de instâncias neutras de caráter supranacional na proteção dos direitos essenciais. Arendt,[411] *e.g.*, refletindo sobre a situação dos refugiados,[412] revelava que, perversamente, os direitos humanos não são, de fato, protegidos independentemente da nacionalidade. Nessa linha de raciocínio, ela concluiu que, paradoxalmente, a essência dos direitos humanos é, em suma, o direito de ter direitos assegurados.[413]

Assim, com o advento da Declaração da ONU e a posterior universalização dos direitos, surge uma nova era para o Direito Internacional Público.[414] Em rigor, com o advento do Direito Internacional dos Direitos Humanos, é deslocado o foco de atenção do Estado-Nação e inaugurada uma nova forma de cidadania: a cidadania cosmopolita.[415] Alinhavados à dignidade humana, simultaneamente, começaram a ganhar relevo para a ordem mundial, entre outros, dois novos temas: a tolerância e a erosão do conceito de soberania.[416]

Ademais, interessa mencionar que o foco da atuação dos sistemas de proteção de direitos humanos, tendo como fundamento a dignidade humana, está na priorização do livre desenvolvimento da personalidade, no asseguramento de uma vida saudável, na proteção contra o arbítrio e todas as formas de discriminação, na preservação do meio ambiente e do desenvolvimento sustentável, na relação do ser humano com as novas tecnologias e na garantia do Estado Democrático de Direito.[417]

Na qualidade de parte do núcleo central, frise-se que a ideia fundamental da tolerância é a da diferença na igualdade, sendo insuficiente a mera aceitação e a garantia da pluralidade. É necessário, contudo, que haja o reconhecimento do outro como sujeito, pois tolerar é aceitar de forma integral aquele que é diferente e até mesmo contrário. Nessa perspectiva, extrai-se, em sintonia com o caleidoscópio de dimensões que o conceito de dignidade humana passa a assumir ao longo do tempo, a sua umbilical interação com o reconhecimento da intersubjetividade, sobretudo tendo em vista a atual jurisprudência do sistema interamericano.

---

[410] DEMO, Pedro. *Educação e alfabetização científica*. Campinas: Papirus, 2010. p. 133.

[411] ARENDT, Hannah. *Origens do totalitarismo*. Trad. Roberto Raposo. São Paulo: Companhia das Letras, 1989. p. 330.

[412] DI FABIO, Udo. *Die Kultur der Freiheit*. München: Verlag C.H.Beck, 2005. S. 206-207.

[413] ARENDT, Hannah. *Origens do totalitarismo*. Trad. Roberto Raposo. São Paulo: Companhia das Letras, 1989. p. 331. Afirmou ainda, tornando-se uma voz inconteste acerca do tema que envolve a dignidade e os direitos humanos, que: "O homem pode perder todos os chamados Direitos do Homem sem perder a sua qualidade essencial de homem, sua dignidade humana. Só a perda da própria comunidade é que o expulsa da humanidade".

[414] RAMOS, André de Carvalho. Responsabilidade internacional do Estado por violação de direitos humanos. *Revista CEJ*, Brasília, n. 29, p. 53-63, abr.-jun. 2005.

[415] "Artigo 3º Direito ao reconhecimento da personalidade jurídica. Toda pessoa tem direito ao reconhecimento de sua personalidade jurídica" (Convenção Americana de Direitos Humanos. Disponível em: https://www.pge.sp.gov.br/centrodeestudos/bibliotecavirtual/instrumentos/sanjose.htm. Acesso em: 03.01.2023).

[416] RAMOS, André de Carvalho. Responsabilidade internacional do Estado por violação de direitos humanos. *Revista CEJ*, Brasília, n. 29, p. 53-63, abr.-jun. 2005; Declaração Universal dos Direitos Humanos – Artigo I: todas as pessoas nascem livres e iguais em dignidade e direitos. São dotadas de razão e consciência e devem agir em relação umas às outras com espírito de fraternidade. Disponível em: https://www.oas.org/dil/port/1948%20Declara%C3%A7%C3%A3o%20Universal%20dos%20Direitos%20Humanos.pdf. Acesso em: 24.01.2023.

[417] AZEVEDO, Antônio Junqueira de. Caracterização jurídica da dignidade da pessoa humana. *Revista dos Tribunais*, v. 797, p. 11-26, mar. 2002.

Voltando-nos agora, vencidas algumas noções preliminares, ao Sistema Interamericano de Direitos Humanos,[418] efetivamente criado – como marco normativo vinculante dos Estados signatários – quando da aprovação pela OEA (Organização dos Estados Americanos), em 1969, da Convenção Americana de Direitos Humanos (conhecida como Pacto de San José da Costa Rica), juntamente com a criação da Corte Interamericana de Direitos Humanos (Corte IDH) e da Comissão Interamericana de Direitos Humanos (CIDH). Oportuno recordar, que tanto a Corte quanto a Comissão são, respectivamente, na esfera jurisdicional e extrajudicial, os órgãos capitais no que diz respeito à garantia da efetividade do sistema interamericano, porquanto incumbidos, no âmbito de suas competências[419] e atribuições, do monitoramento e eventual responsabilização dos Estados em virtude da violação dos compromissos assumidos.[420] Saliente-se que os órgãos interamericanos de proteção dos direitos humanos somente atuarão após o esgotamento dos recursos jurisdicionais internos.

Logo, muito embora o escopo do presente texto seja o de comentar parte de dispositivo específico da Convenção Americana (artigo 11), soa oportuno pontuar que esta, já no seu preâmbulo, prevê que os direitos essenciais do homem não encontram fundamento na nacionalidade, mas, sim, na circunstância de se ser uma pessoa humana, já apontando, portanto, para a centralidade da dignidade humana.

Nessa perspectiva e à guisa de exemplo, o artigo 1 da Convenção declara que Pessoa é todo ser humano, sem ressalvas quanto às distinções de raça, de idioma, de religião, de nacionalidade, de classe social, de condição econômica e financeira, ou seja, igualmente no que toca à miríade das orientações políticas, sexuais ou filosóficas.

Na mesma toada, é possível referir o artigo 3, de acordo com o qual os Estados ratificantes se comprometem e entendem que não lhes cabe atribuir ou determinar de modo absoluto os limites da personalidade humana.

Note-se que, para além da Convenção Americana, os princípios basilares do Sistema Interamericano de Proteção aos Direitos Humanos já haviam sido, em grande medida, consagrados na Carta da Organização dos Estados Americanos,[421] na Declaração Americana dos Direitos e Deveres do Homem[422] e na Declaração Universal dos Direitos do Homem da ONU, que, por sua vez, foram reafirmados e desenvolvidos em outros instrumentos internacionais, tanto de âmbito global como regional. Nesse sentido, enaltece-se ainda a relevância do teor do Protocolo de Reforma da Carta da Organização dos Estados Americanos "Protocolo de Cartagena das Índias", do "Protocolo de Washington" e do "Protocolo de Manágua", que reforçam o papel da cooperação internacional. Extrai-se essa mesma ideia, já em uma perspectiva mais abrangente, do Protocolo adicional à Convenção Americana

---

[418] O Sistema Interamericano de Proteção aos Direitos Humanos teve seu início formal em 1948, com a proclamação da Declaração Americana dos Direitos e Deveres do Homem, aprovada na Nona Conferência Internacional Americana, realizada em Bogotá.

[419] CORTE INTERAMERICANA DE DERECHOS HUMANOS. *Caso James y otros* vs. *Trinidad y Tobago*. Medidas Provisionales, de 25.05.1999, voto concorrente do Juiz A. A. Cançado Trindade. In: CIDH. *Informe anual de la Corte Interamericana de Derechos Humanos*. Washington, D.C.: Secretaria General de la Organización de los Estados Americanos, 1999. p. 338.

[420] RAMOS, André de Carvalho. Responsabilidade internacional do Estado por violação de direitos humanos. *Revista CEJ*, Brasília, n. 29, p. 53-63, abr.-jun. 2005.

[421] Carta da Organização dos Estados Americanos. Disponível em: https://www.cidh.oas.org/basicos/portugues/q.carta.oea.htm. Acesso em: 03.01.2023.

[422] Declaração Americana dos Direitos e Deveres do Homem. Disponível em: https://www.saopaulo.sp.leg.br/mulheres/wp-content/uploads/sites/35/2020/07/DECLARA%C3%87%C3%83O-AMERICANA-DOS--DIREITOS-E-DEVERES-DO-HOMEM.pdf. Acesso em: 03.01.2023.

sobre Direitos Humanos em matéria de Direitos Econômicos, Sociais e Culturais, conhecido como Protocolo de San Salvador.[423]

Para melhor compreender o escopo do Sistema Interamericano de Proteção aos Direitos Humanos, destacam-se, *v.g.*, os seguintes documentos: a Convenção Interamericana para Prevenir e Punir a Tortura, a Convenção Interamericana para a Eliminação de Todas as Formas de Discriminação contra as Pessoas Portadoras de Deficiência, a Convenção contra o Racismo, a Discriminação Racial e Formas Correlatas de Intolerância, o Protocolo à Convenção Americana de Direitos Humanos relativo à Abolição da Pena de Morte, a Convenção Interamericana sobre Desaparição Forçada de Pessoas, a Convenção Interamericana para Prevenir, Punir e Erradicar a Violência Contra a Mulher e a Convenção sobre a Eliminação de Todas as Formas de Discriminação Racial.

De qualquer sorte, não se pode olvidar nem subestimar a importância, para a formatação do sistema regional interamericano e para a interpretação/aplicação de seu marco normativo pela Corte IDH e pela Comissão, do sistema universal da ONU e mesmo de um diálogo com outros sistemas regionais, como é o caso, em especial, do sistema europeu e de seus dois subsistemas, designadamente o da União Europeia – Carta dos Direitos Fundamentais – e o do Conselho da Europa – Convenção Europeia de Direitos Humanos –, bem como de seus respectivos Tribunais.

Assim, à vista das considerações preliminares tecidas, passa-se a adentrar o objeto precípuo do presente comentário, designadamente, o da dignidade humana e sua relação com o direito à honra, de modo especial na perspectiva da jurisprudência da Corte Interamericana de Direitos Humanos, mas sem antes deixar de bosquejar alguns aspectos jurídico-filosóficos preliminares de caráter geral.

2. DA DIGNIDADE HUMANA

2.1 Recortes introdutórios

O conceito de dignidade humana como um paradigma universal é uma das consequências inequívocas do processo de emergência do indivíduo[424] ao longo da História da humanidade. Trata-se de uma categoria que, em sua formulação atual, representa o amadurecimento dos conceitos de pessoa humana e de dignidade, levando a uma sinergia e interação umbilical entre as duas noções.

Devido a essa convergência entre as noções de dignidade,[425] pessoa, vida e humanidade, a dignidade humana traz, em sua essência,[426] uma extrema complexidade.[427] Então, apesar de

---

[423] Protocolo adicional à Convenção Americana de Direitos Humanos em matéria de Direitos Econômicos, Sociais e Culturais. Disponível em: http://www.cidh.org/basicos/portugues/e.protocolo_de_san_salvador.htm. Acesso em: 04.01.2023.

[424] VAZ, Henrique Cláudio de Lima. *Antropologia filosófica*. São Paulo: Loyola, 1992. v. II. p 200.

[425] "Artigo 5º Direito à integridade pessoal. 1. Toda pessoa tem direito a que se respeite sua integridade física, psíquica e moral. 2. Ninguém deve ser submetido a torturas, nem a penas ou tratos cruéis, desumanos ou degradantes. *Toda pessoa privada de liberdade deve ser tratada com o respeito devido à dignidade inerente ao ser humano*" (grifo nosso). Convenção Americana de Direitos Humanos. Disponível em: https://www.pge.sp.gov.br/centrodeestudos/bibliotecavirtual/instrumentos/sanjose.htm. Acesso em: 03.01.2023.

[426] OLIVEIRA, Manfredo Araújo de. *Ética e sociabilidade*. São Paulo: Loyola, 1993. p. 30.

[427] WODARG, Wolfgang. Diesseits des Rubikon? Politische Standortbestimmung im Streit um die rechtliche und moralische Auslegung der Menschenwürde. In: KETTNER, Mathias (Org.). *Biomedizin und Menschenwürde*. Frankfurt am Main: Suhrkamp Verlag, 2004. p. 24.

atualmente se expressar como um dos mais importantes estatutos jurídico, ético e moral,[428] consiste em tema de complexa abordagem e delimitação.[429] Tal dificuldade assenta-se, primeiramente, na infinita densidade ontológica[430] do conceito[431] de pessoa.

Em rigor, é perceptível que o conceito de pessoa surgiu na esteira da afirmação do ser humano como agente moral,[432] ou seja, como agente ético, livre e responsável.[433] Tal compreensão só se faz possível no processo de universalização[434] em que o indivíduo sai de si e busca a liberdade[435] e a autonomia[436] na sua convivência com os demais seres.[437] Depreende-se daí, em primeiro plano, as dimensões da dignidade como: valor intrínseco, atrelado à autonomia e, por fim, ao reconhecimento social, ou seja, em uma dimensão comunitária.

Em Kant,[438] *v.g.*, a pessoa humana assume local de destaque na fórmula do imperativo categórico,[439] uma vez que ele a coloca no patamar de fim, recusando qualquer tentativa de

---

[428]   PIOVESAN, Flávia. Direitos humanos, o princípio da dignidade humana e a Constituição brasileira de 1988. *Revista do Instituto de Hermenêutica Jurídica*, Porto Alegre, v. 1, n. 2, p. 79-100, 2004. p. 91- 92. Ver também BRAUN, Kathrin. Die besten Gründe für eine kategorische Auffassung der Menschenwürde. In: KETTNER, Mathias (Org.). *Biomedizin und Menschenwürde*. Frankfurt am Main: Suhrkamp Verlag, 2004. p. 88: "*Die Beziehung zwischen Menschenwürde und Grund- und Menschenrechten ist im Grunbdgesetz so gestaltet, dass die Menschenwürde die Basis und den Geltungsgrund der Grund- und Menschenrechte*".

[429]   DREIER, Horst. Lebenschutz und Menschenwürde in der bioethischen Diskussion. In: REUTER, Hans--Richard (Org.). *Bioethik und Menschenwürde*: Ethik & Gesellschaft; Vorträge des Instituts für Christliche Gesellschaftswissenschaften. Münster: LIT, 2002; BARCELLOS, Ana Paula de. *A eficácia jurídica dos princípios constitucionais*: o princípio da dignidade da pessoa humana. Rio de Janeiro: Renovar, 2002. p. 21.

[430]   CHAUI, Marilena. *Convite à Filosofia*. 12. ed. São Paulo: Ática, 1999. p. 238-242.

[431]   KAUFMANN, Mathias. *Begriffe, Sätze, Dinge*: Referenz und Wahrheit bei Wilhelm von Ockham. Köln: Leiden, 1993. p. 14-15.

[432]   CHAUI, Marilena. *Convite à Filosofia*. 12. ed. São Paulo: Ática, 1999. p. 346.

[433]   PEGORARO, Olinto A. *Ética e bioética*: da subsistência à existência. Petrópolis: Vozes, 2002. p. 26. Ver também: FROMM, Erich. *Etica y psicoanalisis (Man for Himself)*. Trad. Heriberto F. Morck. Cidade do México: Fondo de Cultura Econômica, 1998. p. 113. Fromm alerta, nessa obra, que ter responsabilidade é um privilégio e uma carga da pessoa. Quanto à noção de responsabilidade na perspectiva de um novo imperativo para a civilização tecnológica, ver: JONAS, Hans. *Das Prinzip Verantwortung*: Versuch einer Ethik für die technologische Zivilisation. Frankfurt am Main: Suhrkamp Taschenbuch Verlag, 2003. p. 16.

[434]   PEGORARO, Olinto A. *Ética e bioética*: da subsistência à existência. Petrópolis: Vozes, 2002. p. 26-27.

[435]   JONAS, Hans. *Organismus und Freiheit*: Ansätze zu einer philosophischen Biologie. Göttingen: Vandenhoeck & Ruprecht, 1973. p. 12-13. Ver também: OLIVEIRA, Manfredo Araújo de. *Ética e Sociabilidade*. São Paulo: Loyola, 1973. p. 149. Aqui o autor nos demonstra que liberdade deve ser entendida como limitação recíproca, como uma tensão entre a defesa da liberdade individual e da esfera das liberdades dos outros, ou seja, a liberdade é pensada não somente em uma perspectiva individual mas implica igualmente a compreensão da intersubjetividade.

[436]   OLIVEIRA, Manfredo Araújo de. *Ética e sociabilidade*. São Paulo: Loyola, 1993. p. 135. Nesse sentido, ver também: WARAT, Luis Alberto. *A ciência jurídica e seus dois maridos*. Santa Cruz do Sul: Edunisc, 2000. p. 125. Para esse autor: "*Um indivíduo fechado, isolado do outro, não realiza a sua autonomia, fica alienado. Porém, um excesso de vínculo com o outro, uma relação sem movimento próprio, também conduz à alienação. A autonomia é um vínculo com o outro em que ambos têm movimento próprio*".

[437]   LÉVINAS, Emmanuel. *Die Spur des Anderen*: Untersuchungen zur Phänomenologie und Sozialphilosophie. Emmanuel Lévinas Hrsg. und eingeleitet von Wolfgang Nikolaus Krewani. München: Alber-Studienausgabe, 1998. p. 209.

[438]   KANT, Immanuel. *Fundamentos da metafísica dos costumes*. Lisboa. Ed 70, 1986. p. 68. Ainda sobre o conceito de pessoa na filosofia transcendental kantiana, ver: BAUMGARTNER, Hans Michael et al. Menschenwürde und Lebensschutz: Philosophische Aspekte. In: RAGER, Günter (Hrsg.). *Beginn, Personalität und Würde des Menschen*. München: Verlag Karl Alber. 1998. p. 198.

[439]   Na formulação kantiana do imperativo categórico, tem-se a mais vigorosa reivindicação da dignidade e da intocabilidade da pessoa humana na filosofia moral da modernidade. Na fórmula "*Age de tal forma*

tomá-la como meio. A pessoa, nessa perspectiva kantiana, assume um valor não quantificável, incomparável a qualquer outro: um valor moral, revestido de dignidade. Kant alçou a dignidade humana ao vértice, ou seja, concebeu-a como valor absoluto.[440] Arendt[441] mostra que, segundo Kant, há três perspectivas sob as quais os negócios humanos podem ser considerados: há a espécie humana e seu progresso; há o ser humano moral e fim em si mesmo; e ainda os homens em sua pluralidade, isto é, a esfera da sociabilidade.[442]

Em Kant, fica explicitada a universalidade, já que somente nela o particular faz sentido. Dessa forma, vê-se a proclamação do imperativo categórico como regra moral universal. O agir moral, proclamado no imperativo categórico, pressupõe autonomia e racionalidade, que serão as características preponderantes para a sua definição de pessoa.[443] Tal definição é o que implica a distinção entre pessoa e coisa.[444]

Com isso, a vontade racional, juntamente com a autonomia, confere à pessoa um *status*, visto que, ao mesmo tempo que se submete às leis da razão prática,[445] é fonte dessas mesmas leis,[446] segundo o imperativo categórico.[447] Trata-se do projeto ético-pedagógico[448] empreendido por Kant, destinado à condução da humanidade à maioridade e em que a liberdade ocupa o topo da razão. Kant, em síntese, sublinhou a diferença entre pessoa e indivíduo, ressaltando que, apesar de toda pessoa ser indivíduo,[449] tal distinção tem preponderância para

---

que tomes a humanidade, tanto em tua pessoa como na de cada um, ao mesmo tempo, sempre como fim e nunca como simples meio", encontra-se resumida a ideia da personalidade como vinculação à liberdade, à autofinalidade e à dignidade. Aqui há a célebre ideia de que o valor da pessoa humana não comporta a ideia de preço, antes de dignidade (KANT, Immanuel. *Kritik der praktischen Vernunft*: Grundlegung zur Metaphysik der Sitten. 4. Auflage. Hrsg. Wilhelm Weischedel. Framkfurt am Main: Suhrkamp Taschenbuch, 2004. S. 42).

[440]   HÖFFE, Otfried. *Medizin ohne Ethik?* Frankfurt am Main: Suhrkamp, 2002. S. 64-69.

[441]   ARENDT, Hannah. *Lições sobre a filosofia política de Kant*. Trad. André Duarte de Macedo. Rio de Janeiro. Relume-Dumará. 1993. p. 37.

[442]   KANT, Immanuel. *Fundamentação da metafísica dos costumes*. Trad. Paulo Quintela. Lisboa: Edições 70, 2007. p. 35 e ss.

[443]   Ressaltando que a pessoa humana é insubstituível e, dessa forma, segundo Kant, digna, o autor oferece uma distinção entre meio e fim, correlacionando com preço e dignidade (WOLBERT, Werner. *Der Mensch als Mittel und Zweck*: Die Idee der Menschenwürde in normativer Ethik und Metaethik. Münster. Aschendorff Verlag GmbH & Co., 1987. S. 31).

[444]   KANT, Immanuel. *Fundamentação da metafísica dos costumes*. Trad. Paulo Quintela. Lisboa: Edições 70, 2007. p. 41.

[445]   Henrique Vaz esclarece que a liberdade e a razão prática são os conceitos fundamentais na obra de Kant que, em seu amadurecimento, deram surgimento ao conceito de autonomia na qualidade de fato da razão (Faktum der Vernunft), fundamentos definitivos de sua ética (VAZ, Henrique Cláudio de Lima. *Escritos de filosofia IV*: introdução à ética filosófica 1. São Paulo: Edições Loyola. p. 336).

[446]   FRANKENBERG, Günter. *Autorität und Integration*: Zur Grammatik von Recht und Verfassung. Frankfurt am Main: Suhrkamp, 2003. S.270.

[447]   VAZ, Henrique Cláudio de Lima. *Escritos de filosofia IV*: introdução à ética filosófica 1. São Paulo: Edições Loyola. p. 339-341.

[448]   VAZ, Henrique Cláudio de Lima. *Escritos de filosofia IV*: introdução à ética filosófica 1. São Paulo: Edições Loyola. p. 325. Em relação a esse projeto ético-pedagógico, Gerd Bornheim afirma que a normatividade se fundamenta na universalização (BORNHEIM, Gerd. O sujeito e a norma. In: NOVAES, Adauto (org.). *Ética*. São Paulo. Companhia das Letras, 1992. p. 247).

[449]   Nos seres humanos, a individuação é entendida como um conceito de valor imprescindível, que foi confundido com a atribuição ou o reconhecimento da personalidade. A grande questão que se coloca para a bioética atualmente é exatamente a distinção desses dois conceitos, assim como a análise clara e crítica dos

o estabelecimento do ser humano, a pessoa, como ser livre e autônomo, sendo ao indivíduo humano reconhecido o valor maior, único e intransferível: a dignidade.

Ocorre que pessoa, como experiência integradora, deve ser entendida como uma síntese entre essência (estrutura e relações) e existência(realização). Trata-se, então, de uma categoria que exprime tanto a interioridade quanto a exterioridade, ou seja, nos termos da lógica dialética que radica na singularidade absoluta da pessoa,[450] supra-assumindo a universalidade da essência, mediatizada pela particularidade histórica da realização. Nessa perspectiva, a personalidade se constrói em uma dinâmica de liberdade, de igualdade, de solidariedade e de responsabilidade mediante a proteção de direitos humanos e fundamentais que a balizam e a asseguram.

Em razão da sua radicalidade e do incremento do seu sentido, verifica-se, que, juntamente com a Constituição de Weimar (1919), a Constituição portuguesa de 1933 e a Constituição da Irlanda (1937), a Constituição brasileira de 1934 se situa entre as poucas que fizeram expressa referência à dignidade (da pessoa) humana antes da viragem provocada pela Segunda Guerra Mundial, quando, como reação às graves e inolvidáveis atrocidades cometidas especialmente pelos regimes totalitários, tanto a Declaração dos Direitos Humanos da ONU (1948) quanto uma série de constituições nacionais, com destaque para a Lei Fundamental da Alemanha (1949), passaram a proclamar e a garantir a dignidade humana, o que também se verificou na esfera do direito internacional dos direitos humanos, com destaque para a Convenção Americana, de 1969, já referida.

Com efeito, assim como a dignidade humana ganhou em representatividade e importância no cenário constitucional e internacional, em termos tanto quantitativos como qualitativos, verificou-se, no plano da literatura, das ciências humanas e sociais (e não apenas no campo do direito) e da jurisprudência, uma crescente tendência no sentido de enfatizar a existência de uma íntima e, por assim dizer, indissociável ligação entre a dignidade humana e os direitos humanos e fundamentais reconhecidos e protegidos na esfera do direito internacional e do direito constitucional, muito embora não exista – precisamente em virtude do relativamente recente reconhecimento da dignidade humana como valor de matriz constitucional –, na perspectiva da evolução histórica do constitucionalismo, uma relação necessária entre os direitos fundamentais e a dignidade humana.[451]

Por tal razão, também é verdadeiro que, na quadra atual da trajetória do Estado Constitucional, o reconhecimento da íntima e indissociável vinculação entre a dignidade humana, os direitos humanos e fundamentais e a própria Democracia, na condição de eixos estruturantes desse mesmo Estado Constitucional, constitui um dos esteios nos quais se assenta tanto o direito constitucional quanto o direito internacional dos direitos humanos contemporâneo.[452]

Portanto, tamanha a expansão e a trajetória vitoriosa da dignidade humana[453] no âmbito da gramática jurídico-constitucional atual que se chegou ao ponto de afirmar que "o

---

critérios que justificam a personalidade. Trata-se da necessária tarefa de expor os condicionamentos sociais e os preconceitos como fatores que bloqueiam a visão do humano, destituído de idealidades impossíveis que caracterizam toda subjugação e controle social. O homem é livre, apenas não se reconhece dessa maneira para reconhecer em si e no outro, que é seu reflexo mais agudo, a sua limitação e grandeza inquestionável. Efetivamente, esse é um mistério profundo que cabe à sociedade descortinar, sem medos nem receios.

[450] VAZ, Henrique Cláudio de Lima. *Antropologia filosófica*. São Paulo: Loyola, 1992. v. II. p. 236.

[451] Cf. MIRANDA, Jorge. *Manual de direito constitucional*. 5. ed. Coimbra: Coimbra Editora, 2012. v. IV. p. 215-216.

[452] BRITTO, Carlos Ayres. *Teoria da constituição*. Rio de Janeiro: Forense, 2003. p. 189.

[453] MAUER, Béatrice. Notas sobre o respeito da dignidade da pessoa humana ou pequena fuga incompleta em torno de um tema central. In: SARLET, Ingo Wolfgang (org.). *Dimensões da dignidade*: ensaios de filosofia do direito e direito constitucional. 2. ed. Porto Alegre: Livraria do Advogado, 2009. p. 45.

Estado Constitucional Democrático da atualidade é um Estado de abertura constitucional radicado no princípio da dignidade do ser humano".[454] Tal abertura, assim como – e de certo modo – o "diálogo" propiciado pelo amplo reconhecimento da dignidade como princípio jurídico fundamental, guarda relação com a expansão universal de uma verdadeira "crença" na dignidade humana, que, por sua vez, igualmente pode ser vinculada aos efeitos positivos de uma globalização jurídica,[455] que se deve, em grande medida, também ao reconhecimento da dignidade humana nas principais declarações e tratados internacionais em matéria de direitos humanos.[456]

Todavia, quando se busca definir o conteúdo normativo da dignidade humana, seja como princípio (valor) autônomo, seja quando está em causa a natureza e a intensidade da sua relação com os direitos humanos e fundamentais, percebe-se que os níveis de consenso registrados de uma ordem constitucional para outra, e mesmo no âmbito interno de cada Estado[457] – o que não deixa de se aplicar ao sistema internacional de proteção dos direitos humanos –, são muito diferenciados e, muitas vezes, até frágeis. Já no que diz respeito à própria compreensão do conceito, do conteúdo e do significado da dignidade humana na (e para a) ordem jurídica considerada em seu conjunto, mas especialmente no tocante à sua relação com os direitos humanos e fundamentais, segue – também no Brasil – farta a discussão em âmbito doutrinário e jurisprudencial.[458]

A despeito da existência de inúmeras outras propostas de definição, válidas tanto para o direito constitucional quanto para o direito internacional, ousa-se apresentar, inclusive para o devido contraditório, a fórmula proposta pelo autor Ingo Sarlet, a seguir reproduzida literalmente. Segundo o autor, em um movimento de sintetizar, em uma perspectiva multidimensional e sinérgica com os direitos civis, políticos, econômicos, sociais, culturais e ambientais, a dignidade (da pessoa) humana pode ser definida e compreendida como sendo a:

> (...) qualidade intrínseca e distintiva reconhecida em cada ser humano que o faz merecedor do mesmo respeito e consideração por parte do Estado e da comunidade, implicando, neste sentido, um complexo de direitos e deveres fundamentais que assegurem a pessoa tanto contra todo e qualquer ato de cunho degradante e desumano, como venham a lhe garantir as condições existenciais mínimas para uma vida saudável, além de propiciar e promover sua participação ativa e corresponsável nos destinos da própria existência e da vida em comunhão com os demais seres humanos, mediante o devido respeito aos demais seres que integram a rede da vida.[459]

Independentemente da adoção, ou não, do conceito sugerido, o que importa nessa quadra é demarcar que a dignidade humana há muito assumiu – a despeito das ainda frequentes e mesmo massivas violações[460] – a condição de uma espécie de valor-fonte do Estado

---

[454] Cf. CASTRO, Carlos Roberto Siqueira. *A Constituição aberta e os direitos fundamentais*. Rio de Janeiro: Forense, 2003. p. 19.

[455] Cf. BAER, S. Menschenwürde zwischen Recht, Prinzip und Referenz. *DZPhil*, v. 53, n. 4, 2005. p. 572.

[456] MELLO, Celso de Albuquerque. *Curso de Direito Internacional Público*. 12. ed. Rio de Janeiro: Renovar, 2000. v. 1. p. 112.

[457] BOBBIO, Norberto. *A era dos direitos*. Trad. Carlos Nelson Coutinho. Rio de Janeiro: Elsevier, 2004.

[458] Para maior desenvolvimento do tema, v. SARLET, Ingo Wolfgang. *Dignidade (da pessoa) humana e direitos fundamentais na Constituição Federal de 1988*. 10. ed. Porto Alegre: Livraria do Advogado, 2015.

[459] SARLET, Ingo Wolfgang. *Dignidade (da pessoa) humana e direitos fundamentais na Constituição Federal de 1988*. 10. ed. Porto Alegre: Livraria do Advogado, 2015. p. 70-71.

[460] NETO, L. Vulnerabilidade e exercício de direitos: o livre desenvolvimento da personalidade: o direito ao livre desenvolvimento da personalidade consagrado constitucionalmente. *Oñati Socio-Legal Series*, v. 12,

Democrático de Direito e dos direitos humanos e fundamentais, seja no plano interno dos Estados que integram a comunidade internacional, seja no plano do direito internacional dos direitos humanos.[461]

Na mesma linha, verifica-se que a dignidade humana tem sido compreendida como sendo, simultaneamente, o fundamento e o conteúdo dos direitos humanos e fundamentais, o que, contudo, não necessariamente significa que todos os direitos humanos e fundamentais consagrados em âmbito de direito positivo (internacional e constitucional) possam ser reconduzidos diretamente à dignidade humana, nem que todos tenham sempre um conteúdo em dignidade.[462] Dito de outro modo, especialmente no que diz respeito aos direitos fundamentais, a despeito da vinculação direta da grande maioria desses direitos à dignidade humana, as constituições podem prever outros direitos fundamentais, para além daqueles que, seja pelo fato de estarem previstos em tratados de direitos humanos, seja em virtude de corresponderem às exigências morais universalizáveis, ocupam, simultaneamente, a condição de direitos fundamentais e de direitos humanos.[463]

Outro aspecto que não pode ser negligenciado, nesse contexto, é que, se a dignidade humana é atributo de todo e qualquer ser humano em todo e qualquer lugar, os direitos que dela decorrem são necessariamente de titularidade universal, ou, pelo menos, correspondem a valores e pretensões universalizáveis.

Tal linha de entendimento, todavia, não justifica nem legitima os Estados Constitucionais a desconsiderar o patamar mínimo de proteção e de promoção da dignidade humana reconhecido e assegurado pelo marco normativo, institucional e procedimental do sistema internacional dos direitos humanos, tampouco admite que os compromissos vinculativos assumidos quando da ratificação dos tratados internacionais possam ser descumpridos.[464] O que se verifica, ao fim e ao cabo, é que os Estados Constitucionais podem reconhecer direitos fundamentais para além (portanto, níveis de proteção adicionais, inclusive de acordo com demandas típicas de cada sociedade), mas jamais aquém dos direitos humanos.[465]

Além disso, o fato de nem todos os direitos fundamentais (e mesmo eventualmente direitos constantes de tratados internacionais) não serem reconduzíveis diretamente à dignidade

---

n. 1, p. 164-178, 2022. Disponível em: https://opo.iisj.net/index.php/osls/article/view/1329. Acesso em: 18.01.2023.

[461] Cf. SARMENTO, Daniel. *Dignidade da pessoa humana*: conteúdo, trajetórias e metodologia. 2. ed. Belo Horizonte: Editora Fórum, 2016. p. 78 e ss.; HÄBERLE, Peter. A dignidade humana como fundamento da comunidade estatal. In: SARLET, Ingo Wolfgang (org.). *Dimensões da dignidade*: ensaios de filosofia do direito e direito constitucional. 2. ed. Porto Alegre. Livraria do Advogado, 2009.

[462] BAZAN, Victor. Aproximación a la problemática del control de constitucionalidad de los tratados y convenios internacionales em el derecho comparado iberoamericano. *Revista Latino-Americana de Estudos Constitucionais*, Belo Horizonte, v. 4, jul.-dez. 2004. p. 412.

[463] CIDH. *Informe anual de la Corte Interamericana de Derechos Humanos*. Washington, D.C.: Secretaria General de la Organización de los Estados Americanos, 1999. p. 457.

[464] BAZAN, Victor. Aproximación a la problemática del control de constitucionalidad de los tratados y convenios internacionales em el derecho comparado iberoamericano. *Revista Latino-Americana de Estudos Constitucionais*, Belo Horizonte, v. 4, jul.-dez. 2004. p. 412; CORTE INTERAMERICANA DE DERECHOS HUMANOS. *Caso James y otros vs. Trinidad y Tobago*. Medidas Provisionales, de 25.05.1999, voto concorrente do Juiz A. A. Cançado Trindade. In: CIDH. *Informe anual de la Corte Interamericana de Derechos Humanos*. Washington, D.C.: Secretaria General de la Organización de los Estados Americanos, 1999. p. 338.

[465] SIRI, Andrés Javier Rousset. El concepto de reparación integral en la jurisprudencia de la Corte Interamericana de Derechos Humanos. *Revista Internacional de Derechos Humanos*, n. 1, año I, 2011. p. 76.

humana não afasta o imperativo de que todos os direitos, humanos e/ou fundamentais, devem ser interpretados (e tornados efetivos) em conformidade com as exigências da dignidade.[466]

Assim, à vista das considerações tecidas, passa-se, no próximo segmento, a lançar algumas notas sobre o princípio (e direito) da dignidade humana e o direito à honra, tal como consagrado na Convenção Americana (art. 11), em especial na perspectiva da jurisprudência da Corte Interamericana de Direitos Humanos, mas sem deixar de lançar um olhar, embora mais panorâmico, sobre a perspectiva constitucional,[467] dada a necessária interação dialógica entre ambas as esferas, em um contexto multinível.[468]

2.2 Dignidade humana e direito à honra na perspectiva da Convenção Americana e da Corte Interamericana de Direitos Humanos

A Convenção Americana de Direitos Humanos, notadamente o seu artigo 11, que dispõe, além dos seguintes, sobre outros direitos e garantias (que não são objeto do presente comentário), não só reconhece expressamente a dignidade humana como valor, princípio e direito a ser respeitado e protegido como também estabelece uma ponte entre a dignidade e o direito à honra, direito de personalidade que com a dignidade guarda uma direta relação. Todavia, em que pese a linha direta entre honra e dignidade, o direito à honra, em uma perspectiva axiológica, corresponde apenas a uma das múltiplas interfaces da dignidade com os direitos humanos e fundamentais, encontrando o seu limite na própria dignidade humana e mesmo em outros direitos.

De qualquer sorte, independentemente das críticas à indeterminação conceitual ou ao esvaziamento de sentido da noção de dignidade humana,[469] tendo como base a compreensão das funções interpretativa, negativa e direta que pode assumir, a dignidade humana tem, em geral, sido continuamente reconhecida e considerada pelo Sistema Interamericano de Proteção aos Direitos Humanos,[470] ainda que, em regra, associada, na qualidade de reforço argumentativo e de diretriz hermenêutica, à interpretação/aplicação de outros direitos.[471]

Depreende-se, inclusive dos preâmbulos e dos considerandos dos documentos que integram e conformam o sistema interamericano de proteção, uma reiterada referência à dignidade, em boa parte das vezes em sintonia fina com os direitos da personalidade. Nesse

---

[466] RAMOS, André de Carvalho. *Responsabilidade internacional por violação de direitos humanos*: seus elementos, a reparação devida e sanções possíveis – teoria e prática do direito internacional. Rio de Janeiro: Renovar, 2004. p. 251; DELGADO, Gabriela Neves. *Direito fundamental ao trabalho digno*. São Paulo: LTr, 2006. p. 10.

[467] CASTRO, Carlos Roberto Siqueira. *A Constituição aberta e os direitos fundamentais*. Rio de Janeiro: Forense, 2003. p. 19.

[468] LEÃO, A. C. O Estado perante a vulnerabilidade: (Estado e vulnerabilidade). *Oñati Socio-Legal Series*, v. 12, n. 1, p. 86-107, 2022. Disponível em: https://opo.iisj.net/index.php/osls/article/view/1326. Acesso em: 18.01.2023.

[469] Cf. MAUER, Béatrice. Notas sobre o respeito da dignidade da pessoa humana ou pequena fuga incompleta em torno de um tema central. In: SARLET, Ingo Wolfgang (org.). *Dimensões da dignidade*: ensaios de filosofia do direito e direito constitucional. 2. ed. Porto Alegre: Livraria do Advogado, 2009.

[470] Protocolo de San Salvador. Disponível em: https://www.oas.org/pt/cidh/mandato/Basicos/sansalvador. asp. Acesso em: 18.01.2023.

[471] À guisa de exemplificação, cf.: CORTE IDH. *Caso Moya Chacón y otro* vs. *Costa Rica*. Excepciones Preliminares, Fondo, Reparaciones y Costas. Sentencia de 23 de mayo de 2022; *caso Palacio Urrutia y otros* vs. *Ecuador*. Fondo, Reparaciones y Costas. Sentencia de 24 de novembro de 2021; *caso Vicky Hernández y otras* vs. *Honduras*. Fondo, Reparaciones y Costas. Sentencia de 26 de março de 2021, dentre outros.

sentido, *v.g.*, o teor da Convenção Americana para Prevenir e Punir a Tortura, da Convenção Americana para a Eliminação de Todas as Formas de Discriminação contra as Pessoas Portadoras de Deficiência e da Convenção contra o Racismo, a Discriminação Racial e Formas Correlatas de Intolerância. Nesse contexto, destacam-se ainda o Protocolo à Convenção Americana de Direitos Humanos relativo à Abolição da Pena de Morte, a Convenção Interamericana sobre Desaparição Forçada de Pessoas e a Convenção Interamericana para Prevenir, Punir e Erradicar a Violência Contra a Mulher.

Já uma rápida leitura dos documentos referidos, em especial da Convenção Americana, revela a existência de uma ênfase na afirmação da dignidade humana como sendo um valor intrínseco à pessoa. Além disso, constata-se que a dignidade humana é explicitamente vinculada, entre outros, ao direito à integridade pessoal, à vedação à tortura, às penas cruéis, desumanas ou degradantes, à proibição da escravidão e à servidão em condições análogas à escravidão. Da análise da normativa do sistema interamericano e da jurisprudência da Corte IDH, que será apresentada de modo mais detalhada logo adiante, denota-se também a necessidade de preservar a dignidade humana do recluso/detento, a proteção da honra, da vida privada e da reputação contra ingerências e ofensas ilegais, destacando-se, ademais, uma significativa tendência no sentido da proteção da dignidade em sua faceta comunitária, em especial vinculada aos direitos dos grupos vulneráveis.

Do ponto de vista da autonomia como parte elementar do eixo conceitual da dignidade humana para efeitos de compreensão do artigo 11 da Convenção Americana de Direitos Humanos, ressalte-se, dentre outros exemplos, o entrelaçamento com o direito à propriedade, com o direito à autodeterminação e o direito ao desenvolvimento para a garantia e a manutenção de condições essenciais para uma vida decente. Nessa mesma toada, situa-se o preâmbulo do Protocolo de San Salvador de 1988, pontuando a interdependência entre os direitos humanos de todas as dimensões para a concretização do princípio da dignidade humana. À guisa de ilustração, salienta-se, a partir da leitura do artigo 13 do Protocolo, a afinação entre a autonomia, tanto no sentido público quanto no privado, e o direito à educação para a garantia do pleno desenvolvimento da personalidade humana e a manutenção de uma democracia inclusiva e plural.

Note-se que, da década de 1990 em diante, foi reconhecida e desenvolvida uma íntima conexão entre a dignidade humana e o conceito de vulnerabilidade,[472] corroborando a dimensão intersubjetiva da dignidade, que, por sua vez, remete ao reconhecimento recíproco, desenvolvimentos que foram acompanhados de medidas e recomendações extremamente significativas patrocinadas tanto pela Corte IDH quanto pela Comissão Interamericana de Direitos Humanos, tendo em vista o ser humano concreto e a construção da sua identidade, situado em um contexto histórico.[473]

A Convenção Interamericana para Prevenir, Punir e Erradicar a Violência Contra a Mulher, de 1994, exemplifica esse giro de Copérnico no qual a dignidade da mulher foi tratada em sinergia com a previsão das medidas dirigidas às instituições para o combate e

---

[472] NETO, L., LEÃO, A. C; GRACIA, J. Introducción: vulnerabilidad y cuidado – una aproximación desde los derechos humanos. *Oñati Socio-Legal Series*, v. 12, n. 1, p. 1-5, 2022. Disponível em: https://opo.iisj.net/index.php/osls/issue/view/108. Acesso em: 09.01.2023; CANOTILHO, M. A vulnerabilidade como conceito jurídico-constitucional. *Oñati Socio-Legal Series*, v. 12, n. 1, p. 138-163, 2022. Disponível em: https://opo.iisj.net/index.php/osls/article/view/1328. Acesso em: 09.01.2023.

[473] CORTE IDH. *Caso Gelman* vs. *Uruguay*. Fondo y Reparaciones. Sentencia de 24 de febrero de 2011. Serie C No. 221. Disponível em: https://www.corteidh.or.cr/CF/jurisprudencia2/ficha_tecnica.cfm?nId_Ficha=345. Acesso em: 18.01.2023.

o enfrentamento do problema da violência, sobretudo doméstica e familiar.[474] Desde então, pode ser apontada uma crescente atuação dos atores encarregados do sistema interamericano de proteção, no sentido de assegurar que o respeito, a proteção e a promoção da dignidade humana e da honra estão diretamente relacionadas com o projeto de vida das pessoas, em especial daquelas que se encontram em condições ou em risco de exclusão e de marginalização.[475] Assim, o sentido e o alcance tanto da dignidade humana quanto da honra passaram a estar entrelaçados com a ideia de vulnerabilidade e, em outro giro, com a de reconhecimento social.

Ponto arquimediano adicional diz respeito à relação entre dignidade e biotecnologia, notadamente no que tange à proteção do genoma humano, com foco no combate às futuras discriminações, no direito ao planejamento familiar e, especificamente, no que concerne à designação do início e da proteção da vida humana. Na decisão proferida no caso Artavia Murillo y otros *vs.* Costa Rica (2012),[476] ressaltou-se o aspecto da autodeterminação reprodutiva no que toca à dignidade. Além disso, a decisão serviu como paradigma para a definição das fronteiras da proteção à vida uterina e, consequentemente, para a elaboração de um conceito de dignidade atualizado em relação ao cenário biotecnológico.

Há que se enfatizar, ainda, o viés antropocêntrico que os conceitos de dignidade e de honra assumiram, sobretudo com a Declaração Americana sobre os Direitos dos Povos Indígenas.[477] Em síntese, esse documento reconheceu a personalidade, o caráter multilíngue e pluricultural e o direito de integralmente fazer parte do contexto social, além do direito dos povos indígenas de manter e de promover seus próprios sistemas de família, assegurado pelo artigo 17, determinando, ademais, que os Estados respeitarão e protegerão as distintas formas indígenas de família, assim como suas formas de união matrimonial, de filiação, de descendência e de nome familiar.

De mais a mais, em face da deflagração da pandemia da covid-19 e em consonância com a Resolução 32/13, aprovada pelo Conselho de Direitos Humanos da ONU, em 2016, segundo a qual todos os direitos que as pessoas têm *off-line* devem ser igualmente protegidos *on-line*, especialmente aqueles vinculados à liberdade de expressão,[478] o sistema interamericano empreendeu esforços para realçar uma dimensão da dignidade humana diretamente conectada com a relação do ser humano com as novas Tecnologias da Informação e da Comunicação (TICs).[479]

---

[474] Convenção Interamericana para Prevenir, Punir e Erradicar a Violência Contra a Mulher (Convenção de Belém do Pará). Disponível em: http://www.unfpa.org.br/Arquivos/convencao_belem_do_para.pdf. Acesso em: 09.01.2023.

[475] Decreto 10.932, de 10 de janeiro de 2022. Promulga a Convenção Interamericana contra o Racismo, a Discriminação Racial e Formas Correlatas de Intolerância, firmada pela República Federativa do Brasil, na Guatemala, em 5 de junho de 2013. Disponível em: https://www.planalto.gov.br/ccivil_03/_Ato2019-2022/2022/Decreto/D10932.htm. Acesso em: 09.01.2023.

[476] CORTE IDH. *Caso Artavia Murillo e Outros ("Fecundação In Vitro") vs. Costa Rica.* Sentença de 28 de novembro de 2012. Disponível em: https://www.corteidh.or.cr/docs/casos/articulos/seriec_257_por.pdf. Acesso em: 09.01.2023.

[477] Declaração Americana sobre os Direitos dos Povos Indígenas. Disponível em: https://www.oas.org/en/sare/documents/DecAmIND_POR.pdf. Acesso em: 09.01.2023.

[478] A/HRC/RES/32/13. Resolution adopted by the Human Rights Council on 1 July 2016 – 32/13. The promotion, protection and enjoyment of human rights on the Internet. Disponível em: https://ap.ohchr.org/documents/dpage_e.aspx?si=A/HRC/RES/32/13. Acesso em: 24.01.2023.

[479] Declaração da Corte Interamericana de Direitos Humanos 1/20, de 9 de abril de 2020. Disponível em: https://www.corteidh.or.cr/tablas/alerta/comunicado/Declaracao_1_20_PORT.pdf. Acesso em: 18.01.2023.

2.3 Da jurisprudência da Corte Interamericana de Direitos Humanos quanto à aplicação do binômio dignidade-honra

Antes de iniciar o exame das decisões da Corte IDH propriamente ditas, calha – sem aprofundar o ponto – pelo menos rememorar a relevância ímpar da Corte para a concretização da gramática interamericana dos direitos humanos, designadamente pelo fato de que a Corte IDH exerce, paralelamente: a) uma função contenciosa, abarcando a resolução de litígios e os mecanismos de supervisão de sentenças; b) uma função consultiva; e c) a função de editar medidas provisórias.[480]

Ainda em uma fase preliminar, listam-se, em caráter meramente exemplificativo, alguns casos recentes analisados pela Corte IDH, envolvendo a aplicação direta do artigo 11 da Convenção: caso Moya Chacón y otro *vs.* Costa Rica;[481] caso Palacio Urrutia y otros *vs.* Ecuador;[482] caso Vicky Hernández y otras *vs.* Honduras;[483] caso Manuela y otros *vs.* El Salvador;[484] caso Cuya Lavy y otros *vs.* Perú;[485] caso Digna Ochoa y familiares *vs.* México;[486] caso Azul Rojas Marín y otra *vs.* Péru;[487] caso Fernández Prieto y Tumbeiro *vs.* Argentina;[488] caso López Soto y otros. *vs.* Venezuela;[489] e caso Álvarez Ramos *vs.* Venezuela.[490]

Sem aqui entrar em detalhes, apura-se, desde logo, que os precedentes citados, revelam que, para a Corte IDH, há um entrelaçamento entre os termos dignidade humana e honra, os quais vêm assumindo, de modo gradualmente mais enfático, o papel de um binômio central do sistema de proteção de direitos humanos que, sem dúvida, como já demonstrado fartamente, se estrutura e organiza em torno da ideia da centralidade da pessoa humana, tanto do ponto de vista individual quanto do coletivo (comunitário).

Por oportuno, vale mencionar que os efeitos das sentenças proferidas têm adensado o caráter interventivo da Corte, indo além da exigência de uma reparação compensatória das vítimas, a fim de incluir a imposição de medidas exigindo que os Estados, mediante

---

[480] Estatuto da Corte Interamericana de Direitos Humanos. Disponível em: https://www.oas.org/pt/cidh/mandato/Basicos/estatutoCorte.pdf. Acesso em: 19.01.2023.

[481] CORTE IDH. *Caso Moya Chacón y otro* vs. *Costa Rica*. Sentencia de 23 de mayo de 2022. Disponível em: https://www.corteidh.or.cr/docs/casos/articulos/seriec_451_esp.pdf. Acesso em: 24.01.2023.

[482] CORTE IDH. *Caso Palacio Urrutia y otros* vs. *Ecuador*. Sentencia de 24 de noviembre de 2021. Disponível em: https://www.corteidh.or.cr/docs/casos/articulos/seriec_446_esp.pdf. Acesso em: 24.01.2023.

[483] CORTE IDH. *Vicky Hernández y otras* vs. *Honduras*. Sentencia de 26 de marzo de 2021. Disponível em: https://www.corteidh.or.cr/docs/casos/articulos/seriec_422_esp.pdf. Acesso em: 24.01.2023.

[484] CORTE IDH. *Caso Manuela y otros* vs. *El Salvador*. Sentencia de 2 de noviembre de 2021. Disponível em: https://www.corteidh.or.cr/docs/casos/articulos/seriec_441_esp.pdf. Acesso em: 24.01.2023.

[485] CORTE IDH. *Caso Cuya Lavy y otros* vs. *Perú*. Sentencia de 28 de septiembre de 2021. Disponível em: https://www.corteidh.or.cr/docs/casos/articulos/seriec_438_esp.pdf. Acesso em: 24.01.2023.

[486] CORTE IDH. *Caso Digna Ochoa y Familiares* vs. *México*. Sentencia de 25 de noviembre de 2021. Disponível em: https://www.corteidh.or.cr/docs/casos/articulos/seriec_447_esp.pdf. Acesso em: 24.01.2023.

[487] CORTE IDH. *Caso Azul Rojas Marín y otra* vs. *Perú*. Sentencia de 12 de marzo de 2020. Disponível em: https://www.corteidh.or.cr/docs/casos/articulos/seriec_402_esp.pdf. Acesso em: 24.01.2023.

[488] CORTE IDH. *Caso Fernández Prieto y Tumbeiro* vs. *Argentina*. Sentencia de 1 de septiembre de 2020. Disponível em: https://www.corteidh.or.cr/docs/casos/articulos/seriec_411_esp.pdf. Acesso em: 24.01.2023.

[489] CORTE IDH. *Caso López Soto y otros* vs. *Venezuela*. Sentencia de 26 de septiembre de 2018. Disponível em: https://www.corteidh.or.cr/docs/casos/articulos/seriec_362_esp.pdf. Acesso em: 24.01.2023.

[490] CORTE IDH. *Caso Álvarez Ramos* vs. *Venezuela*. Sentencia de 30 de agosto de 2019. Disponível em: https://www.corteidh.or.cr/docs/casos/articulos/seriec_380_esp.pdf. Acesso em: 24.01.2023.

planejamento, implementem políticas públicas, inclusive de natureza legislativa e de caráter educativo.[491]

Nesse sentido, o artigo 11 da Convenção Americana, ora comentado, tem assumido o papel de pedra angular nos julgamentos dos casos pela Corte, visto que há uma afirmação continuada da garantia do projeto de vida das pessoas e, nessa senda, do livre desenvolvimento da personalidade, além da já referida menção recorrente à dignidade como um valor intrínseco à pessoa humana, uma expressão da autonomia pessoal, e do fortalecimento da compreensão de que o princípio da dignidade humana implica o direito das pessoas ao respeito e reconhecimento recíprocos e pelo Estado. A tudo isso se soma a função da dignidade humana como limite do poder estatal e da atuação dos órgãos do Poder Público, inclusive para os atores privados e a sociedade civil tomada em seu conjunto, de modo especial no que se refere à proteção de todos em geral, mas, sobretudo, dos indivíduos e dos grupos historicamente vulnerabilizados.

Assinala-se igualmente que, em regra, a Corte tem atuado com base na proteção da dignidade e da honra, preferencial e significativamente em casos que envolvem desaparecimentos forçados, perseguição de jornalistas e de defensores de direitos humanos, encarceramentos em condições desumanas, discriminação das pessoas LGBTQIAPN+, além de casos que envolvem atentados contra a integridade física e psíquica e, por derradeiro, de casos que dizem respeito à proteção de trabalhadores em condições análogas à escravidão.

No que se refere ao binômio dignidade-honra, convém recordar a sistemática referência à proteção da vida privada, que compreende, entre outros âmbitos, a vida sexual e o direito de estabelecer e de desenvolver relações com outros seres humanos, implicando um conceito delineado mediante fronteiras não exaustivas, a fim de abranger a forma como o indivíduo se reconhece e igualmente a forma e a época em que intenta se relacionar com as demais pessoas.

Apenas para ilustrar as assertivas anteriores com casos julgados pela Corte IDH, inicia-se, não necessariamente em ordem cronológica e de relevância, com o caso Moya Chacón y otro *vs.* Costa Rica,[492] de cujo julgamento se depreende, *e.g.*, que o direito à honra se relaciona com a autoestima, ao passo que a reputação se refere à opinião dos outros sobre a pessoa. Nesse caso, a posição da Corte foi no sentido de enfatizar a ponderação como um recurso legítimo para a harmonização dos direitos humanos, a fim de resultar em um equilíbrio entre a liberdade de expressão, a dignidade e a honra. A Corte IDH entendeu que a busca da verdade e o interesse público não podem ser empregados para afastar as responsabilidades daqueles que atuaram excessivamente, causando dano.

O caso Vicky Hernández y otras *vs.* Honduras,[493] por sua vez, aponta para o contexto de violência e de discriminação contra pessoas LGBTQIAPN+ no continente americano, notadamente em desalinho com a proteção ao livre desenvolvimento da personalidade, ao direito à proteção da vida privada, à identidade de gênero e à dignidade e à honra. Adicio-

---

[491]   Para melhor compreender as mudanças significativas na atuação da Corte Interamericana de Direitos Humanos, ver as sentenças dos casos: CORTE IDH. *Caso Barbosa de Souza e outros* vs. *Brasil*. Sentença de 7 de setembro de 2021. Disponível em: https://www.corteidh.or.cr/docs/casos/articulos/seriec_435_por. pdf. Acesso em: 09.01.2023; CORTE IDH. *Caso Ximenes Lopes* versus *Brasil*. Sentença de 4 de julho de 2006. Disponível em: https://www.corteidh.or.cr/docs/casos/articulos/seriec_149_por.pdf. Acesso em: 09.01.2023; Relatório 54/01. CASO 12.051. Maria da Penha Maia Fernandes. Disponível em: https://www. cidh.oas.org/annualrep/2000port/12051.htm. Acesso em: 09.01.2023.

[492]   CORTE IDH. *Caso Moya Chacón y otro* vs. *Costa Rica*. Sentencia de 23 de mayo de 2022. Disponível em: https://www.corteidh.or.cr/docs/casos/articulos/seriec_451_esp.pdf. Acesso em: 24.01.2023.

[493]   CORTE IDH. *Vicky Hernández y otras* vs. *Honduras*. Sentencia de 26 de marzo de 2021. Disponível em: https://www.corteidh.or.cr/docs/casos/articulos/seriec_422_esp.pdf. Acesso em: 24.01.2023.

nalmente, a Corte IDH entendeu a ideia de dignidade e honra vinculadas ao direito ao nome e à garantia de efetivo reconhecimento social na comunidade.

No caso Digna Ochoa y familiares *vs.* México, por seu turno, a dignidade e a honra são, em princípio, aportes para a proteção *post mortem* da vida privada, evidenciando-se uma maior e mais ampla empregabilidade do artigo 11 da Convenção Americana. Já no que diz respeito ao caso Fernández Prieto y Tumbeiro *vs.* Argentina, torna-se perceptível a garantia contra prisões ilegais e arbitrárias como uma expressão da proteção à honra e à dignidade. Do caso Fazenda Brasil Verde *vs.* Brasil entende-se como um elemento essencial, para além do emprego estrito do binômio dignidade-honra, o reconhecimento das condições análogas à escravidão em face da inércia do Estado brasileiro[494] e a necessidade da adoção de medidas para enfrentar e combater o problema que tem raízes culturais no cenário nacional.

Outro julgamento de grande importância se deu no caso Velásquez Rodríguez *vs.* Honduras, visto que a Corte deixou claro que não serão admitidas atividades do Estado que estejam em desacordo com a dignidade humana. A Corte reiterou que a proteção, a garantia e a promoção da dignidade humana não se flexibilizam, tampouco se extinguem em face do cometimento de crimes. Reafirmou-se, outrossim, a dignidade como valor intrínseco, que opera como fundamento e diretriz necessários e irrenunciáveis no contexto da persecução penal e da proteção dos direitos humanos, para a atuação dos poderes públicos e, em especial, para a estruturação do sistema penitenciário nos Estados.

Nesse sentido, calha arrolar o caso Presídio Miguel Castro *vs.* Peru, no qual a Corte responsabilizou o Estado peruano pela violação aos direitos humanos de detentos que foram submetidos a tratamento cruel, desumano e degradante, sobretudo em razão do período prolongado de nudez forçada a que foram submetidos. O enfoque, no que toca ao emprego da dignidade e da honra, nesse caso, recai sobre o primado do Direito que deve se sobrepor à força e às armadilhas da vingança privada. Nesse diapasão, recordam-se alguns dos emblemáticos casos envolvendo o sistema penitenciário brasileiro que, em síntese, resultaram na decretação do estado de coisas inconstitucional por parte do Supremo Tribunal Federal (STF), que – é de frisar – invocou o Sistema Interamericano de Proteção aos Direitos Humanos na fundamentação de suas decisões.[495]

Relativamente à confluência entre honra, dignidade, liberdade de expressão e proteção à liberdade profissional, não há como deixar de referir o caso Vélez Restrepo y familiares *vs.* Colombia, no qual a Corte IDH decidiu que houve negligência do Estado colombiano, e tal omissão configurou lesão direta à liberdade de expressão.[496]

Outro eixo temático importante para uma apropriada análise da jurisprudência da Corte IDH relativamente ao binômio honra-dignidade diz respeito à proteção das pessoas e dos grupos em situação de – ou em risco de – marginalização. Nesse sentido, há, de fato,

---

[494] Caso Trabalhadores da Fazenda Brasil Verde *versus* Brasil. Disponível em: https://reubrasil.jor.br/caso--trabalhadores-da-fazenda-brasil-verde-versus-brasil/. Acesso em: 09.01.2023.

[495] CONECTAS DIREITOS HUMANOS. *Violação continuada: dois anos da crise em Pedrinhas*. Disponível em: https://www.conectas.org/noticias/violacao-continuada-dois-anos-da-crise-em-pedrinhas/. Acesso em: 09.01.2023; Resolução da Corte Interamericana de Direitos Humanos de 7 de julho de 2004. Medidas Provisórias a respeito da República Federativa do Brasil. Caso da Penitenciária Urso Branco. Disponível em: https://www.corteidh.or.cr/docs/medidas/urso_se_04_portugues.pdf. Acesso em: 09.01.2023; GONÇALVES, Cristiane Lopes. O reconhecimento do estado de coisas inconstitucional pelo Supremo Tribunal Federal e as suas possíveis consequências na ordem jurídica brasileira. Disponível em: https://bibliotecadigital.stf.jus.br/xmlui/handle/123456789/1132. Acesso em: 09.01.2023.

[496] CORTE IDH. *Caso Vélez Restrepo y familiares* vs. *Colombia*. Sentencia de 3 de septiembre de 2012. Disponível em: https://corteidh.or.cr/docs/casos/articulos/seriec_248_esp.pdf. Acesso em: 19.01.2023.

um fortalecimento, por parte da Corte, concernente à proteção, entre outras situações, de mulheres, pessoas com deficiência, pessoas em deslocamento forçado, defensores de direitos humanos,[497] indígenas, crianças, dentre outros.[498] Para um melhor entendimento, rememore-se o caso Meninos de Rua *vs.* Guatemala, que versou sobre a tortura, o sequestro e o assassinato de cinco jovens, dentre eles dois menores que estavam em situação de rua.[499]

A Corte IDH, ao sentenciar, evidenciou a violação à dignidade das crianças prevista na Convenção sobre os Direitos da Criança, particularmente nos artigos 28 e 37.[500] A Corte entendeu que, em razão da vulnerabilidade das crianças, o dever do Estado se tornaria mais acentuado, notadamente em virtude da interpretação evolutiva que tem sido atribuída ao texto da Convenção Americana de Direitos Humanos, uma vez que se trata de um instrumento vivo – portanto, dinâmico e carente de permanente atualização. Logo, trata-se aqui de uma percepção da dignidade humana em um sentido mais amplo, marcado por um alinhamento contextualizado com o direito à vida e demais direitos, demonstrando, em concreto, a inter-relação e a indivisibilidade dos direitos humanos. Dessa forma, em face da interdependência entre todos os direitos, o direito a uma vida com dignidade e a garantia do projeto existencial das pessoas assumem uma dimensão particularmente sensível a ser reconhecida e administrada pelos Estados, em especial em relação às crianças, implicando, por seu turno, uma atenção e um monitoramento constante por parte da Corte.

Igualmente relevante é o posicionamento da Corte referente à sustentabilidade e à proteção ambiental, no âmbito de uma série de medidas de proteção endereçadas aos povos originários. Aqui, a dignidade e a honra se relacionam com o reconhecimento do direito à identidade, à propriedade e ao desenvolvimento, a fim de preservar e fortalecer a relação material e imaterial dos indígenas com a natureza ou o meio ambiente, em uma perspectiva comunitária.

Por fim, mas não menos importante, deve-se enfatizar a atuação da Corte IDH, com fundamento na perspectiva do binômio dignidade-honra em casos que envolvem as interseccionalidades para uma apropriada referência ao conceito de gênero como medida de combate e de enfrentamento à violência e à discriminação de grupos minoritários. Ainda nesse contexto, frise-se o destaque atribuído à dignidade e à integridade física e psíquica das pessoas confinadas em regimes hospitalocêntricos.[501] Para além disso, como já mencionado, há um ponto de inflexão em curso na compreensão da dignidade como um elemento essencial para a proteção da pessoa humana em face do emprego abusivo das novas tecnologias.

---

[497]   CORTE IDH. *Caso Defensor de Direitos Humanos e outros vs. Guatemala*. Sentença de 28 de agosto de 2014. Disponível em: https://www.cnj.jus.br/wp-content/uploads/2016/04/57e4557fd39dc2651f07edab5 d9b2ce2.pdf. Acesso em: 09.01.2023.

[498]   CANÇADO TRINDADE, Antônio Augusto. *The access of individuals to international justice*. Oxford: Oxford University Press, 2011. p. 78.

[499]   CORTE IDH. *Caso de los "Niños de la Calle" (Villagrán Morales y otros) vs. Guatemala*. Sentencia de 19 de noviembre 1999. Disponível em: https://www.corteidh.or.cr/docs/casos/articulos/seriec_63_esp.pdf. Acesso em: 24.01.2023.

[500]   Convenção sobre os Direitos da Criança. Disponível em: https://www.unicef.org/brazil/convencao-sobre--os-direitos-da-crianca. Acesso em: 09.01.2023.

[501]   Destaque-se o papel da Corte IDH na condução dos casos que envolvem o direito das pessoas com deficiência psíquica que, no Brasil, gerou a reforma psiquiátrica como principal fruto (ALMEIDA, Valdir. Caso Damião Ximenes muda política de tratamento psiquiátrico em Sobral. *G1 CE*, 30.08.2016. Disponível em: https://g1.globo.com/ceara/noticia/2016/08/caso-damiao-ximenes-muda-politica-de-tratamento--psiquiatrico-em-sobral.html. Acesso em: 09.01.2023).

3. SÍNTESE CONCLUSIVA

Urge evidenciar que o princípio da dignidade humana, tal como leciona Peter Häberle, opera, portanto, como "fundamento da ordem jurídica e da comunidade política".[502]

Precisamente nesse contexto, verifica-se que a dignidade humana atua como critério de interpretação e de aplicação do direito internacional, constitucional e infraconstitucional, com particular destaque – mas não exclusividade – para casos que envolvem a proteção e a promoção dos direitos humanos e fundamentais.[503]

Os julgados da Corte IDH colacionados exemplificativamente no presente texto, envolvendo a interpretação/aplicação do artigo 11 da Convenção Americana, que assegura a proteção da dignidade humana e da honra, mostram a diversidade de casos concretos aos quais é aplicado o binômio referido.

A complexidade que envolve a compreensão do conceito de dignidade humana e a sua indeterminação e abrangência, também (mas não só) por ser considerado, para além de princípio geral orientador do sistema de proteção interamericano dos direitos humanos, uma espécie de valor-fonte, explica (ao menos é o que se depreende dos precedentes citados) a sua aplicação sempre em conjunto, não somente com a honra mas também com outros direitos humanos e fundamentais.

Tanto a dignidade humana quanto a honra, em regra, têm sido manejadas não de modo autônomo, mas como uma espécie de reforço argumentativo na fundamentação das decisões da Corte IDH, além de servirem como uma espécie de amálgama, um elo material entre todos os direitos humanos, sejam direitos civis e políticos, sejam direitos (em virtude da interdependência e indivisibilidade dos direitos, tal como reconhecidas pela Corte) econômicos, sociais, culturais e ambientais.

Muito embora se possa, em tom crítico, afirmar que a Corte IDH, a exemplo do que ocorre com outros Tribunais, não tenha explorado ainda suficientemente as potencialidades do princípio da dignidade humana, além de não primar, não raras vezes, por maior precisão e consistência no seu manejo – o que também, e em certa medida, vale para o direito à honra –, o fato é que, inequivocamente, o artigo 11 da Convenção assumiu, com particular ênfase para a dignidade humana, a condição de uma ferramenta central e poderosa para que a Corte, como demonstrado pelos precedentes colacionados, possa exercer com firmeza o seu mister de guardiã do Sistema Interamericano de Direitos Humanos.

REFERÊNCIAS

ALMEIDA, Valdir. Caso Damião Ximenes muda política de tratamento psiquiátrico em Sobral. *G1 CE*, 30.08.2016. Disponível em: https://g1.globo.com/ceara/noticia/2016/08/caso-damiao-ximenes-muda-politica-de-tratamento-psiquiatrico-em-sobral.html. Acesso em: 09.01.2023

---

[502] Cf. HÄBERLE. Peter. A dignidade humana e a democracia pluralista – seu nexo interno. In: SARLET, Ingo Wolfgang (org.). *Direitos fundamentais, informática e comunicação*: algumas aproximações. Porto Alegre: Livraria do Advogado, 2007. p. 11-28; SARMENTO, Daniel. *Dignidade da pessoa humana*: conteúdo, trajetórias e metodologia. 2. ed. Belo Horizonte: Editora Fórum, 2016. p. 78 e ss.

[503] Cf., em caráter meramente ilustrativo, o HC 94.163, Rel. Min. Carlos Britto, j. 02.12.2008, em que estava em causa a interpretação da Lei de Execução Penal. Para outro exemplo, v. a suspensão da decisão de desembargador do TJ/RJ que havia determinado a censura da exibição do especial de Natal do Porta dos Fundos na plataforma de *streaming* Netflix, caso em que a liberdade de expressão foi observada como decorrente da dignidade da pessoa humana. Cf. Medida Cautelar na Rcl. 38.782/RJ, Rel. Min. Gilmar Mendes, decidido pelo então Presidente do STF, Min. Dias Toffoli, j. 09.01.2020.

ARENDT, Hannah. *Lições sobre a filosofia política de Kant*. Trad. André Duarte de Macedo. Rio de Janeiro. Relume-Dumará. 1993.

ARENDT, Hannah. *Origens do totalitarismo*. Trad. Roberto Raposo. São Paulo: Companhia das Letras, 1989.

AZEVEDO, Antônio Junqueira de. Caracterização jurídica da dignidade da pessoa humana. *Revista dos Tribunais*, v. 797, p. 11-26, mar. 2002.

BAER, S. Menschenwürde zwischen Recht, Prinzip und Referenz. *DZPhil*, v. 53, n. 4, 2005.

BARCELLOS, Ana Paula de. *A eficácia jurídica dos princípios constitucionais*: o princípio da dignidade da pessoa humana. Rio de Janeiro: Renovar, 2002.

BAUMGARTNER, Hans Michael et al. Menschenwürde und Lebensschutz: Philosophische Aspekte. In: RAGER, Günter (Hrsg.). *Beginn, Personalität und Würde des Menschen*. München: Verlag Karl Alber. 1998.

BAZAN, Victor. Aproximación a la problemática del control de constitucionalidad de los tratados y convenios internacionales em el derecho comparado iberoamericano. *Revista Latino-Americana de Estudos Constitucionais*, Belo Horizonte, v. 4, p. 367-417, jul.-dez. 2004.

BOBBIO, Norberto. *A era dos direitos*. Trad. Carlos Nelson Coutinho. Rio de Janeiro: Elsevier, 2004.

BORNHEIM, Gerd. O sujeito e a norma. In: NOVAES, Adauto (org.). *Ética*. São Paulo. Companhia das Letras, 1992.

BRAUN, Kathrin. Die besten Gründe für eine kategorische Auffassung der Menschenwürde. In: KETTNER, Mathias (Org.). *Biomedizin und Menschenwürde*. Frankfurt am Main: Suhrkamp Verlag, 2004.

BRITTO, Carlos Ayres. *Teoria da constituição*. Rio de Janeiro: Forense, 2003.

CANÇADO TRINDADE, Antônio Augusto. *The access of individuals to international justice*. Oxford: Oxford University Press, 2011.

CANOTILHO, M. A vulnerabilidade como conceito jurídico-constitucional. *Oñati Socio--Legal Series*, v. 12, n. 1, p. 138-163, 2022. Disponível em: https://opo.iisj.net/index.php/osls/article/view/1328. Acesso em: 09.01.2023.

CASTRO, Carlos Roberto Siqueira. *A Constituição aberta e os direitos fundamentais*. Rio de Janeiro: Forense, 2003.

CHAUI, Marilena. *Convite à Filosofia*. 12. ed. São Paulo: Ática, 1999.

CIDH. *Informe anual de la Corte Interamericana de Derechos Humanos*. Washington, D.C.: Secretaria General de la Organización de los Estados Americanos, 1999.

COMPARATO, Fábio Konder. *A afirmação histórica dos direitos humanos*. 3. ed. São Paulo: Saraiva, 2003.

CONECTAS DIREITOS HUMANOS. *Violação continuada: dois anos da crise em Pedrinhas*. Disponível em: https://www.conectas.org/noticias/violacao-continuada-dois-anos-da--crise-em-pedrinhas/. Acesso em: 09.01.2023.

DELGADO, Gabriela Neves. *Direito fundamental ao trabalho digno*. São Paulo: LTr, 2006.

DEMO, Pedro. *Educação e alfabetização científica*. Campinas: Papirus, 2010.

DI FABIO, Udo. *Die Kultur der Freiheit*. München: Verlag C.H.Beck, 2005.

DREIER, Horst. Lebenschutz und Menschenwürde in der bioethischen Diskussion. In: REUTER, Hans-Richard (Org.). *Bioethik und Menschenwürde*: Ethik & Gesellschaft; Vorträge des Instituts für Christliche Gesellschaftswissenschaften. Münster: LIT, 2002.

FRANKENBERG, Günter. *Autorität und Integration*: Zur Grammatik von Recht und Verfassung. Frankfurt am Main: Suhrkamp, 2003.

FROMM, Erich. *Etica y psicoanalisis* (Man for Himself). Trad. Heriberto F. Morck. Cidade do México: Fondo de Cultura Econômica, 1998.

GONÇALVES, Cristiane Lopes. O reconhecimento do estado de coisas inconstitucional pelo Supremo Tribunal Federal e as suas possíveis consequências na ordem jurídica brasileira. Disponível em: https://bibliotecadigital.stf.jus.br/xmlui/handle/123456789/1132. Acesso em: 09.01.2023.

HÄBERLE. Peter. A dignidade humana e a democracia pluralista – seu nexo interno. In: SARLET, Ingo Wolfgang (org.). *Direitos fundamentais, informática e comunicação*: algumas aproximações. Porto Alegre: Livraria do Advogado, 2007.

HÄBERLE, Peter. A dignidade humana como fundamento da comunidade estatal. In: SARLET, Ingo Wolfgang (org.). *Dimensões da dignidade*: ensaios de filosofia do direito e direito constitucional. 2. ed. Porto Alegre. Livraria do Advogado, 2009.

HÖFFE, Otfried. *Medizin ohne Ethik?* Frankfurt am Main: Suhrkamp, 2002.

JONAS, Hans. *Das Prinzip Verantwortung*: Versuch einer Ethik für die technologische Zivilisation. Frankfurt am Main: Suhrkamp Taschenbuch Verlag, 2003.

JONAS, Hans. *Organismus und Freiheit*: Ansätze zu einer philosophischen Biologie. Göttingen: Vandenhoeck & Ruprecht, 1973.

KANT, Immanuel. *Fundamentos da metafísica dos costumes*. Lisboa. Ed 70, 1986.

KANT, Immanuel. *Fundamentação da metafísica dos costumes*. Trad. Paulo Quintela. Lisboa: Edições 70, 2007.

KANT, Immanuel. *Kritik der praktischen Vernunft*: Grundlegung zur Metaphysik der Sitten. 4. Auflage. Hrsg. Wilhelm Weischedel. Framkfurt am Main: Suhrkamp Taschenbuch, 2004.

KAUFMANN, Mathias. *Begriffe, Sätze, Dinge*: Referenz und Wahrheit bei Wilhelm von Ockham. Köln: Leiden, 1993.

LEÃO, A. C. O Estado perante a vulnerabilidade: (Estado e vulnerabilidade). *Oñati Socio-Legal Series*, v. 12, n. 1, p. 86-107, 2022. Disponível em: https://opo.iisj.net/index.php/osls/article/view/1326. Acesso em: 18.01.2023.

LÉVINAS, Emmanuel. *Die Spur des Anderen*: Untersuchungen zur Phänomenologie und Sozialphilosophie. Emmanuel Lévinas Hrsg. und eingeleitet von Wolfgang Nikolaus Krewani. München: Alber-Studienausgabe, 1998.

MAUER, Béatrice. Notas sobre o respeito da dignidade da pessoa humana ou pequena fuga incompleta em torno de um tema central. In: SARLET, Ingo Wolfgang (org.). *Dimensões da dignidade*: ensaios de filosofia do direito e direito constitucional. 2. ed. Porto Alegre: Livraria do Advogado, 2009.

MELLO, Celso de Albuquerque. *Curso de Direito Internacional Público*. 12. ed. Rio de Janeiro: Renovar, 2000. v. 1.

MIRANDA, Jorge. *Manual de direito constitucional*. 5. ed. Coimbra: Coimbra Editora, 2012. v. IV.

NETO, L. Vulnerabilidade e exercício de direitos: o livre desenvolvimento da personalidade: o direito ao livre desenvolvimento da personalidade consagrado constitucionalmente. *Oñati Socio-Legal Series*, v. 12, n. 1, p. 164-178, 2022. Disponível em: https://opo.iisj.net/index.php/osls/article/view/1329. Acesso em: 18.01.2023.

NETO, L., LEÃO, A. C; GRACIA, J. Introducción: vulnerabilidad y cuidado – una aproximación desde los derechos humanos. *Oñati Socio-Legal Series*, v. 12, n. 1, p. 1-5, 2022. Disponível em: https://opo.iisj.net/index.php/osls/issue/view/108. Acesso em: 09.01.2023.

NUßBERGER, Angelika. *Os direitos humanos*: história, filosofia, conflitos. Trad. Luís Marcos Sander. Porto Alegre: Fundação Fênix, 2022.

OLIVEIRA, Manfredo Araújo de. *Ética e sociabilidade*. São Paulo: Loyola, 1993.

OLIVEIRA, Manfredo Araújo de. *Ética e sociabilidade*. São Paulo: Loyola, 1973.

PEGORARO, Olinto A. *Ética e bioética*: da subsistência à existência. Petrópolis: Vozes, 2002.

PIOVESAN, Flávia. Direitos humanos, o princípio da dignidade humana e a Constituição brasileira de 1988. *Revista do Instituto de Hermenêutica Jurídica*, Porto Alegre, v. 1, n. 2, p. 79-100, 2004.

RAMOS, André de Carvalho. Responsabilidade internacional do Estado por violação de direitos humanos. *Revista CEJ*, Brasília, n. 29, p. 53-63, abr.-jun. 2005.

RAMOS, André de Carvalho. *Responsabilidade internacional por violação de direitos humanos*: seus elementos, a reparação devida e sanções possíveis – teoria e prática do direito internacional. Rio de Janeiro: Renovar, 2004.

SARLET, Ingo Wolfgang. *Dignidade (da pessoa) humana e direitos fundamentais na Constituição Federal de 1988*. 10. ed. Porto Alegre: Livraria do Advogado, 2015.

SARMENTO, Daniel. *Dignidade da pessoa humana*: conteúdo, trajetórias e metodologia. 2. ed. Belo Horizonte: Editora Fórum, 2016.

SIRI, Andrés Javier Rousset. El concepto de reparación integral en la jurisprudencia de la Corte Interamericana de Derechos Humanos. *Revista Internacional de Derechos Humanos*, n. 1, año I, 2011.

VAZ, Henrique Cláudio de Lima. *Antropologia filosófica*. São Paulo: Loyola, 1992. v. II.

VAZ, Henrique Cláudio de Lima. *Escritos de filosofia IV*: introdução à ética filosófica 1. São Paulo: Edições Loyola.

WARAT, Luis Alberto. *A ciência jurídica e seus dois maridos*. Santa Cruz do Sul: Edunisc, 2000.

WODARG, Wolfgang. Diesseits des Rubikon? Politische Standortbestimmung im Streit um die rechtliche und moralische Auslegung der Menschenwürde. In: KETTNER, Mathias (Org.). *Biomedizin und Menschenwürde*. Frankfurt am Main: Suhrkamp Verlag, 2004.

WOLBERT, Werner. *Der Mensch als Mittel und Zweck*: Die Idee der Menschenwürde in normativer Ethik und Metaethik. Münster. Aschendorff Verlag GmbH & Co., 1987.

Artigo 12
Liberdade de consciência e de religião

1. Toda pessoa tem direito à liberdade de consciência e de religião. Esse direito implica a liberdade de conservar sua religião ou suas crenças, ou de mudar de religião ou de crenças, bem como a liberdade de professar e divulgar sua religião ou suas crenças, individual ou coletivamente, tanto em público como em privado.

2. Ninguém pode ser objeto de medidas restritivas que possam limitar sua liberdade de conservar sua religião ou suas crenças, ou de mudar de religião ou de crenças.

3. A liberdade de manifestar a própria religião e as próprias crenças está sujeita unicamente às limitações prescritas pela lei e que sejam necessárias para proteger

a segurança, a ordem, a saúde ou a moral públicas ou os direitos ou liberdades das demais pessoas.

4. Os pais, e quando for o caso os tutores, têm direito a que seus filhos ou pupilos recebam a educação religiosa e moral que esteja acorde com suas próprias convicções.

 COMENTÁRIOS

por André Luiz de Almeida Mendonça

1. INTRODUÇÃO

A saga da humanidade não pode ser estudada ou compreendida sem que, de modo profundamente entrelaçado, se examine também o fenômeno religioso, exclusividade do *homo sapiens*, que, a exemplo da razão, mais do que característica ou capacidade, se revela parte integrante e indissociável da sua própria essência. Em sentido amplo, todo ser humano, seja ele crente, ateu, seja agnóstico, é um ser natural e ontologicamente religioso.

Entenda-se, contudo, o sentido dado ao termo. Não se trata, necessariamente, de crer em alguma das inúmeras doutrinas religiosas, nem mesmo de frequentar assiduamente cultos religiosos de qualquer espécie, embora a maioria das pessoas, assim dizem as pesquisas e a empiria, filie-se a alguma daquelas e outro tanto pratique alguns destes.

Cuida-se, a rigor, da simples tomada de consciência da condição humana – e não por acaso o título do artigo 12 da Convenção Americana de Direitos Humanos (CADH) estabelece a liberdade religiosa *atada* à de consciência –, com as implicações decorrentes, notadamente a perturbadora ciência da sua própria finitude, abrindo-se um leque de infindáveis escolhas pessoais quanto à relação com o transcendente, inclusive a de em nada crer (o que, em si, não deixa de ser uma crença). Em outros dizeres, qualquer pessoa que, tomando consciência da sua condição humana, se utiliza da razão para elaborar o seu próprio conjunto de crenças –positivas, negativas ou indiferentes – já o faz sob o signo de uma religiosidade inata, ainda que eventualmente inconsciente.[504]

Na esteira dessa condição intrínseca à pessoa humana, individualmente considerada, também a história das grandes civilizações é totalmente impregnada do traço religioso, o

---

[504] Viktor Frankl, conhecido neuropsiquiatra, sobrevivente do holocausto judeu, afirmou: "*A análise existencial descobriu, dentro da espiritualidade inconsciente do homem, algo como uma religiosidade inconsciente no sentido de um relacionamento inconsciente com Deus, de uma relação com transcendente que, pelo visto, é imanente ao homem, embora muitas vezes permaneça latente*" (FRANKL, Viktor. *A presença ignorada de Deus*. 4. ed. São Leopoldo: Sinodal; Petrópolis: Vozes, 1997. p. 48). No mesmo sentido, Blaise Pascal, em sua conhecida obra *Pensamentos*, associa a essência religiosa do ser humano ao próprio ato de pensar: "*(...). Pois é impossível que a parte que raciocina em nós não seja espiritual; e se alguém pretendesse que nós somos puramente corpóreos, isso nos excluiria ainda mais do conhecimento das coisas, pois não há nada mais inadmissível do que afirmar que a matéria conhece a si mesma; (...). O homem é, para si mesmo, o mais prodigioso objeto da natureza; pois não pode conceber o que seja o corpo, e ainda menos o que seja espírito; e menos de tudo, como um corpo pode unir-se a um espírito. Esse é o cúmulo das suas dificuldades e, sem embargo, nisso consiste o seu próprio ser: (...)*" (PASCAL, Blaise. *Pensamentos*. São Paulo: Martin Claret, 2004. p. 68-69).

que confere ao fenômeno uma permanente expressão coletiva. Seja na exaltação do deus-sol (Amon-Rá) personificado em Faraó, no antigo Egito, seja nas divindades mitológicas que marcaram as culturas greco-romanas da Antiguidade, passando pela conhecida trajetória do povo hebreu, caracterizada pela fé monoteísta, até as expressões religiosas contemporâneas, cada vez mais diversificadas, não é possível tratar das liberdades humanas sem considerar a liberdade religiosa.

Compreende-se, portanto, a razão pela qual, desde a célebre Declaração de Direitos da Virgínia (1776), nos Estados Unidos, a liberdade religiosa encontra expressa guarida nos documentos internacionais mais relevantes que versam sobre os direitos humanos. Efetivamente, dada a natureza imbricada da religião com a essência do ser humano, não haveria como conceber direitos humanos ignorando o direito à liberdade religiosa, defendido por muitos como *a primeira* das liberdades.[505]

Assim, não poderia a Convenção Americana de Direitos Humanos, conhecida como Pacto de San José da Costa Rica, assinada em 22 de novembro de 1969 e ratificada pelo Brasil por meio do Decreto 678, de 6 de novembro de 1992, ignorar essa importante liberdade humana. A CADH não se limitou a tratar da liberdade religiosa apenas no artigo 12, embora neste esteja o cerne da proteção normativa; já do seu preâmbulo, avista-se o propósito dos Estados americanos signatários de consolidar *"um regime de liberdade pessoal (...) fundado no respeito dos direitos essenciais do homem"*, havendo, ainda, referências explícitas ao tema nos artigos 1, 13, 16, 22 e 27.

Diante da relevância do assunto, em atenção ao gentil e honroso convite formulado pela FGV Conhecimento, por meio do eminente Ministro Luis Felipe Salomão, Corregedor Nacional de Justiça, Ministro do Superior Tribunal de Justiça e Coordenador do Centro de Inovação, Administração e Pesquisa do Judiciário da Fundação Getulio Vargas, apresento comentários ao artigo 12 da CADH, no afã de, modestamente, contribuir para divulgação, reflexão e aprofundamentos posteriores dessa temática que a todos interessa, pois qualquer pessoa que venha a formular pensamentos sobre a sua condição existencial, quer seja para crer em algo (ou em algum ser superior), quer para descrer, reitero, já está exercendo o seu inalienável direito de liberdade religiosa.

2. CONTEÚDO JURÍDICO DA LIBERDADE DE CONSCIÊNCIA E DE RELIGIÃO

2.1 Liberdade religiosa e dignidade da pessoa humana

A par da condição inata da religião à própria natureza humana, há, como corolário, a vinculação íntima da liberdade religiosa à dignidade da pessoa humana, fundamento da República Federativa do Brasil (art. 1º, III, da CRFB/1988) e inafastável vetor interpretativo de todo o ordenamento jurídico.

Mais do que conceitos correlacionados, a evolução histórica da ideia de dignidade da pessoa humana, até se chegar à configuração jurídica hodierna, de inédito impacto hermenêutico em termos de aplicabilidade e eficácia, somente foi possível a partir de preceitos religiosos.

É um grande equívoco, apesar de recorrente em determinados círculos, subestimar ou até desprezar o papel que as religiões exerceram (e ainda exercem, embora em outra escala) para a introjeção, na consciência coletiva dos povos, de valores que se revelaram essenciais na

---

[505] MENDONÇA, André Luiz de Almeida. A primeira das liberdades: a liberdade religiosa e sua efetividade na laicidade colaborativa brasileira. In: BRANCO, Erika Siebler; SALLES, Tiago (ed.). *Liberdades*. Rio de Janeiro: Editora JC, 2022.

construção histórica do arcabouço jurídico dos direitos humanos. Aliás, não só no direito; a religião ocupou papel central e determinante na história da filosofia, da política, da cultura, da arte, da educação e das demais áreas do conhecimento e atividades humanas.

Até mesmo a ideia de laicidade estatal, tão invocada nos dias que correm, por vezes com fervor similar ao religioso, conquanto constitua imprescindível avanço para o exercício da própria liberdade religiosa, foi sedimentada a partir de um movimento religioso,[506] o qual, parafraseando conhecido trecho bíblico,[507] buscou distinguir, para o bem de ambos, Igreja e Estado, isto é, o que se deve a Deus daquilo que se deve a César.

Assim como concepções religiosas foram determinantes para que, ao longo da história, fosse possível conceber a ideia de que existem direitos universais, que beneficiam qualquer indivíduo, independentemente de sua etnia, condição social, sexo ou outro fator de distinção,[508] a luta pela liberdade religiosa foi igualmente fundamental para a consolidação da dignidade da pessoa humana e, portanto, da moderna teoria dos direitos fundamentais.

Georg Jellinek, jurista alemão bastante conhecido entre nós por ter desenvolvido a teoria *do mínimo ético*, a partir do utilitarismo de Jeremy Bentham, afirma ser a religião – e não a revolução – a grande responsável pelo ideário de proteção normativa dos direitos naturais do indivíduo:

> A ideia de consagrar legislativamente os direitos inalienáveis e invioláveis, os direitos naturais do indivíduo, não é uma ideia de origem política, mas, sim, uma ideia de origem religiosa. O que até o presente cremos ser obra da Revolução não é, em realidade, senão um produto da reforma e das lutas que ela originou. O seu primeiro apóstolo não é Lafayette, mas Roger Williams, cujo nome é ainda hoje proferido pelos americanos com a mais profunda veneração. Esse apóstolo, impulsionado por seu entusiasmo religioso, emigrou na solidão para fundar "um império baseado sobre a liberdade religiosa".[509]

Importa ressaltar, portanto, como ponto de partida da análise do artigo 12 da CADH, que, a despeito de persistirem reprováveis atos de intolerância religiosa, no Brasil e no mundo, por vezes provenientes de pessoas que, contraditoriamente, se afirmam religiosas, o patamar civilizatório surgido a partir das declarações de direitos do século XVIII, consolidado em robusto acervo de normas de direito internacional, as quais consagram a centralidade e a dignidade da pessoa humana como valores indeclináveis da coexistência pacífica dos povos, deve-se muito à luta pela liberdade religiosa de que cuida o dispositivo sob exame.

---

[506] Thiago Rafael Vieira e Jean Marques Regina, em obra por nós prefaciada, descrevem com apurado rigor a gênese histórica do chamado Estado laico, bem assim a sua evolução, e de como a reforma protestante, notadamente pela influência de Martinho Lutero e João Calvino, representou o solo fértil para que a laicidade com os contornos atuais viesse a florescer (VIEIRA, Thiago Rafael; REGINA, Jean Marques. *A laicidade colaborativa brasileira*: da aurora da civilização à Constituição brasileira de 1988. São Paulo: Vida Nova, 2021).

[507] *"Dai, pois, a César o que é de César e a Deus o que é de Deus"*. Mateus 22: 21, Bíblia Almeida revista e atualizada.

[508] Em sua Carta aos Gálatas, capítulo 3, versos 26 a 28, o apóstolo Paulo ensina que *"todos vós sois filhos de Deus mediante a fé em Cristo Jesus; porque todos quantos fostes batizados em Cristo de Cristo vos revestistes. Dessarte, não pode haver judeu nem grego; nem escravo nem liberto; nem homem nem mulher; porque todos vós sois um em Cristo Jesus"*.

[509] JELLINEK, Georg. *A Declaração dos Direitos do Homem e do Cidadão*: contribuição para a história do direito constitucional moderno. Organização, estudo introdutório e tradução de Emerson Garcia. São Paulo: Atlas, 2015 (Coleção Clássicos do Direito, v. 2.). p. 88.

2.2 Dimensão positiva da liberdade religiosa

O artigo 12.1 da CADH estabelece, de modo afirmativo, o direito à liberdade religiosa que todo ser humano, uma vez sob a jurisdição de qualquer dos Estados signatários da Convenção, pode invocar em seu favor:

> 1. Toda pessoa tem direito à liberdade de consciência e de religião. Esse direito implica a liberdade de conservar sua religião ou suas crenças, ou de mudar de religião ou de crenças, bem como a liberdade de professar e divulgar sua religião ou suas crenças, individual ou coletivamente, tanto em público como em privado.

Nota-se, do texto normativo, a ampla projeção positiva da liberdade religiosa, expressada no direito reconhecido que cada indivíduo tem de, acerca da sua religião ou de suas crenças, (a) conservá-las; (b) mudá-las; (c) professá-las; e (d) divulgá-las. Evidentemente, insere-se nesse conjunto o direito de renegar (um ou todos) os credos religiosos, variante do direito de mudança, que, a rigor, consoante já exposto, inclui o direito em *crer na descrença*, seja para acreditar na inexistência do divino (ateísmo), seja para suspender qualquer juízo peremptório acerca do transcendente (agnosticismo).

Abra-se, aqui, um parêntese para se propor uma distinção entre crença e religião. A adoção sempre conjugada dos termos, verificada nos três primeiros itens do artigo 12 da CADH, não é irrelevante. Trata-se de conceitos e direitos diversos: enquanto o direito de crença ostenta natureza interna, íntima, guardando estreita relação com a liberdade de pensamento e de consciência, o direito de religião consiste nas múltiplas formas de exteriorização daquilo que se crê, por meio de atos ou rituais mais ou menos uniformes, relacionando-se, entre outros, com o direito de reunião e de associação.

Adoto, nesse ponto, a distinção trazida por Thiago Rafael Vieira e Jean Marques Regina, em recente obra sobre a Agenda 2030 da Organização das Nações Unidas:

> Pode-se dizer que a liberdade religiosa é o efeito e o resultado da liberdade de crença. (...). Se por um lado o plexo de direitos da liberdade de crença protege o foro interno do fiel, a liberdade religiosa protege sua conduta, ato comissivo e omissivo no mundo dos fatos. Esses atos podem ser de simples manifestação da fé ou sua defesa; busca de outros fiéis (proselitismo); de ensino da crença/dogmas; de assistência aos segregados; de objeção; de culto, individual ou coletivo, privado ou público, institucionalmente ou não e de se organizar como instituição. Todos estes atos são protegidos pela liberdade religiosa e forma o seu plexo de direito.[510]

Essa distinção revela-se assaz relevante diante da equivocada percepção, na qual se baseiam posicionamentos hodiernos de uma militância antirreligiosa, de que o direito em questão se esgotaria na sua faceta interna, cabendo ao Estado, tão somente, respeitar a liberdade religiosa de pensamento e consciência de cada indivíduo. Em outras palavras, religião seria assunto de estrito foro íntimo, no máximo privado ou familiar, não alcançando necessariamente proteção jurídica na sua exteriorização, vale dizer, nas esferas social ou pública.[511]

---

[510]   VIEIRA, Thiago Rafael; REGINA, Jean Marques. *ONU*: Agenda 2030 e a liberdade religiosa?. Porto Alegre: Concórdia, 2022. p. 62.

[511]   Na obra que publiquei em coautoria com o professor Nicolás Rodríguez-García, tratando da validade da prova em casos de corrupção, referi-me à chamada teoria dos círculos (ou esferas) de proteção e garantia dos direitos fundamentais. De origem alemã, essa teoria preconiza a existência de uma área sagrada e inviolável da vida privada do cidadão, denominada esfera íntima, praticamente insuscetível de ser submetida ao controle do Poder Público. Reside aí o direito de crença, de pensamento, de consciência. Além

Essa interpretação empobrecida, que reduz a liberdade religiosa à vida íntima ou privada das pessoas, já seria carecedora de sentido pela simples aposição distintiva entre consciência *e* religião. Contudo, a proteção jurídico-convencional de *todas* as esferas de expressão religiosa, como se vê, é francamente explícita. Professar e divulgar crenças e preceitos religiosos, ou seja, o exercício do culto público e do proselitismo, entre outras formas de exteriorização, insere-se indubitavelmente no conteúdo da norma, do qual se conclui que também as esferas social e pública estão sob inteira proteção da CADH.

Ressalto, no ponto, a plena harmonização da norma convencional sob análise com a Constituição da República Federativa do Brasil, que, de idêntico modo, assegura tanto a inviolabilidade da liberdade de consciência e de crença (aspecto interno) quanto o livre exercício dos cultos religiosos (aspecto externo), com a expressa garantia de que a lei deverá proteger os locais de culto e as suas liturgias (art. 5º, VI, da CRFB/1988).

A Carta de 1988, fruto da história, da cultura e – por que não dizer? – da alma do povo brasileiro, vai além: impõe ao Estado, nos termos da lei, a prestação de assistência religiosa nas entidades civis e militares de internação coletiva (art. 5º, VII); veda a instituição de impostos sobre templos de qualquer culto (art. 150, VI, *b*); prevê o ensino religioso nas escolas públicas de ensino fundamental (art. 210, § 1º); admite o efeito civil do casamento religioso, nos termos da lei (art. 226, § 2º); e reconhece aos indígenas suas crenças (art. 231, *caput*). Mesmo o art. 19, I, base da laicidade estatal, que veda ao Poder Público estabelecer ou subvencionar cultos religiosos ou igrejas, bem como manter relações de dependência ou aliança com eles ou seus representantes, ressalva a possibilidade da colaboração de interesse público.

Portanto, diante de tal conjunto normativo albergado na Constituição da República, não há como restringir a liberdade religiosa ao âmbito interno de cada indivíduo. Rememore--se, aliás, que a interpretação abrangente foi claramente chancelada pelo Supremo Tribunal Federal no julgamento da ADI 2566/DF, sendo oportuno transcrever parte da ementa do acórdão proferido:

> (...)
>
> 3. A liberdade religiosa não é exercível apenas em privado, mas também no espaço público, e inclui o direito de tentar convencer os outros, por meio do ensinamento, a mudar de religião. O discurso proselitista é, pois, inerente à liberdade de expressão religiosa. Precedentes.
>
> 4. A liberdade política pressupõe a livre manifestação do pensamento e a formulação de discurso persuasivo e o uso dos argumentos críticos. Consenso e debate público informado pressupõem a livre troca de ideias e não apenas a divulgação de informações.
>
> 5. O artigo 220 da Constituição Federal expressamente consagra a liberdade de expressão sob qualquer forma, processo ou veículo, hipótese que inclui o serviço de radiodifusão comunitária.

---

dessa esfera íntima, porém, há um círculo de raio um pouco maior (a esfera privada) e outro de raio ainda maior (esfera social), variando, em cada uma dessas esferas, a intensidade da proteção jurídica diante de eventuais restrições estatais. Por fim, acresci uma quarta esfera, denominada *pública*, reservada aos agentes públicos. Todas essas esferas abrigam, em maior ou menor grau, o exercício do direito de religião, estando todas igualmente protegidas pela cláusula da fundamentalidade. Em suma, a liberdade religiosa garante ao indivíduo o direito de praticar a sua crença de forma íntima, privada, social ou pública (MENDONÇA, André Luiz de Almeida; RODRÍGUEZ-GARCÍA, Nicolás. *El principio de la validez de la prueba en casos de corrupción.* Valencia: Tirant lo Blanch, 2019. p. 82 e ss.).

6. Viola a Constituição Federal a proibição de veiculação de discurso proselitista em serviço de radiodifusão comunitária.

7. Ação direta julgada procedente.[512]

Outro importante julgado da Suprema Corte envolveu a validade do Decreto 7.107/2010, que promulgou o Acordo relativo ao Estatuto Jurídico da Igreja Católica no Brasil. Naquela assentada, o Plenário da Corte confirmou a constitucionalidade do ensino religioso confessional, como disciplina facultativa dos horários normais das escolas públicas de ensino fundamental.[513]

2.3 Dimensão negativa da liberdade religiosa

O artigo 12.2 da CADH alberga o que se poderia chamar dimensão negativa da liberdade de religião. Confira-se:

> (...)
>
> 2. Ninguém pode ser objeto de medidas restritivas que possam limitar sua liberdade de conservar sua religião ou suas crenças, ou de mudar de religião ou de crenças.

Trata-se de norma cogente, dirigida ao conjunto dos poderes públicos e da sociedade, que estabelece obrigações negativas derivadas da plena liberdade religiosa adotada pelos Estados signatários da CADH. Consiste, basicamente, na proibição de que alguma medida restritiva, que contenha, por exemplo, ameaças ou constrangimentos, ainda que velados, possa limitar a ampla liberdade dos indivíduos de manter ou alterar (no que se inclui a possibilidade de rejeitar) qualquer credo ou expressão religiosa.

Sem maiores dificuldades de compreensão, cuida-se de consequência lógica do direito assegurado no primeiro item do artigo 12. Se toda pessoa tem o direito de conservar ou mudar sua religião ou suas crenças, não é dado a ninguém, sobretudo ao Poder Público, exercer qualquer tipo de pressão para impedir o livre exercício desse direito.

Confira-se, no ponto, a lição de Fabiana Maria Lobo da Silva:

> Nessa senda, a dimensão negativa da liberdade religiosa consiste em uma área de "imunidade de coação", que exige uma abstenção, um *non facere* por parte do Estado e de terceiros. Nenhuma entidade pública ou privada, nenhum particular pode coagir um indivíduo a ter ou não ter religião, a praticar ou não praticar atos de culto, e assim por diante.[514]

Vale ressaltar que o dispositivo é plenamente oponível em face do Estado, mas não é dirigido apenas ao Poder Público. Sem a pretensão de adentrar no instigante tema da *eficácia horizontal dos direitos fundamentais*, é inegável que o respeito às escolhas religiosas que as

---

[512] STF, Plenário, Ação Direta de Inconstitucionalidade 2566/DF, Rel. Min. Alexandre de Moraes, Red. do Acórdão Min. Edson Fachin, j. 16.05.2018, pub. 23.10.2018.

[513] STF, Plenário, Ação Direta de Inconstitucionalidade 4439/DF, Rel. Min. Luís Roberto Barroso, Red. do Acórdão Min. Alexandre de Moraes, j. 27.09.2017, pub. 21.06.2018.

[514] SILVA, Fabiana Maria Lobo da. Liberdade de religião e o ensino religioso nas escolas públicas de um Estado laico: perspectiva jusfundamental. *Revista de Informação Legislativa*, Brasília, v. 52, n. 206, p. 271-298, abr.-jun. 2015. Disponível em: https://www12.senado.leg.br/ril/edicoes/52/206/ril_v52_n206_p271.pdf. Acesso em: 05.02.2023.

pessoas fazem, que inclui a escolha de *não escolher* credo algum, constitui uma espécie de cláusula basilar de convivência civilizatória, que a todos obriga.

Registre-se que, no Brasil, a prática, a indução ou a incitação à discriminação ou ao preconceito religioso são condutas criminosas (art. 20 da Lei 7.716/1989). Absolutamente reprovável, pois, à luz da Constituição, da CADH, das leis e dos livros sagrados mais conhecidos, inclusive da tradicional *Bíblia* cristã,[515] a prática de intolerância religiosa contra qualquer pessoa ou grupo.

É certo, contudo, que, diante de uma compreensão sistemática e harmoniosa do plexo normativo que trata do tema, a dimensão negativa da liberdade religiosa não impede a prática do proselitismo comentado no tópico anterior nem o direito de pais educarem seus filhos com o ensino religioso que considerem adequado às suas convicções, previsão convencional comentada mais adiante.

2.4 Limites à manifestação da liberdade religiosa

O artigo 12.3 do Pacto de San José da Costa Rica estabelece a possibilidade de a lei limitar o exercício da liberdade religiosa, em prol de bens jurídicos igualmente essenciais para a convivência social:

> (...)
>
> 3. A liberdade de manifestar a própria religião e as próprias crenças está sujeita unicamente às limitações prescritas pela lei e que sejam necessárias para proteger a segurança, a ordem, a saúde ou a moral públicas ou os direitos ou liberdades das demais pessoas.

Com efeito, uma das principais características dos direitos fundamentais é a sua relatividade. Nenhum direito fundamental transforma o indivíduo em um ser *isolado e soberano*, mesmo porque a razão de ser do direito é a coesão social, havendo regras de interesse coletivo que poderão limitar ou restringir, em situações específicas, o exercício desses direitos.

Conforme já expressei em trabalho acadêmico, "*(...) a garantia dos direitos individuais é limitada na medida em que violam os direitos dos demais ou que não tenham sido atendidos os valores e normas constitucionais, sem o que é impossível a convivência social no seio do Estado Democrático de Direito*".[516]

Não é admissível, por exemplo, que atos contrários aos ditames constitucionais que protegem valores como vida, saúde, segurança, entre outros, sejam tolerados sob o pretexto da liberdade religiosa, mesmo porque o traço comum das inúmeras confissões religiosas que existem, ao menos daquelas mais conhecidas e seguidas, é justamente a busca pela ordem geral, pela harmonia coletiva, enfim, pela paz espiritual de todos, o que é incompatível com práticas atentatórias ao bem-estar geral.

Se, porém, houver alguma doutrina religiosa que concite os fiéis a atentarem contra os valores protegidos pela ordem jurídica, justifica-se, então, a restrição de tal manifestação, conforme anotam Thiago Vieira e Jean Regina:

> (...) toda e qualquer confissão de fé, num conceito amplíssimo, que tenha regras objetivas de prática, crença, fé e conduta que atentem contra ou violem diretamente os fundamentos do Estado Democrático brasileiro e os objetivos da República não

---

515   *Verbi gratia*, Mateus 5:9: "Bem-aventurados os pacificadores, porque serão chamados filhos de Deus".

516   MENDONÇA, André Luiz de Almeida; RODRÍGUEZ-GARCÍA, Nicolás. *El principio de la validez de la prueba en casos de corrupción*. Valencia: Tirant lo Blanch, 2019. p. 75.

é destinatária da proteção e das garantias estatais previstas no texto constitucional. Em outras palavras, toda religião que não buscar o bem comum (objetivamente falando) como fim, objetivo final do Estado e da igreja, cada qual em sua ordem (material e espiritual), não pode ter suas práticas de crença e de fé garantidas pelo Estado constitucional brasileiro.[517]

Cabe admitir, porém, que, tratando-se de colisão de direitos fundamentais, os casos concretos nem sempre serão de fácil resolução. Exemplo disso foi verificado durante a pandemia da covid-19, que ensejou a proibição, por alguns estados e municípios, de realização de cerimônias religiosas presenciais, tidas como potencializadoras da transmissão do vírus, em prejuízo, pois, da saúde pública. No julgamento da ADPF 811, o Plenário do Supremo Tribunal Federal, por maioria, considerou constitucional o Decreto 65.563/2021, do estado de São Paulo, que vedou *tout court* a realização de cultos, missas e demais atividades religiosas de caráter coletivo.

Em situações tais, entretanto, em que bens e valores consagrados e protegidos de forma isonômica pela ordem constitucional entram em conflito, a adoção do princípio da proporcionalidade ou da ponderação como critério de resolução se mostra imprescindível para, tanto quanto possível, conciliar todos os valores em disputa,[518] ainda que, pontualmente, a partir das nuances trazidas pelo contexto fático, algum deles possa sofrer temporária e excepcional restrição. Entendo, pois, com a devida vênia, que o Supremo Tribunal Federal poderia ter buscado construir fórmula que não sacrificasse totalmente a liberdade religiosa na sua perspectiva pública, ainda que, em virtude da grave situação pandêmica, condicionasse o exercício dessa liberdade à necessária adoção de protocolos sanitários e proporcional limitação do número de frequentadores.

É oportuno registrar que, nesse mesmo contexto da pandemia da covid-19, a Suprema Corte dos Estados Unidos manteve ordens executivas de governadores de estado que restringiam – mas não suprimiam – a realização de cultos religiosos públicos, limitando a frequência nesses locais a determinado percentual da capacidade disponível. Ademais, em pelo menos dois casos, a Suprema Corte dos EUA invalidou restrições consideradas não isonômicas com atividades seculares essenciais,[519] destoando, no ponto, da sua congênere brasileira.

De todo modo, o que importa consignar é que, diante de específicos contextos justificadores, e visando à proteção da segurança, da ordem, da saúde ou da moral públicas, ou para proteger direitos ou liberdades fundamentais de outras pessoas, a lei poderá estabelecer limitações, que não serão à crença em si (esfera íntima ou privada), mas à sua manifestação (esfera social ou pública). Essa possibilidade, contudo, pela própria natureza excepcional, deve ser aferida à luz das peculiaridades de cada caso concreto, com a observância constante do princípio da proporcionalidade.

2.5 Educação religiosa consentânea às convicções dos pais ou tutores

O último ponto do dispositivo convencional insere no âmbito do poder familiar a escolha dos ensinamentos religiosos e morais que deverão nortear a criação dos filhos:

---

[517]   VIEIRA, Thiago Rafael; REGINA, Jean Marques. *A laicidade colaborativa brasileira*: da aurora da civilização à Constituição brasileira de 1988. São Paulo: Vida Nova, 2021. p. 279.

[518]   MENDONÇA, André Luiz de Almeida; RODRÍGUEZ-GARCÍA, Nicolás. *El principio de la validez de la prueba en casos de corrupción*. Valencia: Tirant lo Blanch, 2019. p. 33-39.

[519]   DUTRA, Tercyo. A liberdade religiosa na jurisprudência da Suprema Corte Americana durante pandemia da covid-19. *Migalhas*, 25.05.2021. Disponível em: https://www.migalhas.com.br/depeso/346101/a--liberdade-religiosa-na-jurisprudencia-da-suprema-corte-americana. Acesso em: 27.02.2023.

(...)

4. Os pais, e quando for o caso os tutores, têm direito a que seus filhos ou pupilos recebam a educação religiosa e moral que esteja acorde com suas próprias convicções.

Trata-se de mais um componente que reforça o entrelaçamento da religião com a vida humana, iniciada e cuidada, sobretudo nos anos iniciais da pessoa, sob o poder familiar e no contexto da família, base da sociedade, que, no Brasil, goza de *"especial proteção do Estado"* (art. 226, *caput*, da CRFB/88). Positiva-se aqui um exemplo claro de direito natural, superior e anterior a qualquer norma estatal, que reconhece competir primacialmente aos pais – e não ao Estado – direcionar os ensinamentos religiosos e morais de seus filhos.

O reconhecimento convencional harmoniza-se com a prescrição do art. 229 da Constituição da República, que atribui aos pais *"o dever de assistir, criar e educar os filhos menores"*, mesma linha adotada pelo Código Civil brasileiro, cujo art. 1.634, *caput* e inciso I, aduz competir aos pais *dirigir* a criação e a educação dos filhos.

É certo, contudo, que também os filhos são sujeitos e titulares de direitos fundamentais, no que se incluem as liberdades de pensamento, de consciência e de religião. É o que prescrevem, *exempli gratia*, o artigo 14.1 da Convenção sobre os Direitos da Criança, ratificada pelo Brasil por meio do Decreto 99.710/1990, bem como o art. 16, III, do Estatuto da Criança e do Adolescente (Lei 8.069/1990).

Assim, embora reconhecido o direito de os pais adotarem suas próprias convicções como norte da educação religiosa e moral dos filhos, a interpretação sistemática das normas suprarreferidas demanda atenção para os diferentes estágios de evolução física, psíquica e intelectual dos infantes, preservando-lhes o gradual exercício da sua própria capacidade de discernimento e escolhas. Nesse sentido, transcrevo o entendimento de Regiane Cristina Dias Pinto:

> O exercício da liberdade religiosa da criança difere da dos adultos, pois deve se coadunar com o grau de desenvolvimento das diversas fases da menoridade. Da dependência completa à maioridade independente, a capacidade de opinião e expressão será variável, e as implicações jurídicas também. A menoridade dos filhos e o exercício do poder familiar dos pais são pontos de referência distintos no que diz respeito à perspectiva da liberdade religiosa. Em cada um dos pontos assinalados, hão de ser considerados fatores psicossociais e jurídicos para que se solucionem as divergências de interesses.[520]

Exige-se, pois, a harmonização e o equilíbrio entre o dever de cuidado parental – do qual emana o direito de que a educação religiosa dos filhos ou pupilos possa ser feita de acordo com as convicções dos pais ou tutores – e o respeito concomitante aos direitos fundamentais da criança e do adolescente.

3. CONCLUSÃO

Consoante demonstrado nestes comentários, as normas de direito internacional que versam sobre direitos humanos – e a CADH não é exceção – reconhecem o fenômeno religioso como inerente à condição humana. Mais do que atributo ou matéria de escolha, a religiosidade é traço constitutivo da essência humana, inclusive em decorrência da capacidade de as pessoas raciocinarem acerca da sua própria vida.

De modo mais específico, o artigo 12 da Convenção Americana de Direitos Humanos consagra a liberdade de religião, contemplando suas dimensões (positiva e negativa), a possi-

---

[520] PINTO, Regiane Cristina Dias. O poder familiar e a liberdade religiosa da criança e do adolescente. *Revista do Ministério Público do Rio de Janeiro*, n. 63, jan.-mar. 2017. Disponível em: https://www.mprj.mp.br/documents/20184/1259534/Regiane_Cristina_Dias_Pinto.pdf. Acesso em: 05.02.2023.

bilidade de limitação pela lei e o direito dos pais no que toca à escolha da educação religiosa de seus filhos, tudo sob a inexpugnável vinculação da liberdade religiosa com a dignidade da pessoa humana. Seu teor evidencia a influência histórica, sociológica e normativa que a religião assume no contínuo processo de construção dos direitos humanos.

Como Estado-parte da Convenção Americana, o Brasil deve respeitar a liberdade religiosa de todos os seus jurisdicionados, nos moldes do artigo 12 da CADH, cujo conteúdo guarda plena consonância com os dispositivos constitucionais que versam sobre o tema.

Não há oposição entre Estado laico e exercício da liberdade religiosa, sendo certo que a proteção jurídica derivada dessa liberdade se estende às esferas social e pública de cada indivíduo. Como já dissemos em outra oportunidade, "*Estado e religião trafegam em faixas separadas, mas ambas constituem o leito de uma única rodovia: a que visa tratar o ser humano na sua integralidade física, psíquica e espiritual, conduzindo-o à promoção de sua dignidade e bem-estar*".[521] O Estado, aliás, tem o papel de "*criar condições para a criação de um ambiente ideal de desenvolvimento plural das convicções religiosas de cada pessoa*".[522]

Cumpre, por fim, reiterar que a liberdade religiosa impõe a todos, instituições e agentes públicos ou privados, o dever de absoluto respeito às escolhas de cada pessoa no âmbito da religiosidade. A construção de uma sociedade livre, justa e solidária, aspiração da Carta de 1988 e projeto permanente de todos nós, vincula-se à efetivação, entre tantos outros, dos direitos fundamentais decorrentes da liberdade religiosa, os quais se destinam a todo ser humano pelo tão só fato de se *ser humano*.

REFERÊNCIAS

DUTRA, Tercyo. A liberdade religiosa na jurisprudência da Suprema Corte Americana durante pandemia da covid-19. *Migalhas*, 25.05.2021. Disponível em: https://www.migalhas.com.br/depeso/346101/a-liberdade-religiosa-na-jurisprudencia-da-suprema--corte-americana. Acesso em: 27.02.2023.

FRANKL, Viktor. *A presença ignorada de Deus*. 4. ed. São Leopoldo: Sinodal; Petrópolis: Vozes, 1997.

JELLINEK, Georg. *A Declaração dos Direitos do Homem e do Cidadão*: contribuição para a história do direito constitucional moderno. Organização, estudo introdutório e tradução de Emerson Garcia. São Paulo: Atlas, 2015 (Coleção Clássicos do Direito, v. 2.).

MENDONÇA, André Luiz de Almeida; RODRÍGUEZ-GARCÍA, Nicolás. *El principio de la validez de la prueba en casos de corrupción*. Valencia: Tirant lo Blanch, 2019.

MENDONÇA, André Luiz de Almeida. A primeira das liberdades: a liberdade religiosa e sua efetividade na laicidade colaborativa brasileira. In: BRANCO, Erika Siebler; SALLES, Tiago (ed.). *Liberdades*. Rio de Janeiro: Editora JC, 2022.

PASCAL, Blaise. *Pensamentos*. São Paulo: Martin Claret, 2004.

PINTO, Regiane Cristina Dias. O poder familiar e a liberdade religiosa da criança e do adolescente. *Revista do Ministério Público do Rio de Janeiro*, n. 63, jan.-mar. 2017.

---

[521]   VIEIRA, Thiago Rafael; REGINA, Jean Marques. *A laicidade colaborativa brasileira*: da aurora da civilização à Constituição brasileira de 1988. São Paulo: Vida Nova, 2021. p. 28.

[522]   TAVARES, André Ramos. Religião e neutralidade do Estado. In: MAZZUOLI, Valerio de Oliveira; SORIANO, Aldir Guedes (coord.). *Direito à liberdade religiosa*: desafios e perspectivas para o século XXI. Belo Horizonte: Fórum, 2009. p. 56.

Disponível em: https://www.mprj.mp.br/documents/20184/1259534/Regiane_Cristina_Dias_Pinto.pdf. Acesso em: 05.02.2023.

SILVA, Fabiana Maria Lobo da. Liberdade de religião e o ensino religioso nas escolas públicas de um Estado laico: perspectiva jusfundamental. *Revista de Informação Legislativa*, Brasília, v. 52, n. 206, p. 271-298, abr.-jun. 2015. Disponível em: https://www12.senado.leg.br/ril/edicoes/52/206/ril_v52_n206_p271.pdf. Acesso em: 05.02.2023.

TAVARES, André Ramos. Religião e neutralidade do Estado. In: MAZZUOLI, Valerio de Oliveira; SORIANO, Aldir Guedes (coord.). *Direito à liberdade religiosa*: desafios e perspectivas para o século XXI. Belo Horizonte: Fórum, 2009.

VIEIRA, Thiago Rafael; REGINA, Jean Marques. *A laicidade colaborativa brasileira*: da aurora da civilização à Constituição brasileira de 1988. São Paulo: Vida Nova, 2021.

VIEIRA, Thiago Rafael; REGINA, Jean Marques. *ONU*: Agenda 2030 e a liberdade religiosa? Porto Alegre: Concórdia, 2022.

Artigo 13
Liberdade de pensamento e de expressão

1. Toda pessoa tem direito à liberdade de pensamento e de expressão. Esse direito compreende a liberdade de buscar, receber e difundir informações e ideias de toda natureza, sem consideração de fronteiras, verbalmente ou por escrito, ou em forma impressa ou artística, ou por qualquer outro processo de sua escolha.

2. O exercício do direito previsto no inciso precedente não pode estar sujeito a censura prévia, mas a responsabilidades ulteriores, que devem ser expressamente fixadas pela lei e ser necessárias para assegurar:

a) o respeito aos direitos ou à reputação das demais pessoas; ou

b) a proteção da segurança nacional, da ordem pública, ou da saúde ou da moral públicas.

3. Não se pode restringir o direito de expressão por vias ou meios indiretos, tais como o abuso de controles oficiais ou particulares de papel de imprensa, de frequências radioelétricas ou de equipamentos e aparelhos usados na difusão de informação, nem por quaisquer outros meios destinados a obstar a comunicação e a circulação de ideias e opiniões.

4. A lei pode submeter os espetáculos públicos a censura prévia, com o objetivo exclusivo de regular o acesso a eles, para proteção moral da infância e da adolescência, sem prejuízo do disposto no inciso 2.

5. A lei deve proibir toda propaganda a favor da guerra, bem como toda apologia ao ódio nacional, racial ou religioso que constitua incitação à discriminação, à hostilidade, ao crime ou à violência.

 COMENTÁRIOS

por Luis Felipe Salomão e Caroline Somesom Tauk

1. A DUPLA DIMENSÃO DA LIBERDADE DE PENSAMENTO E DE EXPRESSÃO

A Convenção Americana de Direitos Humanos trata do direito à liberdade de pensamento e de expressão no artigo 13. A finalidade da norma é garantir a *livre circulação* de informações, ideias, opiniões ou notícias.

Além do dispositivo incluído na Convenção Americana, outros tratados internacionais contêm normas relevantes sobre o direito à liberdade de expressão, por exemplo: o Pacto Internacional sobre Direitos Civis e Políticos (PIDCP, artigo 19), a Convenção Internacional sobre a Eliminação de Todas as Formas de Discriminação Racial (artigo 5, que estabelece que os Estados se comprometem a garantir o direito de todos, incluindo a liberdade de expressão, sem distinção de raça, cor ou origem nacional ou étnica), a Convenção sobre os Direitos da Criança (artigo 13, que estabelece que as crianças têm direito à liberdade de expressão) e a Convenção sobre os Direitos das Pessoas com Deficiência (artigo 21, que visa assegurar que as pessoas com deficiência exerçam o direito à liberdade de expressão).

A Convenção Americana assegura o direito previsto no artigo 13 a toda pessoa, independentemente de qualquer consideração, não se limitando a determinada profissão ou grupo de pessoas. A liberdade de expressão é um componente essencial da liberdade de imprensa, porém não é sinônimo dela nem seu exercício está condicionado a ela.

Desde a década de 1980, o Tribunal Europeu de Direitos Humanos vem afirmando que a liberdade de expressão "constitui um dos fundamentos essenciais de uma sociedade democrática e uma das condições básicas para seu progresso e para a autorrealização de cada indivíduo".[523]

Diante da importância da liberdade de expressão em uma sociedade democrática, o Estado deve não apenas evitar e minimizar as restrições à livre circulação de ideias mas também equilibrar a participação de diferentes informações no debate público, promovendo o *pluralismo da informação*. Assim é que, para o pleno exercício da liberdade de expressão, se impõem ao Estado prestações negativas e positivas.

Nesse sentido, da leitura do artigo 13.1 da Convenção Americana, extrai-se que o direito à liberdade de pensamento e de expressão possui uma *dupla dimensão*. A primeira é uma dimensão *individual* e se refere ao direito de o indivíduo expressar seu próprio pensamento. Ninguém pode ser arbitrariamente impedido de expor as informações de que tenha acesso, suas ideias e opiniões.

A segunda dimensão é a *social* e se refere ao direito da coletividade de receber informações e de conhecer a manifestação do pensamento alheio. Essa dimensão representa o direito de buscar, receber e difundir informações e ideias de toda ordem vindas de terceiros, tais como pontos de vista, relatos e notícias. A dimensão social da liberdade de expressão visa garantir que esta seja um meio para o *intercâmbio de ideias e informações* entre os indivíduos. É por isso que a restrição ilegal da liberdade de expressão do indivíduo afeta não apenas o seu próprio direito mas igualmente o direito dos demais integrantes da sociedade de receber informações e ideias, como vem concluindo a Corte Interamericana de Direitos Humanos (Corte IDH) desde 1985, em sua primeira decisão sobre o artigo 13 da Convenção, quando emitiu a Opinião Consultiva no caso *"La colegiación obligatoria de periodistas"*.[524]

A jurisprudência da Corte IDH é firme no sentido de que não há hierarquia entre as duas dimensões. Expressar suas próprias ideias e opiniões é tão importante quanto conhecer as alheias. Para dar plena efetividade à liberdade de pensamento e de expressão, ambas as dimensões devem ser garantidas de forma simultânea.[525]

---

[523] TEDH. *Case of Lingens* v. *Austria*. Requerimento 9815/82, 8 de julho de 1986.

[524] CORTE IDH. *La colegiación obligatoria de periodistas* – arts. 13 y 29 de la Convención Americana sobre Derechos Humanos. Opinión Consultiva OC-5/85, de 13 de novembro de 1985.

[525] CORTE IDH. *Caso Álvarez Ramos* vs. *Venezuela*. Excepción Preliminar, Fondo, Reparaciones y Costas. Sentencia de 30 de agosto de 2019. A sentença condena o Estado por violação à liberdade de expressão de Alvares Ramos, por ter publicado em jornal, em 2003, artigo intitulado "Caixa de Poupança da Assem-

Desde 1985, a Corte IDH vem apreciando recorrentes casos em que se pleiteia o reconhecimento da responsabilidade internacional do Estado por atos ou omissões de qualquer Poder ou órgão, em razão de alegada violação ao direito à liberdade de expressão previsto na Convenção Americana.

Em muitos desses casos, a Corte reconhece a responsabilidade internacional do Estado, como será visto ao longo do texto. Conhecer os fundamentos de tais julgados é importante não apenas para juízes de Tribunais internacionais mas igualmente para magistrados e demais juristas brasileiros, ao julgarem ou lidarem com casos cujo objeto seja a violação ao direito à liberdade de expressão.

Além disso, em observância ao controle de convencionalidade, os juízes locais devem interpretar e aplicar as leis nacionais em conformidade com as normas internacionais aplicáveis.

2. EXPRESSAR, BUSCAR, RECEBER E DIFUNDIR INFORMAÇÕES

O artigo 13.1 confere a toda pessoa a liberdade de expressar, buscar, receber e difundir informações e ideias de qualquer natureza.

A jurisprudência da Corte IDH indica que a primeira dimensão da liberdade de expressão – a dimensão individual – se refere, principalmente, à liberdade do indivíduo de expressar ideias, informações e opiniões. No entanto, essa dimensão "não termina com o reconhecimento teórico do direito de falar ou escrever, mas inclui, além disso, indissociavelmente, o direito de usar todos os meios adequados para *difundir* o pensamento e fazê-lo chegar ao maior número de destinatários".[526] Assim é que a expressão e a difusão de pensamentos e opiniões são *indivisíveis* e a restrição da divulgação de informações representa uma violação ao direito de se expressar livremente. Logo, a garantia da efetividade do direito à liberdade de expressão exige que o Estado não limite indevidamente a difusão de informações.

Por sua vez, o direito de buscar, receber e difundir informações e ideias se refere ao *acesso à informação*.

Se a informação for de interesse público ou geral, há um *nível elevado de proteção* e o acesso a ela assume ainda maior relevância na jurisprudência. A Corte IDH tem destacado que a existência de um direito de acesso à informação pública é condição para o exercício do controle democrático. A esse direito corresponde o dever do Estado de prestar as informações de ofício, conhecido como *obrigação de transparência ativa*, permitindo que a sociedade possa exercer outros direitos. Consequentemente, o direito de acesso à informação adquire um *caráter instrumental* para alcançar a satisfação de outros direitos da Convenção.

No caso da *Guerrilha do Araguaia*, em que o Brasil foi condenado pela Corte IDH, a decisão enfatizou que o Estado democrático é regido pelos princípios da publicidade e transparência na gestão pública, os quais permitem que os cidadãos exerçam o controle social. Portanto, somente por meio do acesso à informação de interesse público será possível a participação social na gestão pública.[527] O caso discutia o desaparecimento forçado de 70

---

bleia Nacional assaltada", no qual afirmava que dois bilhões de bolívares haviam sido retirados da Caixa Econômica dos trabalhadores para cobrir outras despesas do Poder Legislativo local.

[526] CORTE IDH. *Caso Urrutia Laubreaux vs. Chile*. Excepciones Preliminares, Fondo, Reparaciones y Costas. Sentencia de 27 de agosto de 2020. A sentença condenou o Estado por violação à liberdade de expressão de Daniel Urrutia Laubreaux.

[527] CORTE IDH. *Caso Gomes Lund y otros ("Guerrilha do Araguaia") vs. Brasil*. Excepciones Preliminares, Fondo, Reparaciones y Costas. Sentencia de 24 de noviembre de 2010. A sentença declara o Estado responsável pelo desaparecimento forçado das vítimas tratadas nos autos e o condena a criar o tipo penal de desaparecimento forçado.

pessoas, entre 1972 e 1975, ocorrido durante as três campanhas militares contra a Guerrilha do Araguaia no sudeste do Pará.

Em relação a essa decisão, três pontos merecem destaque.

Primeiro, como saber o que é informação de interesse público? A Corte considera de interesse público os assuntos sobre os quais a sociedade tenha legítimo interesse de ser informada, seja porque afeta o funcionamento do Estado, seja porque afeta direitos ou interesses da coletividade. Por exemplo, informações relativas a condições de trabalho, muitas vezes, são de interesse público.

Segundo, quando pode haver restrições de acesso a informações públicas? As autoridades estatais são regidas pelo princípio da máxima divulgação, conforme o qual se presume que toda informação em poder do Estado é pública e acessível, sujeita a excepcionais restrições. Qualquer recusa de informação deve ser motivada e fundamentada, cabendo ao Estado a responsabilidade pela prova quanto à impossibilidade de revelação. Em caso de dúvida ou vácuo legal, deve prevalecer o direito de acesso.

Nesse sentido, a Corte IDH deixou claro que, em casos de violação de direitos humanos, as autoridades estatais não podem alegar sigilo de Estado, confidencialidade da informação, motivos de interesse público ou de segurança nacional para deixar de fornecer as informações solicitadas pelas autoridades judiciais ou administrativas durante a investigação ou o processo.

Terceiro, é obrigação do Estado garantir a eficácia de um procedimento adequado para o processamento de pedidos de informação pública, com prazos para entrega das respostas. Havendo recusa de acesso, o Estado deve garantir que haja um recurso judicial simples, rápido e eficaz. É justamente por isso que a Relatoria Especial para a Liberdade de Expressão da Organização dos Estados Americanos (OEA) faz um acompanhamento dos países que possuem disposições constitucionais que reconhecem o livre acesso à informação que se encontra em poder do Estado e preveem a ação de *habeas data*.[528] Como se sabe, o Brasil possui essa garantia no art. 5º, inc. LXXII, da Constituição.

Por fim, o acesso à informação engloba, ainda, o *direito de conhecer a verdade*. Não apenas os familiares das vítimas de graves violações dos direitos humanos mas também qualquer pessoa têm o direito de ser informada sobre todos os fatos relacionados às violações. Esse direito assume maior importância nos casos de desaparecimento forçado, recorrentes na jurisprudência, a exemplo do caso da Guerrilha do Araguaia, no qual a Corte fez referência à existência de um "direito dos familiares da vítima de descobrir qual foi seu destino e, quando apropriado, onde estão seus restos mortais".

A Corte consagrou que o direito de conhecer a verdade faz parte do *direito de acesso à Justiça*. Afinal, de nada adiantaria socorrer-se do Judiciário se nele não fossem utilizados todos os meios disponíveis para a verificação da verdade dos fatos. Além disso, reconheceu que a obrigação do Estado de investigar é, em si própria, uma forma de reparação aos familiares das vítimas.

3. A PROIBIÇÃO DE CENSURA PRÉVIA

O artigo 13.2 da Convenção dispõe sobre hipóteses de restrições legítimas à liberdade de expressão. Na primeira parte, o artigo proíbe a censura prévia, ressalvadas as exceções previstas no artigo 13.4 referentes a espetáculos públicos, e, na segunda parte, admite a responsabilização posterior, prevendo os requisitos para que seja legítima.

---

[528]   OEA. Relatoria Especial para a Liberdade de Expressão. *Capítulo III – A ação de* habeas data *e o direito de acesso à informação no hemisfério*. Disponível em: https://www.oas.org/pt/cidh/expressao/showarticle. asp?artID=453&lID=4.

De início, esclareça-se que a liberdade de expressão pode ser diminuída ou restringida em razão do uso de quaisquer meios, sejam eles decorrentes de atos estatais, sejam eles praticados sem intervenção direta do Estado, a exemplo dos monopólios ou oligopólios na propriedade dos meios privados de comunicação.

A primeira parte do artigo 13.2 veda a censura prévia. Procedimentos que condicionam a expressão e a difusão da informação ao controle governamental, não raras vezes, são utilizados sob a alegação de que se destinam a impedir um eventual abuso da liberdade de expressão.

O argumento não se sustenta.

Qualquer *medida preventiva* significa uma violação à liberdade garantida pela Convenção. A censura prévia implica a necessidade de permissão, prévia e com caráter vinculativo, para que qualquer texto ou programa seja exibido ao público em geral. O caráter preventivo e vinculante é o traço marcante dessa forma de censura, evidenciando sua finalidade antidemocrática.

Foi o que ocorreu no caso *A Última Tentação de Cristo*, julgado contra o Chile. O filme objeto do processo, que teve notória polêmica no mundo, retrata a vida de Jesus Cristo de forma diversa da preconizada pela Igreja Católica. Tribunais chilenos haviam imposto restrições à exibição do filme, "em nome de Jesus Cristo, da Igreja católica (...)", trazendo à tona uma intensa discussão envolvendo o direito à liberdade religiosa e o direito à liberdade de expressão. A Corte IDH verificou que a Constituição chilena previa um sistema de censura na produção cinematográfica e considerou que as restrições impostas pelos Tribunais locais à exibição do filme constituíam censura prévia, em violação ao artigo 13.2 da Convenção.[529]

4. RESTRIÇÕES LEGÍTIMAS À LIBERDADE DE EXPRESSÃO

A liberdade de expressão tem proteção reforçada. Eventual abuso da liberdade de expressão não pode ser objeto de medidas preventivas de controle, mas, sim, de *responsabilidade posterior* para quem o cometeu, nos termos da parte final do artigo 13.2.

Nesse ponto, a Convenção Americana deixa claro que a liberdade de expressão não é um direito absoluto, já que prevê a possibilidade de responsabilização posterior pelo exercício abusivo. As hipóteses de responsabilização, no entanto, não devem limitar, além do estritamente necessário, o pleno exercício da liberdade de expressão, sob pena de tornar-se um mecanismo de censura prévia indireta.

Desde 1985, em sua primeira apreciação da matéria, quando emitiu a Opinião Consultiva no citado caso *La colegiación obligatoria de periodistas*, a Corte IDH definiu alguns requisitos que devem ser cumpridos, de acordo com a Convenção Americana, para que a responsabilidade possa ser legítima e validamente estabelecida. O Pacto Internacional de Direitos Civis e Políticos (artigo 19), assim como outros instrumentos internacionais, faz referência a requisitos similares, que passaram a ser chamados de *teste tripartite*. Esse teste, que fornece os parâmetros para o escrutínio, pelo Poder Judiciário, da imposição de medidas e regras restritivas à liberdade de expressão, exige a presença dos seguintes requisitos:[530]

a) a existência de causas de responsabilidade definidas previamente em lei;

---

[529] CORTE IDH. *Caso "La Última Tentación de Cristo" (Olmedo Bustos y otros) vs. Chile*. Fondo, Reparaciones y Costas. Sentencia de 5 de fevereiro de 2001. A sentença condena o Estado por violação à liberdade de pensamento e expressão dos envolvidos na produção do filme e determina a alteração da lei que permitia censura prévia.

[530] ORGANIZAÇÃO DAS NAÇÕES UNIDAS PARA A EDUCAÇÃO, A CIÊNCIA E A CULTURA. *Caixa de Ferramentas Global para Atores Jurídicos*. Paris: Unesco, 2022.

b) a legitimidade dos fins perseguidos; e

c) a necessidade dessas causas de responsabilidade para assegurar as finalidades mencionadas.

O primeiro requisito constitui a *estrita legalidade*. A tipificação do comportamento que gera a responsabilização deve ser preestabelecida em lei, para que as causas não fiquem a critério das autoridades estatais, bem como deve ser clara, precisa e exaustiva, sobretudo se houver previsão de responsabilidade criminal.

A Corte IDH já decidiu mais de uma vez que o direito penal, por ser o meio mais severo de responsabilização de condutas ilegais, deve ser a *ultima ratio*. Assim, embora seja possível o uso do Direito Penal, "sua utilização para a imposição de responsabilidade posterior ao exercício da liberdade de expressão não é necessária ou proporcional em todos os casos".[531]

São recorrentes, na jurisprudência da Corte, casos em que autoridades estatais imputaram às vítimas a prática de crimes de calúnia, injúria, difamação ou desacato como forma responsabilização pelo suposto exercício abusivo da liberdade de expressão. Em todos esses tipos penais, é vedado que a descrição seja vaga e ambígua ou que não delineie claramente o elemento subjetivo da conduta, o que poderia levar a interpretações amplas que permitiriam discricionariedade de autoridades administrativas ou judiciais e penalizações indevidas por crimes contra a honra.

O segundo requisito refere-se aos *fins da responsabilização*, que devem ser permitidos ou legítimos. Nesse sentido, a determinação do que é permitido ou legítimo orienta-se pelos itens *a* e *b* do artigo 13.2, que admitem a responsabilização posterior do agente com a finalidade de assegurar "o respeito aos direitos ou à reputação das demais pessoas" ou "a proteção da segurança nacional, da ordem pública, ou da saúde ou da moral públicas".

De todo modo, ainda que o objetivo perseguido seja legítimo, por vezes o Estado terá que fazer uma ponderação com outros interesses em conflito no caso concreto, já que o exercício de cada direito fundamental deve respeitar os outros direitos fundamentais. Por exemplo, diante do surgimento de conflito entre o direito à liberdade de expressão da pessoa que se comunica, de um lado, e o direito à honra da pessoa afetada, de outro, é necessário que haja a compatibilização desses direitos, conforme as circunstâncias do caso concreto.

O último requisito do teste tripartite exige que as causas de responsabilidade sejam *necessárias* para assegurar as finalidades de respeito aos direitos ou à reputação das demais pessoas e de proteção da segurança nacional, da ordem pública, ou da saúde ou da moral públicas. Para que a restrição à liberdade de expressão seja necessária, é preciso que, entre várias opções para atingir determinado objetivo, seja escolhida aquela que interfere o mínimo possível no exercício efetivo desse direito. Ainda, como definiu a Corte IDH, "nesta última etapa da análise considera-se se a restrição é estritamente proporcional, de modo que o sacrifício a ela inerente não é exagerado ou desproporcional em relação às vantagens obtidas através de tais limitação".[532]

Por vezes, o processo criminal, como no crime de desacato, pode ser usado de forma desproporcional e desnecessária em uma sociedade democrática. A Corte já decidiu que a legislação do Chile sobre o crime de desacato estabelecia sanções desproporcionais em face

---

[531] CORTE IDH. *Caso Usón Ramírez* vs. *Venezuela*. Excepción Preliminar, Fondo, Reparaciones y Costas. Sentencia de 20 de novembro de 2009. A sentença condenou o Estado por violação à liberdade de expressão de Usón Ramírez e determinou modificação legislativa para impor limites à competência de Tribunais Militares.

[532] CORTE IDH. *Caso Álvarez Ramos* vs. *Venezuela*. Excepción Preliminar, Fondo, Reparaciones y Costas. Sentencia de 30 de agosto de 2019.

de cidadãos que realizavam críticas ao funcionamento das instituições estatais e de seus membros, restringindo desnecessariamente o direito à liberdade de expressão.[533]

De forma geral, os requisitos anteriores, previstos pelo teste tripartite, servem como diretriz não apenas para juízes de órgãos internacionais mas igualmente para juízes e juristas brasileiros, ao julgarem casos cujo objeto seja a alegação de violação a direitos humanos.

5. JUÍZES, ATIVIDADE POLÍTICO-PARTIDÁRIA E LIBERDADE DE EXPRESSÃO

Todas as pessoas são titulares do direito à liberdade de expressão. No entanto, algumas pessoas têm restrições maiores a esse direito. A Corte IDH decidiu que pessoas que trabalham na administração da Justiça, como juízes, podem estar sujeitas, em razão do exercício de suas funções, a restrições distintas das que se aplicam aos demais integrantes da comunidade, inclusive outros funcionários públicos.[534]

A Corte IDH considerou, ainda, que a restrição ao direito à liberdade de expressão de juízes possui propósitos legítimos quando objetiva garantir sua *independência e imparcialidade*. A conclusão decorre da interpretação conjunta dos artigos 8.1 e 13.2.a da Convenção. O artigo 13.2.a admite a responsabilização posterior, tendo em vista o "respeito ao direito das demais pessoas". Por sua vez, o artigo 8.1 confere o direito de toda pessoa "ser ouvida, com as devidas garantias e dentro de um prazo razoável, por um juiz ou tribunal competente, independente e competente imparcial".

É por isso que a legislação de muitos países restringe a participação de juízes em atividades político-partidárias. De todo modo, ainda segundo a Corte IDH, qualquer limitação aos direitos consagrados na Convenção deve ser interpretada restritivamente.

Por fim, podem ocorrer situações em que um juiz, como cidadão integrante da sociedade, considere que tem o dever moral de se expressar, hipótese em que está autorizado a tanto. A Corte citou, por exemplo, que, em casos de golpe de Estado, os juízes "têm a obrigação de apoiar e fazer com que a população saiba que apoia o regime constitucional",[535] sem que isso constitua indevida atividade político-partidária.

6. CRÍTICAS A FUNCIONÁRIOS PÚBLICOS E A LÍDERES POLÍTICOS E O CRIME DE DESACATO

O artigo 13 protege de forma especial as informações sobre assuntos de interesse público, principalmente durante o período eleitoral, bem como confere pouco espaço para restringir opiniões, declarações e críticas a funcionários públicos e líderes políticos. A esse respeito, a Corte IDH reconhece que o direito à liberdade de pensamento protege não ape-

[533] CORTE IDH. *Caso Palamara Iribarne* vs. *Chile*. Fondo, Reparaciones y Costas. Sentencia de 22 de noviembre de 2005. O militar aposentado Palamara Iribarne havia escrito livro intitulado *Ética e serviços de inteligência*, cuja publicação foi proibida pelas autoridades militares chilenas, por fazer críticas aos militares. A sentença ordenou uma reforma legislativa que alterasse o crime de desacato e assegurasse a liberdade de expressão no Chile, juntamente com a publicação do livro do escritor Palamara Iribarne e a restituição de todas as cópias apreendidas.

[534] CORTE IDH. *Caso Urrutia Laubreaux* vs. *Chile*. Excepciones Preliminares, Fondo, Reparaciones y Costas. Sentencia de 27 de agosto de 2020.

[535] CORTE IDH. *Caso López Lone y otros* vs. *Honduras*. Excepción Preliminar, Fondo, Reparaciones y Costas. Sentencia de 5 de octubre de 2015. A sentença apontou que as manifestações e expressões a favor da democracia devem contar com a máxima proteção possível e, dependendo das circunstâncias, podem estar ligadas a todos ou a alguns dos direitos tratados no processo (direitos políticos, a liberdade de expressão, o direito de reunião e a liberdade de associação).

nas as "expressões inócuas ou bem recebidas pela opinião pública, mas também aquelas que choquem, irritem ou perturbem funcionários públicos ou qualquer setor da população".[536]

É claro que o direito à honra de funcionários públicos, em especial dos agentes políticos eleitos por voto popular, deve ser legalmente protegido. No entanto, no que concerne às limitações à liberdade de expressão, deve ser feita uma distinção entre as restrições que são aplicáveis, de um lado, quando a expressão se refere a um particular e, por outro lado, quando se refere a uma pessoa pública. Sobre esse ponto, a Corte Europeia de Direitos Humanos reconhece que os *limites da crítica aceitável* em relação a um funcionário público são mais amplos do que em relação a um particular, já que o agente público, sobretudo o eleito por voto popular, voluntariamente se abre para um escrutínio rigoroso de suas palavras e atos, seja por jornalistas, seja pela opinião pública, e, consequentemente, deve demonstrar um *maior grau de tolerância*.

A conclusão anterior é relevante para o Estado democrático porque, em verdade, os exercícios dos direitos políticos e da liberdade de pensamento e expressão estão intimamente ligados e se fortalecem mutuamente. No contexto de uma campanha eleitoral, por exemplo, a liberdade de expressão em suas duas dimensões se torna uma ferramenta essencial para a formação da opinião pública dos eleitores e fortalece a disputa política entre os diferentes candidatos e partidos, permitindo uma maior transparência e fiscalização sobre as futuras autoridades eleitas.

Diante das considerações anteriores, resta saber como a Corte interpreta o *crime de desacato* praticado contra funcionário público. Na citada Declaração de Princípios sobre Liberdade de Expressão, de 2000, a Corte afirmou: "Os funcionários públicos estão sujeitos a maior escrutínio da sociedade. As leis que punem a expressão ofensiva contra funcionários públicos, geralmente conhecidas como 'leis de desacato', atentam contra a liberdade de expressão e o direito à informação". É preciso compatibilizar essa Declaração, no entanto, com o citado teste tripartite adotado pela Corte, segundo o qual é possível a utilização da responsabilidade criminal para coibir abusos cometidos sob pretexto de exercício da liberdade de expressão, desde que de modo proporcional e justificado.

É esse o entendimento atual da jurisprudência brasileira em relação ao crime de desacato. Em 2016, a 5ª Turma do *Superior Tribunal de Justiça* havia decidido que "o crime de desacato não mais subsiste em nosso ordenamento jurídico por ser incompatível com o artigo 13 do Pacto de San José da Costa Rica".[537] Entretanto, uniformizando o tema no Tribunal pouco depois, a 3ª Seção decidiu que "a figura penal do desacato não prejudica a liberdade de expressão, pois não impede o cidadão de se manifestar, desde que o faça com civilidade e educação".[538] No mesmo sentido, o *Supremo Tribunal Federal* decidiu, em seguida, que "a criminalização do desacato não configura tratamento privilegiado ao agente estatal, mas proteção da função pública por ele exercida", concluindo que "nem o texto expresso da Convenção, nem a jurisprudência da Corte vedam que os Estados-Partes se valham de normas penais para a proteção da honra e do adequado funcionamento da Administração Pública, desde que de modo proporcional e justificado".[539]

---

[536]   CORTE IDH. *Caso San Miguel Sosa y otras* vs. *Venezuela*. Fondo, Reparaciones e Costas. Sentencia de 8 de febrero de 2018. A sentença condenou o Estado por violação ao direito ao trabalho, à igualdade e à liberdade de expressão.

[537]   REsp 1640084/SP, Rel. Min. Ribeiro Dantas, 5ª Turma, j. 15.12.2016.

[538]   HC 379.269-MS, Rel. para Acórdão Min. Antônio Saldanha Palheiro, 3ª Seção, j. 24.05.2017.

[539]   ADPF 496, Rel. Roberto Barroso, j. 22.06.2020.

7. PROIBIÇÃO DE CONTROLES INDIRETOS SOBRE A LIBERDADE DE EXPRESSÃO

O artigo 13.3 proíbe controles indiretos oficiais (governamentais) ou privados sobre a liberdade de expressão. O dispositivo cita alguns meios indiretos de controle, como o abuso de controles do papel da imprensa, de frequências radioelétricas ou de equipamentos e aparelhos usados na difusão de informação.

Os meios de comunicação têm o direito de realizar seu trabalho de forma independente. Pressões diretas ou medidas indiretas destinadas a silenciar o trabalho informativo dos comunicadores sociais são incompatíveis com a liberdade de expressão. São recorrentes na Corte IDH casos de supressão do direito à liberdade de expressão praticados por meio de homicídios contra jornalistas e comunicadores sociais em geral. Note-se, portanto, que, em casos como esses, o direito à liberdade de expressão está intimamente ligado ao direito à vida.[540]

A citação dos meios restritivos no artigo 13.3 não é taxativa, já que o texto do dispositivo faz referência a "quaisquer outros meios destinados a obstar a comunicação e a circulação de ideias e opiniões. A Corte IDH considerou haver restrição indireta, por exemplo, quando o meio usado foi uma decisão do Estado que deixou sem efeitos jurídicos o título de nacionalidade do acionista maioritário de um canal de televisão". Pode-se incluir, ainda, os meios derivados das novas tecnologias.

A *Declaração de Princípios sobre Liberdade de Expressão*, emitida pela Organização dos Estados Americanos, indica outros exemplos de meios indiretos, enfatizando que o uso do poder do Estado e dos recursos do erário público, a concessão de benefícios tarifários, a alocação arbitrária e discriminatória de publicidade oficial e créditos oficiais, a concessão de frequências de rádio e televisão, entre outras, com a objetivo de pressionar e punir ou premiar e privilegiar os comunicadores sociais e meios de comunicação baseados em suas linhas informativas, ameaçam a liberdade de expressão e devem ser expressamente proibidos por lei.[541]

8. ESPETÁCULOS PÚBLICOS E A PROTEÇÃO DE CRIANÇAS E ADOLESCENTES

O artigo 13.4 autoriza que a lei submeta os espetáculos públicos à censura prévia, com o objetivo exclusivo de regular o acesso a eles, para proteção moral da infância e da adolescência, sem prejuízo da responsabilização posterior.

Pelo que se percebe, o artigo 13.4 da Convenção estabelece uma exceção à proibição de censura prévia, uma vez que a permite no caso de espetáculos públicos, porém a finalidade dessa censura é exclusivamente regular o acesso, com o intuito exclusivo de proteção moral de crianças e adolescentes. Em todos os outros casos, qualquer medida preventiva implica violação à liberdade de pensamento e expressão.

9. DISCURSOS PROIBIDOS EM UMA SOCIEDADE DEMOCRÁTICA

O artigo 13.5, que tem o mesmo conteúdo do artigo 20 do PIDCP, determina que a lei local proíba toda propaganda a favor da guerra e apologia ao ódio nacional, racial ou religioso que constitua incitação à discriminação, à hostilidade, ao crime ou à violência.

---

[540] CORTE IDH. *Caso Carvajal Carvajal y otros* vs. *Colombia*. Fondo, Reparaciones y Costas. Sentencia de 13 de marzo de 2018. A sentença condenou o Estado por violação à liberdade de expressão, à integridade pessoal e à livre circulação das vítimas.

[541] OEA. *Declaração de Princípios sobre Liberdade de Expressão*. 2000. Disponível em: https://www.cidh.oas.org/basicos/portugues/s.convencao.libertade.de.expressao.htm.

Cabem duas observações sobre o chamado *discurso de ódio*.

Primeiro, o discurso de ódio não se confunde com o discurso ofensivo, pois o direito à liberdade de expressão admite o discurso que choque, irrite ou perturbe, como visto.

Segundo, atualmente, embora seja comum sua relação com a discriminação e a hostilidade, em especial em razão do aumento do discurso público por meio de redes sociais, não existe uma definição uniforme para discurso de ódio, de modo que muitas vezes é tarefa complexa identificar precisamente o que constitui esse discurso e se ele se enquadra naquilo que deve ser proibido. A jurisprudência da Corte IDH ainda não se aprofundou sobre o tema, talvez em razão de os fatos julgados hoje pela Corte serem, em boa parte, de décadas passadas.

10. LIBERDADE DE EXPRESSÃO NA INTERNET E NAS REDES SOCIAIS

Na era digital, a liberdade de expressão passou a ser exercida com mais rapidez e facilidade, utilizando-se das novas plataformas *on-line*, em especial as de redes sociais. Embora os benefícios do uso da Internet para esse fim sejam evidentes, alguns discursos proibidos, como o discurso de ódio e violência, passaram também a encontrar nesse ambiente um espaço livre para sua reprodução. Da mesma forma, alguns países começaram a se preocupar com o potencial de mobilização e organização *on-line* para o exercício de direitos civis e políticos. Tudo isso gera novos desafios para a garantia do direito à liberdade de expressão.

As plataformas são consideradas intermediários *on-line*, ou seja, atores que participam da cadeia de fornecimento de serviços de Internet aos usuários finais. Diante da relevância que as plataformas assumiram em relação aos direitos humanos, a Organização dos Estados Americanos, em 2011, assinou a Declaração Conjunta sobre Liberdade de Expressão e Internet,[542] indicando que os intermediários da Internet não devem ser forçados a interferir no conteúdo ou no tráfego digital para fins repressivos.

A citada Declaração conclui que a responsabilidade por todo conteúdo expresso na Internet deve ser *prioritariamente do seu autor*. Intermediários não devem ser responsabilizados legalmente pelos conteúdos expressos por outros, a menos que uma *decisão judicial* os tenha ordenado a agir contra conteúdos considerados ilegais e o intermediário esteja em condições de fazê-lo. A compreensão, nesse ponto, é de que a imposição de responsabilidade aos intermediários sem uma ordem judicial para remover o conteúdo teria um efeito geral inibidor e de autocensura, indo na contramão dos tratados internacionais de direitos humanos.

No Brasil, a jurisprudência consolidada do Superior Tribunal de Justiça caminha no mesmo sentido. Segundo o STJ, a interpretação do art. 19 do Marco Civil da Internet conduz à conclusão de que a responsabilidade dos provedores de aplicação da Internet por conteúdo gerado de terceiro é subjetiva e solidária somente nas hipóteses em que, *após ordem judicial*, negar ou retardar indevidamente a retirada do conteúdo.[543]

O tema, no entanto, vem sendo revisitado no Brasil e no mundo, em razão de o discurso público atualmente ter uma intensa participação das plataformas de redes sociais. Nesse ambiente em expansão, passaram a surgir técnicas para controlar o discurso público, que

---

[542]   OEA. *Declaração conjunta sobre liberdade de expressão e internet*. Relator Especial da ONU, Representante da OSCE, Relator Especial da OEA e Relator Especial da CADHP sobre Liberdade de Expressão, 01.06.2011. Disponível em: https://www.oas.org/pt/cidh/expressao/showarticle.asp?artID=849&lID=4#:~:text=As%20 restri%C3%A7%C3%B5es%20%C3%A0%20liberdade%20de,alcan%C3%A7ar%20essa%20finalidade%20 (o%20teste%20%22.

[543]   REsp 1.848.036/SP, Rel. Min. Paulo de Tarso Sanseverino, 3ª Turma, j. 26.04.2022. Ver também, sobre a responsabilidade das plataformas por violação de direitos autorais: REsp 1.512.647/MG, Rel. Min. Luis Felipe Salomão, 4ª Turma, j. 05.08.2015.

acabam manipulando a população e ameaçando a democracia, a exemplo da disseminação de desinformação e do emprego de contas falsas e robôs que se passam por humanos nas plataformas.[544]

É nesse cenário que vem se desenvolvendo a ideia de que o Poder Público deve agir para proteger o discurso público, inclusive por meio da regulação legislativa das redes sociais, desde que proporcional e adequada. Na União Europeia, foi publicada a *Digital Service Act* (DSA); no Brasil, tramita no Congresso Nacional o Projeto de Lei 2.630/2020, que trata da desinformação, objeto do tópico a seguir.

11. ELEIÇÕES, DESINFORMAÇÃO E *FAKE NEWS*

O fenômeno das *fake news* é de notório crescimento mundial.

Em primeiro lugar, é preciso fazer uma observação conceitual. O termo *fake news* vem sendo usado para se referir a situações distintas e não há consenso sobre sua definição. No âmbito internacional, a Unesco[545] prefere adotar o termo "desinformação" para se referir a todo conteúdo falso e enganoso. Para a Unesco, a *desinformação* é composta de tentativas deliberadas (muitas vezes coordenadas) de confundir ou manipular as pessoas por meio da entrega de conteúdo desonesto a elas, ao passo que a *informação falsa* ocorre quando o conteúdo não verificado é criado ou divulgado sem intenção manipuladora ou maliciosa. A preocupação maior ocorre em relação à desinformação, inclusive porque é reforçada pela tecnologia automatizada.

Em segundo lugar, é preciso identificar os agentes das condutas. As *fake news* ou a desinformação podem ser praticadas por particulares ou por agentes públicos, ambos se utilizando, em especial, de plataformas de redes sociais.

Em uma sociedade democrática, as autoridades públicas devem verificar, por meios razoáveis, embora não necessariamente exaustivos, os fatos em que baseiam suas opiniões e expressões. Devem, ainda, fazê-lo com diligência maior do que a exigida dos particulares, em razão do amplo alcance e dos eventuais efeitos que suas palavras podem ter sobre a população, bem como para prevenir que cidadãos recebam uma versão adulterada dos fatos.

É que os funcionários públicos, segundo a Corte IDH, têm uma posição de garante dos direitos fundamentais. Essa situação é particularmente acentuada em situações de maior conflito social ou de polarização social ou política, justamente pelo conjunto de riscos que pode implicar aquele momento.[546]

Em terceiro lugar, tramita no Congresso Nacional brasileiro o Projeto de Lei 2.630/2020 (chamado popularmente de "PL das *Fake News*"), com propostas de alterações no modelo

---

[544] WU, Tim. Is the First Amendment obsolete? *Michigan Law Review*, v. 547, n. 117, 2018. Disponível em: https://repository.law.umich.edu/mlr/vol117/iss3/4.

[545] UNESCO. *Jornalismo, fake news & desinformação*: manual para educação e treinamento em jornalismo. 2018. Disponível em: https://unesdoc.unesco.org/ark:/48223/pf0000368647.

[546] CORTE IDH. *Caso Granier y otros (Radio Caracas Televisión) vs. Venezuela*. Excepciones Preliminares, Fondo, Reparaciones y Costas. Sentencia de 22 de junio de 2015. A sentença declarou o Estado de Venezuela responsável pela violação de diversos direitos em consequência do fechamento do canal de televisão Radio Caracas Televisión (RCTV), ocorrido em 2007. Na época, o Estado decidiu não renovar a concessão para as transmissões da RCTV e, por isso, impediu a participação em processos administrativos de um meio de comunicação que expressava uma linha de trabalho crítica ao governo. A Corte decidiu que o Estado da Venezuela restringiu indiretamente o exercício do direito à liberdade de expressão de dirigentes e jornalistas da RCTV.

de tratamento da comunicação na Internet, principalmente no que se refere às empresas de tecnologia e às suas eventuais responsabilidades pelos conteúdos publicados.[547]

Feitas essas três observações iniciais, concentrar-nos-emos na desinformação ocorrida durante o período eleitoral, diante de seus efeitos deletérios para a democracia. Segundo dados do Tribunal Superior Eleitoral (TSE), o volume de reclamações recebidas sobre desinformação cresceu 1.671% em relação ao período eleitoral de 2020.

Durante as eleições de 2022, assim como o fez em eleições anteriores, a Organização dos Estados Americanos, por meio da sua Missão de Observação Eleitoral (MOE/OEA), enviou observadores ao Brasil para fazerem uma análise dos aspectos- chave do processo eleitoral, como a organização e tecnologia eleitoral e a liberdade de expressão. No relatório preliminar apresentado em novembro de 2022,[548] após o segundo turno das eleições, a MOE/OEA demonstrou preocupação com a alta circulação de informações falsas e/ou enganosas sobre as eleições e ataques infundados ao sistema eleitoral, bem como informações que possam constituir incitação ao ódio e à violência.

Em razão do crescimento do fenômeno no contexto do discurso político e eleitoral, no Brasil e em diversas outras democracias, o Sistema Interamericano reconheceu que o direito eleitoral pode desenvolver *respostas específicas* para enfrentar a desinformação nesse contexto, a exemplo de *regulamentações*. De todo modo, qualquer regulamentação que afete a liberdade de expressão deve atender aos requisitos de legalidade, necessidade e proporcionalidade e levar em conta o alto nível de proteção que possui o discurso de interesse público e o debate político.

Além da regulamentação, para auxiliar no combate à desinformação, a MOE/OEA reconheceu a importância da sociedade civil, dos meios de comunicação e das *agências de checagem de fatos* no monitoramento e na identificação dessa prática, antecipando o combate à desinformação. Ainda, a MOE/OEA observou que diversas redes sociais e aplicativos de mensagens têm adotado políticas de integridade cívica e eleitoral,[549] bem como adotado ações de alfabetização digital, promoção de fontes confiáveis e remoção de conteúdo.[550]

No Brasil, para tentar combater o fenômeno da desinformação, o TSE editou a Resolução 23.671/2021, a qual, no art. 9-A, em sua parte inicial, vedou "a divulgação ou compartilhamento de fatos sabidamente inverídicos ou gravemente descontextualizados que atinja a integridade do processo eleitoral, inclusive os processos de votação, apuração e totalização de votos". Segundo a parte final do citado dispositivo, deve o tribunal, a requerimento do Ministério Público, determinar a cessação do ilícito.

Por meio da Resolução 23.714, de 20.10.2022, publicada dez dias antes do segundo turno das eleições, o TSE estabeleceu novas regras para o enfrentamento à desinformação. A nova Resolução revoga o citado art. 9-A da Resolução de 2021 e passa a estabelecer que, quando verificada a divulgação ou o compartilhamento de fatos sabidamente inverídicos ou gravemente descontextualizados que atinja a integridade do processo eleitoral, o TSE, em decisão fundamentada, determinará às plataformas que os remova imediatamente, sob

547   Uma análise detida do PL 2.630/2020 é feita em: SALOMÃO, Luis Felipe; VARGAS, Daniel Vianna. Projeto de Lei n. 2.630/2020. A responsabilidade na Internet. Breves considerações sobre o substitutivo da Câmara dos Deputados. In: MARQUES, Kassio Nunes; RIBEIRO, Paulo Dias de Moura (coord.). *Segurança jurídica para o desenvolvimento econômico*: análises de impacto legislativo. Rio de Janeiro: JC, 2022. p. 91-108. Disponível em: https://bdjur.stj.jus.br/jspui/handle/2011/170242.

548   OEA. *Informe Preliminar Missão dos Observadores Eleitorais*. Novembro de 2022.

549   No YouTube: Políticas sobre la desinformación electoral – Ayuda de YouTube (google.com). No X: X's civic integrity policy | X Help.

550   No TSE: Desinformação (justicaeleitoral.jus.br).

pena de multa (art. 2º). A nova Resolução determina, ainda, que a produção contumaz de desinformação autoriza a suspensão temporária de perfis, contas ou canais em redes sociais.

Foi ajuizada ação direta de inconstitucionalidade contra a Resolução 23.714/2022 (ADI 7261/DF). O Supremo Tribunal Federal (STF), no entanto, indeferiu a medida cautelar de suspensão dos efeitos da Resolução, por maioria de votos, sob os fundamentos de que o TSE agiu dentro de sua competência constitucional e de seu poder de polícia. Especificamente em relação ao direito à liberdade de expressão, a Suprema Corte concluiu que não houve violação, justificando que a Resolução não consiste em exercício de censura prévia, bem como que "a disseminação de notícias falsas, no curto prazo do processo eleitoral, pode ter a força de ocupar todo espaço público, restringindo a circulação de ideias e o livre exercício do direito à informação".

12. REFLEXÕES FINAIS

Não obstante o amplo leque de instrumentos jurídicos que protegem o direito à liberdade de expressão, em especial no plano internacional, o pleno exercício desse direito enfrenta hoje múltiplos desafios, notadamente em razão da utilização das novas tecnologias para a comunicação social.

Os desafios enfrentados pelo Poder Judiciário dos países assumem destacada relevância. Nos últimos anos, recrudesceu o uso de discursos de violência e intimidação contra indivíduos que exercem o seu direito à liberdade de expressão na Internet, assim como se acentuou a polarização social ou política, sem o correspondente aumento de mecanismos legais e institucionais para evitar essas condutas. As diversas medidas internas adotadas pelas empresas privadas, a exemplo das plataformas de redes sociais, embora essenciais, foram insuficientes, e, apesar dos esforços, as plataformas continuam a ser utilizadas como instrumento para ampliar o alcance da desinformação e de discursos proibidos.

Nesse cenário, na esteira de instituições internacionais, muitos são os países que têm dedicado crescente atenção à necessidade de proteção reforçada da liberdade de expressão no ambiente digital, dentro e fora do período eleitoral. Como propostas de novas posturas a serem adotadas, duas medidas vêm ganhando espaço.

Uma das medidas consiste em reforçar as ações de alfabetização digital para conscientizar e aumentar a capacidade da população de reconhecer a desinformação e o discurso de ódio e violência, evitando consumi-los e replicá-los. A outra medida, de complexa implementação, exige um processo de regulação e/ou reforma legal que traga ferramentas proporcionais, adequadas e eficazes, em especial para o sistema judiciário, que permitam combater as violações à liberdade de expressão de acordo com os princípios constitucionais e normas internacionais sobre direitos humanos.

A dificuldade da implementação da segunda medida decorre da necessidade de encontrar um meio-termo entre dois extremos: (a) em um ambiente de total ausência de regulação do Estado, o campo para o abuso do poder econômico e político e para o envolvimento de organizações criminosas é amplo e exigirá fiscalização *a posteriori* robusta; (b) por outro lado, uma regulação muito restritiva em face das empresas pode levar a uma atuação por vezes precipitada na remoção de conteúdo feita por estas, impedindo a livre circulação de ideias.[551] É em torno desse delicado equilíbrio que tem se desenvolvido o debate no Brasil e no mundo.

---

[551] SALOMÃO, Luis Felipe; VARGAS, Daniel Vianna. A importância da Justiça Eleitoral para o Estado Democrático de Direito. In: SADEK, Maria Teresa et al. *O Judiciário do nosso tempo*: grandes nomes escrevem sobre o desafio de fazer justiça no Brasil. Rio de Janeiro: Globo Livros, 2021.

REFERÊNCIAS

OEA. *Declaração conjunta sobre liberdade de expressão e internet.* Relator Especial da ONU, Representante da OSCE, Relator Especial da OEA e Relator Especial da CADHP sobre Liberdade de Expressão, 01.06.2011. Disponível em: https://www.oas.org/pt/cidh/expressao/showarticle.asp?artID=849&lID=4#:~:text=As%20restri%C3%A7%C3%B5es%20%C3%A0%20liberdade%20de,alcan%C3%A7ar%20essa%20finalidade%20(o%20teste%20%22.

OEA. *Declaração de Princípios sobre Liberdade de Expressão.* 2000. Disponível em: https://www.cidh.oas.org/basicos/portugues/s.convencao.libertade.de.expressao.htm.

OEA. *Informe Preliminar Missão dos Observadores Eleitorais.* Novembro de 2022.

OEA. Relatoria Especial para a Liberdade de Expressão. *Capítulo III – A ação de habeas data e o direito de acesso à informação no hemisfério.* Disponível em: https://www.oas.org/pt/cidh/expressao/showarticle.asp?artID=453&lID=4.

ORGANIZAÇÃO DAS NAÇÕES UNIDAS PARA A EDUCAÇÃO, A CIÊNCIA E A CULTURA. *Caixa de Ferramentas Global para Atores Jurídicos.* Paris: Unesco, 2022.

SALOMÃO, Luis Felipe; VARGAS, Daniel Vianna. A importância da Justiça Eleitoral para o Estado Democrático de Direito. In: SADEK, Maria Teresa et al. *O Judiciário do nosso tempo*: grandes nomes escrevem sobre o desafio de fazer justiça no Brasil. Rio de Janeiro: Globo Livros, 2021.

SALOMÃO, Luis Felipe; VARGAS, Daniel Vianna. Projeto de Lei n. 2.630/2020. A responsabilidade na Internet. Breves considerações sobre o substitutivo da Câmara dos Deputados. In: MARQUES, Kassio Nunes; RIBEIRO, Paulo Dias de Moura (coord.). *Segurança jurídica para o desenvolvimento econômico*: análises de impacto legislativo. Rio de Janeiro: JC, 2022. p. 91-108.

UNESCO. *COVID-19*: the role of judicial operators in the protection and promotion of the right to freedom of expression: guidelines. 2022.

UNESCO. *Jornalismo,* fake news *& desinformação*: manual para educação e treinamento em jornalismo. 2018. Disponível em: https://unesdoc.unesco.org/ark:/48223/pf0000368647.

WU, Tim. Is the First Amendment obsolete? *Michigan Law Review*, v. 547, n. 117, 2018. Disponível em: https://repository.law.umich.edu/mlr/vol117/iss3/4.

Artigo 14
Direito de retificação ou resposta

1. Toda pessoa atingida por informações inexatas ou ofensivas emitidas em seu prejuízo por meios de difusão legalmente regulamentados e que se dirijam ao público em geral, tem direito a fazer, pelo mesmo órgão de difusão, sua retificação ou resposta, nas condições que estabeleça a lei.

2. Em nenhum caso a retificação ou a resposta eximirão das outras responsabilidades legais em que se houver incorrido.

> 3. Para a efetiva proteção da honra e da reputação, toda publicação ou empresa jornalística, cinematográfica, de rádio ou televisão, deve ter uma pessoa responsável que não seja protegida por imunidades nem goze de foro especial.

 COMENTÁRIOS

por Alexandre de Moraes

A LIBERDADE DO CANDIDATO E O RESPEITO AO ESTADO DEMOCRÁTICO DE DIREITO E À DIGNIDADE DA PESSOA HUMANA

Os Direitos Políticos constituem o conjunto de regras que disciplina as formas de atuação da soberania popular, conforme preleciona o *caput* do art. 14 da Constituição Federal.

São direitos públicos subjetivos que investem o indivíduo no *status activae civitatis*, permitindo-lhe o exercício concreto da liberdade de participação nos negócios políticos do Estado, a fim de conferir os atributos da cidadania.

Tradicional a definição de Pimenta Bueno:

> (...) prerrogativas, atributos, faculdades, ou poder de intervenção dos cidadãos ativos no governo de seu país, intervenção direta ou indireta, mais ou menos ampla, segundo a intensidade do gozo desses direitos. São o *Jus Civitatis*, os direitos cívicos, que se referem ao Poder Público, que autorizam o cidadão ativo a participar na formação ou exercício da autoridade nacional, a exercer o direito de vontade ou eleitor, o direito de deputado ou senador, a ocupar cargos políticos e a manifestar suas opiniões sobre o governo do Estado.[552]

Tais normas constituem um desdobramento do princípio democrático inscrito no art. 1º, parágrafo único, que afirma que todo o poder emana do povo, que o exerce por meio de representantes eleitos ou diretamente.[553]

O direito de sufrágio é a essência do direito político, expressando-se pela capacidade de eleger e de ser eleito. Assim, o direito de sufrágio apresenta-se em seus dois aspectos: (a) capacidade eleitoral ativa (direito de votar – *alistabilidade*); (b) capacidade eleitoral passiva (direito de ser votado – *elegibilidade*), conforme se depreende da leitura do artigo 23 da Convenção Americana de Direitos Humanos (CADH):

> *Artigo 23*
>
> Direitos Políticos
>
> 1. Todos os cidadãos devem gozar dos seguintes direitos e oportunidades:
>
> a) de participar da direção dos assuntos públicos, diretamente ou por meio de representantes livremente eleitos;

---

[552] BUENO, José Antonio Pimenta. *Direito Público brasileiro e análise da Constituição do Império*. Rio de Janeiro: Nova Edição, 1958. p. 459.

[553] BARACHO, José Alfredo de Oliveira. *Teoria geral da cidadania*. São Paulo: Saraiva, 1995. p. 3.

b) de votar e ser eleitos em eleições periódicas autênticas, realizadas por sufrágio universal e igual e por voto secreto que garanta a livre expressão da vontade dos eleitores; e

c) de ter acesso, em condições gerais de igualdade, às funções públicas de seu país.

É importante ressaltar que os direitos políticos compreendem o direito de sufrágio, como seu núcleo, e este, por sua vez, compreende o direito de voto.

O *sufrágio* "é um direito público subjetivo de natureza política, que tem o cidadão de eleger, ser eleito e de participar da organização e da atividade do poder estatal".

Dessa forma, por meio do sufrágio, o conjunto de cidadãos de determinado Estado escolherá as pessoas que irão exercer as funções estatais, mediante o sistema representativo existente em um regime democrático.

A capacidade eleitoral ativa consiste em forma de participação da pessoa na democracia representativa, por meio da escolha de seus mandatários, enquanto a capacidade eleitoral passiva revela-se pela possibilidade de o cidadão se candidatar a determinados cargos políticos eletivos.

O direito de voto é o ato fundamental para o exercício do direito de sufrágio e manifesta-se tanto em eleições quanto em plebiscitos e referendos.

O direito de sufrágio, no tocante ao direito de eleger (capacidade eleitoral ativa) é exercido por meio do direito de voto, ou seja, o direito de voto é o *instrumento* de exercício do direito de sufrágio. O voto é um direito público subjetivo, sem, contudo, deixar de ser uma função política e social de soberania popular na democracia representativa. Além disso, aos maiores de 18 e menores de 70 anos é um dever, portanto, obrigatório.

Assim, a natureza do voto também se caracteriza por ser um dever sociopolítico, pois o cidadão tem o dever de manifestar sua vontade, por meio do voto, para a escolha de governantes em um regime representativo.

O voto, que será exercido de forma *direta*, apresenta diversas características constitucionais: *personalidade, obrigatoriedade, liberdade, sigilosidade, igualdade, periodicidade*.

A *liberdade no exercício do direito de voto* manifesta-se não apenas pela preferência a um candidato entre os que se apresentam mas também pela faculdade até mesmo de optar pelo voto em branco ou em anulá-lo.

Essa liberdade deve ser garantida, e, por essa razão, a obrigatoriedade do direito de voto aos maiores de 18 e menores de 70 anos não pode significar senão o comparecimento do eleitor, o depósito da cédula na urna e a assinatura da folha individual de votação.

Vale destacar, entretanto, que a mais importante garantia da democracia, configurada na liberdade no exercício do direito de voto, está inter-relacionada tanto com o sigilo do voto quanto com a possibilidade de o eleitor receber todas as informações possíveis sobre os candidatos e suas opiniões, seja por meio da imprensa, seja por informações dos próprios candidatos durante a campanha eleitoral.

As Constituições brasileiras de 1824 (art. 91 e ss.), 1891 (art. 70), 1934 (art. 109) e 1937 (art. 117) não previam, em seus textos, o voto secreto, que passou a ser consagrado no texto constitucional de 1946 (art. 134), com a finalidade de garantir a liberdade do eleitor em realizar suas escolhas.

O sigilo do voto e, consequentemente, a liberdade de escolha devem ser garantidos antes, durante e depois do escrutínio, afastando-se qualquer potencialidade de identificação do eleitor. Os procedimentos de escrutínio que acarretem a mínima potencialidade de risco em relação ao sigilo do voto devem ser afastados, independentemente de o voto ser escrito, eletrônico ou híbrido (eletrônico com impressão).

A legislação eleitoral deve estabelecer mecanismos que impeçam que se coloque em risco o sigilo da votação, pois eventual possibilidade de conhecimento da vontade do eleitor pode gerar ilícitas pressões em sua liberdade de escolha ou futuras retaliações.

O eleitor necessita do sigilo de seu voto como garantia de liberdade na escolha de seus representantes, sem possibilidade de pressões anteriores ou posteriores ao pleito eleitoral.[554]

Além do absoluto sigilo, a liberdade no exercício do direito de voto exige a garantia de ampla liberdade de discussão e informação, no sentido de possibilitar ao eleitor uma escolha livre e consciente, bem como instrumentos que garantam o total sigilo da opção por ele realizada, impedindo qualquer coação ou pressão por grupos políticos, econômicos ou ideológicos.

A liberdade do direito de voto depende, preponderantemente, da ampla liberdade de discussão, de maneira que deve ser garantida aos candidatos a ampla liberdade de expressão e de manifestação (assim estabelecida no artigo 13 da CADH: "1. Toda pessoa tem direito à liberdade de pensamento e de expressão. Esse direito compreende a liberdade de buscar, receber e difundir informações e ideias de toda natureza, sem consideração de fronteiras, verbalmente ou por escrito, ou em forma impressa ou artística, ou por qualquer outro processo de sua escolha"), possibilitando ao eleitor pleno acesso às informações necessárias para o exercício da livre destinação de seu voto.

Historicamente, a liberdade de discussão, a ampla participação política e o princípio democrático estão interligados com a liberdade de expressão,[555] que tem por objeto não somente a proteção de pensamentos e ideias mas também opiniões, crenças, realização de juízo de valor e críticas a agentes públicos, no sentido de garantir a real participação dos cidadãos na vida coletiva.[556]

A Constituição protege a liberdade de expressão no seu duplo aspecto: o positivo, que é exatamente "*o cidadão pode se manifestar como bem entender*", e o negativo, que proíbe a ilegítima intervenção do Estado, por meio de censura prévia.

A liberdade de expressão, em seu aspecto positivo, permite posterior responsabilidade cível e criminal pelo conteúdo difundido, além da previsão do direito de resposta. No entanto, não há permissivo constitucional para restringir a liberdade de expressão no seu sentido negativo, ou seja, para limitar preventivamente o conteúdo do debate público em razão de uma conjectura sobre o efeito que certos conteúdos possam vir a ter junto ao público.

Será inconstitucional, conforme ressaltei no julgamento da ADI 4451, toda e qualquer restrição, subordinação ou forçosa adequação programática da liberdade de expressão do candidato e dos meios de comunicação a mandamentos normativos cerceadores durante o período eleitoral, pretendendo diminuir a liberdade de opinião e de criação artística e a livre multiplicidade de ideias, com a nítida finalidade de controlar ou mesmo aniquilar a força do pensamento crítico, indispensável ao regime democrático, tratando-se, pois, de ilegítima interferência estatal no direito individual de informar e criticar.

---

[554] STF, MS 35.265, Rel. Min. Alexandre de Moraes.

[555] WILLIAMS, George. Engineers is dead, long live the engineers. In: LOVELAND, Ian D. *Constitutional Law*: a critical introduction. 2nd ed. London: Butterworths Tolley, 2000; DWORKIN, Ronald. *O direito da liberdade*: a leitura moral da Constituição norte-americana. São Paulo: Martins Fontes, 2006; KALVEN JR., Harry. *The New York Times* case: a note on the central meaning of the First Amendment. In: LOVELAND, Ian D. *Constitutional Law*: a critical introduction. 2nd ed. London: Butterworths Tolley, 2000.

[556] Tribunal Constitucional Espanhol: S. 47/02, de 25 de febrero, FJ 3; S. 126/03, de 30 de junio, FJ 3; S. 20/02, de 28 de enero, FFJJ 5 y 6.

No célebre caso *New York Times vs. Sullivan,* a Suprema Corte norte-americana reconheceu ser "dever do cidadão criticar tanto quanto é dever do agente público administrar",[557] pois, como salientado pelo professor da Universidade de Chicago Harry Kalven Jr., "em uma democracia o cidadão, como governante, é o agente público mais importante".[558]

A censura prévia desrespeita diretamente o princípio democrático, pois a liberdade política termina e o Poder Público tende a se tornar mais corrupto e arbitrário quando pode usar seus poderes para silenciar e punir seus críticos.[559]

Os legisladores não têm, na advertência feita por Dworkin, a capacidade prévia de "fazer distinções entre comentários políticos úteis e nocivos",[560] devendo-se, portanto, permitir aos candidatos a possibilidade de ampla discussão dos temas de relevância ao eleitor.

Tanto a liberdade de expressão quanto a participação política em uma democracia representativa somente se fortalecem em um ambiente de total visibilidade e possibilidade de exposição crítica das diversas opiniões sobre os principais temas de interesse do eleitor e também sobre os governantes, que nem sempre serão "estadistas iluminados", como lembrava o Justice Holmes ao afirmar, com seu conhecido pragmatismo, a necessidade do exercício da política de desconfiança (*politics of distrust*) na formação do pensamento individual e na autodeterminação democrática, para o livre exercício dos direitos de sufrágio e oposição, além da necessária fiscalização dos órgãos governamentais.

No célebre caso *Abrams* v. *United States,* 250 U.S. 616, 630-1 (1919), Oliver Holmes defendeu a liberdade de expressão por meio do *mercado livre das ideias* (*free marketplace of ideas*), em que se torna imprescindível o embate livre entre diferentes opiniões, afastando-se a existência de verdades absolutas e permitindo-se a discussão aberta das diferentes ideias, que poderão ser aceitas, rejeitadas, desacreditadas ou ignoradas, porém jamais censuradas, selecionadas ou restringidas pelo Poder Público, que deveria, segundo afirmou em divergência acompanhada pelo Justice Brandeis, no caso *Whitney* v. *California,* 274 U.S. 357, 375 (1927), "renunciar a arrogância do acesso privilegiado à verdade".

Ronald Dworkin, mesmo não aderindo totalmente ao *mercado livre das ideias*, destaca que:

> (...) a proteção das expressões de crítica a ocupantes de cargos públicos é particularmente importante. O objetivo de ajudar o mercado de ideias a gerar a melhor escolha de governantes e cursos de ação política fica ainda mais longínquo quando é quase impossível criticar os ocupantes de cargos públicos.[561]

No âmbito da democracia, a garantia constitucional da liberdade de expressão não somente se direciona à permissão de expressar as ideias e informações oficiais produzidas

---

[557]   376 US, at. 282, 1964.

[558]   KALVEN JR., Harry. *The New York Times* case: a note on the central meaning of the First Amendment. In: LOVELAND, Ian D. *Constitutional Law*: a critical introduction. 2nd ed. London: Butterworths Tolley, 2000. p. 429.

[559]   DWORKIN, Ronald. *O direito da liberdade*: a leitura moral da Constituição norte-americana. São Paulo: Martins Fontes, 2006. p. 319; KALVEN JR., Harry. *The New York Times* case: a note on the central meaning of the First Amendment. In: LOVELAND, Ian D. *Constitutional Law*: a critical introduction. 2nd ed. London: Butterworths Tolley, 2000. p. 429.

[560]   DWORKIN, Ronald. *O direito da liberdade*: a leitura moral da Constituição norte-americana. São Paulo: Martins Fontes, 2006. p. 326.

[561]   DWORKIN, Ronald. *O direito da liberdade*: a leitura moral da Constituição norte-americana. São Paulo: Martins Fontes, 2006. p. 324.

pelos órgãos estatais ou a suposta verdade das maiorias mas também garante as diferentes manifestações e defende todas as opiniões ou interpretações políticas conflitantes ou oposicionistas, que podem ser expressadas e devem ser respeitadas, não porque necessariamente são válidas, mas porque são extremamente relevantes para a garantia do pluralismo democrático.[562]

Todas as opiniões existentes são possíveis em discussões livres, uma vez que faz parte do princípio democrático "debater assuntos públicos de forma irrestrita, robusta e aberta".[563]

O direito fundamental à liberdade de expressão, portanto, não se direciona a proteger somente as opiniões supostamente verdadeiras, admiráveis ou convencionais mas também aquelas duvidosas, exageradas, condenáveis, satíricas, humorísticas, bem como as não compartilhadas pelas maiorias.[564]

A Corte Europeia de Direitos Humanos afirma, em diversos julgados, que a liberdade de expressão:

> (...) constitui um dos pilares essenciais de qualquer sociedade democrática, uma das condições primordiais do seu progresso e do desenvolvimento de cada um. Sem prejuízo do disposto no nº 2 do art. 10º, ela vale não só para as *informações* ou *ideias* acolhidas com favor ou consideradas como inofensivas ou indiferentes, mas também para aquelas que ferem, chocam ou inquietam. Assim o exige o pluralismo, a tolerância e o espírito de abertura, sem os quais não existe *sociedade democrática*. Esta liberdade, tal como se encontra consagrada no art. 10º da Convenção, está submetida a excepções, as quais importa interpretar restritivamente, devendo a necessidade de qualquer restrição estar estabelecida de modo convincente. A condição de *necessário numa sociedade democrática* impõe ao Tribunal determinar se a ingerência litigiosa corresponde a *uma necessidade social imperiosa*.[565]

A Democracia não existirá e a livre participação política não florescerá onde a liberdade de expressão for ceifada, pois esta constitui condição essencial ao pluralismo de ideias, que, por sua vez, é um valor estruturante para o salutar funcionamento do sistema democrático.

Lembremo-nos que, nos Estados totalitários no século passado – comunismo, fascismo e nazismo –, as liberdades de expressão, comunicação e imprensa foram suprimidas e substituídas pela estatização e pelo monopólio da difusão de ideias, informações, notícias e educação política, seja pela existência do serviço de divulgação da verdade do partido comunista (*Pravda*), seja pela criação do comitê superior de vigilância italiano, seja ainda pelo programa de educação popular e propaganda dos nazistas, criado por Goebbels, com a extinção da multiplicidade de ideias e opiniões e, consequentemente, da democracia.

Essa estreita interdependência entre a liberdade de expressão e o livre exercício dos direitos políticos também é salientada por Jónatas E. M. Machado, ao afirmar que:

> (...) o exercício periódico do direito de sufrágio supõe a existência de uma opinião pública autônoma, ao mesmo tempo que constitui um forte incentivo no sentido de que o poder político atenda às preocupações, pretensões e reclamações formuladas pelos cidadãos. Nesse sentido, o exercício do direito de oposição democrática, que

---

[562] Cf. KALVEN JR., Harry. *The New York Times* case: a note on the central meaning of the First Amendment. In: LOVELAND, Ian D. *Constitutional Law*: a critical introduction. 2nd ed. London: Butterworths Tolley, 2000. p. 435.

[563] Cantwell *v.* Connecticut, 310 U.S. 296, 310 (1940), quoted 376 U.S. at 271-72.

[564] Kingsley Pictures Corp. *v.* Regents, 360 U.S. 684, 688-89, 1959.

[565] ECHR. Caso Alves da Silva *v.* Portugal, Queixa 41.665/2007, j. 20.10.2009.

inescapavelmente pressupõe a liberdade de expressão, constitui um instrumento eficaz de crítica e de responsabilização política das instituições governativas junto da opinião pública e de reformulação das políticas públicas... O princípio democrático tem como corolário a formação da vontade política de baixo para cima, e não ao contrário.[566]

No Estado Democrático de Direito, não cabe ao Poder Público previamente escolher ou ter ingerência nas fontes de informação, nas ideias ou nos métodos de divulgação de notícias ou no controle do juízo de valor das opiniões dos candidatos ou dos meios de comunicação e na formatação de programas jornalísticos ou humorísticos a que tenham acesso seus cidadãos, por tratar-se de insuportável e ofensiva interferência no âmbito das liberdades individuais e políticas.

O funcionamento eficaz da democracia representativa exige absoluto respeito à ampla liberdade de expressão, possibilitando a liberdade de opinião, de criação artística, a proliferação de informações, a circulação de ideias, garantindo-se, portanto, os diversos e antagônicos discursos – moralistas e obscenos, conservadores e progressistas, científicos, literários, jornalísticos ou humorísticos, pois, no dizer de Hegel, é no espaço público de discussão que a verdade e a falsidade coabitam.

A liberdade de expressão permite que os candidatos e os meios de comunicação optem por determinados posicionamentos e exteriorizem seu juízo de valor, bem como autoriza programas humorísticos e sátiras realizados a partir de trucagem, montagem ou outro recurso de áudio e vídeo, como costumeiramente se realiza, não havendo nenhuma justificativa constitucional razoável para a interrupção durante o período eleitoral.

Note-se que, em relação à liberdade de expressão exercida inclusive por meio de sátiras, a Corte Europeia de Direitos Humanos referendou sua importância no livre debate de ideias, afirmando que "a sátira é uma forma de expressão artística e de comentário social que, além da exacerbação e a deformação da realidade que a caracterizam, visa, como é próprio, provocar e agitar". Considerando a expressão artística representada pela sátira, a Corte entendeu que:

> (...) sancionar penalmente comportamentos como o que o requerente sofreu no caso pode ter um efeito dissuasor relativamente a intervenções satíricas sobre temas de interesse geral, as quais podem também desempenhar um papel muito importante no livre debate das questões desse tipo, sem o que não existe sociedade democrática.[567]

Embora não se ignorem certos riscos que a comunicação de massa impõe ao processo eleitoral – como o fenômeno das *fake news* –, revela-se constitucionalmente inidôneo e realisticamente falso assumir que o debate eleitoral, ao perder em liberdade e pluralidade de opiniões, ganharia em lisura ou legitimidade.

A plena proteção constitucional da exteriorização da opinião (aspecto positivo) não significa a impossibilidade posterior de análise e responsabilização de candidatos por eventuais informações injuriosas, difamantes, mentirosas, e em relação a eventuais danos materiais e morais, pois os direitos à honra, à intimidade, à vida privada e à própria imagem formam a proteção constitucional à dignidade da pessoa humana, salvaguardando um espaço íntimo intransponível por intromissões ilícitas externas, mas não permitem a censura prévia pelo Poder Público.

---

566   MACHADO, Jónatas Eduardo Mendes. *Liberdade de expressão*: dimensões constitucionais da esfera pública no sistema social. Coimbra: Coimbra Editora, 2002. p. 80-81.

567   ECHR. Caso Alves da Silva *v.* Portugal, Queixa 41.665/2007, j. 20.10.2009.

Tal concepção encontra amparo na Convenção Americana de Direitos Humanos, da qual extrai-se que "O exercício do direito [à liberdade de pensamento e de expressão] não pode estar sujeito a censura prévia, mas a responsabilidades ulteriores, que devem ser expressamente fixadas pela lei e ser necessárias para assegurar: a. o respeito aos direitos ou à reputação das demais pessoas; b. a proteção da segurança nacional, da ordem pública, ou da saúde ou da moral públicas" (artigo 13). O referido artigo estabelece ainda a necessidade de proibição de "toda propaganda a favor da guerra, bem como toda apologia ao ódio nacional, racial ou religioso que constitua incitação à discriminação, à hostilidade, ao crime ou à violência" (artigo 13, 5).

A Constituição Federal, no mesmo sentido, não permite aos candidatos, inclusive em período de propaganda eleitoral, a propagação de discurso de ódio, ideias contrárias à ordem constitucional e ao Estado Democrático (Constituição Federal, art. 5º, XLIV, e art. 34, III e IV), tampouco a realização de manifestações nas redes sociais ou por meio de entrevistas públicas visando ao rompimento do Estado de Direito, com a extinção das cláusulas pétreas constitucionais – Separação de Poderes (CF, art. 60, § 4º), com a consequente instalação do arbítrio.

A Constituição Federal consagra o binômio "liberdade e responsabilidade", não permitindo de maneira irresponsável a efetivação de abuso no exercício de um direito constitucionalmente consagrado nem a utilização da "liberdade de expressão" como escudo protetivo para a prática de discursos de ódio, antidemocráticos, ameaças, agressões, infrações penais e toda sorte de atividades ilícitas.

Liberdade de expressão não é liberdade de agressão!

Liberdade de expressão não é liberdade de destruição da democracia, das Instituições e da dignidade e honra alheias!

Liberdade de expressão não é liberdade de propagação de discursos de ódio e preconceituosos!

A lisura do pleito deve ser resguardada, sob pena de esvaziamento da tutela da propaganda eleitoral,[568] e, portanto, as regras eleitorais que exigem comunicação prévia à Justiça Eleitoral do endereço eletrônico de *sites*, *blogs* e redes sociais, pelos candidatos, não ofendem a liberdade de expressão, pois não possuem "a finalidade de controlar ou mesmo aniquilar a força do pensamento crítico, indispensável ao regime democrático". Pelo contrário, viabilizam seu exercício, assegurando-se o interesse constitucional de se resguardarem eleições livres e legítimas.[569]

A Constituição Federal não autoriza, portanto, a partir de ofensas e de ideias contrárias à ordem constitucional, à democracia e ao Estado de Direito, que os candidatos propaguem inverdades que atentem contra a lisura, a normalidade e a legitimidade das eleições.

Nesse cenário, a livre circulação de pensamentos, opiniões e críticas visam fortalecer o Estado Democrático de Direito e a democratização do debate no ambiente eleitoral, de modo que a intervenção da Justiça Eleitoral deve ser mínima em preponderância ao direito à liberdade de expressão dos candidatos, ou seja, a sua atuação deve coibir práticas abusivas ou divulgação de notícias falsas, para proteger o regime democrático, a integridade das instituições e a honra dos candidatos, garantindo o livre exercício do voto.[570]

É o que consagra o artigo 30 da Convenção Americana de Direitos Humanos: "As restrições permitidas, de acordo com esta Convenção, ao gozo e exercício dos direitos e liberdades

---

[568]   TSE, Representação 0601530-54/DF, Rel. Min. Luis Felipe Salomão, *DJe* 18.03.2021.

[569]   TSE, RO-EL 2247-73 e 1251-75, Redator para o acórdão Min. Alexandre de Moraes.

[570]   TSE, RESpe 0600025-25.2020 e AgR no Arespe 0600417-69, Rel. Min. Alexandre de Moraes.

nela reconhecidos, não podem ser aplicadas senão de acordo com leis que forem promulgadas por motivo de interesse geral e com o propósito para o qual houverem sido estabelecidas".

Logo, os excessos que a legislação eleitoral visa punir, sem qualquer restrição ao lícito exercício da liberdade dos candidatos, dizem respeito aos seguintes elementos: a vedação ao discurso de ódio e discriminatório; atentados contra a democracia e o Estado de Direito; o uso de recursos públicos ou privados a fim de financiar campanhas elogiosas ou que tenham como objetivo difamar a imagem de candidatos; a divulgação de notícias sabidamente inverídicas; a veiculação de mensagens difamatórias, caluniosas ou injuriosas ou o comprovado vínculo entre o meio de comunicação e o candidato.

Imprescindível lembrar que, em uma sociedade democrática, "os direitos de cada pessoa são limitados pelos direitos dos demais, pela segurança de todos e pelas justas exigências do bem comum" (artigo 32, 2, CADH).

A liberdade de expressão, portanto, não permite a propagação de discursos de ódio e ideias contrárias à ordem constitucional e ao Estado de Direito,[571] inclusive pelos candidatos durante o período de propaganda eleitoral, uma vez que a liberdade do eleitor depende da tranquilidade e da confiança nas instituições democráticas e no processo eleitoral.[572]

REFERÊNCIAS

BUENO, José Antonio Pimenta. *Direito Público brasileiro e análise da Constituição do Império*. Rio de Janeiro: Nova Edição, 1958.

BARACHO, José Alfredo de Oliveira. *Teoria geral da cidadania*. São Paulo: Saraiva, 1995.

DWORKIN, Ronald. *O direito da liberdade*: a leitura moral da Constituição norte-americana. São Paulo: Martins Fontes, 2006.

KALVEN JR., Harry. *The New York Times* case: a note on the central meaning of the First Amendment. In: LOVELAND, Ian D. *Constitutional Law*: a critical introduction. 2nd ed. London: Butterworths Tolley, 2000.

MACHADO, Jónatas Eduardo Mendes. *Liberdade de expressão*: dimensões constitucionais da esfera pública no sistema social. Coimbra: Coimbra Editora, 2002.

WILLIAMS, George. Engineers is dead, long live the engineers. In: LOVELAND, Ian D. *Constitutional Law*: a critical introduction. 2nd ed. London: Butterworths Tolley, 2000.

Artigo 15
Direito de reunião

É reconhecido o direito de reunião pacífica e sem armas. O exercício de tal direito só pode estar sujeito às restrições previstas pela lei e que sejam necessárias, numa sociedade democrática, no interesse da segurança nacional, da segurança ou da ordem públicas, ou para proteger a saúde ou a moral públicas ou os direitos e liberdades das demais pessoas.

---

[571] STF, Pleno, AP 1044, Rel. Min. Alexandre de Moraes.

[572] TSE, RO-EL 0603975-98, Rel. Min. Luis Felipe Salomão, *DJe* 10.12.2021.

🗩 COMENTÁRIOS

por Giovanni Olsson e Tuana Paula Lavall

A liberdade de reunião, amplamente reconhecida e amparada pelos sistemas internacionais de proteção aos direitos humanos, é elemento central para a manutenção e a saúde das democracias contemporâneas. Por meio dela, instrumentaliza-se a organização e a manifestação coletiva de ideias e interesses, medidas que contribuem para o aperfeiçoamento das instituições e da própria vida em sociedade.

Historicamente, a reunião de pessoas com afinidade de objetivos deu sustentação a movimentos sociais decisivos para a conquista de direitos: os movimentos abolicionistas, estruturados em diferentes partes do mundo, a partir do século XVIII; os movimentos operários do século XIX; o movimento por direitos civis nos Estados Unidos na segunda metade do século XX e os movimentos campesinos na América Latina, a partir dos anos 1980, são apenas alguns dos exemplos.[573]

Nas duas últimas décadas, eventos como a Primavera Árabe (no Oriente Médio e Norte da África), o Occupy Wall Street (nos Estados Unidos), o Movimento dos Coletes Amarelos (na França) e as Jornadas de Junho de 2013 (no Brasil) evidenciaram como, seja nos tradicionais moldes da presencialidade física, seja naqueles da virtualidade, a liberdade de reunir-se tem conferido novos contornos às realidades sociais.[574]

O direito de reunião alcançou reconhecimento jurídico-positivo, pela primeira vez, em 1776, na Declaração de Direitos do Estado da Pensilvânia e não demorou para que passasse a integrar as Constituições de Estados americanos e europeus, com a Constituição Francesa, de 1971, inaugurando essa tradição. A constitucionalização do direito de reunião, nas palavras de Marco Ruotolo, "resulta intimamente da importância dada à vocação política, e do direito e da necessidade, cada vez mais sentida, de abrir uma nova fase na dialética entre os cidadãos e o poder político".[575]

No Brasil, depois de aparecer, de forma inaugural, na Constituição de 1891, o direito de reunião manteve lugar em todos os textos constitucionais, listado no rol de direitos individuais e coletivos.[576] Na Constituição de 1988, ele está previsto no art. 5º, inciso XVI, que assenta o direito de reunião pacífica, sem armas, em locais abertos ao público, independentemente de autorização, desde que sem frustrar reunião anteriormente convocada para o mesmo local, exigindo-se apenas prévio aviso à autoridade competente.[577] Ao lado da garantia constitucional, convenções e tratados internacionais de direitos humanos conferem novas camadas de proteção jurídica a esse direito.

O direito de reunião encontra agasalho, por exemplo, na Declaração Universal dos Direitos Humanos (DUDH) (artigo 20); no Pacto Internacional sobre os Direitos Civis e

---

[573] INAZU, John D. *Liberty's refuge*: freedom of assembly. New Haven and London: Yale University Press, 2012. p. 1 (tradução livre).

[574] ALVES, Rafael Assis. Liberdade de reunião no Direito Internacional: parâmetro e desafios. In: NORONHA, João Otávio de; ALBUQUERQUE, Paulo Pinto de (org.). *Comentários à Convenção Americana sobre Direitos Humanos*. São Paulo: Tirant lo Blanch, 2020. p. 982.

[575] RUOTOLO, Marco. A liberdade de associação e de reunião. *Direitos Fundamentais & Justiça*, Porto Alegre, n. 23, ano 7, p. 15-63, abr.-jun. 2013. Disponível em: https://dfj.emnuvens.com.br/dfj/article/view/267. Acesso em: 07.01.2023. p. 17.

[576] STF, ADI 1969, rel. Min. Ricardo Lewandowski, voto do rel., j. 28.06.2007, *DJe* 31.08.2007, p. 6.

[577] BRASIL. *Constituição da República Federativa do Brasil de 1988*. Brasília, DF: Presidência da República, [2023].

Políticos (PIDCP) (artigo 21); na Convenção Europeia de Direitos Humanos (CEDH) (artigo 11); na Convenção Americana de Direitos Humanos (CADH) (artigo 15) e na Carta Africana de Direitos Humanos e dos Povos (Carta de Banjul) (artigo 11). Essas disposições guardam entre si muitas semelhanças: à exceção da Carta de Banjul, todas impõem a necessidade de que a reunião seja pacífica, e há, na totalidade dos dispositivos, menção à possibilidade de restrição excepcional do direito de reunião, evidenciando o seu caráter não absoluto.

Entre os instrumentos internacionais com maior repercussão no contexto brasileiro, está a Convenção Americana de Direitos Humanos (CADH) ou Pacto San José da Costa Rica. A CADH é o documento prescritivo do Sistema Interamericano de Proteção dos Direitos Humanos – sistema regional de proteção aos direitos humanos, constituído no âmbito da Organização dos Estados Americanos (OEA), do qual o Brasil faz parte. Nela estão contemplados, principalmente, direitos humanos de primeira dimensão (artigos 3 a 25), com breve menção, no artigo 26, aos direitos sociais, econômicos e culturais, regulados, de forma adicional, pelo Protocolo de San Salvador.

O Estado brasileiro aderiu à CADH em 1992, incorporando-a por meio do Decreto 678 e reconhecendo também, seis anos mais tarde, a competência da Corte Interamericana de Direitos Humanos (Corte IDH). Desde então, o texto da CADH e a atuação da Corte não apenas têm promovido o controle direto das ações e das omissões, atentatórias aos direitos humanos, perpetradas pelo Estado brasileiro, como também têm influenciado a atuação dos órgãos do Poder Judiciário do País.

No marco da CADH, o direito de reunião encontra-se previsto no artigo 15, no conjunto dos direitos civis e políticos. Para melhor aprofundar esse ponto, a próxima seção analisa os elementos conformadores desse direito.

ELEMENTOS DO DIREITO DE REUNIÃO

O artigo 15 da CADH reconhece "o direito de reunião pacífica e sem armas". Dispõe, ainda, que o exercício desse direito "só pode estar sujeito às restrições previstas pela lei e que sejam necessárias, numa sociedade democrática, no interesse da segurança nacional, da segurança ou da ordem públicas, ou para proteger a saúde ou a moral públicas ou os direitos e liberdades das demais pessoas".[578] Uma primeira observação que merece ser feita diz respeito à localização desse dispositivo no texto da Convenção.

Diferentemente da abordagem adotada na CEDH, mas em linha com a Carta de Banjul, a CADH trata de forma individualizada os direitos de reunião (artigo 15) e de associação (artigo 16). A proximidade das matérias, às quais se soma, ainda, a liberdade de pensamento e expressão (artigo 13), reflete, no entanto, as imbricações que existem entre esses direitos. Eles constituem três das mais importantes conquistas civilizatórias do período moderno, resultado das lutas contra os regimes absolutistas, funcionando o primeiro – direito de reunião – como um instrumento para a consecução dos outros dois – direitos de associação e livre expressão.[579]

O direito de reunião compreende um conjunto de dimensões, entre as quais a liberdade de planejar, preparar e divulgar a reunião; e a liberdade de escolher o tipo de reunião, sua estrutura organizacional, data, horário, duração e local de sua realização. Para fins didáticos,

---

[578]   BRASIL. *Decreto 678, de 6 de novembro de 1992*. Promulga a Convenção Americana de Direitos Humanos (Pacto de São José da Costa Rica), de 22 de novembro de 1969. Brasília, DF: Presidência da República, 1992.

[579]   STF, ADI 1969, rel. Min. Ricardo Lewandowski, j. 28.06.2007, *DJe* 31.08.2007, p. 2.

é possível identificar e caracterizar cinco elementos na conformação desse direito complexo: elemento pessoal, elemento intencional, elemento temporal, elemento espacial e elemento formal,[580] que devem ser mais bem explicitados.

O elemento pessoal faz referência aos participantes do ato. Como ensina Valerio de Oliveira Mazzuoli, com fundamento nas lições do jurista italiano Paolo Barile, o direito de reunião expressa o exercício coletivo de um direito individual, sendo indispensável a agregação de pessoas para que reste configurado.[581] Reunião, nessa perspectiva, e para os efeitos da CADH, pode ser conceituada como "o *agrupamento* formado em certo momento com o objetivo comum de trocar ideias ou de receber manifestação de pensamento político, filosófico, religioso, científico ou artístico".[582] Quando se considera o exercício desse direito em território brasileiro, possuem legitimação ativa tanto os brasileiros quanto os estrangeiros residentes no Brasil.[583]

A ausência da cidadania, como vínculo jurídico-político com um Estado-nação, não deve, no entanto, restringir a liberdade de reunião. Grupos como os apátridas, os refugiados, os asilados, os migrantes forçados etc., por sofrerem restrições em muitos de seus direitos políticos, encontram no direito de reunião um importante mecanismo para manifestar suas demandas.[584-585] Por outro lado, conforme Relatoria Especial para a Liberdade de Expressão da Comissão Interamericana de Direitos Humanos (CIDH), o direito de reunir-se livremente alcança, além de pessoas físicas, organizações formalmente constituídas, como organizações não governamentais, associações de bairro, entidades religiosas, centros educativos, institutos de investigação, sindicatos, associações profissionais e partidos políticos.[586]

Da necessidade de um objetivo comum entre os participantes da reunião, revela-se o elemento intencional desse direito. A vontade de agrupar-se para uma finalidade determinada deve ser interpretada de forma ampla: "os manifestantes podem ter múltiplos objetivos, ou até mesmo um descontentamento difuso frente às condições sociais, econômicas e até culturais de um dado momento histórico".[587] Não importa, portanto, o fim perseguido, nem

[580] MELLO FILHO, José Celso de. O direito constitucional de reunião. *Revista de Jurisprudência do Tribunal de Justiça do Estado de São Paulo*, São Paulo, v. 54, p. 19-23, set.-out. 1978.

[581] MAZZUOLI, Valerio de Oliveira. Artigo 15: direito de reunião. In: PIOVESAN, Flávia; FACHIN, Melina Girardi; MAZZUOLI, Valerio de Oliveira (org.). *Comentários à Convenção Americana sobre Direitos Humanos*. Rio de Janeiro: Forense, 2019. p. 192.

[582] SILVA, José Afonso da. *Curso de direito constitucional positivo*. 38. ed. São Paulo: Malheiros Editores, 2014. p. 264 (grifo nosso).

[583] STF, ADI 1969, rel. Min. Ricardo Lewandowski, j. 28.06.2007, *DJe* 31.08.2007, p. 17.

[584] ALVES, Rafael Assis. Liberdade de reunião no Direito Internacional: parâmetro e desafios. In: NORONHA, João Otávio de; ALBUQUERQUE, Paulo Pinto de (org.). *Comentários à Convenção Americana sobre Direitos Humanos*. São Paulo: Tirant lo Blanch, 2020. p. 984.

[585] UNITED NATIONS. General Assembly. *Report of the Special Rapporteur on the rights to freedom of peaceful assembly and of association*. Seventy-seventh session, 15.07.2022. par. 6 (tradução livre). Disponível em: https://www.ohchr.org/en/documents/thematic-reports/a77171-essential-role-social-movements--building-back-better-report. Acesso em: 11.01.2023.

[586] COMISIÓN INTERAMERICANA DE DERECHOS HUMANOS. Relatoría Especial para la Libertad de Expresión. *Protesta y Derechos Humanos*. Septiembre 2019. par. 6 (tradução livre). Disponível em: https://www.oas.org/es/cidh/expresion/publicaciones/ProtestayDerechosHumanos.pdf. Acesso em: 16.01.2023.

[587] LAURENTIIS, Lucas Catib de. Manifestações públicas e privadas: ideias, ações, expressões e o caso "rolezinho". *Quaestio Iuris*, Rio de Janeiro, v. 10, n. 2, 2017. p. 583. Disponível em: https://www.e-publicacoes.uerj.br/index.php/quaestioiuris/article/view/22089. Acesso em: 11.01.2023.

mesmo que ele seja lícito. Eventual ilicitude recairia, nesse caso, sobre os atos praticados e individualmente considerados, não sobre a reunião.[588]

Na hipótese de o agrupamento resultar de vontades individuais, sem que exista um mesmo liame teleológico entre os sujeitos – como a concentração de pessoas na fila do transporte público, por exemplo –, não há o que se falar em exercício do direito de reunião. Contudo, se, de uma aglomeração inicialmente desprovida de comunhão de pauta, surgir uma manifestação espontânea – o encontro descompromissado na fila do transporte público que se converte em manifestação pela redução da tarifa –, ainda que não exista vínculo prévio entre seus participantes, resta caracterizada a reunião.[589]

O elemento temporal do direito de reunião, como o próprio nome indica, refere-se à duração do evento. A reunião é, necessariamente, transitória, qualidade indispensável para que não seja confundida com associação, de caráter permanente. Os limites da transitoriedade podem ser, no entanto, bastante elásticos. Conforme ensina Rafael Assis Alves, é possível que a reunião dure poucos minutos, algumas horas ou até mesmo semanas[590] – foi o que ocorreu, por exemplo, em 2016, quando estudantes brasileiros ocuparam, por meses, mais de mil escolas públicas, defendendo agendas relacionadas à educação.

A baliza para equacionar a duração da reunião, quando as autoridades constituídas são provocadas a dispersá-la, reside na eficácia alcançada, pelos participantes, na manifestação de suas ideias e nos impactos causados, pelo encontro, na vida de terceiros. Assim, no exame do caso concreto, "quanto maior o nível de interferência nos direitos de quem vive, trabalha no local da manifestação ou mesmo transita por ele, menor o grau de tolerância quanto à duração", e, da mesma forma, "quanto maior a exposição das ideias do grupo, menor a necessidade de que a reunião perdure por longo período".[591]

O elemento espacial do direito de reunião faz referência à área geográfica na qual ele é exercido. Aplicando, na análise da CADH, os parâmetros sugeridos no manual da Organização para Segurança e Cooperação na Europa (OSCE), considera-se que a proteção alcança as reuniões promovidas ao ar livre e em locais cobertos, em espaços públicos e privados, ou em combinação dos anteriores. As reuniões podem revestir a forma de encontros, manifestações, comícios, ocupações, vigílias, *flash mobs*, marchas, passeatas etc., incluindo, portanto, desenvolvimentos estáticos e dinâmicos.[592]

---

[588]   MAZZUOLI, Valerio de Oliveira. Artigo 15: direito de reunião. In: PIOVESAN, Flávia; FACHIN, Melina Girardi; MAZZUOLI, Valerio de Oliveira (org.). *Comentários à Convenção Americana sobre Direitos Humanos*. Rio de Janeiro: Forense, 2019. p. 192.

[589]   ORGANIZATION FOR SECURITY AND CO-OPERATION IN EUROPE. European Commission for Democracy through Law. *Guidelines on Freedom of Peaceful Assembly*. 3. ed. Strasbourg/Warsaw, 15.07.2020. p. 8 (tradução livre). Disponível em: https://www.venice.coe.int/webforms/documents/default.aspx?pdffile=CDL-AD(2019)017rev-e. Acesso em: 10.01.2023.

[590]   ALVES, Rafael Assis. Liberdade de reunião no Direito Internacional: parâmetro e desafios. In: NORONHA, João Otávio de; ALBUQUERQUE, Paulo Pinto de (org.). *Comentários à Convenção Americana sobre Direitos Humanos*. São Paulo: Tirant lo Blanch, 2020. p. 1001.

[591]   ALVES, Rafael Assis. Liberdade de reunião no Direito Internacional: parâmetro e desafios. In: NORONHA, João Otávio de; ALBUQUERQUE, Paulo Pinto de (org.). *Comentários à Convenção Americana sobre Direitos Humanos*. São Paulo: Tirant lo Blanch, 2020. p. 1001.

[592]   ORGANIZATION FOR SECURITY AND CO-OPERATION IN EUROPE. Office for Democratic Institutions and Human Rights (ODIHR). *Handbook on Monitoring Freedom of Peaceful Assembly*. 2. ed. Warsaw, 2020. p. 19-20 (tradução livre). Disponível em: https://www.osce.org/files/f/documents/d/1/473439_0.pdf. Acesso em: 10.01.2023.

Para além da leitura consolidada de reunião como agrupamento físico de pessoas, um enquadramento contemporâneo do conceito deve considerar a participação e a organização urdidas no ambiente virtual. Essa perspectiva suscita novos desafios à proteção do direito de reunião, como aqueles relacionados ao risco de violação da privacidade e de outros direitos dos participantes, além das recorrentes formas de controle e monetização de plataformas de comunicação acessíveis ao público, com a consequente limitação do exercício desse direito.[593]

O elemento formal do direito de reunião compreende a necessária qualificação da reunião como (a) pacífica e (b) sem armas. Reunião pacífica é aquela que não se caracteriza pela violência generalizada e grave – entendendo-se, aqui, violência como o emprego de força física apta a causar lesões, morte ou danos consideráveis ao patrimônio público ou privado.[594] As Diretrizes sobre a Liberdade de Associação e Reunião na África, documento que comenta o artigo 11 da Carta de Banjul, afirmam que a reunião será considerada pacífica "se os seus organizadores expressarem intenções pacíficas e se a conduta dos participantes for, no geral, pacífica".[595] A pacificidade da reunião conjuga, portanto, aspectos intencionais e objetivos, e não se descaracteriza quando são registrados atos isolados de violência.

Como argumentam Roberto Dias e Lucas Catib de Laurentiis, uma interpretação demasiado ampla do termo "pacífico" pode equivaler à negação do direito de reunião.[596] Para dar visibilidade aos seus interesses, é esperado que os organizadores e participantes gerem algum nível de incômodo e constrangimento a terceiros – esse artifício constitui, inclusive, parte fundamental de determinados tipos de reunião. Nesse sentido, o arremesso de ovos e tomates em uma manifestação, por exemplo, não deslegitima o direito de reunião.

A expressão "sem armas", presente no artigo 15 da CADH, significa, por outro lado, a ausência de objetos capazes de atingir a integridade física alheia. O porte de itens que não se destinam a ferir, mas que poderiam ser utilizados para essa finalidade – como máscaras de proteção e capacetes –, não justifica, necessariamente, a dissolução da manifestação, sendo indispensável analisar as circunstâncias de cada caso. Nessa avaliação, deve-se considerar, entre outros fatores, a regulamentação nacional sobre o porte de armas, as práticas culturais de cada localidade, a existência de evidências da intenção violenta e o risco real de violência.[597]

[593] UNITED NATIONS. Human Rights Committee. *General comment No. 37 (2020) on the right of peaceful assembly (article 21)*. 17.09.2020. par. 10 (tradução livre). Disponível em: https://www.ohchr.org/en/documents/general-comments-and-recommendations/general-comment-no-37-article-21-right-peaceful. Acesso em: 11.01.2023.

[594] UNITED NATIONS. Human Rights Committee. *General comment No. 37 (2020) on the right of peaceful assembly (article 21)*. 17.09.2020. par. 15 (tradução livre). Disponível em: https://www.ohchr.org/en/documents/general-comments-and-recommendations/general-comment-no-37-article-21-right-peaceful. Acesso em: 11.01.2023.

[595] AFRICAN COMMISSION ON HUMAN AND PEOPLES' RIGHT. *Guidelines on Freedom of Association and Assembly in Africa*. 2017. par. 70 (tradução livre). Disponível em: https://www.achpr.org/public/Document/file/English/guidelines_on_freedom_of_association_and_assembly_in_africa_eng.pdf. Acesso em: 13.01.2023.

[596] DIAS, Roberto; LAURENTIIS, Lucas Catib de. Liberdade de reunião e democracia: reflexões a partir das experiências brasileiras e alemãs. *Revista Brasileira de Estudos Constitucionais*, Belo Horizonte, n. 30, ano 8, set.-dez. 2014. p. 663. Disponível em: https://www.researchgate.net/profile/Lucas-De-Laurentiis/publication/275580449_Liberdade_de_reuniao_e_democracia_reflexoes_a_partir_das_experiencias_brasileiras_e_alemas/links/553f886f0cf2574dcf62a631/Liberdade-de-reuniao-e-democracia-reflexoes--a-partir-das-experiencias-brasileiras-e-alemas.pdf. Acesso em: 05.01.2023.

[597] UNITED NATIONS. Human Rights Committee. *General comment No. 37 (2020) on the right of peaceful assembly (article 21)*. 17.09.2020. par. 20 (tradução livre). Disponível em: https://www.ohchr.org/en/do-

A conjugação dos cinco elementos abordados nesta seção configura, portanto, o direito de reunião, cujo exercício é protegido pela CADH. Contudo, esse direito, assim como os demais direitos humanos, não é absoluto, e, em se tratando do reconhecimento previsto no Sistema Interamericano, as restrições ao seu exercício vêm previstas na segunda parte do artigo 15, como se verá adiante.

RESTRIÇÕES AO DIREITO DE REUNIÃO E PRECEDENTES DA CORTE IDH

A Comissão Interamericana de Direitos Humanos, interpretando o artigo 15 da CADH, aponta a necessidade de três requisitos, cumulativos, para a restrição do direito de reunião: (a) que a limitação esteja prevista em lei; (b) que os objetivos da limitação sejam aqueles discriminados na CADH – proteção da segurança nacional, da segurança ou ordem públicas, da saúde ou moral públicas, ou dos direitos das demais pessoas; e (c) que as restrições sejam necessárias em uma sociedade democrática.[598]

No tocante ao primeiro requisito, deve-se entender lei como "a lei formal, (...) elaborada pelos parlamentos (compostos por representantes eleitos democraticamente), com respeito às regras constitucionalmente previstas para o devido processo legislativo".[599] As restrições ao direito de reunião não resultam de um poder arbitrário, mas são, em última análise, expressões da democracia representativa.[600]

Quanto aos objetivos da limitação – segundo requisito –, embora eles invoquem conceitos de determinação fluida, todos se assentam sobre uma base comum: a preservação do interesse público. A sua interpretação, no entanto, deve ser restritiva e as legislações nacionais não podem ampliar as possibilidades elencadas pela CADH.[601]

A noção de segurança nacional relaciona-se com a proteção da integridade territorial, da população e da independência política do Estado, em razão do uso, ou da ameaça do uso, da força, por fonte externa ou interna.[602] A ideia de força, nesse contexto, compreende tanto o aparato militar quanto a espionagem de outras naturezas – econômica, política ou cibernética, por exemplo.

Em paralelo, a restrição imposta para preservar a segurança pública envolve a proteção contra condutas violentas iminentes, praticadas em desfavor de outros participantes da reunião,

---

cuments/general-comments-and-recommendations/general-comment-no-37-article-21-right-peaceful. Acesso em: 11.01.2023.

[598] COMISIÓN INTERAMERICANA DE DERECHOS HUMANOS. Relatoría Especial para la Libertad de Expresión. *Protesta y Derechos Humanos*. Septiembre 2019. par. 33 (tradução livre). Disponível em: https:// www.oas.org/es/cidh/expresion/publicaciones/ProtestayDerechosHumanos.pdf. Acesso em: 16.01.2023.

[599] MAZZUOLI, Valerio de Oliveira. Artigo 15: direito de reunião. In: PIOVESAN, Flávia; FACHIN, Melina Girardi; MAZZUOLI, Valerio de Oliveira (org.). *Comentários à Convenção Americana sobre Direitos Humanos*. Rio de Janeiro: Forense, 2019. p. 192.

[600] GUARDIA, Lucas. Artículo 15: derecho de reunión. In: ALONSO REGUEIRA, Enrique M. (org.). *Convención Americana de Derechos Humanos y su proyección en el Derecho Argentino*. Buenos Aires: La Ley; Departamento de Publicaciones de la Facultad de Derecho de la UBA, 2013. p. 261.

[601] COMISIÓN INTERAMERICANA DE DERECHOS HUMANOS. Relatoría Especial para la Libertad de Expresión. *Protesta y Derechos Humanos*. Septiembre 2019. par. 36 (tradução livre). Disponível em: https:// www.oas.org/es/cidh/expresion/publicaciones/ProtestayDerechosHumanos.pdf. Acesso em: 16.01.2023.

[602] ALVES, Rafael Assis. Liberdade de reunião no Direito Internacional: parâmetro e desafios. In: NORONHA, João Otávio de; ALBUQUERQUE, Paulo Pinto de (org.). *Comentários à Convenção Americana sobre Direitos Humanos*. São Paulo: Tirant lo Blanch, 2020. p. 988.

de autoridades ou de terceiros,[603] enquanto a defesa da ordem pública refere-se à manutenção das condições que asseguram o funcionamento harmonioso e normal das instituições.[604]

A exceção fundamentada na saúde recai sobre as reuniões realizadas presencialmente e objetiva proteger a incolumidade pública, evitando contágios, diante de emergências sanitárias. Restrições dessa natureza foram necessárias, por exemplo, durante a pandemia da covid-19. Por outro lado, o conceito de moral pública, também relacionado no artigo 15, reflete os princípios e os valores sociais, filosóficos e religiosos de uma sociedade. Na prática, o uso da moralidade como justificativa é desencorajado justamente pela falta de objetividade e pelo risco de ser interpretado extensivamente.[605]

Para completar o rol de motivos capazes de excepcionar o direito de reunião, a CADH cita "os direitos das demais pessoas". Essa disposição funciona como uma cláusula geral, habilitada para afastar o direito de reunião, havendo colisão com outros direitos fundamentais, como o direito à privacidade e o direito à locomoção, e, necessariamente, quando critérios de razoabilidade e proporcionalidade assim aconselharem.[606]

Atendido o primeiro requisito – previsão legal –, uma ou mais hipóteses do segundo requisito – exceções estabelecidas na CADH –, a restrição ao direito de reunião ainda precisará cumprir o terceiro requisito: mostrar-se necessária para uma sociedade democrática.

A razão de existir do direito de reunião é fortalecer a democracia, por meio da manifestação de opiniões, do pleito por direitos, da vocalização de apoios ou críticas aos governos constituídos, entre outras finalidades. Contudo, o exercício desse direito não é compatível com ações que atentem contra o próprio regime democrático, circunstância na qual a limitação se apresenta como uma "medida de autodefesa democrática".[607]

A ponderação sobre a necessidade de restringir o direito de reunião, nesses casos, deve ser indicada pelo princípio da proporcionalidade. Para determinar a estrita proporcionalidade da medida, é fundamental determinar se o prejuízo que ela acarreta para os interessados na realização da reunião é maior ou menor em relação às vantagens que dela se obtêm.[608] De

---

[603] ORGANIZATION FOR SECURITY AND CO-OPERATION IN EUROPE. Commission for Democracy through Law. European *Guidelines on Freedom of Peaceful Assembly*. 3. ed. Strasbourg/Warsaw, 15.07.2020. pars. 138 e 139 (tradução livre). Disponível em: https://www.venice.coe.int/webforms/documents/default.aspx?pdffile=CDL-AD(2019)017rev-e. Acesso em: 10.01.2023.

[604] COMISIÓN INTERAMERICANA DE DERECHOS HUMANOS. Relatoría Especial para la Libertad de Expresión. *Protesta y Derechos Humanos*. Septiembre 2019. par. 37 (tradução livre). Disponível em: https://www.oas.org/es/cidh/expresion/publicaciones/ProtestayDerechosHumanos.pdf. Acesso em: 16.01.2023.

[605] ORGANIZATION FOR SECURITY AND CO-OPERATION IN EUROPE. European Commission for Democracy through Law. *Guidelines on Freedom of Peaceful Assembly*. 3. ed. Strasbourg/Warsaw, 15.07.2020. par. 42 (tradução livre). Disponível em: https://www.venice.coe.int/webforms/documents/default.aspx?pdffile=CDL-AD(2019)017rev-e. Acesso em: 10.01.2023.

[606] ORGANIZATION FOR SECURITY AND CO-OPERATION IN EUROPE. European Commission for Democracy through Law. *Guidelines on Freedom of Peaceful Assembly*. 3. ed. Strasbourg/Warsaw, 15.07.2020. par. 143 (tradução livre). Disponível em: https://www.venice.coe.int/webforms/documents/default.aspx?pdffile=CDL-AD(2019)017rev-e. Acesso em: 10.01.2023.

[607] O conceito de "medida de autodefesa democrática" compõe o repertório da teoria da democracia militante, de Karl Loewenstein. Ver mais em, por exemplo: PONTES, João Gabriel Madeira. *Democracia militante em tempos de crise*. Dissertação (Mestrado em Direito) –Faculdade de Direito, Universidade do Estado do Rio de Janeiro, Rio de Janeiro, 2020. p. 385.

[608] COMISIÓN INTERAMERICANA DE DERECHOS HUMANOS. Relatoría Especial para la Libertad de Expresión. *Protesta y Derechos Humanos*. Septiembre 2019. par. 42 (tradução livre). Disponível em: https://www.oas.org/es/cidh/expresion/publicaciones/ProtestayDerechosHumanos.pdf. Acesso em: 16.01.2023.

todo modo, "[b]anir ou proibir uma reunião deve ser sempre o último recurso, considerado apenas quando uma resposta menos restritiva não consiga atingir o mesmo objetivo".[609]

De acordo com a CIDH, os signatários do pacto têm a dupla obrigação (a) de abster-se de impedir ou dificultar a reunião e (b) de proteger e facilitar a sua realização. A exigência de autorização prévia é incompatível com o exercício do direito de reunião, mas normas constitucionais e infraconstitucionais podem determinar que o evento seja precedido de aviso, como meio de ampliar a proteção aos participantes.[610] Violações ao direito de reunião cometidas por Estados que se submetem à jurisdição da Corte IDH estão sujeitas à apreciação e ao julgamento pelo tribunal, que, mesmo não tendo jurisprudência vasta sobre a temática, já se manifestou a respeito em sentenças e parecer opinativo.

No caso Baena Ricardo e outros *vs.* Panamá,[611] julgado em fevereiro de 2001, a Corte IDH concluiu que o Estado panamenho não violou o direito de reunião de 270 trabalhadores que participaram de uma marcha por melhores condições laborais. Conforme o relato dos acontecimentos, os trabalhadores, empregados públicos, foram acusados de apoiar um motim militar, que ocorreu em paralelo à manifestação, em 4 de julho de 1990, e, então, demitidos de forma arbitrária, por força de lei posterior ao fato.

Na sentença, o tribunal acolheu a acusação da CIDH quanto à violação de diversos artigos da CADH – artigo 9 (princípio da legalidade e da não retroatividade), artigo 8 (direito às garantias judiciais) e artigo 10 (direito à indenização), por exemplo –, mas a rejeitou no tocante ao artigo 15, argumentando que o Estado atuou tão somente na desarticulação do motim militar, sem cercear o direito de manifestação pacífica e sem armas dos trabalhadores. Além disso, sustentou que "a marcha (...), uma clara expressão do direito [de reunião], não só não foi proibida ou perturbada, como (...) o seu desenvolvimento normal estava sendo acompanhado e assegurado por agentes da força pública".[612]

No caso López Lone e outros *vs.* Honduras,[613] julgado em 5 de outubro de 2015, a Corte reconheceu a violação de diversos direitos à participação política, entre os quais o direito de reunião, dos juízes Adán Guillermo López Lone e Luis Alonso Chévez de la Rocha. Integrantes da Associação Juízes pela Democracia, López Lone e Rocha manifestaram oposição ao golpe de Estado ocorrido em Honduras, em junho de 2009, razão pela qual sofreram processos disciplinares e foram afastados de seus cargos. Essa foi a primeira vez que a Corte se debruçou sobre os limites das liberdades de expressão, de associação e de reunião de pessoas em exercício de funções jurisdicionais.

---

[609]   ORGANIZATION FOR SECURITY AND CO-OPERATION IN EUROPE. European Commission for Democracy through Law. *Guidelines on Freedom of Peaceful Assembly.* 3. ed. Strasbourg/Warsaw, 15.07.2020. par. 29 (tradução livre). Disponível em: https://www.venice.coe.int/webforms/documents/default.aspx?pdffile=CDL-AD(2019)017rev-e. Acesso em: 10.01.2023.

[610]   COMISIÓN INTERAMERICANA DE DERECHOS HUMANOS. Relatoría Especial para la Libertad de Expresión. *Protesta y Derechos Humanos.* Septiembre 2019. pars. 56 e 57 (tradução livre). Disponível em: https://www.oas.org/es/cidh/expresion/publicaciones/ProtestayDerechosHumanos.pdf. Acesso em: 16.01.2023.

[611]   CORTE INTERAMERICANA DE DERECHOS HUMANOS. *Caso Baena Ricardo y otros vs. Panamá.* Sentencia de 2 de febrero de 2001 (Fondo, Reparaciones y Costas). par. 1 (tradução livre).

[612]   CORTE INTERAMERICANA DE DERECHOS HUMANOS. *Caso Baena Ricardo y otros vs. Panamá.* Sentencia de 2 de febrero de 2001 (Fondo, Reparaciones y Costas). par. 149 (tradução livre).

[613]   CORTE INTERAMERICANA DE DERECHOS HUMANOS. *Caso López Lone y otros vs. Honduras.* Sentencia de 5 de octubre de 2015 (Excepción Preliminar, Fondo, Reparaciones y Costas). par. 1 (tradução livre).

Na decisão, sustentou que, em momentos de graves crises democráticas, como o de um golpe de Estado, não são aplicáveis, à atuação dos juízes, as normas que ordinariamente restringem seu direito de participação na política, devendo prevalecer o direito à defesa da democracia, que inclui o exercício conjunto de direitos como a liberdade de expressão e a liberdade de reunião.[614] Diante de rupturas institucionais, "a relação entre esses direitos fica ainda mais evidente, principalmente quando exercidos com a finalidade de protestar contra a atuação dos poderes contrários à ordem constitucional e exigir o retorno da democracia".[615] Por isso, na conclusão da Corte, manifestações em favor da democracia, como as realizadas por López Lone e Rocha, "devem ter a máxima proteção possível".[616]

No caso das Mulheres Vítimas de Tortura Sexual em Atenco *vs.* México,[617] julgado em 28 de novembro de 2018, a Corte reconheceu que o Estado mexicano infringiu o artigo 15 da CADH, ao usar a força contra participantes de protestos nas cidades de Texcoco e San Salvador Atenco. No caso, argumentou-se que, embora os Estados gozem de certo grau de discricionariedade na avaliação do risco à ordem pública, para fins de ordenar o uso da força em reuniões, esse arbítrio possui limitações, não tendo havido, na situação apreciada, proporcionalidade e necessidade no emprego da medida.[618]

Vale pontuar que, no caso das Mulheres Vítimas de Tortura Sexual em Atenco *vs.* México, a violação ao direito de reunião foi objeto de análise, mas a questão que galvanizou maior atenção da Corte envolveu os episódios de tortura física, psicológica e sexual, cometidos pelas autoridades policiais, durante a detenção e as transferências das vítimas – onze mulheres, direta ou indiretamente ligadas ao protesto – para o Centro de Readaptação Social Santiaguito.

Além da aplicação do artigo 15 no julgamento de lides, a Corte IDH abordou o conteúdo do dispositivo no Parecer Consultivo OC-27/21, sobre direitos à liberdade sindical, à negociação coletiva e à greve, e sua relação com outros direitos, com perspectiva de gênero. Em relação, especificamente, ao direito de reunião, e dentro do enquadramento proposto, observou que ele é "fundamental para o exercício da liberdade de associação sindical, e elemento essencial para que os sindicatos possam realizar suas atividades".[619]

---

[614] CORTE INTERAMERICANA DE DERECHOS HUMANOS. *Caso López Lone y otros* vs. *Honduras.* Sentencia de 5 de octubre de 2015 (Excepción Preliminar, Fondo, Reparaciones y Costas). pars. 164 e 174 (tradução livre).

[615] CORTE INTERAMERICANA DE DERECHOS HUMANOS. *Caso López Lone y otros* vs. *Honduras.* Sentencia de 5 de octubre de 2015 (Excepción Preliminar, Fondo, Reparaciones y Costas). par. 160 (tradução livre).

[616] CORTE INTERAMERICANA DE DERECHOS HUMANOS. *Caso López Lone y otros* vs. *Honduras.* Sentencia de 5 de octubre de 2015 (Excepción Preliminar, Fondo, Reparaciones y Costas). par. 160 (tradução livre).

[617] CORTE INTERAMERICANA DE DERECHOS HUMANOS. *Caso Mujeres Víctimas de Tortura Sexual en Atenco* vs. *México.* Sentencia de 28 de noviembre de 2018 (Excepción Preliminar, Fondo, Reparaciones y Costas). par. 176 (tradução livre).

[618] CORTE INTERAMERICANA DE DERECHOS HUMANOS. *Caso Mujeres Víctimas de Tortura Sexual en Atenco* vs. *México.* Sentencia de 28 de noviembre de 2018 (Excepción Preliminar, Fondo, Reparaciones y Costas). par. 167 (tradução livre).

[619] INTER-AMERICAN COURT OF HUMAN RIGHTS. *Advisory Opinion OC-27/21:* right to freedom of association, right to collective bargaining and right to strike, and their relation to other rights, with a gender perspective. Requested by the Inter-American Commission on Human Rights. 05.05.2021. par. 140 (tradução livre). Disponível em: https://www.corteidh.or.cr/docs/opiniones/seriea_27_ing.pdf. Acesso em: 19.01.2023.

Em demandas contra o Estado brasileiro, por outro lado, o tribunal internacional mencionou o direito de reunião apenas para diferenciá-lo do direito de associação, no âmbito do caso Escher e outros *vs.* Brasil,[620] no qual o Brasil foi condenado por violar os artigos 11 (direito à vida privada e direito à honra e à reputação) e 16 (direito de associação) da CADH.

Do ponto de vista da jurisdição interna, o artigo 15 da CADH contribuiu para a fundamentação de importantes julgamentos do STF. Ele é citado, por exemplo, nas decisões: (a) da ADPF 187, que afastou a possibilidade de criminalizar, por meio de interpretação do art. 287 do Código Penal, manifestações públicas em defesa da legalização do uso de drogas; (b) da ADI 1.969, que declarou a inconstitucionalidade do Decreto Distrital 20.007/1999, por impor restrições excessivas ao direito de reunião exercido na Praça dos Três Poderes, na Esplanada dos Ministérios e na Praça dos Buritis; (c) da ADPF 548, que declarou a nulidade de decisões proferidas pela Justiça Eleitoral em cinco estados, no contexto das eleições de 2018, por imporem a interrupção de manifestações públicas em ambiente virtual ou físico de universidades; e (d) da ADPF 722 (Medida Cautelar), que suspendeu atos do Ministério da Justiça e Segurança Pública caracterizados como perseguição estatal a servidores e professores integrantes de movimento antifascista.[621]

A observância, não apenas pelo STF, mas por todos os órgãos do Poder Judiciário, dos tratados e das convenções internacionais e da jurisprudência da Corte IDH, inclusive no controle de convencionalidade das leis internas, é medida que se impõe para a promoção dos direitos humanos, incluído o direito de reunião.[622] A integração entre direito internacional e interno constitui, portanto, um caminho para a ampliação do espaço de participação da sociedade e o fortalecimento da democracia.

REFERÊNCIAS

AFRICAN COMMISSION ON HUMAN AND PEOPLES' RIGHT. *Guidelines on Freedom of Association and Assembly in Africa*. 2017. Disponível em: https://www.achpr.org/public/Document/file/English/guidelines_on_freedom_of_association_and_assembly_in_africa_eng.pdf. Acesso em: 13.01.2023.

ALVES, Rafael Assis. Liberdade de reunião no Direito Internacional: parâmetro e desafios. In: NORONHA, João Otávio de; ALBUQUERQUE, Paulo Pinto de (org.). *Comentários à Convenção Americana sobre Direitos Humanos*. São Paulo: Tirant lo Blanch, 2020. p. 981-1008.

BRASIL. *Constituição da República Federativa do Brasil de 1988*. Brasília, DF: Presidência da República, [2023].

---

[620] CORTE INTERAMERICANA DE DIREITOS HUMANOS. *Caso Escher e Outros* vs. *Brasil*. Sentença de 6 de julho de 2009 (Exceções Preliminares, Mérito, Reparações e Custas).

[621] Síntese elaborada com base nos levantamentos apresentados nas seguintes obras: SUPREMO TRIBUNAL FEDERAL. *Convenção Americana sobre Direitos Humanos*: interpretada pelo Supremo Tribunal Federal e pela Corte Interamericana de Direitos Humanos. Brasília: STF, Secretaria de Documentação, 2019. p. 63; e SUPREMO TRIBUNAL FEDERAL. *Convenção Americana sobre Direitos Humanos*: anotada com a jurisprudência do Supremo Tribunal Federal e da Corte Interamericana de Direitos Humanos. 2. ed. Brasília: STF, Secretaria de Altos Estudos, Pesquisas e Gestão da Informação, 2022. p. 335-338.

[622] Nesse sentido, ver: BRASIL. Conselho Nacional de Justiça (CNJ). *Recomendação 123, de 07.01.2022. DJe/CNJ 7/2022*, de 11 de janeiro de 2022.

BRASIL. *Decreto 678, de 6 de novembro de 1992*. Promulga a Convenção Americana de Direitos Humanos (Pacto de São José da Costa Rica), de 22 de novembro de 1969. Brasília, DF: Presidência da República, 1992.

COMISIÓN INTERAMERICANA DE DERECHOS HUMANOS. Relatoría Especial para la Libertad de Expresión. *Protesta y Derechos Humanos*. Septiembre 2019. Disponível em: https://www.oas.org/es/cidh/expresion/publicaciones/ProtestayDerechosHumanos.pdf. Acesso em: 16.01.2023.

ORGANIZATION FOR SECURITY AND CO-OPERATION IN EUROPE. European Commission for Democracy through Law. *Guidelines on Freedom of Peaceful Assembly*. 3. ed. Strasbourg/Warsaw, 15.07.2020. Disponível em: https://www.venice.coe.int/webforms/documents/default.aspx?pdffile=CDL-AD(2019)017rev-e. Acesso em: 10.01.2023.

DIAS, Roberto; LAURENTIIS, Lucas Catib de. Liberdade de reunião e democracia: reflexões a partir das experiências brasileiras e alemãs. *Revista Brasileira de Estudos Constitucionais*, Belo Horizonte, n. 30, ano 8, p. 649-669, set.-dez. 2014. Disponível em: https://www.researchgate.net/profile/Lucas-De-Laurentiis/publication/275580449_Liberdade_de_reuniao_e_democracia_reflexoes_a_partir_das_experiencias_brasileiras_e_alemas/links/553f886f0cf2574dcf62a631/Liberdade-de-reuniao-e-democracia-reflexoes-a--partir-das-experiencias-brasileiras-e-alemas.pdf. Acesso em: 05.01.2023.

GUARDIA, Lucas. Artículo 15: derecho de reunión. In: ALONSO REGUEIRA, Enrique M. (org.). *Convención Americana de Derechos Humanos y su proyección en el Derecho Argentino*. Buenos Aires: La Ley; Departamento de Publicaciones de la Facultad de Derecho de la UBA, 2013. p. 255-266.

INAZU, John D. *Liberty's refuge*: freedom of assembly. New Haven and London: Yale University Press, 2012.

INTER-AMERICAN COURT OF HUMAN RIGHTS. *Advisory Opinion OC-27/21*: right to freedom of association, right to collective bargaining and right to strike, and their relation to other rights, with a gender perspective. Requested by the Inter-American Commission on Human Rights. 05.05.2021. Disponível em: https://www.corteidh.or.cr/docs/opiniones/seriea_27_ing.pdf. Acesso em: 19.01.2023.

LAURENTIIS, Lucas Catib de. Manifestações públicas e privadas: ideias, ações, expressões e o caso "rolezinho". *Quaestio Iuris*, Rio de Janeiro, v. 10, n. 2, p. 580-592, 2017. Disponível em: https://www.e-publicacoes.uerj.br/index.php/quaestioiuris/article/view/22089. Acesso em: 11.01.2023.

MAZZUOLI, Valerio de Oliveira. Artigo 15: direito de reunião. In: PIOVESAN, Flávia; FACHIN, Melina Girardi; MAZZUOLI, Valerio de Oliveira (org.). *Comentários à Convenção Americana sobre Direitos Humanos*. Rio de Janeiro: Forense, 2019.

MELLO FILHO, José Celso de. O direito constitucional de reunião. *Revista de Jurisprudência do Tribunal de Justiça do Estado de São Paulo*, São Paulo, v. 54, p. 19-23, set.-out. 1978.

ORGANIZATION FOR SECURITY AND CO-OPERATION IN EUROPE. Office for Democratic Institutions and Human Rights (ODIHR). *Handbook on Monitoring Freedom of Peaceful Assembly*. 2. ed. Warsaw, 2020. Disponível em: https://www.osce.org/files/f/documents/d/1/473439_0.pdf. Acesso em: 10.01.2023.

PONTES, João Gabriel Madeira. *Democracia militante em tempos de crise*. Dissertação (Mestrado em Direito) –Faculdade de Direito, Universidade do Estado do Rio de Janeiro, Rio de Janeiro, 2020.

RUOTOLO, Marco. A liberdade de associação e de reunião. *Direitos Fundamentais & Justiça*, Porto Alegre, n. 23, ano 7, p. 15-63, abr.-jun. 2013. Disponível em: https://dfj.emnuvens. com.br/dfj/article/view/267. Acesso em: 07.01.2023.

SILVA, José Afonso da. *Curso de direito constitucional positivo*. 38. ed. São Paulo: Malheiros Editores, 2014.

SUPREMO TRIBUNAL FEDERAL. *Convenção Americana sobre Direitos Humanos*: anotada com a jurisprudência do Supremo Tribunal Federal e da Corte Interamericana de Direitos Humanos. 2. ed. Brasília: STF, Secretaria de Altos Estudos, Pesquisas e Gestão da Informação, 2022.

SUPREMO TRIBUNAL FEDERAL. *Convenção Americana sobre Direitos Humanos*: interpretada pelo Supremo Tribunal Federal e pela Corte Interamericana de Direitos Humanos. Brasília: STF, Secretaria de Documentação, 2019.

UNITED NATIONS. General Assembly. *Report of the Special Rapporteur on the rights to freedom of peaceful assembly and of association*. Seventy-seventh session, 15.07.2022. Disponível em: https://www.ohchr.org/en/documents/thematic-reports/a77171- -essential-role-social-movements-building-back-better-report. Acesso em: 11.01.2023.

UNITED NATIONS. Human Rights Committee. *General comment No. 37 (2020) on the right of peaceful assembly (article 21)*. 17.09.2020. Disponível em: https://www.ohchr.org/ en/documents/general-comments-and-recommendations/general-comment-no-37- -article-21-right-peaceful. Acesso em: 11.01.2023.

Artigo 16
Liberdade de associação

1. Todas as pessoas têm o direito de associar-se livremente com fins ideológicos, religiosos, políticos, econômicos, trabalhistas, sociais, culturais, desportivos ou de qualquer outra natureza.

2. O exercício de tal direito só pode estar sujeito às restrições previstas pela lei que sejam necessárias, numa sociedade democrática, no interesse da segurança nacional, da segurança ou da ordem públicas, ou para proteger a saúde ou a moral públicas ou os direitos e liberdades das demais pessoas.

3. O disposto neste artigo não impede a imposição de restrições legais, e mesmo a privação do exercício do direito de associação, aos membros das forças armadas e da polícia.

🗨 COMENTÁRIOS

por Gustavo Ferraz de Campos Monaco[623]

O artigo 16 da Convenção Americana de Direitos Humanos, incorporada ao Direito brasileiro por meio do Decreto 678, de 6 de novembro de 1992, condiciona o exercício da

---

[623] O autor agradece o auxílio do mestrando Vitor Augusto Michielin Seabra de Oliveira, pela pesquisa jurisprudencial que auxiliou a elaboração dos presentes comentários.

liberdade de associação a uma finalidade, a um objetivo, a um propósito. Disso decorre que não há liberdade de associação sem motivação, sem uma causa que instigue os interessados ao ato associativo. Ao exigir propósito, condiciona, assim, a associação a um projeto, à intenção comum de fazer algo. Onde não houver identidade de propósito, não haverá a mesma finalidade e, portanto, não haverá verdadeira associação. A identidade exigida deve coincidir grandemente (em extensão de objetivos) e profundamente (em grau de intensidade), e não apenas superficialmente.

Tratar o direito à associação como uma liberdade significa impor aos Estados-partes um dever de abstenção, um conjunto de obrigações negativas, que exijam dos Estados uma inação diante do desejo legítimo dos cidadãos de se associarem. O conteúdo da liberdade de associação implica, ainda, o poder de eleger o modo como o cidadão pretende exercê--la. Nesse sentido, não se pode dizer que o direito associativo esteja garantido se o cidadão, diante de limitações injustificadas impostas pelo Estado, se vê diante de circunstâncias que limitam ou as formas ou as possibilidades associativas, ideia que a Corte Interamericana de Direitos Humanos (Corte IDH) deixou consignada no julgamento do caso García y Familiares *vs.* Guatemala, em 2012.

No cotejo com outros direitos, no entanto, o direito de associação não apenas cede em face de limitações estatais, fundamentadas e dentro dos limites que a própria Convenção impõe, ao exercício dessa liberdade de associação, como também pode exigir do Estado que cumpra com uma obrigação positiva, capaz de garantir o exercício da liberdade associativa ameaçada inclusive por ação privada (veja-se, a respeito, a decisão da Corte IDH, ao julgar os Casos Kawas Fernández *vs.* Honduras e Escher e outros vs. Brasil, ambos em 2009).

Mais tarde, em 2018, e de maneira bem clara, a distinção entre obrigações negativas e obrigações positivas em matéria de direito à associação veio a ser fixada pela Corte IDH ao julgar o caso Escaleras Mejía y otros *vs.* Honduras, no qual deixou consignado que:

> (...) el artículo 16.1 de la Convención implica el derecho y libertad de asociarse sin intervención de autoridades públicas que limiten o dificulten ese derecho (obligación negativa), así como el deber estatal de prevenir los atentados contra la misma, proteger a quienes la ejercen e investigar las violaciones de dicha libertad (obligaciones positivas).

De modo não exaustivo, o artigo sob comento refere-se, em seu n. 1, à possibilidade de livre associação em decorrência de finalidades ideológicas, religiosas, políticas, econômicas, trabalhistas, sociais, culturais, desportivas, ou de qualquer outra natureza. Pessoas religiosas podem se associar, mas não apenas porque sejam religiosas, sendo essa, por si só, uma razão superficial, um não propósito, carente de um objetivo, portanto. É mais provável que se associem por serem adeptas do mesmo modelo de explicação teológica (uma associação de fiéis de uma mesma religião ou denominação religiosa) ou por terem um propósito comum (a liberdade religiosa, o estudo teológico, a defesa do politeísmo, por exemplo). Razões sociais podem levar indivíduos a se associarem pela promoção e pela proteção dos Direitos Humanos, obrigando positivamente os Estados-partes a adotarem mecanismos de proteção legais e fáticos suficientes para o cumprimento de sua causa associativa, como decidiu a Corte IDH, ao julgar os casos Kawas Fernández *vs.* Honduras e Escher e outros *vs.* Brasil, ambos em 2009.

Tomem-se as finalidades explicitadas no n. 1 do artigo 16, uma a uma.

O conceito de ideologia, segundo o *Houaiss*, reporta-se ao "conjunto de ideias, crenças, tradições, princípios e mitos, sustentados por um indivíduo ou grupo social, de uma época, de uma sociedade". Como objetivo normativo indicado pelo legislador convencional americano, permite que os indivíduos que se identificam com determinadas ideias se associem, mas apenas se tal ideologia estiver em conformidade com os valores democráticos da sociedade e se não ameaçar, colocando em risco a segurança nacional, a segurança ou a ordem públicas, conforme se deflui do n. 2 do mesmo artigo. Assim, não é aceitável que aspectos ideológicos sejam a justificativa para quaisquer modos de associação, podendo os Estados signatários, por meio de leis em sentido estrito, determinar condicionantes a tais associações sempre que anteverem o risco aos bens jurídicos mencionados no n. 2 do dispositivo.

Com relação às finalidades religiosas, estão as mesmas afetas ao conceito de religião, como "crença na existência de uma força ou de forças sobrenaturais; conjunto de dogmas e práticas que geralmente envolvem tal crença", além da ideia de "observação aos princípios religiosos; devoção". Assim, a liberdade para criar associações religiosas, como igrejas de difusão do evangelho, templos espiritualistas, terreiros de religiões de matriz africana, entre outros, deve ser garantida pela observância de pelo menos duas obrigações negativas: não tratar de modo desigual as diversas associações religiosas, a menos que estas coloquem em risco, por exemplo, a saúde ou a moral públicas, nem criar empecilhos burocráticos ou legais para que as pessoas professem sua crença religiosa de forma coletiva. No caso do Brasil e de outros Estados, a liberdade de associação para fins de profissão de uma religião vem acompanhada de benefícios de ordem administrativa ou fiscal para o pleno exercício dessa liberdade associativa, que podem se caracterizar como obrigações positivas (ex.: a concessão de imunidade tributária relativa aos templos).

A liberdade de associação política encontra seu ápice na liberdade de fundação e organização de partidos políticos e demais entidades de conscientização política. Conceitualmente, diferencia-se da finalidade ideológica por estar afeta – a liberdade política – à organização, à direção e à administração do Estado como nação. No âmbito das limitações à liberdade de associação política, está albergada a proscrição de certas ideologias antidemocráticas, como o nazismo e o fascismo, podendo a lei limitar o exercício da liberdade associativa. Recentemente, o fazer político que toma por base a difusão e a propagação de notícias falsas ou que distorcem deliberadamente a realidade com a intenção de deturpar as ideias políticas de adversários foi alvo de restrições impostas pelos responsáveis pela condução do processo político-eleitoral em alguns países, em uma clara assunção de limitações impostas pelo Estado no cumprimento de uma obrigação positiva, que, em matéria de associação, a Corte IDH já reconheceu como adequadas e necessárias em outros contextos associativos.

Do ponto de vista das finalidades econômicas, tomada a economia como a ciência que estuda a produção, a distribuição e o consumo de bens materiais necessários ao bem-estar de dada população, as finalidades associativas podem ser múltiplas, abarcando desde os interesses de produtores, que congregam seus interesses em associações e federações de indústrias e cooperativas manufatureiras ou de comunidades detentoras de conhecimentos tradicionais, passando pelos interesses de distribuidores, como intermediários entre produtores e consumidores finais, e mesmo associações de consumidores, de defesa de seus direitos ou de seus interesses.

As finalidades trabalhistas apresentam forte tradição e são as que mais aparecem analisadas pela jurisprudência da Corte IDH. Assim, o Caso Cantoral Huamaní y García Santa Cruz *vs*. Peru, de 2007 (em que se afirmou que a liberdade de associação sindical gera obrigações positivas e negativas aos Estados-partes), o Caso Baena Ricardo y Otros *vs*. Panamá, de 2001 (em que se afirmou que "el derecho a formar asociaciones sin restricciones distintas a las permitidas en los incisos 2 y 3 de aquel precepto convencional y la libertad de toda persona de no ser compelida u obligada a asociarse"), o Caso Lago del Campos *vs*. Peru, de 2017 (em que a Corte reafirmou a ideia de que a liberdade de associação pode significar, inclusive, a liberdade de não se associar e que, uma vez associada, a pessoa goza do direito, oponível ao Estado, de garantir "que las personas puedan ejercer libremente su libertad sindical sin temor de que serán sujetos a violencia alguna, pues de lo contrario se podría disminuir la capacidad de las agrupaciones de organizarse para la protección de sus intereses").

Com relação às finalidades sociais, parece tratar-se da mais ampla das formas de associação. Com efeito, ao abrigarem os interesses de apoio e suporte múltiplos entre os cidadãos de grupos minoritários, permitem o fortalecimento de seus direitos, a busca de políticas públicas mais eficazes e a conscientização dos demais membros da sociedade a respeito das dificuldades e dos obstáculos enfrentados pelos múltiplos grupos sociais em busca de uma cidadania plena e reconhecida pelo Estado e pelos demais.

No âmbito cultural, a questão das finalidades ganha enorme multiplicidade. Isso se deve não apenas à polissemia da palavra cultura como também às múltiplas formas de manifestação cultural. No caso Miembros de la Aldea Chichupac y Comunidades Vecinas del Municipio de Rabinal *vs.* Guatemala, de 2016, a Corte IDH afirmou:

> En el presente caso y tal como lo hizo en el Caso Masacres de Río Negro Vs. Guatemala, la Corte considera que la aldea Chichupac y comunidades vecinas del Rabinal no puede asimilarse necesariamente a una "asociación" en los términos del artículo 16 de la Convención Americana. Al respecto, la Corte destaca que la Comisión no expresó las razones por las cuales dichas comunidades, las cuales tienen un carácter indígena, les asistiría el derecho reconocido en el artículo 16 de la Convención. Por lo tanto, el Tribunal estima que dicha disposición no es aplicable a los hechos del presente caso.

A Corte IDH, ao desconsiderar que as comunidades indígenas como tal organizadas, na condição de comunidades originárias do continente, na busca de perpetuação de sua língua, de seus hábitos, de suas tradições, não podem ser assimiladas a uma associação no sentido que o artigo 16 da Convenção estabelece, parece desconsiderar a ideia mesma de finalidade cultural, a menos que esteja a indicar a possibilidade de vir a reconhecer o direito à autodeterminação desses povos.

Por fim, no que tange às finalidades desportivas, estas dizem respeito não apenas às diferentes modalidades esportivas como também à organização de equipamentos públicos que facultem o acesso dos cidadãos às diversas modalidades. Trata-se, todavia, de uma área complexa, porquanto enfrente diversas limitações impostas pelo chamado esporte de alto rendimento, em que associações de caráter privado estrangeiras monopolizam a prática de certas modalidades de modo profissional, sem encontrar qualquer esforço dos Estados para mudar esse cenário.

Com efeito, enquanto as outras finalidades mencionadas são reguladas, no âmbito internacional, por organizações internacionais de caráter intergovernamental (ex.: Organização Internacional do Trabalho, Organização Mundial do Comércio, Organização das Nações Unidas, Fundo das Nações Unidas para a Cultura), as finalidades religiosas e desportivas são talvez as únicas que não encontram uma organização internacional de caráter permanente que delas se ocupe. Não obstante, ao passo que a liberdade de associação religiosa, como *locus* em que a fé é professada, costuma acompanhar a garantia dada à liberdade de crença, em matéria desportiva, os interesses econômicos, capitaneados por organizações privadas estrangeiras de enorme poderio político-social, enfraquecem ou inviabilizam as medidas positivas que os Estados deveriam adotar em termos de liberdade de associação com propósito desportivo.

Enquanto os n. 1 e 2 do artigo 16 se integram e dialogam ao estabelecerem, de um lado, as finalidades associativas e, de outro, as possibilidades de limitações legais para o exercício da liberdade de associação colocando ênfases em critérios materiais de reconhecimento ou limitação, o n. 3 adota critérios *intuitu personae* para limitar a liberdade de associação, por meio de restrições legais impostas pelos Estados-partes à liberdade de associação aos membros das forças armadas e da polícia. Trata-se de limitação que se justifica como decorrência do escalonamento hierárquico típico de tais atividades, que contrasta com a possibilidade de associação política, por exemplo. Não por outra razão, a Marinha brasileira, em 2023, reafirmando essa impossibilidade, assinalou prazo para que seus membros se desfiliassem de entidades e partidos políticos.

Artigo 17
Proteção da família

1. A família é o elemento natural e fundamental da sociedade e deve ser protegida pela sociedade e pelo Estado.

2. É reconhecido o direito do homem e da mulher de contraírem casamento e de fundarem uma família, se tiverem a idade e as condições para isso exigidas pelas leis internas, na medida em que não afetem estas o princípio da não discriminação estabelecido nesta Convenção.

3. O casamento não pode ser celebrado sem o livre e pleno consentimento dos contraentes.

4. Os Estados-Partes devem tomar medidas apropriadas no sentido de assegurar a igualdade de direitos e a adequada equivalência de responsabilidades dos cônjuges quanto ao casamento, durante o casamento e em caso de dissolução do mesmo. Em caso de dissolução, serão adotadas disposições que assegurem a proteção necessária aos filhos, com base unicamente no interesse e conveniência dos mesmos.

5. A lei deve reconhecer iguais direitos tanto aos filhos nascidos fora do casamento como aos nascidos dentro do casamento.

💬 COMENTÁRIOS

por Jane Granzoto Torres da Silva

O presente trabalho tem por objetivo a análise do artigo 17 da Convenção Americana de Direitos Humanos (Pacto de San José da Costa Rica), inserida no ordenamento jurídico brasileiro por meio do Decreto 678, de 06.11.1992, que versa acerca da proteção da família, considerando o teor do art. 5º, § 3º, da Constituição da República.[624]

A família é a base fundante da sociedade, visto que, desde os primórdios, os grupamentos humanos tinham por finalidade a sobrevivência, a proteção recíproca e a proliferação da espécie, traduzindo-se, pois, em verdadeiros eixos familiares, em sua concepção hodierna.

Etimologicamente, o vocábulo "família" advém do latim – *famulus* –, que significa "escravo doméstico". Pablo Stolze Gagliano e Rodolfo Pamplona Filho,[625] citando Paulo Lôbo, apontam que *famulus queria dizer escravo e família era o conjunto de escravos pertencentes a um mesmo homem*. Nessa linha, podemos dizer que, na compreensão originária, família

---

[624] Os tratados e convenções internacionais sobre direitos humanos que forem aprovados, em cada Casa do Congresso Nacional, em dois turnos, por três quintos dos votos dos respectivos membros, serão equivalentes às emendas constitucionais.

[625] GAGLIANO, Pablo Stolze; PAMPLONA FILHO, Rodolfo. *Novo Curso de Direito Civil*. 12. ed. São Paulo: Saraiva, 2022. p. 48.

representava o poder econômico exercido pelo membro do sexo masculino, evoluindo para o poder social, religioso, moral e patrimonial, eis que, na formação da família, passaram a ser inseridos a mulher e os filhos.

No Direito Romano, origem de grande parcela das instituições jurídicas civis brasileiras, a família é considerada o conjunto de pessoas ligadas pelo vínculo de parentesco, que descendiam de um parente comum e sob o poder dele (*pater familias*), como exposto por José Carlos Barbosa Moreira.[626] Apenas ao *pater* era dado adquirir bens e detinha poder total sobre os filhos e sobre a mulher.

Conforme assinalado por Caio Mário da Silva Pereira,[627] *a partir do século IV, com o Imperador Constantino, instala-se no Direito Romano a concepção cristã de família, na qual as preocupações de ordem moral predominam* e, em evolução, a família *recebeu contribuição do direito germânico*, assumindo *a espiritualidade cristã, reduzindo-se o grupo familiar aos pais e filhos, e assumiu o cunho sacramental*. Passamos, assim, à prevalência da consanguinidade para a formação do núcleo familiar.

As referências aqui se fizeram necessárias, para que possamos analisar o conceito remoto de família, até chegarmos à concepção moderna do instituto e, consequentemente, à respectiva proteção conferida pelo arcabouço jurídico.

Com efeito, seguindo a evolução histórica, igualmente a família, como ente natural no qual a sociedade está embasada, sofreu significativas alterações em sua idealização, cabendo ao Estado a sua proteção, sobretudo da dignidade da pessoa humana de cada um de seus membros.

Foi nesse contexto que a Carta Constitucional de 1988, estabelecida sob o pilar fundamental da dignidade da pessoa humana (art. 1º, III), alterou substancialmente o conceito constitucional da proteção à família previsto na Constituição de 1967 e, em seu art. 226, erigiu-a à condição de base da sociedade, merecedora de especial proteção do Estado, sendo formada pelo casamento, pela união estável entre homem e mulher, bem como por qualquer dos pais e seus descendentes, igualando os direitos e deveres dos envolvidos dentro da entidade familiar e estabelecendo, ainda, a proteção conferida aos filhos, em absoluta igualdade, independentemente da origem (consanguíneos ou adotivos, concebidos dentro ou fora do casamento) e do estado civil dos pais (art. 227, § 6º).

Cumpre salientar que, já sob a égide da Constituição Federal de 1988, foi promulgado o Decreto 678, de 06.11.1992, que, por mandamento constitucional, restou inserido no nosso ordenamento jurídico como emenda ao Texto Magno. Ressalte-se, ainda, que, muito embora a Carta Cidadã originariamente seja anterior à normatização ora em comento, já seguiu a principiologia adotada pelo artigo 17 do Pacto de San José da Costa Rica, porquanto registrou a família como base da sociedade, o necessário anteparo estatal, a igualdade de direitos e deveres de seus atores, bem assim a proteção total aos filhos, tudo em perfeita harmonia com o disposto nos itens 1, 4 e 5.

É certo que o item 2 do artigo 17 da Convenção Americana de Direitos Humanos preconiza o direito do *homem e da mulher de contraírem casamento e de fundarem uma família*, o que também consta do Texto Magno, em seu art. 226, § 3º. Contudo, a sociedade evoluiu, as relações sociais se estenderam e se modificaram, de modo que, como guardião da Constituição Federal, o Supremo Tribunal Federal, no julgamento da ADI 4277/DF, ocorrido em 05.05.2011, de Relatoria do Ministro Ayres Britto, reconheceu a união homoafetiva, trazendo-a para o contexto de entidade familiar, cuja ementa merece destaque:

---

[626] ALVES, José Carlos Moreira. *Direito romano*. 2. ed. Rio de Janeiro: Editor Borsoi, 1967. p. 118.

[627] PEREIRA, Caio Mário da Silva. *Instituições de direito civil*: direito de família. 29. ed. atual. por Tânia da Silva Pereira. Rio de Janeiro: Forense, 2022. v. V. p. 31.

(...)

2. Proibição de discriminação das pessoas em razão do sexo, seja no plano da dicotomia homem/mulher (gênero), seja no plano da orientação sexual de cada qual deles. A proibição do preconceito como capítulo do constitucionalismo fraternal. Homenagem ao pluralismo como valor sócio-político-cultural. Liberdade para dispor da própria sexualidade, inserida na categoria dos direitos fundamentais do indivíduo, expressão que é da autonomia de vontade. Direito à intimidade e à vida privada. Cláusula pétrea. O sexo das pessoas, salvo disposição constitucional expressa ou implícita em sentido contrário, não se presta como fator de desigualação jurídica. Proibição de preconceito, à luz do inciso IV do art. 3º da Constituição Federal, por colidir frontalmente com o objetivo constitucional de "promover o bem de todos". Silêncio normativo da Carta Magna a respeito do concreto uso do sexo dos indivíduos como saque da kelseniana "norma geral negativa", segundo a qual "o que não estiver juridicamente proibido, ou obrigado, está juridicamente permitido". Reconhecimento do direito à preferência sexual como direta emanação do princípio da "dignidade da pessoa humana": direito à autoestima no mais elevado ponto da consciência do indivíduo. Direito à busca da felicidade. Salto normativo da proibição do preconceito para a proclamação do direito à liberdade sexual. O concreto uso da sexualidade faz parte da autonomia da vontade das pessoas naturais. Empírico uso da sexualidade nos planos da intimidade e da privacidade constitucionalmente tuteladas. Autonomia da vontade. Cláusula pétrea.

3. Tratamento constitucional da instituição da família. Reconhecimento de que a Constituição Federal não em presta ao substantivo "família" nenhum significado ortodoxo ou da própria técnica jurídica. A família como categoria sociocultural e princípio espiritual. Direito subjetivo de constituir família. Interpretação não reducionista. O caput do art. 226 confere à família, base da sociedade, especial proteção do Estado. Ênfase constitucional à instituição da família. Família em seu coloquial ou proverbial significado de núcleo doméstico, pouco importando se formal ou informalmente constituída, ou se integrada por casais heteroafetivos ou por pares homoafetivos. A Constituição de 1988, ao utilizar-se da expressão "família", não limita sua formação a casais heteroafetivos nem a formalidade cartorária, celebração civil ou liturgia religiosa. Família como instituição privada que, voluntariamente constituída entre pessoas adultas, mantém com o Estado e a sociedade civil uma necessária relação tricotômica. Núcleo familiar que é o principal lócus institucional de concreção dos direitos fundamentais que a própria Constituição designa por "intimidade e vida privada" (inciso X do art. 5º). Isonomia entre casais heteroafetivos e pares homoafetivos que somente ganha plenitude de sentido se desembocar no igual direito subjetivo à formação de uma autonomizada família. Família como figura central ou continente, de que tudo o mais é conteúdo. Imperiosidade da interpretação não reducionista do conceito de família como instituição que também se forma por vias distintas do casamento civil. Avanço da Constituição Federal de 1988 no plano dos costumes. Caminhada na direção do pluralismo como categoria sócio-político-cultural. Competência do Supremo Tribunal Federal para manter, interpretativamente, o Texto Magno na posse do seu fundamental atributo da coerência, o que passa pela eliminação de preconceito quanto à orientação sexual das pessoas.

4. União estável. Normação constitucional referida a homem e mulher, mas apenas para especial proteção desta última. Focado propósito constitucional de estabelecer relações jurídicas horizontais ou sem hierarquia entre as duas tipologias do gênero humano. Identidade constitucional dos conceitos de "entidade familiar" e "família". A referência constitucional à dualidade básica homem/mulher, no § 3º do seu art. 226, deve-se ao centrado intuito de não se perder a menor oportunidade para favorecer relações jurídicas horizontais ou sem hierarquia no âmbito das sociedades domésticas. Reforço normativo a um mais eficiente combate à renitência patriarcal dos costumes brasileiros. Impossibilidade de uso da letra da Constituição para ressuscitar o art. 175 da Carta de 1967/1969. Não há como fazer rolar a cabeça do art. 226 no patíbulo do seu parágrafo terceiro. Dispositivo que, ao utilizar da terminologia "entidade familiar", não pretendeu diferenciá-la da "família". Inexistência de hierarquia ou diferença de qualidade jurídica entre as duas formas de constituição de um novo e autonomizado núcleo doméstico. Emprego do fraseado "entidade familiar" como sinônimo perfeito de família. A Constituição não interdita a formação de família por pessoas do mesmo sexo. Consagração do juízo de que não se proíbe nada a ninguém senão em face de um direito ou de proteção de um legítimo interesse de outrem, ou de toda a sociedade, o que não se dá na hipótese sub judice. Inexistência do direito dos indivíduos heteroafetivos à sua não equiparação jurídica com os indivíduos homoafetivos. Aplicabilidade do § 2º do art. 5º da Constituição Federal, a evidenciar que outros direitos e garantias, não expressamente listados na Constituição, emergem "do regime e dos princípios por ela adotados", verbis: "Os direitos e garantias expressos nesta Constituição não excluem outros decorrentes do regime e dos princípios por ela adotados, ou dos tratados internacionais em que a República Federativa do Brasil seja parte".

5. Divergências laterais quanto à fundamentação do acórdão. Anotação de que os Ministros Ricardo Lewandowski, Gilmar Mendes e Cezar Peluso convergiram no particular entendimento da impossibilidade de ortodoxo enquadramento da união homoafetiva nas espécies de família constitucionalmente estabelecidas. Sem embargo, reconheceram a união entre parceiros do mesmo sexo como uma nova forma de entidade familiar. Matéria aberta à conformação legislativa, sem prejuízo do reconhecimento da imediata autoaplicabilidade da Constituição.

6. Interpretação do art. 1.723 do Código Civil em conformidade com a Constituição Federal (técnica da "interpretação conforme"). Reconhecimento da união homoafetiva como família. Procedência das ações. Ante à possibilidade de interpretação em sentido preconceituoso ou discriminatório do art. 1.723 do Código Civil, não resolúvel à luz dele próprio, faz-se necessária a utilização da técnica de "interpretação conforme à Constituição". Isso para excluir do dispositivo em causa qualquer significado que impeça o reconhecimento da união contínua, pública e duradoura entre pessoas do mesmo sexo como família. Reconhecimento que é de ser feito segundo as mesmas regras e com as mesmas consequências da união estável heteroafetiva.

Em total observância à decisão proferida pela Suprema Corte, o Conselho Nacional de Justiça editou a Resolução 175/2013, fixando ser *vedada, às autoridades competentes, a recusa de habilitação, celebração de casamento civil ou de conversão de união estável em casamento entre pessoas de mesmo sexo.*

Digno de nota que o art. 226, § 4º, da Constituição Federal de 1988 preconiza como a entidade familiar também a *comunidade formada por qualquer dos pais e seus descendentes,* as denominadas famílias monoparentais, o que não se encontra expressamente tratado no artigo 17 do Pacto de San José da Costa Rica. Contudo, trata-se de proteção maior, em extensão, o que vai ao encontro do espírito da norma internacional, exatamente o compromisso firmado pela República Federativa do Brasil, no sentido de *garantir livre e pleno exercício a toda pessoa* dos direitos humanos convencionados (artigo 1, 1).

Ainda na esteira da proteção à família, em sua completude, como preconizado pelo artigo 17 da Convenção Americana de Direitos Humanos, a Corregedoria do Conselho Nacional de Justiça editou o Provimento 63/2017, com redação alterada pelo Provimento 83/2019, o reconhecimento extrajudicial da paternidade ou maternidade socioafetiva de pessoas acima de 12 anos. Oficializou-se, assim, a família socioafetiva que, embora não esteja versada no Texto Convencional ora em exame, igualmente se trata de extensão protetiva e, portanto, com plena compatibilidade.

Nesse contexto, o que se extrai da estrutura normativa constitucional, albergando o artigo 17 do Pacto de San José da Costa Rica, é a formação da entidade familiar pautada no afeto – e não mais apenas na consanguinidade, como nos primórdios –, no querer bem, no respeito à dignidade da pessoa humana de seus componentes, a fim de torná-la forte instituição, contribuindo assim para a sociedade estruturada.

Lembrando Cícero, bem prelecionam Washington de Barros Monteiro e Regina Beatriz Tavares da Silva:[628] *Efetivamente, onde e quando a família se mostrou forte, aí floresceu o Estado; onde e quando se revelou frágil, aí começou a decadência geral.*

REFERÊNCIAS

ALVES, José Carlos Moreira. *Direito romano*. 2. ed. Rio de Janeiro: Editor Borsoi, 1967.

GAGLIANO, Pablo Stolze; PAMPLONA FILHO, Rodolfo. *Novo Curso de Direito Civil*. 12. ed. São Paulo: Saraiva, 2022.

MONTEIRO, Washington de Barros; SILVA, Regina Beatriz Tavares da. *Curso de Direito Civil*: Direito de Família. 43. ed. São Paulo: Saraiva, 2016.

PEREIRA, Caio Mário da Silva. *Instituições de direito civil*: direito de família. 29. ed. atual. por Tânia da Silva Pereira. Rio de Janeiro: Forense, 2022. v. V.

Artigo 18
Direito ao nome

Toda pessoa tem direito a um prenome e aos nomes de seus pais ou ao de um destes. A lei deve regular a forma de assegurar a todos esse direito, mediante nomes fictícios, se for necessário.

 COMENTÁRIOS

por Salise Monteiro Sanchotene e Rafaela Santos Martins da Rosa

A MULTIDIMENSIONALIDADE DO DIREITO AO NOME: COMENTÁRIOS AO ARTIGO 18 DA CONVENÇÃO AMERICANA DE DIREITOS HUMANOS

1. O CONTEÚDO DO ARTIGO 18 DA CONVENÇÃO AMERICANA DE DIREITOS HUMANOS (CADH), O SEU CONTEXTO HISTÓRICO E A COMPREENSÃO DO DIREITO AO NOME COMO EXPRESSÃO DA DIGNIDADE HUMANA

O marco do surgimento de textos normativos diretamente voltados à busca de universalização dos direitos humanos é creditado[629-630] ao contexto de desfecho da Segunda

---

[628] MONTEIRO, Washington de Barros; SILVA, Regina Beatriz Tavares da. *Curso de Direito Civil*: Direito de Família. 43. ed. São Paulo: Saraiva, 2016. p. 21.

[629] BARROSO, Luís Roberto. "Here, there and everywhere": human dignity in contemporary law and in the transnational discourse (August 30, 2011). *Boston College International and Comparative Law Review*, v. 35, n. 2, 2012. Disponível em: https://ssrn.com/abstract=1945741. Acesso em: 18.01.2023.

[630] BRAGATO, Fernanda Frizzo. *O conteúdo jurídico dos direitos humanos*: direitos civis e políticos nos instrumentos internacionais. Brasília, ENADPU (Escola Nacional da Defensoria Pública da União), 2022. Capítulo 1. p. 14-38. Disponível em: https://www.dpu.def.br/images/thumbnails/escola/Conteudo_Juridico_DH.pdf. Acesso em: 18.01.2023.

Guerra Mundial, com a celebração da Declaração Universal dos Direitos do Homem em 1948, contemporânea à Declaração Americana dos Direitos e Deveres do Homem, além da Convenção Europeia de Direitos Humanos de 1950.[631] Essas declarações, contudo, não fizeram qualquer menção específica ao direito humano ao nome.

Tal ausência inicial de menção expressa relacionada ao tema é apontada pela doutrina[632-633] como reflexo de contextos históricos e normativos, os quais diferiam substancialmente na compreensão sobre o sentido e conteúdo passíveis de representar o direito ao nome. A consideração do nome e de sua escolha como uma liberdade inerente à condição humana é apontada como uma percepção mais proeminente em países de direito consuetudinário, mas que contrastava fortemente ao âmbito, por exemplo, de grande parte do cenário europeu, onde normas vigentes já demandavam dos indivíduos o uso de determinado tipo e perfil nominativos de modo cogente, como mecanismos de reforço de hereditariedades que almejavam ser conhecidas pelos respectivos Estados.

No cenário internacional, é apenas em 1966, com a adoção, pela Assembleia Geral das Nações Unidas, do Pacto Internacional sobre Direitos Civis e Políticos,[634] que surge menção específica quanto ao direito ao nome em uma Convenção Internacional. No âmbito do Pacto, dispôs o artigo 24 como um direito inerente a toda criança a aquisição de uma nacionalidade, devendo haver o registro imediatamente após o nascimento e, nele, o recebimento de um nome.

Em seguimento à elaboração do Pacto, sobrevieram, perante distintos âmbitos de normatização relacionados aos direitos humanos, referências expressas ou implicitamente reconhecidas[635] como alusivas ao direito ao nome.[636] Nesses documentos, nos quais se inclui a Convenção Americana de Direitos do Homem, a preocupação central referiu-se, principalmente, à obrigação de que todas as pessoas tivessem um nome e um registro deste assegurado por fontes públicas oficiais, para que fossem reconhecidos pelos respectivos Estados. O direito ao nome, por conseguinte, era inicialmente posto como condição para reconhecimento de nacionalidade e correlata possibilidade de estabelecimento de relações perante o Estado e a sociedade. Ainda não eram abordados detalhamentos como as situações concretas que permitiriam a alteração do nome inicialmente levado aos registros. Nesse primeiro momento de produção normativa, denota-se que o objetivo maior estava em se

---

[631] CANÇADO TRINDADE, Antônio Augusto. *A humanização do direito internacional*. 2. ed. Belo Horizonte: Del Rey, 2015. p. 110-111.

[632] DE VARENNES, Fernand; KUSBORSKA, Elzbieta. Human rights and a person's name: legal trends and challenges. *Human Rights Quarterly*, v. 37, n. 4, p. 977-1023, 2015.

[633] GORDON LAUREN, Paul. *The Evolution of international human rights: visions seen (Pennsylvania Studies in Human Rights)*. 3. ed. Philadelphia: University of Pennsylvania Press, 2003.

[634] O Decreto 592, de 6 de julho de 1992, promulga o Pacto Internacional sobre Direitos Civis e Políticos no Brasil. Íntegra desse Pacto pode ser consultada em: https://www.ohchr.org/es/instruments-mechanisms/instruments/international-covenant-civil-and-political-rights.

[635] O Tribunal Europeu dos Direitos Humanos (TEDH) afirmou que o direito ao nome se encontra protegido pelo artigo 8º da Convenção Europeia para a Proteção dos Direitos Humanos e das Liberdades Fundamentais, embora não seja especificamente mencionado (TEDH. Caso Burghartz *vs.* Suíça, n. 16213/90, Sentença de 22 de fevereiro de 1994, parágrafo 24, e Caso Stjerna *vs.* Finlândia, n. 18131/91, Sentença de 25 de novembro de 1994, parágrafo 37. Disponível para consulta em: http://hudoc.echr.coe.int. Acesso em: 18.01.2023).

[636] Exemplos são a Convenção sobre os Direitos das Crianças das Nações Unidas, artigo 7.1; a Convenção Internacional sobre a Proteção dos Direitos de todos os Trabalhadores Migrantes e dos Membros de suas Famílias, artigo 29; e a Carta Africana dos Direito e Bem-estar da Criança, artigo 6.1.

assegurar, precipuamente, o direito a se ter um nome registrado e reconhecido pelos Estados, como premissa ao exercício da cidadania.

Especificamente no âmbito da redação aposta na Convenção Americana de Direitos Humanos, o direito ao nome insere-se no segundo capítulo, que aborda os direitos civis e políticos. Eis o teor do dispositivo:

> *Artigo 18. Direito ao nome*
>
> *Toda pessoa tem direito a um prenome e aos nomes de seus pais ou ao de um destes. A lei deve regular a forma de assegurar a todos esse direito, mediante nomes fictícios, se for necessário.*

O conteúdo do artigo reflete o contexto histórico de sua elaboração. A norma regional reconhece como direito civil e político de todo indivíduo possuir um nome e assegura a todos que se proceda ao devido registro, delegando às leis dos Estados-partes o dever de garantir os procedimentos que assegurem o cumprimento do direito afirmado. A Convenção dispôs que o nome da pessoa natural é composto de dois elementos: o prenome e o(s) sobrenome(s), ou nome patronímico.[637]

Na Convenção, o direito ao nome soma-se ao plexo de direitos civis e políticos que dizem respeito à formação da personalidade jurídica dos indivíduos (igualmente protegida pelo artigo 3 da Convenção). O nome é posto pela Convenção como um dos atributos da personalidade, no qual cada indivíduo afirma a sua identidade como pessoa perante a sociedade e nas atuações em face do Estado.[638]

Embora a redação do dispositivo convencional não tenha se alterado desde sua elaboração, mantendo-se o teor original, o que se observa é a evolução da interpretação sobre os sentidos e conteúdos passíveis de derivarem da afirmação do direito ao nome. Nessa trajetória, o reconhecimento das implicações constantes na afirmação do direito ao nome revela uma clara intenção de se acompanhar o desenvolvimento na compreensão dos direitos humanos de modo amplo e geral.

A evolução observada na obrigação de se reconhecer e respeitar a identidade individual, bem como a gradual afirmação de vedações a quaisquer modalidades de discriminação, juntamente com a exigência de resguardo ao direito à vida privada, visivelmente impulsionou uma maturação na compreensão e na interpretação do resguardo protetivo conferido ao nome pelo teor da norma convencional. O nome viu-se paulatinamente compreendido como signo e síntese de quem se é, de quem se quer ser e de quem não se quer ser.

No presente momento, o direito ao nome, consagrado pelo artigo 18, é um direito bem compreendido como manifestação normativa do direito à identidade, como atributo inerente

---

[637]   O sobrenome ou nome patronímico (ou simplesmente patronímico) é o elemento familiar ou coletivo comum a todos os membros de um grupo familiar que serve para indicar a filiação do indivíduo e é transmitido de geração em geração.

[638]   O Comitê Jurídico Interamericano, no Parecer "sobre o alcance do direito à identidade", sumarizado pela Resolução CJI/doc. 276/07, de 10 de agosto de 2007, considerou que o exercício do direito à identidade é indissociável de um registro e de um sistema nacional efetivo, acessível e universal que permita fornecer materialmente às pessoas os documentos que contenham os dados relativos à sua identidade. O registro do nascimento se converte, assim, nos termos apostos pelo Parecer, em um instrumento primário e ponto de partida para exercer a personalidade jurídica perante o Estado e os particulares e atuar em condições de igualdade perante a lei.

à dignidade de cada indivíduo.[639] O nome de uma pessoa foi sendo assimilado como um dos aspectos mais centrais da identidade, uma identidade que evidentemente reúne os fios de ancestralidade, comunidade, cultura, idioma e história. No amadurecimento da interpretação dada ao teor do dispositivo convencional, papel central foi exercido, como adiante se detalha, pelas próprias manifestações (consultivas e contenciosas, ou não consultivas) da Corte Interamericana de Direitos Humanos.

2. A EVOLUÇÃO NA INTERPRETAÇÃO DO DIREITO AO NOME PELA JURISPRUDÊNCIA DA CORTE INTERAMERICANA (CORTE IDH)

A trajetória evolutiva da compreensão fixada pela Corte Interamericana de Direitos Humanos (Corte IDH) a respeito do alcance do direito humano ao nome, na forma em que aposto pelo artigo 18 da CADH, é notória. O exame em retrospecto dos pronunciamentos já elaborados a respeito do tema permite identificar e acompanhar o desenvolvimento empreendido sobre as diferentes e complementares dimensões de direitos que se mostram implicadas na designação nominal de cada indivíduo.

O direito ao nome, como elemento da identidade, é reconhecido pela Corte como um direito em si mesmo e também como um direito que é essencial ao exercício de outros direitos de natureza política, civil, econômica e cultural. O registro do nome é afirmado pela Corte como um instrumento primário e ponto de partida para se exercer a personalidade jurídica perante o Estado e os particulares, atuando-se em igualdade perante a lei. Em pronunciamentos firmados no curso das últimas décadas, percebe-se a evolução gradual da Corte no sentido de afirmar, inicialmente, o direito ao nome como direito de livre exercício pelo indivíduo em face do Estado e, posteriormente, aprofundar-se sobre as nuances que esse exercício livre representa como manifestação das escolhas que conferem sentido à existência de cada pessoa.

2.1 O direito ao nome como direito de escolha livre da interferência estatal e a garantia de seu registro oficial

Como objeto inicial de deliberação relacionado ao tema, observa-se a preocupação da Corte Interamericana em dar o devido destaque à obrigação dos Estados-partes em garantir que as pessoas fossem registradas com o nome escolhido por elas ou por seus pais, conforme o caso, e que esse registro ocorresse sem qualquer tipo de restrição ou interferência do Estado-parte. Um primeiro marco regional interpretativo do teor do artigo 18, portanto, consignava o direito a ter um nome como direito a ser respeitado e garantido pelos Estados.

Assim se depreende da Sentença de 24 de fevereiro de 2011, na apreciação do caso Gelman *vs.* Uruguai, da Sentença de 8 de setembro de 2005, proferida no caso das meninas Yean e Bosico *vs.* República Dominicana, da Sentença de 31 de agosto de 2011, proferida no caso Contreras e outros *vs.* El Salvador, e da Sentença de 9 de setembro de 2005, proferida no caso das Irmãs Serrano Cruz *vs.* El Salvador.[640]

---

[639] A Comissão Jurídica Interamericana afirmou que "o direito à identidade é inerente aos atributos e à dignidade humana" e que, por conseguinte, "é um direito humano fundamental oponível *erga omnes* como expressão de um interesse coletivo da [c]omunidade [i]nternacional como um todo[,] que não admite derrogação ou suspensão nos casos previstos na Convenção Americana" (CORTE IDH. Caso Gelman *vs.* Uruguai. Exceções preliminares, mérito, reparações e custas. Sentença de 24.02.2011).

[640] Todas as sentenças proferidas pela Corte IDH podem ser consultadas em: https://www.corteidh.or.cr/casos_sentencias.cfm.

Sob a mirada dessas decisões, a definição do nome é reconhecida pela Corte IDH como sujeita à vontade das próprias pessoas ou daqueles que as representam, não devendo haver interferência, participação ou intromissão do Estado nessa decisão. O direito ao nome consagra-se, nesses pronunciamentos, como um direito de todos e, sobretudo, como um direito sujeito a uma escolha livre. A Corte Interamericana igualmente indicou que os Estados guardam a obrigação não só de proteger o direito a um nome mas também de providenciar as medidas necessárias para facilitar o registro nominal das pessoas.[641]

Desses pronunciamentos se extrai a compreensão da Corte Interamericana no sentido de que o direito ao nome possui dimensões que se somam. Em primeiro lugar, assegura-se o direito de todas as pessoas terem um nome e estarem devidamente registradas. Todavia, para além disso, reforça-se que o direito ao nome compreende, igualmente, o direito à preservação da identidade, incluindo nacionalidade, nome e parentesco na forma da lei correspondente, sem admissão de interferência ilícita. A Corte assevera que os Estados devem garantir que, uma vez registrada a pessoa, se deve assegurar tanto a possibilidade de preservar quanto a de restabelecer seu nome e seu sobrenome.

Nesses julgados, que permeiam o início dos anos 2000 até o começo da década passada, ainda se observa a proeminência central do resguardo do direito a ter um nome e que este seja levado de modo livre a registro. A base interpretativa convencional, nesse período, aquiesce à primazia da imutabilidade do nome, denotando que ainda se fazia mais relevante, sob a ótica de interpretação baseada na prevalência dos direitos humanos, assegurar a todos o direito humano fundamental de possuir um nome. O contexto interpretativo atual, contudo, agrega novas e igualmente relevantes dimensões ao conteúdo do artigo 18 da Convenção.

2.2 O avanço no reconhecimento do direito ao nome como autopercepção individual e direito sujeito à livre mudança

Atualmente, a interpretação dada pela Corte IDH ao disposto no artigo 18 da Convenção, concomitantemente, passa a reconhecer[642] que o direito a um nome não é apenas uma questão de identificação, que estaria assegurada pelo cumprimento da obrigação dos Estados de registrarem um nome a cada indivíduo. A Corte passou a exortar a compreensão sobre o conteúdo dos direitos humanos representar um processo em contínuo desenvolvimento, o qual, no que respeita ao direito ao nome, então deveria ser reconhecido não apenas como direito de escolha sem intromissão estatal, mas sobretudo como um direito que densifica aspectos da identidade e da individualidade de cada pessoa. Um direito que não só possibilita como também é ferramenta à afirmação das escolhas de vida de cada indivíduo.

Nesse sentido, ao ponderar sobre a repercussão do direito ao nome em considerações sobre identidade de gênero, igualdade e não discriminação, é paradigmática, no âmbito da Corte Interamericana, a Opinião Consultiva (OC) 24, emitida em novembro de 2017 e publicada em janeiro de 2018.[643] Nela, a Corte assentou que o direito à identidade de gênero e sexual encontra-se ligado ao conceito de liberdade, à autodeterminação e à possibilidade de o indivíduo escolher livremente as circunstâncias que dão sentido à sua existência.

---

[641] Essa é uma questão particularmente destacada no caso das irmãs Yean y Bosico *vs.* República Dominicana, em seu parágrafo 183, e também no caso das Pessoas Dominicanas e Haitianas expulsas *vs.* República Dominicana.

[642] CORTE IDH. Cuadernillo de Jurisprudencia de la Corte Interamericana de Derechos Humanos n. 19: Derechos de las personas LGBTI. San José, C.R.: Corte IDH, 2018.

[643] Íntegra da Opinião Consultiva 24 (OC-24/17) pode ser consultada em: https://www.corteidh.or.cr/opiniones_consultivas.cfm.

Reconheceu-se, na Opinião, por conseguinte, que a mudança de nome e registro a partir da identidade autopercebida é garantia protegida pelo teor do artigo 18 da Convenção, bem como que os Estados-partes estão obrigados a reconhecer e regular os procedimentos adequados para o alcance dessa garantia.[644]

Ainda no âmbito dessa Opinião, a Corte avançou significativamente na interpretação a ser inferida do artigo 18 da CADH. Nesse instrumento, constata-se um incremento no estágio evolutivo de concepção sobre o direito ao nome, ao referir-se, de modo expresso, que cada pessoa deveria ter a possibilidade não só de escolher livremente o seu nome mas também de mudar seu nome "como bem entender".

Na atual compreensão da Corte sobre o sentido do direito ao nome, por conseguinte, agrega-se uma série de considerações imbricadas no disposto no artigo 18, as quais, em essência, compreendem que: (a) o nome é signo designativo e atributo da personalidade humana. O nome é considerado uma expressão da individualidade e tem como finalidade afirmar a identidade de uma pessoa diante da sociedade e nas atuações perante o Estado; (b) os Estados devem procurar garantir que cada pessoa possua um sinal único e singular diante dos demais, com o qual possa se identificar e se reconhecer como tal. O nome é identificado como um direito fundamental inerente a todas as pessoas, pelo simples fato de suas existências; (c) os Estados têm a obrigação não apenas de proteger o direito ao nome mas também de fornecer as medidas necessárias para facilitar o registro das pessoas; (d) o sobrenome constitui um componente importante da identidade de uma pessoa e a proteção contra ingerências arbitrárias ou ilegais na vida privada inclui a proteção contra ingerências arbitrárias ou ilegais no direito de escolher o seu próprio sobrenome e mudar o seu sobrenome;[645] (e) cada pessoa deve ter a possibilidade de escolher livremente e mudar seu nome como apreciar melhor. Assim, a falta de reconhecimento da mudança de nome de acordo com a identidade autopercebida implica a perda total ou parcial da titularidade desses direitos da pessoa, a qual, embora exista e possa ser encontrada em determinado contexto social dentro do Estado, não tem sua própria existência legalmente reconhecida de acordo com um componente essencial de sua identidade.

3. A ASSIMILAÇÃO DO CONTEÚDO DA NORMA CONVENCIONAL E DE SUA APLICAÇÃO PELA CORTE INTERAMERICANA NO ÂMBITO DO ORDENAMENTO NORMATIVO E NA ATUAÇÃO JUDICIAL BRASILEIRA

O modo pelo qual o disposto no artigo 18 da Convenção e os pronunciamentos relacionados ao seu teor – já proferidos pela Corte Interamericana – refletem-se no Brasil é de particular convergência e harmonia. Há uma similar evolução (tanto na norma quanto na tomada de decisões em juízo) sobre o sentido e as implicações que derivam do reconhecimento do direito ao nome como direito que integra o plexo de direitos enaltecedores da dignidade humana.

Especificamente quanto à leitura e à aplicação do artigo 18, o que sucede na dialética entre a norma convencional, a sua aplicação pela Corte regional e o reverberar destas no contexto pátrio é, todavia, de uma ainda baixa comunicabilidade. Tanto a norma convencional quanto a sua interpretação pela Corte IDH ainda são pouco enunciadas como fundamentos, seja na elaboração do panorama normativo posto ou alterado, seja pelas decisões judiciais brasileiras.

---

[644] ARRUBIA, Eduardo J. El derecho al nombre con relación a la identidad del género dentro del Sistema Interamericano de Derechos Humanos: el caso del Estado de Costa Rica. *Revista Direito FGV*, v. 14, n. 1, p. 148-168, jan.-abr. 2018.

[645] Nesta consideração, a Opinião Consultiva faz referência à afirmação elaborada pelo Comitê de Direitos Humanos das Nações Unidas em 1991, por ocasião da apreciação do caso Coeriel e outros *vs.* Holanda, n. 453/1991, CCPR/C/52/D/453/1991, par. 10.2.

No caso específico do direito ao nome, contudo, referida baixa dialética, ao que tudo indica, dá-se mais em razão de já estar o arcabouço normativo brasileiro – constitucional e infraconstitucional –, assim como os entendimentos jurisprudenciais afetos ao direito ao nome, em similar ou ainda mais avançado grau de maturação empreendido pela norma convencional e por sua aplicação no âmbito da Corte IDH.

Diferentemente de outros direitos civis e políticos consagrados na Convenção Americana, que ampliam direitos reconhecidos pela Constituição Federal de 1988 e pelas leis brasileiras, para os quais a doutrina reforça[646] a necessária difusão e conhecimento da Convenção e das decisões regionais como meios de se impulsionar o aprimoramento do arcabouço normativo pátrio e sua aplicação em juízo, especificamente no que respeita ao direito ao nome, o quadro é diverso.

O Brasil, cumprindo o disposto no próprio teor do artigo 18 da Convenção, que delega às leis dos Estados-partes da Convenção o regulamento dos procedimentos que assegurem o direito ao nome, posiciona, em norma constitucional, a dignidade humana como um dos fundamentos do Estado Democrático de Direito (art. 1º, inciso III, da Constituição Federal de 1988).[647] Estabelece, na legislação infraconstitucional, o direito ao nome como direito que integra o rol dos direitos de personalidade[648] (compreendendo o prenome e o sobrenome, art. 16 do Código Civil) e define, em lei federal, os procedimentos para registro e também para alteração do nome (Lei 6.015/1973 – Lei dos Registros Públicos).[649] A Lei 6.015/1973, aliás, está em constante aprimoramento, exatamente como almeja o disposto no artigo 18 da norma convencional, de modo que, paulatinamente, se normatizem, no plano interno, as evoluções apostas pela doutrina e pela jurisprudência como necessárias ao acompanhamento do grau de evolução que envolve as especificidades do direito ao nome.

A dialética entre os pronunciamentos da Corte IDH e a tomada de decisão pelas Cortes brasileiras, conquanto ainda rarefeita, já se fez presente em circunstâncias de excepcional relevância. Assim sucedeu na apreciação, pelo Supremo Tribunal Federal, no bojo da ADI

[646] PIOVESAN, Flávia; FACHIN, Melina Girardi; MAZZUOLI, Valerio de Oliveira. *Comentários à Convenção Americana sobre Direitos Humanos*. Rio de Janeiro: Forense, 2019.

[647] "*Atualmente, ante o feixe de proteção que irradia do texto constitucional, inferido a partir da tutela à dignidade da pessoa humana (art. 1º, inc. III, da CRFB/88), o direito ao nome traduz-se como uma de suas hipóteses de materialização/exteriorização e abrange a garantia ao livre desenvolvimento da personalidade, devendo refletir o modo como o indivíduo se apresenta e é visto no âmbito social*" (STJ, REsp 1.729.402/SP, Rel. Min. Marco Buzzi, 4ª Turma, j. 14.12.2021, *DJe* 01.02.2022.)

[648] Leciona Maria Helena Diniz que o nome integra a personalidade por ser o sinal exterior pelo qual se designa, individualiza-se e reconhece a pessoa no seio da família e da sociedade; daí ser inalienável, imprescritível e protegido juridicamente (CC, arts. 16, 17, 18 e 19; CP, art. 185) (DINIZ, Maria Helena. *Curso de Direito Civil Brasileiro*: Teoria Geral do Direito Civil. 29. ed. São Paulo: Saraiva, 2012. v. 1. p. 227).

[649] Além das hipóteses previstas na Lei Brasileira de Registros Públicos, outras leis esparsas no País abordam alterações de nome que são permitidas. A Lei 9.708/1998 possibilita a substituição do prenome por apelidos públicos notórios. A Lei 9.807/1999, por sua vez, cria o Programa Federal de Assistência a Vítimas e a Testemunhas, estabelecendo que pessoas que colaboram com a apuração de um crime podem ter o nome completo alterado. A troca pode, inclusive, ser estendida ao cônjuge, aos filhos, aos pais ou a dependente que tenha convivência habitual com a vítima ou testemunha. A aplicação conjugada do art. 1.618 do Código Civil de 2002 com o art. 47, § 5º, do Estatuto da Criança e do Adolescente, por sua vez, confere a possibilidade de alteração do nome do adotado. A sentença permite conferir ao adotado o sobrenome do adotante e, a pedido tanto do adotante como do adotado, poderá modificar o prenome e o sobrenome. Por fim, a Lei de Migração (Lei 13.445/2017), que revogou o Estatuto do Estrangeiro, em seu art. 71, § 1º, prevê que, no curso do processo de naturalização, o naturalizando poderá requerer ao juízo a tradução ou adaptação do seu nome ao idioma português.

4275[650] e do RE 670.422,[651] que resultou no Tema 761,[652] com o reconhecimento da possibilidade de alteração de gênero no assento de registro civil de transexual, sem a necessidade de realização de procedimento cirúrgico de redesignação de sexo.

Essa comunicabilidade, por evidente, deve seguir sendo intensificada, aprimorando-se justamente a interface do uso do referencial convencional – a norma da CADH e as decisões da Corte IDH – no ambiente normativo e decisório nacional,[653] como almeja o sistema interamericano de Direitos Humanos de modo geral. Nisso, é muito bem-vinda a Recomendação 123 do Conselho Nacional de Justiça, elaborada em janeiro de 2022, que expressamente recomenda aos órgãos do Poder Judiciário brasileiro a observância dos tratados e das convenções internacionais de direitos humanos em vigor no Brasil e a utilização da jurisprudência da Corte Interamericana de Direitos Humanos (Corte IDH), bem como a necessidade de controle de convencionalidade das leis internas.

Sem prejuízo de que este diálogo se intensifique doravante, gerando desejáveis contribuições recíprocas, reconhece-se que, assim como o movimento observado no cenário regional, tanto a legislação quanto a sua interpretação pela doutrina e pela jurisprudência brasileira percorreram etapas evolutivas similares ao regime interamericano em suas definições referentes à abrangência do direito ao nome.

No Brasil, consagrou-se, inicialmente, nas normas,[654] na doutrina[655] e em precedentes judiciais, o princípio da imutabilidade do nome, sendo limitadas e restritas as excepcionalidades de alterações possíveis. O Superior Tribunal de Justiça chegou a consolidar, em suas

---

[650] STF, ADI 4.275, Rel. Min. Marco Aurélio, Red. do Acórdão Min. Edson Fachin, j. 01.03.2018, *DJe* 07.03.2019. A íntegra do acórdão proferido pelo STF na ADI 4275 pode ser consultada em: https://portal.stf.jus.br/processos/detalhe.asp?incidente=2691371. Acesso em: 18.01.2023.

[651] STF, RE 670.422, Rel. Min. Dias Toffoli, j. 15.08.2018, *DJe* 10.03.2020, Tema 761. A íntegra do acórdão proferido pelo STF no RE 670.422 pode ser consultada em: https://portal.stf.jus.br/processos/detalhe.asp?incidente=4192182. Acesso em: 18.01.2023.

[652] O Tema 761 do STF supera a compreensão anterior sedimentada pelo STJ no sentido de apenas permitir a pessoas que passassem por procedimento de redesignação sexual o direito de alteração do prenome e do gênero no registro civil de nascimento (assim eram, por exemplo, os julgados: REsp 737993/MG, Rel. Min. João Otávio de Noronha, 4ª Turma, j. 10.11.2009, *DJe* 18.12.2009; REsp 1008398/SP, Rel. Min. Nancy Andrighi, 3ª Turma, j. 15.10.2009, *DJe* 18.11.2009; REsp 1043004/RS, decisão monocrática, Rel. Min. Marco Buzzi, j. 01.08.2013, *DJe* 05.08.2013).

[653] No âmbito do Supremo Tribunal Federal, em 2018 e em 2022, foram elaboradas publicações comentando a Convenção Americana de Direitos Humanos. Chama a atenção, contudo, que os critérios de pesquisa da jurisprudência brasileira centraram-se em haver referência, nos julgados brasileiros, apenas ao dispositivo convencional. Não se perquiriu, na pesquisa dos casos, as decisões brasileiras que referenciavam as decisões da Corte IDH. Essa medida seria salutar para impulsionar ainda mais a difusão não apenas do teor da CADH mas também – sobretudo – das decisões domésticas que dialogaram com decisões da Corte IDH. Nesse sentido, em 2022, o Conselho Nacional de Justiça realizou o primeiro "Concurso Nacional de Decisões Judiciais e Acórdãos em Direitos Humanos", premiando decisões que promovessem os direitos humanos, a proteção das diversidades e das vulnerabilidades, sendo expresso o edital do certame em postular pela observância das convenções internacionais de direitos humanos em vigor no Brasil, da jurisprudência da Corte Interamericana de Direitos Humanos (Corte IDH) e das recomendações da Comissão Interamericana de Direitos Humanos (CIDH).

[654] À guisa de exemplificar, na redação original do art. 58 da Lei de Registros Públicos, o prenome era declarado como imutável.

[655] Por exemplo, confira-se: FRANÇA, Rubens Limongi. *Do nome civil das pessoas naturais*. 2. ed. São Paulo: Ed. RT, 1964; BRANDELLI, Leonardo. *Nome civil da pessoa natural*. São Paulo: Saraiva, 2012; SILVEIRA, Hélder. *Registro civil das pessoas naturais*: legislação e prática. Brasília: Bandeirante, 2011.

teses sobre registros públicos, que a alteração do nome no assentamento do registro civil seria admitida em caráter excepcional e que deveria ser motivada nos casos em que se constatasse equívoco capaz de provocar conflito, insegurança ou violação ao princípio da veracidade.[656]

Contudo, de modo semelhante ao observado no contexto da interpretação conferida pela Corte Interamericana, cada vez de forma mais aprofundada, evolui-se nas reflexões sobre a amplitude das circunstâncias fáticas que autorizam, uma vez presentes, a flexibilização da imutabilidade do nome.[657-658]

No âmbito do Superior Tribunal de Justiça, passou-se a sedimentar a possibilidade de flexibilização do princípio da imutabilidade do nome, expressamente referido como não absoluto no sistema jurídico brasileiro.[659] Na síntese da compreensão aposta nos julgados,[660] que examinam miríade diversa de situações concretas,[661] está a máxima de se observar, em cada circunstância, o "desencontro entre o registro e a vida".[662]

Percebe-se, inclusive, que muitas das reflexões e entendimentos paulatinamente formulados sobre as situações que autorizam a mudança do nome, principalmente no âmbito do Superior Tribunal de Justiça, foram sendo acolhidos pelas alterações normativas que se sucederam. Nesse sentido, exemplo mais recente emerge dos termos da Lei 14.382/2022, a última a promover alterações em dispositivos da Lei Brasileira de Registros Públicos. Mais uma vez, entretanto, o debate sobre o alcance das mudanças normativas promovidas pode contribuir para que novos avanços na interpretação do direito ao nome ainda se tornem realidade.

---

[656] Na edição 80 da coletânea *Jurisprudência em Teses*, o STJ divulgou 15 teses sobre registros públicos, sendo três delas relacionadas ao nome civil e às restritas possibilidades de retificação ou alteração. Íntegra das teses e dos julgados que as embasaram pode ser consultada em: https://scon.stj.jus.br/SCON/jt. Acesso em: 11.01.2023.

[657] CHALOUB, Luísa. O princípio da imutabilidade do nome e suas flexibilizações. *Revista da Emerj*, Rio de Janeiro, v. 23, n. 1, p. 185-212, jan.-mar. 2021.

[658] El DEBS, Martha; JÚNIOR, Izaías Gomes Ferro; SCHWARZER, Márcia Rosália. O registro civil das pessoas naturais: temas aprofundados. Salvador. Editora Juspodivm, 2019. p. 28.

[659] STJ, REsp 1304718/SP, Rel. Min. Paulo de Tarso Sanseverino, 3ª Turma, *DJe* 05.02.2015. Nesse julgado, reforçou-se a adoção de interpretação mais condizente com o respeito à dignidade da pessoa humana, fundamento basilar de um Estado Democrático de Direito.

[660] "*Conquanto a modificação do nome civil seja qualificada como excepcional e as hipóteses em que se admite a alteração sejam restritivas, esta Corte tem reiteradamente flexibilizado essas regras, interpretando-as de modo histórico-evolutivo para que se amoldem à atual realidade social em que o tema se encontra mais no âmbito da autonomia privada, permitindo-se a modificação se não houver risco à segurança jurídica e a terceiros*" (REsp 1.873.918/SP, Rel. Min. Nancy Andrighi, 3ª Turma, *DJe* 04.03.2021).

[661] À guisa de exemplificar algumas situações concretas já reconhecidas pelo STJ como hábeis à mudança de nome, pode-se referir: a) acréscimo do patronímico materno (REsp 1.256.074/MG, Rel. Min. Massami Uyeda, 3ª Turma, *DJe* 28.08.2012); b) inclusão do patronímico de companheiro (REsp 1.206.656/GO, Rel. Min. Nancy Andrighi, 3ª Turma, *DJe* 11.12.2012); c) inclusão do patronímico do padrasto (REsp 538.187/RJ, Rel. Min. Nancy Andrighi, 3ª Turma, *DJe* 02.12.2004; d) substituição do patronímico do pai pelo do padrasto (Ag 989.812/SP, decisão monocrática, Rel. Min. Fernando Gonçalves, *DJe* 07.03.2008; e) inclusão do nome de solteira da genitora, adotado após o divórcio (REsp 1.041.751, Rel. Min. Sidnei Beneti, 3ª Turma, *DJe* 03.09.2009; f) alteração da ordem dos apelidos de família (REsp 1.323.677/MA, Rel. Min. Nancy Andrighi, 3ª Turma, *DJe* 15.02.2013; g) abandono afetivo pelo(s) pai(s) (REsp 1.514.382/DF, Rel. Min. Antonio Carlos Ferreira, 4ª Turma, *DJe* 27.10.2020).

[662] Esclarece a doutrina de Marcelo Rodrigues que: "Existindo desencontro entre o registro e a vida, o que não raro acontece e desde que não se vislumbre fraude – que não pode ser presumida –, que prevaleça a vida" (RODRIGUES, Marcelo. *Tratado de registros públicos e direito notarial*. 2. ed. São Paulo: Atlas, 2016. p. 98).

4. A EVOLUÇÃO ESPERADA NA INTERPRETAÇÃO SOBRE O ALCANCE DO DIREITO AO NOME

No julgamento da Opinião Consultiva 24, a Corte IDH reconheceu, como síntese de sua compreensão sobre a amplitude da norma inserta no artigo 18 da Convenção Americana, que o direito ao nome englobaria também a possibilidade de que cada pessoa escolhesse livremente mudar seu nome como melhor apreciasse. Nessa reflexão pontual, aliás, a Corte não fez distinção entre o prenome e os sobrenomes.

A concepção lançada na Opinião, em alguma medida, já reverbera e é parcialmente acolhida pela lei brasileira. Pela nova redação dada ao artigo 56 da Lei 6.015/1973, o prenome passa a poder ser alterado imotivada e extrajudicialmente, novidade do dispositivo. Normatiza-se quanto ao prenome, portanto, a possibilidade de mudança nos moldes em que preconizado pela Opinião Consultiva 24.

Nesse sentido, a alusão a *imotivadamente* e *independentemente de decisão judicial* consagra que a percepção relevante a essa mudança é a de quem a solicita. Não há necessidade de uma pormenorizada definição nem exteriorização da justificativa das razões pelas quais se quer mudar o próprio prenome. Deixa evidente o teor do artigo 56, ao assim enunciar, que se quer respeitar a liberdade de cada indivíduo de definir seu prenome como um elemento que dá sentido à sua existência. Respeita-se a privacidade de vida e as escolhas de vida, e se enaltece a possibilidade, uma vez alçada a maioridade, de que haja uma escolha livre[663] a todo indivíduo sobre o seu prenome.[664]

No que respeita aos sobrenomes, contudo, ainda permanece um elenco restritivo na legislação brasileira para alterações.[665] Por enquanto, não há permissivo legal amplo e irrestrito para uma mudança integral dos sobrenomes. O impulso ao reconhecimento dessa possibilidade poderá, todavia, vir do amadurecimento doutrinário e jurisprudencial, uma vez que se afirme, entrementes, o caráter exemplificativo[666] do rol aposto no artigo 57 da Lei Brasileira de Registros Públicos.

---

[663] Sobre permitir uma livre escolha a cada indivíduo quanto ao seu próprio nome, confira-se: RUIZ, Don Miguel: *The four agreements: a practical guide to personal freedom*. San Rafael, CA: Amber-Allen Publishing, 2008.

[664] A única ressalva legislativa é de que haja avaliação no registro sobre o pedido, buscando-se evitar fraude, falsidade, vício ou má-fé. Embora autoaplicável, é prudente que seja solicitada ao requerente a documentação análoga àquela exigida para alteração de prenome de pessoas transgênero, na forma do Provimento CNJ 73/2018. Recomendou-se, nesse contexto, Cartilha elaborada pela Associação Nacional dos Registradores de Pessoas Naturais (Arpen Brasil) que sejam apresentados para conferência no registro das pessoas naturais os seguintes documentos: a) certidão de nascimento atualizada; b) certidão de casamento atualizada, se for o caso; c) cópia do Registro Geral de Identidade (RG); d) cópia da Identificação Civil Nacional (ICN), se for o caso; e) cópia do passaporte, se for o caso; f) cópia do CPF; g) cópia do título de eleitor; h) comprovante de endereço; i) certidão do distribuidor cível do local de residência dos últimos cinco anos (estadual/federal); j) certidão de execução criminal do local de residência dos últimos cinco anos (estadual/federal); k) certidão dos tabelionatos de protestos do local de residência dos últimos cinco anos ou, ao menos, consulta na Cenprot, de abrangência nacional, visando à existência de protesto, sendo recomendável exigir a apresentação das certidões em caso positivo; l) certidão da Justiça Eleitoral do local de residência dos últimos cinco anos; m) certidão da Justiça Militar, se for o caso. Íntegra da cartilha pode ser acessada em: https://infographya.com/files/Cartilha_Arpen_BR_(1).pdf. Acesso em: 12.01.2023.

[665] Nesse sentido, confira-se: NATAL BATISTA, Fernando. Considerações jurisprudenciais sobre o princípio da imutabilidade relativa e o direito à alteração do nome. *Revista de Doutrina Jurídica*, Brasília, v. 113, n. 00, p. e022013, 2022. Disponível em: https://revistajuridica.tjdft.jus.br/index.php/rdj/article/view/821. Acesso em: 18.01.2023.

[666] Opinando pelo caráter exemplificativo do novo rol do art. 57 da Lei de Registros Públicos, confira-se: TARTUCE, Flávio. Lei 14.382/22: alterações a respeito do nome e algumas repercussões para o Direito de

Nesse sentido, cabe registrar que a 4ª Turma do Superior Tribunal de Justiça conduziu o julgamento do Recurso Especial 1.927.090. O Recurso em questão analisava se uma líder comunitária, que se autoidentificava como indígena de uma aldeia no estado do Rio de Janeiro, poderia alterar seu registro civil para passar a ter um nome (prenome e sobrenomes) alusivo àquele que compreende ser o seu povo originário.

Segundo o voto do Ministro Luis Felipe Salomão, seria possível mudar de nome (prenome e sobrenome), em regra, no caso de não haver risco à segurança pública e indícios de prejuízo a terceiros.[667] Em seu voto, o Ministro ponderou que o direito à identidade étnico-cultural das pessoas indígenas não pode ser limitado por uma ótica registral que lhes negue a possibilidade de usar o nome que verdadeiramente reflita sua autoafirmação. Em 21 de março de 2023, contudo, ao se encerrar a apreciação do feito, por maioria a Quarta Turma do STJ negou provimento do recurso, prevalecendo o entendimento de que as hipóteses que relativizam o princípio da definitividade do nome, elencadas na Lei de Registros Públicos, não contemplam a possibilidade de exclusão total dos patronímicos materno e paterno registrados, com substituição destes por outros, de livre escolha e criação do titular e sem nenhuma comprovação ou mínima relação com as linhas ascendentes acenadas, com concomitante alteração voluntária também do prenome registrado.[668]

Por conseguinte, ainda há espaço para se avançar na compreensão sobre o tema, de modo que prevaleça o entendimento consagrado pela Opinião Consultiva 24 da Corte IDH, no sentido de que a mudança do nome, em sua integralidade, é uma possibilidade que deve ser amplamente reconhecida aos indivíduos. Para tanto, por certo, será preciso buscar reconhecer que, na multidimensionalidade do direito ao nome, está imbricado, entre outros elementos já reconhecidos, o acolhimento e respeito à noção de ancestralidade. Em outros termos, demandará reconhecer que a ancestralidade representa o sentimento de se pertencer a algo que lhe antecede, ainda que essa antecedência pareça, aos olhos de quem avalia,[669] improvável ou mesmo longínqua pelo decurso do tempo. Respeitar o elemento da ancestralidade, sob a ótica do indivíduo, pode ser tanto reconhecer-lhe o direito à mudança

---

Família. *Migalhas*, Coluna Família e Sucessões, 27.07.2022. Disponível em: https://www.migalhas.com.br/coluna/familia-e-sucessoes/370474/alteracoes-a-respeito-do-nome-e-repercussoes-para-o-direito-de-familia. Acesso em: 18.01.2023.

[667] Em seu voto lançado nos autos do REsp 1.927.090, o Ministro Luis Felipe Salomão, de modo similar ao conteúdo das Recomendações apostas na Cartilha da Associação Nacional dos Registradores de Pessoas Naturais (nota anterior), reforça que sempre seja avaliada a ausência de risco à segurança pública, bem como a falta de prejuízo a terceiros por ocasião do pedido.

[668] REsp 1.927.090/RJ, Rel. Min. Luis Felipe Salomão, Rel. para Acórdão Min. Raul Araújo, 4ª Turma, j. 21.03.2023, *DJe* 25.04.2023.

[669] Na decisão proferida pela Corte Europeia de Direitos Humanos, na apreciação do Caso Stjerna v. Finlândia, conquanto não autorizada a mudança do nome do autor (pela ausência de previsão na lei finlandesa para a hipótese), foi pormenorizado pela decisão o quanto o componente da ancestralidade deveria respeitar a percepção daquele que a invoca, e não da autoridade responsável em avaliar o pleito: "*A força de seu relacionamento com a família Tavaststjerna era principalmente uma questão a ser avaliada por ele mesmo. Particular importância deve, portanto, ser dada ao fato de que, a seu ver, o período de aproximadamente cento e sessenta anos entre a morte do último ancestral chamado Tavaststjerna e seu próprio nascimento não foi longo o suficiente para romper os laços que o ligavam àquela família e ao seu sentimento de pertencer a ela*" (TRIBUNAL EUROPEU DE DIREITOS HUMANOS (TEDH). Caso Stjerna *vs.* Finlândia, n. 18131/91, Sentença de 25 de novembro de 1994, tradução livre. Disponível para consulta em: http://hudoc.echr.coe.int. Acesso em: 18.01.2023).

do nome para invocar seu pertencimento[670] quanto autorizar a livre opção de eventualmente não mais possuir um elemento designativo de tal vínculo pretérito.

Em suma, passos já foram percorridos no plano doméstico quanto à abrangência e às especificidades compreendidas na afirmação do direito ao nome que denotam o claro intuito de se acompanhar, no Brasil, o percurso trilhado no ambiente regional em relação à interpretação conferida ao conteúdo do artigo 18 da CADH. Por evidente, ainda se pode evoluir nessa trajetória. Essa intenção, aliás, reforça o objetivo maior a ser buscado pelo País: assumir que estar realmente integrado ao sistema interamericano é anuir a que sempre se possa progredir na compreensão sobre o conteúdo e as respectivas dimensões dos direitos humanos.

5. CONSIDERAÇÕES FINAIS

O direito ao nome é uma das faces representativas e conformadoras da afirmação da dignidade humana. Seu reconhecimento pelo artigo 18 da CADH foi dado em um contexto histórico de afirmação do direito a se possuir um nome, referindo-se, inicialmente, apenas à exigência de que este fosse levado ao devido registro oficial pelos Estados-partes. A notória evolução, todavia, na aplicação do disposto no artigo 18 pela Corte IDH acompanhou o desenvolvimento em matéria de interpretação sobre o alcance e o conteúdo dos direitos humanos de modo geral, não apenas se somando o direito ao registro do nome, livre de ingerência estatal, mas igualmente se reconhecendo, no nome de cada indivíduo, uma das formas de manifestação da identidade, das individualidades e das autopercepções humanas. Nisso, viu-se consagrar a atual compreensão posta pela Corte IDH também quanto à liberdade de se modificar integralmente o nome. No arcabouço normativo e na práxis judicial brasileira, por sua vez, observa-se um caminho trilhado que busca harmonizar-se com o plano regional, ainda que sem a devida comunicabilidade, sendo, certamente, possível seguir-se evoluindo na compreensão sobre as potencialidades insertas no reconhecimento do direito ao nome.

REFERÊNCIAS

ARRUBIA, Eduardo J. El derecho al nombre con relación a la identidad del género dentro del Sistema Interamericano de Derechos Humanos: el caso del Estado de Costa Rica. *Revista Direito FGV*, v. 14, n. 1, p. 148-168, jan.-abr. 2018.

BARROSO, Luís Roberto. "Here, there and everywhere": human dignity in contemporary law and in the transnational discourse (August 30, 2011). *Boston College International and Comparative Law Review*, v. 35, n. 2, 2012. Disponível em: https://ssrn.com/abstract=1945741. Acesso em: 18.01.2023.

BORGES, Roxana Cardoso Brasileiro. Direito ao nome africano, preconceito e afirmação da identidade cultural no Brasil. *Revista Fórum de Direito Civil – RFDC*, Belo Horizonte, 2012, v. 3, n. 7, p. 35-51, set.-dez. 2014.

BRAGATO, Fernanda Frizzo. *O conteúdo jurídico dos direitos humanos*: direitos civis e políticos nos instrumentos internacionais. Brasília, ENADPU (Escola Nacional da Defensoria Pública da União), 2022. Capítulo 1. p. 14-38. Disponível em: https://www.dpu.def.br/images/thumbnails/escola/Conteudo_Juridico_DH.pdf. Acesso em: 18.01.2023.

BRANDELLI, Leonardo. *Nome civil da pessoa natural*. São Paulo: Saraiva, 2012.

---

[670] BORGES, Roxana Cardoso Brasileiro. Direito ao nome africano, preconceito e afirmação da identidade cultural no Brasil. *Revista Fórum de Direito Civil – RFDC*, Belo Horizonte, 2012, v. 3, n. 7, p. 35-51, set.-dez. 2014.

CANÇADO TRINDADE, Antônio Augusto. *A humanização do direito internacional*. 2 ed. Belo Horizonte: Del Rey, 2015.

CHALOUB, Luísa. O princípio da imutabilidade do nome e suas flexibilizações. *Revista da Emerj*, Rio de Janeiro, v. 23, n. 1, p. 185-212, jan.-mar. 2021.

DE VARENNES, Fernand; KUSBORSKA, Elzbieta. Human rights and a person's name: legal trends and challenges. *Human Rights Quarterly*, v. 37, n. 4, p. 977-1023, 2015.

DINIZ, Maria Helena. *Curso de Direito Civil Brasileiro*: Teoria Geral do Direito Civil. 29. ed. São Paulo: Saraiva, 2012. v. 1.

El DEBS, Martha; JÚNIOR, Izaías Gomes Ferro; SCHWARZER, Márcia Rosália. O registro civil das pessoas naturais: temas aprofundados. Salvador. Juspodivm, 2019.

FRANÇA, Rubens Limongi. *Do nome civil das pessoas naturais*. 2. ed. São Paulo: Ed. RT, 1964.

GORDON LAUREN, Paul. *The Evolution of international human rights: visions seen (Pennsylvania Studies in Human Rights)*. 3. ed. Philadelphia: University of Pennsylvania Press, 2003.

NATAL BATISTA, Fernando. Considerações jurisprudenciais sobre o princípio da imutabilidade relativa e o direito à alteração do nome. *Revista de Doutrina Jurídica*, Brasília, v. 113, n. 00, p. e022013, 2022. Disponível em: https://revistajuridica.tjdft.jus.br/index.php/rdj/article/view/821. Acesso em: 18.01.2023.

PIOVESAN, Flávia; FACHIN, Melina Girardi; MAZZUOLI, Valerio de Oliveira. *Comentários à Convenção Americana sobre Direitos Humanos*. Rio de Janeiro: Forense, 2019.

RODRIGUES, Marcelo. *Tratado de registros públicos e direito notarial*. 2. ed. São Paulo: Atlas, 2016.

RUIZ, Don Miguel: *The four agreements: a practical guide to personal freedom*. San Rafael, CA: Amber-Allen Publishing, 2008.

SILVEIRA, Hélder. *Registro civil das pessoas naturais*: legislação e prática. Brasília: Bandeirante, 2011.

TARTUCE, Flávio. Lei 14.382/22: alterações a respeito do nome e algumas repercussões para o Direito de Família. *Migalhas*, Coluna Família e Sucessões, 27.07.2022. Disponível em: https://www.migalhas.com.br/coluna/familia-e-sucessoes/370474/alteracoes-a--respeito-do-nome-e-repercussoes-para-o-direito-de-familia. Acesso em: 18.01.2023.

Artigo 19

Direitos da criança

Toda criança tem direito às medidas de proteção que a sua condição de menor requer por parte da sua família, da sociedade e do Estado.

💬 COMENTÁRIOS

por Maria Olivia Pinto Esteves Alves

INTRODUÇÃO

Por meio destes comentários, faço breves considerações ao artigo 19 da Convenção Americana de Direitos Humanos em confronto com as previsões atuais da nossa Constituição Federal e do Estatuto da Criança e do Adolescente.

Referido artigo traz a seguinte disposição:

> *Toda criança tem direito às medidas de proteção que a sua condição de menor requer por parte da sua família, da sociedade e do Estado.*

A Convenção Interamericana de Direito Humanos (Pacto de San José da Costa Rica), aprovada em 22 de novembro de 1969 pelos Estados-membros da Organização dos Estados Americanos, teve – e tem – o propósito de consolidar no Continente um regime de liberdade pessoal e de justiça social, fundado no respeito dos direitos essenciais do ser humano. Em seu artigo 19, anteriormente citado, chama a atenção para a necessidade de se oferecer proteção especial aos "Direitos da Criança", embora seu conteúdo consista em uma única frase. Adotado meio século atrás, quando os direitos da criança ainda estavam iniciando seu reconhecimento, a incorporação desse artigo ao Pacto de San José, bem como sua posterior interpretação pela Comissão e Corte Interamericana de Direitos Humanos, serviu para justificar a concretização da doutrina da proteção integral da criança pelos Estados-partes.

A Convenção foi incorporada no ordenamento jurídico brasileiro, em 1992, pelo Decreto 678. Em 1998, houve o reconhecimento da jurisdição contenciosa da Corte IDH (Corte Interamericana de Direitos Humanos), por meio do Decreto Legislativo 89/1998.

Antes de tudo, convém esclarecer que, em interpretação a esse artigo, a Corte Interamericana de Direitos Humanos considera que se deve entender por *criança* toda pessoa que não tenha completado 18 anos, a menos que a legislação interna estabeleça uma idade diferente para esses fins.[671]

Ademais, é importante registrar, para melhor compreensão dos nossos comentários, que, nos termos do art. 2º do nosso Estatuto da Criança e do Adolescente, considera-se "*criança a pessoa até doze anos incompletos, e adolescente aquela entre doze e dezoito anos de idade*".

Como ser humano, a criança e o adolescente têm garantidos, é claro, todos os outros direitos assegurados e reforçados pela Convenção Americana de Direitos Humanos, ou seja, o respeito aos direitos fundamentais do ser humano, quais sejam, o seu direito à vida, à saúde, à educação, à dignidade, à liberdade, à convivência familiar, ao lazer, à cultura, à profissionalização, à liberdade etc.

Esse registro é importantíssimo porque nem sempre foi assim. Até bem pouco tempo, tanto a criança quanto o adolescente eram tratados apenas como seres coisificados, objetos de direito. O antigo Código de Menores (Lei 6.697, de 10.10.1979) os tratava assim, quando adotava a *doutrina da situação irregular*.

Esse atual reconhecimento da criança e do adolescente como sujeitos de direitos é fruto de longo percurso histórico impulsionado por movimentos e marcos legais nacionais e internacionais.

Na verdade, a inspiração de reconhecer proteção especial para a criança e o adolescente vem desde a Declaração de Genebra de 1924, depois na Declaração Universal dos Direitos Humanos das Nações Unidas (Paris, 1948) e seguiu na Convenção Americana de Direitos Humanos (Pacto de San José, 1969). Aliás, prossegue com outros importantes documentos internacionais, como as *Regras Mínimas das Nações Unidas para a Administração da Justiça da Infância e Juventude – Regras de Beijing (Res. 40/33 da Assembleia Geral de 29.11.1985)*, entre outros.

A Convenção Americana de Direitos Humanos e a Convenção sobre os Direitos da Criança (1989), aprovada pela Assembleia Geral da Organização das Nações Unidas (em

---

[671] CORTE INTERAMERICANA DE DIREITOS HUMANOS (CORTE IDH). *Caso Mendoza e outros* vs. *Argentina*. Sentença de 14.05.2013.

20 de novembro de 1989), que se seguiu, reconheceu – e reconhece – como criança todo indivíduo com menos de 18 anos, para conferir a essa população, em todo o mundo, todos os direitos até então reservados aos adultos, inclusive os inscritos na *Declaração Universal dos Direitos Humanos*, de 1948.

O Congresso Nacional Brasileiro aprovou a Convenção dos Direitos da Criança, em 14.09.1990, (Dec. Legislativo 28) e a ratificou com a publicação do Dec. 99.710, em 21.11.1990, por meio do qual o presidente da República a promulgou e a transformou em lei interna. Convém ressaltar que o Brasil foi um dos primeiros países a ratificar a Convenção sobre os Direitos da Criança.

O documento também determinou que esses direitos devem ser exercidos sem nenhum tipo de discriminação de raça, cor, sexo, origem, religião, posição econômica ou deficiência física, e que todas as ações relativas à criança e ao adolescente devem considerar, primordialmente, seu melhor interesse.

Sem dúvida, esses marcos serviram de base de sustentação dos principais dispositivos sobre a Infância e a Juventude do nosso texto constitucional e nosso Estatuto da Criança e do Adolescente.

A Constituição Federal de 1988, pela primeira vez na história brasileira, abordou os direitos da criança e do adolescente como absolutamente prioritários e sujeitos à proteção integral (dever da família da sociedade e do Estado). Toda atuação voltada à proteção da criança e do adolescente passou a ter por norte a *doutrina da proteção integral* e essa anunciada prioridade absoluta.

Não poderia ser de outra forma. Não há sociedade saudável sem que os direitos de todas as crianças e adolescentes sejam reconhecidos com prioridade e de forma universal. São direitos especiais e específicos, pela condição de que são direitos de pessoas em desenvolvimento.

A nossa Constituição Federal estabeleceu tudo isso em seu art. 227, ou seja, *a doutrina da proteção integral; a responsabilidade compartilhada entre família, Estado e sociedade; e o reconhecimento de crianças e adolescentes como sujeitos de direitos*, determinando, em relação a eles, *prioridade absoluta*.

Nesse sentido, ali vem escrito: "*É dever da família, da sociedade e do Estado assegurar à criança, ao adolescente e ao jovem, com absoluta prioridade, o direito à vida, à saúde, à alimentação, à educação, ao lazer, à profissionalização, à cultura, à dignidade, ao respeito, à liberdade e à convivência familiar e comunitária, além de colocá-los a salvo de toda a forma de negligência, discriminação, exploração, violência, crueldade e opressão*".

Por sua vez, o nosso Estatuto da Criança e do Adolescente seguiu essa direção (1990), como umas das primeiras legislações do mundo completamente sintonizadas com a Convenção. Já em seu art. 1º anunciou que a Lei é voltada à proteção integral da criança.

Contudo, infelizmente, passado período superior a cerca de trinta e um anos da incorporação da Convenção Interamericana ao nosso ordenamento jurídico, período superior a trinta e cinco anos da vigência da nossa Constituição Federal e período superior a trinta e três anos da vigência do Estatuto da Criança e do Adolescente, constatamos que, apesar da previsão de inúmeras formas de prevenção e proteção aos direitos da Infância e Juventude, ainda são recorrentes, não só no Brasil como também no nosso Continente e mesmo pelo mundo afora, as mais graves e terríveis violações aos direitos fundamentais de crianças e jovens.

Por tais normas, aliás, não deveria haver mais no Brasil crianças e jovens a morrer de desnutrição, a serem afastados injustamente de seus seios familiares ou a sofrerem todo tipo de abandono, sem atendimento mínimo e digno à sua saúde, sem ter nem sequer acesso à educação básica, ou a serem vítimas de toda sorte de exploração e violência, física, psicológica, moral etc.

É como se não existissem esses comandos constantes de convenções internacionais, constitucionais e legais.

Faz-se, cada vez mais, necessária a adoção de medidas preventivas para se evitar a continuidade dessas violações aos direitos fundamentais das crianças e dos adolescentes. Ademais, vale ressaltar que essas medidas devem ser adotadas, antes de tudo, pela família, pela sociedade e pelo Poder Público.

A nossa Constituição Federal e o nosso Estatuto têm fartas e inúmeras regras nesse sentido e também a previsão de minuciosas medidas específicas de proteção, como seguem.

MEDIDAS ESPECÍFICAS DE PROTEÇÃO

As medidas específicas de proteção estão inscritas no Título II do Estatuto da Criança e do Adolescente (ECA), e o art. 98 define em que condições elas são exigíveis e aplicáveis, ou seja:

I – por ação ou omissão da sociedade ou do Estado;

II – por falta, omissão ou abuso dos pais ou responsável;

III – em razão de sua conduta.

Tais medidas são aquelas aplicáveis quando concretamente as crianças e os adolescentes já estão com seus direitos violados ou ameaçados, diante da ação ou da omissão da família, da sociedade e do Estado, além da sua própria conduta.

São sujeitos-alvo de tais medidas crianças e adolescentes, por exemplo, com a saúde ou a própria vida ameaçada pelas condições de pobreza e desnutrição, sem nenhuma assistência médica, fora da escola, ou mesmo submetidos a uma escola negligente que os leva à discriminação, inseridos em trabalhos que os exploram e que os afastam do convívio familiar e comunitário, do lazer etc.

Crianças cujas famílias se omitem no dever de assisti-las, educá-las e, ao contrário, lhes infligem abandonos, maus-tratos, abusos físicos, sexuais, psicológicos etc.

Jovens que, por suas próprias condutas (como as práticas infracionais), possam vir a ter seus direitos fundamentais ameaçados ou violados.

Essas medidas vêm previstas no art. 101, incisos I ao IX, do Estatuto da Criança e do Adolescente e podem ser aplicadas de forma isolada ou cumulativa, bem como substituídas a qualquer tempo (art. 99 do mesmo Estatuto).

Há muito que se comentar sobre cada uma delas, e aqui cabem apenas algumas observações no tocante a algumas que reputo importante ressaltar, diante do que dispôs o artigo 19 da Convenção Americana de Direitos Humanos. Aliás, convém destacar que o objetivo da aplicação de qualquer dessas medidas é, antes de tudo, fazer cumprir os direitos da criança e do adolescente por aqueles que os estão violando, mas também restabelecer o papel primeiro da família, da sociedade e do Estado.

São elas (art. 101 do ECA):

I – encaminhamento aos pais ou responsável, mediante termo de responsabilidade;

II – orientação, apoio e acompanhamento temporários;

III – matrícula e frequência obrigatórias em estabelecimento oficial de ensino fundamento;

IV – inclusão em serviços e programas oficiais ou comunitários de proteção, apoio e promoção da família, da criança e do adolescente;

V – requisição de tratamento médico, psicológico ou psiquiátrico, em regime hospitalar ou ambulatorial;

VI – inclusão em programa oficial ou comunitário de auxílio, orientação e tratamento a alcoólatras e toxicômanos;

VII – acolhimento institucional;

VIII – inclusão em programa de acolhimento familiar;

IX – colocação em família substituta.

Várias dessas medidas são aplicáveis tanto aos jovens quanto às suas famílias.

Deve-se registrar que o afastamento da criança ou do adolescente do convívio familiar e o seu encaminhamento para instituições de acolhimento ou acolhimento familiar são medidas da competência exclusiva da autoridade judiciária, sem prejuízo da adoção de medidas emergenciais para a proteção de sua integridade física ou psíquica (§§ 2º e 3º do art. 101) e medidas de transição para a reintegração familiar ou para encaminhamento para família adotiva.

Em relação aos pais e aos responsáveis, as medidas estão previstas no art. 129 do mesmo ECA.

Embora previstas como medidas de proteção, essas ações não deixam de ser intervenções do Estado na vida de crianças, adolescentes e suas famílias; por isso, devem ser excepcionais e só aplicáveis nas hipóteses descritas anteriormente no art. 98.

Por isso mesmo, aplicáveis, ainda, com os limites, que, em nosso Estatuto da Criança e do Adolescente, vêm estabelecidos no art. 100, *caput*.

Segundo os termos desse dispositivo, as medidas devem procurar atender à necessidade pedagógica, com preferência por aquelas que visem ao fortalecimento dos vínculos familiares e comunitários. Devem ser voltadas para a afirmação dos direitos humanos das crianças, dos adolescentes e das suas respectivas famílias.

Além disso, devem ser regidas pelos princípios enumerados no parágrafo único do mesmo art. 100 (ECA), dentre os quais merecem destaque:

– a condição da criança e do adolescente como sujeitos de direitos (I);
– a proteção integral e prioritária (II); aliás, já anunciada, como dito anteriormente, no art. 1º do ECA, que *dispõe sobre a proteção integral à criança e ao adolescente*;
– a responsabilidade primária e solidária do Poder Público, ou seja, a plena efetivação dos direitos assegurados à criança e ao adolescente pelo Estatuto e pela Constituição Federal, salvo nos casos por esta expressamente ressalvados, é de responsabilidade primária e solidária das 3 (três) esferas de governo (III);
– o interesse superior da criança e do adolescente (IV);
– a privacidade (V);
– a intervenção precoce (VI);
– a intervenção mínima (VII);
– a proporcionalidade e atualidade (VIII);
– a responsabilidade parental (IX);
– a prevalência da família (X);
– a obrigatoriedade da informação (XI);
– a oitiva obrigatória e participação (XII).

Na interpretação de alguns desses princípios, existe muita polêmica.

Entretanto, em vários deles, o próprio Estatuto já anuncia seus parâmetros, como no importante comentário que faz ao inciso X – prevalência da família –, em que traz a seguinte explicação: *na promoção de direitos e na proteção da criança e do adolescente deve ser dada prevalência às medidas que os mantenham ou reintegrem na sua família natural ou extensa ou, se isso não for possível, que promovam a sua integração em família adotiva.*

Sobre o *interesse superior da criança e do adolescente*, também elucida: *a intervenção deve atender prioritariamente aos interesses e direitos da criança e do adolescente, sem prejuízo da consideração que for devida a outros interesses legítimos no âmbito da pluralidade dos interesses presentes no caso concreto.*

Na verdade, a melhor compreensão dessa expressão deve ser no sentido de que os direitos da criança e do adolescente devem ser garantidos à luz de sua dignidade como pessoa humana, nunca no interesse do adulto.

Importante registrar, quanto ao tema, que, na aplicação desse princípio, a Corte IDH vem sempre considerando que ele não deve ser entendido de forma abstrata, e sim diante do caso concreto em confronto com a existência dos prejuízos constatados ao direito das crianças e dos adolescentes, como se verá mais adiante.

Aliás, nas palavras de Gustavo Tepedino:[672]

> *Nessa medida, o primado da dignidade humana comporta o reconhecimento da pessoa a partir dos dados da realidade, realçando-lhe as diferenças, sempre que tal processo se revelar necessário à sua tutela integral. A abstração do sujeito, de outra parte, assume grande relevância nas hipóteses em que a revelação do dado concreto possa gerar restrição à própria dignidade, ferindo a liberdade e a igualdade da pessoa. A coexistência das duas construções – do sujeito e da pessoa –, sempre funcionalizadas à tutela da dignidade humana, coloca o intérprete, desse modo, frente ao desafio de promover a "compatibilidade entre o sujeito abstrato e o reconhecimento das diferenças".*

Sobre a obrigatoriedade da informação e a *oitiva obrigatória e participação*, previsão que já vinha na normativa internacional da Convenção sobre os Direitos das Crianças, em seu artigo 12, registra o próprio Estatuto que (art. 100, inciso XII, do ECA):

> *(...) a criança e o adolescente, em separado ou na companhia dos pais, de responsável ou de pessoa por si indicada, bem como seus pais ou responsável, têm direito a ser ouvidos e a participar nos atos e na definição da medida de promoção dos direitos e de proteção, sendo sua opinião devidamente considerada pela autoridade judiciária competente, observado o disposto nos §§ 1º e 2º do art. 28 desta Lei.*

A esse respeito, como sintetiza Eduardo Rezende de Melo:[673]

> *Embora as medidas sejam interventivas e, portanto, pautem-se por um caráter involuntário, a obrigação de prestação de informação por parte do agente público e seu dever de consideração da opinião tanto da criança e do adolescente como da família obriga-o a tentar, tanto quanto possível, tornar a intervenção consensual porque baseada no diálogo e na construção coletiva de planos de ação que atendam os valores e perspectivas de vida de todos os sujeitos envolvidos. Apenas assim se estará efetivamente promovendo a garantia de direitos de crianças e adolescentes, porque eles e suas famílias tornam-se agentes do processo de transformação e de emancipação que a lei fomenta.*

---

[672] TEPEDINO, Gustavo. O papel atual da doutrina do direito civil entre o sujeito e a pessoa. In: TEPEDINO, Gustavo; TEIXEIRA, Ana Carolina Brochado; ALMEIDA, Vitor (coord.). *O direito civil entre o sujeito e a pessoa*: estudos em homenagem ao professor Stefano Rodotà. Belo Horizonte: Fórum, 2016. p. 18.

[673] MELO, Eduardo Rezende. *Estatuto da Criança e do Adolescente comentado*. 13. ed. rev. e atual. São Paulo: Malheiros Editores, 2018. p. 664.

Ainda segundo esse grande jurista, caberá aos adultos o esforço de garantir que o direito de crianças e adolescentes à expressão efetiva nos processos se concretize conforme critérios cognitivos e práticos.[674]

Com referência a esses relevantes temas, é oportuna a menção a algumas decisões da Corte IDH:

> *Qualquer decisão estatal, social ou familiar que implique qualquer limitação ao exercício de algum direito de uma menina e um menino, deve ter em conta o superior interesse da criança e adequar-se rigorosamente às disposições que regem a matéria. A Corte reitera que o melhor interesse da criança se fundamenta na própria dignidade da pessoa humana, nas características da criança e na necessidade de promover seu desenvolvimento, com pleno aproveitamento de suas potencialidades.*
>
> *O direito a ser ouvido pressupõe ainda que a menina ou menino sejam devidamente informados sobre os seus direitos, as razões e consequências do processo que está a decorrer, bem como que essa informação seja comunicada de acordo com sua idade e maturidade. Nesse sentido, a Corte considera que meninas e meninos devem ser ouvidos diretamente ou por meio de um representante, se assim o desejarem.*

Esses dois trechos foram extraídos do julgamento da Corte IDH – caso Ramírez Escobar e outros *vs.* Guatemala, sentença de 09.03.2018.

Além disso, no julgamento do caso *Atala Riffo e crianças* vs. *Chile (Sentença de 24.02.2012)*, no qual o Poder Judiciário Chileno alterou o sistema de guarda de crianças em favor do pai quando a mãe iniciou uma união estável homoafetiva, essa mesma Corte concluiu:

> *(...) a Corte Interamericana observa que ao ser, de maneira abstrata, o "interesse superior da criança" um fim legítimo, a mera referência a ele, sem provar, concretamente, os riscos ou danos que poderiam implicar a orientação sexual da mãe para as crianças, não pode constituir medida idônea para a restrição de um direito protegido como o de poder exercer todos os direitos humanos sem discriminação alguma pela orientação sexual da pessoa. O interesse superior da criança não pode ser usado para amparar a discriminação contra a mãe ou o pai, em virtude da orientação sexual de qualquer deles. Desse modo, o julgador não pode levar em consideração essa condição social como elemento para decidir sobre uma guarda ou tutela.*

Em resumo e já finalizando estes comentários, as medidas de proteção específicas apresentadas no Estatuto, na verdade, reforçam a premissa constitucional de que é dever da sociedade em geral e do Poder Público em especial, além da família, assegurar às crianças e aos adolescentes seus direitos básicos, da forma mais ampla possível, ou seja, com respeito à sua condição de sujeitos de direitos, à sua dignidade humana, e com prioridade absoluta, no amplo espectro das políticas sociais básicas, das políticas assistenciais e da política de proteção especial. Ademais, de acordo, com suas previsões, essa compreensão deve alcançar também todas essas garantias quando do cometimento de atos infracionais por parte da criança ou do adolescente.

ENCERRAMENTO

O estudo de todas essas medidas não é a proposta destes comentários, em que tentamos apenas comentar a importância da inspiração para as nossas normas internas, trazida pelo artigo 19 da Convenção Interamericana.

---

674   MELO, Eduardo Rezende. *Crianças e adolescentes em situação de rua*: direitos humanos e justiça. São Paulo: Malheiros Editores, 2011. p. 47.

No entanto, como já disse anteriormente, mesmo com todas essas normas internacionais e nacionais, a respeito da importância da proteção aos direitos fundamentais das crianças e dos adolescentes, ainda convivemos com a triste realidade de constatar a crescente ocorrência das mais diversas violações a tais direitos e, na maioria das vezes, por parte daqueles que teriam a obrigação de respeitá-los acima de tudo. Isso em nosso país, em nosso continente e em todo o mundo. Crianças continuam a morrer por desnutrição, por abandono e negligência de suas famílias, por atos de toda sorte de violência, na guerra, por falta de assistência à saúde etc.

É o que se vê, inclusive, nos últimos tempos, nos ataques cruéis a crianças, no interior de suas escolas, onde deveriam estar protegidas, para garantia do seu acesso irrestrito à educação e à cidadania.

Não bastam comandos legais! É preciso conscientizar a sociedade da necessidade de proteger os direitos da criança e do adolescente antes de tudo, sob pena de essa mesma sociedade não ter um futuro.

REFERÊNCIAS

BRASIL. [Constituição (1988)]. *Constituição da República Federativa do Brasil de 1988*. Brasília, DF: Presidência da República, [2023]. Disponível em: http://www.planalto. gov.br/ccivil_03/constituicao/constituicao.htm Acesso em: 10.04.2023.

BRASIL. Lei 8.069, de 13 de julho de 1990. Dispõe sobre o Estatuto da Criança e do Adolescente e dá outras providências. *Diário Oficial da União*, Brasília, 16.07.1990. Disponível em: https://www.planalto.gov.br/ccivil_03/leis/l8069.htm Acesso em: 10.04.2023.

CORTE INTERAMERICANA DE DIREITOS HUMANOS (Corte IDH). *Caso Mendoza e outros* vs. *Argentina*. Sentença de 14.05.2013.

CORTE INTERAMERICANA DE DIREITOS HUMANOS (Corte IDH). *Caso Ramirez Escobar e outros* vs. *Guatemala*. Sentença de 09.03.2018.

CORTE INTERAMERICANA DE DIREITOS HUMANOS (Corte IDH). *Caso Atala Riffo e crianças* vs. *Chile*. Sentença de 24.02.2012.

CRUZ, Elisa Costa. *A vulnerabilidade de crianças na jurisprudência da Corte Interamericana de Direitos Humanos*: análise de casos e de formas de incorporação no direito brasileiro. São Paulo: Ed. RT, 2019.

MELO, Eduardo Rezende. *Crianças e adolescentes em situação de rua*: direitos humanos e justiça. São Paulo: Malheiros Editores, 2011.

MELO, Eduardo Rezende. *Estatuto da Criança e do Adolescente comentado*. 13. ed. rev. e atual. São Paulo: Malheiros Editores, 2018.

ORGANIZAÇÃO DAS NAÇÕES UNIDAS. Resolução 40/33 da Assembleia Geral das Nações Unidas de 29.11.85. *Regras Mínimas das Nações Unidas para a Administração da Justiça da Infância e Juventude – Regras de Beijing*, 1985.

ORGANIZAÇÃO DAS NAÇÕES UNIDAS. Resolução 44/25 da Assembleia Geral das Nações Unidas de 20.11.1989. *Convenção sobre os Direitos da Criança*, 1989.

ORGANIZAÇÃO DOS ESTADOS AMERICANOS. *Convenção Americana sobre Direitos Humanos ("Pacto de San José de Costa Rica")*, 1969.

TEPEDINO, Gustavo. O papel atual da doutrina do direito civil entre o sujeito e a pessoa. In: TEPEDINO, Gustavo; TEIXEIRA, Ana Carolina Brochado; ALMEIDA, Vitor (coord.). *O direito civil entre o sujeito e a pessoa*: estudos em homenagem ao professor Stefano Rodotà. Belo Horizonte: Fórum, 2016.

> ## Artigo 20
> ## Direito à nacionalidade
>
> 1. Toda pessoa tem direito a uma nacionalidade.
> 2. Toda pessoa tem direito à nacionalidade do Estado em cujo território houver nascido, se não tiver direito a outra.
> 3. A ninguém se deve privar arbitrariamente de sua nacionalidade nem do direito de mudá-la.

COMENTÁRIOS

por Amina Welten Guerra e Leonardo Nemer Caldeira Brant

Os contornos do direito à nacionalidade refletem a tensão existente entre os interesses do Estado de um lado e os interesses do indivíduo de outro. Isso, porque, sob a ótica estatal, os indivíduos que possuem um vínculo especial com determinado Estado representarão o seu elemento pessoal e um dos elementos imprescindíveis para a composição da noção de Estado em si, juntamente aos requisitos da soberania e do território. Assim, não há Estado sem povo.

Portanto, fica evidente o interesse primário do Estado em ser o titular do poder de determinar quem será o seu povo. É por essa razão que o Estado irá deter a competência exclusiva no que diz respeito ao estabelecimento dos critérios para se atribuir a nacionalidade a um indivíduo, sendo tal prerrogativa parte da "extensão da sua competência pessoal".[675]

De outro lado, possuir uma nacionalidade, sob o ponto de vista do indivíduo, não apenas representa um elemento que determina parte da sua identidade individual e coletiva mas também integra um importante direito fundamental considerado isoladamente, bem como considerado como base para o exercício de outros direitos fundamentais.

A Corte Internacional de Justiça, no caso Nottebohm,[676] define a nacionalidade como:

> (...) um vínculo jurídico tendo como base um fator social de ligação, uma conexão genuína de existência, interesses e sentimentos, junto à existência de direitos e deveres recíprocos. Pode-se dizer que constitui a expressão jurídica do fato de que o indivíduo a quem é conferida, seja diretamente pela lei, seja como resultado de um ato das autoridades, está de fato mais estreitamente ligado à população do Estado que confere nacionalidade do que com a de qualquer outro Estado. (tradução nossa)

---

[675] DAILLIER, Patrick; DINH, Nguyen Quoc; PELLET, Alain. *Direito Internacional Público*. 2. ed. Lisboa: Fundação Calouste Gulbenkian, 2003. p. 504.

[676] ORGANIZAÇÃO DAS NAÇÕES UNIDAS. Corte Internacional de Justiça. Caso Nottebohm. Reports of Judgments, Advisory Opinions and Orders, 1955. p. 23: "a legal bond having as its basis a social fact of attachment, a genuine connection of existence, interests, and sentiments, together with the existence of reciprocal rights and duties. It may be said to constitute the juridical expression of the fact that the individual upon whom it is conferred, either directly by the law or as the result of an act of the authorities, is in fact more closely connected with the population of the State conferring nationality than with that of any other State".

O reconhecimento da nacionalidade de um indivíduo não será livre de efeitos. O vínculo lhe impõe direitos, liberdades e até mesmo benefícios como ocorre com a proteção diplomática. A nacionalidade impõe, outrossim, deveres de lealdade[677] à pátria, devendo o indivíduo, por exemplo, prestar serviço militar de acordo com a lei municipal. É a partir desse vínculo que esses efeitos se produzem e se fazem inerentes ao que se entende por pertencimento a determinada comunidade política, sendo a nacionalidade um "estado natural do ser humano", bem como "o fundamento de sua capacidade política".[678]

De outro lado, a nacionalidade se configura como um direito individual, mais precisamente como um direito humano,[679] a partir do momento em que a Convenção afirma que "toda pessoa tem direito a uma nacionalidade".

Assim, não obstante o domínio reservado do Estado nessa matéria, um parecer consultivo de 1984 da Corte Interamericana de Direitos Humanos entendeu que o direito internacional impõe limites à regulamentação da nacionalidade, pelo fato de esta ser um direito fundamental. O órgão afirmou que:[680]

> Do exposto pode-se deduzir que, para uma adequada interpretação do direito à nacionalidade, objeto do artigo 20 da Convenção, é necessário combinar harmoniosamente, por um lado, a consideração de que a determinação e regulamentação da nacionalidade são de responsabilidade de cada Estado, ou seja, uma questão de direito interno e, por outro lado, que as disposições do direito internacional limitam, de alguma forma, esse poder dos Estados devido às exigências da proteção internacional dos direitos humanos. (tradução nossa)

Apesar de as opiniões consultivas não terem *per se* caráter obrigatório, elas podem igualmente refletir o estado do direito internacional e a evolução do entendimento jurisprudencial sobre a matéria.

No caso das Crianças Yean e Bosico *vs.* República Dominicana, a Corte Interamericana de Direitos Humanos[681] foi categórica ao afirmar que:

> (...) na atual etapa de desenvolvimento do Direito internacional dos Direitos Humanos, esta faculdade dos Estados está limitada, por um lado, por seu dever de oferecer aos indivíduos uma proteção igualitária e efetiva da lei e sem discriminação e, por outro lado, por seu dever de prevenir, evitar e reduzir a apatridia.

---

[677] A opinião consultiva da CIDH de 1984 se referiu a essa lealdade e fidelidade no caso da Propuesta de Modificación a la Constitución Política de Costa Rica relacionada con la Naturalización, afirmando que: "La nacionalidad puede ser considerada como el vínculo jurídico político que liga a una persona con un Estado determinado por medio del cual se obliga con él con relaciones de lealtad y fidelidad y se hace acreedor a su protección diplomática" (p. 11, par. 35).

[678] CORTE INTERAMERICANA DE DIREITOS HUMANOS. *Caso das Crianças Yean e Bosico vs. República Dominicana*. Exceções Preliminares. Mérito. Reparações e Custas, 2005. p. 56, pars. 137 e 138.

[679] Nesse sentido, a Declaração Universal dos Direitos Humanos de 1948 afirma, em seu artigo XV, que: "todo homem tem direito a uma nacionalidade".

[680] CORTE INTERAMERICANA DE DIREITOS HUMANOS. Opinião consultiva "Propuesta de Modificación a la Constitución Política de Costa Rica Relacionada con la Naturalización", 1984, p. 12, par. 38: "De lo expuesto anteriormente se desprende que para una adecuada interpretación del derecho a la nacionalidad, materia del artículo 20 de la Convención, es necesario conjugar harmoniosamente, por un lado, la consideración de que la determinación y regulaciones de la nacionalidad son competencia de cada Estado, esto es, materia de derecho interno y, por el otro, que las disposiciones de derecho internacional limitan, en alguna forma, esta facultad de los Estados en razón de exigencias de la protección internacional de los derechos humanos".

[681] CORTE INTERAMERICANA DE DIREITOS HUMANOS. *Caso das Crianças Yean e Bosico vs. República Dominicana*. Exceções Preliminares. Mérito. Reparações e Custas, 2005. p. 57, par. 140.

A partir das observações do órgão jurisdicional, salienta-se que o direito à nacionalidade é fundamental à tutela de direitos do indivíduo, mas que a nacionalidade não pode se tornar motivo de discriminação e sua ausência não pode ser empecilho à efetivação de direitos de modo geral.

Dessa forma, a natureza dos direitos humanos infere que estes possam ser usufruídos e devam ser respeitados independentemente da nacionalidade de um indivíduo. Hennebel e Tigroudja[682] asseveram que:

> O critério fundamental para invocar o respeito e a garantia de direitos humanos contra um Estado permanece não sendo a nacionalidade, mas o *status* de uma pessoa – entendido como um ser humano – estando sob a jurisdição de determinado Estado. Em qualquer situação, a nacionalidade não é uma condição para o gozo de direitos protegidos pela Convenção. (tradução nossa)

A equiparação de estrangeiros a nacionais com respeito à fruição de uma série de direitos é tema da jurisprudência de diversos Estados. A título exemplificativo, no Brasil, cita-se o acesso ao Sistema Único de Saúde por parte de estrangeiro não residente cujo direito foi elucidado por uma decisão do Tribunal Regional Federal da 4ª Região em 2006[683] em que a relatora esclareceu que o dispositivo constitucional do art. 5º da Constituição Federal de 1988 a respeito da previsão pela qual se asseguram direitos e garantias fundamentais a brasileiros e estrangeiros residentes no País:

> (...) consagra a igualdade de tratamento entre brasileiros e estrangeiros, exige que o estrangeiro esteja sob a ordem jurídico-constitucional brasileira, não importa em que condição. Até mesmo o estrangeiro em situação irregular no País, encontra-se protegido e a ele são assegurados os direitos e garantias fundamentais.

Por outro lado, o gozo de certos direitos políticos, conforme estabelecido pelo artigo 23 da Convenção Americana de Direitos Humanos,[684] aparece como exceção ao longo da Convenção no sentido que o exercício de tal direito *pode* se vincular ao fato de o indivíduo ser um nacional.[685] Outros dispositivos relacionam a sua operatividade também ao critério da nacionalidade, como a proibição de expulsão e a limitação do direito de ingresso.[686]

---

[682]   HENNEBEL, Ludovic; TIGROUDJA, Hélène. *The American Convention on Human Rights: a commentary*. Nova York: Oxford University Press, 2022. p. 607: "The fundamental criterion for invoking respect for and the guarantee of human rights against a State remains not nationality, but the status of a person – understood as a human being – being under the jurisdiction of the State concerned. In any event, nationality is not a condition for the enjoyment of the rights protected by the Convention".

[683]   TRF 4, 3ª Turma, AG 2005.04.01.032610-6, Rel. Vânia Hack de Almeida, *DJ* 01.11.2006.

[684]   ORGANIZAÇÃO DOS ESTADOS AMERICANOS. *Convenção Americana sobre Direitos Humanos*: assinada na Conferência Especializada Interamericana sobre Direitos Humanos. San José, Costa Rica, 1969. Artigo 23. 2. "A lei pode regular o exercício dos direitos e oportunidades a que se refere o inciso anterior, exclusivamente por motivos de idade, nacionalidade, residência, idioma, instrução, capacidade civil ou mental, ou condenação, por juiz competente, em processo penal".

[685]   O exercício de direitos políticos nem sempre está submetido ao critério da nacionalidade. O Estatuto da Igualdade dos anos 1970, por exemplo, alterou a noção clássica pela qual a nacionalidade é um pressuposto do exercício da cidadania. Isso, porque, com base nesse tratado bilateral, um indivíduo pode exercer os direitos típicos de cidadão de um país sem que a sua nacionalidade se altere. Vide Convenção sobre Igualdade de Direitos e Deveres entre Brasileiros e Portugueses de 1971.

[686]   ORGANIZAÇÃO DOS ESTADOS AMERICANOS. *Convenção Americana sobre Direitos Humanos*: assinada na Conferência Especializada Interamericana sobre Direitos Humanos. San José, Costa Rica, 1969.

A parte dois do artigo 20, pela qual "Toda pessoa tem direito à nacionalidade do Estado em cujo território houver nascido, se não tiver direito a outra", demonstra evidente preocupação com a situação da apatridia, em que um indivíduo possa permanecer sem uma nacionalidade por questões relativas à legislação de determinado Estado.

Como já mencionado, pelo fato de o tema ser abrangido pelo poder soberano do Estado e pelo fato de o povo ser um de seus elementos formadores, é esse Estado quem determinará, segundo suas próprias leis, quem são seus nacionais e qualquer questão sobre a aquisição da nacionalidade por determinado indivíduo. Essas regras foram expressas nos artigos 1 e 2 da Convenção Concernente a Certas Questões Relativas ao Conflito de Leis sobre a Nacionalidade.[687]

No caso da proteção aos direitos das crianças, o zelo pela não apatridia se refletiu na redação do artigo 7 da Convenção sobre os Direitos da Criança de 1989,[688] o qual defende que "A criança será registrada imediatamente após seu nascimento e terá direito, desde o momento em que nasce, a um nome, a uma nacionalidade e, na medida do possível, a conhecer seus pais e a ser cuidada por eles".

A nacionalidade se adquire por via originária ou por via derivada (adquirida). No primeiro caso, resulta do nascimento e pode ser fruto de uma relação de sangue com seus pais (*ius sanguinis*) ou fruto das leis do local do nascimento (*ius soli*).

Assim, é possível que, em virtude da aplicação contemporânea dos princípios do *ius soli* e do *ius sanguinis*, a criança nasça com dupla nacionalidade, bem como, em caso de conflito negativo entre os princípios, é possível que, originalmente, não se transmita à criança nenhuma nacionalidade, situação que os diplomas de direitos humanos buscam limitar.

No segundo caso, o da aquisição da nacionalidade por via adquirida, esta advém de ato voluntário do indivíduo após o nascimento. Comumente ocorre pelo casamento do indivíduo com um nacional do Estado ou mesmo pela residência no Estado por um longo período.

Tendo em vista as violações de direitos humanos que decorrem da ausência de uma nacionalidade, a norma busca estabelecer uma obrigação *ex lege*, isto é, automática, quanto à atribuição da nacionalidade do Estado de nascimento.

Foi o que fora afirmado pela Corte Interamericana no caso Pessoas Dominicanas e Haitianas Expulsas *vs.* República Dominicana, no parágrafo 261:[689]

> Se o Estado não pode ter certeza de que a criança nascida em seu território terá a nacionalidade de outro Estado, por exemplo, a nacionalidade de um de seus pais através do *ius sanguinis*, aquele Estado permanece com a obrigação de conceder-lhe (*ex lege*, automaticamente) a nacionalidade, para evitar desde o nascimento uma situação de apatridia, de acordo com o artigo 20.2. da Convenção Americana. Esta obrigação aplica-se, também, no pressuposto de que os pais não possam (pela existência de obstáculos de facto) registrar seus filhos no Estado de sua nacionalidade.

Artigo 22.6. "Ninguém pode ser expulso do território do Estado do qual for nacional, nem ser privado do direito de nele entrar".

[687] CONVENÇÃO DE HAIA. *Convenção Concernente a Certas Questões Relativas aos Conflitos de Leis sobre Nacionalidade de 1930*: "Art. 1. Il appartient à chaque État de déterminer par les législation quels sont ses nationaux. Cette législation doit être admise par les autres États, pourvu qu'elle soit en accord avec les conventions internationales, la coutume internationale et les principes de droit généralement reconnus en matière de nationalité. Art. 2. Toute question relative au point de savoir si um individu possède la nationalité d'un État doit être résolue conformément à la législation de cet État".

[688] ORGANIZAÇÃO DAS NAÇÕES UNIDAS. *Convenção sobre os Direitos das Crianças de 1989*. Promulgada no Brasil pelo Decreto 99.710/1990.

[689] CORTE INTERAMERICANA DE DIREITOS HUMANOS. *Caso Pessoas Dominicanas e Haitianas Expulsas vs. República Dominicana*. Exceções Preliminares. Mérito. Reparações e Custas, 2014, par. 261.

Por fim, o direito à nacionalidade, não se extingue na mera faculdade de se obter uma nacionalidade, mas se cumpre também no fato de um indivíduo poder renunciar ou mesmo trocar de nacionalidade. Justamente por ser a nacionalidade um tema de direitos humanos e por se imporem certas limitações à soberania do Estado, este não pode, de modo arbitrário, negar, privar ou exigir a manutenção da nacionalidade a determinado indivíduo.

Essa vedação é disciplinada na terceira parte do artigo 20, pela qual "A ninguém se deve privar arbitrariamente de sua nacionalidade nem do direito de mudá-la". Essa afirmação traz uma dupla situação.

Na primeira, o Estado, de modo arbitrário, retira ou mesmo priva seus nacionais da manutenção de sua nacionalidade originária. É evidente a preocupação do texto em especial ao se rememorarem as políticas de supressão da nacionalidade a determinados grupos durante a presença de regimes totalitários, como foi a Alemanha nazista em relação aos judeus.

Nesse sentido, Comparato[690] analisa como "o Estado nazista aplicou, sistematicamente, a política de supressão da nacionalidade alemã a grupos minoritários, sobretudo a pessoas consideradas de origem judaica".

Em tempos mais recentes, pode-se citar o fenômeno da "desnacionalização" na República Dominicana em relação aos descendentes de imigrantes haitianos nascidos na naquele país. Neste último caso, uma sentença do Tribunal Constitucional da República Dominicana suprimiu a nacionalidade de uma grande quantidade de dominicanos de origem haitiana sob o argumento de que seus ascendentes haitianos eram migrantes irregulares no país.[691]

A Corte Interamericana[692] a esse respeito já se manifestou de forma crítica, estabelecendo que:

> a) O *status* imigratório de uma pessoa não pode ser uma condição para a concessão da nacionalidade por parte do Estado, porque o *status* migratório não pode constituir de forma alguma uma justificativa para privá-lo do direito à nacionalidade ou do gozo e exercícios de seus direitos; b) o *status* migratório de uma pessoa não se transmite a seus filhos e c) a condição de nascimento no território do Estado é a única a ser demonstrada para a aquisição da nacionalidade no que se refere a pessoas que não teriam direito a outra nacionalidade.

A segunda situação trazida pela parte três da norma em análise trata da possibilidade dada a um indivíduo de mudar de nacionalidade passando a adquirir outra.[693]

O direito de os estrangeiros adquirirem a nacionalidade de outro país é amplamente compartilhado pelos Estados de modo geral, variando as condições e os níveis de severidade para o preenchimento dos requisitos exigidos. Em muitos casos, perde-se inclusive a nacionalidade originária, caso o cidadão opte pela nacionalidade de outro país.

No caso do Brasil, por exemplo, a aquisição de outra nacionalidade por via originária não é causa de perda da nacionalidade original. Assim, por exemplo, um brasileiro nato

---

690   COMPARATO, Fábio Konder. *A afirmação histórica dos direitos humanos*. 4. ed. São Paulo: Saraiva, 2005. p. 230.

691   RIBEIRO, Daniela Menengoti Gonçalves; SILVA, Rodrigo Ichikawa Claro. A desnacionalização e as violações de direitos humanos na República Dominicana. *Revista de Direito Internacional*, Brasília, v. 14, n. 2, p. 330-347, 2017.

692   CORTE INTERAMERICANA DE DIREITOS HUMANOS. *Caso das meninas Yean e Bosico vs. República Dominicana*. Sentença de 8 de setembro de 2005. Série C, n. 130, p. 64, par. 156.

693   Essas previsões também constam do artigo 15, parágrafo 2, da Declaração Universal dos Direitos Humanos, que afirma que "Ninguém pode ser arbitrariamente privado da sua nacionalidade nem do direito de mudar de nacionalidade".

que opte por adquirir a nacionalidade italiana ou portuguesa ou qualquer outra por via de sangue não tem ameaçada a sua nacionalidade original, a brasileira.

Contudo, caso a outra nacionalidade seja adquirida por via derivativa, será necessário provar que tal opção é imprescindível para a permanência no território do país estrangeiro ou para o exercício de direitos civis.[694]

Era o que dispunha o art. 12 da Constituição Federal,[695] em seu inc. II, *b*, antes da alteração realizada pela EC 131/2023:

> Art. 12. (...)
>
> (...)
>
> § 4º Será declarada a perda da nacionalidade do brasileiro que:
>
> (...)
>
> II – adquirir outra nacionalidade, salvo nos casos:
>
> a) de reconhecimento de nacionalidade originária pela lei estrangeira;
>
> b) de imposição de naturalização, pela norma estrangeira, ao brasileiro residente em estado estrangeiro, como condição para permanência em seu território ou para o exercício de direitos civis.[696]

Outro aspecto desta última parte do artigo 20 pode ser levantado, fazendo um raciocínio *a contrario sensu*, isto é, se a norma visa tutelar a possibilidade de mudança de nacionalidade, deve entender tutelar, outrossim, a possibilidade de *não* mudança de nacionalidade. Tal elemento se conecta à situação de medo enfrentada por certos indivíduos em não possuírem a nacionalidade do país de residência por qualquer motivo.

Após as guerras mundiais, muitas minorias nacionais passaram a viver em países estrangeiros e aqueles "que não optaram pela nacionalidade do Estado vitorioso (...) poderiam ser perseguidos por ter a nacionalidade do Estado vencido".[697] Tal tutela deve ser maior aprofundada no tema do refúgio, uma vez que a "nacionalidade" é um dos fatores que pode ensejar o fundamentado temor para a concessão desse instituto de direito internacional.

REFERÊNCIAS

COMPARATO, Fábio Konder. *A afirmação histórica dos direitos humanos*. 4. ed. São Paulo: Saraiva, 2005.

DAILLIER, Patrick; DINH, Nguyen Quoc; PELLET, Alain. *Direito Internacional Público*. 2. ed. Lisboa: Fundação Calouste Gulbenkian, 2003.

---

[694] O caso Cláudia Hoerig, que ficou amplamente conhecido no Brasil, envolve a situação de perda da nacionalidade originária brasileira por ter entendido o Superior Tribunal Federal não haver ocorrido ilegalidade ou abuso de poder no ato administrativo que reconheceu a perda da nacionalidade brasileira da impetrante no momento em que ela adquire a nacionalidade estadunidense. Cláudia Hoerig foi extraditada para cumprir pena nos Estados Unidos por crime cometido naquele país. Vide STF, 1ª Turma, MS 33864/DF.

[695] BRASIL. [Constituição (1988)]. *Constituição da República Federativa do Brasil de 1988*. Brasília, DF: Presidência da República, [2023].

[696] Redação dada pela Emenda Constitucional de Revisão 3, de 7 de junho de 1994, que alterou o § 4º do art. 12 da Constituição Federal de 1988.

[697] RAMOS, André de Carvalho. *Teoria geral dos direitos humanos na Ordem Internacional*. 6. ed. São Paulo: Saraiva, 2016. p. 149-154.

HENNEBEL, Ludovic; TIGROUDJA, Hélène. *The American Convention on Human Rights*: a commentary. Nova York: Oxford University Press, 2022.

RAMOS, André de Carvalho. *Teoria geral dos direitos humanos na Ordem Internacional*. 6. ed. São Paulo: Saraiva, 2016.

RIBEIRO, Daniela Menengoti Gonçalves; SILVA, Rodrigo Ichikawa Claro. A desnacionalização e as violações de direitos humanos na República Dominicana. *Revista de Direito Internacional*, Brasília, v. 14, n. 2, p. 330-347, 2017.

TIBURCIO, Carmen. A nacionalidade à luz do direito internacional e brasileiro. *Revista de Direito Cosmopolita*, v.2, n. 1, 2014.

Artigo 21

Direito à propriedade privada

1. Toda pessoa tem direito ao uso e gozo dos seus bens. A lei pode subordinar esse uso e gozo ao interesse social.

2. Nenhuma pessoa pode ser privada de seus bens, salvo mediante o pagamento de indenização justa, por motivo de utilidade pública ou de interesse social e nos casos e na forma estabelecidos pela lei.

3. Tanto a usura como qualquer outra forma de exploração do homem pelo homem devem ser reprimidas pela lei.

 COMENTÁRIOS

por Gustavo Tepedino[698]

A TUTELA DOS DIREITOS HUMANOS E SUA TORMENTOSA CONVIVÊNCIA COM O PARADIGMA PROPRIETÁRIO (O ARTIGO 21 DA CONVENÇÃO INTERAMERICANA)

1. INTRODUÇÃO: A PROTEÇÃO DOS DIREITOS HUMANOS E DOS DIREITOS FUNDAMENTAIS NA EXPERIÊNCIA BRASILEIRA – SUA PROJEÇÃO SOBRE O DIREITO PRIVADO

Os primeiros registros do uso da expressão "direitos humanos" no direito brasileiro datam de meados do século passado, especialmente a partir da década de 60, muito embora os termos "direitos humanos" e "direitos fundamentais" fossem ainda referidos apenas como direitos de proteção do cidadão em face do Estado, não se aplicando em relações entre particulares. Apenas com a promulgação da Constituição de 1988 consolidou-se no Brasil o entendimento de que as normas constitucionais são dotadas de força normativa (tendo sido, anteriormente, consideradas simples disposições político-filosóficas, de conteúdo programático).[699] Essa mudança de perspectiva mostrou-se fundamental para que doutri-

---

[698] O autor agradece vivamente à Prof.ª Danielle Tavares Peçanha, Mestranda em Direito Civil da Uerj, pela pesquisa jurisprudencial e bibliográfica e pela interlocução ao longo da preparação do texto.

[699] TEPEDINO, Gustavo. Premissas metodológicas para a constitucionalização do direito civil. *Temas de direito civil*. Rio de Janeiro: Renovar, 2008. t. 1. p. 18; BARROSO, Luís Roberto. *O novo direito constitucional*

na e jurisprudência passassem a reconhecer, nos direitos fundamentais extraídos do texto constitucional, a fonte para a efetiva e imediata tutela da pessoa humana, estabelecendo, inclusive, direitos subjetivos prestacionais em face do Estado.

Paralelamente, também com a Constituição de 1988, o princípio da dignidade da pessoa humana, previsto no art. 1º, III, foi alçado à posição de valor máximo do ordenamento, justificando a tutela prioritária de interesses existenciais em face de direitos patrimoniais e, com isso, oferecendo o substrato filosófico e jurídico necessário para a tutela dos direitos humanos.[700] Nessa esteira, as normas constitucionais passaram a ocupar posição de centralidade no ordenamento jurídico brasileiro, o que permitiu a aceitação da incidência dos direitos fundamentais também nas relações privadas. Em outras palavras, e sem embargo de sua menção esporádica em decisões judiciais nas décadas anteriores, apenas após a Constituição atual, os direitos humanos e os direitos fundamentais tiveram reconhecidas sua importância e sua abrangência no ordenamento jurídico brasileiro e, particularmente, nas relações privadas.

Não existe no direito brasileiro qualquer definição legal de direitos humanos ou direitos fundamentais.[701] De modo geral, o Brasil parece não destoar da terminologia corrente no constitucionalismo europeu, reputando-se *direitos humanos* os direitos básicos da pessoa humana previstos em tratados ou convenções internacionais; e *direitos fundamentais* aqueles que, estabelecidos como garantias individuais indisponíveis pelo Texto Constitucional, se constituem em fundamento da ordem pública interna.[702] Por força dessa distinção baseada especificamente na natureza (internacional ou constitucional) da norma, muitos direitos podem ser considerados, simultaneamente, humanos e fundamentais, ainda que não haja correspondência perfeita, devendo-se dar preferência ao primeiro termo para direitos da pessoa humana antes de sua constitucionalização ou positivação.[703]

brasileiro. Belo Horizonte: Fórum, 2013. p. 28; SOUZA NETO, Cláudio Pereira de; SARMENTO, Daniel. *Direito constitucional*: teoria, história e métodos de trabalho. Belo Horizonte: Fórum, 2012. p. 198.

[700] FACHIN, Luiz Edson; RUZYK, Carlos Eduardo Pianovski. A dignidade da pessoa humana no direito contemporâneo: uma contribuição à crítica da raiz dogmática do neopositivismo constitucionalista. *Revista Trimestral de Direito Civil*, Rio de Janeiro, v. 35, jul.-set. 2008.

[701] Em doutrina, reputam-se direitos humanos "um conjunto mínimo de direitos necessário para assegurar uma vida do ser humano baseada na liberdade, igualdade e dignidade" (RAMOS, André de Carvalho. *Teoria geral dos direitos humanos na ordem internacional*. Rio de Janeiro: Renovar, 2005. p. 19). A expressão, de certo modo redundante, justifica-se: "O pleonasmo da expressão direitos humanos, ou direitos do homem, é assim justificado, porque se trata de exigências de comportamento fundadas essencialmente na participação de todos os indivíduos do gênero humano, sem atenção às diferenças concretas de ordem individual ou social, inerentes a cada homem" (COMPARATO, Fábio Konder. Fundamentos dos direitos humanos. *Revista Consulex*, v. 1, n. 48, ano IV, 2000).

[702] Afirma-se, nesse sentido, que direitos fundamentais são "os direitos humanos reconhecidos como tal pelas autoridades às quais se atribui o poder político de editar normas, tanto no interior dos Estados, quanto no plano internacional; são os direitos humanos positivados nas Constituições, nas leis, nos tratados internacionais" (COMPARATO, Fábio Konder. *A afirmação histórica dos direitos humanos*. São Paulo: Saraiva, 2000. p. 46). No entanto, vale ressaltar, "as expressões 'direitos fundamentais' e 'direitos humanos' (ou similares), em que pese sua habitual utilização como sinônimas, se reportam a significados distintos. No mínimo, para os que preferem o termo 'direitos humanos', há que se referir – sob pena de correr-se o risco de gerar uma série de equívocos – se eles estão sendo analisados pelo prisma do direito internacional ou na sua dimensão constitucional positiva" (SARLET, Ingo Wolfgang. *A eficácia dos direitos fundamentais*. Porto Alegre: Livraria do Advogado, 1999. p. 35).

[703] BONAVIDES, Paulo. Os direitos humanos e a democracia. In: SILVA, Reinaldo Pereira e (org.). *Direitos humanos como educação para a justiça*. São Paulo: LTr, 1998. p. 16.

A Constituição da República faz referência ao termo "direitos humanos" em seu art. 4º,[704] ao passo que seu Título II dirige-se à previsão dos "Direitos e Garantias Fundamentais". O art. 5º, em seu inciso XLI e também no § 1º,[705] faz referência a "direitos e garantias fundamentais", voltando a mencionar "direitos humanos" no § 3º.[706] Finalmente, no tocante às cláusulas pétreas, ou seja, comandos insuscetíveis de reforma legislativa ou constitucional pelo constituinte derivado, alude a "direitos e garantias fundamentais" novamente.[707] Em nenhum desses dispositivos se faz distinção quanto às gerações de direitos fundamentais.[708]

Os direitos humanos e fundamentais têm recebido ampla aplicação no direito brasileiro, seja em sua incidência indireta (como parâmetro interpretativo para a legislação infraconstitucional e limite ao exercício de prerrogativas individuais por particulares), seja em sua eficácia direta (atuando como normas geradoras de direitos individuais juridicamente exigíveis).[709] Tem-se considerado que essa categoria de direitos, em geral enunciada na forma de princípios, tem sido responsável pela inserção de valores na ordem jurídica, a serem tutelados com prioridade pelo intérprete no momento da aplicação do direito.[710] Por outro lado, muito ainda há a ser feito em matéria de efetivação dos direitos humanos. Noticia-se, por exemplo, que mais de 90% dos crimes contra a vida acontecidos na zona rural no Brasil

---

[704] C.R., "Art. 4º A República Federativa do Brasil rege-se nas suas relações internacionais pelos seguintes princípios: (...) II – prevalência dos direitos humanos".

[705] C.R., "Art. 5º (...) XLI – a lei punirá qualquer discriminação atentatória dos direitos e liberdades fundamentais. (...) § 1º As normas definidoras dos direitos e garantias fundamentais têm aplicação imediata".

[706] C.R., "Art. 5º (...) § 3º Os tratados e convenções internacionais sobre direitos humanos que forem aprovados, em cada Casa do Congresso Nacional, em dois turnos, por três quintos dos votos dos respectivos membros, serão equivalentes às emendas constitucionais".

[707] C.R., "Art. 60. (...) § 4º Não será objeto de deliberação a proposta de emenda tendente a abolir: (...) IV – os direitos e garantias individuais".

[708] Afigura-se bastante difundida a distinção entre as chamadas "gerações" de direitos fundamentais, correspondendo os direitos de primeira geração aos direitos individuais e políticos, os de segunda geração aos direitos sociais e os de terceira geração aos coletivos. Atualmente, afirma-se mesmo a existência de direitos fundamentais de quarta geração, relativos à engenharia genética (BOBBIO, Norberto. *A Era dos Direitos*. Rio de Janeiro: Elsevier, 2004. p. 5-6) ou, para outros autores, atinentes à democracia, ao pluralismo e à informação (BONAVIDES, Paulo. *Curso de Direito Constitucional*. São Paulo: Malheiros, 2006. p. 571), e, ainda, segundo parte da doutrina, direitos de quinta geração, associados ao combate contra o terrorismo e à preservação da paz (BOBBIO, Norberto. *A Era dos Direitos*. Rio de Janeiro: Elsevier, 2004. p. 5). Trata-se de classificação que reflete o caráter histórico e relativo dos direitos humanos, relacionando-se à mudança de concepção do papel do Estado e à evolução da sociedade e das tecnologias.

[709] Sobre o tema, v. TEPEDINO, Gustavo. Normas constitucionais e relações de direito civil na experiência brasileira. *Temas de direito civil*. Rio de Janeiro: Renovar, 2006. t. 2. Cf., em perspectiva publicista, BARROSO, Luís Roberto. *O novo direito constitucional brasileiro*. Belo Horizonte: Fórum, 2013. p. 212.

[710] A jurisprudência brasileira considera, inclusive, imprescritíveis os danos morais decorrentes de violações a direitos humanos, como a tortura. Curiosamente, reconhece o STF tratar-se de questão infraconstitucional (STF, Ag. Rg. no RE 715.268, 1ª Turma, Rel. Min. Luiz Fux, j. 06.05.2014). A jurisprudência do Superior Tribunal de Justiça, porém, mais de uma vez já reconheceu a imprescritibilidade dos danos morais decorrentes de tortura. A respeito, v. STJ, Resp 1.815.870, 1ª Turma, Rel. Min. Sérgio Kukina, j. 23.09.2019, afirmando-se que "Este Superior Tribunal de Justiça tem entendimento no sentido de que 'a prescrição quinquenal, disposta no art. 1º do Decreto 20.910/1932, é inaplicável aos danos decorrentes de violação de direitos fundamentais, que são imprescritíveis, principalmente quando ocorreram durante o Regime Militar, época na qual os jurisdicionados não podiam deduzir a contento suas pretensões'"; e, ainda, STJ, Ag. Rg. no Ag. no REsp 85.158, 1ª Turma, Rel. Min. Benedito Gonçalves, j. 18.03.2014; STJ, Ag. Rg. no Ag. no REsp 266.082, 2ª Turma, Rel. Min. Herman Benjamin, j. 11.06.2013.

restam impunes, com progressiva e perigosa escalada da violação aos direitos humanos no campo.[711]

Na esfera privada, não raro se atribui aos direitos humanos e, de maneira geral, aos direitos fundamentais da pessoa humana a designação *direitos da personalidade*, emanações diretas do princípio da dignidade da pessoa humana (considerado o valor máximo do ordenamento jurídico brasileiro e um dos fundamentos da República, nos termos do art. 1º, III, da Constituição). Compreendem-se, sob a denominação de direitos da personalidade, os direitos atinentes à tutela da pessoa humana, considerados essenciais a sua dignidade e integridade física e psicológica. Trata-se, portanto, da resposta jurídica ao interesse à existência digna e ao livre desenvolvimento da vida consorciada.[712] Alguns direitos da personalidade encontram-se tipificados nos arts. 11 a 21 do Código Civil.[713] Parte deles, como os direitos à imagem, à honra e à privacidade, integram também o rol dos direitos fundamentais, segundo a dicção do art. 5º, X, da Constituição.

Independentemente, contudo, dos direitos subjetivos típicos, a Constituição da República, ao estabelecer, como fundamento da República, o já aludido princípio da dignidade da pessoa humana, *ex vi* do art 1º, III,[714] constitui cláusula geral de tutela e promoção da pessoa humana, tomada como valor máximo pelo ordenamento, a fim de superar a técnica da tipificação e proteger, de maneira irrestrita, a personalidade e o seu pleno desenvolvimento na vida social.[715] Verifica-se, portanto, que, sob perspectivas diversas, os direitos humanos no âmbito internacional, os direitos fundamentais no direito público interno e os direitos da personalidade nas relações privadas constituem instrumentos convergentes de proteção da dignidade humana e das relações existenciais, amparados, no ordenamento brasileiro, pela Constituição da República.[716]

---

[711] Destaca-se que, dos 1.496 crimes praticados por violência entre 1985 e 2018 na zona rural no Brasil, somente 120 (8%) receberam julgamentos, cenário com progressiva e perigosa escalda da violação aos direitos humanos no campo. De fato, houve incremento de tais conflitos em 23% entre 2018 e 2019, maior taxa dos últimos cinco anos (CAMARGOS, Daniel. Após um ano, 61% das investigações de assassinatos no campo não foram concluídas; ninguém foi condenado. Repórter Brasil, 2021. Disponível em: https://reporterbrasil.org.br/2021/01/impunidade-violencia-campo-indigenas-sem-terra-ambientalistas--ninguem-condenado/#:~:text=De%20fato%2C%20o%20n%C3%BAmero%20de,recorde%20dos%20%C3%BAltimos%20cinco%20anos.&text=Apenas%20em%202019%2C%20foram%20tr%C3%AAs,e%20Marciano%20dos%20Santos%20Fosaluza. Acesso em: 15.02.2023).

[712] Sobre os direitos da personalidade na experiência brasileira, v. TEPEDINO, Gustavo. A tutela da personalidade no ordenamento civil-constitucional brasileiro. *Temas de direito civil*. Rio de Janeiro: Renovar, 2008. t. 1. p. 23 e ss.

[713] A saber, o direito à integridade física e ao próprio corpo (arts. 13-15), o direito ao nome (arts. 16-19), o direito à imagem e à honra (art. 20) e o direito à vida privada (art. 21).

[714] Assim como o disposto no art. 5º, § 2º, no sentido de integrar à ordem interna os direitos fundamentais decorrentes dos demais princípios e do regime democrático e os direitos humanos previstos em tratados internacionais: "Os direitos e garantias expressos nesta Constituição não excluem outros decorrentes do regime e dos princípios por ela adotados, ou dos tratados internacionais em que a República Federativa do Brasil seja parte".

[715] TEPEDINO, Gustavo. A tutela da personalidade no ordenamento civil-constitucional brasileiro. *Temas de direito civil*. Rio de Janeiro: Renovar, 2008. t. 1. p. 50.

[716] Vale ressaltar, por exemplo, que os entendimentos da Corte Interamericana de Direitos Humanos costumam ser levados em consideração pela jurisprudência brasileira em matéria de direitos da personalidade, como no caso em que o STF apreciava a exigibilidade de diploma universitário e inscrição em conselho profissional para o exercício da profissão de jornalista: "A Corte Interamericana de Direitos Humanos proferiu decisão no dia 13 de novembro de 1985, declarando que a obrigatoriedade do diploma universitário e da inscrição

A aplicação dos direitos humanos no âmbito do direito privado afigura-se bastante ampla. Assim aconteceu, por exemplo, em hipótese de exclusão de associado por infração de norma estatutária que, embora aplicada regularmente pela Associação, não atendida aos princípios do contraditório e da ampla defesa.[717] Por outro lado, a proteção constitucional do direito à moradia justificou o reconhecimento da impenhorabilidade do único imóvel residencial de devedores solteiros, ainda que a regulamentação legal previsse tal proteção apenas para bens em que residissem entidades familiares.[718]

De outra parte, a proteção à igualdade e a garantia do acesso à terra como necessidade fundamental à existência humana já serviram de fundamento a decisões acerca de temas tão diversos quanto a demarcação de terras indígenas,[719] a resolução de conflitos possessórios entre o Estado e possuidores quilombolas,[720] dentre outros. Cite-se, ainda, o debate acerca do direito à saúde, relativamente ao conteúdo da cobertura oferecida por planos de saúde[721]

---

em ordem profissional para o exercício da profissão de jornalista viola o art. 13 da Convenção Americana de Direitos Humanos, que protege a liberdade de expressão em sentido amplo (cf 'La colegiación obligatoria de periodistas' – Opinião Consultiva OC-5/85, de 13 de novembro de 1985). Também a Organização dos Estados Americanos – OEA, por meio da Comissão Interamericana de Direitos Humanos, entende que a exigência de diploma universitário em jornalismo, como condição obrigatória para o exercício dessa profissão, viola o direito à liberdade de expressão" (STF, RE 511.961, Pleno, Rel. Min. Gilmar Mendes, j. 17.06.2009).

[717] Na ocasião, entendeu o Supremo Tribunal Federal que "os direitos fundamentais assegurados pela Constituição vinculam diretamente não apenas os poderes públicos, estando direcionados também à proteção dos particulares em face dos poderes privados" (STF, RE 201.819, 2ª Turma, Rel. Min. Ellen Gracie, Rel. para Ac. Min. Gilmar Mendes, j. 11.10.2005).

[718] Segundo a Lei 8.009/1990, em seu art. 1º, "O imóvel residencial próprio do casal, ou da entidade familiar, é impenhorável e não responderá por qualquer tipo de dívida civil, comercial, fiscal, previdenciária ou de outra natureza, contraída pelos cônjuges ou pelos pais ou filhos que sejam seus proprietários e nele residam, salvo nas hipóteses previstas nesta lei". No entanto, a Corte Suprema do País estendeu essa proteção também a devedores solteiros, entendendo que o escopo da norma não é propriamente a proteção da família, mas "a proteção de um direito fundamental da pessoa humana: a moradia" (STF, RE 182.233, 4ª Turma, Rel. Min. Sálvio de Figueiredo Teixeira, j. 06.02.2002). Tal entendimento restou consagrado igualmente no Enunciado 364 da Súmula do STJ, em que se lê: "O conceito de impenhorabilidade de bem de família abrange também o imóvel pertencente a pessoas solteiras, separadas e viúvas".

[719] STF, Pet 3388, Tribunal Pleno, Rel. Min. Carlos Ayres Britto, j.19.03.2009. No julgamento da controvérsia, que versava sobre a demarcação da terra indígena Raposa Serra do Sol, sustentou-se que "Os arts. 231 e 232 da Constituição Federal são de finalidade nitidamente fraternal ou solidária, própria de uma quadra constitucional que se volta para a efetivação de um novo tipo de igualdade: a igualdade civil-moral de minorias, tendo em vista o proto-valor da integração comunitária. Era constitucional compensatória de desvantagens historicamente acumuladas, a se viabilizar por mecanismos oficiais de ações afirmativas. No caso, os índios a desfrutar de um espaço fundiário que lhes assegure meios dignos de subsistência econômica para mais eficazmente poderem preservar sua identidade somática, linguística e cultural".

[720] STJ, REsp 931.060, 1ª Turma, Rel. Min. Benedito Gonçalves, j. 17.12.2009, em que se afirmou: "A Constituição de 1998, ao consagrar o Estado Democrático de Direito em seu art. 1º como cláusula imodificável, fê-lo no afã de tutelar as garantias individuais e sociais dos cidadãos, através de um governo justo e que propicie uma sociedade igualitária, sem nenhuma distinção de sexo, raça, cor, credo ou classe social. (...) Essa novel ordem constitucional, sob o prismado dos direitos humanos, assegura aos remanescentes das comunidades dos quilombos a titulação definitiva de imóvel sobre o qual mantém posse de boa-fé há mais de 150 (cento e cinquenta) anos, consoante expressamente previsto no art. 68 do Ato das Disposições Constitucionais Transitórias".

[721] Ilustrativamente, v. STJ, Ag. Rg. no Ag. no REsp 422.417, 4ª Turma, Rel. Min. Maria Isabel Gallotti, j. 24.04.2014; e, ainda, STJ, Ag. Rg. no Ag. no REsp 192.612, 4ª Turma, Rel. Min. Marco Buzzi, j. 20.03.2014.

ou à pretensão, em face do Poder Público, ao fornecimento de remédios ou a serviços de saúde.[722] Na mesma linha protetiva de direitos fundamentais, numerosas demandas indenizatórias asseguram reparação civil por danos morais com base na violação aos direitos à imagem e à privacidade.[723]

Não há limites expressos para a proteção dos direitos fundamentais. Ao contrário, uma vez que a Constituição Federal elegeu como um dos fundamentos da República a dignidade da pessoa humana (art. 1º, III), entende-se que os direitos fundamentais gozam de prevalência na ordem constitucional brasileira, devendo ser protegidos preferencialmente. Desse modo, o único limite à proteção dos direitos fundamentais da pessoa reside justamente na proteção de outros direitos fundamentais, sendo necessário ponderar tais direitos na hipótese de colisão. Entretanto, quando a tutela dos direitos fundamentais acarreta a exigibilidade de prestações positivas por parte do Estado, não raro o Poder Público invoca a chamada "reserva do possível", alegando não haver recursos materiais ou orçamentários para tais prestações. Nesses casos, cabe ao Judiciário valorar as pretensões a prestações positivas em tutela dos direitos fundamentais em face das limitações orçamentárias do Estado, procurando otimizar os recursos em favor da pessoa humana.[724]

Neste último, que versava sobre a recusa de plano de saúde da cobertura de tratamento de radioterapia, sustentou-se: "revela-se abusivo o preceito do contrato de plano de saúde excludente do custeio dos meios e materiais necessários ao melhor desempenho do tratamento clínico ou do procedimento cirúrgico coberto ou de internação hospitalar".

[722] Cf., por exemplo: "O direito à saúde, expressamente previsto na Constituição Federal de 1988 e em legislação especial, é garantia subjetiva do cidadão, exigível de imediato, em oposição a omissões do Poder Público. O legislador ordinário, ao disciplinar a matéria, impôs obrigações positivas ao Estado, de maneira que está compelido a cumprir o dever legal. (...) A falta de vagas em Unidades de Tratamento Intensivo – UTIs no único hospital local viola o direito à saúde e afeta o mínimo existencial de toda a população local, tratando-se, pois, de direito difuso a ser protegido" (STJ, REsp 1.068.731, 2ª Turma, Rel. Min. Herman Benjamin, j. 17.02.2011). A questão ganha especial destaque no contexto de disseminação do coronavírus, sobretudo diante da aposição de cláusulas contratuais de plano de saúde que preveem carência para a utilização de serviços médicos. Nesse cenário, relativamente ao direito à saúde, destaque-se julgado recente do STJ, aplicando o Enunciado 597 de sua Súmula, datada de 2017, no sentido de que "a cláusula contratual de plano de saúde que prevê carência para utilização dos serviços de assistência médica nas situações de emergência ou de urgência é considerada abusiva se ultrapassado o prazo máximo de 24 horas contado da data da contratação" (STJ, AgInt no AgInt no AREsp 1721541/AM, 4ª Turma, Rel. Min. Maria Isabel Gallotti, j. 26.04.2021).

[723] Muitas vezes se confundem, no caso concreto, os direitos à imagem e à privacidade. Dentre muitos outros exemplos, cite-se o caso em que o Superior Tribunal de Justiça (Corte responsável pela uniformização da aplicação da lei infraconstitucional federal no Brasil) reconheceu serem devidos danos morais a uma mulher cuja imagem havia sido veiculada por jornal televisivo, em imagens de arquivo, beijando antigo namorado, com o qual não mais se relacionava (STJ, REsp 1.291.865, 3ª Turma, Rel. Min. Sidnei Beneti, j. 25.06.2013).

[724] A respeito, já se decidiu que "a reserva do possível não configura carta de alforria para o administrador incompetente, relapso ou insensível à degradação da dignidade da pessoa humana, já que é impensável que possa legitimar ou justificar a omissão estatal capaz de matar o cidadão de fome ou por negação de apoio médico- hospitalar. A escusa da 'limitação de recursos orçamentários' frequentemente não passa de biombo para esconder a opção do administrador pelas suas prioridades particulares em vez daquelas estatuídas na Constituição e nas leis, sobrepondo o interesse pessoal às necessidades mais urgentes da coletividade. O absurdo e a aberração orçamentários, por ultrapassarem e vilipendiarem os limites do razoável, as fronteiras do bom-senso e até políticas públicas legisladas, são plenamente sindicáveis pelo Judiciário, não compondo, em absoluto, a esfera da discricionariedade do Administrador, nem indicando

Destaque-se, ainda, o papel dos direitos fundamentais no controle de legitimidade das leis e dos atos normativos. A legislação infraconstitucional não pode contrariar a tutela conferida aos direitos fundamentais pela Constituição; nem o Poder Legislativo é autorizado a modificar a Constituição no que tange a esses direitos, que figuram como cláusulas pétreas (por força do já aludido art. 60, § 4º, IV, da C.R.), insuscetíveis de modificação pelo constituinte derivado. O controle de constitucionalidade no Brasil realiza-se tanto em modalidade difusa (mediante recursos interpostos em casos concretos) quanto concentrada (quando a constitucionalidade de dispositivos normativos é questionada diretamente ao Supremo Tribunal Federal).

O Brasil é signatário de diversas convenções e tratados internacionais sobre direitos humanos, como a Convenção Interamericana sobre Direitos Humanos (Pacto de San José da Costa Rica), o Pacto Internacional sobre Direitos Civis e Políticos, o Pacto Internacional dos Direitos Econômicos, Sociais e Culturais, a Convenção contra a Tortura, a Convenção sobre a Eliminação da Discriminação Racial, a Convenção da Eliminação da Discriminação contra a Mulher, a Convenção dos Direitos da Criança, dentre outros. Verifica-se ampla acolhida das normas internacionais sobre a matéria, dispondo a Constituição Federal, inclusive, no § 3º de seu art. 5º, que "Os tratados e convenções internacionais sobre direitos humanos que forem aprovados, em cada Casa do Congresso Nacional, em dois turnos, por três quintos dos votos dos respectivos membros, serão equivalentes às emendas constitucionais".

Mesmo as normas internacionais sobre direitos humanos (provenientes de Tratados dos quais o Brasil é signatário) que não tenham seguido tal trâmite legislativo interno, embora não se reputem de hierarquia constitucional, são consideradas aptas a revogar leis ordinárias internas. Assim aconteceu, por exemplo, com a proibição à prisão civil do depositário infiel, decorrente do disposto no artigo 7, n. 7, do Pacto de San José da Costa Rica, que revogou o art. 652 do Código Civil,[725] segundo decisão do Supremo Tribunal Federal no julgamento do Recurso Extraordinário 466.343, em 2008.[726]

2. A INFLUÊNCIA DOS DIREITOS FUNDAMENTAIS NO DIREITO DE PROPRIEDADE

A Constituição brasileira considera como direitos fundamentais a propriedade privada (art. 5º, XXX) e a sua função social (art. 5º, XXX). Vincula-se, desse modo, a tutela da propriedade privada à utilidade social do seu aproveitamento econômico, estabelecendo-se o controle pelo Judiciário acerca do exercício do direito de propriedade. Em consequência, destacam-se dois aspectos da propriedade no direito pátrio, o estrutural e o funcional. De um lado, a estrutura do direito subjetivo, destinada a garanti-lo (*propriedade como garantia*), regula-se de acordo com a técnica dos direitos reais e com a sua principiologia, revelando o conteúdo econômico do domínio (senhoria). Dentre tais princípios dos direitos reais, destacam-se o da oponibilidade em face de terceiros (que determina que toda a coletividade deve respeitar o exercício proprietário), o da aderência do direito à coisa (segundo o qual o poder conferido por um direito real se exerce diretamente sobre o bem que lhe serve de objeto), o da publicidade do direito imobiliário (que exige a formalização registral dos atos de constituição, modificação ou extinção de direitos reais sobre imóveis) e os princípios da

---

rompimento do princípio da separação dos Poderes" (STJ, REsp 1.068.731, 2ª Turma, Rel. Min. Herman Benjamin, j. 17.02.2011).

[725] CC/2002, "Art. 652. Seja o depósito voluntário ou necessário, o depositário que não o restituir quando exigido será compelido a fazê-lo mediante prisão não excedente a um ano, e ressarcir os prejuízos".

[726] STF, RE 466.343, Tribunal Pleno, Rel. Min. Cezar Peluso, j. 03.12.2008.

taxatividade e da tipicidade (que determinam estarem os direitos reais limitados às espécies previstas em lei).[727]

Em contrapartida, o aspecto funcional da propriedade condiciona a legitimidade do aproveitamento econômico, para que este possa ser merecedor de tutela jurídica, à promoção de interesses socialmente relevantes que se traduzem no *acesso a direitos fundamentais*, como a moradia e o trabalho (*propriedade como acesso*).[728]

Na jurisprudência brasileira, embora a efetivação da função social do direito de propriedade (propriedade como acesso a direitos fundamentais) se encontre em permanente colisão com a garantia ao direito subjetivo de propriedade privada, igualmente tutelado como direito fundamental pela Constituição (propriedade como garantia), existem precedentes importantes privilegiando a tutela da posse produtiva de determinados bens em detrimento do direito de seus proprietários, quando estes não cumprem a função social. O tema é especialmente importante em matéria de conflitos fundiários.[729] De fato, compreende-se que a proteção da posse de bens imóveis surte implicações diretas sobre a tutela da dignidade humana, visto que repercute na criação de uma sociedade mais justa e igualitária, reduzindo-se a concentração fundiária.[730] No conflito entre duas pretensões possessórias sobre o mesmo bem, será a busca daquela que melhor promove sua função social que deverá ser tutelada com prioridade.[731]

---

[727] A respeito dos princípios orientadores dos direitos reais no ordenamento brasileiro, cf. TEPEDINO, Gustavo; MONTEIRO FILHO, Carlos Edison do Rêgo; RENTERIA, Pablo. *Fundamentos do direito civil: direitos reais*. 3. ed. Rio de Janeiro: Forense, 2022. v. 5. Reflexões sobre o papel desses princípios no direito civil contemporâneo podem também ser encontradas em: MAIA, Roberta Mauro Medina. *Teoria geral dos direitos reais*. São Paulo: Revista dos Tribunais, 2013.

[728] Conforme se sustentou em outra sede, "verifica-se, assim, alteração radical da dogmática tradicional da propriedade, compreendendo-se a função social não já como limitação externa, contraposta à liberdade (supra legislativa e sagrada) do proprietário, mas como fator de legitimidade do exercício da própria liberdade, qualificando-a e justificando a atuação do proprietário" (TEPEDINO, Gustavo. A função social da propriedade e o meio ambiente. *Revista Trimestral de Direito Civil – RTDC*, Rio de Janeiro, v. 37, jan.-mar. 2009. p. 138).

[729] As dificuldades atinentes à consideração da função social como critério relevante para a resolução de conflitos fundiários, ainda pouco absorvida pela jurisprudência brasileira, são abordadas em detalhe por DANTAS, Marcus. Função social na tutela possessória em conflitos fundiários. *Revista Direito GV*, v. 18, 2013. Para análise da usucapião como instrumento de consagração da autonomia da posse, remeta-se também a TEPEDINO, Gustavo; PEÇANHA, Danielle Tavares. Usucapião extraordinária como instrumento de consagração da autonomia da posse. *Revista Justiça & Cidadania*, 06.02.2023.

[730] Ilustrativamente, na jurisprudência: "Direito civil. Ação de reintegração de posse. Imóvel. Programa de habitação. Litígio entre particulares. Função social da posse. 1. A proteção da posse per se, quando emanada na valorização da personalidade humana, busca proporcionar a concretização dos fundamentos da constituição, como a redução das desigualdades sociais e a obtenção uma sociedade mais justa e igualitária. 2. O direito de posse auferido em programa habitacional deve ser destinado à parte que demonstrar melhor usufruir o bem, em cumprimento à função social da propriedade" (TJDFT, AC 2009 03 10 32040-3, Rel. Des. Mario-Zam Belmiro, j. 06.02.2013).

[731] Veja-se o seguinte exemplo na jurisprudência: "A questão possessória ora discutida desborda os limites da relação jurídica processual e atinge uma coletividade de pessoas que, em composse vivia pacificamente na área em questão, nela criando seu gado e trabalhando a terra. A repercussão social da demanda não poderia ser maior, estando em foco a dignidade das pessoas que residiam e exploravam economicamente o local. A posse, aqui, não é apenas da consecução de um bem da vida, ou da satisfação de um interesse material, mas do meio de sobrevivência, da manutenção não de uma, mas de várias famílias, não de uma, mas de várias gerações. (...) Atualmente, o conceito da função social já ultrapassou a esfera da propriedade e alcançou também a posse, de maneira que já se fala em função social da posse. No meu entendimento,

O direito brasileiro tem procurado otimizar o aproveitamento econômico dos bens, incentivando-se seu uso compatível com a sua função social, propiciando a diversificação de direitos (e consequentes formas de aproveitamento) sobre uma mesma coisa. Tem-se privilegiado a posse de bens para fins de moradia ou trabalho (havendo mesmo duas modalidades específicas de aquisição por usucapião da propriedade para essas finalidades, que exigem prazos mais exíguos de posse contínua e seguem regime diferenciado).[732] O Código Civil também prevê modalidade especial de usucapião para a moradia familiar beneficiando o cônjuge ou companheiro separado que permanece no imóvel da família.[733] Procedimento administrativo específico de usucapião urbana foi introduzido pela Lei 11.977/2009, que criou o programa governamental de regularização fundiária e incentivo à aquisição de novas unidades habitacionais denominado Programa Minha Casa, Minha Vida.[734]

Vale ressaltar, ainda, o entendimento de que o patrimônio, para além da garantia geral dos credores do indivíduo, como tradicionalmente compreendido pelo direito civil, desempenha papel relevante para a subsistência e o desenvolvimento da personalidade humana. Em consequência, o patrimônio deve ser especialmente protegido quando desempenha a função essencial de garantia de direitos fundamentais – no que se tem designado *patrimônio mínimo*.[735] Alguns reflexos desse entendimento têm encontrado respaldo legislativo,

já se pode perquirir sobre a função social da posse quando, como no caso em apreço, se dá destinação econômica, aproveitamento dos recursos naturais, sustento e trabalho a uma coletividade de pessoas em razão da posse da terra" (TJMG, 10ª C.C., Ap. Cív. 2.0000.00.492967-3/000, Rel. Des. Alberto Vilas Boas, j. 13.12.2005).

[732] Ambas as modalidades encontram-se previstas nos seguintes dispositivos do Código Civil: "Art. 1.239. Aquele que, não sendo proprietário de imóvel rural ou urbano, possua como sua, por cinco anos ininterruptos, sem oposição, área de terra em zona rural não superior a cinquenta hectares, tornando-a produtiva por seu trabalho ou de sua família, tendo nela sua moradia, adquirir-lhe-á a propriedade"; "Art. 1.240. Aquele que possuir, como sua, área urbana de até duzentos e cinquenta metros quadrados, por cinco anos ininterruptamente e sem oposição, utilizando-a para sua moradia ou de sua família, adquirir-lhe-á o domínio, desde que não seja proprietário de outro imóvel urbano ou rural. § 1º O título de domínio e a concessão de uso serão conferidos ao homem ou à mulher, ou a ambos, independentemente do estado civil. § 2º O direito previsto no parágrafo antecedente não será reconhecido ao mesmo possuidor mais de uma vez".

[733] CC/2002, "Art. 1.240-A. Aquele que exercer, por 2 (dois) anos ininterruptamente e sem oposição, posse direta, com exclusividade, sobre imóvel urbano de até 250 m² (duzentos e cinquenta metros quadrados) cuja propriedade divida com ex-cônjuge ou ex-companheiro que abandonou o lar, utilizando-o para sua moradia ou de sua família, adquirir-lhe-á o domínio integral, desde que não seja proprietário de outro imóvel urbano ou rural".

[734] Trata-se de procedimento que dispensa o recurso ao Judiciário para o reconhecimento da prescrição aquisitiva, conforme previsto na referida lei: "Art. 60. Sem prejuízo dos direitos decorrentes da posse exercida anteriormente, o detentor do título de legitimação de posse, após 5 (cinco) anos de seu registro, poderá requerer ao oficial de registro de imóveis a conversão desse título em registro de propriedade, tendo em vista sua aquisição por usucapião, nos termos do art. 183 da Constituição Federal. § 1º Para requerer a conversão prevista no caput, o adquirente deverá apresentar: I – certidões do cartório distribuidor demonstrando a inexistência de ações em andamento que versem sobre a posse ou a propriedade do imóvel; II – declaração de que não possui outro imóvel urbano ou rural; III – declaração de que o imóvel é utilizado para sua moradia ou de sua família; e IV – declaração de que não teve reconhecido anteriormente o direito à usucapião de imóveis em áreas urbanas. § 2º As certidões previstas no inciso I do § 1º serão relativas à totalidade da área e serão fornecidas pelo poder público".

[735] A propósito, conferir FACHIN, Luiz Edson. *Estatuto jurídico do patrimônio mínimo*. Rio de Janeiro: Renovar, 2006.

sobretudo no caso do *bem de família legal*, previsto pela Lei 8.009/1990, que torna, em regra, impenhorável o imóvel residencial da entidade familiar, ressalvadas exceções expressamente previstas em lei.[736]

Tamanha mudança de paradigmas remete também à função desempenhada pelos *commons* (ou bens comuns), cujo surgimento, por si só, reflete as transformações profundas do direito de propriedade, em visceral tensão com as modalidades de acesso a direitos fundamentais. Os *commons*, como se sabe, constituem-se em bens que, diante de sua importância vital para as pessoas, deveriam ser postos à disposição para aproveitamento por toda a coletividade, superando-se a tradicional lógica dicotômica entre propriedade pública e propriedade privada.[737] Conforme ressaltado pelo Professor Stefano Rodotà, os *commons* traduzem *o oposto da propriedade*,[738] rejeitando, em sua etiologia, a lógica binária da propriedade pública ou privada. Daqui, decorre o imprescindível desenvolvimento de instrumentos institucionais de acesso, a partir da identificação de bens diretamente necessários à satisfação de necessidades vitais, os quais devem ser admitidos como insuscetíveis de apropriação privada ou pública.[739] No atual cenário normativo, vale dizer, há de se recorrer, em determinadas hipóteses, aos princípios constitucionais para a garantia de acesso a direitos fundamentais independentemente da sua titularidade.[740]

---

[736] Dispõe a referida lei: "Art. 1º O imóvel residencial próprio do casal, ou da entidade familiar, é impenhorável e não responderá por qualquer tipo de dívida civil, comercial, fiscal, previdenciária ou de outra natureza, contraída pelos cônjuges ou pelos pais ou filhos que sejam seus proprietários e nele residam, salvo nas hipóteses previstas nesta lei".

[737] TEPEDINO, Gustavo. Posse e propriedade na constitucionalização do direito civil: função social, autonomia da posse e bens comuns. In: SALOMÃO, Luis Felipe; TARTUCE, Flávio (org.). *Direito civil*: diálogos entre a doutrina e a jurisprudência. São Paulo: Altas, 2018. p. 477-506.

[738] Veja-se: "*Diritti fondamentali, accesso, beni comuni disegnano una trama che ridefinisce il rapporto tra il mondo delle persone e il mondo dei beni. Questo, almeno negli ultimi due secoli, era stato sostanzialmente affidato alla mediazione proprietaria, alle modalità con le quali ciascuno poteva giungere all'appropriazione esclusiva dei beni necessari. Proprio questa mediazione viene ora revocata in dubbio. La proprietà, pubblica o privata che sia, non può comprendere ed esaurire la complessità del rapporto persona/beni. Un insieme di relazioni viene ormai affidato a logiche non proprietarie*" (RODOTÀ, Stefano. *Il terribile diritto*. Studi sulla proprietà privata e i beni comuni. Bologna: Il Mulino Rodotà, 2013. p. 464).

[739] Nessa perspetiva, RODOTÁ, Stefano. *Il terribile diritto*. Studi sulla proprietà privata e i beni comuni. Bologna: Il Mulino Rodotà, 2013. p. 469.

[740] Nessa direção, os Tribunais brasileiros vêm relativizando o poder do proprietário, que deixa de ser absoluto e imune a interferências externas. O Superior Tribunal de Justiça, por exemplo, analisou Ação Civil Pública que se opôs à transformação, pelo Poder Público Municipal, de uma Praça, bem de uso comum do povo, para a categoria de bem dominical, com vistas a permitir a doação do imóvel ao Instituto Nacional do Seguro Social (INSS), que lá instalaria a nova agência do órgão federal. Destacou o STJ, a despeito da aparente legalidade da pretendida operação, que o pouco uso do espaço público pela população não pode servir de justificativa para o ato de desafetação, uma vez que a finalidade desses locais públicos não se resume nem se esgota na efetiva utilização do bem pela comunidade, justificando-se pelo potencial acesso e disponibilização do espaço à coletividade do presente e do futuro. Há aqui relevante alteração de paradigma em relação à lógica proprietária tradicional. O Tribunal afirmou, ainda, com desassombro, que a desafetação do bem público, se efetuada sem critérios sólidos e objetivos, como no caso em tela, torna-se "vandalismo estatal", considerado mais condenável que a deterioração privada, visto que o domínio público deveria encontrar no Estado o seu maior protetor; ou seja, retirar da praça a natureza de publicamente acessível, *loci publici* ou *loci communes*, não pode ser considerado como ato banal por parte do governo, mas grave opção que importa consequências drásticas à coletividade (STJ, REsp 1.135.807/RS, 2ª Turma, Rel. Min. Herman Benjamin, j. 15.04.2010). Para maior aprofundamento da matéria, cfr.

3. O ARTIGO 21 DA CONVENÇÃO AMERICANA DE DIREITOS HUMANOS

Os direitos humanos, consagrados na Convenção Americana de Direitos Humanos, assumem roupagem ampla e conforme os ditames constitucionais dos respectivos países signatários. Nesse cenário, a Conveção, também conhecida por Pacto de San José da Costa Rica, entrou em vigor no Brasil em 25 de setembro de 1992, com a promulgação do Decreto 678/1992, e se tornou um dos pilares da proteção dos direitos humanos no País, ao consagrar direitos políticos e civis, bem como os relacionados à integridade pessoal, à liberdade e à proteção judicial.[741]

Com a Convenção, a perspectiva de tutela dos direitos humanos se ampliou sobremaneira, afastando-se da antiga dicotomia entre o direito público, restrito às garantias do cidadão perante o Estado, e os direitos da personalidade, essencialmente concebidos para as relações privadas. Passa-se a entender, pois, que a proteção da pessoa humana há de ser compreendida como integral e todos os aspectos da proteção do sujeito se inserem em panorama amplo de tutela, unificando-se os instrumentos jurídicos de atuação, a partir do binômio liberdade e responsabilidade; autonomia e respeito à dignidade da pessoa humana. Em tal contexto insere-se a previsão do direito à propriedade privada contida no artigo 21 do Pacto de São José da Costa Rica,[742] a qual se associa à disciplina disposta no Código Civil brasileiro.[743]

O dispositivo se insere no direito brasileiro de modo especialmente eloquente, evidenciando que o direito de propriedade deve ser compreendido pela interação entre sua estrutura e função, aspectos indissociáveis. A estrutura do direito de propriedade é formada por dois núcleos de poderes atribuídos ao proprietário, que compõem os conteúdos econômico e jurídico do domínio.[744] Assim é que o item 1 do artigo 21 da Convenção descreve parte importante do seu conteúdo econômico, ou seja, do núcleo interno do domínio, consistente nas faculdades de usar e gozar dos bens. Na mesma linha, situa-se o *caput* do art. 1.228 do Código Civil,[745] que, além das faculdades de usar e gozar, alude à faculdade de dispor e

---

TEPEDINO, Gustavo; PEÇANHA, Danielle Tavares; DANA, Simone Cohn. Os bens comuns e o controle de desafetação de bens públicos. *Revista de Direito da Cidade*, v. 13, 2021. p. 427-445.

[741] A propósito, afirma-se, em doutrina: "a Convenção Americana de Direitos Humanos (1969) estabelece – pelo princípio da vedação do retrocesso social – a progressividade dos direitos econômicos, sociais e culturais por meio da sua ampliação, sempre se voltando para a proteção da dignidade da pessoa humana, tendo em vista a necessidade de se assegurar a afirmação da relevância da pessoa humana em âmbito mundial" (ALVARENGA, Rúbia Zanotelli de. O compromisso assumido pelo Convenção Americana de Direitos Humanos (1969) de assegurar a progressividade dos direitos econômicos, sociais e culturais. *Revista de Direito do Trabalho*, v. 214, p. 161-183, nov.-dez. 2020. p. 161-183).

[742] Eis o teor do dispositivo: "Artigo 21. Direito à Propriedade Privada 1. Toda pessoa tem direito ao uso e gozo dos seus bens. A lei pode subordinar esse uso e gozo ao interesse social. 2. Nenhuma pessoa pode ser privada de seus bens, salvo mediante o pagamento de indenização justa, por motivo de utilidade pública ou de interesse social e nos casos e na forma estabelecidos pela lei. 3. Tanto a usura, como qualquer outra forma de exploração do homem pelo homem, devem ser reprimidas pela lei".

[743] Para exame dos dispositivos atinentes à propriedade privada no Código Civil, cfr. TEPEDINO, Gustavo; MONTEIRO FILHO, Carlos Edison do Rêgo; RENTERIA, Pablo. *Fundamentos do direito civil*: direitos reais. 3. ed. Rio de Janeiro: Forense, 2022. v. 5. p. 89 e ss.

[744] Sobre o ponto, v. TEPEDINO, Gustavo. Contornos constitucionais da propriedade privada. *Temas de direito civil*. 3. ed. Rio de Janeiro: Renovar, 2004. t. I. p. 321-349.

[745] CC/2002, "Art. 1.228. O proprietário tem a faculdade de usar, gozar e dispor da coisa, e o direito de reavê-la do poder de quem quer que injustamente a possua ou detenha".

indica o conteúdo propriamente jurídico ou núcleo externo do domínio, consubstanciado na faculdade de repelir, mediante ações próprias, a ingerência alheia.[746]

A faculdade de usar (*ius utendi*) consiste em dar à coisa a destinação econômica que lhe é própria, isto é, utilizar-se dela sem alteração de sua substância. Todavia, o uso há de ser *civiliter*, "uma vez que o uso se subordina às normas da boa vizinhança e é incompatível com o abuso do direito de propriedade".[747] A faculdade de gozar ou usufruir (*ius fruendi*), por outro lado, consiste em extrair benefícios econômicos da coisa, traduzindo-se na percepção, pelo titular, de frutos naturais, civis ou industriais da coisa, além de seus produtos.

A faculdade de dispor (*ius abutendi*), por sua vez, "é a mais viva expressão dominial, pela maior largueza que espelha", a significar o poder de decidir quanto ao destino a ser dado à coisa.[748] Consiste na faculdade de aliená-la a qualquer título, gravá-la, alterá-la ou mesmo destruí-la, quando isso não configure conduta antissocial. Já o poder de reaver a coisa de quem injustamente a possua ou detenha (*rei vindicatio*) configura a defesa desse direito,[749] que é exercido por meio de ação reivindicatória.

Ao informar que a lei pode subordinar o uso e o gozo ao interesse social, o dispositivo se alinha com o disposto no § 1º do art. 1.228 do Código Civil, que assinala que "O direito de propriedade deve ser exercido em consonância com as suas finalidades econômicas e sociais e de modo que sejam preservados, de conformidade com o estabelecido em lei especial, a flora, a fauna, as belezas naturais, o equilíbrio ecológico e o patrimônio histórico e artístico, bem como evitada a poluição do ar e das águas".

O tema traz a lume uma das mais complexas questões da dogmática proprietária, voltada a identificar a maneira pela qual a função social repercute no conteúdo interno do direito de propriedade, como acenado no item anterior. Bastaria aduzir, para o escopo do presente comentário, que, se é verdade que a certeza do direito não se obtém desconsiderando o dado normativo, este, por sua vez, não há de ser tomado como elemento estático, reconstruindo-se continuamente, na dinâmica própria da tensão dialética fato-norma.[750]

De tal constatação decorre a inviabilidade de se partir do tradicional conceito de propriedade, construído à época do *laissez-faire*, para apenas adaptá-lo, externamente, aos atuais princípios constitucionais. Tal falacioso processo hermenêutico acaba por reelaborar uma falsa ideia de propriedade que se apresentaria como que "corroída", isto é, "mutilada", por meros limites externos. Sob essa ótica, seria possível reconhecer ao proprietário uma espécie de salvo-conduto (*ius plenum dominii*) no interior do território (*meum esse*) que lhe restou, no âmbito do qual estaria resguardado das ingerências do legislador. Haveria, portanto, um "conteúdo mínimo da propriedade", núcleo inatacável de poderes remanescentes, verdadeiro confim além do qual o direito não poderia mais ser "violado" ou "reduzido" por

---

[746] DANTAS, San Tiago. *Programa de direito civil*: direito das coisas. Rio de Janeiro: Rio, 1979. v. III. p. 16.

[747] PEREIRA, Caio Mário da Silva. *Instituições de direito civil*. 24. ed. Rio de Janeiro: Forense, 2016. v. IV. p. 77.

[748] PEREIRA, Caio Mário da Silva. *Instituições de direito civil*. 24. ed. Rio de Janeiro: Forense, 2016. v. IV. p. 76.

[749] BEVILAQUA, Clovis. *Código Civil dos Estados Unidos do Brasil comentado*. 11. ed. Rio de Janeiro: Paulo de Azevedo, 1958. v. III. p. 45.

[750] Sobre a imprescindibilidade de ambas as referências, leciona RESCIGNO, Pietro. Disciplina dei beni e situazioni della persona. *Quad. Fiorentini*, 1976-1977, t. II. p. 862: "*Accanto alla 'rivolta dei fatti' vi è dunque il sistema positivo considerato nella sua interezza, anche nell'emergere di figure che nascono con carattere temporaneo od eccezionale, e nell'avvertita sopravvivenza di fenomeni che sembravano ridotti in esili margini*".

leis ordinárias.[751] Nessa concepção, a relação de propriedade se apresentaria como disputa entre o interesse egoístico, tendencialmente pleno (previsto no Código Civil, nos termos do *caput* do art. 1.228), e o interesse social (mesmo se em vantagem deste último, de acordo com intervenções legislativas autorizadas pelo § 1º do art. 1.228 do Código Civil e pelo artigo 21 da Convenção Americana de Direitos Humanos).

A rigor, porém, a propriedade constitucional não se traduz na redução quantitativa dos poderes do proprietário, a transformá-la em uma "minipropriedade", como alguém, com fina ironia, a cunhou.[752] Ao reverso, revela conceito qualitativamente diverso, uma vez que a relação jurídica da propriedade, compreendendo interesses não proprietários (igual ou predominantemente) merecedores de tutela, não pode ser examinada "*se non construendo in una endiadi le situazioni del proprietario e dei terzi*".[753] Assim – não já o conteúdo mínimo, mas –, o preciso conteúdo da situação jurídica de propriedade, inserida na relação concreta, extrai-se da compatibilidade da propriedade com situações não proprietárias. A propriedade, dessa forma, deixa de ser uma ameaça e se transforma em instrumento (de acesso) para a realização do projeto constitucional (acesso a garantias fundamentais).[754]

Evidenciada a potencialidade transformadora da previsão do aspecto funcional do domínio constante no § 1º do art. 1.228 do Código Civil e no artigo 21 da Convenção Americana de Direitos Humanos, novas possibilidades hermenêuticas se abrem para o intérprete. O risco de se transformar a previsão legal em letra morta (considerada mera dicção política, fruto da retórica do codificador) debela-se pela identificação dos contornos constitucionais do direito de propriedade no ordenamento brasileiro.

Vale notar, ainda, que o artigo 21 da Convenção Americana de Direitos Humanos, assinala também que "Nenhuma pessoa pode ser privada de seus bens, salvo mediante o pagamento de indenização justa, por motivo de utilidade pública ou de interesse social e nos casos e na forma estabelecidos pela lei". Tal disposição se coaduna, em última análise, com o § 3 do art. 1.228 do Código Civil, com o seguinte teor: "O proprietário pode ser privado da coisa, nos casos de desapropriação, por necessidade ou utilidade pública ou interesse social,

---

[751]   Tal crítica ao isolamento de um "conteúdo mínimo da propriedade", blindado contra qualquer ordem de ingerências externas, não se confunde com a possibilidade de identificação de "conteúdos mínimos da propriedade" de acordo com seus sujeitos, objetos, destinações, ou mesmo circunstâncias concretas. Nessa esteira, Pietro Perlingieri, referindo-se à Constituição italiana, mas em lição de todo aplicável ao Direito brasileiro, adverte que "a conclusão pela qual é preciso falar de conteúdos mínimos da propriedade deve ser interpretada não em chave jusnaturalista, mas em relação à reserva de lei prevista na Constituição, a qual garante a propriedade atribuindo à lei a tarefa de determinar os modos de aquisição, de gozo e os limites, com o objetivo de assegurar a função social e de torná-la acessível a todos (art. 42, § 2)" (PERLINGIERI, Pietro. *Perfis do direito civil*: introdução ao direito civil constitucional. Rio de Janeiro: Renovar, 2002. p. 231).

[752]   TIZZANO, A. In: ALPA, G. et al. *Crisi dello stato sociale e contenuto minimo della proprietà*. Atti del Convegno, Camerino, 27-28 maggio 1982, Napoli, 1983. p. 132.

[753]   CANTELMO, Vincenzo. Proprietà e crisi dello Stato sociale. *Democrazia e diritto*, 1983. p. 119.

[754]   "(...) a funcionalização da propriedade, assegurada pela Constituição da República, ao contrário de ameaçar os direitos individuais, potencializa-os. Permite-se, mercê da axiologia constitucional, associar liberdade e solidariedade; autonomia privada e responsabilidade. De uma parte, a utilidade social legitima a utilização dos bens, justificando a garantia da propriedade privada como cláusula pétrea (art. 5º, XXVII, C.R.) e o valor social do trabalho e da livre-iniciativa (art. 1º, IV, C.R.). Além disso, a função atribuída à titularidade proprietária define a estrutura, o conteúdo, a extensão e deveres da titularidade dominical" (TEPEDINO, Gustavo. Propriedade: um terrível direito? *Revista Brasileira de Direito Civil – RBDCivil*, v. 31, n. 1, jan.-mar. 2022. p. 11-13).

bem como no de requisição, em caso de perigo público iminente". O dispositivo caminha na direção do necessário atendimento à função social do instituto, associando-se, ainda, ao disposto no § 4º do art. 1.228 do Código Civil, em que se lê "O proprietário também pode ser privado da coisa se o imóvel reivindicado consistir em extensa área, na posse ininterrupta e de boa-fé, por mais de cinco anos, de considerável número de pessoas, e estas nela houverem realizado, em conjunto ou separadamente, obras e serviços considerados pelo juiz de interesse social e econômico relevante".

A influência do conteúdo do dispositivo se traduz em emblemático julgamento da Corte Interamericana de Direitos Humanos em 1988, no caso *Comunidade Mayagna (Sumo) Awas Tingni* vs. *Nicarágua*,[755] que guarda estreita relação com a proteção dos direitos humanos disciplinados na Convenção, em especial o direito de propriedade. Na situação, examinava-se a conduta levada a cabo pela Nicarágua que, não tendo realizado a esperada demarcação das terras da Comunidade Mayagna (Sumo) Awas Tingni nem tomado medidas efetivas que assegurassem os direitos de propriedade da comunidade relativamente às suas terras ancestrais, outorgou concessão de uso e exploração a certa empresa das terras da comunidade, a violar diametralmente seus direitos. O fato se deu sem consulta prévia dos membros da comunidade indígena, que se insurgiram contra a medida. Buscava-se, então, que a Corte ordenasse que a Nicarágua estabelecesse procedimento jurídico voltado à pronta demarcação e ao reconhecimento oficial dos direitos de propriedade da comunidade, rechaçando-se a concessão para aproveitamento dos recursos naturais das terras ocupadas pelos Awas Tingni.

A Corte emitiu sentença em 2001 afirmando que o Estado violou o direito dos membros da comunidade, disciplinado no artigo 21 da Convenção Americana de Direitos Humanos, condenando-o a uma reparação no montante de US$ 50.000,00, a ser utilizado em obras a serviço dos interesses coletivos da comunidade e sob a supervisão da Comissão Interamericana de Direitos Humanos. Ordenou, ainda, que o Estado adotasse, em seu direito interno, as medidas necessárias para criar mecanismo efetivo e imediato de delimitação, demarcação e reconhecimento formal da titularidade da propriedade das comunidades indígenas, como é o caso da Comunidade Mayagna, abstendo-se de realizar quaisquer atos que pudessem comprometer o direito de propriedade dos membros da comunidade em relação às terras onde habitam e realizam suas atividades, a cumprir clara função social.[756] Além disso, a Corte, atenta às particularidades da comunidade indígena, considerou que os

---

[755] Jurisprudência da Corte Interamericana de Direitos Humanos/Secretaria Nacional de Justiça, Comissão de Anistia, Corte Interamericana de Direitos Humanos. Tradução da Corte Interamericana de Direitos Humanos. Brasília: Ministério da Justiça, 2014. Disponível em: https://pt.slideshare.net/justicagovbr/jurisprudncia-da-corte-interamericana-de-direitos-humanos-direitos-dos-povos-indgenas. Acesso em: 15.2.2023. Sobre o caso, cfr., ainda, ROBLES, Manuel E. Ventura. Jurisprudencia de la corte interamericana de derechos en materia de derechos economicos, sociales y culturales. In: DIREITO, Carlos Alberto Menezes; TRINDADE, Antônio Augusto Cançado; PEREIRA, Antônio Celso Alves (coord.). *Novas perspectivas do direito internacional contemporâneo*: estudos em homenagem ao Professor Celso D. Albuquerque Mello. Rio de Janeiro: Renovar, 2008. p. 533-574.

[756] Assinalando a importância do caso, afirma Flávia Piovesan que: "a Corte reconheceu os direitos dos povos indígenas à propriedade coletiva da terra, como uma tradição comunitária, e como um direito fundamental e básico à sua cultura, à sua vida espiritual, à sua integridade e à sua sobrevivência econômica. Acrescentou que para os povos indígenas a relação com a terra não é somente uma questão de possessão e produção, mas um elemento material e espiritual de que devem gozar plenamente, inclusive para preservar seu legado cultural e transmiti-lo às gerações futuras" (PIOVESAN, Flávia. Direitos humanos e constitucionalismo regional transformador: o impacto do sistema interamericano. *Doutrinas Essenciais de Direito Constitucional*. 2015. v. 8. p. 293-316).

seus membros possuiriam direito de propriedade comum sobre as terras onde habitavam, levando em conta a tradição comunitária por eles exercitada, também refletida no direito de titularidade das terras.[757]

Em situação semelhante julgada pela Corte Interamericana em 2010, no caso da comunidade indígena *Xákmok Kásek* vs. *Paraguai*, condenou-se o Paraguai pela violação aos direitos à vida, à propriedade comunitária e à proteção judicial (artigos 4, 21 e 25 da Convenção Interamericana, respectivamente), diante da não garantia do direito de propriedade ancestral à aludida comunidade indígena, afetando igualmente, segundo ficou definido na sentença, o direito da comunidade à sua identidade cultural.[758] Naquele caso, destacou-se que os conceitos tradicionais de propriedade privada e de posse não se aplicam às comunidades indígenas, pelo significado coletivo da terra, visto que a relação de pertença não se centra no indivíduo, mas, sim, nas ideias de grupo e de comunidade.[759]

4. NOTAS À GUISA DE CONCLUSÃO

A Constituição da República de 1988 consagrou, como fundamentos e objetivos da República, os princípios da Dignidade da Pessoa Humana (art. 1º, III, da C.R.), da Solidariedade Social (art. 3º, III) e da Igualdade Substancial (art. 3º, I), ao lado de consistente rol de direitos fundamentais, inseridos no ordenamento como garantias individuais inderrogáveis (art. 5º), de forma não taxativa, a serem constantemente acrescidas pelos direitos humanos internacionalmente reconhecidos (art. 5º, § 3º, da C.R.), inscritos como cláusulas pétreas (art. 60, § 4º, da C.R.) e, como tal, insuscetíveis de revogação pelo legislador ou mesmo por reforma constitucional.

Dessa maneira, também nas relações jurídicas de direito privado, os direitos fundamentais e os direitos humanos, internacionalmente reconhecidos, como por ocasião de sua recepção pelo direito interno, tornam-se diretamente vinculantes. A Constituição brasileira

---

[757] Sobre o ponto, afirmou-se, em doutrina, quando da análise da decisão: "*la Corte se refirió al concepto de propiedad en las comunidades indígenas, aludiendo al hecho de que entre los indígenas existe una tradición comunitaria respecto a su forma de propiedad colectiva de la tierra, en el sentido de que la pertinencia de ésta no se centra en un individuo sino en el grupo y su comunidad. Para las comunidades indígenas, la relación con la tierra no es meramente una cuestión de posesión y producción, sino un elemento material y espiritual del que deben gozar plenamente, inclusive para preservar su legado cultural y transmitirlo a las generaciones futuras. Es precisamente con estas afirmaciones donde encontramos la estrecha relación que la presente Sentencia guarda con los derechos económicos, sociales y culturales*" (ROBLES, Manuel E. Ventura. Jurisprudencia de la corte interamericana de derechos en materia de derechos economicos, sociales y culturales. In: DIREITO, Carlos Alberto Menezes; TRINDADE, Antônio Augusto Cançado; PEREIRA, Antônio Celso Alves (coord.). *Novas perspectivas do direito internacional contemporâneo*: estudos em homenagem ao Professor Celso D. Albuquerque Mello. Rio de Janeiro: Renovar, 2008. p. 533-574).

[758] Jurisprudência da Corte Interamericana de Direitos Humanos/Secretaria Nacional de Justiça, Comissão de Anistia, Corte Interamericana de Direitos Humanos. Tradução da Corte Interamericana de Direitos Humanos. Brasília: Ministério da Justiça, 2014. Disponível em: https://pt.slideshare.net/justicagovbr/jurisprudncia-da-corte-interamericana-de-direitos-humanos-direitos-dos-povos-indgenas. Acesso em: 16.02.2023.

[759] Assim, assinalou-se que o direito à propriedade coletiva mereceria igual proteção pelo artigo 21 da Convenção, devendo o Estado, ao assegurar especial proteção às comunidades indígenas, observar suas particularidades próprias, suas características econômicas e sociais e suas especiais vulnerabilidades (PIOVESAN, Flávia. Direitos humanos e constitucionalismo regional transformador: o impacto do sistema interamericano. *Doutrinas Essenciais de Direito Constitucional*. 2015. v. 8. p. 293-316).

proíbe que a iniciativa econômica privada possa ser desenvolvida de maneira prejudicial à promoção da dignidade da pessoa humana e à justiça social. Rejeita, igualmente, que os espaços privados, como a família, a empresa e a propriedade, possam se constituir em reduto insuscetível de controle estatal e propício à violação do projeto constitucional.

Dessa forma, o direito civil e, especialmente, as relações patrimoniais deixam de ter justificativa e legitimidade em si mesmas, devendo ser funcionalizadas a interesses existenciais e sociais, previstos pela própria Constituição – que ocupa o ápice da hierarquia normativa –, integrantes, portanto, da nova ordem pública interna. Nessa esteira, a Constituição da República intervém diretamente nas relações econômicas, permitindo que a proteção dos direitos fundamentais seja efetuada também na esfera privada. No caso da propriedade privada, cuja doutrina se confunde com pré-compreensões ideológicas, religiosas e políticas, as quais constituem arcabouço cultural de difícil plasticidade, o acesso a direitos humanos encontra enorme resistência, sendo indiscutível, contudo, a evolução paulatina do reconhecimento e da eficácia da função social – como projeção direta dos direitos fundamentais – no núcleo interno do domínio, em detrimento do individualismo proprietário. Esse caminho tem sido trilhado pela jurisprudência e doutrina brasileiras, embora o processo evolutivo não seja linear nem simples, exigindo redobrada atenção do jurista para evitar retrocessos tendentes a separar os espaços privados, sob a égide do paradigma proprietário, da interferência do direito público e, em consequência, da incidência direta das normas constitucionais.

REFERÊNCIAS

ALVARENGA, Rúbia Zanotelli de. O compromisso assumido pelo Convenção Americana de Direitos Humanos (1969) de assegurar a progressividade dos direitos econômicos, sociais e culturais. *Revista de Direito do Trabalho*, v. 214, p. 161-183, nov.-dez. 2020.

BARROSO, Luís Roberto. *O novo direito constitucional brasileiro*. Belo Horizonte: Fórum, 2013.

BEVILAQUA, Clovis. *Código Civil dos Estados Unidos do Brasil comentado*. 11. ed. Rio de Janeiro: Paulo de Azevedo, 1958. v. III.

BOBBIO, Norberto. *A Era dos Direitos*. Rio de Janeiro: Elsevier, 2004.

BONAVIDES, Paulo. Os direitos humanos e a democracia. In: SILVA, Reinaldo Pereira e (org.). *Direitos humanos como educação para a justiça*. São Paulo: LTr, 1998.

BONAVIDES, Paulo. *Curso de Direito Constitucional*. São Paulo: Malheiros, 2006.

CAMARGOS, Daniel. Após um ano, 61% das investigações de assassinatos no campo não foram concluídas; ninguém foi condenado. *Repórter Brasil*, 2021. Disponível em: https://reporterbrasil.org.br/2021/01/impunidade-violencia-campo-indigenas-sem-terra-ambientalistas-ninguem-condenado/#:~:text=De%20fato%2C%20o%20n%C3%BAmero%20de,recorde%20dos%20%C3%BAltimos%20cinco%20anos.&text=Apenas%20em%202019%2C%20foram%20tr%C3%AAs,e%20Marciano%20dos%20Santos%20Fosaluza. Acesso em: 15.02.2023.

CANTELMO, Vincenzo. Proprietà e crisi dello Stato sociale. *Democrazia e diritto*, 1983.

COMPARATO, Fábio Konder. *A afirmação histórica dos direitos humanos*. São Paulo: Saraiva, 2000.

COMPARATO, Fábio Konder. Fundamentos dos direitos humanos. *Revista Consulex*, v. 1, n. 48, ano IV, 2000.

DANTAS, Marcus. Função social na tutela possessória em conflitos fundiários. *Revista Direito GV*, v. 18, 2013.

DANTAS, San Tiago. *Programa de direito civil*: direito das coisas. Rio de Janeiro: Rio, 1979. v. III.

FACHIN, Luiz Edson. *Estatuto jurídico do patrimônio mínimo*. Rio de Janeiro: Renovar, 2006.

FACHIN, Luiz Edson; RUZYK, Carlos Eduardo Pianovski. A dignidade da pessoa humana no direito contemporâneo: uma contribuição à crítica da raiz dogmática do neopositivismo constitucionalista. *Revista Trimestral de Direito Civil*, Rio de Janeiro, v. 35, jul.-set. 2008.

MAIA, Roberta Mauro Medina. *Teoria geral dos direitos reais*. São Paulo: Revista dos Tribunais, 2013.

PEREIRA, Caio Mário da Silva. *Instituições de direito civil*. 24. ed. Rio de Janeiro: Forense, 2016. v. IV.

PERLINGIERI, Pietro. *Perfis do direito civil*: introdução ao direito civil constitucional. Rio de Janeiro: Renovar, 2002.

PIOVESAN, Flávia. Direitos humanos e constitucionalismo regional transformador: o impacto do sistema interamericano. *Doutrinas Essenciais de Direito Constitucional*. 2015. v. 8. p. 293-316.

RAMOS, André de Carvalho. *Teoria geral dos direitos humanos na ordem internacional*. Rio de Janeiro: Renovar, 2005.

RESCIGNO, Pietro. *Disciplina dei beni e situazioni della persona*. Quad. Fiorentini, 1976-1977, t. II.

ROBLES, Manuel E. Ventura. Jurisprudencia de la corte interamericana de derechos en materia de derechos economicos, sociales y culturales. In: DIREITO, Carlos Alberto Menezes; TRINDADE, Antônio Augusto Cançado; PEREIRA, Antônio Celso Alves (coord.). *Novas perspectivas do direito internacional contemporâneo*: estudos em homenagem ao Professor Celso D. Albuquerque Mello. Rio de Janeiro: Renovar, 2008. p. 533-574.

RODOTÁ, Stefano. *Il terribile diritto. Studi sulla proprietà privata e i beni comuni*. Bologna: Il Mulino Rodotà, 2013.

SARLET, Ingo Wolfgang. *A eficácia dos direitos fundamentais*. Porto Alegre: Livraria do Advogado, 1999.

SOUZA NETO, Cláudio Pereira de; SARMENTO, Daniel. *Direito constitucional*: teoria, história e métodos de trabalho. Belo Horizonte: Fórum, 2012.

TEPEDINO, Gustavo. A função social da propriedade e o meio ambiente. *Revista Trimestral de Direito Civil – RTDC*, Rio de Janeiro, v. 37, jan.-mar. 2009.

TEPEDINO, Gustavo. A tutela da personalidade no ordenamento civil-constitucional brasileiro. *Temas de direito civil*. Rio de Janeiro: Renovar, 2008. t. 1.

TEPEDINO, Gustavo. Contornos constitucionais da propriedade privada. *Temas de direito civil*. 3. ed. Rio de Janeiro: Renovar, 2004. t. I.

TEPEDINO, Gustavo. Normas constitucionais e relações de direito civil na experiência brasileira. *Temas de direito civil*. Rio de Janeiro: Renovar, 2006. t. 2.

TEPEDINO, Gustavo. Posse e propriedade na constitucionalização do direito civil: função social, autonomia da posse e bens comuns. In: SALOMÃO, Luis Felipe; TARTUCE, Flávio (org.). *Direito civil*: diálogos entre a doutrina e a jurisprudência. São Paulo: Altas, 2018.

TEPEDINO, Gustavo. Premissas metodológicas para a constitucionalização do direito civil. *Temas de direito civil*. Rio de Janeiro: Renovar, 2008. t. 1.

TEPEDINO, Gustavo. Propriedade: um terrível direito? *Revista Brasileira de Direito Civil – RBDCivil*, v. 31, n. 1, jan.-mar. 2022.

TEPEDINO, Gustavo; MONTEIRO FILHO, Carlos Edison do Rêgo; RENTERIA, Pablo. *Fundamentos do direito civil*: direitos reais. 3. ed. Rio de Janeiro: Forense, 2022. v. 5.

TEPEDINO, Gustavo; PEÇANHA, Danielle Tavares. Usucapião extraordinária como instrumento de consagração da autonomia da posse. *Revista Justiça & Cidadania*, 06.02.2023.

TEPEDINO, Gustavo; PEÇANHA, Danielle Tavares; DANA, Simone Cohn. Os bens comuns e o controle de desafetação de bens públicos. *Revista de Direito da Cidade*, v. 13, 2021.

TIZZANO, A. In: ALPA, G. et al. *Crisi dello stato sociale e contenuto minimo della proprietà*. Atti del Convegno, Camerino, 27-28 maggio 1982, Napoli, 1983.

Artigo 22
Direito de circulação e de residência

1. Toda pessoa que se ache legalmente no território de um Estado tem direito de circular nele e de nele residir em conformidade com as disposições legais.

2. Toda pessoa tem o direito de sair livremente de qualquer país, inclusive do próprio.

3. O exercício dos direitos acima mencionados não pode ser restringido senão em virtude de lei, na medida indispensável, numa sociedade democrática, para prevenir infrações penais ou para proteger a segurança nacional, a segurança ou a ordem públicas, a moral ou a saúde públicas, ou os direitos e liberdades das demais pessoas.

4. O exercício dos direitos reconhecidos no inciso 1 pode também ser restringido pela lei, em zonas determinadas, por motivo de interesse público.

5. Ninguém pode ser expulso do território do Estado do qual for nacional, nem ser privado do direito de nele entrar.

6. O estrangeiro que se ache legalmente no território de um Estado-Parte nesta Convenção só poderá dele ser expulso em cumprimento de decisão adotada de acordo com a lei.

7. Toda pessoa tem o direito de buscar e receber asilo em território estrangeiro, em caso de perseguição por delitos políticos ou comuns conexos com delitos políticos e de acordo com a legislação de cada Estado e com os convênios internacionais.

8. Em nenhum caso o estrangeiro pode ser expulso ou entregue a outro país, seja ou não de origem, onde seu direito à vida ou à liberdade pessoal esteja em risco de violação por causa da sua raça, nacionalidade, religião, condição social ou de suas opiniões políticas.

9. É proibida a expulsão coletiva de estrangeiros.

🗨 COMENTÁRIOS

por José Antonio Dias Toffoli e Walter Godoy dos Santos Jr.

A Convenção Americana de Direitos Humanos (CADH), também conhecida como Pacto de São José da Costa Rica, foi assinada em 22 de novembro de 1969, na capital da Costa Rica, e vigora entre os países que integram a Organização dos Estados Americanos (OEA). Os Estados signatários dessa Convenção comprometem-se

(...) a respeitar os direitos e liberdades nela reconhecidos e a garantir seu livre e pleno exercício a toda pessoa que esteja sujeita à sua jurisdição, sem discriminação alguma por motivo de raça, cor, sexo, idioma, religião, opiniões políticas ou de qualquer outra natureza, origem nacional ou social, posição econômica, nascimento ou qualquer outra condição social.

A Convenção consagra diversos direitos civis e políticos, dentre os quais ressaltamos: o reconhecimento à dignidade, à liberdade religiosa e de consciência, à liberdade de pensamento e de expressão e os direitos ao reconhecimento da personalidade jurídica, à vida, à integridade pessoal, à liberdade pessoal, às garantias judiciais, à proteção da honra, à livre associação e, naturalmente, à liberdade de circulação e de residência.

A Convenção estabelece, ainda, a obrigação de os Estados promoverem, na medida dos recursos disponíveis, o desenvolvimento progressivo dos direitos econômicos, sociais e culturais contidos na Carta da OEA, firmada em 1948. Assim, a CADH constitui um dos pilares do sistema interamericano de proteção dos Direitos Humanos.

No plano da implementação de tais direitos, destacam-se dois organismos internacionais: a Comissão Interamericana de Direitos Humanos (CIDH), com a função de investigar os fatos que possam violar as normas da Convenção, e a Corte Interamericana de Direitos Humanos (Corte IDH), responsável por julgar as lides decorrentes das referidas violações.

O Brasil é parte da Convenção Americana de Direitos Humanos desde 1992, tendo sua participação sido ratificada por meio do Decreto 678, de 6 de novembro do citado ano.

A competência obrigatória da Corte Interamericana de Direitos Humanos – órgão responsável por zelar pelo cumprimento da CADH – foi reconhecida pelo Brasil em todos os casos relativos à interpretação ou à aplicação dessa convenção a partir da edição do Decreto Legislativo 89, de 1998. Desde então, o Estado brasileiro encontra-se plenamente integrado ao sistema interamericano de proteção dos direitos humanos.

No que se refere à força normativa da CADH no Brasil, deve-se ressaltar que o Supremo Tribunal Federal reconheceu, no exame do RE 562.051/MT, de relatoria do Ministro Cezar Peluso, a existência de repercussão geral quanto à legitimidade das prisões civis do depositário infiel devedor de contrato garantido por alienação fiduciária e do depositário judicial infiel, tendo em vista o *status* normativo supralegal dos tratados internacionais de direitos humanos subscritos pelo Brasil. Esse julgado foi assim ementado:

> Recurso. Extraordinário. Prisão civil. Inadmissibilidade reconhecida pelo acórdão impugnado. Depositário infiel. Questão da constitucionalidade das normas infraconstitucionais que preveem a prisão. Relevância. Repercussão geral reconhecida. Apresenta repercussão geral o recurso extraordinário que verse sobre a questão de constitucionalidade das normas que dispõem sobre a prisão civil de depositário infiel.[760]

Na sessão Plenária de 03.12.2008, ao apreciar conjuntamente o mérito do RE 349.703/RS, Relator o Ministro Ayres Britto, e do RE 466.343/SP, Relator o Ministro Cezar Peluso, e do *Habeas Corpus* 87.585/TO, Relator o Ministro Marco Aurélio, a Corte reconheceu a impossibilidade da prisão civil do depositário infiel.

No ponto, entendeu-se que os fatos de o Brasil haver subscrito a CADH, que restringe a prisão civil por dívida ao descumprimento inescusável de prestação alimentícia, e de o aludido Pacto ter sido introduzido no ordenamento jurídico nacional derrogaram as normas estritamente legais definidoras da custódia do depositário infiel.

---

[760] *DJe* 12.09.2008.

Com efeito, no julgamento do RE 466.343, o Supremo Tribunal Federal assentou o seguinte:

> [D]iante do inequívoco caráter especial dos tratados internacionais que cuidam da proteção dos direitos humanos, não é difícil entender que a sua internalização no ordenamento jurídico, por meio do procedimento de ratificação previsto na CF/1988, tem o condão de paralisar a eficácia jurídica de toda e qualquer disciplina normativa infraconstitucional com ela conflitante.
>
> Nesse sentido, é possível concluir que, diante da supremacia da CF/1988 sobre os atos normativos internacionais, a previsão constitucional da prisão civil do depositário infiel (art. 5º, LXVII) não foi revogada (...), mas deixou de ter aplicabilidade diante do efeito paralisante desses tratados em relação à legislação infraconstitucional que disciplina a matéria (...). Tendo em vista o caráter supralegal desses diplomas normativos internacionais, a legislação infraconstitucional posterior que com eles seja conflitante também tem sua eficácia paralisada. (...)
>
> Enfim, desde a adesão do Brasil, no ano de 1992, ao PIDCP (art. 11) e à CADH – Pacto de São José da Costa Rica (art. 7º, 7), não há base legal para aplicação da parte final do art. 5º, LXVII, da CF/1988, ou seja, para a prisão civil do depositário infiel.[761]

No mesmo sentido, trazemos à colação os seguintes julgamentos:

> 1. A matéria em julgamento neste habeas corpus envolve a temática da (in)admissibilidade da prisão civil do depositário infiel no ordenamento jurídico brasileiro no período posterior ao ingresso do Pacto de São José da Costa Rica no direito nacional. 2. Há o caráter especial do PIDCP (art. 11) e da CADH – Pacto de São José da Costa Rica (art. 7º, 7), ratificados, sem reserva, pelo Brasil, no ano de 1992. A esses diplomas internacionais sobre direitos humanos é reservado o lugar específico no ordenamento jurídico, estando abaixo da CF/1988, porém acima da legislação interna. O status normativo supralegal dos tratados internacionais de direitos humanos subscritos pelo Brasil torna inaplicável a legislação infraconstitucional com ele conflitante, seja ela anterior ou posterior ao ato de ratificação. 3. Na atualidade a única hipótese de prisão civil, no Direito brasileiro, é a do devedor de alimentos. O art. 5º, § 2º, da Carta Magna expressamente estabeleceu que os direitos e garantias expressos no *caput* do mesmo dispositivo não excluem outros decorrentes do regime dos princípios por ela adotados, ou dos tratados internacionais em que a República Federativa do Brasil seja parte. O Pacto de São José da Costa Rica, entendido como um tratado internacional em matéria de direitos humanos, expressamente, só admite, no seu bojo, a possibilidade de prisão civil do devedor de alimentos e, consequentemente, não admite mais a possibilidade de prisão civil do depositário infiel. 4. *Habeas corpus* concedido.[762]
>
> O Plenário desta Corte, no julgamento conjunto dos HC 87.585 e HC 92.566, relator o ministro Marco Aurélio, e dos RE 466.343 e RE 349.703, relatores os ministros Cezar Peluso e Carlos Britto, sessão de 3-12-2008, fixou o entendimento de que a circunstância de o Brasil haver subscrito o Pacto de São José da Costa Rica conduziu à inexistência de balizas visando à eficácia do que previsto no art. 5º, LXVII, da CF/1988, restando, assim, derrogadas as normas estritamente legais definidoras da custódia do depositário infiel.[763]
>
> Esse caráter supralegal do tratado devidamente ratificado e internalizado na ordem jurídica brasileira – porém não submetido ao processo legislativo estipulado pelo art.

---

[761] RE 466.343, Rel. Min. Cezar Peluso, voto do Min. Gilmar Mendes, *DJe* 05.06.2009, Tema 60.

[762] HC 95.967, Rel. Min. Ellen Gracie, *DJe* 28.11.2008.

[763] RE 716.101, Rel. Min. Luiz Fux, dec. mon., *DJe* 08.11.2012.

5º, § 3º, da CF/1988 – foi reafirmado pela edição da Súmula Vinculante 25, segundo a qual "é ilícita a prisão civil de depositário infiel, qualquer que seja a modalidade do depósito". Tal verbete sumular consolidou o entendimento deste Tribunal de que o art. 7º, item 7, da CADH teria ingressado no sistema jurídico nacional com *status* supralegal, inferior à CF/1988, mas superior à legislação interna, a qual não mais produziria qualquer efeito naquilo que conflitasse com a sua disposição de vedar a prisão civil do depositário infiel. Tratados e convenções internacionais com conteúdo de direitos humanos, uma vez ratificados e internalizados, ao mesmo passo em que criam diretamente direitos para os indivíduos, operam a supressão de efeitos de outros atos estatais infraconstitucionais que se contrapõem à sua plena efetivação.[764]

Pedido de revisão da Súmula Vinculante 25 (...) para admitir-se a revisão ou o cancelamento de súmula vinculante, é necessário que seja evidenciada a superação da jurisprudência da Suprema Corte no trato da matéria; haja alteração legislativa quanto ao tema ou, ainda, modificação substantiva de contexto político, econômico ou social. Entretanto, a proponente não evidenciou, de modo convincente, nenhum dos aludidos pressupostos de admissão e, ainda, não se desincumbiu da exigência constitucional de apresentar decisões reiteradas do Supremo Tribunal Federal que demonstrassem a necessidade de alteração do teor redacional da Súmula Vinculante 25, o que impossibilita a análise da presente proposta.[765]

Note-se, portanto, que o expresso reconhecimento do *status* normativo supralegal da CADH tornou inaplicável a legislação infraconstitucional com ela conflitante, o que, sem dúvida, representou uma contribuição significativa para o fortalecimento do sistema de proteção de direitos humanos no Brasil.

Nessa mesma linha, cumpre salientar também o importante protagonismo assumido pelo Conselho Nacional de Justiça (CNJ) ao criar a Unidade de Monitoramento e Fiscalização (UMF) de decisões e deliberações da Corte Interamericana de Direitos Humanos.

A referida unidade ficou institucionalmente vinculada ao Departamento de Monitoramento e Fiscalização do Sistema Carcerário e do Sistema de Execução de Medidas Socioeducativas (DMF), cujas ações e experiências foram decisivas para a absorção das novas atribuições trazidas pela criação da UMF.

Em síntese, a UMF possui as seguintes atribuições relativas à CADH, no que tange ao Estado brasileiro:

1. criar e manter banco de dados das decisões da Corte Interamericana de Direitos Humanos;

2. sugerir propostas e observações ao Poder Público acerca de providências administrativas, legislativas, judiciais ou outras necessárias para o cumprimento de suas decisões;

3. solicitar informações e monitorar a tramitação dos processos e procedimentos relativos à reparação material e imaterial de vítimas de violações a direitos humanos que direta ou indiretamente esteja relacionada a decisões da Corte pendentes de cumprimento integral;

4. elaborar relatório anual sobre as providências adotadas para o cumprimento das obrigações internacionais oriundas das sentenças, medidas provisórias e opiniões consultivas emanadas da Corte;

---

764   ADI 5.240, voto do rel. Min. Luiz Fux, *DJe* 01.02.2016.
765   PSV 54, Rel. Min. Presidente Ricardo Lewandowski, *DJe* 05.10.2015.

5. encaminhar às autoridades competentes suas decisões para a apuração de eventual responsabilidade administrativa, cível ou criminal;

6. acompanhar a implementação de parâmetros de direitos fundamentais estabelecidos pelas sentenças, medidas provisórias e opiniões consultivas da Corte Interamericana de Direitos Humanos;

7. acompanhar a implementação de outros instrumentos internacionais pelos quais se estabeleçam obrigações internacionais ao Estado brasileiro no âmbito dos direitos humanos.

Desse modo, a UMF passou a desenvolver importantes iniciativas a fim de conferir efetividade às decisões proferidas pela Corte Interamericana de Direitos Humanos no plano nacional, tornando-se um poderoso braço executivo para o fiel cumprimento de suas decisões, além de instância fundamental para o pleno desenvolvimento do sistema de proteção de direitos humanos no Brasil.

Feita essa brevíssima introdução, é possível ler com lentes mais nítidas e compreender com clareza a relevância e as consequências do que está no artigo 22 da Convenção Americana de Direitos Humanos:

> Direito de Circulação e de Residência.
>
> 1. Toda pessoa que se ache legalmente no território de um Estado tem direito de circular nele e de nele residir em conformidade com as disposições legais.
>
> 2. Toda pessoa tem o direito de sair livremente de qualquer país, inclusive do próprio.
>
> 3. O exercício dos direitos acima mencionados não pode ser restringido senão em virtude de lei, na medida indispensável, numa sociedade democrática, para prevenir infrações penais ou para proteger a segurança nacional, a segurança ou a ordem públicas, a moral ou a saúde públicas, ou os direitos e liberdades das demais pessoas.
>
> 4. O exercício dos direitos reconhecidos no inciso 1 pode também ser restringido pela lei, em zonas determinadas, por motivo de interesse público.
>
> 5. Ninguém pode ser expulso do território do Estado do qual for nacional, nem ser privado do direito de nele entrar.
>
> 6. O estrangeiro que se ache legalmente no território de um Estado-Parte nesta Convenção só poderá dele ser expulso em cumprimento de decisão adotada de acordo com a lei.
>
> 7. Toda pessoa tem o direito de buscar e receber asilo em território estrangeiro, em caso de perseguição por delitos políticos ou comuns conexos com delitos políticos e de acordo com a legislação de cada Estado e com os convênios internacionais.
>
> 8. Em nenhum caso o estrangeiro pode ser expulso ou entregue a outro país, seja ou não de origem, onde seu direito à vida ou à liberdade pessoal esteja em risco de violação por causa da sua raça, nacionalidade, religião, condição social ou de suas opiniões políticas.
>
> 9. É proibida a expulsão coletiva de estrangeiros.

Evidentemente que esse verdadeiro catálogo de direitos e garantias ligados ao fluxo de pessoas no continente americano não deve ser lido ou interpretado em tiras, na feliz expressão utilizada pelo Ministro Eros Grau. Basta verificar que o artigo 22 da CADH está ligado, por exemplo, ao artigo 7, que contém uma regulação geral, estabelecida no primeiro inciso, segundo a qual "Toda pessoa tem direito à liberdade e à segurança pessoais", e uma regulação específica, que se compõe de garantias que protegem o direito de não ser privado da liberdade ilegal ou arbitrariamente.

Aliás, mesmo internamente, também é perceptível a enunciação de regras gerais no início do artigo 22, as quais vão se desdobrando em itens subsequentes de maior especificidade, de maneira que a leitura sistemática se torna compulsória, conforme se pode constatar da simples análise dos itens 3 e 4 reproduzidos anteriormente.

Ainda no plano internacional, considerada a interpretação sistemática dos dispositivos em comento, deve-se enfatizar a advertência de Isabel Machado no sentido de que os dispositivos da CADH – mais especificamente o artigo 22 – devem ser lidos conjuntamente com outras convenções internacionais, a fim de possibilitar uma interpretação evolutiva do referido artigo por parte da Corte IDH:

> Em sua interpretação original, o direito foi concebido como proteção à livre circulação em um território e a liberdade de saída em caso de perseguição (a partir do direito de pedir asilo), além da vedação das expulsões de nacionais (antiga pena de "banimento"), das expulsões arbitrárias de estrangeiros (sem respaldo legal) e das expulsões coletivas. A proibição dos deslocamentos forçados dentro de um território não consta expressamente como obrigação insculpida no art. 22 da CADH.

> Contudo, o Protocolo II Adicional às Convenções de Genebra de 1949, relativo à proteção das vítimas dos conflitos armados não internacionais, adotado em 1977 e em vigor a partir de 1978, reconheceu normas para a proteção da população civil contra os perigos procedentes de operações militares, em especial os atos ou ameaças de violência cujo escopo principal seja aterrorizá-la (Protocolo II, art. 13(2).

> (...)

> Com a conjugação das fontes acima listadas (Protocolo Adicional II e Princípios Reitores dos deslocamentos internos), a Corte IDH, a partir do Caso dos Massacres de Maripipán[,] passou **a adotar uma interpretação evolutiva do art. 22 da CADH, reconhecendo que a proibição de deslocamentos forçados internos estaria implicitamente contemplada por aquele dispositivo**.

> Neste ponto, deu-se especial atenção ao 5º princípio, que estipula que aos estados o dever de "prevenir e evitar a aparição de condições que possam provocar o deslocamento de pessoas" (ONU, 1998) e ao 6º princípio, que estabelece as possíveis causas proibidas, ampliando as hipóteses oriundas do Direito Internacional Humanitário (grifos nossos).[766]

De fato, além de observar o necessário diálogo entre os incisos e os artigos da CADH, deve-se ter atenção ao diálogo das fontes no plano internacional, a fim de que se possa extrair do artigo 22 todas as suas potencialidades para resguardar o direito de circulação e de residência dos povos das Américas.

Nesse sentido, de acordo com Antônio Augusto Cançado Trindade:

> Ao se complementarem, os instrumentos internacionais de proteção dos direitos humanos que operam nos planos global e regional desviam assim o foco de atenção ou ênfase da questão clássica da estrita delimitação de competências para a da garantia de uma proteção cada mais eficaz dos direitos humanos. E não poderia ser de outra forma, em um domínio do direito em que predominam interesses comuns superiores, considerações de *ordre public* e a noção de garantia coletiva dos direitos

---

[766] MACHADO, Isabel Penido de Campos. O direito convencional de liberdade de circulação e residência diante do fenômeno dos deslocamentos forçados internos na Colômbia: um estudo sobre o Desenvolvimento dos Parâmetros Interamericanos. *Comentários à Convenção Americana sobre Direitos Humanos*. São Paulo: Editora Tirant lo Blanch, 2020. p. 1.153-1.186.

protegidos. Sob esta ótica, ficam descartadas quaisquer pretensões ou insinuações de supostos antagonismos entre soluções globais ou regionais, porquanto a multiplicação de instrumentos globais – e regionais, gerais ou especializados – sobre direitos humanos teve o propósito e a consequência de ampliar o âmbito da proteção devida às supostas vítimas.[767]

Outra ressalva importante, mas agora no plano interno, é a de que vários institutos jurídicos estão relacionados ao que estabelece o artigo 22 da CADH. Com efeito, ao tratar do direito de circulação e de residência, esbarramos em temas conhecidos no nosso ordenamento jurídico, como a expulsão, a deportação ou a extradição de estrangeiros, tudo sem mencionar as recentes crises migratórias que assolaram nosso continente, sobre as quais o Supremo Tribunal Federal foi obrigado a se debruçar.

À guisa de exemplo, *vide* a ementa da Ação Cível Originária 3.121/RR, de relatoria da Ministra Rosa Weber:

> Ação cível originária. Fluxo migratório massivo de refugiados da Venezuela. Conflito federativo. Pretensão de reforço nas medidas administrativas nas áreas de controle policial, saúde e vigilância sanitária na fronteira. Acordo realizado e homologado. Pedido de fechamento da fronteira ou limitação de ingresso dos venezuelanos. Indeferimento. Pedido incidental da união para suspensão de decreto estadual restritivo aos imigrantes. Superveniente revogação. Prejudicado. Pedido de condenação da união a aportar recursos adicionais para suprir custos do estado com serviços públicos aos imigrantes. Política migratória. Competência da união. Ônus desproporcional do estado de Roraima decorrente do aumento populacional para prestação dos serviços públicos. Federalismo cooperativo. Cooperação obrigatória. Solidariedade. Arbitramento proporcional em metade da quantia vindicada. Ação julgada parcialmente procedente.

Sem prejuízo da análise de inúmeros casos em que a Suprema Corte conferiu eficácia aos dispositivos da CADH, deve-se avançar para as hipóteses decorrentes da competência originária da Corte relacionada à matéria de nosso interesse.

Como é de conhecimento geral, a expulsão e a deportação de estrangeiros são medidas administrativas da competência do Poder Executivo, e o Poder Judiciário pode ser chamado a resolver, eventualmente, questões jurídicas envolvendo a legalidade e a constitucionalidade de tais atos e dos procedimentos utilizados para essas finalidades.

No entanto, a competência que toca diretamente à Suprema Corte e que tem conexão direta com o artigo 22 da CADH é a extradição, ou seja, a ação pela qual o Estado Estrangeiro solicita a condução forçada de indivíduo ao Estado onde tenha praticado um delito, a fim de que seja processado e julgado.

De modo geral, o pedido de extradição é formulado por via diplomática, mas, quando previsto em tratado internacional, pode ser realizado diretamente ao Ministério da Justiça, cabendo ao Supremo Tribunal Federal pronunciar-se quanto ao pedido, diante do que dispõem os arts. 5º, LI e LII, 22, XV, e 102, I, *e* e *g*, da CF/1988 e os arts. 207 a 214 do Regimento Interno do Supremo Tribunal Federal.

Especificamente sobre o artigo 22 da CADH, cumpre reproduzir acórdão da lavra do Ministro Maurício Corrêa na Ext 794/DF, em que Sua Excelência deixou expresso o entendimento de que:

---

[767] CANÇADO TRINDADE, Antônio Augusto. *O sistema interamericano de direitos humanos no limiar do novo século*: recomendações para o fortalecimento de seu mecanismo de proteção. Disponível em: https://www.stj.jus.br/publicacaoinstitucional/index.php/API/article/view/3513. Acesso em: 23.01.2023.

(...)

42. A Convenção Americana sobre os direitos humanos (Pacto de São José da Costa Rica), aprovada pelo Decreto Legislativo 27/1992 e promulgada pelo Decreto 676, de 06.11.1992, dispõe em seu artigo 22, item 8, *verbis*: "8. Em nenhum caso o estrangeiro pode ser expulso ou entregue a outro país, seja ou não de origem, onde seu direito à vida ou à liberdade pessoal esteja em risco de violação por causa da sua raça, nacionalidade, religião, condição social ou de suas opiniões políticas."

43. A conceituação dessa doutrina passa também por amplo exame de todo o contexto que envolve os procedimentos extradicionais, destinado a verificar se as conotações políticas de certo caso não infirmariam a aparente imparcialidade do julgamento a cargo de um juízo regular do ponto de vista formal.

44. Oportuno invocar o que sobre o tema escreveu Rezek (*RTJ* 108/26-27), *verbis*:

> (...) o que jaz por trás desta expressão "crime de natureza política", o que nos deve guiar em decisões dessa natureza, é a consideração do intento do Estado requerente. Está esse Estado visando a aplicar a justiça criminal no seu aspecto ordinário ou não? Em caso de resposta negativa, o elemento político impede a extradição; em caso de resposta afirmativa, concedê-la-emos.
>
> (...)

57. Em que pese estar-se diante de pedido de extradição, no qual é vedado a esta Corte adentrar o exame da instrução feita no país requerente – e eu não cometeria esse agravo aos colegas – não posso deixar de registrar que creio não poder o juiz, na formação do seu conhecimento, furtar-se a dosar a circunstância de que os mandados de prisão expedidos contra o extraditando partem de meras ilações e conjecturas, sem nenhuma base probatória ou indiciária de autoria.

(...)

71. Ora, verificado o tratamento desigual dispensado ao extraditando, a manutenção do decreto de sua prisão ratifica e reforça a convicção de que a hipótese caracteriza mesmo extradição política disfarçada.

72. No meu sentir, o pedido em exame, agora considerados ambos os fatos em causa, dissimula propósito de perseverar-se na perseguição política ao extraditando.

73. Como antes explicitei, tal persuasão pessoal emerge não apenas da apreciação de um fato isolado, mas do conjunto deles, nos quais o extraditando é e foi um dos principais protagonistas, desde a era Stroessner até os dias de hoje.

74. Se assim penso, é de considerar-se que, na hipótese, o súdito estrangeiro tem o direito público subjetivo, oponível contra o Estado requerido, de não ser extraditado pelos delitos comuns que presentemente lhe são imputados.

75. Ante essas circunstâncias, indefiro a extradição requerida pela República do Paraguai e determino se expeça a favor do extraditando Lino Cesar Oviedo Silva alvará de soltura, já que não consta dos autos haja sido condenado por crime no País.

É também oportuno reproduzir a sempre abalizada lição do Ministro Sepúlveda Pertence:

> Sr. Presidente, para não decepcionar os que me honraram com citações tão desvanecedoras, serei extremamente breve.
>
> Não tenho dúvidas em dispensar, no caso, a tese da extradição política disfarçada, na medida em que nunca me rendi à constitucionalidade do § 3º do art. 77 da Lei de Extradição, que diz:
>
> > Art. 77 (...) § 3º O Supremo Tribunal Federal poderá deixar de considerar crimes políticos os atentados contra Chefes de Estado ou quaisquer

autoridades, bem assim os atos de anarquismo, terrorismo, sabotagem, sequestro de pessoa, ou que importem propaganda de guerra ou de processos violentos para subverter a ordem política ou social.

Creio, ao contrário, que a tendência do direito extradicional moderno é a da ampliação, em relação ao conceito de direito interno, do que se deva considerar crime político para fins extradicionais. Essa tendência de ampliação está imbricada com a teoria da extradição política disfarçada.

O eminente Relator e outros eminentes Colegas me honraram ao citar um velho trabalho, onde procurei, antes da investigação do Direito Comparado e partindo de uma observação de Vassali, citado por Rolando Quadri (vb. *Estradizione da Enciclopedia del Diritto*, XVI/II), anotar, como remonta a épocas romanescas ultrapassadas, a ideia de que, nos tempos de hoje, um governo fosse requerer a extradição de seus inimigos, acusando-os clara e diretamente da comissão de delitos puramente políticos.

Por isso, naquela tese, defini a extradição política disfarçada como ocorrente quando as circunstâncias demonstram que a persecução formalmente desencadeada por imputação de delitos comuns dissimula o propósito de perseguir inimigos políticos ou, pelo menos, evidenciam que a posição política do extraditando, na conjuntura real do Estado requerente, influirá desfavoravelmente no seu julgamento.

A primeira parte da definição proposta é de aplicação extremamente delicada, porque envolve a imputação de dissimulação dos propósitos reais ao Estado requerente.

A segunda, porém, se afere objetivamente.

E, neste caso, parece-me, de maneira claríssima em ambas as imputações, como evidenciado que o tipo dos fatos atribuídos ao extraditando e a sua posição na conjuntura política real do Estado requerente necessariamente influirão sobre o seu julgamento.

Por isso – quer por considerar que os dois crimes são, no contexto das próprias imputações, delitos políticos – pouco importa que um de homicídio e outro de instigação a tumultos de que resultaram mortes –, quer por entender que se lhe aplica a segunda parte do conceito de extradição política disfarçada (a da evidência da influência política que teria o julgamento do caso no Estado requerente), acompanho o eminente Ministro-Relator e indefiro a extradição.

Vê-se, portanto, que a vedação da extradição por motivo político tem como fundamento a necessidade da observação pelos Estados de um julgamento justo e imparcial, o que nos remete à obrigação de respeitar direitos (artigo 1 da CADH), às garantias judiciais (artigo 8 da CADH), às liberdades de pensamento e de expressão (artigo 13 da CADH), aos direitos políticos (artigo 23 da CADH), à proteção judicial (artigo 25 da CADH), tudo na linha da interpretação sistemática, que se mostra necessária à compreensão da extensão e da profundidade do direito de circulação e de residência de que trata a Convenção Americana de Direitos Humanos.

Evidentemente que esse dispositivo procura garantir o fluxo de pessoas pelos territórios dos países signatários, mas não se esgota nessa leitura literal, visto que o fato de se permitir que as pessoas circulem ou que residam em determinado local representa apenas um instrumento para a concretização de outros direitos. Daí a advertência de que a melhor leitura a se fazer é a sistemática, juntando-se as peças provenientes dos tabuleiros internacional e nacional, a fim de conferir sentido e alcance adequados ao citado artigo 22 da CADH.

Não é por outra razão que o longo caminho percorrido no continente americano para a elaboração de um sistema interamericano destinado ao fortalecimento e à proteção dos direitos humanos passa necessariamente pelo cotejo do conteúdo do referido Pacto com os dispositivos dos ordenamentos jurídicos nacionais, devendo-se sempre reafirmar, tal como fizemos no início destes comentários, que o Brasil se compromete:

(...) a respeitar os direitos e liberdades nela reconhecidos e a garantir seu livre e pleno exercício a toda pessoa que esteja sujeita à sua jurisdição, sem discriminação alguma por motivo de raça, cor, sexo, idioma, religião, opiniões políticas ou de qualquer outra natureza, origem nacional ou social, posição econômica, nascimento ou qualquer outra condição social.

Em grande medida, essa tarefa vem sendo executada não apenas pelo Supremo Tribunal Federal nos diversos julgamentos anteriormente referidos mas também pelo CNJ, que se tornou um braço executivo da CIDH.

Assim, os comentários que se voltam à análise dos elementos centrais que nortearam a redação do artigo 22 da Convenção são essenciais para sua compreensão integral e se espraiam a partir da norma fundamental programática inserta no artigo 1 da CADH, que estabelece a obrigação de os Estados-partes do Pacto de São José respeitarem e garantirem os direitos previstos na própria convenção.

Assentada essa visão, todos os direitos civis, políticos, econômicos, sociais e culturais previstos na CADH devem ser analisados em conjunto, lançando-se luz sobre as hipóteses de suspensão, interpretação e aplicação e estabelecendo a correlação entre os deveres previstos em tratados internacionais e os direitos humanos protegidos.

Necessário, ainda, envidar esforços para se chegar a uma visão abrangente da estrutura internacional de proteção dos direitos humanos, passando pela análise da composição, do funcionamento, das funções (políticas e jurisdicionais) e da competência dos órgãos de proteção previstos na CADH, bem como das formas de acesso ao sistema de proteção e ao devido processo legal, inclusive quanto a aspectos referentes à legitimidade ativa para formular o pedido e ao relacionamento dos órgãos internacionais com os estados denunciados, especialmente na hipótese de reconhecimento de responsabilidade internacional.

Por fim, deve-se registrar que a presente obra tem como ponto de destaque a multiplicidade de autores envolvidos na redação dos comentários apresentados. Essa característica possibilitará que os temas sejam tratados sob perspectivas distintas, mesclando visões provenientes de diferentes bases teóricas e correntes acadêmicas, enriquecendo sobremaneira as discussões e reflexões trazidas na obra. De nossa parte, fica a contribuição para o aprofundamento do imprescindível diálogo entre o ordenamento jurídico nacional e o internacional.

Consideradas as realidades de diversos países da América, inclusive a do Brasil, nas quais a constante reafirmação e proteção dos Direitos Humanos continuam – e continuarão – sempre necessárias, o sistema interno de Justiça deve manter-se vigilante na proteção e na promoção dos direitos humanos a partir da eficácia dos dispositivos da CADH.

Esperamos que esta obra se torne referência para o debate sobre questões fundamentais relacionadas aos Direitos Humanos e ao Direito Internacional, contribuindo, de modo relevante, para seu fomento.

REFERÊNCIAS

CANÇADO TRINDADE, Antônio Augusto. *O sistema interamericano de direitos humanos no limiar do novo século*: recomendações para o fortalecimento de seu mecanismo de proteção. Disponível em: https://www.stj.jus.br/publicacaoinstitucional/index.php/API/article/view/3513. Acesso em: 23.01.2023.

MACHADO, Isabel Penido de Campos. O direito convencional de liberdade de circulação e residência diante do fenômeno dos deslocamentos forçados internos na Colômbia: um estudo sobre o Desenvolvimento dos Parâmetros Interamericanos. *Comentários à Convenção Americana sobre Direitos Humanos*. São Paulo: Editora Tirant lo Blanch, 2020. p. 1.153-1.186.

Artigo 23
Direitos políticos

1. Todos os cidadãos devem gozar dos seguintes direitos e oportunidades:

a) de participar da direção dos assuntos públicos, diretamente ou por meio de representantes livremente eleitos;

b) de votar e ser eleitos em eleições periódicas autênticas, realizadas por sufrágio universal e igual e por voto secreto que garanta a livre expressão da vontade dos eleitores; e

c) de ter acesso, em condições gerais de igualdade, às funções públicas de seu país.

2. A lei pode regular o exercício dos direitos e oportunidades e a que se refere o inciso anterior, exclusivamente por motivos de idade, nacionalidade, residência, idioma, instrução, capacidade civil ou mental, ou condenação, por juiz competente, em processo penal.

 COMENTÁRIOS

por Luís Geraldo Sant'Ana Lanfredi e Isabel Penido de Campos Machado

RESUMO

O presente capítulo aborda os parâmetros interamericanos que substancializam o sentido e o alcance dos direitos políticos, no marco da Convenção Americana de Direitos Humanos. Inicialmente, realiza-se uma abordagem geral sobre a relação intrínseca entre a proteção dos direitos humanos e o regime democrático, pontuando-se as dimensões dos direitos políticos em âmbito convencional interamericano. Após, apontam-se os principais estândares relacionados ao artigo 23 da CADH que foram desenvolvidos na jurisprudência da Corte Interamericana de Direitos Humanos, a saber: direito de participação social nos processos deliberativos, direito à integridade do processo eleitoral, por eleições realizadas com sufrágio universal e voto secreto, e direito de votar e ser votado.

1. INTRODUÇÃO: OS DIREITOS POLÍTICOS NA CADH

Os direitos políticos consagrados na Convenção Americana de Direitos Humanos (CADH) compreendem três principais aspectos: o direito de participação nos processos públicos deliberativos, de forma direta ou por representantes eleitos (artigo 23.1.a); o direito de votar e ser votado, por meio de processo eleitoral periódico, autêntico, respeitando-se o sigilo do voto e o sufrágio universal (artigo 23.1.b); e o direito de acessar as funções públicas do país, em condições de igualdade, garantindo-se a representatividade e a democratização das instituições (artigo 23.1.c).

Em relação aos beneficiários da norma, o artigo 23 da CADH é elencado como uma exceção à regra geral adotada pelo artigo 1(1), que atribui a titularidade de direitos a toda pessoa que estiver no território de um Estado-parte. Pela lógica da universalidade dos direitos humanos, o simples fato de ser pessoa seria suficiente para reivindicar um direito em dado território. Por sua vez, o artigo 23 limita o seu alcance aos "cidadãos", vale dizer, àquelas pessoas que possuem um vínculo de nacionalidade com o Estado e, por isso, participam ativamente do processo de tomada de decisões públicas, "na condição de eleitor através do voto ou como servidor público, vale dizer, a ser eleito popularmente ou mediante designação ou nomeação para ocupar um cargo público".[768]

Na atualidade, a participação política é compreendida como um meio para a construção e manutenção das instituições do Estado, garantindo que elas cumpram os objetivos convencionais, assim como das próprias Constituições políticas dos Estados. Nesse sentido, é possível observar que a reivindicação dos parâmetros do artigo 23 da CADH, interpretada em conjunto com os princípios da Carta da Organização dos Estados Americanos, da Declaração Americana sobre os Direitos do Homem (1948) e da Carta Democrática Interamericana,[769] permite sustentar a relação intrínseca e necessária entre a promoção dos direitos humanos e um regime democrático, neste momento histórico, cultural, social e econômico.

Vale lembrar que, diferentemente do que ocorre na Carta da ONU, em que não há menção expressa aos valores democráticos como pilar de sustentação da organização internacional, a democracia representativa é o único regime político endossado pela OEA, de acordo com o artigo 3(d) da Carta de Bogotá.[770] Ao longo do tempo, o artigo 23 da CADH foi se fortalecendo, por meio de uma rica e fluida atividade interpretativa do tribunal. Os vários processos de lutas contra-hegemônicas de grupos historicamente marginalizados e vítimas de violências de Estado fizeram que a CADH (e a sua interpretação como um instrumento vivo) se materializasse em parâmetros que direcionam o sentido e o alcance da proteção internacional.[771] Nesse sentido, a CADH alcançou certo impacto e um potencial de pautar agendas e resultados, além de direcionar aos agentes estatais (no âmbito do Judiciário, do Legislativo, do Executivo e das instituições independentes) um verdadeiro dever de controle de convencionalidade[772] imposto aos agentes públicos e aos particulares.

Uma das particularidades do regime jurídico dos direitos políticos se refere justamente ao fato de o dispositivo ser elencado entre as normas convencionais dotadas de inderrogabi-

---

[768]   Corte IDH. Caso Castañeda Gutman *vs.* Estados Unidos Mexicanos. Excepciones Preliminares, Fondo, Reparaciones y Costas. Sentencia de 6 de agosto de 2008. Serie C No. 184, § 145.

[769]   A Carta da OEA estabeleceu mecanismos para que os Estados-partes respeitem a "cláusula democrática", sob pena de suspensão da participação na organização regional. De fato, a instabilidade das democracias na região é um fator de extrema sensibilidade que, muitas vezes, pode agravar as graves violações à direitos humanos. Em estudo recente, André de Carvalho Ramos categoriza três tipologias principais que ameaçam o regime democrático no final do século XX e início do século XXI da América Latina: golpes de Estado (tentados ou consumados), renúncias pelos Chefes do Poder Executivo e processos políticos de destituição (*impeachment*). O jurista defende que o mecanismo político oriundo da Carta da OEA é frágil e inapropriado aos desafios atuais, com o risco de "sugerir legitimidade democrática a governos cujo acesso ao poder desrespeitou o direito à participação política e o devido processo legal". Cf. RAMOS, André de Carvalho. Novos tempos, velho remédio? Os riscos da cláusula democrática no sistema interamericano de direitos humanos. *Revista de Direitos Fundamentais & Democracia*, Curitiba, v. 25, n. 3, p. 5-31, set.-dez. 2020. p. 27.

[770]   HENNEBEL, Ludovic; TIGROUDJA, Hélène. *The American Convention on Human Rights*: a commentary. New York: Oxford University Press, 2022. p. 690.

[771]   CRUZ LIMA, Raquel. *A Convenção Americana sobre Direitos Humanos como um projeto das Américas*: a história local de uma demanda universal. Tese (Doutorado em Direito Internacional) – Faculdade de Direito, Universidade de São Paulo, São Paulo, 2022.

[772]   PIOVESAN, Flávia. *Direitos humanos e o direito constitucional internacional*. 19. ed. São Paulo: Saraiva, 2021.

lidade.[773] O artigo 27 da CADH admite, excepcionalmente, a suspensão das garantias reconhecidas em emergências (guerra, calamidade pública, entre outras), desde que não sejam adotadas de modo discriminatório e não alcancem alguns direitos, como o dispositivo que consagra os direitos políticos.[774]

Ainda que inderrogáveis, os direitos políticos são classificados como "direitos qualificados", vale dizer, admitem algumas restrições cujos contornos são estabelecidos em inciso do próprio dispositivo convencional.[775] Após a breve exposição dos contornos gerais dos parâmetros que decorrem do artigo 23 da CADH, passa-se à sistematização dos principais precedentes já enfrentados pela Corte IDH[776] sobre o tema.

2. AS RESTRIÇÕES E AS DIFICULDADES OPERACIONAIS DE PARTICIPAÇÃO DAS VOZES MINORITÁRIAS

2.1 A participação política dos povos indígenas e o caso Yatama vs. Nicarágua

Um interessante debate referente à participação política de minorias no processo eleitoral da Nicarágua foi levado à jurisdição da Corte IDH. Em 2000, as comunidades indígenas daquele Estado tentaram a habilitação da associação indígena "Yapti Tasba Masraka Nanih Asla Takanka" (conhecida pela sigla Yatama) para concorrer nas eleições municipais. O pleito se baseava no fato de que a própria Constituição Política nicaraguense, assim como a lei interna, reconhecia o direito de participação política dos povos indígenas de forma geral, observados os seus usos e costumes. Contudo, na prática, o modelo eleitoral centralizado em partidos políticos acabava por servir de obstáculo à efetiva participação, observando a forma de organização social das comunidades e o processo de reconhecimento das próprias lideranças. A Lei eleitoral então vigente (n. 331/2000) exigia o *status* de partido político para veicular candidaturas Em adição, o artigo 82 da referida legislação impunha uma série de barreiras burocráticas (como a exigência de apresentação de candidaturas em 80% dos municípios da circunscrição eleitoral). Por esse motivo, a associação Yatama não conseguiu a almejada habilitação. Os recursos interpostos na jurisdição interna não lograram êxito, motivo pelo qual a associação não participou do processo eleitoral naquele ano. Após os trâmites no SIDH, em paradigmática sentença proferida em 2005, o tribunal interamericano estabeleceu a responsabilidade internacional do Estado da Nicarágua pelas violações aos artigos 8.1, 23, 24 e 25.1 da CADH, combinados com os artigos 1.1 e 2 do mesmo tratado. A Corte IDH destacou que a CADH não adota o modelo de partidos políticos como único caminho para

---

[773] HENNEBEL, Ludovic; TIGROUDJA, Hélène. *The American Convention on Human Rights*: a commentary. New York: Oxford University Press, 2022. p. 690.

[774] Segundo o artigo 27(2) da CADH, não podem ser suspensos os seguintes artigos: "3 (Direito ao reconhecimento da personalidade jurídica), 4 (Direito à vida), 5 (Direito à integridade pessoal), 6 (Proibição da escravidão e servidão), 9 (Princípio da legalidade e da retroatividade), 12 (Liberdade de consciência e de religião), 17 (Proteção da família), 18 (Direito ao nome), 19 (Direitos da criança), 20 (Direito à nacionalidade) e 23 (Direitos políticos), nem das garantias indispensáveis para a proteção de tais direitos".

[775] HENNEBEL, Ludovic; TIGROUDJA, Hélène. *The American Convention on Human Rights*: a commentary. New York: Oxford University Press, 2022. p. 690.

[776] Além do estudo dos parâmetros jurisprudenciais, a Comissão Interamericana tem um trabalho incansável na elaboração de relatórios periódicos relacionados aos Estados, que permitem identificar a pluralidade de experiências vivenciadas ao longo das últimas décadas. Em diálogo com o sistema ONU, também os comentários gerais produzidos pelos mecanismos de tratados (em especial pelo Comitê de Direitos Humanos da ONU) trazem luzes sobre os contornos protetivos.

viabilizar as candidaturas eleitorais.[777] No caso concreto, a Corte reconheceu a importância dos partidos políticos e que existe certa margem regulatória para os Estados elencarem os meios pelos quais os direitos políticos serão exercidos. O próprio texto convencional reconhece a legitimidade de algumas restrições impostas por lei. Contudo, a decisão destaca que as restrições não podem dar ensejo à discriminação na fruição dos direitos reconhecidos na CADH (artigo 23 c/c artigo 1.1). Além disso, as normas internas adotadas pelos Estados não podem ser discriminatórias ou ter um impacto desproporcional em determinado grupo social (CADH, artigo 24). Para aferir se a forma pela qual as regras para habilitação em partido político tinham gerado uma violação ao artigo 23 em detrimento dos membros da associação indígena *Yatama*, a Corte IDH propôs o teste tripartite de legalidade, necessidade e proporcionalidade.[778]

Nesse sentido, considerou que a lei eleitoral, ao estabelecer regras de habilitação que não levavam em conta as particularidades dos usos e costumes das comunidades indígenas (inclusive reconhecidas pelo Direito Interno), resultou em uma restrição desproporcional ao direito à participação política da associação. Além disso, considerou que o Estado não tinha fornecido uma justificativa razoável e motivada para sustentar a referida restrição.

2.2 As candidaturas avulsas e o caso mexicano de Castañeda Gutman

Alguns anos depois, a Corte IDH voltou a ser provocada sobre os contornos do direito de ser votado e das restrições impostas pelo modelo de partidos políticos. Enquanto a Corte IDH já vinha admitindo que o referido formato muitas vezes impedia o acesso de algumas vozes minoritárias, o caso mexicano de Castañeda Gutman[779] desafiou a questão da viabilidade convencional das candidaturas avulsas.

A controvérsia se assenta no fato de o artigo 23(2) da CADH empregar a expressão "exclusivamente" para as restrições impostas. Nesse sentido, questionava se a obrigatoriedade de vinculação a um partido político para candidatura não ampliava de forma desmesurada a incidência da norma. Ao propor uma interpretação sistemática, a Corte IDH considera que o artigo 23(2) do tratado deve ser interpretado de forma sistemática. Isso, porque a Convenção não apenas elenca os limites às restrições que recaem sobre os direitos políticos

---

[777] Corte IDH. Caso Yatama *vs.* Nicaragua. Excepciones Preliminares, Fondo, Reparaciones y Costas. Sentencia de 23 de junio de 2005. Serie C No. 127, § 215, *trad. livre*.

[778] Nesse sentido, cf.: "La previsión y aplicación de requisitos para ejercitar los derechos políticos no constituyen, per se, una restricción indebida a los derechos políticos. Esos derechos no son absolutos y pueden estar sujetos a limitaciones. Su reglamentación debe observar los principios de legalidad, necesidad y proporcionalidad en una sociedad democrática. La observancia del principio de legalidad exige que el Estado defina de manera precisa, mediante una ley, los requisitos para que los ciudadanos puedan participar en la contienda electoral, y que estipule claramente el procedimiento electoral que antecede a las elecciones. De acuerdo al artículo 23.2 de la Convención se puede reglamentar el ejercicio de los derechos y oportunidades a las que se refiere el inciso 1 de dicho artículo, exclusivamente por las razones establecidas en ese inciso. La restricción debe encontrase prevista en una ley, no ser discriminatoria, basarse en criterios razonables, atender a un propósito útil y oportuno que la torne necesaria para satisfacer un interés público imperativo, y ser proporcional a ese objetivo. Cuando hay varias opciones para alcanzar ese fin, debe escogerse la que restrinja menos el derecho protegido y guarde mayor proporcionalidad con el propósito que se persigue" (Corte IDH. Caso Yatama *vs.* Nicaragua. Excepciones Preliminares, Fondo, Reparaciones y Costas. Sentencia de 23 de junio de 2005. Serie C No. 127, § 206).

[779] Corte IDH. Caso Castañeda Gutman *vs.* Estados Unidos Mexicanos. Excepciones Preliminares, Fondo, Reparaciones y Costas. Sentencia de 6 de agosto de 2008. Serie C No. 184, § 147.

como também impõe aos Estados obrigações positivas de estruturar os sistemas eleitorais para viabilizar o voto e as outras formas de participação (dever de garantia oriundo do artigo 1.1 da CADH). Essa estruturação demanda a adoção de regras e instituições, cujos contornos também estabelecem limites ao voto e ao direito de ser votado.[780] Nesse sentido, destaca que a exigência em abstrato de filiação partidária deriva do modelo adotado pelo Estado, de modo que, a princípio, não constitui em si uma causa de violação à CADH. Por isso, assim como realizou no caso *Yatama*, o tribunal analisou se, no caso concreto, a exigência de filiação resultou em uma restrição ilegítima ao exercício dos direitos políticos à candidatura no processo eleitoral, por meio de teste tripartite. Sobre a legalidade, a Corte verificou que a restrição estava prevista em lei. Quanto à finalidade, considerou que a norma visava organizar o processo eleitoral em condições de igualdade e de maneira eficaz, por meio dos partidos políticos, sendo essa uma motivação legítima.

Assim, ponderando as razões históricas, sociais e organizacionais, a Corte considerou que as justificativas trazidas correspondiam a uma necessidade social imperiosa para o Estado do México, cujo impacto no caso concreto não foi desproporcional. Ressalvou, contudo, que os Estados têm margem de discricionariedade para optar por um sistema eleitoral exclusivo, baseado em partidos políticos, como também podem prever a possibilidade de adoção de candidaturas independentes. A compatibilidade com a CADH será avaliada sempre com base no caso concreto, por meio da aferição sobre a legitimidade das restrições impostas ao exercício dos direitos políticos. Dessa forma, a Corte IDH não considerou que a vedação à candidatura avulsa de Jorge Castañeda Gutman constituiu uma violação aos seus direitos políticos (artigo 23 da CADH). O caso foi parcialmente procedente apenas em relação à violação ao direito a um remédio judicial, diante da inexistência de recurso para acessar a justiça veiculando o seu inconformismo sobre o exercício dos direitos políticos.

2.3 Outros debates sobre limites das restrições aos direitos políticos em razão de condenação por processo criminal

Conforme exposto na introdução, há certo consenso de que os direitos políticos não são absolutos. Consoante destacado no caso Castañeda Gutman, o emprego da expressão "exclusivamente" no artigo 23(2) da CADH indica uma tendência de que o rol do dispositivo seja avaliado de forma mais restrita, com as ressalvas construídas a partir daquele precedente. Contudo, além da questão sobre as candidaturas avulsas, há outras discussões relevantes, tais como as que enfocam os limites da suspensão de direitos políticos em razão de "condenação, por juiz competente, em processo penal".

Em relação aos obstáculos para o exercício do direito de votar das pessoas privadas de liberdade, a Justiça Eleitoral brasileira tem adotado várias medidas para viabilizar o exercício dos direitos políticos dos presos provisórios, visto que, nesses casos, não há uma condenação, transitada em julgado, em razão de processo penal.

Ocorre que a suspensão dos direitos políticos das pessoas em cumprimento de pena é aplicada de forma automática, por força de previsão da Constituição brasileira. Em contraste, no âmbito do sistema europeu, o caso *Hirst* vs. *Reino Unido*[781] e as demandas sucedidas a

---

[780] Corte IDH. Caso Castañeda Gutman *vs.* Estados Unidos Mexicanos. Excepciones Preliminares, Fondo, Reparaciones y Costas. Sentencia de 6 de agosto de 2008. Serie C No. 184, § 157.

[781] Corte EDH. Caso Hirst *vs.* Reino Unido n. 02 (Grand Chamber). Application n. 74025/01. Sentença de 6 de outubro de 2005, Estrasburgo. Disponível em: https://hudoc.echr.coe.int/eng?i=001-70442. Acesso em: 10.06.2023.

ele passaram a questionar esse tipo de restrição geral, por considerar deveras ampla e desproporcional. Naquela arena, o artigo 3 do 1º Protocolo à Convenção Europeia de Direitos Humanos contempla o direito às eleições livres, o que abrange os direitos políticos de votar e de ser votado. Em relação ao voto das pessoas privadas de liberdade em cumprimento de pena (após o trânsito em julgado), o referido julgado entendeu que a restrição ao voto não deve decorrer automaticamente de qualquer condenação criminal.[782] A Corte EDH aplica um teste de proporcionalidade entre o objeto e o efeito da sentença penal para verificar se a restrição é compatível com os propósitos sufragistas regionais europeus.[783] Além disso, o tribunal confere aos Estados a discricionariedade para especificar, por meio de lei, quais espécies de crime poderiam gerar restrição ao exercício do voto ou, alternativamente, admite que essa avaliação seja feita pela via judicial. Contudo, o precedente considera inconvencional a existência de vedações legais ou decisões judiciais genéricas, que apliquem a suspensão dos direitos políticos das pessoas submetidas ao cumprimento de pena como um efeito automático da condenação, sem a realização do citado juízo de proporcionalidade.[784] Transpondo essa discussão à arena interamericana, verifica-se que se trata de um ponto ainda inexplorado pela Corte IDH. Considerando que, nas Américas, os Estados enfrentam os desafios de uma hipertrofia do sistema de justiça criminal e do sistema penitenciário que gera a imposição em massa da suspensão de direitos políticos a um percentual deveras significativo da população, a vedação de voto às pessoas em cumprimento de pena representa um desafio contemporâneo à concretização efetiva do sufrágio universal.

Já em relação ao direito de ser votado, no notório caso de Luiz Inácio Lula da Silva *vs.* Brasil,[785] apreciado pelo Comitê de Direitos Humanos da ONU (CDH), foi debatido se a decisão judicial de negar a candidatura presidencial do peticionário com base na existência de condenação criminal ainda sem trânsito em julgado violava os artigos 9(1), 14(1)(2), 17 e 25(b) do Pacto Internacional dos Direitos Civis e Políticos. Os representantes da vítima argumentaram que houve ofensa às garantias judiciais (entre elas a de ser julgado de forma imparcial), ao direito à privacidade (por divulgação do conteúdo de interceptações telefônicas em desacordo com os ditames legais), ao direito à presunção de inocência (com a imposição de prisão antes do trânsito em julgado de sentença penal condenatória) e aos direitos políticos (de concorrer às eleições). Em sede cautelar, o Comitê de Direitos Humanos da ONU recomendou ao Estado brasileiro a adoção de "medidas interinas", com o fim de assegurar a participação do candidato no processo eleitoral de 2018, diante da existência de risco de dano irreparável aos seus direitos políticos enquanto a questão ainda estava pendente de

---

[782]   Corte EDH. Caso Hirst *vs.* Reino Unido n. 02 (Grand Chamber). Application n. 74025/01. Sentença de 6 de outubro de 2005, Estrasburgo. Disponível em: https://hudoc.echr.coe.int/eng?i=001-70442. Acesso em: 10.06.2023.

[783]   COUNCIL OF EUROPE. *Guide on article 3 of protocol n. 1 to the European Convention on Human Rights.* Updated on 31 August 2022 Disponível em: https://www.echr.coe.int/Documents/Guide_Art_3_Protocol_1_ENG.pdf. Acesso em: 10.06.2023.

[784]   COUNCIL OF EUROPE. *Guide on article 3 of protocol n. 1 to the European Convention on Human Rights.* Updated on 31 August 2022 Disponível em: https://www.echr.coe.int/Documents/Guide_Art_3_Protocol_1_ENG.pdf. Acesso em: 10.06.2023.

[785]   UNITED NATIONS. Human Rights Committee. Views adopted by the Committee under article 5(4) of the Optional Protocol, concerning communication No. 2841/2016. *Luiz Inácio Lula da Silva* v. *Brazil* (CCPR/C/134/D/2841/2016). Disponível em: https://tbinternet.ohchr.org/_layouts/15/treatybodyexternal/Download.aspx?symbolno=CCPR%2FC%2F134%2FD%2F2841%2F2016&Lang=en. Acesso em: 10.06.2023.

análise perante o mecanismo de supervisão internacional.[786] Essa recomendação não foi atendida. Posteriormente, o Comitê de Direitos Humanos considerou que os fatos narrados violavam os direitos invocados em relação ao PIDCP. Especialmente em relação aos direitos políticos, que são protegidos no marco do artigo 25 daquele tratado, o CDH considerou que a violação decorria da imposição da inelegibilidade em decorrência de uma condenação arbitrária, oriunda da inobservância das garantias do devido processo. Contudo, o CDH não avaliou uma segunda camada dos argumentos invocados pelo peticionário, que se referia à compatibilidade das restrições impostas pela Lei Complementar 135/2010 (doravante "Lei da Ficha Limpa") com o artigo 25 do PIDCP. Sobre o ponto, o Comitê pontuou apenas sobre a legitimidade de os Estados-partes adotarem regras que buscassem fomentar a probidade administrativa, a boa gestão pública e o enfrentamento à corrupção, e deixou de avaliar os argumentos relacionados ao ponto por considerar que a violação já estava configurada em relação ao artigo 25(2) diante dos fatos provados no caso concreto.

Nesse sentido, é importante destacar que ainda não há um precedente internacional que se debruce de forma aprofundada e direta sobre a convencionalidade[787] da "Lei da Ficha Limpa" e, em especial, sobre as hipóteses de inelegibilidade que ampliam o escopo do artigo 23(2) da CADH e do artigo 25(2) do PIDCP, ao admitir restrições oriundas de sanções de natureza civil e/ou administrativa.[788]

2.4 A violência política como barreira: racismo, misoginia, transfobia e homofobia

A proteção contra a violência política é outra dimensão importante para densificar o conteúdo normativo do artigo 23 da CADH. A princípio, a jurisprudência da Corte IDH se construiu a partir de importantes casos de desaparições forçadas e torturas relacionadas aos regimes autoritários adotados na América Latina na segunda metade do século XX. Ao mergulharmos nesses casos, podemos observar que o contexto de muitos deles ilustrava situações de violência contra opositores políticos. Pela própria conjuntura das estratégias de litígio da época, a análise das violações se concentrava na proteção ao direito à vida, à integridade, à liberdade, às garantias do devido processo e a um remédio judicial efetivo. A partir do caso da execução extrajudicial do senador colombiano Manuel Cepeda Vargas[789]

---

[786]   UNITED NATIONS. Human Rights Committee. Views adopted by the Committee under article 5(4) of the Optional Protocol, concerning communication No. 2841/2016. *Luiz Inácio Lula da Silva* v. *Brazil* (CCPR/C/134/D/2841/2016), § 1.4. Disponível em: https://tbinternet.ohchr.org/_layouts/15/treatybodyexternal/Download.aspx?symbolno=CCPR%2FC%2F134%2FD%2F2841%2F2016&Lang=en. Acesso em: 10.06.2023.

[787]   Há autores, como Marcelo Ferreira, que sustentam que essas hipóteses estendidas de inelegibilidade afrontam a CADH e os tratados de direitos humanos. Cf. FERREIRA, Marcelo Ramos Peregrino. *O controle de convencionalidade da Lei da Ficha Limpa*: direitos políticos e inelegibilidade. 3. ed. Rio de Janeiro: Lumen Juris, 2019.

[788]   Nesse sentido, Marcelo Oliveira aponta: "ao estabelecer impedimentos aos que perderam o mandato por quebra de decoro parlamentar, tiveram rejeitadas as contas relativas ao desempenho de função pública, foram condenados por atos de improbidade administrativa ou restaram excluídos do exercício da profissão pelo órgão competente, apenas para citar alguns exemplos, a legislação infraconstitucional desbordou nitidamente dos valores estabelecidos pelo art. 23, item 2, da Convenção Americana" (OLIVEIRA, Marcelo. A Lei da Ficha Limpa em face da Convenção Americana sobre Direitos Humanos: o necessário controle de convencionalidade diante da possível violação ao direito de ser votado. Disponível em: http://www.mcce.org.br. Acesso em: 10.06.2023).

[789]   Corte IDH. Caso Cepeda Vargas *vs.* Colombia. Excepciones Preliminares, Fondo, Reparaciones y Costas. Sentencia de 26 de mayo de 2010. Serie C No. 213, § 168.

em 2010, a Corte IDH passou a ampliar o enfoque para abranger também uma avaliação sobre os parâmetros de proteção contra violência política, articulando a proteção conferida pelo artigo 23 da CADH (direitos políticos) com a proteção da honra e dignidade (artigo 11), liberdade de expressão (artigo 13.1) e liberdade de associação (artigo 16).

Nesse importante precedente, o então senador eleito Cepeda Vargas era uma figura política vinculada a um partido de oposição da Colômbia (União Patriótica), constituído em 1985 como resultado de um processo de paz com as Forças Armadas Revolucionárias (Farc). Ao longo dos anos e com as inúmeras instabilidades e tentativas de avanço nos processos de paz, as pessoas vinculadas ao partido passaram a ser alvos sistemáticos de violência, e, após as eleições, o senador veio a ser assassinado em 1994, quando se dirigia ao Congresso da República. O tribunal considerou que "a execução extrajudicial de um oponente por razões políticas não só implica na violação de diversos direitos humanos, como também atenta contra os princípios em que se fundamenta o Estado de Direito e o regime democrático".[790]

No Brasil, nos últimos cinco anos, nota-se uma escalada da violência política direcionada às pessoas que capitaneiam pautas contramajoritárias. Essa escalada é permeada pela adoção desenfreada de discursos de ódio e a sua disseminação em redes sociais, provocando a escalada de violência. Um dos casos mais emblemáticos vivenciados foi o homicídio da vereadora carioca Marielle Franco e de Anderson Gomes, em 2018. Posteriormente, como os/as familiares abraçaram a luta por justiça, foram adotadas medidas cautelares no âmbito da Comissão Interamericana de Direitos Humanos, tendo em vista que se seguiram ameaças a eles/elas.[791] Na mesma linha, o então deputado federal Jean Wyllys, igualmente beneficiário de medidas cautelares,[792] renunciou ao mandato nas eleições de 2018-2022, após receber ameaças e ser alvo de discursos de ódio eivados de homofobia. Da mesma maneira, a vereadora Benny Briolly[793] obteve medidas cautelares da CIDH, em razão de ameaças de morte, ofensas racistas e transfóbicas, que também dificultaram a sua participação política na vida pública. Em virtude da proliferação de ameaças e ofensas graves, ainda pouco controladas pelas redes sociais, há a necessidade de fortalecimento dos parâmetros protetivos de direitos humanos, pormenorizando quais obrigações específicas são impostas ao Estado para uma efetiva garantia do dever de proteção contra a violência política.[794]

---

[790]   Corte IDH. Caso Cepeda Vargas *vs.* Colombia. Excepciones Preliminares, Fondo, Reparaciones y Costas. Sentencia de 26 de mayo de 2010. Serie C No. 213, § 177.

[791]   CIDH. *Resolução 57/2018. Medida Cautelar 767/2018.* Mônica Tereza Azeredo Benício a respeito do Brasil, 1º de agosto de 2018. Disponível em: https://www.oas.org/es/cidh/decisiones/pdf/2018/57-18mc767-18-br-pt.pdf. Acesso em: 23.05.2023.

[792]   CIDH. *Resolução 85/2018. Medida Cautelar 1262/2018.* Jean Wyllys de Matos Santos e família em relação ao Brasil, 20 de novembro de 2018. Disponível em: https://www.oas.org/es/cidh/decisiones/pdf/2018/85-18mc1262-18-br-pt.pdf. Acesso em: 23.05.2023.

[793]   CIDH. *Resolução 34/2022. Medida Cautelar 408/2022.* Benny Briolly Rosa da Silva Santos e integrantes de sua equipe de trabalho em relação ao Brasil, 11 de julho de 2022. Disponível em: https://www.oas.org/pt/cidh/decisiones/mc/2022/res_34-22%20_mc_408-22_br_pt.pdf. Acesso em: 23.05.2023.

[794]   Cf., por todas: LAURIS, Élida; HASHIZUME, Maurício. *Violência política e eleitoral no Brasil*: panorama das violações de direitos humanos de 2016 a 2020. Curitiba: Terra de Direitos e Justiça Global, 2020. Disponível em: http://www.global.org.br/wp-content/uploads/2020/09/Relat%C3%B3rio_Violencia-Politica_FN.pdf. Acesso em: 23.05.2023. *Vide também*: ASSIS, Mariana Prandini et al. E ainda assim nos levantamos: luta e resistência das mulheres em defesa dos direitos humanos. In: COMITÊ BRASILEIRO DE DEFENSORAS E DEFENSORES DE DIREITOS HUMANOS. *Dossiê Vidas em Luta*: criminalização e violência contra defensoras e defensores de direitos humanos no Brasil. 3. ed. Organização: Layza Queiroz Santos et al.

2.5 O direito de igualdade de oportunidades para acesso aos cargos públicos e os casos de destituição de juízes e juízas

Como já destacado, o direito de ter igualdade de oportunidade para integrar a administração pública resulta na vedação da adoção de critérios discriminatórios (CADH, 23.1.c). Isso significa que a nomeação, a promoção, a suspensão e a destituição em cargos públicos devem observar critérios razoáveis e objetivos e possuir fins legítimos.[795] Por outro lado, não é considerada discriminatória a adoção de ações afirmativas para correção das desigualdades históricas no acesso, com o fim de promover a igualdade material e assegurar a representatividade dos variados grupos identitários no acesso aos cargos públicos. Ademais, o direito de igualdade de oportunidade aos cargos públicos não se restringe apenas às posições acessíveis via "eleição", como alguns cargos do Poder Executivo e do Poder Legislativo. Inclui também, de forma mais ampla, o direito à igualdade de oportunidade em ocupar cargos em órgãos públicos em geral (comissionados ou não). Por isso, abrange, inclusive, a magistratura.

No Brasil, como regra, o ingresso no Poder Judiciário se dá por concurso público, justamente por se considerar este um meio procedimental que instrumentaliza a igualdade de oportunidades. Já, no âmbito internacional regional, a CADH não exige dos Estados um meio específico para o ingresso na magistratura. A análise sobre a observância dos parâmetros interamericanos se dará, então, a partir da avaliação se o meio adotado atendeu ao propósito convencional. Nesse sentido, veda-se o ingresso por um meio que não proporcione as garantias mínimas do exercício da função, vale dizer, que não observe a separação dos poderes e a independência judicial.

Nas últimas décadas, o sistema interamericano apreciou uma série de casos relacionados à destituição de juízes, dos mais variados Estados, avaliando se o regime jurídico da magistratura era compatível com a forma pela qual se procedeu à aplicação das sanções disciplinares. Nos primeiros casos, o tribunal concentrou sua análise nos parâmetros gerais que decorrem das garantias do devido processo administrativo e do direito a um recurso judicial efetivo (garantias dos artigos. 8.1 e 25 da CADH).[796]

Contudo, a discussão foi se sofisticando e, no caso Apitz Barbera e outros vs. Venezuela,[797] os peticionários pediram que a Corte IDH analisasse se os direitos políticos dos juízes tinham sido violados, em razão dos efeitos das destituições aplicadas. Nesse julgado, os fatos ocorreram entre 2000 e 2003, no período do governo de Hugo Chávez.[798] Na época, enquanto se propunha uma reforma mais abrangente do Poder Judiciário, foram nomeados juízes "provisórios", a título precário, para julgar demandas em um colegiado de contencioso administrativo. Em virtude de um julgamento de alta repercussão em um caso concreto sobre registro público, os juízes e as juízas que integravam o referido colegiado passaram a sofrer

---

Curitiba: Terra de Direitos, 2020. v. III. Disponível em: https://terradedireitos.org.br/uploads/arquivos/Dossie-Vidas-em-Luta.pdf. Acesso em: 29.05.2023.

[795] Corte IDH. Caso Apitz Barbera y otros ("Corte Primera de lo Contencioso Administrativo") vs. Venezuela. Excepción Preliminar, Fondo, Reparaciones y Costas. Sentencia de 5 de agosto de 2008. Serie C No. 182, § 222.

[796] Corte IDH. Caso del Tribunal Constitucional vs. Perú. Fondo, Reparaciones y Costas. Sentencia de 31 de enero de 2001. Serie C No. 71, § 73-74.

[797] Corte IDH. Caso Apitz Barbera y otros ("Corte Primera de lo Contencioso Administrativo") vs. Venezuela. Excepción Preliminar, Fondo, Reparaciones y Costas. Sentencia de 5 de agosto de 2008. Serie C No. 182.

[798] Corte IDH. Caso Apitz Barbera y otros ("Corte Primera de lo Contencioso Administrativo") vs. Venezuela. Excepción Preliminar, Fondo, Reparaciones y Costas. Sentencia de 5 de agosto de 2008. Serie C No. 182, § 26 et seq.

processos disciplinares por suposto "erro judicial inescusável", e três juízes foram exonerados e duas juízas foram aposentadas compulsoriamente.[799] Como a destituição impedia que os juízes exonerados pudessem tentar concorrer ao cargo novamente, além de suscitarem a violação aos artigos 8.1 e 25 da CADH, os peticionários agregaram ofensa ao artigo 23 do mesmo tratado, por considerarem que esse efeito da sanção era arbitrário e lhes cerceava o direito de igualdade de oportunidade de tentar um novo ingresso.[800] Em seu julgamento, a Corte reconheceu a violação às garantias judiciais e ao direito de acesso à Justiça (ausência de motivação e descumprimento de prazo razoável de duração do processo), mas julgou o pleito parcialmente improcedente em relação à violação dos direitos políticos, por considerar que as normas que restringiam o reingresso de pessoas destituídas tinham uma base objetiva e razoável.[801]

Além disso, os peticionários promoveram um pioneiro debate ao solicitar que a Corte IDH avaliasse se houve uma ofensa autônoma ao artigo 3 da Carta Democrática Interamericana,[802] em razão da situação política vivenciada no país e da alegada falta de independência judicial do Poder Judiciário bolivariano.[803] Os peticionários questionaram se existia um direito humano à democracia, judicialmente exigível perante a Corte Interamericana, com base na Carta Democrática Interamericana (2001). Vale lembrar que, em seu artigo 1, o instrumento expressamente mencionava o "direito à democracia".[804] Nesse primeiro julgado sobre o tema, a Corte IDH foi extremamente cautelosa ao apreciar o pleito, restringindo a sua avaliação aos fatos do caso concreto. O tribunal é expresso ao afirmar que não tem elementos suficientes para avaliar o quadro geral do país ou do Poder Judiciário doméstico e que a situação exigiria uma análise mais ampla. Além disso, a Corte IDH considerou que os dispositivos da Carta Democrática Interamericana não são autonomamente justiciáveis,[805] tendo em vista que não se trata de um tratado interamericano, mas de uma resolução oriunda da Assembleia Geral da OEA. Sem embargo, a Corte IDH destaca que o referido instrumento contém uma carga principiológica que serve como parâmetro interpre-

---

[799]   Corte IDH. Caso Apitz Barbera y otros ("Corte Primera de lo Contencioso Administrativo") vs. Venezuela. Excepción Preliminar, Fondo, Reparaciones y Costas. Sentencia de 5 de agosto de 2008. Serie C No. 182, § 31.

[800]   Corte IDH. Caso Apitz Barbera y otros ("Corte Primera de lo Contencioso Administrativo") vs. Venezuela. Excepción Preliminar, Fondo, Reparaciones y Costas. Sentencia de 5 de agosto de 2008. Serie C No. 182, § 201.

[801]   Corte IDH. Caso Apitz Barbera y otros ("Corte Primera de lo Contencioso Administrativo") vs. Venezuela. Excepción Preliminar, Fondo, Reparaciones y Costas. Sentencia de 5 de agosto de 2008. Serie C No. 182, § 206.

[802]   Carta Democrática Interamericana, artigo 3 – "São elementos essenciais da democracia representativa, entre outros, o respeito aos direitos humanos e às liberdades fundamentais, o acesso ao poder e seu exercício com sujeição ao Estado de Direito, a celebração de eleições periódicas, livres, justas e baseadas no sufrágio universal e secreto como expressão da soberania do povo, o regime pluralista de partidos e organizações políticas, e a separação e independência dos poderes públicos".

[803]   Corte IDH. Caso Apitz Barbera y otros ("Corte Primera de lo Contencioso Administrativo") vs. Venezuela. Excepción Preliminar, Fondo, Reparaciones y Costas. Sentencia de 5 de agosto de 2008. Serie C No. 182, § 216 *et seq.*

[804]   Carta Democrática Interamericana, artigo 1: "Os povos da América têm direito à democracia e seus governos têm a obrigação de promovê-la e defendê-la".

[805]   Corte IDH. Caso Apitz Barbera y otros ("Corte Primera de lo Contencioso Administrativo") vs. Venezuela. Excepción Preliminar, Fondo, Reparaciones y Costas. Sentencia de 5 de agosto de 2008. Serie C No. 182, § 222 *et seq.*

tativo para guiar o sentido e o alcance da CADH. Ainda que a Corte não tenha reconhecido um direito autônomo à democracia, os direitos convencionais, como o artigo 23 da CADH, são moldados a partir desse norte. A Carta Democrática Interamericana foi concebida para servir de guia aos Estados-membros, para avaliação sobre a eventual aplicação de sanções no bojo do mecanismo político de garantia coletiva da Organização dos Estados Americanos.[806] Como a timidez da adoção desse mecanismo político na OEA (conhecido como "cláusula democrática") vem sendo objeto de críticas pela doutrina,[807] quando os peticionários invocaram a Carta Democrática Interamericana diante da jurisdição internacional, o caso passa a suscitar uma reflexão sobre se a via jurisdicional poderia complementar a proteção desse direito autônomo à democracia representativa.[808] Enquanto a Corte ainda resiste em dar esse passo, observa-se que, ao menos, a invocação da Carta Democrática Interamericana tem apoiado a interpretação de outras demandas que transitam entre as zonas fronteiriças cinzentas do artigo 23(1)(c) da CADH.

Uma década após o julgamento de Apitz Barbera, uma interessante discussão tomou lugar no caso *López Lone e outros*,[809] sobre a destituição de juízes que participaram de protestos contra um golpe de Estado em face do então presidente Zelaya, em Honduras (2009). Os peticionários, que eram juízes e juízas "provisórios(as)", vinculados à "Associação dos Juízes para a Democracia", participaram de atos públicos contra a ruptura da ordem democrática. Em razão disso, foram submetidos a processos disciplinares e, na sequência, foram destituídos, sem a observância das garantias do devido processo.[810] A Corte IDH analisou, nessa situação, quais os limites do direito à liberdade de expressão de juízes, em relação com o direito de reunião, direitos políticos e das garantias judiciais. De modo geral, o tribunal destacou que há um consenso regional que veda aos juízes o exercício de atividade "político-partidária" (direitos políticos em sentido estrito), como forma de preservar a independência judicial e a separação dos poderes, no exercício da

---

[806] O autor explica sobre o tímido mecanismo político, a saber: "(...) a cláusula democrática da OEA foi introduzida pelo Protocolo de Washington (1992), dando-se nova redação do artigo 9º da Carta, a qual permite suspender, por decisão da Assembleia Geral e por maioria qualificada de dois terços, qualquer Estado membro cujo governo tenha sido 'deposto pela força'. Trata-se de resposta interamericana ao 'golpe militar clássico', típico do passado de vários países da região, com o uso da sanção de não participação" (RAMOS, André de Carvalho. Novos tempos, velho remédio? Os riscos da cláusula democrática no sistema interamericano de direitos humanos. *Revista de Direitos Fundamentais & Democracia*, Curitiba, v. 25, n. 3, p. 5-31, set.-dez. 2020. p. 13).

[807] Nesse sentido, o autor critica a incapacidade de o mecanismo reagir ao uso "insincero" do *impeachment*, em casos como o de Lugo (Paraguai) e Rousseff (Brasil). Para um maior aprofundamento, cf.: RAMOS, André de Carvalho. Novos tempos, velho remédio? Os riscos da cláusula democrática no sistema interamericano de direitos humanos. *Revista de Direitos Fundamentais & Democracia*, Curitiba, v. 25, n. 3, set.-dez. 2020. p. 13.

[808] Carvalho Ramos defende, por exemplo, que a Corte IDH deveria ao menos explicitar parâmetros sobre os limites jurídicos interamericanos impostos aos processos de *impeachment* na América Latina, com o fim de evitar "golpes brandos", vale dizer, que esses processos sejam conduzidos pela "(...) atuação arbitrária e insincera dos agentes políticos, respeitando-se, consequentemente, os direitos políticos e a investidura popular nas democracias". Cf.: RAMOS, André de Carvalho. Novos tempos, velho remédio? Os riscos da cláusula democrática no sistema interamericano de direitos humanos. *Revista de Direitos Fundamentais & Democracia*, Curitiba, v. 25, n. 3, set.-dez. 2020. p. 27.

[809] Corte IDH. Caso López Lone y otros *vs*. Honduras. Interpretación de la Sentencia de Excepción Preliminar, Fondo, Reparaciones y Costas. Sentencia de 2 de septiembre de 2016. Serie C No. 317.

[810] Corte IDH. Caso López Lone y otros *vs*. Honduras. Interpretación de la Sentencia de Excepción Preliminar, Fondo, Reparaciones y Costas. Sentencia de 2 de septiembre de 2016. Serie C No. 317, § 202.

jurisdição.[811] Contudo, também destacou que essa restrição não deve ser interpretada de forma tão ampla, a fim de anular o exercício dos direitos políticos e de liberdade de expressão dos juízes e das juízas, que seguem titularizando o direito de votar e de participar nos assuntos da vida pública.[812] Como não se trata de direitos absolutos, a Corte IDH admite que a liberdade de expressão dos juízes é afetada por um escrutínio mais rigoroso do que a exercida pela população em geral.[813] Em condições normais, há necessidade de contrabalancear a liberdade de expressão com o dever de garantir a independência judicial, para que a manifestação do pensamento não atue de forma lesiva a esta ou comprometa a capacidade de julgamento com imparcialidade. Contudo, o tribunal interamericano reconheceu que, em circunstâncias excepcionais, os juízes têm o dever de se manifestar e se insurgir contra tentativa de golpes de Estado ou de atos que coloquem em risco o Estado de Direito, justamente por serem funcionários públicos que atuam na condição de garantidor, vale dizer, fazem o controle sobre potencial abuso de poder eventualmente perpetrado pelos demais órgãos públicos.[814] Nesse sentido, a participação dos peticionários no protesto não resultava apenas no exercício dos seus respectivos direitos políticos de cidadania mas decorria também do cumprimento de um dever imposto aos funcionários públicos cuja função demanda um compromisso com a manutenção da ordem pública democrática.[815] Nesse caso paradigmático, a Corte IDH avançou a sua jurisprudência ao reconhecer que a CADH abarca o direito (e o dever) de resistência à tentativa de golpes de Estado e à ruptura do Estado de Direito. Essa construção argumentativa só foi possível em razão da conjugação do norte interpretativo da CADH, combinando-se o seu preâmbulo, com a Carta da OEA (tratado constitutivo da organização internacional) e a Carta Democrática Interamericana.[816]

É importante destacar, diante do cenário recente vivenciado no lamentável episódio de 8 de janeiro de 2023 no Brasil, que o raciocínio *a contrario sensu* do julgado não seria válido. A Convenção Americana de Direitos Humanos, interpretada à luz da Carta Democrática Interamericana, não protege a liberdade de expressão para que pessoas (ou um grupo) venham propor e/ou defender golpes de Estado, regimes autoritários ou discursos de ódio, tendo em vista que tal situação resultaria em restrição ao exercício dos demais direitos protegidos, um abalo à institucionalidade democrática e aos princípios basilares do sistema interamericano.

3. CONSIDERAÇÕES FINAIS

De forma geral, o presente capítulo buscou traçar os contornos gerais dos direitos políticos no âmbito da Convenção Americana de Direitos Humanos, a partir dos parâmetros

---

[811] Corte IDH. Caso López Lone y otros *vs.* Honduras. Interpretación de la Sentencia de Excepción Preliminar, Fondo, Reparaciones y Costas. Sentencia de 2 de septiembre de 2016. Serie C No. 317, § 172.

[812] Corte IDH. Caso López Lone y otros *vs.* Honduras. Interpretación de la Sentencia de Excepción Preliminar, Fondo, Reparaciones y Costas. Sentencia de 2 de septiembre de 2016. Serie C No. 317, § 172.

[813] Corte IDH. Caso López Lone y otros *vs.* Honduras. Interpretación de la Sentencia de Excepción Preliminar, Fondo, Reparaciones y Costas. Sentencia de 2 de septiembre de 2016. Serie C No. 317, § 172.

[814] Corte IDH. Caso López Lone y otros *vs.* Honduras. Interpretación de la Sentencia de Excepción Preliminar, Fondo, Reparaciones y Costas. Sentencia de 2 de septiembre de 2016. Serie C No. 317, § 173.

[815] Corte IDH. Caso López Lone y otros *vs.* Honduras. Interpretación de la Sentencia de Excepción Preliminar, Fondo, Reparaciones y Costas. Sentencia de 2 de septiembre de 2016. Serie C No. 317, § 173-174.

[816] Corte IDH. Caso López Lone y otros *vs.* Honduras. Interpretación de la Sentencia de Excepción Preliminar, Fondo, Reparaciones y Costas. Sentencia de 2 de septiembre de 2016. Serie C No. 317, § 151.

estabelecidos pela Corte IDH em relação a alguns casos paradigmáticos que foram levados a seu conhecimento.

Como ponto de partida, os direitos políticos são norteados pelo próprio preâmbulo da Convenção, que aponta a busca por "consolidar neste continente, dentro do quadro das instituições democráticas, um regime de liberdade pessoal e de justiça social, fundado no respeito dos direitos essenciais do homem". A partir dos seus dispositivos, conjugados de forma integrada, a CADH vem tecendo parâmetros interpretativos de grande densidade, que permitem compreender o sentido e o alcance da proteção convencional e da inter-relação com os demais direitos. Em debates recentes, o tribunal interamericano também consolidou um diálogo com o norte principiológico sistematizado na Carta Democrática Interamericana, ao destacar que, da proteção aos direitos políticos, deriva um dever de proteger a manutenção da ordem democrática imposto aos funcionários públicos.[817]

De modo geral, observa-se que os casos ora analisados desafiaram as fronteiras mais difíceis de serem enfrentadas na aplicação prática do texto convencional, quando contrastado com a arquitetura jurídica construída pelas jurisdições domésticas. Também foram apontados alguns dos debates em andamento, que demonstram a força viva da Convenção Americana e a sua presença como ferramenta útil para construção do diálogo e soluções razoáveis aos grandes desafios contemporâneos.

REFERÊNCIAS

ASSIS, Mariana Prandini et al. E ainda assim nos levantamos: luta e resistência das mulheres em defesa dos direitos humanos. In: COMITÊ BRASILEIRO DE DEFENSORAS E DEFENSORES DE DIREITOS HUMANOS. *Dossiê Vidas em Luta*: criminalização e violência contra defensoras e defensores de direitos humanos no Brasil. 3. ed. Organização: Layza Queiroz Santos et al. Curitiba: Terra de Direitos, 2020. v. III. Disponível em: https://terradedireitos.org.br/uploads/arquivos/Dossie-Vidas-em-Luta.pdf. Acesso em: 29.05.2023.

CIDH. *Resolução 57/2018. Medida Cautelar 767/2018.* Mônica Tereza Azeredo Benício a respeito do Brasil, 1º de agosto de 2018. Disponível em: https://www.oas.org/es/cidh/decisiones/pdf/2018/57-18mc767-18-br-pt.pdf. Acesso em: 23.05.2023.

CIDH. *Resolução 85/2018. Medida Cautelar 1262/2018.* Jean Wyllys de Matos Santos e família em relação ao Brasil, 20 de novembro de 2018. Disponível em: https://www.oas.org/es/cidh/decisiones/pdf/2018/85-18mc1262-18-br-pt.pdf. Acesso em: 23.05.2023.

CIDH. *Resolução 34/2022. Medida Cautelar 408/2022.* Benny Briolly Rosa da Silva Santos e integrantes de sua equipe de trabalho em relação ao Brasil, 11 de julho de 2022. Disponível em: https://www.oas.org/pt/cidh/decisiones/mc/2022/res_34-22%20_mc_408-22_br_pt.pdf. Acesso em: 23.05.2023.

COUNCIL OF EUROPE. *Guide on article 3 of protocol n. 1 to the European Convention on Human Rights.* Updated on 31 August 2022 Disponível em: https://www.echr.coe.int/Documents/Guide_Art_3_Protocol_1_ENG.pdf. Acesso em: 10.06.2023.

CRUZ LIMA, Raquel. *A Convenção Americana sobre Direitos Humanos como um projeto das Américas*: a história local de uma demanda universal. Tese (Doutorado em Direito Internacional) – Faculdade de Direito, Universidade de São Paulo, São Paulo, 2022.

---

[817] Corte IDH. Caso Apitz Barbera y otros ("Corte Primera de lo Contencioso Administrativo") *vs.* Venezuela. Excepción Preliminar, Fondo, Reparaciones y Costas. Sentencia de 5 de agosto de 2008. Serie C No. 182.

FERREIRA, Marcelo Ramos Peregrino. *O controle de convencionalidade da Lei da Ficha Limpa*: direitos políticos e inelegibilidade. 3. ed. Rio de Janeiro: Lumen Juris, 2019.

HENNEBEL, Ludovic; TIGROUDJA, Hélène. *The American Convention on Human Rights*: a commentary. New York: Oxford University Press, 2022.

LAURIS, Élida; HASHIZUME, Maurício. *Violência política e eleitoral no Brasil*: panorama das violações de direitos humanos de 2016 a 2020. Curitiba: Terra de Direitos e Justiça Global, 2020. Disponível em: http://www.global.org.br/wp-content/uploads/2020/09/Relat%C3%B3rio_Violencia-Politica_ FN.pdf. Acesso em: 23.05.2023.

OLIVEIRA, Marcelo. A Lei da Ficha Limpa em face da Convenção Americana sobre Direitos Humanos: o necessário controle de convencionalidade diante da possível violação ao direito de ser votado. Disponível em: http://www.mcce.org.br. Acesso em: 10.06.2023.

PIOVESAN, Flávia. *Direitos humanos e o direito constitucional internacional*. 19. ed. São Paulo: Saraiva, 2021.

RAMOS, André de Carvalho. Novos tempos, velho remédio? Os riscos da cláusula democrática no sistema interamericano de direitos humanos. *Revista de Direitos Fundamentais & Democracia*, Curitiba, v. 25, n. 3, p. 5-31, set.-dez. 2020.

RAMOS, André de Carvalho. *Processo Internacional de Direitos Humanos*. 7. ed. São Paulo: Saraiva, 2022.

UNITED NATIONS. Human Rights Committee. Views adopted by the Committee under article 5(4) of the Optional Protocol, concerning communication No. 2841/2016. *Luiz Inácio Lula da Silva* v. *Brazil* (CCPR/C/134/D/2841/2016). Disponível em: https://tbinternet.ohchr.org/_layouts/15/treatybodyexternal/Download.aspx?symbolno=CCPR%2FC%2F134%2FD%2F2841%2F2016&Lang=en. Acesso em: 10.06.2023.

Artigo 24
Igualdade perante a lei

Todas as pessoas são iguais perante a lei. Por conseguinte, têm direito, sem discriminação, a igual proteção da lei.

 COMENTÁRIOS

por Clara Mota e Andreza Maris

1. INTRODUÇÃO

O artigo 24 da Convenção Americana de Direitos Humanos (CADH), Pacto de San José da Costa Rica, de 1969, dispõe que "*Todas as pessoas são iguais perante a lei. Por conseguinte, têm direito, sem discriminação, a igual proteção da lei*". A partir dessa cláusula fundamental, a Corte Interamericana de Direitos Humanos (Corte IDH) e a Comissão Interamericana de Direitos Humanos (CIDH) têm atuado em prol da eliminação de persistentes formas de discriminação, implementando a igualdade *de jure* e *de facto* no continente americano.

Observe-se que esse dispositivo vai além do quanto exposto no artigo 1 da CADH, de acordo com o qual "*os Estados-Partes nesta Convenção comprometem-se a respeitar os direitos e liberdades nela reconhecidos e a garantir seu livre e pleno exercício a toda pessoa que esteja sujeita à sua jurisdição, sem discriminação alguma por motivo de raça, cor, sexo, idioma, religião, opiniões políticas ou de qualquer outra natureza, origem nacional ou social, posição econômica, nascimento ou qualquer outra condição social*", pois "o artigo 24 da Convenção Americana proíbe a discriminação de direito ou de fato, não apenas quanto aos direitos previstos na mesma, mas no que respeita a todas as leis aprovadas pelo Estado e sua aplicação".[818] Acerca da compatibilização dos referidos artigos 1 e 24, a Corte IDH assentou que:

> "Enquanto a obrigação geral do artigo 1.1 se refere ao dever do Estado de respeitar e garantir 'sem discriminação' os direitos contidos na Convenção Americana, o artigo 24 protege o direito à 'igual proteção da lei.' Assim, o artigo 24 da Convenção Americana proíbe a discriminação de direito, não somente no que diz respeito aos direitos contidos nesse tratado, mas também em relação a todas as leis aprovadas pelo Estado e à sua aplicação. Em outras palavras, se um Estado discrimina quanto ao respeito ou garantia de um direito convencional, não cumpriria a obrigação estabelecida no artigo 1.1 e ao direito substantivo em questão. Se, ao contrário, a discriminação se refere à uma proteção desigual da lei interna ou à sua aplicação, o fato deve ser analisado à luz do artigo 24 da Convenção Americana, em relação às categorias protegidas pelo artigo 1.1 da Convenção."[819]

Considerando tais balizas e tendo em mira, especialmente, o artigo 24 da CADH, a Corte tem erigido uma profícua jurisprudência voltada à concretização do direito da antidiscriminação e de igualdade em suas múltiplas dimensões, consoante passaremos a comentar.[820]

2. DIREITO DA ANTIDISCRIMINAÇÃO, CONCEITO E DIMENSÕES DO DIREITO À IGUALDADE

Segundo André de Carvalho Ramos, "a igualdade consiste em um atributo de comparação do tratamento dado a todos os seres humanos, visando assegurar uma vida digna a todos, sem privilégios odiosos".[821]

Detalhando o conceito, Adilson Moreira reflete que "o princípio da igualdade está diretamente relacionado com a ideia da universalidade de direitos, pressuposto que implica a titularidade de direitos de todos os membros da comunidade política. Essa premissa faz referência ao fato de que todas as pessoas possuem uma forma de identidade comum dentro da sociedade democrática, motivo pelo qual todas elas devem ser vistas como indivíduos que possuem o mesmo valor".[822] O autor ensina ainda que existem dimensões jurídica, política, psicológica, moral e diferenciativa da igualdade, as quais conformam e dão substância ao direito da antidiscriminação. Consoante as suas palavras:

---

[818] BRASIL. Supremo Tribunal Federal (STF). *Convenção Americana sobre Direitos Humanos*: anotada com a jurisprudência do Supremo Tribunal Federal e da Corte Interamericana de Direitos Humanos. 2. ed. Brasília: STF/Secretaria de Altos Estudos, Pesquisas e Gestão da Informação, 2022. p. 426.

[819] Ver parecer consultivo OC-24, de 2017.

[820] No âmbito da garantia do direito à igualdade, destacam-se ainda a Declaração Universal dos Direitos Humanos; a Convenção das Nações Unidas sobre Eliminação de Todas as Formas de Discriminação Racial; a Convenção das Nações Unidas sobre Eliminação de Todas as Formas de Discriminação Contra a Mulher; Convenção das Nações Unidas sobre os Direitos das Pessoas com Deficiência, dentre outros diplomas.

[821] RAMOS, André de Carvalho. *Curso de Direitos Humanos*. 9. ed. São Paulo: Saraiva, 2022.

[822] MOREIRA, Adilson José. *Tratado de Direito Antidiscriminatório*. São Paulo: Contracorrente, 2020.

"Observamos, pois, que as normas antidiscriminatórias partem do pressuposto de que certas características designam segmentos sociais que se encontram em uma situação temporária ou histórica de desvantagem em relação aos grupos cognatos. Embora nem todos os membros de um grupo minoritário podem estar nessa condição, grande parte de seus membros são discriminados, o que justifica a proteção jurídica deles."[823]

Para além da visão formal do direito à igualdade, a Corte IDH tem contribuído para a construção teórica e jurisprudencial do direito da antidiscriminação no continente americano. No bojo da OC-24, de 2017, contata-se essa disposição, senão vejamos trecho do parecer:

"Os Estados estão obrigados a adotar medidas positivas para reverter ou mudar as situações discriminatórias existentes em suas sociedades, em detrimento de um determinado grupo de pessoas. Isto implica o dever especial de proteção que o Estado deve exercer com relação a ações e práticas de terceiros que, sob sua tolerância ou aquiescência, criem, mantenham ou favoreçam situações discriminatórias. No entanto, a Corte lembra que nem todas as diferenças de tratamento serão consideradas discriminatórias, mas apenas aquelas que se baseiam em critérios que não podem ser razoavelmente avaliados como objetivos e razoáveis, ou seja, quando não perseguem um fim legítimo e não existe relação razoável de proporcionalidade entre os meios utilizados e a finalidade almejada. Do mesmo modo, em casos de diferentes tratamentos desfavoráveis, quando o critério diferenciador corresponde a um daqueles protegidos pelo artigo 1.1 da Convenção, que se refere a: i) características permanentes das pessoas, das quais estas não podem prescindir sem perder a identidade; ii) grupos tradicionalmente marginalizados, excluídos ou subordinados, e iii) critérios irrelevantes para uma distribuição equitativa de bens, direitos ou encargos sociais, indicam que a Corte se encontra diante de um indício de que o Estado agiu arbitrariamente. A Corte estabeleceu, ademais, que os critérios específicos em virtude dos quais está proibido discriminar, segundo o artigo 1.1 da Convenção Americana, não constituem uma lista taxativa ou limitativa, mas meramente enunciativa. Assim, a Corte considera que a redação deste artigo deixa os critérios abertos com a inclusão do termo 'outra condição social' para incorporar outras categorias que não foram explicitamente indicadas, mas que possuem uma entidade assimilável. Em tal virtude, no momento da interpretação do referido termo, é necessário escolher a alternativa hermenêutica mais favorável à proteção dos direitos da pessoa humana, de acordo com a aplicação do princípio *pro persona*."

Discriminação é qualquer distinção, exclusão, restrição ou preferência que tenha o propósito ou o efeito de anular ou prejudicar o reconhecimento, gozo ou exercício, em pé de igualdade de direitos humanos e liberdades fundamentais, nos campos político, econômico, social, cultural, civil ou em qualquer outro. Abrange todas as formas de discriminação, inclusive a recusa de adaptação razoável, conforme conceito que se acha escrito na Convenção sobre Eliminação de Todas as Formas de Discriminação Contra a Mulher (*Convention on the Elimination of All Forms of Discrimination Against Women* – CEDAW) e ainda em outros atos internacionais.

De acordo com Roger Raupp Rios, a discriminação não se confunde com o mero preconceito, pois "por preconceito, designam-se as percepções mentais negativas em face de indivíduos e de grupos socialmente inferiorizados, bem como as representações sociais conectadas a tais percepções. Por discriminação, designa-se a materialização, no plano concreto das relações sociais, de atitudes arbitrárias, comissivas ou omissivas, relacionadas ao preconceito, que produzem violação de direitos dos indivíduos e dos grupos".[824]

---

[823]   MOREIRA, Adilson José. *Tratado de Direito Antidiscriminatório*. São Paulo: Contracorrente, 2020. p. 105.

[824]   RIOS, Roger Raupp. *Direito da antidiscriminação*. Porto Alegre: Livraria do Advogado, 2008.

A discriminação pode ainda assumir feição indireta, não intencional, a qual foi detalhada pelo Supremo Tribunal Federal brasileiro nos seguintes termos:

> "A discriminação indireta ou, mais especificamente, a *disparate impact doctrine*, desenvolvida na jurisprudência da Suprema Corte dos Estados Unidos a partir do caso Griggs *v.* Duke Power Co., caracteriza-se pelo impacto desproporcional que a norma exerce sobre determinado grupo já estigmatizado e, portanto, seu efeito de acirramento de práticas discriminatórias, independentemente de um propósito discriminatório (CORBO, Wallace. *Discriminação Indireta*. Lumen Juris: Rio de Janeiro, 2017. p. 123). 11. *In casu*, ao impedir o exercício provisório do servidor na licença para acompanhamento de cônjuges no exterior, o dispositivo sub examine atenta contra a proteção constitucional à família e hostiliza a participação feminina em cargos diplomáticos, ao lhe impor um custo social que ainda não recai sobre os homens em idêntica situação. 12. O direito social ao trabalho, consagrado na Constituição Federal em seus artigos 1º, IV, 6º, e 170, constitui, a um só tempo, elemento fundamental da identidade e dignidade humanas, ao permitir a realização pessoal plena do sujeito como indivíduo e o pertencimento a um grupo; caráter instrumental, ao viabilizar, pela retribuição pecuniária, o gozo de outros direitos básicos; e natureza pública de integração socioeconômica, ao atribuir ao trabalhador um papel ativo no desenvolvimento nacional. Ação direta de inconstitucionalidade conhecida e julgado procedente o pedido, para declarar a inconstitucionalidade do artigo 69 da Lei federal 11.440/2006."[825]

A CADH, em seu artigo 1, elenca critérios proibidos de discriminação (raça, cor, sexo, idioma, religião, opiniões políticas ou de qualquer outra natureza, origem nacional ou social, posição econômica, nascimento ou qualquer outra condição social). Eles veiculam proibições expressas em relação a certos fatores, que podem ser divididos em dois grupos: condições pessoais (proteções identitárias, como raça, sexo e origem) e escolhas fundamentais, tais como convicção política, filosófica ou religião.[826] No contexto dos critérios proibidos de discriminação, em especial na sua concomitância e intersecção, é que se compreende a discriminação interseccional. O fenômeno discriminatório é múltiplo e complexo. Os diferentes contextos, redes relacionais, fatores intercorrentes e motivações que emergem quando, no trato social, indivíduos e grupos são discriminados, não se deixam reduzir a um ou outro critério isolado.

A interseccionalidade significa, portanto, que quando a discriminação incide sobre mais de um critério proibido, a atitude para o seu tratamento e desvelamento deve ser interseccional, isto é, deve olhar para o ângulo de discriminação que pode estar oculto pelo entrecruzamento dos critérios.

Na próxima seção, passamos a detalhar alguns casos nos quais esses conceitos foram aplicados pela Corte IDH.

3. A JURISPRUDÊNCIA DA CORTE IDH QUANTO AO DIREITO À IGUALDADE (ARTIGO 24 DA CADH)

À luz da jurisprudência da Corte IDH, o artigo 24 da Convenção é violado quando a lei interna de um dos Estados ou a sua aplicação deságua em discriminação, limitando a liberdade ou restringindo direitos inerentes do cidadão. Com efeito, a fim de prestigiar o contido no artigo 24 da CADH, os Estados devem "abster-se de realizar ações que, de qual-

---

[825] ADI 5355, Rel. Min. Luiz Fux, Tribunal Pleno, j. 11.11.2021.

[826] RIOS, Roger Raupp. *Direito da Antidiscriminação*. Porto Alegre: Livraria do Advogado, 2008. p. 51.

quer maneira, estejam dirigidas, direta ou indiretamente, a criar situações de discriminação de *jure* ou de *facto*".[827]

Nessa toada, mencionaremos, a seguir, cinco casos submetidos à Corte, que objetivaram a concretização desse importante princípio.

3.1 *Caso Yatama vs. Nicarágua*

Cuida-se de caso alusivo à associação indígena conhecida como Yatama, que representou as comunidades indígenas da região da Costa Atlântica da Nicarágua nas eleições daquele país, por décadas, e foi alijada do processo eleitoral, em virtude de alteração na legislação eleitoral do Estado da Nicarágua.

Registre-se, por oportuno, que as reformas legislativas advindas em 2000 extinguiram o modelo de associação para a apresentação de candidaturas e preconizaram outras novas regras de elegibilidade, que inviabilizaram a participação desse grupo do prélio eleitoral.

A Corte IDH compreendeu que foi violado o princípio da igualdade e da não discriminação, considerando que as alterações eleitorais atingiram de forma desproporcional os povos indígenas. Na oportunidade, entendeu-se caracterizada a discriminação indireta, pois as novas regras, embora fossem legais, excluíram do processo eleitoral as comunidades indígenas, as quais participavam do processo eleitoral por meio das associações. Ademais, frise-se que os outros grupos sociais da Nicarágua não encontraram óbices no cumprimento dos novos requisitos e na participação efetiva no processo eleitoral.

Ressalte-se que esse foi o primeiro caso concreto em que a Corte proferiu compreensão sobre o sentido e o alcance do princípio da igualdade e da não discriminação.

3.2 *Caso Povos Kaliña e Lokono vs. Suriname*

Trata-se de caso alusivo aos povos Kaliña e Lokono, compostos de oito comunidades tradicionais, os quais tiveram suas terras ancestrais ocupadas por várias empresas para extração de minério e outras atividades comerciais.

A Corte, buscando a efetiva garantia dos direitos dos povos indígenas, declarou que o Estado do Suriname é responsável, em apertada síntese, pela violação (i) do direito ao reconhecimento da personalidade jurídica coletiva dos povos indígenas e da personalidade individual como membros de tais povos, preconizando o seu reconhecimento e todos os seus consectários; (ii) da identidade cultural, recomendando, para concessão de proteção plena e efetiva da identidade cultural, a observância das peculiaridades culturais próprias de cada povo, com suas características sociais e econômicas, identificando situações de vulnerabilidade e respeitando os valores, os usos e os costumes indígenas; (iii) do direito à propriedade coletiva, prescrevendo a utilização de mecanismos eficazes e adequados, a fim de garantir os direitos sobre territórios indígenas tradicionais, mediante processos de reconhecimento, delimitação, demarcação, titulação, para garantir uso e aproveitamento dos territórios ancestrais; e (iv) do direito ao pleno acesso à Justiça, recomendando a adoção de medidas que assegurem o efetivo acesso das populações indígenas e seus integrantes à Justiça, por exemplo, a disponibilização de intérpretes e a assistência técnica e jurídica qualificada.

---

[827]   BRASIL. Supremo Tribunal Federal (STF). *Convenção Americana sobre Direitos Humanos*: anotada com a jurisprudência do Supremo Tribunal Federal e da Corte Interamericana de Direitos Humanos. 2. ed. Brasília: STF/Secretaria de Altos Estudos, Pesquisas e Gestão da Informação, 2022. p. 426.

Nesse mesmo sentido, o caso *Comunidade Mayagna (Sumo) Awas Tingni* vs. *Nicarágua* e *Povo Indígena de Kichwa Sarayaku* vs. *Equador*.

Frise-se, por oportuno, que a Corte, ao examinar o caso *Comunidades Afrodescendentes deslocadas da Bacia do Rio Cacarica (Operação Gênesis)* vs. *Colômbia*, concedeu a extensão dos direitos diferenciados dos povos indígenas para as comunidades afrodescendentes de maneira direta e indireta, a fim de assegurar a essas comunidades o efetivo gozo dos direitos concedidos aos cidadãos sem qualquer discriminação.

3.3 Caso *González e outras (campo algodoeiro)* vs. *México*

Cuida-se de casos de homicídios contra as mulheres ocorridos na Cidade de Juárez, no México, no início dos anos 2000, em que a Corte IDH reconheceu, pela vez primeira, que os assassinatos ocorreram em virtude de práticas culturais discriminatórias contra o gênero feminino, tratando-se de crime de *feminicídio*.

Em 2001, noticiou-se o desaparecimento de mulheres, todavia as autoridades locais, atuando de forma indiferente e discriminatória, não realizaram investigações eficazes para identificar os responsáveis e puni-los. Houve, inclusive, insinuações de que as mulheres poderiam não estar desaparecidas, mas, sim, com namorados ou outros parceiros. Na sequência, foram encontrados os corpos em uma plantação de algodão, com sinais de violência sexual. O caso é extremamente relevante para a caracterização de discriminação estrutural de gênero.

A Corte IDH concluiu que o Estado do México foi responsável por atos discriminatórios que vulneraram os direitos das mulheres à integridade física, à liberdade, à vida e à proteção judicial. Preconizou o dever de não discriminação dirigida à mulher pela sua condição.

Nessa linha, o caso *Velásquez Paiz e outros* vs. *Guatemala*, em que ficou consignado que "a investigação penal deve incluir uma perspectiva de gênero e realizar-se por funcionários capacitados em casos similares e em atenção às vítimas de discriminação e violência por razão de gênero".

3.4 Caso *Flor Freire* vs. *Equador*

Trata-se do desligamento do Senhor Homero Flor Freire das Forças Armadas do Equador em razão da sua orientação sexual, haja vista regras administrativas vigentes à época, que determinavam a exclusão de todo e qualquer indivíduo autor de "atos homossexuais".

A Corte IDH declarou que o Estado do Equador foi responsável por ato discriminatório, ao reconhecer que a orientação sexual da pessoa não é critério razoável e proporcional para o respectivo desligamento das Forças Armadas. Reconheceu, ademais, que a orientação sexual não deve ser critério para seleção daqueles que buscam ingressar nas Forças Armadas, por violação frontal ao princípio da igualdade e da não discriminação.

No caso, a Corte fixou algumas reparações, ressaltando-se a instituição de programas de capacitação no combate à discriminação por orientação sexual dentro das Forças Armadas do Estado do Equador.

Ainda na linha de que a orientação sexual não pode servir de critério para negativa de direitos inerentes à pessoa humana, a Corte IDH, ao examinar o caso *Duque* vs. *Colômbia*, declarou a responsabilidade do Estado Colombiano, assentando ser discriminatória e violadora de direitos a negativa do direito à pensão por morte ao Senhor Duque, em virtude do falecimento do companheiro.

3.5 Caso dos *Meninos de Rua (Villagrán Morales e outros)* vs. *Guatemala*

Trata-se de caso de sequestro seguido de tortura e assassinato de cinco jovens em situação de rua, o qual não obteve das autoridades locais a devida atenção para investigação e punição dos autores dos delitos.

As vítimas eram amigos que viviam em uma região conhecida como "Las Casetas", onde havia alta taxa de criminalidade juvenil. Registre-se, por necessário, que, à época, era comum que os agentes do Estado atuassem de modo arbitrário, com ameaças, detenções e tratamentos cruéis, como forma de combater os crimes praticados por jovens.

A Corte IDH declarou a responsabilidade do Estado da Guatemala ao deixar de garantir às pessoas em situação de rua, vulneráveis e indefesas, diversos direitos inerentes a todo e qualquer cidadão, entre os quais o direito à não discriminação, diante da condição de vulnerabilidade das crianças em situação de rua, o direito à vida e a uma existência digna e o direito à liberdade pessoal, em razão da detenção arbitrária dos jovens e da não apresentação às autoridades competentes.

Nessa toada, a Corte concluiu que o Estado da Guatemala não cumpriu seu dever de investigar e punir os autores dos delitos que desaguaram em desrespeito a direitos dos cidadãos, determinando a realização de investigação efetiva e eficaz.

4. CONCLUSÃO

Depreendemos que a Corte IDH, a fim de concretizar com a máxima efetividade o disposto no artigo 24 da CADH, tem formado importante jurisprudência voltada a garantir a todos os cidadãos a observância do princípio da igualdade perante a lei, seja no seu aspecto formal, seja no substancial. Consideramos que a Corte tem, assim, robustecido um sistema multinível de direito da antidiscriminação, amalgamando-se aos ordenamentos internos para vedar distinções decorrentes de raça, gênero, orientação sexual ou qualquer outra causa, como verificado nos casos anteriormente mencionados.

REFERÊNCIAS

BRASIL. Supremo Tribunal Federal (STF). *Convenção Americana sobre Direitos Humanos*: anotada com a jurisprudência do Supremo Tribunal Federal e da Corte Interamericana de Direitos Humanos. 2. ed. Brasília: STF/Secretaria de Altos Estudos, Pesquisas e Gestão da Informação, 2022.

FACHIN, Melina G. Constitucionalismo multinível: diálogos e(m) direitos humanos. *Revista Ibérica do Direito*, v. 1, ano 1, 2020.

MOREIRA, Adilson José. *Tratado de Direito Antidiscriminatório*. São Paulo: Contracorrente, 2020.

PAIVA, Caio; HEEMANN, Thimotie Aragon. *Jurisprudência internacional de direitos humanos*. 2. ed. Belo Horizonte: CEI, 2017.

RAMOS, André de Carvalho. *Curso de Direitos Humanos*. 9. ed. São Paulo: Saraiva, 2022.

RIOS, Roger Raupp. *Direito da antidiscriminação*. Porto Alegre: Livraria do Advogado, 2008.

Artigo 25

Proteção judicial

1. Toda pessoa tem direito a um recurso simples e rápido ou a qualquer outro recurso efetivo, perante os juízes ou tribunais competentes, que a proteja contra atos que violem seus direitos fundamentais reconhecidos pela constituição, pela lei ou pela presente Convenção, mesmo quando tal violação seja cometida por pessoas que estejam atuando no exercício de suas funções oficiais.

2. Os Estados-Partes comprometem-se:

a) a assegurar que a autoridade competente prevista pelo sistema legal do Estado decida sobre os direitos de toda pessoa que interpuser tal recurso;

b) a desenvolver as possibilidades de recurso judicial; e

c) a assegurar o cumprimento, pelas autoridades competentes, de toda decisão em que se tenha considerado procedente o recurso.

 COMENTÁRIOS

por Gilmar Ferreira Mendes e Alexandre Morais da Rosa

A enunciação de direitos pela Convenção Americana de Direitos Humanos (CADH), incorporada ao Direito Interno (Decreto 678/1992), é condição necessária, mas não suficiente, à efetivação dos direitos fundamentais[828] constantes no Bloco de Constitucionalidade,[829] entendido como o conjunto de normas aceitas e reconhecidas, com *status* constitucional, em decorrência de Tratados ou Convenções[830] internacionais (art. 5º, §§ 1º, 2º e 3º, da Constituição Federal de 1988). Em conjunto, a Convenção Americana de Direitos Humanos, a Comissão Interamericana de Direitos Humanos, a Corte Interamericana de Direitos Humanos e as normas complementares formam o Sistema Interamericano de Proteção dos Direitos Humanos (SIPDH), com orientação ao dever de respeito e garantia, de incorporação doméstica, de prevenção, investigação, punição e reparação dos Direitos Humanos.

Nesse sentido, a partir da experiência das Guerras Mundiais, os Estados criaram organizações internacionais destinadas à declaração de direitos e deveres reconhecidos

---

[828] FERRAJOLI, Luigi. *Derecho y razón*. Trad. Perfecto Andrés Ibáñez. Madrid: Trotta, 2001; FERRAJOLI, Luigi. *Direito e razão*: teoria do garantismo penal. Trad. Ana Paula Zomer et al. São Paulo: Revista dos Tribunais, 2002; FERRAJOLI, Luigi. *A construção da democracia*: teoria do garantismo constitucional. Trad. Sérgio Cademartori. Florianópolis: EMais, 2022; FERRAJOLI, Luigi. *Los fundamentos de los derechos fundamentales*. Trad. Perfecto Andrés Ibáñez. Madrid: Trotta, 2001; FERRAJOLI, Luigi. *Derechos y garantías*: la ley del más débil. Trad. Perfecto Andrés Ibáñez. Madrid: Trotta, 1999. p. 23-24: "Los derechos fundamentales se configuran como otros tantos vínculos sustanciales impuestos a la democracia política: vínculos negativos, generados por los derechos de libertad que ninguna mayoría puede violar; vínculos positivos, generados por los derechos sociales que ninguna mayoría puede dejar de satisfacer".

[829] A noção de Bloco de Constitucionalidade remonta à práxis jurisprudencial do Conselho Constitucional da França, que, em decisão de 1971, firmou a compreensão de que o parâmetro de controle de constitucionalidade (no âmbito daquele país) deveria ser integrado não apenas pelas normas constantes na Constituição de 1958 mas também pelo Preâmbulo da Constituição de 1946, pelo texto da *Déclaration* de 1789 e por princípios extraídos a partir da legislação. Subjacente a essa construção encontra-se uma muito peculiar compreensão francesa acerca de uma "continuidade constitucional republicana". Cf. DRAGO, Guillaume. *Contentieux Constitutionnel Français*. 4. ed. Paris: PUF, 2016. p. 299.

[830] PIOVESAN, Flávia. *Direitos humanos e o direito constitucional internacional*. São Paulo: Max Limonad, 1997. p. 94: "Justifica-se na medida em que os tratados internacionais de direitos humanos apresentam um caráter especial, distinguindo-se dos tratados internacionais comuns. Enquanto estes buscam o equilíbrio e a reciprocidade de relações entre Estados-partes, aqueles transcendem os meros compromissos recíprocos entre os Estados pactuantes. Os tratados de direitos humanos objetivam a salvaguarda dos direitos do ser humano e não das prerrogativas dos Estados".

no plano mundial e regional, atendendo às pretensões universais e particulares. O objetivo se direciona à criação de suporte normativo mínimo e de observância obrigatória, a partir da dignidade da pessoa humana, com incidência transfronteiriça. Consta do art. 1º da CADH:

> **"Artigo 1. Obrigação de respeitar os direitos**
>
> 1. Os Estados-Partes nesta Convenção comprometem-se a respeitar os direitos e liberdades nela reconhecidos e a garantir seu livre e pleno exercício a toda pessoa que esteja sujeita à sua jurisdição, sem discriminação alguma por motivo de raça, cor, sexo, idioma, religião, opiniões políticas ou de qualquer outra natureza, origem nacional ou social, posição econômica, nascimento ou qualquer outra condição social.
>
> 2. Para os efeitos desta Convenção, pessoa é todo ser humano."

No entanto, a par das discussões monistas (sistema único) e dualistas (sistemas distintos e independentes),[831] prevalece ainda a concepção restrita quanto à eficácia e à aplicabilidade direta do Direito Internacional no plano interno dos Estados-membros, embora com significativos avanços, especialmente no Supremo Tribunal Federal, a partir do julgamento do Recurso Extraordinário 466.343 (Rel. Min. Gilmar Mendes), em que se reconheceu o *status* de "supralegalidade", acima das leis ordinárias e com efeito paralisante das normas infraconstitucionais incompatíveis.

Destaque-se a ementa:

> "Prisão civil. Depósito. Depositário infiel. Alienação fiduciária. Decretação da medida coercitiva. Inadmissibilidade absoluta. Insubsistência da previsão constitucional e das normas subalternas. Interpretação do art. 5º, inc. LXVII e §§ 1º, 2º e 3º, da CF, à luz do art. 7º, § 7, da Convenção Americana de Direitos Humanos (Pacto de San José da Costa Rica). Recurso improvido. Julgamento conjunto do RE nº 349.703 e dos HCs nº 87.585 e nº 92.566. É ilícita a prisão civil de depositário infiel, qualquer que seja a modalidade do depósito."

Na oportunidade, compreendi ser: "(...) *necessário assumir uma postura jurisdicional mais adequada às realidades emergentes em âmbitos supranacionais, voltadas primordialmente à proteção do ser humano*", e que as normas do Bloco de Constitucionalidade "*tem o condão de paralisar a eficácia jurídica de toda e qualquer disciplina normativa infraconstitucional com ela conflitante*". Soma-se a isso o fato da constante internalização (transposição) de normas relativas à proteção de vulneráveis (Convenção Interamericana para a Eliminação de Todas as Formas de Discriminação contra as Pessoas Portadoras de Deficiência – Decreto 3.956/2001 – e Convenção Interamericana contra o Racismo, a Discriminação Racial e Formas

---

[831]   A distinção entre monismo e dualismo, que organiza dois modos de perceber o relacionamento entre o ordenamento jurídico do Estado soberano e o plexo normativo internacional, foi demarcada a partir das contribuições de Heinrich Triepel ("Völkerrecht und Landesrecht", de 1899, traduzido para o português por Amílcar de Castro em: TRIEPEL, Heinrich. As relações entre o direito interno e o direito internacional. *Revista da Faculdade de Direito da Universidade Federal de Minas Gerais*, v. 17, n. 6, 1966) e de Alfred Verdross ("Zur Konstruktion des Völkerrechts". In: *Zeitschrift für Völkerrecht*. v. VIII, 1914. p. 329-359), este último, integrante da Escola de Viena, tal como Hans Kelsen, a quem coube tecer insuperável tratamento sistemático da distinção em comento. Cf. KELSEN, Hans. *Das Problem der Souveränität und die Theorie des Völkerrechts*: Beitrag zu einer Reinen Rechtslehre. Tübigen: Mohr, 1920. Para uma abordagem contemporânea da separação monismo/dualismo, cf. VON BOGDANDY, Armin. Pluralism, direct effect, and the ultimate say. *International Journal of Constitutional Law*, v. 6, n. 3, July-Oct. 2008.

Correlatas de Intolerância – Decreto 10.932/2022), demonstrando a diretriz de ampliação do âmbito de incidência protetivo do Bloco de Constitucionalidade.

Assim, os documentos internacionais de Direitos Humanos da Organização das Nações Unidas (ONU) e da Organização dos Estados Americanos (OEA) dialogam com o direito interno, servindo de fonte normativa às deliberações dos poderes constituídos. Dentre as diversas normas, pode-se indicar: (a) a Declaração Americana de Direitos e Deveres do Homem, 1948; (b) a Convenção Americana de Direitos Humanos ou o Pacto de San José da Costa Rica, 1969; (c) o Protocolo Adicional à Convenção Americana em Matéria de Direitos Econômicos, Sociais e Culturais ou Protocolo de San Salvador, 1998.

Ao lado do controle de constitucionalidade, o controle de convencionalidade é obrigação dos órgãos do Poder Judiciário em face do disposto no art. 4º, II, da Constituição Federal, que determina a *"prevalência dos Direitos Humanos"*. Em consequência, e a partir da experiência do Tribunal Constitucional Alemão, pode-se cogitar que o diálogo judicial com a ordem internacional soma esforços para não se incorrer na *"exclusão de benefício incompatível com o princípio da igualdade (willkürlicher Begünstigungsausschluss)"*,[832] superando-se, dessa forma, as controvérsias quanto à eficácia do espectro de direitos e garantias no território nacional.[833]

Se o Estado brasileiro exige a implementação e a defesa dos direitos e liberdades declarados no plano internacional, alinhando-se à possibilidade de imposição de obrigações e de sanções aos demais Estados omissos e/ou recalcitrantes, então, é incontestável a assunção da devida diligência quanto à incorporação de mecanismos orientados à efetiva proteção ao nacional perante a estrutura governamental com fundamento no Bloco de Constitucionalidade. Do contrário, o paradoxo normativo estaria instalado por meio da exigência internacional e da omissão nacional. Logo, o rol de direitos e liberdades aceitos e reconhecidos no âmbito internacional pelo Estado brasileiro apresenta-se como fundamento normativo ao reconhecimento interno de direitos e garantias nele indicados.

A tendência atual é a da ampliação da eficácia das disposições internacionais como suporte normativo das decisões judiciais no domínio interno,[834] impulsionada pela consideração das normas internacionais, anteriormente desconhecidas ou ignoradas nacionalmente. A tradição nacional era avessa ao reconhecimento de instâncias internacionais, situação que se modificou com a criação de blocos internacionais, entre eles os parâmetros da Comunidade Europeia e do Mercosul. Em consequência, a noção clássica de Estado Soberano, pleno titular do monopólio normativo e da aplicação do Direito em seu território, passa por ajustes transnacionais,[835] orientados à conformidade protetiva dos direitos fundamentais.

A Recomendação 123/2022 do Conselho Nacional de Justiça (CNJ) expressa a alteração do cenário, justamente por indicar *"aos órgãos do Poder Judiciário brasileiro a observância dos tratados e convenções internacionais de direitos humanos e o uso da jurisprudência da Corte Interamericana de Direitos Humanos"*. Incrementa-se o movimento de conformidade jurisdicional aos padrões internacionais de reconhecimento e implementação dos Direitos Humanos, em geral, desconhecidos ou tidos como secundários pelos operadores jurídicos.

---

[832] MENDES, Gilmar Ferreira. *Jurisdição constitucional*. São Paulo: Saraiva, 1996. p. 214-216.

[833] Ampla revisão bibliográfica em: SLOSS, David. Treaty Enforcement in Domestic Courts: a comparative analysis. *The Role of Domestic Courts in Treaty Enforcement*: a comparative study. Cambridge: Cambridge University Press, 2010. p. 1-66.

[834] MAZZUOLI, Valerio de Oliveira. *Curso de Direito Internacional Público*. Rio de Janeiro: Forense, 2021.

[835] CRUZ, Paulo Márcio; BODNAR, Zenildo. *Globalização, transnacionalidade e sustentabilidade*. Itajaí: Univali, 2012. Disponível em: https://www.univali.br/vida-no-campus/editora-univali/e-books/Documents/ecjs/E-book%202012%20GLOBALIZA%C3%87%C3%83O,%20TRANSNACIONALIDADE%20E%20SUSTENTABILIDADE.pdf. Acesso em: 09.03.2023.

O efeito é a alteração do lugar, da função e do peso dos documentos de Direitos Humanos nos campos da interpretação e da aplicação do Direito.

Aliás, o Brasil foi condenado em diversos casos pela Corte Interamericana de Direitos Humanos diante da omissão normativa e estatal quanto à devida proteção de direitos fundamentais, especialmente dos vulneráveis. A Lei de Violência Doméstica (Lei Maria da Penha), a criação de medidas alternativas à prisão (CPP, art. 319 e seguintes), o Caso Favela Nova Brasília e o Caso Simone Diniz representam a ausência de mentalidade democrática da estrutura operacional brasileira, com a perseverança de práticas autoritárias, preconceituosas, discriminatórias e racistas, muitas delas herdadas de legislações produzidas em momento histórico autoritário, mantidas sem a devida filtragem democrática ao longo dos anos. Por isso, a Devida Proteção Judicial – que ora se comenta – é diretriz hermenêutica necessária à mitigação da ineficácia da normativa convencional. Em apoio a essa compreensão coloca-se o art. 29 da CADH, que, ao se ocupar das "Normas de Interpretação", prescreve:

> **"Artigo 29. Normas de Interpretação**
>
> Nenhuma disposição desta Convenção pode ser interpretada no sentido de:
>
> a) permitir a qualquer dos Estados-Partes, grupo ou pessoa, suprimir o gozo e exercício dos direitos e liberdades reconhecidos na Convenção ou limitá-los em maior medida do que a nela prevista;
>
> b) limitar o gozo e exercício de qualquer direito ou liberdade que possam ser reconhecidos de acordo com as leis de qualquer dos Estados-Partes ou de acordo com outra convenção em que seja parte um dos referidos Estados;
>
> c) excluir outros direitos e garantias que são inerentes ao ser humano ou que decorrem da forma democrática representativa de governo; e
>
> d) excluir ou limitar o efeito que possam produzir a Declaração Americana dos Direitos e Deveres do Homem e outros atos internacionais da mesma natureza."

A implementação de mecanismos processuais de acesso e de controle por parte do Poder Judiciário (autônomo, imparcial e provido de garantias de independência), quanto às ações estatais comissivas ou omissivas, configura-se critério de legitimidade democrática. A lógica que governa é a da potencial ocorrência de violações a direitos fundamentais em face da ausência de disposição normativa ou de atos materiais dos agentes estatais, motivo pelo qual os Estados pactuantes devem ajustar o ordenamento jurídico e também estabelecer mecanismos de transparência e de conformidade (*compliance* jurisdicional).

Ainda que o movimento do acesso à Justiça[836] tenha sido acolhido e realizado de modo substancial pela Constituição de 1988, especialmente por meio da inafastabilidade da Jurisdição (CF, art. 5º, XXXV), associado à criação dos Juizados Especiais (CR, art. 98 e Lei

---

[836]　CAPPELLETTI, Mauro; GARTH, Bryant. *Acesso à Justiça*. Trad. Ellen Gracie Northfleet. Porto Alegre: Sergio Antonio Fabris, 1988; ABREU, Pedro Manoel. *Acesso à Justiça e juizados especiais*: o desafio histórico da consolidação de uma justiça cidadã no Brasil. Florianópolis: Conceito Editorial, 2008; CARNEIRO, Paulo Cezar Pinheiro. *Acesso à Justiça*: juizados especiais cíveis e ação civil pública – uma nova sistematização da teoria geral do processo. Rio de Janeiro: Forense, 1999; MANCUSO, Rodolfo de Camargo. *Acesso à Justiça*: condicionantes legítimas e ilegítimas. São Paulo: Revista dos Tribunais, 2015; SALLES, Bruno Makowiecky. *Justiça e equilíbrio democrático*. Belo Horizonte: Dialética, 2021. v. 2. p. 46: "(*i*) Acesso aos Tribunais para a tutela jurisdicional e de (*ii*) Acesso aos Direitos em palanques extrajudiciais, em termos de informação, consultoria e métodos alternativos de resolução de conflitos, noções que interagem entre si e têm seu conteúdo e extensão dependentes da tarefa interpretativa dos juízes, na tensão entre o grau de normatividade do direito e as restrições fáticas e jurídicas existentes".

9.099/1995) e de princípios, direitos e garantias constitucionais, a mentalidade dos agentes julgadores, em geral, exclui a racionalidade convencional. O esforço subsequente é o de inserir, no contexto do Poder Judiciário, novos marcadores interpretativos, com a finalidade de transformar a maneira pela qual os conflitos são dirimidos, aportando-se critérios e parâmetros universalmente reconhecidos pelos documentos internacionais e também pelas Cortes de Direitos Humanos.

A ausência de instrumentos processuais ou recursais é o sintoma da ausência da devida proteção judicial interna. Por isso, a observância do art. 25 da CADH dependerá da construção, pelos Estados nacionais, de instrumentos processuais de fácil acesso, incluídos os custos, para que o submetido possa contestar a legalidade e a legitimidade dos atos que lesionem ou ameacem direitos fundamentais. Do contrário, configura-se o que Luigi Ferrajoli[837] denomina de "Falácia Garantista", consistente no mero reconhecimento abstrato de promessas normativas desprovidas de eficácia concreta por meio de instrumentos jurisdicionais. Tal situação é inconciliável com a concepção de *prevalência dos Direitos Humanos* e com as diretrizes normativas presentes na Constituição de 1988, providas do atributo de indisponibilidade.[838]

Nesse contexto, a noção de "devida diligência" (*due diligence*),[839] aurida da experiência da eliminação da violência contra a mulher (CIDH, Informe 80/2011), consiste na efetiva adoção de mecanismos legislativos e interpretações jurisdicionais que promovam o alinhamento dos sentidos atribuídos às diretrizes da Convenção Americana de Direitos Humanos,[840] tanto na prevenção quanto na reparação das violações. Ainda que o Estado não possa ser responsabilizado por todos os acontecimentos ocorridos em seu território, pode-se avaliar o nível de segurança e o grau de eficácia dos mecanismos disponibilizados a prevenção, investigação e punição, motivo pelo qual se entende como a atitude estatal razoável, exigível e concreta em face das violações de Direitos Humanos, isto é, do risco previsível e evitável, especialmente diante da ausência de normatividade, estrutura física ou de leniência das agências estatais.[841]

Chimelly Marcon[842] explicita:

---

[837] FERRAJOLI, Luigi. *Derecho y razón*. Trad. Perfecto Andrés Ibáñez. Madrid: Trotta, 2001.

[838] DALLARI, Pedro. *Constituição e relações exteriores*. São Paulo: Saraiva, 1994. p. 162: "A prevalência dos direitos humanos, enquanto princípio norteador das relações exteriores do Brasil e fundamento colimado pelo país para a regência da ordem internacional não implica tão-somente o engajamento no processo de edificação de sistemas de normas vinculados ao Direito internacional público. Impõe-se buscar a plena integração das regras de tais sistemas à ordem jurídica interna de cada Estado, o que ressalta a importância do já mencionado § 2º do artigo 5º da Constituição brasileira de 1988, que dá plena vigência aos direitos e garantias decorrentes 'dos tratados internacionais em que a República Federativa do Brasil seja parte'".

[839] ONU. Declaração sobre a Eliminação da Violência Contra as Mulheres, artigo 2: "Atuar com a devida diligência a fim de prevenir, investigar e, em conformidade com a legislação nacional, punir os atos de violência contra as mulheres perpetrados, quer pelo Estado, quer por particulares".

[840] GONÇALVES, José Wilson. *Proteção judicial efetiva*: uma constante preocupação com o tempo (mas, também, com a qualidade). Dissertação (Mestrado em Direito) – PUC-SP, São Paulo, 2016.

[841] Caso de La Masacre de Pueblo Bello *v*. Colômbia; Caso Valle Jaramillo y Otros *v*. Colômbia; Caso Ríos y Otros *v*. Venezuela; Caso Perozo y Otros *v*. Venezuela (ABRAMOVICH, Victor. Responsabilidad estatal por violencia de género: comentarios sobre el caso "Campo Algodonero" de la Corte Interamericana de Derechos Humanos. *Anuario de Derechos Humanos*. Centro de Derechos Humanos de la Facultad de Derecho de la Universidad de Chile, 2010. p. 167-182).

[842] MARCON, Chimelly Louise de Resenes. *"Já que viver é [ser e] ser livre"*: a devida diligência como *standard* de proteção dos direitos humanos das mulheres a uma vida sem violência. Rio de Janeiro: Lumen Juris, 2018. p. 114.

"Assim, o dever de devida diligência, em sua feição preventiva, diz respeito à razoabilidade da atuação estatal ante a previsibilidade e evitabilidade do risco, que pode ser, inclusive, reforçada pela combinação de outras normas convencionais de proteção dos direitos humanos (...). Ademais, o *due diligence* também irradia seus efeitos sobre o acesso à justiça, conformando um balizamento objetivo para o exercício da repressão estatal a orientar investigações e sancionamentos dos atos lesivos à dignidade humana. Note-se que o sistema de justiça, segundo entendimento da Corte IDH, não se limita ao Poder Judiciário, abrangendo os demais órgãos atuantes, em alguma medida, no processo penal, como as polícias, os serviços de medicina forense, o Ministério Público e a Defensoria Pública."

A partir da devida diligência (*due diligence*), merecem especial atenção o "Direito à liberdade pessoal" (artigo 7) e as "Garantias Judiciais" (artigo 8):

"Artigo 7. Direito à liberdade pessoal

1. Toda pessoa tem direito à liberdade e à segurança pessoais.

2. Ninguém pode ser privado de sua liberdade física, salvo pelas causas e nas condições previamente fixadas pelas constituições políticas dos Estados-Partes ou pelas leis de acordo com elas promulgadas.

3. Ninguém pode ser submetido a detenção ou encarceramento arbitrários.

4. Toda pessoa detida ou retida deve ser informada das razões da sua detenção e notificada, sem demora, da acusação ou acusações formuladas contra ela.

5. Toda pessoa detida ou retida deve ser conduzida, sem demora, à presença de um juiz ou outra autoridade autorizada pela lei a exercer funções judiciais e tem direito a ser julgada dentro de um prazo razoável ou a ser posta em liberdade, sem prejuízo de que prossiga o processo. Sua liberdade pode ser condicionada a garantias que assegurem o seu comparecimento em juízo.

6. Toda pessoa privada da liberdade tem direito a recorrer a um juiz ou tribunal competente, a fim de que este decida, sem demora, sobre a legalidade de sua prisão ou detenção e ordene sua soltura se a prisão ou a detenção forem ilegais. Nos Estados-Partes cujas leis preveem que toda pessoa que se vir ameaçada de ser privada de sua liberdade tem direito a recorrer a um juiz ou tribunal competente a fim de que este decida sobre a legalidade de tal ameaça, tal recurso não pode ser restringido nem abolido. O recurso pode ser interposto pela própria pessoa ou por outra pessoa.

7. Ninguém deve ser detido por dívida. Este princípio não limita os mandados de autoridade judiciária competente expedidos em virtude de inadimplemento de obrigação alimentar."

"Art. 8. Garantias Judiciais

1. Toda pessoa tem direito a ser ouvida, com as devidas garantias e dentro de um prazo razoável, por um juiz ou tribunal competente, independente e imparcial, estabelecido anteriormente por lei, na apuração de qualquer acusação penal formulada contra ela, ou para que se determinem seus direitos ou obrigações de natureza civil, trabalhista, fiscal ou de qualquer outra natureza.

2. Toda pessoa acusada de delito tem direito a que se presuma sua inocência enquanto não se comprove legalmente sua culpa. Durante o processo, toda pessoa tem direito, em plena igualdade, às seguintes garantias mínimas:

a) direito do acusado de ser assistido gratuitamente por tradutor ou intérprete, se não compreender ou não falar o idioma do juízo ou tribunal;

b) comunicação prévia e pormenorizada ao acusado da acusação formulada;

c) concessão ao acusado do tempo e dos meios adequados para a preparação de sua defesa;

d) direito do acusado de defender-se pessoalmente ou de ser assistido por um defensor de sua escolha e de comunicar-se, livremente e em particular, com seu defensor;

e) direito irrenunciável de ser assistido por um defensor proporcionado pelo Estado, remunerado ou não, segundo a legislação interna, se o acusado não se defender ele próprio nem nomear defensor dentro do prazo estabelecido pela lei;

f) direito da defesa de inquirir as testemunhas presentes no tribunal e de obter o comparecimento, como testemunhas ou peritos, de outras pessoas que possam lançar luz sobre os fatos;

g) direito de não ser obrigado a depor contra si mesma, nem a declarar-se culpada; e

h) direito de recorrer da sentença para juiz ou tribunal superior.

3. A confissão do acusado só é válida se feita sem coação de nenhuma natureza.

4. O acusado absolvido por sentença passada em julgado não poderá ser submetido a novo processo pelos mesmos fatos.

5. O processo penal deve ser público, salvo no que for necessário para preservar os interesses da justiça."

A Constituição Federal e a Convenção Americana de Direitos Humanos impõem a revisão de diversas práticas e interpretações herdadas do regime anterior, principalmente no domínio do Processo Penal, cuja fundamentação ideológica data da primeira metade do século passado, com a colocação do interesse público da punição acima dos direitos e das garantias individuais (conforme consta da Exposição de Motivos do Código de Processo Penal, a propósito).

Em consequência, o fenômeno da não recepção (constitucional e convencional) dos dispositivos do Código de Processo Penal passou a se inscrever na jurisprudência do Supremo Tribunal Federal por meio de decisões que alinham as práticas ao modelo acusatório e à prevalência dos direitos e das garantias individuais.

Nessa senda, o Supremo Tribunal Federal reconheceu:

(a) a necessidade de intimação do acusado em face de decisão condenatória em segundo grau:

"'Habeas corpus' – Condenação penal imposta por tribunal de segunda instância – Intimação da Defensoria Pública a respeito do juízo condenatório – Superveniência do trânsito em julgado – Paciente intimado, pessoalmente, apenas quanto à sua absolvição criminal proferida pelo magistrado de primeiro grau – Particularidades do caso concreto que evidenciam a ocorrência, na espécie, de transgressão a prerrogativa fundamental do réu condenado (CF, art. 5º, LV) – O processo penal como garantia dos acusados e instrumento de salvaguarda da liberdade jurídica daquele contra quem se instauraram atos de 'persecutio criminis' – Magistério da doutrina – O direito de recorrer como cláusula inerente ao 'due process of law' – Ofensa, quanto a tal prerrogativa, a garantia assegurada por pactos internacionais, em tema de persecução penal, a qualquer pessoa: a convenção americana de direitos humanos (artigo 8, n. 2, 'h') e o pacto internacional sobre direitos civis e políticos (artigo 9, n. 4) – A questão da posição hierárquica dos tratados internacionais de direitos humanos (natureza constitucional ou caráter supralegal?) – Doutrina – Precedentes do Supremo Tribunal Federal que conferem a esses diplomas internacionais a condição de supralegalidade – Posição pessoal do relator (Ministro Celso de Mello) que atribui qualificação constitucional, inclusive com apoio na noção conceitual de bloco de constitucionalidade, a tratados internacionais de direitos humanos subscritos pelo Brasil ou a que o Estado brasileiro haja aderido – 'Pacta sunt servanda' (Convenção de Viena sobre o Direito dos Tratados, artigo 26) – Possibilidade excepcional de impetração de 'habeas corpus' contra decisão já transitada em julgado – Precedentes – 'Habeas corpus' não conhecido, mas concedido de ofício."[843]

(b) o direito ao recurso independentemente do recolhimento à prisão condenatória:

"Recurso – Pressupostos de recorribilidade. Os pressupostos de recorribilidade hão de estar ligados ao inconformismo revelado pela parte, ao próprio recurso interposto. Apelação criminal – Deserção. Surge extravagante ter-se como deserta a apelação ante o fato de o réu condenado haver empreendido fuga. Apelação criminal – Deserção – Artigo 595 do Código de Processo Penal. O artigo 595 do Código de Processo Penal mostrou-se incompatível com a Constituição Federal de 1988, surgindo, na dicção da ilustrada maioria, a ausência de recebimento do preceito, concluindo o relator pela inconstitucionalidade."[844]

(c) a limitação do período de suspensão do prazo prescricional:

"6. Afronta as garantias do devido processo legal, da ampla defesa e do contraditório (art. 5º, incisos LIV e LV, da Constituição Federal) o prosseguimento do processo penal em caso de inatividade processual decorrente de citação ficta. Direito subjetivo à comunicação prévia e pormenorizada da acusação formulada contra si, assim como à autodefesa e à constituição de defensor. Previsões da Convenção Americana Sobre Direitos Humanos (art. 8º, item 2, alíneas 'b' e 'd') e do Pacto de Direitos Civis e Políticos (art. 14, item 3, alíneas 'a' e 'd'). 7. Recurso extraordinário a que se nega provimento, com a fixação da seguinte tese: Em caso de inatividade processual decorrente de citação por edital, ressalvados os crimes previstos na Constituição Federal como imprescritíveis, é constitucional limitar o período de suspensão do prazo prescricional ao tempo de prescrição da pena máxima em abstrato cominada ao crime, a despeito de o processo permanecer suspenso."[845]

(d) a aplicação direta da CADH para reconhecer o direito ao duplo grau de jurisdição (direito ao recurso):

"(...)

III – A garantia do devido processo legal engloba o direito ao duplo grau de jurisdição, sobrepondo-se à exigência prevista no art. 594 do CPP.

IV – O acesso à instância recursal superior consubstancia direito que se encontra incorporado ao sistema pátrio de direitos e garantias fundamentais.

V – Ainda que não se empreste dignidade constitucional ao duplo grau de jurisdição, trata-se de garantia prevista na Convenção Interamericana de Direitos Humanos, cuja ratificação pelo Brasil deu-se em 1992, data posterior à promulgação Código de Processo Penal.

VI – A incorporação posterior ao ordenamento brasileiro de regra prevista em tratado internacional tem o condão de modificar a legislação ordinária que lhe é anterior.

VII – Ordem concedida."[846]

---

[843]   STF, HC 185.051, Min. Celso de Mello, 2ª Turma, j. 10.10.2020.

[844]   STF, HC 85.961, Rel. Min. Marco Aurélio, Tribunal Pleno, j. 05.03.2009.

[845]   STF, RE 600.851, Rel. Min. Edson Fachin, Tribunal Pleno, j. 07.12.2020.

[846]   STF, HC 88.420, Min. Ricardo Lewandowski, 1ª Turma, j. 17.04.2007.

(e) a observância da audiência de custódia com fundamento direto na Convenção Americana de Direitos Humanos:

> "Ação direta de inconstitucionalidade. Provimento Conjunto 03/2015 do Tribunal de Justiça de São Paulo. Audiência de custódia. 1. A Convenção Americana sobre Direitos do Homem, que dispõe, em seu artigo 7º, item 5, que 'toda pessoa presa, detida ou retida deve ser conduzida, sem demora, à presença de um juiz', posto ostentar o status jurídico supralegal que os tratados internacionais sobre direitos humanos têm no ordenamento jurídico brasileiro, legitima a denominada 'audiência de custódia', cuja denominação sugere-se 'audiência de apresentação'. 2. O direito convencional de apresentação do preso ao Juiz, consectariamente, deflagra o procedimento legal de habeas corpus, no qual o Juiz apreciará a legalidade da prisão, à vista do preso que lhe é apresentado, procedimento esse instituído pelo Código de Processo Penal, nos seus artigos 647 e seguintes. 3. O *habeas corpus ad subjiciendum*, em sua origem remota, consistia na determinação do juiz de apresentação do preso para aferição da legalidade da sua prisão, o que ainda se faz presente na legislação processual penal (artigo 656 do CPP). 4. O ato normativo sob o crivo da fiscalização abstrata de constitucionalidade contempla, em seus artigos 1º, 3º, 5º, 6º e 7º normas estritamente regulamentadoras do procedimento legal de habeas corpus instaurado perante o Juiz de primeira instância, em nada exorbitando ou contrariando a lei processual vigente, restando, assim, inexistência de conflito com a lei, o que torna inadmissível o ajuizamento de ação direta de inconstitucionalidade para a sua impugnação, porquanto o *status* do CPP não gera violação constitucional, posto legislação infraconstitucional. 5. As disposições administrativas do ato impugnado (artigos 2º, 4º 8º, 9º, 10 e 11), sobre a organização do funcionamento das unidades jurisdicionais do Tribunal de Justiça, situam-se dentro dos limites da sua autogestão (artigo 96, inciso I, alínea *a*, da CRFB). Fundada diretamente na Constituição Federal, admitindo *ad argumentandum* impugnação pela via da ação direta de inconstitucionalidade, mercê de materialmente inviável a demanda. 6. In casu, a parte do ato impugnado que versa sobre as rotinas cartorárias e providências administrativas ligadas à audiência de custódia em nada ofende a reserva de lei ou norma constitucional. 7. Os artigos 5º, inciso II, e 22, inciso I, da Constituição Federal não foram violados, na medida em que há legislação federal em sentido estrito legitimando a audiência de apresentação. 8. A Convenção Americana sobre Direitos do Homem e o Código de Processo Penal, posto ostentarem eficácia geral e *erga omnes*, atingem a esfera de atuação dos Delegados de Polícia, conjurando a alegação de violação da cláusula pétrea de separação de poderes. 9. A Associação Nacional dos Delegados de Polícia – ADEPOL, entidade de classe de âmbito nacional, que congrega a totalidade da categoria dos Delegados de Polícia (civis e federais), tem legitimidade para propor ação direta de inconstitucionalidade (artigo 103, inciso IX, da CRFB). Precedentes. 10. A pertinência temática entre os objetivos da associação autora e o objeto da ação direta de inconstitucionalidade é inequívoca, uma vez que a realização das audiências de custódia repercute na atividade dos Delegados de Polícia, encarregados da apresentação do preso em Juízo. 11. Ação direta de inconstitucionalidade *parcialmente conhecida* e, nessa parte, *julgada improcedente*, indicando a adoção da referida prática da audiência de apresentação por todos os tribunais do país."[847]

(f) por fim, mas não menos importante, a proibição do *ne bis in idem*:

> "Penal e Processual Penal. 2. Proibição de dupla persecução penal e *ne bis in idem*. 3. Parâmetro para controle de convencionalidade. Art. 14.7 do Pacto Internacional sobre Direitos Civis e Políticos. Art. 8.4 da Convenção Americana de Direitos Humanos.

---

[847] STF, ADI 5.240, Rel. Min. Luiz Fux, Tribunal Pleno, j. 20.08.2015.

Precedentes da Corte Interamericana de Direitos Humanos no sentido de 'proteger os direitos dos cidadãos que tenham sido processados por determinados fatos para que não voltem a ser julgados pelos mesmos fatos' (Casos *Loayza Tamayo* vs. *Perú* de 1997; *Mohamed* vs. *Argentina* de 2012; *J.* vs. *Perú* de 2013). 4. Limitação ao art. 8º do Código Penal e interpretação conjunta com o art. 5º do CP. 5. Proibição de o Estado brasileiro instaurar persecução penal fundada nos mesmos fatos de ação penal já transitada em julgado sob a jurisdição de outro Estado. Precedente: Ext 1.223/DF, Rel. Min. Celso de Mello, Segunda Turma, *DJe* 28.2.2014. 6. Ordem de *habeas corpus* concedida para trancar o processo penal."[848]

O desafio quanto à compatibilização do Código de Processo Penal com os parâmetros da Convenção Americana ainda está em processo contínuo de adequação. Parece avizinhar-se alguma necessidade de se averiguar a compatibilidade constitucional e convencional do regime de nulidades e recursais, em especial o art. 581 do CPP. É que o CPP reconhece legitimidade somente ao Ministério Público nos casos de recurso em sentido estrito contra as seguintes decisões interlocutórias: (a) não receber a denúncia (inciso I); (b) concluir pela incompetência do juízo (inciso II); (c) julgar procedentes as exceções, salvo a de suspeição (inciso III); (d) anular o processo da instrução criminal, no todo ou em parte (inciso XIII); e (e) ordenar a suspensão do processo, em virtude de questão prejudicial (inciso XVI).

Em consequência, a defesa não dispõe de recurso expresso para impugnar o recebimento da denúncia ou queixa, a rejeição das exceções processuais, o indeferimento da anulação do processo, ou para enfrentar alegação de prejudicial externa. O efeito é o de obrigar o acusado a impetrar ordem de *habeas corpus*, congestionando o remédio constitucional, inicialmente orientado à garantia da locomoção ambulatorial, com grave restrição à garantia da devida diligência de acesso ao recurso. Descortina-se a superação da leitura restritiva (*numerus clausus*) em homenagem à paridade de armas, consistente no reconhecimento das mesmas oportunidades recursais de impugnação. Enquanto a restrição acusatória é legítima, a limitação defensiva parece colocar-se em confronto com a conformidade convencional. Apesar de inexistir previsão expressa, a Convenção Americana poderá servir de suporte normativo, associado ao direito constitucional de petição (CF, art. 5º, XXXIV, *a*).

O percurso até aqui realizado demonstrou a importância do conhecimento e da aplicação da Convenção Americana de Direitos Humanos ao direito interno, com a revisão de práticas e interpretações em desconformidade com a garantia da devida diligência quanto ao acesso à jurisdição, superando-se compreensões restritivas, incompatíveis com a ampliação do âmbito de incidência das normas de liberdade.

Partiu-se da premissa de que a existência de uma proposição jurídica (obrigação, proibição, permissão ou expectativa) que atribua um direito subjetivo impõe a existência de norma que garanta o seu exercício (direito sem garantias – repisamos a lição de Ferrajoli – é uma falácia garantista). Por isso, a implementação da Convenção Americana de Direitos Humanos, cujas disposições são hierarquicamente superiores, demanda que se proceda à constante revisão das práticas jurisdicionais. É uma tarefa ainda a ser realizada em sua totalidade no Direito brasileiro, em especial no Processo Penal, aqui utilizado como exemplo.

De qualquer forma, os Direitos Humanos entram pela porta principal do ordenamento jurídico, convidando-nos a remover os obstáculos relacionados ao desconhecimento e à inefi-

---

[848]   STF, HC 171.118, Min. Gilmar Mendes, 2ª Turma, j. 12.11.2019.

cácia[849], mediante a leitura adequada e a concretização, na maior extensão possível, do âmbito protetivo dos Direitos Humanos. Até porque, conforme consta do preâmbulo da CADH:

> "Os direitos essenciais do homem não derivam do fato de ser ele nacional de determinado Estado, mas sim do fato de ter como fundamento os atributos da pessoa humana, razão por que justificam uma proteção internacional, de natureza convencional, coadjuvante ou complementar da que oferece o direito interno dos Estados americanos."

A postura relacionada à devida diligência deve orientar a adequação normativa e as práticas jurisdicionais internas, motivo pelo qual a criação de atos complementares, protocolos e orientações associados à necessária formação dos quadros estatais quanto à incidência da Convenção Americana de Direitos Humanos tende a promover conformidade. Diante das constantes tentativas autoritárias a que estamos submetidos, configura-se em tarefa sem fim, reafirmada cotidianamente.

REFERÊNCIAS

ABRAMOVICH, Victor. Responsabilidad estatal por violencia de género: comentarios sobre el caso "Campo Algodonero" de la Corte Interamericana de Derechos Humanos. *Anuario de Derechos Humanos*. Centro de Derechos Humanos de la Facultad de Derecho de la Universidad de Chile, 2010.

ABREU, Pedro Manoel. *Acesso à Justiça e juizados especiais*: o desafio histórico da consolidação de uma justiça cidadã no Brasil. Florianópolis: Conceito Editorial, 2008.

CANOTILHO, José Joaquim Gomes. *Direito Constitucional e Teoria da Constituição*. Coimbra: Almedina, 1998.

CAPPELLETTI, Mauro; GARTH, Bryant. *Acesso à Justiça*. Trad. Ellen Gracie Northfleet. Porto Alegre: Sergio Antonio Fabris, 1988.

CARNEIRO, Paulo Cezar Pinheiro. *Acesso à Justiça*: juizados especiais cíveis e ação civil pública – uma nova sistematização da teoria geral do processo. Rio de Janeiro: Forense, 1999.

CRUZ, Paulo Márcio; BODNAR, Zenildo. *Globalização, transnacionalidade e sustentabilidade*. Itajaí: Univali, 2012. Disponível em: https://www.univali.br/vida-no-campus/editora-univali/e-books/Documents/ecjs/E-book%202012%20GLOBALIZA%C3%87%C3%83O,%20TRANSNACIONALIDADE%20E%20SUSTENTABILIDADE.pdf. Acesso em: 09.03.2023.

DALLARI, Pedro. *Constituição e relações exteriores*. São Paulo: Saraiva, 1994.

DRAGO, Guillaume. *Contentieux Constitutionnel Français*. 4. ed. Paris: PUF, 2016.

FERRAJOLI, Luigi. *Derecho y razón*. Trad. Perfecto Andrés Ibáñez. Madrid: Trotta, 2001.

FERRAJOLI, Luigi. *Direito e razão*: teoria do garantismo penal. Trad. Ana Paula Zomer et al. São Paulo: Revista dos Tribunais, 2002.

FERRAJOLI, Luigi. *A construção da democracia*: teoria do garantismo constitucional. Trad. Sérgio Cademartori. Florianópolis: EMais, 2022.

FERRAJOLI, Luigi. *Los fundamentos de los derechos fundamentales*. Trad. Perfecto Andrés Ibáñez. Madrid: Trotta, 2001.

---

[849] CANOTILHO, José Joaquim Gomes. *Direito Constitucional e Teoria da Constituição*. Coimbra: Almedina, 1998. p. 956: "A parametricidade material das normas constitucionais conduz à exigência da conformidade substancial de todos os atos do Estado e dos poderes públicos com as normas e princípios hierarquicamente superiores da Constituição."

FERRAJOLI, Luigi. *Derechos y garantías*: la ley del más débil. Trad. Perfecto Andrés Ibáñez. Madrid: Trotta, 1999.

KELSEN, Hans. *Das Problem der Souveränität und die Theorie des Völkerrechts*: Beitrag zu einer Reinen Rechtslehre. Tübigen: Mohr, 1920.

MANCUSO, Rodolfo de Camargo. *Acesso à Justiça*: condicionantes legítimas e ilegítimas. São Paulo: Revista dos Tribunais, 2015.

MARCON, Chimelly Louise de Resenes. *"Já que viver é [ser e] ser livre"*: a devida diligência como *standard* de proteção dos direitos humanos das mulheres a uma vida sem violência. Rio de Janeiro: Lumen Juris, 2018.

MAZZUOLI, Valerio de Oliveira. *Curso de Direito Internacional Público*. Rio de Janeiro: Forense, 2021.

MENDES, Gilmar Ferreira. *Jurisdição constitucional*. São Paulo: Saraiva, 1996.

PIOVESAN, Flávia. *Direitos humanos e o direito constitucional internacional*. São Paulo: Max Limonad, 1997.

SALLES, Bruno Makowiecky. *Justiça e equilíbrio democrático*. Belo Horizonte: Dialética, 2021. v. 2.

SLOSS, David. Treaty Enforcement in Domestic Courts: a comparative analysis. *The Role of Domestic Courts in Treaty Enforcement*: a comparative study. Cambridge: Cambridge University Press, 2010. p. 1-66.

TRIEPEL, Heinrich. As relações entre o direito interno e o direito internacional. *Revista da Faculdade de Direito da Universidade Federal de Minas Gerais*, v. 17, n. 6, 1966.

VERDROSS. Alfred. Zur Konstruktion des Völkerrechts. In: KOHLER, Josef. *Zeitschrift für Völkerrecht*. Berlin: Duncker & Humblot, 1914. v. VIII. p. 329-359.

VON BOGDANDY, Armin. Pluralism, direct effect, and the ultimate say. *International Journal of Constitutional Law*, v. 6, n. 3, July-Oct. 2008.

CAPÍTULO III
Direitos Econômicos, Sociais e Culturais

Artigo 26
Desenvolvimento progressivo

Os Estados-Partes comprometem-se a adotar providências, tanto no âmbito interno como mediante cooperação internacional, especialmente econômica e técnica, a fim de conseguir progressivamente a plena efetividade dos direitos que decorrem das normas econômicas, sociais e sobre educação, ciência e cultura, constantes da Carta da Organização dos Estados Americanos, reformada pelo Protocolo de Buenos Aires, na medida dos recursos disponíveis, por via legislativa ou por outros meios apropriados.

 COMENTÁRIOS

por Rodrigo Mudrovitsch

O artigo 26 da Convenção Americana de Direitos Humanos (Convenção) aborda os direitos econômicos, sociais, culturais e ambientais (Desca), essenciais para a salvaguarda da dignidade humana. O objetivo deste capítulo é analisar os principais contornos desse dispositivo, ressaltando sua relevância no Sistema Interamericano e seu papel na jurisprudência da Corte Interamericana de Direitos Humanos (Corte IDH). Na primeira seção, serão discutidas a origem do artigo 26 e a evolução da jurisprudência sobre o tema, além dos desafios associados à justiciabilidade direta dos Desca. Na segunda seção, serão analisados os direitos decorrentes do artigo 26, conforme interpretados e aplicados pela Corte IDH. São esses os direitos ao trabalho, à seguridade social, à saúde, ao meio ambiente saudável, à alimentação adequada, à água, à participação na vida cultural e à educação.

1. DIREITOS ECONÔMICOS, SOCIAIS, CULTURAIS E AMBIENTAIS NO SISTEMA INTERAMERICANO: ORIGEM E EVOLUÇÃO

1.1 As origens do artigo 26 e os trabalhos preparatórios da Convenção

O debate sobre a proteção dos direitos econômicos, sociais, culturais e ambientais no âmbito interamericano remonta à própria gênese da Convenção Americana. O primeiro esboço de um tratado vinculante para proteger direitos humanos no âmbito interamericano foi elaborado pelo Conselho Interamericano de Jurisconsultos em 1959 e continha listagem ampla e pormenorizada de Desca ao lado dos Direitos Civis e Políticos.[850] As propostas subsequentemente apresentadas pelo Chile[851] e pelo Uruguai[852] também continham um catálogo amplo de tais direitos. Assim, ao menos inicialmente, havia uma perspectiva de se adotar um instrumento que, como a Declaração Americana sobre os Direitos e Deveres do Homem de 1948, englobaria as duas categorias de direitos conjuntamente.

Considerações sobre a possibilidade de se suprimirem os Desca da Convenção foram introduzidas ao debate em 1968, quando a Comissão Interamericana de Direitos Humanos (CIDH) emitiu seu parecer sobre as três propostas de tratado em discussão. Embora reconhecesse a importância de tais direitos, para a CIDH, a Convenção deveria englobar apenas direitos "em relação aos quais os Estados Americanos se encontram em uma posição de estender proteção internacional", e os Desca, "por sua natureza, deveriam ser englobados por um sistema *especial* de proteção internacional", que deveria ser objeto de negociações específicas o quanto antes.[853] Assim, propôs uma provisão que afirmasse

---

[850]   CONSELHO INTERAMERICANO DE JURISCONSULTOS. Projeto da Convenção Americana de Direitos Humanos, setembro de 1959. Reproduzido em ORGANIZAÇÃO DOS ESTADOS AMERICANOS (OEA). Secretaria-Geral. *Anuário Interamericano de Direitos Humanos 1968*. Washington, D.C., 1973. p. 245.

[851]   Projeto da Convenção Americana sobre Direitos Humanos apresentado pelo Chile na Segunda Conferência Extraordinária Interamericana do Rio de Janeiro, 1965, doc. 35, reproduzido em ORGANIZAÇÃO DOS ESTADOS AMERICANOS (OEA). Secretaria-Geral. *Anuário Interamericano de Direitos Humanos 1968*. Washington, D.C., 1973. p. 285 *et seq.*

[852]   Projeto da Convenção Americana sobre Direitos Humanos apresentado pelo Chile na Segunda Conferência Extraordinária Interamericana do Rio de Janeiro, 1965, doc. 49, reproduzido em ORGANIZAÇÃO DOS ESTADOS AMERICANOS (OEA). Secretaria-Geral. *Anuário Interamericano de Direitos Humanos 1968*. Washington, D.C., 1973. p. 303 *et seq.*

[853]   Opinião da Comissão Interamericana de Direitos Humanos sobre o Projeto da Convenção de Direitos Humanos preparada pelo Conselho Interamericano de Jurisconsultos, reproduzida em ORGANIZAÇÃO DOS ESTADOS AMERICANOS (OEA). Secretaria-Geral. *Anuário Interamericano de Direitos Humanos 1968*. Washington, D.C., 1973. p. 319 *et seq.* (grifo nosso).

o comprometimento dos Estados Partes em gradualmente incorporar, em sua legislação doméstica, as medidas necessárias à implementação desses direitos.[854]

Essa proposta foi recebida de maneira dividida pelos Estados na Conferência Especializada, com algumas delegações formando um Grupo de Trabalho para discutir esses dispositivos. Visando elaborar proposta de consenso, os Estados negociantes optaram pela redação do artigo 26 da Convenção na sua forma atual, que trata dos "direitos que decorrem das normas econômicas, sociais e sobre educação, ciência e cultura" por meio de uma referência à Carta da OEA. Em sua redação aberta, o artigo acabou por espelhar a compreensão, naquele período, dos Desca como direitos de implementação progressiva ou até mesmo programática, conforme evidenciado pelas expressões "adotar providências", "progressivamente" e "na medida dos recursos disponíveis".

Os Desca voltaram a ser objeto de atenção no âmbito interamericano com a aprovação, em 1988, do Protocolo Adicional em Matéria de Direitos Econômicos, Sociais e Culturais, o "Protocolo de San Salvador", concebido para reforçar a proteção de tais direitos na região. Embora apresente um rol amplo de direitos, conta com uma limitação explícita à competência da Corte para apreciá-los, restrita apenas aos seus artigos 8.1.a (direitos sindicais) e 13 (direito à educação), nos termos do artigo 19.6 – adotado como "denominador comum mínimo" para permitir o consenso entre as delegações.[855]

Essa breve retomada histórica permite concluir, assim como fez o Juiz Cançado Trindade, que a "insatisfatória redação" do artigo 26 da Convenção nada mais é do que um "fruto do seu tempo".[856] O contexto particular em que ocorreram os *travaux préparatoires* da Convenção, contudo, não deve engessar inadequadamente a sua interpretação pela Corte IDH. A mobilização de argumentos genealógicos é apenas um meio *suplementar* de interpretação no direito dos tratados,[857] cabendo à Corte IDH sempre atualizar o sentido normativo dos artigos da Convenção conforme as demandas da atualidade por meio de sua interpretação evolutiva.[858] A seguir, será apresentado o histórico da evolução da interpretação do artigo 26 da Convenção pela Corte.

1.2 A justiciabilidade dos Desca na jurisprudência da Corte IDH

A peculiar redação do artigo 26 exigiu da Corte IDH o esforço de interpretar o artigo 26 conforme as possibilidades de cada época em que atuava. De fato, a busca pela proteção eficaz dos Desca é característica notável do trabalho do Tribunal desde os primórdios de sua atividade jurisdicional.

---

[854] ORGANIZAÇÃO DOS ESTADOS AMERICANOS (OEA). Secretaria-Geral. *Anuário Interamericano de Direitos Humanos 1968*. Washington, D.C., 1973. p. 319 *et seq.*

[855] CANÇADO TRINDADE, A. A. La protección internacional de los derechos económicos, sociales y culturales. In: CERDAS CRUZ, R.; NIETO LOAIZA, R. (org.). *Estudios Básicos de Derechos Humanos*. San Jose: IIDH, 1994. v. 1. p. 8. Disponível em: https://www.ucipfg.com/Repositorio/MCSH/MCSH-01/Unidad_2/Lecturas/1.pdf. Acesso em: 12.05.2023.

[856] CORTE IDH. Caso Trabajadores Cesados del Congreso (Aguado Alfaro y Otros) *vs*. Perú. Exceções Preliminares, Mérito, Reparações e Custas. Sentença de 24 de novembro de 2006. Serie C No. 158. par. 7.

[857] ONU. Convenção de Viena sobre Direito dos Tratados, 23 de maio de 1969, artigo 32.

[858] Ver, por exemplo, CORTE IDH. El Derecho a la Información sobre la Asistencia Consular en el Marco de las Garantías del Debido Proceso Legal. Opinião Consultiva 16, de 1º de outubro de 1999. Serie A No. 16. par. 114; e caso Trabajadores de la Hacienda Brasil Verde *vs*. Brasil. Exceções Preliminares, Mérito, Reparações e Custas. Sentença de 20 de outubro de 2016. Serie C No. 318. par. 245.

Inicialmente, os Desca foram abordados pela Corte IDH não de forma autônoma, mas a partir de sua relação com os direitos assegurados no Capítulo II da Convenção. Por exemplo, no caso *Instituto de Reeducação Juvenil* vs. *Paraguai* (2004), os direitos à saúde, à educação e à recreação foram discutidos no âmbito dos direitos à vida digna (artigo 4) e da proteção da criança (artigo 19).[859] Ademais, menções explícitas ao artigo 26 figuraram, em diversos casos, nos argumentos dos representantes ou da Comissão perante a Corte IDH.[860]

Um importante passo ocorreu no caso *Acevedo Buendía e outros* vs. *Peru* (2009),[861] que envolvia reivindicações das vítimas relacionadas ao direito à seguridade social, alegadamente contemplado no artigo 26 da Convenção. Em sede de exceção preliminar, o Estado impugnou a competência da Corte IDH para conhecer de violações ao referido artigo. Afastando os argumentos estatais, a Corte IDH reconheceu, expressamente e pela primeira vez, sua prerrogativa para analisar alegações relativas a qualquer dispositivo da Convenção, incluindo o artigo 26,[862] embora não o tenha aplicado *in concreto*.

A despeito da sinalização favorável à justiciabilidade direta dos Desca, nos anos seguintes, a Corte IDH continuou a não reconhecer violações diretas ao artigo 26. Isso não significou, porém, que a temática relativa a tais direitos passou ao largo da jurisprudência do Tribunal. Ao contrário, nesse período, foram tecidas contribuições argumentativas fundamentais para o debate em votos apartados dos juízes[863] e nas próprias sentenças da Corte IDH.[864]

No contexto do desenvolvimento jurisprudencial e dos debates acerca do artigo 26 da Convenção, a Corte IDH recebeu para julgamento o caso *Lagos del Campo* vs. *Peru* (2017). Ao sentenciar o caso, a Corte IDH declarou o Estado responsável pela violação autônoma do direito ao trabalho da vítima, que havia sido demitida arbitrariamente em razão de denunciar irregularidades na empresa em que trabalhava. Nessa ocasião, a Corte IDH derivou o direito ao trabalho do artigo 26 em relação à carta da OEA e à Declaração Americana sobre Direitos e Deveres do Homem, aplicando, pela primeira vez, o referido dispositivo convencional.[865]

O precedente estabelecido em *Lagos del Campo* vs. *Peru*, porém, não esgotou os debates sobre a justiciabilidade direta dos Desca na Corte IDH, que foram cada vez mais aprofundados, e tampouco encerrou a controvérsia sobre o tema. Assim, atualmente disputam algumas correntes interpretativas principais.

---

[859] CORTE IDH. Caso "Instituto de Reeducación del Menor" *vs.* Paraguai. Exceções Preliminares, Mérito, Reparações e Custas. Sentença de 2 de setembro de 2004. Serie C No. 112. par. 245.

[860] Por exemplo, alegações das partes apresentadas nos casos CORTE IDH. Cinco Pensionistas *vs.* Perú (2003), Niñas Yean y Bosico *vs.* República Dominicana (Interpretação) (2006), Acevedo Jaramillo y otros *vs.* Perú (Interpretação) (2006), Pueblo Indígena Kichwa de Sarayaku *vs.* Ecuador (2012), Trabajadores Cesados del Congreso (Aguado Alfaro y otros) *vs.* Perú (2006).

[861] CORTE IDH. Caso Acevedo Buendía y otros ("Cesantes y Jubilados de la Contraloría") *vs.* Perú. Exceções Preliminares, Mérito, Reparações e Custas. Sentença de 1º de julho de 2009. Serie C No. 198.

[862] Importante destacar, no entanto, que um reconhecimento de sua competência para declarar violações ao artigo 26 da Convenção difere substancialmente do reconhecimento de uma justiciabilidade direta dos Desca por meio desse dispositivo.

[863] Ver, por exemplo, CORTE IDH. Caso Furlán y familiares *vs.* Argentina. Exceções Preliminares, Mérito, Reparações e Custas. Sentença de 31 de agosto de 2012. Serie C No. 246. Voto concorrente da Juíza Macaulay; caso Suárez Peralta *vs.* Ecuador. Exceções Preliminares, Mérito, Reparações e Custas. Sentença de 21 de maio de 2013. Serie C No. 261. Voto concorrente do Juiz Mac-Gregor.

[864] Ver, por exemplo, CORTE IDH. Canales Huapaya y otros *vs.* Perú (2015), Gonzales Lluy y otros *vs.* Ecuador (2015), Chinchilla Sandoval y otros *vs.* Guatemala (2016), Trabajadores de la Hacienda Brasil Verde *vs.* Brasil (2016), Yarce y otras *vs.* Colombia (2016) e I.V. *vs.* Bolivia (2016).

[865] CORTE IDH. Caso Lagos del Campo *vs.* Perú. Exceções Preliminares, Mérito, Reparações e Custas. Sentença de 31 de agosto de 2017. Serie C No. 340. par. 154.

A primeira, atualmente minoritária, rejeita a via da justiciabilidade, pois não seria possível depreender um catálogo determinado de direitos nem do artigo 26 da Convenção nem da Carta da OEA, que conteria apenas metas e expectativas. Assim, a competência da Corte para a apreciar violações diretas aos Desca se limitaria às hipóteses previstas pelo artigo 19.6 do Protocolo de San Salvador, ressalvada a técnica de aplicação por "via de conexidade", isto é, em virtude de sua relação de interdependência com direitos justiciáveis.[866] A segunda corrente,[867] hoje consolidada na jurisprudência da Corte IDH, sustenta que todos os direitos humanos consagrados pela Convenção são exigíveis e que uma interpretação integral, sistemática, evolutiva e *pro personae* de seus dispositivos implica a admissão da justiciabilidade direta dos Desca previstos pelo artigo 26. Uma terceira posição defende a competência da Corte para julgar casos envolvendo tais direitos quando um mesmo fato envolver, simultaneamente, a violação a um Desca e a um direito civil e político.[868]

1.3 A justiciabilidade dos Desca em perspectiva

O resgate da evolução jurisprudencial da abordagem dos Desca pela Corte IDH permite concluir que a aplicação direta do artigo 26 tornou-se parte inarredável do corpo de precedentes interamericanos, integrando a linguagem de direitos do Sistema Interamericano, de tal sorte que hoje tal via se encontra amplamente consolidada.

Parte desse processo de consolidação deve-se à aceitação e à defesa da justiciabilidade dos Desca pelo vasto conjunto de intérpretes da Convenção Americana, bem como à superação da artificial distinção geracional de direitos.

Como sustentei em voto proferido no caso *Guevara Díaz* vs. *Costa Rica*,[869] embora a Corte IDH seja a intérprete última da Convenção e detenha a palavra final sobre seu sentido e sua aplicação, ela não é sua *única* intérprete. Ao contrário, parafraseando o conceito desenvolvido por Peter Häberle, o Sistema Interamericano conforma uma verdadeira sociedade aberta de intérpretes da Convenção.[870]

Em tal sociedade, os destinatários e responsáveis pela observância das normas de direitos humanos – CIDH, Estados, Cortes nacionais, indivíduos e grupos da sociedade civil – são concebidos como participantes ativos de sua interpretação. Vale dizer, as demandas pleiteando violações aos Desca estão presentes nos informes de mérito da Comissão, são requeridas pelos peticionários e defendidas pelos peritos e *amici curiae* que comparecem perante a Corte IDH. Ao fazê-lo, esses agentes também atuam como intérpretes do artigo 26 da Convenção.

No âmbito interno dos Estados jurisdicionados, a jurisprudência interamericana sobre o tema tem sido reverberada e concretizada pelos Tribunais nacionais no exercício do

---

866   Ver, por exemplo, CORTE IDH. Caso Gonzales Lluy y otros *vs.* Ecuador. Voto concorrente do Juiz Humberto Sierra Porto.

867   Ver FERRER MAC-GREGOR, Eduardo. *La justiciabilidad de los derechos económicos, sociales, culturales y ambientales en el Sistema Interamericano de Derechos Humanos*. Ciudad de México: Universidad Nacional Autónoma de México, 2017. Cap. 3.

868   CORTE IDH. Caso Hernández *vs.* Argentina. Exceções Preliminares, Mérito, Reparações e Custas. Sentença de 22 de novembro de 2019. Serie C No. 395. Voto concorrente do Juiz Ricardo Pérez Manrique.

869   CORTE IDH. Caso Guevara Díaz *vs.* Costa Rica. Mérito, Reparações e Custas. Sentença de 22 de junho de 2022. Serie C No. 453. Voto concorrente do Juiz Mudrovitsch. par. 63-96.

870   HÄBERLE, Peter. *Hermenêutica constitucional*. A sociedade aberta dos intérpretes da Constituição: contribuição para a interpretação pluralista e procedimental da Constituição. Trad. Gilmar Ferreira Mendes. Porto Alegre: Sergio Antonio Fabris Editor, 2002. p. 15.

controle de convencionalidade, assim como pelos órgãos legislativos e pelas autoridades formuladoras de políticas públicas. Do mesmo modo, indivíduos e organizações pleiteiam seus direitos diante dos juízes com fundamento no *corpus iuris* interamericano sobre Desca.

Os próprios Estados, quando são parte em casos contenciosos no Sistema Interamericano, cada vez mais não apenas têm deixado de impugnar a competência da Corte IDH para julgar petições sobre o artigo 26 da Convenção mas também têm reconhecido voluntariamente sua responsabilidade internacional por violações aos direitos econômicos, sociais e culturais,[871] demonstrando que a exigibilidade dos Desca tem se tornado matéria pacífica no âmbito da sociedade aberta de intérpretes convencionais.

Assim, por um lado, a coerência e a integridade das decisões da Corte IDH em matéria dos Desca impactam as ordens nacionais, influenciando políticas públicas e decisões dos Tribunais nacionais. Por outro lado, a Corte IDH, em suas sentenças, procura sempre estar atenta aos avanços em tal matéria em âmbito constitucional nos Estados-membros. Em outras palavras:

> *Esse contexto de participação de diversos atores, institucionais (estatais) ou não, conforma de maneira autêntica a sociedade aberta a que se refere Peter Häberle, com linguagem construída paulatinamente ao longo de décadas de argumentação coletiva. Não se trata de obra exclusiva ou voluntarista dos juízes da Corte, mas, sim, produto inacabado da comunidade americana. Sem favor algum, é possível afirmar que a jurisprudência da Corte, a esta altura, transcendeu seus assentos e é um patrimônio comum latino-americano sobre direitos.*
>
> *A sociedade aberta dos intérpretes da Convenção absorveu e edificou, por tudo que expus ao longo deste voto concorrente, a justiciabilidade direta dos Desca. A despeito de eventuais deficiências redacionais do art. 26 da Convenção e de momentos de hesitação dos Estados parte da Convenção, consolidou-se a premissa de que esses direitos são não apenas humanos, mas fundantes para o projeto transconstitucional que se desenha há décadas. Seu valor dirigente no sentido de superar a pobreza e as desigualdades materiais da América Latina profunda não pode, assim, ser menoscabado.[872]*

O reconhecimento da justiciabilidade dos Desca também é produto da percepção de que a separação de direitos humanos em "gerações" e a consequente diferença de tratamento entre os Direitos Civis e Políticos e os Desca são não apenas artificiais mas também ultrapassadas, conforme sustentado no aludido voto:

> *Todo e qualquer direito demanda, em alguma medida, providências de implementação positiva e políticas públicas estruturadas, quer sejam eles redigidos de forma negativa, incorporando, de forma predominante, pretensões à abstenção (como no caso dos Direitos Civis e Políticos), quer sejam eles redigidos com viés positivo, de modo a estruturar pretensões a ações estatais de implementação. Todos dependem, em última instância, de recursos estatais e da ação permanente de instituições e burocracias mantidas no plano nacional para angariar real efetividade.[873]*

---

[871]   Ver, por exemplo, reconhecimento de responsabilidade estatal em CORTE IDH. Caso Guevara Díaz *vs.* Costa Rica. Mérito, Reparações e Custas. Sentença de 22 de junho de 2022. Serie C No. 453, e caso Brítez Arce y otros *vs.* Argentina. Mérito, Reparações e Custas. Sentença de 16 de novembro de 2022. Serie C No. 474.

[872]   CORTE IDH. Caso Guevara Díaz *vs.* Costa Rica. Mérito, Reparações e Custas. Sentença de 22 de junho de 2022. Serie C No. 453. Voto concorrente do juiz Mudrovitsch. par. 92-93.

[873]   Ver HOLMES, Stephen; SUNSTEIN, Cass. *The cost of rights*: why liberty depends on taxes. Nova York: W. W. Norton & Company, 1999.

Essa abordagem diferenciada é criticada há tempos na Corte IDH. Conforme expressado pelos Juízes Cançado Trindade e Abreu Burelli no caso *Niños de la Calle* vs. *Guatemala* (1999), a garantia do direito à vida, por exemplo, exige medidas positivas que assegurem a vida com dignidade, englobando, inclusive, a tutela de direitos econômicos, sociais e culturais. No mesmo sentido, o Juiz Cançado Trindade afirmou que todos os direitos humanos são imediatamente exigíveis, inclusive os Desca, já que sua inter-relação e indivisibilidade não é mera elaboração doutrinária, mas integra a própria hermenêutica e aplicação concreta de tais direitos.[874]

Nesse sentido, a hermenêutica que se afigura mais adequada ao mandato protetivo da Convenção Americana é aquela que concebe os direitos humanos não como categorias isoladas e excludentes, mas a partir de uma perspectiva de tutela global e integral da pessoa humana, isto é, como peças de um sistema, interdependentes e inter-relacionadas entre si, ainda que dotadas de âmbitos de incidência específicos.[875] Isso significa que o indivíduo deve ser protegido em todas as vertentes necessárias ao desenvolvimento de sua personalidade, incluindo a perspectiva de seus direitos econômicos, sociais, culturais, o que exige da Corte IDH reconhecê-los como direta e plenamente exigíveis.

2. DIREITOS ECONÔMICOS, SOCIAIS, CULTURAIS E AMBIENTAIS EM ESPÉCIE

Desde a primeira ocasião em que declarou a violação de um Desca de forma autônoma, a Corte IDH expandiu substancialmente o âmbito material de proteção do artigo 26, reconhecendo um vasto leque de direitos inseridos nessa categoria de acordo com as reivindicações concretas dos casos que foram submetidos à sua apreciação, direitos esses que serão analisados nos tópicos subsequentes.

2.1 Trabalho

A Corte IDH estabeleceu as bases de seu entendimento sobre o conteúdo do direito ao trabalho no caso *Lagos del Campo* vs. *Perú* (2017), mais especificamente, sob a perspectiva da estabilidade laboral.[876] Esse direito não se confunde com uma prerrogativa de permanência irrestrita no cargo, mas compreende a garantia, nas palavras da Corte IDH, de que a demissão se dê por causas justificadas e que ao empregado seja possibilitado o direito de recorrer da decisão perante as instâncias internas cabíveis.[877] Nesse sentido, embora a relação de trabalho

---

[874] CORTE IDH. Caso Trabajadores Cesados del Congreso (Aguado Alfaro y Otros) *vs.* Perú. Exceções Preliminares, Mérito, Reparações e Custas. Sentença de 24 de novembro de 2006. Serie C No. 158. Voto concorrente do juiz Cançado Trindade. par. 7.

[875] CORTE IDH. Caso Benites Cabrera y otros *vs.* Perú. Exceções Preliminares, Mérito, Reparações e Custas. Sentença de 4 de outubro de 2022. Serie C No. 465. Voto concorrente dos juízes Mac-Gregor e Mudrovitsch. par. 8.

[876] CORTE IDH. Caso Lagos del Campo *vs.* Perú (2017), Trabajadores Cesados de Petroperú y otros *vs.* Perú (2017), San Miguel Sosa y otras *vs.* Venezuela (2018), Spoltore *vs.* Argentina (2020), Empleados de la Fábrica de Fuegos en Santo Antônio de Jesus y sus familiares *vs.* Brasil (2020), Casa Nina *vs.* Perú (2020), caso de los Buzos Miskitos (Lemoth Morris y otros) *vs.* Honduras (2021), Extrabajadores del Organismo Judicial *vs.* Guatemala (2021), Palacio Urrutia *vs.* Equador (2021), Federación Nacional de Trabajadores Marítimos y Portuarios (FEMAPOR) *vs.* Perú (2022), Pavez Pavez *vs.* Chile (2022), Guevara Díaz *vs.* Costa Rica (2022), Mina Cuero *vs.* Equador (2022), Benites Cabrera y otros *vs.* Perú (2022), Nissen Pessolani *vs.* Paraguai (2022), Aguinaga Aillon *vs.* Equador (2023).

[877] CORTE IDH. Caso Lagos del Campo *vs.* Perú. Exceções Preliminares, Mérito, Reparações e Custas. Sentença de 31 de agosto de 2017. Serie C No. 340. par. 150; Corte IDH. Caso Casa Nina *vs.* Perú. Exceções Preliminares, Mérito, Reparações e Custas. Sentença de 24 de novembro de 2020. Serie C No. 419. par. 107.

do caso envolvesse particulares, a Corte IDH enunciou alguns deveres estatais para assegurar a estabilidade laboral, como a regulação e fiscalização por meio de órgãos competentes para evitar demissões arbitrárias e o devido acesso à Justiça mediante a disponibilização de mecanismos judiciais efetivos, seja para indenizações, seja para readmissões.[878]

Já a estabilidade laboral na Administração Pública visa permitir que os funcionários públicos possam desempenhar suas funções com independência e objetividade ao conceder-lhes estabilidade no cargo.[879] No caso *Extrabajadores del Organismo Judicial* vs. *Guatemala* (2021), a Corte IDH ainda reforçou a necessidade do direito ao contraditório e à ampla defesa para que o trabalhador possa contestar a demissão nas instâncias internas.[880]

Além da estabilidade laboral, o direito ao trabalho contempla a tutela das condições equitativas e satisfatórias de trabalho, isto é, condições laborais que protejam a saúde e a segurança do trabalhador. Portanto, as obrigações estatais concentram-se em prevenir acidentes de trabalho e fiscalizar as circunstâncias do exercício laboral.[881] Tal entendimento foi assentado nos casos *Spoltore* vs. *Argentina* (2020) e *Buzos Miskitos (Lemoth Morris y otros)* vs. *Honduras* (2021), nos quais a Corte IDH definiu que os Estados devem assegurar a segurança, a saúde e a higiene do trabalhador.[882] Nesse contexto, a interpretação feita pela Corte IDH no caso *Empregados da Fábrica de Fogos de Santo Antônio de Jesus e seus Familiares* vs. *Brasil* (2020) é igualmente relevante por proibir o trabalho infantil em condições perigosas e insalubres, além de reforçar a necessidade de adoção de medidas preventivas e de fiscalização contra acidentes de trabalho, sobretudo em atividades perigosas.[883]

Além da proteção especial às crianças e aos adolescentes, a Corte IDH se dedicou aos deveres estatais de proteção do trabalho das pessoas com deficiência.[884] Em *Guevara Díaz* vs. *Costa Rica* (2022), a Corte ressaltou a importância da adoção de mecanismos legislativos, pedagógicos e sociais pelos Estados para eliminar todas as formas de discriminação contra pessoas com deficiência no ambiente laboral.[885] Caso exista indício de atos discriminatórios,

---

[878] CORTE IDH. Caso Lagos del Campo vs. Perú. Exceções Preliminares, Mérito, Reparações e Custas. Sentença de 31 de agosto de 2017. Serie C No. 340. par. 149.

[879] Corte IDH. Caso Casa Nina vs. Perú. Exceções Preliminares, Mérito, Reparações e Custas. Sentença de 24 de novembro de 2020. Serie C No. 419. par. 108.

[880] CORTE IDH. Caso Extrabajadores del Organismo Judicial vs. Guatemala. Exceções Preliminares, Mérito, Reparações e Custas. Sentença de 17 de novembro de 2021. Serie C No. 445. par. 131; caso Mina Cuero vs. Ecuador. Exceções Preliminares, Mérito, Reparações e Custas. Sentença de 7 de setembro de 2022. Serie C No. 464. par. 135.

[881] CORTE IDH. Caso de los Buzos Miskitos (Lemoth Morris y otros) vs. Honduras. Sentença de 31 de agosto de 2021. Serie C No. 432. par. 78.

[882] CORTE IDH. Caso de los Buzos Miskitos (Lemoth Morris y otros) vs. Honduras. Sentença de 31 de agosto de 2021. Serie C No. 432. par. 73; caso de los Empleados de la Fábrica de Fuegos de Santo Antônio de Jesus y sus familiares vs. Brasil. Exceções Preliminares, Mérito, Reparações e Custas. Sentença de 15 de julho de 2020. Serie C No. 407. par. 154; Caso Spoltore vs. Argentina. Exceções Preliminares, Mérito, Reparações e Custas. Sentença de 9 de junho de 2020. Serie C No. 404. par. 89-91.

[883] CORTE IDH. Caso de los Empleados de la Fábrica de Fuegos de Santo Antônio de Jesus y sus familiares vs. Brasil. Exceções Preliminares, Mérito, Reparações e Custas. Sentença de 15 de julho de 2020. Serie C No. 407. par. 154 e 169.

[884] CORTE IDH. Caso Guevara Díaz vs. Costa Rica. Mérito, Reparações e Custas. Sentença de 22 de junho de 2022. Serie C No. 453. par. 61.

[885] CORTE IDH. Caso Guevara Díaz vs. Costa Rica. Mérito, Reparações e Custas. Sentença de 22 de junho de 2022. Serie C No. 453. par. 62.

as autoridades deverão assegurar a tutela judicial de forma rigorosa em razão da situação de vulnerabilidade.[886]

2.2 Seguridade social

Temas relacionados ao direito à seguridade social se fazem presentes na jurisprudência da Corte IDH muito antes do reconhecimento da justiciabilidade direta do artigo 26. A atribuição de *status* autônomo a esse direito, porém, é mais recente e foi produto da afirmação da competência da Corte IDH para apreciar violações de direitos econômicos, sociais e culturais.

A partir do caso pioneiro *Cinco pensionistas* vs. *Peru* (2003), o Tribunal firmou entendimento de que o direito a receber pensão era direito adquirido e, por tal razão, estava incorporado ao patrimônio dos indivíduos. Nessa condição, poderia ser exigido à luz do artigo 21 da Convenção, isto é, como parte do direito à propriedade.[887]

Acompanhando a evolução jurisprudencial em torno da justiciabilidade dos Desca retratada nos capítulos anteriores, o já citado caso *Acevedo Buendía* vs. *Peru* constituiu marco relevante. O litígio versava sobre o não cumprimento de decisões judiciais que determinavam o pagamento de benefícios previdenciários às vítimas. Embora tenha prenunciado ali as bases de sua competência para conhecer de violações a direitos sociais, a Corte IDH entendeu que a obrigação estatal relativa ao artigo 26 da Convenção possuía natureza distinta daquela emanada dos artigos 21 e 25, compreendendo o dever estatal de adotar providências de implementação gradual do direito à seguridade, levando-a a descartar, *in concreto*, a violação ao referido direito.[888]

Antes de ser derivado do artigo 26 da Convenção, o acesso a sistemas de seguridade social também foi encarado sob a perspectiva do direito à igualdade e à não discriminação. Assim fez a Corte IDH no caso *Duque* vs. *Colômbia* (2016), no qual assentou que a negativa de conceder o direito à pensão por morte a casais de pessoas do mesmo sexo era incompatível com o direito à igualdade previsto no artigo 24 da Convenção.[889]

O ponto de inflexão da Corte IDH a respeito do direito à seguridade foi traçado no caso *Muelle Flores* vs. *Peru* (2019). Ali, foram estabelecidos os elementos constitutivos do referido direito, conferindo-lhe autonomia e justiciabilidade,[890] isto é, passou a ser concebido não apenas como demanda decorrente dos efeitos patrimoniais do direito de propriedade e/ou então a partir de uma lógica de desenvolvimento progressivo do direito à seguridade, mas sobretudo como a pretensão jurídica do indivíduo, imediatamente exigível[891], de lograr

---

[886]   CORTE IDH. Caso Guevara Díaz *vs.* Costa Rica. Mérito, Reparações e Custas. Sentença de 22 de junho de 2022. Serie C No. 453. par. 74.

[887]   CORTE IDH. Caso Cinco Pensionistas *vs.* Perú. Mérito, Reparações e Custas. Sentença de 28 de fevereiro de 2003. Serie C No. 98. par. 102.

[888]   CORTE IDH. Caso Acevedo Buendía y otros ("Cesantes y Jubilados de la Contraloría") *vs.* Perú. Exceções Preliminares, Mérito, Reparações e Custas. Sentença de 1º de julho de 2009. Serie C No. 198. par. 105.

[889]   CORTE IDH. Caso Duque *vs.* Colômbia. Exceções Preliminares, Mérito, Reparações e Custas. Sentença de 26 de fevereiro de 2016. Serie C No. 310. par. 125.

[890]   CORTE IDH. Caso Muelle Flores *vs.* Perú. Exceções Preliminares, Mérito, Reparações e Custas. Sentença de 6 de março de 2019. Serie C No. 375.

[891]   CORTE IDH. Caso Muelle Flores *vs.* Perú. Exceções Preliminares, Mérito, Reparações e Custas. Sentença de 6 de março de 2019. Serie C No. 375. par. 190-191.

acesso aos sistemas de previdência social e seus benefícios correspondentes, com fundamento no artigo 26 da Convenção.[892]

O caráter autônomo e justiciável do direito à seguridade social foi reafirmado no caso *ANCEJUB-SUNAT* vs. *Peru* (2019),[893] no qual a Corte IDH destacou a estreita vinculação desse direito com a garantia de uma vida digna diante da velhice ou de circunstâncias que impeçam os indivíduos de trabalhar.[894]

2.3 Saúde

A Corte IDH concebe o direito à saúde como a garantia do indivíduo de gozar da mais alta qualidade de bem-estar social, físico e mental.[895] Para atingir esse objetivo, o Estado está investido de algumas obrigações, como a prestação de serviços essenciais de saúde, o aperfeiçoamento da saúde da população e a fiscalização dos prestadores de serviços de saúde públicos e privados, devendo zelar para que o serviço prestado atenda às exigências de qualidade, acessibilidade, disponibilidade e aceitabilidade sem que exista discriminação entre os pacientes.[896] Além disso, como ressaltado em *Manuela y otros* vs. *El Salvador* (2021), *"los derechos a la vida y a la integridad se hallan directa e inmediatamente vinculados con la atención a la salud humana"*.[897]

Embora a primeira sentença a conferir autonomia ao direito à saúde tenha sido o caso *Poblete Vilches y otros* vs. *Chile* (2018), anos antes de reconhecer sua exigibilidade, a Corte IDH protegeu, por vias indiretas, determinados grupos considerados vulneráveis em relação ao referido direito. Tal foi a situação dos povos indígenas nos casos *Comunidade Indígena Yakye Axa* vs. *Paraguai* (2005) e *Comunidade Indígena Sawhoyamaxa* vs. *Paraguai* (2006), nos quais a Corte reconheceu que as limitações no acesso à alimentação e à água limpa também causam implicações à saúde dos membros das comunidades.[898] Do mesmo modo o fez em relação às pessoas com deficiência no caso *Ximenes Lopes* vs. *Brasil* (2004), no qual foi estatuído o dever estatal de não apenas proteger tais pessoas contra tratamentos cruéis, desumanos ou degradantes que agravam a sua condição[899] mas também adotar medidas

---

[892] CORTE IDH. Caso Muelle Flores *vs.* Perú. Exceções Preliminares, Mérito, Reparações e Custas. Sentença de 6 de março de 2019. Serie C No. 375. par. 192.

[893] CORTE IDH. Caso Asociación Nacional de Cesantes y Jubilados de la Superintendencia Nacional de Administración Tributaria (ANCEJUB-SUNAT) *vs.* Perú. Exceções Preliminares, Mérito, Reparações e Custas. Sentença de 21 de novembro de 2019. Serie C No. 394. par. 156.

[894] CORTE IDH. Caso Asociación Nacional de Cesantes y Jubilados de la Superintendencia Nacional de Administración Tributaria (ANCEJUB-SUNAT) *vs.* Perú. Exceções Preliminares, Mérito, Reparações e Custas. Sentença de 21 de novembro de 2019. Serie C No. 394. par. 157.

[895] CORTE IDH. Caso Hernández *vs.* Argentina. Exceções Preliminares, Mérito, Reparações e Custas. Sentença de 22 de novembro de 2019. Serie C No. 395. par. 78; caso Cuscul Pivaral y otros *vs.* Guatemala. Exceções Preliminares, Mérito, Reparações e Custas. Sentença de 23 de agosto de 2018. Serie C No. 359. par. 104; caso Guachalá Chimbo y otros *vs.* Ecuador. Mérito, Reparações e Custas. Sentença de 26 de março de 2021. Serie C No. 423. par. 101.

[896] CORTE IDH. Caso Poblete Vilches y otros *vs.* Chile. Mérito, Reparações e Custas. Sentença de 8 de março de 2018. Serie C No. 349. par. 120.

[897] CORTE IDH. Caso Manuela y otros *vs.* El Salvador. Exceções preliminares, Mérito, Reparações e Custas. Sentença de 2 de novembro de 2021. Serie C No. 441. par. 183.

[898] CORTE IDH. Caso Comunidad Indígena Sawhoyamaxa *vs.* Paraguai. Mérito, Reparações e Custas. Sentença de 29 de março de 2006. Serie C No. 146. par. 173.

[899] CORTE IDH. Caso Ximenes Lopes *vs.* Brasil. Sentença de 4 de julho de 2006. Serie C No. 149. par. 106-107.

positivas de inclusão, o que envolve, entre outras providências, garantir o acesso dessas pessoas a serviços eficazes de saúde.[900]

Nesse sentido, o direito à saúde também foi desenvolvido por meio da proteção específica e diferenciada de outros grupos vulneráveis para além dos indígenas e das pessoas com deficiência, como (i) pessoas idosas, em razão de dificuldades de locomoção, limitações financeiras e gravidade das possíveis doenças que as afetam, sendo-lhes devido tratamento sem discriminação por meio de políticas públicas e de acesso à previdência para manter a dignidade, a funcionalidade e a autonomia durante a terceira idade;[901] (ii) pessoas com doenças graves, demandando atenção estatal desde a prevenção, passando pelo diagnóstico, tratamento e atendimento, até o apoio em relação à assistência sanitária, social e psicológica,[902] sobretudo para os indivíduos com vulnerabilidade agravada, como as pessoas privadas de liberdade;[903] e (iii) mulheres grávidas, diante da importância da atenção médica em situações de urgência, bem como do atendimento especializado em situações como o período de parto, pós-parto ou lactância.[904]

Não bastante, no caso *Guachalá Chimbo e outros* vs. *Equador* (2021), a Corte IDH se manifestou em relação ao caráter imprescindível do consentimento informado para a efetivação do direito à saúde em relação aos procedimentos e aos tratamentos médicos, obrigação específica e indispensável, sobretudo quando se trata de pessoas idosas, pessoas com doenças graves, pessoas com deficiência e mulheres grávidas, visto que esse direito possui transversalidade com o próprio reconhecimento da personalidade jurídica.[905]

2.4 Meio ambiente saudável, alimentação adequada, água e participação na vida cultural

No paradigmático caso *Comunidades Indígenas Miembros de la Asociación Lhaka Honhat (Nuestra Tierra)* vs. *Argentina* (2020), pela primeira vez no exercício de sua jurisdição contenciosa, a Corte IDH se pronunciou sobre os direitos em tela, ampliando sobremaneira o rol protetivo do artigo 26.[906]

Embora autônomos e dotados de núcleos essenciais próprios, tais direitos são interdependentes.[907] Essa noção de interdependência entre os referidos Desca já havia sido enunciada pela Corte IDH em sua Opinião Consultiva 23/2017 sobre meio ambiente e direitos humanos, na qual o Tribunal destacou que os direitos à saúde, à água, à alimentação e à participação na vida cultural, entre outros, são particularmente vulneráveis a afetações ambientais.[908]

---

[900] CORTE IDH. Caso Ximenes Lopes *vs*. Brasil. Sentença de 4 de julho de 2006. Serie C No. 149. par. 128.

[901] CORTE IDH. Caso Poblete Vilches y otros *vs*. Chile. Mérito, Reparações e Custas. Sentença de 8 de março de 2018. Serie C No. 349. par. 128.

[902] CORTE IDH, Caso Gonzales Lluy, par. 197.

[903] CORTE IDH. Caso Hernández *vs*. Argentina. Exceções Preliminares, Mérito, Reparações e Custas. Sentença de 22 de novembro de 2019. Serie C No. 395.

[904] CORTE IDH. Caso Valencia Campos y otros *vs*. Bolivia. Exceção Preliminar, Mérito, Reparações e Custas. Sentença de 18 de outubro de 2022. Serie C No. 469. par. 240.

[905] CORTE IDH. Caso Guachalá Chimbo y otros *vs*. Ecuador. Mérito, Reparações e Custas. Sentença de 26 de março de 2021. Serie C No. 423. par. 116-119.

[906] CORTE IDH. Caso Comunidades Indígenas Miembros de la Asociación Lhaka Honhat (Nuestra Tierra) *vs*. Argentina. Mérito, Reparações e Custas. Sentença de 6 de fevereiro de 2020. Serie C No. 400. par. 201.

[907] CORTE IDH. Caso Comunidades Indígenas Miembros de la Asociación Lhaka Honhat (Nuestra Tierra) *vs*. Argentina. Mérito, Reparações e Custas. Sentença de 6 de fevereiro de 2020. Serie C No. 400. par. 244.

[908] CORTE IDH. Medio ambiente y derechos humanos (obligaciones estatales en relación con el medio ambiente en el marco de la protección y garantía de los derechos a la vida y a la integridad personal – interpretación

O *direito ao meio ambiente saudável* constitui interesse universal, fundamental para a própria subsistência da humanidade. Esse direito tutela os componentes do ambiente como interesses jurídicos em si mesmos, considerando não apenas sua relevância para os seres humanos mas também para os demais organismos vivos.[909] Ademais, possui tanto conotação individual, compreendendo a repercussão direta ou indireta das violações sobre os indivíduos, quanto coletiva, que abarca os efeitos dos danos ambientais sobre as gerações presentes e futuras.[910]

A proteção desse direito pressupõe, ainda, a satisfação do *princípio de prevenção* contra danos ambientais, princípio esse que conforma o direito internacional costumeiro e demanda do Estado o cumprimento de um padrão de devida diligência *ex ante*, que deve ser adequado e proporcional ao grau de risco de dano ambiental.[911]

O *direito à alimentação adequada*, por sua vez, protege, essencialmente, "o acesso das pessoas a alimentos que permitam a nutrição adequada e apta para a preservação da saúde",[912] compreendendo a *disponibilidade* de alimentos e a sua *acessibilidade* econômica e física.[913] O direito à alimentação, assim como o direito à água e o direito à saúde, é condição para uma vida digna e o exercício de outros direitos humanos.[914]

---

y alcance de los artículos 4.1 y 5.1, en relación con los artículos 1.1 y 2 de la Convención Americana sobre Derechos Humanos). Opinião Consultiva 23, de 15 de novembro de 2017. Serie A No. 23. par. 66.

[909] CORTE IDH. Caso Comunidades Indígenas Miembros de la Asociación Lhaka Honhat (Nuestra Tierra) *vs.* Argentina. Mérito, Reparações e Custas. Sentença de 6 de fevereiro de 2020. Serie C No. 400. par. 203; CORTE IDH. Medio ambiente y derechos humanos (obligaciones estatales en relación con el medio ambiente en el marco de la protección y garantía de los derechos a la vida y a la integridad personal – interpretación y alcance de los artículos 4.1 y 5.1, en relación con los artículos 1.1 y 2 de la Convención Americana sobre Derechos Humanos). Opinião Consultiva 23, de 15 de novembro de 2017. Serie A No. 23. par. 59, 62 e 64.

[910] CORTE IDH. Medio ambiente y derechos humanos (obligaciones estatales en relación con el medio ambiente en el marco de la protección y garantía de los derechos a la vida y a la integridad personal – interpretación y alcance de los artículos 4.1 y 5.1, en relación con los artículos 1.1 y 2 de la Convención Americana sobre Derechos Humanos). Opinião Consultiva 23, de 15 de novembro de 2017. Serie A No. 23. par. 59.

[911] Note-se que o dever de diligência independe do nível de desenvolvimento do Estado em questão, ou seja, tanto Estados desenvolvidos quanto Estados em vias de desenvolvimento devem prevenir a ocorrência de danos ambientais (CORTE IDH. Caso Comunidades Indígenas Miembros de la Asociación Lhaka Honhat (Nuestra Tierra) *vs.* Argentina. Mérito, Reparações e Custas. Sentença de 6 de fevereiro de 2020. Serie C No. 400. par. 208; CORTE IDH. Medio ambiente y derechos humanos (obligaciones estatales en relación con el medio ambiente en el marco de la protección y garantía de los derechos a la vida y a la integridad personal – interpretación y alcance de los artículos 4.1 y 5.1, en relación con los artículos 1.1 y 2 de la Convención Americana sobre Derechos Humanos). Opinião Consultiva 23, de 15 de novembro de 2017. Serie A No. 23. par. 142).

[912] CORTE IDH. Caso Comunidades Indígenas Miembros de la Asociación Lhaka Honhat (Nuestra Tierra) *vs.* Argentina. Mérito, Reparações e Custas. Sentença de 6 de fevereiro de 2020. Serie C No. 400. par. 216.

[913] CORTE IDH. Caso Comunidades Indígenas Miembros de la Asociación Lhaka Honhat (Nuestra Tierra) *vs.* Argentina. Mérito, Reparações e Custas. Sentença de 6 de fevereiro de 2020. Serie C No. 400. par. 218 e 219.

[914] CORTE IDH. Medio ambiente y derechos humanos (obligaciones estatales en relación con el medio ambiente en el marco de la protección y garantía de los derechos a la vida y a la integridad personal – interpretación y alcance de los artículos 4.1 y 5.1, en relación con los artículos 1.1 y 2 de la Convención Americana sobre Derechos Humanos). Opinião Consultiva 23, de 15 de novembro de 2017. Serie A No. 23. par. 109.

Quanto ao *direito à água*, a Corte IDH se reporta à definição proposta pelo Comitê Desc da ONU,[915] segundo a qual o direito à água "é o direito de todos a dispor de água suficiente, salubre, aceitável e acessível para uso pessoal e doméstico",[916] e o acesso à água, como bem social e cultural, deve observar os princípios da disponibilidade, qualidade e acessibilidade.[917]

Por fim, o *direito a participar na vida cultural,* conforme expressamente reconhecido pela Corte IDH, abarca o direito à identidade cultural, que tutela a liberdade das pessoas de "identificar-se com uma ou várias sociedades, comunidades ou grupos sociais, seguir uma forma ou estilo de vida vinculado à cultura que pertence e participar no desenvolvimento da mesma", reconhecendo que o termo *cultura* é amplo e dinâmico.[918]

Cabe ressaltar que a primeira manifestação da Corte IDH, em sua jurisdição contenciosa, sobre esses quatro direitos se deu no âmbito de um caso que versou sobre comunidades indígenas. Ainda que não sejam as únicas titulares desses direitos, as comunidades tradicionais constituem grupo especialmente vulnerável, em virtude de sua singular relação cultural e de subsistência com a terra e os recursos naturais, de forma que os Estados possuem dever especial de proteção sobre os povos originários.[919]

2.5 Educação

O *direito à educação* também figura entre os Desca contemplados no âmbito de proteção do artigo 26 da Convenção. Tal direito, previsto igualmente no artigo 13 do Protocolo de San Salvador, ganhou contornos mais definidos na jurisprudência interamericana quando do caso *Gonzales Lluy e outros* vs. *Equador*,[920] em que a Corte apontou quatro exigências em matéria de educação, aplicáveis a todos os níveis de formação: (i) disponibilidade de programas de ensino em quantidade suficiente; (ii) acessibilidade e permanência em tais programas sem que haja discriminação; (iii) aceitabilidade das formações e dos métodos educativos empregados; e (iv) adaptabilidade do ensino às necessidades e às circunstâncias dos alunos.[921] A singular importância de tais garantias decorre do fato de que a educação

---

[915] ONU. Comitê DESC. *Comentário Geral 15*, E/C.12/2002/11, 20 de janeiro de 2003. par. 2.

[916] CORTE IDH. Caso Comunidades Indígenas Miembros de la Asociación Lhaka Honhat (Nuestra Tierra) *vs*. Argentina. Mérito, Reparações e Custas. Sentença de 6 de fevereiro de 2020. Serie C No. 400. par. 226.

[917] A disponibilidade refere-se ao abastecimento contínuo e suficiente; a qualidade refere-se à salubridade e aos aspectos físico-químicos; e a acessibilidade refere-se ao acesso às instalações e aos serviços de abastecimento, cfr. CORTE IDH. Caso Comunidades Indígenas Miembros de la Asociación Lhaka Honhat (Nuestra Tierra) *vs*. Argentina. Mérito, Reparações e Custas. Sentença de 6 de fevereiro de 2020. Serie C No. 400. par. 227.

[918] CORTE IDH. Caso Comunidades Indígenas Miembros de la Asociación Lhaka Honhat (Nuestra Tierra) *vs*. Argentina. Mérito, Reparações e Custas. Sentença de 6 de fevereiro de 2020. Serie C No. 400. par. 240.

[919] CORTE IDH. Medio ambiente y derechos humanos (obligaciones estatales en relación con el medio ambiente en el marco de la protección y garantía de los derechos a la vida y a la integridad personal – interpretación y alcance de los artículos 4.1 y 5.1, en relación con los artículos 1.1 y 2 de la Convención Americana sobre Derechos Humanos). Opinião Consultiva 23, de 15 de novembro de 2017. Serie A No. 23. par. 67, 113 e 169; CORTE IDH. Caso Comunidades Indígenas Miembros de la Asociación Lhaka Honhat (Nuestra Tierra) *vs*. Argentina. Mérito, Reparações e Custas. Sentença de 6 de fevereiro de 2020. Serie C No. 400. par. 241.

[920] CORTE IDH. Caso Gonzales Lluy, par. 235. Tais exigências inspiram-se em ONU. Conselho Econômico e Social (ECOSOC), Comitê dos Direitos Econômicos, Sociais e Culturais (CESCR). *Comentário Geral 13*, E/C.12/1999/10, 8 de dezembro de 1999. par. 6.

[921] Destacam-se, aqui, questões relativas à adequação do ensino à realidade dos povos indígenas. Nesse sentido, ver CORTE IDH. Caso Comunidad Indígena Yakye Axa *vs*. Paraguai. Mérito, Reparações e Custas.

fomenta a autonomia, o autorrespeito e as condições necessárias para que projetos de vida possam ser perseguidos com dignidade.[922] Ela constitui, ademais, fator indispensável à efetivação de outros direitos humanos.[923] Uma oferta educacional adequada, por exemplo, expande as oportunidades econômicas, viabiliza a participação política e amplia a consciência dos cidadãos sobre os direitos humanos. De maneira inovadora, há tempos a Corte IDH tem lançado mão da garantia à educação inclusive como medida de reparação em relação a violações de outros direitos humanos, exigindo, por vezes, que os Estados condenados ofereçam bolsas de estudos às vítimas como forma de reabilitação.[924]

REFERÊNCIAS

CANÇADO TRINDADE, A. A. La protección internacional de los derechos económicos, sociales y culturales. In: CERDAS CRUZ, R.; NIETO LOAIZA, R. (org.). *Estudios Básicos de Derechos Humanos*. San Jose: IIDH, 1994. v. 1. Disponível em: https://www.ucipfg.com/Repositorio/MCSH/MCSH-01/Unidad_2/Lecturas/1.pdf. Acesso em: 12.05.2023.

CHÁVEZ, Leiry Cornejo. El derecho a la educación como instrumento contra la exclusión: avances en la práctica de la Corte Interamericana de Derechos Humanos. In: FERRER MAC-GREGOR, Eduardo; MORALES ANTONIAZZI, Mariela; FLORES PANTOJA, Rogelio (org.). *Inclusión, ius commune y justiciabilidad de los Desca en la jurisprudencia interamericana*: el caso Lagos del Campo y los nuevos desafíos. Querétaro: Instituto de Estudios Constitucionales del Estado de Querétaro, 2018.

FERRER MAC-GREGOR, Eduardo. *La justiciabilidad de los derechos económicos, sociales, culturales y ambientales en el Sistema Interamericano de Derechos Humanos*. Ciudad de México: Universidad Nacional Autónoma de México, 2017.

HÄBERLE, Peter. *Hermenêutica constitucional*. A sociedade aberta dos intérpretes da Constituição: contribuição para a interpretação pluralista e procedimental da Constituição. Trad. Gilmar Ferreira Mendes. Porto Alegre: Sergio Antonio Fabris Editor, 2002.

HOLMES, Stephen; SUNSTEIN, Cass. *The cost of rights*: why liberty depends on taxes. Nova York: W. W. Norton & Company, 1999.

Sentença de 17 de junho de 2005. Serie C No. 125. par. 163-165; caso Comunidad Indígena Xákmok Kásek *vs.* Paraguai. Mérito, Reparações e Custas. Sentença de 24 de agosto de 2010. Serie C No. 214. par. 273. A respeito da oferta educacional para menores de idade que se encontram privados de liberdade, ver CORTE IDH. Caso "Instituto de Reeducación del Menor" *vs.* Paraguai. Exceções Preliminares, Mérito, Reparações e Custas. Sentença de 2 de setembro de 2004. Serie C No. 112. par. 172-174.

[922] Ver CORTE IDH. Caso Cantoral Benavides *vs.* Perú. Reparações e Custas. Sentença de 3 de dezembro de 2001. Serie C No. 88. Voto apartado do juiz A. A. Cançado Trindade. par. 10; Ver também MCCOWAN, Tristan. *Education as a human right*: principles for a universal entitlement to learning. London: Bloomsbury, 2013. p. 59 *et seq.*

[923] Ver NICKEL, James W. *Making sense of human rights*. 2nd ed. Oxford: Blackwell, 2007. p. 90.

[924] Ver, por exemplo, CORTE IDH. Caso Barrios Altos *vs.* Perú. Reparações e Custas. Sentença de 30 de novembro de 2001. Serie C No. 87. Para um tratamento abrangente sobre o tema, ver CHÁVEZ, Leiry Cornejo. El derecho a la educación como instrumento contra la exclusión: avances en la práctica de la Corte Interamericana de Derechos Humanos. In: FERRER MAC-GREGOR, Eduardo; MORALES ANTONIAZZI, Mariela; FLORES PANTOJA, Rogelio (org.). *Inclusión, ius commune y justiciabilidad de los Desca en la jurisprudencia interamericana*: el caso Lagos del Campo y los nuevos desafíos. Querétaro: Instituto de Estudios Constitucionales del Estado de Querétaro, 2018. p. 256-269.

MCCOWAN, Tristan. *Education as a human right*: principles for a universal entitlement to learning. London: Bloomsbury, 2013.

NICKEL, James W. *Making sense of human rights*. 2nd ed. Oxford: Blackwell, 2007.

ORGANIZAÇÃO DOS ESTADOS AMERICANOS (OEA). Secretaria-Geral. *Anuário Interamericano de Direitos Humanos 1968*. Washington, D.C., 1973.

CAPÍTULO IV
Suspensão de Garantias, Interpretação e Aplicação

Artigo 27
Suspensão de garantias

1. Em caso de guerra, de perigo público, ou de outra emergência que ameace a independência ou segurança do Estado-Parte, este poderá adotar disposições que, na medida e pelo tempo estritamente limitados às exigências da situação, suspendam as obrigações contraídas em virtude desta Convenção, desde que tais disposições não sejam incompatíveis com as demais obrigações que lhe impõe o Direito Internacional e não encerrem discriminação alguma fundada em motivos de raça, cor, sexo, idioma, religião ou origem social.

2. A disposição precedente não autoriza a suspensão dos direitos determinados nos seguintes artigos: 3 (Direito ao Reconhecimento da Personalidade Jurídica), 4 (Direito à vida), 5 (Direito à Integridade Pessoal), 6 (Proibição da Escravidão e Servidão), 9 (Princípio da Legalidade e da Retroatividade), 12 (Liberdade de Consciência e de Religião), 17 (Proteção da Família), 18 (Direito ao Nome), 19 (Direitos da Criança), 20 (Direito à Nacionalidade) e 23 (Direitos Políticos), nem das garantias indispensáveis para a proteção de tais direitos.

3. Todo Estado-Parte que fizer uso do direito de suspensão deverá informar imediatamente os outros Estados-Partes na presente Convenção, por intermédio do Secretário-Geral da Organização dos Estados Americanos, das disposições cuja aplicação haja suspendido, dos motivos determinantes da suspensão e da data em que haja dado por terminada tal suspensão.

 COMENTÁRIOS

---

por Luiz Fernando Bandeira de Mello e Juliana Silva Menino Alencastro Veiga

QUANDO O ESTADO NEGA O DIREITO À IDENTIDADE DE NASCIMENTO

INTRODUÇÃO

Estes comentários retratarão um caso real que chegou à Ouvidoria Nacional, no âmbito do Conselho Nacional de Justiça, acerca de surpreendente violação a direito humano da personalidade: o direito ao próprio nome de nascimento, garantia que não pode ser suspensa sequer em caso de guerra, perigo público ou outra emergência que ameace a independência ou segurança do Estado-parte, nos termos do artigo 27.2 da Convenção Americana de Direitos Humanos.

Pretende-se demonstrar, por meio da exposição desse caso recebido e solucionado pela Ouvidoria Nacional, como uma visão burocrática focada tão somente no processo pode terminar por verdadeiramente negar um direito elementar ao cidadão.

Para tanto, o artigo é dividido em quatro partes. Na primeira, faz-se uma breve contextualização do caso que aqui será estudado, que foi encaminhado para a Ouvidoria do Conselho Nacional de Justiça, por meio de reclamação formulada por cidadã baiana, noticiando violação perpetrada pelo próprio Estado em relação ao seu direito ao nome e respectivo registro civil. Já na segunda parte, são desenvolvidos breves comentários sobre a Convenção Americana de Direitos Humanos. Na terceira parte, são realizadas reflexões sobre o direito ao nome, garantido pelo artigo 18 e impassível de suspensão, nos termos do artigo 27.2 da Convenção Americana de Direitos Humanos. Em sua última parte, descreve--se a forma como o caso foi solucionado pela Ouvidoria Nacional de Justiça, destacando-se a importância da atuação do Poder Judiciário no plano doméstico para o enfrentamento de violações ao direito inderrogável ao nome como forma de proteção dos direitos humanos.

1. CONTEXTUALIZAÇÃO

Vanessa dos Santos[925] é cidadã brasileira nascida em Salvador, capital baiana, mas registrada em Abrantes, um pequeno distrito do município de Camaçari, na Bahia, em 1979. Na ocasião do seu nascimento, o cartório do registro civil era estatal e tinha um funcionamento assaz precário. Como se apurou, os nascimentos eram registrados em uma espécie de "borrão", para depois serem transcritos no livro próprio, sem uma sistemática adequada. Mais de uma vez, nessa transcrição, o escrevente enganava-se quanto ao registro correto a ser transcrito e buscava corrigir seu erro mencionando, no próprio registro, a confusão.

Assim ocorreu com o registro de nascimento de Vanessa. Na página em que consta a informação do dia em que veio à luz, lia-se "nome: Adalberto Moreira, digo, Vanessa dos Santos", e "sexo: masculino, digo, feminino". Havia ainda outras incorreções, como o nome de sua mãe e a cidade de nascimento. Nitidamente, na sua habitual transcrição a destempo, o escrevente copiara o registro errado para depois, ao perceber o engano, adicionar a palavra "digo" à guisa de correção.

Vanessa cresceu, expediu seus documentos, casou-se. Durante os anos de sua juventude, quando precisou de uma nova via de sua certidão de nascimento, sempre a obteve sem embaraços na mesma serventia em que fora registrada. Quando desejou casar-se, obteve um inteiro teor de sua certidão sem maiores problemas. Naqueles documentos antigos, que foram juntados ao processo, a criança registrada era Vanessa, sexo feminino, e não um garoto chamado Adalberto.

Passaram-se anos e a serventia foi submetida a provimento por concurso público e um novo oficial registrador assumiu as funções. Vanessa então retornou ao cartório para solicitar uma via atualizada do inteiro teor de sua certidão de nascimento, a fim de pleitear direitos de nacionalidade em um país estrangeiro. E é somente nesse momento que o problema vem à tona. Ao receber o inteiro teor de seu ato de nascimento, lê-se, em seu nome, "Adalberto Moreira, digo, Vanessa Santos", e seu sexo descrito como "masculino, digo, feminino".

Diante da perplexidade daquela certidão, Vanessa foi informada pelo cartório de que uma certidão de inteiro teor deve retratar fielmente o que consta no registro, sem tirar nem por. E aquela seria a expressão fiel do conteúdo de seu registro civil.

---

[925] Nomes fictícios, a fim de proteger a identidade das pessoas envolvidas.

Orientada a buscar uma decisão judicial que corrigisse o problema, Vanessa ingressou em 2020 com a ação própria de retificação perante juízo da Vara de Registros Públicos e obteve sentença favorável transitada em julgado que determinava a retificação da sua certidão de nascimento, corrigindo informações relativas a seu sexo, unidade federativa do local de nascimento, bem como nome de sua genitora. A inicial da ação estava fartamente instruída com documentos antigos de Vanessa, em que mostrava seu nome original e seu sexo feminino. Diversas fotos, incluindo as que mostravam Vanessa grávida de sua filha, corroboravam a prova.

Com o trânsito em julgado da sentença, Vanessa julgava que seus problemas estariam resolvidos. Não estavam. Por uma imprecisão no pedido inicial, não corrigida por ocasião da sentença, o que se fez foi averbar o nome e sexo corretos de Vanessa, mas não a lavratura de um novo registro, escoimado de erros. Assim, averbada a sentença judicial, adicionou-se mais uma informação ao inteiro teor de sua certidão de nascimento, mas sem excluir aquela informação incorreta que estava "sobrando".

Ao olhar de alguém que consultasse tal documento, com a redação utilizada na averbação registrada pelo cartório, seria muito provável que acreditasse se tratar de alguém que nascera homem e mudara de sexo, para o feminino, averbando a nova condição por decisão judicial. Uma confusão registral sem fim.

Após procurar novamente o serviço cartorial e receber a instrução para ingressar com nova demanda judicial a fim de pedir a anulação do registro anterior e constituição de um novo documento, mesmo após já haver obtido sentença favorável transitada em julgado, a interessada procurou o Conselho Nacional de Justiça, por meio de sua Ouvidoria, com o relato do *quid pro quo*. E é aqui que se inicia nosso contato com o caso. Antes de dar continuidade ao relato, porém, é cabível agora uma contextualização teórica.

2. BREVES COMENTÁRIOS SOBRE A CONVENÇÃO AMERICANA DE DIREITOS HUMANOS

A Convenção Americana de Direitos Humanos, conhecida internacionalmente como Pacto de São José da Costa Rica, foi assinada em 1969, consolidando um sistema interamericano composto de dois órgãos principais: a Comissão Interamericana de Direitos Humanos e a Corte Interamericana de Direitos Humanos.

O instrumento destinado à proteção dos direitos humanos, que abrange a proteção de direitos civis, políticos, econômicos, sociais, culturais e ambientais, é assim descrito por Hans-Joachim Heintze:

> Ela é fortemente modelada pela Convenção Europeia de Direitos Humanos, principalmente em termos institucionais. Com seus 82 artigos, é a convenção para a proteção de direitos humanos mais abrangente e garante, entre outros, o direito à vida, à integridade social, à liberdade da pessoa, ao processo judicial justo, à privacidade, *a um nome*, à nacionalidade, à participação em tomada de decisão estatal, à igualdade e à proteção legal. Em adição, aboliu a escravidão e garantiu a liberdade de consciência, de religião, de pensamentos e de expressão, bem como a liberdade de associação, de circulação e livre escolha de residência. Finalmente, codificou a não retroatividade de leis penais e sanções. Os Estados-Partes da CADH são obrigados a seguir esses direitos e a garantir seu exercício livre e pleno. *A convenção não aplica somente as obrigações negativas de não violar os direitos individuais aos países, mas os obriga, além disso, a tomar medidas positivas para garantir o pleno exercício de suas garantias.*[926] (grifou-se)

---

[926]   HEINTZE, Hans-Joachim. Os direitos humanos como matéria do Direito Internacional Público. In: PETERKE, Sven (coord.); RAMOS, André de Carvalho et al. (colab.). *Manual prático de direitos humanos*

Em 25 de setembro de 1992, sob a égide da Constituição Federal de 1988, o Brasil ratificou a Convenção Americana de Direitos Humanos, por meio da publicação do Decreto 678, de 6 de novembro de 1992,[927] consolidando seu processo de redemocratização após regime de exceção. Contudo, reconheceu a competência obrigatória da Corte Interamericana somente em 2002, retroagindo seus efeitos a dezembro de 1998.

Como observado por Flávia Piovesan e Nathércia Magnani, o cenário brasileiro de violações aos direitos humanos, ainda hoje, mais de 30 (trinta) anos após a assinatura da Convenção Americana de Direitos Humanos, desafia sua efetividade.

> Em primeiro lugar, o Brasil enfrenta um padrão sistemático, histórico e estrutural de violações de direitos humanos, especialmente em relação à parcela da população composta por afrodescendentes, indígenas, mulheres, crianças e pessoas integrantes do grupo LGBTQI+. São desafios estruturais do país o combate à desigualdade social profunda e étnico-racialmente orientada, à violência epidêmica e à instabilidade da democracia e do Estado de direito. Somam-se a esses outros desafios contemporâneos, como o aumento da militarização, do autoritarismo, do nacionalismo, do populismo e do protagonismo de grupos religiosos conservadores.[928]

As graves violações de direitos humanos no País nos fazem refletir sobre os riscos que a democracia e os direitos fundamentais podem sofrer, dentro ou fora de período de suspensão de garantias diante de situações excepcionais, previsto no artigo 27 da Convenção Americana de Direitos Humanos.

Segundo Mazzuoli,[929] a relação entre democracia e direitos humanos é inexorável, no sentido de que não há ordem democrática efetiva em Estado que não assuma (e não respeite) as obrigações mínimas relativas a direitos humanos impostas pela ordem internacional.

Portanto, necessário o fortalecimento do Poder Judiciário para que sua atuação preventiva ou repressiva proteja direitos humanos, dentro ou fora de período de crise ou emergência, objetivando: a) evitar retrocessos à proteção de direitos humanos em qualquer período; b) assegurar mecanismos processuais para salvaguarda dos direitos internacionalmente protegidos; c) proteger a ordem democrática; e d) combater a cultura de não observância dos compromissos assumidos pelo Estado no plano internacional.[930]

internacionais. Brasília: Escola Superior do Ministério Público da União, 2009. p. 70. Disponível em: https://www.ufrgs.br/cedop/wpcontent/uploads/2014/04/Manual_Pratico_Direitos_Humanos_Internacioais-1.pdf. Acesso em: 20.02.2023.

[927] BRASIL. Decreto 678, de 6 de novembro de 1992. Promulga a Convenção Americana sobre Direitos Humanos (Pacto de São José da Costa Rica), de 22 de novembro de 1969. *Diário Oficial da República Federativa do Brasil*, Poder Executivo, Brasília, DF, 09.11.1992. Disponível em: http://www.planalto.gov.br/ccivil_03/decreto/D0678.htm. Acesso em: 05.08.2015.

[928] PIOVESAN, Flávia; MAGNANI, Nathércia Cristina Manzano. Diálogos entre o Brasil e a Convenção Americana sobre Direitos Humanos: análise jurisprudencial no Supremo Tribunal Federal (de 1992 a 2007). *Pensar – Revista de Ciências Jurídicas*, v. 26, p. 1-10, 2021. Disponível em: https://ojs.unifor.br/rpen/article/view/10327. Acesso em: 30.01.2023.

[929] MAZZUOLI, Valerio de Oliveira. *Curso de Direitos Humanos*. 6. ed. Rio de Janeiro: Forense; São Paulo: MÉTODO, 2019. p. 180.

[930] MAZZUOLI, Valerio de Oliveira. *Curso de Direitos Humanos*. 6. ed. Rio de Janeiro: Forense; São Paulo: MÉTODO, 2019. p. 126 e 279.

3. REFLEXÕES SOBRE O DIREITO AO NOME, GARANTIDO PELO ARTIGO 18 E IMPASSÍVEL DE SUSPENSÃO (ARTIGO 27.2) NA CONVENÇÃO AMERICANA DE DIREITOS HUMANOS

A Corte Interamericana de Direitos Humanos estabelece que o artigo 27 da Convenção Americana, a fim de preservar os valores maiores da sociedade democrática,[931] consiste em "cláusula aplicável apenas a situações excepcionais", prevendo como hipóteses de suspensão de garantias:

> Artigo 27. Suspensão de garantias
>
> 1. Em caso de guerra, de perigo público, ou de outra emergência que ameace a independência ou segurança do Estado-Parte, este poderá adotar disposições que, na medida e pelo tempo estritamente limitados às exigências da situação, suspendam as obrigações contraídas em virtude desta Convenção, desde que tais disposições não sejam incompatíveis com as demais obrigações que lhe impõe o Direito Internacional e não encerrem discriminação alguma fundada em motivos de raça, cor, sexo, idioma, religião ou origem social.
>
> 2. A disposição precedente não autoriza a suspensão dos direitos determinados nos seguintes artigos: 3 (Direito ao Reconhecimento da Personalidade Jurídica), 4 (Direito à vida), 5 (Direito à Integridade Pessoal), 6 (Proibição da Escravidão e Servidão), 9 (Princípio da Legalidade e da Retroatividade), 12 (Liberdade de Consciência e de Religião), 17 (Proteção da Família), *18 (Direito ao Nome)*, 19 (Direitos da Criança), 20 (Direito à Nacionalidade) e 23 (Direitos Políticos), nem das garantias indispensáveis para a proteção de tais direitos.[932] (grifou-se)

As limitações extraordinárias impostas ao exercício de direitos humanos, também denominadas como derrogações, ocorrem, especialmente, em situações sérias de crise, em que o Estado adota medidas que possam interferir no gozo dos direitos humanos e das liberdades individuais.[933]

Consoante Christine Binder, sob a égide do direito internacional, as disposições insertas no artigo 27 da Convenção podem ser denominadas como "constituição de emergência", uma vez que, embora permitam a mitigação de certas garantias individuais, oferecem amparo normativo para a defesa do Estado de Direito durante regimes de emergência.[934] Nesse sentido, a Convenção estabelece que, para suspender garantias, o Estado deve provar que as medidas tomadas são compatíveis com obrigações impostas pelo direito internacional.

Entretanto, o próprio artigo 27.2 evidencia que determinados direitos, inerentes ao ser humano, não podem ser suspensos ainda que vigentes circunstâncias extraordinárias.

---

[931] BRASIL. Conselho Nacional de Justiça. *A Administração da Justiça em estados de emergência*. Disponível em: https://www.cnj.jus.br/wp-content/uploads/2011/11/capitulo%2016%20%20human%20rights%20in%20the%20administration%20of%20justice%20portuguese.pdf. Acesso em: 30.01.2023.

[932] ORGANIZAÇÃO DOS ESTADOS AMERICANOS. *Convenção Americana de Direitos Humanos*. Assinada na Conferência Especializada Interamericana sobre Direitos Humanos, San José, Costa Rica, em 22 de novembro de 1969. Disponível em: http://www.cidh.oas.org/basicos/portugues/c.Convencao_Americana.htm. Acesso em: 24.02.2023.

[933] HELFER, Laurence R. Repensando as derrogações aos tratados de direitos humanos. *Revista Brasileira de Políticas Públicas*, v. 11, n. 2, ago. 2021. Disponível em: https://www.publicacoesacademicas.uniceub.br/RBPP/article/view/7764/0. Acesso em: 24.02.2023.

[934] BINDER, Christine. Direitos humanos em tempos de emergência: uma perspectiva interamericana com especial foco na defesa do Estado de Direito. *Revista Brasileira de Políticas Públicas*, v. 11, n. 2, ago. 2021. Disponível em: https://www.publicacoes.uniceub.br/RBPP/article/view/7880. Acesso em: 24.02.2023.

Tais direitos, também denominados como não derrogáveis, buscam resguardar o sistema democrático, evitando, consequentemente, o estabelecimento de regimes autoritários.

Portanto, ainda que em momento de crise do Estado, o direito ao nome, diante de sua imprescindibilidade para o exercício da cidadania, fundamento do Estado Democrático de Direito, não pode sofrer restrições, como previsto no artigo 18 da Convenção Americana de Direitos Humanos.

> Artigo 18. Direito ao nome
>
> Toda pessoa tem direito a um prenome e aos nomes de seus pais ou ao de um destes. A lei deve regular a forma de assegurar a todos esse direito, mediante nomes fictícios, se for necessário.[935]

O direito ao nome é um direito de personalidade por excelência. Trata-se, nesse sentido, de um dos primeiros direitos de toda pessoa humana, adquirido logo após o nascimento, consequência e complemento de sua própria personalidade.[936]

Nas palavras do doutrinador Flávio Tartuce, direitos da personalidade têm por objeto os modos de ser do indivíduo, físicos ou morais, e são inerentes à pessoa e à sua dignidade (art. 1º, III, da CF/1988).[937]

Diante da relevância do direito inderrogável ao nome como forma de proteção aos direitos humanos, imperativa se mostra a atuação do Poder Judiciário no combate a qualquer violação, seja no âmbito doméstico, seja no internacional, considerando que, mesmo em tempo de emergência, referido direito não pode ser suspenso, sob pena de ofensa ao Estado Democrático de Direito.

No Parecer Consultivo OC-24, de 24 de novembro de 2017, publicado pela Corte Interamericana de Direitos Humanos em atendimento a solicitação da República da Costa Rica, acerca da "Identidade de Gênero, Igualdade e não discriminação a casais do mesmo sexo", restou expresso ser o direito à identidade indissociável de um registro para o exercício de outros direitos:

> O nome como um atributo da personalidade, constitui uma expressão da individualidade e visa afirmar a identidade de uma pessoa perante a sociedade e as ações contra o Estado. Com ele, procura-se conseguir que cada pessoa tenha um sinal distintivo e singular frente às demais, com o qual pode ser identificado e reconhecido. É um direito fundamental inerente a todas as pessoas pelo simples fato de sua existência. Além disso, este Tribunal indicou que o direito ao nome (reconhecido no art. 18 da Convenção e também em vários instrumentos internacionais) constitui um elemento básico e indispensável da identidade de cada pessoa, sem o qual ela não pode ser reconhecida pela sociedade nem registrada perante o Estado. (...) Este Tribunal também observou que, como consequência do exposto, os Estados têm a obrigação não apenas de proteger o direito ao nome, mas também de fornecer as medidas necessárias para facilitar o registro das pessoas. (...)

---

[935] ORGANIZAÇÃO DOS ESTADOS AMERICANOS. *Convenção Americana de Direitos Humanos*. Assinada na Conferência Especializada Interamericana sobre Direitos Humanos, San José, Costa Rica, em 22 de novembro de 1969. Disponível em: http://www.cidh.oas.org/basicos/portugues/c.Convencao_Americana. htm. Acesso em: 24.02.2023.

[936] OLIVEIRA, Euclides de. Direito ao nome: questões controvertidas no novo Código Civil. In: DELGADO, Mário Luiz Delgado; ALVES, Jones Figueirêdo (org.). *Novo Código Civil*: questões controvertidas. São Paulo: Método, 2004. v. 2. p. 71.

[937] TARTUCE, Flávio. *Manual de Direito Civil*. 7. ed. Rio de Janeiro: Forense, 2017; São Paulo: Método, 2017. v. único. p. 77.

> Da mesma forma, *o Comitê Jurídico Interamericano considerou que o exercício do direito à identidade é indissociável de um registro e de um sistema nacional efetivo, acessível e universal que permita fornecer materialmente às pessoas os documentos que contenham os dados relativos à sua identidade,* levando em consideração, de um modo particular, que o direito à identidade é tanto um direito em si mesmo, como um direito que é essencial para o exercício de outros direitos de natureza política, civil, econômica, social e cultural (...).[938] (grifou-se)

No Brasil, a certidão de nascimento, prova do registro civil e universal, é a representação da existência legal do indivíduo para o Estado, condição fundamental para o exercício da cidadania.

Tratando-se de direito enumerado no rol de garantias abarcadas pela Convenção Americana de Direitos Humanos que não podem ser suspensas, incisiva deve ser a atuação e articulação do Poder Judiciário no âmbito doméstico para resguardá-lo de qualquer tipo de violação por parte do Estado.

Ademais, não se desconheça do quanto vem sendo feito pelo Judiciário e pelas instituições de justiça nessa matéria. No estado do Maranhão, por exemplo, uma parceria entre o governo estadual, a Defensoria Pública do Estado e a Corregedoria-Geral do Tribunal de Justiça tem organizado caravanas ao interior do estado, no âmbito de seu Plano de Erradicação do Sub-registro,[939] por meio das quais se percorrem pequenas comunidades de difícil acesso a fim de garantir o registro civil das crianças. E não raro é o caso de encontrar adolescentes que não possuem qualquer documento, ou mesmo três gerações de uma mesma família sem qualquer registro civil: sequer existem para o Estado.[940]

Tal situação, verificada ainda contemporaneamente no Brasil, é o que motiva José Ricardo Alvarez Vianna a afirmar que qualquer forma de transgressão ou negligência aos direitos humanos deve ser veementemente repelida pelo Poder Judiciário:

> (...) não faz sentido o Brasil agir de um modo no plano internacional e, de outro, no nacional. De nada adianta ratificar tratados internacionais, figurando como defensor dos direitos humanos perante outras nações, e não tomar medidas compatíveis com esta imagem em nível domiciliar.[941]

---

[938] CORTE INTERAMERICANA DE DIREITOS HUMANOS. *Parecer Consultivo OC-24, de 24 de novembro de 2017*. Identidade de gênero, igualdade e não discriminação a casais do mesmo sexo. Obrigações estatais em relação à mudança de nome, à identidade de gênero e aos direitos derivados de um vínculo entre casais do mesmo sexo (interpretação e alcance dos artigos 1.1, 3, 7, 11.2, 13, 17, 18 e 24, em relação ao artigo 1 da Convenção Americana sobre Direitos Humanos). Disponível em: https://www.corteidh.or.cr/docs/opiniones/seriea_24_por.pdf. Acesso em: 24.02.2023.

[939] Sobre o Plano de Erradicação do Sub-registro, consultar: "Plano Estadual de Erradicação do Sub-registro Civil de Nascimento" (disponível em: https://www3.sedihpop.ma.gov.br/politica-estadual-de-erradicacao--do-sub-registro-civil-de-nascimento. Acesso em: 19.02.2023); "Defensoria Pública lança plano para erradicar o sub-registro de nascimento no Maranhão" (disponível em: https://defensoria.ma.def.br/dpema/portal/noticias/7768/defensoria-publica-lanca-plano-para-erradicar-o-sub-registro-de-nascimento-no--maranhao. Acesso em: 19.02.2023); e "Erradicação do sub-registro está inserida nas diretrizes estratégicas das corregedorias" (https://www.cnj.jus.br/erradicacao-do-sub-registro-esta-inserida-nas-diretrizes--estrategicas-das-corregedorias/. Acesso em 19.02.2023).

[940] ESCÓSSIA, Fernanda da. *Invisíveis*: uma etnografia sobre brasileiros sem documento. Rio de Janeiro: FGV Editora, 2021. p. 32

[941] VIANNA, José Ricardo Alvarez. O Judiciário e a efetividade dos direitos humanos. *Revista CEJ*, Brasília, n. 74, ano XXIII, jan.-abr. 2018. p. 63. Disponível em: https://revistacej.cjf.jus.br/cej/index.php/revcej/article/view/2290/2239. Acesso em: 27.01.2023.

Além disso, como já defendido por Vianna, os direitos humanos, a justiça e o Poder Judiciário se colmatam, e "a realizabilidade da Justiça e dos direitos humanos depende, em larga escala, de uma atuação firme do Poder Judiciário".[942]

Eleonora Mesquita Ceia enfatiza que qualquer ordem internacional de proteção dos direitos humanos tem como fundamento o fortalecimento da tutela e garantia dos direitos humanos no âmbito nacional, servindo de instrumento de apoio e legitimação das transformações necessárias no plano interno para atingir esse fim.[943]

Considerando que a República Federativa do Brasil adota como princípios fundamentais a dignidade da pessoa humana e a prevalência dos direitos humanos nas relações internacionais,[944] o Conselho Nacional de Justiça, órgão de controle do Poder Judiciário, tem buscado desenvolver ações orientadoras à atuação das instituições jurídicas no enfrentamento e na superação das graves violações aos direitos humanos no País,[945] assim enumeradas pelo Ministro Luiz Fux:

> Historicamente, o Judiciário brasileiro tem assumido a relevante missão de fomentar a cultura e a consciência de direitos e a supremacia constitucional, tendo seus julgados a força catalisadora de transformar legislações e políticas públicas, contribuindo para o avanço na proteção dos direitos humanos. À parte de diversas ações em andamento no CNJ para o reforço desse papel, incluindo Observatório de Direitos Humanos e o Observatório do Meio Ambiente e de Mudanças Climáticas, o alinhamento ao Direito Internacional para potencializar a vocação do Judiciário enquanto garantidor de direitos ganhou especial reforço em 2021, com a criação da Unidade de Monitoramento e Fiscalização das Decisões da Corte Interamericana de Direitos Humanos no âmbito do CNJ, principal referência desta iniciativa que agora lançamos.[946]

Importante rememorar que, em 2016, durante o 9º Encontro Nacional do Poder Judiciário, foi aprovada diretriz estratégica[947] que objetivava orientar a atuação do Poder Judiciário, como compromisso de todos os tribunais brasileiros, em dar concretude aos direitos previstos em tratados, convenções e demais instrumentos internacionais sobre a proteção dos direitos humanos.

---

[942] VIANNA, José Ricardo Alvarez. O Judiciário e a efetividade dos direitos humanos. *Revista CEJ*, Brasília, n. 74, ano XXIII, jan.-abr. 2018. p. 66. Disponível em: https://revistacej.cjf.jus.br/cej/index.php/revcej/article/view/2290/2239. Acesso em: 27.01.2023.

[943] CEIA, E. M. A jurisprudência da Corte Interamericana de Direitos Humanos e o desenvolvimento da proteção dos direitos humanos no Brasil. *Revista da Emerj*, Rio de Janeiro, v. 16, n. 61, p. 113-152, jan.-mar. 2013. Disponível em: https://www.emerj.tjrj.jus.br/revistaemerj_online/edicoes/revista61/revista61_113.pdf. Acesso em: 29.01.2023.

[944] BRASIL. [Constituição (1988)]. *Constituição da República Federativa do Brasil*. Brasília, DF: Senado Federal, 2016. Disponível em: https://www.planalto.gov.br/ccivil_03/constituicao/constituicao.htm. Acesso em: 24.02.2023.

[945] PIOVESAN, Flávia; MAGNANI, Nathércia Cristina Manzano. Diálogos entre o Brasil e a Convenção Americana sobre Direitos Humanos: análise jurisprudencial no Supremo Tribunal Federal (de 1992 a 2007). *Pensar – Revista de Ciências Jurídicas*, v. 26, p. 1-10, 2021. Disponível em: https://ojs.unifor.br/rpen/article/view/10327. Acesso em: 30.01.2023.

[946] FUX, Luiz. *Direitos humanos, democracia e Estado de Direito demandam Judiciário independente*. Disponível em: https://www.conjur.com.br/2022-mar-22/luiz-fux-judiciario-brasileiro-pelos-direitos-humanos. Acesso em: 29.01.2023.

[947] BRASIL. Conselho Nacional de Justiça. *Diretriz Estratégica para 2016*. Aprovada no 9º Encontro Nacional do Poder Judiciário. Disponível em: https://www.cnj.jus.br/wp-content/uploads/2015/10/ad6fa9a-3dfbf79d6c2b0ff88d228f9aa.pdf. Acesso em: 22.02.2023.

No mesmo sentido, a Recomendação CNJ 123, de 7 de janeiro de 2022,[948] orientou aos órgãos do Poder Judiciário brasileiro a observância dos tratados e das convenções internacionais de direitos humanos e o uso da jurisprudência da Corte Interamericana de Direitos Humanos.

Ainda em 2022, foi lançado o Pacto Nacional do Judiciário pelos Direitos Humanos,[949] política pública judiciária que consiste na adoção de medidas variadas voltadas para a concretização dos direitos humanos no âmbito do Poder Judiciário e a aplicação do controle de convencionalidade para garantir a harmonia entre o Direito interno e os compromissos internacionais assumidos pelo País.[950]

4. RETOMANDO O CASO: A IMPORTÂNCIA DA ATUAÇÃO DO PODER JUDICIÁRIO NO PLANO DOMÉSTICO PARA O ENFRENTAMENTO DE VIOLAÇÕES AOS DIREITOS HUMANOS

O Poder Judiciário deve fazer cumprir internamente as obrigações assumidas pelo Brasil em plano internacional ao ratificar a Convenção Americana de Direitos Humanos.

Questiona-se: e quando o próprio Estado descumpre ordem judicial, violando direito da parte de proteção ao nome e correto registro civil, e impõe obstáculos ao seu acesso à Justiça?

No início deste trabalho, foi exposto, sinteticamente, um interessante caso em que o Conselho Nacional de Justiça recebeu reclamação encaminhada à sua Ouvidoria acerca de violação a direito humano de personalidade perpetrada por cartório de registro civil, na prática tornando sem efeito decisão judicial transitada em julgado que determinava a retificação do nome de uma cidadã em seu registro civil.

Nota-se que a interessada denunciava que o Estado ofendeu direito inderrogável consagrado no artigo 18 da Convenção Americana de Direitos Humanos e falhou no cumprimento de sua obrigação de administrar a justiça.

Em seu relato, a cidadã denunciou que, em 2019, ao solicitar certidão de inteiro teor do seu registro civil, a fim de subsidiar pedido de nacionalidade estrangeira, foi surpreendida ao constatar que, por erro ocorrido no serviço registral competente, sua certidão de nascimento sofreu completa alteração, indicando seu nome e sexo como masculinos.

A requerente reiterou que, em outras oportunidades, solicitara sua certidão de nascimento, na qual, todavia, não constavam erros no documento. É que a antiga gestão do cartório fazia "vista grossa" para o erro no livro de registro e, sem retificá-lo, simplesmente emitia novo documento escoimado dos vícios verificados no livro. Sob gestão profissional, surgiu o problema que lançou a cidadã baiana, que aqui chamamos de Vanessa, em um processo kafkiano sem fim.

Foi então que, sem ver outra solução para seu problema, Vanessa buscou a Ouvidoria do Conselho Nacional de Justiça. Instada pela Ouvidoria Nacional de Justiça a se pronunciar sobre a reclamação, a delegatária responsável pelo cartório competente esclareceu que os

---

[948]   BRASIL. Conselho Nacional de Justiça. *Recomendação CNJ 123, de 7 de janeiro de 2022*. Disponível em: https://atos.cnj.jus.br/files/original1519352022011161dda007f35ef.pdf. Acesso em: 22.02.2023.

[949]   BRASIL. Conselho Nacional de Justiça. *Pacto Nacional do Judiciário pelos Direitos Humanos*. Disponível em: https://www.cnj.jus.br/poder-judiciario/relacoes-internacionais/monitoramento-e-fiscalizacao-das--decisoes-da-corte-idh/pacto-nacional-do-judiciario-pelos-direitos-humanos/. Acesso em: 22.02.2023.

[950]   SILVA, Rodrigo de Medeiros; CARVALHO FILHO, Joaquim; CARVALHO, Larissa Araújo de Medeiros. O Pacto do Judiciários pelos Direitos Humanos: desafios e possibilidades. *Revista Crítica e Controle*, v. I, n. 1. dez. 2022. Disponível em: https://www.seer.ufrgs.br/index.php/criticaecontrole/article/view/128771/87116. Acesso em: 28.01.2023.

equívocos indicados pela parte constavam no assento do registro original, ocorrido em 1979, quando a serventia se encontrava sob os cuidados do Poder Público Estadual, uma vez que fora privatizada somente em 2012.

Segundo a resposta encaminhada pela tabeliã, a certidão de inteiro teor deve retratar a íntegra do assento, inclusive suas averbações ou retificações, não podendo o oficial, sob pena de responsabilização civil, penal e administrativa, de ofício, suprimir informações sem prévia autorização judicial ou administrativa. Efetivamente, é essa a normativa vigente no Brasil.

Inicialmente, satisfeita com a resposta da registradora de Abrantes, a Corregedoria-Geral de Justiça do TJBA determinou o arquivamento do Pedido de Providências inaugurado pela Ouvidoria Nacional de Justiça, após recebimento da reclamação, por entender não ter jurisdição para proferir a competente decisão judicial capaz de autorizar a efetivação do cancelamento do registro original e a confecção de um novo.

Surpreendentemente, o Estado, responsável pelo erro no registro de origem por meio do cartório de registro civil, mesmo após sentença favorável transitada em julgado, recusava-se a expedir certidão de nascimento correta e atualizada, conforme a requerente provou lhe ter sido fornecida no passado.

Flávia Piovesan traz reflexão que se amoldaria bem ao caso concreto de que estamos tratando:

> Temos hoje uma Justiça muito receptiva a um certo tipo de demandas, mas pouco atenta aos pleitos da cidadania. (...) O que parece inquestionável é que temos um sistema muito mais comprometido com um excesso de formalismos e procedimentos do que com a garantia efetiva de direitos.[951]

Por sua vez, José Eduardo Faria faz interessante crítica sobre como as próprias instituições estatais podem perpetrar violações aos direitos humanos e sobre a imprescindibilidade de uma atuação combativa do Poder Judiciário para o fortalecimento do Estado Democrático de Direito.

> Nesse momento é que se percebe que nem sempre os direitos humanos tornam-se efetivos pela Justiça, que precisa ainda vencer uma burocracia muitas vezes inepta, administrativa e processualmente superada, o que pode acabar revelando uma dificuldade em assegurar a efetividade dos direitos humanos e sociais, podendo tornar-se, inclusive, conivente com sua sistemática violação.[952]

Configurava-se, portanto, clara violação do Estado ao direito ao nome previsto no artigo 18 da Convenção Americana de Direitos Humanos, bem como às regras do direito interno elencadas no Código Civil. Àquela altura, restava a Vanessa ingressar com nova ação judicial, buscando obter o mesmo provimento que já havia obtido antes, incorrendo em novas despesas e perda de tempo, além do risco de novamente não obter o documento que lhe era de direito.

Cumpre destacar que o direito ao nome, de acordo com o artigo 27 da Convenção Americana de Direitos Humanos, como já abordado em momento anterior, não pode ser

---

[951] PIOVESAN, Flávia. Poder Judiciário e os Direitos Humanos. *Revista USP*, São Paulo, n. 101, p. 99-112, mar.-maio 2014. Disponível em: https://www.revistas.usp.br/revusp/article/view/87817. Acesso em: 26.01.2023.

[952] FARIA, José Eduardo. O Judiciário e os direitos humanos e sociais: notas para uma avaliação da Justiça brasileira. *Direitos humanos, direitos sociais e Justiça*. São Paulo: Malheiros Editores, 2002. p. 99. Disponível em: https://repositorio.usp.br/item/001240348. Acesso em: 26.01.2023.

suspenso, sequer em caso de guerra, de perigo público, ou de outra emergência que ameace a independência ou segurança do Estado-parte, por se tratar de direito personalíssimo, que se presta, para Bruna Nowak, a assegurar a legalidade em sociedades democráticas.[953]

Por seu turno, a Corte Interamericana de Direitos Humanos já destacou que:

> Os Estados são obrigados a respeitar os direitos reconhecidos na Convenção e a organizar o poder público para garantir às pessoas sob sua jurisdição o livre e pleno exercício dos direitos humanos, estendendo-se essa obrigação a todos os níveis da administração, bem como a outras instituições a que os Estados deleguem autoridade.[954]

Diante da situação verificada, a Ouvidoria Nacional de Justiça atuou para proteger o direito ao nome previsto no artigo 18 da Convenção Americana. Assim, apontando a violação ao direito de personalidade da cidadã, solicitou ao órgão correcional do Tribunal de Justiça do Estado da Bahia que fosse verificada a possibilidade de determinar ao cartório competente que procedesse às devidas retificações no registro civil e nas certidões pertinentes, em cumprimento à decisão judicial, para solucionar a reclamação acerca de violação de direitos fundamentais de personalidade da parte.

A partir da intervenção da Ouvidoria Nacional de Justiça, a Corregedoria-Geral da Justiça do tribunal baiano,[955] com fundamento no princípio da autotutela, determinou à serventia competente a retificação do registro civil da parte, reconhecendo que não se haveria de impor a usuário do serviço extrajudicial a incumbência de sanar os erros atribuíveis ao próprio Estado, onerando-a desnecessariamente para atender a direito fundamental do ser humano, o acesso à sua correta identificação civil. Com a devida autorização do órgão correcional, o cartório emitiu a certidão de inteiro teor em nome de Vanessa, sem referência ao nome masculino que anteriormente constava no registro.

Cumprindo diretriz estratégica do Poder Judiciário, a Ouvidoria Nacional de Justiça, em parceria com a Corregedoria-Geral de Justiça do TJBA, atuou como eficaz mecanismo de combate às violações aos direitos humanos, funcionando como canal efetivo de comunicação entre o cidadão e a administração da Justiça.

5. CONSIDERAÇÕES FINAIS

Encerramos as presentes reflexões destacando a imprescindibilidade da atuação do Poder Judiciário no âmbito doméstico, em qualquer tempo, como forma de proteção do sistema dos direitos humanos e de direitos inderrogáveis previstos no artigo 27.2 da Convenção Americana de Direitos Humanos.

---

[953]   NOWAK, Bruna. *Suspensão de direitos em tempos pandêmicos*: o que diz o direito internacional dos direitos humanos? Disponível em: https://www.cosmopolita.org/post/suspens%C3%A3o-de-direitos-em-tempos--pand%C3%AAmicos-o-que-diz-o-direito-internacional-dos-direitos-humanos. Acesso em: 25.01.2023.

[954]   CORTE INTERAMERICANA DE DIREITOS HUMANOS. *Caderno de Jurisprudência da Corte Interamericana de Direitos Humanos n. 36*: Jurisprudência sobre o Brasil. San José, Costa Rica: Corte IDH, 2022. Disponível em: https://www.corteidh.or.cr/sitios/libros/todos/docs/cuadernillo36_2022_port1.pdf. Acesso em: 20.02.2023.

[955]   Necessário registrar aqui a pronta atuação do desembargador José Rotondano, ex-Corregedor-Geral de Justiça do TJBA, que, ao tomar conhecimento da situação, imediatamente determinou a adoção das providências necessárias à correção do erro.

A partir do estudo de um caso surgido após recebimento de uma reclamação pela Ouvidoria do Conselho Nacional de Justiça, foram demonstradas as dificuldades sofridas pela parte para que o Estado cumprisse sentença transitada em julgado, que ordenara a retificação do seu nome e sexo, grafados incorretamente em seu registro civil.

Foi necessária a intervenção de órgão de cúpula do Poder Judiciário, em conjunto com a Corregedoria-Geral de tribunal de justiça para que se determinasse ao cartório de registro civil a retificação do registro do nome da parte, direito inderrogável no espectro internacional, que não pode sofrer restrições sequer em tempos de emergência, por consistir em garantia indispensável para o exercício de sua cidadania.

Impende ressaltar que, no caso concreto, o correto registro civil da reclamante consiste na instrumentalização do seu direito ao nome, vertente inexorável da personalidade, amplamente protegida pela Convenção Americana de Direitos Humanos, até mesmo em período de emergência.

Visando modificar a prevalência do excesso de formalidades em detrimento da real proteção ao direito ao nome, conclui-se que a atuação do Poder Judiciário no caso concreto está diretamente interligada à efetivação dos direitos humanos em seu ordenamento jurídico interno, contribuindo, assim, para o fortalecimento da democracia e da cidadania, pilares basilares para o Estado Democrático de Direito.

REFERÊNCIAS

ALMEIDA, Paula Wojcikiewicz; PORTO, Gabriela Hühne. Estado de emergência e direitos humanos. *Revista Conjuntura Econômica*, Rio de Janeiro, v. 74, n. 4, 2020. Disponível em: https://juslaboris.tst.jus.br/handle/20.500.12178/198513. Acesso em: 24.02.2023.

BINDER, Christine. Direitos humanos em tempos de emergência: uma perspectiva interamericana com especial foco na defesa do Estado de Direito. *Revista Brasileira de Políticas Públicas*, v. 11, n. 2, ago. 2021. Disponível em: https://www.publicacoes.uniceub.br/RBPP/article/view/7880. Acesso em: 24.02.2023.

BRASIL. Conselho Nacional de Justiça. *A Administração da Justiça em estados de emergência*. Disponível em: https://www.cnj.jus.br/wp-content/uploads/2011/11/capitulo%2016%20%20human%20rights%20in%20the%20administration%20of%20justice%20portuguese.pdf. Acesso em: 30.01.2023.

BRASIL. Conselho Nacional de Justiça. *Diretriz Estratégica para 2016*. Aprovada no 9º Encontro Nacional do Poder Judiciário. Disponível em: https://www.cnj.jus.br/wp-content/uploads/2015/10/ad6fa9a3dfbf79d6c2b0ff88d228f9aa.pdf. Acesso em: 22.02.2023.

BRASIL. Conselho Nacional de Justiça. International Bar Association. *Direitos Humanos na Administração da Justiça*: um manual de direitos humanos para juízes, procuradores e advogados. Disponível em: https://www.cnj.jus.br/manual-de-direitos-humanos/. Acesso em: 30.01.2023.

BRASIL. Conselho Nacional de Justiça. *Recomendação CNJ 123, de 7 de janeiro de 2022*. Disponível em: https://atos.cnj.jus.br/files/original1519352022011161dda007f35ef.pdf. Acesso em: 22.02.2023.

BRASIL. Conselho Nacional de Justiça. *Pacto Nacional do Judiciário pelos Direitos Humanos*. Disponível em: https://www.cnj.jus.br/poder-judiciario/relacoes-internacionais/monitoramento-e-fiscalizacao-das-decisoes-da-corte-idh/pacto-nacional-do-judiciario--pelos-direitos-humanos/. Acesso em: 22.02.2023.

BRASIL. [Constituição (1988)]. *Constituição da República Federativa do Brasil.* Brasília, DF: Senado Federal, 2016. Disponível em: https://www.planalto.gov.br/ccivil_03/constituicao/constituicao.htm. Acesso em: 24.02.2023.

BRASIL. Decreto 678, de 6 de novembro de 1992. Promulga a Convenção Americana sobre Direitos Humanos (Pacto de São José da Costa Rica), de 22 de novembro de 1969. *Diário Oficial da República Federativa do Brasil*, Poder Executivo, Brasília, DF, 09.11.1992. Disponível em: http://www.planalto.gov.br/ccivil_03/decreto/D0678.htm. Acesso em: 05.08.2015.

BRASILEIRO, T. V. Filho de. *Um estudo sobre o sub-registro civil de nascimento na cidade do Rio de Janeiro.* Rio de Janeiro: PUC-RJ, 2008.

CEIA, E. M. A jurisprudência da Corte Interamericana de Direitos Humanos e o desenvolvimento da proteção dos direitos humanos no Brasil. *Revista da Emerj*, Rio de Janeiro, v. 16, n. 61, p. 113-152, jan.-mar. 2013. Disponível em: https://www.emerj.tjrj.jus.br/revistaemerj_online/edicoes/revista61/revista61_113.pdf. Acesso em: 29.01.2023.

CORTE INTERAMERICANA DE DIREITOS HUMANOS. *Parecer Consultivo OC-24, de 24 de novembro de 2017.* Identidade de gênero, igualdade e não discriminação a casais do mesmo sexo. Obrigações estatais em relação à mudança de nome, à identidade de gênero e aos direitos derivados de um vínculo entre casais do mesmo sexo (interpretação e alcance dos artigos 1.1, 3, 7, 11.2, 13, 17, 18 e 24, em relação ao artigo 1 da Convenção Americana sobre Direitos Humanos). Disponível em: https://www.corteidh.or.cr/docs/opiniones/seriea_24_por.pdf. Acesso em: 24.02.2023.

CORTE INTERAMERICANA DE DIREITOS HUMANOS. *Caderno de Jurisprudência da Corte Interamericana de Direitos Humanos n. 36*: Jurisprudência sobre o Brasil. San José, Costa Rica: Corte IDH, 2022. Disponível em: https://www.corteidh.or.cr/sitios/libros/todos/docs/cuadernillo36_2022_port1.pdf. Acesso em: 20.02.2023.

COMPARATO, Fábio Konder. O papel do juiz na efetivação dos direitos humanos. *Revista do Tribunal Regional do Trabalho da 15ª Região*, Campinas, n. 14, p. 60-72, 2001. Disponível em: https://juslaboris.tst.jus.br/handle/20.500.12178/111473. Acesso em: 24.02.2023.

ESCÓSSIA, Fernanda da. *Invisíveis*: uma etnografia sobre brasileiros sem documento. Rio de Janeiro: FGV Editora, 2021.

FARIA, José Eduardo. O Judiciário e os direitos humanos e sociais: notas para uma avaliação da Justiça brasileira. *Direitos humanos, direitos sociais e Justiça.* São Paulo: Malheiros Editores, 2002. Disponível em: https://repositorio.usp.br/item/001240348. Acesso em: 26.01.2023.

FUX, Luiz. *Direitos humanos, democracia e Estado de Direito demandam Judiciário independente.* Disponível em: https://www.conjur.com.br/2022-mar-22/luiz-fux-judiciario--brasileiro-pelos-direitos-humanos. Acesso em: 29.01.2023.

HEINTZE, Hans-Joachim. Os direitos humanos como matéria do Direito Internacional Público. In: PETERKE, Sven (coord.); RAMOS, André de Carvalho et al. (colab.). *Manual prático de direitos humanos internacionais.* Brasília: Escola Superior do Ministério Público da União, 2009. Disponível em: https://www.ufrgs.br/cedop/wpcontent/uploads/2014/04/Manual_Pratico_Direitos_Humanos_Internacioais-1.pdf. Acesso em: 20.02.2023.

HELFER, Laurence R. Repensando as derrogações aos tratados de direitos humanos. *Revista Brasileira de Políticas Públicas*, v. 11, n. 2, ago. 2021. Disponível em: https://www.publicacoesacademicas.uniceub.br/RBPP/article/view/7764/0. Acesso em: 24.02.2023.

MAZZUOLI, Valerio de Oliveira. *Curso de Direitos Humanos*. 6. ed. Rio de Janeiro: Forense; São Paulo: MÉTODO, 2019.

NOWAK, Bruna. *Suspensão de direitos em tempos pandêmicos*: o que diz o direito internacional dos direitos humanos? Disponível em: https://www.cosmopolita.org/post/suspens%C3%A3o-de-direitos-em-tempos-pand%C3%AAmicos-o-que-diz-o-direito-internacional-dos-direitos-humanos. Acesso em: 25.01.2023.

OLIVEIRA, Euclides de. Direito ao nome: questões controvertidas no novo Código Civil. In: DELGADO, Mário Luiz Delgado; ALVES, Jones Figueirêdo (org.). *Novo Código Civil*: questões controvertidas. São Paulo: Método, 2004. v. 2.

ORGANIZAÇÃO DOS ESTADOS AMERICANOS. *Convenção Americana de Direitos Humanos*. Assinada na Conferência Especializada Interamericana sobre Direitos Humanos, San José, Costa Rica, em 22 de novembro de 1969. Disponível em: http://www.cidh.oas.org/basicos/portugues/c.Convencao_Americana.htm. Acesso em: 24.02.2023.

PIOVESAN, Flávia. Poder Judiciário e os Direitos Humanos. *Revista USP*, São Paulo, n. 101, p. 99-112, mar.-maio 2014. Disponível em: https://www.revistas.usp.br/revusp/article/view/87817. Acesso em: 26.01.2023.

PIOVESAN, Flávia; MAGNANI, Nathércia Cristina Manzano. Diálogos entre o Brasil e a Convenção Americana sobre Direitos Humanos: análise jurisprudencial no Supremo Tribunal Federal (de 1992 a 2007). *Pensar – Revista de Ciências Jurídicas*, v. 26, p. 1-10, 2021. Disponível em: https://ojs.unifor.br/rpen/article/view/10327. Acesso em: 30.01.2023.

RAMOS, A. de C. *Curso de Direitos Humanos*. 6. ed. São Paulo: Saraiva, 2019.

RAMOS, A. de C. *Processo internacional de direitos humanos*. 5. ed. São Paulo: Saraiva, 2016.

RAMOS, A. de C.; GAMA, M. F. L. Controle de convencionalidade, teoria do duplo controle e o Pacto Nacional do Judiciário pelos direitos humanos: avanços e desafios. *Revista Direitos Culturais*, v. 17, n. 41, p. 283-297, 5 maio 2022.

SADEK, Maria Tereza; LIMA, Fernão Dias de; ARAÚJO, José Renato de Campos. O Judiciário e a Prestação da Justiça. In: SADEK, Maria Tereza (org.). *Acesso à Justiça*. São Paulo: Fundação Konrad Adenauer, 2001.

SILVA, Rodrigo de Medeiros; CARVALHO FILHO, Joaquim; CARVALHO, Larissa Araújo de Medeiros. O Pacto do Judiciários pelos Direitos Humanos: desafios e possibilidades. *Revista Crítica e Controle*, v. I, n. 1. dez. 2022. Disponível em: https://www.seer.ufrgs.br/index.php/criticaecontrole/article/view/128771/87116. Acesso em: 28.01.2023.

TARTUCE, Flávio. *Manual de Direito Civil*. 7. ed. Rio de Janeiro: Forense, 2017; São Paulo: Método, 2017. v. único.

VIANNA, José Ricardo Alvarez. O Judiciário e a efetividade dos direitos humanos. *Revista CEJ*, Brasília, n. 74, ano XXIII, jan.-abr. 2018. Disponível em: https://revistacej.cjf.jus.br/cej/index.php/revcej/article/view/2290/2239. Acesso em: 27.01.2023.

Artigo 28
Cláusula federal

1. Quando se tratar de um Estado-Parte constituído como Estado federal, o governo nacional do aludido Estado-Parte cumprirá todas as disposições da presente

> Convenção, relacionadas com as matérias sobre as quais exerce competência legislativa e judicial.
>
> 2. No tocante às disposições relativas às matérias que correspondem à competência das entidades componentes da federação, o governo nacional deve tomar imediatamente as medidas pertinentes, em conformidade com sua constituição e suas leis, a fim de que as autoridades competentes das referidas entidades possam adotar as disposições cabíveis para o cumprimento desta Convenção.
>
> 3. Quando dois ou mais Estados-Partes decidirem constituir entre eles uma federação ou outro tipo de associação, diligenciarão no sentido de que o pacto comunitário respectivo contenha as disposições necessárias para que continuem sendo efetivas no novo Estado assim organizado as normas da presente Convenção.

 COMENTÁRIOS

por Carolina Cyrillo e Siddharta Legale

"UM ENSAIO SOBRE *O ESTADO FEDERATIVO INTERAMERICANO*"[956]

1. ASPECTOS GERAIS: UM ENSAIO SOBRE O ESTADO FEDERATIVO INTERAMERICANO

O artigo 28 da CADH é de extrema relevância se considerarmos que a maioria das pessoas protegidas pelo Sistema Interamericano de Direito Humanos, em nossa região, vive em Estados federativos, como a Argentina (cerca de 47 milhões), o Brasil (cerca de 190 milhões), o Canadá (cerca de 36 milhões), os Estados Unidos (cerca de 327 milhões) e a Venezuela (cerca de 28 milhões).[957] Pretendemos, em linhas gerais, interpretar essa cláusula como o dever de engajar a entidade nacional e as subnacionais, de forma dialógica, persistente e incremental, no cumprimento dos padrões interamericanos mais elevados de proteção dos direitos humanos à luz do princípio *pro persona*, previsto no artigo 29 da CADH, para esses mais de 600 milhões de pessoas protegidas pelo Sistema.

Esse entrelaçamento entre os padrões interamericanos com o Estado federativo, denominaremos de "Estado federativo interamericano", no sentido de uma mutação convencional e constitucional,[958] sem que isso signifique a criação de um novo Estado supranacional. Trata-se de uma proposta análoga que aprofunda um conceito formulado anteriormente, o

---

[956] Dada a limitação de espaço, não explicaremos ao leitor iniciante conceitos conhecidos do direito constitucional (ex.: confederação, federação, estado regional, autonômica ou unitário) ou do sistema interamericano (ex.: bloco de convencionalidade, controle de convencionalidade, *pro persona*, desenvolvimento progressivo, margem de apreciação).

[957] Para uma análise de direito comparado, cf. BASTOS, Thiago Guerreiro; VAL, Eduardo Manuel. Federalismo fiscal na América Latina: os casos de México, Argentina e Brasil. *REI – Revista de Estudos Institucionais*, v. 2, p. 932-973, 2017; BASTOS, Thiago Guerreiro. *As formas federativas na América Latina*: a excessiva simetria brasileira. Rio de Janeiro: NIDH UFRJ, 2021.

[958] Sobre o conceito de mutação convencional como transformação informal do tratado, cf. LEGALE, Siddharta. *Curso de Teoria Constitucional Interamericana*. Rio de Janeiro: NIDH UFRJ, 2021.

"Estado Interamericano de direito",[959] que significa o dever de o Estado respeitar não apenas a Constituição mas também os padrões mais elevados de proteção oriundos dos tratados de direitos humanos, interpretados pela Corte IDH, que tem funcionado com uma espécie de Tribunal Constitucional Transnacional para a América do Sul.

O artigo 28, intitulado de *cláusula federal,* também denominada de *cláusula territorial,*[960] resultou originalmente da proposta dos EUA durante a negociação para aprovação da Convenção Americana de Direitos Humanos de 1969, que buscava evitar que a CADH desencadeasse um processo de centralização no âmbito dos Estados federativos.[961] Curiosamente, os EUA assinaram, mas não ratificaram a CADH, tampouco aceitaram a jurisdição da Corte IDH.

Há temas que envolvem dilemas relacionados aos direitos humanos e à federação, por exemplo, envolvendo assistência consular para os estrangeiros, assegurada na Convenção de Viena sobre relações Consulares, sem a qual se viola o devido processo legal do artigo 8 da CADH, nos termos da interpretação da OC-16/99 da Corte IDH. O tema chegou até a Corte Internacional de Justiça (CIJ) como o caso *LaGrand* (Alemanha *vs.* EUA), de 1999. A CIJ se "inspirou" de forma inconfessada nos argumentos da Corte IDH, escritos anteriormente,[962] para determinar, a pedido da proteção diplomática de seus nacionais exercida pela Alemanha aos seus cidadãos em solo americano, aos quais se negou a assistência consular. As barreiras judiciais e da estrutura federativa ao cumprimento da decisão tornam-se ainda mais delicadas, porque os cidadãos alemães foram condenados à pena de morte sem a assistência consular, o que, de acordo com os padrões da CIJ e da Corte IDH, viola o devido processo legal. O tema é complexo do ponto de vista da federação norte-americana, já que a competência em matéria penal nos EUA, geralmente, é dos Estados-membros.

Em comparação com o sistema universal, esse dispositivo é mais complexo do que o artigo 50 do Protocolo de Direitos Civis e Políticos da ONU de 1966, que afirma que *"Os dispositivos da presente Convenção devem ser estendidos no todo ou em parte sem quaisquer limitações ou exceções às unidades constitutivas do Estado Federativo".*[963] A complexidade decorre inclusive da possibilidade de justiciabilidade do artigo 28 da CADH, que, segundo alguns autores, não se encontraria presente no artigo 50 do PIDCP.[964]

---

[959]   CYRILLO, Carolina; FUENTES-CONTRERAS, Edgard Hernán; LEGALE, Siddharta. Inter-American Rule of Law in South American. *Sequência*, Florianópolis, v. 42, p. 1-27, 2021; LEGALE, Siddharta; CYRILLO, Carolina; FUENTES-CONTRERAS, Edgard Hernán. O Estado Interamericano de Direito no constitucionalismo sul--americano. In: LEGALE, Siddharta; FACHIN, Melina; RAMOS, André de Carvalho (org.). *Interamericanização do direito constitucional e constitucionalizacão do direito administrativo.* Andradina: Meraki, 2022. v. 1. p. 23-48.

[960]   MAZZUOLI, Valerio de Oliveira. Comentários ao art. 28. In: PIOVESAN, Flávia; FACHIN, Melina; MAZZUOLI, Valerio de Oliveira (org.). *Comentários à Convenção Americana sobre Direitos Humanos.* Rio de Janeiro: Forense, 2019. p. 262.

[961]   MEDINA, Cecilia. *American Convention on Human Rights*: crucial rights and their theory and practice. 2. ed. Cambridge: Intersentia, 2017. p. 16.

[962]   CANÇADO TRINDADE, Antônio Augusto. The Humanization of Consular Law: The Impact of Advisory Opinion No. 16 (1999) of the Inter-American Court of Human Rights on International Case-Law and Practice. *Chinese Journal of International Law*, v. 6, n. 1, p. 1-16, 2007; NEUMAN, Gerald L. Import, Export, and Regional Consent in the Inter-American Court of Human Rights. *The European Journal of International Law*, v. 19, n. 1, 2008.

[963]   GENERAL ASSEMBLY. *Resolution 2200A (XXI), de 16 December 1966.* Disponível em: https://www.ohchr.org/en/instruments-mechanisms/instruments/international-covenant-civil-and-political-rights. No Brasil, o PIDCP foi internalizado pelo Decreto 592, de 6 de julho de 1992.

[964]   HENNEBEL, Ludovic; TIGROUDJA, Hélène. *The American Convention on Human Rights*: a commentary. Cambridge: Oxford University Press, 2022. p. 823.

Em comparação com outros sistemas regionais de proteção, registre-se, ainda que brevemente, a inexistência de uma cláusula similar na Convenção Europeia de Direitos Humanos e na Carta Africana de Direitos Humanos e dos Povos, embora existam Estados federativos sob a sua égide.[965]

Dentro do próprio *corpus juris interamericano*, cabe registrar que a Convenção de Belém do Pará de 1994 (CBP) não possui uma cláusula federativa *per se*[966] análoga ao artigo 28. A CBP adota uma cláusula territorial que admite que o Estado que possui duas ou mais *"unidades territoriais"* declare se a CBP valerá para uma ou para todas as unidades.[967] De todo modo, é preciso tomar cuidado e compreender a CBP dentro do *corpus juris* interamericano ou do bloco de convencionalidade, para que, a partir dessa cláusula, não se tolerem discriminações e violências estruturais, vedadas pelo artigo 24 da CADH e não admitidas pela Corte IDH, que considera o princípio da igualdade e não discriminação uma norma de *jus cogens*, por exemplo, nas OC-04/84, OC-16/99 e OC-18/03. Portanto, é preciso muita cautela em admitir reservas e exceções territoriais para que, com base nestas, não sejam permitidas discriminações de origem por razões territoriais, que afrontariam o conteúdo jurídico do artigo 24 da CADH.

2. ESTRUTURA NORMATIVA DO ARTIGO 28 DA CADH

O dispositivo do artigo 28 da CADH está dividido em três itens: (i) o primeiro dirigido aos *governos nacionais* dos Estados federais; (ii) o segundo às *entidades subnacionais* dos Estados federais; e (iii) e o terceiro a eventuais *pactos comunitários* entre Estados para criação de um modelo federativo.[968]

O primeiro item estabelece que os *governos nacionais* dos Estados federais devem cumprir todas as disposições da CADH que se relacionam às matérias sobre as quais exercem competências legislativas ou judiciais. Significa dizer que é um comando normativo destinado ao direito interno dos Estados federais para que eles cumpram, no âmbito de sua competência federal, as disposições dos tratados do sistema interamericano e as interpretações fixadas pelo bloco de convencionalidade,[969] fruto da interpretação da Corte IDH.[970] Afinal,

[965] HENNEBEL, Ludovic; TIGROUDJA, Hélène. *The American Convention on Human Rights*: a commentary. Cambridge: Oxford University Press, 2022. p. 823.

[966] HENNEBEL, Ludovic; TIGROUDJA, Hélène. *The American Convention on Human Rights*: a commentary. Cambridge: Oxford University Press, 2022. p. 823.

[967] CBP: "Artigo 20. Os Estados Partes que tenham duas ou mais unidades territoriais cm que vigorem sistemas jurídicos diferentes relacionados com as questões de que trata esta Convenção poderão declarar, no momento de assiná-la, de ratificá-la ou de a ela aderir, que a Convenção se aplicará a todas as suas unidades territoriais ou somente a uma ou mais delas. Tal declaração poderá ser modificada, em qualquer momento, mediante declarações ulteriores, que indicarão expressamente a unidade ou as unidades territoriais a que se aplicará esta Convenção. Essas declarações ulteriores serão transmitidas à Secretaria-Geral da Organização dos Estados Americanos e entrarão em vigor trinta dias depois de recebidas".

[968] DULITZKY, Ariel. Artículo 28. Cláusula Federal. In: STEINER, Christian; URIBE, Patricia (coord.). *Convención Americana sobre Derechos Humanos*. La Paz: Plural Editores, 2014. p. 689.

[969] LEGALE, Siddharta. La Constitución Interamericana: los 50 años de la Convención Americana sobre Derechos Humanos en la Jurisprudencia de la Corte Interamericana de Derechos Humanos. In: OEA. (org.). *Curso de Direito Internacional da OEA XLVI*. Rio de Janeiro: OEA, 2019. v. 1. p. 121-171.

[970] LEGALE, Siddharta. *A Corte Interamericana de Direitos Humanos como Tribunal Constitucional*. Rio de Janeiro: Lumen Juris, 2020.

são esses entes que se obrigam internacionalmente e, portanto, podem ser responsabilizados internacionalmente pelos órgãos internacionais de fiscalização e monitoramento.

Já o segundo item é destinado às *entidades da federação dos Estados-partes de caráter subnacional*, que, mesmo carecedoras de personalidade internacional, integram a federação e, por isso, não podem deixar de cumprir a CADH e os demais tratados celebrados pelo Estado federal. Por entidade subnacional, estamos nos referindo a qualquer entidade dotada de autonomia total ou parcial de caráter político, administrativo, financeiro ou legislativo que, em regra, não exerce, a rigor, a soberania do Estado no plano externo, como estados-membros, municípios, províncias, departamentos, distritos, regiões administrativas, condados, microrregiões ou quaisquer unidades territoriais independentemente do nome conferido no plano interno.

A efetivação dos direitos humanos deve ser uma competência concorrente e comum de todos os entes subnacionais, até mesmo aqueles entes e divisões no interior de Estados unitários. Não deve haver monopólio de um dos entes para implementar a proteção em sentido amplo dos direitos humanos. Afinal, os artigos 1, 2 e 24 da CADH obrigam o Estado, qualquer que seja a forma de Estado, de governo e o sistema político adotado, a respeitar direitos e a prover remédios efetivos a eles com respeito a igualdade e não discriminação.

Cabe destacar que há uma dupla dimensão no dever incrustado no item 2 do artigo 28 da CADH. A primeira é a vedação de o governo nacional alegar que a competência não é sua para descumprir o bloco de convencionalidade interamericano. Registre-se, inclusive, que a evidente impossibilidade de o Estado alegar a forma federal como matéria de defesa aparece na jurisprudência da Corte IDH, em sua sentença no caso *Garrido e Baigorria* vs. *Argentina* (1996), em que ficou estabelecido que "um Estado não pode invocar sua estrutura federal para não cumprir com uma obrigação internacional", dando aplicabilidade ao referido item 2 do artigo 28 da CADH.

A segunda é o compromisso em construir a cooperação entre os entes federativos para realizar a adequação das normas internas para que se evite que uma das entidades federadas deixe de observar os compromissos assumidos pelo Estado no cumprimento da convenção. As fórmulas para estabelecer esse compromisso variam de acordo com cada Constituição e leis internas dos Estados, que possuem uma "margem de apreciação nacional"[971] na construção dos desenhos institucionais para impelir que as entidades federais subnacionais adotem os padrões interamericanos.[972]

Por fim, o terceiro item do artigo 28 da CADH destina-se a eventuais *pactos comunitários entre Estados* para a construção de um novo Estado federativo. Trata-se de eventual caso de dois ou mais Estados acordarem integrar entre si uma federação ou qualquer outra forma de associação, observando-se que devem garantir o cumprimento das disposições do bloco de convencionalidade. Cabe registrar que a expressão *"pacto comunitário"*, empregada nesse dispositivo, possui uma textura aberta em sua linguagem, de forma que seja suficiente para comtemplar fusões de Estados nacionais em sentido estrito que gerem um novo Estado federativo, mas também processo de integração regional que, a rigor, não forma Estados, e

---

[971] Sobre os princípios constitucionais interamericanos de interpretação (*pro persona*, margem e desenvolvimento progressivo), cf. LEGALE, Siddharta. *Curso de Teoria Constitucional Interamericana.* Rio de Janeiro: NIDH UFRJ, 2021. p. 290 e ss. Sobre os princípios da subsidiariedade e margem de apreciação, cf. OLSEN, Ana Carolina Lopes. *Pluralismo no* ius constitutionale commune *latino-americnao.* Rio de Janeiro: Lumen Juris, 2021. p. 175 e ss.

[972] BIDART CAMPOS, Germán. *Tratado elemental de derecho constitucional argentino*: el Derecho Internacional de los Derechos Humanos y la reforma constitucional de 1994. Buenos Aires: Ediar, 2006. t. III. p. 557.

sim organizações internacionais. Nesse sentido, é pertinente compreender que organizações, como o Mercosul e outras que venham a ser criadas na região, igualmente possuem o dever de respeito aos direitos humanos. Em outras palavras, outras organizações internacionais e blocos econômicos regionais não estão blindadas das obrigações para com os direitos humanos.

3. ESTUDO DE CASOS SOBRE OS LIMITES E AS POSSIBILIDADES DA APLICAÇÃO NORMATIVA E FÁTICA DO ARTIGO 28

Esclarecida a estrutura normativa do artigo 28 da CADH, vale passar a um debate ou uma controvérsia importante que surge sobre o alcance e a interpretação da cláusula federal.

Poderíamos pensar no seguinte problema: o que acontece se as constituições ou leis internas de um Estado federal não conferem à entidade federal nenhuma competência para adequar ou impelir que uma entidade subnacional ajuste seu direito local, com base no bloco de convencionalidade?[973]

Há duas situações problemáticas a respeito: uma normativa e outra fática.

Na primeira hipótese, de *caráter normativo*, é possível fazer referência à Argentina, onde não há propriamente uma regra que permita que o ente federal possa impelir que os entes locais modifiquem suas normas internas; também não há nenhum dispositivo que permita ao ente federal reformar as constituições das unidades subnacionais.

No caso, a solução encontrada provém da Reforma Constitucional de 1994, que conferiu hierarquia constitucional à Convenção Americana de Direitos Humanos, permitindo que o descumprimento das disposições convencionais autorize a intervenção federal nas províncias locais, na forma de uma interpretação integrativa do artigo 6º da Constituição Argentina com o seu artigo 75, inc. 22.

Outro caso recente que envolveu aspectos federativos, o sistema interamericano e a Argentina exigiu, a partir do artigo 26, o dever de o Estado proteger a propriedade coletiva e fornecer políticas públicas de acesso à água. Com base no artigo 28, a Corte IDH deixou claro que há tanto obrigações primárias dos entes federativos quanto garantias de não repetição que demandam atitudes do Estado do plano federal e da Província no caso Nossa Terra *vs.* Argentina (2020).[974]

Na segunda hipótese, no *plano fático*, situa-se o caso do Brasil, onde existe a possibilidade de federalização dos crimes graves de direitos humanos ou, ainda, o instituto da intervenção federal nos Estado-membros em caso de violações aos direitos humanos, que não cabe detalhar aqui. Contudo, na prática, o Brasil descumpre sistematicamente os deveres do artigo 28, por conta de ações e omissões que escancararam um profundo litígio estrutural, violações massivas e omissões persistentes. Há profundas falhas na cooperação entre os entes federativos para proteção e promoção dos direitos humanos, o que tem sido apontado pelos constitucionalistas como uma das causas da continuidade das maiores violações de direitos humanos no Brasil.

---

[973] Não desejamos debater aqui especificamente o *status* da CADH na América do Sul, como na Argentina a hierarquia constitucional depois da Reforma de 1994, ou o Brasil e o seu peculiar *status* supralegal posterior à EC 45/2002. A respeito, cf. CYRILLO, Carolina. La posición jerárquica del Derecho Internacional de los Derechos Humanos en las Constituciones Sudamericanas. Contextos, Buenos Aires, v. 5, p. 124-135, 2013.

[974] Defendendo essa natureza híbrida do artigo 28 nas reparações e no *compliance*, cf. HENNEBEL, Ludovic; TIGROUDJA, Hélène. *The American Convention on Human Rights*: a commentary. Cambridge: Oxford University Press, 2022. p. 826.

Por litígio estrutural, aqui, designam-se falhas interinstitucionais sistêmicas, como a falha da CIDH na fiscalização do MP; o MP na fiscalização dos Ministérios, das Secretarias e das polícias; a deste e do Judiciário na fiscalização do Executivo; o Executivo retendo recursos orçamentários ou, ainda, o baixo diálogo entre as procuradorias dos Estados e Municípios com a Advocacia da União nas condenações em matéria de direitos humanos;[975] e o Legislativo falhando na fiscalização. Em paralelo, a União, de um lado, alega que entes subnacionais não preenchem critérios para repassar recursos, e, por outro lado, os entes subnacionais criticam a União por politizar os repasses dificultando o cumprimento.

Temos defendido, por isso, que há um verdadeiro "Estado de coisas inconvencional", seja no âmbito acadêmico,[976] seja no âmbito de memoriais da Clínica IDH/UFRJ para a CIDH, a Corte IDH e o STF em dois temas: (i) violações aos direitos das pessoas privadas de liberdade, que possuem diversos casos na CIDH (ex.: caso Carandiru) e na Corte IDH (ex.: caso Urso Branco);[977] e (ii) violência policial, que possui diversos casos na CIDH (ex.: caso Wallace de Almeida) e na Corte IDH (ex.: caso Favela Nova Brasília ou José Airton).[978]

Além disso, o conhecido caso Maria da Penha no âmbito da CIDH, no qual o Estado do Ceará falhou em investigar, processar e julgar o marido que atirou e tentou eletrocutar em uma banheira a própria esposa. O Estado brasileiro foi responsabilizado. Fruto dos profundos debates e reivindicações sociais, a União editou a Lei Maria da Penha, Lei 11.340/2006, contra a violência doméstica à mulher.[979]

Discussão semelhante quanto à questão federativa surgiu, pontualmente, nos casos Escher *vs.* Brasil e Garibaldi *vs.* Brasil, ambos de 2009, em que o Brasil alegou falta de colaboração do Estado do Paraná na solução do conflito e que isso dificultava a reparação e o cumprimento dos dispositivos da CADH, em razão da competência estadual das questões discutidas.

Não à toa, em termos quantitativos, as maiores violações do Estado brasileiro envolvem esse complexo litígio estrutural no âmbito da segurança pública e das pessoas privadas de liberdade, cuja cobrança ao Estado e diálogo permanente e mais robusto com a CIDH e com a Corte IDH, certamente, poderiam auxiliar a solucionar ou minorar os problemas decorrentes.

---

[975] Por exemplo, registra-se o Memorial para Opinião Consultiva sobre pessoas Privadas de liberdade, no caso Favela Nova Brasília e no Caso José Airton. Abordamos, ainda, o tema no plano interno como *amicus curiae* e como especialista na audiência pública da ADPF 635 do STF, conhecida como ADPF das Favelas.

[976] LEGALE, Siddharta; ARAÚJO, David Pereira de. O estado de coisas inconvencional: trazendo a Corte Interamericana de Direitos Humanos para o debate sobre o sistema prisional brasileiro. *Revista Publicum*, v. 2, p. 67-82, 2016; LEGALE, Siddharta; ARAÚJO, David Pereira de. O estado de coisas inconvencional: trazendo a Corte Interamericana de Direitos Humanos para o debate sobre o sistema prisional brasileiro. In: LEGALE, Siddharta; VAL, Eduardo Manuel (org.). *Novos diálogos entre o direito constitucional e o direito internacional*. Rio de Janeiro: Multifoco, 2018. v. 1. p. 169-189.

[977] FREITAS, Thamar de Simone Cavalieri. Comentários ao art. 28. In: LEGALE, Siddharta et al. (org.). *Comentários à Convenção Americana de Direitos Humanos – Pacto de São José da Costa Rica*. Curitiba: Instituto Memória Editora, 2019. p. 255

[978] Existem inúmeros casos na CIDH e alguns na Corte IDH na temática. A respeito, cf. PIOVESAN, Flávia; LEGALE, Siddharta (org.). *Os casos do Brasil na Comissão Interamericana de Direitos Humanos*. Rio de Janeiro: NIDH UFRJ, 2020; LEGALE, Siddharta; ARAUJO, Luis Claudio Martins (org.). *Direitos humanos na prática interamericana*. Rio de Janeiro: Lumen Juris, 2018.

[979] BOLDT, Marilha; SALZ, A. C. L.; CAMINHA, A. C. A. Maria da Penha Fernandes *vs.* Brasil (1997): omissão e tolerância estatal no enfrentamento à violência doméstica familiar. In: LEGALE, Siddharta; ARAUJO, Luis Claudio Martins de (org.). *Direitos humanos na prática interamericana*: o Brasil nos casos da Comissão e da Corte Interamericana de Direitos Humanos. Rio de Janeiro: Lumen Juris, 2019. p. 27-33.

Durante o governo Fernando Henrique Cardoso, o então ministro da justiça, Nelson Jobim, enviou mensagem ao Congresso Nacional dando os motivos pelos quais era apresentada e deveria ser aprovada a PEC 368, de 1996, à Constituição de 1988, que propunha modificação do art. 109 da Constituição Federal, para incluir nas competências da Justiça federal os crimes praticados em detrimento ao órgão federal de proteção de direitos humanos e as causas cíveis ou criminais nas quais o órgão federal de proteção de direitos humanos ou o procurador-geral da República manifestassem interesse.

Na mensagem do ex-ministro Nelson Jobim fica clara a preocupação com a efetividade dos direitos humanos no contexto federal, principalmente no âmbito da segurança pública, que, constitucionalmente, é competência dos Estados. Isso, porque a Constituição Federal, a despeito de ter cuidado de assegurar a prevalência dos direitos humanos, deixou as polícias civis e militares, bem como o policiamento ostensivo da ordem pública, nas competências dos Estados. Segundo a mensagem do então ministro, essa competência estadual prejudica a salvaguarda dos direitos humanos, já que, de forma histórica e cultural, há provas de lesões aos direitos humanos por parte do aparato policial dos estados. Ainda, segundo a mensagem, isso fica bastante evidente nos casos concretos das áreas periféricas da cidade do campo, graças à fragilidade institucional dessas polícias estaduais para a salvaguarda dos direitos humanos, propiciando frequentes violações dos direitos pelo Estado.[980]

Por outro lado, há também boas experiências, ainda que de caráter espasmódico. O caso Meninos Emasculados do Maranhão, por exemplo, revela-se como um ponto fora da curva dentre os casos brasileiros em matéria de cooperação federativa para cumprimento e implementação da decisão da CIDH. Isso, porque o Estado brasileiro promoveu a cooperação entre a estrutura da Procuradoria do Estado do Maranhão com a AGU no âmbito das respostas ao sistema interamericano, o que se tem denominado, academicamente, de "paradiplomacia".[981]

4. REFLEXÕES FINAIS

As experiências argentina e brasileira em matéria federativa revelam, portanto, que o artigo 28 deve ser lido conjuntamente com as obrigações de respeitar direitos e de prover remédios efetivos, previstas nos artigos 1 e 2 da CADH, que costumam ser os fundamentos últimos do controle de convencionalidade e exigem uma atuação multidimensional no plano federativo para o cumprimento dos padrões do bloco de convencionalidade interamericano, ancorado no princípio *pro persona*.

Em termos legislativos, são necessárias leis e atos administrativos que, dentro da margem de apreciação nacional, respeitem as constituições nacionais, para que se criem mecanismos de cooperação para efetivação de direitos.

Em termos administrativos, são necessárias políticas públicas que pensem em criação de estruturas interinstitucionais, cargos, educação e treinamento permanente em direitos

---

[980] PEC 368/1996. Disponível em: https://www.camara.leg.br/proposicoesWeb/fichadetramitacao?idPropos icao=24992.

[981] PAIVA, Caio; HEEMANN, Thimotie Aragon. *Jurisprudência internacional de direitos humanos*. Belo Horizonte: CEI, 2020. p. 527: "A paradiplomacia, que também é chamada de 'cooperação descentralizada' ou 'diplomacia federativa', consiste em expressão doutrinária que retrata a participação nas negociações internacionais de entes que não seja o Ministério das Relações Exteriores. No Caso dos Meninos Emasculados do Maranhão, o Presidente Lula Autorizou o Estado do Maranhão a negociar no Plano internacional com a CIDH. A paradiplomacia não é um fenômeno comum nos casos que envolvem violações de direitos humanos".

humanos para respeito ao bloco de convencionalidade. Por exemplo, é fundamental fortalecer, investir e conferir mais autonomia às Instituições Nacionais de Direitos Humanos, como, no Brasil, tem feito o Conselho Nacional de Direitos Humanos, que funciona de forma colegiada no interior do Ministério dos Direitos Humanos e da Cidadania, na forma da Lei 12.986, de 2 de junho de 2014.

Em termos do sistema de justiça, é essencial a ampliação da fiscalização e difusão dos padrões de proteção por meio de uma atuação conjunta de juízes, tribunais, CNJ, Ministério Público, Defensoria Pública e OAB, com atenção especial para as violações massivas e omissões persistentes do Estado, fruto do litígio estrutural que usualmente impactam mais desproporcionalmente os grupos mais vulneráveis, como as pessoas privadas de liberdade.

Em termos federativos propriamente ditos, sem prejuízo da estrutura interdisciplinar e transversal que requer a proteção dos direitos humanos, é preciso pensar em mecanismos que fomentem a cooperação entre os entes a fim de contemplar o Estado federativo interamericano.

Decisões da CIDH e da Corte IDH, supervisões de cumprimento das decisões, realização de audiências públicas, visitas *in loco*, soluções amistosas e outros instrumentos no âmbito do sistema interamericano, portanto, podem servir como catalisadores para destravar esse conflito e promover o diálogo entre os órgãos e os entes que geram ora sobreposição desorganizada, ora omissões por atribuição da competência ou responsabilidade pelas violações aos direitos humanos de um ente a outro.

Por fim, e por isso, discordamos de quem considera o Estado federal, referindo-se aos governos nacionais, como o "garantidor final" da CADH. Os frágeis argumentos alegados são os de que as obrigações assumidas internacionalmente recaem sobre o governo nacional. De fato, no caso brasileiro, a União é a responsável internacionalmente. Contudo, de um lado, isso não significa que esse deva ser o único de repartição de competências federativas possível em termos de direito comparado, e, por outro, o processo de constitucionalização do sistema interamericano e interamericanização do direito constitucional tornou a questão mais complexa, quando se passa a exigir um controle difuso de convencionalidade no plano interno por todos os entes e poderes.

Ora, refutado o argumento simplista, defendemos que não há "garantidor final".[982] Afirmamos que não há um único ente a "garantir". Todos os entes são corresponsáveis no cumprimento dos direitos humanos. Os entes subnacionais também estão obrigados a implementar os padrões interamericanos de proteção. Tampouco é possível uma "final" garantia dos direitos. Há múltiplos momentos e rodadas de proteção e ajustes permanentes no âmbito do controle difuso de convencionalidade. Defendemos, por isso, que o artigo 28 não permite essa conclusão de um "único garantidor" ou de uma "proteção estática" dos direitos quando se indeniza e repara a violação. Medidas preventivas e soluções no plano interno antes disso adotadas pelos entes subnacionais ou pelo ente não nacional são igualmente fundamentais.

Essa conclusão ampara-se, inicialmente, em uma interpretação literal do dispositivo e, ainda, nos trabalhos preparatórios da CADH ao se observar a intenção dos EUA, quando propuseram os dispositivos do artigo 28 da CADH, de evitar a centralização do dever de respeito aos direitos humanos apenas no governo nacional. A cláusula federativa, portanto, foi pensada justamente para promover descentralização e cooperação federativa no cumprimento dos direitos humanos, sem esvaziar a exigência de respeito aos direitos humanos a todos os entes subnacionais, dentro da margem de apreciação nacional de cada Estado.

---

[982] MAZZUOLI, Valerio de Oliveira. Comentários ao art. 28. In: PIOVESAN, Flávia; FACHIN, Melina; MAZZUOLI, Valerio de Oliveira (org.). *Comentários à Convenção Americana sobre Direitos Humanos*. Rio de Janeiro: Forense, 2019. p. 262.

Além do mais, os problemas apontados no breve estudo de casos da CIDH e da Corte IDH demonstram a exigência de que compreendamos que, ainda que o Estado federativo, em geral, atribua à União a responsabilidade internacional, é fundamental introjetarmos, na prática acadêmica, burocrática e diplomática, que não há solução para os problemas da nossa região sem um complexo e robusto diálogo em termos interfederativos, interpoderes e interinstitucionais para o qual a CIDH e a Corte IDH funcionam como catalisadores contra graves e massivas violações de direitos humanos, fruto das omissões e desse litígio estrutural no interior do Estado.

Em outras palavras, de modo mais direto, à luz do princípio *pro persona*, a interpretação mais protetiva ao bloco de convencionalidade é aquela segundo a qual todos os múltiplos entes federativos devem ser considerados garantidores dos direitos humanos em um constante e progressivo diálogo dentro de suas competências, atribuições e autonomias, conferidas pela margem de apreciação nacional. É fato que o direito internacional clássico exigia que o Estado federativo ecoasse na ordem internacional, com uma vontade unitária.[983] Contudo, o processo de constitucionalização do sistema interamericano e de interamericanização do direito constitucional demanda que todos – repita-se, todos –, dentro de suas competências, possuam o dever de realizar um controle de convencionalidade difuso no plano interno.[984]

Em suma, o sistema interamericano pode – e deve – fomentar um controle de convencionalidade construtivo em matéria de cooperação federativa para promoção de direitos humanos, e não apenas um controle de convencionalidade destrutivo de leis inconvencionais, capaz de engajar todos os entes federativos e promover um diálogo profundo por meio do qual a cooperação evite violações e implemente padrões interamericanos mais elevados de proteção do ponto de vista normativo e fático. Isso é construir um "Estado federativo interamericano" para valer.

REFERÊNCIAS

BASTOS, Thiago Guerreiro. *As formas federativas na América Latina*: a excessiva simetria brasileira. Rio de Janeiro: NIDH UFRJ, 2021.

BASTOS, Thiago Guerreiro; VAL, Eduardo Manuel. Federalismo fiscal na América Latina: os casos de México, Argentina e Brasil. *REI – Revista de Estudos Institucionais*, v. 2, p. 932-973, 2017.

BIDART CAMPOS, Germán. *Tratado elemental de derecho constitucional argentino*: el Derecho Internacional de los Derechos Humanos y la reforma constitucional de 1994. Buenos Aires: Ediar, 2006. t. III.

BOLDT, Marilha; SALZ, A. C. L.; CAMINHA, A. C. A. Maria da Penha Fernandes *vs.* Brasil (1997): omissão e tolerância estatal no enfrentamento à violência doméstica familiar. In: LEGALE, Siddharta; ARAUJO, Luis Claudio Martins de (org.). *Direitos humanos*

---

[983]   HENNEBEL, Ludovic; TIGROUDJA, Hélène. *The American Convention on Human Rights*: a commentary. Cambridge: Oxford University Press, 2022. p. 822.

[984]   Não desejamos explicar as diversas espécies de controle de convencionalidade (construtivo *vs.* destrutivo, concentrado e difuso, abstrato e incidental, consultivo e contencioso, normativo *vs.* fático ou a ideia de um estado de coisas inconvencional). Cf. LEGALE, Siddharta. Controle de convencionalidade consultivo ? Um estudo em homenagem ao Professor Sidney Guerra. In: LEGALE, Siddharta. Temas de Direitos Humanos: Estudos sobre o sistema interamericano de Direitos Humanos. 2. ed. Rio de Janeiro: NIDH UFRJ, 2022. p. 174 e ss.

na prática interamericana: o Brasil nos casos da Comissão e da Corte Interamericana de Direitos Humanos. Rio de Janeiro: Lumen Juris, 2019. p. 27-33.

CANÇADO TRINDADE, Antônio Augusto. The Humanization of Consular Law: The Impact of Advisory Opinion No. 16 (1999) of the Inter-American Court of Human Rights on International Case-Law and Practice. *Chinese Journal of International Law*, v. 6, n. 1, p. 1-16, 2007.

CYRILLO, Carolina. La posición jerárquica del Derecho Internacional de los Derechos Humanos en las Constituciones Sudamericanas. *Contextos*, Buenos Aires, v. 5, p. 124-135, 2013.

CYRILLO, Carolina; FUENTES-CONTRERAS, Edgard Hernán; LEGALE, Siddharta. Inter--American Rule of Law in South American. *Sequência*, Florianópolis, v. 42, p. 1-27, 2021.

DULITZKY, Ariel. Artículo 28. Cláusula Federal. In: STEINER, Christian; URIBE, Patricia (coord.). *Convención Americana sobre Derechos Humanos*. La Paz: Plural Editores, 2014.

FREITAS, Thamar de Simone Cavalieri. Comentários ao art. 28. In: LEGALE, Siddharta et al. (org.). *Comentários à Convenção Americana de Direitos Humanos – Pacto de São José da Costa Rica*. Curitiba: Instituto Memória Editora, 2019.

HENNEBEL, Ludovic; TIGROUDJA, Hélène. *The American Convention on Human Rights*: a commentary. Cambridge: Oxford University Press, 2022.

LEGALE, Siddharta. *A Corte Interamericana de Direitos Humanos como Tribunal Constitucional*. Rio de Janeiro: Lumen Juris, 2020.

LEGALE, Siddharta. Controle de convencionalidade consultivo ? Um estudo em homenagem ao Professor Sidney Guerra. In: LEGALE, Siddharta. *Temas de Direitos Humanos*: Estudos sobre o sistema interamericano de Direitos Humanos. 2. ed. Rio de Janeiro: NIDH UFRJ, 2022.

LEGALE, Siddharta. *Curso de Teoria Constitucional Interamericana*. Rio de Janeiro: NIDH UFRJ, 2021.

LEGALE, Siddharta. La Constitución Interamericana: los 50 años de la Convención Americana sobre Derechos Humanos en la Jurisprudencia de la Corte Interamericana de Derechos Humanos. In: OEA. (org.). *Curso de Direito Internacional da OEA XLVI*. Rio de Janeiro: OEA, 2019. v. 1. p. 121-171.

LEGALE, Siddharta; ARAÚJO, David Pereira de. O estado de coisas inconvencional: trazendo a Corte Interamericana de Direitos Humanos para o debate sobre o sistema prisional brasileiro. *Revista Publicum*, v. 2, p. 67-82, 2016.

LEGALE, Siddharta; ARAÚJO, David Pereira de. O estado de coisas inconvencional: trazendo a Corte Interamericana de Direitos Humanos para o debate sobre o sistema prisional brasileiro. In: LEGALE, Siddharta; VAL, Eduardo Manuel (org.). *Novos diálogos entre o direito constitucional e o direito internacional*. Rio de Janeiro: Multifoco, 2018. v. 1. p. 169-189.

LEGALE, Siddharta; ARAUJO, Luis Claudio Martins (org.). *Direitos humanos na prática interamericana*. Rio de Janeiro: Lumen Juris, 2018.

LEGALE, Siddharta; CYRILLO, Carolina; FUENTES-CONTRERAS, Edgard Hernán. O Estado Interamericano de Direito no constitucionalismo sul-americano. In: LEGALE, Siddharta; FACHIN, Melina; RAMOS, André de Carvalho (org.). *Interamericanização do direito constitucional e constitucionalização do direito administrativo*. Andradina: Meraki, 2022. v. 1. p. 23-48.

MAZZUOLI, Valerio de Oliveira. Comentários ao art. 28. In: PIOVESAN, Flávia; FACHIN, Melina; MAZZUOLI, Valerio de Oliveira (org.). *Comentários à Convenção Americana sobre Direitos Humanos*. Rio de Janeiro: Forense, 2019.

MEDINA, Cecilia. *American Convention on Human Rights*: crucial rights and their theory and practice. 2. ed. Cambridge: Intersentia, 2017.

NEUMAN, Gerald L. Import, Export, and Regional Consent in the Inter-American Court of Human Rights. *The European Journal of International Law*, v. 19, n. 1, 2008.

OLSEN, Ana Carolina Lopes. *Pluralismo no* ius constitutionale commune *latino-americnao*. Rio de Janeiro: Lumen Juris, 2021.

PAIVA, Caio; HEEMANN, Thimotie Aragon. *Jurisprudência internacional de direitos humanos*. Belo Horizonte: CEI, 2020.

PIOVESAN, Flávia; LEGALE, Siddharta (org.). *Os casos do Brasil na Comissão Interamericana de Direitos Humanos*. Rio de Janeiro: NIDH UFRJ, 2020.

Artigo 29

Normas de interpretação

Nenhuma disposição desta Convenção pode ser interpretada no sentido de:

a) permitir a qualquer dos Estados-Partes, grupo ou pessoa, suprimir o gozo e exercício dos direitos e liberdades reconhecidos na Convenção ou limitá-los em maior medida do que a nela prevista;

b) limitar o gozo e exercício de qualquer direito ou liberdade que possam ser reconhecidos de acordo com as leis de qualquer dos Estados-Partes ou de acordo com outra convenção em que seja parte um dos referidos Estados;

c) excluir outros direitos e garantias que são inerentes ao ser humano ou que decorrem da forma democrática representativa de governo; e

d) excluir ou limitar o efeito que possam produzir a Declaração Americana dos Direitos e Deveres do Homem e outros atos internacionais da mesma natureza.

🗩 COMENTÁRIOS

por Márcia Michele Garcia Duarte

1. CONSIDERAÇÕES INICIAIS

O Direito regula as relações humanas desde tempos rudimentares, cuja gênese se mostra na forma de costumes adotados pela civilização. O propósito é regular as relações humanas, rumando à paz e à prosperidade, impedindo a desordem e as condutas classificadas como crime. O Direito pode ser mesmo uma *sensação* quanto ao propósito e ao reconhecimento de que todos entendem em seu íntimo o sentido daquele. Para dar azo ao estabelecido como conduta devida, a represensão, a coerção e a sanção tornam-se parte de um sistema funcional de diretrizes e obediência, a partir de referenciais morais e éticos em prol do atingimento da ordem coletiva e da felicidade individual.

O Direito moldou-se, então, em natural e positivo, público e privado e, ainda, em nacional e internacional. Especificamente quanto ao Direito Internacional, as relações decorrem em caráter público a partir de um complexo de normas aplicáveis nas relações entre países. No desdobramento privado, são aplicáveis a particulares cujo interesse jurídico extrapole as fronteiras de um país. Além disso, as fontes do direito não se restringem à lei, sendo mais amplo o rol de normas que estabelecem regras e outras de matriz principiológica, além da doutrina e jurisprudência. No âmbito internacional, ganha relevância ainda o costume,[985] assim como a aplicação do direito pela equidade. Além da questão territorial, importa conhecer a eficácia temporal das normas e a hierarquia constitucional diante do sistema infraconstitucional. Constituem aspectos relevantes elementos afetos à competência em seus variados desdobramentos.

Nessa miscelânea, algumas questões interpretativas no território nacional fazem-se complexas a partir do Direito Nacional, quiçá quando a questão jurídica é entremeada por aspectos que admitam a incidência do Direito Internacional, notadamente quando valores afetos à dignidade da pessoa humana, prevalentes por natureza, compõem a narrativa a ser solucionada. Não raro, instrumentos normativos extrafronteiras e de cunho global merecem adoção em proveito de particulares ou de entes públicos.

Foi o que aconteceu no Brasil, por exemplo, ao se tornar signatário da Convenção Americana de Direitos Humanos (CADH), conhecida como o Pacto de São José da Costa Rica, assinada pelos países-membros da Organização dos Estados Americanos em 22 de novembro de 1969. Promulgada no Brasil por meio do Decreto 678, de 6 de novembro de 1992,[986] entrou em vigor na data da sua publicação, fazendo constar anexo o referido Pacto Internacional.

O artigo 29 do Documento dispõe sobre "Normas de Interpretação", sendo o dispositivo integrante da Parte I, que apresenta como gênero os Deveres dos Estados e Direitos Protegidos. Precisamente no Capítulo IV, alinha as temáticas Suspensão de Garantias (artigo 27), incluindo Cláusula federal (artigo 28); Interpretação (artigo 29) e Aplicação, bem como estrutura o alcance das Restrições (artigo 30) e o Reconhecimento de Outros Deveres (artigo 31).

Especificamente a respeito do caráter hermenêutico, recorte deste espaço, a parte final ao anexo ao Decreto 678/1992 instituiu a Declaração Interpretativa do Brasil sobre os artigos 43 e 48, alínea *d*, logo ao depositar a Carta de Adesão ao Pacto de São José da Costa Rica. Mediante esse firmado, o Governo do Brasil entendeu que não se inclui o direito automático de visitas e inspeções *in loco* da Comissão Interamericana de Direitos Humanos, exigindo-se, então, a anuência expressa do Estado. O mais segue por meio de critérios interpretativos gerais adotados pelo Estado brasileiro no exercício da Jurisdição, incluindo bases interpretativas internacionais que não afrontem sua autonomia, soberania e ordem pública, conforme será demonstrado nas linhas que seguem.

---

[985] O costume é a manifestação reiterada de determinado comportamento ao longo do tempo justificando que seja juridicamente observável. No campo do direito internacional privado, as fontes consuetudinárias manifestam-se por "condutas ou atos reconhecidos pelos Estados entre si, aliados à convicção da necessidade de praticá-los ou reconhecê-los, como se imprimissem regras de direito" (BASSO, Maristela. *Curso de Direito Internacional Privado*. 6. ed. São Paulo: Atlas, 2020. p. 90).

[986] BRASIL. Presidência da República. *Decreto 678, de 06 de novembro de 1992*. Promulga a Convenção Americana sobre Direitos Humanos (Pacto de São José da Costa Rica), de 22 de novembro de 1969. Disponível em: https://www.planalto.gov.br/ccivil_03/decreto/D0678.htm. Acesso em: 23.04.2023.

2. PRINCÍPIOS GERAIS DE DIREITO PROCESSUAL

O Pacto de São José da Costa Rica tem sua aplicação concretizada por meio do exercício da Jurisdição brasileira, seja no âmbito judicial, seja mediante o sistema extrajudicial, com alcance fiscalizador e executório do Poder Judiciário. Nisso, o Direito Processual torna-se relevante e essencial, sendo o instrumento de realização do Direito Material, notadamente na concepção do "conteúdo" das disposições da Convenção.

Manifesto se afirmar que a análise do artigo 29 da Convenção remete ao conhecimento de questões comezinhas ao Direito Processual, como os princípios próprios que o informam e orientam a interpretação dos seus institutos, a fim de garantir o acesso à Justiça. Afinal, a *"interpretação e aplicação do ordenamento jurídico hão de ser inspiradas por uma teoria de justiça, mas não podem comportar voluntarismos ou personalismos, sobretudo os judiciais"*.[987]

Representando o polo legitimador da dogmática jurídica em um Estado Democrático de Direito, traduzem a essência, a razão última e os valores que inspiram dado ordenamento. No magistério de J. J. Gomes Canotilho,[988] regras e princípios devem ser entendidos como espécies do gênero norma (normas-regras e normas-princípios). A distinção residiria, em última análise, em uma diferenciação entre dois tipos de normas, resultando que ambas teriam aplicação prática e força cogente. A norma-regra regula aspectos pontuais, sendo aplicada (ou não) de forma peremptória; a norma-princípio, por sua vez, regula situações mais elásticas, comportando ponderações no caso concreto, em virtude do seu maior grau de abstração.

Os princípios desempenham importante papel tanto na atividade do legislador quanto na do operador do direito. Primeiro porque, soberanamente, as normas-princípios auxiliam na tarefa de sanar lacunas que porventura se despertem diante de dada situação concreta. Além disso, as regras criadas devem considerar princípios previamente existentes no sistema, revelando-se ainda salutar o uso singular dos princípios no processo de interpretação e de aplicação das normas-regras, a fim de compreender a motivação das decisões, gerando a externação do latente e o exato sentido e alcance das regras.

O Direito Constitucional representa o tronco da árvore; o Direito Processual, um de seus ramos. Não se mostra possível, nesse desiderato, conceber regra processual que não tenha sido inspirada na atmosfera constitucional. A tarefa exige dedicação e comprometimento dos operadores do direito por razões simples: em um país de democracia tardia, o texto constitucional assegura defesa intransigente das liberdades públicas (direitos de primeira dimensão), ao passo que aponta a implementação dos direitos sociais (segunda dimensão), formando contextos de modernidade e pós-modernidade. Nesse plano, o direito fundamental à tutela jurisdicional é projetado em duas perspectivas. A primeira é do ponto de vista do legislador e do Executivo; a segunda, por seu turno, a partir da visão do órgão jurisdicional, ensina Pinho, sendo os princípios vistos como verdadeiras garantias ínsitas ao estabelecimento válido da relação processual.[989]

---

[987]   BARROSO, Luís Roberto. Neoconstitucionalismo: o triunfo tardio do Direito Constitucional no Brasil. *Migalhas*, 02.05.2006 Disponível em: https://www.migalhas.com.br/depeso/24089/neoconstitucionalismo----o-triunfo-tardio-do-direito-constitucional-no-brasil. Acesso em: 02.05.2023.

[988]   "(...) os princípios são fundamento de regras, isto é, são normas que estão na base ou constituem a *ratio* de regras jurídicas, desempenhando, por isso, uma função normogenética fundamentante" (CANOTILHO, J. J. Gomes. *Direito Constitucional e Teoria da Constituição*. Coimbra: Almedina, 2000. p. 1087).

[989]   PINHO, Humberto Dalla Bernardina de. *Manual de direito processual civil contemporâneo*. 5. ed. São Paulo: SaraivaJur, 2023. p. 91-92.

3. DIMENSÕES ESPACIAL E TEMPORAL DA NORMA

As normas jurídicas processuais, também chamadas de secundárias, determinam a técnica a ser utilizada no exame do conflito de interesses, disciplinando a participação dos sujeitos do processo (principalmente as partes e o juiz) na construção do procedimento necessário à composição jurisdicional da lide. Difere das normas jurídicas de direito material (ou primárias), essencialmente, em razão do âmbito de incidência. Essa classificação se mostra importante também para se estabelecer a distinção entre direitos e garantias. Os direitos são estipulados pelo direito material na forma de prerrogativas para um sujeito. As garantias, por outro lado, são dadas pelo Direito Processual com a finalidade de assegurar o cumprimento das normas materiais e trazer consequências ao descumprimento.

No que tange ao espaço, a eficácia das normas processuais é determinada pelo princípio da territorialidade, com fundamento na soberania nacional. Determina-se que a lei processual pátria seja aplicada em todo o território brasileiro, excluindo-se a possibilidade de aplicação de normas processuais estrangeiras diretamente pelo juiz nacional. Isso, porque, pelo sistema federativo brasileiro, compete privativamente à União legislar sobre matéria processual (art. 22, I, da CF). As normas procedimentais, entretanto, podem ser utilizadas de maneira mais flexionada, fator autorizado expressamente (art. 24, XI, da CF). Isso leva, não raro, a diretrizes distintas em diferentes estados do território nacional, em razão da competência concorrente, podendo gerar resultados diferentes para questões de fato idênticas.

Tendo como referência o fator temporal, a lei processual tem aplicação imediata, alcançando os atos a serem realizados e sendo vedada a atribuição de efeito retroativo, para não violar o ato jurídico perfeito. Especificamente em relação ao Pacto de São José da Costa Rica, a assinatura pelo Estado-parte Brasil ocorreu na vigência da Constituição de 1967, tendo havido ratificação sob a exigência da Carta vigente. Apesar da confluência quando comparadas a CRFB/1988 e a CADH, perenes se mostram situações que exigem a interpretação e a integração mediante a atuação judicial para pacificação de algumas questões concretas.

4. FORMAS DE INTERPRETAÇÃO E MEIOS DE INTEGRAÇÃO

A proteção da pessoa humana se revela no conjunto formado por liberdade pessoal, justiça social e respeito dos direitos essenciais do homem. Esses fundamentam os Direitos Humanos e os Direitos Fundamentais, justificando a lógica de proteção pelos instrumentos e normas supranacionais, que se voltam aos direitos dos seres humanos, e não dos Estados. Precisamente a partir da promulgação do Decreto 678/1992, instituiu-se norma que forma um dos pilares da proteção dos Direitos Humanos que fundamentam as decisões judiciais no Brasil. Consagraram-se direitos políticos e civis e os relacionados à integridade pessoal, à liberdade e à proteção judicial.

Contudo, foi desde a Declaração Universal da ONU, de 1948, que a soberania deixou de ocupar assento exclusivo como princípio absoluto, agora passando a ser preservada lado a lado com os indivíduos alocados também no *status* de sujeitos de Direito Internacional. Assim, a transgressão de direitos para a vida saudável, as condições existenciais mínimas e a proteção contra todo e qualquer ato de cunho degradante e desumano tornaram-se questões que ultrapassaram o tratamento somente pela seara jurisdicional doméstica, dada a singular relevância universal.[990]

---

[990] ARAUJO, Nadia de. *Direito internacional privado*: teoria e prática brasileira. 9. ed. rev. e atual. São Paulo: Thomson Reuters Brasil, 2020. p. 29.

Nessa conjuntura, a interpretação e a integração têm funções comunicantes e complementares, voltadas à revelação do Direito. Ambas possuem caráter criador e permitem o contato direto entre as regras de direito e a vida social. A vedação ao *non liquet*, isto é, proibição de que o juiz alegue lacuna legal como fator de impedimento à prolação da decisão, está expressamente prevista no art. 140 do CPC, devendo o agente judicante se valer dos meios legais de solução de lacunas, previstos no art. 4º da Lei de Introdução às Normas do Direito Brasileiro (LINDB), a saber: a analogia (utiliza-se de regra jurídica prevista para hipótese semelhante), os costumes (fontes da lei) e os princípios gerais do Direito (princípios decorrentes do próprio ordenamento jurídico).

Dois são os métodos para a integração do ordenamento jurídico: heterointegração (o uso de ordenamentos diversos ou fontes de direito diferentes da dominante naquele ordenamento) e autointegração (dando-se dentro do mesmo ordenamento e da mesma fonte dominante). A partir desse sistema, Bobbio enquadra o costume como espécie de heterointegração e a analogia e os princípios gerais do Direito como espécies de autointegração.[991]

A interpretação de normas jurídicas exige do operador muito além de processo lógico-gramatical. É preciso compreender a vontade da lei, o contexto cultural e histórico do momento da sua criação, as circunstâncias fáticas, além de explorar a elasticidade e encontrar a melhor resposta interpretativa para o caso em comento. A criação da norma exige o cumprimento de etapas discursivas significativas e deve atentar aos deveres de ordem pública[992] e principiológicos, sem prejuízo de atender com primazia aos preceitos constitucionais.

Quando da aplicação a partir da análise concreta, questões relevantes podem despertar o questionamento de sua incidência, constitucionalidade ou mesmo o dever de superação, dada eventual inutilidade diante da condição contemporânea. A par disso, as normas são interpretadas em consonância com os seus antecedentes históricos, resgatando as causas que as determinaram, verificando o contexto político do qual surgiram, sendo parâmetro concreto a Exposição de Motivos que acompanha a lei.

A interpretação integrativa surge, então, como mecanismo válido para a melhor resposta jurisdicional diante de situações reais, conferindo caráter teleológico e buscando sentido autônomo e objetivo na finalidade da lei, alcançando-se o fim social da norma, a *mens legis*, a vontade da lei, conforme determina o art. 5º da LINDB. Assim, diante de duas interpretações possíveis, o intérprete deve optar por aquela que melhor atenda às necessidades da sociedade.

A conjuntura sistemática de interpretação da norma exige que seja em conformidade com as demais regras do ordenamento jurídico, levando a resultado lógico e coerente. O intérprete jamais pode se esquecer da norma como objeto da atividade interpretativa não isolada do restante do ordenamento jurídico. Deve, pois, ser interpretada de acordo com o sistema, evitando-se paradoxos. A coerência do sistema estabelece-se a partir da Constituição, estando a lei infraconstitucional condicionada pela interpretação da Constituição e sendo pertinente que a atividade hermenêutica reconheça o fenômeno de constitucionalização do direito infraconstitucional.

---

[991] BOBBIO, Norberto. *Teoria do ordenamento jurídico*. 2. ed. Trad. Ari Marcelo Solon. São Paulo: Edipro, 2014. p. 138.

[992] "A noção de ordem pública começou a aparecer ainda no tempo dos antigos estatutários, que procuraram limitar o campo de aplicação da lei estrangeira, apresentando os chamados *estatutos proibitivos* que eram específicos de determinado território, não podendo, pois, ser aplicados fora, nem podendo ser afastados para aplicação em seu território a lei estrangeira. (...) É extremamente difícil conceituar ordem pública (...) deve ser entendido como o reflexo da filosofia sociopolítica-jurídica de toda a legislação" (BASSO, Maristela. *Curso de Direito Internacional Privado*. 6. ed. São Paulo: Atlas, 2020. p. 313-314).

Faz-se, ainda, uso da analogia, equidade/justiça do caso concreto e dos princípios gerais do Direito. Assim, além da interpretação em sentido estrito a partir de norma existente, a interpretação integrativa oferece a resposta de justiça quando ocorre omissão legislativa.[993] No sistema comparativo de interpretação, perscrutam-se, no ordenamento estrangeiro, subsídios decorrentes dos resultados a partir de dada fonte normativa. Quanto ao resultado da atividade interpretativa, classifica-se em: (a) declarativo – atribuindo-se à norma o significado de sua expressão literal; (b) restritivo – limitando-se a aplicação da lei a um âmbito mais estrito, quando o legislador disse mais do que pretendia; (c) extensivo – conferindo-se uma interpretação mais ampla que a obtida pelo seu teor literal, hipótese na qual o legislador expressou menos do que pretendia; e (d) ab-rogante – quando se conclui pela inaplicabilidade da norma, em razão de incompatibilidade absoluta com outra regra ou princípio geral do ordenamento.[994]

Quando se trata de norma processual, significa determinar seu conteúdo e alcance, objetivando não só descobrir o que a lei quer dizer, mas em quais casos a lei se aplica e em quais não. O fenômeno da interpretação não é uma construção de sentido, mas, sim, uma reconstrução de significado. Trata-se de atividade essencial do jurista, sendo certo que todas as normas jurídicas devem ser interpretadas, até as mais claras, uma vez que somente se tornam afiguráveis como tais depois de interpretadas.

5. A HERMENÊUTICA NO CONTEXTO NEOCONSTITUCIONAL

O artigo 29 do anexo ao Decreto 678, de 6 de novembro de 1992, Convenção Americana de Direitos Humanos (Pacto de São José da Costa Rica), dispõe sobre "Normas de Interpretação", tendo a jurisprudência da Corte Interamericana de Direitos Humanos lhe atribuído função relevante em três esferas distintas, estabelecendo: o conteúdo[995] de certas disposições da Convenção, os critérios de interpretação, como o princípio da "interpretação evolutiva" dos tratados de direitos humanos,[996] e o escopo de sua jurisdição consultiva.[997]

---

[993] Desde o Código francês de Napoleão, em 1804, institui-se a importante regra de que o magistrado não mais poderia se eximir de aplicar o direito, sob o fundamento de lacuna na lei, o que é seguido pela maioria dos códigos modernos.

[994] PINHO, Humberto Dalla Bernardina de. *Manual de direito processual civil contemporâneo*. 5. ed. São Paulo: SaraivaJur, 2023. p. 127.

[995] "A alínea a) foi utilizada para definir o alcance das restrições às garantias estabelecidas na Convenção. Da mesma forma, utilizando a letra b) do referido artigo, a Corte interpretou as garantias da Convenção à luz de padrões estabelecidos em outros instrumentos internacionais e em normas de direito interno. Da mesma forma, a letra c) tem sido utilizada para interpretar os direitos convencionais à luz dos direitos que derivam da forma democrática representativa de governo" (BRASIL. Supremo Tribunal Federal. *Convenção Americana sobre Direitos Humanos*: anotada com a jurisprudência do Supremo Tribunal Federal e da Corte Interamericana de Direitos Humanos. 2. ed. Brasília: STF, Secretaria de Altos Estudos, Pesquisas e Gestão da Informação, 2022. p. 453).

[996] "(...) 'consistente com as regras gerais de interpretação consagradas' no referido artigo. Da mesma forma, desenvolveu-se o princípio derivado do artigo 29.b) e a proibição de privar os direitos de seu conteúdo essencial como derivado do artigo 29.a)" (BRASIL. Supremo Tribunal Federal. *Convenção Americana sobre Direitos Humanos*: anotada com a jurisprudência do Supremo Tribunal Federal e da Corte Interamericana de Direitos Humanos. 2. ed. Brasília: STF, Secretaria de Altos Estudos, Pesquisas e Gestão da Informação, 2022. p. 453).

[997] "Nesse sentido, indicou-se que, de acordo com o artigo 29.d), 'ao interpretar a Convenção no exercício de sua competência consultiva, pode ser necessário que a Corte interprete a [Declaração Americana dos

A vedação a "*a) permitir a qualquer dos Estados-Partes, grupo ou pessoa, suprimir o gozo e exercício dos direitos e liberdades reconhecidos na Convenção ou limitá-los em maior medida do que a nela prevista*" revela a percepção do alcance da Convenção quanto às garantias estabelecidas. O Supremo Tribunal Federal brasileiro atentou para a necessidade de preservar a liberdade, ressaltando a presunção de inocência como Direito Fundamental de qualquer indivíduo. Essa conclusão ainda se mostra perene nos casos de prisão penal na pendência de recursos excepcionais/de fundamentação vinculada. O entendimento atual está mantido por apertada maioria e discorre, entre outros argumentos, que a fonte internacional não exige o trânsito em julgado como desdobramento da proteção jurídica dispensada àqueles que sofrem persecução criminal, diversamente do indicado pela ordem normativa doméstica. Foi constatada a situação de antinomia entre o direito internacional público e o ordenamento interno brasileiro, buscando-se estabelecer diálogo harmonioso entre as fontes internacionais e aquelas de origem doméstica, com aplicação do critério da norma mais favorável (Pacto de São José da Costa Rica, artigo 29). Na atual conjuntura, sobreleva-se a exigência do trânsito em julgado vinculativa ao contexto constitucional e político-social da coisa julgada penal, como fatores de certeza e de segurança jurídica (*res judicata pro veritate habetur*) para a execução penal.[998]

Igualmente, veda-se "*b) limitar o gozo e exercício de qualquer direito ou liberdade que possam ser reconhecidos de acordo com as leis de qualquer dos Estados-Partes ou de acordo com outra convenção em que seja parte um dos referidos Estados*". Por meio dessa garantia, busca-se a interpretação da Convenção à luz de padrões exitosos estabelecidos mediante outras fontes do direito, tais como demais instrumentos internacionais e normas internas dos Estados-partes.

Também se veda "*c) excluir outros direitos e garantias que são inerentes ao ser humano ou que decorrem da forma democrática representativa de governo*". Por meio dessa alínea, assegura-se a interpretação à luz do estabelecido como direitos erigidos nos sistemas domésticos de forma democrática.

Ademais, há vedação a "*d) excluir ou limitar o efeito que possam produzir a Declaração Americana dos Direitos e Deveres do Homem e outros atos internacionais da mesma natureza*".

Os métodos de interpretação, auxiliados pelos meios de integração, devem considerar a superioridade hierárquica constitucional e a interpretação lastreada na Constituição, a ordem pública, a moralidade, a igualdade, a dignidade da pessoa humana, além dos preceitos da presunção de constitucionalidade das leis, da razoabilidade e da proporcionalidade, o princípio da efetividade, tudo em compasso com os Direitos Fundamentais e a organização dos Poderes. Deve-se considerar ainda a adequação do sentido da norma infraconstitucional à Constituição e a declaração de inconstitucionalidade sem redução de texto.

No modelo pós-positivista, o magistrado deve estar preparado para constatar que a solução não está integralmente na norma, demandando papel criativo na formulação da

---

Direitos e Deveres do Homem].' Além disso, a Corte afirmou que 'excluir, *a priori*, de sua competência consultiva os tratados internacionais que obrigam os Estados americanos em matéria de proteção dos direitos humanos, constituiria uma limitação à plena garantia dos mesmos, em contradição com as regras consagradas na alínea b) do artigo 29.b)'" (BRASIL. Supremo Tribunal Federal. *Convenção Americana sobre Direitos Humanos*: anotada com a jurisprudência do Supremo Tribunal Federal e da Corte Interamericana de Direitos Humanos. 2. ed. Brasília: STF, Secretaria de Altos Estudos, Pesquisas e Gestão da Informação, 2022. p. 453-454).

[998] Acerca da discussão sobre a execução provisória da pena, ver os debates realizados nas Ações Declaratórias de Constitucionalidade 43, 44 e 54, por meio das quais se discute a constitucionalidade do artigo 283 do Código de Processo Penal.

solução para o problema. Ele se torna, assim, coparticipante do papel de produção do direito, mediante integração, com suas próprias valorações e escolhas, das cláusulas abertas constantes do sistema jurídico. Faz-se necessário verificar a constitucionalidade das normas, sabendo-as subdivididas em regras (comandos) e princípios (valores).

No conflito entre regras, apenas uma pode prevalecer. Para tanto, são utilizados os métodos: (a) temporal (revogação); (b) hierárquico (invalidação); e (c) da especialidade. No conflito entre princípios, não se fala em revogação, mas, sim, em ponderação, de forma que dois ou mais podem coexistir, devendo ser aplicados proporcionalmente. É imprescindível que o juiz fundamente adequadamente suas decisões. De forma analítica, o julgador deve expor não apenas o fundamento de sua decisão, mas o que Pinho explica ser o fundamento do fundamento, assim entendido como as razões que levaram o juiz a fazer dada interpretação e optar por certo caminho, além do motivo pelo qual determinada providência lhe pareceu mais apropriada do que as demais possíveis, diante do caso concreto.[999]

A adoção de princípios na atividade hermenêutica se faz necessária justamente em razão dessa "discricionariedade" do intérprete. Nesse sentido, Barroso enumera a *"atribuição de normatividade aos princípios e a definição de suas relações com valores e regras; a reabilitação da razão prática e da argumentação jurídica; a formação de uma nova hermenêutica constitucional"*. Além disso: *"o desenvolvimento de uma teoria dos direitos fundamentais edificada sobre o fundamento da dignidade humana. Nesse ambiente, promove-se uma reaproximação entre o Direito e a filosofia"*.[1000]

A complexidade da interpretação se revela em situações como a colisão de normas constitucionais, merecendo destaque a atuação do Poder Judiciário em franco ativismo judicial materializado por meio da jurisdição constitucional mediante o uso de cláusulas gerais aliado à força normativa dos princípios aplicados diretamente ao caso, independentemente de norma infraconstitucional. Adota-se ainda a técnica da ponderação nos casos em que a subsunção não é suficiente. Será necessária para resolver os chamados "casos difíceis" nas hipóteses que envolvam ou a colisão de normas constitucionais, ou a verificação de um "desacordo moral razoável".

Alia-se ao sistema interpretativo e integrativo a argumentação jurídica, o atendimento aos fins sociais e às exigências do bem comum, por vezes exigindo dos tribunais domésticos a realização de esforço hermenêutico diante da necessidade concreta que exige adaptação e flexibilização da rigidez de certas normas de origem legislativa ou convencional. A dificuldade conceitual de ordem pública, mais afeta ao foro íntimo do intérprete, explica Basso, exige que seu convencimento e decisão devam buscar a moral básica de uma nação.[1001] Em todo caso, deve ser resguardada e promovida a dignidade da pessoa humana, observando-se a proporcionalidade, a razoabilidade, a legalidade, a moralidade, a publicidade e a eficiência, conforme o art. 8º do CPC/2015.

Nesse contexto, questões práticas levadas ao Tribunais Superiores mereceram atenção interpretativa e integrativa, mormente em assuntos afetos ao direito penal, constitucional e processual penal. Foi o caso da prisão civil do depositário infiel. O *status* supralegal[1002] da CADH fez que a jurisprudência se consolidasse em vedar a prisão civil por dívida, tal

[999]   PINHO, Humberto Dalla Bernardina de. *Manual de direito processual civil contemporâneo*. 5. ed. São Paulo: SaraivaJur, 2023. p. 128-132.

[1000]   BARROSO, Luís Roberto. Neoconstitucionalismo: o triunfo tardio do Direito Constitucional no Brasil. *Migalhas*, 02.05.2006 Disponível em: https://www.migalhas.com.br/depeso/24089/neoconstitucionalismo---o-triunfo-tardio-do-direito-constitucional-no-brasil. Acesso em: 02.05.2023.

[1001]   BASSO, Maristela. *Curso de Direito Internacional Privado*. 6. ed. São Paulo: Atlas, 2020. p. 314.

[1002]   Ver Tema 60 do STF. Julgamento do RE 466.343.

qual instituído pelo artigo 7, item 7, da CADH, apesar da previsão constitucional vigente (inciso LXVII do art. 5º da CRFB/1988). O marco temporal desse entendimento decorre da EC 45/2004, por ter sido conferida aos tratados e às convenções de direitos humanos a equivalência às emendas constitucionais.[1003]

Antes dessa categorização normativa, o Pacto de São José da Costa Rica havia sido aprovado por maioria simples e fora recebido como norma infraconstitucional. À época, prevalecia o texto constitucional que admitia a prisão civil do depositário infiel e as normas infraconstitucionais que a disciplinavam. O texto constitucional não foi revogado. Apenas deixou de ter aplicabilidade em decorrência do efeito paralisante[1004] que a Convenção reverberou sobre normas infraconstitucionais[1005] que disciplinavam a prisão civil em tais casos. Esse entendimento firmado pelo STF[1006] foi seguido pelo Superior Tribunal de Justiça, que, ao fim, firmou entendimento que gerou o enunciado da Súmula 419.

Diferente foi a interpretação dada ao crime de desacato. A liberdade de expressão prevista no artigo 13 da CADH foi invocada no julgamento do *Habeas Corpus* 379.269,[1007] em confronto com a conduta descrita no art. 331 do Código Penal, que permanece criminalizada sem que isso afronte o teor do Pacto de São José da Costa Rica. Considerou o Tribunal Superior que, na hermenêutica dos direitos tutelados na CADH, é possível estabelecer restrições ao artigo 13 da CADH. A fundamentação pautou-se, inclusive, na teoria da margem de apreciação nacional (*margin of appreciation*), segundo a qual, ainda que os direitos humanos tenham pretensão universalista, pode haver motivações econômicas, sociais, políticas ou jurídicas diferenciadas, legitimadoras de diversidade de resultados no processo hermenêutico.

Assim, os Estados nacionais teriam certo espectro de discricionariedade para a concretização dos direitos humanos, merecendo observância, contudo, do alcance das restrições estabelecidas no PSJCR,[1008] partindo-se da lógica de que os vetores de hermenêutica dos Direitos tutelados na CADH, nos artigos 29 e 30, sob o prisma de ambos serem instrumentos de interpretação, não identificaram transgressão do Direito à Liberdade de Expressão pelo teor do art. 331 do Código Penal, pois se revelara *"essencial, proporcional e idônea a resguardar a moral pública e, por conseguinte, a própria ordem pública"*. Portanto, mediante o controle de

---

[1003] "Art. 5º (...) LXXIX (...) § 3º Os tratados e convenções internacionais sobre direitos humanos que forem aprovados, em cada Casa do Congresso Nacional, em dois turnos, por três quintos dos votos dos respectivos membros, serão equivalentes às emendas constitucionais. (Incluído pela EC 45/2004)."

[1004] Tema 220 do STJ: "Descabe a prisão civil do depositário judicial infiel". E mais: "no plano material, as regras provindas da Convenção Americana de Direitos Humanos, em relação às normas internas, são ampliativas do exercício do direito fundamental à liberdade, razão pela qual paralisam a eficácia normativa da regra interna em sentido contrário, haja vista que não se trata aqui de revogação, mas de invalidade" (Recurso Especial 914.253-SP (2006/0283913-8), Rel. Min. Luiz Fux).

[1005] Decreto-lei 911/1969.

[1006] Súmula vinculante 25: "É ilícita a prisão civil de depositário infiel, qualquer que seja a modalidade do depósito". Data de aprovação: Sessão Plenária de 16.12.2009. Fonte de publicação: *DJe* 238, de 23.12.2009, p. 1. *DOU* de 23.12.2009, p. 1. Referência legislativa: Constituição Federal de 1988, art. 5º, LXVII e § 2º. Convenção Americana sobre Direitos Humanos (Pacto de S. José da Costa Rica), artigo 7, § 7. Pacto Internacional sobre Direitos Civis e Políticos, artigo 11.

[1007] *Habeas Corpus* 379.269-MS (2016/0303542-3), Rel. Min. Reynaldo Soares da Fonseca, Rel. para Acórdão: Min. Antonio Saldanha Palheiro.

[1008] Artigo 30. Alcance das Restrições: "As restrições permitidas, de acordo com esta Convenção, ao gozo e exercício dos direitos e liberdades nela reconhecidos, não podem ser aplicadas senão de acordo com leis que forem promulgadas por motivo de interesse geral e com o propósito para o qual houverem sido estabelecidas".

convencionalidade, compatibilizou-se verticalmente a norma doméstica com o instrumento internacional de direitos humanos ratificado pelo Estado e em vigor no território nacional.

Outros temas importantes merecem descrição neste estudo. O primeiro deles diz respeito ao julgamento que envolveu a confissão do acusado e o direito ao silêncio, manifestado pelo princípio *nemo tenetur se detegere* (vedação à autoincriminação ou direito ao silêncio). Tal medida está expressamente reconhecida no PSJCR,[1009] assegurando a toda pessoa acusada de um delito o direito de não ser obrigada a depor contra si mesma nem se declarar culpada. No caso concreto, alegou-se violação ao artigo 8, item 2, *g*, do Pacto de San José, buscando o interessado medida judicial que desconsiderasse a confissão realizada como prova. Isso não ocorreu. Entenderam os julgadores que o conjunto probatório formador do convencimento motivado do juízo para a condenação não se deu exclusivamente pela confissão. Ressaltou-se que: "*não implica desconsiderar, de forma absoluta, o teor do depoimento feito quando essa mesma pessoa escolhe confessar o ato delituoso cometido, como se deu no caso dos autos, em havendo nos autos outros elementos de convicção quanto aos fatos verificados e à conduta investigada do confesso*".[1010]

Outro caso de hermenêutica diz respeito ao tema audiência de custódia assentada no item 5 do artigo 7 da CADH,[1011] atualmente regida também por disposição normativa do Conselho Nacional de Justiça.[1012] No caso concreto, a providência jurisdicional buscada pautava-se em alegação de ilegalidade da segregação cautelar, por não ter sido realizada audiência de custódia. Para o Tribunal Superior, a não realização de audiência de custódia não acarretaria a automática nulidade do processo criminal, e, com o decreto de conversão do flagrante em prisão, a alegação de nulidade restou superada, diante do novo título justificador da privação da liberdade.

Esses casos emblemáticos retratam o exercício da atividade interpretativa pelo Judiciário brasileiro, conferindo primazia à norma de tom mais favorável à pessoa humana, prestigiando a máxima eficácia das declarações internacionais, garantindo a dupla compatibilidade vertical material, o que se opera mediante os direitos e as garantias constitucionais, acolhendo os tratados por meio do controle de convencionalidade e de supralegalidade das leis.

Passadas as matrizes que auxiliam o intérprete e o aplicador do direito, deve-se considerar a singular importância do sentido da vida humana no espaço globalizado e hipercomplexo da sua condição, dado relevante para se alcançarem as melhores resultas da Jurisdição. Desde quando o Estado chamou para si o monopólio da Jurisdição, remontando à Antiguidade, a atuação jurisdicional mostra-se mecanismo para assegurar o cumprimento das leis, sendo, essencialmente, uma função estatal.[1013] Nessa vereda, notória a importância da cultura como

---

[1009] Artigo 8.

[1010] AgRg no Recurso Especial 1.497.542-PB (2014/0306372-4), Rel. Min. Benedito Gonçalves, *DJe* 24.02.2016.

[1011] "Toda pessoa detida ou retida deve ser conduzida, sem demora, à presença de um juiz ou outra autoridade autorizada pela lei a exercer funções judiciais e tem direito a ser julgada dentro de um prazo razoável ou a ser posta em liberdade, sem prejuízo de que prossiga o processo. Sua liberdade pode ser condicionada a garantias que assegurem o seu comparecimento em juízo."

[1012] BRASIL. Conselho Nacional de Justiça. *Resolução 213, de 15 de dezembro de 2015*. Dispõe sobre a apresentação de toda pessoa presa à autoridade judicial no prazo de 24 horas. Disponível em: https://atos.cnj. jus.br/atos/detalhar/2234. Acesso em: 02.05.2023.

[1013] "(...) função preponderantemente estatal, exercida por um órgão independente e imparcial, que atua a vontade concreta da lei na justa composição da lide ou na proteção de interesses particulares" (GRECO, Leonardo. *Instituições de processo civil*. 5. ed. Rio de Janeiro: Forense, 2015. v. I. p. 69).

elemento massificador de paradigmas[1014] e da complexidade[1015] como fenômeno marcador das dificuldades e incertezas.

Acoplando-se o Direito àqueles elementos, efeitos da globalização e atividades das pessoas, os sistemas devem se moldar aos blocos de valores a partir dos quais se erige a cultura influenciadora das instituições jurídicas e políticas. Densificam-se, assim, os modelos de interpretação da norma, notadamente a partir da historicidade e da integração, dadas as especificidades que criam identidades globalizadas coexistentes com as peculiaridades inerentes a cada grupo social, ensejando divergências políticas e sociais.

6. CONSIDERAÇÕES FINAIS

O Estado é uma pessoa jurídica de direito público, sendo formado por sociedade que ocupa determinado território e segue subordinada a autoridade decorrente de soberania. A finalidade política e jurídica é defender sua independência e seu território, além de promover a ordem e a justiça como finalidades sociais. A democracia como *governo do povo, pelo povo e para o povo* realiza-se por meio dos valores de liberdade e igualdade, e, nas feições modernas, notabiliza-se o terceiro elemento do legado da Revolução franca: a fraternidade.

No contexto da organização nacional, a divisão dos poderes converge para o Poder Judiciário a ponta da aplicação do Direito, sendo sua interpretação em nada estanque. Nas funções essenciais da Justiça de um Estado Democrático de Direito, o acesso à Justiça desborda o modelo positivista e exige dos operadores parciais (Ministério Público, Advocacias Públicas e Privadas e Defensoria Pública) a atuação colaborativa com o agente judicante imparcial em prol das respostas adequadas e justas. Todos devem estar imbuídos do propósito do bem comum e da felicidade do destinatário da norma, sendo esse resultado a manifestação do justo que leva à pacificação dos conflitos e à convivência harmônica.

Para percorrer esse caminho, espera-se o empenho de todos na hermenêutica adequada e genuína ao senso comum do bem, do bom e do justo. Ademais, no cumprimento dessa defluência jurisdicional (não necessariamente no Judiciário), deve-se observar garantias processuais inatas às razões neoconstitucionalistas erigidas a partir de primados fundamentais intransponíveis rotulados como Direitos e Garantias Fundamentais.

A partir dessa matriz capital, a interpretação de normas internacionais concebe-se conferindo sentido à norma diante do caso concreto. Para tanto, carece se orientar pelo eixo estruturante da prevalência dos valores afetos à dignidade da pessoa humana, sendo esse norte o referencial de proteção e de intenção da fonte. Espera-se que seja baseado no senso comum revelador o sentimento inato do justo e de justiça. A ordem pública como elemento integrante da referência interpretativa e integrativa deve ser reconhecidamente moldável às circunstâncias fático-temporais da aplicação da norma, havendo amplo espaço para o estado--juiz atualizá-la diante de questões objetivas e outras sensíveis que igualmente demandem declaração jurisdicional legitimadora do seu exercício.

[1014] Geertz conceituou "cultura" utilizando como parâmetro a crença dos indivíduos na criação de uma cultura decorrente da instalação de um modelo de certas ideias surgidas pelo ímpeto intelectual e hábeis a solucionar imediatamente os problemas e aclarar os pontos obscuros (GEERTZ, Clifford. *A interpretação das culturas*. Rio de Janeiro: LTC, 2008. p. 3-4).

[1015] MORIN, Edgar. *Ciência com consciência*. Trad. Maria D. Alexandre e Maria Alice Sampaio Dória. 12. ed. Rio de Janeiro: Bertrand Brasil, 2008. p. 176-177.

REFERÊNCIAS

ARAUJO, Nadia de. *Direito internacional privado*: teoria e prática brasileira. 9. ed. rev. e atual. São Paulo: Thomson Reuters Brasil, 2020.

BARROSO, Luís Roberto. Neoconstitucionalismo: o triunfo tardio do Direito Constitucional no Brasil. *Migalhas*, 02.05.2006 Disponível em: https://www.migalhas.com.br/depeso/24089/neoconstitucionalismo---o-triunfo-tardio-do-direito-constitucional--no-brasil. Acesso em: 02.05.2023.

BASSO, Maristela. *Curso de Direito Internacional Privado*. 6. ed. São Paulo: Atlas, 2020.

BOBBIO, Norberto. *Teoria do ordenamento jurídico*. 2. ed. Trad. Ari Marcelo Solon. São Paulo: Edipro, 2014.

BRASIL. Conselho Nacional de Justiça. *Resolução 213, de 15 de dezembro de 2015*. Dispõe sobre a apresentação de toda pessoa presa à autoridade judicial no prazo de 24 horas. Disponível em: https://atos.cnj.jus.br/atos/detalhar/2234. Acesso em: 02.05.2023.

BRASIL. Presidência da República. *Decreto 678, de 6 de novembro de 1992*. Promulga a Convenção Americana sobre Direitos Humanos (Pacto de São José da Costa Rica), de 22 de novembro de 1969. Disponível em: https://www.planalto.gov.br/ccivil_03/decreto/D0678.htm. Acesso em: 23.04.2023.

BRASIL. Supremo Tribunal Federal. *Convenção Americana sobre Direitos Humanos*: anotada com a jurisprudência do Supremo Tribunal Federal e da Corte Interamericana de Direitos Humanos. 2. ed. Brasília: STF, Secretaria de Altos Estudos, Pesquisas e Gestão da Informação, 2022.

CANOTILHO, J. J. Gomes. *Direito Constitucional e Teoria da Constituição*. Coimbra: Almedina, 2000.

CHIOVENDA, Giuseppe. *Instituições de direito processual civil*. 3. ed. Campinas: Bookseller, 2002. v. II.

DOLINGER, Jacob. *Direito internacional privado*. 10. ed. rev. e atual. Rio de Janeiro: Forense, 2011.

DUARTE, Márcia Michele Garcia. *Argumentação participativa – o encontro com a virtuosidade humana*: motivos para o êxito da justiça restaurativa no combate e prevenção da violência doméstica. Curitiba: CRV, 2016.

FERNANDES, David Augusto. *Sistema Onusiano*: uma contribuição político-jurídica da Organização das Nações Unidas. Rio de Janeiro: Multifoco, 2015.

GEERTZ, Clifford. *A interpretação das culturas*. Rio de Janeiro: LTC, 2008.

GRECO, Leonardo. *Instituições de processo civil*. 5. ed. Rio de Janeiro: Forense, 2015. v. I.

MORIN, Edgar. *Ciência com consciência*. Trad. Maria D. Alexandre e Maria Alice Sampaio Dória. 12. ed. Rio de Janeiro: Bertrand Brasil, 2008.

PINHO, Humberto Dalla Bernardina de. *Manual de direito processual civil contemporâneo*. 5. ed. São Paulo: SaraivaJur, 2023.

PINHO, Humberto Dalla Bernardina de; DUARTE, Márcia Michele Garcia. Interdisciplinaridade, complexidade e pós-modernidade: premissas fundamentais para a compreensão do processo civil contemporâneo. *Revista Jurídica Luso-Brasileira (RJLB)*, n. 4, ano 4, p. 955-999, 2018.

> ### Artigo 30
> ### Alcance das restrições
>
> As restrições permitidas, de acordo com esta Convenção, ao gozo e exercício dos direitos e liberdades nela reconhecidos, não podem ser aplicadas senão de acordo com leis que forem promulgadas por motivo de interesse geral e com o propósito para o qual houverem sido estabelecidas.
>
> ### Artigo 31
> ### Reconhecimento de outros direitos
>
> Poderão ser incluídos no regime de proteção desta Convenção outros direitos e liberdades que forem reconhecidos de acordo com os processos estabelecidos nos artigos 69 e 70.

 COMENTÁRIOS

por Marcos Vinícius Jardim Rodrigues e Jordana Maria Ferreira de Lima

O CONSELHO NACIONAL DE JUSTIÇA NA DENSIFICAÇÃO DE DIREITOS HUMANOS

1. INTRODUÇÃO

Entre os princípios fundamentais da República Federativa do Brasil, previstos no art. 4º da Constituição Federal de 1988 (CF/1988), está a prevalência dos direitos humanos (inc. II). Também no texto constitucional, restou prevista a adesão a tratados e convenções internacionais sobre direitos humanos (art. 5º, §§ 2º e 3º, da CF/1988). Por fim, o órgão sobre o qual se falará brevemente – Conselho Nacional de Justiça (CNJ) – possui previsão constitucional.

Conquanto instituído como órgão do Poder Judiciário (inciso I-A do art. 92 da Constituição Federal de 1988), somente após sua instalação, em 14 de junho de 2005, o CNJ teve seu desenho institucional e estrutural iniciado. Aqui interessam algumas medidas de índole constitucional veiculadas em ação proposta perante o Supremo Tribunal Federal (STF).

Em 20 de agosto de 2008, foi julgada, definitivamente,[1016] a Ação Declaratória de Constitucionalidade (ADC) 12,[1017] proposta pela Associação dos Magistrados do Brasil (AMB),[1018]

[1016]　Houve, no entanto, medida cautelar deferida nos autos da ADC 12, especificamente em 16.02.2006.

[1017]　Íntegra do acórdão disponível em https://redir.stf.jus.br/paginadorpub/paginador.jsp?docTP=AC&docID= 606840. Acesso em: 15.12.2022.

[1018]　Relembra-se, a título de incremento, da ação constitucional ajuizada também pela AMB em momento anterior à própria existência jurídica do Conselho: a Ação Direta de Inconstitucionalidade (ADI) 3.367-1/DF, cujo julgamento também forneceu contornos às atribuições e ao funcionamento do CNJ. Na ADI, contudo, a Associação de juízes pugnava pela **inconstitucionalidade do CNJ**.

Em resumo, do julgamento da ADI anterior, no mínimo seis aspectos merecem destaque: (a) o CNJ é órgão nacional que **não** pode ser replicado nas unidades da federação; (b) de natureza exclusivamente administrativa; (c) órgão inserto no Judiciário, apesar de controlá-lo; (d) seus atos são passíveis de conque, em síntese, pedia a suspensão de processos judiciais atinentes à Resolução CNJ 7, de 18 de outubro de 2005 (vedação ao nepotismo no Poder Judiciário),[1019] com eficácia retro-ativa em relação àqueles feitos em que o cumprimento da referida Resolução houvesse sido afastado. No mérito, a AMB buscava o reconhecimento da constitucionalidade da vedação ao nepotismo.

Do acórdão que julgou a ADC 12, importa extrair os contornos para a realização do poder normativo pelo CNJ. Com a palavra o relator, ministro Carlos Ayres Britto:

> (...)
>
> A Resolução nº 07/05 se dota, ainda, de caráter **normativo primário**, dado que arranca diretamente do § 4º do art. 103-B da Carta-cidadã e tem como finalidade debulhar os próprios conteúdos lógicos dos princípios constitucionais de centrada regência de toda a atividade administrativa do Estado, especialmente o da impes-soalidade, o da eficiência, o da igualdade e o da moralidade.
>
> (...)
>
> O modelo normativo em exame **não é suscetível de ofender a pureza do princípio da separação dos Poderes** e até mesmo do princípio federativo. Primeiro, pela consideração de que o CNJ não é órgão estranho ao Poder Judiciário (art. 92, CF) e não está a submeter esse Poder à autoridade de nenhum dos outros dois; segundo, porque ele, Poder Judiciário, tem uma singular compostura de âmbito nacional, perfeitamente compatibilizada com o caráter estadualizado de uma parte dele. Ademais, o art. 125 da Lei Magna defere aos Estados a competência de organizar a sua própria Justiça, mas não é menos certo que esse mesmo art. 125, *caput*, junge essa organização aos princípios "estabelecidos" por ela, Carta Maior, neles incluídos os constantes do art. 37, cabeça. (grifamos)

Em outras palavras, via ADC 12, consolidou-se, entre outros aspectos,[1020] a capacidade regulamentar do CNJ, a qual decorre de dispositivo constitucional e de observação compul-sória pelos demais órgãos do Poder Judiciário, exceto o STF.

Evidenciada a atribuição normativa do CNJ, observar-se-á sua contribuição para os direitos humanos. Antes, porém, importam breves considerações acerca de dois dispositivos

---

trole judicial; (e) a penalidade máxima passível de aplicação pelo CNJ a juiz está limitada à aposentadoria compulsória; e (f) aos membros que sejam advogados, durante o mandato no CNJ, são vedados o exercício da advocacia e a atuação política. Sobre esta última, vale mencionar que a postura político-partidária de alguns membros do Judiciário foi um dos fatores para a edição, em 2008, da Resolução CNJ60, de 19 de setembro de 2008, que veiculou o Código de Ética da Magistratura Nacional. Complementarmente, tendo em conta várias infringências virtuais às regras da Loman e ao Código de Ética, o Conselho editou a Resolução 305, de 17.12.2019, que "*Estabelece os parâmetros para o uso das redes sociais pelos membros do Poder Judiciário*".

[1019] Íntegra disponível em https://atos.cnj.jus.br/atos/detalhar/187. Acesso em: 10.12.2022.

[1020] Em acréscimo, via ADC 12, são dignas de nota as seguintes observações: (i) o ato normativo do Conselho pode estar revestido dos atributos da generalidade, impessoalidade e abstratividade, podendo possuir, ainda, caráter normativo primário, ao extrair seu fundamento de validade diretamente da CF/1988; (ii) os atos do CNJ podem ser descritores e prescritores, ou seja, detêm "âmbito temporal de vigência em aberto, pois claramente vocacionado para renovar de forma contínua o liame que prende suas hipóteses de incidência aos respectivos mandamentos" (fls. 8 da MC na ADC 12); (iii) os atos do Conselho sujeitam-se ao controle objetivo de constitucionalidade; (iv) o CNJ pode, em tese, editar ato em contrariedade a lei ou ato administrativo local quando violarem a CF/1988.

da Convenção Americana de Direitos Humanos – artigos 30 e 31 –, considerando que é a partir deles que será observada a atuação do Conselho.

2. COMENTÁRIOS AOS ARTIGOS 30 E 31 DA CONVENÇÃO AMERICANA DE DIREITOS HUMANOS

O tópico é dedicado à compreensão sobre o teor de dispositivos da Convenção que preceituam a extensão de direitos e liberdades e também possível restrição ao exercício, sob determinados requisitos. Tais artigos constam do Capítulo IV do documento – "Suspensão de Garantias, Interpretação e Aplicação".

Conquanto nos interessem, aqui, os artigos 30 e 31, importa destacar que, já no início do mencionado Capítulo da Convenção, está prevista exceção à sua integral aplicação (artigo 27.1). Todavia, o segundo item do mesmo artigo explica que a suspensão dos direitos determinados – a saber: direito ao reconhecimento da personalidade jurídica; direito à vida; direito à integridade pessoal; proibição da escravidão e servidão; princípio da legalidade e da retroatividade; liberdade de consciência e de religião; proteção da família; direito ao nome; direitos da criança; direito à nacionalidade e direitos políticos, além das garantias indispensáveis para a proteção de tais direitos – está vedada.

Em acréscimo, o artigo 30 versa sobre o alcance das restrições à aplicação da Convenção, indicando que somente são permitidas limitações "ao gozo e exercício dos direitos e liberdades nela reconhecidos", caso estejam "de acordo com leis que forem promulgadas por motivo de interesse geral e com o propósito para o qual houverem sido estabelecidas".

É dizer: ainda que se possibilitem restrições ao gozo de direitos e liberdades, estas não recairão sobre os direitos insertos no artigo 27.2; tampouco em desacordo com leis[1021] nacionais dotadas de interesse geral e propósito (finalidade) específico. Dito de outro modo, as condições e circunstâncias gerais que autorizam a imposição de limites ao exercício de determinado direito humano devem constar de lei que estabelecer o limite.

Há outra restrição à limitação de direitos consistente na causa invocada para justificá-la, somente podendo recair sobre disposições específicas incluídas em determinados direitos, como os previstos nos artigos 12.3, 13.2.b e 15 ou em normas que estabeleçam fins legítimos gerais, a exemplo de "direitos de cada pessoa são limitados pelos direitos dos demais" ou "justas exigências do bem comum, numa sociedade democrática" (artigo 32).

Ainda sobre as restrições à fruição íntegra dos direitos humanos, a Corte IDH, no caso Castañeda Gutman *vs.* Estados Unidos Mexicanos,[1022] consignou que, para avaliar se a medida restritiva pode ser imposta, "o Tribunal deve apreciar se: a) satisfaz uma necessidade social imperativa, ou seja, se visa satisfazer um interesse público imperativo; b) é a que restringe em menor grau o direito tutelado; e c) esteja estreitamente alinhada com a realização do objetivo legítimo".

Quanto ao artigo 31 da Convenção, há a possibilidade de inclusão de novos direitos e liberdades, desde que estejam "de acordo com os processos estabelecidos nos artigos 69 e 70". Esses dispositivos se inserem no Capítulo X da Convenção, que diz respeito a "assinatura, ratificação, reserva, emenda, protocolo e denúncia".

[1021]　Sobre o tema, ver OC-6/1986 (Opinião Consultiva de 09.05.1986), acerca da expressão "leis" no artigo 30 da Convenção Americana sobre Direitos Humanos.

[1022]　No mesmo sentido: CORTE IDH. Caso Ricardo Canese *vs.* Paraguai. Exceções preliminares, mérito, reparações e custas. Sentença de 31.08.2004; CORTE IDH. Caso López Lone e outros *vs.* Honduras. Exceções preliminares, mérito, reparações e custas. Sentença de 05.10.2015.

Por sua vez, o artigo 76 prevê que "qualquer Estado-Parte, diretamente, e a Comissão ou a Corte, por intermédio do Secretário-Geral, podem submeter à Assembleia Geral, para o que julgarem conveniente, proposta de emenda" à Convenção. Aprovada, a emenda vigorará para os Estados que a ratificarem na "data em que houver sido depositado o respectivo instrumento de ratificação que corresponda ao número de dois terços dos Estados-Partes".

Já o dispositivo seguinte – artigo 77 – institui a possibilidade de que "projetos de protocolos adicionais a esta Convenção, com a finalidade de incluir progressivamente no regime de proteção da mesma outros direitos e liberdades", possam ser propostos por qualquer Estado-parte ou pela Comissão Interamericana de Direitos Humanos.

Compreendidas, pois, as disposições da Convenção Americana que propiciam a incorporação de novos direitos e liberdades, assim como delineadas as possibilidades e as restrições às limitações ao gozo de determinados direitos e liberdades (exceto os constantes do artigo 27.2), a tarefa do CNJ na concretização e densificação de Direitos Humanos é o que virá na sequência.

3. A EVOLUÇÃO REGULAMENTADORA DO CNJ EM DIREITOS HUMANOS

O percurso evolutivo da atividade normativa do Conselho, como visto anteriormente, é balizado pelo STF, tendo como bases primordiais a ADI 3.367 e a ADC 12. Portanto, é hora de mirar as resoluções do Conselho que progressivamente promoveram direitos importantes, em especial à população carcerária.

Antes de cuidar das medidas com impacto direto no encarceramento advindo do processo penal brasileiro, vale mencionar dois relevantes atos normativos que significaram o início da função de planejamento estratégico atribuída constitucionalmente ao Conselho: a Resolução CNJ 12/2006 e a Resolução CNJ 65/2008. Esta permitiu a uniformização da numeração dos processos no formato NNNNNNN-DD.AAAA.J.TR.OOOO e aquela possibilitou tal padronização.[1023]

Por outro lado, a primeira resolução elaborada pelo CNJ diretamente ligada à seara criminal foi publicada em 4 de setembro de 2006. Tratava-se da Resolução CNJ 19, contendo cinco sucintos artigos sobre a execução penal provisória. O ato levava em consideração questões relacionadas à sistemática de expedição da guia de recolhimento provisório, determinando-se aos juízos prolatores da condenação a expedição e pronta remessa da guia ao juízo da execução, além da respectiva certificação nos autos do processo criminal (art. 1º da Res. 19/2006).[1024]

Substituída pela Resolução CNJ 113/2010, a temática da Res. 19 foi complementada pela Resolução CNJ 237/2016, editada em razão de provocação[1025] da Defensoria Pública-Geral

---

[1023] Quanto à ferramenta de controle estatístico específico em matéria criminal, cite-se a Resolução CNJ 66/2009 que padroniza procedimentos relacionados à decretação e ao controle dos casos de prisão provisória. No entanto, outras duas resoluções modificaram-na, e a última delas, a Resolução CNJ 117/2010, suspendeu a vigência do art. 2º-A da Res. 66/2009.

[1024] Os outros artigos dispunham sobre providências a serem tomadas quando da superveniência de decisão absolutória ou do trânsito em julgado da condenação (arts. 2º e 3º, respectivamente). O ato foi parcialmente alterado pela Resolução CNJ 57, de 24 de junho de 2008, e posterior e totalmente revogado pela Resolução CNJ 113, de 20 de abril de 2010, que, com maior especificidade, cuidou do "procedimento relativo à execução de pena privativa de liberdade e de medida de segurança".

[1025] Vale mencionar que tramitaram outros procedimentos no CNJ, a exemplo do PP 0009795-95.2013.2.00.0000, em que havia requerimento de imediata comunicação e cumprimento de ordens judiciais liberatórias de pessoas presas. No caso do mencionado PP, constatou-se demora de dias e até meses no cumprimento

da União que ensejou a abertura do Pedido de Providências (PP) 0003878-35.2015.2.00.0000 para determinar ao tribunal que, ao modificar o julgamento do preso, comunicasse imediatamente ao juízo da execução penal (atual parágrafo único do art. 1º da Resolução CNJ 113).

Antes mesmo da Res. 113, mais precisamente em dezembro de 2009, houve a edição da Lei 12.106, de 2 de dezembro de 2009, que criou um dos compartimentos internos mais importantes do CNJ: Departamento de Monitoramento e Fiscalização do Sistema Carcerário e do Sistema de Execução de Medidas Socioeducativas (DMF). Além do propor a literalidade de sua nomenclatura, o DMF, logo de início, planejou e coordenou mutirões para reavaliação de prisões provisórias e definitivas, de medidas de segurança e de internações de adolescentes.

Relembre-se, todavia, que a Resolução CNJ 47, de 18 de dezembro de 2007, obrigava os juízes de execução criminal à realização de inspeções nos estabelecimentos prisionais sob sua responsabilidade. Tais inspeções deveriam ser feitas pessoalmente, em todos os meses, atentando-se para o disposto no Título IV da Lei de Execuções Penais e sem prejuízo de providências urgentes e imediatas quando da visita. As informações angariadas pelo juiz seriam prestadas à respectiva corregedoria, que as repassaria ao CNJ, para monitoramento e controle. Insuficiente a normativa, pois não se obteve o impacto efetivo e desejado para os encarcerados pátrios.

O DMF parece ter suas bases nos programas que precederam sua instituição, notadamente o "Começar de Novo" e os Mutirões Carcerários, que ocorreram em 2008 e 2009.

Sobre o mutirões carcerários instituídos pelo CNJ, via Portarias 383/2008[1026] e 513/2009, tem-se que o programa do Conselho iniciou-se no Rio de Janeiro e, em seu rol de objetivos, trazia: o reexame de todos os inquéritos e processos de presos provisórios, de presos condenados nos regimes fechados, semiaberto e aberto, também daqueles cumpridores de medidas de segurança; a criação de equipe multidisciplinar para o contato com a família dos presos; a inspeção de estabelecimentos penais e delegacias de polícia que mantivessem pessoas presas; a atualização constante de rotinas cartorárias nas varas de execução penal, dando cumprimento às decisões proferidas no mutirão; o levantamento das vagas existentes no sistema carcerário de cada Estado.

O diagnóstico da situação carcerária advindo desses mutirões propiciava, além de análises aprofundadas sobre execução penal, a correção de problemas como prisões irregulares e atrasos na concessão de benefícios.

Complementando a prática dos mutirões, a Resolução CNJ 96, de 27 de outubro de 2009,[1027] instituiu o Programa "Começar de Novo", que, interagindo com outros órgãos públicos e a sociedade civil, possibilitaria a disponibilização de postos de trabalho e cursos de capacitação profissional a presos e egressos do sistema prisional,[1028] no intento de reduzir a reincidência de crimes e de lhes proporcionar cidadania.

Outro programa inovador e corajoso desenhado pelo Conselho refere-se às audiências de custódia, em cumprimento aos pactos e aos tratados internacionais dos quais o Brasil é signatário, como o Pacto Internacional de Direitos Civis e Políticos e a Convenção Intera-

---

de ordem liberatória exarada em sede de *Habeas Corpus* por parte de um juízo de uma comarca baiana em flagrante afronta a outro ato normativo do CNJ: a Resolução 108, de 6 de abril de 2010. A referida resolução foi revogada pela Resolução 417, de 20 de setembro de 2021.

[1026] Posteriormente revogada pela Portaria 62, de 30 de junho de 2011.

[1027] Íntegra da Resolução 96 disponível em https://atos.cnj.jus.br/atos/detalhar/65. Acesso em: 06.12.2022.

[1028] Nessa esteira, o CNJ criou página específica na internet para reunir as vagas de trabalho e cursos de capacitação, estimulando a participação de empresas por meio de outorga do selo do Programa Começar de Novo.

mericana de Direitos Humanos (Pacto de San José), implementadas com forte colaboração do Conselho Nacional de Justiça.

Precedida por estudos realizados em 2015, a Resolução CNJ 213 institui a obrigação da célere apresentação da pessoa presa à autoridade judiciária nos casos de prisão em flagrante, para entrevista em que se analisará a legalidade e a necessidade da prisão, sua adequação e eventual necessidade de conversão em prisão cautelar ou da concessão de liberdade. Na audiência de custódia, deve haver, ainda, a avaliação sobre eventuais irregularidades na prisão, como ocorrências de tortura ou de maus-tratos.

Durante a pandemia de Covid-19, diante das restrições de locomoção e contato entre as pessoas, houve a flexibilização dos termos da Res. 213 pelo Plenário do CNJ, fato que ensejou a edição da Resolução CNJ 357, em novembro de 2020, pela qual se autorizou "a realização de audiências de custódia por videoconferência quando não for possível a realização, em 24 horas, de forma presencial".

Objeto de críticas, a Res. 357 foi complementada, posteriormente (março de 2021), pela Recomendação CNJ 91, que, entre outras, sugeria (art. 2º, parágrafo único) que os tribunais priorizassem as "audiências de custódia no planejamento da retomada de atividades presenciais". Por fim, a possibilidade da realização virtual do ato processual em tela foi excluída por força da Resolução CNJ 481, de 22 de novembro de 2022, que revogou as resoluções vigentes em razão da pandemia, além de alterar as Resoluções CNJ 227/2016, 343/2020, 345/2020, 354/2020 e 465/2022.

Na proteção específica da mulher e da prole, o CNJ editou, em setembro de 2018, a Resolução 252, ofertando diretrizes para "o acompanhamento das mulheres mães e gestantes privadas de liberdade", embasando-se nas Regras de Bangkok e nas Regras de Mandela (Regras Mínimas para o Tratamento de Presos, atualizadas em Viena em 2015).

Procedimentos e diretrizes para "a substituição da privação de liberdade de gestantes, mães, pais e responsáveis por crianças e pessoas com deficiência" foram veiculados pelo Conselho na Resolução 369/2021, consoante o prescrito nos arts. 318 e 318-A do Código de Processo Penal, e para dar cumprimento às ordens coletivas de *habeas corpus* concedidas pelo STF (HCs 143.641/SP e 165.704/DF).

Ainda dentro da peculiaridade inerente a pessoas privadas de liberdade no País, em 2019 houve a edição da Resolução CNJ 287, regramento em que restaram estabelecidos procedimentos para o correto tratamento de pessoas "indígenas acusadas, rés, condenadas ou privadas de liberdade", a fim de assegurar os direitos dessa população no âmbito criminal do Judiciário.

Por sua vez, o tratamento da população "lésbica, gay, bissexual, transexual, travesti ou intersexo" restou regulamentada pelo Conselho via Resolução CNJ 348, em 13 de outubro de 2020, em que, para além dos dispositivos constitucionais, foram levados em consideração: a Declaração Universal dos Direitos Humanos (1948), o Pacto Internacional de Direitos Civis e Políticos (1966), o Pacto Internacional dos Direitos Econômicos, Sociais e Culturais (1966), o Protocolo de São Salvador (1988), a Declaração da Conferência Mundial contra o Racismo, Discriminação Racial, Xenofobia e Intolerância Correlata (Durban, 2001), as Regras Mínimas Padrão das Nações Unidas para a Elaboração de Medidas Não Privativas de Liberdade ("Regras de Tóquio"), além dos Princípios de Yogyakarta[1029] sobre a Aplicação

---

[1029] Dentre os princípios de Yogyakarta, destaca-se o Postulado 8, pelo qual se propõe a implementação de programas de conscientização para atores do sistema de justiça sobre os padrões internacionais de direitos humanos e princípios de igualdade e não discriminação, inclusive em relação à orientação sexual e à identidade de gênero. Já o Postulado 9 reconhece que toda pessoa privada da liberdade deve ser tratada com humanidade, respeito e reconhecimento à orientação sexual e à identidade de gênero autodeterminadas,

da Legislação Internacional de Direitos Humanos em relação à Orientação Sexual e à Identidade de Gênero (Yogyakarta, 2006).

A CIDH contribui bastante para a melhoria das condições carcerárias da população supraindicada, em especial pela Opinião Consultiva OC-24/17,[1030] de 24 de novembro de 2017.

Anote-se que, antes da Res. 348, o CNJ havia editado a Resolução 270, em dezembro de 2018, no intento de possibilitar o uso do nome social por "pessoas trans, travestis e transexuais usuárias dos serviços judiciários, membros, servidores, estagiários e trabalhadores terceirizados dos tribunais brasileiros".

4. CONSIDERAÇÕES FINAIS

A partir de breve análise das normas editadas pelo CNJ – no cumprimento de sua atribuição normativa constitucionalmente reconhecida na ADC 12 pelo Supremo Tribunal Federal –, perceptível que o Conselho anda bem ao propor e aprovar medidas de aprimoramento do sistema de direitos humanos no Brasil.

Ao monitorar e fiscalizar as medidas adotadas pelo Poder Público brasileiro quanto à observância das sentenças proferidas pela Corte IDH, o CNJ dá um salto qualitativo nas relações institucionais (e internacionais), colocando o Judiciário nacional em posição importante quanto à transparência e ao correto tratamento de violações a direitos humanos.[1031]

Observou-se também o percurso percorrido para diagnosticar a problemática dos presídios pátrios; incialmente, com os mutirões carcerários, procedendo-se a levantamentos quantitativos e qualitativos, propondo mecanismos de modernização e aceleração de processos com réus presos e adolescentes internados, a fim de tratar adequadamente as situações desumanas e periclitantes com que os servidores e os juízes do Conselho se depararam nas regiões brasileiras.

Um dos exemplos é o Programa "Começar de Novo", lançado após os primeiros mutirões carcerários para o cadastramento de presos e egressos do sistema, nos termos da Resolução

---

bem como indicando obrigações aos Estados no que tange ao combate à discriminação, à garantia do direito à saúde, ao direito de participação em decisões relacionadas ao local de detenção adequado a sua orientação sexual e identidade de gênero, à proteção contra violência ou abuso por causa de sua orientação sexual, identidade ou expressão de gênero, assegurando tanto quanto seja razoavelmente praticável que essas medidas de proteção não impliquem maior restrição a seus direitos do que aquelas que já atingem a população prisional em geral, à garantia de visitas conjugais e de monitoramento independentemente das instalações de detenção pelo Estado e organizações não governamentais (extraído do quarto "considerando" da Resolução CNJ 348/2020).

[1030] Solicitada pela Costa Rica, a Opinião em tela expressamente asseverou que a orientação sexual, a identidade de gênero e a expressão de gênero são categorias protegidas pelo artigo 1.1 da Convenção Americana sobre Direitos Humanos, estando, portanto, vedada qualquer norma ou prática discriminatória baseada na orientação sexual ou na identidade de gênero das pessoas (item 68).

[1031] A título exemplificativo, conforme Relatório Anual da Unidade de Monitoramento das decisões da CIDH (https://www.cnj.jus.br/wp-content/uploads/2021/12/umf-relatorio2021-v3-30112021.pdf), foram realizadas quatro audiências públicas de supervisão dos casos brasileiros apenas em 2021. As audiências foram relativas à supervisão de sentença nos casos Damião Ximenes Lopes, Gomes Lund e Herzog e Favela Nova Brasília e à supervisão de medidas provisórias relativas à Unidade de Internação Socioeducativa (no estado do Espírito Santo), ao Instituto Penal Plácido de Sá Carvalho (no estado do Rio de Janeiro), ao Complexo Penitenciário de Curado (no estado de Pernambuco) e ao Complexo Penitenciário de Pedrinhas (no estado do Maranhão).

CNJ 96, de 27 de outubro de 2009.[1032] Pelo programa, interagindo com outros órgãos públicos e sociedade civil, foram possibilitados trabalho e capacitação profissional a essas pessoas,[1033] na busca de reduzir a reincidência de crimes e de lhes proporcionar cidadania.

Outro bom exemplo que conferiu tratamento melhorado à pessoa presa ou apreendida evidencia-se com a edição da Resolução CNJ 213, pela qual restaram instituídas as chamadas "audiências de custódia", ou seja, o Conselho impôs aos demais órgãos do Judiciário – exceto o STF – o dever de propiciar que toda pessoa presa seja apresentada à autoridade judicial no prazo de 24 horas.

Evidencia-se, então, que a tarefa regulamentar constitucional do CNJ, ao menos no que toca à seara de direitos humanos, parece estar sendo bem exercida e, com tal atividade, o Conselho potencializa a transparência e o acesso a esses direitos.

Em acréscimo último, destaca-se a preocupação do Conselho com o tema do erro judiciário, fato que ensejou a edição de diretrizes e procedimentos para o reconhecimento pessoal em processos criminais, com a finalidade de evitar condenação de pessoas inocentes,[1034] conforme julgado, em 06.12.2022, pelo plenário do CNJ no procedimento de Ato Normativo 0007613-32.2022.2.00.0000.

Há de existir – para que as prevenções e as repressões normativas decorrentes de violações a direitos fundamentais tenham lugar –, no entanto, um alinhamento entre os órgãos e as entidades responsáveis, *in casu*, pelo sistema penal, inserto na sistemática de instrução probatória e execução penal. É dizer: conquanto tenha o CNJ avançado na uniformização de procedimentos e processos de trabalho e avançado em políticas estruturantes por todo o Judiciário, a temática dos direitos humanos é transversal e perpassa todo o Sistema de Justiça, demandando esforço coletivo que os assegure.

REFERÊNCIAS

BARROSO, Luís Roberto. *Curso de Direito Constitucional Contemporâneo*: os conceitos fundamentais e a construção do novo modelo. 5. ed. São Paulo: Saraiva, 2015.

BATISTA, Nilo. *Introdução crítica ao direito penal brasileiro*. 12. ed. Rio de Janeiro: Revan, 2011.

BORGES, Paulo César Corrêa (org.). *Marcadores sociais da diferença e repressão penal*. São Paulo: NETPDH; Cultura Acadêmica, 2011.

CAPPELLETTI, M.; GARTH, B. *Acesso à Justiça*. Trad. E. G. Northfleet. Porto Alegre: Sergio Antonio Fabris, 1988.

FERREIRA FILHO, Manoel Gonçalves. *Curso de Direito Constitucional*. 38. ed. rev. e atual. São Paulo: Saraiva, 2012.

LIMA, J. M. F. *Combate à homotransfobia*: mirada nas políticas públicas e respectivos discursos. 2015.

[1032] Íntegra da Resolução 96 disponível em https://atos.cnj.jus.br/atos/detalhar/65. Acesso em: 15.12.2022.

[1033] O CNJ chegou a criar página específica na internet para reunir as vagas de trabalho e cursos de capacitação, estimulando a participação de empresas.

[1034] Nos HCs 652.284/SC e 598.886/SC, o Superior Tribunal de Justiça (STJ) definiu que: "(...) o reconhecimento de pessoa, presencialmente ou por fotografia, realizado na fase do inquérito policial, apenas é apto, para identificar o réu e fixar a autoria delitiva, quando observadas as formalidades previstas no art. 226 do Código de Processo Penal e quando corroborado por outras provas colhidas na fase judicial".

LIMA, J. M. F. et al. *CNJ na perspectiva da advocacia*: coletânea de julgados. Brasília: OAB Editora, 2017.

MENDES, Gilmar Ferreira; BRANCO, Paulo Gustavo Gonet. *Curso de direito constitucional*. 12. ed. rev. e atual. São Paulo: Saraiva, 2017 (Série IDP).

TAVARES, Aderruan Rodrigues. O Conselho Nacional de Justiça conforme o Supremo Tribunal Federal. *Direito Público*, Porto Alegre, v. 9, p. 184-216, 2012.

TOFFOLI, José Antonio Dias. O Poder Judiciário através da história: antes e depois da Constituição Federal de 1988. *30 anos da Constituição brasileira*: democracia, direitos fundamentais e instituições. Rio de Janeiro: Forense, 2018.

CAPÍTULO V

Deveres das Pessoas

Artigo 32

Correlação entre deveres e direitos

1. Toda pessoa tem deveres para com a família, a comunidade e a humanidade.

2. Os direitos de cada pessoa são limitados pelos direitos dos demais, pela segurança de todos e pelas justas exigências do bem comum, numa sociedade democrática.

 COMENTÁRIOS

por Mário Goulart Maia

A LIBERDADE RELIGIOSA
E OS DIREITOS E AS GARANTIAS FUNDAMENTAIS

INTRODUÇÃO[1035]

Diante dos inúmeros conflitos que surgem, diariamente, para análise do Judiciário, envolvendo o direito fundamental à liberdade religiosa, é premente que se forme uma conduta uníssona, estabelecendo limites a serem utilizados em casos concretos. Especificamente, casos em que a Liberdade Religiosa conflita com o Direito Fundamental à Vida e à Saúde.

Com o debate a respeito do tema, tentaremos expor a necessidade de o Poder Judiciário Brasileiro buscar uma ponderação que seja efetivamente exercida quando do conflito entre os respectivos direitos.

A liberdade de crença e de culto, usualmente definida apenas pela fórmula genérica "liberdade religiosa", representa uma das primeiras garantias individuais albergadas pelas declarações de direitos do século XVIII, que alcançaram a condição de direito humano e fundamental, como já disse o Ministro Gilmar Mendes.

[1035] Notas dos Organizadores: o artigo 32 da Convenção Americana trata da correlação entre deveres e direitos. Os comentários a esse artigo tratam do tema por meio de um exemplo de limitação dos direitos, abordando, com detalhes, os casos em que a liberdade religiosa conflita com o direito fundamental à vida e à saúde.

Nessa conjuntura, é sabido que a liberdade de credo deve ser assegurada de modo igual a todos, desde os membros de pequenas comunidades religiosas até os de grandes igrejas e de seitas exóticas ao círculo cultural. Sob esse prisma, é de se destacar que cada seita tem as suas regras e filosofias de vida e que muitas vezes os seus dogmas esbarram em questões sensíveis, principalmente no que tange à saúde.

Dessa forma, é necessária a análise de casos concretos sob o prisma jurídico, versando, especialmente, o tratamento legal que lhe é dado, visto que as garantias constitucionais se encontram, *a priori*, em um mesmo patamar. Em outras palavras, há a necessidade de definição sobre quais são os limites constitucionais, quanto à possibilidade de eventual ingerência estatal na liberdade de crença e cultos religiosos.

O ENSAIO

A Constituição Federal, no inciso VI do art. 5º, consagra a liberdade religiosa como direto fundamental, garantindo a todos os cidadãos brasileiros a liberdade de crença, "sendo assegurado o livre exercício dos cultos religiosos", com respectiva "proteção aos locais de culto e a suas liturgias".

A partir dessa nova perspectiva, constata-se que a Carta Magna, a um só tempo, garante duas proteções. De um lado, garante a liberdade religiosa de todo e cada brasileiro, sem distinção de qualquer delas. De outro, visto que prevê que o Estado é laico, estabelece uma segunda camada de concretização e proteção de tal garantia ao cidadão.

A chaga da intolerância de cunho religioso já registrou na história da humanidade o seu aspecto belicoso e segregacionista tensionado pelo indissociável agravante da violência, que divide não só os que professam determinada fé especificamente, mas fragmenta uma nação pela intolerância. O filósofo sergipano Tobias Barreto (1839-1889), em sua obra *A época e o homem*, deixou registrada a separação e o esquecimento dessa parcela de nosso povo pelas elites:

> O império não tinha povo, no sentido político da palavra. "O povo brasileiro", escreveu Gilberto Amado, não podia ser o milhão e meio de escravos, o milhão de índios inúteis que a contagem do govêrno reduziu, com evidente imprecisão, a quatrocentos mil apenas; não podia ser os cinco milhões de agregados das fazendas e dos engenhos, caipiras, matutos, caboclos, vaqueiros do sertão, capangas, capoeiras, pequenos artífices, operários rurais primitivos, pequenos lavradores dependentes; não podia ser os dois milhões ou o milhão e meio de negociantes, empregados públicos ou particulares, criados e servidores de tôdas as profissões.
>
> O povo brasileiro, existente como realidade viva, não podia deixar de ser apenas as 300.000 ou 400.000 pessoas pertencentes às famílias proprietárias de escravos, os fazendeiros, os senhores de engenho de onde saíam os advogados, os médicos, os engenheiros, os altos funcionários, os diplomatas, os chefes de empregos, únicas pessoas que sabiam ler, tinham alguma noção positiva do mundo e das coisas e podiam compreender, dentro de sua educação, o que vinham a ser monarquia, república, *sistema* representativo, direito de voto, govêrno, etc. É por demais evidente a inexistência nesse tempo, como em geral ainda hoje, dessas aglomerações coesas de população, dêsses núcleos vivos e conscientes de trabalhadores rurais e urbanos, dessas massas agrícolas disciplinadas e esclarecidas, de onde pudesse sair um corpo eleitoral capaz e responsável.[1036]

[1036] BARRETO, Tobias. *A época e o homem*. São Paulo: Cia. Editora Nacional, 1939. p. 58.

Desse feitio, é necessária a análise de casos concretos sob um prisma jurídico, versando, especialmente, acerca do tratamento legal que lhe é dado, visto que as garantias constitucionais se encontram, *a priori*, em um mesmo patamar. Em outras palavras, há a necessidade de definição sobre quais são os limites constitucionais da liberdade de crença, tanto quanto da possibilidade de eventual ingerência estatal sobre o tema.

Pela influência dos direitos fundamentais de viés humanista, a atual Carta Magna passou a tutelar ambas as garantias. De um lado, assegurou a liberdade religiosa a todo brasileiro, sem distinção de qualquer natureza, e, por outro lado, estabeleceu como princípio do Estado de Direito a sua laicidade, surgindo, assim, uma segunda camada para limitar ambas as atuações, o que fortaleceu todo o aparato do sistema garantista, efetivando as conquistas do moderno Estado Constitucional Democrático de Direito. Ao impor limites ao Estado e ao cidadão, a norma constitucional legitima/ratifica o entendimento já consagrado da não existência de direitos absolutos.

O Professor José Afonso da Silva preleciona que a liberdade de crença deve ensejar:

> (...) a liberdade de escolha da religião, a liberdade de aderir a qualquer seita religiosa, a liberdade (ou o direito) de mudar de religião, mas também compreende a liberdade de não aderir a religião alguma, assim como a liberdade de descrença, a liberdade de ser ateu e de exprimir o agnosticismo.[1037]

De fato, o Estado não pode interferir na liberdade religiosa e deve proteger todas as manifestações religiosas, indistintamente, ou seja, há constante preocupação e arcabouço legislativo para que essa garantia do cidadão, a liberdade de crença, seja protegida de qualquer interferência do Estado.

É merecedor de destaque que o direito à liberdade religiosa e o princípio da laicidade estatal são efetivados na medida em que seu âmbito de proteção abarque a realização da prestação alternativa. A privação de direitos por motivos religiosos é vedada por previsão expressa na Constituição. Diante da impossibilidade de cumprir obrigação legal imposta a todos, a restrição de direitos só é autorizada pela Carta diante de recusa ao cumprimento de obrigação alternativa.

Todavia, não se pode deixar de destacar, por outro lado, que os direitos fundamentais, pela sua própria natureza, não são absolutos, como anteriormente mencionado. A liberdade religiosa, como os demais direitos fundamentais, é limitada e, portanto, sujeita a certas restrições, encontrando limites em outros direitos fundamentais e exigindo cuidadosa ponderação em hipóteses de conflitos.

Outrossim, os direitos fundamentais não devem ser vistos somente de forma individual, mas passam a ser valores no ordenamento jurídico, fomentados por todos e pelo Poder Público. Para além disso, todos os demais direitos fundamentais encontram limites no princípio da dignidade da pessoa humana e no direito fundamental à vida.

Hoje em dia o grande desafio é a convivência e a tolerância com as diferenças de pensamento, comportamento e tantas outras possibilidades. Sem essa convivência tolerante, desperdiçaremos a oportunidade da troca de conhecimento com os outros povos e culturas, pois esse intercâmbio se realiza de forma eficaz a partir desse convívio. Deve-se superar o estágio de considerar a diversidade com repulsa, preconceito ou ódio. O filósofo francês

---

[1037] SILVA, José Afonso da. *Curso de Direito Constitucional Positivo*. São Paulo: Malheiros, 2005. p. 249.

Michel Foucault (1926-1984), em sua obra atemporal *A arqueologia do saber*, já havia nos alertado para o mal que se avizinhava:

> A reconstituir tradições, a seguir curvas evolutivas, a projetar teleologias e a recorrer continuamente às metáforas da vida, experimentássemos uma repugnância singular em pensar a diferença, em descrever os afastamentos e as dispersões, em desintegrar a forma tranquilizadora do idêntico. (...) É como se tivéssemos medo de pensar o outro no tempo de nosso próprio pensamento. (...) Fazer da análise histórica o discurso do contínuo e fazer da consciência humana o sujeito originário de todo o devir e de toda prática são as duas faces de um mesmo sistema de pensamento.[1038]

Dessa forma, a construção e a preservação de uma sociedade dotada de plena liberdade religiosa não eliminam o dever do Estado de zelar pelo bem-estar de seus cidadãos, ainda que isso implique, pontualmente, a inibição e a repressão de condutas que, de algum modo, militem contra os avanços comprovadamente trazidos pela medicina secular, com o condão de privar toda uma comunidade do acesso aos recursos adequados para o tratamento de moléstias graves.

Aqui evoco mais uma vez o pensamento do professor José Afonso da Silva, que ressalta a importância da Constituição Cidadã no combate a todo tipo de discriminação:

> O texto constitucional, que proíbe preconceito de origem, e raça e condena discriminações com base nesses fatores, consubstancia, antes de tudo, um repúdio à barbárie do tempo nazista que vitimara milhares de pessoas, e consagra a condenação do apartheid, por parte de um povo mestiço, com razoável contingente de negros. O repúdio ao racismo nas relações internacionais foi, também, expressamente estabelecido no Constituição Federal de 1988 art. 4º, VIII. Nele se encontra, também, o reconhecimento de que o preconceito de origem, raça e cor especialmente contra os negros não está ausente das relações sociais brasileiras. Disfarçadamente ou, não raro, ostensivamente, pessoas negras sofrem discriminação até mesmo nas relações com entidades públicas. O dispositivo, finalmente, significa que a lei penal tende a inserir regras jurídicas sobre o crime de preconceito de raça, para que, no plano do Direito Penal, não possam ficar sem punição, usados traços positivos ou negativos, traços que ofendam a outrem, porque a acusação se prende aos preconceitos de raça; como salientou Pontes de Miranda a Constituição é mais abrangente do que as anteriores; veda preconceito e discriminação com base na origem, raça e cor.[1039]

Em julgado de 26.11.2020, do Recurso Extraordinário com Agravo 1.099.099-SP, sendo relator o Ministro Edson Fachin, demonstrou o Pleno do Supremo Tribunal Federal a linha tênue que distingue o princípio da laicidade do laicismo estatal. Extraímos de seu voto que se faz urgente a busca do equilíbrio principiológico e da constante vigilância estatal contra qualquer ameaça de violação aos mencionados princípios, pois somente por meio da conciliação e do equilíbrio estará a salvo o fundamento estrutural da tolerância que deve reger as relações em um Estado Democrático de Direito. Transcreve-se parte do voto do Professor Luiz Edson Fachin:

[1038] FOUCAULT, Michel. *A arqueologia do saber*. Trad. Luiz Felipe Baêta Neves. Rio de Janeiro: Forense Universitária, 2008. p. 15.

[1039] SILVA, José Afonso da. *Curso de Direito Constitucional Positivo*. São Paulo: Malheiros, 2005. p. 224.

1. *O princípio da laicidade não se confunde com laicismo. A separação entre Igreja e Estado não pode, portanto, implicar o isolamento daqueles que guardam uma religião à sua esfera privada. A neutralidade estatal não se confunde com indiferença religiosa. A indiferença gera posição antirreligiosa contrária à posição do pluralismo religioso típica de um Estado Laico.*

2. *O princípio da laicidade estatal deve ser interpretado de forma a coadunar-se com o dispositivo constitucional que assegura a liberdade religiosa, constante do art. 5º, VI, da Constituição Federal.*

3. *O direito à liberdade religiosa e o princípio da laicidade estatal são efetivados na medida em que seu âmbito de proteção abarque a realização da objeção de consciência. A privação de direito por motivos religiosos é vedada por previsão expressa na constituição. Diante da impossibilidade de cumprir obrigação legal imposta a todos, a restrição de direitos só é autorizada pela Carta diante de recusa ao cumprimento de obrigação alternativa.*[1040]

Não se falará também em confronto entre princípios quando se tratar do Direito à Saúde e à Vida. O Poder Judiciário tem reafirmado o seu dever de proteção à vida humana em possível colisão principiológica de cunho religioso. A Corte Suprema, em casos concretos entre conflitos como os de liberdade de crença religiosa e o direito à vida, já tem se manifestado com algumas ressalvas quanto à preponderância de um princípio sobre outro.

Nesse contexto, quando se trata do Direito à Saúde e à Vida, o Judiciário tem reafirmado o seu dever de proteção à vida humana. Na Corte Suprema, em casos concretos de conflitos entre a liberdade de crença religiosa e o direito à vida, este tem prevalecido, porém com algumas ressalvas.

Em seu voto no julgamento da ADPF 881-MC/DF, o Ministro Gilmar Mendes aponta que o direito à liberdade religiosa possui duas dimensões: a interna, que assegura que as pessoas podem acreditar no que elas quiserem; e a externa, que permite a manifestação de suas crenças. A primeira faceta desse direito não pode ser restringida pelo Estado, mas a segunda, sim. E prossegue:

> A liberdade de crença e de culto, usualmente caracterizada apenas pela fórmula genérica "liberdade religiosa", constitui uma das primeiras garantias individuais albergadas pelas declarações de direitos do Século XVIII que alcançaram a condição de direito humano e fundamental. No Direito Internacional, no período pós Segunda Guerra Mundial, e seguindo tradição iniciada com o Tratado de Paz de Vestfália, de 1648, a liberdade religiosa acabou prevista em diversos instrumentos firmados entre os países. Trata-se de consagração que representa importante conquista no âmbito dos direitos humanos. Nesse aspecto, a Declaração Universal dos Direitos Humanos, de 1948, preceitua, em seu art. 18, que "toda a pessoa tem direito à liberdade de pensamento, de consciência e de religião", sendo que "este direito implica a liberdade de mudar de religião ou de convicção, assim como a liberdade de manifestar a religião ou convicção, sozinho ou em comum, tanto em público como em privado, pelo ensino, pela prática, pelo culto e pelos ritos". Em sentido semelhante e de forma mais ampla, transcrevo o art. 12 da Convenção Americana de Direitos Humanos, de 1969, que já explicita, inclusive, o direito de pais e tutores a que seus filhos ou pupilos recebam educação religiosa, de acordo

---

[1040] *DJe* 12.04.2021.

com suas próprias convicções. Dispõe, assim, que: "1. Toda pessoa tem direito à liberdade de consciência e de religião. Esse direito implica a liberdade de conservar sua religião ou suas crenças, ou de mudar de religião ou de crenças, bem como a liberdade de professar e divulgar sua religião ou suas crenças, individual ou coletivamente, tanto em público como em privado. 2. Ninguém pode ser objeto de medidas restritivas que possam limitar sua liberdade de conservar sua religião ou suas crenças, ou de mudar de religião ou de crenças. 3. A liberdade de manifestar a própria religião e as próprias crenças está sujeita unicamente às limitações prescritas pela lei e que sejam necessárias para proteger a segurança, a ordem, a saúde ou a moral públicas ou os direitos ou liberdades das demais pessoas. 4. Os pais, e quando for o caso os tutores, têm direito a que seus filhos ou pupilos recebam a educação religiosa e moral que esteja acorde com suas próprias convicções". (art. 12). A Carta Africana de Direitos Humanos e dos Povos, de 1981, é, por sua vez, mais sucinta, e prescreve apenas que "a liberdade de consciência, a profissão e a prática livre da religião são garantidas. Sob reserva da ordem pública, ninguém pode ser objeto de medidas de constrangimento que visem restringir a manifestação dessas liberdades" (art. 8º).[1041]

Sob essa mesma ótica, o Professor Piotr Mazurkiewicz aduz o seguinte:

Não é o direito à liberdade religiosa que está sujeito a restrições, mas a forma como o direito é exercido. Por conseguinte, pode-se dizer que o direito à liberdade religiosa é absoluto na dimensão interna (*forum internum*) e limitado na forma de expressão externa (*forum externum*).[1042]

Dito isso, cabe mencionar a polêmica questão da vacinação. É sabido que dogmas religiosos têm sido um fator relevante na queda da vacinação contra doenças no nosso país. Situação extremamente preocupante, tendo em vista o caos na saúde pública que o mundo inteiro enfrentou devido à pandemia do novo coronavírus.

Sob essa ótica, como é cediço, a vacinação é política pública de erradicação de doenças em massa, tratando-se de atuação protetiva aos brasileiros. Tais medidas resguardam não somente o indivíduo vacinado, mas a coletividade, sendo de responsabilidade do Estado e da família a proteção dos direitos e interesses dos menores, notadamente do direito fundamental à saúde.

Dentro desse cenário, é necessário destacar que, ao debater a legitimidade de recusa de pais veganos em vacinarem seus filhos por motivo de convicção filosófica, a Suprema Corte determinou a obrigatoriedade **da imunização, em face de outros direitos e valores constitucionais**.

Nesse julgado, o Supremo Tribunal Federal fixou a seguinte tese de repercussão geral:

É constitucional a obrigatoriedade de imunização por meio de vacina que, registrada em órgão de vigilância sanitária, (i) tenha sido incluída no Programa Nacional de Imunizações, ou (ii) tenha sua aplicação obrigatória determinada em lei ou (iii) seja objeto de determinação da União, Estado, Distrito Federal ou Município, com base em consenso médico-científico. Em tais casos, não se caracteriza violação à

[1041] ADPF 881-MC/DF, 2021.

[1042] MAZURKIEWICZ, Piotr. Religious Freedom in the Time of the Pandemic. *Religions*, v. 12, n. 2, 2021. p. 16. Disponível em: https://www.researchgate.net/publication/349004343_Religious_Freedom_in_the_Time_of_the_Pandemic. Acesso em: 10.01.2023.

liberdade de consciência e de convicção filosófica dos pais ou responsáveis, nem tampouco ao poder familiar.[1043]

A interpretação que se faz é de que as normas de regência buscam garantir a saúde do indivíduo e, por consequência, de toda a população, sendo, portanto, algo acima da escolha pessoal, uma vez que envolve a diminuição da exposição ao risco e ao contágio de determinadas doenças e ainda evita o reaparecimento de doenças consideradas erradicadas.

Nesse aspecto, resta ainda mencionar o debate jurídico sobre a recusa dos pacientes que se identificam como Testemunhas de Jeová de se submeterem à transfusão de sangue. Recentemente, a Procuradoria-Geral da República ajuizou Ação de Descumprimento de Preceito Fundamental (ADPF 618) perante o STF visando assegurar às pessoas que professam a religião Testemunhas de Jeová, desde que sejam maiores e capazes, o direito de não se submeterem a transfusões de sangue, por motivo de convicção pessoal.

Essa questão, inclusive, já foi levada a debate na *V Jornada de Direito Civil*, coordenada pelo sempre lembrado Ministro Ruy Rosado de Aguiar, na qual foi editado o Enunciado 403 do Conselho da Justiça Federal (CJF):

> O Direito à inviolabilidade de consciência e de crença, previsto no art. 5º, VI, da Federal, aplica-se também à pessoa que se nega a tratamento médico, inclusive Constituição transfusão de sangue, com ou sem risco de morte, em razão do tratamento ou da falta dele, desde que observados os seguintes critérios: a) capacidade civil plena, excluído o suprimento pelo representante ou assistente; b) manifestação de vontade livre, consciente e informada; e c) oposição que diga respeito exclusivamente à própria pessoa do declarante.

Com efeito, a jurisprudência pátria vem entendendo que, não obstante a necessidade de se resguardar a garantia fundamental à vida, assegurada pelo art. 5º, *caput*, da Constituição Federal, deve ser observado que, no caso vertente, também estão em discussão outros direitos fundamentais da pessoa humana, tais como a autonomia da vontade, a inviolabilidade de consciência e crença e o direito do enfermo de não se submeter a tratamento médico ou intervenção cirúrgica.

Dessa forma, havendo decisão inequívoca do paciente que reconhece a responsabilidade por sua escolha, considerando a necessidade de proteção e ponderação de todos os direitos fundamentais e atentando-se ao fato de que a observância dos preceitos de certa religião é expressão da dignidade humana dos indivíduos, há o entendimento de que **é legítima a escusa de se submeter às transfusões de sangue, visto que tal procedimento, para ele, implicaria tratamento degradante por afrontar as suas crenças**.

Dito isso, convém destacar que, com o respectivo posicionamento, o Judiciário corre o risco de não reconhecer a importância crucial do direito à vida dentro do ordenamento jurídico brasileiro. O direito fundamental à vida, apesar de não ser hierarquicamente superior aos outros, é a base para a aquisição de todos os outros e deve sempre ser preservado.

Permitir que um paciente, em razão de sua convicção religiosa, recuse-se a se submeter a um tratamento médico imprescindível para sua vida pode ser comparado a uma espécie de eutanásia, o que é proibido pelo nosso ordenamento jurídico.

Ainda, nesse mesmo contexto, outro tema bastante conflituoso é a questão dos pais Testemunhas de Jeová que não autorizam a transfusão de sangue em seus filhos menores em razão de sua crença religiosa.

[1043]   ARE 1.267.879, 2021.

A temática foi discutida no Superior Tribunal de Justiça, no *Habeas Corpus* 268.459-SP (2013/0106116-5). Segundo o documento, os pais de uma adolescente de 13 anos levaram-na ao hospital com um quadro de sofrimento decorrente de uma anemia falciforme. Os médicos, então, prescreveram transfusão de sangue, tratamento prontamente rejeitado pelos responsáveis por razões de convicção religiosa. Em seguida, os pais chamaram um médico adepto da religião que teria ameaçado processar os profissionais do hospital, caso eles promovessem o tratamento considerado "herege" e perigoso.

Nesse caso, o juízo de ponderação sobre o peso dos bens jurídicos, de um lado, e a vida e o superior interesse do adolescente, que ainda não teria discernimento suficiente (ao menos em termos legais) para deliberar sobre os rumos de seu tratamento médico, sobrepairam, de outro lado, à convicção religiosa dos pais, que teriam se manifestado contrariamente à transfusão de sangue.

Em seu voto, a Ministra Maria Thereza de Assis Moura pontua que: "em que pesem as referidas convicções religiosas dos acusados que, não obstante lhe são asseguradas constitucionalmente, a verdade é que a vida deve prevalecer acima de qualquer religião".[1044]

Nesse contexto, em cada caso concreto há a necessidade de definição sobre quais são os limites constitucionais, tanto quanto da possibilidade de eventual ingerência estatal na liberdade de crença e culto religiosos. O que não se pode fazer é colocar o Direito Fundamental à Vida e à Dignidade da Pessoa Humana em segundo plano.

CONSIDERAÇÕES FINAIS

Conforme verificamos, a liberdade religiosa faz parte dos direitos de primeira dimensão, direitos esses que compreendem as liberdades religiosas, políticas, civis clássicas, como o direito à vida, à segurança, à propriedade, à igualdade formal (perante a lei), as liberdades de expressão coletiva, de culto, organização etc.

Sob essa ótica, não há dúvidas de que o Estado não deve interferir na liberdade religiosa e deve proteger todas as manifestações religiosas, indistintamente. Assim, na forma do art. 5º, inc. VI, a privação de direito por motivos religiosos é vedada por previsão expressa na Constituição. Diante da impossibilidade de cumprir obrigação legal imposta a todos, a restrição de direitos só é autorizada pela Carta Magna diante de recusa ao cumprimento de obrigação alternativa.

Todavia, não se pode deixar de destacar, por outro lado, que os direitos fundamentais, pela sua própria natureza, não são absolutos, ou seja, a liberdade religiosa, como os demais direitos fundamentais, é limitada e, portanto, sujeita a certas restrições, encontrando limites em outros direitos fundamentais, exigindo-se cuidadosa ponderação no caso de litígios e conflitos.

A construção e a preservação de uma sociedade dotada de plena liberdade religiosa não eliminam o dever do Estado de zelar pelo bem-estar de seus cidadãos, ainda que isso implique, pontualmente, a inibição e a repressão de condutas que, de algum modo, militem contra os avanços comprovadamente trazidos pela medicina secular, sob o risco de impedir a prevenção e cura de sérias enfermidades.

Com os surgimentos dos conflitos, o Judiciário tem agido no sentido de proteger o bem mais valioso do ordenamento jurídico, qual seja, a vida humana. Entretanto, também pondera sobre a autonomia da vontade, a inviolabilidade de consciência/crença e o direito

---

[1044] HC 268459/SP.

do enfermo de não se submeter a tratamento médico ou intervenção cirúrgica que firam seus princípios espirituais.

Dessa forma, "em que pesem as referidas convicções religiosas dos acusados que, não obstante lhe são asseguradas constitucionalmente, a verdade é que a vida deve prevalecer acima de qualquer"[1045] outro direito fundamental, inclusive a Liberdade Religiosa.

REFERÊNCIAS

BARRETO, Tobias. *A época e o homem*. São Paulo: Cia. Editora Nacional, 1939.

FOUCAULT, Michel. *A arqueologia do saber*. Trad. Luiz Felipe Baêta Neves. Rio de Janeiro: Forense Universitária, 2008.

MAZURKIEWICZ, Piotr. Religious Freedom in the Time of the Pandemic. *Religions*, v. 12, n. 2, 2021. Disponível em: https://www.researchgate.net/publication/349004343_Religious_Freedom_in_the_Time_of_the_Pandemic. Acesso em: 10.01.2023.

SILVA, José Afonso da. *Curso de Direito Constitucional Positivo*. São Paulo: Malheiros, 2005.

[1045] HC 268459/SP.

PARTE II

Meios de Proteção

Artigo 33

São competentes para conhecer dos assuntos relacionados com o cumprimento dos compromissos assumidos pelos Estados-Partes nesta Convenção:

a) a Comissão Interamericana de Direitos Humanos, doravante denominada a Comissão; e

b) a Corte Interamericana de Direitos Humanos, doravante denominada a Corte.

COMENTÁRIOS

por Bianca Guimarães Silva

O artigo 33 da Convenção Americana de Direitos Humanos (CADH) dispõe sobre os órgãos competentes para proteger os direitos humanos previstos no tratado supramencionado.

A Comissão Interamericana de Direitos Humanos (CIDH) foi criada, em 1959, pela Organização dos Estados Americanos (OEA). Desde a sua criação, a CIDH exerce suas funções de forma independente e autônoma por meio da composição de sete comissionários, os quais são eleitos para mandatos a título pessoal. Além de realizar funções com dimensões políticas, a Comissão atua como órgão consultivo da OEA. Sediada em Washington, nos Estados Unidos da América, a CIDH é um dos principais órgãos da OEA, tendo como objetivo a defesa dos direitos humanos.

A Comissão possui três linhas de atuação em relação à observância dos direitos humanos, quais sejam: o sistema de peticionamento individual; o monitoramento dos direitos humanos nos Estados-membros da OEA; e a supervisão de matérias específicas, como a liberdade de expressão, mulheres, indígenas, pessoas migrantes, entre outras, exercida, sobretudo, mediante relatorias temáticas.

Desde 1965, a CIDH recebe e processa denúncias por meio do Sistema de Peticionamento Individual. Embora esse mecanismo não possua natureza contenciosa, a Comissão é responsável por filtrar as petições iniciais de denúncia de violações de direitos humanos que, ao fim, poderão ser encaminhadas à Corte Interamericana de Direitos Humanos (Corte IDH). Para realizar essa função, a CIDH recebe, analisa e investiga as denúncias recebidas contra países que ratificaram a Convenção Americana ou que são membros da OEA. Em relação ao processamento das petições individuais, anualmente, a Comissão publica o Informe Anual com o balanço geral das suas atividades durante o ano.

Quatro anos antes de o sistema de peticionamento individual entrar em vigor, em 1961 a CIDH realizou as suas primeiras visitas *in loco* para fiscalizar o respeito aos direitos humanos em determinados países. Essas visitas servem para analisar situações generalizadas de violação de direitos humanos ou algum contexto específico de ameaça a tais direitos. Em relação às visitas aos países, os informes especiais são responsáveis por emitir diagnósticos sobre as situações específicas de violações de direitos humanos.

Além dessas funções, a Comissão é responsável por promover conferências e seminários temáticos, estabelecer medidas cautelares para os países em casos graves e urgentes de violação de direitos humanos, comparecer perante a Corte Interamericana em casos contenciosos, solicitar Opiniões Consultivas à Corte nos termos do artigo 64 da CADH e examinar comunicados em que um país-membro alegue a violação de direitos humanos por outro país-membro.

A Corte IDH, segundo órgão mencionado pelo artigo 33 da CADH, também compõe o Sistema Interamericano de Direitos Humanos. Ao lado da Corte Europeia de Direitos Humanos e do Tribunal Africano dos Direitos do Homem e dos Povos, a Corte IDH compõe a arquitetura regional de proteção dos direitos humanos como representante do continente americano. O Tribunal exerce funções contenciosas e consultivas com o objetivo de aplicar e interpretar a Convenção Americana de Direitos Humanos.

Sediada em San José, na Costa Rica, a Corte IDH é composta de sete juízes e juízas eleitos de forma independente e a título pessoal. Cada juiz exerce o mandato por seis anos com a prerrogativa de reeleição por igual período. Na esfera administrativa, a Corte IDH também é composta do secretário e da secretária adjunta, que auxiliam os juízes nos trâmites judiciais.

Entre as atribuições da Corte IDH, encontram-se o julgamento de casos contenciosos, a supervisão do cumprimento de sentenças, a emissão de opiniões consultivas, o estabelecimento de medidas provisórias, além da conscientização e da promoção dos direitos humanos nas Américas por meio de conferências, visitas institucionais, seminários e programas de estágios. É importante ressaltar que apenas os Estados que aceitaram a jurisdição contenciosa da Corte IDH podem ser julgados perante o Tribunal; atualmente, são eles: Argentina, Barbados, Bolívia, Brasil, Chile, Colômbia, Costa Rica, Equador, El Salvador, Guatemala, Haiti, Honduras, México, Nicarágua, Panamá, Paraguai, Peru, República Dominicana, Suriname e Uruguai.

Em relação à função contenciosa, após ouvir as partes em audiência pública e receber suas manifestações escritas, a Corte IDH emitirá uma sentença, por meio da qual examinará eventuais questões preliminares e, se não encontrar nenhum óbice, ingressará no mérito da demanda. Ao fim, poderá declarar o Estado responsável pela violação ou arquivar o caso. No primeiro caso, fixará as medidas que julgar adequadas para reparar os danos identificados.

Tanto a Corte quanto a Comissão exercem papéis fundamentais para a garantia de direitos humanos nas Américas. Os comentários dos artigos subsequentes cuidarão de detalhar o sistema de peticionamento e as denúncias perante a Corte IDH, além de examinar minunciosamente as funções exercidas por cada órgão do Sistema Interamericano de Direitos Humanos.

REFERÊNCIA

MONTERISI, Ricardo D. *Actuación y procedimiento ante la Comisión y Corte Interamericana de Derechos Humanos*. La Plata: Librería Editora Platense, 2009.

CAPÍTULO VII
Comissão Interamericana de Direitos Humanos

Seção 1
Organização

Artigo 34

A Comissão Interamericana de Direitos Humanos compor-se-á de sete membros, que deverão ser pessoas de alta autoridade moral e de reconhecido saber em matéria de direitos humanos.

🗨 COMENTÁRIOS

por Letícia Machado Haertel

O artigo 34 da Convenção Americana de Direitos Humanos (Convenção) inaugura o Capítulo VII do instrumento, que versa sobre a Comissão Interamericana de Direitos Humanos (Comissão). O dispositivo é situado em sua Seção 1, dedicada à Organização da Comissão, após o artigo 33 tê-la enunciado como um dos dois órgãos competentes para conhecer dos assuntos relacionados ao cumprimento dos compromissos assumidos pelos Estados-partes na Convenção.[1]

1. CONTEXTUALIZAÇÃO HISTÓRICA E TRABALHOS PREPARATÓRIOS DO ARTIGO 34 DA CONVENÇÃO AMERICANA

Compreender a origem do artigo 34 da Convenção demanda relembrar que a criação e o início dos trabalhos da Comissão Interamericana precedem a redação da versão final do tratado e que, portanto, seus membros puderam participar ativamente nos trabalhos preparatórios a partir de 1960. Ao contrário da Corte Interamericana de Direitos Humanos (Corte), órgão instituído a partir da entrada em vigor da Convenção, a Comissão já havia sido criada com a Resolução VIII (Direitos Humanos), aprovada na Quinta Reunião de Consulta a Ministros das Relações Exteriores de 1959.[2] Previa a Parte II da Resolução:[3]

---

[1]   Para mais detalhes, ver o capítulo relativo ao artigo 33 da Convenção.

[2]   Conforme apontam Huneeus e Madsen (2018), a criação da Comissão é intrinsecamente conectada com a atuação da OEA na crise instaurada na República Dominicana à época. Ver HUNEEUS, A.; MADSEN, M. Between universalism and regional law and politics: a comparative history of the American, European, and African human rights systems. *International Journal of Constitutional Law*, v. 16, n. 1, 2018. p. 144. Ao criar a Comissão Interamericana de Direitos Humanos, a Reunião de Consulta foi além de seu mandato de discussão de matérias urgentes no tema da paz e da segurança e adotou um poder de "institucionalização", que era reservado pela Carta da OEA (1948) à Conferência Interamericana. Ver VASAK, K. *La Commission Interaméricaine des Droits de l'homme*. Paris: LGDJ, 1968. p. 38-39.

[3]   Para todas as resoluções adotadas na Quinta Reunião de Consulta de 1959, ver: OEA. *Declaração da Quinta Reunião de Consulta a Ministros das Relações Exteriores de Santiago do Chile*, 12 a 18 de agosto de 1959, Ato Final, Doc. OEA/Ser.C/II.5.

To create an Inter-American Commission on Human Rights, composed of seven members elected, as individuals, by the Council of the Organization of American States from panels of three names presented by the governments. The Commission, which shall be organized by the Council of the Organization and have the specific functions that the Council assigns to it, shall be charged with furthering respect for such rights.

A Comissão se tornou órgão estatutário da Organização dos Estados Americanos (OEA) com as emendas introduzidas pelo Protocolo de Buenos Aires ao seu tratado constitutivo em 1967.[4] Conforme os artigos 53 e 106 da Carta da OEA:

> Artigo 53
>
> A Organização dos Estados Americanos realiza os seus fins por intermédio:
>
> a) Da Assembleia Geral;
>
> b) Da Reunião de Consulta dos Ministros das Relações Exteriores;
>
> c) Dos Conselhos;
>
> d) Da Comissão Jurídica Interamericana;
>
> e) Da Comissão Interamericana de Direitos Humanos;
>
> f) Da Secretaria-Geral;
>
> g) Das Conferências Especializadas; e
>
> h) Dos Organismos Especializados.
>
> Poderão ser criados, além dos previstos na Carta e de acordo com suas disposições, os órgãos subsidiários, organismos e outras entidades que forem julgados necessários.
>
> Artigo 106
>
> Haverá uma Comissão Interamericana de Direitos Humanos que terá por principal função promover o respeito e a defesa dos direitos humanos e servir como órgão consultivo da Organização em tal matéria.
>
> Uma convenção interamericana sobre direitos humanos estabelecerá a estrutura, a competência e as normas de funcionamento da referida Comissão, bem como as dos outros órgãos encarregados de tal matéria.

Vale observar que o artigo 106 da Carta da OEA prevê a existência de uma convenção interamericana sobre direitos humanos que regulamentará o trabalho da Comissão e dos outros órgãos encarregados da matéria. O primeiro projeto proposto do que viria a ser o texto da Convenção Americana foi elaborado, em 1959, pelo Conselho Interamericano de Jurisconsultos e apresentado na Segunda Conferência Interamericana Extraordinária, em 1965, no Rio de Janeiro. O projeto continha um artigo com conteúdo, em parte, próximo ao que viria se tornar o artigo 34:[5]

---

[4] Para maiores detalhes sobre as origens da Comissão, incluindo sua constituição inicialmente frágil e o aumento progressivo de seu mandato, ver LIMA, R. *A Convenção Americana sobre Direitos Humanos como um projeto das Américas*: a história local de uma demanda universal. Tese (Doutorado em Direito) – Universidade de São Paulo, São Paulo, 2022. p. 46-53.

[5] CONSELHO INTERAMERICANO DE JURISCONSULTOS. Projeto da Convenção Americana sobre Direitos Humanos, setembro de 1959. In: SECRETARIA-GERAL DA OEA. *Anuário Interamericano de Direitos Humanos 1968*. Washington, DC: Secretaria-Geral da OEA, 1973. p. 250.

Artículo 35

1. La Comisión se compondrá de siete miembros y desempeñará las funciones que se señalen más adelante.

2. La Comisión estará compuesta de nacionales de los Estados Partes en la convención, que deberán ser personas de gran prestigio moral, con reconocida competencia en materia de derechos humanos. Se tomará en consideración la utilidad de la participación de algunas personas que tengan experiencia judicial o jurídica.

3. Los miembros de la Comisión ejercerán sus funciones a título personal: representarán a todos los Estados que hayan ratificado o adherido a la presente Convención y actuarán en su nombre.

Nota-se que o primeiro parágrafo do artigo já estabelecia em sete o número de membros da Comissão. Em sequência, a primeira frase de seu segundo parágrafo estabelecia critérios muito próximos dos consolidados no artigo 34 da versão final da Convenção, notadamente *"gran prestigio moral"* (*"alta autoridad moral"*, na versão final) e *"con reconocida competencia en materia de derechos humanos"* (*"reconocida versación en materia de derechos humanos"*, na versão final). A segunda frase do parágrafo, contudo, acrescentava que seria considerada a "utilidade" da participação de pessoas que tenham experiência judicial ou jurídica. O conteúdo do terceiro parágrafo, por sua vez, viria a ser integrado ao artigo 36 da Convenção.[6] As propostas de Convenção elaboradas pelo Chile[7] e pelo Uruguai,[8] também apresentadas na Segunda Conferência Interamericana Extraordinária (1965), refletiam, em boa parte, a proposta do Conselho Interamericano de Jurisconsultos.

Ocorre que foi entre a redação do Projeto do Conselho Interamericano de Jurisconsultos e a Conferência do Rio de Janeiro de 1965 que a Comissão Interamericana foi criada (1959), teve seu Estatuto adotado (1960) e seus primeiros membros eleitos (1960). Assim, a Resolução XXIV, proferida na Conferência de 1965, resolveu enviar os projetos de Convenção para o Conselho da OEA para que este, após consulta com a Comissão e outras entidades, propusesse as emendas que julgasse necessárias ao Projeto do Conselho Interamericano

---

[6]   Para maiores detalhes sobre o processo de nomeação e eleição de membros da Comissão, ver o capítulo relativo ao artigo 36 da Convenção.

[7]   CHILE. Projeto da Convenção Americana sobre Direitos Humanos apresentado pelo Chile na Segunda Conferência Interamericana Extraordinária do Rio de Janeiro, 1965. In: SECRETARIA-GERAL DA OEA. *Anuário Interamericano de Direitos Humanos 1968*. Washington, DC: Secretaria-Geral da OEA, 1973. p. 290. No artigo 40 do projeto, lia-se: "*1. La Comisión se compondrá de siete miembros. 2. Todos ellos deberán ser nacionales de los Estados Partes de la convención y se elegirán entre personas de gran prestigio moral y de reconocida competencia en materia de derechos humanos o de derecho social, se tendrá en consideración, al elegirlos, la conveniencia de que participen en la Comisión personas con experiencia judicial o jurídica. 3. Los miembros de la Comisión ejercerán sus funciones en representación de todos los Estados partes en la Convención*".

[8]   URUGUAI. Projeto da Convenção Americana sobre Direitos Humanos apresentado pelo Uruguai na Segunda Conferência Interamericana Extraordinária do Rio de Janeiro, 1965. In: SECRETARIA-GERAL DA OEA. *Anuário Interamericano de Direitos Humanos 1968*. Washington, DC: Secretaria-Geral da OEA, 1973. p. 306. No artigo 40 do projeto, lia-se: "*1. La Comisión se compondrá se siete miembros y desempeñará las funciones que se señalan más adelante. 2. La Comisión estará compuesta de nacionales de los Estados Partes en la Convención, que deberán ser personas de gran prestigio moral, con reconocida competencia en materia de derechos humanos. Se tomará en consideración la utilidad de la participación de algunas personas que tengan experiencia judicial o jurídica. 3. Los miembros de la Comisión ejercerán sus funciones a título personal: representarán a todos los Estados que hayan ratificado o manifestado su adhesión a la presente Convención y actuarán en su nombre*".

de Jurisconsultos dentro de um ano para que sua versão revisada pudesse ser enviada aos governos, que teriam três meses para apresentar suas observações.[9]

Em sua Opinião sobre o Projeto do Conselho Interamericano de Jurisconsultos, a Comissão se posicionou de forma contrária à inclusão dos seus artigos 35 a 47 na Convenção por considerar "desnecessário repetir na futura Convenção todas as disposições vigentes sobre a estrutura e as funções da Comissão".[10] Entendendo importante destacar os acordos anteriormente firmados e incorporá-los à Convenção, contudo, a Comissão recomendou a inserção de um artigo em seu lugar, contendo uma remissão nos seguintes termos:[11]

> Artículo 32
>
> La Comisión Interamericana de Derechos Humanos, creada por la V Reunión de Consulta de Ministros de Relaciones Exteriores, continuará con la estructura, organización y funciones que le fueron conferidas por el estatuto aprobado por el Consejo de la Organización de los Estados Americanos, el cual fue reconocido y ampliado por la resolución XXII de la Segunda Conferencia Interamericana Extraordinaria, y tendrá, además, las facultades que a continuación se le atribuyen para realizar los fines de esta convención.

A proposta da Comissão de suprimir todos os artigos do Projeto relativos a ela (35 a 47), entretanto, parecia ir de encontro ao artigo 106 da Carta da OEA, que, conforme destacado *supra*, previa que a Convenção Americana definiria a estrutura, a competência e o procedimento da Comissão. A delegação argentina chamou a atenção a esse fato em seus comentários em antecipação à Conferência de San José, considerando-o um conflito de normas.[12] O Chile, a República Dominicana e os Estados Unidos da América também apresentaram objeções ao encaminhamento da Comissão.[13]

Durante a Conferência de San José de 1969, somou-se ao debate o fato de que ainda era nebulosa a natureza da Comissão a que a Convenção se referia – especificamente, se seria a mesma Comissão que havia sido criada em 1959 ou se uma nova seria estabelecida.[14] Ao fim das rodadas de discussão, os delegados firmaram entendimento de que se trata da mesma Comissão, mas que a Convenção contaria com artigos sobre sua composição e organização, que utilizariam como base os artigos do Estatuto da Comissão[15] adotado em 1960 e emendado

---

[9]   OEA. Resolução XXIV (1965). In: SECRETARIA-GERAL DA OEA. *Anuário Interamericano de Direitos Humanos 1968*. Washington, DC: Secretaria-Geral da OEA, 1973. p. 68.

[10]   CIDH. Opinião da Comissão sobre o projeto de Convenção Americana sobre Direitos Humanos preparado pelo Conselho Interamericano de Jurisconsultos, OEA/Ser.L/V/11.16/doc.8. In: SECRETARIA-GERAL DA OEA. *Anuário Interamericano de Direitos Humanos 1968*. Washington, DC: Secretaria-Geral da OEA, 1973. p. 341.

[11]   COMISSÃO INTERAMERICANA DE DIREITOS HUMANOS. Anteprojeto da Convenção Americana sobre Direitos Humanos, 1968. In: SECRETARIA-GERAL DA OEA. *Anuário Interamericano de Direitos Humanos 1968*. Washington, DC: Secretaria-Geral da OEA, 1973. p. 137.

[12]   SECRETARIA-GERAL DA OEA. *Actas y Documentos de la Conferencia Especializada Interamericana sobre Derechos Humanos*. Novembro de 1969. OEA/Ser.K/XVI/1.2.

[13]   SECRETARIA-GERAL DA OEA. *Actas y Documentos de la Conferencia Especializada Interamericana sobre Derechos Humanos*. Novembro de 1969. OEA/Ser.K/XVI/1.2.

[14]   SECRETARIA-GERAL DA OEA. *Actas y Documentos de la Conferencia Especializada Interamericana sobre Derechos Humanos*. Novembro de 1969. OEA/Ser.K/XVI/1.2.

[15]   Salvo indicação contrária expressa, as remissões ao Estatuto da Comissão neste capítulo se referem à sua versão atual, aprovada pela Resolução AG/RES. 447 (IX-O/79), adotada pela Assembleia Geral da OEA em La Paz, Bolívia, em 1979.

em 1966.[16] O artigo 2.1 do Estatuto vigente à época já previa que "[a] Comissão compõe-se de sete membros, que devem ser pessoas de alta autoridade moral e de reconhecido saber em matéria de direitos humanos", o que persiste até hoje e foi incorporado na versão final da Convenção.

2. DA COMPOSIÇÃO DA COMISSÃO INTERAMERICANA DE DIREITOS HUMANOS

O artigo 34 da Convenção, bem como o artigo 1.3 do Regulamento da Comissão[17] e o artigo 2.1 do Estatuto da Comissão,[18] estabelece em sete o número de membros do órgão, a mesma quantidade de juízes que compõem a Corte Interamericana.[19] Esse número baliza a interpretação do artigo 17 do Estatuto da Comissão, que define seu quórum de votação como a "maioria absoluta", demandando, assim, ao menos quatro votos afirmativos,[20] ressalvadas as hipóteses previstas no instrumento:

> Artigo 17
>
> 1. A maioria absoluta dos membros da Comissão constitui quórum.
>
> 2. Com relação aos Estados que são Partes da Convenção, as decisões serão tomadas por maioria absoluta de votos dos membros da Comissão nos casos que estabelecerem a Convenção Americana sobre Direitos Humanos e este Estatuto. Nos demais casos exigir-se-á a maioria absoluta dos membros presentes.
>
> 3. Com relação aos Estados que não são Partes da Convenção, as decisões serão tomadas por maioria absoluta de votos dos membros da Comissão, salvo quando se tratar de assuntos de procedimento, caso em que as decisões serão tomadas por maioria simples.

A limitação do número de membros da Comissão em sete chama a atenção pelo seu caráter fixo, não atrelado à quantidade de Estados-membros da OEA, o que foge do padrão dentre os órgãos permanentes da Organização. Contrastado com outros órgãos encarregados da supervisão de tratados do Direito Internacional dos Direitos Humanos, o número de comissionados também é reduzido.[21] Durante a redação da proposta final do artigo na

---

[16]   O Estatuto de 1960 consta em CIDH. *Report on the Work Accomplished During its First Session*, October 3-28, 1960. OAS. Off. Rec. OEA/Ser.L/V/II (1961). Ver também SANDIFER, D. Human Rights in the Inter-American System. *Howard Law Journal*, v. 11, 1965. p. 508 ff; SCHEMAN, L. The Inter-American Commission on Human Rights. *American Journal of International Law*, v. 59, n. 2, p. 335-344, 1965.

[17]   Salvo indicação contrária expressa, as remissões ao Regulamento da Comissão neste capítulo se referem à sua versão atual, que foi aprovada em seu 137º Período Ordinário de Sessões, em 2009, com as modificações adotadas em 2011 e 2013, e entrou em vigor em 1º de agosto de 2013.

[18]   Estatuto da Comissão, Artigo 2.1: "*A Comissão compõe-se de sete membros, que devem ser pessoas de alta autoridade moral e de reconhecido saber em matéria de direitos humanos*". Regulamento da Comissão, Artigo 1.3: "*A Comissão compõe-se de sete membros, eleitos a título pessoal pela Assembleia Geral da Organização, que deverão ser pessoas de alta autoridade moral e de reconhecido saber em matéria de direitos humanos*".

[19]   Para maior detalhamento, ver o capítulo referente ao artigo 52 da Convenção.

[20]   Diferentemente da Corte Interamericana, com quórum fixado em cinco juízes. Para maiores detalhes, ver o capítulo relativo ao artigo 56 da Convenção.

[21]   A título de exemplo, a Comissão Africana conta com 11 membros (artigo 31.1 da Carta Africana de Direitos Humanos e dos Povos) e o Comitê de Direitos Humanos da ONU possui 18 integrantes (artigo 28.2 do Pacto Internacional de Direitos Civis e Políticos). Por sua vez, a Comissão Europeia de Direitos Humanos, antes de ser suprimida do funcionamento do Sistema Europeu com a entrada em vigor do

Conferência de San José de 1969, uma proposta prevendo que o número de comissionados pudesse ser alterado pela Assembleia Geral por dois terços dos votos para dirimir preocupações quanto à rigidez dessa formulação na Convenção foi rejeitada,[22] prevalecendo o número previamente estabelecido.

A conformação específica do número de membros da Comissão pode ser explicada com base na reconstrução histórica apresentada *supra*. O número de membros da Comissão já havia sido estabelecido, seu primeiro Estatuto já havia sido adotado e os sete membros de sua primeira composição já haviam sido selecionados quando seu propósito ainda era "promover o respeito" aos Direitos Humanos nos termos – gerais – da Resolução VIII, de 1959.[23] Seu primeiro Estatuto, adotado em 1960, não ampliou ou pormenorizou os poderes da Comissão, mas o órgão foi apto a expandir e fortalecer seu mandato na prática até que a Segunda Conferência Interamericana Extraordinária (1965) aprovasse modificações em seu Estatuto que ampliaram suas funções. A expansão do mandato da Comissão continuou, o que, somado às emendas à Carta da OEA a partir da entrada em vigor, em 1970, do Protocolo de Buenos Aires (1967) e a outros desenvolvimentos subsequentes,[24] culminou em suas funções e procedimentos atuais.[25] O número de comissionados, contudo, nunca foi alterado.

3. DOS CRITÉRIOS QUALITATIVOS PARA A SELEÇÃO DE MEMBROS DA COMISSÃO INTERAMERICANA

Para além do estabelecimento do número de membros da Comissão, o artigo 34 da Convenção apresenta os critérios qualitativos para sua seleção:[26] os comissionados devem ser "pessoas de alta autoridade moral" e "de reconhecido saber em matéria de direitos humanos". Os critérios são refletidos no Estatuto e no Regulamento da Comissão, respectivamente, nos seguintes termos:

> Estatuto da Comissão, Artigo 2:
>
> 1. A Comissão compõe-se de sete membros, que devem ser pessoas de alta autoridade moral e de reconhecido saber em matéria de direitos humanos.
>
> Regulamento da Comissão, Artigo 1 (Natureza e composição)
>
> 1. A Comissão Interamericana de Direitos Humanos é um órgão autônomo da Organização dos Estados Americanos que tem como função principal promover

---

Protocolo 11 em 1998, contava um número de membros equivalente ao número de Estados-partes da Convenção Europeia, o que atualmente equivaleria a 47 integrantes.

[22] SECRETARIA-GERAL DA OEA. *Actas y Documentos de la Conferencia Especializada Interamericana sobre Derechos Humanos*. Novembro de 1969. OEA/Ser.K/XVI/1.2. p. 331.

[23] OEA. *Declaração da Quinta Reunião de Consulta a Ministros das Relações Exteriores de Santiago do Chile*, 12 a 18 de agosto de 1959, Ato Final, Doc. OEA/Ser.C/II.5.

[24] Detalhados em LIMA, R. *A Convenção Americana sobre Direitos Humanos como um projeto das Américas*: a história local de uma demanda universal. Tese (Doutorado em Direito) – Universidade de São Paulo, São Paulo, 2022. p. 46-53; RAMOS, A. *Processo internacional de direitos humanos*. 7. ed. São Paulo: Saraiva, 2022. p. 86.

[25] Uma discussão das funções atuais da Comissão Interamericana é apresentada no capítulo referente ao artigo 41 da Convenção.

[26] Para maior detalhamento sobre o processo de eleição de membros da Comissão, ver o capítulo referente ao artigo 36 da Convenção.

a observância e a defesa dos direitos humanos e servir como órgão consultivo da Organização em tal matéria.

2. A Comissão representa todos os Estados-membros que compõem a Organização.

3. A Comissão compõe-se de sete membros, eleitos a título pessoal pela Assembleia Geral da Organização, que deverão ser pessoas de alta autoridade moral e de reconhecido saber em matéria de direitos humanos

Quanto à "alta autoridade moral", trata-se de requerimento espelhado em outros tratados internacionais de direitos humanos[27] e fundamental para a legitimidade da Comissão. O requisito também se conecta com noções de independência e imparcialidade, abordadas no artigo 71 da Convenção no contexto de potenciais incompatibilidades do cargo de membro da Comissão e juiz da Corte com outras atividades. Apesar de o dispositivo não especificar definições de "independência" e "imparcialidade", tais conceitos podem ser interpretados à luz do artigo 8 da Convenção, que versa sobre o direito humano a um devido processo legal. Em contraste, o artigo equivalente na Carta Africana dos Direitos Humanos e dos Povos (Carta Africana ou Carta de Banjul) apresenta uma descrição mais detalhada do parâmetro, estabelecendo que os membros da Comissão Africana devem ser "*escolhidos dentre as personalidades Africanas de maior reputação, conhecidas por sua alta moral, integridade, imparcialidade e competência em matéria de direitos humanos e dos povos*".

O segundo critério, "reconhecido saber em matéria de direitos humanos", também é formulação comum em tratados de direitos humanos de outros sistemas de proteção.[28] Vale notar que a Carta de Banjul, após exigir "competência em matéria de direitos humanos e dos povos" de seus comissionados, enfatiza que deve ser dada "particular consideração a pessoas com experiência jurídica". Uma formulação semelhante constava na versão do dispositivo no Projeto do Conselho Interamericano de Jurisconsultos, ("*[s]e tomará en consideración la utilidad de la participación de algunas personas que tengan experiencia judicial o jurídica*"),[29] mas foi eliminada da redação final.[30] Apesar da supressão, e considerando as demandas ine-

---

[27]   Prevê o artigo 31.1 da Carta Africana de Direitos Humanos e dos Povos: "*The Commission shall consist of eleven members chosen from amongst African personalities of the highest reputation, known for their high morality, integrity, impartiality and competence in matters of human and peoples' rights; particular consideration being given to persons having legal experience*". O artigo 28.2 do Pacto Internacional de Direitos Civis e Políticos, por sua vez, prevê, em relação ao Comitê de Direitos Humanos: "*The Committee shall be composed of nationals of the States Parties to the present Covenant who shall be persons of high moral character and recognized competence in the field of human rights, consideration being given to the usefulness of the participation of some persons having legal experience*". Ainda, o artigo 21.1 da Convenção Europeia dos Direitos do Homem prevê, quanto aos seus juízes: "*Os juízes deverão gozar da mais alta reputação moral e reunir as condições requeridas para o exercício de altas funções judiciais ou ser jurisconsultos de reconhecida competência*". Requisitos similares eram demandados dos membros da Comissão Europeia antes de o Protocolo 11 entrar em vigor, em 1998, e suprimi-la.

[28]   Conforme os artigos elencados na nota de rodapé *supra*.

[29]   CONSELHO INTERAMERICANO DE JURISCONSULTOS. Projeto da Convenção Americana sobre Direitos Humanos, setembro de 1959. In: SECRETARIA-GERAL DA OEA. *Anuário Interamericano de Direitos Humanos 1968*. Washington, DC: Secretaria-Geral da OEA, 1973. p. 250.

[30]   OEA. *Actas y Documentos de la Conferencia Especializada Interamericana sobre Derechos Humanos*. Novembro de 1969. OEA/Ser.K/XVI/1.2.

rentes ao trabalho de um membro da Comissão, a maioria de seus membros, historicamente, possuía experiência jurídica.[31]

Conforme será abordado no capítulo referente ao artigo 36 da Convenção, não são estabelecidos parâmetros ou procedimentos para a avaliação do nível de *expertise* dos candidatos, sendo sua indicação uma competência dos Estados-membros. Não obstante, as Resoluções 2887 (2016)[32] e 2908 (2017),[33] adotadas pela Assembleia Geral da OEA, buscaram promover a nomeação e a eleição de candidatos à Comissão e à Corte Interamericana com consideração aos princípios da não discriminação, da igualdade de gênero e da representação geográfica nos seguintes termos:

> (...) in selecting judges of the Inter-American Court of Human Rights and commissioners of the Inter-American Commission on Human Rights, to nominate and elect persons that would ensure a membership that provides balance in terms of gender, representation of the different regions, population groups, and legal systems of the Hemisphere, while guaranteeing the requirements of independence, impartiality, and recognized competence in the field of human rights.

REFERÊNCIAS

HENNEBEL, L.; TIGROUDJA, H. *The American Convention on Human Rights*: a commentary. Oxford: Oxford University Press, 2022.

HUNEEUS, A.; MADSEN, M. Between universalism and regional law and politics: a comparative history of the American, European, and African human rights systems. *International Journal of Constitutional Law*, v. 16, n. 1, 2018.

LIMA, R. *A Convenção Americana sobre Direitos Humanos como um projeto das Américas*: a história local de uma demanda universal. Tese (Doutorado em Direito) – Universidade de São Paulo, São Paulo, 2022.

RAMOS, A. *Processo internacional de direitos humanos*. 7. ed. São Paulo: Saraiva, 2022.

SANDIFER, D. Human Rights in the Inter-American System. *Howard Law Journal*, v. 11, 1965.

SCHEMAN, L. The Inter-American Commission on Human Rights. *American Journal of International Law*, v. 59, n. 2, p. 335-344, 1965.

SECRETARIA-GERAL DA OEA. *Anuário Interamericano de Direitos Humanos 1968*. Washington, DC: Secretaria-Geral da OEA, 1973.

VASAK, K. *La Commission Interaméricaine des Droits de l'homme*. Paris: LGDJ, 1968.

---

[31] HENNEBEL, L.; TIGROUDJA, H. *The American Convention on Human Rights*: a commentary. Oxford: Oxford University Press, 2022. p. 910.

[32] OEA. *Resolução 2887 ("Promotion and Protection of Human Rights")*. AG/RES.2887 (XLVI-O/16), 2016. p. xvi.

[33] OEA. *Resolução 2908 ("Promotion and Protection of Human Rights")*. AG/RES.2908 (XLVII-O/17), 2017. p. xv: "*in selecting judges of the Inter-American Court of Human Rights and commissioners of the Inter--American Commission on Human Rights, to nominate and elect persons that would ensure a membership that provides balance in terms of gender, representation of the different regions, population groups, and legal systems of the Hemisphere, while guaranteeing the requirements of independence, impartiality, and recognized competence in the field of human rights*".

> **Artigo 35**
> A Comissão representa todos os membros da Organização dos Estados Americanos.

 **COMENTÁRIOS**

por Letícia Machado Haertel

O artigo 35 da Convenção Americana de Direitos Humanos (Convenção) é situado no Capítulo VII do instrumento, que versa sobre a Comissão Interamericana de Direitos Humanos (Comissão). Após o artigo 34 ter inaugurado a Seção 1 do Capítulo, dedicada à organização da Comissão, estabelecendo os parâmetros quantitativos e qualitativos da sua composição, o artigo 35 estabelece que esse órgão interamericano representa todos os Membros da Organização dos Estados Americanos (OEA).

1. CONTEXTUALIZAÇÃO HISTÓRICA E TRABALHOS PREPARATÓRIOS DO ARTIGO 35 DA CONVENÇÃO AMERICANA

A compreensão da necessidade de inclusão de um artigo firmando que a Comissão representa todos os Membros da OEA demanda consideração do contexto histórico em que a Comissão foi criada e a Convenção, redigida.[34] O primeiro Projeto de Convenção Americana foi elaborado em 1959 pelo Conselho Interamericano de Jurisconsultos e apresentado na Segunda Conferência Interamericana Extraordinária de 1965, realizada no Rio de Janeiro. O projeto continha, em seu artigo 35, o seguinte dispositivo:

> Artículo 35
> (...) 3. Los miembros de la Comisión ejercerán sus funciones a título personal: representarán a todos los Estados que hayan ratificado o adherido a la presente Convención y actuarán en su nombre.

As propostas de Convenção elaboradas pelo Chile[35] e pelo Uruguai,[36] também apresentadas na Segunda Conferência (1965), continham parágrafos semelhantes. Não obstante, a Comissão

---

[34]   Para uma reconstrução mais detalhada do processo de redação dos artigos que integram a Seção 1 do Capítulo VII da Convenção Americana, ver o capítulo referente ao seu artigo 34.

[35]   CHILE. Projeto da Convenção Americana sobre Direitos Humanos apresentado pelo Chile na Segunda Conferência Interamericana Extraordinária do Rio de Janeiro, 1965. In: SECRETARIA-GERAL DA OEA. *Anuário Interamericano de Direitos Humanos 1968*. Washington, DC: Secretaria-Geral da OEA, 1973. p. 290. No artigo 40.3 do projeto, lia-se: "*Los miembros de la Comisión ejercerán sus funciones en representación de todos los Estados partes en la Convención*".

[36]   URUGUAI. Projeto da Convenção Americana sobre Direitos Humanos apresentado pelo Uruguai na Segunda Conferência Interamericana Extraordinária do Rio de Janeiro, 1965. In: SECRETARIA-GERAL DA OEA. *Anuário Interamericano de Direitos Humanos 1968*. Washington, DC: Secretaria-Geral da OEA, 1973. p. 306. No artigo 40.3 do projeto, lia-se: "*3. Los miembros de la Comisión ejercerán sus funciones a título personal: representarán a todos los Estados que hayan ratificado o manifestado su adhesión a la presente Convención y actuarán en su nombre*".

(que já havia sido estabelecida e iniciado seus trabalhos)[37] proferiu opinião contrária à inclusão de quaisquer artigos estabelecendo sua organização e suas funções na Convenção devido a estes já terem sido previamente estabelecidos em seu Estatuto de 1960[38] e na Resolução XXII da Segunda Conferência Interamericana Extraordinária.[39] Assim, recomendou a supressão dos artigos 35 a 47 do Projeto de Convenção elaborado pelo Conselho Interamericano de Jurisconsultos e sua substituição por apenas um artigo que fizesse remissão aos referidos instrumentos.[40] No contexto, manifestou-se especificamente sobre a redundância do texto que viria a ser o artigo 35 da Convenção por seu conteúdo já estar refletido no Estatuto.[41]

Na Conferência de San José de 1965, foram debatidos comentários dos Estados-membros da OEA que levantaram preocupações sobre a incompatibilidade da proposta da Comissão com a Carta da OEA e as dúvidas de delegados sobre se a Comissão prevista na Convenção era a mesma Comissão que havia sido criada em 1959 ou se uma nova Comissão seria estabelecida.[42] Ao fim do debate, sedimentou-se entendimento no sentido de que a Comissão criada em 1959 é a Comissão abordada na Convenção e que o tratado contaria com artigos sobre sua composição e organização que utilizariam como base os artigos do seu Estatuto, adotado em 1960 e emendado em 1966.[43]

Assim, o artigo 35 proposto pelo Conselho Interamericano de Jurisconsultos voltou a balizar as negociações e passou por algumas alterações até culminar na versão final. O seu parágrafo 3, antes apenso ao mesmo artigo que apresentava os critérios quantitativos e qualitativos dos membros da Comissão, foi segmentado e tornou-se o artigo 26 em comento. O projeto original também estabelecia que "os membros da Comissão" representariam todos os Estados, mas a menção aos membros foi substituída pela formulação reduzida "a Comissão", o que, junto da supressão do complemento *"y actuarán en su nombre"*, reforçou a independência da Comissão em relação aos Estados. Ainda, enquanto o projeto anterior especificava que a Comissão representa todos os Estados-partes da Convenção Americana, a versão final foi ampliada em escopo, especificando que o órgão representa todos "os Membros da Organização dos Estados Americanos", reforçando sua natureza como órgão estatutário da OEA.[44]

---

[37] Para maior detalhamento sobre a origem da Comissão, ver o capítulo referente ao artigo 34 da Comissão.

[38] Salvo sinalização expressa, as remissões ao Estatuto da Comissão neste capítulo se referem à sua versão atual, aprovada pela resolução AG/RES. 447 (IX-O/79), adotada pela Assembleia Geral da OEA em La Paz, Bolívia, em 1979.

[39] CIDH. Opinião da Comissão sobre o projeto de Convenção Americana sobre Direitos Humanos preparado pelo Conselho Interamericano de Jurisconsultos, OEA/Ser.L/V/11.16/doc.8. In: SECRETARIA-GERAL DA OEA. *Anuário Interamericano de Direitos Humanos 1968*. Washington, DC: Secretaria-Geral da OEA, 1973. p. 341.

[40] CIDH. Anteprojeto da Convenção Americana sobre Direitos Humanos, 1968. In: SECRETARIA-GERAL DA OEA. *Anuário Interamericano de Direitos Humanos 1968*. Washington, DC: Secretaria-Geral da OEA, 1973. p. 137.

[41] CIDH. Opinião da Comissão sobre o projeto de Convenção Americana sobre Direitos Humanos preparado pelo Conselho Interamericano de Jurisconsultos, OEA/Ser.L/V/11.16/doc.8. In: SECRETARIA-GERAL DA OEA. *Anuário Interamericano de Direitos Humanos 1968*. Washington, DC: Secretaria-Geral da OEA, 1973. p. 341.

[42] OEA. *Actas y Documentos de la Conferencia Especializada Interamericana sobre Derechos Humanos*. Novembro de 1969. OEA/Ser.K/XVI/1.2.

[43] OEA. *Actas y Documentos de la Conferencia Especializada Interamericana sobre Derechos Humanos*. Novembro de 1969. OEA/Ser.K/XVI/1.2.

[44] Conforme o artigo 53 da Carta da OEA, "*[a] Organização dos Estados Americanos realiza os seus fins por intermédio: a) Da Assembleia Geral; b) Da Reunião de Consulta dos Ministros das Relações Exteriores; c) Dos*

2. DA REPRESENTAÇÃO DOS ESTADOS-MEMBROS DA OEA PELA COMISSÃO INTERAME-RICANA

O artigo 35 estabelece que a Comissão representa todos os membros da OEA, o que, conforme abordado *supra*, reforça seu caráter como órgão estatutário da Organização e sua independência dos Estados. O mesmo preceito consta no Estatuto da Comissão e em seu Regulamento,[45] em termos bastante semelhantes:

> Estatuto da Comissão – Artigo 2
>
> (...)
>
> 2. A Comissão representa todos os Estados-membros da Organização.
>
> Regulamento da Comissão – Artigo 1 (Natureza e composição)
>
> (...)
>
> 2. A Comissão representa todos os Estados-membros que compõem a Organização.

O tema da representação, pela Comissão, dos Estados da OEA demanda compreensão de sua natureza. A Comissão Interamericana foi criada por meio da Resolução VIII, aprovada na Quinta Reunião de Consulta a Ministros das Relações Exteriores de 1959, em Santiago do Chile,[46] que determinou, em sua Parte II, a criação de uma Comissão Interamericana de Direitos Humanos que desempenharia as funções a ela delegadas pelo Conselho da OEA, bem como a de promoção do respeito aos direitos humanos. Embora a Comissão tenha sido inicialmente encarregada de funções com escopo muito reduzido em relação às que exerce atualmente,[47] sua autonomia dos Estados-membros já figurava na primeira versão de seu Estatuto em 1960, que a descrevia como "entidade autônoma" dentro da estrutura da OEA.[48]

Com as alterações introduzidas na Carta da OEA (1948) pelo Protocolo de Buenos Aires (1967), a Comissão foi reconhecida como órgão permanente da OEA, posição institucional que fortaleceu ainda mais sua autonomia. Conforme abordado nas discussões sobre os

---

Conselhos; d) Da Comissão Jurídica Interamericana; e) Da Comissão Interamericana de Direitos Humanos; f) Da Secretaria-Geral; g) Das Conferências Especializadas; e h) Dos Organismos Especializados. Poderão ser criados, além dos previstos na Carta e de acordo com suas disposições, os órgãos subsidiários, organismos e outras entidades que forem julgados necessários". Ver também o artigo 106: *"Haverá uma Comissão Interamericana de Direitos Humanos que terá por principal função promover o respeito e a defesa dos direitos humanos e servir como órgão consultivo da Organização em tal matéria. Uma convenção interamericana sobre direitos humanos estabelecerá a estrutura, a competência e as normas de funcionamento da referida Comissão, bem como as dos outros órgãos encarregados de tal matéria".*

[45]   Salvo indicação contrária expressa, as remissões ao Regulamento da Comissão neste capítulo se referem à sua versão atual, que foi aprovada em seu 137º Período Ordinário de Sessões, em 2009, com as modificações adotadas em 2011 e 2013, e entrou em vigor em 1º de agosto de 2013.

[46]   Para todas as resoluções adotadas na Quinta Reunião de Consulta de 1959, ver OEA. *Declaração da Quinta Reunião de Consulta a Ministros das Relações Exteriores de Santiago do Chile*, 12 a 18 de agosto de 1959, Ato Final, Doc. OEA/Ser.C/II.5.

[47]   Uma discussão das funções atuais da Comissão Interamericana é apresentada no capítulo referente ao artigo 41 da Convenção. Para maiores detalhes sobre as origens da Comissão e o aumento progressivo de seu mandato, ver LIMA, R. *A Convenção Americana sobre Direitos Humanos como um projeto das Américas*: a história local de uma demanda universal. Tese (Doutorado em Direito) – Universidade de São Paulo, São Paulo, 2022. p. 46-53.

[48]   O Estatuto de 1960 consta em CIDH. *Report on the Work Accomplished During its First Session*, October 3-28, 1960. OAS. Off. Rec. OEA/Ser.L/V/II (1961).

trabalhos preparatórios que levaram à redação final do artigo 35, foi seu *status* como órgão principal da OEA que levou à mudança na especificação dos países que representa, no texto da Convenção, dos Estados-partes da Convenção para todos os Estados-membros da OEA. A especificação, assim, reflete o "duplo tratamento normativo" da Comissão: o primeiro deles perante a Carta da OEA e o segundo perante a Convenção Americana de Direitos Humanos.[49]

A autonomia da Comissão, tanto em relação aos Estados-membros como em relação, especificamente, aos Estados de origem de seus comissionados, é extremamente relevante para que ela possa executar de forma apropriada suas funções de promoção da observação e defesa dos direitos humanos no Continente Americano, ofício tendente a gerar antagonismos e pressões por parte dos Estados.[50] O celebrado Juiz Antônio Augusto Cançado Trindade (1999) aponta, por exemplo, que o fato de que os membros da Comissão sempre atuaram em capacidade pessoal, e não como representantes de seus respectivos Estados, foi crucial para que o órgão interpretasse seu mandato, desde o início, de forma ampla e liberal – o que foi essencial para o fortalecimento de sua capacidade de impactar positivamente diversos cenários de violação de direitos humanos no Continente Americano.[51] Ao passo que a autonomia da Comissão não é positivada, de forma explícita, em nenhum dos principais instrumentos que a tematizam (a Carta da OEA, a Convenção e seu Estatuto), é consequência de seu *status* como órgão principal da OEA e refletida no artigo 1.1 do seu Regulamento.[52]

A autonomia do órgão também é sistematicamente reforçada na jurisprudência e na prática da Corte Interamericana. Foi o caso na Opinião Consultiva 19/2005, que versou sobre o controle do devido processo legal no exercício dos poderes da Comissão Interamericana (em referência aos artigos 41 e 44 a 41 da Convenção).[53] Na oportunidade, foi discutida a independência do órgão em relação ao próprio tribunal interamericano:

> La Corte considera necesario destacar que el sistema interamericano de protección de los derechos humanos se construye sobre la base de la plena autonomía e independencia de sus órganos para el ejercicio de las funciones que les han sido encomendadas, y que es sólo en el campo señalado en el párrafo anterior[54] que la Corte tiene la facultad de revisar si se han cumplido, por parte de la Comisión, las disposiciones contenidas en la Convención Americana y en los diversos instrumentos interamericanos de derechos humanos.

---

[49] RAMOS, A. *Processo internacional de direitos humanos*. 7. ed. São Paulo: Saraiva, 2022. p. 94. O autor relembra que "*o órgão é o mesmo, variando apenas as atribuições quando age como órgão da OEA ou quando age como órgão da Convenção Americana de Direitos Humanos*".

[50] Para maiores detalhes, ver HENNEBEL, L.; TIGROUDJA, H. *The American Convention on Human Rights*: a commentary. Oxford: Oxford University Press, 2022. p. 915.

[51] CANÇADO TRINDADE, A. A. O Sistema Interamericano de Direitos Humanos no limiar do novo século: recomendações para o fortalecimento de seu mecanismo de proteção (1999). In: STJ; SEDH. *A proteção internacional dos direitos humanos e o Brasil*. Brasília: Superior Tribunal de Justiça, 2000.

[52] Regulamento da Comissão Interamericana, artigo 1.1: "*A Comissão Interamericana de Direitos Humanos é um órgão autônomo da Organização dos Estados Americanos que tem como função principal promover a observância e a defesa dos direitos humanos e servir como órgão consultivo da Organização em tal matéria*".

[53] Corte IDH. *Control de legalidad en el ejercicio de las atribuciones de la Comisión Interamericana de Derechos Humanos* (arts. 41 y 44 a 51 de la Convención Americana sobre Derechos Humanos). Opinión Consultiva OC-19/05 de 28 de novembro de 2005. Série A, n. 19, par. 25.

[54] Referindo-se exclusivamente ao processamento de petições individuais e estatais relativas à Convenção Americana.

Nota-se que a noção de autonomia não conflita, de forma alguma, com o fato de que a Comissão *representa* os Estados-membros da Organização. A noção de "representação" não implica agir "em nome" dos Estados – o que ficou claro com a supressão do trecho "*y actuarán en su nombre*" da redação final da Convenção –, mas, sim, que não se trata de um representante de seu próprio Estado de origem. A afirmação é especialmente relevante porquanto o órgão conta com apenas sete comissionados, enquanto a OEA possui 34 Estados-membros,[55] sendo essencial à legitimidade da Comissão que todos se sintam por ela representados. Não obstante o conteúdo do artigo 35 da Convenção, o artigo 17.2 de seu Regulamento veda a participação de seus membros na discussão, na investigação, na deliberação ou na decisão de assunto submetido à Comissão "*a. se forem cidadãos do Estado objeto da consideração geral ou específica da Comissão, ou se estiverem acreditados ou cumprindo missão especial como diplomatas perante esse Estado*".[56]

REFERÊNCIAS

CANÇADO TRINDADE, A. A. O Sistema Interamericano de Direitos Humanos no limiar do novo século: recomendações para o fortalecimento de seu mecanismo de proteção (1999). In: STJ; SEDH. *A proteção internacional dos direitos humanos e o Brasil*. Brasília: Superior Tribunal de Justiça, 2000.

HENNEBEL, L.; TIGROUDJA, H. *The American Convention on Human Rights*: a commentary. Oxford: Oxford University Press, 2022.

LIMA, R. *A Convenção Americana sobre Direitos Humanos como um projeto das Américas*: a história local de uma demanda universal. Tese (Doutorado em Direito) – Universidade de São Paulo, São Paulo, 2022.

RAMOS, A. *Processo internacional de direitos humanos*. 7. ed. São Paulo: Saraiva, 2022.

SECRETARIA-GERAL DA OEA. *Anuário Interamericano de Direitos Humanos 1968*. Washington, DC: Secretaria-Geral da OEA, 1973.

> **Artigo 36**
>
> 1. Os membros da Comissão serão eleitos a título pessoal, pela Assembleia Geral da Organização, de uma lista de candidatos propostos pelos governos dos Estados-Membros.
>
> 2. Cada um dos referidos governos pode propor até três candidatos, nacionais do Estado que os propuser ou de qualquer outro Estado-Membro da Organização dos Estados Americanos. Quando for proposta uma lista de três candidatos, pelo menos um deles deverá ser nacional de Estado diferente do proponente.

---

[55]   Trata-se do número de Estados-membros da OEA quando do fechamento deste capítulo, em dezembro de 2023. O número contabiliza a recente saída da Nicarágua da organização, após esgotado o prazo de dois anos, previsto no artigo 143 da Carta da OEA, contado a partir da formalização da denúncia pelo país da Carta da OEA. Para um número atualizado, consultar a página oficial da organização.

[56]   A segunda hipótese de veto à participação de membros da Comissão nos procedimentos prevista no artigo 17.2 do seu Regulamento é "*se houverem participado previamente, a qualquer título, de alguma decisão sobre os mesmos fatos em que se fundamenta o assunto ou se houveram atuado como conselheiros ou representantes de uma das partes interessadas na decisão*".

🗩 COMENTÁRIOS

por Letícia Machado Haertel

O artigo 36 da Convenção Americana de Direitos Humanos (Convenção) é situado no Capítulo VII do instrumento, que versa sobre a Comissão Interamericana de Direitos Humanos (Comissão). Após o artigo 34 estabelecer os parâmetros quantitativos e qualitativos da composição do órgão e o artigo 35 estabelecer que ela "representa todos os Membros da Organização dos Estados Americanos", o artigo 36 aborda a eleição dos membros da Comissão.

1. CONTEXTUALIZAÇÃO HISTÓRICA E TRABALHOS PREPARATÓRIOS DO ARTIGO 36 DA CONVENÇÃO AMERICANA

O primeiro projeto de texto para a Convenção Americana, elaborado em 1959 pelo Conselho Interamericano de Jurisconsultos, abordava o tema da eleição dos membros da Comissão em seus artigos 36 a 38.[57] Previa o artigo 36:

> Artículo 36
>
> 1. Los miembros de la Comisión serán elegidos de una lista de personas que reúnan las condiciones previstas en el artículo 35 y que **sean propuestas al efecto por los Estados Partes** en la convención.
>
> 2. Cada Estado propondrá ternas de personas, que podrán ser nacionales del Estado que las proponga o de cualquier otro Estado Parte en la convención.
>
> 3. Los miembros de la Comisión podrán ser reelegidos.

Quanto às outras propostas de projeto de Convenção apresentadas na Segunda Conferência (1965), a do Uruguai[58] era substancialmente semelhante ao projeto do Conselho, enquanto a do Chile[59] abordava o tema das eleições dos comissionados de forma sucinta, com seu artigo 41 focado em estabelecer diretrizes semelhantes às do artigo 36 da proposta do Conselho:

> Artículo 41
>
> 1. Los miembros de la Comisión serán elegidos de una lista y de personas que reúnan las condiciones previstas en el artículo 40 y que sean propuestas al efecto por los Estados Partes en la Convención.
>
> 2. Cada Estado propondrá ternas de personas, que podrán ser nacionales del Estado que las proponga o de cualquier otro Estado parte en la Convención.
>
> 3. Los miembros de la Comisión podrán ser reelegidos.

---

[57] CONSELHO INTERAMERICANO DE JURISCONSULTOS. Projeto da Convenção Americana sobre Direitos Humanos, setembro de 1959. In: SECRETARIA-GERAL DA OEA. *Anuário Interamericano de Direitos Humanos 1968*. Washington, DC: Secretaria-Geral da OEA, 1973. p. 250.

[58] URUGUAI. Projeto da Convenção Americana sobre Direitos Humanos apresentado pelo Uruguai na Segunda Conferência Interamericana Extraordinária do Rio de Janeiro, 1965. In: SECRETARIA-GERAL DA OEA. *Anuário Interamericano de Direitos Humanos 1968*. Washington, DC: Secretaria-Geral da OEA, 1973.

[59] CHILE. Projeto da Convenção Americana sobre Direitos Humanos apresentado pelo Chile na Segunda Conferência Interamericana Extraordinária do Rio de Janeiro, 1965. In: SECRETARIA-GERAL DA OEA. *Anuário Interamericano de Direitos Humanos 1968*. Washington, DC: Secretaria-Geral da OEA, 1973.

Conforme abordado em maior detalhe no Capítulo relativo ao artigo 34 da Convenção, os projetos de Convenção foram enviados ao Conselho da OEA para que este, após consulta com a Comissão e outras entidades que achasse conveniente, apresentasse as emendas que julgava necessárias ao projeto do Conselho.[60] Em sua Opinião, a Comissão considerou redundante que o tratado estabelecesse sua organização e suas funções, previamente estabelecidas em seu Estatuto aprovado pelo Conselho da OEA e ampliado pela Resolução XXII da Segunda Conferência Interamericana Extraordinária.[61] Assim, recomendou a substituição dos artigos 35 a 47 do Projeto de Convenção por apenas um artigo afirmando que a Comissão funcionará com base na estrutura, na organização e nas funções que lhe foram conferidas pelos referidos instrumentos,[62] sendo acrescidas as novas funções determinadas na Convenção. A proposta da Comissão não prosperou e os artigos do projeto do Conselho Interamericano de Jurisconsultos voltaram a pautar as discussões.[63]

Especificamente quanto ao que viria a se tornar o artigo 36 da Convenção, os delegados optaram por replicar o previsto no artigo 4 (hoje, 3) do Estatuto da Comissão vigente à época:[64]

> Artigo 3
>
> 1. Os membros da Comissão serão eleitos a título pessoal, pela Assembleia Geral da Organização, de uma lista de candidatos propostos pelos Governos dos Estados--membros.
>
> 2. Cada Governo pode propor até três candidatos, nacionais do Estado que os proponha ou de qualquer outro Estado membro da Organização. Quando for proposta uma lista tríplice de candidatos, pelo menos um deles deverá ser nacional de Estado diferente do proponente.

2. DA INDICAÇÃO DE CANDIDATOS A MEMBROS DA COMISSÃO PELOS ESTADOS-MEMBROS DA OEA

O primeiro parágrafo do artigo 36 especifica que a eleição, pela Assembleia Geral da OEA, de membros da Comissão, é realizada com base em lista de candidatos propostos pelos governos dos Estados-membros. Apesar de sua indicação pelos Estados, o artigo 36 da Convenção, ao iniciar-se com a determinação de que os membros da Comissão "serão eleitos a

---

[60]   OEA. Resolução XXIV (1965). In: SECRETARIA-GERAL DA OEA. *Anuário Interamericano de Direitos Humanos 1968*. Washington, DC: Secretaria-Geral da OEA, 1973. p. 68.

[61]   CIDH. Opinião da Comissão sobre o projeto de Convenção Americana sobre Direitos Humanos preparado pelo Conselho Interamericano de Jurisconsultos, OEA/Ser.L/V/11.16/doc.8. In: SECRETARIA-GERAL DA OEA. *Anuário Interamericano de Direitos Humanos 1968*. Washington, DC: Secretaria-Geral da OEA, 1973. p. 341.

[62]   CIDH. Anteprojeto da Convenção Americana sobre Direitos Humanos, 1968. In: SECRETARIA-GERAL DA OEA. *Anuário Interamericano de Direitos Humanos 1968*. Washington, DC: Secretaria-Geral da OEA, 1973. p. 137.

[63]   OEA. *Actas y Documentos de la Conferencia Especializada Interamericana sobre Derechos Humanos*. Novembro de 1969. OEA/Ser.K/XVI/1.2.

[64]   O Estatuto de 1960 consta em CIDH. *Report on the Work Accomplished During its First Session*, October 3-28, 1960. OAS. Off. Rec. OEA/Ser.L/V/II (1961). Salvo indicação contrária expressa, as remissões ao Estatuto da Comissão neste capítulo se referem à sua versão atual, aprovada pela Resolução AG/RES. 447 (IX-O/79), adotada pela Assembleia Geral da OEA em La Paz, Bolívia, em 1979.

título pessoal", não deixa dúvida quanto ao fato de que seus membros não representam seu Estado de origem, em consonância com o artigo 35 da Convenção.[65]

O artigo 36 da Convenção deve ser lido considerando que o artigo 4, parágrafo primeiro, do Estatuto da Comissão, estabelece:

> Artigo 4
>
> 1. Seis meses antes da realização do período ordinário de sessões da Assembleia Geral da OEA, antes da expiração do mandato para o qual houverem sido eleitos os membros da Comissão, o Secretário-Geral da OEA pedirá, por escrito, a cada Estado membro da Organização que apresente, dentro do prazo de 90 dias, seus candidatos.

O segundo parágrafo do artigo 36, assim como o artigo 3.2 do Estatuto, especifica que, a partir dessa solicitação pelo Secretário-Geral da OEA, cada Estado pode propor até três candidatos, que podem ser nacionais de qualquer Estado-membro da Organização dos Estados Americanos – não necessariamente do Estado proponente. Ainda, estabelece que, para Estados que indicarem três candidatos, é obrigatório indicar ao menos um que não seja seu nacional. Na prática, contudo, verifica-se que os Estados tendem a indicar apenas um candidato.[66]

As nomeações dos Estados são cruciais para assegurar uma composição da Comissão apta a cumprir com todas as suas funções. Evidentemente, espera-se que os candidatos cumpram com os requisitos qualitativos estabelecidos no artigo 34 da Convenção, sendo pessoas de alta autoridade moral e de reconhecido saber em matéria de direitos humanos. Os Estados são absolutamente livres quanto à forma e ao resultado de suas nomeações, não havendo um procedimento convencional para supervisionar esse processo – embora as nomeações demonstrem que são, historicamente, considerados.[67]

Após a apresentação, pelos Estados-membros que o desejem, do nome dos candidatos que indicaram, nos termos do primeiro parágrafo do artigo 4 do Estatuto da Comissão, o Secretário-Geral da OEA prepara uma lista para circulação entre os Estados-membros, conforme o segundo parágrafo do artigo:

> Artigo 4
>
> (...)
>
> 2. O Secretário-Geral preparará uma lista em ordem alfabética dos candidatos que forem apresentados e a encaminhará aos Estados-membros da Organização pelo menos 30 dias antes da Assembleia Geral seguinte.

---

[65] Para mais detalhes, ver o capítulo relativo ao artigo 35 da Convenção. Essa característica da Comissão Interamericana foi crucial para o fortalecimento de seu mandato. No tema, ver CANÇADO TRINDADE, A. A. O Sistema Interamericano de Direitos Humanos no limiar do novo século: recomendações para o fortalecimento de seu mecanismo de proteção (1999). In: STJ; SEDH. *A proteção internacional dos direitos humanos e o Brasil*. Brasília: Superior Tribunal de Justiça, 2000.

[66] HENNEBEL, L.; TIGROUDJA, H. *The American Convention on Human Rights*: a commentary. Oxford: Oxford University Press, 2022. p. 923.

[67] Uma exceção notável ocorreu em antecipação às eleições de 2013, quando o Conselho Permanente da OEA organizou um fórum aberto em que candidatos ao cargo de membros da Comissão nomeados pelos Estados foram questionados em diversos temas por seus integrantes e representantes de organizações da sociedade civil. Ver OSJI. *Strengthening from Within*: Law and Practice in the Selection of Human Rights Judges and Commissioners. Nova York: Open Society Foundations, 2017. p. 92 (nota de rodapé 103).

A falta de supervisão e preocupações quanto à transparência de nomeações são críticas frequentes à formulação do artigo 36.[68] Em face desse cenário, em 2015 um Painel Independente para Eleição de Comissionados e Juízes Interamericanos foi composto, em uma iniciativa privada de Organizações Não Governamentais (ONGs)[69] com apoio de outras entidades, visando, entre outros objetivos, tornar o processo de nomeação de candidatos mais transparente, avaliar as qualificações dos candidatos e aumentar a visibilidade dos processos perante a sociedade civil.[70]

A partir do Relatório Final de 2015 elaborado pelo Painel Independente, a Resolução 2887, de 2016, da Assembleia Geral da OEA instruiu seu Conselho Permanente a convidar os candidatos nomeados, se possível, para realizar uma apresentação pública perante o órgão e indicar sua visão, propostas e iniciativas pretendidas caso eleitos.[71] A Resolução também foi uma importante medida para promover a nomeação e eleição de candidatos à Comissão e à Corte Interamericana com consideração aos princípios da não discriminação, da igualdade de gênero e da representação geográfica.[72]

3. DA ELEIÇÃO DOS MEMBROS DA COMISSÃO INTERAMERICANA PELA ASSEMBLEIA GERAL DA OEA

Conforme apontado *supra*, o artigo 36 da Convenção estabelece que os membros da Comissão serão eleitos pela Assembleia Geral da OEA a partir da lista de candidatos propostos pelos governos dos Estados-membros, compilada pelo Secretário-Geral da OEA. O artigo 36 não entra em maiores detalhes sobre o processo pelo qual a eleição se dá, diferentemente do artigo 53 da Convenção, que aborda a eleição dos juízes da Corte.[73] O artigo 4.2 do Estatuto da Comissão prevê que a lista seja encaminhada para os Estados-membros da OEA ao menos 30 dias antes da Assembleia Geral em que será discutida, e o procedimento pelo qual se dá a eleição é aprofundado em seu artigo 5:

> Artigo 5
>
> A eleição dos membros da Comissão será feita dentre os candidatos que figurem na lista a que se refere o artigo 3, parágrafo 2, pela Assembleia Geral, em votação secreta, e serão declarados eleitos os candidatos que obtiverem maior número de votos e a maioria absoluta dos votos dos Estados-membros. Se, para eleger todos os

---

[68] HENNEBEL, L.; TIGROUDJA, H. *The American Convention on Human Rights*: a commentary. Oxford: Oxford University Press, 2022. p. 923.

[69] Trata-se do *Centro Por La Justicia y el Derecho Internacional* (CEJIL), da *Due Process of Law Foundation* (DPLF) e da *Open Society Justice Initiative* (OSJI).

[70] CEJIL; DPLF; OSJI. *Final Report of the Independent Panel for the Election of Commissioners to the Inter-American Commission on Human Rights* (2017). p. 3.

[71] OEA. *Resolução 2887 ("Promotion and Protection of Human Rights")*. AG/RES.2887 (XLVI-O/16), 2016. p. xvi, par. 2. Ver também OSJI. *Strengthening from Within*: Law and Practice in the Selection of Human Rights Judges and Commissioners. Nova York: Open Society Foundations, 2017. p. 42.

[72] OEA. *Resolução 2887 ("Promotion and Protection of Human Rights")*. AG/RES.2887 (XLVI-O/16), 2016. p. xvi, par. 2. No mesmo sentido, OEA. *Resolução 2908 ("Promotion and Protection of Human Rights")*. AG/RES.2908 (XLVII-O/17), 2017. p. xv: "*in selecting judges of the Inter-American Court of Human Rights and commissioners of the Inter-American Commission on Human Rights, to nominate and elect persons that would ensure a membership that provides balance in terms of gender, representation of the different regions, population groups, and legal systems of the Hemisphere, while guaranteeing the requirements of independence, impartiality, and recognized competence in the field of human rights*".

[73] Para mais detalhes, ver o capítulo relativo ao artigo 53 da Convenção.

membros da Comissão for necessário efetuar vários escrutínios, serão eliminados sucessivamente, na forma que a Assembleia Geral determinar, os candidatos que receberam menor número de votos.

O procedimento específico a ser adotado quanto às vagas que ocorrerem na Comissão que não se devam à expiração normal do mandado, por sua vez, é regulado pelo artigo 38 da Convenção e pelo artigo 11 do Estatuto da Comissão.[74]

REFERÊNCIAS

CANÇADO TRINDADE, A. A. O Sistema Interamericano de Direitos Humanos no limiar do novo século: recomendações para o fortalecimento de seu mecanismo de proteção (1999). In: STJ; SEDH. *A proteção internacional dos direitos humanos e o Brasil.* Brasília: Superior Tribunal de Justiça, 2000.

HENNEBEL, L.; TIGROUDJA, H. *The American Convention on Human Rights*: a commentary. Oxford: Oxford University Press, 2022.

OSJI. *Strengthening from Within*: Law and Practice in the Selection of Human Rights Judges and Commissioners. Nova York: Open Society Foundations, 2017.

SECRETARIA-GERAL DA OEA. *Anuário Interamericano de Direitos Humanos 1968.* Washington, DC: Secretaria-Geral da OEA, 1973.

Artigo 37

1. Os membros da Comissão serão eleitos por quatro anos e só poderão ser reeleitos uma vez, porém o mandato de três dos membros designados na primeira eleição expirará ao cabo de dois anos. Logo depois da referida eleição, serão determinados por sorteio, na Assembleia Geral, os nomes desses três membros.

2. Não pode fazer parte da Comissão mais de um nacional de um mesmo Estado.

 COMENTÁRIOS

---

por Letícia Machado Haertel

O artigo 37 da Convenção Americana de Direitos Humanos (Convenção) versa sobre o período de mandato dos membros da Comissão Interamericana de Direitos Humanos (Comissão) e as regras de sua reeleição, bem como a limitação da presença de um comissionado da mesma nacionalidade. Assim, enquadra-se, na Seção 1 (Organização) do Capítulo VII da Convenção, em encadeamento lógico a partir dos parâmetros quantitativos e qualitativos da composição do órgão (artigo 34), a definição de que a Comissão representa todos os Membros da Organização dos Estados Americanos (OEA) (artigo 35) e as regras concernentes à eleição de seus membros (artigo 36).

---

[74]   O tema é abordado no capítulo relativo ao artigo 38 da Convenção.

1. CONTEXTUALIZAÇÃO HISTÓRICA E TRABALHOS PREPARATÓRIOS DO ARTIGO 37 DA CONVENÇÃO AMERICANA

O primeiro projeto de texto para a Convenção Americana, elaborado em 1959 pelo Conselho Interamericano de Jurisconsultos continha um artigo 39 muito próximo do que viria a se tornar o artigo 37 da Convenção:[75]

> Artículo 39
>
> 1. Los miembros de la Comisión se eligen por cuatro años y podrían ser reelegidos si se les propone para ello. Sin embargo, los mandatos de tres de los miembros elegidos en la primera elección expirarán al cabo de dos años. Inmediatamente después de la primera elección, el Secretario General de la Organización de los Estados Americanos designará, por sorteo, los nombres de estos tres miembros.
>
> 2. Las elecciones que se celebren al expirar el mandato se harán con arreglo a los artículos precedentes de esta parte de la convención.

As outras propostas de projeto de Convenção apresentadas na Segunda Conferência (1965) eram substancialmente semelhantes.[76]

Conforme abordado em maior detalhe no capítulo referente ao artigo 34, a Comissão proferiu sua opinião sobre os três projetos de Convenção, em que considerou redundante que o tratado estabelecesse sua organização e suas funções, previamente estabelecidas no seu Estatuto aprovado pelo Conselho da OEA,[77] à luz da Resolução XXII da Segunda Conferência Interamericana Extraordinária.[78] Desse modo, recomendou a supressão dos artigos 35 a 47 do Projeto – incluindo, assim, o artigo 39, que originaria o artigo 37 na versão final.

Em seu lugar, a Comissão entendeu necessária e recomendou apenas a inserção de um artigo[79] afirmando que a Comissão funcionará com base na estrutura, na organização e nas funções que lhe foram previamente conferidas, acrescidas as novas funções determinadas na Convenção. A proposta da Comissão não prosperou e os artigos do projeto do Conselho

---

[75] CONSELHO INTERAMERICANO DE JURISCONSULTOS. Projeto da Convenção Americana sobre Direitos Humanos, setembro de 1959. In: SECRETARIA-GERAL DA OEA. *Anuário Interamericano de Direitos Humanos 1968*. Washington, DC: Secretaria-Geral da OEA, 1973. p. 250.

[76] URUGUAI. Projeto da Convenção Americana sobre Direitos Humanos apresentado pelo Uruguai na Segunda Conferência Interamericana Extraordinária do Rio de Janeiro, 1965. In: SECRETARIA-GERAL DA OEA. *Anuário Interamericano de Direitos Humanos 1968*. Washington, DC: Secretaria-Geral da OEA, 1973. p. 306; CHILE. Projeto da Convenção Americana sobre Direitos Humanos apresentado pelo Chile na Segunda Conferência Interamericana Extraordinária do Rio de Janeiro, 1965. In: SECRETARIA-GERAL DA OEA. *Anuário Interamericano de Direitos Humanos 1968*. Washington, DC: Secretaria-Geral da OEA, 1973. p. 290.

[77] O Estatuto de 1960 consta em CIDH. *Report on the Work Accomplished During its First Session*, October 3-28, 1960. OAS. Off. Rec. OEA/Ser.L/V/II (1961). Salvo indicação contrária expressa, as remissões ao Estatuto da Comissão neste capítulo se referem à sua versão atual, aprovada pela Resolução AG/RES. 447 (IX-O/79), adotada pela Assembleia Geral da OEA em La Paz, Bolívia, em 1979.

[78] CIDH. Anteprojeto da Convenção Americana sobre Direitos Humanos, 1968. In: SECRETARIA-GERAL DA OEA. *Anuário Interamericano de Direitos Humanos 1968*. Washington, DC: Secretaria-Geral da OEA, 1973. p. 137.

[79] CIDH. Opinião da Comissão sobre o projeto de Convenção Americana sobre Direitos Humanos preparado pelo Conselho Interamericano de Jurisconsultos, OEA/Ser.L/V/11.16/doc.8. In: SECRETARIA-GERAL DA OEA. *Anuário Interamericano de Direitos Humanos 1968*. Washington, DC: Secretaria-Geral da OEA, 1973. p. 341.

Interamericano de Jurisconsultos voltaram a pautar as discussões, atualizado pelo que fora definido no Estatuto da Comissão em 1960 e em 1966.[80] Com base nesses documentos, conformou-se o artigo 37 da versão final da Convenção.

2. DA DURAÇÃO DO MANDATO DOS MEMBROS DA COMISSÃO E DA SUA POSSIBILIDADE DE REELEIÇÃO

O artigo 37, em seu primeiro parágrafo, define em quatro anos o prazo do mandato dos membros da Comissão. O artigo 6 do Estatuto da Comissão reitera esse prazo e acrescenta que "[o]s mandatos serão contados a partir de 1º de janeiro do ano seguinte ao da eleição". Considerando a existência prévia da Comissão, e que seu Estatuto precede o tratado, alguns membros da Comissão a serviram por um período maior do que o máximo permitido (dois termos de quatro anos), como foi o caso do comissionado brasileiro Carlos A. Dunshee de Abranches, que integrou o órgão de 1964 a 1983.

O primeiro parágrafo do artigo 37 também prevê a possibilidade de reeleição de membros da Comissão, limitando-a a apenas uma vez. O Regulamento da Comissão[81] reforça o previsto no Estatuto e na Convenção e acrescenta uma hipótese em que o mandato de um membro da Comissão pode se estender no tempo:

> Artigo 2. Duração do mandato
>
> 1. Os membros da Comissão serão eleitos por quatro anos e só poderão ser reeleitos uma vez.
>
> 2. No caso de não haverem sido eleitos os novos membros da Comissão para substituir os membros cujos mandatos expiram, estes últimos continuarão no exercício de suas funções até que se efetue a eleição dos novos membros.

3. DA NACIONALIDADE DOS MEMBROS DA COMISSÃO

Conforme prevê o artigo 37.2, não haverá mais de um comissionado de uma mesma nacionalidade, disposição equivalente àquela adotada para a composição da Corte Interamericana de Direitos Humanos, conforme o artigo 52.2 da Convenção. Regras do gênero são comuns a organismos internacionais e se propõem a assegurar a diversidade nacional e a maior representatividade dos países da região, além de evitar a preponderância de determinado Estado em detrimento de outros.

REFERÊNCIAS

HENNEBEL, L.; TIGROUDJA, H. *The American Convention on Human Rights*: a commentary. Oxford: Oxford University Press, 2022.

SECRETARIA-GERAL DA OEA. *Anuário Interamericano de Direitos Humanos 1968*. Washington, DC: Secretaria-Geral da OEA, 1973.

---

[80] OEA. *Actas y Documentos de la Conferencia Especializada Interamericana sobre Derechos Humanos*. Novembro de 1969. OEA/Ser.K/XVI/1.2.

[81] Salvo indicação contrária expressa, as remissões ao Regulamento da Comissão neste capítulo se referem à sua versão atual, que foi aprovada em seu 137º Período Ordinário de Sessões, em 2009, com as modificações adotadas em 2011 e 2013, e entrou em vigor em 1º de agosto de 2013.

> **Artigo 38**
>
> As vagas que ocorrerem na Comissão, que não se devam à expiração normal do mandado, serão preenchidas pelo Conselho Permanente da Organização, de acordo com o que dispuser o Estatuto da Comissão.

 COMENTÁRIOS

por Letícia Machado Haertel

O artigo 38 da Convenção Americana, que versa sobre o procedimento a ser seguido caso surjam vagas na Comissão que não se devam à expiração normal do mandado, é uma continuação lógica dos seus artigos 36 e 37, que, respectivamente, abordaram o procedimento de eleição dos membros da Comissão e os limites de reeleição e de tempo de mandato. Junto dos artigos 34 e 35, que se referem aos parâmetros quantitativos e qualitativos da composição do órgão e ao fato de que ela "representa todos os Membros da Organização dos Estados Americanos", o artigo 38 integra a Seção 1 (Organização) do Capítulo VII do instrumento, que versa sobre a Comissão.

1. CONTEXTUALIZAÇÃO HISTÓRICA E TRABALHOS PREPARATÓRIOS DO ARTIGO 38 DA CONVENÇÃO AMERICANA

O primeiro projeto de redação do que viria a ser o texto da Convenção Americana, elaborado, em 1959, pelo Conselho Interamericano de Jurisconsultos e apresentado na Segunda Conferência Interamericana Extraordinária de 1965,[82] continha um detalhamento substancialmente maior do procedimento a ser adotado quando da abertura de uma vaga na Comissão por motivos que não a expiração natural do mandato.[83]

> Artículo 40
>
> En caso de muerte o renuncia de un miembro de la Comisión el Presidente lo notificará inmediatamente al Secretario General de la Organización de los Estados Americanos, quien declarará vacante el puesto desde la fecha del fallecimiento o desde la fecha en que sea efectiva la renuncia.
>
> Artículo 41
>
> 1. Cuando se declare una vacante de conformidad con el artículo 40, el Secretario General de la Organización de los Estados Americanos notificará a cada uno de los Estados Partes en la convención, los cuales, a los efectos de la elección para llenar el puesto de vacante en la Comisión, podrán si fuere necesario, completar en el plazo de un mes su lista de candidatos disponibles hasta llegar al número de tres.

---

[82]   Para um detalhamento do processo de redação dos artigos que integram a Seção 1 do Capítulo VII da Convenção, ver o capítulo referente a seu artigo 34.

[83]   CONSELHO INTERAMERICANO DE JURISCONSULTOS. Projeto da Convenção Americana sobre Direitos Humanos, setembro de 1959. In: SECRETARIA-GERAL DA OEA. *Anuário Interamericano de Direitos Humanos 1968*. Washington, DC: Secretaria-Geral da OEA, 1973. p. 250.

2. El Secretario General de la Organización de los Estados Americanos preparará una lista, por orden alfabético, de los candidatos así designados y la comunicará al Consejo de la Organización de los Estados Americanos y a los Estados Partes en la convención. La elección para llenar la vacante se celebrará de conformidad con los artículos 37 y 38.

3. La persona elegida para reemplazar a un miembro cuyo mandato no hubiere expirado ocupará el cargo por el resto del período. Pero si ese mandato expirase dentro de los seis meses siguientes a la declaración de la vacante, de conformidad con el artículo 40, no habrá designación de candidatos ni se celebrarán elecciones para llenar dicha vacante.

A proposta de Convenção elaborada pelo Chile apresentada na Segunda Conferência (1965) não continha provisões semelhantes, enquanto a proposta do Uruguai refletia, em seus artigos 45 a 47, conteúdo similar ao dos artigos do projeto do Conselho.[84] Ao proferir sua opinião sobre os projetos, a Comissão considerou desnecessário refletir, no documento, todas as disposições vigentes sobre a estrutura e as funções da Comissão.[85] No caso específico dos artigos 40 a 42 do Projeto do Conselho Interamericano de Jurisconsultos, regras semelhantes já tinham sido estabelecidas no artigo 7 do Estatuto da Comissão.[86]

Assim, a Comissão recomendou a supressão dos artigos 35 a 47 e a inserção de um artigo realizando uma remissão aos documentos firmados anteriormente.[87] A posição da Comissão não prosperou, e os delegados decidiram que a Convenção contaria com artigos sobre sua composição e organização.[88] Assim, voltou-se a ter como base o projeto do Conselho Interamericano de Jurisconsultos, à luz do Estatuto da Comissão, que havia sido adotado em 1960 e emendado em 1966, o que resultou na redação final do artigo 38.[89]

2. DO PREENCHIMENTO DE VAGAS VACANTES POR RAZÕES QUE NÃO A EXPIRAÇÃO NATURAL DO MANDATO

O artigo 38 da Convenção aborda cenários em que vagas na Comissão são abertas por motivos além da expiração normal do mandado, como o falecimento, a remoção ou a renúncia

---

[84] CHILE. Projeto da Convenção Americana sobre Direitos Humanos apresentado pelo Chile na Segunda Conferência Interamericana Extraordinária do Rio de Janeiro, 1965. In: SECRETARIA-GERAL DA OEA. *Anuário Interamericano de Direitos Humanos 1968*. Washington, DC: Secretaria-Geral da OEA, 1973; URUGUAI. Projeto da Convenção Americana sobre Direitos Humanos apresentado pelo Uruguai na Segunda Conferência Interamericana Extraordinária do Rio de Janeiro, 1965. In: SECRETARIA-GERAL DA OEA. *Anuário Interamericano de Direitos Humanos 1968*. Washington, DC: Secretaria-Geral da OEA, 1973.

[85] CIDH. Opinião da Comissão sobre o projeto de Convenção Americana sobre Direitos Humanos preparado pelo Conselho Interamericano de Jurisconsultos, OEA/Ser.L/V/11.16/doc.8. In: SECRETARIA-GERAL DA OEA. *Anuário Interamericano de Direitos Humanos 1968*. Washington, DC: Secretaria-Geral da OEA, 1973. p. 341.

[86] O Estatuto de 1960 consta em CIDH. *Report on the Work Accomplished During its First Session*, October 3-28, 1960. OAS. Off. Rec. OEA/Ser.L/V/II (1961). Salvo indicação contrária expressa, as remissões ao Estatuto da Comissão neste capítulo se referem à sua versão atual, aprovada pela Resolução AG/RES. 447 (IX-O/79), adotada pela Assembleia Geral da OEA em La Paz, Bolívia, em 1979.

[87] CIDH. Anteprojeto da Convenção Americana sobre Direitos Humanos, 1968. In: SECRETARIA-GERAL DA OEA. *Anuário Interamericano de Direitos Humanos 1968*. Washington, DC: Secretaria-Geral da OEA, 1973. p. 137.

[88] OEA. *Actas y Documentos de la Conferencia Especializada Interamericana sobre Derechos Humanos*. Novembro de 1969. OEA/Ser.K/XVI/1.2.

[89] OEA. *Actas y Documentos de la Conferencia Especializada Interamericana sobre Derechos Humanos*. Novembro de 1969. OEA/Ser.K/XVI/1.2.

de algum membro. Vale lembrar que a renúncia de um membro da Comissão é abordada no artigo 5 do seu Regulamento,[90] que determina sua apresentação por instrumento escrito ao Presidente da Comissão, que a notificará imediatamente ao Secretário-Geral da Organização dos Estados Americanos para os fins pertinentes. As hipóteses de remoção, por sua vez, são as incompatibilidades referidas no artigo 71 da Convenção e no artigo 8.3 do Estatuto da Comissão[91] acrescidas das graves violações dos deveres de seus membros, conforme previsto no artigo 10.1 do Estatuto da Comissão, à luz de seu artigo 9:

> Artigo 9
>
> São deveres dos membros da Comissão:
>
> 1. Assistir, salvo impedimento justificado, às reuniões ordinárias e extraordinárias da Comissão, que se realizarem em sua sede permanente ou na sede à qual houver acordado trasladar-se provisoriamente.
>
> 2. Fazer parte, salvo impedimento justificado, das comissões especiais que a Comissão decidir constituir para a realização de observações *in loco* ou para cumprir quaisquer outros deveres de que forem incumbidos.
>
> 3. Guardar absoluta reserva sobre os assuntos que a Comissão considerar confidenciais.
>
> 4. Manter, nas atividades de sua vida pública e privada, comportamento acorde com a elevada autoridade moral de seu cargo e a importância da missão confiada à Comissão Interamericana de Direitos Humanos.
>
> Artigo 10
>
> 1. Se algum membro violar gravemente algum dos deveres a que se refere o artigo nove, a Comissão, com o voto favorável de cinco dos seus membros, submeterá o caso à Assembleia Geral da Organização, a qual decidirá se procede afastá-lo do seu cargo.
>
> 2. A Comissão, antes de tomar sua decisão, ouvirá o membro de que se trata.

Nesses cenários, o artigo 38 da Convenção delega ao Conselho Permanente da OEA o preenchimento da vaga. A Assembleia Geral da OEA, que é responsável pela eleição regular, se reúne apenas uma vez por ano em sessão regular (artigo 2 da Carta da OEA), de sorte que é razoável relegar ao Conselho Permanente a responsabilidade de conduzir o preenchimento da vaga.

Outros aspectos do procedimento são relegados ao Estatuto:

> Artigo 11
>
> 1. Ao verificar-se uma vaga que não se deva à expiração normal de mandato, o Presidente da Comissão notificará imediatamente ao Secretário-Geral da Organização, que, por sua vez, levará a ocorrência ao conhecimento dos Estados-membros da Organização.
>
> 2. Para preencher as vagas, cada Governo poderá apresentar um candidato, dentro do prazo de 30 dias, a contar da data de recebimento da comunicação do Secretário-Geral na qual informe da ocorrência de vaga.
>
> 3. O Secretário-Geral preparará uma lista, em ordem alfabética, dos candidatos e a encaminhará ao Conselho Permanente da Organização, o qual preencherá a vaga.
>
> 4. Quando o mandato expirar dentro dos seis meses seguintes à data em que ocorrer uma vaga, esta não será preenchida.

---

90   Salvo indicação contrária expressa, as remissões ao Regulamento da Comissão neste capítulo se referem à sua versão atual, que foi aprovada em seu 137º Período Ordinário de Sessões, em 2009, com as modificações adotadas em 2011 e 2013, e entrou em vigor em 1º de agosto de 2013.

91   Para mais detalhes, ver o capítulo relativo ao artigo 71 da Convenção.

Primeiramente, cumpre destacar que, se uma vaga surge menos de seis meses antes da data em que o mandato de seu ocupante anterior expiraria, não se dá início ao procedimento de preenchimento de vaga (artigo 11.4 do Estatuto). Em quaisquer outros cenários, o Presidente da Comissão deve notificar o Secretário-Geral da OEA para que este notifique os Estados-membros da Organização (artigo 11.1). A partir do recebimento da comunicação do Secretário-Geral, os Estados-membros têm um prazo de 30 dias para apresentar um candidato para preencher a vaga disponível (artigo 11.2) – diferentemente do procedimento regular para eleição de membros da Comissão, cada Estado pode apresentar apenas um nome.

Ocorre que, ao longo dos anos, foi estabelecida uma prática dos Estados de não nomearem candidatos, com exceção do Estado de nacionalidade do comissionado que ocupava a vaga em questão.[92] De todo modo, conforme o artigo 11.3 do Estatuto, o Secretário-Geral prepara uma lista de candidatos a partir das indicações e a encaminha ao Conselho Permanente da Organização, que escolherá o candidato que preencherá a vaga. Considerando que a Comissão possui apenas sete membros, uma diversidade de funções e uma carga significativa de trabalho, é importante que o mecanismo previsto pelo artigo 38 promova um célere preenchimento das vagas.

REFERÊNCIAS

CERNA, C. The Inter-American Commission on Human Rights: its organisation and examination of petitions and communications. In: HARRIS, D.; LIVINGSTONE, S. *The Inter-American System of Human Rights*. Oxford: Clarendon Press, 1998.

HENNEBEL, L.; TIGROUDJA, H. *The American Convention on Human Rights*: a commentary. Oxford: Oxford University Press, 2022.

SECRETARIA-GERAL DA OEA. *Anuário Interamericano de Direitos Humanos 1968*. Washington, DC: Secretaria-Geral da OEA, 1973.

Artigo 39

A Comissão elaborará seu estatuto e submetê-lo-á à aprovação da Assembleia Geral e expedirá seu próprio regulamento.

 COMENTÁRIOS

por Letícia Machado Haertel

O Capítulo VII da Convenção Americana de Direitos Humanos (Convenção) versa sobre a Comissão Interamericana de Direitos Humanos (Comissão) e se inicia com artigos relativos à organização do órgão (Seção 1). Após terem sido estabelecidos os parâmetros quantitativos e qualitativos da sua composição (artigo 34), que ela representa todos os Membros da Organização dos Estados Americanos (OEA) (artigo 35), o procedimento de

---

[92] CERNA, C. The Inter-American Commission on Human Rights: its organisation and examination of petitions and communications. In: HARRIS, D.; LIVINGSTONE, S. *The Inter-American System of Human Rights*. Oxford: Clarendon Press, 1998. p. 72.

eleição dos membros da Comissão (artigo 36), os limites de tempo de mandato e reeleição (artigo 37) e o processo a ser adotado caso surjam vagas na Comissão que não se devam à expiração normal do mandado (artigo 38), o artigo 39 aborda a elaboração de seu Estatuto e Regulamento.

1. CONTEXTUALIZAÇÃO HISTÓRICA E TRABALHOS PREPARATÓRIOS DO ARTIGO 39 DA CONVENÇÃO AMERICANA

O primeiro projeto de texto para a Convenção Americana, elaborado em 1959 pelo Conselho Interamericano de Jurisconsultos, trazia uma referência ao procedimento de adoção do Regulamento da Comissão Interamericana, sem referência ao Estatuto:

> Artículo 47
>
> (...) 2. La Comisión establecerá su propio reglamento, en el cual se dispondrá, entre otras cosas:
>
> a. Que cinco miembros constituirán quórum;
>
> b. Que las decisiones de la Comisión se tomarán por mayoría de votos de los miembros presentes y que, en caso de empate, el Presidente decidirá
>
> con su voto; Y
>
> c. Que la Comisión celebrará sus audiencias y sesiones a puerta cerrada.

Quanto às outras propostas de projeto de Convenção apresentadas na Segunda Conferência Interamericana Extraordinária (1965),[93] a proposta do Uruguai era substancialmente semelhante à do Conselho em sua abordagem do tema, enquanto a elaborada pelo Chile continha, em seu artigo 45, uma breve referência à competência da Comissão de elaborar seu próprio Regulamento.[94] Quanto ao seu Estatuto, este já havia entrado em vigor em 1960 e passou por reformas em 1966, com seu artigo 16 estabelecendo a competência do Conselho da OEA para emendá-lo.[95]

Conforme abordado em maior detalhe no capítulo referente ao artigo 34, a Comissão proferiu, em 1968, sua opinião sobre os três projetos de Convenção e propôs as emendas que entendeu necessárias ao Projeto do Conselho.[96] O órgão considerou redundante que o tratado estabelecesse sua organização e suas funções, previamente estabelecidas no seu

---

[93] Para uma reconstrução mais detalhada do processo de redação dos artigos que integram a Seção 1 do Capítulo VII da Convenção Americana, ver o capítulo referente ao seu artigo 34.

[94] URUGUAI. Projeto da Convenção Americana sobre Direitos Humanos apresentado pelo Uruguai na Segunda Conferência Interamericana Extraordinária do Rio de Janeiro, 1965. In: SECRETARIA-GERAL DA OEA. *Anuário Interamericano de Direitos Humanos 1968*. Washington, DC: Secretaria-Geral da OEA, 1973. p. 306; CHILE. Projeto da Convenção Americana sobre Direitos Humanos apresentado pelo Chile na Segunda Conferência Interamericana Extraordinária do Rio de Janeiro, 1965. In: SECRETARIA-GERAL DA OEA. *Anuário Interamericano de Direitos Humanos 1968*. Washington, DC: Secretaria-Geral da OEA, 1973. p. 290 ("*La Comisión dictará su propio reglamento*").

[95] O Estatuto de 1960 consta em CIDH. *Report on the Work Accomplished During its First Session*, October 3-28, 1960. OAS. Off. Rec. OEA/Ser.L/V/II (1961). Salvo indicação contrária expressa, as remissões ao Estatuto da Comissão neste capítulo se referem à sua versão atual, aprovada pela Resolução AG/RES. 447 (IX-O/79), adotada pela Assembleia Geral da OEA em La Paz, Bolívia, em 1979.

[96] OEA. Resolución XXIV (1965). In: SECRETARIA-GERAL DA OEA. *Anuário Interamericano de Direitos Humanos 1968*. Washington, DC: Secretaria-Geral da OEA, 1973. p. 68.

Estatuto aprovado pelo Conselho da OEA, e recomendou a supressão dos artigos 35 a 47 do Projeto.[97] Com efeito, o Estatuto da Comissão adotado em 1960 já incorporava, em seu artigo 15, sua competência na elaboração de seu Regulamento.

No lugar dos artigos 35 a 47 do Projeto, a Comissão recomendou apenas a inserção de um artigo afirmando que a Comissão funcionará com base na estrutura, na organização e nas funções que lhe foram previamente conferidas, acrescidas as novas funções determinadas na Convenção.[98] A proposta da Comissão não prosperou e os artigos do projeto do Conselho Interamericano de Jurisconsultos voltaram a pautar as discussões.[99] A Comissão II na Conferência de San José elaborou uma nova proposta para o dispositivo que viria a se tornar o artigo 39, que previa que a Comissão elaboraria seu próprio Estatuto, mas o submeteria à "aprovação" da Assembleia Geral, e expediria seu Regulamento – este sem necessitar do trâmite perante a Assembleia. O representante costa-riquenho expressou preocupações quanto à competência da Assembleia Geral da OEA de aprovar o Estatuto da Comissão, alertando à possibilidade de que ela viesse a modificar, de forma substantiva, as funções e atribuições da Comissão.[100] Para ele, o problema seria dirimido caso o termo "estatuto" fosse qualificado com a palavra "administrativo" e a palavra "aprovação", referente à competência da Assembleia Geral, fosse substituída por "ratificação".

O Delegado do Chile defendeu a proposta do Grupo de Trabalho, reforçando que ela fora baseada no artigo 110 do Protocolo de Emenda à Carta da OEA e refletiria, assim, o mesmo procedimento para preparação do Estatuto do Comitê Jurídico Interamericano e dos Estatutos dos Conselhos previstos no Protocolo de Buenos Aires.[101] Ao fim do debate, o representante da Costa Rica reforçou sua preocupação, mas, buscando consenso, indicou que seria favorável à manutenção da redação do Grupo de Trabalho desde que fosse registrado que o Estatuto da Comissão não poderia sofrer qualquer modificação que pudesse *"alterar o contradecir las disposiciones relativas a su competencia o atribuciones"*. O Presidente da Comissão II expressou que a declaração constaria em ata e no Informe do Relator, e o artigo foi aprovado por unanimidade.

2. DO ESTATUTO DA COMISSÃO INTERAMERICANA E DO PROCEDIMENTO PARA SUA ADOÇÃO

As normas que regulam procedimentos perante tribunais internacionais e órgãos *quasi* judiciais – como é o caso da Comissão Interamericana – costumam derivar de múltiplas fontes e são, usualmente, cristalizadas em seus Estatutos e Regulamentos.[102] A distribuição de normas entre os dois tipos de documento é intrinsecamente conectada à sua natureza. Em

---

[97] CIDH. Opinião da Comissão sobre o projeto de Convenção Americana sobre Direitos Humanos preparado pelo Conselho Interamericano de Jurisconsultos, OEA/Ser.L/V/11.16/doc.8. In: SECRETARIA-GERAL DA OEA. *Anuário Interamericano de Direitos Humanos 1968*. Washington, DC: Secretaria-Geral da OEA, 1973. p. 341.

[98] CIDH. Anteprojeto da Convenção Americana sobre Direitos Humanos, 1968. In: SECRETARIA-GERAL DA OEA. *Anuário Interamericano de Direitos Humanos 1968*. Washington, DC: Secretaria-Geral da OEA, 1973. p. 137.

[99] OEA. *Actas y Documentos de la Conferencia Especializada Interamericana sobre Derechos Humanos*. Novembro de 1969. OEA/Ser.K/XVI/1.2. p. 336.

[100] OEA. *Actas y Documentos de la Conferencia Especializada Interamericana sobre Derechos Humanos*. Novembro de 1969. OEA/Ser.K/XVI/1.2. p. 336.

[101] OEA. *Actas y Documentos de la Conferencia Especializada Interamericana sobre Derechos Humanos*. Novembro de 1969. OEA/Ser.K/XVI/1.2. p. 336.

[102] Em inglês, usualmente denominados *"Rules of Procedure"*.

regra, o órgão internacional que redige, supervisiona ou aprova a redação do instrumento constitutivo de um tribunal ou órgão *quasi* judicial também elabora seu Estatuto e aprova suas reformas. Ao órgão de supervisão criado, por sua vez, é atribuída a competência e a responsabilidade de redigir suas próprias regras específicas de procedimento, sempre em respeito aos preceitos estabelecidos no tratado e no Estatuto.[103]

Assim, tem-se que um Estatuto normalmente exige um procedimento mais complexo para sua adoção e reforma e tende a conter normas basilares para o funcionamento do órgão, relegando ao Regulamento normas mais específicas que permitam maior flexibilidade na adaptação a novas circunstâncias. Nesse sentido, o primeiro Estatuto da Comissão Interamericana foi adotado, em 1960, pelo Conselho da Organização dos Estados Americanos, e, embora o artigo 39 da Convenção confira à Comissão a responsabilidade de redigir e propor reformas ao seu Estatuto, sua adoção depende da aprovação da Assembleia Geral da OEA. O artigo 22.1 do Estatuto da Comissão, em consonância com a Convenção Interamericana, também prevê a competência da Assembleia Geral para alterá-lo.

O Estatuto da Comissão prevê aspectos cruciais para seu funcionamento, com seus sete títulos versando sobre sua natureza e propósitos (I), composição e estrutura (II), sede e reuniões (III), funções e atribuições (IV), secretaria (V), estatuto e regulamento (VI) e disposições transitórias (VII). Sua natureza é vinculante[104] e sua aprovação pela Assembleia Geral da OEA lhe confere substantiva autoridade. Embora sua primeira versão preceda a redação final da Convenção, o Estatuto complementa os dispositivos convencionais e não pode contradizê-los ou modificá-los.[105]

3. DO REGULAMENTO DA COMISSÃO INTERAMERICANA E DO PROCEDIMENTO PARA SUA ELABORAÇÃO

O Regulamento da Comissão, em sua versão mais recente, conta com 80 artigos distribuídos em quatro títulos contendo capítulos temáticos. No *Título I* (Organização), constam os capítulos sobre a sua natureza e composição (I), membros da Comissão (II), diretoria da comissão (III) e funcionamento da Comissão (IV). No *Título II* (Procedimento), são aduzidos artigos sobre as disposições gerais (I), petições referentes à Convenção Americana de Direitos Humanos e outros instrumentos aplicáveis (II), petições referentes a Estados que não sejam partes na Convenção americana de direitos humanos (III), observações *in loco* (IV), relatório anual e outros relatórios da comissão (V) e audiências perante a comissão (VI). Por fim, os capítulos do *Título III* (Relações com a Corte Interamericana de Direitos Humanos) versam sobre delegados, assessores, testemunhas e peritos (I) e procedimento perante a Corte (II); com o *Título IV* (Disposições Finais) encerrando o documento.

Parte de seus dispositivos reitera e reforça o que já fora disposto em Estatuto, mas a maioria desenvolve, em maior detalhe, aspectos procedurais de seu funcionamento. São especialmente relevantes os artigos que regulam o mecanismo de processamento de petições

---

[103]   SOREL, Jean-Marc; CHERCHENEFF, Lena. International Courts and Tribunals, Procedure. In: PETERS, A.; WOLFRUM, R. (ed.). *Max Planck Encyclopedia of Public International Law*. Oxford: Oxford University Press, 2019. par. 1. Uma exceção notável é prevista no artigo 51 do Estatuto de Roma, que relega à Assembleia dos Estados-partes a redação do Regulamento (*"Rules of Procedure"*) do Tribunal Penal Internacional.

[104]   OEA. *Actas y Documentos de la Conferencia Especializada Interamericana sobre Derechos Humanos*. Novembro de 1969. OEA/Ser.K/XVI/1.2. p. 336.

[105]   OEA. *Actas y Documentos de la Conferencia Especializada Interamericana sobre Derechos Humanos*. Novembro de 1969. OEA/Ser.K/XVI/1.2. p. 373.

individuais, que ocupam boa parte do texto do Regulamento – só o Capítulo II do Título II, que versa exclusivamente sobre as petições referentes a Convenção, conta com 25 artigos (de um total de 80), muitos dos quais incorporam parágrafos excepcionalmente detalhados. A concentração de artigos sobre o tema no Regulamento guarda conexão com a multiplicação progressiva do número de petições individuais submetidas ao órgão e a consequente complexificação do seu procedimento a partir da virada do século XXI – bem como as reformas necessárias para que a Comissão pudesse tramitar o crescente número de casos, como o estabelecimento e a diminuição de prazos para determinadas submissões das partes.

Conforme definido no artigo 39 da Convenção, a Comissão expedirá seu próprio Regulamento, sem condicionar sua adoção a gestões diante de outros órgãos da OEA – ao contrário do Estatuto, que precisa ser aprovado pela Assembleia Geral. O artigo 22.2 do Estatuto da Comissão reforça o dispositivo convencional estabelecendo que "*[a] Comissão formulará e adotará seu próprio Regulamento*". Com efeito, em 1960, a Comissão Interamericana adotou a primeira versão de seu Regulamento, que passou por uma série de versões e alterações até culminar em sua versão atual, a qual foi aprovada em seu 137º Período Ordinário de Sessões, em 2009, com as modificações adotadas em 2011 e 2013, e entrou em vigor em 1º de agosto de 2013.

Em 2001, a Comissão adotou um Regulamento específico sobre o Fundo de Assistência Jurídica do Sistema Interamericano de Direitos Humanos, que, nos termos de seu artigo 4, se destina à coleta e ao encaminhamento de documentos probatórios, bem como às despesas relacionadas com o comparecimento da suposta vítima, de testemunhas e peritos a audiências da Comissão, além de outras despesas que o organismo julgar pertinentes para o processamento de uma solicitação ou de um caso.

REFERÊNCIAS

SOREL, Jean-Marc; CHERCHENEFF, Lena. International Courts and Tribunals, Procedure. In: PETERS, A.; WOLFRUM, R. (ed.). *Max Planck Encyclopedia of Public International Law*. Oxford: Oxford University Press, 2019.

SECRETARIA-GERAL DA OEA. *Anuário Interamericano de Direitos Humanos 1968.* Washington, DC: Secretaria-Geral da OEA, 1973.

Artigo 40

Os serviços de secretaria da Comissão devem ser desempenhados pela unidade funcional especializada que faz parte da Secretaria-Geral da Organização e deve dispor dos recursos necessários para cumprir as tarefas que lhe forem confiadas pela Comissão.

 COMENTÁRIOS

por Letícia Machado Haertel

O artigo 40 da Convenção Americana aborda o exercício e o financiamento dos serviços de secretaria da Comissão Interamericana, encerrando a Seção 1 (Organização) do Capítulo VII da Convenção, que versa sobre a Comissão Interamericana de Direitos Humanos.

1. CONTEXTUALIZAÇÃO HISTÓRICA E TRABALHOS PREPARATÓRIOS DO ARTIGO 40 DA CONVENÇÃO AMERICANA

O primeiro projeto de texto para a Convenção Americana, elaborado em 1959 pelo Conselho Interamericano de Jurisconsultos,[106] continha um artigo referente ao orçamento da Comissão e outro tematizando a nomeação, a eleição e o provimento de funcionários e dependências para o funcionamento da Secretaria da Comissão:[107]

> Artículo 44
>
> 1. El Secretario de la Comisión será un alto funcionario de la Unión Panamericana,[108] elegido por la Comisión de una terna presentada por el Secretario General de la Organización de los Estados Americanos.
>
> 2. Se declarará elegido al candidato que obtenga el mayor número de votos y la mayoría absoluta de los votos de todos los miembros de la Comisión.
>
> 3. El Secretario General de la Organización de los Estados Americanos pondrá a disposición de la Comisión y de sus miembros el personal y los servicios necesarios. El personal pertenecerá a la Unión Panamericana.

Na Segunda Conferência Interamericana Extraordinária (1965), foram apresentadas as propostas do Uruguai e do Chile de redação da futura Convenção. Enquanto a proposta uruguaia[109] era substancialmente semelhante ao projeto do Conselho Interamericano de Jurisconsultos, a proposta chilena previa, em seu artigo 44.2, apenas que "[e]l Secretario de la Comisión será elegido por la Comisión de una terna presentada por el Secretario General de la Organización".[110]

Conforme apresentado no Capítulo relativo ao artigo 34 da Convenção, os projetos de Convenção foram enviados ao Conselho da OEA para que este, após consulta com a Comissão e outras entidades que achar conveniente, apresentasse as emendas que julgar necessárias ao Projeto do Conselho.[111] A inclusão do artigo 44 do Projeto, assim como ocorreu com todos os outros artigos do Projeto do Conselho cujos temas viriam a integrar a Seção 1 do Capítulo VII da Convenção, foi considerada pela Comissão como redundante

---

[106]　Para uma reconstrução mais detalhada do processo de redação dos artigos que integram a Seção 1 do Capítulo VII da Convenção Americana, ver o capítulo referente ao seu artigo 34.

[107]　CONSELHO INTERAMERICANO DE JURISCONSULTOS. Projeto da Convenção Americana sobre Direitos Humanos, setembro de 1959. In: SECRETARIA-GERAL DA OEA. *Anuário Interamericano de Direitos Humanos 1968*. Washington, DC: Secretaria-Geral da OEA, 1973. p. 250.

[108]　A União Pan-Americana foi a organização que antecedeu a criação da OEA e nela foi transformada a partir da entrada em vigor da Carta da OEA (1948). Para um histórico pormenorizado, ver RAMOS, A. *Processo internacional de direitos humanos*. 7. ed. São Paulo: Saraiva, 2022. p. 85.

[109]　URUGUAI. Projeto da Convenção Americana sobre Direitos Humanos apresentado pelo Uruguai na Segunda Conferência Interamericana Extraordinária do Rio de Janeiro, 1965. In: SECRETARIA-GERAL DA OEA. *Anuário Interamericano de Direitos Humanos 1968*. Washington, DC: Secretaria-Geral da OEA, 1973.

[110]　CHILE. Projeto da Convenção Americana sobre Direitos Humanos apresentado pelo Chile na Segunda Conferência Interamericana Extraordinária do Rio de Janeiro, 1965. In: SECRETARIA-GERAL DA OEA. *Anuário Interamericano de Direitos Humanos 1968*. Washington, DC: Secretaria-Geral da OEA, 1973. p. 291.

[111]　OEA. Resolución XXIV (1965). In: SECRETARIA-GERAL DA OEA. *Anuário Interamericano de Direitos Humanos 1968*. Washington, DC: Secretaria-Geral da OEA, 1973. p. 68.

em sua Opinião apresentada em 1968.[112] Para ela, caberia apenas um artigo referenciando o que já fora estabelecido em seu Estatuto aprovado pelo Conselho da OEA e ampliado pela Resolução XXII da Segunda Conferência Interamericana Extraordinária.[113]

Especificamente no caso da regulamentação dos serviços de secretaria, contudo, embora o artigo 14 da versão do Estatuto de 1960[114] já afirmasse que a Secretaria-Geral da OEA destacaria pessoal técnico e administrativo especializado para servir ao Secretariado da Comissão, a Comissão propôs a inclusão de dois novos artigos no projeto de Convenção Americana contendo maior detalhamento e unificando o tratamento do secretariado da Corte e da Comissão:

> Artículo 62
>
> Los servicios de Secretaría de la Comisión y de la Corte serán desempeñados por la unidad funcional especializada que formará parte de la Secretaría General de la Organización y deberá disponer de los recursos necesarios para cumplir las tareas que le sean encomendadas por la Comisión y por la Corte.
>
> Artículo 63
>
> Los gastos de la Comisión, de la Corte y de sus respectivas Secretarías serán incluidos dentro del presupuesto-programa de la Organización.

No âmbito das discussões sobre os órgãos de proteção na Comissão II designada na Conferência de San José de 1965, os delegados decidiram por separar os dispositivos relativos ao secretariado da Comissão daqueles relativos ao secretariado da Corte.[115] Assim, os artigos 62 e 63 elaborados pela Comissão foram adaptados e integrados ao que se tornaria o artigo 72 da Convenção,[116] e o artigo 40 foi adotado em sua forma final, referindo-se exclusivamente à Comissão.

2. DOS SERVIÇOS DE SECRETARIA DA COMISSÃO E SUA ESTRUTURAÇÃO

Não há um modelo universal de estruturação de secretariados de organizações internacionais, mas sua crucialidade é amplamente reconhecida – todo órgão precisa de ao menos um secretariado administrativo que organize suas reuniões, prepare os documentos-base de seu trabalho, organize serviços de tradução, dentre múltiplas outras funções.[117]

A versão original do Estatuto da Comissão (1960), que precede a redação da versão final da Convenção, previa que os funcionários necessários ao funcionamento do Secretariado seriam apontados pelo Secretariado-Geral da OEA. Com a reforma de 1966, foi estabelecido

---

[112] CIDH. Opinião da Comissão sobre o projeto de Convenção Americana sobre Direitos Humanos preparado pelo Conselho Interamericano de Jurisconsultos, OEA/Ser.L/V/11.16/doc.8. In: SECRETARIA-GERAL DA OEA. *Anuário Interamericano de Direitos Humanos 1968*. Washington, DC: Secretaria-Geral da OEA, 1973. p. 341.

[113] CIDH. Anteprojeto da Convenção Americana sobre Direitos Humanos, 1968. In: SECRETARIA-GERAL DA OEA. *Anuário Interamericano de Direitos Humanos 1968*. Washington, DC: Secretaria-Geral da OEA, 1973. p. 137.

[114] O Estatuto de 1960 consta em CIDH. *Report on the Work Accomplished During its First Session*, October 3-28, 1960. OAS. Off. Rec. OEA/Ser.L/V/II (1961). Salvo indicação contrária expressa, as remissões ao Estatuto da Comissão neste capítulo se referem à sua versão atual, aprovada pela Resolução AG/RES. 447 (IX-O/79), adotada pela Assembleia Geral da OEA em La Paz, Bolívia, em 1979.

[115] OEA. *Actas y Documentos de la Conferencia Especializada Interamericana sobre Derechos Humanos*. Novembro de 1969. OEA/Ser.K/XVI/1.2. p. 373.

[116] Para maior detalhamento desse processo, ver o capítulo relativo ao artigo 72 da Convenção.

[117] BLOKKER, N. International Organizations or Institutions, Secretariats. In: PETERS, A.; WOLFRUM, R. (ed.). *Max Planck Encyclopedia of Public International Law*. Oxford: Oxford University Press, 2021. par. 1.

que os serviços de secretaria da Comissão seriam desempenhados por uma unidade especializada pertencente à Secretaria-Geral da OEA, o que a garantiu maior estabilidade e influenciou a redação final do artigo 40 da Convenção nos trabalhos preparatórios descritos *supra*.

Em sua versão atual, prevê o artigo 21.1 do Estatuto:

> Artigo 21
>
> 1. Os serviços de secretaria da Comissão serão desempenhados por uma unidade administrativa especializada a cargo de um Secretário Executivo. A referida unidade disporá dos recursos e do pessoal necessários para cumprir as tarefas que lhe forem confiadas pela Comissão.

Ao afirmar que os serviços de secretaria da Comissão seriam desempenhados por unidade especializada *que faz parte da Secretaria-Geral da OEA*, contudo, o artigo 40 da Convenção – na mesma linha do artigo 21 do Estatuto – privou a Comissão de poderes para nomear seu Secretariado. Trata-se de uma substantiva diferença em relação ao secretariado da Corte Interamericana, que, conforme o artigo 58.2 da Convenção, é nomeado pelo próprio tribunal.[118]

A Secretaria da Comissão é crucial para seu funcionamento. A Comissão possui apenas sete membros, que se reúnem em duas sessões regulares por ano,[119] de sorte que a administração geral do seu trabalho, incluindo o preparo para sessões e encaminhamentos posteriores, depende da atuação constante de pessoal especializado. Assim, conforme o artigo 13 do Regulamento da Comissão,[120] compete à Secretaria Executiva o preparo dos projetos de relatórios, resoluções, estudos e outros trabalhos de que seja encarregada pela Comissão ou pelo seu Presidente. Ainda, a Secretaria é responsável por receber e tramitar a correspondência e as petições e comunicações dirigidas à Comissão e pode solicitar às partes interessadas a informação que considere pertinente.

A Secretaria Executiva da Comissão, de acordo com o artigo 11.1 do Regulamento da Comissão, é composta de um Secretário Executivo e pelo menos um Secretário Executivo Adjunto,[121] apoiados pelo pessoal profissional, técnico e administrativo necessário para o desempenho de suas atividades. O Estatuto da Comissão sumariza os critérios de seleção, as responsabilidades e o procedimento de seleção do Secretário-Geral:

> Artigo 21
>
> (...)
>
> 2. O Secretário Executivo, que deverá ser pessoa de alta autoridade moral e reconhecido saber em matéria de direitos humanos, será responsável pela atividade da Secretaria e assistirá à Comissão no exercício de suas funções, de conformidade com o Regulamento.

---

118   Conforme especificado no capítulo referente ao artigo 58 da Convenção.

119   Prevê o artigo 14.1 do Regulamento da Comissão: "*A Comissão realizará pelo menos dois períodos ordinários de sessões por ano, no lapso que haja determinado previamente, bem como tantas sessões extraordinárias quantas considerem necessárias. Antes do término do período de sessões, a Comissão determinará a data e o lugar do período de sessões seguinte*".

120   As remissões ao Regulamento da Comissão neste capítulo se referem à sua versão atual, que foi aprovada em seu 137° Período Ordinário de Sessões, em 2009, com as modificações adotadas em 2011 e 2013, e entrou em vigor em 1° de agosto de 2013.

121   O artigo 12.2 do Regulamento prevê: "*No caso de impedimento ou ausência do Secretário Executivo, este será substituído pelo Secretário Executivo Adjunto. Na ausência ou impedimento de ambos, o Secretário Executivo ou o Secretário Executivo Adjunto, conforme o caso, designará temporariamente um dos especialistas da Secretaria para substituí-lo*".

3. O Secretário Executivo será designado pelo Secretário-Geral da Organização em consulta com a Comissão. Além disso, para que o Secretário-Geral possa dar por terminados os serviços do Secretário Executivo, deverá consultar a Comissão a respeito e comunicar-lhe os motivos que fundamentam sua decisão.

O artigo 11 do Regulamento (parágrafos 2 a 4) pormenoriza o processo de seleção do(a) secretário(a) executivo(a):

(...)

2. O/a Secretário(a) Executivo(a) será uma pessoa com independência e alta autoridade moral, com experiência e trajetória reconhecida na área de direitos humanos.[122]

3. O/a Secretário(a) Executivo(a) será nomeado(a) pelo Secretário-Geral da Organização. A Comissão realizará o seguinte procedimento interno a fim de selecionar o/a candidato(a) mais qualificado(a) e encaminhar seu nome ao Secretário-Geral, propondo sua nomeação para um período de quatro anos que poderá ser renovado uma vez.

a. A Comissão realizará um concurso público para preenchimento da vaga e publicará os critérios e as qualificações para o cargo, bem como a descrição das tarefas a serem desempenhadas.

b. A Comissão examinará as inscrições recebidas e selecionará de três a cinco finalistas, os quais serão entrevistados para o cargo.

c. Os currículos dos/das finalistas serão publicados, inclusive no endereço eletrônico da Comissão, um mês antes da seleção final, para que sejam recebidos comentários sobre os/as candidatos(as).

d. A Comissão determinará o/a candidato(a) mais qualificado(a), levando em conta os comentários, por maioria absoluta dos seus membros.

4. Antes de assumir o cargo e durante o mandato, o/a Secretário(a) Executivo(a) e o/a Secretário(a) Executivo(a) Adjunto(a) revelarão à Comissão todo interesse que possa estar em conflito com o exercício de suas funções.

Para além do dever de declaração de conflitos previsto no artigo 11.4 do Regulamento, o artigo 12.3 comanda um dever da mais absoluta reserva sobre todos os assuntos que a Comissão considerar confidenciais para o Secretário Executivo, o Secretário Executivo Adjunto e o pessoal da Secretaria Executiva. Ademais, como consequência, ao assumir suas funções, o Secretário Executivo compromete-se a não representar vítimas ou seus familiares nem Estados em medidas cautelares, petições e casos individuais perante a CIDH, pelo prazo de dois anos, contado a partir da cessação de suas funções como Secretário Executivo.

O artigo 12.1 do Regulamento da Comissão, por sua vez, define as atribuições do Secretário Executivo:

Artigo 12. Atribuições do Secretário Executivo

1. São atribuições do Secretário Executivo:

a. dirigir, planejar e coordenar o trabalho da Secretaria Executiva;

b. preparar, em consulta com o Presidente, o projeto de orçamento-programa da Comissão, que se regerá pelas normas orçamentárias vigentes para a OEA, do qual dará conta à Comissão;

c. preparar, em consulta com o Presidente, o projeto de programa de trabalho para cada período de sessões;

d. assessorar o Presidente e os membros da Comissão no desempenho de suas funções;

---

[122]   Conforme também refletido no artigo 21.2 do Estatuto da Comissão.

e. apresentar um relatório escrito à Comissão, ao iniciar-se cada período de sessões, sobre os trabalhos realizados pela Secretaria desde o período de sessões anterior, bem como sobre os assuntos de caráter geral que possam ser do interesse da Comissão; e

f. executar as decisões de que seja encarregado pela Comissão ou pelo Presidente.

Outras funções da Secretaria Executiva constam refletidas em outros artigos do Regulamento – de forma não exaustiva, conforme o supracitado artigo 12.1.f. O artigo 14.4 do Regulamento prevê que o Secretário Executivo é encarregado de receber notificações de membros da Comissão que, por doença ou por qualquer motivo grave, se encontrem impedidos de assistir a qualquer período de sessões ou reunião da Comissão ou de desempenhar qualquer outra função, bem como de informar o Presidente e fazer constar essa notificação em ata. Nos termos do artigo 15.5, também cabe à Secretaria Executiva a coordenação com as pessoas a cargo das relatorias especiais no exercício de suas funções, o que inclui sua competência para delegar-lhes a preparação de informes sobre petições e casos.

3. DOS RECURSOS E DO ORÇAMENTO DO SECRETARIADO DA COMISSÃO

O artigo 40 da Convenção igualmente prevê que a Secretaria da Comissão deve dispor dos recursos necessários para cumprir as tarefas que lhe forem confiadas. O trecho deve ser interpretado em consonância com o artigo 72 da Convenção, que, além de determinar que os membros da Comissão (bem como os juízes da Corte) perceberão honorários e despesas de viagem na forma e nas condições que determinarem os seus estatutos, fixados no orçamento-programa da Organização dos Estados Americanos, estabelece que o orçamento deve incluir, outrossim, as despesas da Corte e da sua Secretaria.[123]

Apesar de sua terceira frase, que prevê que "*a Corte elaborará o seu próprio projeto de orçamento e submetê-lo-á à aprovação da Assembleia Geral,, por intermédio da Secretaria--Geral*", conter referência expressa unicamente ao tribunal interamericano, a Comissão também é competente para elaborar seu orçamento, conforme o artigo 18.h de seu Estatuto:

> Artigo 18
>
> A Comissão tem as seguintes atribuições com relação aos Estados-membros da Organização:
>
> (...)
>
> h. apresentar ao Secretário-Geral o orçamento-programa da Comissão, para que o submeta à Assembleia Geral.

Especificamente, o artigo 12.b do Regulamento da Comissão atribui ao seu Secretário Executivo a responsabilidade por elaborar o projeto de orçamento-programa do órgão, em consulta com o Presidente da Comissão e em respeito às normas orçamentárias da OEA, e apresentá-lo à Comissão. Seu artigo 10.e, por sua vez, confere ao Presidente da Comissão a responsabilidade de velar pelo cumprimento do seu orçamento-programa. Ademais, caso a Comissão venha a realizar observações *in loco*, o artigo 57.k do Regulamento especifica que "as despesas em que incorrerem a Comissão Especial, cada um dos seus membros e o pessoal da Secretaria Executiva serão custeadas pela Organização". O artigo 21 do Regulamento prevê, por fim, a hipótese de remuneração por serviços extraordinários nos seguintes termos:

---

[123] Para maior detalhamento desse processo, ver o capítulo relativo ao artigo 72 da Convenção.

Artigo 21. Remuneração por serviços extraordinários

Com a aprovação da maioria absoluta dos seus membros, a Comissão poderá incumbir qualquer deles de elaborar estudo especial ou outros trabalhos específicos para serem executados individualmente, fora dos períodos de sessões. Esses trabalhos serão remunerados de acordo com as disponibilidades do orçamento. O montante dos honorários será fixado com base no número de dias requeridos para a preparação e redação do trabalho.

Apesar do protagonismo reservado aos órgãos do Sistema Interamericano nos cálculos orçamentários para sua independência, a Assembleia Geral da OEA possui competência última de *aprovar* seus orçamentos anuais. Assim, seus Estados-membros da OEA ainda têm notável influência no controle orçamentário do Sistema Interamericano[124].

REFERÊNCIAS

BLOKKER, N. International Organizations or Institutions, Secretariats. In: PETERS, A.; WOLFRUM, R. (ed.). *Max Planck Encyclopedia of Public International Law*. Oxford: Oxford University Press, 2021.

HENNEBEL, L.; TIGROUDJA, H. *The American Convention on Human Rights*: a commentary. Oxford: Oxford University Press, 2022.

RAMOS, A. *Processo internacional de direitos humanos*. 7. ed. São Paulo: Saraiva, 2022.

SECRETARIA-GERAL DA OEA. *Anuário Interamericano de Direitos Humanos 1968*. Washington, DC: Secretaria-Geral da OEA, 1973.

Seção 2
Funções

Artigo 41

A Comissão tem a função principal de promover a observância e a defesa dos direitos humanos e, no exercício do seu mandato, tem as seguintes funções e atribuições:

a) estimular a consciência dos direitos humanos nos povos da América;

b) formular recomendações aos governos dos Estados-membros, quando o considerar conveniente, no sentido de que adotem medidas progressivas em prol dos direitos humanos no âmbito de suas leis internas e seus preceitos constitucionais, bem como disposições apropriadas para promover o devido respeito a esses direitos;

c) preparar os estudos ou relatórios que considerar convenientes para o desempenho de suas funções;

d) solicitar aos governos dos Estados-membros que lhe proporcionem informações sobre as medidas que adotarem em matéria de direitos humanos;

e) atender às consultas que, por meio da Secretaria-Geral da Organização dos Estados Americanos, lhe formularem os Estados-Membros sobre questões relacionadas com os direitos humanos e, dentro de suas possibilidades, prestar-lhes o assessoramento que eles lhe solicitarem;

---

[124] Para uma análise da influência dos Estados e dos debates anuais sobre o orçamento dos órgãos do Sistema Interamericano de Direitos Humanos, ver HENNEBEL, L.; TIGROUDJA, H. *The American Convention on Human Rights*: a commentary. Oxford: Oxford University Press, 2022. p. 1446.

f) atuar com respeito às petições e outras comunicações, no exercício de sua autoridade, de conformidade com o disposto nos artigos 44 a 51 desta Convenção; e

g) apresentar um relatório anual à Assembleia Geral da Organização dos Estados Americanos.

🗨 COMENTÁRIOS

por Bianca Guimarães Silva e Maria Carolina Ferreira da Silva

O artigo 41 inaugura a Seção 2 do Capítulo VII da Convenção, dedicada às funções da Comissão Interamericana. Tais funções também são reguladas pelos artigos 18 a 20 do Estatuto da Comissão,[125] que detalham quais atribuições a Comissão possui (i) em relação aos Estados-membros da Organização dos Estados Americanos (OEA),[126] em geral, (ii) em relação aos Estados-partes da Convenção Americana[127] e (iii) em relação aos Estados-membros da OEA que não são partes da Convenção.[128]

---

[125] Aprovado pela resolução AG/RES. 447 (IX-O/79), adotada pela Assembleia Geral da OEA, em seu Nono Período Ordinário de Sessões, realizado em La Paz, Bolívia, em outubro de 1979.

[126] *Artigo 18* A Comissão tem as seguintes atribuições com relação aos Estados-membros da Organização: a. estimular a consciência dos direitos humanos nos povos da América; b. formular recomendações aos Governos dos Estados no sentido de que adotem medidas progressivas em prol dos direitos humanos, no âmbito de sua legislação, de seus preceitos constitucionais e de seus compromissos internacionais, bem como disposições apropriadas para promover o respeito a esses direitos; c. preparar os estudos ou relatórios que considerar convenientes para o desempenho de suas funções; d. solicitar aos Governos dos Estados que lhe proporcionem informações sobre as medidas que adotarem em matéria de direitos humanos; e. atender às consultas que, por meio da Secretaria-Geral da Organização, lhe formularem os Estados-membros sobre questões relacionadas com os direitos humanos e, dentro de suas possibilidades, prestar assessoramento que eles lhe solicitarem; f. apresentar um relatório anual à Assembleia Geral da Organização no qual se levará na devida conta o regime jurídico aplicável aos Estados-Partes da Convenção Americana sobre Direitos Humanos e aos Estados que não o são; g. fazer observações in loco em um Estado, com a anuência ou a convite do Governo respectivo; e h. apresentar ao Secretário-Geral o orçamento-programa da Comissão, para que o submeta à Assembleia Geral.

[127] *Artigo 19* Com relação aos Estados-Partes da Convenção Americana sobre Direitos Humanos, a Comissão exercerá suas funções de conformidade com as atribuições previstas na Convenção e neste Estatuto e, além das atribuições estipuladas no artigo 18, terá as seguintes: a. atuar com respeito às petições e outras comunicações de conformidade com os artigos 44 a 51 da Convenção; b. comparecer perante a Corte Interamericana de Direitos Humanos nos casos previstos na Convenção; c. solicitar à Corte Interamericana de Direitos Humanos que tome as medidas provisórias que considerar pertinente sobre assuntos graves e urgentes que ainda não tenham sido submetidos a seu conhecimento, quando se tornar necessário a fim de evitar danos irreparáveis às pessoas; d. consultar a Corte a respeito da interpretação da Convenção Americana sobre Direitos Humanos ou de outros tratados concernentes à proteção dos direitos humanos dos Estados americanos; e. submeter à Assembleia Geral projetos de protocolos adicionais à Convenção Americana sobre Direitos Humanos, com a finalidade de incluir progressivamente no regime de proteção da referida Convenção outros direitos e liberdades; e f. submeter à Assembleia Geral para o que considerar conveniente, por intermédio do Secretário-Geral, propostas de emenda à Convenção Americana sobre Direitos Humanos.

[128] *Artigo 20* Com relação aos Estados-membros da Organização que não são Partes da Convenção Americana sobre Direitos Humanos, a Comissão terá, além das atribuições assinaladas no artigo 18, as seguintes: a.

1. ARTIGO 41: ABORDAGEM HISTÓRICA

O projeto de Convenção elaborado pelo Conselho Interamericano de Juristas não continha um dispositivo no qual as funções da Comissão fossem definidas. Os projetos elaborados pelo Estado do Chile e pelo Estado do Uruguai para a Conferência de 1965 tampouco possuíam um artigo de redação correspondente ao atual artigo 41 da Convenção.

O anteprojeto apresentado pela própria Comissão, por sua vez, previa os poderes e as funções da Comissão em seu artigo 32, definindo-os como aqueles estabelecidos pelo Estatuto da Comissão aprovado pelo Conselho da OEA e expandidos pela Resolução XXII da Segunda Conferência Especial Interamericana (1965). A redação do dispositivo ainda deixou em aberto a possibilidade de que a Comissão tivesse poderes adicionais concedidos a ela com a finalidade de cumprimento dos propósitos da Convenção.[129] Após a apresentação de algumas observações pelos Estados, a redação final do dispositivo do atual artigo 41 foi adotada durante a Conferência Especializada de San José de 1969.[130]

2. OS PODERES DA COMISSÃO E SUA EVOLUÇÃO

A Carta da Organização dos Estados Americanos, adotada durante a Nona Conferência Internacional Americana, realizada em Bogotá, em 1948, já previa, em seu artigo 106, a futura existência de uma Comissão Interamericana de Direitos Humanos, que teria por principal função a promoção do respeito e da defesa dos direitos humanos e serviria como órgão consultivo da OEA na matéria. O artigo igualmente previa que uma convenção americana de direitos humanos iria estabelecer a estrutura, a competência e as normas de funcionamento da referida Comissão.

Quando de sua criação, conforme a Resolução VIII – "Direitos Humanos" –, adotada pelo quinto encontro em Santiago do Chile, em 1959, a Comissão dispunha de poderes limitados. O dispositivo da referida resolução incumbia a Comissão de promover o respeito dos direitos humanos e previa que o Conselho de Organização dos Estados Americanos organizaria a Comissão e conferiria atribuições específicas[131] a ela. Em 1960, o Conselho da Organização aprovou o Estatuto da Comissão, que lhe atribuiu poderes unicamente para a promoção dos direitos humanos. Conforme o artigo 9 do referido Estatuto, a Comissão teria por função (i) estimular a consciência dos direitos humanos dos povos da América, (ii)

---

dispensar especial atenção à tarefa da observância dos direitos humanos mencionados nos artigos I, II, III, IV, XVIII, XXV e XXVI da Declaração Americana dos Direitos e Deveres do Homem; b. examinar as comunicações que lhe forem dirigidas e qualquer informação disponível; dirigir-se ao Governo de qualquer dos Estados-membros não Partes da Convenção a fim de obter as informações que considerar pertinentes; e formular-lhes recomendações, quando julgar apropriado, a fim de tornar mais efetiva a observância dos direitos humanos fundamentais; e c. verificar, como medida prévia ao exercício da atribuição da alínea b, anterior, se os processos e recursos internos de cada Estado-membro não Parte da Convenção foram devidamente aplicados e esgotados.

[129] COMISSÃO INTERAMERICANA DE DIREITOS HUMANOS. Anteprojeto da Convenção Americana sobre Direitos Humanos, 1968. Reproduzido em: SECRETARIA-GERAL DA OEA. *Anuário Interamericano de Direitos Humanos 1968*. Washington, DC, 1973. p. 94-156.

[130] SECRETARIA-GERAL DA OEA. *Conferência Especializada Interamericana sobe Direitos Humanos*: ATAS E Documentos, 7-22 de novembro de 1969, San José, Costa Rica. OEA/Ser.K/XVI/1.2, Washington, DC. p. 339.

[131] Cfr. Ata final da Quinta reunião de consulta de ministros de relações exteriores, Santiago do Chile, 12 a 18 de agosto de 1959. p. 209.

formular recomendações para que os Estados adotassem medidas progressivas em favor dos direitos humanos, (iii) preparar estudos e informes que considere convenientes, (iv) solicitar aos governos dos Estados-membros que lhe proporcionem informações sobre medidas adotadas relativas aos direitos humanos e (v) servir de corpo consultivo da Organização dos Estados Americanos em matéria de direitos humanos.

As funções da Comissão foram incrementadas paulatinamente. A Segunda Conferência Interamericana Extraordinária, em sua Resolução XXII – "Ampliação das Faculdades da Comissão Interamericana de Direitos Humanos" –, de 1965,[132] modificou o Estatuto de 1960 e (i) reiterou a competência da Comissão para velar pela observância dos direitos humanos fundamentais "em cada caso dos Estados-membros da Organização", (ii) dispôs que a Comissão prestasse particular atenção à tarefa de observância dos direitos humanos mencionados nos artigos I, II, III, IV, XVIII, XXV e XXVI da Declaração Americana dos Direitos e Deveres do Homem, (iii) autorizou a Comissão a examinar as comunicações dirigidas a ela e qualquer outra informação disponível para que se dirija ao governo de qualquer dos Estados americanos com o fim de obter as informações que considerar pertinentes e para formular eventuais recomendações, com a finalidade de tornar mais efetiva a observância dos direitos humanos, (iv) dispôs que a Comissão deveria produzir um informe anual para que se pudesse avaliar o progresso e a proteção dos direitos humanos.[133]

No curso de sua 90ª Sessão Regular, em 1979, após a entrada em vigor da Convenção Americana em 1978, a Assembleia Geral da OEA adotou um novo Estatuto para a Comissão, por meio da Resolução 447, no qual foram previstos novos poderes e missões para o organismo,[134] vigente até os dias atuais. O artigo 18 do Estatuto prevê as prerrogativas da Comissão de conduzir observações *in loco* em um Estado mediante seu consentimento ou mediante convite do governo do Estado em questão, assim como a prerrogativa de submeter o orçamento da Comissão ao Secretário-Geral da OEA para que ele o apresente à Assembleia Geral.

O artigo 19 do mesmo instrumento indica seis prerrogativas adicionais, quais sejam, (i) o endereçamento de petições e comunicações conforme aos artigos 44 a 51 da Convenção, (ii) o comparecimento perante a Corte Interamericana, (iii) o pedido de medidas provisórias à Corte, (iv) a consulta à Corte sobre a interpretação de dispositivos da Convenção ou de outros Tratados de Direitos Humanos, (v) a submissão de projetos de protocolo adicionais à Convenção Americana e (vi) a submissão de propostas de emendas à Convenção perante a Assembleia Geral.

O artigo 20 do Estatuto prevê que a Comissão pode destinar especial atenção à observância dos direitos humanos nos países que não são parte da Convenção, com base nos artigos I, II, III, IV, XVIII, XXV e XXVI da Declaração Americana de Direitos e Deveres do Homem, e pode formular comunicações sobre eventuais violações da Declaração cometidas por esses países, uma vez que os recursos internos tenham sido esgotados. Conforme o artigo 111 da Carta da OEA, reformada pelo Protocolo de Cartagena de 1985, a Comissão é investida da função de promover a observância e a defesa dos direitos humanos. Tal previsão permanece na Carta em sua redação atual, no artigo 106.

---

[132] Resolución XXII, Ampliación de las Facultades de la Comisión Interamericana de Derechos Humanos, adoptada por la Segunda Conferencia Interamericana Extraordinaria, Rio de Janeiro, Brasil, 1965. Disponível em: http://www.cidh.oas.org/annualrep/76sp/seccion1.htm#2.

[133] COMISSÃO INTERAMERICANA. Informe Anual de la Comisión Interamericana de Derechos Humanos 1974, OEA/Ser.L/V/II.34, Doc. 31, Rev.1, 30.12.1974.

[134] SECRETARIA-GERAL DA OEA. *Nono Período ordinário de Sessões de 22 a 31 de outubro de 1979*, La Paz, Bolívia. OEA/Ser. PIIX.0.2, v. I, 2 de jul.de 1980, Washington, DC. p. 91.

Na Opinião Consultiva 13/1993, intitulada "Certas atribuições da Comissão Interamericana de Direitos Humanos", a Corte foi provocada a se manifestar sobre a interpretação do artigo 41 da Convenção. A solicitação de Opinião Consultiva foi apresentada pelos Estados da Argentina e do Uruguai e visava à interpretação dos artigos 22, 41, 44, 46, 47, 50 e 51 da Convenção. Nessa ocasião, a Corte manifestou que a promoção da observância e defesa dos direitos humanos, tal qual declarada na Carta da OEA, é a principal função da Comissão. Essa missão seminal condiciona e regula todas as demais funções desempenhadas pelo órgão interamericano, em particular aquelas atribuídas pelo artigo 41 da Convenção, e qualquer interpretação que se faça dessas funções.[135]

Em síntese, a Comissão realiza diversas funções relacionadas ao cumprimento de sua missão principal assinada desde a Carta da OEA, qual seja, a promoção e proteção dos direitos humanos nas Américas. Tal qual descrito pela Comissão em seu Informe de 2019 sobre políticas públicas e direitos humanos, a Comissão exerce suas funções por meio:

> (...) da realização de visitas aos países, da elaboração de informes sobre a situação de direitos humanos em um país determinado ou sobre uma temática particular, da adoção de medidas cautelares ou solicitação de medidas provisórias diante da Corte Interamericana de Direitos humanos, do processamento e análise de petições e casos através do sistema de casos individuais, da cooperação técnica e da realização de atividades de promoção e capacitação.[136]

Embora sejam variadas, as funções da Comissão são essencialmente interconectadas e convergem a um objetivo comum de promoção dos direitos humanos no continente latino-americano. À luz dessa amplitude de funções e sua interconexão, é possível proceder a uma leitura aprofundada dos incisos que compõem o artigo 41 em comento.

3. O ESTÍMULO DA CONSCIÊNCIA DOS DIREITOS HUMANOS NOS POVOS DA AMÉRICA (ARTIGO 41.A)

O primeiro inciso do artigo 41 propõe uma função ambiciosa para a Comissão, que almeja não apenas a concretização de objetivos interinstitucionais mas também a influência sobre a população americana em seu conjunto no que concerne à difusão de uma cultura de direitos humanos.

A Comissão exerce esse estímulo por meio da concretização de todas as suas funções e por meio da difusão de suas atividades. Nessa missão, a Comissão conta com uma gama de instrumentos, como seus *sites* oficiais e perfis nas redes sociais, sua cobertura de mídia, publicação de seus relatórios, diálogo constante com governos e entidades da sociedade civil, promoção de estágios e eventos acadêmicos, convênios com órgãos internacionais e nacionais, entre outros.

4. A FORMULAÇÃO DE RECOMENDAÇÕES DE ADOÇÃO DE MEDIDAS PROGRESSIVAS EM PROL DOS DIREITOS HUMANOS (ARTIGO 41.B)

Em relação a essa disposição convencional, o primeiro ponto a se destacar é o uso da expressão "recomendação". A Corte possui um entendimento claro sobre essa expressão e considera

---

[135] CORTE IDH. Ciertas atribuciones de la Comisión Interamericana de Derechos Humanos (arts. 41, 42, 44, 46, 47, 50 y 51 de la Convención Americana sobre Derechos Humanos). *Opinión Consultiva 13, de 16 de julio de 1993*. Serie A No. 13. par. 23.

[136] COMISSÃO INTERAMERICANA. *Políticas Públicas con enfoque de derechos humanos*. OEA/Ser.L/V/II, Doc. 191, 15.09.2018. par. 1.

que seu uso deve ser interpretado "conforme o sentido corrente de acordo com a regra geral de interpretação contida no artigo 31.1 da Convenção de Viena de Direito dos Tratados e, portanto, não possui o caráter de uma decisão jurisdicional obrigatória que, em caso de descumprimento, ensejaria a responsabilidade do Estado".[137] Assim, as recomendações formuladas pela Comissão não possuem caráter vinculante para os Estados. Note-se que a Comissão possui ampla liberdade para formular suas recomendações, conforme se denota do uso da expressão "quando considerar conveniente". Ademais, é importante sublinhar que a Comissão pode formular recomendações tanto para Estados-membros da OEA signatários da Convenção quanto para aqueles que não são signatários, conforme disposto no artigo 20.b do Estatuto.[138]

A Comissão formula recomendações em documentos diversos, como seus relatórios, acordos de solução amistosa, medidas cautelares, relatórios de grupos de especialistas, resoluções, guias práticos e informes de mérito. As recomendações possuem conteúdo amplamente variado e podem se referir à adoção de medidas legislativas, à adoção de políticas públicas, à implementação de treinamentos e formações, à concretização de medidas de memória e verdade, à reparação de vítimas, ao estímulo à ratificação de instrumentos interamericanos de direitos humanos, entre outras medidas.

As recomendações da Comissão fornecem subsídios para as vítimas em seus pleitos nas instâncias internas e perante o Sistema Interamericano, bem como inspiram os Estados a adotar melhores práticas de governança em seus territórios no que concerne à promoção e à proteção dos direitos humanos. Elas também auxiliam a Corte Interamericana a determinar o alcance das medidas de reparação integral, no exercício de sua competência contenciosa, e na determinação de padrões e seu reconhecimento de melhores práticas, no exercício de sua competência consultiva.

Desde 2020, o Sistema Interamericano conta com uma ferramenta *on-line* chamada "SIMORE Interamericano", que compila as recomendações feitas pela Comissão e oferece medidas de acompanhamento da implementação dessas recomendações pelos Estados. A Comissão coordena e administra a plataforma, que foi formulada em cooperação técnica com o Ministério de Relações Exteriores da República do Paraguai. A ferramenta disponibiliza meios de contato e aporte informacionais para atuar como um instrumento prático de monitoramento e transparência. O mecanismo de busca do SIMORE permite ao usuário da plataforma localizar as recomendações da Comissão em função do ano, do tipo de mecanismo, de populações específicas vulneráveis, do tema, do âmbito geográfico, das medidas recomendadas e do estado de cumprimento.

Em 2023, a Comissão publicou seu *Compêndio de Avanços e Medidas de Cumprimento de Recomendações e Outras Decisões*, no qual realizou um estudo enfocado nas suas recomendações e na implementação delas pelos Estados. Nesse documento, a Comissão relembra que os mecanismos de acompanhamento das recomendações "facilitam uma análise mais integral e focalizada das decisões e recomendações da CIDH e proveem um acompanhamento periódico, sistemático e específico do tema ou caso concreto".[139]

---

[137]   CORTE IDH. Caso Caballero Delgado y Santana *vs.* Colombia. Fondo. Sentencia de 8 de diciembre de 1995. Serie C No. 22. par. 67.

[138]   *Artigo 20* Com relação aos Estados-membros da Organização que não são Partes da Convenção Americana sobre Direitos Humanos, a Comissão terá, além das atribuições assinaladas no artigo 18, as seguintes: (...) b. examinar as comunicações que lhe forem dirigidas e qualquer informação disponível; dirigir-se ao Governo de qualquer dos Estados-membros não Partes da Convenção a fim de obter as informações que considerar pertinentes; e formular-lhes recomendações, quando julgar apropriado, a fim de tornar mais efetiva a observância dos direitos humanos fundamentais; (...).

[139]   COMISSÃO INTERAMERICANA. *Compêndio Anual de Avanços e Medidas de Cumprimento de recomendações e outras Decisões*. OEA/Ser.L/V/II, Doc. 195/23, 23.08.2023. p. 7.

O inciso *b* prevê que as medidas recomendadas pela Comissão integrarão "o âmbito de suas leis internas e seus preceitos constitucionais, bem como disposições apropriadas para promover o devido a esses direitos". Essa disposição está relacionada diretamente ao ordenamento jurídico dos Estados, afinal a proteção dos direitos humanos perpassa a construção de um sistema robusto de leis e disposições constitucionais internas de garantia desses direitos.

A Corte teve oportunidade de se manifestar sobre essa disposição da Convenção em sua Opinião Consultiva 13/1993. Ao analisar a função da Comissão sob o artigo 41.b, a Corte entendeu que a atribuição outorgada à Comissão por esse dispositivo convencional não confere a esta a faculdade para qualificar o cumprimento pelo Estado dos preceitos constitucionais na elaboração das normas internas, de tal sorte que o pronunciamento sobre a forma como se adota uma norma jurídica na ordem interna é uma função dos órgãos competentes do Estado. A Comissão, por sua vez, verifica em cada caso concreto se a disposição da norma interna contradiz a Convenção Americana.[140]

Como amplamente reconhecido, a proteção e a promoção dos direitos humanos não se dão apenas no âmbito normativo. É necessária a conjunção de uma ampla variedade de iniciativas no campo das políticas públicas. Tais iniciativas podem ser compreendidas pela expressão "disposições apropriadas" adotada na parte final do artigo 41.b. Tal como reconhecido pela própria Comissão:

> *A CIDH está convencida do importante papel que o Sistema Interamericano exerce na transformação das causas estruturais que provocam, aprofundam e encorajam a violação de direitos fundamentais e das situações de desigualdade. Assim, através do fortalecimento das institucionalidades estatais e do impulso de políticas públicas com enfoque de direitos humanos é possível avançar em uma agenda de prevenção e de transformação social para a não repetição de violações de direitos humanos.*[141]

5. A PREPARAÇÃO DE ESTUDOS E RELATÓRIOS PELA COMISSÃO (ARTIGO 41.C)

A Comissão possui uma vasta gama de publicações de estudos e relatórios sobre temas relevantes para a proteção e promoção dos direitos humanos na América Latina. Essas publicações são disponibilizadas ao grande público no *site* oficial da Comissão e em formato físico. Como fontes de padrões, boas práticas e informações quantitativas e qualitativas, as obras da Comissão oferecem aos pesquisadores uma rica base de dados em constante evolução, atenta às atualidades dos países que compõem o Sistema Interamericano e às necessidades de suas populações, delineando as tendências regionais e os principais desafios a serem trabalhados. Além da previsão no artigo 41.c da Convenção, a emissão de relatórios é prevista pelo capítulo V do Regulamento da Comissão.

Os relatórios e estudos da Comissão podem ser alocados em três grandes categorias. A primeira categoria é composta dos relatórios anuais, nos quais a Comissão reúne conteúdos relacionados ao exercício de seu mandato no ano em curso, detalhando todos os trabalhos levados a cabo pela Comissão durante o período. Tais relatórios serão tratados em maiores detalhes no comentário sobre o artigo 41.g, na sequência.

---

[140] CORTE IDH. Ciertas atribuciones de la Comisión Interamericana de Derechos Humanos (arts. 41, 42, 44, 46, 47, 50 y 51 de la Convención Americana sobre Derechos Humanos). *Opinión Consultiva 13, de 16 de julio de 1993*. Serie A No. 13. par. 29.

[141] COMISSÃO INTERAMERICANA. *Políticas Públicas con enfoque de derechos humanos*. OEA/Ser.L/V/II, Doc. 191, 15.09.2018. par. 11

Por sua vez, a segunda categoria de relatórios e estudos da Comissão é composta dos relatórios por país, nos quais o órgão interamericano tem a oportunidade de se aprofundar na análise de cada Estado da região, para além daquela realizada nos relatórios anuais. Na formulação desses relatórios, é possível que a Comissão organize, com a cooperação do Estado em questão, visitas *in loco*, para verificar pessoalmente a situação dos direitos humanos no território do país e dedicar um olhar atencioso às condições das populações locais. Em 2023, a Comissão publicou relatórios sobre a Nicarágua, a Bolívia, o Peru e a Colômbia. O primeiro relatório sobre o Brasil foi publicado em 1997 e o mais recente foi divulgado em 2021. É importante notar que a Comissão não publica, todos os anos, um relatório para cada país do Sistema, gozando de ampla liberdade para eleger quais países serão objeto de seus estudos. A avaliação do progresso de cada país em relação à observância dos direitos humanos pode ser feita por meio da leitura dos relatórios mais antigos em comparação com os relatórios mais recentes sobre cada país.

Por fim, a terceira categoria é composta dos relatórios temáticos. Em geral, esses relatórios se debruçam sobre temas particulares que afetam a totalidade, ou a ampla maioria, dos países da região, assim como delineiam boas práticas e diretrizes que podem ser adotadas por todos os Estados, individualmente ou em cooperação, e muitos temas são comuns aos Estados e requerem a adoção de medidas conjuntas interestatais. As publicações, em geral, tratam dos direitos de pessoas privadas de liberdade, povos indígenas, afrodescendentes, mulheres, crianças, LGBT+, migrantes, defensores de direitos humanos, proteção do meio ambiente, liberdade de expressão, dentre muitos outros temas.

O ano de 2023 foi rico em publicações da Comissão e ilustra a variedade de temáticas abordadas. A Comissão publicou relatórios relativos a (i) pessoas migrantes e refugiadas provenientes da Venezuela, (ii) mobilidade humana e obrigações de proteção sob uma perspectiva sub-regional, (iii) enfermidades não transmissíveis e direitos humanos nas Américas, (iv) pobreza, mudança climática e Desca na América Central e no México, no contexto da mobilidade humana, (v) mulheres privadas de liberdade nas Américas, (vi) direitos humanos das pessoas idosas e sistemas nacionais de proteção nas Américas, (vii) crime organizado e direitos de crianças, adolescentes e jovens: desafios e ações estatais no norte da América Central, (viii) pessoas defensoras do meio ambiente nos países do norte da América Central, (ix) direitos econômicos, sociais, culturais e ambientais de povos indígenas e afrodescendentes tribais do norte da América Central e Nicarágua, (x) impacto do crime organizado sobre mulheres, meninas e adolescentes nos países do norte da América Central, (xi) direitos trabalhistas e sindicais em Cuba, (xii) pandemia e direitos humanos e (xiii) mecanismos nacionais de implementação de recomendações e decisões internacionais em matéria de direitos humanos.

Além das três grandes categorias supramencionadas, vale relembrar que a Comissão elabora compêndios sobre temas específicos, nos quais ela pode delinear padrões interamericanos e avaliar o exercício de suas próprias funções. Seu compêndio mais recente se dedica aos avanços no cumprimento de suas resoluções.[142] Além dos compêndios, a Comissão elabora guias práticos que orientam os Estados em sua missão de proteção dos direitos humanos. O guia prático mais recente foi elaborado em relação ao Brasil e se dedica ao enfoque étnico--racial relativo a pessoas afrodescendentes, indígenas e quilombolas.[143]

---

[142] COMISSÃO INTERAMERICANA. *Compêndio Anual de Avanços e Medidas de Cumprimento de recomendações e outras Decisões*. OEA/Ser.L/V/II, Doc. 195/23, 23.08.2023.

[143] COMISSÃO INTERAMERICANA. *Guía Práctica – Situación de los derechos humanos en Brasil con enfoque étnico-racial*: personas afrodescendientes, indígenas y quilombolas. OEA/Ser.L/V/II.doc.159/23, 2023.

A Comissão elabora relatórios e estudos a partir de uma diversidade de fontes de dados confiáveis e convincentes, que contribuem para uma representação da realidade do continente rica em informações e, na maior medida possível, objetiva em suas publicações finais. Conforme descritas pela Resolução 1/2013 da Comissão, as fontes utilizadas para elaboração de seus informes são atos oficiais dos Estados; suas comunicações e seus pronunciamentos; informações disponíveis nos casos, petições e medidas provisórias e cautelares no Sistema Interamericano; informações sobre o cumprimento das recomendações da Comissão e das sentenças da Corte; informação obtida nas audiências públicas e visitas *in loco*; conclusões de outros órgãos internacionais de direitos humanos; informes de direitos humanos de governos e órgãos regionais; informes de organizações da sociedade civil e de particulares; e informação pública amplamente disseminada nos meios de comunicação.[144]

6. A SOLICITAÇÃO AOS GOVERNOS DOS ESTADOS DE INFORMAÇÕES SOBRE MEDIDAS ADOTADAS EM MATÉRIA DE DIREITOS HUMANOS (ARTIGO 41.D)

A disposição do artigo 41.d da Convenção ilustra o importante papel dos Estados na cooperação para o bom funcionamento do Sistema Interamericano. Ao dispor de todos os mecanismos da máquina pública, os Estados são dotados de vasta capilaridade de fontes de informação a respeito da observância dos direitos humanos em seus territórios. Assim, possuem a capacidade de coleta dessas informações e de tratamento delas, de maneira que fornecem importantes levantamentos e estatísticas a respeito da situação social, política e econômica vivenciada por sua população. Esses dados, por sua vez, são imprescindíveis ao Sistema Interamericano em sua missão de auxiliar todos os Estados da região na proteção e promoção dos direitos humanos.

Por meio dos informes oferecidos pelos Estados, é possível identificar quais são os principais desafios à consolidação dos direitos humanos em cada território, mas, de igual maneira, é possível vislumbrar os avanços na concretização desses direitos e, a partir deles, extrair boas práticas a serem reproduzidas pelos demais Estados da região. São esses elementos que permitem ao Sistema Interamericano uma constante evolução em consonância com a realidade dos seus Estados.

Dada a interconexão entre as funções da Comissão, é importante notar que os informes fornecidos pelos Estados são ferramentas fundamentais para que a Comissão possa produzir seus próprios relatórios e monitorar a implementação de suas recomendações. Em seu relatório anual relativo a 2022, a Comissão valora e agradece, entre as fontes utilizadas para a elaboração do capítulo IV, relativo ao desenvolvimento de direitos humanos na região, os informes fornecidos pelos Estados nos termos do artigo 41 da Convenção e do artigo 18 do Estatuto da Comissão.

Tal qual previsto pela Convenção, a Comissão pode solicitar aos governos que lhe proporcionem informações, porém estes possuem ampla discricionariedade sobre o envio ou não dessas informações à Comissão. No supramencionado relatório de 2022, a Comissão destaca que recebeu informações de treze Estados: Argentina, Bolívia, Brasil, Chile, Colômbia, Costa Rica, Equador, El Salvador, Guatemala, Honduras, México, Panamá e Paraguai. O número de Estados que fornecem informações à Comissão varia a cada ano. Indubitavelmente, quanto maior a cooperação dos Estados respondentes, mais o Sistema Interamericano se beneficia, de maneira que, ainda que a submissão das informações não seja obrigatória aos Estados, é extremamente recomendável que os governos cooperem no sentido de oferecer a maior quantidade possível de informações confiáveis.

---

[144] Artigo 59.5 da Resolução 01/2013, Reforma do Regulamento, Políticas e Práticas.

7. O ATENDIMENTO ÀS CONSULTAS FORMULADAS PELOS ESTADOS SOBRE QUESTÕES RELACIONADAS COM DIREITOS HUMANOS E A PRESTAÇÃO DE ASSESSORAMENTO (ARTIGO 41.E)

Essa atuação de assessoramento da Comissão está inserida em sua missão de cooperação com os Estados para a promoção dos direitos humanos na região, sendo essencial que haja um canal aberto de comunicação entre os Estados e os órgãos do Sistema Interamericano não apenas por meio do exercício da competência contenciosa mas também por meio do exercício da competência consultiva. Mediante essas consultas, os Estados têm a possibilidade de formular questões específicas à luz de seus deveres e obrigações estabelecidos pela Convenção e podem se beneficiar do *savoir-faire* da Comissão.

8. ATUAÇÃO COM RESPEITO ÀS PETIÇÕES E ÀS COMUNICAÇÕES EM CONFORMIDADE COM O DISPOSTO NOS ARTIGOS 44 A 51 DA CONVENÇÃO (ARTIGO 41.F)

A Comissão exerce função imprescindível na atual configuração do Sistema Interamericano, visto que as petições apresentadas pelos indivíduos passam, necessariamente, pela Comissão antes de eventualmente serem encaminhadas à Corte. Dada a relação entre essa função declarada no artigo 41.f e as disposições convencionais acerca da competência da Comissão (artigos 44 a 47) e do processo desenvolvido perante ela (artigos 48 a 51), a análise da competência contenciosa da Comissão será abordada na sequência, quando forem comentados os artigos em questão.

9. APRESENTAÇÃO DE RELATÓRIO ANUAL À ASSEMBLEIA GERAL DA ORGANIZAÇÃO DOS ESTADOS AMERICANOS (ARTIGO 41.G)

O relatório anual é uma forma de conferir publicidade às atividades da Comissão e de manter um diálogo institucional interno à Organização dos Estados Americanos. O primeiro relatório anual da Comissão foi elaborado em 1970 e cobriu o exercício de 1969 e de 1970. Desde então, a Comissão variou as formas e os conteúdos desses relatórios, até a adoção do formato atual.

Desde a Resolução 1/2013, sobre "Reformas do Regulamento, Políticas e Práticas", os relatórios são estruturados em uma introdução e seis capítulos. Conforme o artigo 59 da referida resolução: (i) o primeiro capítulo descreve, em linhas gerais, as principais atividades da Comissão no ano em comento, (ii) o segundo é dedicado à análise das petições, casos, soluções amistosas e medidas cautelares submetidos à Comissão e pode contar, inclusive, com levantamentos estatísticos que auxiliam na compreensão do panorama geral, (iii) o terceiro descreve as atividades das relatoriais temáticas e de países, bem como atividades de promoção e capacitação, (iv) o quarto traz um panorama do desenvolvimento dos direitos humanos nos países da região, analisados individualmente, com especial atenção àqueles países que apresentam dificuldades peculiares para a consolidação dos direitos humanos em virtude de seus contextos sociais, políticos e econômicos, (v) o quinto se debruça sobre o seguimento das recomendações formuladas pela Comissão e, por fim, (vi) o sexto capítulo apresenta o desenvolvimento institucional da própria Comissão.

O quarto capítulo dos relatórios anuais da Comissão, que se dedica aos países sob sua supervisão, merece olhar detalhado sobre alguns aspectos. A elaboração de informes sobre a situação dos países do Sistema Interamericano é uma prática da Comissão desde seu primeiro informe anual à Assembleia Geral da OEA, de 1969, e a partir de 1977 a Comissão passou a publicar essa informação de maneira sistemática.[145] Desde que a Comissão adotou sua Resolução 1/2013, ela subdivide o capítulo quarto de seu informe anual em duas seções, assim descritas pela própria Comissão no artigo 59 da referida resolução:

> *i. na seção A, o panorama anual da situação dos direitos humanos no hemisfério, derivado do trabalho de monitoramento da Comissão, destacando-se as principais tendências, problemas, desafios, avanços e melhores práticas com relação tanto aos direitos civis e políticos como aos direitos econômicos, sociais e culturais; e*
>
> *ii. na seção B, os relatórios especiais que a Comissão considerar necessários sobre a situação dos direitos humanos nos Estados-membros em conformidade com os critérios, a metodologia e os procedimento a que fazem referência os parágrafos seguintes.*[146]

Para selecionar os Estados que serão objeto dos informes especiais da seção B, a Comissão desenvolveu alguns critérios, descritos no mesmo artigo 59. Os critérios são (a) uma violação grave dos elementos fundamentais e das instituições da democracia representativa, (b) a suspensão ilegítima, total ou parcial, do livre exercício dos direitos garantidos pela Declaração Americana ou pela Convenção Americana, em razão da imposição de medidas excepcionais, (c) a perpetração de violações massivas, graves e sistemáticas dos direitos humanos, (d) a presença de outras situações estruturais que afetem séria e gravemente o desfrute dos direitos fundamentais. A Comissão oferece exemplos do que seriam os fatores de consideração especial delineados por esses critérios, como crises institucionais, omissões, conflitos armados internos, declaração de estados de emergência, de sítio, suspenção de garantias constitucionais, alteração da ordem democrática, infração da independência do Poder Judiciário etc. No informe de 2022, a Comissão incluiu na seção B os seguintes Estados: Cuba, Nicarágua, Venezuela e Guatemala.

A leitura do artigo 41 em sua integralidade oferece as diretrizes para a compreensão das seções da Convenção que lhe sucedem, dedicadas à regulação da competência da Comissão e dos seus processos. Não restam dúvidas de que a Comissão é um órgão polivalente na composição do Sistema Interamericano e o exercício de seu mandato convencional tem aportado valiosas contribuições ao desenvolvimento dos direitos humanos em nossa região.

REFERÊNCIAS

COMISSÃO INTERAMERICANA DE DIREITOS HUMANOS. Anteprojeto da Convenção Americana sobre Direitos Humanos, 1968. Reproduzido em: SECRETARIA-GERAL DA OEA. *Anuário Interamericano de Direitos Humanos 1968*. Washington, DC, 1973.

COMISSÃO INTERAMERICANA. *Compêndio Anual de Avanços e Medidas de Cumprimento de recomendações e outras Decisões*. OEA/Ser.L/V/II, Doc. 195/23, 23.08.2023.

COMISSÃO INTERAMERICANA. *Guía Práctica – Situación de los derechos humanos en Brasil con enfoque étnico-racial*: personas afrodescendientes, indígenas y quilombolas. OEA/Ser.L/V/II.doc.159/23, 2023.

COMISSÃO INTERAMERICANA. *Informe anual de 2017*.

COMISSÃO INTERAMERICANA. *Informe Anual de la Comisión Interamericana de Derechos Humanos 1974*. OEA/Ser.L/V/II.34, Doc. 31, Rev.1, 30.12.1974.

---

[145] COMISSÃO INTERAMERICANA. *Informe anual de 2017*. par. 2.

[146] Artigo 59 da Resolução 01/2013, Reforma do Regulamento, Políticas e Práticas.

COMISSÃO INTERAMERICANA. *Políticas Públicas con enfoque de derechos humanos.* OEA/Ser.L/V/II, Doc. 191, 15.09.2018.

CORTE IDH. Caso Caballero Delgado y Santana *vs.* Colombia. Fondo. Sentencia de 8 de diciembre de 1995. Serie C No. 22.

CORTE IDH. Ciertas atribuciones de la Comisión Interamericana de Derechos Humanos (arts. 41, 42, 44, 46, 47, 50 y 51 de la Convención Americana sobre Derechos Humanos). *Opinión Consultiva 13, de 16 de julio de 1993.* Serie A No. 13.

HENNEBEL, L.; TIGROUDJA, H. *The American Convention on Human Rights*: a commentary. Oxford: Oxford University Press, 2022.

SECRETARIA-GERAL DA OEA. *Conferência Especializada Interamericana sobe Direitos Humanos*: ATAS E Documentos, 7-22 de novembro de 1969, San José, Costa Rica. OEA/Ser.K/XVI/1.2, Washington, DC.

SECRETARIA-GERAL DA OEA. *Nono Período ordinário de Sessões de 22 a 31 de outubro de 1979*, La Paz, Bolívia. OEA/Ser. PIIX.0.2, v. I, 2 de jul.de 1980, Washington, DC.

Artigo 42

Os Estados-partes devem remeter à Comissão cópia dos relatórios e estudos que, em seus respectivos campos, submetem anualmente às Comissões Executivas do Conselho Interamericano Econômico e Social e do Conselho Interamericano de Educação, Ciência e Cultura, a fim de que aquela vele por que se promovam os direitos decorrentes das normas econômicas, sociais e sobre educação, ciência e cultura, constantes da Carta da Organização dos Estados Americanos, reformada pelo Protocolo de Buenos Aires.

🗩 COMENTÁRIOS

por Bianca Guimarães Silva e Maria Carolina Ferreira da Silva

O artigo 42 da Convenção Americana destaca aquele que, à época de sua redação, foi um grande diferencial da Convenção em relação à Convenção Europeia de Direitos Humanos: o reconhecimento convencional dos direitos sociais, econômicos e culturais (Desc). Nesse ponto, é possível vislumbrar uma conexão entre o artigo 42 da Convenção e o seu artigo 26, também dedicado aos Desc. Em linhas gerais, o artigo 42 prevê uma ferramenta de monitoramento do desenvolvimento progressivo dos Desc na região.

Ao passo que o artigo 41 possui algumas diretrizes que se destinam aos Estados-membros da OEA que não são signatários da Convenção, o artigo 42 é endereçado unicamente aos Estados que são parte da Convenção.

1. ARTIGO 42: ABORDAGEM HISTÓRICA

As origens do artigo 42 se inserem no mesmo debate no qual se deu a adoção do artigo 26 da Convenção.[147] O projeto de Convenção apresentado pelo Conselho Interamericano de

---

[147] Para mais detalhes, consultar o capítulo relativo ao artigo 26.

Jurisconsultos em 1959 continha disposições relativas aos direitos econômicos, sociais e culturais e previa, em seu artigo 58, que, para garantir a observância dos referidos direitos, seria legítimo o emprego de informes, solicitação de informações, observações, recomendações, estudos, assistência, entre outras medidas.[148] A proposta apresentada pelo Chile dispunha, em seu artigo 75, que os Estados deveriam informar a Comissão sobre a forma de cumprimento da obrigação de aplicação e respeito em relação aos Desc.[149] Vale notar que, segundo o projeto chileno, o monitoramento por informes se daria em relação à maioria dos Desc, excetuados aqueles que teriam um monitoramento equivalente àquele conferido aos direitos civis e políticos, nos termos do seu artigo 51.[150] Entre estes últimos estavam a seguridade social (artigo 29), os direitos sindicais (artigo 31), o direito à educação (artigo 35, incisos 1 e 4) e a propriedade privada, sujeita a limitações que o interesse social exija (artigo 37).[151] A proposta apresentada pelo Uruguai também previa a proteção dos Desc em seu artigo 63, propondo uma série de medidas, como aquelas apresentadas pelo Conselho Interamericano de Jurisconsultos.[152] O anteprojeto de Convenção apresentado pela Comissão Interamericana dispunha, em seu artigo 26, que os Estados deveriam reportar periodicamente à Comissão as medidas adotadas para garantir os direitos mencionados no artigo 25, que se dedicava, em linhas gerais, aos Desc.[153]

A proposta realizada pela Comissão foi alvo de discussões entre os Estados, dado que o monitoramento dos Desc ainda era um tema sensível. Por essa razão, foi designado um grupo de trabalho que reformulou a disposição do então artigo 26 em uma redação próxima àquela finalmente adotada pela Convenção em seu atual artigo 42.[154]

2. A SUBMISSÃO DE RELATÓRIOS E ESTUDOS SOBRE DESC À COMISSÃO

A primeira parte do artigo 42 dispõe que os Estados deverão submeter à Comissão "cópias" dos relatórios e estudos produzidos. Isso, porque, como o próprio dispositivo precisa, os relatórios e estudos são originalmente endereçados às Comissões Executivas do Conselho

---

[148] CONSELHO INTERAMERICANO DE JURISCONSULTOS. Projeto da Convenção Americana sobre Direitos Humanos, setembro de 1959. Reproduzido em: SECRETARIA-GERAL DA OEA. *Anuário Interamericano de Direitos Humanos 1968*. Washington, DC, 1973. p. 236-275. p. 260.

[149] CHILE. Projeto da Convenção Americana sobre Direitos Humanos apresentado pelo Chile na Segunda Conferência Interamericana Extraordinária do Rio de Janeiro, 1965. Reproduzido em: SECRETARIA-GERAL DA OEA. *Anuário Interamericano de Direitos Humanos 1968*. Washington, DC, 1973. p. 295.

[150] CHILE. Projeto da Convenção Americana sobre Direitos Humanos apresentado pelo Chile na Segunda Conferência Interamericana Extraordinária do Rio de Janeiro, 1965. Reproduzido em: SECRETARIA-GERAL DA OEA. *Anuário Interamericano de Direitos Humanos 1968*. Washington, DC, 1973. p. 292.

[151] CHILE. Projeto da Convenção Americana sobre Direitos Humanos apresentado pelo Chile na Segunda Conferência Interamericana Extraordinária do Rio de Janeiro, 1965. Reproduzido em: SECRETARIA-GERAL DA OEA. *Anuário Interamericano de Direitos Humanos 1968*. Washington, DC, 1973. p. 287-289.

[152] URUGUAI. Projeto da Convenção Americana sobre Direitos Humanos apresentado pelo Uruguai na Segunda Conferência Interamericana Extraordinária do Rio de Janeiro, 1965. Reproduzido em: SECRETARIA-GERAL DA OEA. *Anuário Interamericano de Direitos Humanos 1968*. Washington, DC, 1973. p. 311-312.

[153] COMISSÃO INTERAMERICANA DE DIREITOS HUMANOS. Anteprojeto da Convenção Americana sobre Direitos Humanos, 1968. Reproduzido em: SECRETARIA-GERAL DA OEA. *Anuário Interamericano de Direitos Humanos 1968*. Washington, DC, 1973. p. 134-136.

[154] HENNEBEL, L.; TIGROUDJA, H. *The American Convention on Human Rights*: a commentary. Oxford: Oxford University Press, 2022. p. 995-996.

Interamericano Econômico e Social e do Conselho Interamericano de Educação, Ciência e Cultura. Esses órgãos também são referenciados pelo artigo 19 do Protocolo de San Salvador, que se se dedica, precisamente, aos direitos econômicos, sociais, culturais e ambientais.

A partir da adoção do Protocolo de Mánagua, que reformou a Carta da OEA em 1993 e vigora desde 1996, os referidos Conselhos foram unificados no atual Conselho Interamericano para o Desenvolvimento Integral, cuja finalidade é a promoção de cooperação entre os Estados para promoção do desenvolvimento integral e, em especial, para a eliminação da pobreza crítica, conforme o artigo 93 da Carta. A adoção do Protocolo de Mánagua se deu em um contexto de discussões entre os países acerca da necessidade de inclusão na Carta da OEA de disposições para que a prestação de cooperação técnica fosse "mais eficaz e operativa, contribuindo, assim, de forma mais significativa aos esforços para eliminar a pobreza extrema".[155]

O Conselho Interamericano de Desenvolvimento Integral (Cidi) é um órgão da OEA, ligado à Assembleia Geral e composto da Agência Interamericana de Cooperação e Desenvolvimento, das Comissões Especializadas Não Permanentes, das Comissões Interamericanas e das Comissões Permanentes do Cidi. Na prática, a Comissão desenvolveu uma série de outros mecanismos para exercer sua missão de promoção e proteção dos Desc que extrapolam a ferramenta originalmente prevista pelo artigo 42.

3. A COMISSÃO E OS DESC

Mesmo antes da adoção da Convenção Americana, a Comissão já defendia a proteção dos direitos econômicos, sociais e culturais pelo Sistema Interamericano. Em sua opinião sobre o projeto de Convenção, a Comissão manifestou:

> (...) a Comissão crê que, em vista da importância que têm os direitos econômicos, sociais e culturais, a futura Convenção Interamericana sobre Direitos Humanos deveria conter disposições nas quais os Estados-Partes na Convenção reconheçam a necessidade de adotar progressivamente, em suas legislações internas, as garantias que permitam a plena vigência desses direitos. A Comissão deseja destacar, ademais, que deveria iniciar-se o quanto antes a consideração do regime de proteção internacional dos chamados direitos econômicos, sociais e culturais. A Comissão estaria disposta a iniciar o exame desse regime de proteção sempre que os governos dos Estados-Membros estiverem de acordo.[156]

O Protocolo de San Salvador, adotado em 1988, além de prever o envio de cópias dos informes dos Estados em matéria de Desc à Comissão nos termos do artigo 19.2, conferiu a ela competência para a aplicação do sistema de petições individuais regulado pelos artigos 44 a 51 da Convenção em relação aos direitos sindicais (artigo 8.a do Protocolo) e ao direito à educação (artigo 13 do Protocolo), nos termos do artigo 19.6. Ademais, previu que, em relação aos demais direitos, a Comissão poderia formular observações e recomendações que considere pertinentes sobre a situação dos Desc previstos no Protocolo, e poderia incluí-las

---

[155] TAMAYO, Diego Rodrigo Beleván. *Las reformas a la Carta de la OEA y las Cumbres de las Américas*: Configuración de una nueva agenda hemisférica. 1999. Disponível em: https://repositorio.adp.edu.pe/handle/ADP/31. Acesso em: dez. 2023. p. 14.

[156] COMISSÃO INTERAMERICANA DE DIREITOS HUMANOS. Opinião da Comissão sobre o projeto de Convenção Americana sobre Direitos Humanos preparado pelo Conselho Interamericano de Jurisconsultos, OEA/Ser.L/V/11.16/doc.8. Reproduzido em: SECRETARIA-GERAL DA OEA. *Anuário Interamericano de Direitos Humanos 1968*. Washington, DC, 1973. p. 334-336.

no seu informe anual ou em informes especiais (artigo 19.7). Assim, o Protocolo de San Salvador delineou um horizonte muito mais amplo de funções da Comissão em matéria de Desc do que aquele previsto pelo artigo 42 da Convenção.

No que concerne à justiciabilidade dos Desc, nota-se que, em 2001, a Comissão já argumentava pela defesa desses direitos por meio da interpretação autônoma do artigo 26, conforme se depreende do Informe da Comissão no caso Milton Garcia Fajardo y otros *vs.* Nicaragua, no qual a Comissão considerou que o Estado da Nicarágua, em vez de adotar medidas de desenvolvimento progressivo em benefício dos trabalhadores aduaneiros que figuravam no caso, buscou reduzir seus direitos, ocasionando graves prejuízos aos seus direitos econômicos e sociais.[157] É uma prática atual e recorrente da Comissão declarar, em seus informes de mérito, a violação do artigo 26 e apresentar os argumentos que sustentam sua posição.

Entre suas publicações, a Comissão possui diversos informes relacionados, direta ou indiretamente, à proteção dos direitos econômicos, sociais, culturais e ambientais. Pode-se destacar, por exemplo, o informe de 2007 sobre "O acesso à Justiça como garantia dos direitos econômicos, sociais e culturais: estudo dos estândares fixados pelo Sistema Interamericano de Direitos Humanos", no qual a Comissão manifestou que, já naquele período, o Sistema Interamericano estava consciente da necessidade de delineamento de princípios e estândares sobre o alcance dos direitos ao devido processo judicial e à tutela judicial efetiva nos casos que envolvem a violação de direitos econômicos, sociais e culturais.[158] Em termos de publicações mais recentes, vale ressaltar o informe de 2023 "Pobreza, mudança climática e Desca na América Central e México no contexto da mobilidade humana", no qual a Comissão se manifestou sobre a relevante e atual pauta das mudanças climáticas sob a ótica dos direitos humanos e, em particular, sobre a garantia dos direitos econômicos, sociais, culturais e ambientais (Desca) em situações de especial consideração, como crises sanitárias e de saúde pública, tendo em vista a pandemia da covid-19 e desastres naturais. A Comissão aduziu que, mesmo diante dessas situações emergenciais, as obrigações dos Estados em matéria de Desca devem seguir vigentes.[159]

Observa-se, assim, que a Comissão exerce, por meio de sua vasta gama de funções, que vão muito além daquelas dispostas pelo artigo 42, a promoção e a proteção dos direitos econômicos, sociais, culturais e ambientais, velando pelo desenvolvimento regional e atentando-se aos principais desafios que se impõem a cada período. Nessa missão, a Comissão conta, desde 2014, com uma Relatoria Especial sobre Direitos Econômicos, Sociais, Culturais e Ambientais (Redesca) e com um Relator Especial sobre Direitos Econômicos, Sociais, Culturais e Ambientais, cargo eletivo no seio da Comissão.

REFERÊNCIAS

CHILE. Projeto da Convenção Americana sobre Direitos Humanos apresentado pelo Chile na Segunda Conferência Interamericana Extraordinária do Rio de Janeiro, 1965. Re-

---

[157] CIDH, Informe No. 100/01, Caso 11.381, Milton Garcia Fajardo y otros *vs.* Nicaragua, 11.11.2001. par. 95 e 101.

[158] CIDH. El acceso a la justicia como garantía de los derechos económicos, sociales, culturales y ambientales: Estudio de los estándares fijados por el sistema interamericano de derechos humanos. OEA/Ser.L/V/II.129 Doc. 4, 07.09.2007. par. 42.

[159] https://www.oas.org/es/cidh/informes/pdfs/2023/probreza_cambioclimatico_centroamerica_mexico_movilidad_humana_spa.pdf par. 351.

produzido em: SECRETARIA-GERAL DA OEA. *Anuário Interamericano de Direitos Humanos 1968*. Washington, DC, 1973. p. 275-298.

CIDH, Informe No. 100/01, Caso 11.381, Milton Garcia Fajardo y otros *vs.* Nicaragua, 11.11.2001.

COMISSÃO INTERAMERICANA DE DIREITOS HUMANOS. Anteprojeto da Convenção Americana sobre Direitos Humanos, 1968. Reproduzido em: SECRETARIA-GERAL DA OEA. *Anuário Interamericano de Direitos Humanos 1968*. Washington, DC, 1973. p. 94-156.

COMISSÃO INTERAMERICANA DE DIREITOS HUMANOS. Opinião da Comissão sobre o projeto de Convenção Americana sobre Direitos Humanos preparado pelo Conselho Interamericano de Jurisconsultos, OEA/Ser.L/V/11.16/doc.8. Reproduzido em: SECRETARIA-GERAL DA OEA. *Anuário Interamericano de Direitos Humanos 1968*. Washington, DC, 1973. p. 318-356.

CONSELHO INTERAMERICANO DE JURISCONSULTOS. Projeto da Convenção Americana sobre Direitos Humanos, setembro de 1959. Reproduzido em: SECRETARIA--GERAL DA OEA. *Anuário Interamericano de Direitos Humanos 1968*. Washington, DC, 1973. p. 236-275.

CORTE IDH. Caso Guevara Díaz *vs.* Costa Rica. Fondo, Reparaciones y Costas. Sentencia de 22 de junio de 2022. Serie C No. 453.

HENNEBEL, L.; TIGROUDJA, H. *The American Convention on Human Rights*: a commentary. Oxford: Oxford University Press, 2022.

TAMAYO, Diego Rodrigo Belevan. *Las reformas a la Carta de la OEA y las Cumbres de las Américas*: Configuración de una nueva agenda hemisférica. 1999. Disponível em: https://repositorio.adp.edu.pe/handle/ADP/31. Acesso em: dez. 2023.

URUGUAI. Projeto da Convenção Americana sobre Direitos Humanos apresentado pelo Uruguai na Segunda Conferência Interamericana Extraordinária do Rio de Janeiro, 1965. Reproduzido em: SECRETARIA-GERAL DA OEA. *Anuário Interamericano de Direitos Humanos 1968*. Washington, DC, 1973. p. 298-318.

Artigo 43

Os Estados-Partes obrigam-se a proporcionar à Comissão as informações que esta lhes solicitar sobre a maneira pela qual o seu direito interno assegura a aplicação efetiva de quaisquer disposições desta Convenção.

 COMENTÁRIOS

---

por Bianca Guimarães Silva e Maria Carolina Ferreira da Silva

O artigo 43 aborda a obrigação dos Estados em relação ao mandato da Comissão, encerrando a Seção 2 do Capítulo VII. Essa obrigação dos Estados consubstancia uma ferramenta essencial para que a Comissão tenha substratos informacionais na condução de sua missão de proteção e promoção dos direitos humanos nos territórios de cada Estado, em particular, e na região, em geral. Ele deve ser lido em conjunto com as obrigações estabelecidas aos

Estados pelos artigos 1.1 e 2 da Convenção, assim como em conjunto com os artigos 41 e 42, que delineiam as funções da Comissão.

1. ARTIGO 43: ABORDAGEM HISTÓRICA

O projeto de Convenção elaborado pelo Conselho Interamericano de Jurisconsultos já previa, em seu artigo 82, que os Estados teriam de prover informações sobre a maneira como asseguram a efetiva aplicação das provisões da Convenção.[160] As propostas do Chile e do Uruguai continham disposições no mesmo sentido em seus artigos 74[161] e 87,[162] respectivamente. O anteprojeto da Convenção trouxe essa disposição em seu artigo 59.[163]

2. A OBRIGAÇÃO DOS ESTADOS DE PROPORCIONAR INFORMAÇÃO À COMISSÃO

A Corte Interamericana já teve a oportunidade de se manifestar sobre o artigo 43 da Convenção em sua Opinião Consultiva 7/1986, sobre a exigibilidade do direito de retificação ou resposta (artigos 14.1, 1.1 e 2 da Convenção Americana), solicitada pelo governo da Costa Rica. Na ocasião, a Corte manifestou que o artigo 43 da Convenção está em conformidade com a existência de uma regra básica do direito internacional segundo a qual todo Estado-parte em um tratado tem o dever jurídico de adotar as medidas necessárias para cumprir com suas obrigações conforme o tratado, sejam tais medidas legislativas, sejam de outra índole.[164]

Com efeito, a garantia dos direitos previstos pela Convenção depende, notadamente, da ação dos Estados sobre seus próprios territórios de concretização desses direitos por meio de todas as ferramentas que o aparato estatal disponibiliza. Os Estados são peças fundamentais do Sistema Interamericano na missão de tornar a Convenção um instrumento vivo, que, além de sua redação formal, exerce seus efeitos concretamente sobre a população latino-americana, contribuindo para seu desenvolvimento e proteção contra eventuais abusos e negligências. Tendo em vista o mandato de defesa e promoção dos direitos humanos atribuído à Comissão pela Carta da OEA, é possível compreender a razão de ser do artigo 43, ao conferir ao referido organismo a função de monitoramento da observância da Convenção pelos Estados em suas medidas de direito interno.

---

[160] CONSELHO INTERAMERICANO DE JURISCONSULTOS. Projeto da Convenção Americana sobre Direitos Humanos, setembro de 1959. Reproduzido em: SECRETARIA-GERAL DA OEA. *Anuário Interamericano de Direitos Humanos 1968*. Washington, DC, 1973. p. 236-275. p. 270.

[161] CHILE. Projeto da Convenção Americana sobre Direitos Humanos apresentado pelo Chile na Segunda Conferência Interamericana Extraordinária do Rio de Janeiro, 1965. Reproduzido em: SECRETARIA-GERAL DA OEA. *Anuário Interamericano de Direitos Humanos 1968*. Washington, DC, 1973. p. 295.

[162] URUGUAI. Projeto da Convenção Americana sobre Direitos Humanos apresentado pelo Uruguai na Segunda Conferência Interamericana Extraordinária do Rio de Janeiro, 1965. Reproduzido em: SECRETARIA-GERAL DA OEA. *Anuário Interamericano de Direitos Humanos 1968*. Washington, DC, 1973. p. 315.

[163] COMISSÃO INTERAMERICANA DE DIREITOS HUMANOS. Anteprojeto da Convenção Americana sobre Direitos Humanos, 1968. Reproduzido em: SECRETARIA-GERAL DA OEA. *Anuário Interamericano de Direitos Humanos 1968*. Washington, DC, 1973. p. 152.

[164] CORTE IDH. Exigibilidad del derecho de rectificación o respuesta (arts. 14.1, 1.1 y 2 Convención Americana sobre Derechos Humanos). *Opinión Consultiva 7, de 29 de agosto de 1986*. Serie A No. 7. par. 30.

Em termos práticos, como discutido em relação ao artigo 41, nota-se que a Comissão ampliou notadamente suas funções desde a redação da Convenção. Assim, a robusta rede de monitoramento da aplicação da Convenção atualmente ultrapassa o mecanismo originalmente previsto pelo artigo 43. Por exemplo, o artigo 43 se limita aos Estados signatários da Convenção, ao passo que a Comissão já produz, sob os mecanismos previstos pelo artigo 41, informes e estudos sobre a observância dos direitos garantidos pela Convenção e pela Declaração Americana de Direito e Deveres do Homem em Estados-membros da OEA que não são parte da Convenção. Além disso, ainda que não haja cooperação dos Estados por meio do envio de informações, a Comissão pode recorrer a outras fontes idôneas para elaborar seus informes.

REFERÊNCIAS

CHILE. Projeto da Convenção Americana sobre Direitos Humanos apresentado pelo Chile na Segunda Conferência Interamericana Extraordinária do Rio de Janeiro, 1965. Reproduzido em: SECRETARIA-GERAL DA OEA. *Anuário Interamericano de Direitos Humanos 1968*. Washington, DC, 1973. p. 275-298.

COMISSÃO INTERAMERICANA DE DIREITOS HUMANOS. Anteprojeto da Convenção Americana sobre Direitos Humanos, 1968. Reproduzido em: SECRETARIA-GERAL DA OEA. *Anuário Interamericano de Direitos Humanos 1968*. Washington, DC, 1973. p. 94-156.

CONSELHO INTERAMERICANO DE JURISCONSULTOS. Projeto da Convenção Americana sobre Direitos Humanos, setembro de 1959. Reproduzido em: SECRETARIA--GERAL DA OEA. *Anuário Interamericano de Direitos Humanos 1968*. Washington, DC, 1973. p. 236-275.

CORTE IDH. Exigibilidad del derecho de rectificación o respuesta (arts. 14.1, 1.1 y 2 Convención Americana sobre Derechos Humanos). *Opinión Consultiva 7, de 29 de agosto de 1986*. Serie A No. 7.

HENNEBEL, L.; TIGROUDJA, H. *The American Convention on Human Rights*: a commentary. Oxford: Oxford University Press, 2022.

URUGUAI. Projeto da Convenção Americana sobre Direitos Humanos apresentado pelo Uruguai na Segunda Conferência Interamericana Extraordinária do Rio de Janeiro, 1965. Reproduzido em: SECRETARIA-GERAL DA OEA. *Anuário Interamericano de Direitos Humanos 1968*. Washington, DC, 1973. p. 298-318.

Seção 3

Competência

Artigo 44

Qualquer pessoa ou grupo de pessoas, ou entidade não governamental legalmente reconhecida em um ou mais Estados-membros da Organização, pode apresentar à Comissão petições que contenham denúncias ou queixas de violação desta Convenção por um Estado-parte.

🗨 COMENTÁRIOS

por João Ricardo Oliveira Munhoz e Maria Carolina Ferreira da Silva

O artigo 44 abre a Seção 3 do Capítulo VII da Convenção e se dedica à competência da Comissão. Esse dispositivo abre a possibilidade de participação dos indivíduos na engrenagem do Sistema Interamericano, por meio do contato direto com a Comissão. Para dimensionar a especial relevância desse artigo no ordenamento convencional, rememoram-se as palavras do saudoso Juiz Cançado Trindade, que definiu o direito de petição individual (*jus standi*) como uma cláusula pétrea da Convenção:

> *En mi entendimiento, no se puede analizar el artículo 44 como si fuera una disposición como cualquier otra de la Convención, como si no estuviera relacionada con la obligación de los Estados Partes de no crear obstáculos o dificultades para el libre y pleno ejercicio del derecho de petición individual, o como si fuera de igual jerarquía que otras disposiciones procedimentales. El derecho de petición individual constituye, en suma, la piedra angular del acceso de los individuos a todo el mecanismo de protección de la Convención Americana.[165]*

1. ARTIGO 44: ABORDAGEM HISTÓRICA

As origens do artigo 44 remontam aos debates sobre o acesso dos indivíduos ao Sistema Interamericano. No projeto apresentado pelo Conselho Interamericano de Jurisconsultos, foram introduzidas alternativas aos Estados acerca da disposição que poderia ser adotada. O primeiro parágrafo do artigo 49 do projeto previa que a Comissão poderia receber petições dirigidas por qualquer pessoa, grupo de pessoas, associações ou corporações legalmente reconhecidas pela autoridade pública, nas quais se alegue a ocorrência de uma violação pelo Estado-parte da Convenção de qualquer dos direitos reconhecidos no Capítulo I, Parte I, dela, ou seja, os direitos civis e políticos. O segundo inciso do artigo 49, por sua vez, foi dividido em duas opções de apresentação para os Estados. A primeira opção dispunha que todo Estado poderia, no momento de depósito de seu instrumento de aceitação da Convenção, declarar que não aceita, no todo ou em parte, o regime de petições previsto no parágrafo precedente, de forma que o artigo 49 não seria aplicável aos Estados que manifestassem sua não aceitação do regime de petições, ou seja, previa um sistema de *opt out*. A segunda opção previa que os Estados poderiam, no momento de depósito de seu instrumento de aceitação da Convenção, declarar sua aceitação, no todo ou em parte, do regime de petições, ou seja, um regime de *opt in*.[166]

O projeto apresentado pelo Chile em 1965 dispôs, em seu artigo 53, de maneira similar ao primeiro parágrafo do projeto apresentado pelo Conselho Interamericano de Jurisconsultos em 1959, porém não trouxe disposições sobre o regime de adesão ou não adesão dos Estados.[167]

---

[165] CORTE IDH. Caso Castillo Petruzzi y otros vs. Perú. Excepciones Preliminares. Sentencia de 4 de septiembre de 1998. Serie C No. 41. Voto do juiz Cançado Trindade. par. 3.

[166] CONSELHO INTERAMERICANO DE JURISCONSULTOS. Projeto da Convenção Americana sobre Direitos Humanos, setembro de 1959. Reproduzido em: SECRETARIA-GERAL DA OEA. *Anuário Interamericano de Direitos Humanos 1968*. Washington, DC, 1973. p. 256.

[167] CHILE. Projeto da Convenção Americana sobre Direitos Humanos apresentado pelo Chile na Segunda Conferência Interamericana Extraordinária do Rio de Janeiro, 1965. Reproduzido em: SECRETARIA-GERAL DA OEA. *Anuário Interamericano de Direitos Humanos 1968*. Washington, DC, 1973. p. 275-298. p. 292.

O projeto apresentado pelo Uruguai em 1965 dispôs, em seu artigo 54, no mesmo sentido, porém ampliou o escopo de direitos-alvo das petições, determinando a possibilidade de revisão pela Comissão de supostas violações dos direitos civis e políticos, mas, igualmente, dos direitos de liberdade de trabalho, liberdade sindical e de liberdade de ensino. Ademais, o projeto uruguaio não apresenta opções quanto ao regime de adesão ao sistema de petições, determinando que os Estados deveriam declarar, no momento de depósito do seu instrumento de aceitação da Convenção, sua não aceitação do regime de petições (*opt out*).[168]

O anteprojeto apresentado pela Comissão trouxe, em seu artigo 33, uma previsão semelhante àquela disposta no atual artigo 44 da Convenção, na qual constava a possibilidade de submissão de petição à Comissão por qualquer pessoa, grupo de pessoas ou associação legalmente constituída. A proposta, porém, não especificou um regime de *opt out* ou *opt in* para os Estados.[169] No âmbito das discussões sobre o anteprojeto, alguns Estados manifestaram suas preocupações acerca da necessidade de um sistema opcional de reconhecimento da competência da Comissão para apreciar petições individuais.[170] Por fim, consagrou-se a fórmula segundo a qual não é necessário um reconhecimento especial dessa competência da Comissão.

2. A APRESENTAÇÃO DE PETIÇÕES À COMISSÃO

Dentro do artigo 44, podemos analisar três aspectos principais: (i) a legitimidade nas petições individuais, (ii) a condição de vítima e (iii) a base normativa das petições.

A legitimidade nas petições individuais

Primeiramente, a legitimidade passiva não gera maiores debates. A redação do dispositivo é clara ao aduzir que as violações-alvo das petições apresentadas perante a Comissão são aquelas supostamente cometidas por um Estado-parte da Convenção, ou seja, não se trata de responsabilizar um particular, tampouco qualquer entidade internacional ou não governamental, mas única e exclusivamente um Estado-parte. Assim aduziu a Corte em sua Opinião Consultiva 20/2009 ao analisar o artigo 44, dispondo que, sob esse dispositivo, os Estados se constituem como parte demandada dos casos contenciosos originados em petições individuais.[171] Ademais, uma vez que o Estado ratifique a Convenção, ele já está habilitado para ser parte demandada em um procedimento de petição individual, não sendo necessário, para tal efeito, qualquer declaração especial de sua parte em reconhecimento da competência da Comissão para tramitar petições individuais.[172]

---

168   URUGUAI. Projeto da Convenção Americana sobre Direitos Humanos apresentado pelo Uruguai na Segunda Conferência Interamericana Extraordinária do Rio de Janeiro, 1965. Reproduzido em: SECRE-TARIA-GERAL DA OEA. *Anuário Interamericano de Direitos Humanos 1968*. Washington, DC, 1973. p. 309-310.

169   COMISSÃO INTERAMERICANA DE DIREITOS HUMANOS. Anteprojeto da Convenção Americana sobre Direitos Humanos, 1968. Reproduzido em: SECRETARIA-GERAL DA OEA. *Anuário Interamericano de Direitos Humanos 1968*. Washington, DC, 1973. p. 138.

170   HENNEBEL, L.; TIGROUDJA, H. *The American Convention on Human Rights*: a commentary. Oxford: Oxford University Press, 2022. p. 1011.

171   CORTE IDH. Artículo 55 de la Convención Americana sobre Derechos Humanos. Opinión Consultiva OC-20, de 29 de septiembre de 2009. Serie A No. 20. par. 32.

172   COMISSÃO INTERAMERICANA. Nicarágua vs. Costa Rica. Caso Interestatal 01/06. Informe 11, de 8 de março de 2007. par. 144.

Já em relação à legitimidade ativa, cabe mencionar que o escopo subjetivo para a apresentação de petições perante a Comissão é mais amplo do que aquele de submissão de casos à Corte. Na configuração vigente do Sistema Interamericano, adotada desde a sua concepção, os indivíduos não estão habilitados a submeter casos diretamente à Corte Interamericana, nos termos do artigo 61 da Convenção[173]; apenas os Estados e a Comissão possuem essa competência. Não obstante, o acesso à Comissão por meio das petições individuais é aberto, nos termos do artigo 44, a qualquer pessoa, grupo de pessoas ou entidade não governamental legalmente reconhecida, de maneira que esse dispositivo convencional constitui, na prática, o principal meio de acesso dos indivíduos ao aparato contencioso interamericano.

O artigo 44 da Convenção, complementado pelo artigo 23 do Regulamento da Comissão, esclarece que as petições podem ser apresentadas em nome próprio ou em nome de terceiros. Segundo o artigo 24 do Regulamento da Comissão, tal órgão interamericano dispõe da competência de iniciar *motu proprio* a tramitação de uma petição que reúna os requisitos para tal fim.

A redação do artigo 44 utiliza dois termos distintos: "denúncia ou queixa". No caso Castillo Petruzzi e outros vs. Peru (1998), a Corte analisou a aplicabilidade do artigo 44 e deduziu que "*el artículo 44 de la Convención permite que cualquier grupo de personas formule denuncias o quejas por violación de los derechos consagrados por la Convención. Esta amplia facultad de denuncia es un rasgo característico del sistema de protección internacional de los derechos humanos*".[174] Pode-se deduzir que a noção de "denúncia" é mais ampla do que aquela de "queixa", tal como mencionaram Hennebel e Tigroudja, e a denúncia é aberta a uma variedade de agentes, como uma garantia coletiva, e a queixa é restrita à suposta vítima.[175]

Sobre a possibilidade de apresentação de denúncias por terceiros, sem participação das supostas vítimas, vale relembrar o entendimento manifestado pela Corte no caso Córdoba vs. Paraguai (2023), segundo o qual o sistema de petições consagrado pelo artigo 44 permite que qualquer pessoa, bem como a Comissão *ex officio*, inicie o trâmite de um caso perante o Sistema Interamericano sem que necessariamente a vítima tenha que participar, a bem da proteção do interesse público. Contudo, conforme o processo interamericano avança, requer-se, em maior medida, a participação das pessoas afetadas, de maneira que, quando o caso é apresentado perante a Corte, é preciso que as vítimas manifestem seu consentimento para ser parte do processo, por si mesmas ou por meio de seus representantes, sempre que seja possível.[176]

No Sistema Interamericano, não é raro que as vítimas sejam representadas, desde a apresentação do caso perante a Comissão até a fase de tramitação perante a Corte, por organizações não governamentais e coletivos de advogados, que possuem ampla experiência em litígios perante o Sistema. Essas organizações auxiliam as vítimas a formularem as suas demandas e contribuem para o desenvolvimento da jurisprudência interamericana. Em que pese a importante atuação de organizações e coletivos como representantes perante o Sistema Interamericano, tais entidades, como pessoas jurídicas, não podem constituir o polo ativo na

---

[173] Vide comentários relativos ao artigo 61 da Convenção.

[174] CORTE IDH. Caso Castillo Petruzzi y otros vs. Perú. Excepciones Preliminares. Sentencia de 4 de septiembre de 1998. Serie C No. 41.

[175] HENNEBEL, L.; TIGROUDJA, H. *The American Convention on Human Rights*: a commentary. Oxford: Oxford University Press, 2022. p. 1005-1006.

[176] CORTE IDH. Caso Córdoba vs. Paraguay. Fondo, Reparaciones y Costas. Sentencia de 5 de septiembre de 2023. Serie C No. 505. par. 17.

condição de vítimas. Nesse ponto, é preciso rememorar que a Corte já teve a oportunidade de reafirmar a definição de pessoa jurídica, conforme a Convenção Interamericana sobre Personalidade e Capacidade de Personas Jurídicas no Direito Internacional Privado, como "toda entidade que tenha existência e responsabilidade próprias, distintas das dos seus membros ou fundadores e que seja qualificada como pessoa jurídica segundo a lei do lugar de sua constituição".[177] Outrossim, o artigo 1.1 da Convenção Americana dispõe que os Estados se comprometem a respeitar os direitos e as liberdades nela reconhecidos e a garantir seu livre e pleno exercício a toda pessoa, e o artigo 1.2 define pessoa como todo ser humano.

A condição de vítima

No que concerne à qualificação como vítima, notadamente em relação às pessoas jurídicas, há que se destacar o entendimento manifestado pela Corte em sua Opinião Consultiva 22/2016, por meio da qual o Estado do Panamá solicitou que a Corte se pronunciasse sobre a titularidade de direitos das pessoas jurídicas no Sistema Interamericano. Naquela ocasião, a Corte realizou uma comparação entre o artigo 44 da Convenção e o artigo 34 da Convenção Europeia de Direitos Humanos. O artigo 34 da Convenção Europeia dispõe:

> O Tribunal pode receber petições de qualquer pessoa singular, organização não governamental ou grupo de particulares que se considere vítima de violação por qualquer Alta Parte Contratante dos direitos reconhecidos na Convenção ou nos seus protocolos. As Altas Partes Contratantes comprometem-se a não criar qualquer entrave ao exercício efetivo desse direito.

Diante dessa redação, a Corte Interamericana ressaltou um aspecto do dispositivo europeu, qual seja, a utilização da expressão "que se considere vítima de violação". Essa expressão, segundo a Corte, implica que a pessoa que apresenta a petição perante o Tribunal Europeu deve demonstrar que é uma suposta vítima do caso, inclusive as pessoas jurídicas. Ademais, as pessoas jurídicas não poderiam apresentar petições a respeito de supostas violações dos direitos de seus membros ou de terceiros. Assim, a Corte argumentou que esse aspecto diferencia o Sistema Europeu do Sistema Interamericano, visto que o artigo 44 da Convenção se refere exclusivamente à legitimação ativa, no sentido de estabelecer quem pode apresentar a petição, seja em nome próprio, seja em nome de terceiros, sem que necessariamente as noções de vítima e de peticionário se reúnam em uma mesma pessoa. Assim, no Sistema Interamericano, não é possível deduzir do uso da expressão "organizações não governamentais ou grupos de pessoas" pelo artigo 44 que as pessoas jurídicas podem ser supostas vítimas, mas unicamente se pode deduzir sua legitimidade como peticionárias.[178] Ainda a título de comparação, note-se que, no Sistema Africano, assim como no Sistema

---

[177]   CORTE IDH. Titularidad de derechos de las personas jurídicas en el Sistema Interamericano de Derechos Humanos (interpretación y alcance del artículo 1.2, en relación con los artículos 1.1, 8, 11.2, 13, 16, 21, 24, 25, 29, 30, 44, 46, y 62.3 de la Convención Americana sobre Derechos Humanos, así como del artículo 8.1 A y B del Protocolo de San Salvador). Opinión Consultiva OC-22, de 26 de febrero de 2016. Serie A No. 22. par. 28.

[178]   CORTE IDH. Titularidad de derechos de las personas jurídicas en el Sistema Interamericano de Derechos Humanos (interpretación y alcance del artículo 1.2, en relación con los artículos 1.1, 8, 11.2, 13, 16, 21, 24, 25, 29, 30, 44, 46, y 62.3 de la Convención Americana sobre Derechos Humanos, así como del artículo 8.1 A y B del Protocolo de San Salvador). Opinión Consultiva OC-22, de 26 de febrero de 2016. Serie A No. 22. par. 55-56.

Interamericano, é possível que as pessoas jurídicas peticionem perante a Comissão Africana em nome de terceiros, conforme os artigos 55 e 56 da Carta Africana.[179]

É importante destacar que, embora as pessoas jurídicas, em suas variadas formas, não possam ser qualificadas como vítimas no mecanismo de petições perante o Sistema Interamericano, isso não quer dizer que essas entidades estão alheias à promoção e à proteção dos direitos humanos. Tanto a Corte quanto a Comissão já tiveram a oportunidade de destacar o importante papel que as pessoas jurídicas exercem tanto em termos de deveres positivos quanto negativos na proteção e promoção dos direitos humanos. A título de exemplo, pode-se mencionar o Relatório Empresas e direitos humanos: padrões interamericanos, publicado pela Comissão em 2020, no qual se ressaltou o princípio *pro persona* no campo dos direitos humanos, de forma que a esfera empresarial deve endossar a centralidade da dignidade humana como "eixo dinâmico e interpretativo de todo o sistema de proteção dos direitos humanos".[180] Nesse mesmo diapasão, a Corte Interamericana já se referiu em mais de uma oportunidade à responsabilidade das empresas de respeitar os direitos humanos, em conformidade com os Princípios Orientadores da ONU sobre Empresas e Direitos Humanos.[181]

No que diz respeito às pessoas naturais, em regra, segundo o critério interpretativo desenvolvido pela Comissão em relação ao artigo 44, as petições individuais serão admissíveis quando existirem vítimas concretas, individualizadas e determinadas, ou se referirem a um grupo de vítimas específico e definido composto de indivíduos determináveis.[182] Tal critério está em conformidade com o disposto pelo artigo 35 do Regulamento da Corte, o qual prevê que os casos submetidos pela Comissão à Corte deverão conter todos os fatos supostamente violatórios, inclusive a identificação das presumidas vítimas. Isso, porque o Sistema Interamericano, em seu exercício contencioso, lida com casos concretos de violação à Convenção, e não com hipóteses abstratas.

A exceção a essa regra é prevista pelo artigo 35, em seu parágrafo segundo, o qual dispõe que quando se justificar que não foi possível identificar alguma ou algumas das supostas vítimas dos fatos do caso, por se tratar de casos de violações massivas ou coletivas, a Corte decidirá se as considera vítimas.

A base normativa das petições

Por fim, há que se notar que o artigo 23 do Regulamento da Comissão amplia a base normativa que sustenta as petições apresentadas. O artigo 44 menciona "denúncias ou queixas de violação desta Convenção", e o artigo 23 do Regulamento detalha que as petições podem se referir a supostas violações a direitos humanos reconhecidos na Declaração Americana dos Direitos e Deveres do Homem, na Convenção, no Protocolo de San Salvador, no Protocolo

---

[179] CORTE IDH. Titularidade de derechos de las personas jurídicas en el Sistema Interamericano de Derechos Humanos (interpretación y alcance del artículo 1.2, en relación con los artículos 1.1, 8, 11.2, 13, 16, 21, 24, 25, 29, 30, 44, 46, y 62.3 de la Convención Americana sobre Derechos Humanos, así como del artículo 8.1 A y B del Protocolo de San Salvador). Opinión Consultiva OC-22, de 26 de febrero de 2016. Serie A No. 22. par. 30.

[180] COMISSÃO INTERAMERICANA. *Empresas e direitos humanos: padrões interamericanos*. OEA/Ser.L/V/II CIDH/REDESCA/INF.1/19, 01.11.2019. par. 42.

[181] Cfr., por exemplo, caso de los Buzos Miskitos (Lemoth Morris y otros) vs. Honduras. Sentencia de 31 de agosto de 2021. Serie C No. 432. par. 47; e CORTE IDH. Caso Olivera Fuentes vs. Perú. Excepciones Preliminares, Fondo, Reparaciones y Costas. Sentencia de 4 de febrero de 2023. Serie C No. 484. par. 97.

[182] COMISSÃO INTERAMERICANA. Nicarágua vs. Costa Rica. Caso Interestatal 01/06. Informe 11, de 8 de março de 2007. par. 189.

à Convenção Americana de Direitos Humanos Referente à Abolição da Pena de Morte, na Convenção Interamericana para Prevenir e Punir a Tortura, na Convenção Interamericana sobre o Desaparecimento Forçado de Pessoas e na Convenção Interamericana para Prevenir, Punir e Erradicar a Violência contra a Mulher. Note-se que, no caso do Protocolo de San Salvador, ele determina, por disposição expressa de seu artigo 19.6, que apenas violações aos direitos previstos em seus artigos 8.a (direitos sindicais) e 13 (direito à educação) podem dar espaço a petições individuais reguladas pelos artigos 44 a 51 da Convenção Americana de Direitos Humanos.

REFERÊNCIAS

CHILE. Projeto da Convenção Americana sobre Direitos Humanos apresentado pelo Chile na Segunda Conferência Interamericana Extraordinária do Rio de Janeiro, 1965. Reproduzido em: SECRETARIA-GERAL DA OEA. *Anuário Interamericano de Direitos Humanos 1968*. Washington, DC, 1973. p. 275-298.

COMISSÃO INTERAMERICANA DE DIREITOS HUMANOS. Anteprojeto da Convenção Americana sobre Direitos Humanos, 1968. Reproduzido em: SECRETARIA-GERAL DA OEA. *Anuário Interamericano de Direitos Humanos 1968*. Washington, DC, 1973. p. 94-156.

COMISSÃO INTERAMERICANA. *Empresas e direitos humanos: padrões interamericanos.* OEA/Ser.L/V/II CIDH/REDESCA/INF.1/19, 01.11.2019.

CONSELHO INTERAMERICANO DE JURISCONSULTOS. Projeto da Convenção Americana sobre Direitos Humanos, setembro de 1959. Reproduzido em: SECRETARIA-GERAL DA OEA. *Anuário Interamericano de Direitos Humanos 1968*. Washington, DC, 1973. p. 236-275.

CORTE IDH. Artículo 55 de la Convención Americana sobre Derechos Humanos. Opinión Consultiva OC-20, de 29 de septiembre de 2009. Serie A No. 20.

CORTE IDH. Titularidad de derechos de las personas jurídicas en el Sistema Interamericano de Derechos Humanos (interpretación y alcance del artículo 1.2, en relación con los artículos 1.1, 8, 11.2, 13, 16, 21, 24, 25, 29, 30, 44, 46, y 62.3 de la Convención Americana sobre Derechos Humanos, así como del artículo 8.1 A y B del Protocolo de San Salvador). Opinión Consultiva OC-22, de 26 de febrero de 2016. Serie A No. 22.

HENNEBEL, L.; TIGROUDJA, H. *The American Convention on Human Rights*: a commentary. Oxford: Oxford University Press, 2022.

URUGUAI. Projeto da Convenção Americana sobre Direitos Humanos apresentado pelo Uruguai na Segunda Conferência Interamericana Extraordinária do Rio de Janeiro, 1965. Reproduzido em: SECRETARIA-GERAL DA OEA. *Anuário Interamericano de Direitos Humanos 1968*. Washington, DC, 1973. p. 298-318.

Artigo 45

1. Todo Estado-parte pode, no momento do depósito do seu instrumento de ratificação desta Convenção ou de adesão a ela, ou em qualquer momento posterior, declarar que reconhece a competência da Comissão para receber e examinar as

comunicações em que um Estado-parte alegue haver outro Estado-parte incorrido em violações dos direitos humanos estabelecidos nesta Convenção.

2. As comunicações feitas em virtude deste artigo só podem ser admitidas e examinadas se forem apresentadas por um Estado-parte que haja feito uma declaração pela qual reconheça a referida competência da Comissão. A Comissão não admitirá nenhuma comunicação contra um Estado-parte que não haja feito tal declaração.

3. As declarações sobre reconhecimento de competência podem ser feitas para que esta vigore por tempo indefinido, por período determinado ou para casos específicos.

4. As declarações serão depositadas na Secretaria-Geral da Organização dos Estados Americanos, a qual encaminhará cópia das mesmas aos Estados-membros da referida Organização.

🗨 COMENTÁRIOS

por João Ricardo Oliveira Munhoz e Maria Carolina Ferreira da Silva

Ao passo que o artigo 44 situa os indivíduos como sujeitos de direito internacional, o artigo 45 enfatiza o papel dos Estados, colocando-os como guardiões dos direitos garantidos na Convenção em relação a eventuais violações cometidas por seus pares. Por se tratar de um exercício de soberania, o dispositivo convencional se estrutura sobre o princípio da reciprocidade e traz, de maneira precisa, o formato pelo qual os Estados podem manifestar seu consentimento sobre a operabilidade desse mecanismo de supervisão da Convenção. Destaca-se que a competência da Comissão para analisar petições individuais é automática a partir da ratificação pelo Estado da Convenção, embora a competência para analisar comunicações interestatais só é exercida mediante declaração especial dos Estados em reconhecimento dessa atribuição.[183]

O mecanismo previsto pelo artigo 45 ressalta um aspecto importante, que foi mencionado pela Comissão, de que a Convenção consagra uma ordem pública regional cuja manutenção é de interesse de todos os Estados signatários, e, se um Estado viola sua obrigação de garantia dos direitos humanos dos indivíduos sob sua jurisdição, ele também viola seu compromisso em relação aos demais Estados, de forma que o mecanismo previsto pelo artigo 45 constitui verdadeira garantia coletiva.[184]

1. ARTIGO 45: ABORDAGEM HISTÓRICA

O projeto apresentado pelo Conselho Interamericano de Jurisconsultos em 1959 trazia, em seu artigo 48, disposições relativas à ferramenta de comunicação interestatal, prevendo uma primeira fase escrita, de diálogo entre os Estados, e uma segunda fase perante a Co-

---

[183] COMISSÃO INTERAMERICANA. Nicarágua vs. Costa Rica. Caso Interestatal 01/06. Informe 11, de 8 de março de 2007. par. 144.

[184] COMISSÃO INTERAMERICANA. Nicarágua vs. Costa Rica. Caso Interestatal 01/06. Informe 11, de 8 de março de 2007. par. 197-199.

missão.[185] Os projetos apresentados pelo Chile e pelo Uruguai, em seus artigos 52[186] e 53,[187] respectivamente, continham disposições semelhantes àquela do Conselho Interamericano de Jurisconsultos.

Em seu anteprojeto, a Comissão dispôs sobre as comunicações interestatais no artigo 34,[188] que já continha contornos bem similares à versão final consagrada na Convenção.

2. O RECONHECIMENTO DA COMPETÊNCIA DA COMISSÃO SOBRE COMUNICAÇÕES INTE-RESTATAIS

No sistema de comunicações interestatais, tal como já reconhecido pela Corte, os Estados se apresentam como partes processuais opostas, ou seja, como demandado e demandante. Assim, todo Estado-parte da Convenção pode apresentar comunicações perante a Comissão na qual alegue que outro Estado-parte incorreu em violações dos direitos humanos previstos no diploma americano.[189]

Em termos temporais, o primeiro parágrafo do artigo 45 oferece aos Estados uma amplitude de oportunidades para manifestar seu consentimento em relação ao mecanismo de comunicações, em um regime de opt in. Tal amplitude tem uma explicação prática, visto que considera a evolução da disposição de engajamento de cada Estado conforme a variação de seus contextos internos. Assim, caso um Estado não reúna as condições necessárias internamente para manifestar seu consentimento quando realiza o depósito de seu instrumento de ratificação da Convenção, ou no momento de sua adesão, ele terá a possibilidade de, no futuro, caso sejam reunidas tais condições, manifestar seu consentimento e se engajar, em qualquer momento posterior, no mecanismo de comunicações. É do interesse do Sistema Interamericano que o maior número de Estados se engaje nesse mecanismo, a fim de ampliar seu escopo de aplicação e, consequentemente, de monitoramento da Convenção e de seus efeitos concretos.

O segundo parágrafo reafirma o conteúdo do primeiro parágrafo ao declarar que a Comissão não admitirá comunicações realizadas contra Estados que não tenham manifestado seu consentimento sobre o mecanismo de comunicações. Ademais, ele aborda o princípio da reciprocidade, visto que apenas os Estados que tenham manifestado seu consentimento sobre o mecanismo de comunicações poderão realizar comunicações.

Um ponto que merece destaque é a relação entre o artigo 45, sobre o mecanismo de comunicações interestatais, e o artigo 55 da Convenção, que prevê a figura dos juízes nacionais

[185]   CONSELHO INTERAMERICANO DE JURISCONSULTOS. Projeto da Convenção Americana sobre Direitos Humanos, setembro de 1959. Reproduzido em: SECRETARIA-GERAL DA OEA. *Anuário Interamericano de Direitos Humanos 1968*. Washington, DC, 1973. p. 255.

[186]   CHILE. Projeto da Convenção Americana sobre Direitos Humanos apresentado pelo Chile na Segunda Conferência Interamericana Extraordinária do Rio de Janeiro, 1965. Reproduzido em: SECRETARIA--GERAL DA OEA. *Anuário Interamericano de Direitos Humanos 1968*. Washington, DC, 1973. p. 292.

[187]   URUGUAI. Projeto da Convenção Americana sobre Direitos Humanos apresentado pelo Uruguai na Segunda Conferência Interamericana Extraordinária do Rio de Janeiro, 1965. Reproduzido em: SECRE-TARIA-GERAL DA OEA. *Anuário Interamericano de Direitos Humanos 1968*. Washington, DC, 1973. p. 309.

[188]   COMISSÃO INTERAMERICANA DE DIREITOS HUMANOS. Anteprojeto da Convenção Americana sobre Direitos Humanos, 1968. Reproduzido em: SECRETARIA-GERAL DA OEA. *Anuário Interamericano de Direitos Humanos 1968*. Washington, DC, 1973. p. 137.

[189]   CORTE IDH. Artículo 55 de la Convención Americana sobre Derechos Humanos. Opinión Consultiva OC-20, de 29 de septiembre de 2009. Serie A No. 20. par. 32.

e de juízes *ad hoc*.[190] Conforme entendimento da Corte, a expressão plural "Estados-partes" utilizada no artigo 55 só é aplicável a casos contenciosos originados em comunicações interestatais,[191] ou seja, não se aplica aos casos contenciosos originados em petições individuais nos termos do artigo 44 da Convenção. Assim, os casos interestatais são uma exceção à regra de que os juízes da Corte não podem conhecer casos de sua nacionalidade.

A Comissão já teve oportunidade de analisar, na prática, comunicações interestatais. A primeira delas foi recebida em 2006, apresentada pelo Estado da Nicarágua e tendo por objeto o Estado da Costa Rica, que supostamente teria incorrido em violações dos artigos da Convenção, da Declaração Universal de Direitos Humanos, da Declaração Americana dos Direitos e Deveres do Homem e da Carta Democrática Interamericana relativos ao dever de eliminação de toda forma de discriminação.[192] A Nicarágua alegava a violação desses direitos pela Costa Rica em relação à população migrante nicaraguense em território costa-riquenho. Tendo em vista que ambos os Estados haviam depositado suas declarações de reconhecimento de competência da Comissão, ela decidiu tramitar a comunicação conforme o estabelecido pelo artigo 45 da Convenção.[193] Naquela ocasião, a Comissão considerou que os requisitos estabelecidos pelo artigo 45 foram cumpridos, porém a comunicação do Estado da Nicarágua foi considerada inadmissível pelos critérios estabelecidos no artigo 46 da Convenção. Apesar da declaração de inadmissibilidade, o caso contribuiu para que a Comissão aprofundasse seus critérios sobre o artigo 45.

A Comissão ainda teve um segundo caso de comunicação interestatal em 2009, depositado pelo Equador contra a Colômbia, no qual se alegava a violação dos direitos a vida, integridade pessoal e garantias judiciais da vítima Franklin Guillermo Aisalla Molina e de seus familiares em virtude de um bombardeio realizado pelas Forças Armadas da Colômbia sobre um acampamento das Farc, no âmbito de uma ação militar denominada "Operativo Fénix". Nesse contexto, o sr. Molina, cidadão equatoriano, teria sido executado extrajudicialmente. Nesse caso, os Estados chegaram a uma solução amistosa e o Estado equatoriano apresentou sua desistência da demanda apresentada, de forma que a Comissão arquivou o caso em 2013.[194]

Quanto aos requisitos de admissibilidade, a Comissão pôde analisar, de forma comparativa, os artigos 44 e 45 da Convenção. Nessa comparação, um ponto que foi destacado é que, enquanto o artigo 44 se refere a "denúncias ou queixas de violação dessa Convenção", o artigo 45 se refere a "violações de direitos humanos estabelecidos nessa Convenção", o que abre margem ao questionamento sobre se, no âmbito das comunicações interestatais, os Estados poderiam apresentar à Comissão, além de situações que tenham afetado vítimas individualizadas ou determináveis, "situações generalizadas de violações massivas ou sistemáticas aos direitos humanos", sem a necessidade de individualizar cada uma das possíveis

---

[190] Vide comentários sobre o artigo 55 da Convenção.

[191] CORTE IDH. Artículo 55 de la Convención Americana sobre Derechos Humanos. Opinión Consultiva OC-20, de 29 de septiembre de 2009. Serie A No. 20. par. 33.

[192] Artigos 1.1 (Obrigação de respeitar os direitos), 8 (Garantias judiciais), 24 (Igualdade perante a lei) e 25 (Proteção judicial) da Convenção Americana sobre Direitos Humanos, artigos 2, 7, 8 e 28 da Declaração Universal dos Direitos Humanos, artigos II (Direito à igualdade perante a lei) e XVIII (Direito à justiça) da Declaração Americana dos Direitos e Deveres do Homem e artigo 9 da Carta Democrática Interamericana.

[193] COMISSÃO INTERAMERICANA. Nicarágua vs. Costa Rica. Caso Interestatal 01/06. Informe 11, de 8 de março de 2007. par. 1 e 2.

[194] COMISSÃO INTERAMERICANA. Equador vs. Colômbia. Caso Interestatal 12.779. Informe 96, de 4 de novembro de 2013.

vítimas. A Comissão entendeu que é possível, porém isso não significa que os Estados possam apresentar casos abstratos que não tenham por objeto proteger os direitos e as liberdades de pessoas protegidas pela Convenção.[195]

O parágrafo terceiro do artigo 45 constitui disposição precipuamente voltada a conferir liberdade aos Estados e, assim, incentivá-los ao reconhecimento do mecanismo de comunicações. Tal como descrito pela Comissão, esse inciso não prevê um requisito, mas, sim, uma faculdade de que os Estados possam definir a vigência de suas declarações.[196] Ao fornecer a possibilidade de adesão em grau mais elevado, ou seja, por tempo indefinido, até um grau mais restrito, ou seja, apenas para casos específicos, a Convenção outorga aos Estados uma margem de escolha quanto às circunstâncias que poderão ser apreciadas pela Comissão.

O artigo 50 do Regulamento da Comissão, que complementa o artigo 45 da Convenção, estabelece que a comunicação apresentada por um Estado-parte será encaminhada ao Estado-parte objeto da comunicação, ainda que ele não esteja submetido à competência da Comissão, de forma que o Estado em questão possa exercer a opção, nos termos do artigo 45.3 da Convenção, para reconhecer essa competência no caso específico referido na comunicação. Uma vez aceita a competência, o procedimento será regido pelas disposições do Capítulo II do Regulamento da Comissão, que trata das petições referentes à Convenção e outros instrumentos aplicáveis.

O parágrafo quarto é essencialmente procedimental e institui o depósito das declarações na Secretaria-Geral, órgão administrativo da Organização dos Estados Americanos (OEA), assim como determina que cópias sejam encaminhadas aos Estados-membros da OEA, o que corresponde ao interesse dos Estados de serem informados acerca dos engajamentos manifestados por seus pares.

REFERÊNCIAS

CHILE. Projeto da Convenção Americana sobre Direitos Humanos apresentado pelo Chile na Segunda Conferência Interamericana Extraordinária do Rio de Janeiro, 1965. Reproduzido em: SECRETARIA-GERAL DA OEA. *Anuário Interamericano de Direitos Humanos 1968*. Washington, DC, 1973. p. 275-298.

COMISSÃO INTERAMERICANA DE DIREITOS HUMANOS. Anteprojeto da Convenção Americana sobre Direitos Humanos, 1968. Reproduzido em: SECRETARIA-GERAL DA OEA. *Anuário Interamericano de Direitos Humanos 1968*. Washington, DC, 1973. p. 94-156.

CONSELHO INTERAMERICANO DE JURISCONSULTOS. Projeto da Convenção Americana sobre Direitos Humanos, setembro de 1959. Reproduzido em: SECRETARIA-GERAL DA OEA. *Anuário Interamericano de Direitos Humanos 1968*. Washington, DC, 1973. p. 236-275.

CORTE IDH. Artículo 55 de la Convención Americana sobre Derechos Humanos. Opinión Consultiva OC-20, de 29 de septiembre de 2009. Serie A No. 20.

HENNEBEL, L.; TIGROUDJA, H. *The American Convention on Human Rights*: a commentary. Oxford: Oxford University Press, 2022.

---

[195] COMISSÃO INTERAMERICANA. Nicarágua vs. Costa Rica. Caso Interestatal 01/06. Informe 11, de 8 de março de 2007. par. 195 e 196.

[196] COMISSÃO INTERAMERICANA. Nicarágua vs. Costa Rica. Caso Interestatal 01/06. Informe 11, de 8 de março de 2007. par. 150.

URUGUAI. Projeto da Convenção Americana sobre Direitos Humanos apresentado pelo Uruguai na Segunda Conferência Interamericana Extraordinária do Rio de Janeiro, 1965. Reproduzido em: SECRETARIA-GERAL DA OEA. *Anuário Interamericano de Direitos Humanos 1968. Washington, DC, 1973.* p. 298-318.

Artigo 46

1. Para que uma petição ou comunicação apresentada de acordo com os artigos 44 ou 45 seja admitida pela Comissão, será necessário:

a) que hajam sido interpostos e esgotados os recursos da jurisdição interna, de acordo com os princípios de Direito Internacional geralmente reconhecidos;

b) que seja apresentada dentro do prazo de seis meses, a partir da data em que o presumido prejudicado em seus direitos tenha sido notificado da decisão definitiva;

c) que a matéria da petição ou comunicação não esteja pendente de outro processo de solução internacional; e

d) que, no caso do artigo 44, a petição contenha o nome, a nacionalidade, a profissão, o domicílio e a assinatura da pessoa ou pessoas ou do representante legal da entidade que submeter a petição.

2. As disposições das alíneas a e b do inciso 1 deste artigo não se aplicarão quando:

a) não existir, na legislação interna do Estado de que se tratar, o devido processo legal para a proteção do direito ou direitos que se alegue tenham sido violados;

b) não se houver permitido ao presumido prejudicado em seus direitos o acesso aos recursos da jurisdição interna, ou houver sido ele impedido de esgotá-los; e

c) houver demora injustificada na decisão sobre os mencionados recursos.

 COMENTÁRIOS

por João Ricardo Oliveira Munhoz e Maria Carolina Ferreira da Silva

O artigo 46 determina as condições de admissibilidade das petições apresentadas conforme as disposições dos artigos 44 e 45 que o precedem. Tais condições constituem verdadeiros filtros do acesso dos casos à apreciação da Comissão e são justificadas pela necessidade de devido saneamento dos casos para que possam tramitar de maneira regular perante o Sistema Interamericano. Em princípio, é do interesse do Sistema que as petições sejam admitidas e que se proceda à análise do mérito, em observância do princípio *pro persona*. Assim, tal como previsto pelo artigo 26.2 do Regulamento da Comissão, se uma petição não reunir os requisitos exigidos, a Secretaria Executiva da Comissão poderá, no momento da revisão inicial, solicitar ao peticionário ou ao seu representante que a complemente.

Como já aduzido pela Comissão, a Convenção é um todo integral que deve ser interpretado em conjunto, de maneira que a Comissão não poderia admitir e examinar petições apresentadas em dissonância com os requisitos estabelecidos pelos artigos 46 e 47 da Convenção.[197]

---

[197] COMISSÃO INTERAMERICANA. Nicarágua vs. Costa Rica. Caso Interestatal 01/06. Informe 11, de 8 de março de 2007. par. 130.

1. ARTIGO 46: ABORDAGEM HISTÓRICA

O projeto de 1959 elaborado pelo Conselho Interamericano de Jurisconsultos previa, em seu artigo 50, que a Comissão apenas tramitaria casos sobre os quais todos os recursos internos tivessem sido esgotados, em conformidade com o princípio geral do direito internacional, e, excepcionalmente, se tivesse conhecimento de que o peticionário teve seu acesso aos remédios internos negado, poderia tramitar o caso.[198] As propostas realizadas pelos projetos do Estado do Chile e do Estado do Uruguai, em seus artigos 54 e 55[199] e 55 e 56.1,[200] respectivamente, continham disposições similares àquela do projeto de 1959.

Em seu anteprojeto apresentado em 1968, a Comissão trouxe as condições de admissibilidade no artigo 35,[201] de forma mais detalhada do que aquela adotada pelos projetos anteriores e em formulação idêntica àquela consagrada na versão final da Convenção.

2. OS REQUISITOS DE ADMISSIBILIDADE PREVISTOS PELO ARTIGO 46.1

Primeiramente, cabe destacar que, para que um caso seja admitido, é preciso que ele cumpra, cumulativamente, com os quatro requisitos previstos pelo artigo 46. Dito isso, procede-se à análise individual dos critérios exigidos, a saber: (i) esgotamento dos recursos internos; (ii) observância do prazo de seis meses a partir da decisão definitiva; (iii) inexistência de litispendência internacional; (iv) devida identificação do peticionário.

Esgotamento dos recursos internos

O primeiro requisito, disposto no inciso a do artigo 46.1 da Convenção e no artigo 31 do Regulamento da Comissão, é o do esgotamento dos recursos internos. Esse critério traduz o princípio básico do direito internacional da subsidiariedade. A lógica de tal mecanismo é de que os Estados devem dispor de todas as oportunidades para sanar eventuais violações de direitos humanos por meio de seus recursos internos, em conformidade com o seu ordenamento nacional e com as ferramentas que ele disponibiliza para que os indivíduos façam valer, na prática, os direitos que lhes são garantidos pela Convenção.[202] Não obstante, caso os Estados falhem no cumprimento desse dever, as instâncias internacionais passam a ter competência para conhecer do caso. Note-se que esse é um requisito comum ao Sistema Interamericano, ao Sistema Europeu e ao Sistema Africano de direitos humanos.

---

[198] CONSELHO INTERAMERICANO DE JURISCONSULTOS. Projeto da Convenção Americana sobre Direitos Humanos, setembro de 1959. Reproduzido em: SECRETARIA-GERAL DA OEA. *Anuário Interamericano de Direitos Humanos 1968*. Washington, DC, 1973. p. 236-275.

[199] CHILE. Projeto da Convenção Americana sobre Direitos Humanos apresentado pelo Chile na Segunda Conferência Interamericana Extraordinária do Rio de Janeiro, 1965. Reproduzido em: SECRETARIA--GERAL DA OEA. *Anuário Interamericano de Direitos Humanos 1968*. Washington, DC, 1973. p. 292-293.

[200] URUGUAI. Projeto da Convenção Americana sobre Direitos Humanos apresentado pelo Uruguai na Segunda Conferência Interamericana Extraordinária do Rio de Janeiro, 1965. Reproduzido em: SECRETARIA-GERAL DA OEA. *Anuário Interamericano de Direitos Humanos 1968*. Washington, DC, 1973. p. 310.

[201] COMISSÃO INTERAMERICANA DE DIREITOS HUMANOS. Anteprojeto da Convenção Americana sobre Direitos Humanos, 1968. Reproduzido em: SECRETARIA-GERAL DA OEA. *Anuário Interamericano de Direitos Humanos 1968*. Washington, DC, 1973. p. 137.

[202] CORTE IDH. Caso Wong Ho Wing vs. Perú. Excepción Preliminar, Fondo, Reparaciones y Costas. Sentencia de 30 de junio de 2015. Serie C No. 297. par. 27.

Não raro, os Estados invocam esse requisito como uma exceção preliminar visando à não tramitação dos casos perante o Sistema Interamericano. Por ser uma prática difundida, tanto a Corte como a Comissão já tiveram inúmeras oportunidades de aprofundar os padrões sobre esse requisito. Conforme assentado na jurisprudência, os indivíduos devem contar com recursos internos cuja existência não deve ser meramente formal, mas, sim, que sejam recursos adequados e efetivos para solução dos pleitos apresentados perante o aparato Estatal. Assim, as supostas vítimas devem buscar justiça por meio dos recursos oferecidos pelo Estado. Não é necessário, entretanto, que elas esgotem todas as vias internas de todos os recursos disponíveis no ordenamento nacional, de maneira separada e autônoma diante de cada um dos efeitos derivados da violação principal, mas tão somente aqueles que resultem adequados para remediar, definitivamente, a situação particular de violação de direitos humanos alegada.[203]

Consoante entendimento manifestado pela Corte, um recurso é *adequado* quando a sua função, dentro do sistema de direito interno, é idônea para proteger a situação jurídica infringida, tendo em vista que cada sistema dispõe de uma vasta gama de recursos, porém nem todos são aplicáveis em todas as circunstâncias.[204] Um recurso é *eficaz* quando é capaz de produzir o resultado para o qual foi concebido, e um recurso pode se tornar ineficaz caso seja submetido a exigências processuais que o tornem inaplicável, se carece de força para obrigar as autoridades ou se sua interposição resulta perigosa para os recorrentes, se não é apreciado de maneira imparcial.[205]

No momento de formulação da petição à Comissão, os peticionários devem ser cautelosos em sua argumentação para demonstrar que os recursos internos foram esgotados, tal como disposto pelo artigo 28.8 do Regulamento da Comissão, que orienta os peticionários a incluir, em seu escrito de demanda, as "providências tomadas para o esgotamento dos recursos da jurisdição interna ou a impossibilidade de fazê-lo acontecer".

O artigo 31.3 do Regulamento complementa essa disposição, indicando que, quando o peticionário alegar a impossibilidade de comprovar o requisito de esgotamento dos recursos internos, caberá ao Estado demandado demonstrar que os recursos internos não foram previamente esgotados, a não ser que isso se deduza claramente do expediente. Desse modo, a princípio, o ônus da prova sobre o esgotamento dos recursos internos recai sobre o peticionário, porém, na impossibilidade de demonstração por parte deste último, o ônus é realocado para o Estado. Ainda, quando os Estados alegam a exceção preliminar de não esgotamento dos recursos internos, eles possuem o ônus de indicar, de maneira inequívoca, quais recursos estavam disponíveis e não foram esgotados pelas vítimas e como tais recursos se mostravam adequados e eficazes para a solução do pleito, evitando, com base no princípio de boa-fé, qualquer manifestação ambígua que produza confusão.[206] Não cabe à Comissão ou à Corte a tarefa de identificar de ofício quais seriam os recursos internos pendentes de esgotamento, dado que esses órgãos não são incumbidos de sanar a falta de precisão dos argumentos do Estado.[207]

---

[203] CORTE IDH. Caso Olivera Fuentes vs. Perú. Excepciones Preliminares, Fondo, Reparaciones y Costas. Sentencia de 4 de febrero de 2023. Serie C No. 484. par. 25-26.

[204] CORTE IDH. Caso Velásquez Rodríguez vs. Honduras. Fondo. Sentencia de 29 de julio de 1988. Serie C No. 4. par. 64.

[205] CORTE IDH. Caso Velásquez Rodríguez vs. Honduras. Fondo. Sentencia de 29 de julio de 1988. Serie C No. 4. par. 66.

[206] CORTE IDH. Caso Cantoral Benavides vs. Perú. Excepciones Preliminares. Sentencia de 3 de septiembre de 1998. Serie C No. 40. par. 30.

[207] CORTE IDH. Caso V.R.P., V.P.C. y otros vs. Nicaragua. Excepciones Preliminares, Fondo, Reparaciones y Costas. Sentencia de 8 de marzo de 2018. Serie C No. 350. par. 23.

Conforme amplamente reconhecido na jurisprudência da Corte, os Estados devem apresentar suas eventuais observações sobre a inadmissibilidade dos casos no momento processual oportuno, isto é, durante a primeira oportunidade de manifestação na fase de admissibilidade do procedimento perante a Comissão[208]. Caso não o façam, se opera o princípio de preclusão processual (ou princípio do stoppel). Assim, os Estados não poderão apresentar essas observações de forma extemporânea perante a Corte Interamericana.[209] Outrossim, deve haver correspondência entre os argumentos de exceção preliminar apresentados perante a Comissão e aqueles apresentados perante a Corte.[210]

Outra questão temporal relevante é o momento no qual o requisito dos recursos internos deve ser apreciado. Em virtude do volume de trabalho da Comissão Interamericana, é comum que exista um lapso temporal entre a apresentação das petições e a sua análise de admissibilidade. Há três momentos diferentes na tramitação inicial dos casos perante a Comissão: (i) a apresentação da petição pelo peticionário, (ii) a transmissão da petição ao Estado pela Comissão e (iii) a emissão do Informe de Admissibilidade pela Comissão. Excepcionalmente, a Comissão pode diferir a emissão do Informe de Admissibilidade e realizá-la em conjunto com o Informe de Mérito, nos termos do artigo 36.3 de seu Regulamento.

Nesse lapso temporal, pode ser que os processos internos ainda estejam em tramitação. Tendo isso em vista, a Corte entendeu que o requisito de esgotamento dos recursos internos deve ser apreciado em relação ao momento em que a Comissão decide sobre a admissibilidade da petição, e não em relação ao momento em que a petição foi apresentada, porque a redação do artigo 46 é clara ao tratar dos requisitos "para que uma petição ou comunicação seja *admitida*", e não para que seja *apresentada*.[211]

O prazo de 6 meses a partir da decisão definitiva

O requisito disposto pelo artigo 46.1.b, referente ao prazo máximo para apresentação da petição à Comissão, é previsto igualmente pelo artigo 32.1 do Regulamento da Comissão. A existência de uma decisão definitiva configura o esgotamento dos recursos internos, nos termos do artigo 46.1.a, e é o termo inicial da contagem do prazo de seis meses previsto pelo artigo 46.1.b. Nos casos excepcionais em que não tenha sido possível o esgotamento dos recursos internos, o artigo 32.2 do Regulamento da Comissão prevê que a petição deverá ser apresentada dentro de um prazo razoável, a critério da Comissão, a ser avaliado segundo a data em que tenha ocorrido a suposta violação dos direitos alegados e as circunstâncias de cada caso.

A inexistência de litispendência internacional

O artigo 46.1.c impede o conhecimento do caso pela Comissão nas hipóteses em que ele esteja sendo analisado em outro tribunal internacional. A disposição convencional é

---

[208]   CORTE IDH. Caso Olivera Fuentes Vs. Perú. Excepciones Preliminares, Fondo, Reparaciones y Costas. Sentencia de 4 de febrero de 2023. Serie C No. 484. par. 24.

[209]   CORTE IDH. Caso V.R.P., V.P.C. y otros Vs. Nicaragua. Excepciones Preliminares, Fondo, Reparaciones y Costas. Sentencia de 8 de marzo de 2018. Serie C No. 350. par. 22; CORTE IDH. Caso Muelle Flores vs. Perú. Excepciones Preliminares, Fondo, Reparaciones y Costas. Sentencia de 6 de marzo de 2019. Serie C No. 375. par. 27-28.

[210]   CORTE IDH. Caso Angulo Losada vs. Bolivia. Excepciones Preliminares, Fondo y Reparaciones. Sentencia de 18 de noviembre de 2022. Serie C No. 475. par. 21.

[211]   CORTE IDH. Caso Wong Ho Wing vs. Perú. Excepción Preliminar, Fondo, Reparaciones y Costas. Sentencia de 30 de junio de 2015. Serie C No. 297. par. 25-26.

complementada pelo parágrafo primeiro, alínea a, do artigo 33 do Regulamento da Comissão, que aduz a impossibilidade de análise da petição nos casos em que a respectiva matéria esteja pendente de outro processo de solução perante organização internacional governamental de que seja parte o Estado demandado. Da mesma forma, o dispositivo regulamentar traz exceções a essa regra em seu parágrafo segundo, determinando que a Comissão poderá conhecer da petição nas seguintes hipóteses: (a) se o procedimento seguido perante outro organismo se limitar ao exame geral dos direitos humanos no Estado aludido e não existir uma decisão sobre os fatos específicos que forem objeto da petição ou não conduzir à sua efetiva solução ou (b) quando o peticionário perante a Comissão, ou algum familiar, for a suposta vítima da violação e o peticionário perante o outro organismo for uma terceira pessoa ou uma entidade não governamental, sem mandato dos primeiros.

Na exceção prevista pela primeira hipótese, pode-se entender que, na prática, não se configura litispendência, visto que o objeto dos processos é necessariamente distinto caso um processo verse sobre um exame geral de direitos humanos no Estado demandado e o processo perante a Comissão verse sobre as violações específicas cometidas contra uma vítima em concreto.

A título de exemplo, no caso Tzompaxtle Tecpile e outros vs. México (2022), o Estado interpôs exceção preliminar alegando a existência de litispendência. Na hipótese, o Grupo de Trabalho sobre Detenção Arbitrária das Nações Unidas emitiu uma opinião sobre o caso, manifestando que a detenção das vítimas fora arbitrária e solicitando que o Estado adotasse as medidas necessárias para remediar a situação conforme as normas e os princípios do Pacto Internacional de Direitos Civis e Políticos.[212] A Comissão manifestou, em seu Informe de Admissibilidade, que, para que se considere que há duplicação ou coisa julgada internacional, deve haver identidade de sujeitos, objeto e pretensão e, ademais, o organismo internacional que tenha decidido tem de ter competência para adotar decisões sobre os fatos específicos contidos na petição e medidas tendentes à efetiva resolução da disputa. No caso, a Comissão entendeu que as violações sofridas pelas vítimas não se limitavam à detenção arbitrária, de forma que ultrapassavam a competência do Grupo de Trabalho da ONU, concluindo, assim, pela não existência de identidade de objeto e pretensão entre os processos e afastando a aplicabilidade do artigo 46.1.c.[213] Apesar de o Estado ter apresentado o argumento da litispendência perante a Corte, posteriormente ele renunciou à interposição dessa exceção preliminar.[214]

Na exceção prevista pela segunda hipótese, ainda que se configure litispendência, com coincidência de partes e de objeto processual, admite-se o conhecimento do caso pela Comissão por uma questão de legitimidade de representação, tendo em vista que, em alguns casos notórios de violações, pode ocorrer que um representante litigue internacionalmente sem que obtenha, previamente, um mandato de representação por parte da totalidade de vítimas.

Devida identificação do peticionário

O último requisito, previsto pelo artigo 46.1.d, aplica-se unicamente às petições individuais previstas pelo artigo 44 da Convenção. Ele possui, essencialmente, disposições

---

[212] CIDH. Informe 67/15, Petição 211-07, Jorge Marcial Tzompaxtle e outros vs. México, 27 de outubro de 2015. par. 33.

[213] CIDH. Informe 67/15, Petição 211-07, Jorge Marcial Tzompaxtle e outros vs. México, 27 de outubro de 2015. par. 34-37.

[214] CORTE IDH. Caso Tzompaxtle Tecpile y otros Vs. México. Excepción Preliminar, Fondo, Reparaciones y Costas. Sentencia de 7 de noviembre de 2022. Serie C No. 470. par. 9.

procedimentais que visam garantir a devida identificação do peticionário no âmbito do processo interamericano.

O artigo 28 do Regulamento da Comissão complementa essa disposição convencional e abre a possibilidade de que a identidade do peticionário seja mantida em sigilo diante do Estado, desde que se apresentem motivos para isso (artigo 28.2). Essa previsão regulamentar assegura aos peticionários, em situações extremas, camada de proteção contra eventuais retaliações por parte do Estado demandado. Além dos requisitos de nome, nacionalidade, profissão, domicílio e assinatura do peticionário, que pode ser uma pessoa, um grupo de pessoas ou o representante legal de uma entidade, o artigo 28 do regulamento traz requisitos adicionais. No caso de entidade, solicita-se a indicação do Estado-membro no qual ela seja juridicamente reconhecida (artigo 28.1). De maneira geral, solicita-se a indicação de um meio de contato (artigo 28.3), para que se estabeleça um canal de comunicação com a Comissão e a indicação dos elementos que permitam avaliar a concretude das violações alegadas, quais sejam, a indicação do fato ou da situação denunciada, com especificação de local e data (artigo 28.4), a indicação do Estado supostamente responsável (artigo 28.6) e, se possível, a indicação do nome da vítima e de qualquer autoridade pública que tenha tomado conhecimento do fato ou da situação denunciada (artigo 28.5). Interessante notar que a indicação do nome das vítimas não é um requisito obrigatório, tanto nos termos da Convenção quanto do Regulamento, tendo em vista que, em algumas circunstâncias, essa informação pode ser de difícil obtenção. Por fim, o artigo 28 requer, em seus incisos sétimo a nono, respectivamente, a observância do prazo de seis meses para apresentação das petições, a exposição dos fatores relativos ao esgotamento dos recursos internos ou à impossibilidade de tal esgotamento e a informação sobre a existência de outro procedimento internacional de conciliação.

3. EXCEÇÕES À REGRA DE ESGOTAMENTO DOS RECURSOS INTERNOS

O segundo parágrafo do artigo 46 prevê hipóteses de exceção à regra geral de esgotamento dos recursos internos. Sobre esses dispositivos, a Corte teve a oportunidade de se manifestar em sua Opinião Consultiva 11/1990, solicitada pela Comissão. Em referência aos incisos a e b do artigo 46.2, a Corte entendeu que essas disposições se aplicam quando os recursos internos não podem ser esgotados porque não estão disponíveis, seja por uma razão legal, seja por uma situação de fato.[215]

O artigo 46.2.a, como visto, dispõe sobre a inexistência, na legislação interna do Estado, do "devido processo legal para a proteção do direito ou direitos que se alegue tenham sido violados". A redação adotada pela Convenção ensejou interpretações que concebem a disposição do artigo seja sob sentido mais restrito, isto é, de ausência de recursos previstos em lei aptos a remediar a pretensa violação, seja em leituras mais abrangentes de seu teor, como vocalizado, dentre outros, por Ledesma, compreendendo também situações em que a fragilidade do Estado de Direito ou a ausência de garantias judiciais indispensáveis impede que o recurso interposto seja efetivo.[216]

O artigo 46.2.b dirige-se a situações nas quais, apesar da existência formal de um recurso, circunstâncias fáticas podem esvaziá-lo e torná-lo inacessível aos demandantes.

---

[215] CORTE IDH. Excepciones al agotamiento de los recursos internos (arts. 46.1, 46.2.a y 46.2.b, Convención Americana sobre Derechos Humanos). Opinión Consultiva OC-11, de 10 de agosto de 1990. Serie A No. 11. par. 17.

[216] LEDESMA, Héctor F. El agotamiento de los recursos internos en el sistema interamericano de protección de los derechos humanos. *Revista IIDH*, San José, v. 46, 2007. p. 82.

Por exemplo, na supramencionada OC 11/1990, a Corte reconheceu que, caso exista um medo generalizado dos advogados para prestar assistência legal a uma pessoa que necessite, e, consequentemente, a pessoa não possa obter tal assistência, a exceção do artigo 46.2.b é aplicável e a pessoa em questão resta isenta de cumprir o requisito de esgotamento dos recursos internos.[217] Já no caso Benites Cabrera vs. Peru (2022), a regra do referido artigo foi aplicada após a Corte IDH constatar que:

> A juicio de la Corte, en ese contexto generalizado de ineficacia de las instituciones judiciales, de ausencia de garantías de independencia e imparcialidad y de ausencia de claridad sobre la vía a la cual acudir, no era posible exigir a las presuntas víctimas que interpusieran acciones de amparo, porque había una prohibición expresa en ese sentido, ni contencioso administrativas, pues no era clara su viabilidad para cuestionar los ceses.

Em linhas gerais, é perceptível que as hipóteses de isenção das alíneas a e b, pela redação abrangente ali expressa, são consideravelmente próximas e até se confundem na prática. Atesta isso o fato de que, em sua jurisprudência, a Corte não se ocupou de distinguir categoricamente o âmbito de aplicação de tais dispositivos, o que não significa qualquer prejuízo para sua interpretação e aplicação. Por exemplo, na aludida OC 11/1990, para além da distinção inicial entre as alíneas a e b realizada no parágrafo 17,[218] baseada nos termos literais do artigo 46, o parecer consultivo preocupou-se, sobretudo, em analisar as exceções de forma conjunta.

A esse respeito, desde os primórdios de sua jurisdição contenciosa, a Corte adota leitura ampla das hipóteses previstas no artigo 46.2. Em sua primeira sentença proferida, a sentença de exceções preliminares do caso *Velásquez Rodríguez vs. Honduras* (1987), o Tribunal asseverou que a regra de esgotamento dos recursos não pode ser apartada das garantias substanciais encartadas na Convenção, isto é, deve ser compreendida à luz do dever estatal de assegurar o direito à proteção judicial (artigo 25) e o direito ao devido processo legal (artigo 8.1). Assim postulou:[219]

> Por eso, cuando se invocan ciertas excepciones a la regla de no agotamiento de los recursos internos, como son la inefectividad de tales recursos o la inexistencia del debido proceso legal, no sólo se está alegando que el agraviado no está obligado a interponer tales recursos, sino que indirectamente se está imputando al Estado involucrado una nueva violación a las obligaciones contraídas por la Convención. En tales circunstancias la cuestión de los recursos internos se aproxima sensiblemente a la materia de fondo.

Naquela ocasião, a Corte operou interessante presunção sobre a regra de esgotamento em casos de desaparecimento forçado, no sentido de que, nos contextos em que tal prática

---

[217] CORTE IDH. Excepciones al agotamiento de los recursos internos (arts. 46.1, 46.2.a y 46.2.b, Convención Americana sobre Derechos Humanos). Opinión Consultiva OC-11, de 10 de agosto de 1990. Serie A No. 11. par. 35.

[218] Vide: "17. El artículo 46.2.a se refiere a aquellas situaciones en las cuales la ley interna de un Estado Parte no contempla el debido proceso legal para proteger los derechos violados. El artículo 46.2.b es aplicable en aquellos casos en los cuales sí existen los recursos de la jurisdicción interna pero su acceso se niega al individuo o se le impide agotarlos. Estas disposiciones se aplican, entonces, cuando los recursos internos no pueden ser agotados porque no están disponibles bien por una razón legal o bien por una situación de hecho" (CORTE IDH. Excepciones al agotamiento de los recursos internos (arts. 46.1, 46.2.a y 46.2.b, Convención Americana sobre Derechos Humanos). Opinión Consultiva OC-11, de 10 de agosto de 1990. Serie A No. 11).

[219] CORTE IDH. Caso Velásquez Rodríguez vs. Honduras. Excepciones Preliminares. Sentencia de 26 de junio de 1987. Serie C No. 1. par. 93.

existiu, ela se fez possível precisamente pela ineficácia dos recursos internos para proteger os direitos das vítimas. No ano seguinte, ao se debruçar sobre o mérito do caso, a Corte reforçou seu entendimento ao sustentar que as exceções do artigo 46.2.b são plenamente aplicáveis nas situações em que "los recursos son rechazados sin llegar al examen de la validez de los mismos, o por razones fútiles, o si se comprueba la existencia de una práctica o política ordenada o tolerada por el poder público, cuyo efecto es el de impedir a ciertos demandantes la utilización de los recursos internos".[220]

Racional semelhante foi aplicado no caso Galindo Cárdenas vs. Peru (2015). Diante das alegações do Estado a respeito da ausência de esgotamento do recursos, em razão de a vítima não haver impetrado habeas corpus para contestar sua detenção, a Corte alegou que, a despeito da validez formal do remédio, o país se encontrava em estado de exceção e, portanto, em situação de suspensão de determinadas garantias, levando o Tribunal a concluir que "de la vigencia normativa del hábeas corpus referida por el Estado no se desprende que el recurso tuviera posibilidad de ser efectivo en el caso".[221]

Já o artigo 46.2.c traz hipótese de exceção que depende da análise temporal quanto à duração dos trâmites processuais internos. A celeridade na tramitação das petições é um requisito indispensável para que as vítimas tenham seus direitos devidamente tutelados em um prazo razoável em função da complexidade do caso.

Essa análise do prazo razoável pode suscitar questionamentos no mérito, em relação aos artigos 8 e 25.[222] No caso Angulo Losada vs. Bolívia (2022), por exemplo, a Corte afirmou que as exceções interpostas pelos Estados quanto à admissibilidade devem ser analisadas de forma preliminar, o que não ocorre, por exemplo, se ela versa sobre uma questão ligada inexoravelmente ao mérito.[223] Na hipótese, a Corte entendeu que a argumentação do Estado de que a exceção prevista no artigo 46.2.c não seria aplicável ao caso demandava uma análise de mérito para determinar se o tempo transcorrido entre o início do processo penal interno e o Informe de Admissibilidade da Comissão constituía uma demora injustificada, e esse aspecto do caso era alvo de controvérsia entre as partes. Assim, por considerar que existia uma íntima relação entre a exceção preliminar do Estado e a análise de mérito da controvérsia, a Corte desestimou a exceção preliminar e tratou da questão no mérito.[224] Por vezes, a Corte pode, já em sede preliminar, determinar que houve demora injustificada no trâmite processual, como o fez, por exemplo, no caso García Rodríguez e outro vs. México (2023).[225]

Conforme entendimento da Corte, incumbe ao Estado provar que, no seu sistema interno, existem recursos cujo exercício não tenha sido esgotado. Uma vez feita essa comprovação, o ônus recai sobre o peticionário, que deverá demonstrar que as exceções contempladas no artigo 46.2 são aplicáveis.[226]

---

[220] CORTE IDH. Caso Velásquez Rodríguez vs. Honduras. Fondo. Sentencia de 29 de julio de 1988. Serie C No. 4. par. 68.

[221] CORTE IDH. Caso Galindo Cárdenas y otros vs. Perú. Excepciones Preliminares, Fondo, Reparaciones y Costas. Sentencia de 2 de octubre de 2015. Serie C No. 301. par. 53.

[222] Vide comentários relativos aos artigos 8 e 25 da Convenção.

[223] CORTE IDH. Caso Angulo Losada vs. Bolivia. Excepciones Preliminares, Fondo y Reparaciones. Sentencia de 18 de noviembre de 2022. Serie C No. 475. par. 21.

[224] CORTE IDH. Caso Angulo Losada Vs. Bolivia. Excepciones Preliminares, Fondo y Reparaciones. Sentencia de 18 de noviembre de 2022. Serie C No. 475. par. 23.

[225] CORTE IDH. Caso García Rodríguez y otro vs. México. Excepciones Preliminares, Fondo, Reparaciones y Costas. Sentencia de 25 de enero de 2023. Serie C No. 482. par. 28.

[226] CORTE IDH. Caso García Rodríguez y otro vs. México. Excepciones Preliminares, Fondo, Reparaciones y Costas. Sentencia de 25 de enero de 2023. Serie C No. 482. par. 41.

REFERÊNCIAS

CHILE. Projeto da Convenção Americana sobre Direitos Humanos apresentado pelo Chile na Segunda Conferência Interamericana Extraordinária do Rio de Janeiro, 1965. Reproduzido em: SECRETARIA-GERAL DA OEA. *Anuário Interamericano de Direitos Humanos 1968*. Washington, DC, 1973. p. 275-298.

COMISSÃO INTERAMERICANA DE DIREITOS HUMANOS. Anteprojeto da Convenção Americana sobre Direitos Humanos, 1968. Reproduzido em: SECRETARIA-GERAL DA OEA. *Anuário Interamericano de Direitos Humanos 1968*. Washington, DC, 1973. p. 94-156.

CONSELHO INTERAMERICANO DE JURISCONSULTOS. Projeto da Convenção Americana sobre Direitos Humanos, setembro de 1959. Reproduzido em: SECRETARIA--GERAL DA OEA. *Anuário Interamericano de Direitos Humanos 1968*. Washington, DC, 1973. p. 236-275.

CORTE IDH. Excepciones al agotamiento de los recursos internos (arts. 46.1, 46.2.a y 46.2.b, Convención Americana sobre Derechos Humanos). Opinión Consultiva OC-11, de 10 de agosto de 1990. Serie A No. 11.

HENNEBEL, L.; TIGROUDJA, H. *The American Convention on Human Rights*: a commentary. Oxford: Oxford University Press, 2022.

LEDESMA, Héctor F. El agotamiento de los recursos internos en el sistema interamericano de protección de los derechos humanos. *Revista IIDH*, San José, v. 46, p. 43-122, 2007.

URUGUAI. Projeto da Convenção Americana sobre Direitos Humanos apresentado pelo Uruguai na Segunda Conferência Interamericana Extraordinária do Rio de Janeiro, 1965. Reproduzido em: SECRETARIA-GERAL DA OEA. *Anuário Interamericano de Direitos Humanos 1968*. Washington, DC, 1973. p. 298-318.

Artigo 47

A Comissão declarará inadmissível toda petição ou comunicação apresentada de acordo com os artigos 44 ou 45 quando:

a) não preencher algum dos requisitos estabelecidos no artigo 46;

b) não expuser fatos que caracterizem violação dos direitos garantidos por esta Convenção;

c) pela exposição do próprio peticionário ou do Estado, for manifestamente infundada a petição ou comunicação ou for evidente sua total improcedência; ou

d) for substancialmente reprodução de petição ou comunicação anterior, já examinada pela Comissão ou por outro organismo internacional.

COMENTÁRIOS

por João Ricardo Oliveira Munhoz e Maria Carolina Ferreira da Silva

O artigo 47 encerra a Seção 3 do Capítulo VII, relativa à competência da Comissão. Assim como o precedente artigo 46, essa disposição convencional traz as regras de admissibilidade das petições apresentadas perante a Comissão, seja sob o procedimento das petições individuais previsto no artigo 44, seja sob o procedimento das comunicações interestatais previsto no artigo 45.

Em essência, os requisitos de admissibilidade visam garantir a segurança jurídica e a equidade processual no processo interamericano. Sendo a petição o primeiro ato que convoca a jurisdição do Sistema Interamericano, é importante que, desde esse primeiro ato, sejam observados os elementos fundamentais do devido processo que irão conduzir o caso até a sua conclusão. A Comissão, convencionalmente designada como o órgão de recepção das petições individuais e das comunicações interestatais, é investida da competência de verificar a devida observância, pelos peticionários, dos requisitos previstos pelos artigos 46 e 47 da Convenção.

Isso não significa, entretanto, que a Corte não possa, posteriormente, revisar a atuação da Comissão quanto à admissibilidade. Tal qual pacificamente assentado na jurisprudência do Tribunal, a Corte possui a competência para exercer um controle de legalidade das atuações da Comissão, sem que isso corresponda necessariamente a uma revisão de ofício pela Corte do procedimento realizado perante a Comissão. A missão da Corte nesse exercício é resguardar um justo equilíbrio entre a proteção dos direitos humanos e a segurança jurídica e a equidade processual. Assim, a Corte apenas procederá ao controle de legalidade sobre a Comissão nos casos em que alguma das partes alegue que seu direito de defesa foi violado e demonstre o prejuízo percebido.[227]

1. ARTIGO 47: ABORDAGEM HISTÓRICA

No projeto apresentado pelo Conselho Interamericano de Jurisconsultos em 1959, as condições de admissibilidade eram previstas pelo artigo 51 e determinavam que a Comissão não poderia conhecer de petições que fossem anônimas ou que fossem substancialmente idênticas a petições já submetidas perante a Comissão ou outro procedimento internacional. Ademais, a Comissão poderia declarar como inadmissível qualquer petição que considerasse incompatível com as disposições convencionais ou manifestamente infundada ou abusiva.[228] Observe-se que a formulação final do dispositivo atribuía ampla margem de apreciação à Comissão quanto à admissibilidade das petições. Os projetos apresentados pelo Chile e pelo Uruguai em 1965 continham disposições similares em seus artigos 55[229] e 56,[230] respectivamente.

O anteprojeto apresentado pela Comissão em 1969, por sua vez, previa, em seu artigo 36, que a Comissão declararia inadmissíveis petições em desconformidade com o artigo 35

---

[227]   CORTE IDH. Caso Benites Cabrera y otros vs. Perú. Excepciones Preliminares, Fondo, Reparaciones y Costas. Sentencia de 4 de octubre de 2022. Serie C No. 465. par. 20; CORTE IDH. Caso Baraona Bray vs. Chile. Excepciones Preliminares, Fondo, Reparaciones y Costas. Sentencia de 24 de noviembre de 2022. Serie C No. 481. par. 23.

[228]   CONSELHO INTERAMERICANO DE JURISCONSULTOS. Projeto da Convenção Americana sobre Direitos Humanos, setembro de 1959. Reproduzido em: SECRETARIA-GERAL DA OEA. *Anuário Interamericano de Direitos Humanos 1968*. Washington, DC, 1973. p. 258.

[229]   CHILE. Projeto da Convenção Americana sobre Direitos Humanos apresentado pelo Chile na Segunda Conferência Interamericana Extraordinária do Rio de Janeiro, 1965. Reproduzido em: SECRETARIA--GERAL DA OEA. *Anuário Interamericano de Direitos Humanos 1968*. Washington, DC, 1973. p. 293.

[230]   URUGUAI. Projeto da Convenção Americana sobre Direitos Humanos apresentado pelo Uruguai na Segunda Conferência Interamericana Extraordinária do Rio de Janeiro, 1965. Reproduzido em: SECRE-TARIA-GERAL DA OEA. *Anuário Interamericano de Direitos Humanos 1968*. Washington, DC, 1973. p. 310.

(equivalente ao atual artigo 46), petições que não contivessem fatos correspondentes a supostas violações da Convenção, petições infundadas e petições previamente decididas pela Comissão.[231] O dispositivo ainda foi alvo de discussões até o seu refinamento no formato finalmente adotado pela Convenção.[232]

2. OS REQUISITOS DE ADMISSIBILIDADE

O primeiro requisito, disposto pelo artigo 47.a, está diretamente relacionado com as disposições do artigo 46, vistas anteriormente. Caso as condições estabelecidas pelo artigo 46 não sejam observadas, a Comissão não poderá admitir o trâmite da petição, ou seja, as disposições do artigo 46 são de imperativa observância pelos peticionários.

O segundo requisito, consagrado pelo artigo 47.b da Convenção e pelo artigo 34.a do Regulamento da Comissão, diz respeito ao aspecto factual da petição. Como amplamente difundido, a via contenciosa do Sistema Interamericano é consagrada à solução de casos concretos, e não ao estudo de violações em abstrato. Assim, a base factual da petição é fundamental para que ela possa aceder ao Sistema. Nesse primeiro momento, a Comissão não precisa analisar de forma aprofundada as bases probatórias que corroboram os fatos, porém ela exerce análise cautelosa acerca da existência de conjunturas factuais que indiquem, *prima facie*, a existência de potencial violação dos direitos garantidos pela Convenção por um Estado-parte, por conduta ativa ou omissiva do Estado em questão.

Ademais, há que se destacar que a redação do dispositivo prevê expressamente que as violações devem se referir a direitos garantidos pela Convenção. Sobre esse ponto, ressalta-se que a jurisdição interamericana não pode atuar como uma quarta instância, ou seja, o peticionário não pode buscar, por meio do Sistema Interamericano, que a decisão de um tribunal interno seja revista em virtude de suposta incorreta apreciação da prova, dos fatos ou do direito interno, sem que se invoque que essa decisão violou a Convenção ou outros tratados internacionais sobre os quais a Corte Interamericana tenha competência para interpretar e aplicar.[233] A Corte e a Comissão poderão examinar os atos dos órgãos judiciais internos desde que tenham por parâmetro a Convenção e a observância, pelo Estado, de suas obrigações internacionais, porém não podem analisar violações que tenham por parâmetro unicamente a violação de normas nacionais.[234]

O terceiro requisito, previsto pelo artigo 47.c e pelo artigo 34.b do Regulamento da Comissão, traz previsões de hipóteses nas quais, já em sede preliminar, seja possível vislumbrar uma inconsistência notória da petição, conforme se depreende do uso das expressões "manifestamente" e "evidente". Note-se que, para que esse aspecto seja analisado, é preciso que a petição traga, suficientemente, a base factual e a base normativa sobre a qual se funda. Ademais, já nesse momento processual se verifica a importância do exercício do contraditório,

[231] COMISSÃO INTERAMERICANA DE DIREITOS HUMANOS. Anteprojeto da Convenção Americana sobre Direitos Humanos, 1968. Reproduzido em: SECRETARIA-GERAL DA OEA. *Anuário Interamericano de Direitos Humanos 1968*. Washington, DC, 1973. p. 139.

[232] HENNEBEL, L.; TIGROUDJA, H. *The American Convention on Human Rights*: a commentary. Oxford: Oxford University Press, 2022. p. 1092.

[233] CORTE IDH. Caso Asociación Nacional de Cesantes y Jubilados de la Superintendencia Nacional de Administración Tributaria (ANCEJUB-SUNAT) vs. Perú. Excepciones Preliminares, Fondo, Reparaciones y Costas. Sentencia de 21 de noviembre de 2019. Serie C No. 394. par. 27.

[234] CORTE IDH. Caso Baraona Bray vs. Chile. Excepciones Preliminares, Fondo, Reparaciones y Costas. Sentencia de 24 de noviembre de 2022. Serie C No. 481. par. 31.

visto que a petição pode ser considerada infundada e improcedente a partir dos próprios argumentos do peticionário, mas também a partir dos contra-argumentos apresentados pelo Estado em questão. O artigo 34.c do Regulamento ainda complementa as disposições em comento, ao prever que a inadmissibilidade ou a improcedência da petição podem derivar de uma informação ou prova superveniente apresentada à Comissão.

Por fim, o artigo 47.d da Convenção e o artigo 33 do Regulamento da Comissão preveem a interdição de duplicação de processos, em respeito à coisa julgada, à segurança jurídica e ao *non bis in idem*. Essas disposições estão diretamente relacionadas à previsão contida no artigo 46.1.c.

Sobre esse dispositivo convencional, a Corte já manifestou o entendimento de que a expressão "for substancialmente reprodução de petição ou comunicação anterior" significa a existência de identidade entre os casos, com base em três elementos: as partes, o objeto e a base legal. Haverá identidade quando as partes e o objeto forem os mesmos e a base legal for idêntica.[235] As partes serão idênticas quando o sujeito ativo e o sujeito passivo (notadamente, a vítima) da violação forem os mesmos.[236] O objeto será idêntico quando corresponder a mesma conduta ou acontecimento que implicou a violação dos direitos humanos em questão.[237]

Por fim, cabe mencionar que, nessa fase inicial do processo interamericano, não se espera que a Comissão proceda a uma cognição exauriente do caso, mas apenas que verifique, de maneira preliminar, se o caso reúne as mínimas condições necessárias para sua tramitação.

REFERÊNCIAS

CHILE. Projeto da Convenção Americana sobre Direitos Humanos apresentado pelo Chile na Segunda Conferência Interamericana Extraordinária do Rio de Janeiro, 1965. Reproduzido em: SECRETARIA-GERAL DA OEA. *Anuário Interamericano de Direitos Humanos 1968*. Washington, DC, 1973. p. 275-298.

COMISSÃO INTERAMERICANA DE DIREITOS HUMANOS. Anteprojeto da Convenção Americana sobre Direitos Humanos, 1968. Reproduzido em: SECRETARIA-GERAL DA OEA. *Anuário Interamericano de Direitos Humanos 1968*. Washington, DC, 1973. p. 94-156.

CONSELHO INTERAMERICANO DE JURISCONSULTOS. Projeto da Convenção Americana sobre Direitos Humanos, setembro de 1959. Reproduzido em: SECRETARIA--GERAL DA OEA. *Anuário Interamericano de Direitos Humanos 1968*. Washington, DC, 1973. p. 236-275.

HENNEBEL, L.; TIGROUDJA, H. *The American Convention on Human Rights*: a commentary. Oxford: Oxford University Press, 2022.

URUGUAI. Projeto da Convenção Americana sobre Direitos Humanos apresentado pelo Uruguai na Segunda Conferência Interamericana Extraordinária do Rio de Janeiro, 1965. Reproduzido em: SECRETARIA-GERAL DA OEA. *Anuário Interamericano de Direitos Humanos 1968*. Washington, DC, 1973. p. 298-318.

---

[235] CORTE IDH. Caso Baena Ricardo y otros vs. Panamá. Excepciones Preliminares. Sentencia de 18 de noviembre de 1999. Serie C No. 61. par. 53.

[236] CORTE IDH. Caso Durand y Ugarte, Excepciones Preliminares. Sentencia de 28 de mayo de 1999. Serie C No. 50, par. 43; CORTE IDH. Caso Baena Ricardo y otros vs. Panamá. Excepciones Preliminares. Sentencia de 18 de noviembre de 1999. Serie C No. 61. par. 54.

[237] CORTE IDH. Caso Durand y Ugarte, Excepciones Preliminares. Sentencia de 28 de mayo de 1999. Serie C No. 50, par. 43; CORTE IDH. Caso Baena Ricardo y otros vs. Panamá. Excepciones Preliminares. Sentencia de 18 de noviembre de 1999. Serie C No. 61. par. 55.

Seção 4

Processo

Artigo 48

1. A Comissão, ao receber uma petição ou comunicação na qual se alegue violação de qualquer dos direitos consagrados nesta Convenção, procederá da seguinte maneira:

a) se reconhecer a admissibilidade da petição ou comunicação, solicitará informações ao Governo do Estado ao qual pertença a autoridade apontada como responsável pela violação alegada e transcreverá as partes pertinentes da petição ou comunicação. As referidas informações devem ser enviadas dentro de um prazo razoável, fixado pela Comissão ao considerar as circunstâncias de cada caso;

b) recebidas às informações, ou transcorrido o prazo fixado sem que sejam elas recebidas, verificará se existem ou subsistem os motivos da petição ou comunicação. No caso de não existirem ou não subsistirem, mandará arquivar o expediente;

c) poderá também declarar a inadmissibilidade ou a improcedência da petição ou comunicação, com base em informação ou prova superveniente;

d) se o expediente não houver sido arquivado, e com o fim de comprovar os fatos, a Comissão procederá, com conhecimento das partes, a um exame do assunto exposto na petição ou comunicação. Se for necessário e conveniente, a Comissão procederá a uma investigação para cuja eficaz realização solicitará, e os Estados interessados lhe proporcionarão, todas as facilidades necessárias;

e) poderá pedir aos Estados interessados qualquer informação pertinente e receberá, se isso lhe for solicitado, as exposições verbais ou escritas que apresentarem os interessados; e

f) por-se-á à disposição das partes interessadas, a fim de chegar a uma solução amistosa do assunto, fundada no respeito aos direitos humanos reconhecidos nesta Convenção.

2. Entretanto, em casos graves e urgentes, pode ser realizada uma investigação, mediante prévio consentimento do Estado em cujo território de alegue haver sido cometida a violação, tão somente com a apresentação de uma petição ou comunicação que reúna todos os requisitos formais de admissibilidade.

 COMENTÁRIOS

por Bianca Guimarães Silva

O artigo 48 inaugura a última seção (Seção IV) do Capítulo VII da Convenção Americana de Direitos Humanos ("Convenção"), que versa sobre a Comissão Interamericana de Direitos Humanos ("Comissão"), e aborda o procedimento do trâmite de petições individuais perante o órgão. É possível distinguir o processo perante a Comissão em quatro fases: (i) inicial; (ii) admissibilidade; (iii) conciliatória; (iv) decisória.[238] Os artigos dessa seção, assim como o artigo 34 e seguintes da Convenção, que tratam da Comissão Interamericana, devem ser lidos em consonância com o Regulamento do órgão.

As origens do artigo 48 remontam ao projeto da Convenção preparado pelo Conselho de Jurisconsultos em 1959 (artigos 49, 52, 53 e 54).[239] Nos seguintes termos:

> Artículo 49
>
> 1. La Comisión podrá recibir las peticiones que le sean dirigidas por cualquier persona o grupo de personas, o por asociaciones o corporaciones legalmente reconocidas por la autoridad pública, en las cuales se alegue haber sufrido la violación por un Estado parte en esta convención, de cualquiera de los derechos reconocidos en el Capítulo 1, Parte 1, de la misma.
>
> Variante A
>
> 2. Todo Estado podrá en el momento de depósito de su instrumento de aceptación de la presente convención, declarar que no acepta, en todo o en parte, el régimen de peticiones previsto en el párrafo precedente. En tal caso, no se aplicarán a este Estado las disposiciones. de los artículos 49 y 51 Y la parte pertinente de los artículos 52, 53, 56 Y 74, en cuanto se refieren a peticiones.
>
> Variante B
>
> 2. Todo Estado podrá en el momento del depósito de su instrumento de aceptación de la presente convención, declarar que acepta, en todo o en parte, el régimen de peticiones previsto en el párrafo precedente. La Comisión sólo podrá recibir las peticiones cuando el Estado contra el cual se haya dirigido la queja reconozca la competencia de la Comisión para recibir tales peticiones.
>
> 3. Tales declaraciones, que podrán hacerse por un período específico, se depositarán en la Unión Panamericana, la que transmitará copia de las mismas a los Estados signatarios de la presente convención, y las publicará.
>
> 4. La Comisión ejercerá las facultades previstas en este artículo cuando al menos seis de los Estados ratificantes se hallen comprometidos por las declaraciones hechas de acuerdo con el párrafo 2.
>
> Artículo 52
>
> Cuando se hubiere planteado un caso ante la Comisión en aplicación del artículo 48, o cuando la Comisión hubiere dado trámite a una petición formulada al artículo 49, la Comisión: con arreglo al artículo 49, la Comisión:
>
> a. Con el fin de establecer los hechos, procederá a un examen contradictorio del asunto planteado o de la petición, previa citación de los representantes de las Partes, y, si ello es necesario, a una investigación, para cuya eficaz realización los Estados interesados proporcionarán todas las facilidades necesarias, después de cambiar puntos de vista con la Comisión;
>
> b. Se pondrá a disposición de las partes interesadas a fin de llegar a una solución amistosa del asunto, fundada en el respeto a los derechos humanos reconocidos en la presente convención.

---

[238] MONTERISI, Ricardo D. *Actuación y procedimiento ante la Comisión y Corte Interamericana de Derechos Humanos*. La Plata: Librería Editora Platense, 2009. p. 124.

[239] CONSELHO INTERAMERICANO DE JURISCONSULTOS. Projeto da Convenção Americana sobre Direitos Humanos, setembro de 1959. Reproduzido em: SECRETARIA-GERAL DA OEA. *Anuário Interamericano de Direitos Humanos 1968*. Washington, DC, 1973.

Artículo 53

Cuando se ha sometido un asunto a la Comisión de conformidad con el artículo 48, o se ha formulado una petición con arreglo al artículo 49 y se ha dado trámite a la misma, el reclamante, el Estado contra el que se haya presentado la reclamación o petición, cualquier Estado Parte en la presente convención y el individuo o entidad no gubernamental peticionario, podrán presentar exposiciones por escrito a la Comisión y tendrán derecho a estar representados en las audiencias en que se examine el asunto y a hacer exposiciones verbales.

Artículo 54

La Comisión está facultada para pedir a los Estados interesados cualquier información que estime pertinente sobre los asuntos que examina.

Os projetos apresentados pelo Chile (artigos 53 [49], 56 [52], 57 [53] e 58 [52, a, e 54])[240] e pelo Uruguai (artigos 54, 55, 56, 57 e 58)[241] também apresentavam propostas semelhantes. Já o anteprojeto apresentado pela Comissão Interamericana[242] considerou a experiência europeia para sugerir um novo texto (*"no pudo incorporar lógicamente la experiencia de la Comisión Europea y de la Comisión Interamericana. Tomando como base dicha experiencia, la Comisión recomienda la sustitución de los artículos 52 a 57 del Proyecto del CIJ por los siguientes"*).[243]

Artículo 32

La Comisión, al recibir una queja sobre violación de los derechos que consagra esta Convención, procederá en los siguientes términos:

a. Si reconoce la admisibilidad de la petición, solicitará informaciones al Gobierno del Estado al cual pertenezca la autoridad señalada como responsable de la violación alegada, transcribiendo las partes pertinentes de la petición. Dichas informaciones deben ser enviadas en plazo razonable, fijado por la Comisión al considerar las circunstancias de cada caso;

b. Recibidas las informaciones o transcurrido el plazo fijado sin que sean recibidas, verificará si subsisten los motivos de la petición. En el caso contrario, mandará archivar los expedientes;

c. Podrá también declarar la inadmisibilidad, o improcedencia de la petición sobre la base de una información o prueba superveniente;

d. Con el fin de establecer los hechos, procederá a un examen contradictorio del asunto planteado o de la petición, previa citación de los representantes de las Partes, y, si ello es indispensable, a una investigación, para cuya eficaz realización los Estados interesados proporcionarán todas las facilidades necesarias;

---

[240] CHILE. Projeto da Convenção Americana sobre Direitos Humanos apresentado pelo Chile na Segunda Conferência Interamericana Extraordinária do Rio de Janeiro, 1965. Reproduzido em: SECRETARIA-GERAL DA OEA. *Anuário Interamericano de Direitos Humanos 1968*. Washington, DC, 1973.

[241] URUGUAI. Projeto da Convenção Americana sobre Direitos Humanos apresentado pelo Uruguai na Segunda Conferência Interamericana Extraordinária do Rio de Janeiro, 1965. Reproduzido em: SECRETARIA-GERAL DA OEA. *Anuário Interamericano de Direitos Humanos 1968*. Washington, DC, 1973.

[242] COMISSÃO INTERAMERICANA DE DIREITOS HUMANOS. Anteprojeto da Convenção Americana de Direitos Humanos, 1968. Reproduzido em: SECRETARIA-GERAL DA OEA. *Anuário Interamericano de Direitos Humanos 1968*. Washington, DC, 1973.

[243] COMISSÃO INTERAMERICANA DE DIREITOS HUMANOS. Anteprojeto da Convenção Americana de Direitos Humanos, 1968. Reproduzido em: SECRETARIA-GERAL DA OEA. *Anuário Interamericano de Direitos Humanos 1968*. Washington, DC, 1973. p. 344.

> e. Se pondrá a disposición de las partes interesadas a fin de llegar a una solución amistosa del asunto, fundada en el respeto a los derechos humanos reconocidos en la presente Convención;
>
> f. Podrá pedir a los Estados interesados cualquiera información pertinente y recibirá, si así se le solicita las exposiciones verbales o escritas que presenten los interesados.

O dispositivo foi adotado, conforme a redação atual, com algumas alterações após os debates em um grupo de trabalho específico.

A primeira fase do procedimento perante a Comissão é considerada um exame preliminar, em que o controle dos requisitos básicos é executado pela Secretaria Executiva da Comissão. Nos termos do artigo 29.1 do Regulamento da Comissão, "a Comissão, atuando inicialmente por intermédio de sua Secretaria Executiva,[244] receberá e processará em sua tramitação inicial as petições que lhe forem apresentadas. Cada petição será registrada e nela se fará constar a data de recebimento, solicitando-se o recibo do peticionário".

Após essa etapa de registro, o artigo 26 do Regulamento da Comissão explica que a "revisão inicial" é o procedimento executado pela Secretaria Executiva da Comissão, para verificar se as petições preenchem os requisitos formais necessários à luz do artigo 28 do Regulamento[245] da Comissão.[246]

Entre os requisitos formais do peticionamento a serem verificados pela Secretaria Executiva da Comissão, a petição deverá conter a identificação da vítima, o informe sobre o sigilo ou não de sua identidade, a descrição dos fatos denunciados e o agente público que tomou conhecimento da situação, além de ser fornecida comprovação de que os requisitos de admissibilidade foram respeitados (artigos 31, 32, 33 e 34 do Regulamento da Comissão). Preenchidos esses critérios, a petição deverá ser enviada pelos peticionários, por e-mail, à

---

[244]   Ver também o capítulo relativo ao artigo 40 da Convenção.

[245]   Salvo indicação contrária expressa, as remissões ao Regulamento da Comissão neste capítulo se referem a sua versão atual, aprovada em seu 137º Período Ordinário de Sessões em 2009, com as modificações adotadas em 2011 e 2013, e que entrou em vigor em 01 de agosto de 2013.

[246]   Artigo 28, Regulamento da Comissão Interamericana. Requisitos para a consideração de petições

As petições dirigidas à Comissão deverão conter as seguintes informações:

1. o nome da pessoa ou das pessoas denunciantes ou, no caso de o peticionário ser uma entidade não governamental, seu representante ou seus representantes legais e o Estado membro em que seja juridicamente reconhecida;

2. se o peticionário deseja que sua identidade seja mantida em sigilo frente ao Estado e os motivos para isso;

3. o endereço de correio eletrônico para recebimento de correspondência da Comissão e, quando for o caso, número de telefone, fax e endereço;

4. um relato do fato ou da situação denunciada, com especificação de lugar e data das violações alegadas;

5. se possível, o nome da vítima e de qualquer autoridade pública que tenha tomado conhecimento do fato ou da situação denunciada;

6. a indicação do Estado que o peticionário considera responsável, por ação ou omissão, pela violação de algum dos direitos humanos consagrados na Convenção Americana sobre Direitos Humanos e outros instrumentos aplicáveis, embora sem referência específica ao(s) artigo(s) supostamente violado(s);

7. o cumprimento do prazo previsto no artigo 32 deste Regulamento;

8. as providências tomadas para o esgotamento dos recursos da jurisdição interna ou a impossibilidade de fazê-lo acontecer de acordo com o artigo 31 deste Regulamento; e

9. a informação de que a denúncia foi submetida a outro procedimento internacional de conciliação de acordo com o artigo 33 deste Regulamento.

Comissão em qualquer uma das línguas oficiais da Organização dos Estados Americanos (espanhol, inglês, francês ou português).

A ausência de algum dos requisitos obrigatórios não implica, necessariamente, a inadmissibilidade da petição. Sob a perspectiva do princípio *pro victima*, o parágrafo 2 do artigo 26 do Regulamento da Comissão estabelece que: "se uma petição não reunir os requisitos exigidos neste Regulamento, a Secretaria Executiva da Comissão poderá solicitar ao peticionário ou a seu representante que a complete".

Caso a Comissão considere determinada petição como inadmissível, a Resolução 1/19 do órgão[247] permite que, em casos excepcionais, os peticionários possam realizar uma solicitação especial de reexame da abertura do caso para revisão das hipóteses de esgotamento dos recursos internos, apresentação extemporânea da petição ou falta de competência da Comissão. A decisão adotada pelo Secretário Executivo após o reexame será definitiva.

Ricardo Monterisi afirma que a Comissão também recebe petições de forma oral ou por via telefônica em razão da natureza seminal de proteção dos direitos humanos[248]. Portanto, nesses casos, considerará a devida tutela dos direitos da alegada vítima e flexibilizará os requisitos formais de peticionamento, mas sempre respeitando a certeza e a segurança jurídica do processo perante a Comissão.[249]

Após a primeira etapa de "revisão inicial", o caso estará habilitado para a "tramitação inicial" nos termos do artigo 29 do Regulamento da Comissão, refletido no parágrafo 1.a do artigo 48. A petição seguirá a ordem de entrada, salvo em casos passíveis de antecipação, quando a suposta vítima for criança ou pessoa idosa, padecer de doença terminal, estiver sujeita à pena de morte, ou, caso possua conexão com medida cautelar ou provisória, as supostas vítimas estiverem privadas de liberdade, o Estado manifestar a intenção de aderir às soluções amistosas, ou em casos que "a decisão pode ter o efeito de remediar situações estruturais graves que tenham impacto no gozo dos direitos humanos" ou "a decisão pode promover mudanças legislativas ou de prática estatal e evitar o recebimento de múltiplas petições sobre o mesmo assunto", nos termos do artigo 29 (d) do Regulamento da Comissão. Nos casos de gravidade ou urgência, a Secretaria Executiva também notificará a Comissão imediatamente.

O procedimento de "revisão inicial" igualmente possibilita que a Comissão agrupe petições com conteúdo semelhante ou vítimas idênticas, em razão da economia processual ou para simplificar a tramitação,[250] assim como separe os casos quando for mais de uma vítima ou se referir a fatos diferentes, conforme o texto dos parágrafos 4 e 5 do artigo 29 do Regulamento da Comissão. Nessas hipóteses, as vítimas serão informadas sobre a aglutinação ou separação dos casos. As petições que forem consideradas admitidas seguirão a tramitação por meio da Secretaria Executiva da Comissão.

Após as etapas iniciais, a petição será encaminhada ao Estado denunciado para que se obtenham informações em relação aos fatos alegados pelas supostas vítimas, nos termos do artigo 48 (a) da Convenção. O artigo 30.2 do Regulamento da Comissão afirma que "o pedido

---

[247] COMISSÃO INTERAMERICANA DE DIREITOS HUMANOS. *Resolução 1/19*. Disponível em: https://www.oas.org/pt/cidh/decisiones/pdf/Resolucao-1-2019pt.pdf. Acesso em: 06.12.2023.

[248] MONTERISI, Ricardo D. *Actuación y procedimiento ante la Comisión y Corte Interamericana de Derechos Humanos*. La Plata: Librería Editora Platense, 2009. p. 125-126.

[249] MONTERISI, Ricardo D. *Actuación y procedimiento ante la Comisión y Corte Interamericana de Derechos Humanos*. La Plata: Librería Editora Platense, 2009. p. 125-126.

[250] MONTERISI, Ricardo D. *Actuación y procedimiento ante la Comisión y Corte Interamericana de Derechos Humanos*. La Plata: Librería Editora Platense, 2009. p. 126.

de informação ao Estado não implicará prejulgamento quanto à decisão de admissibilidade que a Comissão venha a adotar".

Embora a redação do artigo 48 (1)(a) da Convenção estabeleça que "as referidas informações devem ser enviadas dentro de um prazo razoável", o termo "prazo razoável" foi definido no Regulamento da Comissão ao afirmar que o Estado dispõe de três meses, a partir do envio, para apresentar a sua resposta, passível de prorrogação, quando a dilação de prazo for solicitada e fundamentada. O prazo inicial será de três meses e não poderá exceder quatro meses, contados a partir do primeiro envio, conforme o artigo 30.3 do Regulamento da Comissão. O prazo também poderá ser menor nas hipóteses de gravidade e urgência, quando a vida ou integridade física da suposta vítima estiver em perigo real e iminente. Em contrapartida, não há informações sobre o limite temporal para que a Comissão inicie essa fase da tramitação.

Caso o Estado não responda, não faça objeções à admissibilidade do caso ou até mesmo tenha transcorrido o prazo do artigo 30.3 do Regulamento, será aplicada a Resolução 1/16 da Comissão[251] e se dará seguimento à discussão de mérito com o intuito de reduzir o atraso processual. Outras hipóteses em que a Comissão pode considerar dar mais agilidade à tramitação dos casos são a existência de medida cautelar vigente ou a perspectiva de aplicação de pena de morte.[252]

Essa etapa possibilita o exercício do direito à contestação pelo Estado, de forma que sua previsão atende ao fiel cumprimento dos princípios do contraditório e do equilíbrio processual entre as partes perante a Comissão Interamericana. Nessa etapa, a denúncia completa e a prova documental correspondente serão remetidas ao Estado sem revelar a identidade do peticionário, salvo seja consentido expressamente.[253] Se o caso for remetido à Corte Interamericana, o Estado terá nova oportunidade para se manifestar sobre os fatos alegados pelas supostas vítimas, salvo se as exceções preliminares forem acolhidas.

É importante ressaltar o dever de cooperação com que os Estados demandados devem se comprometer. Como afirma Monterisi, as vítimas estão em posição de desigualdade em relação à reunião do acervo probatório.[254] Portanto, os Estados deverão fornecer toda informação disponível para que a Comissão possa examinar as petições apresentadas. O Estado não poderá arguir a impossibilidade de alegar provas das vítimas para se eximir das violações de direitos humanos.

Ao analisar a resposta oferecida pelo Estado, a Comissão poderá verificar se existem ou não fundamentos para que se descarte a ocorrência de violações (artigo 48.1.b da Convenção). Caso assim entenda, o expediente poderá ser arquivado, conforme previsto no artigo 48 (1) (c) da Convenção e no artigo 42 do Regulamento da Comissão, nas seguintes hipóteses: (i) "quando verificar que não existem ou não subsistem os motivos da petição ou do caso"; (ii) "não conseguir as informações necessárias para uma decisão sobre a petição ou o caso, apesar dos esforços envidados para obter essas informações"; ou (iii) "injustificada inatividade processual do peticionário constituir indício sério de desinteresse na tramitação da petição".

---

[251] COMISSÃO INTERAMERICANA DE DIREITOS HUMANOS. *Resolução 1/16*. Disponível em: https://www.oas.org/pt/cidh/decisiones/pdf/Resolucao-1-16-pt.pdf. Acesso em: 06.12.2023.

[252] COMISSÃO INTERAMERICANA DE DIREITOS HUMANOS. *Resolução 1/16*. Disponível em: https://www.oas.org/pt/cidh/decisiones/pdf/Resolucao-1-16-pt.pdf. Acesso em: 06.12.2023.

[253] MONTERISI, Ricardo D. *Actuación y procedimiento ante la Comisión y Corte Interamericana de Derechos Humanos*. La Plata: Librería Editora Platense, 2009. p. 160.

[254] MONTERISI, Ricardo D. *Actuación y procedimiento ante la Comisión y Corte Interamericana de Derechos Humanos*. La Plata: Librería Editora Platense, 2009. p. 160.

Apenas nas hipóteses de erro material, fatos supervenientes, informações novas cujo conhecimento teria afetado a decisão da Comissão ou fraude, a decisão de arquivamento poderá ser rediscutida pela Comissão. Além disso, em atenção aos direitos processuais dos peticionários, os interessados serão convocados para apresentar informações necessárias e serão informados da possibilidade de arquivamento, nos termos do artigo 42 do Regulamento da Comissão.

Antes mesmo do pronunciamento sobre a admissibilidade de uma petição, a Comissão poderá solicitar informações adicionais às partes, conforme a previsão do artigo 30.5 do Regulamento da Comissão. Após o envio, a Comissão também poderá conceder direito de resposta ao Estado sobre as informações extras apresentadas posteriormente.

Após o exame cuidadoso das considerações das partes, a Comissão se pronunciará sobre a admissibilidade do caso. Segundo o artigo 36.1 do Regulamento da Comissão, os relatórios de admissibilidade ou inadmissibilidade são públicos e integram o Relatório Anual submetido à Assembleia Geral da OEA.[255] Os capítulos referentes aos artigos 46 e 47 da Convenção exploraram as hipóteses de admissibilidade ou inadmissibilidade da petição. Como afirma Monterisi, nessa fase, a Comissão *sólo debe llevar a cabo una evaluación prima facie para examinar si la denuncia fundamenta la aparente o potencial violación de un derecho garantizado por la Convención y no para establecer la existencia misma de una violación*.[256]

Também é possível que a inadmissibilidade ou improcedência seja declarada quando houver prova ou informação superveniente. Esses elementos devem ser apresentados pelo Estado à Comissão (artigo 48.1.c da Convenção). Nessas hipóteses, o requerente não dispõe de recursos para contestar a decisão definitiva sobre a inadmissibilidade do pleito.

Se o caso for declarado admissível, os incisos d e e do artigo 48.1 da Convenção conferem à Comissão competência para verificar e investigar os fatos alegados. Essas hipóteses deverão contar com a colaboração estatal ("os Estados interessados lhe proporcionarão, todas as facilidades necessárias") seja nas visitas *in loco*, seja no fornecimento de informações pertinentes ou exposições orais ou escritas. Segundo Hennebel e Tigroudja,[257] embora a Comissão goze dessa prerrogativa de realizar visitas *in loco*, a escassez de recursos econômicos e técnicos faz que essa prerrogativa seja pouco utilizada para averiguar casos de comunicação individual. O Brasil, por exemplo, rechaçou o direito automático de visitas e inspeções *in loco* por meio de uma "declaração interpretativa". Consoante a declaração interpretativa da Convenção Americana feita pelo Brasil, é necessário que a Comissão tenha anuência expressa do Estado para realizar tais atividades.

Outra hipótese de investigação *in loco* é apresentada pelo parágrafo 2 do artigo 48 da Convenção. Diferentemente da hipótese ventilada pelo artigo 48.1 (d), na qual a visita ficaria ao critério da própria Comissão, as supostas vítimas poderão solicitar a visita nos seguintes termos: "em casos graves e urgentes, pode ser realizada uma investigação, mediante prévio consentimento do Estado em cujo território de alegue haver sido cometida a violação, tão somente com a apresentação de uma petição ou comunicação que reúna todos os requisitos formais de admissibilidade". Nessas hipóteses, são necessários dois requisitos: (i) a gravidade e urgência do caso; e (ii) o prévio consentimento estatal.

---

[255]   Ver também o capítulo relativo ao artigo 41 da Convenção.

[256]   MONTERISI, Ricardo D. *Actuación y procedimiento ante la Comisión y Corte Interamericana de Derechos Humanos*. La Plata: Librería Editora Platense, 2009. p. 189-190.

[257]   HENNEBEL, L.; TIGROUDJA, H. *The American Convention on Human Rights*: a commentary. Oxford: Oxford University Press, 2022. p. 1129.

Após a abertura do caso, os peticionários terão o prazo de quatro meses para se manifestarem sobre o mérito em sede de observações adicionais. Superado esse período, o Estado também gozará do mesmo prazo de quatro meses para apresentar as suas observações sobre o mérito, conforme o artigo 37.1 do Regulamento da Comissão. Quando o Estado não oferece esclarecimentos sobre os fatos alegados, o artigo 38 do Regulamento permite a presunção de veracidade das alegações feitas na petição. O procedimento oral poderá ser solicitado por iniciativa própria da Comissão ou pela parte interessada para receber informações sobre os casos tramitados (artigos 61 a 70 do Regulamento da Comissão).

O inciso f do artigo 48.1 da Convenção deve ser lido à luz do artigo 49 da Convenção,[258] o qual prevê a possibilidade de solução amistosa entre as partes. Essa previsão é regulada pelo artigo 40 do Regulamento da Comissão e trata da hipótese de acordo amigável entre as supostas vítimas e o Estado demandado para afastar a denúncia perante a Corte Interamericana e chegar a uma conciliação sobre a violação. É importante ressaltar que os termos da solução amistosa devem respeitar os direitos humanos.

REFERÊNCIAS

CHILE. Projeto da Convenção Americana sobre Direitos Humanos apresentado pelo Chile na Segunda Conferência Interamericana Extraordinária do Rio de Janeiro, 1965. Reproduzido em: SECRETARIA-GERAL DA OEA. *Anuário Interamericano de Direitos Humanos 1968*. Washington, DC, 1973.

COMISSÃO INTERAMERICANA DE DIREITOS HUMANOS. Anteprojeto da Convenção Americana de Direitos Humanos, 1968. Reproduzido em: SECRETARIA-GERAL DA OEA. *Anuário Interamericano de Direitos Humanos 1968*. Washington, DC, 1973.

COMISSÃO INTERAMERICANA DE DIREITOS HUMANOS. *Resolução 1/16*. Disponível em: https://www.oas.org/pt/cidh/decisiones/pdf/Resolucao-1-16-pt.pdf. Acesso em: 06.12.2023.

COMISSÃO INTERAMERICANA DE DIREITOS HUMANOS. *Resolução 1/19*. Disponível em: https://www.oas.org/pt/cidh/decisiones/pdf/Resolucao-1-2019pt.pdf. Acesso em: 06.12.2023.

CONSELHO INTERAMERICANO DE JURISCONSULTOS. Projeto da Convenção Americana sobre Direitos Humanos, setembro de 1959. Reproduzido em: SECRETARIA-GERAL DA OEA. *Anuário Interamericano de Direitos Humanos 1968*. Washington, DC, 1973.

HENNEBEL, L.; TIGROUDJA, H. *The American Convention on Human Rights*: a commentary. Oxford: Oxford University Press, 2022.

MONTERISI, Ricardo D. *Actuación y procedimiento ante la Comisión y Corte Interamericana de Derechos Humanos*. La Plata: Librería Editora Platense, 2009.

URUGUAI. Projeto da Convenção Americana sobre Direitos Humanos apresentado pelo Uruguai na Segunda Conferência Interamericana Extraordinária do Rio de Janeiro, 1965. Reproduzido em: SECRETARIA-GERAL DA OEA. *Anuário Interamericano de Direitos Humanos 1968*. Washington, DC, 1973.

---

[258] Para maior detalhamento, ver o capítulo referente ao artigo 49 da Convenção.

> **Artigo 49**
>
> Se houver chegado a uma solução amistosa de acordo com as disposições do inciso 1, f, do artigo 48, a Comissão redigirá um relatório que será encaminhado ao peticionário e aos Estados-Partes nesta Convenção e, posteriormente, transmitido, para sua publicação, ao Secretário-Geral da Organização dos Estados Americanos. O referido relatório conterá uma breve exposição dos fatos e da solução alcançada. Se qualquer das partes no caso o solicitar, ser-lhe-á proporcionada a mais ampla informação possível.

🗩 COMENTÁRIOS

por Bianca Guimarães Silva

Os artigos 49 e o inciso f do artigo 48.1 da Convenção devem ser lidos de maneira conjunta por tratarem do mesmo mecanismo: a solução amistosa entre as partes. O sucesso da conciliação entre o Estado e as alegadas vítimas afasta a continuação da análise perante a Comissão e eventual denúncia perante a Corte Interamericana de Direitos Humanos.

O projeto da Convenção preparado pelo Conselho de Jurisconsultos em 1959 já previa o artigo que continha o mecanismo de solução amistosa à disposição das partes.

> Artículo 52
>
> Cuando se hubiere planteado un caso ante la Comisión en aplicación del artículo 48, o cuando la Comisión hubiere dado trámite a una petición formulada al artículo 49, la Comisión: con arreglo al artículo 49, la Comisión:
>
> a. (…)
>
> b. Se pondrá a disposición de las partes interesadas a fin de llegar a una solución amistosa del asunto, fundada en el respeto a los derechos humanos reconocidos en la presente convención.
>
> Artículo 55
>
> Si se ha llegado a una solución amistosa con arreglo a las disposiciones del párrafo b del artículo 52, la Comisión redactará un informe que será transmitido a los Estados interesados y comunicado después, para su publicación, al Secretario General de la Organización. Este informe se reducirá a una breve exposición de los hechos y de la solución a que se hubiera llegado.

Os projetos apresentados pelo Chile (artigo 60 [55])[259] e pelo Uruguai (artigo 57.b)[260] também apresentavam propostas nos mesmos termos. Em todos os dispositivos, a Comissão seria competente por elaborar o relatório com os fatos e as soluções adotadas. Igualmente

---

[259] CHILE. Projeto da Convenção Americana sobre Direitos Humanos apresentado pelo Chile na Segunda Conferência Interamericana Extraordinária do Rio de Janeiro, 1965. Reproduzido em: SECRETARIA-GERAL DA OEA. *Anuário Interamericano de Direitos Humanos 1968*. Washington, DC, 1973.

[260] URUGUAI. Projeto da Convenção Americana sobre Direitos Humanos apresentado pelo Uruguai na Segunda Conferência Interamericana Extraordinária do Rio de Janeiro, 1965. Reproduzido em: SECRETARIA-GERAL DA OEA. *Anuário Interamericano de Direitos Humanos 1968*. Washington, DC, 1973.

lhe cabia a missão de transmitir o documento aos interessados e ao Secretário-Geral da Organização dos Estados Americanos. Durante a Conferência Especializada de 1969, o artigo foi aprovado por unanimidade sem maiores discussões.

Após a fase de admissibilidade, as partes poderão ser submetidas à fase conciliatória. A solução amistosa possui natureza extrajudicial por se tratar de um mecanismo de conciliação entre as partes. O papel da Comissão Interamericana é seminal para o bom andamento do procedimento de solução amistosa. Segundo Monterisi, a Comissão possui três funções na fase conciliatória: (i) aproximar as partes; (ii) auxiliar a busca pela solução amistosa; (iii) homologar o acordo consentido entre os envolvidos.[261]

Como mediadora, a Comissão auxilia os interessados a negociarem a solução mais viável para o caso à luz da proteção dos direitos humanos. Conforme o artigo 40 do Regulamento da Comissão, a CIDH poderá conduzir a solução amistosa, seja por conta própria, seja por solicitação das partes, em qualquer momento processual.

Esse procedimento amistoso será regido pelo consentimento entre as partes, e a Comissão terá o papel de velar pela equidade entre as vítimas e o Estado. É fundamental que a Comissão assegure que as vítimas expressem seu consentimento com os termos inseridos na decisão final. Caso esse consenso seja alcançado pelas partes, a Comissão deverá aprovar um relatório com os fatos e a solução acordada. O relatório deverá ser enviado tanto às partes (vítimas e Estado) quanto ao Secretário-Geral da Assembleia Geral da Organização dos Estados Americanos, que publicará o acordo no Relatório Anual da instituição.

É importante que o procedimento de solução amistosa seja regido por três princípios: boa-fé, informalidade e confidencialidade. Dito de outro modo, é importante que as partes utilizem essa ferramenta para uma finalidade comum de acordo, sem que esse meio seja manipulado para dilações processuais ou sujeitado aos excessos de formalidade.[262] Portanto, a fase conciliatória é marcada pelas etapas de negociação, formalização do acordo e cumprimento dos termos acordados.[263]

O artigo 49 da Convenção trata especificamente da homologação do acordo de solução amistosa. Além de assegurar a proteção dos direitos humanos em relação ao conteúdo dos termos acordados na solução amistosa, a Comissão Interamericana é responsável por supervisionar seu cumprimento. Existem três status possíveis para o adimplemento dos acordos: *total compliance, partial compliance e compliance pending*. Na primeira hipótese, o acordo é cumprido integralmente; na segunda, existem elementos a serem observados pelas partes; e o último status diz respeito à ausência de cumprimento do acordo pelas partes.

Nas hipóteses em que a Comissão verificar a impossibilidade de solução amistosa, ela poderá advertir que o assunto não é suscetível de acordo extrajudicial. As partes poderão, inclusive, se retirar da negociação ou discordar dos termos estabelecidos a qualquer momento.

Outros órgãos internacionais de supervisão de tratados de direitos humanos também dispõem do mesmo mecanismo de solução amigável, como a Corte Europeia de Direitos Humanos, com regulamento no artigo 39 da Convenção Europeia dos Direitos do Ho-

---

[261] MONTERISI, Ricardo D. *Actuación y procedimiento ante la Comisión y Corte Interamericana de Derechos Humanos*. La Plata: Librería Editora Platense, 2009. p. 193.

[262] MONTERISI, Ricardo D. *Actuación y procedimiento ante la Comisión y Corte Interamericana de Derechos Humanos*. La Plata: Librería Editora Platense, 2009. p. 194.

[263] MONTERISI, Ricardo D. *Actuación y procedimiento ante la Comisión y Corte Interamericana de Derechos Humanos*. La Plata: Librería Editora Platense, 2009. p. 195.

mem.[264] O dispositivo europeu prevê que as partes poderão aderir à resolução amigável em qualquer momento processual. O procedimento é confidencial e resulta no arquivamento do feito mediante decisão com exposição dos fatos e da solução adotada. No caso das soluções amistosas no âmbito europeu, o Comitê de Ministros é responsável pela supervisão dos termos da decisão.

Perante a Comissão Interamericana, o Brasil já celebrou cinco soluções amistosas, firmadas nos seguintes casos: Caso 11.289 – Jose Pereira (2003); Caso 12.426 e 12.427 –– Meninos Emasculados do Maranhão (2006); Caso 12.674 – Márcio Lapoente da Silveira (2020); Caso 12.277 – Fazenda Ubá (2021); e Caso 12.673 – José Dutra da Costa (2023). No caso *Meninos Emasculados do Maranhão*, por exemplo, além de reconhecer a responsabilidade internacional do Estado brasileiro pelas violações em razão da tortura, castração dos órgãos genitais e homicídio de diversas crianças no estado do Maranhão, o Brasil deu total cumprimento às medidas acordadas entre as partes. O acordo foi firmado em 15 de dezembro de 2005 e aprovado pela Comissão por meio do Informe 43/06, sendo declarado totalmente cumprido no Informe Anual de 2008.[265]

Embora a Convenção Americana não mencione essa hipótese, vale ressaltar que existe possibilidade de solução amistosa mesmo quando o caso já se encontra perante a Corte Interamericana, nos termos do artigo 63 do Regulamento da Corte.[266] O procedimento de conciliação funciona de modo parecido àquele previsto perante a Comissão, e a Corte atua como fiscal da solução amistosa ao ter competência para analisá-lo e homologá-lo. Nessa hipótese, o acordo poderá ser firmado tanto pela Comissão quanto pelas vítimas ou por seus representantes e pelo Estado demandado.

É essencial que o Estado reconheça, na primeira cláusula do acordo de solução amistosa, sua responsabilidade internacional em relação às violações de direitos humanos verificadas no caso concreto. Além disso, outros mecanismos reparatórios podem ser incluídos no acordo, como o dever de investigar e punir os responsáveis, medidas de reparação simbólicas ou materiais, medidas de satisfação, além medidas de não repetição em perspectiva individual e estrutural. Na fase conciliatória, seja na Comissão, seja na Corte, ambos os órgãos deverão zelar pela indisponibilidade dos direitos humanos.

---

[264] Artigo 39º, Convenção Europeia dos Direitos do Homem. Resoluções amigáveis

1. O Tribunal poderá, em qualquer momento do processo, colocar-se à disposição dos interessados com o objectivo de se alcançar uma resolução amigável do assunto, inspirada no respeito pelos direitos do homem como tais reconhecidos pela Convenção e pelos seus Protocolos.

2. O processo descrito no nº 1 do presente artigo é confidencial.

3. Em caso de resolução amigável, o Tribunal arquivará o assunto, proferindo, para o efeito, uma decisão que conterá uma breve exposição dos factos e da solução adoptada.

4. Tal decisão será transmitida ao Comité de Ministros, o qual velará pela execução dos termos da resolução amigável tais como constam da decisão.

[265] COMISSÃO INTERAMERICANA DE DIREITOS HUMANOS. Caso 12.426 e 12.427 – Meninos Emasculados do Maranhão (2006). Disponível em: https://www.oas.org/es/cidh/soluciones_amistosas/FT/2019/FT_SA_BRA_Case_12.426_SPA.PDF. Acesso em: 08.12.2023.

[266] Artigo 63, Regulamento da Corte Interamericana de Direitos Humanos. Solução amistosa

Quando a Comissão, as vítimas ou supostas vítimas ou seus representantes, o Estado demandado e, se for o caso, o Estado demandante em um caso perante a Corte comunicarem a esta a existência de uma solução amistosa, de um acordo ou de outro fato idôneo para dar solução ao litígio, a Corte resolverá, no momento processual oportuno, sobre sua procedência e seus efeitos jurídicos.

REFERÊNCIAS

CHILE. Projeto da Convenção Americana sobre Direitos Humanos apresentado pelo Chile na Segunda Conferência Interamericana Extraordinária do Rio de Janeiro, 1965. Reproduzido em: SECRETARIA-GERAL DA OEA. *Anuário Interamericano de Direitos Humanos 1968*. Washington, DC, 1973.

CONSELHO INTERAMERICANO DE JURISCONSULTOS. Projeto da Convenção Americana sobre Direitos Humanos, setembro de 1959. Reproduzido em: SECRETARIA-GERAL DA OEA. *Anuário Interamericano de Direitos Humanos 1968*. Washington, DC, 1973.

MONTERISI, Ricardo D. *Actuación y procedimiento ante la Comisión y Corte Interamericana de Derechos Humanos*. La Plata: Librería Editora Platense, 2009.

URUGUAI. Projeto da Convenção Americana sobre Direitos Humanos apresentado pelo Uruguai na Segunda Conferência Interamericana Extraordinária do Rio de Janeiro, 1965. Reproduzido em: SECRETARIA-GERAL DA OEA. *Anuário Interamericano de Direitos Humanos 1968*. Washington, DC, 1973.

Artigo 50

1. Se não se chegar a uma solução, e dentro do prazo que for fixado pelo Estatuto da Comissão, esta redigirá um relatório no qual exporá os fatos e suas conclusões. Se o relatório não representar, no todo ou em parte, o acordo unânime dos membros da Comissão, qualquer deles poderá agregar ao referido relatório seu voto em separado. Também se agregarão ao relatório as exposições verbais ou escritas que houverem sido feitas pelos interessados em virtudes do inciso 1, e, do artigo 48.

2. O relatório será encaminhado aos Estados interessados, aos quais não será facultado publicá-lo.

3. Ao encaminhar o relatório, a Comissão pode formular as proposições e recomendações que julgar adequadas.

💬 COMENTÁRIOS

por Bianca Guimarães Silva

O artigo 50 da Convenção Americana diz respeito ao Primeiro Informe da Comissão (ou Informe Preliminar) e deve ser lido em conjunto com os artigos 44 e 45 do Regulamento da Comissão. Nessa etapa, a Comissão se manifestará sobre o mérito e o formalizará em um relatório. Esse primeiro momento trata de um relatório confidencial enviado ao Estado. O artigo 51 da Convenção, por sua vez, trata do relatório final e público a ser apresentado pela Comissão.

Em 1959, o projeto da Convenção preparado pelo Conselho de Jurisconsultos previa a existência do informe preliminar em seu artigo 56.[267]

---

[267] CONSELHO INTERAMERICANO DE JURISCONSULTOS. Projeto da Convenção Americana sobre Direitos Humanos, setembro de 1959. Reproduzido em: SECRETARIA-GERAL DA OEA. *Anuário Interamericano de Direitos Humanos 1968*. Washington, DC, 1973.

Artículo 56

1. De no llegarse a una solución, y no más tarde de 12 meses a contar desde la fecha de recepción de la notificación mencionada en el artículo 48 o de la petición referida en el artículo 49, la Comisión redactará un informe en el que expondrá los hechos y sus conclusiones. Si el informe no representa em todo o em parte, la opinión unánime de los miembros de la Comisión, cualquier miembro de ésta podrá agregar a dicho informe su opinión por separado. También se agregarán al informe las exposiciones escritas y orales que hagan las partes en virtud del artículo 53.

2. El informe será transmitido a los Estados interesado quienes no tienen la facultad de publicarlo.

3. Al transmitir el informe, la Comisión puede formular las proposiciones que juzgue adecuadas.

A proposta também se encontrava presente nos projetos apresentados pelo Chile (artigo 61 [56])[268] e pelo Uruguai (artigo 61).[269] O anteprojeto da Comissão manteve a essência do dispositivo (artigo 34).[270]

Artículo 34

1. De no llegarse a una solución, y no más tarde de 12 meses a contar desde la fecha de recepción de la notificación, denuncia, o queja, la Comisión redactará un informe en el que expondrá los hechos y sus conclusiones. Si el informe no representa, en todo o en parte, la opinión unánime de los miembros de la Comisión, cualquiera de ellos podrá agregar a dicho informe su opinión por separado. También se agregarán al informe las exposiciones escritas y orales que hagan las partes en virtud del artículo 32, f.

2. El informe será transmitido a los Estados interesados y ellos no estarán facultados para publicarlo.

3. Al transmitir el informe, la Comisión puede formular las proposiciones y recomendaciones que juzgue adecuadas.

Durante a Conferência Especializada de 1969, o artigo foi aprovado no âmbito do Grupo de Trabalho sobre os mecanismos estabelecidos pela Convenção.

Após as etapas de admissibilidade e conciliação, se as partes não consentirem em um acordo de solução amistosa, a Comissão deliberará e emitirá o primeiro informe (ou informe preliminar). Nesse documento, ficam estabelecidos o marco fático, as conclusões da Comissão e as recomendações cabíveis ao Estado demandado.

O artigo 50 está estruturado em três parágrafos distribuídos da seguinte forma: o primeiro diz respeito ao relatório em si e à faculdade dos comissionários de emitirem votos individuais – nesses casos, o acordo entre os comissionários poderá ser unânime ou parcial; o segundo parágrafo aborda a confidencialidade do relatório, o qual será enviado diretamente

---

[268] CHILE. Projeto da Convenção Americana sobre Direitos Humanos apresentado pelo Chile na Segunda Conferência Interamericana Extraordinária do Rio de Janeiro, 1965. Reproduzido em: SECRETARIA--GERAL DA OEA. *Anuário Interamericano de Direitos Humanos 1968*. Washington, DC, 1973.

[269] URUGUAI. Projeto da Convenção Americana sobre Direitos Humanos apresentado pelo Uruguai na Segunda Conferência Interamericana Extraordinária do Rio de Janeiro, 1965. Reproduzido em: SECRE-TARIA-GERAL DA OEA. *Anuário Interamericano de Direitos Humanos 1968*. Washington, DC, 1973.

[270] COMISSÃO INTERAMERICANA DE DIREITOS HUMANOS. Anteprojeto da Convenção Americana de Direitos Humanos, 1968. Reproduzido em: SECRETARIA-GERAL DA OEA. *Anuário Interamericano de Direitos Humanos 1968*. Washington, DC, 1973.

ao Estado demandado – nem mesmo os peticionários podem ter acesso ao informe preliminar; por fim, o terceiro parágrafo apresenta a possibilidade de formulação de proposições e recomendações ao Estado demandado.

A confidencialidade do informe preliminar também está prevista no parágrafo 2 do artigo 44 do Regulamento da Comissão, o qual proíbe que a Comissão ou o próprio Estado publique o relatório:

> Artigo 44.2, Regulamento da Comissão Interamericana de Direitos Humanos
>
> Estabelecida a existência de uma ou mais violações, a Comissão preparará um relatório preliminar com as proposições e recomendações que considerar pertinentes e o transmitirá ao Estado de que se trate. Neste caso, fixará um prazo para que o Estado informe a respeito das medidas adotadas em cumprimento a essas recomendações. O Estado não estará facultado a publicar o relatório enquanto a Comissão não tiver adotado uma decisão a respeito.

O informe preliminar possui como objetivo identificar se foram constatadas violações aos direitos previstos pela Convenção Americana de Direitos Humanos ou não. Segundo Piovesan, Fachin e Mazzuoli,[271] se a Comissão decidir pela inexistência de violações, a decisão será definitiva e inapelável, ou seja, não existem recursos para reverter o que foi decidido pela Comissão. De tal modo, o informe será transmitido às partes e publicado no Informe Anual da Comissão Interamericana à Assembleia Geral da OEA.[272]

Se for constatada a violação de direitos convencionais, a Comissão dará um prazo de três meses para o cumprimento das recomendações e, se não houver efeitos, poderá emitir um segundo informe, conforme o artigo 51, ou submeter o caso à Corte. Os peticionários serão notificados em relação à transmissão do Informe Preliminar ao Estado. O Estado denunciado terá o período de três meses a partir do envio do informe para dar cumprimento às recomendações.[273]

Na OC-15/1997, a Corte esclareceu eventuais divergências em relação à terminologia "preliminar" e "definitivo" para se referir aos informes emitidos pela Comissão. A Corte manifestou que "*son términos puramente descriptivos que no establecen categorías jurídicas de informes, las cuales no están previstas en la Convención*".[274] Desse modo, a utilização equivocada da terminologia não é capaz de fundamentar a declaração de inadmissibilidade da denúncia.

Segundo Hennebel e Tigroudja,[275] a Comissão tem a discricionariedade (o que não significa arbitrariedade) para supervisionar o nível de cumprimento das recomendações e a oportunidade de apresentar os casos perante a Corte Interamericana. De acordo com a OC-13/1993, na verdade, "*esta decisión no es discrecional, sino que debe apoyarse en la al-*

---

271   PIOVESAN, Flávia; FACHIN, Melina Girardi; MAZZUOLI, Valerio de Oliveira. *Comentários à Convenção Americana sobre Direitos Humanos*. Rio de Janeiro: Forense, 2019. p. 524.

272   MONTERISI, Ricardo D. *Actuación y procedimiento ante la Comisión y Corte Interamericana de Derechos Humanos*. La Plata: Librería Editora Platense, 2009. p. 204.

273   MONTERISI, Ricardo D. *Actuación y procedimiento ante la Comisión y Corte Interamericana de Derechos Humanos*. La Plata: Librería Editora Platense, 2009. p. 206.

274   CORTE IDH. Informes de la Comisión Interamericana de Derechos Humanos (art. 51 Convención Americana sobre Derechos Humanos). Opinión Consultiva OC-15, de 14 de noviembre de 1997. Serie A No. 15. par. 45.

275   HENNEBEL, L.; TIGROUDJA, H. *The American Convention on Human Rights*: a commentary. Oxford: Oxford University Press, 2022. p. 1176.

ternativa que sea más favorable para la tutela de los derechos establecidos en la Convención".
Em sentido semelhante, a redação do artigo 45.2 do Regulamento da Comissão define que:

> Artigo 45. Submissão do caso à Corte
>
> 1. Se o Estado de que se trate houver aceito a jurisdição da Corte Interamericana em conformidade com o artigo 62 da Convenção Americana, e se a Comissão considerar que este não deu cumprimento às recomendações contidas no relatório aprovado de acordo com o artigo 50 do citado instrumento, a Comissão submeterá o caso à Corte, salvo por decisão fundamentada da maioria absoluta dos seus membros.
>
> 2. A Comissão considerará fundamentalmente a obtenção de justiça no caso em particular, baseada, entre outros, nos seguintes elementos:
>
> a. a posição do peticionário;
>
> b. a natureza e a gravidade da violação;
>
> c. a necessidade de desenvolver ou esclarecer a jurisprudência do sistema; e
>
> d. o efeito eventual da decisão nos ordenamentos jurídicos dos Estados-membros.

Os Estados têm questionado os limites previstos pelos artigos 50 e 51 da Convenção em relação à atuação da Comissão Interamericana. A discussão estabelecida na sentença das exceções preliminares do caso Velásquez Rodríguez vs. Honduras (1987) reflete essa inquietação. O Estado questionou que o documento emitido pela Comissão não foi nomeado como "informe"; no entanto, a Corte deliberou que:

> (...) el contenido del acto aprobado por la Comisión se adecúa sustancialmente, como en el presente caso, a las previsiones del artículo 50 y si no quedan afectados tampoco los derechos procesales de las partes, especialmente el del Estado de contar con una oportunidad final.[276]

Logo, embora o Estado tenha solicitado a reconsideração do informe aprovado, a Corte afirmou que o mecanismo de reexame é aplicável somente aos Estados que não são parte da Convenção, e que tais pedidos poderiam repercutir negativamente na tramitação, gerando morosidade processual. Desse modo, a Corte concluiu que não houve afetação dos direitos das partes e, portanto, afastou a hipótese de inadmissibilidade do caso.

A Corte se manifestou sobre os dois relatórios emitidos pela Comissão ao longo do trâmite de petições individuais na OC-13/1933, nos seguintes termos:

> 53. Se trata, entonces, de dos documentos que, de acuerdo con la conducta asumida en el ínterin por el Estado al cual se dirigen, pueden o no coincidir en sus conclusiones y recomendaciones y a los cuales la Convención ha dado el nombre de "informes" y que tienen carácter, uno preliminar y el otro definitivo.
>
> 54. Puede existir una tercera etapa con posterioridad al informe definitivo. En efecto, vencido el plazo que la Comisión ha dado al Estado para cumplir las recomendaciones contenidas en este último sin que se acaten, la Comisión decidirá si lo publica o no, decisión ésta que también debe apoyarse en la alternativa más favorable para la tutela de los derechos humanos.[277]

---

[276] CORTE IDH. Caso Velásquez Rodríguez vs. Honduras. Excepciones Preliminares. Sentencia de 26 de junio de 1987. Serie C No. 1. par. 67.

[277] CORTE IDH. Ciertas atribuciones de la Comisión Interamericana de Derechos Humanos (arts. 41, 42, 44, 46, 47, 50 y 51 de la Convención Americana sobre Derechos Humanos). Opinión Consultiva OC-13, de 16 de julio de 1993. Serie A No. 13. par. 53 e 54.

Por fim, outro ponto de inflexão diz respeito à competência de "intérprete final da Convenção". Ramos afirma que a ampla discricionariedade decisória conferida à Comissão para submeter ou não os casos à Corte lhe atribui o papel de intérprete final, apesar de tal competência ser atribuída à Corte.[278] Entretanto, ele mesmo ressalta que, em razão do relevante papel exercido pela Comissão, ela não pode ser relegada a "mero eixo de transmissão de representações de violações de direitos humanos à Corte".[279]

REFERÊNCIAS

CHILE. Projeto da Convenção Americana sobre Direitos Humanos apresentado pelo Chile na Segunda Conferência Interamericana Extraordinária do Rio de Janeiro, 1965. Reproduzido em: SECRETARIA-GERAL DA OEA. *Anuário Interamericano de Direitos Humanos 1968*. Washington, DC, 1973.

COMISSÃO INTERAMERICANA DE DIREITOS HUMANOS. Anteprojeto da Convenção Americana de Direitos Humanos, 1968. Reproduzido em: SECRETARIA-GERAL DA OEA. *Anuário Interamericano de Direitos Humanos 1968*. Washington, DC, 1973.

COMISSÃO INTERAMERICANA DE DIREITOS HUMANOS. *Resolução 1/19*. Disponível em: https://www.oas.org/pt/cidh/decisiones/pdf/Resolucao-1-2019pt.pdf. Acesso em: 06.12.2023.

CONSELHO INTERAMERICANO DE JURISCONSULTOS. Projeto da Convenção Americana sobre Direitos Humanos, setembro de 1959. Reproduzido em: SECRETARIA-GERAL DA OEA. *Anuário Interamericano de Direitos Humanos 1968*. Washington, DC, 1973.

CORTE IDH. Ciertas atribuciones de la Comisión Interamericana de Derechos Humanos (arts. 41, 42, 44, 46, 47, 50 y 51 de la Convención Americana sobre Derechos Humanos). Opinión Consultiva OC-13, de 16 de julio de 1993. Serie A No. 13.

CORTE IDH. Informes de la Comisión Interamericana de Derechos Humanos (art. 51 Convención Americana sobre Derechos Humanos). Opinión Consultiva OC-15, de 14 de noviembre de 1997. Serie A No. 15.

HENNEBEL, L.; TIGROUDJA, H. *The American Convention on Human Rights*: a commentary. Oxford: Oxford University Press, 2022.

MONTERISI, Ricardo D. *Actuación y procedimiento ante la Comisión y Corte Interamericana de Derechos Humanos*. La Plata: Librería Editora Platense, 2009.

PIOVESAN, Flávia; FACHIN, Melina Girardi; MAZZUOLI, Valerio de Oliveira. *Comentários à Convenção Americana sobre Direitos Humanos*. Rio de Janeiro: Forense, 2019.

RAMOS, André de Carvalho. *Processo internacional de direitos humanos*. São Paulo: Saraivajur, 2022.

URUGUAI. Projeto da Convenção Americana sobre Direitos Humanos apresentado pelo Uruguai na Segunda Conferência Interamericana Extraordinária do Rio de Janeiro, 1965. Reproduzido em: SECRETARIA-GERAL DA OEA. *Anuário Interamericano de Direitos Humanos 1968*. Washington, DC, 1973.

---

[278] RAMOS, André de Carvalho. *Processo internacional de direitos humanos*. São Paulo: Saraivajur, 2022. p. 253.

[279] RAMOS, André de Carvalho. *Processo internacional de direitos humanos*. São Paulo: Saraivajur, 2022. p. 253.

> **Artigo 51**
>
> 1. Se no prazo de três meses, a partir da remessa aos Estados interessados do relatório da Comissão, o assunto não houver sido solucionado ou submetido à decisão da Corte pela Comissão ou pelo Estado interessado, aceitando sua competência, a Comissão poderá emitir, pelo voto da maioria absoluta dos seus membros, sua opinião e conclusões sobre a questão submetida à sua consideração.
>
> 2. A comissão fará as recomendações pertinentes e fixará um prazo dentro do qual o Estado deve tomar as medidas que lhe competirem para remediar a situação examinada.
>
> 3. Transcorrido o prazo fixado, a Comissão decidirá, pelo voto da maioria absoluta dos seus membros, se o Estado tomou ou não medidas adequadas e se publica ou não seu relatório.

 COMENTÁRIOS

por Bianca Guimarães Silva

O artigo 51 da Convenção encerra o capítulo sobre o procedimento de trâmite de petições individuais perante a Comissão Interamericana de Direitos Humanos. O dispositivo complementa a redação do artigo 50 da Convenção ao estabelecer a possibilidade de emissão de um segundo informe caso o Estado não tenha satisfeito as recomendações emitidas pelo primeiro informe.

As primeiras versões do artigo 51, esboçadas pelos anteprojetos que precederam a versão final da Convenção, apresentavam mais clareza em relação ao Informe da Comissão. Por exemplo, a redação elaborada pelo anteprojeto do Conselho Interamericano dos Jurisconsultos:[280]

> Artículo 57
>
> 1. Si en el plazo de 3 meses a partir de la transmisión a los Estados interesados del Informe de la Comisión, el asunto no ha sido sometido a la decisión y aceptada la jurisdicción de la Corte, conforme el artículo 74 de la presente Convención, la Comisión tomará una decisión por mayoría absoluta de votos de sus miembros sobre la cuestión de saber si el Estado contra el que se reclama o dirige la petición ha violado las obligaciones contraídas en virtud de la presente convención.
>
> 2. En caso afirmativo, la Comisión fijará un plazo durante el cual el Estado Parte interesado debe tomar las medidas que apareja su decisión.
>
> 3. Si el Estado Parte interesado no ha adoptado medidas satisfactorias en el plazo impartido, la Comisión decidirá, por la mayoría prevista en el párrafo precedente, publicar su informe.

---

[280] CONSELHO INTERAMERICANO DE JURISCONSULTOS. Projeto da Convenção Americana sobre Direitos Humanos, setembro de 1959. Reproduzido em: SECRETARIA-GERAL DA OEA. *Anuário Interamericano de Direitos Humanos 1968*. Washington, DC, 1973.

Os projetos do Chile (artigo 62 [57])[281] e do Uruguai (artigo 62)[282] reiteravam tais proposições. Durante a Conferência Especializada em 1969, o México alegou que a Comissão havia adquirido poderes indesejáveis. Essa preocupação foi discutida durante o grupo de trabalho "Committe II" ao longo da Conferência. Os delegados dos países acordaram que a redação criava confusão acerca da natureza e da distribuição dos poderes da Comissão. Por fim, a redação deixa limitada a competência da Comissão à emissão de opiniões e recomendações.

O artigo 51 da Convenção deve ser lido à luz dos artigos 49 e 50 do mesmo documento. Esses dispositivos guiam o processo a ser seguido após a declaração de admissibilidade do caso. A primeira fase é a tentativa de solução amistosa, e, se não for possível, a Comissão irá enviar o primeiro informe confidencial ao Estado demandado com a delimitação do marco fático, as violações e recomendações a serem adotadas. Por fim, se as recomendações não forem cumpridas, a Comissão terá a faculdade de submeter o caso à Corte ou emitir o segundo relatório, conforme os termos do artigo 51 da Convenção e do parágrafo 1 do artigo 47 do Regulamento da Comissão.

> Artigo 47. Publicação do relatório
>
> 1. Se, no prazo de três meses da transmissão do relatório preliminar ao Estado de que se trate, o assunto não houver sido solucionado ou, no caso dos Estados que tenham aceito a jurisdição da Corte Interamericana, a Comissão ou o próprio Estado não hajam submetido o assunto à sua decisão, a Comissão poderá emitir, por maioria absoluta de votos, um relatório definitivo que contenha o seu parecer e suas conclusões finais e recomendações.

Nesse sentido, a elaboração do relatório definitivo está condicionada à não submissão do caso à Corte, nos termos do artigo 51.1 da Convenção. Diferentemente do relatório preliminar, o artigo 44.1 do Regulamento da Comissão prevê a possibilidade de envio do relatório às partes interessadas, publicação e inclusão no Relatório Anual da Comissão à Assembleia Geral da Organização dos Estados Americanos.

Na versão definitiva do relatório, a Comissão poderá estabelecer recomendações ao Estado demandado e fixar prazo para que tais medidas sejam cumpridas, conforme o artigo 51.2 da Convenção. Na Opinião Consultiva 15/1997, a Corte Interamericana estabeleceu que, embora a Convenção não se pronuncie sobre a possibilidade de alterações no segundo informe, em razão da certeza jurídica, essa hipótese está vetada. Somente em casos excepcionais, e por questões formais, as alterações são permitidas.

> Esta Corte considera que una interpretación que otorgue a la Comisión el derecho de modificar su informe por cualquier causa y en cualquier momento dejaría al Estado interesado en una situación de inseguridad respecto a las recomendaciones

---

[281] CHILE. Projeto da Convenção Americana sobre Direitos Humanos apresentado pelo Chile na Segunda Conferência Interamericana Extraordinária do Rio de Janeiro, 1965. Reproduzido em: SECRETARIA-GERAL DA OEA. *Anuário Interamericano de Direitos Humanos 1968*. Washington, DC, 1973.

[282] URUGUAI. Projeto da Convenção Americana sobre Direitos Humanos apresentado pelo Uruguai na Segunda Conferência Interamericana Extraordinária do Rio de Janeiro, 1965. Reproduzido em: SECRETARIA-GERAL DA OEA. *Anuário Interamericano de Direitos Humanos 1968*. Washington, DC, 1973.

y conclusiones contenidas en el informe emitido por la Comisión en cumplimiento del artículo 51 de la Convención.[283]

O artigo 48 do Regulamento da Comissão estabelece procedimento de acompanhamento do cumprimento das recomendações por meio de solicitação de informações às partes ou realização de audiências.

Em relação à força vinculante dos Informes da Comissão, Ramos traça a retrospectiva histórica do posicionamento da Corte Interamericana sobre a obrigatoriedade dos informes da Comissão.[284] A primeira interpretação da Corte sobre o artigo 51.2 da Convenção apontava que as "recomendações" eram "reprovações morais", portanto não possuíam força vinculante, conforme postulado na Convenção de Viena sobre o Direito dos Tratados e no caso *Caballero Delgado y Santana vs. Colombia* (1995):

> A juicio de la Corte, el término "recomendaciones" usado por la Convención Americana debe ser interpretado conforme a su sentido corriente de acuerdo con la regla general de interpretación contenida en el artículo 31.1 de la Convención de Viena sobre el Derecho de los Tratados y, por ello, no tiene el carácter de una decisión jurisdiccional obligatoria cuyo incumplimiento generaría la responsabilidad del Estado.[285]

Entretanto, esse entendimento foi superado a partir do caso Loayza Tamayo vs. Perú e subsequentes em que a Corte entendeu que o segundo informe deveria ser cumprido de boa-fé, pois os Estados devem fazer seus melhores esforços para seguir as recomendações da Comissão.

REFERÊNCIAS

CHILE. Projeto da Convenção Americana sobre Direitos Humanos apresentado pelo Chile na Segunda Conferência Interamericana Extraordinária do Rio de Janeiro, 1965. Reproduzido em: SECRETARIA-GERAL DA OEA. *Anuário Interamericano de Direitos Humanos 1968*. Washington, DC, 1973.

CONSELHO INTERAMERICANO DE JURISCONSULTOS. Projeto da Convenção Americana sobre Direitos Humanos, setembro de 1959. Reproduzido em: SECRETARIA-GERAL DA OEA. *Anuário Interamericano de Direitos Humanos 1968*. Washington, DC, 1973.

CORTE IDH. Informes de la Comisión Interamericana de Derechos Humanos (art. 51 Convención Americana sobre Derechos Humanos). Opinión Consultiva OC-15/97 de 14 de noviembre de 1997. Serie A No. 15.

RAMOS, André de Carvalho. *Processo internacional de direitos humanos*. São Paulo: Saraivajur, 2022.

---

[283] CORTE IDH. Informes de la Comisión Interamericana de Derechos Humanos (art. 51 Convención Americana sobre Derechos Humanos). Opinión Consultiva OC-15, de 14 de noviembre de 1997. Serie A No. 15.

[284] RAMOS, André de Carvalho. *Processo internacional de direitos humanos*. São Paulo: Saraivajur, 2022. p. 255.

[285] CORTE IDH. Caso Caballero Delgado y Santana vs. Colombia. Fondo. Sentencia de 8 de diciembre de 1995. Serie C No. 22. par. 67.

URUGUAI. Projeto da Convenção Americana sobre Direitos Humanos apresentado pelo Uruguai na Segunda Conferência Interamericana Extraordinária do Rio de Janeiro, 1965. Reproduzido em: SECRETARIA-GERAL DA OEA. *Anuário Interamericano de Direitos Humanos 1968*. Washington, DC, 1973.

CAPÍTULO VIII
Corte Interamericana de Direitos Humanos

Seção 1
Organização

Artigo 52

1. A Corte compor-se-á de sete juízes, nacionais dos Estados-membros da Organização, eleitos a título pessoal dentre juristas da mais alta autoridade moral, de reconhecida competência em matéria de direitos humanos, que reúnam as condições requeridas para o exercício das mais elevadas funções judiciais, de acordo com a lei do Estado do qual sejam nacionais, ou do Estado que os propuser como candidatos.

2. Não deve haver dois juízes da mesma nacionalidade.

 COMENTÁRIOS

por Rodrigo Mudrovitsch[286]

O artigo 52 inaugura a Seção 1 do Capítulo VIII da Convenção. O Capítulo, em si, traz as disposições relativas à Corte Interamericana de Direitos Humanos (Corte Interamericana ou Corte IDH). A Seção 1 se dedica à organização da Corte, e o artigo 52 estabelece sua composição. Ao dispor as regras sobre a composição do quadro de magistrados que integram o tribunal, esse dispositivo convencional lança as bases do funcionamento da jurisdição internacional interamericana.

1. ORIGEM DO ARTIGO 52 E TRABALHOS PREPARATÓRIOS DA CONVENÇÃO

O projeto de Convenção elaborado pelo Conselho de Jurisconsultos já continha disposições acerca da composição da Corte Interamericana em seus artigos 65 e 66.3,[287] disposições essas que foram inspiradas no modelo da Corte Europeia de Direitos Humanos e previam um quadro de magistrados composto de um representante de cada Estado que tivesse ratificado a Convenção:

---

[286] O autor agradece as valiosas contribuições dos pesquisadores João Ricardo Oliveira Munhoz, Letícia Machado Haertel, Bianca Guimarães Silva, Maria Carolina Ferreira da Silva e Augusto Sperb Machado no levantamento de informações para a elaboração dos capítulos referentes aos artigos 52 a 73 da Convenção.

[287] CONSELHO INTERAMERICANO DE JURISCONSULTOS. Projeto da Convenção Americana sobre Direitos Humanos, setembro de 1959. In: SECRETARIA-GERAL DA OEA. *Anuário Interamericano de Direitos Humanos 1968*. Washington, DC: Secretaria-Geral da OEA, 1973. p. 264.

Artículo 65

La Corte Interamericana de Derechos Humanos se compondrá de un número de jueces igual al de Estados que hayan ratificado la presente convención o adherido a ella, de los cuales no podrá haber dos que sean nacionales del mismo Estado.

Artículo 66

1. Los miembros de la Corte serán elegidos por el Consejo de la Organización por mayoría de votos, de una nómina de candidatos propuestos en la forma prevista en los artículos 36, 37 Y 38 de la presente convención.

2. En la medida en que sea aplicable, se seguirá el procedimiento previsto en el artículo 41 para completar la Corte en caso de nuevas ratificaciones de esta convención o adhesión a la misma y para proveer las vacantes que se produzcan.

3. Los candidatos deberán gozar de la más alta consideración moral y reunir las condiciones personales requeridas para el ejercicio de las más altas funciones judiciales en sus respectivos países, o ser jurisconsultos de reconocida competencia.

No mesmo sentido dispunham os projetos apresentados pelo Chile e pelo Uruguai, em seus artigos 46 e 47,[288] e 70 e 71,[289] respectivamente. Não obstante, a Comissão, no artigo 37 de sua Opinião sobre o projeto de Convenção, aportou uma proposta distinta, baseada em sua própria composição de sete comissionados.[290] Essa proposta foi consagrada no artigo 42[291] do anteprojeto apresentado pela Comissão, que se aproxima da redação final adotada pela Convenção:

Artículo 42

1. La Corte se compondrá de siete jueces, elegidos a título personal entre juristas de la más alta autoridad moral y competencia en materia de derechos humanos, nacionales de los Estados Partes.

2. No debe haber dos jueces de la misma nacionalidad.

A Corte IDH foi instituída pela Convenção Americana, como fruto da Conferência Especializada Interamericana sobre Direitos Humanos, realizada em San José da Costa Rica entre 7 e 22 de novembro de 1969.

---

288 CHILE. Projeto da Convenção Americana sobre Direitos Humanos apresentado pelo Chile na Segunda Conferência Interamericana Extraordinária do Rio de Janeiro, 1965. In: SECRETARIA-GERAL DA OEA. *Anuário Interamericano de Direitos Humanos 1968*. Washington, DC: Secretaria-Geral da OEA, 1973. p. 291.

289 URUGUAI. Projeto da Convenção Americana sobre Direitos Humanos apresentado pelo Uruguai na Segunda Conferência Interamericana Extraordinária do Rio de Janeiro, 1965. In: SECRETARIA-GERAL DA OEA. *Anuário Interamericano de Direitos Humanos 1968*. Washington, DC: Secretaria-Geral da OEA, 1973. p. 313.

290 COMISSÃO INTERAMERICANA DE DIREITOS HUMANOS. Opinião da Comissão sobre o projeto de Convenção Americana sobre Direitos Humanos preparado pelo Conselho Interamericano de Jurisconsultos. OEA/Ser.L/V/11.16/doc.8. In: SECRETARIA-GERAL DA OEA. *Anuário Interamericano de Direitos Humanos 1968*. Washington, DC: Secretaria-Geral da OEA, 1973. p. 348.

291 COMISSÃO INTERAMERICANA DE DIREITOS HUMANOS. Anteprojeto da Convenção Americana sobre Direitos Humanos, 1968. In: SECRETARIA-GERAL DA OEA. *Anuário Interamericano de Direitos Humanos 1968*. Washington, DC: Secretaria-Geral da OEA, 1973. p. 144.

A ideia de criar um tribunal de direitos humanos no Continente Americano, porém, antecede a aprovação da Convenção. Já na Nona Conferência Internacional Americana de 1948, sediada em Bogotá, os Estados ali reunidos aprovaram a Resolução XXXI, denominada "Corte Interamericana para Proteger os Direitos do Homem".[292]

A Resolução preconizava que a proteção dos direitos humanos internacionalmente reconhecidos deveria "ser garantida por um órgão jurídico, visto que não há direito devidamente garantido sem o amparo de um tribunal competente".[293] Ao fim, recomendou à Comissão Jurídica Interamericana que preparasse um projeto de estatuto para a instituição da referida Corte, a ser apreciado pelos governos dos Estados Americanos.

Embora o tema tenha sido revisitado na Décima Conferência Internacional Americana de Caracas, em 1954, as recomendações da Nona Conferência só seriam efetivadas com o advento da Convenção Americana, em 1969. Foram necessários ainda outros 10 anos para que a Corte começasse a funcionar, em 1978, com a entrada em vigor do Pacto de San José.

A primeira composição da Corte foi eleita em 22 de maio de 1979, durante o Sétimo Período ordinário de Sessões da OEA, e realizou sua primeira sessão em junho de 1979.

2. COMPOSIÇÃO DA CORTE INTERAMERICANA DE DIREITOS HUMANOS (ARTIGOS 52.1 E 52.2)

Como mencionado anteriormente, em virtude da adoção do modelo proposto pela Comissão, e inspirado por sua própria composição, a Corte Interamericana é composta de sete juízes, provenientes dos Estados-partes da Organização dos Estados Americanos.

A Corte Interamericana apresenta diferenças sensíveis em relação ao Tribunal Europeu de Direitos Humanos. A mais destacada delas diz respeito à quantidade de juízes, já que o organismo europeu possui 47 juízes, isto é, um para cada Estado-parte da Convenção Europeia de Direitos Humanos. Note-se que, para o julgamento dos casos que apreciam, os 47 juízes europeus são subdivididos em composições menores. Já a Corte Africana de Direitos do Homem e dos Povos adota modelo semelhante ao da Corte Interamericana, prevendo quantidade fixa de juízes (11 no total), independentemente do número de Estados-partes.

Ademais, à distinção do Tribunal Europeu de Direitos Humanos, que se organiza em juízes singulares, comitês, seções e tribunal pleno, a Corte Interamericana não possui subdivisões internas. Sempre se reúne e delibera com a presença de todos os juízes, salvo nas hipóteses de impedimento dos magistrados e nas hipóteses em que o presidente da Corte é investido da faculdade de tomar decisões unilaterais.[294]

O artigo 52, ao dispor sobre a composição do tribunal, estabelece também requisitos de nacionalidade e de qualificação pessoal do juiz. Em relação à nacionalidade, há dois requisitos principais: (i) o juiz deve ser cidadão de Estado pertencente à Organização dos Estados Americanos e (ii) não pode haver mais de um juiz do mesmo Estado na Corte IDH. Nota-se, por consequência, que a Convenção permite que um Estado eleja juiz que seja nacional de outro Estado, inclusive de nação que não aceite a competência contenciosa da Corte Interamericana e que tampouco tenha ratificado a Convenção Americana, desde que

---

[292] CONFERÊNCIA INTERNACIONAL AMERICANA. *Actas y documentos*: Novena Conferencia Internacional Americana. Bogotá: Ministerio de Relaciones Exteriores de Colombia, 1953. v. IV. p. 353.

[293] CONFERÊNCIA INTERNACIONAL AMERICANA. *Actas y documentos*: Novena Conferencia Internacional Americana. Bogotá: Ministerio de Relaciones Exteriores de Colombia, 1953. v. IV. p. 353.

[294] A título de exemplo, as hipóteses previstas pelo artigo 27 do Regulamento da Corte, relativas às faculdades da Presidência, quando a Corte não estiver reunida, sobre medidas provisórias.

integre a OEA. Foi o caso do Juiz Thomas Buergenthal, estadunidense indicado pela Costa Rica em 1979 que serviu na Corte de 1979 a 1991.

Em relação às qualificações subjetivas, a Convenção exige que o juiz seja (i) jurista, denotando a necessidade de formação jurídica específica, (ii) indivíduo da mais alta autoridade moral, o que implica trajetória pessoal ilibada e (iii) que possua reconhecida competência em matéria de direitos humanos, isto é, notável experiência profissional ou acadêmica em temas relacionados aos direitos e garantias protegidos pela Convenção. O processo de nomeação dos candidatos a juízes é conduzido exclusivamente pelo Estado postulante e sua eleição se dá por votação no âmbito da Assembleia Geral da OEA.

REFERÊNCIAS

CHILE. Projeto da Convenção Americana sobre Direitos Humanos apresentado pelo Chile na Segunda Conferência Interamericana Extraordinária do Rio de Janeiro, 1965. In: SECRETARIA-GERAL DA OEA. *Anuário Interamericano de Direitos Humanos 1968*. Washington, DC: Secretaria-Geral da OEA, 1973. p. 275-298.

COMISSÃO INTERAMERICANA DE DIREITOS HUMANOS. Anteprojeto da Convenção Americana sobre Direitos Humanos, 1968. In: SECRETARIA-GERAL DA OEA. *Anuário Interamericano de Direitos Humanos 1968*. Washington, DC: Secretaria-Geral da OEA, 1973. p. 94-156.

COMISSÃO INTERAMERICANA DE DIREITOS HUMANOS. Opinião da Comissão sobre o projeto de Convenção Americana sobre Direitos Humanos preparado pelo Conselho Interamericano de Jurisconsultos. OEA/Ser.L/V/11.16/doc.8. In: SECRETARIA-GERAL DA OEA. *Anuário Interamericano de Direitos Humanos 1968*. Washington, DC: Secretaria-Geral da OEA, 1973. p. 318-356.

CONFERENCIA INTERNACIONAL AMERICANA. *Actas y documentos*: Novena Conferencia Internacional Americana. Bogotá: Ministerio de Relaciones Exteriores de Colombia, 1953. v. IV.

CONSELHO INTERAMERICANO DE JURISCONSULTOS. Projeto da Convenção Americana sobre Direitos Humanos, setembro de 1959. In: SECRETARIA-GERAL DA OEA. *Anuário Interamericano de Direitos Humanos 1968*. Washington, DC: Secretaria-Geral da OEA, 1973. p. 236-275.

URUGUAI. Projeto da Convenção Americana sobre Direitos Humanos apresentado pelo Uruguai na Segunda Conferência Interamericana Extraordinária do Rio de Janeiro, 1965. In: SECRETARIA-GERAL DA OEA. *Anuário Interamericano de Direitos Humanos 1968*. Washington, DC: Secretaria-Geral da OEA, 1973. p. 298-318.

Artigo 53

1. Os juízes da Corte serão eleitos, em votação secreta e pelo voto da maioria absoluta dos Estados-Partes na Convenção, na Assembleia Geral da Organização, de uma lista de candidatos propostos pelos mesmos Estados.

2. Cada um dos Estados-Partes pode propor até três candidatos, nacionais do Estado que os propuser ou de qualquer outro Estado-Membro da Organização dos Estados Americanos. Quando se propuser uma lista de três candidatos, pelo menos um deles deverá ser nacional de Estado diferente do proponente.

💬 COMENTÁRIOS

por Rodrigo Mudrovitsch[295]

O artigo 53 trata do processo de eleição dos juízes da Corte IDH por parte da Assembleia Geral da OEA. Na mesma linha do artigo precedente, esse dispositivo traz precisões acerca do processo de renovação do quadro de magistrados da Corte, tendo em vista que o posto de juiz da Corte é rotativo.

1. ORIGEM DO ARTIGO 53 E TRABALHOS PREPARATÓRIOS DA CONVENÇÃO

O projeto elaborado pelo Conselho de Jurisconsultos trazia, em seu artigo 66,[296] disposições acerca da eleição dos juízes da Corte:

> Artículo 66
>
> 1. Los miembros de la Corte serán elegidos por el Consejo de la Organización por mayoría de votos, de una nómina de candidatos propuestos en la forma prevista en los artículos 36, 37 y 38 de la presente convención.
>
> 2. En la medida en que sea aplicable, se seguirá el procedimiento previsto en el artículo 41 para completar la Corte en caso de nuevas ratificaciones de esta convención o adhesión a la misma y para proveer las vacantes que se produzcan.
>
> 3. Los candidatos deberán gozar de la más alta consideración moral y reunir las condiciones personales requeridas para el ejercicio de las más altas funciones judiciales en sus respectivos países, o ser jurisconsultos de reconocida competencia.

No mesmo sentido dispuseram os projetos apresentados pelo Chile e pelo Uruguai, em seus artigos 47[297] e 71,[298] respectivamente. A Comissão, por sua vez, apresentou uma proposta diferente nos artigos 38 e 39 de sua Opinião sobre o projeto.[299] Essa proposta deu origem à redação disposta nos artigos 43 e 44 do anteprojeto de Convenção da Comissão:

---

[295] O autor agradece as valiosas contribuições dos pesquisadores João Ricardo Oliveira Munhoz, Letícia Machado Haertel, Bianca Guimarães Silva, Maria Carolina Ferreira da Silva e Augusto Sperb Machado no levantamento de informações para a elaboração dos capítulos referentes aos artigos 52 a 73 da Convenção.

[296] CONSELHO INTERAMERICANO DE JURISCONSULTOS. Projeto da Convenção Americana sobre Direitos Humanos, setembro de 1959. In: SECRETARIA-GERAL DA OEA. *Anuário Interamericano de Direitos Humanos 1968*. Washington, DC: Secretaria-Geral da OEA, 1973. p. 264.

[297] CHILE. Projeto da Convenção Americana sobre Direitos Humanos apresentado pelo Chile na Segunda Conferência Interamericana Extraordinária do Rio de Janeiro, 1965. In: SECRETARIA-GERAL DA OEA. *Anuário Interamericano de Direitos Humanos 1968*. Washington, DC: Secretaria-Geral da OEA, 1973. p. 91.

[298] URUGUAI. Projeto da Convenção Americana sobre Direitos Humanos apresentado pelo Uruguai na Segunda Conferência Interamericana Extraordinária do Rio de Janeiro, 1965. In: SECRETARIA-GERAL DA OEA. *Anuário Interamericano de Direitos Humanos 1968*. Washington, DC: Secretaria-Geral da OEA, 1973. p. 313.

[299] COMISSÃO INTERAMERICANA DE DIREITOS HUMANOS. Opinião da Comissão sobre o projeto de Convenção Americana sobre Direitos Humanos preparado pelo Conselho Interamericano de Jurisconsultos. OEA/Ser.L/V/11.16/doc.8. In: SECRETARIA-GERAL DA OEA. *Anuário Interamericano de Direitos Humanos 1968*. Washington, DC: Secretaria-Geral da OEA, 1973. p. 348.

Artículo 43

1. Los jueces de la Corte serán elegidos por el Consejo de la Organización, por la mayoría absoluta de votos, en votación secreta.

2. Si los candidatos a una o más de las vacantes no alcanzaren mayoría absoluta de votos, se efectuarán tantas votaciones cuantas sean necesarias para este efecto, eliminándose sucesivamente a los que reciban menor número de votos.

Artículo 44

1. Por lo menos tres meses antes de la fecha de la elección de la Corte, cada uno de los Estados Partes presentará una terna de candidatos, de los cuales dos al menos serán de su nacionalidad.

2. El Secretario General de la Organización formará con estos candidatos una lista alfabética que someterá al Consejo al menos treinta días antes de la elección.

3. El mismo procedimiento se seguirá para llenar las vacantes que se produzcan.

Essa formulação ainda passou por debates entre os Estados até atingir a redação hoje consagrada na Convenção.

2. ELEIÇÕES DA CORTE INTERAMERICANA (ARTIGOS 53.1 E 53.2)

As disposições do artigo 53 da Convenção são detalhadas nos artigos 7 a 9 do Estatuto da Corte Interamericana.

O artigo 7[300] se dedica às regras sobre os candidatos, especificando que os juízes são eleitos pelos Estados-partes da Convenção, a partir de uma lista proposta por esses mesmos Estados. Cada Estado pode apresentar uma lista tríplice, composta de integrantes nacionais do Estado que apresenta a lista ou de qualquer outro Estado-membro da OEA. O artigo ainda precisa que, quando se apresenta uma lista tríplice, pelo menos um dos candidatos tem de ser de nacionalidade distinta daquela do Estado proponente.

O artigo 8,[301] por sua vez, apresenta as disposições relativas ao procedimento prévio da eleição, que se realiza 6 meses antes da realização do período ordinário de sessões da Assembleia Geral da OEA. Antes da expiração do mandato dos juízes da composição vigente, o Secretário-Geral da OEA solicita aos Estados-partes da Convenção que apresentem seus candidatos dentro do prazo de 90 dias. Posteriormente, prepara uma lista dos candidatos, em ordem alfabética, e leva ao conhecimento dos Estados-partes pelo menos 30 dias antes do período subsequente de sessões da Assembleia Geral da OEA. Os prazos previstos pelo

---

[300] *Artigo 7. Candidatos.* 1. Os juízes são eleitos pelos Estados Partes da Convenção, na Assembleia Geral da OEA, de uma lista de candidatos propostos pelos mesmos Estados. 2. Cada Estado-Parte pode propor até três candidatos, nacionais do Estado que os propõe ou de qualquer outro Estado-membro da OEA. 3. Quando for proposta uma lista tríplice, pelo menos um dos candidatos deve ser nacional de um Estado diferente do proponente.

[301] *Artigo 8. Eleição*: Procedimento prévio. 1. Seis meses antes da realização do período ordinário de sessões da Assembleia Geral da OEA, antes da expiração do mandato para o qual houverem sido eleitos os juízes da Corte, o Secretário-Geral da OEA solicitará, por escrito, a cada Estado-Parte da Convenção, que apresente seus candidatos dentro do prazo de noventa dias. 2. O Secretário-Geral da OEA preparará uma lista em ordem alfabética dos candidatos apresentados e a levará ao conhecimento dos Estados Partes, se for possível, pelo menos trinta dias antes do próximo período de sessões da Assembleia Geral da OEA. 3. Quando se tratar de vagas da Corte, bem como nos casos de morte ou de incapacidade permanente de um candidato, os prazos anteriores serão reduzidos de maneira razoável a juízo do Secretário-Geral da OEA.

artigo 8 podem ser reduzidos, de maneira razoável e a juízo do Secretário-Geral da OEA, nas hipóteses de morte ou incapacidade permanente de um candidato.

Por fim, o artigo 9[302] dispõe as regras sobre a votação para eleição dos juízes. A votação é secreta, feita pela maioria absoluta dos Estados-partes da Convenção, dentre os candidatos habilitados nos termos do supramencionado artigo 7. Dentre eles, são considerados eleitos aqueles que recebem o maior número de votos.

A preparação para a eleição de um juiz da Corte Interamericana tem início 6 meses antes da realização do Período Ordinário de Sessões da Assembleia Geral da Organização dos Estados Americanos no ano que antecede a expiração do mandato do magistrado em exercício.

Nesse momento, o Secretário-Geral da OEA notificará por escrito os Estados-partes da Convenção, isto é, aqueles que a ratificaram e depositaram para que, em até 90 dias, apresentem seus eventuais candidatos.

A Convenção permite que o país apresente até 3 candidatos. Nesse caso, ao menos um deles deve ser nacional de outro Estado. A despeito dessa possibilidade, na prática os Estados que têm submetido suas candidaturas indicam apenas um postulante. Não tem sido praxe nomear candidatos de outras nacionalidades.

Conforme preconiza o artigo 8.2 do Estatuto da Corte, a Secretaria-Geral da OEA circulará a lista de candidatos aos Estados-partes da Convenção em até um mês antes do início do Período Ordinário de Sessões da Assembleia Geral.

Além dessa medida, o Conselho Permanente da OEA tem realizado Sessão Extraordinária com o objetivo de receber os postulantes ao cargo de juiz, oferecendo espaço para que apresentem suas candidaturas e respondam a eventuais questionamentos por parte dos Estados.

Na eleição, por sua vez, cada Estado tem direito a um voto por vaga, mas não pode atribuir mais de um voto a um mesmo candidato. São eleitos aqueles que obtiverem maioria absoluta. Embora a OEA divulgue a quantidade de votos recebida pelos juízes eleitos, a votação por país é secreta. O quórum atual é de 24 países.

REFERÊNCIAS

CHILE. Projeto da Convenção Americana sobre Direitos Humanos apresentado pelo Chile na Segunda Conferência Interamericana Extraordinária do Rio de Janeiro, 1965. In: SECRETARIA-GERAL DA OEA. *Anuário Interamericano de Direitos Humanos 1968*. Washington, DC: Secretaria-Geral da OEA, 1973. p. 275-298.

COMISSÃO INTERAMERICANA DE DIREITOS HUMANOS. Anteprojeto da Convenção Americana sobre Direitos Humanos, 1968. In: SECRETARIA-GERAL DA OEA. *Anuário Interamericano de Direitos Humanos 1968*. Washington, DC: Secretaria-Geral da OEA, 1973. p. 94-156.

COMISSÃO INTERAMERICANA DE DIREITOS HUMANOS. Opinião da Comissão sobre o projeto de Convenção Americana sobre Direitos Humanos preparado pelo Conselho Interamericano de Jurisconsultos. OEA/Ser.L/V/11.16/doc.8. In: SECRETARIA-

---

[302] *Artigo 9. Votação.* 1. A eleição dos juízes é feita por votação secreta e pela maioria absoluta dos Estados-Partes da Convenção, dentre os candidatos a que se refere o artigo 7 deste Estatuto. 2. Entre os candidatos que obtiverem a citada maioria absoluta, serão considerados eleitos os que receberem o maior número de votos. Se forem necessárias várias votações, serão eliminados sucessivamente os candidatos que receberem menor número de votos, segundo o determinem os Estados-Partes.

-GERAL DA OEA. *Anuário Interamericano de Direitos Humanos 1968*. Washington, DC: Secretaria-Geral da OEA, 1973. p. 318-356.

CONSELHO INTERAMERICANO DE JURISCONSULTOS. Projeto da Convenção Americana sobre Direitos Humanos, setembro de 1959. In: SECRETARIA-GERAL DA OEA. *Anuário Interamericano de Direitos Humanos 1968*. Washington, DC: Secretaria-Geral da OEA, 1973. p. 236-275.

URUGUAI. Projeto da Convenção Americana sobre Direitos Humanos apresentado pelo Uruguai na Segunda Conferência Interamericana Extraordinária do Rio de Janeiro, 1965. In: SECRETARIA-GERAL DA OEA. *Anuário Interamericano de Direitos Humanos 1968*. Washington, DC: Secretaria-Geral da OEA, 1973. p. 298-318.

Artigo 54

1. Os juízes da Corte serão eleitos por um período de seis anos e só poderão ser reeleitos uma vez. O mandato de três dos juízes designados na primeira eleição expirará ao cabo de três anos. Imediatamente depois da referida eleição, determinar-se-ão por sorteio, na Assembleia Geral, os nomes desses três juízes.

2. O juiz eleito para substituir outro cujo mandato não haja expirado, completará o período deste.

3. Os juízes permanecerão em suas funções até o término dos seus mandatos. Entretanto, continuarão funcionando nos casos de que já houverem tomado conhecimento e que se encontrem em fase de sentença e, para tais efeitos, não serão substituídos pelos novos juízes eleitos.

 COMENTÁRIOS

por Rodrigo Mudrovitsch[303]

O artigo 54, alinhado aos dois artigos que o precedem, prevê as regras sobre o exercício do mandato dos juízes interamericanos. O mandato do juiz interamericano é de 6 anos e pode chegar a 12 anos caso seja reeleito. Ressalta-se que a candidatura à reeleição deverá ocorrer nos termos do artigo 53, isto é, seguindo o procedimento aplicável às demais candidaturas. A recondução ao cargo está limitada apenas a um mandato adicional.

1. ORIGEM DO ARTIGO 54 E TRABALHOS PREPARATÓRIOS DA CONVENÇÃO

Em seu projeto de Convenção, o Conselho de Jurisconsultos previa um mandato de 9 anos para os juízes interamericanos, conforme redação do então artigo 67.1:[304]

---

[303] O autor agradece as valiosas contribuições dos pesquisadores João Ricardo Oliveira Munhoz, Letícia Machado Haertel, Bianca Guimarães Silva, Maria Carolina Ferreira da Silva e Augusto Sperb Machado no levantamento de informações para a elaboração dos capítulos referentes aos artigos 52 a 73 da Convenção.

[304] CONSELHO INTERAMERICANO DE JURISCONSULTOS. Projeto da Convenção Americana sobre Direitos Humanos, setembro de 1959. In: SECRETARIA-GERAL DA OEA. *Anuário Interamericano de Direitos Humanos 1968*. Washington, DC: Secretaria-Geral da OEA, 1973. p. 264.

Artículo 67

1. Los miembros de la Corte desempeñarán sus cargos por nueve años y podrán ser reelectos. Sin embargo, el período de una tercera parte de los magistrados electos en la primera elección expirará a los tres años, y el período de otra tercera parte expirará a los seis años.

2. Los magistrados cuyos períodos hayan de expirar al cumplir los mencionados períodos iniciales de tres y de seis años, serán designados mediante. sorteo. Que efectuará el Secretario General de la Organización de los Estados Americanos inmediatamente después de terminada la primera elección.

3. Será aplicable respecto de los miembros de la Corte lo establecido en el párrafo 2 del artículo 41 y en el artículo 42 de la presente convención.

4. Los jueces de la Corte deberán formular la declaración prevista en el artículo 46 de la presente convención.

Os projetos do Chile[305] e do Uruguai[306] previam, igualmente, o mandato de 9 anos. A Comissão, por sua vez, em sua Opinião sobre o projeto de Convenção, sugeriu o prazo de 6 anos para o mandato dos juízes interamericanos, inspirando-se nas regras do exercício do mandato dos seus comissionados. Assim, no anteprojeto apresentado pela Comissão, a redação do artigo 45 traz as seguintes disposições:

Artículo 45

1. Los jueces de la Corte serán elegidos por un período de seis años y podrán ser reelegidos.

2. El juez elegido para reemplazar a un miembro cuyo mandato no ha expirado, completará el período de éste.

3. El juez permanecerá en la función hasta el término de su mandato. Sin embargo, seguirá conociendo de los casos a que ya se hubiere abocado, mientras se sustancia el respectivo proceso.

Posteriormente, a redação final da Convenção incorporou a limitação da reeleição a apenas uma vez e trouxe disposições específicas relativas à primeira eleição a ser realizada na Corte.

2. O MANDATO DOS JUÍZES DA CORTE INTERAMERICANA (ARTIGOS 54.1, 54.2 E 54.3)

Nos termos do artigo 5 do Estatuto da Corte, o mandato dos juízes tem início em 1º de janeiro e se encerra em 31 de dezembro do ano de conclusão. O artigo 54.1 ainda conta com disposições que dizem respeito à primeira eleição para juiz da Corte e, por tal razão, não tem mais aplicação.

---

[305]　Artigo 48.1. CHILE. Projeto da Convenção Americana sobre Direitos Humanos apresentado pelo Chile na Segunda Conferência Interamericana Extraordinária do Rio de Janeiro, 1965. In: SECRETARIA-GERAL DA OEA. *Anuário Interamericano de Direitos Humanos 1968*. Washington, DC: Secretaria-Geral da OEA, 1973. p. 291.

[306]　Artigo 72.1. URUGUAI. Projeto da Convenção Americana sobre Direitos Humanos apresentado pelo Uruguai na Segunda Conferência Interamericana Extraordinária do Rio de Janeiro, 1965. In: SECRETARIA--GERAL DA OEA. *Anuário Interamericano de Direitos Humanos 1968*. Washington, DC: Secretaria-Geral da OEA, 1973. p. 313.

Caso um juiz renuncie ou perca seu mandato, por qualquer razão, a Assembleia Geral da OEA elegerá, em seu Período de Sessões subsequente, um novo juiz para ocupar o cargo vacante. Esse magistrado, nos termos do artigo 54.2, terá o mandato correspondente ao tempo restante de judicatura do juiz que deixou o posto.

O artigo 54.3 traz comando relevante para a instrução uniforme dos casos e para a coesão das sentenças da Corte Interamericana. Após a expiração do mandato dos juízes, nos casos que estão pendentes de sentenciamento, mas que já foram submetidos à Corte, caberá à composição que conheceu do caso reunir-se novamente para deliberação de sentença.

A regra também se aplica à apreciação de eventuais pedidos de interpretação de sentença que não foram apreciados durante a vigência do mandato dos juízes que julgaram o caso.

A título de exemplo, ao longo de 2022, após a posse dos juízes eleitos em 2021 e a saída de 4 integrantes, a composição anterior proferiu 3 sentenças de mérito,[307] 7 decisões de interpretação de sentença[308] e uma opinião consultiva.[309]

Ressalta-se, porém, que o dispositivo somente é cabível nas hipóteses em que o magistrado deixou a Corte em razão da expiração do mandato. Na hipótese de renúncia ou inabilitação, o juiz será substituído por outro da nova composição, nos termos do artigo 17.1 do Regulamento da Corte.

O artigo tampouco é aplicável em relação à supervisão de cumprimento de sentença e à decisão sobre medidas provisórias, que deverão ser realizadas pelos juízes em mandato vigente.

REFERÊNCIAS

CHILE. Projeto da Convenção Americana sobre Direitos Humanos apresentado pelo Chile na Segunda Conferência Interamericana Extraordinária do Rio de Janeiro, 1965. In: SECRETARIA-GERAL DA OEA. *Anuário Interamericano de Direitos Humanos 1968*. Washington, DC: Secretaria-Geral da OEA, 1973. p. 275-298.

---

[307] CORTE IDH. Caso Integrantes y Militantes de la Unión Patriótica *vs.* Colombia. Excepciones Preliminares, Fondo, Reparaciones y Costas. Sentencia de 27 de julio de 2022. Serie C No. 455; CORTE IDH. Caso Pavez Pavez *vs.* Chile. Fondo, Reparaciones y Costas. Sentencia de 4 de febrero de 2022. Serie C No. 449; CORTE IDH. Caso Federación Nacional de Trabajadores Marítimos y Portuarios (FEMAPOR) *vs.* Perú. Excepciones Preliminares, Fondo y Reparaciones. Sentencia de 1 de febrero de 2022. Serie C No. 448.

[308] CORTE IDH. Caso Federación Nacional de Trabajadores Marítimos y Portuarios (FEMAPOR) *vs.* Perú. Interpretación de la Sentencia de Excepciones Preliminares, Fondo y Reparaciones. Sentencia de 21 de noviembre de 2022. Serie C No. 480; CORTE IDH. Caso Familia Julien Grisonas *vs.* Argentina. Interpretación de la Sentencia de Excepciones Preliminares, Fondo, Reparaciones y Costas. Sentencia de 21 de noviembre de 2022. Serie C No. 479; CORTE IDH. Caso Maidanik y otros *vs.* Uruguay. Interpretación de la Sentencia de Fondo y Reparaciones. Sentencia de 21 de noviembre de 2022. Serie C No. 478; CORTE IDH. Caso Manuela y otros *vs.* El Salvador. Interpretación de la Sentencia de Excepciones Preliminares, Fondo, Reparaciones y Costas. Sentencia de 27 de julio de 2022. Serie C No. 461; CORTE IDH. Caso Extrabajadores del Organismo Judicial *vs.* Guatemala. Interpretación de la Sentencia de Excepciones Preliminares, Fondo y Reparaciones. Sentencia de 27 de julio de 2022. Serie C No. 459; CORTE IDH. Caso Masacre de la Aldea Los Josefinos *vs.* Guatemala. Interpretación de la Sentencia de Excepción Preliminar, Fondo, Reparaciones y Costas. Sentencia de 27 de julio de 2022. Serie C No. 458; CORTE IDH. Caso Cuya Lavy y otros *vs.* Perú. Interpretación de la Sentencia de Excepciones Preliminares, Fondo, Reparaciones y Costas. Sentencia de 27 de julio de 2022. Serie C No. 456.

[309] CORTE IDH. Enfoques diferenciados respecto de determinados grupos de personas privadas de la libertad (Interpretación y alcance de los artículos 1.1, 4.1, 5, 11.2, 12, 13, 17.1, 19, 24 y 26 de la Convención Americana sobre Derechos Humanos y de otros instrumentos que conciernen a la protección de los derechos humanos). Opinión Consultiva OC-29/22, de 30 de mayo de 2022. Serie A No. 29.

COMISSÃO INTERAMERICANA DE DIREITOS HUMANOS. Anteprojeto da Convenção Americana sobre Direitos Humanos, 1968. In: SECRETARIA-GERAL DA OEA. *Anuário Interamericano de Direitos Humanos 1968*. Washington, DC: Secretaria-Geral da OEA, 1973. p. 94-156.

COMISSÃO INTERAMERICANA DE DIREITOS HUMANOS. Opinião da Comissão sobre o projeto de Convenção Americana sobre Direitos Humanos preparado pelo Conselho Interamericano de Jurisconsultos. OEA/Ser.L/V/11.16/doc.8. In: SECRETARIA--GERAL DA OEA. *Anuário Interamericano de Direitos Humanos 1968*. Washington, DC: Secretaria-Geral da OEA, 1973. p. 318-356.

CONSELHO INTERAMERICANO DE JURISCONSULTOS. Projeto da Convenção Americana sobre Direitos Humanos, setembro de 1959. In: SECRETARIA-GERAL DA OEA. *Anuário Interamericano de Direitos Humanos 1968*. Washington, DC: Secretaria-Geral da OEA, 1973. p. 236-275.

URUGUAI. Projeto da Convenção Americana sobre Direitos Humanos apresentado pelo Uruguai na Segunda Conferência Interamericana Extraordinária do Rio de Janeiro, 1965. In: SECRETARIA-GERAL DA OEA. *Anuário Interamericano de Direitos Humanos 1968*. Washington, DC: Secretaria-Geral da OEA, 1973. p. 298-318.

Artigo 55

1. O juiz que for nacional de algum dos Estados-Partes no caso submetido à Corte conservará o seu direito de conhecer o mesmo.

2. Se um dos juízes chamados a conhecer do caso for de nacionalidade de um dos Estados-Partes, outro Estado-Parte no caso poderá designar uma pessoa de sua escolha para integrar a Corte na qualidade de juiz *ad hoc*.

3. Se, dentre os juízes chamados a conhecer do caso, nenhum for da nacionalidade dos Estados-partes, cada um destes poderá designar um juiz *ad hoc*.

4. O juiz *ad hoc* deve reunir os requisitos indicados no artigo 52.

5. Se vários Estados-Partes na Convenção tiverem o mesmo interesse no caso, serão considerados como uma só parte, para os fins das disposições anteriores. Em caso de dúvida, a Corte decidirá.

 COMENTÁRIOS

por Rodrigo Mudrovitsch[310]

O artigo 55 da Convenção trata das regras que condicionam o conhecimento dos casos contenciosos por parte de um juiz segundo sua nacionalidade, bem como das hipóteses de designação de juízes *ad hoc*.

---

[310] O autor agradece as valiosas contribuições dos pesquisadores João Ricardo Oliveira Munhoz, Letícia Machado Haertel, Bianca Guimarães Silva, Maria Carolina Ferreira da Silva e Augusto Sperb Machado no levantamento de informações para a elaboração dos capítulos referentes aos artigos 52 a 73 da Convenção.

1. ORIGEM DO ARTIGO 55 E TRABALHOS PREPARATÓRIOS DA CONVENÇÃO

Como visto nos capítulos precedentes relativos aos artigos 52 a 54, o projeto de Convenção apresentado pelo Conselho de Jurisconsultos já continha disposições relativas à composição do quadro de juízes da Corte Interamericana, disposições essas com as quais, de maneira geral, coincidiram os projetos do Chile e do Uruguai.

Especificamente sobre a figura dos juízes *ad hoc*, esta tem origem na Opinião da Comissão sobre o projeto de Convenção, em seu artigo 41.2.[311] A partir dessa formulação, o anteprojeto apresentado pela Comissão, em seu artigo 46.2,[312] dispunha:

> Artículo 46
>
> 1. El quórum mínimo para las deliberaciones de la Corte es de cinco jueces.
>
> 2. El juez que sea nacional de un Estado Parte en el caso, será sustituido por un juez *ad hoc*, con las calificaciones del artículo 42, elegido por la mayoría absoluta de los votos de los otros jueces de la propia Corte siempre que sea necesario para formar el quórum indicado en el párrafo 1 de este artículo.

2. O JUIZ NACIONAL DO ESTADO-PARTE E A FIGURA DOS JUÍZES *AD HOC* (ARTIGOS 55.1 A 55.5)

Parte substancial das disposições do artigo 55 teve sua aplicabilidade restringida após a reforma do Regulamento da Corte de 2009. Antes de adentrar nesse mérito, são cabíveis algumas considerações sobre a redação vigente do mencionado dispositivo.

Nota-se, *prima facie*, que o texto convencional possui redação pouco clara, utilizando expressões que aludem a casos envolvendo mais de um Estado, o que ocorre somente nas chamadas comunicações interestatais, previstas no artigo 45 da Convenção. Isso pode ser constatado no inciso 2 do artigo 55, que trata da situação em que o juiz "for de nacionalidade de um dos Estados-Partes, outro Estado-Parte no caso". De modo semelhante, o artigo 55.3 novamente emprega o plural para referir-se aos Estados-partes em um caso.

Ora, nos casos contenciosos decorrentes de petições individuais, as partes são, de um lado, as vítimas e, do outro, um único Estado. Dito de outro modo, nessas hipóteses, que correspondem à totalidade dos casos analisados pela Corte, para além das Opiniões Consultivas e Medidas Provisórias, não há mais de um Estado no mesmo litígio. Até o presente momento, nenhuma comunicação interestatal foi apreciada pelo Tribunal Interamericano.

Apesar da vagueza do artigo 55, historicamente a figura do juiz *ad hoc* foi amplamente adotada em casos contenciosos regulares da Corte. Os juízes *ad hoc* costumavam ser convocados sobretudo em 2 hipóteses: (i) quando o tribunal já era integrado por um juiz nacional do Estado imputado, mas se escusava de conhecer do caso, nos termos do artigo 19.2 do Estatuto da Corte IDH; ou (ii) quando nenhum dos magistrados era nacional do

---

[311] COMISSÃO INTERAMERICANA DE DIREITOS HUMANOS. Opinião da Comissão sobre o projeto de Convenção Americana sobre Direitos Humanos preparado pelo Conselho Interamericano de Jurisconsultos. OEA/Ser.L/V/11.16/doc.8. In: SECRETARIA-GERAL DA OEA. *Anuário Interamericano de Direitos Humanos 1968*. Washington, DC: Secretaria-Geral da OEA, 1973. p. 348.

[312] COMISSÃO INTERAMERICANA DE DIREITOS HUMANOS. Anteprojeto da Convenção Americana sobre Direitos Humanos, 1968. In: SECRETARIA-GERAL DA OEA. *Anuário Interamericano de Direitos Humanos 1968*. Washington, DC: Secretaria-Geral da OEA, 1973. p. 146.

Estado imputado. Para tanto, as primeiras versões do Regulamento da Corte[313] atribuíam aos Estados o prazo de 30 dias, contados a partir de notificação enviada pela Secretaria da Corte IDH, para indicar um juiz *ad hoc*. Desde sua instalação, já passaram 33 juízes *ad hoc* pela Corte Interamericana.[314]

Em 2008, a Argentina apresentou a solicitação de Opinião Consultiva denominada "A figura do juiz *ad hoc* e a igualdade de armas no processo ante a Corte Interamericana no contexto de um caso originado de uma petição individual" (que deu origem à OC 20/09).

A fim de obter esclarecimento sobre a interpretação do artigo 55 da Convenção, a Argentina apresentou os seguintes questionamentos à Corte:

> De acuerdo a lo previsto por la Convención Americana sobre Derechos Humanos en su artículo 55.3, ¿la posibilidad de designar un juez *ad-hoc* debe limitarse a aquellos casos en que la demanda interpuesta ante la Corte haya sido originada en una denuncia interestatal?
>
> Para aquellos casos originados en una petición individual, ¿Aquel magistrado nacional del Estado denunciado debería excusarse de participar de la sustanciación y decisión del caso en orden a garantizar una decisión despojada de toda posible parcialidad o influencia?

Nos termos do texto convencional, o magistrado estaria facultado a conhecer e julgar de casos contenciosos contra seu Estado de origem.

Ao traçar a genealogia da figura do juiz *ad hoc* no direito internacional, a Corte Interamericana chegou aos *travaux préparatoires* do Estatuto da Corte Internacional de Justiça, órgão incumbido de julgar causas envolvendo Estados. Nessa lógica particular, o magistrado *ad hoc* cumpriria a função de impedir a sub-representação de um Estado e de assegurar a preservação do equilíbrio processual.[315]

Em um tribunal de direitos humanos que julga, em casos cujo polo ativo é ocupado pelas pretensas vítimas, esse mesmo racional – construído para litígios entre iguais – perdeu o sentido. Tal foi a constatação da Corte Interamericana:

> En este sentido, no escapa a la Corte que la figura del juez *ad hoc*, concebida para mantener el equilibrio procesal entre Estados Partes iguales en derecho, podría entrar en conflicto con el carácter especial de los tratados modernos de derechos humanos y la noción de garantía colectiva. El conflicto en cuestión resulta más evidente cuando los individuos y los Estados se constituyen en partes procesales opuestas. Por ello, al estar expresamente prevista en la Convención Americana, la Corte debe dar a la figura del juez *ad hoc* una aplicación restringida de conformidad con el propósito del artículo 55 de la Convención.[316]

---

[313] A disposição esteve presente nos regulamentos de 1980, 1991, 1996, 2000 e 2003, mas foi suprimida no regulamento atual, de 2009.

[314] Para consultar a lista de juízes *ad hoc*, ver: CORTE IDH. Composiciones: Corte Interamericana de Derechos Humanos 1979-2018. San José, C.R.: AGIC, 2019. p. 68-70. Disponível em https://www.corteidh.or.cr/docs/composiciones/composiciones.pdf.

[315] Corte IDH. Artículo 55 de la Convención Americana sobre Derechos Humanos. Opinión Consultiva OC-20/09, de 29 de septiembre de 2009. Serie A No. 20. pars. 34-37.

[316] Corte IDH. Artículo 55 de la Convención Americana sobre Derechos Humanos. Opinión Consultiva OC-20/09, de 29 de septiembre de 2009. Serie A No. 20. par. 37.

Com isso, a Corte concluiu que as disposições da Convenção, sobretudo do artigo 55.3, relacionadas à convocação de juízes *ad hoc* estariam limitadas tão somente aos procedimentos originados em comunicações interestatais.

A Corte também se debruçou sobre a possibilidade de juízes nacionais conhecerem de casos originados de petições individuais relativos aos seus Estados de origem, nos termos do artigo 55.1.

A esse respeito, o parecer consultivo analisou a questão sob dois critérios interpretativos: o primeiro é aquele segundo o qual o artigo 55 da Convenção, incluindo seu primeiro inciso, diria respeito tão somente a casos entre Estados. Assim, um magistrado só poderia atuar em casos nos quais seu Estado de origem é parte naqueles casos originados de petições interestatais. Nas palavras da Corte:

> En razón de este primer análisis del artículo 55.1 de la Convención, sólo en el trámite de controversias originadas en comunicaciones interestatales, el juez o los jueces de la nacionalidad de los Estados Partes en el caso sometido a la Corte conservan su derecho a participar en la sustanciación del mismo. Visto así, el artículo 55 de la Convención consagraría un régimen excepcional no sólo en lo relativo al nombramiento de jueces ad hoc (*supra* párr. 45), sino también respecto a la participación de los jueces nacionales de Estados demandados. Como se dijo, esta interpretación se confirma al estudiar los trabajos preparatorios de la Convención Americana de los cuales se desprende que sus redactores quisieron limitar el ámbito de aplicación del artículo 55 en su conjunto a casos originados en comunicaciones interestatales, de modo similar al artículo 31 del Estatuto de la Corte Internacional de Justicia (*supra* párr. 44).[317]

O segundo critério de interpretação proposto parte da premissa de que, do artigo 55.1, não é possível depreender nenhuma proibição *a priori* à participação de juízes nacionais em casos originados de petições individuais contra os países dos quais são nacionais. Diante do silêncio da Convenção, a Corte constata que outros organismos internacionais que atuam no campo dos direitos humanos vinham impondo restrições do gênero, como a Comissão Interamericana de Direitos Humanos, o Comitê de Direitos Humanos das Nações Unidas e a Corte Africana de Direitos Humanos. Assim, a despeito de a nacionalidade não significar, *per se*, razão para suspeitar da independência do magistrado, trata-se de situação que afeta a percepção de sua imparcialidade objetiva.

A partir de ambas as interpretações, uma que reconhece a aplicação exclusiva do artigo 55 a litígios interestatais e outra que parte do pressuposto do silêncio da Convenção, a Corte chegou à conclusão de que o juiz nacional não deveria conhecer de casos originados de petições individuais envolvendo o Estado do qual é nacional.

Como resultado da publicação da Opinião Consultiva 20/09, a própria Corte Interamericana editou novo Regulamento em 2009, adaptado às considerações veiculadas naquela. Nesse sentido foram feitas duas modificações principais: o artigo 19 do Regulamento passou a dispor que juízes nacionais não poderão conhecer dos casos originados de petições individuais em que são nacionais do Estado demandado; e o artigo 20, por sua vez, restringiu as hipóteses de nomeação dos juízes *ad hoc* a casos interestatais. *Vide*:

---

[317] Corte IDH. Artículo 55 de la Convención Americana sobre Derechos Humanos. Opinión Consultiva OC-20/09, de 29 de septiembre de 2009. Serie A No. 20. par. 78.

Articulo 19. Jueces nacionales

1. En los casos a que hace referencia el artículo 44 de la Convención, los Jueces no podrán participar en su conocimiento y deliberación, cuando sean nacionales del Estado demandado.

2. En los casos a los que hace referencia el artículo 45 de la Convención, los Jueces nacionales podrán participar en su conocimiento y deliberación. Si quien ejerce la Presidencia es nacional de una de las partes en el caso, cederá el ejercicio de la misma.

Artículo 20. Jueces *ad hoc* en casos interestatales

1. Cuando se presente un caso previsto en el artículo 45 de la Convención, la Presidencia, por medio de la Secretaría, advertirá a los Estados mencionados en dicho artículo la posibilidad de designar un Juez *ad hoc* dentro de los 30 días siguientes a la notificación de la demanda.

Faz-se a ressalva de que, mesmo após a publicação do novo regulamento, alguns casos ainda contaram com a participação de juízes *ad hoc* nos anos seguintes. Isso, porque as disposições regulamentares anteriores continuaram a ser aplicadas aos casos cuja audiência pública se deu antes da entrada em vigor do Regulamento de 2009.

REFERÊNCIAS

CHILE. Projeto da Convenção Americana sobre Direitos Humanos apresentado pelo Chile na Segunda Conferência Interamericana Extraordinária do Rio de Janeiro, 1965. In: SECRETARIA-GERAL DA OEA. *Anuário Interamericano de Direitos Humanos 1968*. Washington, DC: Secretaria-Geral da OEA, 1973. p. 275-298.

COMISSÃO INTERAMERICANA DE DIREITOS HUMANOS. Anteprojeto da Convenção Americana sobre Direitos Humanos, 1968. In: SECRETARIA-GERAL DA OEA. *Anuário Interamericano de Direitos Humanos 1968*. Washington, DC: Secretaria-Geral da OEA, 1973. p. 94-156.

COMISSÃO INTERAMERICANA DE DIREITOS HUMANOS. Opinião da Comissão sobre o projeto de Convenção Americana sobre Direitos Humanos preparado pelo Conselho Interamericano de Jurisconsultos. OEA/Ser.L/V/11.16/doc.8. In: SECRETARIA--GERAL DA OEA. *Anuário Interamericano de Direitos Humanos 1968*. Washington, DC: Secretaria-Geral da OEA, 1973. p. 318-356.

CONSELHO INTERAMERICANO DE JURISCONSULTOS. Projeto da Convenção Americana sobre Direitos Humanos, setembro de 1959. In: SECRETARIA-GERAL DA OEA. *Anuário Interamericano de Direitos Humanos 1968*. Washington, DC: Secretaria-Geral da OEA, 1973. p. 236-275.

URUGUAI. Projeto da Convenção Americana sobre Direitos Humanos apresentado pelo Uruguai na Segunda Conferência Interamericana Extraordinária do Rio de Janeiro, 1965. In: SECRETARIA-GERAL DA OEA. *Anuário Interamericano de Direitos Humanos 1968*. Washington, DC: Secretaria-Geral da OEA, 1973. p. 298-318.

> ### Artigo 56
> O quórum para as deliberações da Corte é constituído por cinco juízes.

 COMENTÁRIOS

por Rodrigo Mudrovitsch[318]

O artigo 56 estabelece em cinco juízes o quórum mínimo necessário para que a Corte possa proceder às suas deliberações. O número mínimo de juízes interamericanos é uma condição de validade da decisão a ser adotada, seja no exercício da competência contenciosa, seja no exercício da competência consultiva.

1. ORIGEM DO ARTIGO 56 E TRABALHOS PREPARATÓRIOS DA CONVENÇÃO

A questão sobre o quórum para as deliberações foi levantada pela Comissão em sua Opinião sobre os projetos apresentados pelo Conselho de Jurisconsultos, em seu artigo 41.[319] A redação adotada no anteprojeto elaborado pela Comissão foi similar, em seu artigo 46.1:[320]

> Artículo 46
> 1. El quórum mínimo para las deliberaciones de la Corte es de cinco jueces.

2. O QUÓRUM PARA AS DELIBERAÇÕES

O quórum para deliberação de cinco juízes é reafirmado pelo artigo 14 do Regulamento da Corte. No mesmo sentido dispõe o artigo 23[321] do Estatuto da Corte, que prevê, ainda, que as decisões da Corte serão tomadas pela maioria dos juízes presentes e que, em caso de empates, o presidente possui o voto de qualidade.

É possível que, na formação do quórum mínimo, o presidente e o vice-presidente estejam ausentes, sendo então substituídos de acordo com as regras previstas pelos artigos 12 e 13 do Estatuto da Corte. O artigo 12[322] dispõe que a Corte elege seu presidente e seu

---

[318] O autor agradece as valiosas contribuições dos pesquisadores João Ricardo Oliveira Munhoz, Letícia Machado Haertel, Bianca Guimarães Silva, Maria Carolina Ferreira da Silva e Augusto Sperb Machado no levantamento de informações para a elaboração dos capítulos referentes aos artigos 52 a 73 da Convenção.

[319] COMISSÃO INTERAMERICANA DE DIREITOS HUMANOS. Opinião da Comissão sobre o projeto de Convenção Americana sobre Direitos Humanos preparado pelo Conselho Interamericano de Jurisconsultos. OEA/Ser.L/V/11.16/doc.8. In: SECRETARIA-GERAL DA OEA. *Anuário Interamericano de Direitos Humanos 1968*. Washington, DC: Secretaria-Geral da OEA, 1973. p. 349.

[320] COMISSÃO INTERAMERICANA DE DIREITOS HUMANOS. Anteprojeto da Convenção Americana sobre Direitos Humanos, 1968. In: SECRETARIA-GERAL DA OEA. *Anuário Interamericano de Direitos Humanos 1968*. Washington, DC: Secretaria-Geral da OEA, 1973. p. 146

[321] *Artigo 23 Quórum* 1. O quórum para as deliberações da Corte é constituído por cinco juízes ou juízas. 2. As decisões da Corte serão tomadas pela maioria dos juízes ou juízas presentes. 3. Em caso de empate, o ou a Presidente terá o voto de qualidade.

[322] *Artigo 12 Presidência.* 1. A Corte elege, dentre seus membros, o ou a Presidente e Vice-Presidente, por dois anos, os quais poderão ser reeleitos. 2. O ou a Presidente dirige o trabalho da Corte, a representa, ordena

vice-presidente, dentre seus membros, para um mandato de dois anos, sendo permitida a reeleição. No caso de ausência do presidente, ele será substituído pelo vice-presidente, tanto nas ausências temporárias quanto nas permanentes. Neste último caso, a Corte tem de eleger um novo vice-presidente para substituir o anterior até o termo de seu mandato. O artigo 13,[323] por sua vez, dispõe as regras de precedência, que se aplicam quando tanto o presidente quanto o vice-presidente estão temporariamente ausentes. Segundo esse dispositivo, o primeiro critério é a antiguidade no cargo, seguido, subsidiariamente, da maior idade, no que concerne à escolha entre os juízes titulares. Após os titulares, os juízes *ad hoc* e interinos têm precedência, com primazia para aqueles que tiverem sido titulares, e, subsidiariamente, por ordem de idade.

O artigo 19.1[324] do Regulamento da Corte (2009) determina que, nos casos a que se refere o artigo 44 da Convenção, os juízes que forem nacionais do Estado demandado não poderão participar da deliberação.[325] Relembre-se que o artigo 44 se refere às petições levadas à Comissão que contenham denúncias ou queixas de violação da Convenção por um Estado-parte.

Além da hipótese dos juízes nacionais, vale relembrar que o artigo 19[326] do Estatuto da Corte prevê hipóteses de impedimentos, escusas e inabilitação dos juízes. Os juízes serão impedidos de participar em casos nos quais seus parentes tiverem interesse direto ou em casos em que tiverem participado, visto que essas hipóteses poderiam comprometer o requisito de imparcialidade do julgamento. Ademais, o próprio juiz pode manifestar sua escusa, ao presidente, em virtude de impedimento ou de motivo justificado para não conhecer do caso, e, se o presidente não acolher o pedido do juiz, a Corte decidirá a respeito. O presidente também pode declarar o impedimento ou a inabilitação por outro motivo justificado de um

---

a tramitação dos assuntos que forem submetidos à Corte e preside suas sessões. 3. O ou a Vice-Presidente substitui o ou a Presidente em suas ausências temporárias e ocupa seu lugar em caso de vaga. Nesse último caso, a Corte elegerá um Vice-Presidente para substituir o anterior pelo resto do seu mandato. 4. No caso de ausência do Presidente e do Vice-Presidente, suas funções serão desempenhadas por outros juízes ou juízas, na ordem de precedência estabelecida no artigo 13 deste Estatuto.

[323] *Artigo 13 Precedência.* 1. Os juízes e juízas titulares terão precedência, depois do Presidente e do Vice- -Presidente, de acordo com sua antiguidade no cargo. 2. Quando houver dois ou mais juízes ou juízas com a mesma antiguidade, a precedência será determinada pela maior idade. 3. Os juízes e juízas *ad hoc* e interinos terão precedência depois dos titulares, por ordem de idade. Entretanto, se um juiz ou juíza *ad hoc* ou interino houver servido previamente como juiz ou juíza titular, terá precedência sobre os outros juízes ou juízas *ad hoc* ou interinos.

[324] *Artigo 19. Juízes nacionais.* 1. Nos casos a que se refere o artigo 44 da Convenção, os Juízes não poderão participar do seu conhecimento e deliberação quando sejam nacionais do Estado demandado.

[325] Para mais detalhes sobre esse ponto, ver o capítulo relativo ao artigo 55 da Convenção.

[326] *Artigo 19 Impedimentos, Escusas e Inabilitação.* 1. Os juízes ou juízas estarão impedidos de participar em assuntos nos quais eles ou seus parentes tiverem interesse direto ou em que houverem intervindo anteriormente como agentes, conselheiros ou advogados, ou como membros de um tribunal nacional ou internacional ou de uma comissão investigadora, ou em qualquer outra qualidade, a juízo da Corte. 2. Se algum dos juízes ou juízas estiver impedido de conhecer, ou por qualquer outro motivo justificado, considerar que não deve participar em determinado assunto, apresentará sua escusa ao ou à Presidente. Se este não a acolher, a Corte decidirá. 3. Se o ou a Presidente considerar que qualquer dos juízes ou juízas tem motivo de impedimento ou por algum outro motivo justificado não deva participar em determinado assunto, assim o fará saber. Se o juiz ou juíza em questão estiver em desacordo, a Corte decidirá. 4. Quando um ou mais juízes ou juízas estiverem inabilitados, em conformidade com este artigo, o ou a Presidente poderá solicitar aos Estados Partes da Convenção que em sessão do Conselho Permanente da OEA designem juízes ou juízas interinos para substituí-los.

juiz, e, caso este último não esteja de acordo, a Corte decidirá a respeito. Se um ou mais juízes estiverem inabilitados, o presidente poderá solicitar aos Estados-partes que designem juízes interinos para substituí-los, em sessão do Conselho Permanente da OEA.

REFERÊNCIAS

COMISSÃO INTERAMERICANA DE DIREITOS HUMANOS. Opinião da Comissão sobre o projeto de Convenção Americana sobre Direitos Humanos preparado pelo Conselho Interamericano de Jurisconsultos. OEA/Ser.L/V/11.16/doc.8. In: SECRETARIA-GERAL DA OEA. *Anuário Interamericano de Direitos Humanos 1968*. Washington, DC: Secretaria-Geral da OEA, 1973. p. 318-356.

COMISSÃO INTERAMERICANA DE DIREITOS HUMANOS. Anteprojeto da Convenção Americana sobre Direitos Humanos, 1968. In: SECRETARIA-GERAL DA OEA. *Anuário Interamericano de Direitos Humanos 1968*. Washington, DC: Secretaria-Geral da OEA, 1973. p. 94-156.

Artigo 57

A Comissão comparecerá em todos os casos perante a Corte.

💬 COMENTÁRIOS

por Rodrigo Mudrovitsch[327]

O artigo 57 trata do diálogo interinstitucional permanente entre a Corte Interamericana e a Comissão no âmbito dos casos levados à Corte. É uma regra de caráter procedimental que estabelece, entre as obrigações da Comissão, a de comparecer perante a Corte em todos os casos.

1. ORIGEM DO ARTIGO 57 E TRABALHOS PREPARATÓRIOS DA CONVENÇÃO

O projeto apresentado pelo Conselho de Jurisconsultos dispunha a faculdade da Comissão de comparecer perante a Corte, conforme seu artigo 71:[328]

> Artículo 71
>
> Los Estados que hayan ratificado la presente Convención o adherido a ella así como la Comisión de Derechos Humanos, representada por el miembro o miembros que ésta designe, podrán ser parte en casos ante la Corte.

---

[327] O autor agradece as valiosas contribuições dos pesquisadores João Ricardo Oliveira Munhoz, Letícia Machado Haertel, Bianca Guimarães Silva, Maria Carolina Ferreira da Silva e Augusto Sperb Machado no levantamento de informações para a elaboração dos capítulos referentes aos artigos 52 a 73 da Convenção.

[328] CONSELHO INTERAMERICANO DE JURISCONSULTOS. Projeto da Convenção Americana sobre Direitos Humanos, setembro de 1959. In: SECRETARIA-GERAL DA OEA. *Anuário Interamericano de Direitos Humanos 1968*. Washington, DC: Secretaria-Geral da OEA, 1973. p. 266.

No mesmo sentido dispunham os artigos 63[329] e 76[330] dos projetos apresentados pelo Chile e pelo Uruguai, respectivamente.

No anteprojeto apresentado pela Comissão em 1969, a obrigação da Comissão de comparecer perante a Corte não é mencionada. Não obstante, a questão voltou a ser discutida no âmbito dos trabalhos da Comissão II, criada na primeira sessão plenária da Conferência celebrada em 8 de novembro de 1969, encarregada de estudar os aspectos processuais do projeto de Convenção preparado pela Comissão Interamericana.[331] Como fruto desses trabalhos, a Comissão II dispôs:

> El Artículo 58, que es nuevo, dispone que la Comisión Interamericana de Derechos Humanos, comparecerá en todos los casos ante la Corte. Se consideró que de esta manera la Comisión podrá dar informaciones y puntos de vista pertinentes al caso y podría desempeñar ante la Corte una función similar a la que correspondería al Ministerio Público.[332]

2. O COMPARECIMENTO DA COMISSÃO

A disposição contida pelo artigo 57 da Convenção é complementada pelo artigo 24 do Regulamento da Corte, que dispõe:

> Artigo 24. Representação da Comissão
> A Comissão será representada pelos Delegados que designar para tal fim. Esses Delegados poderão fazer-se assistir por quaisquer pessoas de sua escolha.

Em todos os casos apresentados perante a Corte, a Comissão apresenta seu Informe de Mérito sobre o caso, bem como seu Escrito de Submissão do caso, em formato escrito. Ademais, a Comissão pode apresentar suas observações acerca das exceções preliminares e questões prévias submetidas pelos Estados. Ao serem convocadas as audiências, a Comissão designa seus representantes para participarem do procedimento. Os representantes da Comissão apresentam o caso à Corte no início dos trabalhos nas audiências e, ao final, apresentam suas alegações finais orais. Após as audiências, a Comissão remete suas alegações finais escritas, por meio das quais pode endereçar, em maiores detalhes, os questionamentos realizados pelos juízes da Corte e os argumentos levantados pela representação das vítimas ou pelo Estado.

O artigo 29 do Regulamento da Corte possui disposições sobre a eventual hipótese de não comparecimento da Comissão perante a Corte:

---

[329] CHILE. Projeto da Convenção Americana sobre Direitos Humanos apresentado pelo Chile na Segunda Conferência Interamericana Extraordinária do Rio de Janeiro, 1965. In: SECRETARIA-GERAL DA OEA. *Anuário Interamericano de Direitos Humanos 1968*. Washington, DC: Secretaria-Geral da OEA, 1973. p. 294.

[330] URUGUAI. Projeto da Convenção Americana sobre Direitos Humanos apresentado pelo Uruguai na Segunda Conferência Interamericana Extraordinária do Rio de Janeiro, 1965. In: SECRETARIA-GERAL DA OEA. *Anuário Interamericano de Direitos Humanos 1968*. Washington, DC: Secretaria-Geral da OEA, 1973. p. 314.

[331] Doc. 71 Rev. 1 30 enero 1970. In: SECRETARIA-GERAL DA OEA. Conferencia Especializada Interamericana sobre Derechos Humanos. *Actas y documentos, 7-22 de noviembre de 1969*. Washington, DC: Secretaria-Geral da OEA, 1969. p. 370.

[332] Doc. 71 Rev. 1 30 enero 1970. In: SECRETARIA-GERAL DA OEA. Conferencia Especializada Interamericana sobre Derechos Humanos. *Actas y documentos, 7-22 de noviembre de 1969*. Washington, DC: Secretaria-Geral da OEA, 1969. p. 376.

Artigo 29. Procedimento por não comparecimento ou falta de atuação

1. Quando a Comissão, as vítimas ou supostas vítimas, ou seus representantes, o Estado demandado ou, se for o caso, o Estado demandante não comparecerem ou se abstiverem de atuar, a Corte, *ex officio*, dará impulso ao processo até sua finalização.

2. Quando as vítimas ou supostas vítimas, ou seus representantes, o Estado demandado ou, se for o caso, o Estado demandante se apresentarem tardiamente, ingressarão no processo na fase em que o mesmo se encontrar.

REFERÊNCIAS

CHILE. Projeto da Convenção Americana sobre Direitos Humanos apresentado pelo Chile na Segunda Conferência Interamericana Extraordinária do Rio de Janeiro, 1965. In: SECRETARIA-GERAL DA OEA. *Anuário Interamericano de Direitos Humanos 1968*. Washington, DC: Secretaria-Geral da OEA, 1973. p. 275-298.

CONSELHO INTERAMERICANO DE JURISCONSULTOS. Projeto da Convenção Americana sobre Direitos Humanos, setembro de 1959. In: SECRETARIA-GERAL DA OEA. *Anuário Interamericano de Direitos Humanos 1968*. Washington, DC: Secretaria-Geral da OEA, 1973. p. 236-275.

SECRETARIA-GERAL DA OEA. Conferencia Especializada Interamericana sobre Derechos Humanos. *Actas y documentos, 7-22 de noviembre de 1969*. Washington, DC: Secretaria--Geral da OEA, 1969.

URUGUAI. Projeto da Convenção Americana sobre Direitos Humanos apresentado pelo Uruguai na Segunda Conferência Interamericana Extraordinária do Rio de Janeiro, 1965. In: SECRETARIA-GERAL DA OEA. *Anuário Interamericano de Direitos Humanos 1968*. Washington, DC: Secretaria-Geral da OEA, 1973. p. 298-318.

Artigo 58

1. A Corte terá sua sede no lugar que for determinado, na Assembleia Geral da Organização, pelos Estados-partes na Convenção, mas poderá realizar reuniões no território de qualquer Estado-Membro da Organização dos Estados Americanos em que o considerar conveniente pela maioria dos seus membros e mediante prévia aquiescência do Estado respectivo. Os Estados-Partes na Convenção podem, na Assembleia Geral, por dois terços dos seus votos, mudar a sede da Corte.

2. A Corte designará seu Secretário.

3. O Secretário residirá na sede da Corte e deverá assistir às reuniões que ela realizar fora da mesma.

 COMENTÁRIOS

por Rodrigo Mudrovitsch[333]

O artigo 58 traz aspectos importantes sobre a organização dos trabalhos da Corte. A sede da Corte foi estabelecida em San José, Costa Rica, em 1979, e, desde então, não sofreu

---

[333] O autor agradece as valiosas contribuições dos pesquisadores João Ricardo Oliveira Munhoz, Letícia Machado Haertel, Bianca Guimarães Silva, Maria Carolina Ferreira da Silva e Augusto Sperb Machado no levantamento de informações para a elaboração dos capítulos referentes aos artigos 52 a 73 da Convenção.

modificações. Note-se que os juízes da Corte não precisam permanecer em San José, exceto durante os períodos de sessões presenciais. Recentemente, a Corte também tem adotado o formato virtual para algumas de suas reuniões.

1. ORIGEM DO ARTIGO 58 E TRABALHOS PREPARATÓRIOS DA CONVENÇÃO

O projeto apresentado pelo Conselho de Jurisconsultos já continha disposições acerca do local de funcionamento da Corte e da função de seu Secretário:[334]

> *Artículo 68*
>
> La Corte elegirá por tres años a su Presidente y Vicepresidente; éstos podrán ser reelectos. Designará su Secretario en la forma prevista en el artículo 44 de esta convención.
>
> *Artículo 70*
>
> 1. En caso de que la Corte alcance un número de jueces superior a nueve, se constituirá, para el examen de todo asunto llevado ante ella, una Sala de nueve magistrados, de la cual deberán formar parte los jueces nacionales de todo Estado interesado; los demás jueces serán designados por sorteo que efectuará el Presidente antes de comenzar el estudio del asunto.
>
> 2. Sin perjuicio de lo dispuesto en los artículos 41 y 67 (3) de la presente convención, no se alterará el número y nacionalidad de los jueces que hayan iniciado el examen de un asunto, aun cuando con posterioridad a la iniciación de ese examen, uno o más Estados acepten la presente convención.
>
> 3. La Corte podrá reunirse y funcionar en cualquier capital americana en que lo considere conveniente.
>
> 4. El Secretario residirá en la sede de la Unión Panamericana, sin perjuicio de su deber de asistir a las sesiones de la Corte.

No mesmo sentido dispuseram os projetos apresentados pelo Chile e pelo Uruguai, em seus artigos 50[335] e 73.3 e 75.4,[336] respectivamente. O anteprojeto preparado pela Comissão dispunha:

> *Artículo 47*
>
> 1. La Corte tendrá su sede en (...) y podrá además reunirse y funcionar en cualquier Estado Americano en que lo considere conveniente, previa aquiescencia del Estado respectivo.
>
> 2. El Secretario residirá en la sede de la Corte, sin perjuicio de su deber de asistir a las sesiones de la Corte fuera de la sede.

---

[334] CONSELHO INTERAMERICANO DE JURISCONSULTOS. Projeto da Convenção Americana sobre Direitos Humanos, setembro de 1959. In: SECRETARIA-GERAL DA OEA. *Anuário Interamericano de Direitos Humanos 1968*. Washington, DC: Secretaria-Geral da OEA, 1973. p. 265-266.

[335] CHILE. Projeto da Convenção Americana sobre Direitos Humanos apresentado pelo Chile na Segunda Conferência Interamericana Extraordinária do Rio de Janeiro, 1965. In: SECRETARIA-GERAL DA OEA. *Anuário Interamericano de Direitos Humanos 1968*. Washington, DC: Secretaria-Geral da OEA, 1973. p. 291.

[336] URUGUAI. Projeto da Convenção Americana sobre Direitos Humanos apresentado pelo Uruguai na Segunda Conferência Interamericana Extraordinária do Rio de Janeiro, 1965. In: SECRETARIA-GERAL DA OEA. *Anuário Interamericano de Direitos Humanos 1968*. Washington, DC: Secretaria-Geral da OEA, 1973. p. 314.

Dentre as opções consideradas para a designação da sede da Corte, o Estado brasileiro propôs que a Corte e a Comissão fossem estabelecidas em Virginia, nos Estados Unidos, uma localização simbólica por ser onde a *Bill of Rights* de 1776 foi elaborada. A proposta de tanto a Comissão como a Corte se situarem na mesma cidade era semelhante ao modelo europeu, em que a Comissão Europeia (enquanto existente) e a Corte Europeia eram sediadas no mesmo local, na cidade de Strasbourg, na França. Assim, o artigo 47 das observações e emendas ao projeto de Convenção apresentadas pelo governo do Brasil dispunha:[337]

> *Artículo 47*
>
> Sustitúyase el artículo 47 del proyecto de convención por el siguiente:
>
> Artículo 47 (Sede de la Corte y de la Comisión)
>
> 1. La Comisión, la Corte y sus servicios de Secretaría, tendrán sede permanente en el Estado de Virginia, Estados Unidos de América, en local próximo a Gunston Hall, en el Fairfax Country, donde vivió George Mason, autor de la Declaración de Derechos de Virginia, adoptada el 12 de junio de 1776.
>
> 2. El edificio sede de la Comisión y de la Corte será nombrado "Casa de los Derechos Humanos" y será construido con los fondos que sean donados por Gobiernos Americanos, instituciones públicas, organizaciones privadas y suscripciones personales de todos los pueblos de América.
>
> 3. Si el Gobierno de los Estados Unidos de América no hubiere ratificado esta Convención en la fecha de su entrada en vigor o en el plazo de un año a contar de esa fecha, el Consejo de la Organización, oída la Comisión, podrá elegir el territorio de otro Estado Contratante para sede de la Casa de los Derechos Humanos.

A proposta do Brasil não foi aceita, e, após discussões entre os Estados-partes, adotou-se a redação atualmente disposta na Convenção, na qual não se prevê, expressamente, a localização da sede da Corte.

Quanto à escolha da cidade de San José, vale relembrar que o Embaixador representante do Estado da Costa Rica ofereceu, por meio de notas dirigidas ao Presidente do Conselho da Organização dos Estados Americanos em janeiro 1969, a cidade como sede da Conferência Especializada sobre a aprovação e a assinatura de uma Convenção sobre Direitos Humanos.[338]

Por meio da Resolução 372,[339] aprovada na sétima sessão plenária celebrada em primeiro de julho de 1978, a Assembleia Geral da Organização dos Estados Americanos recomendou que a sede fosse estabelecida na Costa Rica, tendo em vista o oferecimento formal pelo governo costa-riquenho de seu território. Posteriormente, o Governo da República da Costa Rica e a Corte Interamericana de Direitos Humanos aprovaram um convênio de sede em 10 de setembro de 1981.[340]

---

[337] SECRETARIA-GERAL DA OEA. Conferencia Especializada Interamericana sobre Derechos Humanos. *Actas y documentos, 7-22 de noviembre de 1969*. Washington, DC: Secretaria-Geral da OEA, 1969. p. 127.

[338] SECRETARIA-GERAL DA OEA. Conferencia Especializada Interamericana sobre Derechos Humanos. *Actas y documentos, 7-22 de noviembre de 1969*. Washington, DC: Secretaria-Geral da OEA, 1969. p. 2.

[339] SECRETARIA-GERAL DA OEA. *Actas y documentos*: Octavo Periodo Ordinario de Sesiones, 1978. Washington, DC: OEA, 2006. v. I.

[340] Convenio entre el Gobierno de la República de Costa Rica y la Corte Interamericana de Derechos Humanos, 10.09.1981.

2. A SEDE DA CORTE E AS REUNIÕES NO TERRITÓRIO DE QUALQUER ESTADO-MEMBRO DA ORGANIZAÇÃO DOS ESTADOS AMERICANOS (ARTIGO 58.1)

O artigo 3 do Estatuto da Corte complementa a disposição do artigo 58.1, dispondo:

> *Artigo 3 Sede*
>
> 1. A Corte terá sua sede em San José, Costa Rica; poderá, entretanto, realizar reuniões em qualquer Estado-membro da Organização dos Estados Americanos (OEA), quando a maioria dos seus membros considerar conveniente, e mediante aquiescência prévia do Estado respectivo.
>
> 2. A sede da Corte pode ser mudada pelo voto de dois terços dos Estados-partes da Convenção na Assembleia Geral da OEA.

O convênio de sede firmado entre a Corte e o governo da Costa Rica possui previsões detalhadas sobre o regime de imunidades e privilégios da Corte, de seus juízes, de seu pessoal e das pessoas que compareçam perante a Corte. O convênio dispõe sobre as faculdades da Corte, na condição de pessoa jurídica, em seu artigo 4, que determina que a Corte poderá contratar, adquirir bens móveis e imóveis e dispor livremente desses bens, bem como iniciar procedimentos judiciais e administrativos quando convenha aos seus interesses, podendo renunciar à imunidade de jurisdição de que goza na Costa Rica como organismo internacional.

Quanto ao sistema de imunidades e privilégios, o convênio faz referência ao Acordo sobre Privilégios e Imunidades da Organização dos Estados Americanos de 15 de maio de 1949, em seu artigo 5, e prevê (i) a inviolabilidade dos locais e arquivos da Corte, em seu artigo 6, (ii) as isenções de ativos, renda e outros bens da Corte, em seu artigo 7, e (iii) as imunidades contra procedimentos judiciais ou administrativos, em seu artigo 9. As imunidades e os privilégios dos juízes da Corte são previstos no capítulo III do convênio de sede.[341] O capítulo IV se dedica às imunidades e aos privilégios do Secretário e do Secretário Adjunto da Corte, que se assemelham àqueles outorgados aos juízes da Corte; o capítulo V, às imunidades e aos privilégios do pessoal da Corte; o capítulo VI, às prerrogativas de cortesia diplomática; o capítulo VII, às facilidades de imigração e permanência; o capítulo VIII, ao caráter das imunidades e dos privilégios, que são outorgados exclusivamente no interesse da instituição, e o presidente pode levantar a imunidade de qualquer funcionário ou membro do pessoal nos casos em que considere que há uma obstrução do curso da justiça e que a renúncia à imunidade não prejudicará os interesses da Corte, e, no caso específico dos juízes, suas imunidades e seus privilégios só podem ser levantados pela Corte; o capítulo IX, às imunidades e aos privilégios daqueles que compareçam perante a Corte; o capítulo X, à eficácia das resoluções da Corte e de seu presidente; o capítulo XI, à contribuição do país-sede ao funcionamento da Corte; e o capítulo XII, às disposições finais.

Quanto à prática de realização dos períodos de sessão da Corte em territórios distintos de sua sede, o artigo 13 do Regulamento da Corte prevê:

> *Artigo 13. Sessões fora da sede*
>
> A Corte poderá reunir-se em qualquer Estado-membro que considerar conveniente para a maioria de seus membros e com prévia aquiescência do Estado respectivo.

Essa é uma prática comum da Corte que se revela extremamente positiva em termos de sua aproximação dos Estados-partes e de suas populações, que têm a oportunidade de

---

[341] Para maiores detalhes sobre esse ponto, ver o capítulo relativo ao artigo 70 da Convenção.

comparecer a audiências públicas, seminários, formações e outros eventos abertos ao público promovidos pela Corte em cooperação com os Estados que a recebem em seu território. Em seu relatório anual referente ao exercício de 2022, a Corte relembrou que, entre 2005 e 2021, ela visitou 16 Estados e realizou 33 períodos de sessões fora de sua sede, bem como aduziu:[342]

> *Desde 2005 a Corte Interamericana tem celebrado Períodos de Sessões fora de sua sede, em San José, Costa Rica. Com motivo da celebração desses Períodos de Sessões, o Tribunal se trasladou a Argentina (2 ocasiões), Barbados, Bolívia, Brasil (3 ocasiões), Chile, Colômbia (5 ocasiões), Equador (3 ocasiões), El Salvador (2 ocasiões), Guatemala (2 ocasiões), Honduras (2 ocasiões), México (3 ocasiões), Panamá (2 ocasiões), Paraguai (2 ocasiões), Peru, República Dominicana e Uruguai (3 ocasiões).*
>
> *Essa iniciativa do Tribunal permite conjugar eficientemente dois objetivos: por um lado, aumentar a atividade jurisdicional e, por outro lado, divulgar com eficiência os trabalhos da Corte Interamericana, em especial, e do Sistema Interamericano de Proteção dos Direitos Humanos, em geral. No ano de 2022 foram celebrados dois Períodos de Sessões, no Brasil e no Uruguai.*

3. O SECRETÁRIO DA CORTE (ARTIGOS 58.2 E 58.3)

As disposições do artigo 58 são complementadas pelos artigos 7 a 10 do Regulamento da Corte.

O artigo 7[343] dispõe sobre a eleição do Secretário, que é realizada pela Corte. Quanto às qualidades exigidas para o ocupante do posto de Secretário, o artigo precisa que ele deve possuir conhecimento jurídico, conhecimento dos idiomas de trabalho da Corte e experiência necessária ao exercício de suas funções. O prazo para o mandato do secretário é de 5 anos, sendo permitida a reeleição sem limite de mandatos. Assim como a Corte possui a prerrogativa de eleger o Secretário, ela tem a prerrogativa de removê-lo do cargo a qualquer momento. Tanto no exercício de uma prerrogativa quanto da outra, é preciso uma maioria de não menos de 4 juízes, em votação secreta, observado o quórum da Corte, que é de 5 juízes.

O artigo 8,[344] por sua vez, traz disposições sobre o Secretário Adjunto, que assiste o Secretário em suas funções e o substitui em suas ausências. Tanto o Secretário-Geral quanto o Secretário Adjunto, nos termos do artigo 9,[345] devem prestar juramento ou declaração

---

[342] CORTE IDH. *Relatório anual 2022*. San José: Corte IDH, 2022. Disponível em: https://www.corteidh. or.cr/informes_anuales.cfm.

[343] *Artigo 7. Eleição do Secretário.* 1. A Corte elegerá seu Secretário. O Secretário deverá possuir os conhecimentos jurídicos requeridos para o cargo, conhecer os idiomas de trabalho da Corte e ter a experiência necessária para o exercício de suas funções. 2. O Secretário será eleito por um período de cinco anos e poderá ser reeleito. Poderá ser removido em qualquer momento mediante decisão da Corte. Para eleger e remover o Secretário é necessária uma maioria de não menos de quatro Juízes, em votação secreta, observado o quórum da Corte.

[344] *Artigo 8. Secretário Adjunto.* 1. O Secretário Adjunto será designado conforme previsto no Estatuto, mediante proposta do Secretário da Corte. Assistirá o Secretário no exercício de suas funções e suprirá suas ausências temporárias. 2. Em caso de que o Secretário e o Secretário Adjunto estejam impossibilitados de exercer suas funções, a Presidência poderá designar um Secretário interino. 3. Em caso de ausência temporária do Secretário e do Secretário Adjunto da sede da Corte, o Secretário poderá designar um advogado da Secretaria como encarregado desta.

[345] *Artigo 9. Juramento.* 1. O Secretário e o Secretário Adjunto prestarão juramento ou declaração solene, ante a Presidência, sobre o fiel cumprimento de suas funções e sobre o sigilo que se obrigam a manter a respeito dos fatos de que tomem conhecimento no exercício de suas funções 2. Os membros da Secretaria, mesmo que chamados a desempenhar funções interinas ou transitórias, deverão, ao tomar posse do cargo,

solene perante a presidência da Corte "sobre o fiel cumprimento de suas funções e sobre o sigilo que se obrigam a manter a respeito dos fatos de que tomem conhecimento no exercício de suas funções". Sobre as atribuições do secretário, vale a reprodução do rol elencado pelo artigo 10 do mesmo instrumento:

> *Artigo 10. Atribuições do Secretário*
>
> São atribuições do Secretário:
>
> a. notificar as sentenças, opiniões consultivas, resoluções e demais decisões da Corte;
>
> b. lavrar as atas das sessões da Corte;
>
> c. assistir às reuniões que a Corte realize dentro ou fora da sua sede;
>
> d. dar trâmite à correspondência da Corte;
>
> e. certificar a autenticidade de documentos;
>
> f. dirigir a administração da Corte, de acordo com as instruções da Presidência;
>
> g. preparar os projetos de programas de trabalho, regulamentos e orçamentos da Corte;
>
> h. planejar, dirigir e coordenar o trabalho do pessoal da Corte;
>
> i. executar as tarefas das quais seja incumbido pela Corte ou pela Presidência;
>
> j. as demais atribuições estabelecidas no Estatuto ou neste Regulamento.

Ademais, como mencionado anteriormente, o convênio de sede da Corte, em reconhecimento da importância da função exercida pelo Secretário-Geral e pelo Secretário Adjunto, possui uma disposição dedicada a esses funcionários interamericanos em seu Capítulo IV, artigo 14,[346] outorgando-lhes imunidades e privilégios.

Em todos os anos de funcionamento da Corte, ela teve três Secretários, o sr. Charles Moyer, no período entre 1978 e 1989, o sr. Manuel Ventura Robles, no período entre 1989 e 2003, e o sr. Pablo Saavedra Alessandri, que é o atual secretário da Corte e ocupa esse posto desde 2004. Todos os Secretários acompanham a evolução das composições da Corte ao longo dos seus anos de trabalho.

REFERÊNCIAS

CHILE. Projeto da Convenção Americana sobre Direitos Humanos apresentado pelo Chile na Segunda Conferência Interamericana Extraordinária do Rio de Janeiro, 1965. In: SECRETARIA-GERAL DA OEA. *Anuário Interamericano de Direitos Humanos 1968*. Washington, DC: Secretaria-Geral da OEA, 1973. p. 275-298.

COMISSÃO INTERAMERICANA DE DIREITOS HUMANOS. Anteprojeto da Convenção Americana sobre Direitos Humanos, 1968. In: SECRETARIA-GERAL DA OEA.

---

prestar juramento ou declaração solene ante a Presidência em relação ao fiel cumprimento de suas funções e sobre o sigilo que se obrigam a manter a respeito dos fatos de que tomem conhecimento no exercício de suas funções. Se a Presidência não estiver presente na sede da Corte, o Secretário ou o Secretário Adjunto tomará o juramento. 3. De todo juramento será lavrada uma ata, a qual o juramentado e quem houver tomado o juramento assinarão.

346   Artículo 14. Para el buen ejercicio de sus funciones se otorgarán al Secretario y al Secretario Adjunto de la Corte y a los miembros de sus familias de que habla el artículo 13, las mismas inmunidades y privilegios, exenciones y franquicias que se otorgan a los jueces en el artículo 11, con las mismas salvedades contempladas en dicho artículo y la salvedad también de que no se les reconocerá la categoría de jefes de misión.

Anuário Interamericano de Direitos Humanos 1968. Washington, DC: Secretaria-Geral da OEA, 1973. p. 94-156.

COMISSÃO INTERAMERICANA DE DIREITOS HUMANOS. Opinião da Comissão sobre o projeto de Convenção Americana sobre Direitos Humanos preparado pelo Conselho Interamericano de Jurisconsultos. OEA/Ser.L/V/11.16/doc.8. In: SECRETARIA-GERAL DA OEA. *Anuário Interamericano de Direitos Humanos 1968*. Washington, DC: Secretaria-Geral da OEA, 1973. p. 318-356.

CONFERENCIA INTERNACIONAL AMERICANA. *Actas y documentos*: Novena Conferencia Internacional Americana. Bogotá: Ministerio de Relaciones Exteriores de Colombia, 1953. v. IV.

CONSELHO INTERAMERICANO DE JURISCONSULTOS. Projeto da Convenção Americana sobre Direitos Humanos, setembro de 1959. In: SECRETARIA-GERAL DA OEA. *Anuário Interamericano de Direitos Humanos 1968*. Washington, DC: Secretaria-Geral da OEA, 1973. p. 236-275.

CORTE IDH. *Relatório anual 2022*. San José: Corte IDH, 2022. Disponível em: https://www.corteidh.or.cr/informes_anuales.cfm.

SECRETARIA-GERAL DA OEA. Conferencia Especializada Interamericana sobre Derechos Humanos. *Actas y documentos, 7-22 de noviembre de 1969*. Washington, DC: Secretaria-Geral da OEA, 1969.

SECRETARIA-GERAL DA OEA. *Actas y documentos*: Octavo Periodo Ordinario de Sesiones, 1978. Washington, DC: OEA, 2006. v. I.

URUGUAI. Projeto da Convenção Americana sobre Direitos Humanos apresentado pelo Uruguai na Segunda Conferência Interamericana Extraordinária do Rio de Janeiro, 1965. In: SECRETARIA-GERAL DA OEA. *Anuário Interamericano de Direitos Humanos 1968*. Washington, DC: Secretaria-Geral da OEA, 1973. p. 298-318.

Artigo 59

A Secretaria da Corte será por esta estabelecida e funcionará sob a direção do Secretário da Corte, de acordo com as normas administrativas da Secretaria-Geral da Organização em tudo o que não for incompatível com a independência da Corte. Seus funcionários serão nomeados pelo Secretário-Geral da Organização, em consulta com o Secretário da Corte.

 COMENTÁRIOS

por Rodrigo Mudrovitsch[347]

O artigo 59 dispõe sobre a Secretaria da Corte, como órgão administrativo relacionado, por sua vez, com o Secretário-Geral da Organização dos Estados Americanos (OEA). As funções da Secretaria-Geral e do Secretário-Geral da Organização dos Estados Americanos são dispostas pela Carta da Organização dos Estados Americanos.

---

[347] O autor agradece as valiosas contribuições dos pesquisadores João Ricardo Oliveira Munhoz, Letícia Machado Haertel, Bianca Guimarães Silva, Maria Carolina Ferreira da Silva e Augusto Sperb Machado no levantamento de informações para a elaboração dos capítulos referentes aos artigos 52 a 73 da Convenção.

Nos termos do artigo 107[348] da Carta, a Secretaria-Geral é o órgão central e permanente da Organização dos Estados Americanos. Assim como os órgãos de secretariado das demais organizações internacionais, ela garante o bom funcionamento da Organização e a continuidade de suas atividades. A Secretaria-Geral é dirigida pelo Secretário-Geral, que é o seu representante legal (artigo 109[349]). O cargo de Secretário-Geral, por sua vez, conforme disposto pelo artigo 108[350] do mesmo diploma, é um cargo rotativo, e seus ocupantes são eleitos pela Assembleia Geral para um período de 5 anos, e a reeleição é limitada a apenas uma vez. Para cada eleição, como um critério de representatividade geográfica, não se pode repetir a nacionalidade do Secretário-Geral anterior.

O artigo 59 da Convenção confere ao Secretário-Geral da OEA a prerrogativa de nomeação dos funcionários da Secretaria da Corte, bem como a função de direção dessa Secretaria. Interessante notar que, apesar de conceber uma relação institucional relevante entre o Secretário-Geral da OEA e a Secretaria da Corte, a Convenção prevê uma reserva quanto à manutenção da independência da Corte, reafirmando seu caráter de órgão autônomo dentro do quadro interamericano.

A Secretaria da Corte é encarregada de todos os trabalhos administrativos que garantem o bom funcionamento das audiências, a publicação das sentenças, o acompanhamento das medidas provisórias e da aplicação das determinações da Corte pelo Estado, a produção de documentos informativos sobre a Corte, a realização de visitas *in loco*, a recepção de comunicações enviadas pelas representações das vítimas, da Comissão e dos Estados, a gestão de documentos, entre outras tarefas indispensáveis à dinâmica de funcionamento do tribunal. Dada a diversidade de suas atividades, a Secretaria da Corte pode adotar, internamente, subdivisões. A título de exemplo, em 2015 foi inaugurada uma unidade dedicada exclusivamente à Supervisão de cumprimento de Sentenças.[351]

REFERÊNCIAS

CHILE. Projeto da Convenção Americana sobre Direitos Humanos apresentado pelo Chile na Segunda Conferência Interamericana Extraordinária do Rio de Janeiro, 1965. In: SECRETARIA-GERAL DA OEA. *Anuário Interamericano de Direitos Humanos 1968*. Washington, DC: Secretaria-Geral da OEA, 1973. p. 275-298.

COMISSÃO INTERAMERICANA DE DIREITOS HUMANOS. Anteprojeto da Convenção Americana sobre Direitos Humanos, 1968. In: SECRETARIA-GERAL DA OEA. *Anuário Interamericano de Direitos Humanos 1968*. Washington, DC: Secretaria-Geral da OEA, 1973. p. 94-156.

---

[348] *Artigo 107*. A Secretaria-Geral é o órgão central e permanente da Organização dos Estados Americanos. Exercerá as funções que lhe atribuam a Carta, outros tratados e acordos interamericanos e a Assembleia Geral, e cumprirá os encargos de que for incumbida pela Assembleia Geral, pela Reunião de Consulta dos Ministros das Relações Exteriores e pelos Conselhos.

[349] *Artigo 109*. O Secretário-Geral dirige a Secretaria-Geral, é o representante legal da mesma e, sem prejuízo do estabelecido no artigo 91, alínea *b*, responde perante a Assembleia Geral pelo cumprimento adequado das atribuições e funções da Secretaria-Geral.

[350] *Artigo 108*. O Secretário-Geral da Organização será eleito pela Assembleia Geral para um período de cinco anos e não poderá ser reeleito mais de uma vez, nem poderá suceder-lhe pessoa da mesma nacionalidade. Vagando o cargo de Secretário-Geral, o Secretário-Geral Adjunto assumirá as funções daquele até que a Assembleia Geral proceda à eleição de novo titular para um período completo.

[351] CORTE IDH. *Relatório anual 2022*. San José: Corte IDH, 2022. p. 71. Disponível em: https://www.corteidh.or.cr/informes_anuales.cfm.

COMISSÃO INTERAMERICANA DE DIREITOS HUMANOS. Opinião da Comissão sobre o projeto de Convenção Americana sobre Direitos Humanos preparado pelo Conselho Interamericano de Jurisconsultos. OEA/Ser.L/V/11.16/doc.8. In: SECRETARIA-GERAL DA OEA. *Anuário Interamericano de Direitos Humanos 1968*. Washington, DC: Secretaria-Geral da OEA, 1973. p. 318-356.

CONSELHO INTERAMERICANO DE JURISCONSULTOS. Projeto da Convenção Americana sobre Direitos Humanos, setembro de 1959. In: SECRETARIA-GERAL DA OEA. *Anuário Interamericano de Direitos Humanos 1968*. Washington, DC: Secretaria-Geral da OEA, 1973. p. 236-275.

CORTE IDH. *Relatório anual 2022*. San José: Corte IDH, 2022. Disponível em: https://www.corteidh.or.cr/informes_anuales.cfm.

SECRETARIA-GERAL DA OEA. Conferencia Especializada Interamericana sobre Derechos Humanos. *Actas y documentos, 7-22 de noviembre de 1969*. Washington, DC: Secretaria-Geral da OEA, 1969.

SECRETARIA-GERAL DA OEA. *Actas y documentos*: Noveno Periodo Ordinario de Sesiones, 1979. Washington, DC: OEA, 2006. v. I.

SECRETARIA-GERAL DA OEA. *Actas y documentos*: Octavo Periodo Ordinario de Sesiones, 1978. Washington, DC: OEA, 2006. v. I.

URUGUAI. Projeto da Convenção Americana sobre Direitos Humanos apresentado pelo Uruguai na Segunda Conferência Interamericana Extraordinária do Rio de Janeiro, 1965. In: SECRETARIA-GERAL DA OEA. *Anuário Interamericano de Direitos Humanos 1968*. Washington, DC: Secretaria-Geral da OEA, 1973. p. 298-318.

Artigo 60

A Corte elaborará seu estatuto e submetê-lo-á à aprovação da Assembleia Geral e expedirá seu Regimento.

💬 COMENTÁRIOS

por Rodrigo Mudrovitsch[352]

O artigo 60 se refere a dois diplomas importantes para o funcionamento da Corte: seu Estatuto e seu Regimento. Esses diplomas aportam regras complementares àquelas previstas na Convenção.

1. ORIGEM DO ARTIGO 60 E TRABALHOS PREPARATÓRIOS DA CONVENÇÃO

O projeto do Conselho de Jurisconsultos previa, em seu artigo 81:[353]

---

[352] O autor agradece as valiosas contribuições dos pesquisadores João Ricardo Oliveira Munhoz, Letícia Machado Haertel, Bianca Guimarães Silva, Maria Carolina Ferreira da Silva e Augusto Sperb Machado no levantamento de informações para a elaboração dos capítulos referentes aos artigos 52 a 73 da Convenção.

[353] CONSELHO INTERAMERICANO DE JURISCONSULTOS. Projeto da Convenção Americana sobre Direitos Humanos, setembro de 1959. In: SECRETARIA-GERAL DA OEA. *Anuário Interamericano de Direitos Humanos 1968*. Washington, DC: Secretaria-Geral da OEA, 1973. p. 270.

Artículo 81

La Corte formulará un reglamento mediante el cual determinará la manera de ejercer sus funciones. Establecerá, en particular, sus reglas de procedimiento.

No mesmo sentido dispuseram os projetos do Chile e do Uruguai, em seus artigos 73[354] e 86,[355] bem como o anteprojeto apresentado pela Comissão, em seu artigo 58.[356]

2. O ESTATUTO E O REGULAMENTO DA CORTE

O Estatuto da Corte foi aprovado pela Resolução 488 adotada pela Assembleia Geral da OEA em seu nono período de sessões, realizado em La Paz, Bolívia, em outubro de 1979. Note-se que a aprovação pela Assembleia Geral da OEA é um requisito apenas em relação ao Estatuto, não sendo necessária em relação ao Regulamento, sobre o qual a Corte dispõe de ampla autonomia.

O Regulamento da Corte passou por algumas modificações. A versão vigente é aquela aprovada pela Corte no seu LXXXV Período Ordinário de Sessões, celebrado em novembro de 2009. Anteriormente, o regulamento original de 1980 passou por reformas em 1991, 1996, 2000 e 2003. Como será abordado na sequência, em relação ao artigo 61, entre as principais modificações aportadas pelo regulamento de 2009 está a conferência de maior centralidade às vítimas e suas representações no âmbito dos procedimentos perante a Corte.

No que concerne à aprovação do Estatuto pela Assembleia Geral, tal disposição está em conformidade com a disposição do artigo 54 da Carta da Organização dos Estados Americanos, que foi, inclusive, invocada no preâmbulo da Resolução 448,[357] que aprovou o Estatuto da Corte (à época, correspondia ao artigo 52), e dispõe:

> Capítulo IX
>
> A Assembleia Geral
>
> Artigo 54
>
> A Assembleia Geral é o órgão supremo da Organização dos Estados Americanos. Tem por principais atribuições, além das outras que lhe confere a Carta, as seguintes:

---

354   CHILE. Projeto da Convenção Americana sobre Direitos Humanos apresentado pelo Chile na Segunda Conferência Interamericana Extraordinária do Rio de Janeiro, 1965. In: SECRETARIA-GERAL DA OEA. *Anuário Interamericano de Direitos Humanos 1968*. Washington, DC: Secretaria-Geral da OEA, 1973. p. 295.

355   URUGUAI. Projeto da Convenção Americana sobre Direitos Humanos apresentado pelo Uruguai na Segunda Conferência Interamericana Extraordinária do Rio de Janeiro, 1965. In: SECRETARIA-GERAL DA OEA. *Anuário Interamericano de Direitos Humanos 1968*. Washington, DC: Secretaria-Geral da OEA, 1973. p. 315.

356   COMISSÃO INTERAMERICANA DE DIREITOS HUMANOS. Anteprojeto da Convenção Americana sobre Direitos Humanos, 1968. In: SECRETARIA-GERAL DA OEA. *Anuário Interamericano de Direitos Humanos 1968*. Washington, DC: Secretaria-Geral da OEA, 1973. p. 150.

357   SECRETARIA-GERAL DA OEA. *Actas y documentos*: Noveno Periodo Ordinario de Sesiones, 1979. Washington, DC: OEA, 2006. v. I.

a) Decidir a ação e a política gerais da Organização, determinar a estrutura e funções de seus órgãos e considerar qualquer assunto relativo à convivência dos Estados americanos;

(...).

É interessante notar que a Convenção investiu a Corte do poder de elaboração de seu Estatuto e de seu Regimento, diplomas que estabelecem as regras sob as quais deve se dar a dinâmica dos trabalhos do Tribunal. Essa investidura de uma prerrogativa de autorregulamentação está em conformidade com o caráter autônomo da Corte, como órgão interamericano, e com o princípio *compétence de la compétence*. Por meio da aprovação de seus subsequentes regulamentos, a Corte pôde promover avanços em termos de organização de suas atividades, adequando-se às necessidades de cada época em que exerceu sua jurisdição.

REFERÊNCIAS

CHILE. Projeto da Convenção Americana sobre Direitos Humanos apresentado pelo Chile na Segunda Conferência Interamericana Extraordinária do Rio de Janeiro, 1965. In: SECRETARIA-GERAL DA OEA. *Anuário Interamericano de Direitos Humanos 1968*. Washington, DC: Secretaria-Geral da OEA, 1973. p. 275-298.

COMISSÃO INTERAMERICANA DE DIREITOS HUMANOS. Anteprojeto da Convenção Americana sobre Direitos Humanos, 1968. In: SECRETARIA-GERAL DA OEA. *Anuário Interamericano de Direitos Humanos 1968*. Washington, DC: Secretaria-Geral da OEA, 1973. p. 94-156.

COMISSÃO INTERAMERICANA DE DIREITOS HUMANOS. Opinião da Comissão sobre o projeto de Convenção Americana sobre Direitos Humanos preparado pelo Conselho Interamericano de Jurisconsultos. OEA/Ser.L/V/11.16/doc.8. In: SECRETARIA-GERAL DA OEA. *Anuário Interamericano de Direitos Humanos 1968*. Washington, DC: Secretaria-Geral da OEA, 1973. p. 318-356.

CONSELHO INTERAMERICANO DE JURISCONSULTOS. Projeto da Convenção Americana sobre Direitos Humanos, setembro de 1959. In: SECRETARIA-GERAL DA OEA. *Anuário Interamericano de Direitos Humanos 1968*. Washington, DC: Secretaria-Geral da OEA, 1973. p. 236-275.

CORTE IDH. *Relatório anual 2022*. San José: Corte IDH, 2022. Disponível em: https://www.corteidh.or.cr/informes_anuales.cfm.

SECRETARIA-GERAL DA OEA. Conferencia Especializada Interamericana sobre Derechos Humanos. *Actas y documentos, 7-22 de noviembre de 1969*. Washington, DC: Secretaria-Geral da OEA, 1969.

SECRETARIA-GERAL DA OEA. *Actas y documentos*: Noveno Periodo Ordinario de Sesiones, 1979. Washington, DC: OEA, 2006. v. I.

SECRETARIA-GERAL DA OEA. *Actas y documentos*: Octavo Periodo Ordinario de Sesiones, 1978. Washington, DC: OEA, 2006. v. I.

URUGUAI. Projeto da Convenção Americana sobre Direitos Humanos apresentado pelo Uruguai na Segunda Conferência Interamericana Extraordinária do Rio de Janeiro, 1965. In: SECRETARIA-GERAL DA OEA. *Anuário Interamericano de Direitos Humanos 1968*. Washington, DC: Secretaria-Geral da OEA, 1973. p. 298-318.

> ## Seção 2
> ### Competência e Funções
>
> **Artigo 61**
>
> 1. Somente os Estados-Partes e a Comissão têm direito de submeter caso à decisão da Corte.
> 2. Para que a Corte possa conhecer de qualquer caso, é necessário que sejam esgotados os processos previstos nos artigos 48 a 50.

 COMENTÁRIOS

por Rodrigo Mudrovitsch[358]

O artigo 61 da Convenção Americana de Direitos Humanos inaugura a Seção 2 do Capítulo VIII, relativa à competência e às funções da Corte Interamericana de Direitos Humanos, oferecendo as diretrizes para o procedimento de submissão de casos à jurisdição contenciosa.

Em seu primeiro parágrafo, o artigo precisa que apenas os Estados-partes e a Comissão têm a prerrogativa de submeter um caso à decisão da Corte. Assim, o acesso direto dos indivíduos à Corte não é possível na atual configuração do Sistema, é preciso que os indivíduos acessem a Comissão como intermediária.

Em seu segundo parágrafo, o artigo 61 indica que, para que a Corte possa conhecer de qualquer caso, é necessário que sejam esgotados os processos previstos nos artigos 48 a 50.[359] Relembre-se que os artigos 48 a 50 são aqueles contidos na Seção 4 do Capítulo VII, relativo ao processo e ao seu trâmite perante a Comissão, ou seja, o artigo 61.2 estipula que o acesso à Corte não é imediato, sendo preciso que, previamente, o caso seja apreciado pela Comissão, e, se ela considerar necessário, o remeterá à Corte.

1. ORIGENS DO ARTIGO 61 E TRABALHOS PREPARATÓRIOS DA CONVENÇÃO

A divisão de competências entre a Corte Interamericana e da Comissão já se fazia presente no artigo 34 do Projeto de Convenção sobre Direitos Humanos aprovado pela quarta reunião do Conselho Interamericano de Jurisconsultos, cuja ata final data de 1959.[360] Nesse projeto, igualmente, apenas os Estados e a Comissão poderiam ser partes em casos perante a Corte, conforme disposição do artigo 71 do projeto.[361] No mesmo sentido, o Projeto de

---

[358]   O autor agradece as valiosas contribuições dos pesquisadores João Ricardo Oliveira Munhoz, Letícia Machado Haertel, Bianca Guimarães Silva, Maria Carolina Ferreira da Silva e Augusto Sperb Machado no levantamento de informações para a elaboração dos capítulos referentes aos artigos 52 a 73 da Convenção.

[359]   Para mais detalhes sobre esse ponto, ver os capítulos relativos aos artigos 48 a 50 da Convenção.

[360]   CONSELHO INTERAMERICANO DE JURISCONSULTOS. Projeto da Convenção Americana sobre Direitos Humanos, setembro de 1959. In: SECRETARIA-GERAL DA OEA. *Anuário Interamericano de Direitos Humanos 1968*. Washington, DC: Secretaria-Geral da OEA, 1973. p. 250.

[361]   CONSELHO INTERAMERICANO DE JURISCONSULTOS. Projeto da Convenção Americana sobre Direitos Humanos, setembro de 1959. In: SECRETARIA-GERAL DA OEA. *Anuário Interamericano de Direitos Humanos 1968*. Washington, DC: Secretaria-Geral da OEA, 1973. p. 266.

Convenção apresentado pelo governo do Chile na segunda Conferência Interamericana Extraordinária de 1965 previa disposições semelhantes em seus artigos 39[362] e 63,[363] bem como o Projeto de Convenção apresentado pelo governo do Uruguai na mesma ocasião, em seus artigos 39[364] e 76.[365] A Comissão Interamericana, em sua Opinião sobre o projeto de Convenção aprovado pelo Conselho Interamericano de Jurisconsultos, dispôs nos mesmos termos em seu artigo 43.[366] O anteprojeto da Comissão, em seu artigo 48,[367] dispunha:

> *Artículo 48*
>
> Sólo los Estados Partes en esta Convención o la Comisión tienen derecho de someter un caso a la decisión de la Corte.

2. SUBMISSÃO DE CASOS À CORTE PELA COMISSÃO E PELOS ESTADOS-PARTES (ARTIGO 61.1)

A submissão de casos perante o Sistema Interamericano observa o princípio da subsidiariedade dos tribunais internacionais, e um dos requisitos para que o Sistema seja acionado é o esgotamento dos recursos judiciais internos previstos pela legislação do Estado-parte. Qualquer pessoa, grupo de pessoas ou organização pode apresentar, perante a Comissão, uma denúncia.[368] A partir de então, a Comissão tramitará o caso e, se necessário, o remeterá à Corte por meio de seu Escrito de Submissão.

O modelo de acesso à Corte disposto pelo artigo 61 se assemelha à estrutura originalmente adotada pelo Tribunal Europeu de Direitos Humanos, que restringia o acesso ao Tribunal apenas aos Estados e à Comissão Europeia de Direitos Humanos, conforme disposição dos artigos 44 e 48 da versão original da Convenção Europeia dos Direitos do

---

[362] CHILE. Projeto da Convenção Americana sobre Direitos Humanos apresentado pelo Chile na Segunda Conferência Interamericana Extraordinária do Rio de Janeiro, 1965. In: SECRETARIA-GERAL DA OEA. *Anuário Interamericano de Direitos Humanos 1968*. Washington, DC: Secretaria-Geral da OEA, 1973. p. 290.

[363] CHILE. Projeto da Convenção Americana sobre Direitos Humanos apresentado pelo Chile na Segunda Conferência Interamericana Extraordinária do Rio de Janeiro, 1965. In: SECRETARIA-GERAL DA OEA. *Anuário Interamericano de Direitos Humanos 1968*. Washington, DC: Secretaria-Geral da OEA, 1973. p. 294.

[364] URUGUAI. Projeto da Convenção Americana sobre Direitos Humanos apresentado pelo Uruguai na Segunda Conferência Interamericana Extraordinária do Rio de Janeiro, 1965. In: SECRETARIA-GERAL DA OEA. *Anuário Interamericano de Direitos Humanos 1968*. Washington, DC: Secretaria-Geral da OEA, 1973. p. 306.

[365] URUGUAI. Projeto da Convenção Americana sobre Direitos Humanos apresentado pelo Uruguai na Segunda Conferência Interamericana Extraordinária do Rio de Janeiro, 1965. In: SECRETARIA-GERAL DA OEA. *Anuário Interamericano de Direitos Humanos 1968*. Washington, DC: Secretaria-Geral da OEA, 1973. p. 314.

[366] COMISSÃO INTERAMERICANA DE DIREITOS HUMANOS. Opinião da Comissão sobre o projeto de Convenção Americana sobre Direitos Humanos preparado pelo Conselho Interamericano de Jurisconsultos. OEA/Ser.L/V/11.16/doc.8. In: SECRETARIA-GERAL DA OEA. *Anuário Interamericano de Direitos Humanos 1968*. Washington, DC: Secretaria-Geral da OEA, 1973. p. 348.

[367] COMISSÃO INTERAMERICANA DE DIREITOS HUMANOS. Anteprojeto da Convenção Americana sobre Direitos Humanos, 1968. In: SECRETARIA-GERAL DA OEA. *Anuário Interamericano de Direitos Humanos 1968*. Washington, DC: Secretaria-Geral da OEA, 1973. p. 94-156.

[368] Para mais detalhes, ver o capítulo relativo ao artigo 46 da Convenção.

Homem, de 1950.[369] Posteriormente, o Sistema Europeu passou por uma evolução gradual em que se atribuiu maior centralidade ao indivíduo no que concerne a sua participação direta nos procedimentos.

O primeiro passo se deu com o Protocolo 9 à Convenção Europeia, que ampliou o escopo dos referidos artigos 44 e 48 permitindo que pessoas físicas, organizações não governamentais ou grupos de particulares compareçam perante a Corte, desde que tivessem cumprido o procedimento de apresentação do caso perante a Comissão. A exposição de motivos do Protocolo deixa claro que, à época de sua adoção, a ideia de conferir aos indivíduos a prerrogativa de acessar a Corte não era uma ideia nova, mas, sim, o resultado de um longo processo de reflexão sobre o *locus standi* da pessoa no âmbito do Sistema Europeu de Direitos Humanos, questão essa que já havia sido suscitada mesmo na elaboração do *draft* da Convenção Europeia, no final dos anos 1940,[370] e que seguiu sendo discutida nas décadas subsequentes.

Posteriormente, foi adotado o Protocolo 11, que representou um avanço considerável ao determinar, em seu artigo 34, que o Tribunal poderá receber petições individuais de qualquer pessoa, organização não governamental ou grupo de indivíduos. A explicação dos motivos desse Protocolo invoca a necessidade urgente de reestruturação do Sistema, considerando que novos Estados aderiram à Convenção Europeia e que o número de petições perante a Comissão experimentou um crescimento notório, conforme o Sistema se tornou mais conhecido entre os indivíduos de cada Estado-parte. Em vista dessa necessidade, o Protocolo inaugurou o chamado *single court system*, o qual substituiria a divisão entre Corte e Comissão originalmente estabelecida pela Convenção, instituindo como órgão único o Tribunal Europeu de Direitos Humanos.

O Juiz Cançado Trindade, que serviu a Corte Interamericana entre 1995 e 2006, considerou a adoção do Protocolo 11 pelo Sistema Europeu um marco importante no fortalecimento da proteção internacional dos direitos humanos, dado que o indivíduo passou a ter acesso direto a um tribunal internacional, como verdadeiro sujeito do direito internacional dos direitos humanos e com plena capacidade jurídica.[371]

Atualmente, o acesso direto dos indivíduos é característico do Sistema Europeu de Direitos Humanos. A doutrina questiona se o Sistema Interamericano e o Sistema Africano irão trilhar, em um futuro de médio a longo prazo, o mesmo caminho.

O que se pode notar na atual configuração do Sistema Interamericano é que, apesar de a redação do artigo 61 permanecer inalterada desde 1969, o Sistema também passou por reformas substanciais que ampliaram a atuação do indivíduo perante a Corte Interamericana.

---

[369]   Convenção Europeia de Direitos Humanos, 11 de abril de 1950. Disponível, em sua versão original, em: https://www.echr.coe.int/documents/d/echr/Archives_1950_Convention_ENG. Artigo 44: "Only the High Contracting Parties and the Commission shall have the right to bring a case before the Court". Artigo 48: "The following may bring a case before the Court, provided that the High Contracting Party concerned, if there is only one, or the High Contracting Parties concerned, if there is more than one, are subject to the compulsory jurisdiction of the Court or, failing that, with the consent of the High Contracting Party concerned, if there is only one, or of the High Contracting Parties concerned if there is more than one: a) the Commission, b) a High Contracting Party whose national is alleged to be a victim, c) a High Contracting Party which referred the case to the Commission, d) a High Contracting Party against which the complaint has been lodged".

[370]   Exposição de motivos do Protocolo 9. Disponível em: https://www.coe.int/en/web/conventions/full-list?module=treaty-detail&treatynum=140.

[371]   CANÇADO TRINDADE, Antônio Augusto. La persona humana como sujeto del derecho internacional: avances de su capacidad jurídica internacional en la primera década del siglo XXI. *Revista IIDH*, San José, v. 46, jul.-dez. 2007. p. 297.

A título de exemplo, com a reforma de 1996 do Regulamento da Corte, a representação das vítimas ou de seus familiares passou a poder apresentar seus próprios argumentos e provas de forma autônoma na etapa de reparações.[372] A reforma de 2000 no Regulamento deu mais um passo e passou a admitir que as supostas vítimas, os seus familiares ou os seus representantes apresentassem solicitações, argumentos e provas de forma autônoma durante todo o processo, uma vez recebida a demanda.[373] Tal movimento se mostrou extremamente frutífero, dado que os Escritos de Solicitações, Argumentos e Provas (ESAPs) apresentados pelos representantes das supostas vítimas nos casos que tramitam perante a Corte aportam informações importantes que complementam aquelas trazidas pela Comissão e pelos Estados e enriquecem a análise do Tribunal.

Por meio de sua jurisprudência, a Corte especificou que os representantes das vítimas podem solicitar direitos distintos daqueles solicitados pela Comissão, desde que relativos ao mesmo marco factual fixado pelo Informe de Mérito da Comissão,[374] que podem aportar fatos que se qualificam como posteriores ao Informe de Mérito, desde que tenham conexão com os fatos do processo, e que podem expor fatos complementares que permitam explicar, esclarecer ou desconsiderar os que tenham sido mencionados no referido Relatório e submetidos à consideração da Corte.[375]

Em linhas gerais, portanto, tal como definido pela própria Corte Interamericana no caso *Povo Saramaka* vs. *Suriname* (2007), as supostas vítimas, os seus familiares e os seus representantes possuem um *locus standi in judicio,* materializado na apresentação dos ESAPs. São, assim, sujeitos do direito internacional dos direitos humanos, de forma que impedi-los de apresentar seus próprios fundamentos de direito corresponderia a uma restrição indevida de seu acesso à Justiça, ainda que, por força da Convenção, existam certos limites à participação desses sujeitos no procedimento.[376]

3. ESGOTAMENTO DOS PROCESSOS REALIZADOS PELA COMISSÃO (ARTIGO 61.2)

Note-se que, tal como afirmado na Opinião Consultiva 19/05, o Sistema Interamericano é construído sobre a base de plena autonomia e independência entre a Corte e a Comissão.[377] Não existe hierarquia entre os dois órgãos, mas estes se vinculam, visto que ambos possuem, ainda que com faculdades diversas, a função comum de examinar comunicações individuais e estatais, de acordo com os artigos 44, 45, 51, 61 e seguintes da Convenção.[378] Em casos

---

[372] Artigo 23 do Regulamento da Corte IDH (versão de 1996). Disponível em: https://www.corteidh.or.cr/docs/reglamento/1996.pdf.

[373] Artigo 23 do Regulamento da Corte IDH (versão de 2000). Disponível em: https://www.corteidh.or.cr/docs/reglamento/2000.pdf.

[374] CORTE IDH. Caso Moya Solís vs. Perú. Excepciones Preliminares, Fondo, Reparaciones y Costas. Sentencia de 3 de junio de 2021. Serie C No. 425. par. 32, entre outros.

[375] CORTE IDH Caso Herzog e outros vs. Brasil. Exceções Preliminares, Mérito, Reparações e Custas. Sentença de 15 de março de 2018. Série C, n. 353. par. 98, entre outros.

[376] CORTE IDH. Caso del Pueblo Saramaka vs. Surinam. Excepciones Preliminares, Fondo, Reparaciones y Costas. Sentencia de 28 de noviembre de 2007. Serie C No. 172. par. 26.

[377] CORTE IDH. Control de legalidad en el ejercicio de las atribuciones de la Comisión Interamericana de Derechos Humanos (arts. 41 y 44 a 51 de la Convención Americana sobre Derechos Humanos). Opinión Consultiva OC-19/05, de 28 de noviembre de 2005. Serie A No. 19. par. 25.

[378] CORTE IDH. Control de legalidad en el ejercicio de las atribuciones de la Comisión Interamericana de Derechos Humanos (arts. 41 y 44 a 51 de la Convención Americana sobre Derechos Humanos). Opinión Consultiva OC-19/05, de 28 de noviembre de 2005. Serie A No. 19. par. 24.

nos quais o Estado coopera com o Sistema já durante o procedimento perante a Comissão, implementando as recomendações que lhe são feitas e reparando de forma integral e satisfatória as vítimas do caso, a Comissão pode, motivadamente, não remeter o caso à Corte.

Vale mencionar, inclusive, que, entre as faculdades da Corte à luz da Convenção e dos diversos instrumentos interamericanos de direitos humanos, se encontra o controle de legalidade das atividades da Comissão naquilo que se refere ao trâmite de assuntos sob conhecimento da própria Corte.[379] Assim, no âmbito de resolução de casos contenciosos, a Corte considera que possui jurisdição plena sobre todas as questões relativas a um caso submetido ao seu conhecimento, sem que isso suponha, necessariamente, uma revisão do procedimento que se desenvolveu perante a Comissão.[380] A Corte poderá revisar a atuação da Comissão nos casos em que o Estado tenha demonstrado que houve erro grave que vulnere o seu direito de defesa e que tal atuação tenha efetivamente implicado um desequilíbrio em seu prejuízo durante o processo perante a Comissão, não sendo suficiente a existência de mera queixa ou discrepância de critérios em relação à conduta da Comissão.[381] A título de exemplo, no caso *Moya Solís* vs. *Peru* (2021), o Estado solicitou que a Corte realizasse controle de legalidade sobre a atuação da Comissão por considerar que alguns argumentos suscitados perante a Corte não haviam sido incluídos pela representação da vítima e não haviam sido incluídos no Informe de Admissibilidade da Comissão, o que teria prejudicado sua defesa no que concerne à oportunidade de apresentação de exceções preliminares. A Corte manifestou que o Estado teve conhecimento sobre o objeto do litígio desde a petição inicial apresentada pela vítima e, portanto, teve a oportunidade de apresentar as exceções preliminares cabíveis, declarando improcedente a solicitação de controle de legalidade. Da mesma forma, em deferência à autonomia da Comissão e, ao constatar que não houve qualquer prejuízo à paridade de armas, a Corte já afastou o controle de legalidade em diversos outros casos.

REFERÊNCIAS

CHILE. Projeto da Convenção Americana sobre Direitos Humanos apresentado pelo Chile na Segunda Conferência Interamericana Extraordinária do Rio de Janeiro, 1965. In: SECRETARIA-GERAL DA OEA. *Anuário Interamericano de Direitos Humanos 1968*. Washington, DC: Secretaria-Geral da OEA, 1973. p. 275-298.

CANÇADO TRINDADE, Antônio Augusto. La persona humana como sujeto del derecho internacional: avances de su capacidad jurídica internacional en la primera década del siglo XXI. *Revista IIDH*, San José, v. 46, p. 273-330, jul.-dez. 2007.

COMISSÃO INTERAMERICANA DE DIREITOS HUMANOS. Anteprojeto da Convenção Americana sobre Direitos Humanos, 1968. In: SECRETARIA-GERAL DA OEA. *Anuário Interamericano de Direitos Humanos 1968*. Washington, DC: Secretaria-Geral da OEA, 1973. p. 94-156.

---

[379] CORTE IDH. Control de legalidad en el ejercicio de las atribuciones de la Comisión Interamericana de Derechos Humanos (arts. 41 y 44 a 51 de la Convención Americana sobre Derechos Humanos). Opinión Consultiva OC-19/05, de 28 de noviembre de 2005. Serie A No. 19. Considerando 3.

[380] CORTE IDH. Caso Moya Solís *vs.* Perú. Excepciones Preliminares, Fondo, Reparaciones y Costas. Sentencia de 3 de junio de 2021. Serie C No. 425. par. 22.

[381] CORTE IDH. Caso Trabajadores Cesados del Congreso (Aguado Alfaro y otros) *vs.* Perú. Excepciones Preliminares, Fondo, Reparaciones y Costas. Sentencia de 24 de noviembre de 2006. Serie C No. 158. par. 66; e CORTE IDH. Caso Moya Solís *vs.* Perú. Excepciones Preliminares, Fondo, Reparaciones y Costas. Sentencia de 3 de junio de 2021. Serie C No. 425. par. 22.

COMISSÃO INTERAMERICANA DE DIREITOS HUMANOS. Opinião da Comissão sobre o projeto de Convenção Americana sobre Direitos Humanos preparado pelo Conselho Interamericano de Jurisconsultos. OEA/Ser.L/V/11.16/doc.8. In: SECRETARIA-GERAL DA OEA. *Anuário Interamericano de Direitos Humanos 1968*. Washington, DC: Secretaria-Geral da OEA, 1973. p. 318-356.

CONSELHO INTERAMERICANO DE JURISCONSULTOS. Projeto da Convenção Americana sobre Direitos Humanos, setembro de 1959. In: SECRETARIA-GERAL DA OEA. *Anuário Interamericano de Direitos Humanos 1968*. Washington, DC: Secretaria-Geral da OEA, 1973. p. 236-275.

URUGUAI. Projeto da Convenção Americana sobre Direitos Humanos apresentado pelo Uruguai na Segunda Conferência Interamericana Extraordinária do Rio de Janeiro, 1965. In: SECRETARIA-GERAL DA OEA. *Anuário Interamericano de Direitos Humanos 1968*. Washington, DC: Secretaria-Geral da OEA, 1973. p. 298-318.

Artigo 62

1. Todo Estado-parte pode, no momento do depósito do seu instrumento de ratificação desta Convenção ou de adesão a ela, ou em qualquer momento posterior, declarar que reconhece como obrigatória, de pleno direito e sem convenção especial, a competência da Corte em todos os casos relativos à interpretação ou aplicação desta Convenção.

2. A declaração pode ser feita incondicionalmente, ou sob condição de reciprocidade, por prazo determinado ou para casos específicos. Deverá ser apresentada ao Secretário-Geral da Organização, que encaminhará cópias da mesma aos outros Estados-Membros da Organização e ao Secretário da Corte.

3. A Corte tem competência para conhecer de qualquer caso relativo à interpretação e aplicação das disposições desta Convenção que lhe seja submetido, desde que os Estados-Partes no caso tenham reconhecido ou reconheçam a referida competência, seja por declaração especial, como preveem os incisos anteriores, seja por convenção especial.

COMENTÁRIOS

por Rodrigo Mudrovitsch[382]

O artigo 62 da Convenção se dedica ao reconhecimento, pelos Estados, da competência da Corte para conhecer casos de violações à Convenção.

Em seu primeiro parágrafo, o artigo 62 trata da forma pela qual os Estados se submetem à jurisdição da Corte, determinando a necessidade de que os Estados manifestem expressamente seu reconhecimento da competência contenciosa da Corte. A Convenção ainda confere aos Estados um espectro temporal amplo para tomada dessa decisão, e os Estados

---

[382] O autor agradece as valiosas contribuições dos pesquisadores João Ricardo Oliveira Munhoz, Letícia Machado Haertel, Bianca Guimarães Silva, Maria Carolina Ferreira da Silva e Augusto Sperb Machado no levantamento de informações para a elaboração dos capítulos referentes aos artigos 52 a 73 da Convenção.

poderão reconhecer a competência da Corte tanto no momento de depósito do instrumento de ratificação da Convenção ou de adesão a ela quanto em qualquer momento subsequente.

Em seu segundo parágrafo, o artigo elenca de forma taxativa as condições que podem ser impostas pelos Estados quanto ao seu reconhecimento. A terceira disposição, por fim, reforça a competência da Corte sobre a interpretação e aplicação da Convenção uma vez que os Estados a tenham reconhecido nos termos dispostos pelas regras precedentes.

1. ORIGENS DO ARTIGO 62 E TRABALHOS PREPARATÓRIOS DA CONVENÇÃO

No Projeto de Convenção Americana de Direitos Humanos aprovado na quarta reunião do Conselho Interamericano de Jurisconsultos em 1959,[383] foram propostas três alternativas de redação para o então artigo 72, tendo em conta que o reconhecimento da competência da Corte poderia ser um tema delicado para os Estados. A primeira alternativa dispunha que a Corte teria competência obrigatória, em regra, mas que os Estados poderiam em qualquer momento declarar seu não reconhecimento da jurisdição da Corte. A segunda alternativa, por sua vez, previa uma lógica inversa, qual seja, a de que os Estados poderiam em qualquer momento reconhecer como obrigatória a jurisdição da Corte, seja de forma pura e simples, seja sob a condição de reciprocidade por parte de outros membros da Convenção, seja por prazo determinado. A terceira alternativa, por fim, previa que a Corte teria competência obrigatória, não prevendo qualquer meio de contestação dessa competência.

O Projeto de Convenção apresentado pelo governo do Chile na segunda Conferência Interamericana Extraordinária (1965) previa disposição semelhante à terceira alternativa apresentada no Projeto do Conselho de Jurisconsultos, ao dispor, em seu artigo 64, que a Corte teria competência obrigatória.[384] O Projeto de Convenção apresentado pelo governo do Uruguai na mesma ocasião dispunha que a Corte teria jurisdição obrigatória em relação aos direitos civis e políticos e, entre os direitos econômicos, sociais, culturais e ambientais, teria jurisdição obrigatória apenas em relação à liberdade de trabalho, à liberdade sindical e à liberdade de educação, conforme seu artigo 77.[385] A Comissão Interamericana, em sua Opinião sobre o projeto de Convenção aprovado pelo Conselho Interamericano de Jurisconsultos, apresentada em 1969 em San José da Costa Rica, adotou redação semelhante[386] àquela disposta no artigo 44 de seu anteprojeto de Convenção:[387]

[383] CONSELHO INTERAMERICANO DE JURISCONSULTOS. Projeto da Convenção Americana sobre Direitos Humanos, setembro de 1959. In: SECRETARIA-GERAL DA OEA. *Anuário Interamericano de Direitos Humanos 1968*. Washington, DC: Secretaria-Geral da OEA, 1973. p. 266.

[384] CHILE. Projeto da Convenção Americana sobre Direitos Humanos apresentado pelo Chile na Segunda Conferência Interamericana Extraordinária do Rio de Janeiro, 1965. In: SECRETARIA-GERAL DA OEA. *Anuário Interamericano de Direitos Humanos 1968*. Washington, DC: Secretaria-Geral da OEA, 1973. p. 294.

[385] URUGUAI. Projeto da Convenção Americana sobre Direitos Humanos apresentado pelo Uruguai na Segunda Conferência Interamericana Extraordinária do Rio de Janeiro, 1965. In: SECRETARIA-GERAL DA OEA. *Anuário Interamericano de Direitos Humanos 1968*. Washington, DC: Secretaria-Geral da OEA, 1973. p. 314.

[386] COMISSÃO INTERAMERICANA DE DIREITOS HUMANOS. Opinião da Comissão sobre o projeto de Convenção Americana sobre Direitos Humanos preparado pelo Conselho Interamericano de Jurisconsultos. OEA/Ser.L/V/11.16/doc.8. In: SECRETARIA-GERAL DA OEA. *Anuário Interamericano de Direitos Humanos 1968*. Washington, DC: Secretaria-Geral da OEA, 1973. p. 350.

[387] COMISSÃO INTERAMERICANA DE DIREITOS HUMANOS. Anteprojeto da Convenção Americana sobre Direitos Humanos, 1968. In: SECRETARIA-GERAL DA OEA. *Anuário Interamericano de Direitos Humanos 1968*. Washington, DC: Secretaria-Geral da OEA, 1973. p. 146.

Artículo 44

1. La Corte tendrá competencia para conocer de todos los casos relativos a la interpretación y aplicación de las disposiciones de esta Convención cuando el Estado contra el cual se dirige la demanda no rehúse someterse al juicio de la Corte.

2. El Estado Contratante podrá declarar, en cualquier momento que reconoce, como obligatoria, de pleno derecho y sin convención especial, la competencia de la Corte sobre todos los casos relativos a la interpretación o aplicación de esta Convención.

3. La declaración podrá ser hecha incondicionalmente o bajo condición de reciprocidad o por un plazo determinado y deberá ser presentada al Secretario General de la Organización, quien transmitirá copias de la misma a los otros Estados Contratantes y al Secretario de la Corte.

Por fim, o modelo consagrado na redação final da Convenção foi o da cláusula facultativa de jurisdição obrigatória.

2. A CLÁUSULA FACULTATIVA DE JURISDIÇÃO OBRIGATÓRIA (ARTIGOS 62.1 E 62.3)

A redação final adotada foi inspirada no modelo conhecido como Cláusula Facultativa de Jurisdição Obrigatória, ou Cláusula Raul Fernandes, em homenagem ao diplomata brasileiro que a propôs no âmbito das negociações sobre a jurisdição da antiga Corte Permanente de Justiça Internacional (CPJI). Tal como relembrou o Juiz Cançado Trindade em seu voto no caso *Constantine e outros* vs. *Trinidade e Tobago* (2001), essa fórmula de aceitação da jurisdição obrigatória é aclamada como uma contribuição latino-americana para o estabelecimento da jurisdição internacional e reflete a primazia da vontade estatal, dominante no direito internacional no início do século XX.[388] Há debates sobre a necessidade de uma evolução relativa a esse modelo, com vistas a reduzir eventuais excessos cometidos pelos Estados sob o manto do exercício de sua soberania em relação aos tribunais internacionais. Sobre esses eventuais excessos, vale reproduzir a ponderação feita pelo magistrado interamericano:

> La Corte Interamericana de Derechos Humanos tiene el deber de preservar la integridad del sistema regional convencional de protección de los derechos humanos como un todo. Sería inadmisible subordinar la operación del mecanismo convencional de protección a restricciones no expresamente autorizadas por la Convención Americana, interpuestas por los Estados Partes en sus instrumentos de aceptación de la cláusula facultativa de la jurisdicción obligatoria de la Corte Interamericana (artículo 62 de la Convención Americana). Ésto no sólo afectaría de inmediato la eficacia de la operación del mecanismo convencional de protección, sino, además, fatalmente impediría sus posibilidades de desarrollo futuro.[389]

Note-se que, tal como a própria Corte já aduziu, não há na Convenção qualquer norma que expressamente faculte aos Estados a retirada de sua declaração de aceitação da competência obrigatória da Corte.[390] Uma vez que o Estado aceita a jurisdição obrigatória da Corte, nos termos do artigo 62.1, ele se compromete com a Convenção em sua integralidade e com a consequente garantia de proteção internacional dos direitos humanos consagrada no Pacto

---

[388] CORTE IDH. Caso Constantine y otros *vs.* Trinidad y Tobago. Excepciones Preliminares. Sentencia de 1 de septiembre de 2001. Serie C No. 82. Voto do juiz Cançado Trindade. pars. 4-12.

[389] CORTE IDH. Caso Constantine y otros *vs.* Trinidad y Tobago. Excepciones Preliminares. Sentencia de 1 de septiembre de 2001. Serie C No. 82. Voto do juiz Cançado Trindade. par. 14.

[390] CORTE IDH. Caso del Tribunal Constitucional *vs.* Perú. Competencia. Sentencia de 24 de septiembre de 1999. Serie C No. 55. par. 38.

de San José. Assim, uma vez aceita a competência contenciosa da Corte, o Estado somente poderá retirar sua aceitação por meio da denúncia de todo o tratado.[391]

Por meio de sua jurisprudência, a Corte teve a oportunidade de aprofundar alguns aspectos sobre a interpretação do artigo 62. No caso *Tribunal Constitucional* vs. *Peru* (1999), a Corte relembrou que, como órgão com competências jurisdicionais, possui o poder de determinar o alcance de sua própria competência, o chamado princípio da *compétence de la compétence* ou *kompetenz-kompetenz*. Assim, a competência da Corte não poderia estar condicionada a fatos distintos de suas próprias atuações, e, ao aceitarem a competência do Tribunal sob os termos do artigo 62.1, os Estados admitem que ele decida sobre qualquer controvérsia relativa à sua jurisdição, tal qual consagrado no artigo 62.3. Portanto, ao interpretar a Convenção, a Corte deve preservar a integridade do mecanismo previsto no artigo 62.1, que não pode ser submetido a restrições impostas pelos Estados demandados.[392] Nesse precedente, inclusive, a Corte determinou que a aceitação de sua competência contenciosa constitui cláusula pétrea:

> La aceptación de la competencia contenciosa de la Corte constituye una cláusula pétrea que no admite limitaciones que no estén expresamente contenidas en el artículo 62.1 de la Convención Americana. Dada la fundamental importancia de dicha cláusula para la operación del sistema de protección de la Convención, no puede ella estar a merced de limitaciones no previstas que sean invocadas por los Estados Partes por razones de orden interno.[393]

No caso *Ivcher Bronstein* vs. *Peru* (1999),[394] a Corte teve a oportunidade de reafirmar as bases dispostas no caso *Tribunal Constitucional* vs. *Peru*. Em ambos os casos, a Corte relembrou o caráter especial dos tratados de direitos humanos, centrados na proteção do ser humano, o que os diferencia dos demais tratados.[395] Sobre o caráter especial dos tratados de direitos humanos, vale a reprodução do trecho da Opinião Consultiva 2/82, que foi invocado nesses precedentes:

> (...) los tratados modernos sobre derechos humanos, en general, y, en particular, la Convención Americana, no son tratados multilaterales del tipo tradicional, concluidos en función de un intercambio recíproco de derechos, para el beneficio mutuo de los Estados contratantes. Su objeto y fin son la protección de los derechos fundamentales de los seres humanos, independientemente de su nacionalidad, tanto frente a su propio Estado como frente a los otros Estados contratantes. Al aprobar estos tratados sobre derechos humanos, los Estados se someten a un orden legal dentro del cual ellos, por el bien común, asumen varias obligaciones, no en relación con otros Estados, sino hacia los individuos bajo su jurisdicción.[396]

---

[391] CORTE IDH. Caso del Tribunal Constitucional *vs.* Perú. Competencia. Sentencia de 24 de septiembre de 1999. Serie C No. 55. pars. 45 e 49.

[392] CORTE IDH. Caso del Tribunal Constitucional *vs.* Perú. Competencia. Sentencia de 24 de septiembre de 1999. Serie C No. 55. pars. 31, 33 e 34.

[393] CORTE IDH. Caso del Tribunal Constitucional *vs.* Perú. Competencia. Sentencia de 24 de septiembre de 1999. Serie C No. 55. par. 35.

[394] CORTE IDH. Caso Ivcher Bronstein *vs.* Perú. Competencia. Sentencia de 24 de septiembre de 1999. Serie C No. 54.

[395] CORTE IDH. Caso Constantine y otros *vs.* Trinidad y Tobago. Excepciones Preliminares. Sentencia de 1 de septiembre de 2001. Serie C No. 82. pars. 84-85.

[396] CORTE IDH. El Efecto de las Reservas Sobre la Entrada en Vigencia de la Convención Americana sobre Derechos Humanos. Opinión Consultiva OC-2/82. par. 29.

3. CONDIÇÕES AO RECONHECIMENTO DA COMPETÊNCIA DA CORTE (ARTIGO 62.2)

Para evitar excessos por parte dos Estados, a interpretação das condições dispostas pelo artigo 62.2 deve ser feita de boa-fé e de maneira restritiva.

No caso *Constantine e outros* vs. *Trinidade e Tobago* (2001), a Corte foi instada a se manifestar sobre o tema, reiterando suas considerações no sentido de que o Estado apenas pode se desvincular de suas obrigações convencionais observando as disposições do próprio Tratado.[397] No caso, o Estado argumentou pela priorização das disposições de sua Constituição nacional em relação às disposições da Convenção. A Corte precisou que, caso validasse o argumento do Estado, isso implicaria uma fragmentação da ordem jurídica internacional de proteção dos direitos humanos e tornaria ilusório o objeto e o fim da Convenção. Conforme aduzido pelo juiz Cançado Trindade em seu voto nesse caso:

> *Según el artículo 62.2 de la Convención, la aceptación, por un Estado Parte, de la competencia contenciosa de la Corte Interamericana, puede ser efectuada en cuatro modalidades, a saber: a) incondicionalmente; b) bajo condición de reciprocidad; c) por un plazo determinado; y d) para casos específicos. Son éstas, y tan sólo éstas, las modalidades de aceptación de la competencia contenciosa de la Corte Interamericana previstas y autorizadas por el artículo 62.2 de la Convención, que no autoriza a los Estados Partes interponer cualesquiera otras condiciones o restricciones* (numerus clausus).[398]

No mesmo sentido se manifestou o Juiz Salgado Pesantes em seu voto, em que dispôs que não existe margem de discricionariedade alguma para o Estado-parte além daquela de expressar sua vontade de aceitação da jurisdição ou de omitir-se de fazê-lo, de tal sorte que o Estado não pode estabelecer condições que limitem o funcionamento do órgão jurisdicional.[399] Coincidiu com esse entendimento o Juiz García Ramírez, destacando, ademais, o caráter amplo e impreciso da condição que o Estado de Trinidade e Tobago pretendia impor ao reconhecimento da competência da Corte, argumentando que, caso fossem aceitos os termos da condição estatal, a Corte estaria privada de exercer com independência as atribuições designadas a ela pela Convenção e deveria se sujeitar a uma modalidade de análise casuística entre as normas da Convenção e as normas do direito interno.[400]

Em 2019, a Corte se deparou, mais uma vez, com questionamentos à sua competência sob a ótica do ordenamento constitucional nacional, no âmbito da supervisão de cumprimento de sentença do caso *Niñas Yean e Bosico* vs. *República Dominicana* (2005). Na hipótese, o Tribunal Constitucional da República Dominicana havia emitido sentença em 2014 (decisão TC-256-14) declarando a inconstitucionalidade do instrumento de aceitação da competência da Corte Interamericana. Isso, porque o procedimento de aceitação não teria seguido as normas nacionais de adoção de compromissos internacionais, uma vez que o instrumento de aceitação, assinado pelo presidente da República em 1999, não foi submetido ao Con-

---

[397] CORTE IDH. Caso Constantine y otros *vs.* Trinidad y Tobago. Excepciones Preliminares. Sentencia de 1 de septiembre de 2001. Serie C No. 82. par. 80.

[398] CORTE IDH. Caso Constantine y otros *vs.* Trinidad y Tobago. Excepciones Preliminares. Sentencia de 1 de septiembre de 2001. Serie C No. 82. par. 23.

[399] CORTE IDH. Caso Constantine y otros *vs.* Trinidad y Tobago. Excepciones Preliminares. Sentencia de 1 de septiembre de 2001. Serie C No. 82. Voto do juiz Salgado Pesantes. pars. 6-7.

[400] CORTE IDH. Caso Constantine y otros *vs.* Trinidad y Tobago. Excepciones Preliminares. Sentencia de 1 de septiembre de 2001. Serie C No. 82. Voto do juiz García Ramírez. par. 4.

gresso Nacional, conforme dispunha a Constituição nacional de 2002.[401] Do ponto de vista do direito internacional, o Tribunal Constitucional invocou o artigo 46 da Convenção de Viena sobre o Direito dos Tratados,[402] alegando que houve uma manifesta violação de uma norma interna de importância fundamental e, portanto, houve um vício de consentimento em relação à aceitação da competência contenciosa da Corte Interamericana.[403]

A Corte endereçou a argumentação do Estado precisando que a interpretação realizada pelo Tribunal Constitucional em 2014 foi contrária ao direito internacional público, em especial aos princípios de *pacta sunt servanda*, boa-fé e *estoppel*, bem como à própria aplicação do artigo 62 da Convenção, que deve ser interpretado conforme ao objeto e fim de um tratado de direitos humanos. Precisou, igualmente, que o artigo 46 da Convenção de Viena não seria aplicável, já que não se tratava de uma discussão sobre a nulidade internacional de um tratado, e que, ainda que o fosse, não houve uma violação manifesta de uma norma interna, considerando que, mesmo no âmbito interno, a questão não era pacífica.[404] Além disso, a Corte observou que a aceitação da cláusula prevista pelo artigo 62 não requer uma convenção especial nem a aceitação por parte de outros Estados, de forma que constitui um ato jurídico unilateral efetuado com inequívoca intenção de produzir determinados efeitos jurídicos internacionais a respeito. Tal ato jurídico unilateral é fonte de direito internacional e gera obrigações jurídicas de caráter vinculante.[405] Em síntese, a Corte aduziu que a referida decisão do Tribunal Constitucional não possui efeitos jurídicos no plano internacional, assim como qualquer consequência derivada dessa decisão, e reafirmou sua competência contenciosa sobre casos em que a República Dominicana figurava como Estado réu.[406]

Outra questão que se coloca, tendo em vista que os Estados podem depositar seu instrumento de aceitação da competência contenciosa da Corte em momento distinto daquele de depósito do instrumento de ratificação ou de aceitação da Convenção, é a partir de qual marco temporal a Corte pode exercer sua competência. No caso *Herzog* vs. *Brasil* (2018), a Corte se pronunciou no sentido de que, com base no princípio de irretroatividade e no

---

[401]   CORTE IDH. Caso de las Niñas Yean y Bosico y Caso de Personas dominicanas y haitianas expulsadas *vs.* República Dominicana. Supervisión de Cumplimiento de Sentencias y Competencia. Resolución de la Corte Interamericana de Derechos Humanos de 12 de marzo de 2019. pars. 38-40.

[402]   Artigo 46. Disposições do Direito Interno sobre Competência para Concluir Tratados

1. Um Estado não pode invocar o fato de que seu consentimento em obrigar-se por um tratado foi expresso em violação de uma disposição de seu direito interno sobre competência para concluir tratados, a não ser que essa violação fosse manifesta e dissesse respeito a uma norma de seu direito interno de importância fundamental.

2. Uma violação é manifesta se for objetivamente evidente para qualquer Estado que proceda, na matéria, de conformidade com a prática normal e de boa fé.

[403]   CORTE IDH. Caso de las Niñas Yean y Bosico y Caso de Personas dominicanas y haitianas expulsadas *vs.* República Dominicana. Supervisión de Cumplimiento de Sentencias y Competencia. Resolución de la Corte Interamericana de Derechos Humanos de 12 de marzo de 2019. par. 51.

[404]   CORTE IDH. Caso de las Niñas Yean y Bosico y Caso de Personas dominicanas y haitianas expulsadas *vs.* República Dominicana. Supervisión de Cumplimiento de Sentencias y Competencia. Resolución de la Corte Interamericana de Derechos Humanos de 12 de marzo de 2019. pars. 52-55.

[405]   CORTE IDH. Caso de las Niñas Yean y Bosico y Caso de Personas dominicanas y haitianas expulsadas *vs.* República Dominicana. Supervisión de Cumplimiento de Sentencias y Competencia. Resolución de la Corte Interamericana de Derechos Humanos de 12 de marzo de 2019. pars. 55-57.

[406]   CORTE IDH. Caso de las Niñas Yean y Bosico y Caso de Personas dominicanas y haitianas expulsadas *vs.* República Dominicana. Supervisión de Cumplimiento de Sentencias y Competencia. Resolución de la Corte Interamericana de Derechos Humanos de 12 de marzo de 2019. par. 74.

fato de que o Brasil manifestou expressamente o reconhecimento da competência da Corte para fatos posteriores ao reconhecimento da jurisdição interamericana, a Corte não pode exercer sua competência contenciosa para aplicar a Convenção e declarar uma violação de suas normas a respeito de fatos ou condutas anteriores ao reconhecimento de competência. O marco temporal adotado, portanto, não foi a data de ratificação da Convenção, mas, sim, a data em que o Estado se submeteu à jurisdição contenciosa da Corte. Não obstante, a Corte bem observou que esse recorte temporal não a impede de analisar, no marco de processos de investigação, possíveis violações de direitos humanos ocorridas com posterioridade à data de reconhecimento de sua competência, mesmo que o processo em si tenha iniciado antes de tal reconhecimento.[407]

REFERÊNCIAS

CHILE. Projeto da Convenção Americana sobre Direitos Humanos apresentado pelo Chile na Segunda Conferência Interamericana Extraordinária do Rio de Janeiro, 1965. In: SECRETARIA-GERAL DA OEA. *Anuário Interamericano de Direitos Humanos 1968*. Washington, DC: Secretaria-Geral da OEA, 1973. p. 275-298.

COMISSÃO INTERAMERICANA DE DIREITOS HUMANOS. Anteprojeto da Convenção Americana sobre Direitos Humanos, 1968. In: SECRETARIA-GERAL DA OEA. *Anuário Interamericano de Direitos Humanos 1968*. Washington, DC: Secretaria-Geral da OEA, 1973. p. 94-156.

COMISSÃO INTERAMERICANA DE DIREITOS HUMANOS. Opinião da Comissão sobre o projeto de Convenção Americana sobre Direitos Humanos preparado pelo Conselho Interamericano de Jurisconsultos. OEA/Ser.L/V/11.16/doc.8. In: SECRETARIA-GERAL DA OEA. *Anuário Interamericano de Direitos Humanos 1968*. Washington, DC: Secretaria-Geral da OEA, 1973. p. 318-356.

CONSELHO INTERAMERICANO DE JURISCONSULTOS. Projeto da Convenção Americana sobre Direitos Humanos, setembro de 1959. In: SECRETARIA-GERAL DA OEA. *Anuário Interamericano de Direitos Humanos 1968*. Washington, DC: Secretaria-Geral da OEA, 1973. p. 236-275.

URUGUAI. Projeto da Convenção Americana sobre Direitos Humanos apresentado pelo Uruguai na Segunda Conferência Interamericana Extraordinária do Rio de Janeiro, 1965. In: SECRETARIA-GERAL DA OEA. *Anuário Interamericano de Direitos Humanos 1968*. Washington, DC: Secretaria-Geral da OEA, 1973. p. 298-318.

Artigo 63

1. Quando decidir que houve violação de um direito ou liberdade protegido nesta Convenção, a Corte determinará que se assegure ao prejudicado o gozo do seu direito ou liberdade violados. Determinará também, se isso for procedente, que sejam reparadas as consequências da medida ou situação que haja configurado a violação desses direitos, bem como o pagamento de indenização justa à parte lesada.

2. Em casos de extrema gravidade e urgência, e quando se fizer necessário evitar danos irreparáveis às pessoas, a Corte, nos assuntos de que estiver conhecendo,

---

[407] CORTE IDH. Caso Herzog y otros *vs.* Brasil. Excepciones Preliminares, Fondo, Reparaciones y Costas. Sentencia de 15 de marzo de 2018. Serie C No. 353. pars. 27 e 28.

poderá tomar as medidas provisórias que considerar pertinentes. Se se tratar de assuntos que ainda não estiverem submetidos ao seu conhecimento, poderá atuar a pedido da Comissão.

 COMENTÁRIOS

por Rodrigo Mudrovitsch[408]

O artigo 63 da Convenção Americana, situado entre as competências e funções da Corte Interamericana na Seção 2 de seu Capítulo VIII, aborda dois aspectos cruciais do funcionamento do Tribunal: sua competência para determinar as consequências e as reparações cabíveis após uma violação dos direitos assegurados no tratado (artigo 63.1) e para proferir medidas provisórias que julgar pertinentes e necessárias em casos de extrema gravidade e urgência (artigo 63.2). Considerando a densidade e a distinção entre as competências descritas nesse artigo, os parágrafos serão abordados separadamente após a discussão sobre os trabalhos preparatórios.

1. ORIGEM DO ARTIGO 63 E TRABALHOS PREPARATÓRIOS DA CONVENÇÃO

A competência da Corte de determinar as consequências e conferir reparações em casos em que constata uma violação de seus dispositivos materiais (artigo 63.1) foi introduzida ao projeto de texto do que viria a se tornar a Convenção Americana logo em suas primeiras versões. A proposta do Conselho Interamericano de Jurisconsultos de 1959 previa a seguinte formulação em seu artigo 76:[409]

> Artículo 76
>
> Si la decisión de la Corte declara que una resolución tomada o una medida ordenada por una autoridad judicial o cualquier otra autoridad de un Estado Contratante se encuentra parcial o totalmente en conflicto con las obligaciones resultantes de la presente Convención, *y si el derecho interno de esta Parte no permite reparar sino parcialmente las consecuencias de esa decisión o medida*, la decisión de la Corte dispondrá, si ello es procedente, que se pague *una justa indemnización a la parte lesionada*.

Dois aspectos da formulação inicial do artigo 76 (atualmente, o 63.1) chamam a atenção. O primeiro é o condicionamento da reparação a circunstâncias em que a lei doméstica do Estado réu permitir apenas "reparação parcial" pelas consequências da medida violatória, e o segundo é o direcionamento do conceito de "reparação" para a forma de uma compensação financeira a ser paga às vítimas. As duas características aproximam o dispositivo da formulação da versão final do artigo 41 da Convenção Europeia sobre Direitos Humanos (1950):

---

[408] O autor agradece as valiosas contribuições dos pesquisadores João Ricardo Oliveira Munhoz, Letícia Machado Haertel, Bianca Guimarães Silva, Maria Carolina Ferreira da Silva e Augusto Sperb Machado no levantamento de informações para a elaboração dos capítulos referentes aos artigos 52 a 73 da Convenção.

[409] CONSELHO INTERAMERICANO DE JURISCONSULTOS. Projeto da Convenção Americana sobre Direitos Humanos, setembro de 1959. In: SECRETARIA-GERAL DA OEA. *Anuário Interamericano de Direitos Humanos 1968*. Washington, DC: Secretaria-Geral da OEA, 1973. p. 268 (grifo nosso).

Se o Tribunal declarar que houve violação da Convenção ou dos seus protocolos e se o direito interno da Alta Parte Contratante não permitir senão imperfeitamente obviar às consequências de tal violação, o Tribunal atribuirá à parte lesada uma reparação razoável, se necessário.[410]

As subsequentes propostas de texto da Convenção apresentadas pelo Chile[411] e pelo Uruguai[412] não divergiram substancialmente da versão do Conselho desse dispositivo. Em nenhuma dessas três propostas, contudo, a competência da Corte para determinar medidas provisórias (atual artigo 63.2) foi abordada.[413] A Comissão Interamericana apresentou, em 1968, seu parecer[414] sobre as três propostas e propôs uma nova formulação para o dispositivo sobre as consequências de violações (na proposta, o artigo 52), ainda sem abordar medidas provisórias. No projeto que apresentou, o condicionamento à impossibilidade de reparação total na lei doméstica do Estado réu foi eliminado, mas o enfoque em compensação pecuniária subsistiu.[415] Outra novidade foi a divisão do dispositivo em dois parágrafos, com o segundo abordando a implementação das decisões no âmbito doméstico.[416]

Foi apenas nos últimos dias da Conferência de São José, em novembro de 1969, que uma abordagem mais ampla para o tema das medidas de reparação cabíveis em casos de violação passou a ser considerada. Não constam, entre os registros dos trabalhos preparató-

---

[410] Convenção Europeia de Direitos Humanos, 11 de abril de 1950, conforme emendada pelos Protocolos 11, 14 e 15, ETS 5, artigo 41 (tradução oficial para Português de Portugal). Referência às versões autênticas da Convenção Europeia torna a referência a medidas de compensação de caráter financeiro ainda mais explícita: "*the Court shall, if necessary, afford just satisfaction to the injured party*" (inglês) e "*la Cour accorde à la partie lésée, s'il y a lieu, une satisfaction équitable*" (francês).

[411] CHILE. Projeto da Convenção Americana sobre Direitos Humanos apresentado pelo Chile na Segunda Conferência Interamericana Extraordinária do Rio de Janeiro, 1965. In: SECRETARIA-GERAL DA OEA. *Anuário Interamericano de Direitos Humanos 1968*. Washington, DC: Secretaria-Geral da OEA, 1973. p. 294.

[412] URUGUAI. Projeto da Convenção Americana sobre Direitos Humanos apresentado pelo Uruguai na Segunda Conferência Interamericana Extraordinária do Rio de Janeiro, 1965. In: SECRETARIA-GERAL DA OEA. *Anuário Interamericano de Direitos Humanos 1968*. Washington, DC: Secretaria-Geral da OEA, 1973. p. 315.

[413] Para um maior detalhamento do processo de redação do artigo 63 da Convenção, cf. HENNEBEL, L.; TIGROUDJA, H. *The American Convention on Human Rights*: a commentary. Oxford: Oxford University Press, 2022. p. 1337.

[414] COMISSÃO INTERAMERICANA DE DIREITOS HUMANOS. Opinião da Comissão sobre o projeto de Convenção Americana sobre Direitos Humanos preparado pelo Conselho Interamericano de Jurisconsultos. OEA/Ser.L/V/11.16/doc.8. In: SECRETARIA-GERAL DA OEA. *Anuário Interamericano de Direitos Humanos 1968*. Washington, DC: Secretaria-Geral da OEA, 1973. p. 318-356.

[415] COMISSÃO INTERAMERICANA DE DIREITOS HUMANOS. Anteprojeto da Convenção Americana sobre Direitos Humanos, 1968. In: SECRETARIA-GERAL DA OEA. *Anuário Interamericano de Direitos Humanos 1968*. Washington, DC: Secretaria-Geral da OEA, 1973. p. 145: "*Artículo 52. 1. Cuando reconozca que hubo violación de un derecho o libertad protegido en esta Convención, la Corte tendrá competencia para determinar el monto de la indemnización debida a la parte lesionada. 2. La parte del fallo que contenga indemnización compensatoria se podrá ejecutar en el Estado respectivo por el procedimiento interno vigente para la ejecución de sentencias contra el Estado*".

[416] COMISSÃO INTERAMERICANA DE DIREITOS HUMANOS. Anteprojeto da Convenção Americana sobre Direitos Humanos, 1968. In: SECRETARIA-GERAL DA OEA. *Anuário Interamericano de Direitos Humanos 1968*. Washington, DC: Secretaria-Geral da OEA, 1973. p. 145.

rios, debates substantivos sobre a ampliação das possibilidades de medidas reparatórias,[417] mas o Segundo Comitê de trabalho na Conferência explicitou que a nova versão era "*mas amplia y categorica*".[418] Quando dessa mudança, o parágrafo sobre a implementação doméstica das sentenças foi retirado do artigo e deslocado para o que viria a se tornar o artigo 68 da Convenção Americana.[419] Na versão final do artigo 63, adotada em 1969, um novo segundo parágrafo foi acrescido, abordando as medidas provisórias.

Conforme consta nos registros históricos, o acréscimo de um parágrafo versando sobre medidas provisórias ocorreu apenas nos últimos dias da conferência especializada por conta de uma sugestão do delegado da Costa Rica de que a jurisdição para tratar de questões emergenciais deveria ser reconhecida.[420] A redação proposta pela Costa Rica foi inicialmente rejeitada[421] mas, em novo voto nas últimas horas de discussão, um parágrafo sobre as medidas provisórias foi incorporado ao artigo 63.[422] Desse modo, tem-se que a jurisdição da Corte Interamericana para proferir medidas provisórias possui base em tratado, assim como é o caso da Corte Africana de Direitos Humanos e dos Povos e da Corte Internacional de Justiça.[423] Outros tribunais internacionais, como a Corte Europeia de Direitos Humanos, e órgãos *quasi* judiciais, como a Comissão Interamericana[424] e o Comitê de Direitos Humanos da ONU, afirmaram sua competência para tal por conta própria.[425]

2. REPARAÇÕES E OUTRAS CONSEQUÊNCIAS DE VIOLAÇÕES DA CONVENÇÃO (ARTIGO 63.1)

O artigo 63.1 da Convenção Americana trata das consequências da identificação de uma violação dos direitos e liberdades protegidos no tratado. Além da determinação de que se assegure ao prejudicado o gozo do seu direito ou liberdade violados, a Corte pode demandar que sejam reparadas as consequências da medida ou situação violatória desses direitos. Conforme será visto, o dispositivo dialoga com as normas gerais do Direito Internacional sobre as consequências jurídicas de um ato internacionalmente ilícito – em especial,

---

[417]   HENNEBEL, L.; TIGROUDJA, H. *The American Convention on Human Rights*: a commentary. Oxford: Oxford University Press, 2022. p. 1303.

[418]   OEA. *Actas y Documentos de la Conferencia Especializada Interamericana sobre Derechos Humanos*. Noviembre de 1969. OEA/Ser.K/XVI/1.2. p. 377.

[419]   Para mais detalhes, ver o capítulo relativo ao artigo 68 da Convenção.

[420]   OEA. *Actas y Documentos de la Conferencia Especializada Interamericana sobre Derechos Humanos*. Noviembre de 1969. OEA/Ser.K/XVI/1.2. p. 361.

[421]   OEA. *Actas y Documentos de la Conferencia Especializada Interamericana sobre Derechos Humanos*. Noviembre de 1969. OEA/Ser.K/XVI/1.2. p. 361.

[422]   OEA. *Actas y Documentos de la Conferencia Especializada Interamericana sobre Derechos Humanos*. Noviembre de 1969. OEA/Ser.K/XVI/1.2. p. 457.

[423]   Protocolo à Carta Africana dos Direitos Humanos e dos Povos sobre o Estabelecimento de uma Corte Africana de Direitos Humanos e dos Povos, 10 de junho de 1998, artigo 27.2; Estatuto da Corte Internacional de Justiça, 18 de abril de 1946, artigo 41.

[424]   Para mais detalhes, ver o capítulo relativo ao artigo 41 da Convenção.

[425]   Regulamento do Tribunal Europeu de Direitos Humanos, 1º de janeiro de 2020, artigo 39; Regras de Procedimento do Comitê de Direitos Humanos das Nações Unidas, CCPR/C/3/Rev.12, 4 de janeiro de 2021, artigo 92.

os Artigos sobre a Responsabilidade Estatal sobre Atos Internacionalmente Ilícitos[426] (na sigla em inglês, "Arsiwa") da Comissão de Direito Internacional (CDI) das Nações Unidas, interpretados pela Corte, ao longo de sua história, à luz do campo específico dos Direitos Humanos e adaptados ao contexto do Sistema Interamericano.

2.1 Observações gerais sobre o artigo 63.1 da Convenção

O primeiro parágrafo do artigo 63 da Convenção é composto de duas partes de substantiva densidade, em especial, por conta de sua conexão com normas gerais do Direito Internacional e da construção jurisprudencial realizada pela Corte Interamericana ao longo do tempo. A letra do parágrafo prevê, como consequências da determinação pela Corte de que houve violação de um direito ou liberdade protegidos na Convenção, (i) sua determinação de que se assegure ao prejudicado o gozo do seu direito ou liberdade violados e (ii) que sejam reparadas as consequências da violação, bem como o pagamento de indenização justa.

Embora o texto do artigo aparente limitar seu escopo de aplicação apenas à Convenção Americana ("direito ou liberdade protegidos *nesta* Convenção"), uma vez que novos instrumentos internacionais foram adotados e submetidos ao monitoramento pela Corte, o Tribunal o interpretou de forma que consolidasse sua aplicabilidade aos outros instrumentos sobre os quais possui jurisdição. Evidentemente, sob as condições aduzidas nos artigos 61 e 62 da Convenção, a Corte só pode se pronunciar sobre reparações cabíveis em casos sobre os quais possui jurisdição.[427] Ainda, as medidas determinadas são suscetíveis ao mecanismo de interpretação previsto no artigo 67 da Convenção Americana.[428]

Quanto a relações com outros artigos da Convenção, a Corte entende que suas decisões no tema das reparações possuem as mesmas características que as de mérito, o que as torna definitivas (artigo 67) e vinculantes (artigo 68).[429] Ademais, a Corte aplica às medidas reparatórias o mesmo dever de fundamentação de suas decisões no mérito, previsto no artigo 66.1 da Convenção.[430] Isso garante maior previsibilidade de sua atuação no campo das reparações do que ocorre, por exemplo, no Sistema Europeu, no qual a Corte Europeia frequentemente rejeita pedidos de reparação sem justificar sua decisão.[431] Por fim, destaca-se que as consequências de uma violação (em especial, as medidas reparatórias) são extremamente relevantes no contexto da elaboração, pela Corte, do relatório submetido anualmente à Assembleia Geral da Organização dos Estados Americanos (artigo 65 da Convenção), em que indica casos em que um Estado não tenha dado cumprimento a suas sentenças.[432]

---

[426] COMISSÃO DE DIREITO INTERNACIONAL. Artigos sobre a responsabilidade dos Estados por atos internacionalmente ilícitos. In: ONU. *Official Records of the General Assembly*, Fifty-sixth session, Supplement No. 10 (A/56/10), Chap. IV.E.1, 2001.

[427] Para maiores detalhes, ver os capítulos relativos aos artigos 61 e 62 da Convenção.

[428] Para maiores detalhes, ver o capítulo relativo ao artigo 67 da Convenção.

[429] Para maiores detalhes, ver o capítulo relativo ao artigo 67 da Convenção. Ver também o capítulo relativo ao artigo 68 da Convenção.

[430] Para maiores detalhes, ver o capítulo relativo ao artigo 66 da Convenção.

[431] A Convenção EDH adota a expressão "se necessário", enquanto a Convenção Americana se refere a "se isso for procedente" (Convenção Europeia de Direitos Humanos, 11 de abril de 1950, conforme emendada pelos Protocolos 11, 14 e 15, ETS 5, artigo 41).

[432] Para maiores detalhes, ver o capítulo relativo ao artigo 65 da Convenção.

2.2 Primeira parte: assegurar ao prejudicado o gozo de seus direitos

Ao afirmar que a Corte, "[q]uando decidir que houve violação (...), determinará que se assegure ao prejudicado o gozo do seu direito ou liberdade violados", a primeira parte do artigo 63.1 incorpora algumas regras secundárias consuetudinárias do Direito Internacional, cristalizadas pela CDI nos Arsiwa:[433]

> Art. 29. Continuidade do dever de cumprir a obrigação
>
> As consequências jurídicas de um ato internacionalmente ilícito elencadas nesta Parte não afetam o dever continuado do Estado responsável de cumprir a obrigação violada.
>
> Art. 30. Cessação e não repetição
>
> O Estado responsável pelo ato internacionalmente ilícito tem a obrigação de:
>
> a) cessar aquele ato, se ele continua;
>
> b) oferecer segurança e garantias apropriadas de não-repetição, se as circunstâncias o exigirem.

Assim, a primeira parte do artigo 63.1 explicita que, apesar de novas obrigações surgirem para o Estado no momento da violação (em especial, o dever de reparação), isso não o exime da norma primária, que deve continuar a ser observada. Evidentemente, a natureza de algumas violações às obrigações previstas na Convenção Americana – por exemplo, violação do direito à vida (artigo 4) por óbito resultante de ações de agentes estatais – impossibilita seu cumprimento em relação à vítima específica. No entanto, o que o artigo afirma é que a relação jurídica não é alterada *per se* pela ocorrência de violação e, de todo modo, as obrigações do Estado persistem quanto a todas as pessoas sob sua jurisdição.[434]

Ainda, a primeira parte do artigo 63.1 incorpora na Convenção as obrigações de "cessação" e "não repetição" da conduta violadora, ambas cruciais para a restauração e normalização da relação jurídica afetada por uma violação e abordadas pela Corte à luz dos artigos 1 e 2 do tratado. Enquanto a "cessação" trata do aspecto negativo da execução futura, visando garantir o fim de uma conduta ilícita contínua, a "não repetição" serve um propósito preventivo futuro, e a continuação da vigência da obrigação subjacente é um pressuposto necessário de ambos.[435] Assim, o dispositivo obriga o Estado, para além de cessar violações contínuas, a adotar medidas como a remoção de obstáculos para o gozo dos direitos convencionais do direito interno – tangenciando outra norma do direito costumeiro internacional, a impossibilidade de se invocar disposições de direito interno para justificar o inadimplemento de um tratado.[436] Nota-se, contudo, que a Corte nem sempre esclarece se

---

[433] COMISSÃO DE DIREITO INTERNACIONAL. Artigos sobre a responsabilidade dos Estados por atos internacionalmente ilícitos. In: ONU. *Official Records of the General Assembly*, Fifty-sixth session, Supplement No. 10 (A/56/10), Chap. IV.E.1, 2001 (tradução livre). Também é reforçado o princípio "pacta sunt servanda" incorporado no artigo 26 da Convenção de Viena sobre Direito dos Tratados, 23 de maio de 1969.

[434] INTERNATIONAL LAW COMMISSION. Draft articles on responsibility of States for internationally wrongful acts, with commentaries. *Yearbook of the International Law Commission*. New York and Geneva: United Nations, 2001. v. II. parte 2. p. 88.

[435] INTERNATIONAL LAW COMMISSION. Draft articles on responsibility of States for internationally wrongful acts, with commentaries. *Yearbook of the International Law Commission*. New York and Geneva: United Nations, 2001. v. II. parte 2. p. 88.

[436] Tal norma foi cristalizada no artigo 27 da Convenção de Viena sobre Direito dos Tratados, 23 de maio de 1969; e também decorre do artigo 2 da Convenção Americana. Sua relevância nesse contexto foi destacada pela Corte, *i.a.*, em CORTE IDH. Caso Garrido y Baigorria vs. Argentina. Reparaciones y Costas. Sentencia de 27 de agosto de 1998. Serie C No. 39. par. 68.

uma medida é concebida como "cessação" ou "não repetição", tendo já classificado medidas semelhantes de forma distinta.[437]

2.3 Segunda parte: medidas de reparação

Após refletir as obrigações derivadas do dever de se assegurar à vítima de uma violação o gozo do direito violado, o artigo 63.1 dispõe que a Corte determinará também que sejam reparadas as suas consequências. A formulação mais comum da obrigação costumeira de reparação ainda é a concebida pela Corte Permanente Internacional de Justiça há quase um século no caso Fábrica de Chorzów (1928): "é um princípio do direito internacional que a violação de uma obrigação envolve uma obrigação de realizar reparações na forma adequada".[438] A Corte incorporou a definição da CPIJ logo em sua primeira sentença sobre reparações, no caso *Velásquez Rodríguez* vs. *Honduras* (1989).[439] O artigo 63.1, contudo, acrescenta um elemento à regra geral: a competência da Corte Interamericana de determinar quais são as consequências de uma violação – o que não ocorre, com a mesma amplitude, *e.g.*, na Convenção Europeia de Direitos Humanos. A partir dessa abertura, a Corte pode consolidar sua visão holística sobre como deve ocorrer a reparação de vítimas de violações de direitos humanos, o que alguns autores consideram como sua maior contribuição ao Direito Internacional dos Direitos Humanos.[440]

O artigo 63.1, entretanto, não especifica as modalidades possíveis de reparação. Assim, a Corte construiu seu entendimento sobre o tema em sua jurisprudência à luz das regras secundárias consuetudinárias do Direito Internacional,[441] adaptando-as para o contexto do Sistema Interamericano. A partir da diretriz geral de reparação, a Comissão de Direito Internacional classificou as medidas reparatórias em três categorias nos Arsiwa: restituição (artigo 35), compensação (artigo 36) e satisfação (artigo 37):

> Art. 35. Restituição
>
> Um Estado responsável por um ato internacionalmente ilícito possui a obrigação de restituir, isto é, de reestabelecer a situação que existia antes do ato ilícito ser cometido, desde que e na medida em que a restituição:
>
> a) não seja materialmente impossível;
>
> b) não implique em um ônus totalmente desproporcional ao benefício que derivaria de restituição ao invés de compensação.

---

[437] Por exemplo, no caso *Tenorio Roca et al.* v. *Peru* (2016), a Corte ordenou a implementação da definição internacional de desaparecimento forçado (tipicamente compreendida como uma medida de "cessação") sob o título de "não repetição". Cf. CORTE IDH. *Caso Tenorio Roca y otros* vs. *Perú*. Excepciones Preliminares, Fondo, Reparaciones y Costas. Sentencia de 22 de junio de 2016. Serie C No. 314. par. 303.

[438] No original, "[i]t is a principle of international law that the breach of an engagement involves an obligation to make reparation in an adequate form". No mesmo sentido, COMISSÃO DE DIREITO INTERNACIONAL. Artigos sobre a responsabilidade dos Estados por atos internacionalmente ilícitos. In: ONU. *Official Records of the General Assembly*, Fifty-sixth session, Supplement No. 10 (A/56/10), Chap. IV.E.1, 2001, artigo 21.

[439] CORTE IDH. Caso *Velásquez Rodríguez* vs. *Honduras*. Reparaciones y Costas. Sentencia de 21 de julio de 1989. Serie C No. 7. par. 25.

[440] Cf., *e.g.*, PASQUALUCCI, Jo M. *The Practice and Procedure of the Inter-American Court of Human Rights*. 2. ed. Cambridge: Cambridge University Press, 2013. p. 289.

[441] A Corte explicitou sua referência às normas gerais do Direito Internacional logo em seu primeiro julgamento envolvendo medidas de reparação. Cf. CORTE IDH. Caso *Velásquez Rodríguez* vs. *Honduras*. Reparaciones y Costas. Sentencia de 21 de julio de 1989. Serie C No. 7. par. 31.

Art. 36. Compensação

1. O Estado responsável por um ato internacionalmente ilícito possui a obrigação de compensar pelo dano causado por este, na medida em que tal dano não seja reparado pela restituição.

2. A compensação deverá contemplar qualquer dano passível de mensuração financeira, incluindo lucros cessantes, desde que comprovados.

Art. 37. Satisfação

1. O Estado responsável por um ato internacionalmente ilícito possui a obrigação de prover satisfação pelo prejuízo causado por aquele ato na medida em que ele não possa ser reparado pela restituição ou compensação.

2. A satisfação pode consistir em um reconhecimento da violação, uma expressão de arrependimento, uma desculpa formal ou outra modalidade apropriada.

3. A satisfação não deverá ser desproporcional ao prejuízo e não pode ser humilhante para o Estado responsável.

As normas secundárias do Direito Internacional sobre reparações, contudo, precisaram ser adaptadas ao longo do tempo ao serem aplicadas ao campo dos Direitos Humanos. Em 1989, o Professor Theo van Boven foi apontado especialista pela Subcomissão da ONU para a Prevenção da Discriminação e a Proteção das Minorias criada pela Comissão sobre Direitos Humanos da ONU para elaborar um documento que apresentasse os princípios e as regras sobre reparações aplicadas ao contexto dos Direitos Humanos. Seus sucessores, Cherif Bassiouni e a Comissão da ONU liderada por Alejandro Salinas continuaram a elaboração do documento, até que uma versão final das diretrizes sobre reparações aplicadas a Direitos Humanos foi aprovada pela Comissão sobre Direitos Humanos em 2004. Observe-se que, nesse momento, a Corte Interamericana já havia proferido uma ampla gama de sentenças fundamentadas no tema das reparações após violações de direitos humanos, que serviram como uma das bases para as conclusões dos relatores da ONU.

Em 2005, a versão final desse trabalho foi submetida para a Assembleia Geral das Nações Unidas e, ao ser aprovada, tornou-se os Princípios Básicos e Diretrizes sobre o Direito à Reparação para Vítimas de Violações Graves do Direito Internacional dos Direitos Humanos e de Sérias Violações do Direito Internacional Humanitário.[442] Os Princípios Básicos reiteraram as obrigações de restituição, compensação e satisfação, adaptando-as para o contexto específico de um Estado violador de direitos humanos, e adicionaram ao rol tradicional de reparações a reabilitação e as garantias de não repetição:[443]

18. (...) [A]s vítimas de violações graves das normas internacionais de direitos humanos e de sérias violações do direito internacional humanitário devem, conforme apropriado e de forma proporcional à gravidade da violação e às circunstâncias de cada caso, obter uma reparação plena e efetiva, (...) nomeadamente sob as seguintes formas: *restituição, compensação, reabilitação, satisfação e garantias de não repetição.*

19. A *restituição* deve, sempre que possível, restaurar a situação original em que a vítima se encontrava antes da ocorrência das violações flagrantes das normas in-

---

442 ASSEMBLEIA GERAL DAS NAÇÕES UNIDAS. *Resolução 60/147*: Princípios Básicos e Diretrizes sobre o Direito à Reparação para Vítimas de Violações Graves do Direito Internacional dos Direitos Humanos e de Sérias Violações do Direito Internacional Humanitário. 2005.

443 ASSEMBLEIA GERAL DAS NAÇÕES UNIDAS. *Resolução 60/147*: Princípios Básicos e Diretrizes sobre o Direito à Reparação para Vítimas de Violações Graves do Direito Internacional dos Direitos Humanos e de Sérias Violações do Direito Internacional Humanitário. 2005.

ternacionais de direitos humanos ou das violações graves de direito internacional humanitário. (...)

20. A *compensação* deve ser garantida, de forma apropriada e proporcional à gravidade da violação e às circunstâncias de cada caso, para qualquer dano economicamente avaliável resultante de violações flagrantes das normas internacionais de direitos humanos e de violações graves do direito internacional humanitário (...).

21. A *reabilitação* deve compreender a assistência médica e psicológica, bem como os serviços jurídicos e sociais.

22. A *satisfação* deve compreender, sendo caso disso, todas ou algumas das seguintes medidas: a) Medidas eficazes com vista à cessação de violações contínuas; b) Verificação dos factos e revelação pública da verdade (...) c) Busca do paradeiro de pessoas desaparecidas, da identidade de crianças raptadas e do corpo de pessoas assassinadas (...); d) Declaração oficial ou decisão judicial que restabeleça a dignidade, a reputação e os direitos da vítima e de pessoas estreitamente ligadas à vítima; e) Desculpa pública (...); f) Sanções judiciais e administrativas contra as pessoas responsáveis pelas violações; g) Comemorações e homenagens às vítimas; h) Inclusão de informações exatas sobre as violações ocorridas em formações sobre as normas internacionais de direitos humanos e direito internacional humanitário (...).

23. As garantias de *não repetição* devem incluir, sendo caso disso, todas ou algumas das seguintes medidas, as quais contribuirão também para a prevenção: a) Garantia de um controle efetivo das forças militares e de segurança pelas autoridades civis; b) Garantia de que todos os procedimentos civis e militares observam as normas internacionais (...); c) Reforço da independência do poder judicial; d) Proteção d[e] profissionais (...) e) Prestação (...) de educação em matéria de direitos humanos; f) Promoção da observância de códigos de conduta e normas éticas (...) g) Promoção de mecanismos para a prevenção e monitorização de conflitos sociais e sua resolução; h) Revisão e alteração de leis que favoreçam ou permitam violações flagrantes das normas internacionais de direitos humanos e violações graves do direito internacional humanitário.

É importante notar que, na prática, a Corte ordena medidas de reparação com base na análise do cabimento e do fundamento dos pedidos realizados pela Comissão e pelos representantes das supostas vítimas. Com efeito, o artigo 35 do Regulamento da Corte Interamericana prevê que a Comissão deve elencar, ao submeter à Corte seu Informe de Mérito (cf. artigo 50 da Convenção Americana), as suas pretensões, incluindo as medidas de reparação.[444] A mesma informação é exigida do Escrito de Solicitações, Argumentos e Provas (ESAP) submetido pelos representantes, conforme o artigo 40.2.d do Regulamento. Apesar de ser facultado à Corte proferir uma Sentença de Reparações separada e posteriormente à Sentença de Mérito (artigo 66.1 do Regulamento da Corte),[445] a prática da Corte desde o início dos anos 2000 é de se pronunciar sobre os dois assuntos na mesma sentença, nos termos do artigo 56 do Regulamento. Para casos contenciosos que culminam em soluções amistosas, o artigo 57 do Regulamento da Corte indica que ela "verificará que o acordo seja conforme a Convenção e disporá o que couber sobre a matéria", o que também se aplica a medidas de reparação.[446]

---

[444]   Regulamento da Corte IDH, 16-28 de novembro de 2009, artigo 35.

[445]   Regulamento da Corte IDH, 16-28 de novembro de 2009, artigo 57 (Sentença de reparações): "*1. Quando na sentença sobre o mérito do caso não se houver decidido especificamente sobre reparações e custas, a Corte determinará a oportunidade para sua posterior decisão e indicará o procedimento*".

[446]   CORTE IDH. Caso *Escaleras Mejía y otros* vs. *Honduras*. Sentencia de 26 de septiembre de 2018 (Solução Amistosa). Serie C No. 361. pars. 83 e f; CORTE IDH. *Caso de la Masacre de Las Dos Erres* vs. *Guatemala*.

3. A COMPETÊNCIA DA CORTE PARA DETERMINAR MEDIDAS PROVISÓRIAS (ARTIGO 63.2)

O artigo 63.2 da Convenção Americana trata do tema das medidas provisórias e prevê que a Corte pode determiná-las se entender seu cabimento em casos de extrema gravidade e urgência e quando se fizer necessário evitar danos irreparáveis às pessoas. Essa competência se verifica tanto em casos já sob sua análise como em assuntos ainda não submetidos ao seu conhecimento – podendo, neste último cenário, atuar a pedido da Comissão. Trata-se de um procedimento incidental que complementa o sistema de processamento de petições individuais.[447]

Sobre a natureza das medidas provisórias, a Corte já estabeleceu sua dupla função, preventiva e protetiva.[448] São preventivas no sentido de que preservam uma situação jurídica, ou seja, preservam os direitos que estão possivelmente em risco até que o litígio seja decidido, resguardando a eficácia e a integridade de suas sentenças e das medidas reparatórias cabíveis.[449] Por outro lado, são essencialmente protetivas, uma vez que protegem os direitos humanos ao evitar danos irreparáveis às pessoas.[450] Ainda, "medidas provisórias são excepcionais por natureza e relacionadas a uma situação temporária específica; também devido a sua natureza, não podem ser estendidas indefinidamente".[451]

As primeiras ordens de medidas provisórias proferidas pela Corte em sua história ocorreram nos casos hondurenhos *Velásquez Rodríguez*, *Fairén Garbi*, e *Godínez Cruz* para proteger pessoas que haviam testemunhado perante a Corte IDH após dois assassinatos e múltiplas ameaças.[452] Desde então, a Corte proferiu medidas provisórias em uma ampla gama de cenários, que podem ser classificados, em linhas gerais, entre (i) situações em que buscou preventivamente proteger direitos humanos contra condutas estatais ou buscou encerrar uma situação de omissão estatal e (ii) situações em que buscou proteger aspectos do próprio trâmite no Sistema, como a proteção de testemunhas.[453] Até 2011, estima-se que a

---

Excepción Preliminar, Fondo, Reparaciones y Costas. Sentencia de 24 de noviembre de 2009. Serie C No. 211. pars. 224.

[447] Também complementa procedimentos de petições interestatais, mas tal processo ainda não se configurou em toda a história da Corte. Para maiores detalhes, ver o capítulo relativo ao artigo 61 da Convenção.

[448] CORTE IDH. Caso Herrera Ulloa *vs.* Costa Rica. Solicitação de Medidas Provisórias. *Resolução da Corte Interamericana de Direitos Humanos de 7 de setembro de 2001*, quarto considerando; CORTE IDH. Caso Wong Ho Wing *vs.* Perú. Solicitação de Medidas Provisórias Resolución del Presidente de la Corte Interamericana de Derechos Humanos de 28 de mayo de 2016, quinto considerando.

[449] Assunto de B em relação a El Salvador. Medidas Provisionales. *Resolución de la Corte Interamericana de Derechos Humanos de 29 de mayo de 2013*. par. 5.

[450] CORTE IDH. Caso Herrera Ulloa *vs.* Costa Rica. Solicitação de Medidas Provisórias. *Resolução da Corte Interamericana de Direitos Humanos de 7 de setembro de 2001*, quarto considerando; CORTE IDH. Caso Wong Ho Wing *vs.* Perú. Solicitação de Medidas Provisórias Resolución del Presidente de la Corte Interamericana de Derechos Humanos de 6 de dezembro de 2012, quinto considerando.

[451] CORTE IDH. Caso Gutiérrez Soler *vs.* Colombia. Solicitação de Medidas Provisórias. *Resolución de la Corte Interamericana de Derechos Humanos de 30 de junio de 2011*. par. 21; CORTE IDH. Caso Fernández Ortega y otros *vs.* México. Solicitação de Medidas Provisionales. *Resolución de la Corte Interamericana de Derechos Humanos de 7 de febrero de 2017*. par. 17.

[452] CORTE IDH. Caso Velásquez Rodríguez *vs.* Honduras. Solicitação de Medidas Provisionales. *Resolución de la Corte Interamericana de Derechos Humanos de 15 de enero de 1988*, pars. 1 e 2.

[453] Para uma sistematização das medidas provisórias e suas categorias, cf. SECRETARIA DA CORTE IDH. *Sistematización de las resoluciones sobre medidas provisionales emitidas por la Corte Interamericana de*

Corte tenha conferido proteção a mais de 25 mil pessoas por meio de medidas provisórias[454] e, nos últimos 10 anos, manteve uma média de 29,2 medidas provisórias ativas, com 35 medidas ativas em 2022.[455] O período, contudo, não compreende os anos em que a Corte teve seus picos de medidas provisórias ativas, notadamente 2005 e 2010 (ambos com 46).[456] Em 2022, a Corte emitiu 16 resoluções sobre medidas provisórias, determinando sua adoção, continuação ou ampliação, suspensão (total ou parcial) ou indeferimento de solicitações.[457] Assim, é evidente que a decretação de medidas provisórias é um aspecto fundamental da atuação da Corte Interamericana em prol dos direitos humanos no continente.

3.1 Procedimento para a adoção de medidas provisórias

O tema das medidas provisórias concedidas pela Corte Interamericana é pormenorizado no artigo 27 de seu Regulamento. Seu primeiro e segundo parágrafos reforçam a definição e os critérios presentes no artigo 63.2 da Convenção, com algumas especificidades: esclarece que a Corte pode proferi-las "[e]m qualquer fase do processo" a pedido de qualquer parte ou *ex officio* e que, para assuntos ainda não submetidos à sua consideração, a Corte poderá atuar por solicitação da Comissão. A expressão "em qualquer fase" serviu de fundamento para a interpretação da Corte de que também poderia proferir medidas provisórias em sede de supervisão de cumprimento de sentença.[458]

O terceiro parágrafo do artigo 27 do Regulamento da Corte IDH acrescenta que as supostas vítimas em casos sob conhecimento da Corte e seus representantes também podem apresentar diretamente requerimento de medidas provisórias. Nesse sentido, a escolha pela expressão "assuntos", e não "casos", na redação do artigo 63.2 é especialmente relevante. O delegado brasileiro presente na Conferência Especializada de 1969 durante a redação da Convenção Americana, Dunshee de Abrantes, chegou a levantar que a escolha pela palavra "assuntos" implicaria a possibilidade de a Corte determinar medidas provisórias igualmente no contexto de uma Opinião Consultiva.[459] Sua interpretação não é consensual e, de toda forma, ainda não foi testada na prática da Corte.

Independentemente da origem da solicitação, o artigo 27.4 do Regulamento indica que esta pode ser apresentada ao Presidente da Corte, a qualquer um dos juízes ou à Secretaria, e quem a receber deverá levá-la ao imediato conhecimento do Presidente. Nota-se que não

---

Derechos Humanos. Disponível em: https://www.corteidh.or.cr/docs/Sistematizacion.pdf. Acesso em: 24.10.2023.

[454] Corte IDH. Caso Gutiérez Soler *vs.* Colombia. Solicitação de Medidas Provisórias. *Resolución de la Corte Interamericana de Derechos Humanos de 30 de junho de 2011*. Voto Concorrente dos Juízes Diego García-Sayán, Leonardo A. Franco, Manuel Ventura Robles, Margarette May Macaulay e Rhadys Abreu Blondet. par. 24.

[455] CORTE IDH. *Relatório anual 2022*. San José: Corte IDH, 2022. p. 121. Disponível em: https://www.corteidh.or.cr/informes_anuales.cfm. Acesso em: 24.10.2023.

[456] CORTE IDH. *Relatório anual 2022*. San José: Corte IDH, 2022. p. 123. Disponível em: https://www.corteidh.or.cr/informes_anuales.cfm. Acesso em: 24.10.2023.

[457] CORTE IDH. *Relatório anual 2022*. San José: Corte IDH, 2022. p. 121. Disponível em: https://www.corteidh.or.cr/informes_anuales.cfm. Acesso em: 24.10.2023.

[458] Cf., *e.g.*, CORTE IDH. Caso Barrios Altos y Caso La Cantuta *vs.* Perú. Medidas Provisionales y Supervisión de Cumplimiento de Sentencia. *Resolución de la Corte Interamericana de Derechos Humanos de 7 de abril de 2022*.

[459] DUNSHEE DE ABRANCHES, C. The Inter-American Court of Human Rights. *American University Law Review*, v. 30, n. 79, 1980. p. 109.

há maiores requisitos formais para sua submissão. Apresentada a solicitação de medidas provisórias, a Corte (ou, caso não esteja em sessão, o Presidente) poderá requerer às partes (Estado, Comissão ou representantes) informações sobre o pedido se considerar possível e indispensável (artigo 27.5 do Regulamento da Corte). Na situação do Instituto Penal Plácido de Sá Carvalho, relativa ao Brasil (2017), por exemplo, a Corte submeteu ao Estado Brasileiro 48 perguntas antes de se pronunciar sobre a solicitação de medidas.[460]

É importante notar que, caso a Corte não se encontre reunida para avaliar a solicitação de medida provisória, o Presidente – em consulta com a Comissão Permanente e, se for possível, com os demais Juízes (artigos. 27.6 e 6 do Regulamento da Corte) – poderá requerer do Estado que tome as providências urgentes necessárias a fim de assegurar a eficácia das medidas provisórias que a Corte venha a adotar em seu próximo período de sessões (artigo 27.6 do Regulamento da Corte). A decretação das chamadas "medidas de urgência" ocorreu, por exemplo, em 2022, no âmbito da supervisão de cumprimento de sentença dos casos *Barrios Altos* vs. *Peru* e *La Cantuta* vs. *Peru*, com a solicitação de medidas provisórias dos representantes das vítimas diante da iminência de concessão de indulto a Alberto Fujimori.[461] As solicitações ocorreram em 16 e 17 de março e a Corte proferiu, em 30 de março, Resolução demandando que o Peru se abstivesse de executar a ordem de soltura até que pudesse deliberar sobre a medida provisória no próximo Período Ordinário de Sessões.[462] A Corte costuma deliberar sobre medidas provisórias na primeira oportunidade possível e os juízes podem apensar votos separados.[463]

Quanto à supervisão do cumprimento das medidas provisórias, usualmente é realizada mediante a apresentação de relatórios estatais e de observações aos seus relatórios por parte das vítimas e dos seus representantes, bem como de observações da Comissão aos documentos enviados pelo Estado e pelos representantes das vítimas (artigo 27.7 do Regulamento da Corte). Em sua avaliação sobre a gravidade e a urgência da situação e a eficácia das medidas provisórias, a Corte poderá requerer a outras fontes de informação dados relevantes sobre o assunto, perícias e relatórios que considerar oportunos (artigo 27.8 do Regulamento da Corte).

Há também a possibilidade de convocação de audiências públicas ou privadas sobre as medidas provisórias (artigo 27.9), o que ocorreu quatro vezes apenas em 2022, segundo o Informe Anual mais recente.[464] Por fim, o Regulamento prevê a inclusão, pela Corte, em seu relatório anual à Assembleia Geral da OEA, de uma relação das medidas provisórias que tenha ordenado durante o período do relatório e, quando tais medidas não tiverem sido devidamente executadas, formulará as recomendações que considerar pertinentes (artigo 27.10). Nota-se que, diferentemente da prática de outros tribunais internacionais, as medidas provisórias da Corte IDH são fundamentadas e publicadas.

---

[460]   CORTE IDH. Asunto del Instituto Penal Plácido de Sá Carvalho respecto de Brasil. Medidas Provisionales. *Resolución de la Corte Interamericana de Derechos Humanos de 13 de febrero de 2017*. par. 6.

[461]   CORTE IDH. Caso Barrios Altos y Caso La Cantuta *vs*. Perú. Medidas Provisionales y Supervisión de Cumplimiento de Sentencia. *Resolución de la Corte Interamericana de Derechos Humanos de 30 de marzo de 2022*.

[462]   CORTE IDH. Caso Barrios Altos y Caso La Cantuta *vs*. Perú. Medidas Provisionales y Supervisión de Cumplimiento de Sentencia. *Resolución de la Corte Interamericana de Derechos Humanos de 7 de abril de 2022*.

[463]   Cf., *e.g.*, CORTE IDH. Caso Gutiérrez Soler Vs. Colombia. Solicitação de Medidas Provisórias. *Resolución de la Corte Interamericana de Derechos Humanos de 30 de junio de 2011*.

[464]   CORTE IDH. *Relatório anual 2022*. San José: Corte IDH, 2022. p. 121. Disponível em: https://www.corteidh.or.cr/informes_anuales.cfm. Acesso em: 24.10.2023.

3.2 Critérios para adoção de medidas provisórias e *standard* de evidência

A Corte, ao longo da sua história, especificou os *standards* para a aplicação de medidas provisórias:

> El artículo 63.2 de la Convención exige que para que la Corte pueda disponer de medidas provisionales deben concurrir tres condiciones: *i) "extrema gravedad"; ii) "urgencia", y iii) que se trate de "evitar daños irreparables"* a las personas. Estas tres condiciones son *coexistentes* y deben estar presentes en toda situación en la que se solicite la intervención del Tribunal a través de una medida provisional.[465]

Quanto ao quesito da "extrema gravidade", a Corte o interpretou como uma gravidade em seu grau mais intenso ou elevado.[466] A seriedade da situação, evidentemente, é avaliada em consonância com o critério da evitação de danos irreparáveis. O critério da "urgência" demanda que o risco ou a ameaça envolvidos sejam iminentes, ou seja, que demandem uma resposta imediata.[467] O critério ganha especial relevo quando a Corte analisa a necessidade de manutenção de medidas provisórias, pois a passagem do tempo entre a conformação do risco de dano e o trâmite regular no sistema tende a torná-las menos urgentes.[468] Quanto ao "dano", a Corte analisa se existe probabilidade razoável de que este se realize e se recai sobre bens ou interesses jurídicos que possam ser reparáveis.[469] A seriedade da situação não pode ser puramente hipotética.[470]

Nesse sentido, ao passo que a execução iminente de uma pena de morte, como na situação de *James et al.* em relação a Trindade e Tobago (1998),[471] atinge os *standards* da Corte, a censura do controverso filme *A última tentação de Cristo*, objeto das discussões sobre liberdade de expressão no caso *Olmedo Bustos e outros* vs. *Chile* (2001), não atingiu o grau de gravidade, urgência e irreparabilidade do dano demandado pelo tribunal.[472]

Em relação ao ônus de prova, a Corte entende que cabe aos peticionários a comprovação do cumprimento dos três critérios para a emissão de medidas provisórias,[473] mas que, após sua decretação, cabe ao Estado apresentar evidências suficientes para o convencimento da Corte de que as medidas não são mais necessárias ao solicitar seu levantamento – mesmo

---

[465] CORTE IDH. Caso Cuya Lavy y otros *vs.* Perú. Medidas Provisionales. *Resolución de la Corte Interamericana de Derechos Humanos de 12 de marzo de 2020.* par. 4.

[466] CORTE IDH. Caso Cuya Lavy y otros *vs.* Perú. Medidas Provisionales. *Resolución de la Corte Interamericana de Derechos Humanos de 12 de marzo de 2020.* par. 5.

[467] CORTE IDH. Caso Cuya Lavy y otros *vs.* Perú. Medidas Provisionales. *Resolución de la Corte Interamericana de Derechos Humanos de 12 de marzo de 2020.* par. 5.

[468] CORTE IDH. Caso Bámaca Velásquez *vs.* Guatemala. Medidas Provisionales. *Resolución de la Corte Interamericana de Derechos Humanos de 31 de agosto de 2016.* par. 3.

[469] CORTE IDH. Caso Cuya Lavy y otros *vs.* Perú. Medidas Provisionales. *Resolución de la Corte Interamericana de Derechos Humanos de 12 de marzo de 2020.* par. 5.

[470] CORTE IDH. Caso Bedoya Lima y otra *vs.* Colombia. Solicitação de Medidas Provisionales. *Resolución de la Corte Interamericana de Derechos Humanos de 24 de marzo de 2021.*

[471] CORTE IDH. Asunto James y otros respecto Trinidad y Tobago. Medidas Provisionales. *Resolución de la Corte Interamericana de Derechos Humanos de 14 de junio de 1998.*

[472] CORTE IDH. Caso Olmedo Bustos e outros *vs.* Chile. Supervisão de Cumprimento de Sentença. *Resolução da Corte Interamericana de Derechos Humanos de 28 de novembro de 2002.*

[473] Caso Fernández Ortega y otros *vs.* México. Solicitação de Medidas Provisionales. *Resolución de la Corte Interamericana de Derechos Humanos de 7 de febrero de 2017.* par. 16.

assim, caso os beneficiários desejem sua continuidade, também devem apresentar razões.[474] Ao solicitarem a ampliação de medidas provisórias, por sua vez, os peticionários ou a Comissão devem demonstrar a conexão factual entre os eventuais novos fatos e solicitações e os eventos que originalmente justificaram a adoção das medidas.[475] A Corte já demonstrou certa flexibilidade ao adotar regras de presunção.[476]

Igualmente, a Corte consolidou, ao longo dos anos, o tipo de argumento e os *standards* de evidência aceitos para analisar o cabimento de medidas provisórias. Sobre os argumentos permissíveis, a Corte já declarou que corresponde a ela *"considerar única y estrictamente aquellos argumentos que se relacionan directamente con [los] presupuestos o condiciones"* das medidas provisórias e que qualquer outro argumento só poderá ser tratado nas considerações de mérito de um trâmite contencioso ou em sede de supervisão de cumprimento de sentença.[477]

REFERÊNCIAS

ASSEMBLEIA GERAL DAS NAÇÕES UNIDAS. *Resolução 60/147*: Princípios Básicos e Diretrizes sobre o Direito à Reparação para Vítimas de Violações Graves do Direito Internacional dos Direitos Humanos e de Sérias Violações do Direito Internacional Humanitário. 2005.

CHILE. Projeto da Convenção Americana sobre Direitos Humanos apresentado pelo Chile na Segunda Conferência Interamericana Extraordinária do Rio de Janeiro, 1965. In: SECRETARIA-GERAL DA OEA. *Anuário Interamericano de Direitos Humanos 1968*. Washington, DC: Secretaria-Geral da OEA, 1973. p. 275-298.

COMISSÃO DE DIREITO INTERNACIONAL. Artigos sobre a responsabilidade dos Estados por atos internacionalmente ilícitos. In: ONU. *Official Records of the General Assembly*, Fifty-sixth session, Supplement No. 10 (A/56/10), Chap. IV.E.1, 2001.

COMISSÃO INTERAMERICANA DE DIREITOS HUMANOS. Anteprojeto da Convenção Americana sobre Direitos Humanos, 1968. In: SECRETARIA-GERAL DA OEA. *Anuário Interamericano de Direitos Humanos 1968*. Washington, DC: Secretaria-Geral da OEA, 1973. p. 94-156.

COMISSÃO INTERAMERICANA DE DIREITOS HUMANOS. Opinião da Comissão sobre o projeto de Convenção Americana sobre Direitos Humanos preparado pelo Conselho Interamericano de Jurisconsultos. OEA/Ser.L/V/11.16/doc.8. In: SECRETARIA-GERAL DA OEA. *Anuário Interamericano de Direitos Humanos 1968*. Washington, DC: Secretaria-Geral da OEA, 1973. p. 318-356.

CONSELHO INTERAMERICANO DE JURISCONSULTOS. Projeto da Convenção Americana sobre Direitos Humanos, setembro de 1959. In: SECRETARIA-GERAL DA OEA.

---

[474] Caso Fernández Ortega y otros *vs.* México. Solicitação de Medidas Provisionales. *Resolución de la Corte Interamericana de Derechos Humanos de 7 de febrero de 2017*. par. 16.

[475] CORTE IDH. Assunto do Internado Judicial de Monagas ("La Pica") em relação à Venezuela. Medidas provisionales. *Resolución de la Corte Interamericana de Derechos Humanos de 6 de septiembre de 2012*. par. 7.

[476] CORTE IDH. Caso Durand y Ugarte *vs.* Perú. Medidas Provisionales. *Resolución de la Corte Interamericana de Derechos Humanos de 8 de febrero de 2018*. par. 18.

[477] CORTE IDH. Caso Cuya Lavy y otros *vs.* Perú. Medidas Provisionales. *Resolución de la Corte Interamericana de Derechos Humanos de 12 de marzo de 2020*. par. 4.

Anuário Interamericano de Direitos Humanos 1968. Washington, DC: Secretaria-Geral da OEA, 1973. p. 236-275.

CORTE IDH. *Relatório anual 2022*. San José: Corte IDH, 2022. Disponível em: https://www.corteidh.or.cr/informes_anuales.cfm. Acesso em: 24.10.2023.

DUNSHEE DE ABRANCHES, C. The Inter-American Court of Human Rights. *American University Law Review*, v. 30, n. 79, 1980.

HENNEBEL, L.; TIGROUDJA, H. *The American Convention on Human Rights*: a commentary. Oxford: Oxford University Press, 2022.

INTERNATIONAL LAW COMMISSION. Draft articles on responsibility of States for internationally wrongful acts, with commentaries. *Yearbook of the International Law Commission*. New York and Geneva: United Nations, 2001. v. II.

OEA. *Actas y Documentos de la Conferencia Especializada Interamericana sobre Derechos Humanos*. Noviembre de 1969. OEA/Ser.K/XVI/1.2.

PASQUALUCCI, Jo M. *The Practice and Procedure of the Inter-American Court of Human Rights*. 2. ed. Cambridge: Cambridge University Press, 2013.

SECRETARIA DA CORTE IDH. *Sistematización de las resoluciones sobre medidas provisionales emitidas por la Corte Interamericana de Derechos Humanos*. Disponível em: https://www.corteidh.or.cr/docs/Sistematizacion.pdf. Acesso em: 24.10.2023.

URUGUAI. Projeto da Convenção Americana sobre Direitos Humanos apresentado pelo Uruguai na Segunda Conferência Interamericana Extraordinária do Rio de Janeiro, 1965. In: SECRETARIA-GERAL DA OEA. *Anuário Interamericano de Direitos Humanos 1968*. Washington, DC: Secretaria-Geral da OEA, 1973. p. 298-318.

Artigo 64

1. Os Estados-membros da Organização poderão consultar a Corte sobre a interpretação desta Convenção ou de outros tratados concernentes à proteção dos direitos humanos nos Estados americanos. Também poderão consultá-la, no que lhes compete, os órgãos enumerados no capítulo X da Carta da Organização dos Estados Americanos, reformada pelo Protocolo de Buenos Aires.

2. A Corte, a pedido de um Estado-membro da Organização, poderá emitir pareceres sobre a compatibilidade entre qualquer de suas leis internas e os mencionados instrumentos internacionais.

 COMENTÁRIOS

por Rodrigo Mudrovitsch[478]

O artigo 64 se refere à competência consultiva da Corte, por meio da qual o Tribunal Interamericano pode se manifestar sobre questões relacionadas à proteção e à promoção dos direitos humanos nos Estados americanos sem se adjudicar a um caso específico de violação.

---

[478] O autor agradece as valiosas contribuições dos pesquisadores João Ricardo Oliveira Munhoz, Letícia Machado Haertel, Bianca Guimarães Silva, Maria Carolina Ferreira da Silva e Augusto Sperb Machado no levantamento de informações para a elaboração dos capítulos referentes aos artigos 52 a 73 da Convenção.

Em seu primeiro parágrafo, estabelece que os Estados-partes da Organização dos Estados Americanos (OEA) poderão realizar consultas sobre a interpretação da Convenção e de outros tratados concernentes à proteção dos direitos humanos nos Estados Americanos. A Convenção amplia essa faculdade de solicitação de consultas a outros órgãos elencados pela Carta da Organização dos Estados Americanos, dentre esses a Comissão é o órgão mais ativo.

Em seu segundo parágrafo, o artigo investe a Corte da competência de emitir pareceres sobre a compatibilidade das leis internas dos Estados-partes da OEA com os instrumentos mencionados na primeira disposição.

1. ORIGENS DO ARTIGO 64 E TRABALHOS PREPARATÓRIOS DA CONVENÇÃO

No que diz respeito a esse ponto, o projeto apresentado pelo Conselho Interamericano de Jurisconsultos durante os trabalhos preparatórios da Convenção não possuía disposições acerca da competência consultiva da Corte. Tampouco o projeto apresentado pelo Uruguai. Não obstante, o projeto apresentado pelo Chile dispunha, em seus artigos 64 e 66:[479]

> *Artículo* 64 (72)
>
> 1. La Corte tendrá competencia obligatoria para conocer de todos los asuntos relativos a la interpretación y aplicación de las disposiciones de la presente convención mencionadas en el número segundo del artículo 51, y que algunos de los Estados Parte o la Comisión le sometan.
>
> 2. Tendrá además competencia para dar opiniones consultivas sobre cuestiones jurídicas concernientes a la interpretación de esta convención.
>
> *Artículo* 66 (74)
>
> 1. El procedimiento judicial podrá promoverse ante la Corte por la Comisión, por el Estado Contratante del cual es nacional la persona, asociación o cooperación interesada, por el Estado Contratante que planteó el asunto ante la Comisión o por el Estado Contratante en contra de quien se dirigió el reclamo o petición.
>
> 2. Las opiniones consultivas podrán serle solicitadas por la Comisión, por cualquiera de. Los Estados Contratantes y por el Consejo de la Organización de los Estados Americanos.

O anteprojeto da Comissão Interamericana de Direitos Humanos, adotado em julho de 1968, previa uma redação mais restritiva no que concerne aos atores facultados a realizar consultas à Corte, conforme os termos do seu artigo 53:[480]

> *Artículo* 53
>
> La Asamblea General, el Consejo Permanente y la Comisión podrán consultar a la Corte acerca de la interpretación de esta Convención o de otro tratado concerniente a la protección de los Derechos Humanos en los Estados Americanos; y los Estados

---

[479]   CHILE. Projeto da Convenção Americana sobre Direitos Humanos apresentado pelo Chile na Segunda Conferência Interamericana Extraordinária do Rio de Janeiro, 1965. In: SECRETARIA-GERAL DA OEA. *Anuário Interamericano de Direitos Humanos 1968*. Washington, DC: Secretaria-Geral da OEA, 1973. p. 294.

[480]   CHILE. Projeto da Convenção Americana sobre Direitos Humanos apresentado pelo Chile na Segunda Conferência Interamericana Extraordinária do Rio de Janeiro, 1965. In: SECRETARIA-GERAL DA OEA. *Anuário Interamericano de Direitos Humanos 1968*. Washington, DC: Secretaria-Geral da OEA, 1973. par. 17.

Partes, acerca de la compatibilidad entre alguna de sus leyes internas y dichos instrumentos internacionales.

Note-se que a redação final adotada no atual artigo 64 da Convenção possui uma formulação mais ampla *ratione personae*, em termos de atores que podem solicitar opiniões consultivas à Corte, e até mesmo Estados que não são membros da Convenção podem solicitar opiniões consultivas, e *ratione materiae*, ao empregar a expressão "outro tratado concernente" no plural, conferindo ao intérprete uma noção mais ampla da existência de uma variedade de tratados, além da Convenção, que podem ser avaliados.

2. CONSULTAS SOBRE A INTERPRETAÇÃO DA CONVENÇÃO OU DE OUTROS TRATADOS (ARTIGO 64.1)

Na estrutura do Sistema Interamericano de Direitos Humanos, a Corte é a guardiã última das garantias previstas na Convenção, investida, portanto, da competência de esclarecer o alcance dessas garantias quando desafiadas por casos concretos, com plena autoridade.[481] Ainda, a Corte dota a Convenção do caráter de instrumento vivo, uma vez que a interpretação que se realiza de suas disposições evolui conforme as necessidades de cada época à qual ela se aplica, sempre tendo por diretriz o princípio *pro persona*.

Até o momento de redação deste livro, a Corte conta com 29 opiniões consultivas publicadas, versando sobre os mais variados temas (*i.e.*, direitos de pessoas privadas de liberdade, eleições presidenciais, direitos trabalhistas, direitos das mulheres, direito a igualdade e não discriminação, procedimentos da própria Corte, meio ambiente, direito das crianças no contexto de migrações internacionais, entre outros). Assim como, no exercício de sua competência contenciosa, a Corte não pode se desvincular dos propósitos da Convenção, a mesma regra se aplica, por certo, à sua competência consultiva.[482]

Além da Convenção, a Corte pode emitir pareceres consultivos sobre "outros tratados concernentes à proteção dos direitos humanos nos Estados americanos". A primeira Opinião Consultiva emitida pela Corte, em 24 de setembro de 1982, teve por objeto, justamente, esclarecer o que se entendia por "outros tratados" nos termos do artigo 64 da Convenção. A Corte indicou que o artigo 64 confere a ela a mais ampla função consultiva que já houvera sido confiada a um tribunal internacional até aquele momento, comparando os termos amplos dessa disposição com a redação mais restritiva adotada pelo artigo 96 da Carta das Nações Unidas, referente à competência consultiva da Corte Internacional de Justiça, e pelo Protocolo 2 da Convenção Europeia para a Proteção dos Direitos Humanos e das Liberdades Fundamentais.[483] Ademais, a Corte definiu que, por "outros tratados", se entende que ela poderá abordar a interpretação de um tratado sempre que esteja diretamente implicada a

---

[481] CORTE IDH. La denuncia de la Convención Americana sobre Derechos Humanos y de la Carta de la Organización de los Estados Americanos y sus efectos sobre las obligaciones estatales en materia de derechos humanos (Interpretación y alcance de los artículos 1, 2, 27, 29, 30, 31, 32, 33 a 65 y 78 de la Convención Americana sobre Derechos Humanos y 3.l), 17, 45, 53, 106 y 143 de la Carta de la Organización de los Estados Americanos). Opinión Consultiva OC-26/20 de 9 de noviembre de 2020. Serie A No. 26, par. 25.

[482] CORTE IDH. "Otros tratados" objeto de la función consultiva de la Corte (art. 64 Convención Americana sobre Derechos Humanos). Opinión Consultiva OC-1/82, de 24 de septiembre de 1982. Serie A No. 1. par. 25.

[483] CORTE IDH. "Otros tratados" objeto de la función consultiva de la Corte (art. 64 Convención Americana sobre Derechos Humanos). Opinión Consultiva OC-1/82, de 24 de septiembre de 1982. Serie A No. 1. pars. 14-16.

proteção dos direitos humanos em um Estado-parte do Sistema Interamericano.[484] A apreciação sobre a aplicação dessa expressão se dá no caso concreto, e, *a priori*, nenhuma matéria concernente à proteção dos direitos humanos está excluída da competência consultiva da Corte.[485] No mesmo sentido, o Tribunal está facultado a mobilizar os preâmbulos dos tratados que analisa, bem como todo o esquema de fontes de direito internacional relevantes, incluído o direito internacional consuetudinário.[486]

Quanto aos atores habilitados a solicitar opiniões consultivas à Corte, além dos Estados-membros, o artigo 64.1 permite que todos os atores mencionados no Capítulo X da Carta da Organização dos Estados Americanos (OEA), reformada pelo Protocolo de Buenos Aires, solicitem opiniões consultivas. A Carta da OEA foi adotada em 1948 e entrou em vigor em 1951. O protocolo de Buenos Aires, por sua vez, foi adotado em 1967. A Carta da OEA ainda passou por novas reformas após a redação da Convenção Americana. Em 1985, a Carta foi reformada pelo Protocolo de Cartagena das Índias; em 1992, pelo Protocolo de Washington; e, em 1993, pelo Protocolo de Manágua. Portanto, a lista à qual o artigo 64.1 faz referência encontra-se, atualmente, no Capítulo VIII da Carta da OEA. Note-se que, assim como na jurisdição contenciosa, na jurisdição consultiva da Corte os indivíduos não estão facultados a solicitar, diretamente, opiniões consultivas:

> Capítulo VIII
>
> Dos órgãos
>
> Artigo 53
>
> A Organização dos Estados Americanos realiza os seus fins por intermédio:
>
> a) Da Assembleia Geral;
>
> b) Da Reunião de Consulta dos Ministros das Relações Exteriores;
>
> c) Dos Conselhos;
>
> d) Da Comissão Jurídica Interamericana;
>
> e) Da Comissão Interamericana de Direitos Humanos;
>
> f) Da Secretaria-Geral;
>
> g) Das Conferências Especializadas; e
>
> h) Dos Organismos Especializados.

Ademais, o Regulamento da Corte possui disposições gerais acerca do exercício da competência consultiva da Corte em seus artigos 70 a 75. O artigo 70[487] traz precisões sobre as

---

[484] CORTE IDH. "Otros tratados" objeto de la función consultiva de la Corte (art. 64 Convención Americana sobre Derechos Humanos). Opinión Consultiva OC-1/82, de 24 de septiembre de 1982. Serie A No. 1. par. 21.

[485] CORTE IDH. "Otros tratados" objeto de la función consultiva de la Corte (art. 64 Convención Americana sobre Derechos Humanos). Opinión Consultiva OC-1/82, de 24 de septiembre de 1982. Serie A No. 1. par. 27.

[486] CORTE IDH. La denuncia de la Convención Americana sobre Derechos Humanos y de la Carta de la Organización de los Estados Americanos y sus efectos sobre las obligaciones estatales en materia de derechos humanos (interpretación y alcance de los artículos 1, 2, 27, 29, 30, 31, 32, 33 a 65 y 78 de la Convención Americana sobre Derechos Humanos y 3.l), 17, 45, 53, 106 y 143 de la Carta de la Organización de los Estados Americanos). Opinión Consultiva OC-26/20, de 9 de noviembre de 2020. Serie A No. 26. pars. 27-28.

[487] *Artigo 70. Interpretação da Convenção* 1. As solicitações de parecer consultivo previstas no artigo 64.1 da Convenção deverão formular com precisão as perguntas específicas em relação às quais pretende-se obter

solicitações de parecer consultivo, esclarecendo que as perguntas formuladas à Corte devem ser precisas e específicas, indicando quais as disposições convencionais a serem interpretadas. No artigo 71,[488] o Regulamento dispõe que, no caso da interpretação de outros tratados, é previsto identificar de qual tratado se trata e suas respectivas partes. Assim como disposto pelo artigo anterior, as perguntas devem ser específicas. O procedimento a ser conduzido a partir da recepção da solicitação, por sua vez, é regulamentado pelo artigo 73[489] do mesmo diploma, que confere à Presidência a fixação de um prazo para que os interessados remetam suas observações por escrito acerca da solicitação de parecer consultivo. Se necessário, a Corte poderá designar, adicionalmente, procedimento oral. O artigo 75,[490] por fim, dispõe sobre a emissão e o conteúdo dos pareceres consultivos.

Em 2023, até outubro, duas solicitações de pareceres consultivos foram apresentadas. A primeira, apresentada em 9 de janeiro de 2023 pelos Estados do Chile e da Colômbia, se refere aos efeitos das mudanças climáticas sob uma perspectiva dos direitos humanos. A segunda, apresentada em 20 de janeiro de 2023 pelo Estado da Argentina, versa sobre o direito humano a cuidar, a ser cuidado e ao autocuidado, bem como sua relação com os direitos à igualdade e à não discriminação, o direito à vida e os Desca.

---

o parecer da Corte. 2. As solicitações de parecer consultivo apresentadas por um Estado-membro ou pela Comissão deverão indicar, adicionalmente, as disposições cuja interpretação é solicitada, as considerações que dão origem à consulta e o nome e endereço do Agente ou dos Delegados. 3. Se o pedido de parecer consultivo é de outro órgão da OEA diferente da Comissão, deverá precisar, além do indicado no inciso anterior, de que maneira a consulta se refere à sua esfera de competência.

[488] *Artigo 71. Interpretação de outros tratados* 1. Se a solicitação referir-se à interpretação de outros tratados concernentes à proteção dos direitos humanos nos Estados americanos, tal como previsto no artigo 64.1 da Convenção, deverá identificar o tratado e suas respectivas partes, formular as perguntas específicas em relação às quais é solicitado o parecer da Corte e incluir as considerações que dão origem à consulta. 2. Se a solicitação emanar de um dos órgãos da OEA, deverá indicar a razão pela qual a consulta se refere à sua esfera de competência.

[489] *Artigo 73. Procedimento* 1. Uma vez recebido um pedido de parecer consultivo, o Secretário enviará cópia deste a todos os Estados-membros, à Comissão, ao Conselho Permanente por intermédio da sua Presidência, ao Secretário-Geral e aos órgãos da OEA a cuja esfera de competência se refira o tema da consulta, se for pertinente. 2. A Presidência fixará um prazo para que os interessados enviem suas observações por escrito. 3. A Presidência poderá convidar ou autorizar qualquer pessoa interessada para que apresente sua opinião por escrito sobre os itens submetidos a consulta. Se o pedido se referir ao disposto no artigo 64.2 da Convenção, poderá fazê-lo mediante consulta prévia com o Agente. 4. Uma vez concluído o procedimento escrito, a Corte decidirá quanto à conveniência ou não de realizar o procedimento oral e fixará a audiência, a menos que delegue essa última tarefa à Presidência. No caso do previsto no artigo 64.2 da Convenção, será realizada uma consulta prévia ao Agente.

[490] *Artigo 75. Emissão e conteúdo dos pareceres consultivos* 1. A emissão dos pareceres consultivos será regida pelo disposto no artigo 67 deste Regulamento. 2. O parecer consultivo conterá: a. o nome de quem presidir a Corte e dos demais Juízes que o tiverem emitido, do Secretário e do Secretário Adjunto; b. os assuntos submetidos à Corte; c. uma relação dos atos do procedimento; d. os fundamentos de direito; e. o parecer da Corte; f. a indicação de qual é a versão autêntica do parecer. 3. Todo Juiz que houver participado da emissão de um parecer consultivo tem direito a acrescer-lhe seu voto concordante ou dissidente, o qual deverá ser fundamentado. Esses votos deverão ser apresentados no prazo fixado pela Presidência para que possam ser conhecidos pelos Juízes antes da comunicação do parecer consultivo. Para efeito de sua publicação, aplicar-se-á o disposto no artigo 32.1.a deste Regulamento. 4. Os pareceres consultivos poderão ser lidos em público.

3. CONSULTAS SOBRE LEIS INTERNAS DOS ESTADOS (ARTIGO 64.2)

O segundo parágrafo do artigo 64 refere-se ao exercício da competência consultiva da Corte em relação ao exame da compatibilidade de leis internas com a Convenção e com outros instrumentos internacionais de direitos humanos. O dispositivo prevê rol de solicitantes mais restrito do que a disposição do artigo 64.1, visto que se limita aos Estados-partes da Organização dos Estados Americanos. A expressão "qualquer de suas leis internas" empregada pelo artigo 64.2, conforme já definida pela Corte, abrange toda legislação nacional e normas jurídicas de qualquer natureza, inclusive disposições constitucionais[491] e projetos de lei, não sendo necessário que a legislação esteja vigente para que a Corte possa emitir opinião consultiva a respeito.[492]

O procedimento para o exercício da competência consultiva da Corte sobre leis internas é detalhado, ainda, no Regulamento da Corte,[493] que dispõe, em seu artigo 72:

> Artigo 72. Interpretação de leis internas
>
> 1. A solicitação de parecer consultivo formulada conforme o artigo 64.2 da Convenção deverá indicar:
>
> a. as disposições de direito interno, bem como as da Convenção ou de outros tratados concernentes à proteção dos direitos humanos que são objeto da consulta;
>
> b. as perguntas específicas sobre as quais se pretende obter o parecer da Corte;
>
> c. o nome e endereço do Agente do solicitante.
>
> 2. O pedido será acompanhado de cópia das disposições internas a que se refere a consulta.

REFERÊNCIAS

CHILE. Projeto da Convenção Americana sobre Direitos Humanos apresentado pelo Chile na Segunda Conferência Interamericana Extraordinária do Rio de Janeiro, 1965. In: SECRETARIA-GERAL DA OEA. *Anuário Interamericano de Direitos Humanos 1968*. Washington, DC: Secretaria-Geral da OEA, 1973. p. 275-298.

COMISSÃO INTERAMERICANA DE DIREITOS HUMANOS. Anteprojeto da Convenção Americana sobre Direitos Humanos, 1968. In: SECRETARIA-GERAL DA OEA. *Anuário Interamericano de Direitos Humanos 1968*. Washington, DC: Secretaria-Geral da OEA, 1973. p. 94-156.

COMISSÃO INTERAMERICANA DE DIREITOS HUMANOS. Opinião da Comissão sobre o projeto de Convenção Americana sobre Direitos Humanos preparado pelo Conselho Interamericano de Jurisconsultos. OEA/Ser.L/V/11.16/doc.8. In: SECRETARIA-GERAL DA OEA. *Anuário Interamericano de Direitos Humanos 1968*. Washington, DC: Secretaria-Geral da OEA, 1973. p. 318-356.

---

[491] CORTE IDH. Propuesta de modificación a la Constitución Política de Costa Rica relacionada con la naturalización. Opinión Consultiva OC-4/84, de 19 de enero de 1984. Serie A No. 4. par. 14.

[492] CORTE IDH. Propuesta de modificación a la Constitución Política de Costa Rica relacionada con la naturalización. Opinión Consultiva OC-4/84, de 19 de enero de 1984. Serie A No. 4. pars. 26-29.

[493] O regulamento vigente é aquele aprovado pela Corte em seu LXXXV Período Ordinário de Sessões, celebrado de 16 a 28 de novembro de 2009.

CONSELHO INTERAMERICANO DE JURISCONSULTOS. Projeto da Convenção Americana sobre Direitos Humanos, setembro de 1959. In: SECRETARIA-GERAL DA OEA. *Anuário Interamericano de Direitos Humanos 1968*. Washington, DC: Secretaria-Geral da OEA, 1973. p. 236-275.

URUGUAI. Projeto da Convenção Americana sobre Direitos Humanos apresentado pelo Uruguai na Segunda Conferência Interamericana Extraordinária do Rio de Janeiro, 1965. In: SECRETARIA-GERAL DA OEA. *Anuário Interamericano de Direitos Humanos 1968*. Washington, DC: Secretaria-Geral da OEA, 1973. p. 298-318.

Artigo 65

A Corte submeterá à consideração da Assembleia Geral da Organização, em cada período ordinário de sessões, um relatório sobre suas atividades no ano anterior. De maneira especial, e com as recomendações pertinentes, indicará os casos em que um Estado não tenha dado cumprimento a suas sentenças.

 COMENTÁRIOS

por Rodrigo Mudrovitsch[494]

O artigo 65 da Convenção estabelece uma relação institucional de compartilhamento de informações entre a Corte Interamericana e a Assembleia Geral da Organização dos Estados Americanos, especialmente em relação aos Estados que não empreendem esforços para cumprir com as determinações realizadas pela Corte por meio de suas sentenças.

1. ORIGENS DO ARTIGO 65 E TRABALHOS PREPARATÓRIOS DA CONVENÇÃO

O Projeto de Convenção apresentado pelo Conselho de Jurisconsultos dispunha, em seu artigo 80, que a sentença da Corte seria transmitida ao Conselho da Organização dos Estados Americanos.[495] No mesmo sentido dispunha o artigo 71 do Projeto apresentado pelo Estado do Chile.[496] O projeto do Estado do Uruguai, por sua vez, além de prever, no artigo 85.1, que a sentença da Corte seria transmitida para a Organização dos Estados Americanos, previa, em seu artigo 85.2, que a Corte informaria ao Conselho da Organização dos Estados

---

[494] O autor agradece as valiosas contribuições dos pesquisadores João Ricardo Oliveira Munhoz, Letícia Machado Haertel, Bianca Guimarães Silva, Maria Carolina Ferreira da Silva e Augusto Sperb Machado no levantamento de informações para a elaboração dos capítulos referentes aos artigos 52 a 73 da Convenção.

[495] CONSELHO INTERAMERICANO DE JURISCONSULTOS. Projeto da Convenção Americana sobre Direitos Humanos, setembro de 1959. In: SECRETARIA-GERAL DA OEA. *Anuário Interamericano de Direitos Humanos 1968*. Washington, DC: Secretaria-Geral da OEA, 1973. p. 269.

[496] CHILE. Projeto da Convenção Americana sobre Direitos Humanos apresentado pelo Chile na Segunda Conferência Interamericana Extraordinária do Rio de Janeiro, 1965. In: SECRETARIA-GERAL DA OEA. *Anuário Interamericano de Direitos Humanos 1968*. Washington, DC: Secretaria-Geral da OEA, 1973. p. 295,

Americanos sobre os casos em que sua sentença não fosse executada.[497] Já o anteprojeto da Comissão[498] dispunha:

> *Artículo 57*
> El fallo de la Corte será transmitido al Consejo de la Organización de los Estados Americanos.

A versão consagrada na redação final da Convenção acrescentou, além da submissão do relatório à Assembleia Geral da Organização, a indicação especial dos Estados que não dão cumprimento às sentenças da Corte.

2. RELATÓRIOS DA CORTE À ASSEMBLEIA GERAL DA ORGANIZAÇÃO DOS ESTADOS AMERICANOS

O artigo 30 do Estatuto da Corte complementa a disposição do artigo 65 da Convenção:

> *Artigo 30*
> Relatório à Assembleia Geral da OEA
> A Corte submeterá à Assembleia Geral da OEA, em cada período ordinário de sessões, um relatório sobre suas atividades no ano anterior. Indicará os casos em que um Estado não houver dado cumprimento a suas sentenças. Poderá submeter à Assembleia Geral da OEA proposições ou recomendações para o melhoramento do Sistema Interamericano de Direitos Humanos, no que diz respeito ao trabalho da Corte.

A emissão de relatórios anuais pela Corte, assim como seu endereçamento à Assembleia Geral da Organização dos Estados Americanos, está em conformidade com as disposições dos artigos 124 e 127 da Carta da OEA:

> *Artigo 124*
> Consideram-se como Organismos Especializados Interamericanos, para os efeitos desta Carta, os organismos intergovernamentais estabelecidos por acordos multilaterais, que tenham determinadas funções em matérias técnicas de interesse comum para os Estados americanos.
>
> *Artigo 127*
> Os Organismos Especializados apresentarão à Assembleia Geral relatórios anuais sobre o desenvolvimento de suas atividades, bem como sobre seus orçamentos e contas anuais.

A produção dos relatórios anuais, com especial destaque para a indicação dos casos em que o Estado descumpra as sentenças da Corte, pressupõe o exercício de uma atividade de supervisão de cumprimento de sentença realizada pela própria Corte, por meio da qual ela avalia se os Es-

---

497 URUGUAI. Projeto da Convenção Americana sobre Direitos Humanos apresentado pelo Uruguai na Segunda Conferência Interamericana Extraordinária do Rio de Janeiro, 1965. In: SECRETARIA-GERAL DA OEA. *Anuário Interamericano de Direitos Humanos 1968*. Washington, DC: Secretaria-Geral da OEA, 1973. p. 315.

498 COMISSÃO INTERAMERICANA DE DIREITOS HUMANOS. Anteprojeto da Convenção Americana sobre Direitos Humanos, 1968. In: SECRETARIA-GERAL DA OEA. *Anuário Interamericano de Direitos Humanos 1968*. Washington, DC: Secretaria-Geral da OEA, 1973. p. 150.

tados estão dando cumprimento às suas determinações na esfera de reparação das violações de direitos humanos declaradas mediante o exercício de sua competência contenciosa. A supervisão de cumprimento de sentença é regulamentada pelo artigo 69 do Regulamento da Corte:

> *Artigo 69. Supervisão de cumprimento de sentenças e outras decisões do Tribunal*
>
> 1. A supervisão das sentenças e das demais decisões da Corte realizar-se-á mediante a apresentação de relatórios estatais e das correspondentes observações a esses relatórios por parte das vítimas ou de seus representantes. A Comissão deverá apresentar observações ao relatório do Estado e às observações das vítimas ou de seus representantes.
>
> 2. A Corte poderá requerer a outras fontes de informação dados relevantes sobre o caso que permitam apreciar o cumprimento. Para os mesmos efeitos poderá também requerer as perícias e relatórios que considere oportunos.
>
> 3. Quando considere pertinente, o Tribunal poderá convocar o Estado e os representantes das vítimas a uma audiência para supervisar o cumprimento de suas decisões e nesta escutará o parecer da Comissão.
>
> 4. Uma vez que o Tribunal conte com a informação pertinente, determinará o estado do cumprimento do decidido e emitirá as resoluções que estime pertinentes.
>
> 5. Essas disposições também se aplicam para casos não submetidos pela Comissão.

Em outubro de 2023, a Corte possuía 262 casos em fase de supervisão de cumprimento de sentença. Ela contabiliza também o total de casos em etapa de supervisão sobre os quais, nos termos do artigo 65, os Estados não procederam ao cumprimento das sentenças da Corte. Entre estes últimos, estão dois casos relativos ao Estado do Haiti, dois casos relativos ao Estado da Nicarágua, dois casos relativos ao Estado de Trinidade e Tobago e quinze casos relativos ao Estado da Venezuela. Relembre-se que a etapa de supervisão de cumprimento de sentença é essencial para a materialização das decisões da Corte, a satisfação integral das demandas das vítimas dos casos concretos e a prevenção de eventuais futuras violações de direitos humanos.

Em sua jurisprudência, a Corte foi instada a se manifestar sobre o artigo 65 da Convenção no caso *Baena Ricardo* vs. *Panamá* (2003), que foi o primeiro caso em que um Estado questionou a competência da Corte para supervisionar o cumprimento de suas sentenças. Naquela ocasião, o Estado argumentou que o referido dispositivo convencional não prevê e tampouco autoriza uma função supervisora da Corte Interamericana, alegando, ainda, que a Corte não poderia criar tal função sob critérios de sua *compétence de la compétence*.[499] Em resposta, o Tribunal Interamericano mobilizou as obrigações estatais relativas ao *pacta sunt servanda*, a obrigação de reparar (artigo 63 da Convenção[500]), e o princípio do *effet utile*, bem como reafirmou sua *compétence de la compétence*.[501] Do ponto de vista do direito comparado, recorreu ao exemplo da Convenção Europeia ao indicar que a Convenção Americana, à diferença da Convenção Europeia, não estabeleceu um órgão especificamente encarregado de supervisionar o cumprimento das sentenças emitidas pela Corte.[502] Já do ponto de vista

---

[499] CORTE IDH. Caso Baena Ricardo y otros *vs.* Panamá. Competencia. Sentencia de 28 de noviembre de 2003. Serie C No. 104. par. 54.

[500] Para maiores detalhes sobre esse ponto, ver o capítulo relativo ao artigo 63 da Convenção.

[501] CORTE IDH. Caso Baena Ricardo y otros *vs.* Panamá. Competencia. Sentencia de 28 de noviembre de 2003. Serie C No. 104. pars. 61-71.

[502] CORTE IDH. Caso Baena Ricardo y otros *vs.* Panamá. Competencia. Sentencia de 28 de noviembre de 2003. Serie C No. 104. par. 87.

da concepção do artigo 65, estimou que a vontade dos Estados foi a de outorgar à Corte a faculdade de supervisionar o cumprimento de suas decisões e de colocar ao conhecimento da Assembleia Geral, por meio de seu informe anual, os casos nos quais houve descumprimento, tendo em vista que não é possível aplicar o artigo 65 da Convenção sem que a Corte monitore a observância de suas decisões.[503]

REFERÊNCIAS

CANÇADO TRINDADE, Antônio Augusto. La persona humana como sujeto del derecho internacional: avances de su capacidad jurídica internacional en la primera década del siglo XXI. *Revista IIDH*, San José, v. 46, p. 273-330, jul.-dez. 2007.

CHILE. Projeto da Convenção Americana sobre Direitos Humanos apresentado pelo Chile na Segunda Conferência Interamericana Extraordinária do Rio de Janeiro, 1965. In: SECRETARIA-GERAL DA OEA. *Anuário Interamericano de Direitos Humanos 1968*. Washington, DC: Secretaria-Geral da OEA, 1973. p. 275-298.

COMISSÃO INTERAMERICANA DE DIREITOS HUMANOS. Anteprojeto da Convenção Americana sobre Direitos Humanos, 1968. In: SECRETARIA-GERAL DA OEA. *Anuário Interamericano de Direitos Humanos 1968*. Washington, DC: Secretaria-Geral da OEA, 1973. p. 94-156.

COMISSÃO INTERAMERICANA DE DIREITOS HUMANOS. Opinião da Comissão sobre o projeto de Convenção Americana sobre Direitos Humanos preparado pelo Conselho Interamericano de Jurisconsultos. OEA/Ser.L/V/11.16/doc.8. In: SECRETARIA-GERAL DA OEA. *Anuário Interamericano de Direitos Humanos 1968*. Washington, DC: Secretaria-Geral da OEA, 1973. p. 318-356.

CONSELHO INTERAMERICANO DE JURISCONSULTOS. Projeto da Convenção Americana sobre Direitos Humanos, setembro de 1959. In: SECRETARIA-GERAL DA OEA. *Anuário Interamericano de Direitos Humanos 1968*. Washington, DC: Secretaria-Geral da OEA, 1973. p. 236-275.

URUGUAI. Projeto da Convenção Americana sobre Direitos Humanos apresentado pelo Uruguai na Segunda Conferência Interamericana Extraordinária do Rio de Janeiro, 1965. In: SECRETARIA-GERAL DA OEA. *Anuário Interamericano de Direitos Humanos 1968*. Washington, DC: Secretaria-Geral da OEA, 1973. p. 298-318.

Seção 3

Processo

Artigo 66

1. A sentença da Corte deve ser fundamentada.

2. Se a sentença não expressar no todo ou em parte a opinião unânime dos juízes, qualquer deles terá direito a que se agregue à sentença o seu voto dissidente ou individual.

---

[503] CORTE IDH. Caso Baena Ricardo y otros *vs*. Panamá. Competencia. Sentencia de 28 de noviembre de 2003. Serie C No. 104. par. 90.

💬 COMENTÁRIOS

por Jorge Messias

O artigo 66 inaugura a última Seção do Capítulo VIII da Convenção Americana sobre a Corte Interamericana de Direitos Humanos. Nessa Seção, trata-se, substancialmente, das regras sobre a sentença do Tribunal desde a emissão até o cumprimento de boa-fé pelos Estados-membros.

1. ORIGEM DO ARTIGO 66 E TRABALHOS PREPARATÓRIOS DA CONVENÇÃO

A proposta de redação do atual artigo 66 da Convenção foi prevista no projeto de Convenção preparado pelo Conselho de Jurisconsultos (artigo 77),[504] pelos projetos elaborados pelo Chile (artigo 69)[505] e pelo Uruguai (artigo 82),[506] bem como prevista no anteprojeto de Convenção elaborado pela Comissão Interamericana com os mesmos termos (artigo 54):[507]

> Artículo 54
>
> 1. El fallo de la Corte será motivado.
>
> 2. Si el fallo no expresare en todo o en parte la opinión unánime de los jueces, cualquiera de éstos tendrá derecho a que se agregue al fallo su opinión disidente o individual.

O dispositivo foi adotado no documento final sem maiores debates.

2. A INDEPENDÊNCIA JUDICIAL E O DEVER DE MOTIVAÇÃO DOS JUÍZES INTERAMERICANOS

O artigo 66 introduz elementos nucleares a respeito do documento que traduz a palavra final da função contenciosa da Corte Interamericana de Direitos Humanos: a sentença. As decisões do Tribunal, geralmente, são estruturadas em exceções preliminares, competência, prova, exposição dos fatos, análise de mérito, reparações e custas. Essas seções discutem a admissibilidade do caso, os fatos e fundamentos que ensejaram a possível violação de direitos humanos, as medidas reparatórias, nos termos do artigo 63.1 da Convenção, e as custas processuais.

---

[504] CONSELHO INTERAMERICANO DE JURISCONSULTOS. Projeto da Convenção Americana sobre Direitos Humanos, setembro de 1959. In: SECRETARIA-GERAL DA OEA. *Anuário Interamericano de Direitos Humanos 1968*. Washington, DC: Secretaria-Geral da OEA, 1973. p. 268.

[505] CHILE. Projeto da Convenção Americana sobre Direitos Humanos apresentado pelo Chile na Segunda Conferência Interamericana Extraordinária do Rio de Janeiro, 1965. In: SECRETARIA-GERAL DA OEA. *Anuário Interamericano de Direitos Humanos 1968*. Washington, DC: Secretaria-Geral da OEA, 1973. p. 294.

[506] URUGUAI. Projeto da Convenção Americana sobre Direitos Humanos apresentado pelo Uruguai na Segunda Conferência Interamericana Extraordinária do Rio de Janeiro, 1965. In: SECRETARIA-GERAL DA OEA. *Anuário Interamericano de Direitos Humanos 1968*. Washington, DC: Secretaria-Geral da OEA, 1973. p. 315.

[507] COMISSÃO INTERAMERICANA DE DIREITOS HUMANOS. Anteprojeto da Convenção Americana sobre Direitos Humanos, 1968. In: SECRETARIA-GERAL DA OEA. *Anuário Interamericano de Direitos Humanos 1968*. Washington, DC: Secretaria-Geral da OEA, 1973. p. 150.

A redação do dispositivo normativo contida no artigo 66 da Convenção pode ser complementada com o conteúdo do artigo 65 do Regulamento da Corte Interamericana, que apresenta os componentes da decisão judicial interamericana, a saber:

a) o nome de quem presidir a Corte e dos demais Juízes que a proferiram, do Secretário e do Secretário Adjunto;

b) a identificação dos intervenientes no processo e seus representantes;

c) uma relação dos atos do procedimento;

d) a determinação dos fatos;

e) as conclusões da Comissão, das vítimas ou seus representantes, do Estado demandado e, se for o caso, do Estado demandante;

f) os fundamentos de direito;

g) a decisão sobre o caso;

h) o pronunciamento sobre as reparações e as custas, se procede;

i) o resultado da votação;

j) a indicação sobre qual é a versão autêntica da sentença.

Por ser um dos principais instrumentos de legitimação do trabalho realizado pelo Tribunal, é necessário que as disposições da sentença sejam claras e acessíveis tanto aos Estados-partes quanto à Comissão Interamericana e aos representantes das vítimas. Seja no exercício da jurisdição pelos tribunais nacionais, seja no exercício da jurisdição pelos tribunais internacionais, o dever de motivação das decisões judiciais tem por objetivo afastar eventuais arbitrariedades e reforça a legitimidade da decisão adotada.

A legitimidade da decisão judicial internacional pode ser analisada sob dois espectros: formal e material. Em relação às formalidades, antes da deliberação da sentença, é necessário assegurar a idoneidade do(s) juiz(es), que participaram da tomada de decisão. No voto conjunto divergente dos Juízes Manuel E. Ventura Robles e Eduardo Ferrer Mac-Gregor Poisot[508] no caso *Norín Catrimán y otros (Dirigentes, Miembros y Activista del Pueblo Indígena Mapuche) vs. Chile* (2014), os juízes dissertaram sobre a relação intrínseca entre imparcialidade e independência judicial. Esses elementos podem ser analisados sob os aspectos institucional e pessoal, isto é, "o juiz deve parecer agir sem estar sujeito a influência, incentivo, pressão, ameaça ou intromissão, direta ou indireta, mas única e exclusivamente conforme o direito e por ele movido".[509] Por tais razões, os juízes devem gozar de garantias reforçadas para o exercício de suas funções sem abusos de poder ou arbitrariedades.

É importante mencionar que, embora os juízes da Corte Interamericana de Direitos Humanos sejam nacionais dos Estados-partes da Organização dos Estados Americanos e sejam indicados pelos governos estatais aos cargos de magistrados do Tribunal (artigo 53.2 da Convenção), o exercício do mandato é realizado a título pessoal e de forma independente, nos termos do artigo 71 da Convenção.[510] Além disso, cumpre recordar que, caso tenha algum(a)

---

[508]   CORTE IDH. Caso Norín Catrimán y otros (Dirigentes, Miembros y Activista del Pueblo Indígena Mapuche) *vs.* Chile. Fondo, Reparaciones y Costas. Sentencia de 29 de mayo de 2014. Serie C No. 279. Voto divergente conjunto dos juízes Manuel E. Ventura Robles e Eduardo Ferrer Mac-Gregor Poisot.

[509]   Caso Apitz Barbera y otros ("Corte Primera de lo Contencioso Administrativo") *vs.* Venezuela. Excepción Preliminar, Fondo, Reparaciones y Costas. Sentencia de 5 de agosto de 2008. Serie C No.182. par. 56; e Caso Atala Riffo y Niñas *vs.* Chile. Solicitud de Interpretación de la Sentencia de Fondo, Reparaciones y Costas. Sentencia de 21 de noviembre de 2012. Serie C No. 254. par. 189 (tradução nossa).

[510]   Para maiores detalhes, ver o capítulo relativo ao artigo 71 da Convenção.

juiz da nacionalidade do país que figura como parte do caso, o/a magistrado(a) não participa da deliberação do caso, conforme disposto no artigo 19 do Regulamento da Corte. Esses foram os mecanismos adotados, além das hipóteses de impedimentos, escusas e inabilitação, para assegurar a imparcialidade institucional e pessoal dos juízes perante a Corte Interamericana.[511]

O segundo espectro da legitimidade da decisão judicial busca satisfazer exigências do ponto de vista material por meio do dever de motivação. Essa obrigação foi expressamente contemplada pela redação do artigo 66 da Convenção. No caso *Escher y otros* vs. *Brasil* (2009), a Corte estabeleceu que "el deber de motivación no exige una respuesta detallada a todo argumento señalado en las peticiones, sino puede variar según la naturaleza de la decisión. Corresponde analizar en cada caso si dicha garantía ha sido satisfecha".[512]

A motivação pressupõe a identificação das principais alegações e argumentos das partes (Estado, Comissão e representantes das vítimas), ponderação da pertinência dos aportes apresentados e explicação sobre se tais argumentos serão acatados ou não, em uma análise sobre o eventual cometimento de violações, por parte dos Estados, à luz das normas previstas pelos instrumentos de proteção dos direitos humanos. Caso sejam constatadas violações, cabe à Corte determinar as medidas reparatórias cabíveis. Portanto, a correta observância do dever de motivação inclui a análise concreta e autônoma dos fatos, motivos e normas em que as autoridades estatais fundamentaram suas atividades para que, somente assim, a Corte possa aplicar o controle de convencionalidade.

Nesse ponto, inclusive, é interessante mencionar que, entre as análises feitas pela Corte, na ampla maioria dos casos ela tem de se debruçar sobre as decisões administrativas e judiciais emitidas pelos tribunais internos, afinal, para que o caso chegue à apreciação da Corte, é preciso que todos os recursos internos sejam esgotados. Nessa análise, um dos aspectos relevantes apreciados pela Corte é a motivação adotada pelos tribunais internos para proferirem suas decisões. Justamente por estar investida da competência para apreciar a convencionalidade das decisões internas, tanto em seu componente dispositivo quanto em seus fundamentos, a Corte não poderia adotar uma conduta incoerente com a sua missão e proferir, ela mesma, decisões carentes da devida fundamentação.

Conforme sacralizado pela Corte no caso *Flor Freire* vs. *Ecuador* (2016), a fundamentação das decisões é mecanismo essencial para assegurar "credibilidad a las decisiones judiciales en una sociedad democrática".[513] A satisfação do elemento formal – independência judicial – em perfeita harmonia com o critério material – dever de motivação – assegura a garantia do devido processo legal. Dita credibilidade, sustentada pela devida motivação, também se faz importante quando a Corte promove avanços em sua jurisprudência.

A mero título exemplificativo, os fundamentos que sustentaram o dever de motivação da Corte Interamericana em relação à autonomia do artigo 26 da Convenção foram construídos gradualmente na jurisprudência interamericana (*vide* comentários ao artigo 26). Ademais, pode-se mencionar o reconhecimento do direito à verdade e do direito à identidade como direitos autônomos.

Outra hipótese de aperfeiçoamento jurisprudencial ocorre quando a Corte, à luz do princípio *iura novit curia*, analisa a violação de outros artigos da Convenção Americana, que não foram previamente invocados pela Comissão Interamericana, tampouco pelos re-

---

511   Para maiores detalhes, ver o capítulo relativo ao artigo 56 da Convenção.

512   CORTE IDH. Caso Escher y otros *vs.* Brasil. Excepciones Preliminares, Fondo, Reparaciones y Costas. Sentencia de 6 de julio de 2009. Serie C No. 200. par. 139.

513   CORTE IDH. Caso Flor Freire *vs.* Ecuador. Excepción Preliminar, Fondo, Reparaciones y Costas. Sentencia de 31 de agosto de 2016. Serie C No. 315. par. 182.

presentantes das vítimas. Tanto nas hipóteses de construção gradual argumentativa, como foi o caso do artigo 26 da Convenção, quanto nas ocorrências do princípio *iura novit curia*, é perceptível que os movimentos de evolução jurisprudencial realizados pela Corte são processos que ocorrem ao longo de diversos anos.

O avanço jurisprudencial pressupõe que as obrigações decorrentes da interpretação da Convenção, e de outros instrumentos normativos internacionais, sejam desenvolvidas com clareza, a fim de que sejam compreensíveis e passíveis de implementação pelos Estados, e essa compreensão está lastreada, essencialmente, na fundamentação das sentenças da Corte.

3. OS VOTOS INDIVIDUAIS DOS MAGISTRADOS INTERAMERICANOS

Embora a sentença da Corte Interamericana de Direitos Humanos seja composta da decisão colegiada dos magistrados, é possível que, individualmente ou em conjunto, os magistrados profiram suas opiniões em voto apartado. Tanto para discordar da decisão colegiada quanto para elaborar algum ponto específico, essas manifestações são nomeadas como "voto divergente" (dissidente ou discordante) e "voto concorrente", respectivamente. As divergências ou convergências poderão ser totais ou parciais.

O parágrafo 2 do artigo 66 da Convenção é complementado pela redação do artigo 65.2 do Regulamento da Corte, que preconiza a seguinte prerrogativa:

> 2. Todo Juiz que houver participado no exame de um caso tem direito a acrescer à sentença seu voto concordante ou dissidente, que deverá ser fundamentado. Esses votos deverão ser apresentados dentro do prazo fixado pela Presidência, para que possam ser conhecidos pelos Juízes antes da notificação da sentença. Os mencionados votos só poderão referir-se à matéria tratada nas sentenças.

O dispositivo supramencionado estabelece três requisitos para que o voto seja proferido, quais sejam: além de o voto estar condicionado à participação do juiz no julgamento do caso, deverá ser apresentado de forma tempestiva perante a Presidência e deverá guardar pertinência temática com a matéria da decisão. Em relação ao último requisito, são inúmeros os exemplos de votos apartados, que ilustram o vasto repertório interamericano nessa prática. A exemplo dos votos proferidos, por exemplo, pelo saudoso juiz Cançado Trindade, alguns magistrados lançam luz sobre questões doutrinárias e aprofundadas sobre os temas em discussão na sentença. Em outros casos, por sua vez, os votos podem fomentar debates sobre a aplicação ou não de determinado entendimento, como ocorreu em relação à justiciabilidade direta do artigo 26 da Convenção.

A título de exemplo, é possível destacar alguns casos em que a maioria dos juízes proferiram votos individuais. No *Caso Comunidades Indígenas Miembros de la Asociación Lhaka Honhat (Nuestra Tierra)* vs. *Argentina* (2020),[514] que reconheceu a justiciabilidade direta do direito ao meio ambiente sadio, à água, à alimentação adequada e à vida cultural, cinco dos sete juízes emitiram votos sobre a temática. Situação semelhante também ocorreu no *Caso de los Empleados de la Fábrica de Fuegos en Santo Antônio de Jesus y sus familiares* vs. *Brasil* (2020)[515], que tratava das violações interseccionais de raça, gênero e classe em uma explosão de uma fábrica de fogos de artifício.

---

[514] CORTE IDH. Caso Comunidades Indígenas Miembros de la Asociación Lhaka Honhat (Nuestra Tierra) *vs.* Argentina. Fondo, Reparaciones y Costas. Sentencia de 6 de febrero de 2020. Serie C No. 400.

[515] CORTE IDH. Caso de los Empleados de la Fábrica de Fuegos en Santo Antônio de Jesus y sus familiares *vs.* Brasil. Excepciones Preliminares, Fondo, Reparaciones y Costas. Sentencia de 15 de julio de 2020. Serie C No. 407.

REFERÊNCIAS

CHILE. Projeto da Convenção Americana sobre Direitos Humanos apresentado pelo Chile na Segunda Conferência Interamericana Extraordinária do Rio de Janeiro, 1965. In: SECRETARIA-GERAL DA OEA. *Anuário Interamericano de Direitos Humanos 1968.* Washington, DC: Secretaria-Geral da OEA, 1973. p. 275-298.

COMISSÃO INTERAMERICANA DE DIREITOS HUMANOS. Anteprojeto da Convenção Americana sobre Direitos Humanos, 1968. In: SECRETARIA-GERAL DA OEA. *Anuário Interamericano de Direitos Humanos 1968.* Washington, DC: Secretaria-Geral da OEA, 1973. p. 94-156.

COMISSÃO INTERAMERICANA DE DIREITOS HUMANOS. Opinião da Comissão sobre o projeto de Convenção Americana sobre Direitos Humanos preparado pelo Conselho Interamericano de Jurisconsultos. OEA/Ser.L/V/11.16/doc.8. In: SECRETARIA-GERAL DA OEA. *Anuário Interamericano de Direitos Humanos 1968.* Washington, DC: Secretaria-Geral da OEA, 1973. p. 318-356.

CONSELHO INTERAMERICANO DE JURISCONSULTOS. Projeto da Convenção Americana sobre Direitos Humanos, setembro de 1959. In: SECRETARIA-GERAL DA OEA. *Anuário Interamericano de Direitos Humanos 1968.* Washington, DC: Secretaria-Geral da OEA, 1973. p. 236-275.

URUGUAI. Projeto da Convenção Americana sobre Direitos Humanos apresentado pelo Uruguai na Segunda Conferência Interamericana Extraordinária do Rio de Janeiro, 1965. In: SECRETARIA-GERAL DA OEA. *Anuário Interamericano de Direitos Humanos 1968.* Washington, DC: Secretaria-Geral da OEA, 1973. p. 298-318.

Artigo 67

A sentença da Corte será definitiva e inapelável. Em caso de divergência sobre o sentido ou alcance da sentença, a Corte interpretá-la-á, a pedido de qualquer das partes, desde que o pedido seja apresentado dentro de noventa dias a partir da data da notificação da sentença.

COMENTÁRIOS

por Rodrigo Mudrovitsch[516] e Rafael de Alencar Araripe Carneiro

A decisão da Corte Interamericana busca apresentar uma resposta à demanda da vítima, representada pela Comissão Interamericana, perante o Estado. Portanto, a sentença finaliza a função contenciosa diante de um caso de potencial violação de direitos humanos. É nessa conjuntura que o artigo 67 da Convenção apresenta duas das principais características da decisão da Corte Interamericana: a inexistência de recursos cabíveis para rediscutir a decisão e a palavra final da Corte IDH sobre a interpretação da Convenção – e, eventualmente,

---

[516] O autor agradece as valiosas contribuições dos pesquisadores João Ricardo Oliveira Munhoz, Letícia Machado Haertel, Bianca Guimarães Silva, Maria Carolina Ferreira da Silva e Augusto Sperb Machado no levantamento de informações para a elaboração dos capítulos referentes aos artigos 52 a 73 da Convenção.

outros instrumentos internacionais – em relação aos fatos que lhe foram apresentados. Tal qual afirma o artigo 31.3 do Regulamento da Corte IDH, "Contra as sentenças e resoluções da Corte não procede nenhum meio de impugnação".

1. ORIGEM DO ARTIGO 67 E TRABALHOS PREPARATÓRIOS DA CONVENÇÃO

O dispositivo, que diz respeito ao caráter final e inapelável das sentenças da Corte IDH, seguiu o exemplo do artigo semelhante disposto no Estatuto da CIJ. Tanto no anteprojeto elaborado pelo Conselho de Jurisconsultos (artigo 78) quanto nos projetos elaborados pelo Chile (artigo 70)[517] e pelo Uruguai (artigo 83),[518] tais características da decisão interamericana foram mantidas intactas. O projeto apresentado pela Comissão, no mesmo sentido, dispunha:[519]

> Artículo 55
> El fallo de la Corte será definitivo e inapelable. En caso de desacuerdo sobre el sentido o alcance del fallo, la Corte lo interpretará a solicitud de cualquiera de las partes, deducida en el plazo máximo de sesenta días contados desde la notificación del fallo.

2. O PEDIDO DE INTERPRETAÇÃO DE SENTENÇA

Como observado no comentário ao artigo 66 da Convenção Americana, sobre a fundamentação da decisão, satisfazer o elemento formal – independência judicial – e o elemento material – dever de motivação – não é um mero capricho do trâmite processual. A observância do devido processo legal propicia a publicidade e transparência das razões que motivaram a decisão judicial. É nesse sentido que as lições estabelecidas pelo caso *Palamara Iribarne* vs. *Chile* (2005)[520] ressoam ao afirmar que

> La publicidad del proceso tiene la función de proscribir la administración de justicia secreta, someterla al escrutinio de las partes y del público y se relaciona con la necesidad de la transparencia e imparcialidad de las decisiones que se tomen. Además, es un medio por el cual se fomenta la confianza en los tribunales de justicia. La publicidad hace referencia específica al acceso a la información del proceso que tengan las partes e incluso los terceros.

A redação do artigo 67 da Convenção prescreve que a sentença da Corte Interamericana é inapelável. No entanto, a ferramenta de interpretação de sentença está à disposição dos

---

[517] CHILE. Projeto da Convenção Americana sobre Direitos Humanos apresentado pelo Chile na Segunda Conferência Interamericana Extraordinária do Rio de Janeiro, 1965. In: SECRETARIA-GERAL DA OEA. *Anuário Interamericano de Direitos Humanos 1968*. Washington, DC: Secretaria-Geral da OEA, 1973. p. 295.

[518] URUGUAI. Projeto da Convenção Americana sobre Direitos Humanos apresentado pelo Uruguai na Segunda Conferência Interamericana Extraordinária do Rio de Janeiro, 1965. In: SECRETARIA-GERAL DA OEA. *Anuário Interamericano de Direitos Humanos 1968*. Washington, DC: Secretaria-Geral da OEA, 1973. p. 315.

[519] COMISSÃO INTERAMERICANA DE DIREITOS HUMANOS. Anteprojeto da Convenção Americana sobre Direitos Humanos, 1968. In: SECRETARIA-GERAL DA OEA. *Anuário Interamericano de Direitos Humanos 1968*. Washington, DC: Secretaria-Geral da OEA, 1973. p. 155.

[520] CORTE IDH. Caso Palamara Iribarne *vs.* Chile. Fondo, Reparaciones y Costas. Sentencia de 22 de noviembre de 2005. Serie C No. 135. par. 168.

Estados para que possam esclarecer o sentido e o alcance dos termos dispostos na decisão. Como postulado na Resolução de interpretação da sentença de reparações e custas do caso *El Amparo* vs. *Venezuela* (1997):[521]

> (...) contribuye a la transparencia de los actos de este Tribunal, esclarecer, cuando estime procedente, el contenido y alcance de sus sentencias y disipar cualquier duda sobre las mismas, sin que puedan ser opuestas a tal propósito consideraciones de mera forma.

O artigo 68 do Regulamento da Corte IDH,[522] em complemento ao conteúdo do artigo 67 da Convenção, regulamenta o pedido de interpretação da sentença, precisando que tal pedido pode ser formulado em relação às sentenças de exceções preliminares, mérito ou reparações e custas, e deve ser apresentado perante a Secretaria da Corte. O pedido deve indicar, de maneira precisa, as questões sobre as quais se solicita a interpretação. Uma vez apresentado o pedido de interpretação por uma das partes no processo, o Secretário da Corte notificará os demais intervenientes no caso e eles terão um prazo para apresentar, por escrito, as alegações que considerem pertinentes. O pedido é apreciado pela Corte, na mesma composição de magistrados que proferiu a sentença, salvo as hipóteses em que essa composição não seja possível, sendo designado, nesses casos, juiz substituto.

> Artigo 68. Pedido de interpretação
>
> 1. O pedido de interpretação a que se refere o artigo 67 da Convenção poderá ser formulado em relação às sentenças de exceções preliminares, mérito ou reparações e custas e se apresentará na Secretaria da Corte, cabendo nela indicar com precisão as questões relativas ao sentido ou ao alcance da sentença cuja interpretação é solicitada.
>
> 2. O Secretário comunicará o pedido de interpretação aos demais intervenientes no caso e os convidará a apresentar por escrito as alegações que considerem pertinentes, dentro do prazo fixado pela Presidência.
>
> 3. Para fins de exame do pedido de interpretação, a Corte reunir-se-á, se for possível, com a mesma composição com a qual emitiu a sentença de que se trate. Não obstante, em caso de falecimento, renúncia, impedimento, escusa ou inabilitação, proceder-se-á à substituição do Juiz que corresponder, nos termos do artigo 17 deste Regulamento.
>
> 4. O pedido de interpretação não exercerá efeito suspensivo sobre a execução da sentença.
>
> 5. A Corte determinará o procedimento a ser seguido e decidirá mediante sentença.

---

[521] CORTE IDH. Caso El Amparo *vs*. Venezuela. Interpretación de la Sentencia de Reparaciones y Costas. Resolución de la Corte de 16 de abril de 1997. Serie C No. 46. Ponto 1.

[522] Artigo 68. Pedido de interpretação 1. O pedido de interpretação a que se refere o artigo 67 da Convenção poderá ser formulado em relação às sentenças de exceções preliminares, mérito ou reparações e custas e se apresentará na Secretaria da Corte, cabendo nela indicar com precisão as questões relativas ao sentido ou ao alcance da sentença cuja interpretação é solicitada. 2. O Secretário comunicará o pedido de interpretação aos demais intervenientes no caso e os convidará a apresentar por escrito as alegações que considerem pertinentes, dentro do prazo fixado pela Presidência. 3. Para fins de exame do pedido de interpretação, a Corte reunir-se-á, se for possível, com a mesma composição com a qual emitiu a sentença de que se trate. Não obstante, em caso de falecimento, renúncia, impedimento, escusa ou inabilitação, proceder-se-á à substituição do Juiz que corresponder, nos termos do artigo 17 deste Regulamento. 4. O pedido de interpretação não exercerá efeito suspensivo sobre a execução da sentença. 5. A Corte determinará o procedimento a ser seguido e decidirá mediante sentença.

Cumpre salientar que o lapso temporal entre a solicitação e a resolução da interpretação da sentença não é computado para fins suspensivos dos efeitos da decisão. Além disso, o pedido de interpretação poderá ser referente ao sentido ou ao alcance de determinado dispositivo da sentença, porém não poderá questioná-lo como recurso velado, isto é, não poderá apresentar novos fatos, tampouco argumentos que não foram discutidos perante o procedimento. Até o fechamento da presente edição, a Corte IDH emitiu 96 interpretações de sentença dentre as mais de 400 decisões proferidas pelo Tribunal.

Em outros tribunais, as sentenças internacionais também possuem as características de serem finais e inapeláveis e contam com o mecanismo interpretativo, assim como a Corte Interamericana de Direitos Humanos. Na Corte Internacional de Justiça, o artigo 60 do Estatuto[523] prevê que "a sentença será definitiva e inapelável. Em caso de desacordo sobre o sentido ou desfecho da sentença, a Corte interpretará a solicitação de qualquer das partes". O Tribunal Africano, por sua vez, igualmente possui a competência de interpretar suas sentenças, conforme disposto no artigo 28.4 do Protocolo que estatuiu o Tribunal.[524] Já a Corte Europeia de Direitos Humanos não dispõe de mecanismos interpretativos após a deliberação das suas sentenças.

REFERÊNCIAS

CHILE. Projeto da Convenção Americana sobre Direitos Humanos apresentado pelo Chile na Segunda Conferência Interamericana Extraordinária do Rio de Janeiro, 1965. In: SECRETARIA-GERAL DA OEA. *Anuário Interamericano de Direitos Humanos 1968*. Washington, DC: Secretaria-Geral da OEA, 1973. p. 275-298.

COMISSÃO INTERAMERICANA DE DIREITOS HUMANOS. Anteprojeto da Convenção Americana sobre Direitos Humanos, 1968. In: SECRETARIA-GERAL DA OEA. *Anuário Interamericano de Direitos Humanos 1968*. Washington, DC: Secretaria-Geral da OEA, 1973. p. 94-156.

COMISSÃO INTERAMERICANA DE DIREITOS HUMANOS. Opinião da Comissão sobre o projeto de Convenção Americana sobre Direitos Humanos preparado pelo Conselho Interamericano de Jurisconsultos. OEA/Ser.L/V/11.16/doc.8. In: SECRETARIA-GERAL DA OEA. *Anuário Interamericano de Direitos Humanos 1968*. Washington, DC: Secretaria-Geral da OEA, 1973. p. 318-356.

CONSELHO INTERAMERICANO DE JURISCONSULTOS. Projeto da Convenção Americana sobre Direitos Humanos, setembro de 1959. In: SECRETARIA-GERAL DA OEA. *Anuário Interamericano de Direitos Humanos 1968*. Washington, DC: Secretaria-Geral da OEA, 1973. p. 236-275.

HENNEBEL, L.; TIGROUDJA, H. *The American Convention on Human Rights*: a commentary. Oxford: Oxford University Press, 2022.

URUGUAI. Projeto da Convenção Americana sobre Direitos Humanos apresentado pelo Uruguai na Segunda Conferência Interamericana Extraordinária do Rio de Janeiro, 1965. In: SECRETARIA-GERAL DA OEA. *Anuário Interamericano de Direitos Humanos 1968*. Washington, DC: Secretaria-Geral da OEA, 1973. p. 298-318.

---

[523]   Estatuto da Corte Internacional de Justiça, 26 de junho de 1945.

[524]   Protocolo da Carta Africana dos Direitos do Homem e dos Povos relativo à Criação de um Tribunal Africano dos Direitos do Homem e dos Povos, 9 de junho de 1998.

> **Artigo 68**
>
> 1. Os Estados-Partes na Convenção comprometem-se a cumprir a decisão da Corte em todo caso em que forem partes.
>
> 2. A parte da sentença que determinar indenização compensatória poderá ser executada no país respectivo pelo processo interno vigente para a execução de sentenças contra o Estado.

💬 **COMENTÁRIOS**

por Rodrigo Mudrovitsch[525]

O artigo 68 da Convenção dispõe sobre a obrigatoriedade das sentenças da Corte Interamericana em relação aos Estados-partes envolvidos no contencioso. Como compromisso assumido a partir da aceitação da jurisdição obrigatória da Corte Interamericana, os Estados comprometem-se, de boa-fé, a cumprir as decisões proferidas pelo Tribunal.

1. ORIGEM DO ARTIGO 68 E TRABALHOS PREPARATÓRIOS DA CONVENÇÃO

A primeira proposição sobre dispositivo normativo semelhante ao atual artigo 68 da Convenção foi sugerida pelo projeto uruguaio em 1965. A estrutura do artigo 84, que foi proposto naquela oportunidade, tinha dois parágrafos sobre a obrigação de cumprimento estatal e outro sobre a exequibilidade da indenização prevista pela sentença. A sugestão uruguaia foi acolhida parcialmente na Opinião sobre o projeto de Convenção elaborado pela Comissão, que propôs a fusão dos dois parágrafos.

O projeto apresentado na Conferência Especializada Interamericana sobre Direitos Humanos, realizada em San José da Costa Rica, inseriu a proposta uruguaia, separadamente, nos artigos 52 e 56. A versão final da Convenção incorporou a fusão dos dois artigos em apenas um sem grandes divergências entre os Estados-partes.

> Artículo 52
>
> 1. Cuando reconozca que hubo violación de un derecho o libertad protegido en esta Convención, la Corte tendrá competencia para determinar el monto de la indemnización debida a la parte lesionada.
>
> 2. La parte del fallo que contenga indemnización compensatoria se podrá ejecutar en el Estado respectivo por el procedimiento interno vigente para la ejecución de sentencias contra el Estado.
>
> Artículo 56
>
> Los Estados Partes se comprometen a cumplir la decisión de la Corte en todo litigio en que sean partes.

---

[525]   O autor agradece as valiosas contribuições dos pesquisadores João Ricardo Oliveira Munhoz, Letícia Machado Haertel, Bianca Guimarães Silva, Maria Carolina Ferreira da Silva e Augusto Sperb Machado no levantamento de informações para a elaboração dos capítulos referentes aos artigos 52 a 73 da Convenção.

2. OS EFEITOS DE *RES JUDICATA* E *RES INTERPRETATA* DA SENTENÇA DA CORTE INTE-RAMERICANA

O primeiro parágrafo do artigo 68 da Convenção estabelece a obrigatoriedade de cumprimento, pelos Estados, das decisões proferidas na sentença da Corte IDH nos litígios em que são parte, compromisso esse assumido desde o momento do depósito da cláusula facultativa de jurisdição obrigatória. O comprometimento dos Estados-partes em relação à implementação das decisões da Corte Interamericana pode ser analisado sob dois espectros: sob o viés contencioso e o viés interpretativo.

O primeiro, em relação aos Estados, que atuaram no polo passivo do litígio, a sentença possui força de *res judicata* com efeito *inter partes* – também conhecido como efeito vinculante. Ao Estado-parte responsabilizado internacionalmente pela violação às obrigações convencionais cumpre a implementação do texto integral da sentença, sobretudo das medidas reparatórias estabelecidas nos termos do artigo 63.1 da Convenção (*vide* comentários ao artigo 63). Contra a sentença emitida pela Corte Interamericana não se admite nenhuma forma de impugnação ou pedido de alteração da decisão em sede recursal, nos termos do artigo 31.3 do Regulamento da Corte ("Contra as sentenças e resoluções da Corte não procede nenhum meio de impugnação").

O cumprimento das sentenças interamericanas pelos Estados-partes deriva da obrigação de cumprimento de boa-fé dos tratados internacionais – também conhecido como *pacta sunt servanda*. Nesse sentido, os Estados não podem invocar impedimentos no ordenamento jurídico interno para se esquivarem do cumprimento das decisões internacionais, conforme preconizado no artigo 27 da Convenção de Viena sobre o Direito dos Tratados, de 1969. O cumprimento das medidas reparatórias será supervisionado pela própria Corte IDH por meio das Resoluções de supervisão de cumprimento de sentença.

A decisão da Corte Interamericana possui natureza de coisa julgada internacional e, consequentemente, possui força vinculante entre as partes. Portanto, a autoridade da decisão prevalece em relação tanto ao conteúdo quanto ao que diz respeito ao processo em si. Os efeitos decorrentes da coisa julgada internacional também atribuem segurança jurídica às partes, uma vez que outros tribunais, nacionais ou internacionais, não poderão modificar a decisão sentenciada pela Corte Interamericana. Igualmente surgem efeitos perante os demais Estados-partes da Convenção Americana como *res interpretata*.

Na perspectiva interpretativa, aplicável em relação aos demais países em caráter *erga omnes*, a sentença emitida pela Corte Interamericana configura-se como a interpretação autêntica, que atribui sentido e alcance às obrigações convencionais e, portanto, possui efeito de *res interpretata* vinculando os Estados em relação ao controle de convencionalidade do direito interno.[526] Esta última natureza também é conferida às Opiniões Consultivas da Corte Interamericana.

Desse modo, os Estados-partes que ratificaram a cláusula facultativa de jurisdição obrigatória possuem a obrigação "por todas las autoridades nacionales de aplicar no sólo la normal convencional sino la norma convencional interpretada (*res interpretata*)".[527] A adequação entre os mecanismos institucionais domésticos e a interpretação das obrigações

---

[526] Caso Gelman *vs.* Uruguay. Supervisión de Cumplimiento de Sentencia. Resolución de la Corte Interamericana de Derechos Humanos de 20 de marzo de 2013. par. 69.

[527] FERRER MAC-GREGOR, Eduardo. Eficacia de la sentencia interamericana y la cosa juzgada internacional: vinculación directa hacia las partes (*res judicata*) e indirecta hacia los Estados parte de la Convención Americana (*res interpretata*) (sobre el cumplimiento del caso Gelman vs. Uruguay). *Estudios constitucionales*, v. 11, n. 2, 2013. p. 637.

convencionais deriva do dever estatal previsto no artigo 2 da Convenção ("os Estados-Partes comprometem-se a adotar, de acordo com as suas normas constitucionais e com as disposições desta Convenção, as medidas legislativas ou de outra natureza que forem necessárias para tornar efetivos tais direitos e liberdades").

Portanto, entre as hipóteses de violação ao artigo 2 da Convenção, os Estados-partes devem suprimir a vigência ou se abster de aplicar leis incompatíveis com a Convenção, além de não adotar práticas, que violem os dispositivos convencionais. Outra hipótese de violação ocorre quando há insuficiência ou ausência normativa. Dessa maneira, todos os agentes do Executivo, do Legislativo e do Judiciário devem realizar o controle de convencionalidade à luz dos dispositivos convencionais e dos *standards* proferidos pela Corte IDH em relação à produção de normas, atos institucionais e decisões judiciais domésticas.

Em ambas as perspectivas, o controle de convencionalidade é aplicado a fim de harmonizar as normas domésticas com as normas internacionais. Pela via contenciosa, o controle é realizado pelos próprios magistrados interamericanos ao verificar se as circunstâncias denunciadas pela Comissão Interamericana são incompatíveis com as disposições convencionais. Pela via interpretativa, os juízes nacionais possuem a obrigação de aplicar os termos da Convenção Americana, assim como a interpretação atribuída pela própria Corte IDH.

3. O CUMPRIMENTO E A EXECUTABILIDADE DAS DECISÕES DA CORTE INTERAMERICANA

Conforme mencionado nos comentários ao artigo 62 da Convenção, a cláusula facultativa de jurisdição obrigatória representa o compromisso estatal perante o Sistema Interamericano de Direitos Humanos em relação ao cumprimento integral do texto da Convenção e, nos casos de eventuais violações, também reflete o consentimento estatal para que a Corte interprete os dispositivos convencionais em determinado litígio envolvendo o respectivo Estado. É inegável, portanto, que o reconhecimento de tal cláusula é consequência do pleno exercício soberano do Estado.

A partir do consentimento estatal em relação ao exercício da função contenciosa da Corte Interamericana, a sentença emitida pelo próprio Tribunal é o documento que traduz a interpretação autêntica da Convenção realizada pelos magistrados interamericanos. Dessa forma, os Estados se comprometem com o cumprimento de boa-fé de todos as obrigações derivadas da sentença interamericana.

No caso do Brasil, o aceite da competência contenciosa da Corte Interamericana ocorreu por meio do Decreto Legislativo 89, de 1998.[528] Assim, quanto aos casos litigiosos envolvendo o Estado brasileiro que culminarem em uma sentença de declaração de responsabilidade internacional do País por violação de direitos humanos, as decisões da Corte devem ser, imediatamente, cumpridas pelo Brasil.

A executabilidade das sentenças da Corte advém da natureza de sentença internacional dessas decisões. Diferentemente das sentenças estrangeiras, que são proferidas por tribunais domésticos de países estrangeiros e precisam ser homologadas para produzir efeitos jurídicos em outro Estado, a decisão internacional é emitida por um Tribunal Internacional. Dessa forma, as sentenças da Corte Interamericana não precisam ser homologadas pelo Superior Tribunal de Justiça (STJ). As regras dispostas no art. 105, I, *i*, da Constituição Federal de

---

[528] BRASIL, *Decreto Legislativo 89, de 1998*. Brasília, DF: Senado Federal. Disponível em: https://www2.camara.leg.br/legin/fed/decleg/1998/decretolegislativo-89-3-dezembro-1998-369634-publicacaooriginal-1-pl.html. Acesso em: 27.10.2023.

1988,[529] assim como nos arts. 515, VIII, e 961, *caput*, do Código de Processo Civil,[530] por tratarem de *decisões estrangeiras*, não são aplicáveis às sentenças da Corte.

Em relação ao cumprimento imediato das decisões pelos países responsabilizados internacionalmente, o segundo inciso do artigo 68 prevê que o próprio Estado deverá tramitar a implementação das medidas indenizatórias previstas pela decisão internacional. Nos casos que envolvam pagamento de reparações por danos materiais, imateriais e lucros cessantes, a vítima não é responsável por requisitar o montante no âmbito doméstico. O dever de cumprimento espontâneo das sentenças internacionais advém da natureza de título executivo nos países que aceitaram a cláusula facultativa de jurisdição obrigatória.

REFERÊNCIAS

BRASIL. *Constituição da República Federativa do Brasil de 1988*. Brasília, DF: Presidência da República. Disponível em: https://www.planalto.gov.br/ccivil_03/Constituicao/Constituicao.htm. Acesso em: 27.10.2023.

BRASIL. *Decreto Legislativo 89, de 1998*. Brasília, DF: Senado Federal. Disponível em: https://www2.camara.leg.br/legin/fed/decleg/1998/decretolegislativo-89-3-dezembro-1998-369634-publicacaooriginal-1-pl.html. Acesso em: 27.10.2023.

BRASIL. *Lei 13.105, de 16 de março de 2015*. Código de Processo Civil. Brasília, DF: Presidência da República. Disponível em: https://www.planalto.gov.br/ccivil_03/_ato2015-2018/2015/lei/l13105.htm. Acesso em: 27.10.2023.

COMISSÃO INTERAMERICANA DE DIREITOS HUMANOS. Anteprojeto da Convenção Americana sobre Direitos Humanos, 1968. In: SECRETARIA-GERAL DA OEA. *Anuário Interamericano de Direitos Humanos 1968*. Washington, DC: Secretaria-Geral da OEA, 1973. p. 94-156.

COMISSÃO INTERAMERICANA DE DIREITOS HUMANOS. Opinião da Comissão sobre o projeto de Convenção Americana sobre Direitos Humanos preparado pelo Conselho Interamericano de Jurisconsultos. OEA/Ser.L/V/11.16/doc.8. In: SECRETARIA-GERAL DA OEA. *Anuário Interamericano de Direitos Humanos 1968*. Washington, DC: Secretaria-Geral da OEA, 1973. p. 318-356.

CONSELHO NACIONAL DE JUSTIÇA. *Relatório Anual 2022*: Unidade de Monitoramento e Fiscalização das Decisões da Corte Interamericana de Direitos Humanos – UMF/CNJ. Brasília: CNJ, 2023.

---

[529] Art. 105 (CF/1988). Compete ao Superior Tribunal de Justiça:

I – processar e julgar, originariamente:

(...)

i) a homologação de sentenças estrangeiras e a concessão de exequatur às cartas rogatórias;

(...).

[530] Art. 515 do Código de Processo Civil. São títulos executivos judiciais, cujo cumprimento dar-se-á de acordo com os artigos previstos neste Título:

(...).

Art. 961, *caput*, do Código de Processo Civil. A decisão estrangeira somente terá eficácia no Brasil após a homologação de sentença estrangeira ou a concessão do *exequatur* às cartas rogatórias, salvo disposição em sentido contrário de lei ou tratado.

FERRER MAC-GREGOR, Eduardo. Eficacia de la sentencia interamericana y la cosa juzgada internacional: vinculación directa hacia las partes (*res judicata*) e indirecta hacia los Estados parte de la Convención Americana (*res interpretata*) (sobre el cumplimiento del caso Gelman vs. Uruguay). *Estudios constitucionales*, v. 11, n. 2, p. 641-693, 2013.

HENNEBEL, L.; TIGROUDJA, H. *The American Convention on Human Rights*: a commentary. Oxford: Oxford University Press, 2022.

URUGUAI. Projeto da Convenção Americana sobre Direitos Humanos apresentado pelo Uruguai na Segunda Conferência Interamericana Extraordinária do Rio de Janeiro, 1965. In: SECRETARIA-GERAL DA OEA. *Anuário Interamericano de Direitos Humanos 1968*. Washington, DC: Secretaria-Geral da OEA, 1973. p. 298-318.

Artigo 69

A sentença da Corte deve ser notificada às partes no caso e transmitida aos Estados-Partes na Convenção.

 COMENTÁRIOS

por Rodrigo Mudrovitsch[531]

O artigo 69 da Convenção encerra o capítulo sobre o procedimento perante a Corte Interamericana de Direitos Humanos. O dispositivo estabelece a necessidade de notificação das partes sobre a publicação da sentença. Geralmente, esse ato ocorre por meio das "notificações de sentença", isto é, o comunicado a ser realizado às partes em relação à emissão da decisão final da Corte Interamericana.

1. ORIGEM DO ARTIGO 69 E TRABALHOS PREPARATÓRIOS DA CONVENÇÃO

Os primeiros projetos da Convenção Americana, elaborados pelo Conselho de Jurisconsultos, pelo Chile e pelo Uruguai não previam a notificação como etapa necessária de informar a decisão ao Estado, às vítimas e aos seus representantes e à Comissão Interamericana. Durante a Conferência Especializada de 1969, a redação do artigo 57, tal qual segue: "el fallo de la Corte será transmitido al Consejo de la Organización de los Estados Americanos" foi objeto de discussão em grupo de trabalho específico.

2. A NOTIFICAÇÃO DE SENTENÇA ÀS PARTES

Esse procedimento é orientado à luz do artigo 67.1 e 67.2 do Regulamento da Corte IDH. Após a deliberação e aprovação da sentença, que ocorrerá em momento reservado entre os juízes, a Comissão Interamericana, as vítimas e os seus representantes e o Estado

---

[531] O autor agradece as valiosas contribuições dos pesquisadores João Ricardo Oliveira Munhoz, Letícia Machado Haertel, Bianca Guimarães Silva, Maria Carolina Ferreira da Silva e Augusto Sperb Machado no levantamento de informações para a elaboração dos capítulos referentes aos artigos 52 a 73 da Convenção.

serão notificados pela Secretaria da decisão adotada pela Corte. Tanto a decisão quanto os seus fundamentos permanecerão em sigilo até que as partes sejam notificadas.

A publicação oficial é fundamental para que a decisão da Corte Interamericana produza efeitos em relação às partes e para que tenha início a contagem do prazo de cumprimento das medidas de reparação ali ordenadas.

Em perspectiva comparada, o artigo 29 do Tribunal Africano dos Direitos do Homem e dos Povos prevê o mesmo dispositivo em relação à notificação das partes.[532] No artigo 58 do Estatuto da CIJ, a notificação é prevista nos seguintes termos: "a sentença será assinada pelo Presidente e pelo Escrivão. Deverá ser lida em sessão pública, depois de notificados, devidamente, os agentes". Já o Regulamento do Tribunal Europeu de Direitos Humanos apresenta normativa semelhante no seu artigo 77.[533] Diferentemente dos demais tribunais, a Corte Interamericana de Direitos Humanos apenas realiza a notificação pública das sentenças sem realizar a leitura da versão integral da decisão em audiência pública. Atualmente, as notificações de sentença são transmitidas pelo canal da Corte Interamericana no YouTube.

Em observância à necessidade de publicizar as atividades da Corte, embora os demais Estados não sejam *notificados* das decisões emitidas, além da transmissão *on-line*, as sentenças ficam disponíveis no *website* do Tribunal. Em complemento à publicidade do texto integral das decisões, o Tribunal disponibiliza o comunicado de imprensa com um breve resumo e as principais motivações que sustentam a decisão adotada.

Esses mecanismos corroboram com a transparência, a informatividade e a disseminação das atividades da Corte Interamericana de Direitos Humanos.

REFERÊNCIAS

COMISSÃO INTERAMERICANA DE DIREITOS HUMANOS. Anteprojeto da Convenção Americana sobre Direitos Humanos, 1968. In: SECRETARIA-GERAL DA OEA. *Anuário Interamericano de Direitos Humanos 1968*. Washington, DC: Secretaria-Geral da OEA, 1973. p. 94-156.

HENNEBEL, L.; TIGROUDJA, H. *The American Convention on Human Rights*: a commentary. Oxford: Oxford University Press, 2022.

CAPÍTULO IX

Disposições Comuns

Artigo 70

1. Os juízes da Corte e os membros da Comissão gozam, desde o momento de sua eleição e enquanto durar o seu mandato, das imunidades reconhecidas aos agentes diplomáticos pelo Direito Internacional. Durante o exercício dos seus cargos

---

[532] Art. 29. 1. The parties to the case shall be notified of the judgment of the Court and it shall be transmitted to the Member States of the OAU and the Commission.

[533] Rule 77.2. 2. The judgment adopted by a Chamber may be read out at a public hearing by the President of the Chamber or by another judge delegated by him or her. The Agents and representatives of the parties shall be informed in due time of the date of the hearing. Otherwise, and in respect of judgments adopted by Committees, the notification provided for in paragraph 3 of this Rule shall constitute delivery of the judgment.

gozam, além disso, dos privilégios diplomáticos necessários para o desempenho de suas funções.

2. Não se poderá exigir responsabilidade em tempo algum dos juízes da Corte, nem dos membros da Comissão, por votos e opiniões emitidos no exercício de suas funções.

 COMENTÁRIOS

por Rodrigo Mudrovitsch[534]

O artigo 70 da Convenção Americana inaugura seu Capítulo IV, em que constam as chamadas "disposições comuns". Trata-se de dispositivos que se aplicam tanto à Comissão Interamericana como à Corte Interamericana, cuja organização, funções e poderes específicos foram elencados, respectivamente, nos Capítulos VII e VIII do instrumento. O objetivo do artigo 70, nesse contexto, é estabelecer as imunidades, os privilégios e as demais proteções que tanto os membros da Comissão quanto os juízes da Corte possuem no exercício de suas funções. Seu parágrafo primeiro se refere à aplicabilidade de imunidades e privilégios diplomáticos reconhecidos no Direito Internacional, e o segundo diz respeito à proteção garantida a comissionados e juízes quanto a votos e opiniões emitidos no exercício das suas funções.

1. ORIGEM DO ARTIGO 70 E TRABALHOS PREPARATÓRIOS DA CONVENÇÃO

O reconhecimento das imunidades e dos privilégios dos membros da Comissão e dos juízes da Corte já integrava as primeiras versões do texto da Convenção Americana, embora os projetos do Conselho Interamericano de Jurisconsultos (1959),[535] do Chile (1965)[536] e do Uruguai (1965)[537] ainda não contivessem a remissão às normas do Direito Internacional. Cumpre destacar que os trabalhos preparatórios da Convenção Americana ocorreram, em parte, simultaneamente à redação da Convenção de Viena sobre Relações Diplomáticas de 1961[538] e que boa parte de suas disposições já era considerada integrante do direito costumeiro internacional. A remissão às imunidades "reconhecidas aos agentes diplomáticos pelo Direito

---

[534] O autor agradece as valiosas contribuições dos pesquisadores João Ricardo Oliveira Munhoz, Letícia Machado Haertel, Bianca Guimarães Silva, Maria Carolina Ferreira da Silva e Augusto Sperb Machado no levantamento de informações para a elaboração dos capítulos referentes aos artigos 52 a 73 da Convenção.

[535] CONSELHO INTERAMERICANO DE JURISCONSULTOS. Projeto da Convenção Americana sobre Direitos Humanos, setembro de 1959. In: SECRETARIA-GERAL DA OEA. *Anuário Interamericano de Direitos Humanos 1968*. Washington, DC: Secretaria-Geral da OEA, 1973. p. 269.

[536] CHILE. Projeto da Convenção Americana sobre Direitos Humanos apresentado pelo Chile na Segunda Conferência Interamericana Extraordinária do Rio de Janeiro, 1965. In: SECRETARIA-GERAL DA OEA. *Anuário Interamericano de Direitos Humanos 1968*. Washington, DC: Secretaria-Geral da OEA, 1973. p. 297.

[537] URUGUAI. Projeto da Convenção Americana sobre Direitos Humanos apresentado pelo Uruguai na Segunda Conferência Interamericana Extraordinária do Rio de Janeiro, 1965. In: SECRETARIA-GERAL DA OEA. *Anuário Interamericano de Direitos Humanos 1968*. Washington, DC: Secretaria-Geral da OEA, 1973. p. 316.

[538] Convenção de Viena sobre Relações Diplomáticas, 18 de abril de 1961.

Internacional" viria a ser integrada ao dispositivo em 1969, a partir do parecer da Comissão Interamericana.[539] Com isso, o projeto apresentado pela Comissão incorporou, em seu artigo 60, texto muito semelhante ao que viria a se tornar o 70.1 da versão final da Convenção.[540]

Ao longo dos trabalhos preparatórios, os comentários dos Estados demonstram amplo suporte à ideia de conceder amplos privilégios e imunidades aos membros da Comissão e aos juízes da Corte, embora alguns expressassem dúvidas sobre se as proteções deveriam ser equivalentes para comissionados e juízes.[541] Antes do encaminhamento da versão final do texto da Convenção, um segundo parágrafo (que viria a ser o 70.2) foi adicionado para garantir ainda maior proteção a ambos, na forma da impossibilidade de serem responsabilizados por votos e opiniões emitidos no exercício de suas funções.[542]

2. IMUNIDADES E PRIVILÉGIOS ATRIBUÍDOS AOS JUÍZES DA CORTE E A MEMBROS DA COMISSÃO

O artigo 70.1 estabelece que os juízes da Corte e os membros da Comissão gozam (i) das imunidades reconhecidas aos agentes diplomáticos pelo Direito Internacional desde o momento de sua eleição e enquanto durar o seu mandato e (ii) dos privilégios diplomáticos necessários para o desempenho de suas funções – este último apenas durante o exercício dos seus cargos. Nota-se, de pronto, a diferenciação no escopo temporal de aplicação das duas partes do primeiro parágrafo: as imunidades cabíveis são aplicáveis desde a eleição dos comissionados e juízes, enquanto os privilégios passam a valer a partir do início do mandato, com os dois se encerrando ao seu fim. O escopo temporal dos privilégios e das imunidades, assim, é ainda mais distinto quando contrastado com a proteção quanto a votos e opiniões proferidos no exercício do mandato (artigo 70.2), que não se encerra quando este chega ao fim.

Há uma diferenciação relevante no tratamento do tema dos privilégios e das imunidades observável no contraste do artigo 12 do Estatuto da Comissão com o artigo 15 do Estatuto da Corte.

> Estatuto da Comissão Interamericana, Artigo 12:
>
> 1. *Nos Estados-membros da Organização que são Partes da Convenção Americana sobre Direitos Humanos, os membros da Comissão gozam, a partir do momento de sua eleição e enquanto durar seu mandato, das imunidades reconhecidas pelo direito internacional aos agentes diplomáticos. Gozam também, no exercício de seus cargos, dos privilégios diplomáticos necessários ao desempenho de suas funções.*
>
> 2. *Nos Estados-membros da Organização que não são Partes da Convenção Americana sobre Direitos Humanos, os membros da Comissão gozarão dos privilégios e*

---

539   COMISSÃO INTERAMERICANA DE DIREITOS HUMANOS. Opinião da Comissão sobre o projeto de Convenção Americana sobre Direitos Humanos preparado pelo Conselho Interamericano de Jurisconsultos. OEA/Ser.L/V/11.16/doc.8. In: SECRETARIA-GERAL DA OEA. *Anuário Interamericano de Direitos Humanos 1968.* Washington, DC: Secretaria-Geral da OEA, 1973. p. 318-356.

540   COMISSÃO INTERAMERICANA DE DIREITOS HUMANOS. Anteprojeto da Convenção Americana sobre Direitos Humanos, 1968. In: SECRETARIA-GERAL DA OEA. *Anuário Interamericano de Direitos Humanos 1968.* Washington, DC: Secretaria-Geral da OEA, 1973. p. 149.

541   HENNEBEL, L.; TIGROUDJA, H. *The American Convention on Human Rights*: a commentary. Oxford: Oxford University Press, 2022. p. 1428.

542   OEA. *Actas y Documentos de la Conferencia Especializada Interamericana sobre Derechos Humanos.* Noviembre de 1969. OEA/Ser.K/XVI/1.2. p. 378; DUNSHEE DE ABRANCHES, C. The Inter-American Court of Human Rights. *American University Law Review*, v. 30, n. 79, 1980. p. 94.

imunidades pertinentes aos seus cargos, necessários para desempenhar suas funções com independência.

Estatuto da Corte Interamericana, Artigo 15 (Imunidades e privilégios):

1. Os juízes gozam, desde o momento de sua eleição e enquanto durarem os seus mandatos, das imunidades reconhecidas aos agentes diplomáticos pelo direito internacional. No exercício de suas funções gozam também dos privilégios diplomáticos necessários ao desempenho de seus cargos.

2. Não se poderá exigir aos juízes responsabilidades em tempo algum por votos e opiniões emitidos ou por atos desempenhados no exercício de suas funções.

3. A Corte em si e seu pessoal gozam das imunidades e privilégios previstos no Acordo sobre Privilégios e Imunidades da Organização dos Estados Americanos, de 15 de maio de 1949, com as equivalências respectivas, tendo em conta a importância e independência da Corte.

4. As disposições dos parágrafos 1, 2 e 3 deste artigo serão aplicadas aos Estados-Partes da Convenção. Serão também aplicadas aos outros Estados-membros da OEA que as aceitarem expressamente, em geral ou para cada caso.

Nota-se que, ao passo que os membros da Comissão possuem as imunidades e os privilégios elencados nos Estados-partes da Convenção Americana e em Estados-membros da OEA (mesmo que não tenham ratificado a Convenção), os privilégios e as imunidades elencados no artigo 15 do Estatuto da Corte só se aplicarão a Estados-membros da OEA que não são partes da Convenção se estes os aceitarem expressamente. Reforça-se também que as imunidades e os privilégios reconhecidos no artigo 70 se aplicam a juízes *ad hoc* enquanto exercem suas funções, conforme o artigo 10.5 do Estatuto da Corte.[543]

Apesar da ausência de referência explícita, a remissão às normas do "Direito Internacional" sobre imunidades diplomáticas demanda análise do principal instrumento internacional no tema, a Convenção de Viena sobre Relações Diplomáticas (CVRD), de 1961.[544] Essas normas informarão a discussão sobre o conteúdo das imunidades e dos privilégios na sequência.

2.1 Imunidades diplomáticas e sua aplicação a juízes e comissionados

O artigo 31 da CVRD aborda o tema das imunidades diplomáticas:

Artigo 31

1. O agente diplomático gozará de *imunidade de jurisdição penal* do Estado acreditado. Gozará também da *imunidade de jurisdição civil e administrativa*, a não ser que se trate de:

a) uma ação real sôbre imóvel privado situado no território do Estado acreditado, salvo se o agente diplomático o possuir por conta do Estado acreditado para os fins da missão.

b) uma ação sucessória na qual o agente diplomático figure, a titulo privado e não em nome do Estado, como executor testamentário, administrador, herdeiro ou legatário.

c) uma ação referente a qualquer profissão liberal ou atividade comercial exercida pelo agente diplomático no Estado acreditado fora de suas funções oficiais.

2. O agente diplomático *não é obrigado a prestar depoimento* como testemunha.

---

543 Ver também o capítulo relativo ao artigo 55 da Convenção.

544 Convenção de Viena sobre Relações Diplomáticas, 18 de abril de 1961.

> 3. O agente diplomático não está sujeito a nenhuma *medida de execução* a não ser nos casos previstos nas alíneas "a", "b" e "c" do parágrafo 1 dêste artigo e desde que a execução possa realizar-se sem afetar a inviolabilidade de sua pessoa ou residência.
>
> 4. A imunidade de jurisdição de um agente diplomático no Estado acreditado *não o isenta da jurisdição do Estado acreditante.*

O primeiro parágrafo do artigo 31 da CVRD apresenta as imunidades jurisdicionais de agentes diplomáticos quanto a processos criminais, administrativos e cíveis e elenca suas exceções, porquanto não absolutas. Nesse sentido, e conforme firmado pela Corte Internacional de Justiça (CIJ) ao interpretar a Convenção no contexto de uma disputa sobre um mandado de prisão internacional emitido pela Bélgica contra o Ministro das Relações Exteriores do Congo por supostos crimes que constituiriam graves violações do direito humanitário, imunidade não significa impunidade:[545]

> (...) immunity from jurisdiction (...) does not mean that they enjoy impunity in respect of any crimes they might have committed, irrespective of their gravity. Immunity from criminal jurisdiction and individual criminal responsibility are quite separate concepts. While jurisdictional immunity is procedural in nature, criminal responsibility is a question of substantive law. Jurisdictional immunity may well bar prosecution for a certain period or for certain offences; it cannot exonerate the person to whom it applies from all criminal responsibility.

Os parágrafos seguintes (2 e 3) apresentam a imunidade de testemunho e a imunidade de execução. O quarto parágrafo, por sua vez, ressalva que a imunidade diplomática não se aplica ao Estado acreditante do agente diplomático, pois entende-se que, em seu país, não exercerá as funções do cargo que demandam a imunidade de jurisdição. Essa norma do direito internacional diplomático demanda grande cautela na interpretação do artigo 70.1 da Convenção Americana: ao passo que um agente diplomático em seu país não é considerado como em exercício de suas funções e tem sua imunidade desconsiderada, isso não necessariamente se aplica a comissionados e juízes da Corte, que podem sofrer ameaças de persecução e afetação de sua independência também em seus países de origem.

Em alinhamento com as citadas normas do direito internacional, conforme especificado no artigo 70.1 da Convenção, a imunidade jurisdicional não impede os juízes da Corte IDH de serem processados por motivos não relacionados ao mandato, o que igualmente se aplica à imunidade jurisdicional em seus países de origem. A CIJ enfrentou questão semelhante quando proferiu opinião consultiva sobre o artigo 60 da Convenção sobre Privilégios e Imunidades das Nações Unidas (1946), com conteúdo – em parte relevante – semelhante ao artigo 31 da CVRD, a um Relator Especial da ONU em serviço em seu próprio país, determinando que ele gozava de imunidade no exercício de suas funções.[546]

2.2 Privilégios diplomáticos e sua aplicação a juízes e comissionados

A segunda parte do artigo 70.1, por sua vez, define que os comissionados e os juízes também gozam dos privilégios diplomáticos necessários para o desempenho de suas

---

[545] CIJ. *Caso do Mandado de Prisão de 11 de abril de 2000*, República Democrática do Congo *vs.* Bélgica. Julgamento de 14 de fevereiro de 2002. par. 60.

[546] CIJ. Diferenciação relativa à imunidade jurisdicional de um Relator Especial da Comissão de Direitos Humanos. Opinião Consultiva de 29 de abril de 1999. par. 46.

funções. Sua compreensão depende da análise dos privilégios diplomáticos reconhecidos no Direito Internacional e cristalizados na CVRD, como os privilégios relacionados à comunicação (artigo 27), à isenção de impostos e taxas (artigo 28), à inviolabilidade pessoal e residencial (artigos 29 e 30) e a outras isenções da legislação nacional (*e.g.*, artigos 35 e 36). No entanto, boa parte dos dispositivos não pode ser simplesmente aplicada analogicamente – por exemplo, os comissionados e os juízes não possuem "mala diplomática" –, e, portanto, os privilégios aplicáveis tendem a ser discutidos em acordos específicos com os Estados-sede.[547]

Nesse sentido, prevê o artigo 11 do acordo de sede entre a Corte IDH e a Costa Rica:

> Artículo 11. De conformidad con el artículo 70 de la Convención Americana sobre Derechos Humanos los jueces gozarán, desde el momento de su elección y mientras dure su mandato, de todas las inmunidades y privilegios, exenciones y franquicias reconocidas a los jefes de misiones diplomáticas acreditados ante el Gobierno de la República, que no podrán ser menores a las reconocidas por la Convención de Viena sobre Relaciones Diplomáticas, ratificada por la Asamblea
>
> Legislativa de la República de Costa Rica mediante Ley n° 3394 del 24 de setiembre de 1964, y por el Acuerdo sobre Privilegios e Inmunidades de la Organización de los Estados Americanos del 15 de mayo de 1949, ratificado por la República de Costa Rica mediante Decreto Ley n° 753 del 6 de octubre de 1949 y otros pactos vigentes en la materia, sin condiciones de reciprocidad.
>
> Sin embargo, el Gobierno de Costa Rica no reconocerá exenciones o franquicias fiscales o patrimoniales a los jueces que sean nacionales del país, salvo respecto de sus actos oficiales o de su relación de servicio con la Corte, pero, en todo caso, no estarán sujetos a medidas de restricción, ejecución o compulsión, administrativas o judiciales, mientras su inmunidad no les sea levantada por la Corte.
>
> La aplicación de las inmunidades y privilegios previstos en el presente artículo a las actividades profesionales privadas o económicas que realicen los jueces, será de acuerdo con lo dispuesto por el artículo 31, párrafos 1, 2 y 3, de la Convención de Viena sobre Relaciones Diplomáticas.
>
> Los jueces ad-hoc e interinos gozarán de las mismas inmunidades, privilegios, exoneraciones y franquicias mientras dure su mandato, con la misma salvedad antes mencionada referida a los nacionales.

Tendo em vista que a Comissão é um órgão da OEA, e não um órgão de tratado (*"treaty body"*, como é o caso da Corte), é o acordo de sede entre a OEA e os Estados Unidos da América que regulamenta a questão da imunidade e dos privilégios de seus membros. Entre outros dispositivos relativos à imunidade geral da Organização (artigo 4) e à liberdade e à inviolabilidade das suas comunicações (artigo 7.1), por exemplo, o artigo 13 do acordo prevê, quanto aos agentes da OEA:

> Article XIII – Officials
>
> Section 1: Except as provided in Section 3 of this Article, officials of the Organization shall:
>
> (a) Be *immune from suit and legal process relating to acts performed by them in their official capacity* and falling within their official functions except insofar as such immunity is waived by the Organization.

---

[547] Conforme indicado no artigo 12.3 do Estatuto da Comissão IDH e no artigo 15.5 do Estatuto da Corte IDH.

(b) Be *exempt from taxation*, whether by local, state, or federal authorities of the United States (...)

(c) Be immune from national service obligations.

(d) Together with members of their families forming part of their households, *be immune from immigration restrictions* and from alien registration and fingerprinting requirements.

(e) Be accorded the same privileges in respect of currency exchange facilities as are accorded to officials of comparable rank forming part of diplomatic missions to the United States.

(f) Together with members of their families forming part of their households, be given the same repatriation facilities in time of international crisis as diplomatic agents.

(g) Have the right to import free of duty their furniture and effects at the time of first taking up their post in the United States.

Section 2

(a) In addition to the immunities and privileges specified in Section 1 of this Article, those officials of the Organization listed in Annex B[548] shall be accorded in respect of themselves, their spouses, and their minor children, subject to corresponding conditions and obligations, the privileges and immunities accorded to diplomatic agents. (...)

(b) When traveling on the Organization's Official Travel Document and on the Organization's business, those persons accorded privileges and immunities under this Section shall be granted the same facilities accorded to diplomatic agents.

(...)

Section 4

(a) Officials of the Organization and members of their immediate families, other than nationals and permanent residents of the United States, shall, insofar as concerns laws regulating entry into and departure from the United States, be entitled to the same privileges, exemptions, and immunities as are accorded under similar circumstances to officials of comparable rank forming part of diplomatic missions to the United States, and members of their families; (...).

O artigo 14 do acordo também prevê alguns privilégios e imunidades a *experts* em missões ou serviços à organização, e o artigo 16 apresenta as condições para concessão e levantamento desses privilégios e imunidades.

3. IMPOSSIBILIDADE DE RESPONSABILIZAÇÃO DOS JUÍZES DA CORTE E DOS MEMBROS DA COMISSÃO POR VOTOS E OPINIÕES

O segundo parágrafo do artigo 70 determina que "*[n]ão se poderá exigir responsabilidade em tempo algum dos juízes da Corte, nem dos membros da Comissão, por votos e opiniões emitidos no exercício de suas funções*". Ao passo que a versão em espanhol adota uma formulação semelhante ao português ("*[n]o podrá exigirse responsabilidad*"), a versão em inglês apresenta uma construção que evidencia seu sentido, sem qualquer ambiguidade ("*[a]t no*

---

[548]   O Anexo B contempla os seguintes cargos: "*The Secretary General; The Assistant Secretary General; The Assistant Secretary for Management; The Assistant Secretary for Legal Affairs; The Executive Secretary for Economic and Social Affairs; The Executive Secretary for Education, Science, and Culture*".

time shall the judges of the Court or the members of the Commission be held liable"). O artigo 70.2 da Convenção deve ser interpretado em consonância com seu artigo 73, que estabelece o regime disciplinar para membros da Comissão e juízes e funcionários da Corte.[549]

REFERÊNCIAS

CHILE. Projeto da Convenção Americana sobre Direitos Humanos apresentado pelo Chile na Segunda Conferência Interamericana Extraordinária do Rio de Janeiro, 1965. In: SECRETARIA-GERAL DA OEA. *Anuário Interamericano de Direitos Humanos 1968*. Washington, DC: Secretaria-Geral da OEA, 1973. p. 275-298.

CIJ. *Diferenciação relativa à imunidade jurisdicional de um Relator Especial da Comissão de Direitos Humanos*. Opinião Consultiva de 29 de abril de 1999.

COMISSÃO INTERAMERICANA DE DIREITOS HUMANOS. Anteprojeto da Convenção Americana sobre Direitos Humanos, 1968. In: SECRETARIA-GERAL DA OEA. *Anuário Interamericano de Direitos Humanos 1968*. Washington, DC: Secretaria-Geral da OEA, 1973. p. 94-156.

COMISSÃO INTERAMERICANA DE DIREITOS HUMANOS. Opinião da Comissão sobre o projeto de Convenção Americana sobre Direitos Humanos preparado pelo Conselho Interamericano de Jurisconsultos. OEA/Ser.L/V/11.16/doc.8. In: SECRETARIA-GERAL DA OEA. *Anuário Interamericano de Direitos Humanos 1968*. Washington, DC: Secretaria-Geral da OEA, 1973. p. 318-356.

CONSELHO INTERAMERICANO DE JURISCONSULTOS. Projeto da Convenção Americana sobre Direitos Humanos, setembro de 1959. In: SECRETARIA-GERAL DA OEA. *Anuário Interamericano de Direitos Humanos 1968*. Washington, DC: Secretaria-Geral da OEA, 1973. p. 236-275.

DUNSHEE DE ABRANCHES, C. The Inter-American Court of Human Rights. *American University Law Review*, v. 30, n. 79, 1980.

HENNEBEL, L.; TIGROUDJA, H. *The American Convention on Human Rights*: a commentary. Oxford: Oxford University Press, 2022.

OEA. *Actas y Documentos de la Conferencia Especializada Interamericana sobre Derechos Humanos*. Noviembre de 1969. OEA/Ser.K/XVI/1.2.

URUGUAI. Projeto da Convenção Americana sobre Direitos Humanos apresentado pelo Uruguai na Segunda Conferência Interamericana Extraordinária do Rio de Janeiro, 1965. In: SECRETARIA-GERAL DA OEA. *Anuário Interamericano de Direitos Humanos 1968*. Washington, DC: Secretaria-Geral da OEA, 1973. p. 298-318.

Artigo 71

Os cargos de juiz da Corte ou de membro da Comissão são incompatíveis com outras atividades que possam afetar sua independência ou imparcialidade conforme o que for determinado nos respectivos estatutos.

---

[549] Para maiores detalhes, ver o capítulo relativo ao artigo 73 da Convenção.

 COMENTÁRIOS

por Rodrigo Mudrovitsch[550]

O artigo 71 da Convenção dá sequência ao Capítulo IV sobre "disposições comuns" entre a Comissão e a Corte e se debruça sobre a incompatibilidade do exercício dos cargos de comissionado e juiz com atividades que possam afetar sua independência ou imparcialidade. Assim, relaciona-se profundamente com o dispositivo que o precede. Enquanto o artigo 70 objetiva proteger juízes e comissionados de pressões externas no exercício de seus mandatos, o artigo 71 tematiza a sua independência institucional no exercício de suas funções. O tema, de extrema importância, é refletido nas normas que regem a maior parte dos tribunais internacionais, como a Corte Internacional de Justiça,[551] o Tribunal Europeu de Direitos Humanos[552] e a Corte Africana dos Direitos Humanos e dos Povos.[553]

1. ORIGENS DO ARTIGO 71 E TRABALHOS PREPARATÓRIOS DA CONVENÇÃO

As três primeiras versões propostas da Convenção Americana – notadamente do Conselho Interamericano de Jurisconsultos (1959),[554] do Chile (1965)[555] e do Uruguai (1965)[556] – não continham provisões semelhantes ao que viria se tornar o seu artigo 71. O tema da incompatibilidade dos cargos de juiz da Corte ou membro da Comissão com outras atividades tampouco foi abordado no Parecer e no Projeto apresentados pela Comissão em 1969.[557]

Foi apenas nas negociações finais na Conferência Especializada de Novembro de 1969 que o tema das incompatibilidades foi levantado, com base em proposta do delegado brasileiro Dunshee de Abranches.[558] A proposta brasileira agregava o tema ao então artigo 60 (que viria

---

[550]   O autor agradece as valiosas contribuições dos pesquisadores João Ricardo Oliveira Munhoz, Letícia Machado Haertel, Bianca Guimarães Silva, Maria Carolina Ferreira da Silva e Augusto Sperb Machado no levantamento de informações para a elaboração dos capítulos referentes aos artigos 52 a 73 da Convenção.

[551]   Estatuto da Corte Internacional de Justiça, 18 de abril de 1946, artigo 16.

[552]   Convenção Europeia de Direitos Humanos, 11 de abril de 1950, conforme emendada pelos Protocolos 11, 14 e 15, artigo 21.3.

[553]   Protocolo à Carta Africana dos Direitos Humanos e dos Povos sobre o Estabelecimento de uma Corte Africana de Direitos Humanos e dos Povos, 10 de junho de 1998, artigo 18.

[554]   CONSELHO INTERAMERICANO DE JURISCONSULTOS. Projeto da Convenção Americana sobre Direitos Humanos, setembro de 1959. In: SECRETARIA-GERAL DA OEA. *Anuário Interamericano de Direitos Humanos 1968*. Washington, DC: Secretaria-Geral da OEA, 1973. p. 236-275.

[555]   CHILE. Projeto da Convenção Americana sobre Direitos Humanos apresentado pelo Chile na Segunda Conferência Interamericana Extraordinária do Rio de Janeiro, 1965. In: SECRETARIA-GERAL DA OEA. *Anuário Interamericano de Direitos Humanos 1968*. Washington, DC: Secretaria-Geral da OEA, 1973. p. 275-298.

[556]   URUGUAI. Projeto da Convenção Americana sobre Direitos Humanos apresentado pelo Uruguai na Segunda Conferência Interamericana Extraordinária do Rio de Janeiro, 1965. In: SECRETARIA-GERAL DA OEA. *Anuário Interamericano de Direitos Humanos 1968*. Washington, DC: Secretaria-Geral da OEA, 1973. p. 298-318.

[557]   COMISSÃO INTERAMERICANA DE DIREITOS HUMANOS. Opinião da Comissão sobre o projeto de Convenção Americana sobre Direitos Humanos preparado pelo Conselho Interamericano de Jurisconsultos. OEA/Ser.L/V/11.16/doc.8. In: SECRETARIA-GERAL DA OEA. *Anuário Interamericano de Direitos Humanos 1968*. Washington, DC: Secretaria-Geral da OEA, 1973. p. 318-356; COMISSÃO INTERAMERICANA DE DIREITOS HUMANOS. Anteprojeto da Convenção Americana sobre Direitos Humanos, 1968. In: SECRETARIA-GERAL DA OEA. *Anuário Interamericano de Direitos Humanos 1968*. Washington, DC: Secretaria-Geral da OEA, 1973. p. 94-156.

[558]   OEA. *Actas y Documentos de la Conferencia Especializada Interamericana sobre Derechos Humanos*. Noviembre de 1969. OEA/Ser.K/XVI/1.2. p. 121; DUNSHEE DE ABRANCHES, C. The Inter-American Court of Human Rights. *American University Law Review*, v. 30, n. 79, 1980. p. 91.

a se tornar o artigo 70, sobre as imunidades dos membros da Comissão e dos juízes da Corte), apontando que "*[t]ratase de una regla consagrada por todos los instrumentos que regulan órganos similares*" e que as inclusões propostas "*dispensan mayor justificación*".[559] A Comissão II encaminhou a proposta seguindo a redação brasileira, mas propondo que as incompatibilidades deveriam ser abordadas em artigo separado.[560] Ainda, entendeu que as incompatibilidades deveriam ser especificadas nos respectivos estatutos,[561] o que foi incorporado na redação final.

2. ATIVIDADES INCOMPATÍVEIS COM O EXERCÍCIO DOS CARGOS DE COMISSIONADO E JUIZ DA CORTE

O artigo 71 não define as atividades incompatíveis e tampouco especifica definições de "independência" e "imparcialidade". Tais conceitos podem ser interpretados à luz do artigo 8 da Convenção Americana, que versa sobre o direito humano a um devido processo legal[562] e conforme os preceitos estabelecidos nos respectivos estatutos.[563]

Nesse sentido, o artigo 8 do Estatuto da Comissão inicia com uma formulação similar ao artigo 71 da Convenção, acrescentando "dignidade" e "prestígio de seu cargo" ao lado de "independência e imparcialidade" ao elencar os preceitos a serem preservados por meio de incompatibilidades (artigo 8.1). O Regulamento da Comissão, ao qual o Estatuto faz remissão (artigo 8.2), reitera a incompatibilidade do cargo com atividades que possam afetar esses quatro preceitos e especifica que seus membros, ao assumirem suas funções, se comprometem a não representar as vítimas ou seus familiares, nem os Estados, em medidas cautelares, petições e casos individuais perante a Comissão, por um período de dois anos, contados a partir do término de seu mandato como membros da Comissão (artigo 4.1).

O artigo 18 do Estatuto da Corte IDH, por sua vez, determina quais cargos e atividades são necessariamente incompatíveis com o cargo de juiz da Corte. É vedado o exercício corrente dos cargos de membros ou altos funcionários do Poder Executivo dos Estados, com exceção de cargos que não impliquem subordinação hierárquica ordinária e de agentes diplomáticos que não sejam chefes de missão junto à OEA ou a qualquer de seus Estados-membros (artigo 18.1.a). Também é firmada a incompatibilidade do cargo de juiz com o de funcionário de organizações internacionais (artigo 18.1.b). Por fim, o artigo reitera o caráter não taxativo desses impedimentos ao se reafirmar a regra geral do veto a cargos e atividades que impeçam os juízes de cumprir seus deveres, ou que afetem sua independência, imparcialidade, ou a dignidade ou o prestígio de seu cargo (artigo 18.1.c).

Nota-se uma diferença entre os *standards* de incompatibilidade para juízes da Corte IDH e de outros tribunais internacionais. O Regulamento do Tribunal Europeu de Direitos Humanos requer que os juízes não exerçam qualquer atividade política ou administrativa

---

[559] OEA. *Actas y Documentos de la Conferencia Especializada Interamericana sobre Derechos Humanos*. Noviembre de 1969. OEA/Ser.K/XVI/1.2. p. 128.

[560] OEA. *Actas y Documentos de la Conferencia Especializada Interamericana sobre Derechos Humanos*. Noviembre de 1969. OEA/Ser.K/XVI/1.2. p. 354.

[561] OEA. *Actas y Documentos de la Conferencia Especializada Interamericana sobre Derechos Humanos*. Noviembre de 1969. OEA/Ser.K/XVI/1.2. p. 378.

[562] Para mais detalhes, ver o capítulo relativo ao artigo 8 da Convenção.

[563] O Tribunal Europeu de Direitos Humanos, por sua vez, inovou ao proferir resolução sobre a "ética judicial" exigida de seus juízes, que inclui definições de conceitos como "integridade", "independência" e "imparcialidade" (TEDH. *Resolution on Judicial Ethics*. Adotada em 21 de junho de 2021. Disponível em: https://www.echr.coe.int/documents/d/echr/resolution_judicial_ethics_eng. Acesso em: 20.10.2023).

ou qualquer outra atividade profissional incompatível com sua independência ou imparcialidade, mas acrescenta uma incompatibilidade com "as demandas de um cargo em tempo integral".[564] O Protocolo Adicional à Carta Africana, por sua vez, prevê a incompatibilidade com "as exigências de suas funções".[565] O Estatuto da CIJ, de forma mais explícita, prevê que seus juízes devem "concentrar suas atividades exclusivamente na Corte".[566] A redação do artigo 71 da Convenção Americana e do artigo 18 do Estatuto da Corte se justifica especialmente por conta do fato de que os juízes da Corte IDH não se reúnem de forma permanente.

3. PROCEDIMENTO PARA DECLARAÇÃO DE INCOMPATIBILIDADE E SUAS CONSEQUÊNCIAS

Quanto ao procedimento para declaração de incompatibilidade, cumpre analisar os Estatutos e os Regulamentos da Comissão e da Corte. O Regulamento da Comissão estabelece que a declaração de uma situação de incompatibilidade demanda o voto afirmativo de pelo menos cinco membros da Comissão (artigo 4.2) – o que também fora estabelecido no seu Estatuto (artigo 8.3) – e que a decisão da Comissão será precedida da oitiva do membro a quem a incompatibilidade é atribuída (artigo 4.3).

Tanto o Estatuto (artigo 8.3) como o Regulamento (artigo 4.4) da Comissão determinam que a decisão sobre a incompatibilidade e as informações sobre a situação serão encaminhadas à Assembleia Geral da OEA. A declaração de incompatibilidade pela Assembleia Geral, por seu turno, é adotada por uma maioria de dois terços dos Estados-membros da OEA, nos termos do artigo 8.3 do Estatuto. Por fim, o Estatuto da Comissão também determina a consequência da declaração de incompatibilidade por parte da Assembleia Geral, notadamente a destituição imediata do membro da Comissão que exerceu atividade incompatível (artigo 8.3). Ressalta-se que isso não invalida os procedimentos dos quais ele ou ela tenha participado (artigo 8.3).

Já o artigo 18 do Estatuto da Corte IDH declara a competência da Corte para decidir sobre casos de dúvida quanto à incompatibilidade de determinadas atividades e funções com o cargo de Juiz e que, caso a dúvida não seja resolvida, se deve adotar o procedimento previsto no artigo 73 da Convenção e no artigo 20.2 do Estatuto[567] (artigo 18.2). Em termos de consequências da declaração, o Estatuto determina que o Juiz que exerce atividade incompatível será destituído do cargo e das responsabilidades correspondentes, mas isso não invalidará os atos e as decisões em que tenha intervindo (artigo 18.3). Nota-se que, diferentemente do caso de um membro da Comissão, a Assembleia Geral da OEA não possui competência para intervir na análise de incompatibilidades de cargo ou funções dos juízes da Corte IDH.[568] Conforme destacaram os magistrados que avaliaram o questionamento do Estado sobre a imparcialidade de outros quatro juízes no caso *Bedoya Lima e outros* vs. *Colômbia* (2021), o contrário violaria a independência e autonomia do tribunal.[569]

---

[564] Regulamento do Tribunal Europeu de Direitos Humanos, 1º de janeiro de 2020, Regra 4.

[565] Protocolo à Carta Africana dos Direitos Humanos e dos Povos sobre o Estabelecimento de uma Corte Africana de Direitos Humanos e dos Povos, 10 de junho de 1998, artigo 18.

[566] Estatuto da Corte Internacional de Justiça, 18 de abril de 1946, artigo 16.

[567] Para mais detalhes, ver o capítulo relativo ao artigo 73 da Convenção.

[568] CORTE IDH. Caso Bedoya Lima y otra *vs.* Colombia. *Resolución de la Corte Interamericana de Derechos Humanos de 17 de marzo de 2021.* par. 30.

[569] CORTE IDH. Caso Bedoya Lima y otra *vs.* Colombia. *Resolución de la Corte Interamericana de Derechos Humanos de 17 de marzo de 2021*, pars. 29-31.

REFERÊNCIAS

CHILE. Projeto da Convenção Americana sobre Direitos Humanos apresentado pelo Chile na Segunda Conferência Interamericana Extraordinária do Rio de Janeiro, 1965. In: SECRETARIA-GERAL DA OEA. *Anuário Interamericano de Direitos Humanos 1968*. Washington, DC: Secretaria-Geral da OEA, 1973. p. 275-298.

COMISSÃO INTERAMERICANA DE DIREITOS HUMANOS. Anteprojeto da Convenção Americana sobre Direitos Humanos, 1968. In: SECRETARIA-GERAL DA OEA. *Anuário Interamericano de Direitos Humanos 1968*. Washington, DC: Secretaria-Geral da OEA, 1973. p. 94-156.

COMISSÃO INTERAMERICANA DE DIREITOS HUMANOS. Opinião da Comissão sobre o projeto de Convenção Americana sobre Direitos Humanos preparado pelo Conselho Interamericano de Jurisconsultos. OEA/Ser.L/V/11.16/doc.8. In: SECRETARIA-GERAL DA OEA. *Anuário Interamericano de Direitos Humanos 1968*. Washington, DC: Secretaria-Geral da OEA, 1973. p. 318-356.

CONSELHO INTERAMERICANO DE JURISCONSULTOS. Projeto da Convenção Americana sobre Direitos Humanos, setembro de 1959. In: SECRETARIA-GERAL DA OEA. *Anuário Interamericano de Direitos Humanos 1968*. Washington, DC: Secretaria-Geral da OEA, 1973. p. 236-275.

CONVENÇÃO Europeia de Direitos Humanos, 11 de abril de 1950, conforme emendada pelos Protocolos 11, 14 e 15.

DUNSHEE DE ABRANCHES, C. The Inter-American Court of Human Rights. *American University Law Review*, v. 30, n. 79, 1980.

ESTATUTO da Corte Internacional de Justiça, 18 de abril de 1946.

OEA. *Actas y Documentos de la Conferencia Especializada Interamericana sobre Derechos Humanos*. Noviembre de 1969. OEA/Ser.K/XVI/1.2.

PROTOCOLO à Carta Africana dos Direitos Humanos e dos Povos sobre o Estabelecimento de uma Corte Africana de Direitos Humanos e dos Povos, 10 de junho de 1998.

REGULAMENTO do Tribunal Europeu de Direitos Humanos, 1º de janeiro de 2020.

TEDH. *Resolution on Judicial Ethics*. Adotada em 21 de junho de 2021. Disponível em: https://www.echr.coe.int/documents/d/echr/resolution_judicial_ethics_eng. Acesso em: 20.10.2023.

URUGUAI. Projeto da Convenção Americana sobre Direitos Humanos apresentado pelo Uruguai na Segunda Conferência Interamericana Extraordinária do Rio de Janeiro, 1965. In: SECRETARIA-GERAL DA OEA. *Anuário Interamericano de Direitos Humanos 1968*. Washington, DC: Secretaria-Geral da OEA, 1973. p. 298-318.

Artigo 72

Os juízes da Corte e os membros da Comissão perceberão honorários e despesas de viagem na forma e nas condições que determinarem os seus estatutos, levando em conta a importância e independência de suas funções. Tais honorários e despesas de viagem serão fixados no orçamento-programa da Organização dos Estados Americanos, no qual devem ser incluídas, além disso, as despesas da Corte e da sua Secretaria. Para tais efeitos, a Corte elaborará o seu próprio projeto de orçamento e submetê-lo-á à aprovação da Assembleia Geral, por intermédio da Secretaria-Geral. Esta última não poderá nele introduzir modificações.

💬 COMENTÁRIOS

por Rodrigo Mudrovitsch[570]

O artigo 72 da Convenção aborda aspectos do financiamento do Sistema Interamericano de Direitos Humanos, em especial o recebimento de honorários pelos juízes da Corte e pelos membros da Comissão e o pagamento de despesas de viagens relativas aos cargos. O artigo relega ao Estatuto a definição da forma e das condições dos pagamentos e ao orçamento--programa da OEA a fixação dos valores, junto das despesas da Corte e do Secretariado. Por fim, estabelece que a Corte elaborará o seu projeto de orçamento e o encaminhará para aprovação da Assembleia Geral da OEA e que, apesar de a Secretaria-Geral intermediar o processo, não pode introduzir modificações no orçamento.

Nota-se que, apesar de integrar o capítulo sobre "disposições comuns" entre a Comissão e a Corte da Convenção Americana, apenas as duas primeiras frases se aplicam aos dois órgãos, enquanto as duas últimas focam a Corte Interamericana. Assim, sua interpretação deve considerar que a Comissão já existia quando da redação do Tratado,[571] e que aspectos de seu financiamento já haviam sido contemplados no financiamento geral da OEA e pelo seu Estatuto.

1. ORIGENS DO ARTIGO 72 E TRABALHOS PREPARATÓRIOS DA CONVENÇÃO

Quando o Conselho Interamericano de Jurisconsultos apresentou seu projeto de Convenção em 1959, sua versão incluía um artigo sobre os honorários de membros da Comissão (artigo 43) e outro sobre os dos juízes da Corte (artigo 69):[572]

> Article 43
>
> The member of the Commission shall receive emoluments on such terms and under such conditions as the Council of the Organization of American States determines, having regard for the importance of the Commission's functions.
>
> Article 69
>
> The members of the Court shall receive for each day of duty a compensation to be determined by the Council of the Organization of American States.

Nota-se a diferença entre os dispositivos, em especial no que tange à avaliação da "importância das funções da Comissão", critério inexistente no artigo relativo à Corte. O tema do orçamento de ambos os órgãos já havia sido incluído, nessa versão, no capítulo das disposições gerais (artigo 83).[573] As propostas do Chile e do Uruguai mantiveram, de forma

---

[570] O autor agradece as valiosas contribuições dos pesquisadores João Ricardo Oliveira Munhoz, Letícia Machado Haertel, Bianca Guimarães Silva, Maria Carolina Ferreira da Silva e Augusto Sperb Machado no levantamento de informações para a elaboração dos capítulos referentes aos artigos 52 a 73 da Convenção.

[571] A Comissão Americana foi criada com a fundação da OEA, conforme a Carta da Organização dos Estados Americanos, 30 de abril de 1948, artigo 106.

[572] CONSELHO INTERAMERICANO DE JURISCONSULTOS. Projeto da Convenção Americana sobre Direitos Humanos, setembro de 1959. In: SECRETARIA-GERAL DA OEA. *Anuário Interamericano de Direitos Humanos 1968*. Washington, DC: Secretaria-Geral da OEA, 1973. p. 236-275.

[573] CONSELHO INTERAMERICANO DE JURISCONSULTOS. Projeto da Convenção Americana sobre Direitos Humanos, setembro de 1959. In: SECRETARIA-GERAL DA OEA. *Anuário Interamericano de Direitos Humanos 1968*. Washington, DC: Secretaria-Geral da OEA, 1973. p. 236-275.

geral, a estrutura da proposta do Conselho,[574] com a proposta uruguaia também mantendo a referência à importância do trabalho da Comissão.

Ao analisar os projetos, a Comissão emitiu Parecer propondo que o tema dos honorários fosse abordado no capítulo das disposições comuns e combinado com o orçamento.[575] Ainda, propôs um enfoque nos honorários dos juízes da Corte, tendo em vista que os *standards* dos honorários de seus membros já haviam sido estabelecidos e já eram aplicados.[576] O projeto de convenção elaborado pela Comissão seguiu essas diretrizes e incluiu um artigo sobre os honorários e despesas dos juízes da Corte (artigo 61), um sobre o funcionamento e os recursos do secretariado da Corte (artigo 62) e um sobre a formulação do orçamento da Comissão, da Corte e dos respectivos secretariados (artigo 63).[577] Após substantiva discussão na Conferência Especializada em 1969, a noção de independência foi incorporada em relação à função dos honorários e o processo de elaboração dos orçamentos foi modificado e detalhado, com os três dispositivos sendo combinados e culminando na redação final do artigo 72 aprovado.[578]

2. PAGAMENTO DE HONORÁRIOS A MEMBROS DA COMISSÃO E AOS JUÍZES DA CORTE

Conforme exposto *supra*, os trabalhos preparatórios da Convenção demonstram a associação do recebimento de honorários por parte dos membros da Comissão e pelos juízes da Corte como forma de garantir sua independência,[579] o que foi refletido na letra do artigo 72. A versão final do artigo especifica que os honorários devem levar em conta "a importância e independência de suas funções" – formulação ausente em tratados constitutivos e estatutos de órgãos internacionais similares.[580]

---

[574] CHILE. Projeto da Convenção Americana sobre Direitos Humanos apresentado pelo Chile na Segunda Conferência Interamericana Extraordinária do Rio de Janeiro, 1965. In: SECRETARIA-GERAL DA OEA. *Anuário Interamericano de Direitos Humanos 1968*. Washington, DC: Secretaria-Geral da OEA, 1973. p. 275-298; URUGUAI. Projeto da Convenção Americana sobre Direitos Humanos apresentado pelo Uruguai na Segunda Conferência Interamericana Extraordinária do Rio de Janeiro, 1965. In: SECRETARIA-GERAL DA OEA. *Anuário Interamericano de Direitos Humanos 1968*. Washington, DC: Secretaria-Geral da OEA, 1973. 298-318.

[575] COMISSÃO INTERAMERICANA DE DIREITOS HUMANOS. Opinião da Comissão sobre o projeto de Convenção Americana sobre Direitos Humanos preparado pelo Conselho Interamericano de Jurisconsultos. OEA/Ser.L/V/11.16/doc.8. In: SECRETARIA-GERAL DA OEA. *Anuário Interamericano de Direitos Humanos 1968*. Washington, DC: Secretaria-Geral da OEA, 1973. p. 318-356.

[576] COMISSÃO INTERAMERICANA DE DIREITOS HUMANOS. Opinião da Comissão sobre o projeto de Convenção Americana sobre Direitos Humanos preparado pelo Conselho Interamericano de Jurisconsultos. OEA/Ser.L/V/11.16/doc.8. In: SECRETARIA-GERAL DA OEA. *Anuário Interamericano de Direitos Humanos 1968*. Washington, DC: Secretaria-Geral da OEA, 1973. p. 318-356.

[577] COMISSÃO INTERAMERICANA DE DIREITOS HUMANOS. Anteprojeto da Convenção Americana sobre Direitos Humanos, 1968. In: SECRETARIA-GERAL DA OEA. *Anuário Interamericano de Direitos Humanos 1968*. Washington, DC: Secretaria-Geral da OEA, 1973. p. 149.

[578] OEA. *Actas y Documentos de la Conferencia Especializada Interamericana sobre Derechos Humanos*. Noviembre de 1969. OEA/Ser.K/XVI/1.2.

[579] O delegado brasileiro presente nas negociações também explicita essa relação em DUNSHEE DE ABRANCHES, C. The Inter-American Court of Human Rights. *American University Law Review*, v. 30, n. 79, 1980. p. 95.

[580] Cf., *e.g.*, Regulamento do Tribunal Europeu de Direitos Humanos, 1º de janeiro de 2020; Estatuto da Corte Internacional de Justiça, 18 de abril de 1946.

O artigo 72 especifica que os Estatutos da Comissão e da Corte determinarão os parâmetros para o recebimento de honorários. Nesse sentido, prescrevem os respectivos documentos:

> Estatuto da Comissão, Artigo 13
>
> Os membros da Comissão receberão pagamento de despesas de viagens, diárias e honorários, conforme o caso, para participação nas sessões da Comissão ou em outras funções que a Comissão lhes atribua, individual ou coletivamente, de acordo com seu Regulamento. Esses pagamentos de despesas de viagem, diárias e honorários serão incluídos no orçamento da Organização e seu montante e condições serão determinados pela Assembleia Geral.
>
> Estatuto da Corte, *17. Honorários*
>
> 1. Os honorários do ou da Presidente e dos juízes e das juízas da Corte serão fixados de acordo com as obrigações e incompatibilidades que lhes impõem os artigos 16 e 18, respectivamente, e levando em conta a importância e independência de suas funções.
>
> 2. Os juízes ou juízas *ad hoc* perceberão os honorários que forem estabelecidos de maneira regulamentar, de acordo com as disponibilidades orçamentárias da Corte.
>
> 3. Os juízes ou juízas perceberão, além disso, diárias e despesas de viagem, quando for cabível.

Nota-se que os dispositivos não especificam, substancialmente, os critérios para o cálculo de honorários já introduzidos pelo artigo 72 da Convenção. Ainda, nem a Convenção nem os Estatutos contêm previsões sobre a escala de remuneração entre distintas funções dentro dos órgãos (como presidente e vice-presidente ou entre membros da secretaria). Para sua compreensão, é necessário fazer referência às regras orçamentárias definidas pela Assembleia Geral da OEA a ambos os órgãos. Em resolução aprovada em 27 de junho de 2023, a Assembleia Geral manteve seu entendimento de que os membros da Comissão e da Corte receberiam honorários calculados pelo número de dias trabalhados e limitados por um teto mensal.[581]

Vale destacar que a Convenção e os Estatutos não especificam se os honorários dos membros da Comissão e dos juízes da Corte são imunes à tributação, o que ocorre, por exemplo, no Estatuto da CIJ. O tema da imunidade tributária é parcialmente abordado no artigo 11 do acordo de sede entre a Corte IDH e a Costa Rica:

> Artículo 11
>
> De conformidad con el artículo 70 de la Convención Americana sobre Derechos Humanos *los jueces gozarán*, desde el momento de su elección y mientras dure su mandato, *de todas las inmunidades y privilegios, exenciones y franquicias reconocidas a los jefes de misiones diplomáticas* acreditados ante el Gobierno de la República, que no podrán ser menores a las reconocidas por la Convención de Viena sobre Relaciones Diplomáticas, (...) y otros pactos vigentes en la materia, sin condiciones de reciprocidad. Sin embargo, *el Gobierno de Costa Rica no reconocerá exenciones o franquicias fiscales o patrimoniales a los jueces que sean nacionales del país, salvo respecto de sus actos oficiales o de su relación de servicio con la Corte*, pero, en todo caso, no estarán sujetos a medidas de restricción, ejecución o compulsión, administrativas o judiciales, mientras su inmunidad no les sea levantada por la Corte. (...) Los jueces ad-hoc e interinos gozarán de las mismas inmunidades, privilegios, exoneraciones y franquicias mientras dure su mandato, con la misma salvedad antes mencionada referida a los nacionales.

---

581 OEA. *Declaraciones y Resoluciones Aprobadas Por La Asamblea General* (AG/doc.5828/23), 27.06.2023. p. 127-8.

3. ORÇAMENTO DA COMISSÃO E DA CORTE E PAGAMENTO POR DESPESAS DE SEUS MEMBROS

Conforme abordado *supra*, o artigo 72 da Convenção determina, em sua segunda frase, que os honorários e as despesas de viagem dos membros da Comissão e da Corte, bem como as despesas da Corte e da Secretaria, serão fixados no orçamento-programa da OEA. A terceira e a quarta frase do artigo debruçam-se especificamente sobre o orçamento da Corte e estabelecem que ela é responsável por elaborar seu próprio projeto de orçamento e deve submetê-lo à aprovação da Assembleia Geral por intermédio da Secretaria-Geral, sem que a Secretaria possa introduzir modificações. O primeiro parágrafo do artigo 26 do Estatuto da Corte reflete essas disposições, e o segundo acrescenta que a Corte administrará seu próprio orçamento.

Apesar de as duas últimas frases do artigo 72 da Convenção se referirem apenas à Corte, a Comissão também é competente para elaborar seu orçamento, conforme o artigo 18 de seu Estatuto:

> Artigo 18
>
> A Comissão tem as seguintes atribuições com relação aos Estados-membros da Organização:
>
> (...)
>
> h. apresentar ao Secretário-Geral o orçamento-programa da Comissão, para que o submeta à Assembleia Geral.

Assim, é evidente a centralidade de ambos os órgãos no processo de formulação de seus orçamentos, o que, no caso da Corte IDH, a distancia do que o ocorre em outros tribunais internacionais de direitos humanos. O Protocolo Adicional à Carta Africana prevê que a Corte Africana deve ser "consultada" na formulação do seu orçamento,[582] e o artigo da Convenção Europeia que trata de assuntos orçamentários não menciona o Tribunal Europeu.[583] Apesar do protagonismo dos órgãos do Sistema IDH nos cálculos orçamentários para sua independência, os dispositivos mencionados não deixam dúvida quanto à competência da Assembleia Geral da OEA de *aprovar* o orçamento anual da Comissão e da Corte. Assim, os Estados-membros da OEA ainda possuem notável influência no fortalecimento e no enfraquecimento do Sistema IDH.[584]

REFERÊNCIAS

CARTA da Organização dos Estados Americanos, 30 de abril de 1948.

CHILE. Projeto da Convenção Americana sobre Direitos Humanos apresentado pelo Chile na Segunda Conferência Interamericana Extraordinária do Rio de Janeiro, 1965. In: SECRETARIA-GERAL DA OEA. *Anuário Interamericano de Direitos Humanos 1968*. Washington, DC: Secretaria-Geral da OEA, 1973. p. 275-298.

COMISSÃO INTERAMERICANA DE DIREITOS HUMANOS. Anteprojeto da Convenção Americana sobre Direitos Humanos, 1968. In: SECRETARIA-GERAL DA OEA. *Anuário Interamericano de Direitos Humanos 1968*. Washington, DC: Secretaria-Geral da OEA, 1973. p. 94-156.

---

[582] Protocolo à Carta Africana dos Direitos Humanos e dos Povos sobre o Estabelecimento de uma Corte Africana de Direitos Humanos e dos Povos, 10 de junho de 1998, artigo 31.

[583] Convenção Europeia de Direitos Humanos, 11 de abril de 1950, conforme emendada pelos Protocolos 11, 14 e 15, artigo 50.

[584] Cf. HENNEBEL, L.; TIGROUDJA, H. *The American Convention on Human Rights*: a commentary. Oxford: Oxford University Press, 2022. p. 1446, em que os autores ilustram a influência analisando os debates sobre o orçamento de anos recentes.

COMISSÃO INTERAMERICANA DE DIREITOS HUMANOS. Opinião da Comissão sobre o projeto de Convenção Americana sobre Direitos Humanos preparado pelo Conselho Interamericano de Jurisconsultos. OEA/Ser.L/V/11.16/doc.8. In: SECRETARIA-GERAL DA OEA. *Anuário Interamericano de Direitos Humanos 1968*. Washington, DC: Secretaria-Geral da OEA, 1973. p. 318-356.

CONSELHO INTERAMERICANO DE JURISCONSULTOS. Projeto da Convenção Americana sobre Direitos Humanos, setembro de 1959. In: SECRETARIA-GERAL DA OEA. *Anuário Interamericano de Direitos Humanos 1968*. Washington, DC: Secretaria-Geral da OEA, 1973. p. 236-275.

CONVENÇÃO Europeia de Direitos Humanos, 11 de abril de 1950, conforme emendada pelos Protocolos 11, 14 e 15, artigo 50.

DUNSHEE DE ABRANCHES, C. The Inter-American Court of Human Rights. *American University Law Review*, v. 30, n. 79, 1980.

ESTATUTO da Corte Internacional de Justiça, 18 de abril de 1946.

OEA. *Actas y Documentos de la Conferencia Especializada Interamericana sobre Derechos Humanos*. Noviembre de 1969. OEA/Ser.K/XVI/1.2.

OEA. *Declaraciones y Resoluciones Aprobadas Por La Asamblea General* (AG/doc.5828/23), 27 de junho de 2023.

PROTOCOLO à Carta Africana dos Direitos Humanos e dos Povos sobre o Estabelecimento de uma Corte Africana de Direitos Humanos e dos Povos, 10 de junho de 1998.

REGULAMENTO do Tribunal Europeu de Direitos Humanos, 1º de janeiro de 2020

URUGUAI. Projeto da Convenção Americana sobre Direitos Humanos apresentado pelo Uruguai na Segunda Conferência Interamericana Extraordinária do Rio de Janeiro, 1965. In: SECRETARIA-GERAL DA OEA. *Anuário Interamericano de Direitos Humanos 1968*. Washington, DC: Secretaria-Geral da OEA, 1973. p. 298-318.

Artigo 73

Somente por solicitação da Comissão ou da Corte, conforme o caso, cabe à Assembleia Geral da Organização resolver sobre as sanções aplicáveis aos membros da Comissão ou aos juízes da Corte que incorrerem nos casos previstos nos respectivos estatutos. Para expedir uma resolução, será necessária maioria de dois terços dos votos dos Estados-Membros da Organização, no caso dos membros da Comissão; e, além disso, de dois terços dos votos dos Estados-Partes na Convenção, se se tratar dos juízes da Corte.

 COMENTÁRIOS

por Rodrigo Mudrovitsch[585]

O artigo 73 da Convenção encerra seu Capítulo IV, sobre as "disposições comuns" entre a Comissão e a Corte, abordando o regime disciplinar aplicável a seus membros. O artigo possui um enfoque procedimental, delineando que o processo disciplinar que

---

[585] O autor agradece as valiosas contribuições dos pesquisadores João Ricardo Oliveira Munhoz, Letícia Machado Haertel, Bianca Guimarães Silva, Maria Carolina Ferreira da Silva e Augusto Sperb Machado no levantamento de informações para a elaboração dos capítulos referentes aos artigos 52 a 73 da Convenção.

pode culminar em sanções a membros da Comissão e aos juízes da Corte se inicia com uma solicitação do órgão em questão à Assembleia Geral da OEA, que decidirá sobre o assunto. Ainda, determina que, para casos envolvendo membros da Comissão, são exigidos dois terços dos votos dos Estados-membros da OEA, enquanto, para juízes da Corte, dois terços dos votos dos Estados-partes na Convenção. O artigo relega aos respectivos Estatutos a definição das condutas que podem ensejar as referidas sanções. Trata-se de uma importante garantia ("*accountability*") estruturada de forma que proteja a independência e a imparcialidade de seus membros.

1. ORIGENS DO ARTIGO 73 E TRABALHOS PREPARATÓRIOS DA CONVENÇÃO

Nenhum dos projetos de Convenção Americana – incluindo o do Conselho Interamericano de Jurisconsultos (1959), o do Chile (1965), o do Uruguai (1965) e o da própria Comissão (1969) – continham provisões sobre o regime disciplinar aplicável aos membros da Comissão e aos juízes da Corte.[586] Foi apenas na Conferência Especializada de San José em novembro de 1969 que o tema foi abordado pela primeira vez, no âmbito do trabalho da Comissão II. Os trabalhos preparatórios registram o acréscimo de um artigo 74 (que se tornaria o 73) que "*otorga a la Asamblea General de la Organización la facultad de resolver las sanciones a aplicar a los jueces de la Corte y a los Miembros de la Comisión, que hubiesen incurrido en las causales previstas en los respectivos estatutos*" sem descrever maiores debates ou justificativas.[587]

2. CASOS SUJEITOS AO REGIME DISCIPLINAR

O artigo 73 determina que as condutas suscetíveis ao regime disciplinar serão determinadas nos Estatutos da Comissão e da Corte e deve ser lido em conjunto com o artigo 71 da Convenção, que também faz remissão ao regime disciplinar ao regulamentar o tema das incompatibilidades de atividades e funções com os cargos na Comissão e na Corte.[588]

Quanto à Comissão, o artigo 10 do seu Estatuto afirma que a Assembleia Geral da OEA considerará a remoção do cargo de um membro que violar "gravemente" os deveres a que refere seu artigo 9:

---

[586] CONSELHO INTERAMERICANO DE JURISCONSULTOS. Projeto da Convenção Americana sobre Direitos Humanos, setembro de 1959. In: SECRETARIA-GERAL DA OEA. *Anuário Interamericano de Direitos Humanos 1968*. Washington, DC: Secretaria-Geral da OEA, 1973. p. 236-275; CHILE. Projeto da Convenção Americana sobre Direitos Humanos apresentado pelo Chile na Segunda Conferência Interamericana Extraordinária do Rio de Janeiro, 1965. In: SECRETARIA-GERAL DA OEA. *Anuário Interamericano de Direitos Humanos 1968*. Washington, DC: Secretaria-Geral da OEA, 1973. p. 275-298; URUGUAI. Projeto da Convenção Americana sobre Direitos Humanos apresentado pelo Uruguai na Segunda Conferência Interamericana Extraordinária do Rio de Janeiro, 1965. In: SECRETARIA-GERAL DA OEA. *Anuário Interamericano de Direitos Humanos 1968*. Washington, DC: Secretaria-Geral da OEA, 1973. p. 298-318; COMISSÃO INTERAMERICANA DE DIREITOS HUMANOS. Anteprojeto da Convenção Americana sobre Direitos Humanos, 1968. In: SECRETARIA-GERAL DA OEA. *Anuário Interamericano de Direitos Humanos 1968*. Washington, DC: Secretaria-Geral da OEA, 1973. p. 94-156.

[587] OEA. *Actas y Documentos de la Conferencia Especializada Interamericana sobre Derechos Humanos*. Noviembre de 1969. OEA/Ser.K/XVI/1.2. p. 379.

[588] Para maiores detalhes, ver o capítulo relativo ao artigo 71 da Convenção.

Artigo 9. São deveres dos membros da Comissão:

1. Assistir, salvo impedimento justificado, às reuniões ordinárias e extraordinárias da Comissão, que se realizarem em sua sede permanente ou na sede à qual houver acordado trasladar-se provisoriamente.

2. Fazer parte, salvo impedimento justificado, das comissões especiais que a Comissão decidir constituir para a realização de observações *in loco* ou para cumprir quaisquer outros deveres de que forem incumbidos.

3. Guardar absoluta reserva sobre os assuntos que a Comissão considerar confidenciais.

4. Manter, nas atividades de sua vida pública e privada, comportamento acorde com a elevada autoridade moral de seu cargo e a importância da missão confiada à Comissão Interamericana de Direitos Humanos.

O Estatuto da Corte, por sua vez, prevê, em seu artigo 20.1, as hipóteses de sujeição de juízes e funcionários da Corte ao regime disciplinar:

Artigo 20

Responsabilidades e Competência Disciplinar

1. Os juízes ou juízas e o pessoal da Corte deverão manter, no exercício de suas funções e fora delas, uma conduta acorde com a investidura dos que participam da função jurisdicional internacional da Corte. Responderão perante a Corte por essa conduta, bem como por qualquer falta de cumprimento, negligência ou omissão no exercício de suas funções.

Nota-se que o Estatuto da Comissão é significativamente mais específico que o da Corte por delinear especificamente os deveres de seus membros, o que torna a remissão realizada no artigo 10 a violações graves dos deveres consideravelmente mais precisa. O Estatuto da Corte apenas destaca o dever de manter uma conduta compatível com o cargo de juiz e a sujeição ao procedimento disciplinar em casos de descumprimento, negligência ou omissões no exercício das funções, sem que essas funções sejam explicitadas em sua totalidade.

3. REGRAS DE PROCEDIMENTO DO REGIME DISCIPLINAR

O processo disciplinar de membros da **Comissão** inicia-se com o próprio órgão realizando uma solicitação para a Assembleia Geral da OEA, nos termos do artigo 73. Para que a solicitação seja realizada, contudo, o Estatuto da Comissão estabelece o seguinte procedimento:

Artigo 10

1. Se algum membro violar gravemente algum dos deveres a que se refere o artigo nove, a Comissão, com o voto favorável de cinco dos seus membros, submeterá o caso à Assembleia Geral da Organização, a qual decidirá se procede afastá-lo do seu cargo.

2. A Comissão, antes de tomar sua decisão, ouvirá o membro de que se trata.

Um aspecto relevante do artigo 10 do Estatuto da Comissão é que ele especifica que seus membros serão apenas sujeitos ao processo disciplinar diante da Assembleia Geral da OEA em casos de *graves* violações dos seus deveres. A aplicação desse critério, somado à previsão de que a sujeição ao processo diante da Assembleia Geral depende de cinco votos afirmativos de seus membros, implica um grau substantivo de autonomia da Comissão no tema. Além de reter o poder de decidir o que considera um dever "gravemente" violado, a Comissão pode decidir de forma autônoma as medidas disciplinares cabíveis em casos que não considere como graves violações. Caso uma situação seja levada à Assembleia Geral, conforme o artigo 73, esta decidirá com exigência de um quórum de dois terços dos votos dos Estados-membros da OEA, considerando seu *status* como órgão da organização, e não um *treaty body*, como é o caso da Corte. O Estatuto igualmente explicita a exigência da oitiva do membro sujeito ao procedimento.

O processo disciplinar de juízes da **Corte** também se inicia com o próprio órgão realizando uma solicitação para a Assembleia Geral da OEA, mas seu Estatuto estabelece regras específicas:

> Artigo 20
>
> Responsabilidades e Competência Disciplinar
>
> 1. Os juízes ou juízas e o pessoal da Corte deverão manter, no exercício de suas funções e fora delas, uma conduta acorde com a investidura dos que participam da função jurisdicional internacional da Corte. Responderão perante a Corte por essa conduta, bem como por qualquer falta de cumprimento, negligência ou omissão no exercício de suas funções.
>
> 2. A competência disciplinar com respeito aos juízes ou juízas caberá à Assembleia Geral da OEA, somente por solicitação justificada da Corte, constituída para esse efeito pelos demais juízes ou juízas.
>
> 3. A competência disciplinar com respeito ao Secretário ou a Secretária cabe à Corte, e com respeito ao resto do pessoal, ao Secretário ou a Secretária, com a aprovação do ou da Presidente.
>
> 4. O regime disciplinar será regulamentado pela Corte, sem prejuízo das normas administrativas da Secretária-geral da OEA, na medida em que forem aplicáveis à Corte em conformidade com o artigo 59 da Convenção.

Nota-se que o Estatuto da Corte, diferentemente do da Comissão, não prevê uma diferenciação entre hipóteses de envio para Assembleia Geral e de processamento interno. Outra diferença quanto ao procedimento para membros da Comissão é que o quórum demandado para remissão da solicitação não é explícito, com o artigo 20.2 do Estatuto apenas fazendo menção à deliberação por parte dos "demais juízes ou juízas", sendo incerta, outrossim, a possibilidade de abstenção.

Caso a situação relativa a um juiz da Corte seja levada à Assembleia Geral, conforme o artigo 73, esta decidirá com exigência de um quórum de dois terços dos votos dos Estados--Parte da Convenção Americana, diferenciação elucidada *supra*. O artigo 20 do Estatuto também dispõe que a competência disciplinar quanto ao secretariado é exclusiva da Corte, o que igualmente se configura como garantia de independência.

REFERÊNCIAS

CHILE. Projeto da Convenção Americana sobre Direitos Humanos apresentado pelo Chile na Segunda Conferência Interamericana Extraordinária do Rio de Janeiro, 1965. In: SECRETARIA-GERAL DA OEA. *Anuário Interamericano de Direitos Humanos 1968*. Washington, DC: Secretaria-Geral da OEA, 1973. p. 275-298.

COMISSÃO INTERAMERICANA DE DIREITOS HUMANOS. Anteprojeto da Convenção Americana sobre Direitos Humanos, 1968. In: SECRETARIA-GERAL DA OEA.

Anuário Interamericano de Direitos Humanos 1968. Washington, DC: Secretaria-Geral da OEA, 1973. p. 94-156.

CONSELHO INTERAMERICANO DE JURISCONSULTOS. Projeto da Convenção Americana sobre Direitos Humanos, setembro de 1959. In: SECRETARIA-GERAL DA OEA. *Anuário Interamericano de Direitos Humanos 1968*. Washington, DC: Secretaria-Geral da OEA, 1973. p. 236-275.

OEA. *Actas y Documentos de la Conferencia Especializada Interamericana sobre Derechos Humanos*. Noviembre de 1969. OEA/Ser.K/XVI/1.2.

URUGUAI. Projeto da Convenção Americana sobre Direitos Humanos apresentado pelo Uruguai na Segunda Conferência Interamericana Extraordinária do Rio de Janeiro, 1965. In: SECRETARIA-GERAL DA OEA. *Anuário Interamericano de Direitos Humanos 1968*. Washington, DC: Secretaria-Geral da OEA, 1973. p. 298-318.

PARTE III

Disposições Gerais e Transitórias

CAPÍTULO X

Assinatura, Ratificação, Reserva, Emenda, Protocolo e Denúncia

Artigo 74

1. Esta Convenção fica aberta à assinatura e à ratificação ou adesão de todos os Estados-Membros da Organização dos Estados Americanos.

2. A ratificação desta Convenção ou a adesão a ela efetuar-se-á mediante depósito de um instrumento de ratificação ou de adesão na Secretaria-Geral da Organização dos Estados Americanos. Esta Convenção entrará em vigor logo que onze Estados houverem depositado os seus respectivos instrumentos de ratificação ou de adesão. Com referência a qualquer outro Estado que a ratificar ou que a ela aderir ulteriormente, a Convenção entrará em vigor na data do depósito do seu instrumento de ratificação ou de adesão.

3. O Secretário-Geral informará todos os Estados-Membros da Organização sobre a entrada em vigor da Convenção.

COMENTÁRIOS

por Rodrigo Mudrovitsch

O artigo em comento diz respeito aos procedimentos necessários para a entrada em vigor da Convenção Americana de Direitos Humanos.

A ideia de elaborar uma Convenção Americana de Direitos Humanos nasceu da Quinta Reunião de Consulta de Ministros de Relações Exteriores, realizada em Santiago do Chile em agosto de 1959. A proposta foi concebida a partir da percepção de que a garantia dos direitos humanos, conforme já reconhecidos em outros instrumentos da Organização dos Estados Americanos (OEA), demandava o estabelecimento de um regime jurídico específico de proteção internacional.[1]

Assim, na Resolução VIII da Quinta Reunião, foram encaminhadas duas propostas: (i) que o Conselho Interamericano de Jurisconsultos elaborasse um projeto de Convenção sobre Direitos Humanos, que incluiria a criação da Corte Interamericana de Direitos Humanos, e (ii) que fosse criada uma Comissão Interamericana de Direitos Humanos.[2]

Após sua quarta reunião, o Conselho Interamericano de Jurisconsultos apresentou projeto da Convenção em setembro de 1959, que seria discutido pela 11ª Conferência Interamericana, agendada para 1961. Com o adiamento da Conferência, o projeto só veio a ser

---

[1]   OEA. *Acta Final de la Quinta Reunión de Consulta de Ministros de Relaciones Exteriores*. Washington, DC: OEA, 1960. p. 11.

[2]   OEA. *Acta Final de la Quinta Reunión de Consulta de Ministros de Relaciones Exteriores*. Washington, DC: OEA, 1960. p. 11.

objeto de debates durante a Segunda Conferência Interamericana Extraordinária, sediada no Rio de Janeiro, em 1965. À proposta do Conselho foram acrescentadas outras duas minutas de Convenção, uma do Chile e outra do Uruguai. Em sua Resolução XXIV, a Conferência Extraordinária determinou que os projetos seriam encaminhados aos Estados para que apresentassem emendas e observações.[3]

A Convenção voltou a ser debatida durante a Conferência Interamericana Especializada sobre Direitos Humanos, realizada entre 7 e 22 de novembro de 1969, em San José, Costa Rica. Ali foram recebidas e discutidas as observações e emendas do Uruguai, do Chile, do Brasil, da Argentina, da República Dominicana, dos Estados Unidos, do México, do Equador e da Guatemala. Os trabalhos foram divididos entre 2 comissões: a Comissão I, responsável por analisar os artigos 1 a 33, relativos aos direitos protegidos pela Convenção, e a Comissão II, incumbida dos artigos 34 a 83, que disciplinavam a composição e o funcionamento dos órgãos de proteção.[4]

Em 22 de novembro foi realizada a Sessão Final da Conferência, na qual o texto final da Convenção, aprovado no dia anterior, foi assinado por 12 dos 19 países presentes:[5] Chile, Colômbia, Costa Rica, Equador, El Salvador, Guatemala, Honduras, Nicarágua, Panamá, Paraguai, Uruguai e Venezuela.

1. ASSINATURA, RATIFICAÇÃO, ADESÃO E VIGÊNCIA DA CONVENÇÃO AMERICANA

O artigo 2, parágrafo 1, alínea *a*, da Convenção de Viena sobre o Direito dos Tratados (CVDT) define o termo "tratado internacional" como "acordo internacional concluído por escrito entre Estados e regido pelo Direito Internacional, quer conste de um instrumento único, quer de dois ou mais instrumentos conexos, qualquer que seja sua denominação específica". Em razão dessa definição, alguns elementos são necessários para que o tratado seja válido e produza efeitos legais, a saber: (i) convergência das vontades estatais; (ii) celebração por atores competentes e (iii) respeito aos procedimentos formais estabelecidos pela prática internacional, conforme os artigos 46 a 53 da CVDT.

Entre os efeitos jurídicos gerados pelos tratados internacionais, há a afirmação de direitos, obrigações e sanções em relação aos Estados que consentiram com os termos daquele instrumento. Tanto os efeitos quanto o vínculo legal produzidos pelos acordos internacionais são de natureza interna e externa, ou seja, deverão ser incorporados ao âmbito doméstico do Estado e, ao mesmo tempo, são observados perante os pares internacionais.

Em relação aos momentos processuais, os tratados possuem vigência internacional antes mesmo de produzirem efeitos domésticos. Nota-se que, entre as etapas de elaboração de um tratado internacional, a negociação, a adoção e a assinatura são realizadas na arena internacional. Em que pese a relevância desses atos, eles não vinculam o Estado por serem encerrados pela assinatura, que se configura apenas como uma anuência preliminar.

A assinatura de um Tratado constitui ato que expressa a autenticação de seu texto, mas, em regra, não vincula o Estado ao conteúdo do acordo e tampouco constitui ato suficiente para sua entrada em vigor.[6] A Convenção de Viena prevê, em seu artigo 12, hipóteses em que a assinatura pode constituir manifestação de consentimento para obrigar-se ao instrumen-

---

[3] OEA. *Anuário Interamericano de Direitos Humanos (1968)*. Washington, DC: OEA, 1973. p. 66-72.

[4] OEA. *Conferencia Especializada Interamericana sobre Derechos Humanos*: Actas y Documentos. OEA/Ser. K/XVI/1.2. p. 511.

[5] Argentina, Brasil, Chile, Colômbia, Costa Rica, Equador, El Salvador, Estados Unidos, Guatemala, Honduras, México, Nicarágua, Panamá, Paraguai, Peru, República Dominicana, Trinidad e Tobago, Uruguai e Venezuela.

[6] KACZOROWSKA, Alina. *Public international law*. New York: Routledge, 2010. p. 95.

to internacional, entre elas quando este último expressamente outorga tal efeito ao ato de firmá-lo. A assinatura, porém, já é capaz de produzir efeitos jurídicos sobre os Estados por força do artigo 18 da Convenção de Viena sobre o Direito dos Tratados, que preconiza que o signatário é obrigado a abster-se da prática de atos que frustrariam o objeto e a finalidade do tratado assinado à luz do princípio da boa-fé.

No caso da Convenção Americana, o artigo 74.2 a condicionou ao depósito do instrumento de ratificação ou de adesão por ao menos 11 Estados pertencentes à OEA. Por esse motivo, a aprovação e a assinatura da Convenção em 1969 não ensejaram sua entrada em vigor imediata. Esse acontecimento ocorreu somente em 18 de julho de 1978, quando Granada se tornou o 11º país a depositar seu instrumento de ratificação.

A ratificação, por sua vez, constitui a manifestação solene e escrita, por parte do Poder Executivo, por meio da qual o Estado manifesta seu consentimento para se vincular ao conteúdo do tratado.[7] Já a adesão, embora produza os mesmos efeitos da ratificação, diz respeito aos Estados que não participaram da negociação ou não assinaram o tratado.[8]

No caso da Convenção Americana, dos 19 países que assinaram a Convenção, apenas os Estados Unidos não a ratificaram. O Brasil, por exemplo, não assinou a Convenção Americana de Direitos Humanos, de tal sorte que depositou sua Carta de Adesão na sede da OEA em 25 de setembro de 1992. Atualmente, 25 países ratificaram ou aderiram à Convenção, bem como depositaram os respectivos instrumentos nos termos do artigo 74.2.

REFERÊNCIAS

KACZOROWSKA, Alina. *Public international law*. New York: Routledge, 2010.

KOLB, Robert. *The law of treaties*: an introduction. Cheltenham: Edward Elgar Publishing, 2016.

OEA. *Acta Final de la Quinta Reunión de Consulta de Ministros de Relaciones Exteriores*. Washington, DC: OEA, 1960.

OEA. *Anuário Interamericano de Direitos Humanos (1968)*. Washington, DC: OEA, 1973.

OEA. *Conferencia Especializada Interamericana sobre Derechos Humanos*: Actas y Documentos. OEA/Ser. K/XVI/1.2.

> ### Artigo 75
> Esta Convenção só pode ser objeto de reservas em conformidade com as disposições da Convenção de Viena sobre Direito dos Tratados, assinada em 23 de maio de 1969.

 COMENTÁRIOS

por Bianca Guimarães Silva e João Ricardo Oliveira Munhoz

O artigo 75 da Convenção disciplina o regime de apresentação de reservas ao Tratado por parte dos Estados-partes. Embora o texto convencional recorra à Convenção de Viena

---

7   KOLB, Robert. *The law of treaties*: an introduction. Cheltenham: Edward Elgar Publishing, 2016. p. 46.

8   KOLB, Robert. *The law of treaties*: an introduction. Cheltenham: Edward Elgar Publishing, 2016. p. 49.

sobre o Direito dos Tratados de 1969 como moldura normativa para o regime das reservas no Sistema Interamericano de Direitos Humanos, isso não significa que a vigência do artigo 75 está condicionada à ratificação da Convenção de Viena pelo Estado, tratando-se de mera remissão conceitual entre os instrumentos.

A Convenção de Viena, em seu artigo 2.1.d, define reservas como a "declaração unilateral, qualquer que seja a sua redação ou denominação, feita por um Estado ao assinar, ratificar, aceitar ou aprovar um tratado, ou a ele aderir, com o objetivo de excluir ou modificar o efeito jurídico de certas disposições do tratado em sua aplicação a esse Estado".

Ao lado das reservas, há a figura das declarações interpretativas. A doutrina diverge quanto a serem figuras distintas entre si ou então uma modalidade de reserva em sentido amplo. Para aqueles que se filiam a esta última corrente, a Convenção de Viena sobre Direito dos Tratados adota terminologia abrangente para conceituar "reserva", já que as qualifica como tais independentemente da denominação conferida pelo Estado (artigo 2.1.d), de tal sorte que englobariam igualmente as declarações interpretativas.[9]

Outros autores concebem as declarações interpretativas como meros entendimentos com o objetivo de esclarecer o sentido de determinada disposição do tratado, não gozando do efeito de obstar ou modificar a aplicabilidade de direitos e obrigações ali previstos, diferentemente das reservas.[10]

O Brasil, por exemplo, formulou declaração interpretativa em relação aos artigos 43 e 48, alínea *d*, da Convenção Americana. Naquela oportunidade, o Estado brasileiro afastou o direito automático de visitas e inspeções *in loco* pela Comissão Interamericana ao condicionar essas atividades à anuência expressa do País.

Ao se deparar com as declarações interpretativas da Suíça à Convenção Europeia sobre Direitos do Homem no caso *Belilos* v. *Suíça* e com a discussão sobre sua equivalência ou não ao instituto das reservas, o Tribunal Europeu de Direitos Humanos destacou a necessidade de "olhar para além do título que lhes é conferido" e determinar seu conteúdo e alcance, sobretudo no que diz respeito à limitação dos direitos e garantias previstos na Convenção Europeia.[11]

Seja espécie do gênero "reserva", seja figura autônoma, as declarações interpretativas, assim como as reservas, não podem ser compreendidas como veículos para burlar as limitações convencionais a estas últimas e tampouco para ensejarem a suspensão de efeitos de disposições vitais para a proteção dos direitos humanos.

No âmbito da Convenção de Viena sobre Direito dos Tratados, as reservas são regulamentadas nos artigos 19 a 22. O Tratado disciplina os limites materiais (artigo 19), as condições de aceitação (artigo 20), os efeitos jurídicos (artigo 21), as condições de retirada (artigo 22) e as formalidades que devem ser observadas para oposição de reservas (artigo 23).

A temática das reservas foi objeto de discussão pela Corte IDH em sua Opinião Consultiva 2, de 1982, denominada "El efecto de las reservas sobre la entrada en vigência de la Convención Americana sobre Derechos Humanos". Formulada pela Comissão Interamericana de Direitos Humanos, a solicitação visava responder às seguintes perguntas:

> *¿desde qué momento se entiende que un Estado es parte de la Convención Americana sobre Derechos Humanos cuando ha ratificado o se ha adherido a dicha Convención*

[9] VELASCO, Manuel Diez de. *Instituciones de Derecho Internacional Público*. Madrid: Tecnos, 2013. p. 169.

[10] KOLB, Robert. *The law of treaties*: an introduction. Cheltenham: Edward Elgar Publishing, 2016. p. 68.

[11] TEDH. Belilos *v.* Switzerland, Application 10328/83, julgado em 29 de abril de 1988. par. 50.

con una o más reservas? ¿desde la fecha del depósito del instrumento de ratificación o adhesión o al cumplirse el término previsto en el artículo 20 de la Convención de Viena sobre el Derecho de los Tratados?[12]

A resposta do Tribunal foi a de que a Convenção entra em vigência na data de depósito do instrumento de ratificação, independentemente da oposição de reservas. Muito além disso, naquela oportunidade, a Corte desenvolveu relevantes *standards* sobre os limites materiais à adoção de reservas ao Pacto de San José a partir das disposições da Convenção de Viena sobre Direito dos Tratados.

Quanto ao artigo 19 desta última, que estabelece as restrições materiais à formulação de reservas, a Corte IDH concluiu que apenas sua alínea *c* seria aplicável em relação ao artigo 75 da Convenção Americana. Vale dizer, a alínea *a* trata das situações em que o Estado não pode opor reservas por elas serem proibidas pelo tratado, o que não é verdadeiro no âmbito do Pacto de San José pela disposição explícita de seu artigo 75.

A alínea *b* tampouco seria aplicável, já que tem por objeto os Tratados que permitem reservas apenas para hipóteses especificadas no instrumento. A Convenção Americana também não traz disposições do gênero. A alínea *c*, por sua vez, cuida das situações nas quais a reserva é incompatível com o objeto e a finalidade do tratado.[13]

1. LIMITES MATERIAIS ÀS RESERVAS

A disposição do artigo 19.c da Convenção de Viena demanda algumas considerações sobre a interpretação que deve ser conferida às reservas não apenas no momento de (*i.e.*, até o ato de adesão ou ratificação) mas também no curso de processos no Sistema Interamericano que impliquem algum conflito entre a aplicação da Convenção Americana e a reserva delimitada pelo Estado.

Primeiramente, é necessário ter em vista o *status* diferenciado dos tratados de direitos humanos e sua repercussão na abordagem que deve ser dispensada às reservas. A proteção internacional dos direitos humanos surgiu com o objetivo precípuo de colocar o indivíduo no centro do sistema internacional, deslocando o eixo de gravitação do *Estado-parte* para o campo dos direitos e das garantias da pessoa humana. A esse respeito, o professor Cançado Trindade pontuou que:

> *Definitivamente, os tratados de direitos humanos, voltados às relações entre os Estados e os seres humanos sob sua jurisdição, não comportam um sistema de reservas que os aborda a partir de uma ótica essencialmente contratual e voluntarista, minando sua integridade, permitindo sua fragmentação, minando sua integridade, permitindo sua fragmentação, deixando a critério das próprias partes a definição do alcance de suas obrigações convencionais.*[14]

No plano hermenêutico, tal constatação nos conduz à percepção de que a exegese das reservas, no campo do direito internacional dos direitos humanos, deve ser balizada por

---

[12]   CORTE IDH. El efecto de las reservas sobre la entrada en vigencia de la Convención Americana sobre Derechos Humanos. Opinión Consultiva OC-2/82, de 24 de septiembre de 1982. Serie A No. 2. par. 8.

[13]   CORTE IDH. El efecto de las reservas sobre la entrada en vigencia de la Convención Americana sobre Derechos Humanos. Opinión Consultiva OC-2/82, de 24 de septiembre de 1982. Serie A No. 2. par. 22.

[14]   CANÇADO TRINDADE, Antônio A. *Tratado de direito internacional dos direitos humanos*. Porto Alegre: Sergio Antonio Fabris Editor, 1999. v. II. p. 157.

critérios ainda mais restritivos que aqueles oriundos dos princípios gerais do direito internacional público. Tratamos aqui de um *locus* no qual o recurso à soberania e às razões de Estado encontra sua mais tímida expressão, de tal sorte que o exercício dessas prerrogativas por meio de reservas materiais ou procedimentais ao efeito útil de um instrumento internacional de direitos humanos deve ser interpretado pelos organismos competentes do modo que assegure o menor alcance possível à restrição aos direitos e às garantias ali prescritos.

A respeito do sentido que deve ser atribuído à exigência de compatibilidade da reserva com o objeto e o fim da Convenção Americana de Direitos Humanos, à luz do preceito do artigo 19.c da Convenção de Viena sobre Direito dos Tratados, a Corte IDH pontuou, na OC 2/1982, que:

> *29. La Corte debe enfatizar, sin embargo, que los tratados modernos sobre derechos humanos, en general, y, en particular, la Convención Americana, no son tratados multilaterales de tipo tradicional, concluidos en función de un intercambio recíproco de derechos, para el beneficio mútuo de los Estados contratantes. Su objeto y fin son la protección de los derechos fundamentales de los seres humanos, independientemente de su nacionalidad, tanto frente a su propio Estado como frente a los otros Estados contratantes. Al aprobar estos tratados sobre derechos humanos, los Estados se someten a un orden legal dentro del cual ellos, por el bien común, asumen varias obligaciones, no en relación con otros Estados, sino hacia los individuos bajo su jurisdicción.*[15]

O tema das reservas no Sistema Interamericano voltou a ser discutido na consulta subsequente formulada à Corte, a Opinião Consultiva 3/1983, sobre as restrições à pena de morte. Ali acrescentou que é necessário interpretar as reservas no sentido que melhor se adequem à finalidade da Convenção Americana e que tal preceito demanda igualmente recorrer às regras do artigo 29 desta última, no sentido de que "una reserva no puede ser interpretada de tal modo que conduzca a limitar el goce y ejercicio de los derechos y libertades reconocidos en la Convención en mayor medida que la prevista en la reserva misma".[16]

Em suma, a reserva não deve suspender ou derrogar qualquer direito previsto na Convenção, mas pode, no máximo, suspender aspectos de um direito sem privá-lo de seu propósito básico.[17]

Esta última consulta foi inspirada pela reserva apresentada pela Guatemala ao artigo 4.4 da Convenção Americana, que preconizava que sua Constituição apenas vedava a imposição da pena de morte aos delitos políticos, mas não aos delitos comuns conexos com os políticos, como estabelece o texto convencional.

Para a Corte, porém, ao interpretar a disposição em relação às demais disposições da Convenção e, sobretudo, em relação aos seus propósitos, a reserva ao artigo 4.4 da Convenção não permitira ao Estado ampliar o rol de delitos que cominavam pena de morte, já que tal conclusão conflitaria com o mandamento do artigo 4.2 do mesmo tratado. No caso específico da Guatemala, o Tribunal destacou que o artigo 54 da Constituição não fixava pena capital aos delitos comuns conexos aos delitos políticos, mas apenas não a proibia.[18]

---

[15] CORTE IDH. El efecto de las reservas sobre la entrada en vigencia de la Convención Americana sobre Derechos Humanos. Opinión Consultiva OC-2/82, de 24 de septiembre de 1982. Serie A No. 2. par. 29.

[16] CORTE IDH. Restricciones a la pena de muerte (arts. 4.2 y 4.4 Convención Americana sobre Derechos Humanos). Opinión Consultiva OC-3/83, de 8 de septiembre de 1983. Serie A No. 3. par. 66.

[17] CORTE IDH. Restricciones a la pena de muerte (arts. 4.2 y 4.4 Convención Americana sobre Derechos Humanos). Opinión Consultiva OC-3/83, de 8 de septiembre de 1983. Serie A No. 3. par. 60.

[18] CORTE IDH. Restricciones a la pena de muerte (arts. 4.2 y 4.4 Convención Americana sobre Derechos Humanos). Opinión Consultiva OC-3/83, de 8 de septiembre de 1983. Serie A No. 3. par. 72.

Assim, a Corte sustentou que "al no haber hecho reserva sobre el párrafo 2, debe entenderse que se mantiene plenamente para él la prohibición de aplicar la pena de muerte a nuevos delitos, sean políticos o comunes conexos con los políticos, sean comunes sin ninguna conexidad".[19]

No Sistema Europeu, por sua vez, a validade das reservas foi analisada não apenas em relação ao seu potencial restritivo a determinados direitos mas também naquilo que diz respeito ao seu alcance territorial. No caso Loizidou *vs.* Turquia, por exemplo, o TEDH declarou inválidas as declarações do governo Turco excluindo o território do Chipre do Norte da supervisão dos órgãos da Convenção Europeia.[20]

2. CONTROLE DAS RESERVAS

O entendimento da Corte IDH sobre os limites materiais à reserva constitui importante exemplo de interpretação restritiva de seu sentido e alcance, segundo as finalidades do Tratado. Do estabelecimento de tais limites surgem outras relevantes questões, sobretudo a respeito da competência dos órgãos de supervisão do tratado em relação ao controle de validade das reservas, bem como sobre os efeitos jurídicos das reservas eventualmente incompatíveis com a Convenção.

A Corte IDH se pronunciou sobre essa questão na já referida OC 3/1983, quando assinalou que as reservas integram o próprio conteúdo do tratado, "de tal manera que no es posible interpretarlo cabalmente, respecto del Estado reservante, sin interpretar la reserva misma", concluindo que as disposições sobre sua competência consultiva no âmbito do artigo 64 da Convenção a imbuíam da faculdade de examiná-las em sede de consulta.[21]

Em sua jurisdição contenciosa, o Tribunal reafirmou sua competência para determinar a validade das reservas no caso *Radilla Pacheco* vs. *México*. Embora não tratasse de reservas à própria Convenção Americana, e sim à Convenção Interamericana sobre Desaparecimento Forçado de Pessoas, a Corte afirmou que o artigo 62 da Convenção outorgava-lhe competência para conhecer dos assuntos relacionados ao cumprimento dos compromissos assumidos nos referidos instrumentos, o que incluiria as reservas.[22]

In concreto, a Corte IDH declarou a reserva do México, que viabilizava a expansão da competência da jurisdição militar, incompatível com o objeto da Convenção Interamericana sobre Desaparecimento Forçado, sendo, portanto, inválida.[23]

O Tribunal Europeu de Direitos Humanos partilha do mesmo entendimento quanto à sua competência para determinar a validade de reservas ou declarações interpretativas, conforme expressado no caso *Belilos* vs. *Suíça*.[24]

---

[19]   CORTE IDH. Restricciones a la pena de muerte (arts. 4.2 y 4.4 Convención Americana sobre Derechos Humanos). Opinión Consultiva OC-3/83, de 8 de septiembre de 1983. Serie A No. 3. par. 70.

[20]   TEDH. Loizidou *v.* Turkey (Preliminary Objections), Application 15318/89, julgado em 23 de março de 1995. pars. 77 -78.

[21]   CORTE IDH. Restricciones a la pena de muerte (arts. 4.2 y 4.4 Convención Americana sobre Derechos Humanos). Opinión Consultiva OC-3/83, de 8 de septiembre de 1983. Serie A No. 3. par. 45.

[22]   CORTE IDH. Caso Radilla Pacheco *vs.* México. Excepciones Preliminares, Fondo, Reparaciones y Costas. Sentencia de 23 de noviembre de 2009. Serie C No. 209. par. 303.

[23]   CORTE IDH. Caso Radilla Pacheco *vs.* México. Excepciones Preliminares, Fondo, Reparaciones y Costas. Sentencia de 23 de noviembre de 2009. Serie C No. 209. par. 312.

[24]   TEDH. Belilos *v.* Switzerland, Application 10328/83, julgado em 29 de abril de 1988. par. 50.

Quanto ao plano dos efeitos, Casals elenca três possíveis consequências jurídicas de uma reserva inadmissível no âmbito dos tratados de direitos humanos. A primeira delas, a de o Estado deixar de ser considerado parte no tratado; a segunda, a da aplicação total do tratado, isto é, o Estado permanece parte, mas a reserva deixa de ser aplicada; a terceira, por sua vez, é aquela que deixa de aplicar a disposição objeto da reserva.[25] Para a autora, a doutrina reconhece a segunda hipótese como aquela que melhor se adequa aos tratados de direitos humanos, já que promove a maior e mais efetiva proteção. Como é possível depreender dos casos citados anteriormente, esta perspectiva – inaplicabilidade da reserva inconvencional – tem sido adotada pela jurisdição internacional de direitos humanos.

Assim, considerando a reconhecida competência da Corte IDH para apreciar a validade das reservas, eventual declaração de invalidade resultaria tão somente na supressão de efeitos da reserva apontada como incompatível com o objeto e o fim do tratado.

REFERÊNCIAS

CANÇADO TRINDADE, Antônio A. *Tratado de direito internacional dos direitos humanos*. Porto Alegre: Sergio Antonio Fabris Editor, 1999. v. II.

CASALS, María A. Benavides. Reservas en el ámbito del derecho internacional de los derechos humanos. *Revista Ius et Praxis*, Talca, v. 13, n.1, p. 167-294, 2007.

VELASCO, Manuel Diez de. *Instituciones de Derecho Internacional Público*. Madrid: Tecnos, 2013.

Artigo 76

1. Qualquer Estado-Parte, diretamente, e a Comissão ou a Corte, por intermédio do Secretário-Geral, podem submeter à Assembleia Geral, para o que julgarem conveniente, proposta de emenda a esta Convenção.

2. As emendas entrarão em vigor para os Estados que ratificarem as mesmas na data em que houver sido depositado o respectivo instrumento de ratificação que corresponda ao número de dois terços dos Estados-Partes nesta Convenção. Quanto aos outros Estados-Partes, entrarão em vigor na data em que depositarem eles os seus respectivos instrumentos de ratificação.

🗨 COMENTÁRIOS

por Rodrigo Mudrovitsch

Os artigos 76 e 77 da Convenção abordam os mecanismos existentes para modificar o texto convencional, quais sejam: as emendas e os protocolos. O artigo 76 foi idealizado para permitir que a Convenção fosse adaptada ao decorrer dos anos por meio das emendas, conforme o contexto e as necessidades sociais.

---

[25] CASALS, María A. Benavides. Reservas en el ámbito del derecho internacional de los derechos humanos. *Revista Ius et Praxis*, Talca, v. 13, n.1, p. 167-294, 2007.

No projeto preparado pelo Conselho de Jurisconsultos (artigo 88), o procedimento de aprovação de emendas era substancialmente por iniciativa dos Estados.[26] No Projeto do Chile não havia previsão sobre as emendas; por outro lado, no Projeto do Uruguai consta um dispositivo específico sobre tal temática (artigo 93).[27]

Artículo 88

1. A esta convención todo Estado Parte en la convención puede proponer una enmienda y presentarla al Secretario General de la Organización. El Secretario General comunicará entonces la enmienda propuesta a los Estados Partes de la convención, pidiéndoles que le notifiquen si desean que se convoque a una conferencia de Estados Partes con el fin de examinar y votar la propuesta. Si un tercio al menos de los Estados se declara en favor de tal procedimiento, el Secretario General de la Organización convocará una conferencia bajo los auspicios de la Organización de los Estados Americanos. Toda enmienda aprobada por la mayoría de los Estados presentantes y votantes en la conferencia se someterá al procedimiento establecido en los párrafos siguientes.

2. Tales enmiendas entrarán en vigor cuando hayan sido aceptadas por una mayoría de dos tercios de los Estados Partes en la presente convención, de conformidad con sus respectivos procedimientos constitucionales.

3. Cuando tales enmiendas entren en vigor, serán obligatorias para las Partes que las hayan aceptado, en tanto que las demás Partes seguirán obligadas por las disposiciones de la convención y por toda enmienda anterior que hayan aceptado.

4. La Corte podrá sugerir a los gobiernos de los Estados Partes, por intermedio del Consejo de la Organización de los Estados Americanos, la conveniencia de proponer enmiendas a lo dispuesto en la tercera, cuarta y quinta partes de la presente convención.

O anteprojeto da Comissão fez algumas alterações no dispositivo.[28]

Artículo 63

1. Cualquier Estado Contratante, la Comisión o la Corte podrán someter a la Conferencia Interamericana, por intermedio del Secretario General de la Organización, una propuesta de enmienda a esta Convención.

2. Las enmiendas aprobadas entrarán en vigor en la fecha en que se haya depositado el respectivo instrumento de ratificación que corresponda al número de la mayoría absoluta de los Estados Partes en esta Convención.

Durante a Conferência Especializada de 1969, o artigo foi aprovado no âmbito do Grupo de Trabalho responsável por discutir e finalizar a proposta de artigos sobre os organismos de supervisão do tratado ("Committe II").

26   CONSELHO INTERAMERICANO DE JURISCONSULTOS. Projeto da Convenção Americana sobre Direitos Humanos, setembro de 1959. In: SECRETARIA-GERAL DA OEA. *Anuário Interamericano de Direitos Humanos 1968*. Washington, DC: Secretaria-Geral da OEA, 1973. p. 236-275.

27   URUGUAI. Projeto da Convenção Americana sobre Direitos Humanos apresentado pelo Uruguai na Segunda Conferência Interamericana Extraordinária do Rio de Janeiro, 1965. In: SECRETARIA-GERAL DA OEA. *Anuário Interamericano de Direitos Humanos 1968*. Washington, DC: Secretaria-Geral da OEA, 1973. p. 298-318.

28   COMISSÃO INTERAMERICANA DE DIREITOS HUMANOS. Anteprojeto da Convenção Americana sobre Direitos Humanos, 1968. In: SECRETARIA-GERAL DA OEA. *Anuário Interamericano de Direitos Humanos 1968*. Washington, DC: Secretaria-Geral da OEA, 1973. p. 94-156.

Em geral, emendas a tratados internacionais são reguladas pelo artigo 40 da Convenção de Viena sobre o Direito dos Tratados. No entanto, a Convenção Americana explicitamente prevê seu regime de emendas no artigo 76, ao contrário da Convenção Europeia dos Direitos do Homem, por exemplo. Os artigos 76 e 77 da Convenção compõem o regime de modificações do texto convencional em que as emendas e os protocolos visam adaptar a Convenção às transformações sociopolíticas do contexto ao seu tempo.

> Artigo 40, Convenção de Viena sobre o Direito dos Tratados
>
> Emenda de Tratados Multilaterais
>
> 1. A não ser que o tratado disponha diversamente, a emenda de tratados multilaterais reger-se-á pelos parágrafos seguintes.
>
> 2. Qualquer proposta para emendar um tratado multilateral entre todas as partes deverá ser notificada a todos os Estados contratantes, cada um dos quais terá o direito de participar:
>
> a) na decisão quanto à ação a ser tomada sobre essa proposta;
>
> b) na negociação e conclusão de qualquer acordo para a emenda do tratado.
>
> 3. Todo Estado que possa ser parte no tratado poderá igualmente ser parte no tratado emendado.
>
> 4. O acordo de emenda não vincula os Estados que já são partes no tratado e que não se tornaram partes no acordo de emenda; em relação a esses Estados, aplicar-se-á o artigo 30, parágrafo 4 (b).
>
> 5. Qualquer Estado que se torne parte no tratado após a entrada em vigor do acordo de emenda será considerado, a menos que manifeste intenção diferente:
>
> a) parte no tratado emendado; e
>
> b) parte no tratado não emendado em relação às partes no tratado não vinculadas pelo acordo de emenda.

Em relação ao escopo material das emendas, o artigo 76 é silente em relação ao conteúdo do que poderá ser proposto. Esse artigo se restringe a apresentar, em duas partes, os legitimados para propor e receber a emenda, assim como os prazos que deverão vigorar aos interessados.

A primeira parte do artigo 76 estabelece quais sujeitos estão legitimados para sugerir emendas à Convenção e, entre eles, encontram-se "qualquer Estado-Parte, diretamente, e a Comissão ou a Corte, por intermédio do Secretário-Geral". Além do estabelecimento dos legitimados, o dispositivo informa o órgão responsável por receber a demanda, isto é, a Assembleia Geral da Organização dos Estados Americanos.

É importante perceber que as solicitações feitas pelo Estado podem ser submetidas diretamente à Assembleia Geral, enquanto as emendas sugeridas pela Comissão ou pela Corte devem ser intermediadas pelo Secretário-Geral para serem remetidas à Assembleia Geral. A própria Assembleia Geral não é competente para sugerir emendas de ofício. Portanto, o direito de emendar não é o mesmo que o direito de propor a emenda. Conforme mencionam Hennebel e Tigroudja,[29] a Assembleia Geral é competente apenas para endossar ou não a proposta feita pelos legitimados no artigo 76.

Já a segunda parte do artigo 76 aborda os requisitos formais necessários para que a emenda produza efeitos legais. Em relação à data de vigor, subsistem duas possibilidades: a primeira, caso a emenda ainda não tenha obtido dois terços de ratificações dos Estados-

---

[29] HENNEBEL, L.; TIGROUDJA, H. *The American Convention on Human Rights*: a commentary. Oxford: Oxford University Press, 2022. p. 1496.

-partes, será válida a partir da data em que esse critério for atingido; e a segunda, se essa quantidade já tiver sido satisfeita, vigorará na data em que depositarem o instrumento de ratificação. Recorda-se que não é necessário unanimidade para aprovação e entrada em vigor das emendas; entretanto, seus efeitos restringem-se aos Estados que depositaram o instrumento de ratificação.

No Brasil, emendas aos tratados dos quais o Brasil é signatário precisam de aprovação parlamentar. Após a satisfação do procedimento legislativo, o Presidente da República está autorizado a publicar o decreto que ordena o depósito do instrumento de ratificação da emenda convencional.[30]

REFERÊNCIAS

COMISSÃO INTERAMERICANA DE DIREITOS HUMANOS. Anteprojeto da Convenção Americana sobre Direitos Humanos, 1968. In: SECRETARIA-GERAL DA OEA. *Anuário Interamericano de Direitos Humanos 1968*. Washington, DC: Secretaria-Geral da OEA, 1973. p. 94-156.

CONSELHO INTERAMERICANO DE JURISCONSULTOS. Projeto da Convenção Americana sobre Direitos Humanos, setembro de 1959. In: SECRETARIA-GERAL DA OEA. *Anuário Interamericano de Direitos Humanos 1968*. Washington, DC: Secretaria-Geral da OEA, 1973. p. 236-275.

HENNEBEL, L.; TIGROUDJA, H. *The American Convention on Human Rights*: a commentary. Oxford: Oxford University Press, 2022.

URUGUAI. Projeto da Convenção Americana sobre Direitos Humanos apresentado pelo Uruguai na Segunda Conferência Interamericana Extraordinária do Rio de Janeiro, 1965. In: SECRETARIA-GERAL DA OEA. *Anuário Interamericano de Direitos Humanos 1968*. Washington, DC: Secretaria-Geral da OEA, 1973. p. 298-318.

VARELLA, Marcelo Dias. *Direito internacional público*. 8. ed. São Paulo: Saraiva Educação, 2019.

Artigo 77

1. De acordo com a faculdade estabelecida no artigo 31, qualquer Estado-Parte e a Comissão podem submeter à consideração dos Estados-Partes reunidos por ocasião da Assembleia Geral, projetos de protocolos adicionais a esta Convenção, com a finalidade de incluir progressivamente no regime de proteção da mesma outros direitos e liberdades.

2. Cada protocolo deve estabelecer as modalidades de sua entrada em vigor e será aplicado semente entre os Estados-Partes no mesmo.

💬 COMENTÁRIOS

por Rodrigo Mudrovitsch

O artigo 77 da Convenção complementa o regime de modificações à Convenção introduzido no artigo 76 do tratado. O dispositivo em análise trata da possibilidade de protocolos à Convenção e o artigo 76 diz respeito às emendas.

---

[30]   VARELLA, Marcelo Dias. *Direito internacional público*. 8. ed. São Paulo: Saraiva Educação, 2019. p. 105.

Embora os artigos sobre as emendas e os protocolos tenham objetivos semelhantes, qual seja, atualizar o conteúdo do tratado internacional por meio de diferentes mecanismos, o dispositivo sobre os protocolos adicionais não foi previsto no anteprojeto elaborado pelo Conselho Interamericano de Jurisconsultores, tampouco nos projetos do Chile e do Uruguai. Nos comentários da Comissão ao projeto, o artigo sobre os protocolos adicionais foi incluído (artigo 64).

Artículo 64

1. De acuerdo con la facultad establecida en el artículo 25, la Comisión podrá someter a la aceptación de los Estados Contratantes Protocolos adicionales a la presente Convención con la finalidad de incluir progresivamente en el régimen de protección de la misma otros derechos y libertades previstos en la Declaración Americana de los Derechos y Deberes del Hombre tan pronto como la Comisión estime que dichos Estados están preparados para aceptar las obligaciones correspondientes a cada uno de estos derechos y libertades. Los Estados Contratantes se obligan a someter cada Protocolo a la aprobación del poder competente, de conformidad con sus respectivos procedimientos constitucionales.

2. Cada Protocolo entrará en vigor en la fecha del depósito del séptimo instrumento de aceptación y se aplicará sólo entre los Estados Partes en el respectivo Protocolo.

Durante a Conferência Especializada de 1969, o grupo de trabalho estendeu para sugerir protocolos adicionais aos Estados e removeu a referência à Declaração Americana de 1948.

El Artículo 78, correspondiente al Artículo 70 del Proyecto, determina un sistema para incluir en el régimen de protección otros derechos y libertades, por medio de Protocolos Adicionales a la Convención. La Comisión aclaró en el texto del Artículo 78, que cualquier Estado Parte y la Comisión podían someter los proyectos de protocolos adicionales en la Asamblea General. La Comisión eliminó la referencia que aparecía en el Proyecto, de los derechos previstos en la Declaración Americana de los Derechos y Deberes del Hombre, considerando que no se debe limitar el carácter de los derechos que podrían ser incluidos en futuros protocolos.[31]

Nenhuma outra alteração foi debatida além dessas e o artigo foi aprovado conforme a redação atual.

O mecanismo de protocolo à Convenção corresponde a um ato internacional autônomo, que complementa o texto convencional. Até o momento, existem dois protocolos à Convenção Americana em vigor: Protocolo Adicional à Convenção Americana em Matéria de Direitos Econômicos, Sociais e Culturais de 1988 (*Protocolo de San Salvador*), em vigor desde 1999, e o Protocolo à Convenção Americana de Direitos Humanos Referente à Abolição da Pena de Morte (1990), em vigor desde 1991.

Existem diferenças substanciais entre os dois protocolos: o primeiro reconhece direitos no âmbito do seio protetivo do Sistema Interamericano de Direitos Humanos, enquanto o segundo protocolo realiza alterações no artigo 4 da Convenção referente ao direito à vida.

Artigo 4, **Convenção Americana**. Direito à Vida

1. Toda pessoa tem o direito de que se respeite sua vida. Esse direito deve ser protegido pela lei e, em geral, desde o momento da concepção. Ninguém pode ser privado da vida arbitrariamente.

---

[31]   COMISSÃO INTERAMERICANA DE DIREITOS HUMANOS. Anteprojeto da Convenção Americana sobre Direitos Humanos, 1968. In: SECRETARIA-GERAL DA OEA. *Anuário Interamericano de Direitos Humanos 1968*. Washington, DC: Secretaria-Geral da OEA, 1973. p. 94-156.

2. Nos países que não houverem abolido a pena de morte, esta só poderá ser imposta pelos delitos mais graves, em cumprimento de sentença final de tribunal competente e em conformidade com lei que estabeleça tal pena, promulgada antes de haver o delito sido cometido. Tampouco se estenderá sua aplicação a delitos aos quais não se aplique atualmente.

3. Não se pode restabelecer a pena de morte nos Estados que a hajam abolido.

4. Em nenhum caso pode a pena de morte ser aplicada por delitos políticos, nem por delitos comuns conexos com delitos políticos.

5. Não se deve impor a pena de morte a pessoa que, no momento da perpetração do delito, for menor de dezoito anos, ou maior de setenta, nem aplicá-la a mulher em estado de gravidez.

6. Toda pessoa condenada à morte tem direito a solicitar anistia, indulto ou comutação da pena, os quais podem ser concedidos em todos os casos. Não se pode executar a pena de morte enquanto o pedido estiver pendente de decisão ante a autoridade competente.

Artigo 1.º, **Protocolo à Convenção Americana sobre Direitos Humanos Referente à Abolição da Pena de Morte**

Os Estados-Partes neste Protocolo não aplicarão em seu território a pena de morte a nenhuma pessoa submetida a sua jurisdição.

O artigo 77 é dividido em duas partes. A primeira parte diz respeito à faculdade dos Estados-partes ou da Comissão de submeterem projetos de protocolos adicionais à consideração da Assembleia Geral da OEA. Como legitimados, portanto, foram estabelecidos apenas os Estados-Partes e a Comissão Interamericana de Direitos Humanos, enquanto a apreciação do projeto de protocolo deverá ser feita pelos demais Estados no âmbito da Assembleia Geral da OEA.

O primeiro parágrafo do artigo 77 também estabelece o propósito dos projetos de protocolo à Convenção, qual seja, "incluir progressivamente no regime de proteção da mesma outros direitos e liberdades". Essa possibilidade deverá ser lida à luz do artigo 31 da Convenção, que prevê a possibilidade de reconhecimento de outros direitos nos seguintes termos: "poderão ser incluídos no regime de proteção desta Convenção outros direitos e liberdades que forem reconhecidos de acordo com os processos estabelecidos nos artigos 76 e 77".

A segunda parte do artigo 77, por sua vez, estabelece que as modalidades de entrada em vigor dos protocolos serão definidas entre as partes interessadas e elas terão efeitos legais apenas entre os Estados-partes que a ratificaram. Diferentemente do disposto no artigo 74.2 da Convenção, que estabelece a adesão de onze Estados para que a Convenção entre em vigor e produza efeitos legais, a autonomia do Protocolo deverá ser definida pelos Estados-partes.

O Protocolo de San Salvador, por exemplo, em seu artigo 21, estabelece que "o protocolo entrará em vigor logo que onze Estados houverem depositados os seus respectivos instrumentos de ratificação ou de adesão". Já o Protocolo sobre a Pena de Morte adota um regime diferente. Não há quantidade mínima de ratificações e o protocolo produz efeitos assim que o instrumento de ratificação for depositado; dito de outro modo, nos termos do artigo 4 do documento: "Este Protocolo entrará em vigor, para os Estados que o ratificarem ou a ele aderirem, a partir do depósito do respectivo instrumento de ratificação ou adesão, na Secretaria-Geral da Organização dos Estados Americanos".

Verifica-se que, em um primeiro momento, a finalidade do artigo 77 não permite que os protocolos sejam utilizados para alterações procedimentais no âmbito do Sistema Interamericano, o que foi realizado, por exemplo, no Sistema Europeu de Direitos Humanos, como o Protocolo 11 à Convenção Europeia, que extinguiu o funcionamento da Comissão Europeia de Direitos Humanos, ou até mesmo o Protocolo 16, cuja inovação encontra-se na possibilidade de requisitar opiniões consultivas à Corte Europeia.

REFERÊNCIAS

COMISSÃO INTERAMERICANA DE DIREITOS HUMANOS. Anteprojeto da Convenção Americana sobre Direitos Humanos, 1968. In: SECRETARIA-GERAL DA OEA. *Anuário Interamericano de Direitos Humanos 1968*. Washington, DC: Secretaria-Geral da OEA, 1973. p. 94-156.

HENNEBEL, L.; TIGROUDJA, H. *The American Convention on Human Rights*: a commentary. Oxford: Oxford University Press, 2022.

Artigo 78

1. Os Estados-Partes poderão denunciar esta Convenção depois de expirado um prazo de cinco anos, a partir da data de entrada em vigor da mesma e mediante aviso prévio de um ano, notificando o Secretário-Geral da Organização, o qual deve informar as outras Partes.

2. Tal denúncia não terá o efeito de desligar o Estado-Parte interessado das obrigações contidas nesta Convenção, no que diz respeito a qualquer ato que, podendo constituir violação dessas obrigações, houver sido cometido por ele anteriormente à data na qual a denúncia produzir efeito.

🗨 COMENTÁRIOS

por Rodrigo Mudrovitsch

O artigo 78 encerra o Capítulo X da Convenção sobre a assinatura, a ratificação, a reserva, a emenda, o protocolo de denúncia do tratado. O dispositivo dedica-se à denúncia da Convenção, caso o Estado queira se afastar das obrigações convencionais após cumpridos os requisitos estabelecidos pelo artigo.

A previsão de denúncia da Convenção apareceu nas primeiras versões da Convenção, tanto no projeto preparado pelo Conselho de Jurisconsultos (artigo 87)[32] quanto nos projetos apresentados pelo Chile (artigo 87)[33] e pelo Uruguai (artigo 92).[34]

Artículo 87

1. Los Estados Contratantes podrán denunciar la presente convención después de la expiración de un plazo de cinco años a partir de la fecha de entrada en vigor de

---

[32] CONSELHO INTERAMERICANO DE JURISCONSULTOS. Projeto da Convenção Americana sobre Direitos Humanos, setembro de 1959. In: SECRETARIA-GERAL DA OEA. *Anuário Interamericano de Direitos Humanos 1968*. Washington, DC: Secretaria-Geral da OEA, 1973. p. 236-275.

[33] CHILE. Projeto da Convenção Americana sobre Direitos Humanos apresentado pelo Chile na Segunda Conferência Interamericana Extraordinária do Rio de Janeiro, 1965. In: SECRETARIA-GERAL DA OEA. *Anuário Interamericano de Direitos Humanos 1968*. Washington, DC: Secretaria-Geral da OEA, 1973. p. 275-298.

[34] URUGUAI. Projeto da Convenção Americana sobre Direitos Humanos apresentado pelo Uruguai na Segunda Conferência Interamericana Extraordinária do Rio de Janeiro, 1965. In: SECRETARIA-GERAL DA OEA. *Anuário Interamericano de Direitos Humanos 1968*. Washington, DC: Secretaria-Geral da OEA, 1973. p. 298-318.

la misma y mediante un preaviso de un año, notificando al Secretario General de la Organización, quien informará a las otras Partes Contratantes.

2. Esa denuncia no tendrá por efecto desligar al Estado Contratante interesado de las obligaciones contenidas en la presente convención en lo que concierne a todo hecho que, pudiendo constituir una violación de esas obligaciones, haya sido cumplido por él anteriormente a la fecha en la cual la denuncia produce efecto.

Nos comentários da Comissão ao anteprojeto, o dispositivo ficou igual ao do artigo 87 da CIJ. A redação aprovada foi idêntica àquela proposta no anteprojeto da Comissão sem discussões ou opiniões divergentes.

Varella afirma que a "denúncia unilateral ocorre quando uma das partes sai do tratado, que não mais sobrevive com a(s) parte(s) restante(s)".[35] Complementos sobre a denúncia podem ser encontrados nos artigos 54 (b), 56 e 59 (2) da Convenção de Viena sobre o Direito dos Tratados.

Artigo 54

Extinção ou Retirada de um Tratado em Virtude de suas disposições ou por consentimento das Partes

A extinção de um tratado ou a retirada de uma das partes pode ter lugar:

a) de conformidade com as disposições do tratado; ou

b) a qualquer momento, pelo consentimento de todas as partes, após consulta com os outros Estados contratantes.

Artigo 56

Denúncia, ou Retirada, de um Tratado que não Contém Disposições sobre Extinção, Denúncia ou Retirada

1. Um tratado que não contém disposição relativa à sua extinção, e que não prevê denúncia ou retirada, não é suscetível de denúncia ou retirada, a não ser que:

a) se estabeleça terem as partes tencionado admitir a possibilidade da denúncia ou retirada; ou

b) um direito de denúncia ou retirada possa ser deduzido da natureza do tratado.

2. Uma parte deverá notificar, com pelo menos doze meses de antecedência, a sua intenção de denunciar ou de se retirar de um tratado, nos termos do parágrafo 1.

Artigo 59

Extinção ou Suspensão da Execução de um Tratado em Virtude da conclusão de um Tratado Posterior

(...)

2. Considera-se apenas suspensa a execução do tratado anterior se se depreender do tratado posterior, ou ficar estabelecido de outra forma, que essa era a intenção das partes.

O artigo 78 da Convenção, que diz respeito à denúncia dos tratados, é composto de duas partes. A primeira estabelece algumas condições para que o Estado denuncie a Convenção, entre elas: (i) a permanência como Estado-parte da Convenção Americana durante o prazo de cinco anos a partir da data de entrada em vigor do tratado; (ii) aviso prévio com período de um ano em relação ao início dos efeitos da denúncia; e (iii) notificação ao Secretário-Geral da Organização dos Estados Americanos para informar as outras partes.

---

[35]   VARELLA, Marcelo Dias. *Direito internacional público*. 8. ed. São Paulo: Saraiva Educação, 2019. p. 167.

A segunda parte do dispositivo diz respeito aos efeitos legais da denúncia. Desse modo, estabeleceu-se que os atos de violações de direitos humanos cometidos pelo Estado ao longo da vigência da Convenção e durante o período de um ano após o informe da denúncia não são isentos de responsabilização, pois não são afetados pelos seus efeitos legais. Portanto, não existe a possibilidade de que a denúncia efetiva do tratado tenha "efeitos retroativos".

O artigo 78 da Convenção Americana espelha o artigo 58 da Convenção Europeia dos Direitos do Homem, que também aborda a possibilidade de denúncia do tratado internacional pelos Estados. Essa prerrogativa reforça a voluntariedade estatal ao ratificar ou deixar de fazer parte dos sistemas regionais de proteção dos direitos humanos.

> Artigo 58, **Convenção Europeia de Direitos do Homem**. Denúncia
>
> 1. Uma Alta Parte Contratante só pode denunciar a presente Convenção ao fim do prazo de cinco anos a contar da data da entrada em vigor da Convenção para a dita Parte, e mediante um pré-aviso de seis meses, feito em notificação dirigida ao Secretário-Geral do Conselho da Europa, o qual informará as outras Partes Contratantes.
>
> 2. Esta denúncia não pode ter por efeito desvincular a Alta Parte Contratante em causa das obrigações contidas na presente Convenção no que se refere a qualquer facto que, podendo constituir violação daquelas obrigações, tivesse sido praticado pela dita Parte anteriormente à data em que a denúncia produz efeito.
>
> 3. Sob a mesma reserva, deixará de ser parte na presente Convenção qualquer Alta Parte Contratante que deixar de ser membro do Conselho da Europa.
>
> 4. A Convenção poderá ser denunciada, nos termos dos parágrafos precedentes, em relação a qualquer território a que tiver sido declarada aplicável nos termos do artigo 56°.

Salienta-se que, apesar de convergirem em alguns aspectos, o artigo 78 da Convenção Americana prevê o prazo de cinco anos a partir da entrada em vigor da própria Convenção, enquanto o artigo 58 da Convenção Europeia prevê o mesmo prazo de cinco anos, porém contados da entrada em vigor do tratado a partir da data de ratificação pelo Estado-parte. Desse modo, qualquer Estado, ao ratificar a Convenção Americana, poderá denunciá-la a qualquer momento. Em ambos os tratados, também existe a obrigatoriedade de aviso prévio para assegurar a segurança e a previsibilidade dos efeitos legais do documento. Entretanto, o tratado europeu exige seis meses de antecedência e o americano, um ano.

Embora os Estados possuam prerrogativas para escolher ratificar ou denunciar qualquer tratado e não seja necessário motivar a decisão ao se retirar do documento, é necessário que o artigo 78 da Convenção seja lido à luz do artigo 43 da Convenção de Viena sobre o Direito dos Tratados.

> Artigo 43, **Convenção de Viena sobre o Direito dos Tratados**. Obrigações Impostas pelo Direito Internacional, independentemente de um Tratado
>
> A nulidade de um tratado, sua extinção ou denúncia, a retirada de uma das partes ou a suspensão da execução de um tratado em consequência da aplicação da presente Convenção ou das disposições do tratado não prejudicarão, de nenhum modo, o dever de um Estado de cumprir qualquer obrigação enunciada no tratado à qual estaria ele sujeito em virtude do Direito Internacional, independentemente do tratado.

Nesse dispositivo, os Estados estabeleceram que a denúncia ao tratado internacional não afasta as obrigações *jus cogens* decorrentes da proteção dos direitos humanos. A Opinião Consultiva 26 da Corte Interamericana é elucidativa quanto às obrigações estatais caso um Estado-parte denuncie a Convenção Americana. Os esclarecimentos, em sede consultiva, foram solicitados pela Colômbia.

En esta línea, este Tribunal observa que existen obligaciones de la Convención Americana que coinciden con obligaciones bajo normas de derecho internacional consuetudinario. Lo mismo acontece con los principios generales de derecho (*supra* párr. 96), y con las normas de ius cogens. Estas normas seguirán obligando al Estado denunciante en virtud del derecho internacional general, como fuentes autónomas.[36]

Na oportunidade, a Corte esclareceu que "*los titulares de los derechos reconocidos en la Convención Americana, quienes quedarían al desamparo de la protección judicial interamericana, se encuentran en una posición asimétrica con relación al poder del Estado*".[37] Portanto, a Corte igualmente advertiu que

En consecuencia, corresponde a los Estados parte de la Convención exponer, en el marco de los espacios institucionales de la OEA, sus observaciones u objeciones de forma oportuna y como garantes colectivos de la Convención Americana, a fin de resguardar la efectiva protección de los derechos humanos y el principio democrático, para prevenir que, a través de una denuncia se procure evadir de mala fe los compromisos internacionales en materia de derechos humanos, disminuir o cercenar la efectiva protección de los mismos, debilitar el acceso al mecanismo jurisdiccional de carácter internacional, y dejar al ser humano al desamparo de la protección complementaria del sistema interamericano.[38]

Desse modo, o Estado também segue vinculado ao cumprimento das recomendações feitas pela Comissão em seus informes, assim como as medidas estabelecidas pelas sentenças da Corte que o responsabilizaram.[39] Por fim, a Corte reafirmou que não é possível que a denúncia à Convenção produza efeitos imediatos. Portanto, subsistem os seguintes efeitos após a manifestação estatal em deixar a Convenção Americana:

En particular, la Corte determinó que, cuando un Estado Miembro de la OEA denuncia la Convención Americana sobre Derechos Humanos, dicho acto tiene las siguientes consecuencias sobre sus obligaciones internacionales en materia de

---

[36] CORTE IDH. La denuncia de la Convención Americana sobre Derechos Humanos y de la Carta de la Organización de los Estados Americanos y sus efectos sobre las obligaciones estatales en materia de derechos humanos (interpretación y alcance de los artículos 1, 2, 27, 29, 30, 31, 32, 33 a 65 y 78 de la Convención Americana sobre Derechos Humanos y 3.l), 17, 45, 53, 106 y 143 de la Carta de la Organización de los Estados Americanos). *Opinión Consultiva OC-26/20, de 9 de noviembre de 2020*. Serie A No. 26. par. 100.

[37] CORTE IDH. La denuncia de la Convención Americana sobre Derechos Humanos y de la Carta de la Organización de los Estados Americanos y sus efectos sobre las obligaciones estatales en materia de derechos humanos (interpretación y alcance de los artículos 1, 2, 27, 29, 30, 31, 32, 33 a 65 y 78 de la Convención Americana sobre Derechos Humanos y 3.l), 17, 45, 53, 106 y 143 de la Carta de la Organización de los Estados Americanos). *Opinión Consultiva OC-26/20, de 9 de noviembre de 2020*. Serie A No. 26. par. 58.

[38] CORTE IDH. La denuncia de la Convención Americana sobre Derechos Humanos y de la Carta de la Organización de los Estados Americanos y sus efectos sobre las obligaciones estatales en materia de derechos humanos (interpretación y alcance de los artículos 1, 2, 27, 29, 30, 31, 32, 33 a 65 y 78 de la Convención Americana sobre Derechos Humanos y 3.l), 17, 45, 53, 106 y 143 de la Carta de la Organización de los Estados Americanos). *Opinión Consultiva OC-26/20, de 9 de noviembre de 2020*. Serie A No. 26. par. 75.

[39] Corte IDH. La denuncia de la Convención Americana sobre Derechos Humanos y de la Carta de la Organización de los Estados Americanos y sus efectos sobre las obligaciones estatales en materia de derechos humanos (interpretación y alcance de los artículos 1, 2, 27, 29, 30, 31, 32, 33 a 65 y 78 de la Convención Americana sobre Derechos Humanos y 3.l), 17, 45, 53, 106 y 143 de la Carta de la Organización de los Estados Americanos). *Opinión Consultiva OC-26/20, de 9 de noviembre de 2020*. Serie A No. 26, pars. 78-79.

derechos humanos: (1) las obligaciones convencionales permanecen incólumes durante el período de transición hacia la denuncia efectiva; (2) la denuncia efectiva de la Convención Americana no surte efectos retroactivos; (3) la vigencia de las obligaciones que surgen de la ratificación de otros tratados interamericanos de derechos humanos se mantiene activa; (4) la denuncia efectiva de la Convención Americana no anula la eficacia interna de los criterios derivados de la norma convencional interpretada como parámetro preventivo de violaciones a los derechos humanos; (5) las obligaciones asociadas al umbral de protección mínimo a través de la Carta de la OEA y la Declaración Americana perduran bajo la supervisión de la Comisión Interamericana; y (6) las normas consuetudinarias, las derivadas de principios generales de derecho internacional y las pertenecientes al ius cogens continúan obligando al Estado en virtud del derecho internacional general.[40]

Alguns países já denunciaram a Convenção Americana desde a sua entrada em vigor. Em 10 de setembro de 2012, a Venezuela comunicou a denúncia às obrigações convencionais, após sua responsabilização internacional no caso Díaz Peña. À época, a denúncia envolvia questões políticas acerca da reeleição do presidente Hugo Chávez. A denúncia começou a produzir efeitos a partir de 10 de setembro de 2013.

Entretanto, em 15 de maio de 2019, a Venezuela adotou o *"Acuerdo para restablecer la vigencia de la Convención Americana sobre Derechos Humanos y la Protección Internacional que ofrecen la Corte Interamericana de Derechos Humanos y la Comisión Interamericana de Derechos Humanos"*, que estabelece a reinserção do país aos órgãos internacionais, entre eles a Corte Interamericana de Direitos Humanos. Tal dispositivo retirou a denúncia realizada em 2012 e tornou obrigatória a jurisdição da Corte Interamericana em relação às violações de direitos humanos ocorridas na Venezuela, nos seguintes termos:

> Primero. Dejar sin efecto, ab initio y como si nunca hubiese tenido lugar, la denuncia de la Convención Americana sobre Derechos Humanos presentada el 10 de septiembre de 2012, ante la Secretaría General de la Organización de Estados Americanos (OEA) por el entonces Ministro del Poder Popular para las Relaciones Exteriores de la República Bolivariana de Venezuela, Nicolás Maduro Moros, por órdenes e instrucciones directas del Presidente de la República Bolivariana de Venezuela, Hugo Chávez Frías; y reafirmar la declaración depositada ante el Secretario General de la OEA el 24 de junio de 1981, de conformidad con el artículo 62.1 de la Convención Americana sobre Derechos Humanos, que reconoce de manera incondicional como obligatoria de pleno derecho y sin convención especial, la competencia de la Corte Interamericana de Derechos Humanos sobre todos los casos relativos a la interpretación o aplicación de esta Convención, como si nunca hubiese tenido lugar la denuncia presentada, ello es, de manera retroactiva al 10 de septiembre de 2013, fecha en que habría entrado en vigor dicha denuncia, en adelante. Se reafirma asimismo la declaración depositada ante el Secretario General de la OEA el 9 de septiembre de 1977, de conformidad con el artículo 45 de la Convención Americana sobre Derechos Humanos, que reconoce la competencia de la Comisión Interamericana de Derechos Humanos, para examinar comunicaciones en las que un Estado Parte,

---

[40]   Corte IDH. La denuncia de la Convención Americana sobre Derechos Humanos y de la Carta de la Organización de los Estados Americanos y sus efectos sobre las obligaciones estatales en materia de derechos humanos (interpretación y alcance de los artículos 1, 2, 27, 29, 30, 31, 32, 33 a 65 y 78 de la Convención Americana sobre Derechos Humanos y 3.l), 17, 45, 53, 106 y 143 de la Carta de la Organización de los Estados Americanos). *Opinión Consultiva OC-26/20, de 9 de noviembre de 2020.* Serie A No. 26. par. 115.

alegue que otro Estado Parte, ha incurrido en violaciones a los derechos humanos establecidos en la Convención.[41]

Em 26 de maio de 1998, Trinidad e Tobago também se retirou da Convenção Americana, alegando que a pena de morte estava inserida no ordenamento jurídico nacional por meio de sedimentada tradição jurídica e apoio popular.[42] Conforme a previsão do artigo 78, os efeitos legais começaram a surtir a partir de 26 de maio de 1999. No caso *Hilaire* vs. *Trinidad y Tobago* (2001), o Estado alegou que a pena de morte constituía uma reserva à Convenção Americana e, portanto, seria impugnável perante a Corte Interamericana.[43]

> 85. La tarea de la Corte en esta etapa es decidir por lo que hace al presente caso, si la "reserva" planteada por Trinidad y Tobago tiene el efecto de excluir la competencia de la Corte en la forma alegada por el Estado.
>
> 86. Como se ha visto, la pretendida "reserva" tiene dos partes. La primera se orienta a limitar el reconocimiento de la competencia contenciosa de la Corte, en el sentido de que dicho reconocimiento sólo valdrá como tal en la medida en que "sea compatible con las secciones pertinentes" de la Constitución de Trinidad y Tobago. Estas expresiones admiten muchas interpretaciones. Sin embargo, para la Corte es claro que no puede dárseles un alcance de acuerdo con el cual constituyan un impedimento para que este Tribunal juzgue si el Estado violó o no alguna disposición de la Convención. La segunda parte de la pretendida restricción condiciona el "reconocimiento" del Estado de la competencia contenciosa de la Corte a que las sentencias de ésta "no contravenga[n], establezca[n] o anule[n] derechos o deberes existentes de ciudadanos particulares" (sic). Nuevamente, además de que el significado preciso de esta condición no es claro, es indudable que no puede ser utilizado con el propósito de suprimir la competencia de la Corte para conocer y decidir una demanda en relación con una supuesta violación de las obligaciones convencionales del Estado.

Além disso, casos como *Dial y otro* vs. *Trinidad y Tobago*, sentenciado em 21 de novembro de 2022, e *Bissoon y otro* vs. *Trinidad y Tobago*,[44] emitido em 14 de novembro de 2022, reafirmam a competência da Corte Interamericana para pronunciar sobre as possíveis violações de direitos humanos ocorridas no período entre o aceite da jurisdição da Corte Interamericana e a denúncia.

> 14. La Corte observa que la mayoría de los hechos alegados en la demanda sometida en el presente caso han ocurrido entre la ratificación y la denuncia de la Convención por parte del Estado – concretamente entre el 28 de mayo de 1991 y el 26 de mayo

---

41 ASAMBLEA NACIONAL DE LA REPÚBLICA BOLIVARIANA DE VENEZUELA. *Acuerdo para Restablecer la vigencia de la Convención Americana sobre Derechos Humanos y la Protección Internacional que ofrecen la Corte Interamericana de Derechos Humanos y la Comisión Interamericana de Derechos Humanos.* Disponível em: https://www.asambleanacionalvenezuela.org/actos/detalle/acuerdo-para-restablecer-la--vigencia-de-la-convencion-americana-sobre-derechos-humanos-y-la-proteccion-internacional-que--ofrecen-la-corte-interamericana-de-derechos-humanos-y-la-comision-interamerican-388. Acesso em: 10.01.2024.

42 SOLEY, Ximena; STEININGER, Silvia. Parting ways or lashing back? Withdrawals, backlash and the Inter-American Court of Human Rights. *International Journal of Law in Context*, v. 14, n. 2, 2018. p. 243.

43 CORTE IDH. *Caso Hilaire* vs. *Trinidad y Tobago*. Excepciones Preliminares. Sentencia de 1 de septiembre de 2001. Serie C No. 80. pars. 85-86.

44 CORTE IDH. *Caso Bissoon y otro* vs. *Trinidad y Tobago*. Fondo y Reparaciones. Sentencia de 14 de noviembre de 2022. Serie C No. 472.

de 1999 – con excepción de algunos hechos referentes al proceso penal contra las presuntas víctimas. Tomando en cuenta las consideraciones expuestas en los párrafos precedentes, la Corte reafirma su plena competencia *ratione temporis* para conocer del presente caso y dictar sentencia, con base en lo dispuesto en los artículos 62.3 y 78.2 de la Convención.[45]

Em suma, a denúncia possui como consequência o vínculo durante o período do aviso prévio e enquanto subsistir o cumprimento das recomendações ou medidas provisórias. Além disso, os efeitos da denúncia não irradiam sobre as obrigações *jus cogens*, que permanecem válidas. A vontade estatal de se desvincular do tratado internacional também não produz efeitos retroativos.

REFERÊNCIAS

ASAMBLEA NACIONAL DE LA REPÚBLICA BOLIVARIANA DE VENEZUELA. *Acuerdo para restablecer la vigencia de la Convención Americana sobre Derechos Humanos y la Protección Internacional que ofrecen la Corte Interamericana de Derechos Humanos y la Comisión Interamericana de Derechos Humanos*. Disponível em: https://www.asambleanacionalvenezuela.org/actos/detalle/acuerdo-para-restablecer-la-vigencia-de--la-convencion-americana-sobre-derechos-humanos-y-la-proteccion-internacional--que-ofrecen-la-corte-interamericana-de-derechos-humanos-y-la-comision-intera-merican-388. Acesso em: 10.01.2024.

CHILE. Projeto da Convenção Americana sobre Direitos Humanos apresentado pelo Chile na Segunda Conferência Interamericana Extraordinária do Rio de Janeiro, 1965. In: SECRETARIA-GERAL DA OEA. *Anuário Interamericano de Direitos Humanos 1968*. Washington, DC: Secretaria-Geral da OEA, 1973. p. 275-298.

CONSELHO INTERAMERICANO DE JURISCONSULTOS. Projeto da Convenção Americana sobre Direitos Humanos, setembro de 1959. In: SECRETARIA-GERAL DA OEA. *Anuário Interamericano de Direitos Humanos 1968*. Washington, DC: Secretaria-Geral da OEA, 1973. p. 236-275.

LOUREIRO, Claudia Regina de Oliveira Magalhães da Silva. *Backlash* contra o sistema interamericano de direitos humanos. Uma análise sobre o caso Venezuela. *Anuario Mexicano de Derecho Internacional*, v. 21, 2021.

SOLEY, Ximena; STEININGER, Silvia. Parting ways or lashing back? Withdrawals, backlash and the Inter-American Court of Human Rights. *International Journal of Law in Context*, v. 14, n. 2, 2018.

URUGUAI. Projeto da Convenção Americana sobre Direitos Humanos apresentado pelo Uruguai na Segunda Conferência Interamericana Extraordinária do Rio de Janeiro, 1965. In: SECRETARIA-GERAL DA OEA. *Anuário Interamericano de Direitos Humanos 1968*. Washington, DC: Secretaria-Geral da OEA, 1973. p. 298-318.

VARELLA, Marcelo Dias. *Direito internacional público*. 8. ed. São Paulo: Saraiva Educação, 2019.

---

[45] CORTE IDH. *Caso Dial y otro* vs. *Trinidad y Tobago*. Fondo y Reparaciones. Sentencia de 21 de noviembre de 2022. Serie C No. 476. par. 14.

CAPÍTULO XI
Disposições Transitórias

Seção 1
Comissão Interamericana de Direitos Humanos

Artigo 79

Ao entrar em vigor esta Convenção, o Secretário-Geral pedirá por escrito a cada Estado-Membro da Organização que apresente, dentro de um prazo de noventa dias, seus candidatos a membro da Comissão Interamericana de Direitos Humanos. O Secretário-Geral preparará uma lista por ordem alfabética dos candidatos apresentados e a encaminhará aos Estados-Membros da Organização pelo menos trinta dias antes da Assembleia Geral seguinte.

Artigo 80

A eleição dos membros da Comissão far-se-á dentre os candidatos que figurem na lista a que se refere o artigo 79, por votação secreta da Assembleia Geral, e serão declarados eleitos os candidatos que obtiverem maior número de votos e a maioria absoluta dos votos dos representantes dos Estados-Membros. Se, para eleger todos os membros da Comissão, for necessário realizar várias votações, serão eliminados sucessivamente, na forma que for determinada pela Assembleia Geral, os candidatos que receberem menor número de votos.

COMENTÁRIOS

por Rodrigo Mudrovitsch

Os artigos 79 e 80 tratam do processo de organização da Comissão Interamericana de Direitos Humanos aplicável no momento em que a Convenção Americana de Direitos Humanos entrasse em vigor, nos termos do artigo 74.2 e 74.3.

Na condição de disposição transitória, os referidos dispositivos não têm mais aplicabilidade. Nota-se, porém, que os artigos adotam procedimento para nomeação e escolha dos Comissários quase idêntico àquele previsto para as eleições ordinárias da CIDH nos artigos 36 e 37.

Vale ressaltar que a CIDH foi criada em 1959 e entrou em funcionamento em 1960, isto é, sua primeira composição tomou posse antes da aprovação (1969) e da entrada em vigor (1978) da Convenção Americana.

Seção 2
Corte Interamericana de Direitos Humanos

Artigo 81

Ao entrar em vigor esta Convenção, o Secretário-Geral solicitará por escrito a cada Estado-Parte que apresente, dentro de um prazo de noventa dias, seus candidatos a juiz da Corte Interamericana de Direitos Humanos. O Secretário-Geral preparará uma lista por ordem alfabética dos candidatos apresentados e a encaminhará aos Estados-Partes pelo menos trinta dias antes da Assembleia Geral seguinte.

Artigo 82

A eleição dos juízes da Corte far-se-á dentre os candidatos que figurem na lista a que se refere o artigo 81, por votação secreta dos Estados-Partes, na Assembleia Geral, e serão declarados eleitos os candidatos que obtiverem maior número de votos e a maioria absoluta dos votos dos representantes dos Estados-Partes. Se, para eleger todos os juízes da Corte, for necessário realizar várias votações, serão eliminados sucessivamente, na forma que for determinada pelos Estados-Partes, os candidatos que receberem menor número de votos.

💬 COMENTÁRIOS

por Rodrigo Mudrovitsch

Os artigos 81 e 82 se propõem a disciplinar a organização da Corte Interamericana de Direitos Humanos após a entrada em vigor da Convenção Americana de Direitos Humanos, estabelecendo o procedimento para nomeação e eleição de sua primeira composição.

Na condição de disposição transitória, os referidos dispositivos não têm mais aplicabilidade. Nota-se, porém, que os artigos adotam procedimento para nomeação e escolha dos juízes quase idêntico àquele previsto para as eleições ordinárias da Corte IDH nos artigos 52 a 54 da Convenção.

A primeira composição da Corte IDH tomou posse em 1979, no ano seguinte à entrada em vigor da Convenção.